DIE FRAGMENTE
DER
GRIECHISCHEN HISTORIKER
(F GR HIST)

VON
FELIX JACOBY

DRITTER TEIL
GESCHICHTE VON STAEDTEN UND VOELKERN
(HOROGRAPHIE UND ETHNOGRAPHIE)

b
KOMMENTAR ZU NR. 297—607
(TEXT)

PHOTOMECHANISCHER NACHDRUCK

LEIDEN
E. J. BRILL
1969

1. Auflage 1955

Copyright 1969 by E. J. Brill, Leiden, Netherlands.
All rights reserved, including the right to translate or to reproduce this book or parts thereof in any form.

PRINTED IN THE NETHERLANDS

DIE FRAGMENTE DER GRIECHISCHEN HISTORIKER

Für diesen in den jahren 1946-1949 geschriebenen kommentar und seine späteren änderungen gilt das in der vorrede zu III b Suppl. gesagte: ich habe sie und die leider unvermeidlichen Addenda auf das mir unbedingt notwendig scheinende mass beschränkt, wo dann eine gewisse willkür zugegeben werden muss; ich kann nur hoffen, dass mir nicht auch wirklich wichtiges entgangen ist. Da ich nicht noch einmal über die allgemeinen prinzipien meiner sammlung reden möchte — ich bilde mir ein, dass gerade die Bände III B und III C ihre berechtigung endgültig erweisen, wenn man zugibt dass jeder übergang von einer älteren zu einer neuen (vor allem zu einer noch nicht abgeschlossenen) sammlung, trotz aller vorläufigen hilfsmassnahmen (als deren wichtigste mir die jedem bande beigegebenen autorenverzeichnisse erscheinen) in der übergangszeit unweigerlich mit gewissen unbequemlichkeiten verknüpft ist — kann ich mich ganz auf den ausdruck meines dankes beschränken. Er gilt natürlich vor allem den Trustees der Bollingen Foundation (New York) und ihrem Vize-Präsidenten Mr. John D. Barrett, die den druck auch dieser bände ermöglicht haben. Aber obwohl richtig ist was Wilamowitz einmal sagte dass 'wiederholtes lob schal wird', kann ich mich doch nicht entschliessen, die unermüdliche hilfe meiner frau und die überaus gewissenhafte arbeit der druckerei hier ganz unerwähnt zu lassen.

Ich will auch jetzt schon sagen, dass ich mich bei den vorarbeiten an dem Ethnographenband (III C), der die griechischen autoren über die barbarenländer von Aegypten bis Thrakien enthält, der beihilfe nicht nur der Bollingen Foundation, sondern auch der Jowett Copyright Trustees (Oxford) erfreuen durfte. Er ist so weit gefördert, dass mit dem beginn des druckes der Texte im laufe des jahres 1956 gerechnet werden kann. Auch mit einem neudruck des seit lange vergriffenen bandes I (Genealogie und Mythographie), der einen etwas umfangreicheren Anhang von Addenda, Corrigenda, Konkordanzen erhalten muss, kann in absehbarer zeit gerechnet werden. Freilich, der ausarbeitung des besonders wichtigen und notwendigen kommentars zu III C, der vielleicht eine gewisse mitarbeit von mehreren spezialisten namentlich für die länder des Orients verlangt, fühle ich mich — trotz umfangreicher vorarbeiten *patriai tempore iniquo* — nicht mehr selbst gewachsen. Ich muss mit dem text von III C, mit dem die Historiker im engeren sinne des wortes abgeschlossen sind, meine eigene arbeit einstellen. Ungern genug; aber mich tröstet der gedanke, dass ich die fortführung und das was man den zweiten teil der sammlung nennen kann — die Antiquarische **Historie** (mit der Biographie), die Geographen, die unbestimmbaren autoren (mit den anonymen papyri historischen inhalts), die zeugnisse über die antike Historiographie, und (last not least) die umfangreichen **Indices** — berufenen händen überlasse, die (so hoffe ich) auch die von mir gelassene lücke — den kommentar von III C, der nicht nur die 'Graecisten' interessieren wird — ausfüllen werden. Wie die dinge in der Altertumswissenschaft heute liegen, glaube ich, dass etwas geleistet ist, wenn dann wenigstens dieses gebiet des 'Erbes der Alten' vollständig aufgearbeitet ist — selbst wenn vielleicht schon jetzt manche benutzer bedauern, dass die antiken texte nicht auch in einer modernen sprache vorgelegt werden.

Oxford, 7. Juli 1955. F. JACOBY

I. ACHAIA

Der Achaeische Bund hat seit seiner neugründung a. 281/0 v. Chr. bei den zeitgenössischen historikern die ihm zukommende rolle als griechische grossmacht neben Makedonien, den mächten des Ostens, Aetolien und Rom gespielt. Wenn Gelzers vermutung [1]) richtig ist, dass 'Polybios anfänglich überhaupt nur eine darstellung der achaeischen geschichte geplant habe', so würde das ein werk geworden sein, das — wie Μακεδονικά und Σικελικά — die mitte zwischen Ἑλληνικά und eigentlicher Ethnographie gehalten hätte. Es hätte mindestens einleitungsweise die geschichte des volkes von seinen ursprüngen an geben müssen, und man mag einen rest davon in 2, 41, 3 ff. in dem knappen überblick über die verfassung finden, der eine ununterbrochene königsreihe von Tisamenos, ὃς ἦν Ὀρέστου μὲν υἱός, κατὰ δὲ τὴν τῶν Ἡρακλειδῶν κάθοδον ἐκπεσὼν τῆς Σπάρτης κατέσχε τοὺς περὶ Ἀχαίαν τόπους, bis zu dem für uns zeitlich nicht bestimmbaren Ogygos [2]) kennt. Hier stand Aristoteles' gemeinachaeische Politeia zur verfügung, von der wir leider nur den titel kennen; dazu das sonderbuch des Dikaiarchos über Pellene. Für die zeit vorher war einiges in den Genealogiai und bei Ephoros [3]) zu finden, der die athenische tradition über Ion und die Ionische Wanderung aufgenommen zu haben scheint, und was es etwa an überlieferung in den einzelnen städten gab. Ungefähr in der zeit der neugründung des bundes und schwerlich ohne inneren zusammenhang mit dem politischen faktum scheint Rhianos alles vorhandene in einem seiner 'ethnographischen epen' zusammengefasst zu haben [4]), das mit dem urmenschen Phoroneus begann und Achaia in einer uns nicht kenntlichen weise in die urgeschichte der Peloponnes einordnete. Älteres gibt es nicht: weder Hellanikos noch Charon haben über Achaia geschrieben. Dann aber haben vermutlich die politischen aspirationen des bundes auch eine lokale literatur erzeugt, ähnlich wie es für Messenien der fall war, das auch keine alten lokalhistoriker hatte. Die ansprüche, die sie erhob, scheinen sich vor allem gegen Argos, aber auch gegen Sparta, gerichtet zu haben [5]). Die zwei autoren, die wir kennen, werden (nach der art wie sie bei Athenaios und in den Pindarscholien zitiert werden) noch in hellenistische zeit gehören. Was wir sonst haben ist wenig, und das meiste scheint jung zu sein. Pausanias' 7. buch, über dessen quellen sich kaum etwas näheres sagen lässt, hat den typus der Ethnographie, die mit dem alten landesnamen beginnt; aber die historische einleitung handelt so ausführlich von der Ionischen Wanderung und von der hellenistisch-römischen zeit, dass man sieht wie wenig die von ihm doch wohl benutzte(n) Landesgeschichte(n) [6]) sonst bot(en). Es muss ihm selbst aufgefallen sein; denn 6, 3-4 notieren sozusagen die lücke. Die überlieferung bot offenbar nicht einmal so viel wie für Messenien, wo man wenigstens ein paar stellen in den gedichten des Tyrtaios und die traditionen über Aristomenes (aus dem 5. jhdt.?) hatte; erst recht nichts was der rolle von Argos im epos oder der bedeutung von Elis-Olympia als religiöses zentrum entsprach.

297. AUTOKRATES

Umfang, anlage, nachwirkung des vermutlich noch hellenistischen werkes [1]) sind nicht zu bestimmen; bei Pausanias können wir seine spuren nicht nachweisen.

(1) Verehrung Demeters in Achaia ist verbreitet [2]). In Aigion, dem vorort des neuen bundes [3]), stand die Παναχαία wohl als bundesgöttin neben Zeus Homagyrios [4]), und es ist interessant zu sehen, wie die Landesgeschichte aus dem letzteren beinamen [5]) kapital schlägt um der stadt einen platz in der sagengeschichte zu geben: Ὁμαγύριος δὲ ἐγένετο τῶι Διὶ ἐπίκλησις, ὅτι Ἀγαμέμνων ἤθροισεν ἐς τοῦτο τὸ χωρίον τοὺς λόγου μάλιστα ἐν τῆι Ἑλλάδι ἀξίους, μεθέξοντας ἐν κοινῶι βουλῆς καθ᾽ ὅντινα χρὴ τρόπον ἐπὶ ἀρχὴν τὴν Πριάμου στρατεύεσθαι. In den gleichen zusammenhang gehört, dass Aigion auf das grab des Talthybios anspruch macht [6]). In Antheia und Aroe, die beide in Patrai aufgegangen sind, lokalisierte man die erste aussaat des getreides durch Triptolemos, der nach Πατρέων οἱ τὰ ἀρχαιότατα μνημονεύοντες dort von dem autochthonen landeskönig Eumelos aufgenommen wird [7]): der eponym von Antheia ist sein sohn; Aroe nennt er ἐπὶ τῆι ἐργασίαι τῆς γῆς. Ich kann auch darin nur erfindungen der um stoff verlegenen landesgeschichte sehen, nicht (wie Kern) den beweis für abhängigkeit des kultes in Patrai von Eleusis. Die Demeter Poteriophoros erwähnt Pausan. 7, 18 nicht; es ist schwerlich ein echter kultname.   (2) Sohn aus dieser ehe ist nach Serv. Vergil. A. 1, 242 [8]) und Rufin. Rec. 10, 21 Achaios, der eponym des stammes, der damit zum peloponnesisch-achaeischen autochthonen wird; mit Thessalien verbindet ihn nur noch der name der mutter. Die metamorphose und ihre lokalisierung im vorort Aigion beweisen für erfindung erst in hellenistischer zeit [9]) und werfen licht auf den geist von A.s buch.

Seine version erscheint auf münzen von Aigion aus der Kaiserzeit [10]), ist aber von Pausanias, der der athenischen genealogie folgt [11]), nicht aufgenommen. Es gibt noch andere genealogieen, die Achaios aus dem Deukalionstemma herausnehmen und ihn (im gefolge des Rhianos?) in einen peloponnesischen stammbaum stellen, der von Zeus⌣Niobe (ἡ Φορωνέως) und ihrem sohne Pelasgos ausgeht. In der 6. generation steht in ihm die auswanderung nach Thessalien unter führung von Achaios, Phthios, Pelasgos, söhnen des Poseidon und der Larisa [12]). Achaios und Phthios sind brüder auch Schol. *Il.* B 681; und Steph. Byz. s.v. Ἑλλάς hat einen stammbaum Ἀχαιός — Φθῖος — Ἕλλην ('nicht der sohn Deukalions'), der die thessalische Hellas besiedelt. Wir können das hier nicht weiter verfolgen.

298. AUTESION

Die aufnahme hier (statt in bd. VI) bedeutet eine durchbrechung des prinzips, die sich aber rechtfertigen lässt, weil die behauptung Pelops sei Achaeer aus Olenos gewesen wirklich nur in Ἀχαικά gestanden haben kann [1]). Leider geben Σχολ nur die nackte tatsache, und wieder lässt uns Pausanias im stich, der überhaupt von Olenos wenig zu sagen weiss [2]). Aber man kann von ihr kaum trennen die überlieferung, die Strabo 8, 5, 5 (vermutlich nach Ephoros [3])) gibt und die Pelops zum phthiotischen Achaeer macht: Ἀχαιοὺς γὰρ τοὺς Φθιώτας φασὶ συγκατελθόντας Πέλοπι εἰς τὴν Πελοπόννησον οἰκῆσαι τὴν Λακωνικήν, τοσοῦτον δ' ἀρετῆι διενεγκεῖν, ὥστε τὴν Πελοπόννησον ἐκ πολλῶν ἤδη χρόνων Ἄργος λεγομένην τότε Ἀχαικὸν Ἄργος λεχθῆναι, καὶ οὐ μόνον γε τὴν Πελοπόννησον, ἀλλὰ καὶ ἰδίως τὴν Λακωνικὴν οὕτω προσαγορευθῆναι κτλ. Der achaeische lokalhistoriker wird die richtung der wanderung umgedreht haben, wie Autokrates es im falle des Achaios getan zu haben scheint [4]). Dabei mag er sich auch darauf gestützt haben, dass die *Ilias* B 104 von einer einwanderung des Pelops nichts sagt und weil ein vordorischer Peloponnesier ganz konsequent Achaeer ist [5]); weiter vielleicht auf die genealogie, die ihn zum sohn des Hermes und der Kalyke, tochter des Aiolos, macht [6]), und mit der man vielleicht über Ephoros auf Hellanikos' *Atlantis* [7]) zurückkommt. Warum A. gerade Olenos als geburtsort wählte, können wir freilich nicht erraten. Aber eine spitze gegen Argos liegt darin.

II. AIGINA [1])

Von urkundlicher chronik oder fasten ist nichts bekannt [2]). Man wird annehmen, dass beamtenlisten geführt sind; aber Herodot, der die insel wahrscheinlich selbst besucht, manches gesehen, und anderes von seinen aristokratischen gastfreunden gehört hat [3]), ist über die chronologie selbst der kriege zwischen Aigina und Athen, für die er sich besonders interessiert, so vage dass sie zu den am häufigsten behandelten problemen der älteren griechischen geschichte gehört [4]). Wir kennen auch keinen aeginetischen lokalhistoriker aus dem 5. und 4. jhdt. [5]), und haben keinen grund die beiden uns bekannten verfasser von *Aiginetika*, die grammatiker gewesen zu sein scheinen, für Aegineten zu halten. Von ihnen gehört Pythainetos, den Didymos zitirt und der die hauptautorität nicht nur für die Pindarerklärer gewesen zu sein scheint, wahrscheinlich noch in gute hellenistische zeit: wäre er Aeginete, würde man am ehesten an die zeit der zugehörigkeit Aiginas zum Pergamenischen reich (210-133 v. Chr.) denken, die wenigstens materiell eine art nachblüte für die insel bedeutet [6]). Über Theogenes wage ich kein urteil, halte ihn aber für jünger und setzte ihn gern in römische zeit [7]). Ihr interesse scheint vorwiegend der sagenzeit zugewandt, und sie arbeiten mit der literatur — Orpheus, Hesiod, Pindar, Aristophanes [8]); wir erhalten nichts wesentliches aus ihnen für die persönlichkeiten des 5. jhdts, obwohl die paar fragmente zum grösseren teil aus den Pindarscholien stammen. Also werden sie nichts gewusst haben. Es ist ganz zweifelhaft, ob sie urkunden gegeben oder auch nur nach solchen gesucht haben. Aus Aristoteles' Αἰγινητῶν πολιτεία, in der man *a priori* urkundliches material auch aus älterer zeit erwartet (wenn es die zeit der athenischen herrschaft überlebt hat), haben wir nur eine notiz über die sklavenzahl [9]), deren glaubwürdigkeit man nicht immer wieder durch neue einfälle zu retten suchen sollte.

299. PYTHAINETOS

Die dürftigen fragmente widersprechen chronologischer folge nicht: F 2 aus buch I geht auf die urzeit, F 3 auf die erste hälfte des 6. jhdts. Dann war der umfang des werkes nicht gering.

(1) Hippuris rechnen Apoll. Rhod. 4, 1711 ff. und Mela 2, 111 zu den Sporaden. Sie ist Anaphe benachbart [1]), und die lage wird von Thera aus bestimmt [2]). Sie fehlt bei Steph. Byz., der eine Ἱππουρίσκος

νῆσος Καρίας verzeichnet. Der zusammenhang, in dem sie bei P. vorkam, lässt sich nur erraten: wenn die seeherrschaft der Aegineten schon im 1. buch behandelt war, könnte man an einen vorgang denken wie ihn Herodot. 3, 59 berichtet. (2) Hatte Didymos einen beleg auch für das geschlecht der Βουδίδαι? Seine konjektur, die niemand akzeptiert hat, beweist dass man die Βασσίδαι oder Βασσιάδαι [3]) nur aus Pindar kannte [4]). Die Σχολ haben die geschichte von Budion und Oinone nicht ausgehoben: die spielte wohl in der zeit vor der menschlichen besiedlung [5]). Oinone ist die ältere eponyme der insel, die ihren historischen namen von der Asopostochter Aigina erhielt [6]). Von Budion wissen wir sonst nichts; es ist aber wohl ein redender name wie Budeios und Budeia, für die es die variante Buzyge gibt [7]). (3) Der novellistische einzelzug, den Athenaios aushebt, zeigt wie ausführlich P. von den tyrannen von Epidauros und Korinth gehandelt hat. Die geschichte Perianders ist besonders reich an solchen zügen [8]); aber das exzerpt aus Herakleides Pontikos [9]) bei Diog. Laert. 1, 94 zeigt auch, wie viele historische fakten in solchen büchern gestanden haben können. Plutarch *De Pyth. or.* 19 erzählt von einem Aegineten Kleandros, der im dienste des Prokles stand; aber es lässt sich nicht erraten, was zu dem exkurs über die tyrannen anlass gab [10]). Die rücksicht auf die nachbarstaaten ist in der lokalgeschichte überhaupt natürlich; aber diese ausführlichkeit beweist doch wohl, dass das material über Aigina selbst nicht sehr reichlich war. (4) Plutarch. *Quaest. conv.* 9, 6 p. 741 A μετὰ τοῦ Ποσειδῶνος, ὃν αὐτὸς εἴωθας ἱστορεῖν ἡμῖν ἡττώμενον πολλάκις, ἐνταῦθα μὲν ὑπ' Ἀθηνᾶς, ἐν Δελφοῖς δ' ὑπὸ τοῦ Ἀπόλλωνος, ἐν Ἄργει δ' ὑπὸ τῆς Ἥρας, ἐν Αἰγίνηι δ' ὑπὸ τοῦ Διός, ἐν Νάξωι δ' ὑπὸ τοῦ Διονύσου. Man mag es dahingestellt sein lassen, wie weit in solchen geschichten wirkliche erinnerung steckt [11]); aber es ist auffällig, wie häufig gerade der ionische Poseidon von anderen göttern verdrängt wird [12]). Leider wissen wir nichts von einem verhältnis Poseidons zu Budion-Oinone von F 2, und man muss der versuchung widerstehen auf grund so weniger und so dürftiger fragmente zu kombinieren. Aber es ist wieder auffällig, dass das aeginetische geschlechterfest [13]) der Θίασοι, das Athenaios Ποσειδώνια nennt [14]), dem Poseidon gefeiert wird. Was Plutarch. *Aet. Gr.* 44 von dem ursprung dieses festes sagt, stammt gewiss aus einem buche über Aigina: es ist selbstverständlich, dass diese bücher mehr von den ἐπὶ τὴν Τροίαν στρατεύσαντες Αἰγινῆται zu erzählen wussten als die *Ilias*, die Aigina nur im Katalog als teil von Diomedes' reich nennt [15]). (5) Schol. Pindar. *Ol.* 9, 106 (a) Αἴγινα μετὰ τὸ τεκεῖν τὸν Αἰακὸν ἦλθεν εἰς Θεσσαλίαν καὶ ἐγαμήθη Ἄκτορι, ἐξ οὗ ἔσχε Μενοίτιον, ὃς ἐπώικησε τὴν Ὀποῦντα ἀναστὰς ἀπὸ Θεσσαλίας. (b) τινὲς

ἐκ Δαμοκρατείας τῆς Αἰγίνης καὶ Ἄκτορός φασι τὸν Μενοίτιον· ὁ δὲ Πάτροκλος Μενοιτίου ἦν καὶ Σθενέλης. Schol. (AB) T *Il.* Σ 10/1 Ἄκτωρ Λοκρὸς μὲν ἦν τὸ γένος ἀπὸ Ὀποῦντος πόλεως, μετὰ δὲ τὸ τεκεῖν Αἰακὸν ὑπὸ Διὸς τὴν Αἴγιναν γήμας ἔμενεν <ἐν> Οἰνώνηι [16]), καὶ γίνεται αὐτῶι Μενοίτιος, <ὁ>
5 τοῦ Πατρόκλου <πατήρ>· ὅθεν Μυρμιδόνα ἀναγκαίως τὸν Πάτροκλον καλεῖ. In der Ilias ist Patroklos sohn des Menoitios [17]), Menoitios sohn Aktors [18]), und Patroklos ist in Opus zuhause [19]). Also muss auch sein vater dort wohnen oder dahin gebracht werden. Die mütter fehlen in der Ilias, wie gewöhnlich, und werden erst von den späteren dichtern oder genea-
10 logen hinzugefügt, wo dann differenzen entstehen [20]). Aber das hauptproblem für die späteren erklärer ist *Il.* Σ 10/1, wo Patroklos Μυρμιδόνων ὁ ἄριστος heisst. Rhianos und Aristophanes [21]) haben die verse gestrichen, ἴσως ἐπεὶ οὐκ ἦν Μυρμιδὼν ὁ Πάτροκλος· Λοκρὸς γὰρ ἦν ἐξ Ὀποῦντος. Aristarchs verteidigung ist lächerlich; aber die kritiker hätten auch
15 v. 9 streichen müssen. Die verfasser von *Aiginetika* haben das problem da behandeln müssen, wo sie von Aiginas teilnahme am Trojanischen Krieg handelten [22]).   (6) Schol. *Nem.* 5, 81b μεὶς ἐπιχώριος ὁ Δελφίνιος μὴν καλούμενος, καθ᾽ ὃν τελεῖται Ἀπόλλωνος ἀγὼν Ὑδροφόρια καλούμενος. Sicher ist dass Pindar von zwei verschiedenen dingen spricht, den
20 Nemeen, die dem Zeus im hochsommer jedes zweiten jahres gefeiert werden [23]), und einem aeginetischem monat, der dem Apollon heilig ist und den wir kalendarisch nicht festlegen können [24]); sehr zweifelhaft dagegen, ob er sagen will, dass der Nemeensieger in diesem monat auch bei heimischen wettspielen gesiegt hat. Wilamowitz bestreitet es m.e.
25 mit recht [25]), aber antike erklärer haben so verstanden und nennen deshalb den monat Delphinios und den agon der Hydrophoria, den man gemeinhin mit dem ἀγὼν ἀμ(φι)φορίτης und den Delphinia gleichsetzt [26]). Daran knüpfen sie die weitere vermutung, dass auch das (die?) opfer für Apollon Oikistes und Domatites, die sie aus P. kennen [27]), in den
30 gleichen monat fallen. Hoffentlich haben sie wenigstens soweit recht, dass der aeginetische kalender nur éinen Apollonmonat hatte. Denn der gedanke an den ἀγὼν ἀμφορίτης lag nahe, weil Kallimachos und Apollonios Rhodios von ihm erzählten: sein aition brachte Aigina in den bereich der Argonautenfahrt [28]). Es ist leider nicht zu entscheiden, ob
35 diese dichter das schon in einem buch über Aigina fanden [29]) oder in einem der werke Περὶ ἀγώνων, die im 3. jhdt zahlreich sind [30]) und schwerlich nur aus lokalen schriftquellen schöpften. Zitirt wird P. direkt nicht für den agon, sondern nur für die opfer an Apollon, die (wie die form der vermutung wahrscheinlich macht) in anderem zu-
40 sammenhang vorkamen. Natürlich stand das später auch in *Aiginetika*,

und wer Schol. *Nem.* 5, 81b die Ὑδροφόρια aus ihnen ableitet soll nicht widerlegt werden; denn die dichter sprechen vom ἀγὼν ἀμφιφορίτης.

300. THEOGENES [1])

Als name ist Theogenes etwas besser bezeugt als Theagenes. Die
5 gleichsetzung mit dem vielleicht wesentlich späteren Theagenes, der über Makedonien schrieb [2]), hat nichts für sich und scheint allgemein aufgegeben zu sein [3]).   (1) Strab. 8, 6, 16 ἡ δὲ χώρα αὐτῆς (*scil.* τῆς Αἰγίνης) κατὰ βάθους μὲν γεώδης ἐστί, πετρώδης δ' ἐπιπολῆς, καὶ μάλιστα ἡ πεδιάς· διόπερ ψιλὴ πᾶσά ἐστι, κριθοφόρος δ' ἱκανῶς. Μυρμιδόνας δὲ κληθῆναί
10 φασιν, οὐχ ὡς ὁ μῦθος, τοὺς Αἰγινήτας, ὅτι λοιμοῦ μεγάλου συμπεσόντος οἱ μύρμηκες ἄνθρωποι γένοιντο κατ' εὐχὴν Αἰακοῦ, ἀλλ' ὅτι μυρμήκων τρόπον ὀρύττοντες τὴν γῆν ἐπιφέροιεν ἐπὶ τὰς πέτρας, ὥστ' ἔχειν γεωργεῖν, ἐν δὲ τοῖς ὀρύγμασιν οἰκεῖν φειδόμενοι πλίνθων. ὠνομάζετο δ' Οἰνώνη πάλαι . . . . ἐπώικησαν δ' αὐτὴν Ἀργεῖοι καὶ Κρῆτες καὶ Ἐπιδαύριοι καὶ Δωριεῖς [4]).
15 Strabon, der in der hauptsache Apollodor exzerpiert [5]), trennt die polemik gegen den mythos und die 'historische' besiedlungsgeschichte. Die letztere ist leider stark verkürzt und nennt keine führer, aber nach der parallelüberlieferung gehört der mythische Aiakos nicht zu ihnen; die 'Argeier' (aus Epidauros) führt vielmehr ein sonst unbekannter
20 Triakon [6]). Ob die besiedlungsgeschichte aus anderer quelle stammt (vielleicht dem am schlusse des kapitels zitierten Ephoros) bleibe dahingestellt; aber die gewöhnliche annahme [7]), dass Apollodoros die anonyme polemik (φασίν) gegen den mythos von Aiakos aus Th. hat, ist sehr zweifelhaft, weil Th. selbst sich für seine rationalistische deutung auf
25 ältere autoren (ἄλλοι τινές) beruft [8]). Es ist also möglich, dass Apollodoros und Th. der gleichen quelle folgen. Das können *Aiginetika* sein (etwa die älteren des Pythainetos); aber Genealogie, Historie (Ephoros?), und selbst Ἄπιστα (wie sie Palaiphatos schrieb) sind als direkte oder indirekte quelle denkbar. Denn Strabons polemik und erklärung aus den
30 naturhaften gegebenheiten der insel haben die form, die schon für den ältesten rationalismus möglich ist [9]), dessen vertreter zugleich historiker (genealogen) und geographen sind. Th. hat die dinge zusammengezogen und setzt sich damit in viel schärferen widerspruch zu Hesiod und dem mythos (wie immer er im einzelnen erzählt wird [10])): sein Aiakos ist
35 führer von einwanderern ἐκ Πελοποννήσου, der eine 'menschenarme' insel besiedelt und sie kultiviert. Wahrscheinlich sind es eben die μεθ' ἑαυτοῦ παραγενόμενοι, die als ἔξωθεν ἐρχόμενοι die urbewohner wegen ihrer

lebensweise mit μύρμηκες vergleichen, womit sich der name Μυρμιδόνες erklärt. Der ganze bericht ist eigentümlich vage: man sieht nicht recht, ob er Aiakos als kulturheros von Aigina fasst (ein begriff, der auch in der Lokalgeschichte häufig ist), oder als den, der die insel hellenisiert,
5 oder ob beides für ihn zusammenfällt. Dass es in 'der Peloponnes' zur zeit des mythischen Aiakos noch keine Dorier gibt, musste Th. wissen; aber er gibt nichts näheres, und es sieht beinahe aus, als ob er die eigentliche gelehrsamkeit absichtlich vermeidet und sich mit einer scharf durchrationalisierten, aber möglichst einfachen kolonisationsgeschichte
10 begnügt, die nur mit dem gegensatz urbewohner (barbaren) ∼ Griechen arbeitet. Wenn das zutrifft (es ist weit davon entfernt sicher zu sein), so würde das wenigstens einiges licht auf das buch werfen, von dessen umfang und character wir garnichts wissen. Das wenige was wir haben spricht nicht für frühe abfassungszeit und macht bedenklich gegen den
15 versuch in ihm 'gute lokalüberlieferung' [11]) zu finden.　　(**2**) Beruht auf Aristoph. *Ach*. 652/4. Soweit das knappe fragment ein urteil gestattet, hat sich Th. einfach der ersten deutung in Schol. 654 ταῖς δ' ἀληθείαις εἷς ἣν τῶν ἐν τῆι νήσωι κληρουχησάντων angeschlossen, weder diskutiert noch gar aus aeginetischem lokalpatriotismus den dichter als Aegineten
20 in anspruch genommen. Th. stützt selbstverständlich nicht die auf Herodt. 6, 90 gegründete vermutung Van Leeuwens (*Mnem*. N.S. 16, 1888, p. 251).

III. AIOLER

Die titel lauten Αἰολικά und Περὶ Αἰολέων, nicht Περὶ τῆς Αἰολίδος,
25 wie man das kolonialgebiet gewöhnlich nennt [1]), und die (leider sehr spärlichen) zitate gehen auf Delphi, Kalydon, and die sog. äolische wanderung. Wenn man eines von Hellanikos' vielen ethnographisch-lokalgeschichtlichen werken Αἰολικά betitelte [2]) und wenn Staphylos Περὶ Αἰολέων schreibt, so dürfen wir schliessen, dass sie nicht nur über die klein-
30 asiatische Aiolis handeln wollten, sondern über alle gebiete, wo nach ansicht der alten historiker (und nur auf sie kommt es an, nicht auf moderne theorieen über die herkunft des namens) der stamm der Αἰολεῖς oder die nachkommen des Aiolos dauernd oder vorübergehend gesessen haben. Über den umfang des begriffes genügt es auf Strabon 8, 1, 2 hinzuweisen,
35 der Apollodoros Περὶ νεῶν exzerpiert, also für die hellenistische gelehrsamkeit beweist, die ihrerseits wieder auf den Genealogiai und Ephoros beruht: πάντες γὰρ οἱ ἐκτὸς Ἰσθμοῦ πλὴν Ἀθηναίων καὶ Μεγαρέων καὶ τῶν περὶ τὸν Παρνασσὸν Δωριέων καὶ νῦν ἔτι Αἰολεῖς καλοῦνται....

οὕτω δὲ τοῦ Αἰολικοῦ πλήθους ἐπικρατοῦντος ἐν τοῖς ἐκτὸς Ἰσθμοῦ, καὶ οἱ ἐντὸς Αἰολεῖς πρότερον ἦσαν, εἶτ' ἐμίχθησαν, Ἰώνων μὲν ἐκ τῆς Ἀττικῆς τὸν Αἰγιαλὸν κατασχόντων, τῶν δ' Ἡρακλειδῶν τοὺς Δωριέας καταγαγόντων ..... οἱ μὲν οὖν Ἴωνες ἐξέπεσον πάλιν ταχέως ὑπὸ Ἀχαιῶν, Αἰολικοῦ ἔθνους,
5 ἐλείφθη δ' ἐν τῆι Πελοποννήσωι τὰ δύο ἔθνη, τό τε Αἰολικὸν καὶ τὸ Δωρικόν κτλ. Dazu ein paar zeugnisse für die auffassung von Genealogie und hellenischer Historiographie: Herodt. 7, 176, 4 kommen die Thessaler aus Thesprotien οἰκήσοντες γῆν τὴν Αἰολίδα, τήν περ νῦν ἐκτέαται [3]); nach Thukyd. 4, 42, 2 wohnen in Korinth vor der dorischen wanderung
10 Αἰολεῖς; Theopompos 115 F 212 nannte die bewohner der böotischen stadt Chalia (unweit des Euripos) Αἰολεῖς οἱ τὴν ἤπειρον ἔχοντες. Da die Boioter, die aus Thessalien eingewandert waren, ursprünglich alle Αἰολεῖς hiessen [4]), möchte man glauben, dass der name wirklich an diesem orte noch haftete, wie auch Herodt. 8, 35, 1 in Phokis am Parnassos eine
15 πόλις Αἰολιδέων kennt [5]). Ganz sicher ist das für die landschaft um Kalydon, das die Ilias nicht nur im Katalog aetolisch nennt [6]), nach der viel besprochenen stelle Thukyd. 3, 102, 5 ἀνεχώρησαν οὐκ ἐπὶ Πελοποννήσου, ἀλλ' ἐς τὴν Αἰολίδα τὴν νῦν καλουμένην Καλυδῶνα καὶ Πλευρῶνα καὶ ἐς τὰ ταύτηι χωρία καὶ ἐς Πρόσχιον τῆς Αἰτωλίας [7]). Sie zeigt wie verkehrt es
20 ist, wenn man in 301 F 1 Αἰολικά in Αἰτωλικά ändert [8]); denn die Αἰολεῖς bezeugt hier nicht nur das von Wilamowitz *Sb. Berlin* 1921 p. 729 ff. eingehend behandelte Schol. B *Il.* B 484, dessen letzte quelle ein historiker vermutlich des 4. jhdts v. Chr. ist [9]), sondern auch Ephoros 70 F 122, der erzählte, wie sie dahin gekommen sind [10]).
25   (**301 F 1**) Et. M. p. 533, 33 (cf. Herodian. II p. 458, 37 ff. Lentz) Χλούνειον· τόπος ἐν Αἰτωλίαι, ὅπου ἦν ὁ χλούνης. Suda s.v. Χλούνειον· ὄνομα τόπου.

IV. AITOLER

Aetolien hat wirklich dauernd zu den geistig zurückgebliebensten
30 landschaften gehört und nicht einmal in der zeit des bundes (für dessen verfassung sich Aristoteles interessiert) eine landesgeschichte von der art produziert wie sie in Messenien und Achaia entstanden sind. Geschrieben haben über das land nur fremde [1]); Nikandros' buch oder bücher stammen vielleicht erst aus der zeit, in der der bund auch seine
35 politische bedeutung verloren hatte [2]). Trotz einer reihe von fragmenten sind diese einzigen *Aitolika* nicht recht fassbar: es ist fraglich, ob sie ein epos oder prosabuch waren, ob eine landesgeschichte oder sammlung von sagen und altertümern. Nur der grammatisch-philologische cha-

rakter ist ziemlich deutlich. Der 'Rhodier Diokles' (302) mag nach dem Abderiten Diokleides erfunden sein, der über die von Demetrios Poliorketes gegen Rhodos verwendete ἑλέπολις geschrieben hat ³). Von einer identifikation der beiden kann keine rede sein.

V. AKARNANIEN

Mit den akarnanischen nachbarn der Aetoler steht es noch schlechter als mit diesen. Wir kennen nichts als die *Politeia* des Aristoteles, in der von der ältesten bevölkerung gehandelt ist ¹). Sie scheint benutzt auch für die weitere urgeschichte bei Strabon 10, 2, 24 (21)-26 ²), der dann für ihre nichtbeteiligung am Trojanischen Krieg Ephoros 70 F 123 zitiert und eine variante aus Thukydides ³) hinzufügt. In den verhandlungen mit Rom nach dem zweiten Makedonischen Krieg scheinen die Akarnanen sich mit einem gewissen erfolg auf Ephoros berufen zu haben ⁴). Aber von einer Landesgeschichte, in der sie ihre ansprüche vertraten, findet sich keine sichere spur ⁵), obwohl sie in der Grossen Geschichte seit dem 5. jhdt oft vorkamen und auch in den *Genealogiai* eine nicht geringe rolle gespielt haben.

VI. AMBRAKIA

303. ATHANADAS

Westermanns gleichsetzung des A. mit Athanis (oder Athanas) von Syrakus (no. 562), der im zweiten drittel des 4. jhdts v. Chr. die letzten jahre des Dionysios II und die geschichte des Dion und Timoleon in Σικελικά erzählte, braucht man nicht zu widerlegen ¹). Ein buch über Ambrakia möchte man am ehesten in die zeit setzen in der Pyrrhos die stadt zu seiner residenz machte ²); es mag sogar für diesen könig geschrieben sein ³). Dann könnte es schon Kallimachos ⁴) benutzt haben für die variante in § 5 über den tod des tyrannen Phalaikos (Phaylos) ⁵), die das aition für den kult der Artemis Hegemone oder Agrotera in Ambrakia ist ⁶). Aber das bleibt vermutung, weil wir nicht mit irgendwelcher bestimmtheit sagen können was bei A. gestanden hat: die quellenangaben zu den geschichten des (Parthenios und) Antoninus ⁷) sind so wertvoll wie die in den ἱστορίαι der Homerscholien ⁸), lassen sich aber (wie diese) nur in ausnahmefällen auf die ganze erzählung oder einzelne teile beziehen. Hier stammt der rahmen wohl sicher aus Nikandros, der den streit der drei götter erfunden und (ungeschickt genug) hineingestopft zu haben scheint was er (vielleicht wieder aus A.) über mythos, geschichte, und kulte von Ambrakia wusste. Aber ich habe nicht gewagt § 5 durch den druck als sicher aus A. stammend zu bezeichnen, obwohl die geschichte vom tode der Pyrrhostochter Deidameia vielleicht auch dafür spricht [9]).

IX. ARGOS

Die lokale überlieferung von Argos beginnt — vergleichbar mit der von Korinth und Theben, aber sehr verschieden von Athen — in den späteren epen [1]), unter denen die *Phoronis* das wichtigste ist, weil sie als landschaftliches epos die ansprüche der stadt Argos als vorort der Argolis, der Peloponnes und vielleicht von ganz Hellas bewusst vertreten zu haben scheint. Der dichter folgt der deutung Homers, die Herodt. 5, 67, 1 dem Kleisthenes von Sikyon zuschreibt, der Ἀργείοισι πολεμήσας τοῦτο μὲν ῥαψωιδοὺς [2]) ἔπαυσε ἐν Σικυῶνι ἀγωνίζεσθαι τῶν Ὁμηρείων ἐπέων εἵνεκα, ὅτι Ἀργεῖοί τε καὶ Ἄργος τὰ πολλὰ πάντα ὑμνέαται. Der name Homer kann sich unmöglich nur auf die thebanischen gedichte *Thebais* und *Epigonoi* beziehen, von denen das erstere allerdings mit Ἄργος ἄειδε, θεά, πολυδίψιον, ἔνθεν ἄνακτες begann [3]): dass Kleisthenes im speziellen 'den Argiver Adrestos' los zu werden wünscht, der gegen Theben gezogen war, ist ein zweiter grund für seine massnahme. Homer bedeutet auch für Herodot mindestens den dichter der kämpfe um Troia und Theben: in der *Ilias* ist der führer Agamemnon, ὃς μέγα πάντων / Ἀργείων κρατέει, καί οἱ πείθονται Ἀχαιοί [4]); bedeutet Argos mindestens an einzelnen stellen ganz Hellas [5]); nennt Hera Ἄργος τε Σπάρτη τε καὶ εὐρυάγυια Μυκήνη ihre geliebtesten städte [6]); bilden im Katalog die kontingente aus diesen drei städten einen komplex [7]) — um wenigstens einzelnes von dem zu nennen, was für eine rhapsodische und praeokkupierte interpretation vollauf genügte auch in dem Homer der Ilias den lobredner von Argos zu finden. Man wird fragen dürfen, ob die *Phoronis* unter dem einfluss von Pheidons streben (vielleicht gar für Pheidon) gedichtet ist, der 'das ganze los des Temenos' wieder unter seinem szepter vereinigen [8]) und Argos wieder (nach antiker interpretation) zur vormacht der Peloponnes machen wollte; und wer mit Pheidon bis in die zweite hälfte des 7. jhdts geht [9]) erhält ein datum, das auch für die *Phoronis* glaublich ist. In jedem falle schliessen an die epische

Phoronis zwei wichtige prosabücher: die allgemeinen *Genealogiai* des Argivers Akusilaos, der höchstwahrscheinlich noch in der ersten hälfte des 5. jhdts in lokalpatriotischer absicht mit dem urmenschen Phoroneus beginnt [10]), und das unparteiische werk des gelehrten Hellanikos, der in der zweiten hälfte des jahrhunderts gewisse peloponnesische stammbäume in der *Phoronis* [11]) neben die *Deukalioneia* stellt und vier griechische stammväter von gleichem rang anerkennt. Auch wenn man daran denkt, dass die historiker des 5. jhdts ihren büchern noch keine eigentlichen titel gegeben haben [12]), ist es schwer glaublich, dass ein sizilischer autor in der zeit der Perserkriege über Argos so gehandelt haben soll, dass man das werk *Argolika* nennen konnte: nicht nur dieses eine werk, sondern der ganze Hippys von Rhegion ist eine durchaus zweifelhafte erscheinung [13]). Aber unter Hellanikos' vielen schriften stehen neben der *Phoronis*, die auf die sagenzeit beschränkt war, *Argolika*. Wir haben aus diesem buche nur ein zitat, wissen also viel weniger von ihm als von der *Atthis*, die (soweit man es bei fragmentarisch erhaltenen werken erwarten kann) nach inhalt und anlage einigermassen fassbar ist [14]); aber das entspricht dem überlieferungsbestand aller *Argolika*, deren fragmentzahl selbst bei den am häufigsten zitierten büchern unter zehn bleibt. Angesichts von Hellanikos' sonstiger production wird man nicht zweifeln, dass er der 'fremde sophist' war, der für Argos (so gut wie für Athen, Thessalien, Boiotien und Arkadien) die erste eigentliche landesgeschichte geschrieben hat, die naturgemäss mit der archaeologie begann [15]), und die als landesgeschichte bis zur gegenwart des verfassers gereicht haben wird. Argos war — ganz abgesehen von seiner stellung im epos — eine noch immer bedeutende stadt, deren haltung in dem kampf um die hegemonie (auch wenn oder solange es neutral war) vom standpunkt des athenischen reiches aus gerade in Hellanikos' zeit wieder stark ins gewicht fiel [16]); und dass Hellanikos sie besucht hat, beweisen die Ἱέρειαι τῆς Ἥρας αἱ ἐν Ἄργει, deren liste er nur an ort und stelle erhalten haben kann. Wir brauchen die frage hier nicht noch einmal zu stellen, wie die liste, die er erhielt, aussah, und ob sie fastenartige beischriften enthielt. War letzteres der fall, so waren es fasten des heiligtums, das ursprünglich zu Mykene gehört hat, und Hellanikos hat die liste denn auch als rückgrat verwendet für eine universale chronik, nicht für eine stadtchronik von Argos. Es ist nicht wahrscheinlich, dass er für die letztere offizielle fasten in Argos erhielt: weder in Argos noch sonstwo in der Peloponnes können wir politische chronikführung nachweisen [17]). Aber man darf — mehr noch aus allgemeinen erwägungen als auf grund des mehr als bescheidenen materials — die vermutung

wagen, dass er eine beamtenliste erhielt, was wohl heisst, dass er nicht
nur in der älteren zeit, sondern vielleicht bis zu den Perserkriegen und
darüber hinaus nach königen datierte [18]). Ob die bedeutung dieser ersten
Argolika für die herstellung einer von den anfängen bis zur gegenwart
5 fortlaufenden liste ebenso gross war wie in der *Atthis*, wo die konstruktion
des Hellanikos in der hauptsache durchgeschlagen hat, wird man nicht
zu entscheiden wagen.

    Auf Hellanikos folgen die epichorischen lokalhistoriker, die — wie
in Athen, Theben, und auch an orten wie Megara [19]), die er selbst nicht
10 in eigenen büchern behandelt hat — direkt an ihn angeschlossen haben
werden, was natürlich nicht bedeutet, dass sie überall die ältere tradition
aus dem epos und den dunklen jahrhunderten ebenso interpretierten
wie er [20]), und dass sie nicht daneben aus eigner kenntnis der heimischen
altertümer schöpften oder im lokalpatriotischen interesse erfanden. Wir
15 kennen eine ganze reihe von namen [21]), von denen aber kaum einer als
persönlichkeit so fassbar ist wie von den Atthidographen Kleidemos,
Androtion, Phanodemos, Philochoros, und selbst Demon. Was in Athen
die ausnahme ist — eine erscheinung wie Melanthios, von dessen *Atthis*
wir nur éin zufälliges zitat haben — ist in Argos die regel; und auch von
20 den innerpolitischen bedingungen, unter denen sie schreiben, wird man
höchstens bei Deinias eine vorsichtige vermutung wagen. Wir wissen
gerade aus Argos von hartnäckigen parteikämpfen und dass die oli-
garchische partei im 4. jhdt keineswegs tot war [22]); aber wir wissen nicht,
ob auch hier vor allem konservative männer ihre überzeugungen lite-
25 rarisch vertraten und ob die *Argolika* den aussen- und innenpolitischen
kampf so begleiteten wie die *Atthides* und (in etwas anderer weise) die
bücher des 4. und 3. jhdts den über die spartanische πολιτεία. Nach den
resten der werke ist die wahrscheinlichkeit nicht sehr gross; aber die
können leicht trügen. Die meisten, wenn nicht alle autoren, werden
30 Argiver gewesen sein, wenn auch nur Dionysios und Sokrates, denen
man zur not noch Deinias und Lykeas (aber nicht Demetrios) hinzufügen
kann, ausdrücklich so genannt werden; und von ihnen war Lykeas
dichter, Sokrates (der vermutlich eine periegese schrieb, nicht eigentliche
Ἀργολικά) eher grammatiker, und Dionysios schreiben wir ein histori-
35 sches buch nur vermutungsweise zu. Wenigstens einige — sicher Derkylos,
wahrscheinlich auch Demetrios — gehören noch in vorhellenistische zeit;
Deinias kann man ziemlich sicher, Sokrates vielleicht noch ins 3. jhdt
setzen; und wenn man Istros' Ἀργολικά so beurteilen darf wie seine
Ἀττικά [23]), so mögen auch andere von den schattenhaften figuren in das
40 4. oder (eher) das 3. jhdt gehören. Die zeitliche festlegung der einzelnen

autoren ist deshalb schwierig, weil wir so wenig von ihnen haben; kaum ein fragment auf die spätere zeitgeschichte geht; Sokrates (wenn überhaupt) in der für die ältere hellenistische zeit üblichen weise anonym zitiert [24]; und Pausanias auch hier keinen namen nennt ausser dem m.e. späten Lykeas. Man wird annehmen, dass die eigentlichen lokalhistoriker unter ihnen die geschichte bis in die eigene zeit herabgeführt haben; aber nachweisbar ist es nur für Deinias; Sokrates und Lykeas stehen als periegeten auf einem anderen blatte. Es liegt in der natur unserer überlieferung und dem fehlen gelehrter scholien zu den historikern, dass das uns erhaltene fast ausschliesslich auf sage und kult geht. Das ist weitgehend auch der fall für Athen (und andere lokalgeschichten); aber faktisch sind wir, da es in Argos keine komoedie gab, für die geschichtliche zeit so gut wie ganz auf die grossen historiker angewiesen.

Wenn man auf grund des wahrhaft kläglichen bestandes überhaupt eine charakteristik der lokalen literatur über Argos wagen darf, so hat man den eindruck, dass sie an umfang weit hinter der über Athen zurücksteht, wo wir neben und nach den *Atthides* zahlreiche spezialschriften über staat, kult, und altertümer kennen; dass der politische charakter der eigentlichen *Argolika* (soweit er überhaupt vorhanden war) weniger ausgesprochen war als der der *Atthides*; dass sie alle (auch Deinias) einen ganz unverhältnismässigen teil ihres interesses und umfangs der sagengeschichte gewidmet haben, den gerade die bedeutendsten *Atthides* verhältnismässig kurz abmachen [25]); dass der allen lokalgeschichten eigentümliche lokalpatriotismus in der argivischen literatur besonders stark und im ganzen doch wohl schlechter begründet war als etwa in der literatur von Theben und Megara. Die argivischen autoren annektieren skrupellos die ansprüche nicht nur der wohl erst nach 464 v. Chr. zerstörten alten herrschersitze der Argolis, sondern auch der städte, die zu dem wirklichen oder angeblichen argivischen grossreich gehört haben, und suchen selbst darüber hinaus sozusagen die ganze griechische sagengeschichte an sich zu ziehen. Soweit wir sehen haben sie alle die Heraklesgeschichte, den Argonautenzug, die geschichte des Asklepios, die kriege um Theben und Troja bis in die einzelheiten als dinge behandelt, die speziell Argos angehen [26]). Die reihe der denkmäler und gräber, die man in Argos zeigte, ist selbst vom standpunkt des griechischen lokalpatriotismus aus erstaunlich, und die begründung in einzelnen fällen, wie etwa bei Ariadne und Epimenides [27]), noch erstaunlicher. Die ansprüche sind keineswegs alle jung, obwohl der prozess im laufe der zeit immer weiter gegriffen haben mag und vielleicht erst in der kaiserzeit seinen höhepunkt erreichte [28]). Aber im ganzen setzen die lokalgeschichten doch nur fort, was be-

sonders die *Phoronis* und stücke der Μεγάλαι Ἠοῖαι begonnen haben, und der auffällig oft geäusserte zweifel des selbst ganz unkritischen Pausanias an argivischen ansprüchen [29]) weist auf hellenistische polemik. Die erklärung wird darin liegen, dass Argos mindestens seit dem beginne
5 der geschichtlich helleren zeit [30]) politisch und kulturell *a losing battle* kämpft, woran auch die einigung der engeren Argolis nach den Perserkriegen nichts geändert hat, und dass seine historiker sich dessen bewusst sind. Es ist signifikant, dass und wie die ansprüche auf kulturelle leistungen sich gerade gegen Athen richten: man kann sich nur auf den alten
10 kulturheros Phoroneus berufen, weil man in der gegenwart nichts aufzuweisen hat [31]); und was man da gibt, macht (soweit es nicht allgemeine züge sind, die jeder kulturheros trägt) vielfach den eindruck, dass die motive erst aus der Atthis übernommen sind [32]). Man kann in der historischen auswertung der angaben der argivischen historiker garnicht
15 vorsichtig genug sein. Der bodenständige sagenbestand der stadt ist m.e. weit geringer als man gemeinhin glaubt; und es ist m.e. auch fraglich, ob uns die bücher auch nur für das 6. und 5. jhdt viel an wirklich echter historischer tradition liefern würden: was aus Lykeas 312 F 1 über Pyrrhos' tod berichtet wird ist gewiss harmlos; aber die darstellung
20 des Kleomeneskrieges durch Sokrates 310 F 6 und die *Argolika* insgesamt erweckt tiefes misstrauen gegen ihre behandlung der historischen tradition. Dieser krieg mit seinen folgen für die zusammensetzung der bürgerschaft muss viel zerstört haben, und manches von dem wenigen was wir über die staatlichen einrichtungen hören erweckt den verdacht
25 archaisirender neuschöpfung, die deshalb nicht jung zu sein braucht [33]). Das führt über die uns gesteckten grenzen hinaus; aber eine neue geschichte von Argos mit kritischer prüfung der durch die ausgrabungen vermehrten tradition ist ein wirkliches desiderat.

304. DEMETRIOS (DAMEN)

30 D. fehlt in der homonymenliste Diog. Laert. 5, 83 ff., woraus man keinen schluss auf späte zeit ziehen wird. Schwartz *RE* IV, 1901, col. 2817 no. 82 setzt ihn ohne begründung in hellenistische zeit, Frickenhaus *Tiryns* I, 1912, p. 22 (sicher zu früh) noch vor die zerstörung von Tiryns. Auch meine vermutung *Herm.* 57, 1922, p. 368 ff., dass er der erste epi-
35 chorische verfasser von *Argolika* und als solcher der unmittelbare nachfolger des Hellanikos war, lässt sich nicht zur sicherheit erheben [1]); aber dass er sich in der überschrift seines werkes mit der epichorischen

kurzform Δαμήν genannt zu haben scheint [2]) passt gut in das 4. oder noch in den ausgang des 5. jhdts. Dagegen wäre die identifizierung mit dem grammatiker Demetrios von Troizen, der frühestens zeitgenosse des Didymos war und auch ein parodisches gedicht Κατὰ σοφιστῶν verfasst zu haben scheint [3]), selbst dann unglaublich, wenn der name nicht so überaus häufig wäre. Über den umfang des nur einmal zitierten werkes [4]) lässt sich nichts sicheres sagen. Das alte schnitzbild der Hera 'in Tiryns' kann er sehr wohl gelegentlich der zerstörung der stadt erwähnt haben oder gelegentlich seiner übertragung nach Argos, wenn beide fakten überhaupt zu trennen sind, was nach der überlieferung zweifelhaft ist. Im ersteren falle war er mit dem zweiten buche bereits ins 5. jhdt gelangt, und diese knappheit wäre auch ein indiz für verhältnismässiges alter des autors. Ob Kallimachos ihn kannte, ist nicht zu sagen.

F

(1) Plutarch. bei Euseb. *P.E.* 3, 8 p. 99 B ἡ δὲ τῶν ξοάνων ποίησις ἀρχαῖον ἔοικεν εἶναί τι καὶ παλαιόν.... Ἥρας δὲ καὶ Σάμιοι ξύλινον εἶχον ἕδος [5]), ὥς φησι Καλλίμαχος (F 100 Pf.) .... λέγεται δὲ Πείρας ὁ πρῶτος Ἀργολίδος Ἥρας ἱερὸν εἰσάμενος, τὴν ἑαυτοῦ θυγατέρα Καλλίθυιαν ἱέρειαν καταστήσας, ἐκ τῶν περὶ Τίρυνθα δένδρων ὄγχνην τεμὼν εὐκέατον [5]) Ἥρας ἄγαλμα μορφῶσαι [6]). Pausan. 2, 17, 4 τὸ δὲ ἄγαλμα τῆς Ἥρας (im Heraion von Argos) ἐπὶ θρόνου κάθηται μεγέθει μέγα, χρυσοῦ μὲν καὶ ἐλέφαντος, Πολυκλείτου δὲ ἔργον.... (5) λέγεται δὲ παρεστηκέναι τῆι Ἥραι τέχνη Ναυκύδους ἄγαλμα Ἥβης, ἐλέφαντος καὶ τοῦτο καὶ χρυσοῦ· παρὰ δὲ αὐτὴν ἔστιν ἐπὶ κίονος ἄγαλμα Ἥρας ἀρχαῖον. τὸ δὲ ἀρχαιότατον πεποίηται μὲν ἐξ ἀχράδος, ἀνετέθη δὲ ἐς Τίρυνθα ὑπὸ Πειράσου τοῦ Ἄργου, Τίρυνθα δὲ ἀνελόντες Ἀργεῖοι κομίζουσιν ἐς τὸ Ἡραῖον· ὃ δὴ καὶ αὐτὸς εἶδον, καθήμενον ἄγαλμα οὐ μέγα. Die überlieferung über das kultbild in Tiryns — behandelt von Frickenhaus p. 19 ff.; Robert *Herm.* 55, 1920, p. 373 ff.; Jacoby ebd. 57, 1922, p. 336 ff. — verlangt (mindestens für die zeit vor beginn der historischen prosa) eine revision, die hier nicht vorgenommen werden kann, da sie die aufarbeitung der ganzen sagentradition über die drei hauptstädte der Argolis verlangen würde. Was D. angeht, ist es zweifelhaft ob man ἐν Τίρυνθι in dem knappen exzerpt dahin interpretieren darf, dass er das kultbild noch 'in Tiryns' gesehen hat, um dann daraus auf die zeit des autors oder die der übertragung des bildes aus dem als dorf fortbestehenden Tiryns nach Argos zu schliessen: worauf es Clemens' quelle in ihrem zusammenhang ankommt, ist ort und zeit der stiftung

des ξόανον, nicht seine späteren schicksale. Unser einziges zeugnis — die landesgeschichte, der Pausanias folgt — setzt die übertragung nach Argos mit der zerstörung von Tiryns gleichzeitig, was späteres autoschediasma oder naheliegende vermutung sein kann, da die weihgeschenke im Heraion von Tiryns bis ins letzte drittel des 5. jhdts zu reichen scheinen [7]). Sicher ist zweierlei: (1) dass das 'älteste' kultbild, das Pausanias im Heraion sah, wirklich aus Tiryns stammt [8]): Kallimachos bezeugt — sicher aus *Argolika* — die anfertigung aus einem tirynthischen birnbaum, was man nur als anerkennung von Tiryns' anspruch auf den besitz des bildes deuten kann; es ist in der argivischen überlieferung sozusagen ein rudiment. (2) dass Argos sein recht auf dieses älteste kultbild, auch abgesehen von dem allgemeinen anspruch vorort der ganzen Argolis zu sein, noch besonders begründete: der stifter (zuweilen dem verfertiger gleichgesetzt) ist entweder Argos selbst, wie D. sagt, oder sein sohn Peirasos, der es 'nach Tiryns' stiftet. Das letztere wird die fassung auch des Kallimachos gewesen sein, der dann nicht D., sondern vielleicht seinem gewöhnlichen autor für Argos, dem Hagias-Derkylos [9]), gefolgt ist: 'Ἀργολίδος Ἥρας (wo die *Phoronis* das vielleicht zweideutige Ἥρης Ἀργείης hat) kann bei ihm schwerlich etwas anderes bedeuten als 'die Hera von Argos', d.h. die herrin des Heraion [10]). Sehr bedauerlich dass Hellanikos für das kultbild nicht zitiert wird: da in der *Phoronis* Kallithoe κλειδοῦχος Ἥρης Ἀργείης heisst und bei Aischylos *Hik.* 291 Ιο κληιδοῦχος Ἥρας δωμάτων; da bei 'Hesiod' F 187 und Akusilaos 2 F 26 Ιο tochter des Peiren ist; da endlich spätestens Kallimachos (sicher wieder aus 'Ἀργολικά) die 'Ιὼ Καλλιθύεσσα als erste priesterin der 'Hera von Argos' kennt [11]), möchte man doch glauben, dass er in den Ἱέρειαι (die Argos gewiss nicht prinzipiell ausschlossen) oder/und 'Ἀργολικά auch die stiftung des Herakultes verzeichnet hat, die in seiner zeit höchstwahrscheinlich schon Argos für sich in anspruch nahm [12]).

305. (H)AGIAS-DERKYLOS

Die guten grammatiker zitieren das buch als 'Ἀγίας καὶ Δερκύλος [1]), und, wenn sie einen buchtitel geben (*), als 'Ἀργολικά: *Schol. Antimach. F 4; Schol. Kallim. F 8; Schol. Eurip. F 7; wahrscheinlich auch Schol. Pindar. F 9; dazu der für buchtitel besonders vertrauenswürdige *Athenaios F 3 und Clemens F 2 aus einem älteren grammatiker oder chronographen, vielleicht Dionysios von Halikarnass. Danach wird man den rest der zitate beurteilen müssen: 'Ἀγίας ἐν ᾱ 'Ἀργολικῶν Schol.

Hom. F 1 und blosses Δερκύλος Schol. Eurip. F 6 (und Et. M. F 5). Nach der steten folge der namen muss man A. für den älteren halten; sonst ist das verhältnis der beiden autoren zu einander ein ungelöstes problem, für das es aber nur drei möglichkeiten zu geben scheint: A. ist
5 entweder A. von Troizen, der verfasser der epischen Νόστοι [2]), den D. wenigstens in teilen seines werkes in prosa umsetzte und auf den er sich berief, um das alter und die urkundlichkeit seiner darstellung zu erweisen [3]); oder es gab unter seinem namen eine uns sonst unbekannte 'alte epische stadtgeschichte' [4]); oder endlich er ist ein älterer verfasser
10 von prosaischen *Argolika*, den D. sei es neu herausgab sei es fortsetzte. Gegen die erste annahme spricht, dass ein Argiver nicht leicht einen troizenischen dichter als seine hauptautorität bezeichnet haben wird [5]), und dass die Νόστοι, auch wenn sie noch so viele exkurse enthielten, als grundlage für *Argolika* schwerlich genügten [6]). Es ist nicht recht ein-
15 zusehen, warum D. sich besonders auf dieses epos berufen haben soll, da Argos in allen kyklischen epen und darüber hinaus auch in den thebanischen eine rolle spielte. Wilamowitz' zwischenschiebung eines alten prosabuches unter dem namen Agias ist an sich unglaublich [7]); und die uns bekannten umsetzungen und erweiterungen der epischen Νόστοι
20 durch den historiker Antikleides von Athen [8]) und den grammatiker Lysimachos von Alexandreia, der auch Θηβαικά verfasste [9]), heissen auch dann Νόστοι, wenn sie (vielleicht) eine einzelne stadt ins zentrum stellten. Viel glaublicher wäre eine epische landesgeschichte, die sich auf die heroische zeit beschränkte und die von den späteren Ἀργολικά betitelt
25 wurde, wie das epos das Eumelos (no. 451) Κορινθιακά. Man müsste in ihrem verfasser einen nachfolger (bearbeiter?) der selbst schon stark auf Argos zugespitzten *Phoronis* sehen, den man am ehesten zwischen ihr und Akusilaos ansetzen würde. Beweisen lässt sich die existenz eines solchen gedichtes freilich nicht. So bleibt die dritte auffassung, für die
30 man aber nicht geltend machen wird, dass der name Agias auch im 4. und 3. jhdt in Argos vorkommt [10]); dazu ist er zu gewöhnlich. Eher dass 'die zweite ausgabe' der *Argolika* des Deinias 306 F 3 eine gewisse parallele bietet, und dass sich so die doppelzitate vielleicht am einfachsten erklären. Auch in diesem fall würde ich D. (weil von Kallimachos benutzt)
35 spätestens noch der früh-hellenistischen zeit [11]) und A. dann dem (frühen?) 4. jhdt zuweisen. Die behauptung dass 'die schreibung der namen und zitierter dialektformen mit der argivischen innenaspiration beweis späterer zeit ist' weil sie 'die dialektforschung der hellenistischen zeit voraussetzt' [12]), ist gerade dann nicht überzeugend wenn es sich um
40 zitate etwa aus inschriften oder anderen urkunden handelt. Aber auch

nachdem F 4 gezeigt hat, dass D. ganz in (übrigens sehr gemässigtem) dorischem dialekt schrieb, möchte ich dafür lieber den exzessiven lokalpatriotismus der Argiver des 4. jhdts und ihre relative literarische unkultur verantwortlich machen [13]). Man mag darauf hinweisen, dass der vielleicht älteste epichorische lokalhistoriker sich selbst nicht Δημήτριος sondern Δαμήν nannte [14]). Auch die neuen fragmente 4 und 8 scheinen zu bestätigen, dass diese *Argolika* nicht nur den grammatikern der guten zeit, sondern schon dem Kallimachos unter dem doppeltitel Ἀγίας καὶ Δερκύλος vorlagen und dass er dieses buch vielleicht als das zu seiner zeit modernste und ausführlichste (wie für Athen Philochoros) für die vielen argivischen geschichten benutzte, die er besonders in den *Aitia* erzählte [15]). Er mag es sogar zitiert haben: F 4 (T 1a) sieht freilich nach einem schluss aus der übereinstimmung bis in die einzelheiten des ausdrucks hinein aus; aber F 8 (T 1b) ist es weniger leicht zu erklären, wie die scholiasten für ein ereignis aus der Minosgeschichte, das auf Paros spielt und einen dortigen kultbrauch erklärt, gerade den argivischen autor mit bestimmtheit als quelle bezeichnen, während sie das vorkommen der geschichte auch in Aristoteles' Παρίων πολιτεία nur nebenbei notieren. Leider wissen wir nichts von Aristoteles' quellen in der schlecht bekannten Ἀργείων Πολιτεία. Der gedanke an A.-D. liegt nahe, auch wenn er nicht seine einzige quelle war.

Wegen des dorischen dialekts und nach seiner intimen kenntnis von argivischen lokalen und kulten muss man D. für einen Argiver halten. Sein werk enthielt im 1. buch offenbar die ganze Heraklesgeschichte und im 3. den Trojanischen krieg. Danach nahm die heroische zeit einen beträchtlichen raum ein, was nicht befremdet, da D. (wie andere *Argolika*) nicht nur die vorgeschichte Thebens, für die der platz gegeben war, sondern auch die des Minos bis in die details behandelt zu haben scheint [16]). Beziehungen auf die historische zeit fehlen; und wer in Agias den dichter sieht, wird die frage, ob D. sie überhaupt erzählt hat, mindestens offenlassen.

F

(1) Wirkliche oder scheinbare lücken der Ilias werden zuerst vom jüngeren epos und der älteren genealogie ausgefüllt. Die willkür dabei erzeugt versionen, die die lokalgeschichte vermehrt: die argivischen historiker wollen die gewalttat ihres nationalen helden rechtfertigen und tun es auf verschiedene weise. Der an immer mehr stellen lokalisierte rinderdiebstahl ist ein bequemes, aber nicht das einzige motiv, wie schon

der widerspruch zwischen A.(-D.) und Telesarchos zeigt [17]); aber es verdient bemerkt zu werden, dass schon Isokrates *Arch.* 19 im j. 366 (und er benutzt schwerlich das argivische buch) derselben überlieferung folgt wie A.(-D.): συληθεὶς γὰρ Ἡρακλῆς τὰς βοῦς τὰς ἐκ τῆς Ἐρυθείας ὑπὸ Νηλέως καὶ τῶν παίδων πλὴν ὑπὸ Νέστορος, λαβὼν αὐτὴν (*scil.* τὴν Μεσσήνην) αἰχμάλωτον τοὺς μὲν ἀδικήσαντας ἀπέκτεινεν, Νέστορι δὲ παρακατατίθεται τὴν πόλιν κτλ. Mehr gibt die knappe angabe des scholiasten nicht her: wir sehen z.b. nicht, ob er der durch Hekataios 1 F 26 rationalisierten fassung der Geryonessage folgt und Herakles von der ἤπειρος (Ἤπειρος?) ἡ περὶ Ἀμπρακίαν τε καὶ Ἀμφιλοχίαν den weg nach Argos durch das reich des Neleus nehmen liess; oder ob er die verschonung des Neleus mit der geschichte von der rückkehr der Herakliden zusammenbrachte, wie Isokrates und Pausanias in den *Argolika* [18]). Das letztere scheint die in Argos (nach Hellanikos?) akzeptierte fassung.   (2) Ein anderer rest der wahrscheinlich umfangreichen zusammenstellung steht Schol. Eurip. *Hek.* 910, und man wird erwägen ob der attische monat bei dem Argiver Dionysios 308 F 1 (der freilich grammatiker gewesen sein kann) nur folge der verkürzung ist; ursprünglich mag hier und 306 F 2 ein doppeldatum gestanden haben: die scholiasten erklärten das für ihre leser nicht verständliche epichorische datum durch eine attische konkordanz, und das erstere fiel bei der oft sehr starken verkürzung unserer scholien aus. Ein verfasser von *Argolika*, der dorisch schreibt, datiert naturgemäss epichorisch. Sein zeugnis genügt, um den Panamos als monat des argivischen kalenders zu erweisen. Boethius [19]) setzt ihn als den letzten des jahres an, was dadurch empfohlen wird dass er im kalender von Rhodos der erste ist, und dass einige (als konkordanz?) den attischen Skirophorion nannten. Die konkurrenz des attischen Thargelion macht auch den vorletzten monat möglich, dessen argivischen namen wir nicht kennen. Für beide passt schliesslich die allgemeine bestimmung Dionys. Hal. *A.R.* 1, 63, 1, dass Ἴλιος μὲν γὰρ ἑάλω τελευτῶντος ἤδη τοῦ θέρους, ἑπτακαίδεκα πρότερον ἡμέραις τῆς θερινῆς τροπῆς. Die ὀγδόῃ φθίνοντος ist offenbar einfach übernommen: es konkurrieren für den tag (von ein paar aussenseitern abgesehen) die δωδεκάτη und die ὀγδόη (oder ἑβδόμη, was kein wirklicher unterschied ist) φθίνοντος, jene für uns zuerst bei Hellanikos 4 F 152, diese bei Damastes 5 F 7; jenem folgen ἱστορικοί τινες bei Kallisthenes 124 F 10, Duris 76 F 41, Lysimachos 382 F 13, und Dionysios von Argos; diesem Kallisthenes selbst, Ephoros 70 F 226, Phylarchos 81 F 74, Marm. Par. A ep. 24. Kallisthenes' polemik gegen die anonymen ἱστορικοί beweist dass das neue datum auf einer (in Athen gemachten) astronomischen berechnung nach der *Kleinen Ilias* beruht. Das Clemens-

exzerpt steht in einer reihe von datierungen meist allgemein hellenischer ereignisse nach argivischen königen aus einer späten liste wie wir sie z.b. von Kastor 250 F 3 haben. Das problem wie Troja im 18. jahre Agamemnons genommen sein kann (so auch der zeitlich unbestimmbare
5 Dionysios), wenn Agamemnon 35 jahre regierte, ist ungelöst; da A.-D. nur für das kalenderdatum zitiert wird, ist leider nicht zu sagen ob schon er dieses jahr gab, das bei ihm das letzte volle von Agamemnons regierung gewesen sein muss. Man kann also leider auch nicht sagen, ob er Agamemnon zum könig von Argos machte. Über verwendung der könige zur
10 datierung in den *Argolika* s. p. 12, 39 ff. Dass die *Argolika* auch die Herapriesterinnen gaben [20]) und die beiden datierungen ausglichen, ist nicht zu erwarten. In die geschichte des Trojanischen Krieges gehört noch F 7; auch was Pausanias 14 F 7 über das Palladion sagt wird allen *Argolika* gemeinsam gewesen sein.   (3) 'Aus lexikalischer quelle'
15 Wilamowitz. Dass die dialektforscher A.-D. ausgenutzt haben zeigt auch F 5. Wie stark, ist nicht zu sagen; aber Valckenaer zu Theokrit. *Adoniaz.* p. 274 wollte einen teil der argivischen glossen Hesychs aus ihm ableiten. Prinzipiell nicht unmöglich; Wilamowitz' behauptung (*H.D.* I, 1924, p. 92 n. 1) 'das Argolisch des Deinias (so!) ist selbst von
20 den grammatikern nur ganz wenig berücksichtigt worden und hat die verbreitung des buches verhindert' ist willkürlich.   (4) Kallimachos hat Antimachos aus einem lokalhistoriker korrigiert, und die scholien haben das buch festgestellt, ohne viel mehr auszuheben als für ihren unmittelbaren zweck nötig war. Daher ist der zusammenhang zweifelhaft,
25 in dem die dinge bei A.-D. vorkamen; aber er sieht nicht nach topographischer aufzählung aus, eher nach zusammenhängender behandlung etwa des Herakultes. Genannt werden nicht die quellen, sondern die heiligtümer, zu denen sie gehören. Falls das Heraion richtig ergänzt ist (Pfeiffer liest mit Lobel Ἰ[ππείου]), ist es eher das grosse heiligtum als
30 das in der stadt unterhalb der Larisa gelegene Ἥρας Ἀκραίας (so!) ἱερόν [21]). Was Pausan. 2, 17, 1 von jenem berichtet [22]) geht auf den kult im Heraion selbst; aber die Ἡρεσίδες (ein wort unbekannter etymologie), die wasser zum bade der Hera Akreia (so!) holen, scheinen ein stadtargivisches kollegium (wie die λωτροχόοι τᾶς Παλλάδος Kallim. Hy. 5, 1):
35 Hesych. s.v. Ἡρεσίδες· κόραι αἱ λουτρὰ κομίζουσαι τῆι Ἥραι; Et. Gen. (Et. M. p. 436, 49) s.v. Ἡρεσίδες· αἱ ἱέρειαι τῆς ἐν Ἄργει Ἥρας, ἀπὸ τῆς Ἥρας ἢ παρὰ τὸν ἀρύσω μέλλοντα Ἀρυσίτιδες, αἱ ἀρυόμεναι τὰ λουτρά. Das Automateion heisst nach der Danaostochter Automate, die Bibl. 2, 16 mit Amymone, Agaue, Skaie zu denen gehört, die ἐκ βασιλίδος ἐγένοντο
40 Δαναῶι. Man muss annehmen, dass auch sie — wie Amymone, die bei

Kallimachos neben Physadeia steht [23]) — einer quelle den namen gegeben hat, und Pausanias in den *Achaika* (in seinen *Argolika* kommt sie nicht vor) zeigt, dass man mehr von ihr erzählte [24]). Wenn das wasser aus ihr für die δμωίδες γυναῖκες verwendet wird, erwartet man ein aition. Über die Physadeia — Schol. Eurip. *Phoin*. 188 als Danaostochter ergänzt — s. Ernst Meyer RE XXI, 1941, col. 1034; über die Kynadra (die schwerlich etwas mit dem Ἐλευθέριον ὕδωρ des grossen Heraions zu tun hat) Hesych s.v. ἐλευθέριον ὕδωρ· ἐν Ἄργει ἀπὸ τῆς Κυνάδρας (Eust. Od. v 408; συναγείας Hes.) πίνουσιν κρήνης <οἱ> ἐλευθερούμενοι τῶν οἰκετῶν [25]), διὰ τὸ καὶ τὸν Κέρβερον κύνα ταύτηι διαδρᾶναι καὶ ἐλευθερωθῆναι. (5) Aus Apollonios Dyskolos (Ahrens *Dial*. II p. 75; s. Π. πνευμάτων III 17 Schn)? Gehandelt hat über den argivischen dialekt auch Tryphon (Wendel RE VII A 1, 1939, col. 740, 10 ff.). Zur sache Buck *Greek Dialects*, 1928, p. 148; Kickers *Handb. d. griech. Dialekte*² I, 1932, p. 118. (6) Palaiphat Π. ἀπ. 3 Κάδμος ... ἀφίκετο εἰς Θήβας .... ἦν δὲ βασιλεὺς τότε Θηβῶν Δράκων Ἄρεως παῖς, ἔχων ἄλλα τε πολλὰ ὅσα βασιλεὺς καὶ δὴ καὶ ὀδόντας ἐλεφάντων· τοῦτον ὁ Κάδμος ἀποκτείνας αὐτὸς ἐβασίλευσεν, οἱ δὲ φίλοι τοῦ Δράκοντος ἐπολέμουν αὐτῶι κτλ. ebd. 4 Κάδμος ἔχων γυναῖκα Ἀμαζονίδα, ἦι ὄνομα Σφίγξ, ἦλθεν εἰς Θήβας, καὶ ἀποκτείνας Δράκοντα τήν τε οὐσίαν καὶ βασιλείαν παρέλαβε, μετὰ δὲ καὶ τὴν ἀδελφὴν Δράκοντος, ἦι ὄνομα Ἁρμονία. αἰσθομένη δὲ ἡ Σφίγξ ὅτι ἄλλην ἐπέγημε, πείσασα πολλοὺς τῶν πολιτῶν συναπᾶραι αὐτῆι κτλ. Die rationalisierung ging hier weiter als bei Ephoros, der die einzelfigur des delphischen Python ebenso umgedeutet hat [26]), aber für die genealogie des thebanischen königshauses wohl an dem Atlantidenstemma des Hellanikos (4 F 23) festhielt: aber sie wird sich auch bei D. auf den einzelpunkt beschränkt haben, der den δράκων zum könig machte, und nicht so weit gegangen sein dass er daran eine ganz neue thebanische urgeschichte knüpfte wie Palaiphatos [27]). Die geschichte hat ihren platz in *Argolika*, weil Polyneikes mit dem halsband der Harmonia, das bei ihm wohl zu den schätzen könig Drakons gehörte, die hand von Adrastos' tochter Argeia gewinnt [28]). F 6 gehört in die vorgeschichte des Thebanischen krieges, nicht in *Boiotiaka* [29]), die für einen im dialekt schreibenden lokalhistoriker von Argos undenkbar sind. Ganz abwegig ist Muellers gedanke an die erschwindelten κτίσεις 288 F 3. Es ist wohl zufall, dass hier nur D. zitiert wird. Oder hat er in dem einzelpunkt seinen vorgänger A. (wer immer das war) korrigiert? (7) Pausan. 2, 24, 3 ἐπ᾽ ἄκραι δέ ἐστι τῆι Λαρίσηι Διὸς ἐπίκλησιν Λαρισαίου ναός .... τὸ δὲ ἄγαλμα ξύλου πεποιημένον οὐκέτι ἑστηκὸς ἦν ἐπὶ τῶι βάθρωι. καὶ Ἀθηνᾶς δὲ ναός ἐστιν θέας ἄξιος· ἐνταῦθα ἀναθήματα κεῖται καὶ ἄλλα καὶ Ζεὺς ξόανον, δύο μὲν ἧι πεφύκαμεν ἔχον ὀφθαλμούς, τρίτον

δὲ ἐπὶ τοῦ μετώπου. τοῦτον τὸν Δία (der in der parallelstelle 8, 46, 2 ὁ Ζεὺς ὁ Ἑρκεῖος heisst) Πριάμωι φασὶν εἶναι τῶι Λαομέδοντος πατρῶιον ἐν ὑπαίθρωι τῆς αὐλῆς ἱδρυμένον, καὶ ὅτε ἡλίσκετο ὑπὸ Ἑλλήνων Ἴλιον, ἐπὶ τούτου κατέφυγεν ὁ Πρίαμος τὸν βωμόν· ἐπεὶ δὲ τὰ λάφυρα ἐνέμοντο, λαμβάνει Σθένελος
5 ὁ Καπανέως αὐτόν, καὶ ἀνάκειται μὲν διὰ τοῦτο ἐνταῦθα — nämlich nicht im tempel des Zeus, wo man es erwartet, sondern in dem der Athena, und hier gewiss zusammen mit dem Palladion [30]), das Diomedes erhielt und gleichfalls nach Argos brachte. Das gehört also in die geschichte des Trojanischen Krieges; denn es ist feste überlieferung seit der *Iliupersis*
10 dass Neoptolemos den Priamos am altar des Zeus Herkeios, d.h. im hofe seines eigenen hauses, erschlagen hat [31]). Den altar soll noch Alexander der Grosse in Ilion gesehen haben [32]); von einem kultbild ist nirgends die rede. Die argivische tradition ist offenbar willkürliche erfindung, die aber zeigt, dass es echte überlieferung oder einen ἱερὸς λόγος über die
15 gewiss uralte gestalt des dreiäugigen gottes in Argos nicht gab. Es ist wenig wahrscheinlich, dass die von Pausanias als eigene vermutung vorgetragene erklärung [33]) schon bei A.-D. stand; und es ist sicher unrichtig den zweiten abschnitt des Euripidesscholions, die verteidigung von Neoptolemos' tat — πεφόνευται δὲ ὁ Πρίαμος ὑπὸ Νεοπτολέμου δικαίως κτλ. —
20 auf 'dieselben argivischen lokalpatrioten' zurückzuführen [34]). Aber von Sthenelos haben die *Argolika* viel erzählt [35]).   (8) Bibl. 3, 210 (209 tod des Androgeos in Attika) Μίνως δέ, ἀγγελθέντος αὐτῶι τοῦ θανάτου, θύων ἐν Πάρωι ταῖς Χάρισι, τὸν μὲν στέφανον ἀπὸ τῆς κεφαλῆς ἔρριψε καὶ τὸν αὐλὸν κατέσχε [36]), τὴν δὲ θυσίαν οὐδὲν ἧττον ἐπετέλεσεν, ὅθεν ἔτι καὶ δεῦρο
25 χωρὶς αὐλῶν καὶ στεφάνων ἐν Πάρωι θύουσι ταῖς Χάρισι. μετ' οὐ πολὺ δὲ θαλασσοκρατῶν ἐπολέμησε στόλωι τὰς Ἀθήνας, καὶ Μέγαρα εἷλε Νίσου βασιλεύοντος τοῦ Πανδίονος, καὶ Μεγαρέα τὸν Ἱππομένους ἐξ Ὀγχηστοῦ Νίσωι βοηθὸν ἐλθόντα ἀπέκτεινεν. Die parische geschichte in der Bibliothek leiteten schon die ersten herausgeber der scholien aus dem kommentar
30 ab [37]), was bedeuten würde, dass sie nicht im epos und wahrscheinlich auch in der lyrik nicht vorkam. Die älteste quelle, die wir erreichen, sind die *Argolika*. Denn den text hat Pohlenz richtig erklärt: auf die polemische diskussion über die eltern der Chariten folgt das aition, eben die ἱστορία, die ihm die Muse erzählt; und zu ihr kann von den varianten
35 nur das elternpaar Dionysos ∽ Koronis gehören [38]). Sein zweifel, ob wir uns auf die angabe des kommentators 'unbedingt verlassen' können, ist falsch begründet und berührt das eigentliche problem nicht, was das aition des kultbrauches von Paros in *Argolika* zu suchen hatte. Wir kennen keine beziehungen des Minos zu Argos, überhaupt nicht zur Pe-
40 loponnes: von den beiden orten des namens Minoa liegt der eine in der

Megaris, gehört also zur Minosgeschichte, der andere ganz im süden der Kynuria [39]), also wohl auf dem wege von Kreta nach Sizilien [40]). Das weist auf eine detaillierte geschichte des Minos, die man schwer an das grab der Ariadne [41]) hängen kann und noch schwerer an den kult der Chariten in Argos, von dem wir wenig wissen [42]). Am nächsten liegt vielleicht die Heraklesgeschichte, wenn Herakles den auftrag erhält, τὸν Κρῆτα ἀγαγεῖν ταῦρον, den Ἀκουσίλαος (2 F 29) μὲν εἶναί φησι τὸν διαπορθμεύσαντα Εὐρώπην Διί. Denkbar aber auch ein rückgreifender exkurs, ähnlich dem über Theben [43]), etwa gelegentlich der argivischen kolonisation in Kreta nach der rückkehr der Herakliden [44]), oder (wegen 310 F 1) eine allgemeine schilderung der griechischen welt (kaum im stile von Thukyd. 1, 4 ff.). Es hat keinen zweck zu raten.   (**8 bis** [Add. p. 757]). Über das fest der Kynophontis im monat Arneios s. zu Dionysios 308 F 2.

(**9**) Drachmanns änderung der abbreviatur δερα γ' in Ἁγίαν ist der gemeinhin angenommenen [45]) Boeckhs in Δεινίαν vorzuziehen: der schreiber wollte zuerst Δερκύλον schreiben und hat dann vergessen δερ zu tilgen. Die tötung des Likymnios durch Tlepolemos ist seit *Il.* B 653 ff. aition für die (bei den späteren zweite [46])) besiedlung von Rhodos durch Argiver. Homer gibt keinen grund für die tötung; Pindar. *Ol.* 7, 20 ff., der ἐξ ἀρχᾶς ἀπὸ Τλαπολέμου ξυνὸν ἀγγέλλων διορθῶσαι λόγον Ἡρακλέος εὐρυσθενεῖ γένναι will, bleibt im dunkeln, charakterisiert sie aber als tat unbedachten zornes (auf grund eines missverständnisses?); die späteren gehen auseinander: ἐρίσαντα περί τινων <τιμῶν> (oder περὶ τιμῶν) Diodor. 4, 58, 7 in der Heraklesgeschichte, aber ἀκουσίως in den *Rhodiaka* 5, 59, 5 (= Zenon 523 F 1) mit der datierung βραχὺ πρὸ τῶν Τρωικῶν. Die apologie wird hier (wie in F 1) von den verfassern der *Argolika* stammen, die der Pindarscholiast allein dafür zitiert, und von denen der *Rhodiaka* übernommen sein. Sie liegt in zwei varianten vor: (1) Schol. Pindar. *Ol.* 7, 36c (vielleicht auch aus A.-D.) ἐλαίνωι σκυτάλωι πλήξας ἄκων ἀναιρεῖ· ἐπὶ γὰρ βοῦν βουλόμενος ἀκοντίσαι τὸ σκύταλον ἔρριψε κατὰ τοῦ Λικυμνίου (mit einschaltung des delphischen orakels für die auswanderung [47]) und des grabes in Rhodos); (2) Schol. A Eust. *Il.* B 662 θεασάμενος Λικύμνιον τὸν μήτρωα, ἤδη γεραιὸν ὑπάρχοντα [48]) ὑπό τινος τῶν οἰκετῶν ἀμελῶς χειραγωγούμενον, ἀφῆκε τὴν βακτηρίαν ἐπὶ τὸν οἰκέτην, καὶ τούτου μὲν ἥμαρτε, πλήξας δὲ τὸν Λικύμνιον ἀκουσίως ἀπέκτεινεν. Bibl. 2, 170 mit der datierung πρὶν ἐξελθεῖν αὐτοὺς ἐκ Πελοποννήσου.

306. DEINIAS

D. macht mit seinen zwei συντάξεις [1]) und der herabführung der ge-

schichte bis in die zweite hälfte des 3. jhdts v. Chr. ²), also gewiss bis in die eigene zeit, den eindruck eines argivischen Philochoros, wenn man nicht lieber Phanodemos vergleichen will ³). Denn es ist ein charakteristischer unterschied gegen den ersteren, dass D. die vorzeit ungeheuer breit
5 behandelt hat, wenn die überlieferten buchzahlen stimmen. Man kann nicht gut zweimal in F 2 und 3 ändern, obwohl ich gestehen muss, dass ich nicht begreife wie jemand, der im ersten buch über Herakles und die Argonauten handelte (also wie Derkylos 305 F 1), im 7. buche erst beim Trojanischen Krieg angelangt sein soll. Aber auch F 3 aus dem 9.
10 buch lässt sich wegen καὶ νῦν ἔτι nicht auf einen tyrannen etwas des 4. jhdts beziehen; es zeigt zugleich, dass die zweite ἔκδοσις nicht nur fortsetzung der zeitgeschichte, sondern bearbeitung des ganzen werkes war. Zitate aus der zweiten σύνταξις fehlen, sodass sich über ihren umfang nichts sagen lässt; aber F 5 beweist, dass hier auch die zeitgeschichte
15 ausführlich behandelt war. Da F 4 keine buchzahl gibt, ist die grenze zwischen den beiden συντάξεις nicht zu bestimmen: C. Muellers vermutung, dass die erste nur die mythische zeit umgriff, ist nicht zu widerlegen; aber aus allgemeinen gründen ist mir glaublicher, dass sie die 'vorzeit' bis zu dem für uns nicht zu bestimmenden punkte, an dem die
20 'zeitgeschichte' einsetzte, umfasste. Die erste σύνταξις ist in der gelehrten literatur als autoritativ benutzt; von den dichtern hat sie Kallimachos (wenn wir dem negativen zeugnis seiner Scholien trauen dürfen) in den *Aitia* nicht herangezogen, vielleicht weil sie ihm noch nicht vorlag; möglich dagegen dass der Rhodier Apollonios D.s erste ausgabe (?) in
25 der zweiten ausgabe der *Argonautika* benutzt hat ⁴). Die zweite σύνταξις ist von der zeitgeschichte beachtet: es ist nicht zu sagen, durch wen F 5 zu Plutarch gekommen ist; sowohl Phylarchos wie Aratos sind zeitlich als vermittler möglich. Es steckt in der Aratvita wohl mehr aus ihr ⁵), und man möchte doch glauben, dass sie auch Polybios bekannt war.
30 Im ganzen wird man diese *Argolika* das 'hauptwerk' über Argos ⁶) nennen dürfen, obwohl für die mythische zeit der ältere (Agias-)Derkylos konkurriert.

Daran dass D. Argiver war, wird man nicht zweifeln, obwohl die sicheren fragmente nur den nackten namen geben. Wenn man ihn F 7
35 für überliefertes Κλεινίας einsetzen darf — und die änderung liegt hier und F 8 immerhin nahe ⁷) — so gibt das zitat durch Agatharchides die dreissiger jahre des 2. jhdts als *t. ante* ⁸). F 5 gibt den *t. post*, die dreissiger jahre des 3. jhdts. Weiter kommt man nur durch die identifikation mit dem mörder des tyrannen Abantidas von Sikyon ⁹), die den historiker
40 zum (älteren) zeitgenossen Arats macht. Sie lässt sich nicht zur sicherheit

erheben, ist mir aber trotz der häufigkeit des namens [10]) so glaublich, dass ich Plutarch. *Arat.* 3, 4 mit vorsicht als zeugnis gedruckt habe. Wenn sie zutrifft, bestimmt sie D.s politische haltung bis zu einem gewissen grade: er gehörte zur antityrannischen und antimakedonischen partei; aber wir sehen nicht, wie er zu Arat und dem achaeischen bunde stand [11]). Man wird das historische werk in seiner endgiltigen form (und vielleicht erklärt sich so auch die zweite ausgabe) nicht zu nahe an D.s 'schulzeit' heranrücken. Über seinen literarischen charakter fehlt uns jedes urteil [12]); aber den gebrauch des dialekts, den man im 3. jhdt auch nicht mehr erwartet, hat er (wie F 3-4 zeigen) aufgegeben [13]).

T

(1) Letztlich aus gleicher quelle (Aratos' Ὑπομνήματα?), die hier sicher nicht direkt benutzt ist, Paus. 2, 8, 2 Ἀβαντίδαν μὲν οὖν κτείνουσιν ἄνδρες τῶν ἐπιχωρίων, τύραννος δὲ αὐτίκα ἐγεγόνει ὁ Ἀβαντίδου πατὴρ Πασέας· Νικοκλῆς δὲ ἐκεῖνον ἀνελὼν ἐτυράννησεν αὐτός. ἐπὶ τοῦτον τὸν Νικοκλέα (der nach Plutarch 4, 1 nur 4 monate regiert) Ἄρατος ἀφικόμενος κτλ. Die chronologie der befreiung Sikyons: Beloch *Gr. G.*² IV 1 p. 612 f.; IV 2 p. 227; 520 f.; W. W. Tarn *C.A.H.* VII, 1928, p. 222 f.; A. J. Koster *Plutarchi Vita Arati*, 1937, p. LIII ff.

F

(1) Vermittlung durch Asklepiades ist möglich; aber die gelehrten erklärer sahen eher D. selbst ein. Das fragment beweist ausführliche darstellung von Heraklesgeschichte und fahrt der Argonauten [14]). Die bezeichnung der Paphlagonen als Πελοπήιοι erklärt Apoll. Rhod. 2, 356 ff. ἀγχίμολον δ' ἐπὶ τῆι πολέας παρανεῖσθε κολωνούς / Παφλαγόνων, τοῖσίν τ' Ἐνετήιος [15]) ἐμβασίλευσεν / πρῶτα Πέλοψ, τοῦ καί περ ἀφ' αἵματος εὐχετόωνται. Der dichter hat mit *Il.* B 851 f., wo die Paphlagonen unter Pylaimenes [16]) ἐξ Ἐνετῶν kommen, eine überlieferung verbunden, die den Lyder oder Phryger Tantalos τῆς Ἀσίας περὶ τὴν νῦν ὀνομαζομένην Παφλαγονίαν wohnen lässt. So das mythologische handbuch Diodor. 4, 74, wo dann Tantalos μισηθεὶς ὑπὸ τῶν θεῶν ἐξέπεσεν ἐκ τῆς Παφλαγονίας ὑπὸ Ἴλου τοῦ Τρωός. Das ziel, die Peloponnes, ergänzen wir aus Nikol. Dam. 90 F 10 und Pausan. 2, 22, 3: bei jenem, der die geschichte mit ἐπὶ Περσέως datiert, ist es Tantalos, der ἡττηθεὶς μάχηι ἐκλείπει τὴν χώραν, bei diesem erst Pelops. Bei Pausanias steht das in einer leider anonymen polemik gegen die behauptung der Argiver, dass das χαλκεῖον nahe dem

grabe des Pelasgos die gebeine des Tantalos enthielt. Das stand also in seiner argivischen landesgeschichte (oder periegese) [17]). Nun nannte schon Istros (334 F 74) den Pelops Παφλαγών, und dasselbe hat neben dem Lyder Euphorion [18]), sei es nach Istros sei es (eher) nach dessen quelle. Da das Istroszitat in Schol. Pindar. *Ol.* 1, 37 a neben dem Ἀχαιὸς ἀπ' Ὠλένου πόλεως aus den *Achaika* des Autesion (298 F 1) steht, denkt man zuerst an seine *Argolika*. In jedem falle stecken hinter dem Tantalosgrab wie hinter dem Paphlagonen Pelops ansprüche, die uns in den einzelheiten und ihrer abzweckung nicht mehr klar sind. Wenn etwas wirkliches dahinter steckt, muss man an die zeiten der wanderung und der alten kolonisation denken [19]). Aber wir erkennen nur noch, dass auch hier die *Argolika* unter einander in den einzelheiten differierten [20]).

(2) Schwer glaublich dass D., wenn überhaupt, nur den attischen Gamelion gab, der für Argos nicht belegt ist und den auch der makedonische kalender nicht hat. Auch angesichts der einzeldifferenzen zwischen den verschiedenen *Argolika* ist es zwecklos zu fragen ob er ebenso rechnete wie Derkylos oder Dionysios (305 F 2): zwischen Thargelion — dem gewöhnlichen monat für die Ἰλίου ἅλωσις, dessen verhältnis zum argivischen Panamos nicht genau zu bestimmen ist (s. zu 305 F 2) — und Gamelion liegen, exklusiv gerechnet, 7 monate und der anfang eines neuen jahres. Es stehe dahin, ob das zu viel ist für die letzten ereignisse in der Troas und den νόστος des Agamemnon. Aber vielleicht hat Wilamowitz (*Aischylos Orestie*, 1896, p. 204) recht, der die daten trennt und in dem des Deinias 'das datum der ἐναγίσματα für den heros' sieht.

(3) Die verschiedenen brechungen des vermutlich langen und an zitaten reichen originalscholions diskutieren die frage, ob Aigyptos selbst nach Argos gekommen ist [21]) und geben als namen des platzes, wo die gerichtsverhandlung stattfand, Haliaia und Pron [22]). Aber Didymos hat offenbar nach seiner gewohnheit [23]) alle stellen gesammelt, an denen der Pron in der literatur vorkam, darunter D., der die lage eines grabes nach ihm bestimmt und die zugehörige geschichte erzählt hatte. Die namen Melanchros — dessen herstellung nicht absolut sicher ist [24]) — und Kleometra [25]) sind für Argos unbekannt. Aber sie gehören nicht in die Danaidengeschichte [26]), die auch nicht erst im 9. buch gestanden haben kann. C. Muellers vermutung, dass D hier über die dorische eroberung von Argos handelte, beruht auf der sehr unsicheren änderung von ταχέως in τείχεος; und es ist keine stütze, wenn man in dem korrupten namen des mannes den Temenossohn Lachares [27]) finden wollte. (4) Herodt. 1, 66 οὕτω μὲν μεταβαλόντες (*scil.* οἱ Λακεδαιμόνιοι) εὐνομήθησαν .... ἀνά τε ἔδραμον αὐτίκα καὶ εὐθενήθησαν. καὶ δὴ σφι οὐκέτι ἀπέχρα ἡσυχίην

ἄγειν, ἀλλὰ καταφρονήσαντες Ἀρκάδων κρέσσονες εἶναι ἐχρηστηριάζοντο ἐν Δελφοῖσι ἐπὶ πάσηι τῆι Ἀρκάδων χώρηι. (2) ἡ δὲ Πυθίη σφι χρᾶι τάδε· Ἀρκαδίην μ' αἰτεῖς, μέγα μ' αἰτεῖς, οὔ τοι δώσω. / πολλοὶ ἐν Ἀρκαδίηι βαλανηφάγοι ἄνδρες ἔασιν, / οἵ σ' ἀποκωλύσουσιν. ἐγὼ δέ τοι οὔτι μεγαίρω· /
5 δώσω τοι Τεγέην ποσσίκροτον ὀρχήσασθαι / καὶ καλὸν πεδίον σχοίνωι διαμετρήσασθαι ²⁸). (3) ταῦτα ὡς ἀπενειχθέντα ἤκουσαν οἱ Λακεδαιμόνιοι, Ἀρκάδων μὲν τῶν ἄλλων ἀπείχοντο, οἱ δὲ πέδας φερόμενοι ἐπὶ Τεγεήτας ἐστρατεύοντο, χρησμῶι κιβδήλωι πίσυνοι, ὡς δὴ ἐξανδραποδιούμενοι τοὺς Τεγεήτας. (4) ἑσσωθέντες δὲ τῆι συμβολῆι, ὅσοι αὐτῶν ἐζωγρήθησαν πέδας τε ἔχοντες τὰς
10 ἐφέροντο αὐτοὶ καὶ σχοίνωι διαμετρησάμενοι τὸ πεδίον τὸ Τεγεητέων ἐργάζοντο. αἱ δὲ πέδαι αὗται ἐν τῆισι ἐδεδέατο ἔτι καὶ ἐς ἐμὲ ἦσαν σόαι ἐν Τεγέηι, περὶ τὸν νηὸν τῆς Ἀλέης Ἀθηναίης κρεμάμεναι. (67, 1) κατὰ μὲν δὴ τὸν πρότερον πόλεμον συνεχέως αἰεὶ κακῶς ἀέθλεον πρὸς τοὺς Τεγεήτας, κατὰ δὲ τὸν κατὰ Κροῖσον χρόνον καὶ τὴν Ἀναξανδρίδεώ τε καὶ Ἀρίστωνος βασιληίην
15 ἐν Λακεδαίμονι ἤδη οἱ Σπαρτιῆται κατυπέρτεροι τῶι πολέμωι ἐγεγόνεσαν, τρόπωι τοιῶιδε γενόμενοι κτλ. ²⁹). Pausan. 3, 7, 3 Χάριλλος δὲ ὁ Πολυδέκτου τήν τε γῆν ἐδήιωσεν Ἀργείοις — οὗτος γὰρ καὶ ὁ ³⁰) ἐς τὴν Ἀργολίδα ἐσβαλών ³¹), καὶ ἔτεσιν οὐ πολλοῖς ὕστερον ὑπὸ ἡγεμόνι Χαρίλλωι γίνεται καὶ ἡ Σπαρτιατῶν ἐπὶ Τεγεάτας ἔξοδος, ὅτε οἱ Λακεδαιμόνιοι Τεγεάτας
20 αἱρήσειν ἤλπισαν καὶ ἀποτεμεῖσθαι τῆς Ἀρακδίας τὸ Τεγεατικόν ³²) πεδίον, ὑπούλωι μαντεύματι ἐπελθόντες ³³). Pausan. 8, 47, 2 εἰσὶ δὲ (im tempel der Athena Alea in Tegea) αἱ πέδαι κρεμάμεναι, πλὴν ὅσας ἠφάνισεν αὐτῶν ἰός, ἃς ³⁴) γε ἔχοντες Λακεδαιμονίων οἱ αἰχμάλωτοι τὸ πεδίον Τεγεάταις ἔσκαπτον .... Μαρπήσσης τε ἐπίκλησιν Χοίρας ³⁵) γυναικὸς Τεγεάτιδος ἀνάκειται
25 τὸ ὅπλον. 8, 47, 4 τοῦ ναοῦ δὲ οὐ πόρρω στάδιον χῶμα γῆς ἐστι, καὶ ἄγουσιν ἀγῶνας ἐνταῦθα, Ἀλ<ε>αῖα ³⁶) ὀνομάζοντες ἀπὸ τῆς Ἀθηνᾶς, τὸν δὲ Ἁλώτια, ὅτι Λακεδαιμονίων τὸ πολὺ ἐν τῆι μάχηι ζῶντας εἷλον. 8, 48, 4 ³⁷) ἔστι δὲ καὶ Ἄρεως ἄγαλμα ἐν τῆι Τεγεατῶν ἀγορᾶι. τοῦτο ἐκτετύπωται μὲν ἐπὶ στήληι ³⁸), Γυναικοθοί<ν>αν ³⁹) δὲ ὀνομάζουσιν αὐτόν. ὑπὸ γὰρ ⁴⁰) τὸν Λακωνικὸν πόλεμον
30 καὶ Χαρίλλου τοῦ Λακεδαιμονίων βασιλέως τὴν πρώτην ἐπιστρατείαν λαβοῦσαι αἱ γυναῖκες σφισιν ὅπλα ἐλόχων ὑπὸ τὸν λόφον ὃν Φυλακτρίδα ἐφ' ἡμῶν ὀνομάζουσι· συνελθόντων δὲ τῶν στρατοπέδων καὶ τολμήματα ἀποδεικνυμένων ἑκατέρωθεν τῶν ἀνδρῶν πολλά τε καὶ ἄξια μνήμης, (5) οὕτω φασὶν ἐπιφανῆναί σφισιν τὰς γυναῖκας καὶ εἶναι τὰς ἐργασαμένας ταύτας τῶν Λακεδαιμονίων
35 τὴν τροπήν, Μάρπησσαν δὲ τὴν Χοίραν ⁴¹) ἐπονομαζομένην ὑπερβαλέσθαι τῆι τόλμηι τὰς ἄλλας γυναῖκας, ἁλῶναι δὲ ἐν τοῖς Σπαρτιάταις καὶ αὐτὸν Χάριλλον· καὶ τὸν μὲν ἀφεθέντα ἄνευ λύτρων καὶ ὅρκον Τεγεάταις δόντα μήποτε Λακεδαιμονίους στρατεύσειν ἔτι ἐπὶ Τεγέαν, παραβῆναι τὸν ὅρκον, τὰς γυναῖκας δὲ τῶι Ἄρει θῦσαί τε ἄνευ τῶν ἀνδρῶν ἰδίαι τὰ ⁴²) ἐπινίκια καὶ τοῦ ἱερείου τῶν κρεῶν
40 οὐ μεταδοῦναι σφᾶς τοῖς ἀνδράσιν. ἀντὶ τούτων μὲν τῶι Ἄρει γέγονεν <ἡ> ⁴³)

ἐπίκλησις. Polyaen. *Strat.* 1, 8 Ἕλνης [44]), βασιλεὺς Ἀρκάδων, Τεγέαν πορ-
θούντων Λακεδαιμονίων, ὅσοι μὲν ἐν ἀκμῆι κατὰ κορυφῆς ἔπεμψε τῶν πολεμίων
νυκτὶ μέσηι κελεύσας ἐπιθέσθαι· ὅσοι δὲ γέροντες καὶ παῖδες, τούτους ἐκέλευσε
πρὸ τῆς πόλεως τὴν ἴσην ὥραν φυλάξαντας πῦρ ἀνακαῦσαι μέγιστον. οἱ πολέμιοι
5 πρὸς τὴν τοῦ πυρὸς ὄψιν ἐκπλαγέντες ἐς τοῦτο ἀπεσκόπουν, οἱ δὲ κατὰ κορυφῆς
ἐμπεσόντες τοὺς πλείστους αὐτῶν διέφθειραν, πολλοὺς δὲ ζωγρήσαντες ἔδησαν.
καὶ τὸ λόγιον ἐτελεύτησε <<δώσω τοι Τεγέην ποσσίκροτον ὀρχήσασθαι>>.
Ich habe die überlieferung in vollem umfang abgedruckt, weil sie ein
gutes beispiel dafür ist, wie die späteren landesgeschichten verschiedener
10 staaten sich mit dem gleichen stück alter lokaltradition abfinden. Das ist
in dem speziellen fall für die Ἀρκαδικά (wo wir aber keinen autorennamen haben [45])) interessanter als für die Ἀργολικά, für die sich immerhin
ergibt, dass sie sich in der darstellung des dauernden konflikts mit Sparta
nicht auf die Argolis beschränkten, sondern ihn als teil des kampfes um
15 die vormacht in der Peloponnes überhaupt behandelt haben, sodass
Arkadien, Elis und andere landschaften vielfach vorgekommen sein
müssen [46]). Das liesse sich natürlich besonders gut an der geschichte
Pheidons zeigen; aber da haben wir (seltsam genug) keine namentlichen
zitate argivischer autoren. Die ganze überlieferung über den ältesten
20 zusammenstoss zwischen Sparta und Tegea knüpft offensichtlich an ein
weihgeschenk im tempel der Athena Alea in Tegea. An seiner existenz kann
man so wenig zweifeln, wie an dem gleichartigen in Athen, das aus dem
ende des 6. jhdts stammt [47]): Herodot hat die ketten selbst in Tegea
gesehen und die zugehörige geschichte ohne zweifel dort gehört; denn
25 er ist ausserstande den krieg, den ihm die Tegeaten als einen sehr alten
bezeichnet haben werden, in die spartanische königsgeschichte einzuordnen, die er n Sparta aufgenommen hat und die erst im zweiten drittel
des 6. jhdts einsetzt [48]). Ob das tegeatische aition der weihung echte
historische erinnerung enthält oder pure legende ist, die sich leicht genug
30 aus der alten feindschaft mit Sparta erklären würde, können wir nicht
mit irgendwelcher sicherheit entscheiden und brauchen es hier auch
nicht. Für Herodot, der weder auf tegeatischer noch auf spartanischer
seite namen nennt, war es jedenfalls eine undatierte einzelgeschichte, die
er einordnete so gut es ging: nichts verkehrter als aus dem vagen Περιμή-
35 δης ἐν Τεγέαι δυναστευούσης eines argivischen historikers aus dem 3. jhdt
zu schliessen, dass 'in Arkadien in sehr früher zeit bereits eine lokalchronik existiert hat, die wir für Tegea in anspruch nehmen dürfen' [49]).
Das widerlegen schon die varianten. Es macht weniger aus, dass Pausanias
und Polyaen nach einem gesamtarkadischen könig datieren, der übrigens
40 bei beiden verschieden heisst [50]); denn das liesse sich durch den unter-

schied zwischen (angeblich alter) stadtchronik und späterer landesgeschichte erklären [51]). Aber D.s Perimede, die 'den chronikalischen charakter dieser überlieferung sichern' soll, heisst in Pausanias' arkadischer landesgeschichte Marpessa [52]) und ist so wenig königin wie Telesilla in der typologisch sehr ähnlichen argivischen legende. Endlich werden die beiden vornehmen namen dadurch entwertet, dass bei D. wie bei Pausanias die heldin der geschichte den wenig feinen beinamen Χοίρα trägt. Die einzige frage, die man stellen kann, ist ob auch darin echte tegeatische überlieferung steckt, d.h. ob Choira eine so reale Tegeatin war wie Telesilla eine reale Argiverin. Wenn man sie bejaht, zeigt die parallele der Telesillalegende, dass die verbindung der Choira mit dem Spartanerkrieg deshalb keineswegs ursprünglich zu sein braucht. Dasselbe von spartanischer seite gesehen: Herodot, der in Tegea weder namen noch verwendungsfähige daten erhalten hat, kann den πρότερος πόλεμος nicht durch einen spartanischen könig datieren. Er weiss nur dass der gegensatz zwischen Sparta und Tegea alt ist, wie der zwischen Athen und Aigina [53]). Wenn die spätere arkadische geschichte Charillos nennt [54]) und die spartanische das übernimmt [55]), so haben ihre verfasser Herodt. 1, 66, 1 scharf und in seinem sinne auch korrekt interpretiert: der erste krieg folgt bei ihm wirklich unmittelbar hinter Lykurgs gesetzgebung. Faktisch verträgt Herodot besonders in chronologischen fragen und für die ältere zeit solche korrekten schlüsse nicht: das datum ist historisch wertlos [56]). Es ist deutlich (auch wenn man dem exzerptcharakter von Pausanias' spartanischer königsgeschichte rechnung trägt), dass Sosibios oder wer sonst Pausanias' quelle ist die angelegenheit, die er nach Herodot und den *Arkadika* nicht übergehen kann, bagatellisiert: er gibt nicht einmal so viel wie Herodot, nichts als eine niederlage infolge eines missverstandenen orakels, und er kompensiert sie durch erfolge des Charillos gegen Argos. Dagegen haben die *Arkadika* die geschichte nach allen richtungen ausgemalt und übersteigert bis zur gefangennahme des spartanischen königs, die sie doch selbst gleich wieder rückgängig machen müssen; aber damit wird der vorwurf des spartanischen vertragsbruches möglich. Sie haben sie zur erklärung eines eigenartigen Areskultes benutzt (wie in Argos die Telesillageschichte das fest der Hybristika erklärt); und selbst institutionen sind damit in verbindung gebracht oder überhaupt erst auf grund der geschichte eingeführt [57]). Von den *Argolika* lässt sich leider nur sagen, dass sie die ausgeführte arkadische geschichte kannten und die Sparta abgünstige tradition einfach wiedergaben [58]). Der fluss Lachas mit dem redenden namen [59]), den D. erhalten hat, kommt in Pausanias' periegese Tegeas nicht vor, weil er diesen teil der legende zugunsten der (späteren) geschichte von der gefangennahme des Charillos übergangen hat.   (5) Beloch *Gr.G.*² IV 1 p. 631 f.; IV 2, p. 529 f.; Walbank *Aratos*, 1933, p. 58 ff. Sicher gehört D. nur die unter seinem namen zitierte einzelheit, die aber als beweis genügt, dass er die schlacht und überhaupt die geschichte dieser jahre im detail erzählt hat. Gang und tendenz seiner darstellung sind unsicher [60]), und selbst einzelheiten lassen sich nicht leicht als sein eigentum erkennen, da sie durch Phylarchos oder Aratos gegangen sind; denn Plutarch hat die spezialgeschichte schwerlich selbst eingesehen, und dass für Aratos ungünstiges aus D. stammen muss ist auch deshalb kein zugkräftiges argument. A. J. Koster *Plutarch. Vit. Arat.*, 1937, p. XXVI (der zu sicher spricht) gibt ihm 26, 1-3 über Aristippos' lebensweise (dies mit C. Mueller); 25, 5 den angriff auf Argos im frieden; 28, 1-4 die schlacht am Chares [61]).   (6) Die überlieferung lässt keinen zweifel, dass das orakel (wenn es ein echtes orakel ist, was ich bezweifle) ursprünglich den Αἰγιέες οἱ ἐν Ἀχαίαι gegeben ist [62]). Auf diese form hat Ion ἐν τῶι εἰς Σκυθιάδην ἐγκωμίωι angespielt [63]); so zitieren es auch die hellenistischen grammatiker [64]) und die Paroemiographen [65]). Die Megarer erscheinen zuerst bei Kallimachos *Epigr.* 25, 6 und Theokrit. 14, 48 f., die wohl unter den τινές bei Phot. Sud. s.v. Ὑμεῖς ὦ Μεγαρεῖς zu verstehen sind [66]). Danach ist die übertragung spätestens im 4. jhdt vollzogen [67]), und man denkt eher an die literarische fehde zwischen Megara und Athen als an ähnliche konflikte zwischen Megara und Argos. D. kann seine fassung sehr wohl aus einer *Atthis* haben; denn entbehren konnte er eine solche mindestens bei der abfassung seiner ersten σύνταξις schwerlich. Aber die vermutung bleibt unsicher, da das vage ποτέ es zweifelhaft lässt, bei welcher gelegenheit er das orakel anführte. Er hat es aber doch wohl zitiert, weil es den ruhm von Argos kündete [68]); und man kann den verdacht nicht unterdrücken, dass er (oder einer seiner argivischen vorgänger) den wortlaut, der ausser bei ihm nur bei späten zeugen erhalten ist [69]), manipuliert hat: in der fassung bei Phot. Sud. fehlt der erste vers [70]); sonst würde man eher in vv. 4-6 ἀλλ' ἔτι καὶ τῶν εἰσιν ἀμείνονες κτλ. eine lokalpatriotische zutat sehen.   (7) Für die änderung von Κλεινίας in Δεινίας [71]) spricht die bezeichnung als historiker. Der sonst unbekannte grammatiker (?) Kleinias, aus dem Schol. Apoll. Rhod. 2, 1085 eine etymologie von ναός geben, kommt nicht in frage; und wohl ebensowenig der von Serv. Dan. Vergil. A. 1, 273 für die eponyme Roms citirte Clinias (no. 819). Es war leicht genug den erfundenen eponymen Erythras, für den Orthagoras und Nearchos (133 F 27) keinen vater nennen [72]), zum sohne des Perseus zu machen, der längst als stammvater der Perser galt [73]). Damit konkurriert dann wohl die athenische ableitung der Meder und Perser von Medos, dem sohn der Medea und des Aigeus und vater des Perses [74]). Von Perseus, seiner vorgeschichte und regierung, muss D. sehr ausführlich in der ersten σύνταξις erzählt haben [75]).   (8) S. zu 3 F 14; 15 F 2. Eine behandlung der einzelnen namen würde für D. kaum etwas besonderes lehren. Aber wegen Sokrates 310 F 9 dürfen wir auch hier detaillierte behandlung, vermutlich mit widerlegung der thebanischen ansprüche [76]), annehmen.

307. ANAXIKRATES

Susemihl *Gr. Lit.* I, 1891, p. 656 glich den lokalhistoriker vermutungsweise mit dem A., den Seleukos Nikator (312-281 v. Chr.) neben anderen als ἐπιστάτης für die gründung von Antiocheia bestellte [1]) und der (vermutlich früher) einen Periplus des arabischen meerbusens geschrieben hatte [2]). E. Schwartz *RE* I, 1894, col. 2083 no. 8 widersprach ohne angabe von gründen. Aber da wir die heimat dieses A. nicht kennen und der name nicht ganz selten ist, wird man sie allerdings besser auseinanderhalten. Dann ist aber die zeit des lokalhistorikers nicht näher bestimmbar als dass er noch in späthellenistische zeit gehört [3]); denn dass ihn Didymos (in dem Schwartz mit wahrscheinlichkeit den vermittler für die zitate in den Euripidesscholien sah) anführt, beweist natürlich nicht, dass A. 'spätestens ins 3. jhdt' gehört. Das werk, aus dem wir zitate nur von der archaeologie haben, war für sie nicht so ausführlich wie Derkylos und Deinias, bei denen der Trojanische Krieg im 3. resp. 7. buch vorkam [4]).

(1) Das fragment ist so stark korrupt und lückenhaft, dass der wortlaut sich nicht mit sicherheit herstellen lässt [5]): der scholiast hat auch nur ausgeschrieben was ihm unbedingt nötig schien, um Euripides gegen den vorwurf παρ' ἱστορίαν zu verteidigen. Er hätte da mehr geben können als nur A.s bericht [6]). Aber selbst dann ist zweifelhaft ob zitate aus historikern pertinent sind, d.h. ob es sich bei Euripides nicht doch nur um einen momentanen einfall zur charakteristik Andromaches handelt [7]): wenigstens πολλάκις wird durch die unten zusammengestellte überlieferung über die söhne Hektors nicht voll gerechtfertigt. Es liegt bis zu einem gewissen grade wie bei *Il.* Ω 732 ff., wo auch beide antiken interpretationen möglich sind [8]). Es scheint nun, dass A. entgegen der *Ilias* Astyanax und Skamandrios getrennt hat [9]); sicher ist, dass er mehrere söhne Hektors annahm, von denen F 1 nur den namen des Skamandrios

erhalten hat, der oft mit Aineias oder seinem sohn Askanios zusammen genannt wird [10]), und dass er über die nachkommen des Aineias und seine gefährten mehr und genaueres gab als das Y der *Ilias* [11]). Danach ordnet sich sein bericht (soweit er erhalten ist) leicht in die überlieferung
5 über die schicksale der geretteten Trojaner ein, die im einzelnen sehr verschieden ist, wie überall wo die kyklischen gedichte und die mythographen wirkliche oder scheinbare lücken der *Ilias* füllen, wobei es hier dahingestellt bleibe wie weit einfaches vollständigkeitsbedürfnis vorliegt und wie weit sie durch lokale legenden (oder erfindungen) über die
10 Aeneaden und Hektoriden in der Troas [12]) zu änderungen und ergänzungen veranlasst sind. Für die starken verschiedenheiten im einzelnen mag es genügen auf Hellanikos [13]) einerseits und Dionysios von Chalkis (Euboia) andrerseits zu verweisen, der vielleicht schon im 4. jhdt v. Chr. seine Κτίσεις schrieb [14]). Nach jenem sind Aineias καὶ οἱ σὺν αὐτῶι als
15 bundesgenossen der Troer gekommen ἐκ Δαρδάνου τε πόλεως (für A. der ort wohin sich Aineias nach der zerstörung Trojas zuerst zurückzieht) καὶ Ὀφρυνίου (wo gemeinhin vielmehr Hektors grab ist [15])); sie ziehen sich nach der einnahme der stadt zurück auf τὰ ὀχυρώματα τῆς Ἴδης [16]) (bei A. nach der schönen konjektur von E. Schwartz vielmehr die zuflucht
20 des Skamandrios, der bei ihm von vornherein so selbständig neben Aineias steht dass er ihn doch wohl von dem homerischen kinde Astyanax getrennt haben muss), wo sich die bewohner von Ophrynion und anderen troischen städten mit ihm vereinigen, während Elymos (der bei A. fehlt) und Aigestes (der bei A. mit ihm zusammen Troja verlässt [17])) die
25 schiffe zur abfahrt vorbereiten. Aineias, der freien abzug von den Griechen erhält, sendet seinen sohn Askanios (den Schwartz auch bei A. mit wahrscheinlichkeit ergänzt) als könig in die Δασκυλῖτις καλουμένη γῆ, ἔνθα ἐστὶν ἡ Ἀσκανία λίμνη; hier kommen (später) zu ihm Skamandrios und 'die anderen Hektoriden', denen Neoptolemos die rückkehr aus
30 Hellas gestattet hat, und werden von ihm ἐπὶ τὴν πατρῴαν ἀρχὴν εἰς Τροίαν zurückgeführt. Fast in jedem punkte anders Dionysios: bei ihm erhält Akamas (nicht als beuteanteil, sondern παρὰ Ἑλένου καὶ Ἀγχίσου ⟨διὰ⟩ τὴν πρὸς Λαοδίκην οἰκειότητα; aber gemeint muss doch wohl der Theseussohn sein) Skamandrios und Askanios; versucht (mit ihnen?)
35 Ilion und Dardanos zu befestigen; muss das 'wegen des widerspruchs der Athener' aufgeben; gründet daraufhin eine ganze reihe städte in der Troas (darunter Ophrynion, Daskyleion, Iliu Kolone, Arisba), überlässt aber die ehren dieser gründungen den beiden söhnen des Hektor und Aineias [18]). A. hat züge von beiden, steht aber im ganzen Dionysios
40 näher als Hellanikos. Es gab sicher noch andere kombinationen. Aber

trotz aller unterschiede bleiben die grundzüge auch dann die gleichen, als Aineias endgiltig nach Thrakien und in den Westen gebracht wird: denn es handelt sich immer um die zeit zwischen der zerstörung Trojas und (spätestens) der äolischen wanderung, um das problem nach der wieder-
5 besiedlung von Troja (verhältnis des späteren Ilion zu der stadt des Priamos) und um alter und gründer der städte der Troas. Das besondere interesse eines verfassers von Ἀργολικά an der besiedlungsgeschichte der Troas (als corollar zum Trojanischen Kriege) mag man durch den hinweis auf Akusilaos 2 F 39 erklären oder durch die rolle, die Agamem-
10 nons nachkommen als führer der äolischen wanderung spielen.   νόθος] kann sich nur auf den vorher genannten Skamandrios beziehen, und der relativsatz nur auf Astyanax. Das bedeutet dass sich A. der gewöhnlichen interpretation von *Il.* Ω 732 ff. angeschlossen und die schwierigkeit der überlieferung von städtegründungen und herrschaft von Hektoriden in
15 der Troas durch die trennung von Astyanax und Skamandrios [19]) überwunden hat. Die Ilias kennt nur éinen sohn Hektors mit dem doppelnamen Skamandrios-Astyanax [20]), der zur zeit der eroberung noch ein kind war. Aber schon die Kykliker schreckten in notfällen nicht vor änderungen zurück, und Hellanikos 4 F 31 spricht von 'Skamandrios
20 und den anderen Hektoriden', muss also mehr als zwei söhne gekannt haben; wie er *Il.* Ω 732 ff. verstand wissen wir nicht. Sonst haben wir namen nur bei späten autoren, und da sind es nie mehr als zwei: Ὀξύνιος (von Mueller doch wohl richtig in Ὀφρύνιος verbessert) und Σκαμάνδρ<ι>ος, die Priamos Τροίας πορθουμένης (!) ὑπεκτίθεται εἰς Λυδίαν Konon
25 26 F 1 c. 46; Astyanax-Skamandrios und Laodamas, die beide noch im letzten kriegsjahre *parvuli admodum* sind (was zu Hellanikos passt, wo Aineias allein agiert) Diktys 3, 20 [21]); Astyanax und Sapernios [22]), die zusammen mit Romylos und Romos, den söhnen der Priamostochter Kreusa, Rom gründen, Schol. Lykophr. 1226.   ἄλλοι τινὲς παῖδες]
30 Auch hier hat A. nur den ältesten, wahrscheinlich Askanios, mit namen genannt, wie Hellanikos, der ausdrücklich angibt, dass Aineias τοὺς ἄλλους παῖδας παραλαβών die Troas verlässt. Die *Ilias* sagt ganz allgemein und ohne jeden namen, dass Αἰνείαο βίη Τρώεσσιν ἀνάξει / καὶ παίδων παῖδες [23]); für die Kykliker, die den namen von Aineias' gattin nennen [24]),
35 erwartet man die namen auch der kinder, und es ist schwer zu glauben dass sie bei Hellanikos gefehlt haben. Aber wir haben auch hier, von der bildlichen und numismatischen überlieferung abgesehen, die keine namen geben, nur späte zeugnisse. Das älteste ist die viererreihe des Hegesianax 45 F 9: Askanios, Euryleon, Romylos, Romos [25]); nur die
40 ersten beiden haben Schol. Lykophr. 1263 und L. Cassius Censorius

Schol. Veron. Vergil. *A* 2, 717 (wo der zweite Eurybates heisst). Das wird noch kompliziert durch die behauptung von umnennungen, die der tendenz entspringen alles auf Rom und éinen sohn zuzuspitzen: Dionys. Hal. *A.R.* 1, 65, 1 nach Aineias' tod Εὐρυλέων παρέλαβε τὴν Λατίνων ἡγεμονίαν ὁ μετονομασθεὶς Ἀσκάνιος ἐν τῆι φυγῆι; Serv. Vergil. *A* 4, 159 *Ascanius praeter Iulum et Ilum, quae habuit nomina, etiam Dardanus et Leontodamas* [26]) *dictus est ad exstinctorum fratrum solacium.* (**2**) Aus der Argonautengeschichte? Das zitat des Kleidemos beruht auf verwechselung mit der athenischen Kreusa, tochter des Erechtheus [27]). Die bei Euripides und auf der Meidiasvase namenlose tochter des korinthischen königs Kreon heisst Kreusa bei römischen dichtern, Glauke für uns zuerst bei A., im mythologischen handbuch Diod. 4, 54 und Bibl. 1, 145, bei Äthen. 13, 10 p. 560 D [28]) u.a. [29]). Von Korinth müssen alle *Argolika* auch in der Archaeologie ausführlicher gesprochen haben. Die Euripidesscholien geben die königsreihe Bellerophon-Lykaithos-Kreon-Hippotes, den zweiten und dritten mit der zahl ihrer regierungsjahre, aber ohne den autor zu nennen.

308. DIONYSIOS VON ARGOS

Die person wird gesichert durch das ethnikon, das beide male gesetzt ist, um diesen D. von den zahllosen anderen trägern des namens zu unterscheiden [1]). Die zusammenstellung mit Philochoros, Nikokrates (den man für den überlieferten Nikokles mit einiger zuversicht einsetzen wird), Menaichmos (der auch Σικυωνικά schrieb [2])), macht es immerhin wahrscheinlich, dass er lokalhistoriker war, wenn sie auch einen grammatiker nicht unbedingt ausschliesst [3]). Der inhalt der beiden fragmente begünstigt die annahme: F 1 datiert Trojas fall nach dem könig von Argos [4]), und F 2 knüpft vielleicht an ein spezifisch argivisches fest. Dann kann der Argiver nur Ἀργολικά geschrieben haben, die man wegen der mit ihm genannten dem 3., oder schon dem 4. jhdt v. Chr. zuschreiben wird [5]).

(**2**) Hesych. s.v. ἀρνωιδοί· οἱ ῥαψωιδοί· ἄρνα γὰρ ἔπαθλον εἶχον; Et. M. p. 146, 55; Eust. *Il.* A p. 6, 26. Welckers [6]) ablehnung des lammes als preis ist einleuchtender als seine deutung 'ἐρνωιδοί, zweigsänger'. Bei einem argivischen autor denkt man unwillkürlich an die Ἀρνηίδες ἡμέραι und das fest der Kynophontis im monat Arneios, dessen aition auch Kallimachos *Aitia* I behandelt hat; wie wir jetzt wissen, nach Hagias-Derkylos [7]). Wie weit der letztere ausser Hagias ältere Ἀργολικά (unter denen D. gewesen sein kann, wenn wir ihn richtig datirt haben) heranzog, ist nicht zu sagen. Von rhapsodenagonen an diesem fest wissen wir nichts, nur von dem θρηνεῖν Λίνον durch die frauen und jungfrauen [8]). Aber es ist sehr zweifelhaft ob wir D. glauben müssen, dass ἀρνωιδός alter (epichorischer?) name für ῥαψωιδός ist: die kombination auf grund der aus Odyssee und leben bekannten vortragsweise einzelner 'teile' der homerischen gedichte ist in seinem bericht zu offenkundig. Es kann im Argos des 6./5. jhdts sehr wohl offizielle vorträge der epen gegeben haben [9]); aber offiziell oder nicht — es ist schwer glaublich dass die vortragenden anders hiessen als rhapsoden oder Homeriden. Wenn der gedanke an zusammenhang von ἀρνωιδοί und 'Αρνηίς trügt, so sind andere gelegenheiten für einen exkurs über das epos in *Argolika* leicht denkbar: Hellanikos (4 F 5) hat den stammbaum Homers in der auf Argos gestellten *Phoronis* gegeben; und Philochoros (328 F 209) hat Homer selbst einen Argiver genannt, worin ihm gewiss argivische lokalhistoriker vorausgegangen oder gefolgt sind [10]).

309. TELESARCHOS

Gehört wahrscheinlich in das 3. oder 2. jhdt v. Chr. [1]): denn F 1 sieht nach einer variierung von Agias(-Derkylos) 305 F 1 aus, und F 2 steht in einer zusammenstellung, die Münzel [2]) auf Apollodoros Περὶ θεῶν zurückgeführt hat. Als titel geben Schol. Hom. ἐν τοῖς 'Αργολικοῖς, Sextus ἐν τῶι 'Αργολικῶι. Eine entscheidung ist unmöglich, aber Münzels änderung ἐν τῶι * 'Αργολικῶν liegt sehr nahe, und dann ist das erste buch eines lokalhistorischen werkes geradezu gegeben. Wilamowitz' [3]) alter epiker überzeugt nicht: dem unbekannten Telesis von Methymna gibt die Borgia'sche tafel [4]) eine -μαχία, die man doch wohl mit Welcker nur zu [Τιτανο]μαχία ergänzen kann; wenn ihm auch die Δαναίς gehört (was m.e. ganz zweifelhaft ist [5])) wären daneben 'Αργολικά ausgeschlossen. *Bibl.* 3, 47 ist Aegius' änderung von Τελεσίαν in Τελέσιλλαν m.e. doch wahrscheinlicher als die deutung Telesias-Telesarchos [6]): dass Τέλεσις kurzname von Τελέσαρχος sein kann [7]), ist keine genügende grundlage für die identifikation; und was wir von T. haben sieht nicht nach einem alten epiker aus, sondern bestenfalls nach einem hellenistischen dichter, der mit der tradition ziemlich skrupellos umsprang [8]), um etwas neues bringen zu können. Er kann aber, falls der titel 'Αργολικός doch richtig ist, auch ein rhetor vom schlage der Matris sein, der etwa in die gleiche zeit gehört [9]).

(1) Zu 305 F 1. (2) Zu 3 F 35; 81 F 18; 244 F 138/9. Wie T. auf Orion kam, ist nicht zu sagen; aber es kann reine willkür sein. In Argos kennen wir Orion nicht [10]).

310. SOKRATES VON ARGOS

S. von Argos [1]), ein offenbar angesehener autor, vielleicht die hauptautorität für die kultischen altertümer [2]). Wir würden ihn nach den zitaten für einen antiquar oder grammatiker halten; aber Demetrios Magnes [3]) hat ihn unter die historiker eingereiht. Die grenze zwischen dem antiquar oder selbst dem grammatiker mit historischen interessen einerseits, dem historiker andrerseits ist seit dem 4. jhdt (in dem die vorläufer der eigentlichen grammatik, die wir philologie nennen, auftauchen) nicht scharf zu ziehen, und nicht wenige lokalhistoriker sind auf beiden gebieten tätig gewesen. Wenn man auf die klassifizierung wert legt (und für die wertung der betreffenden autoren ist sie nicht ganz gleichgiltig), so ist unser einziger masstab, ob der nachlass ein hauptwerk von ausgesprochen historischem charakter enthält (wie die *Atthis* des Philochoros, dessen arbeit sonst weitgehend den gelehrten charakter der neuen wissenschaft trägt [4])) oder ob die antiquarische arbeit um die autoren zentriert oder doch von ihrer interpretation ausgeht (wie das z.b. der fall ist bei Demetrios von Skepsis und Apollodoros von Athen, die beide von den Alten als grammatiker oder philologen bezeichnet werden [5])). Die beurteilung von S. ist schwierig, weniger weil der name ziemlich häufig korrumpiert ist (das führt selten zu ernsthaften zweifeln [6])) als weil wir so wenige fragmente mit buchtitel oder wenigstens dem ethnikon als distinktiv haben [7]). Die schwierigkeiten werden nicht geringer wenn man das zeugnis des Demetrios im homonymenlexikon verwirft [8]), der von dem ἱστορικός (dessen heimat er nicht angibt) den Koer als verfasser von Ἐπικλήσεις unterscheidet, wo nun wieder die angabe des literarischen γένος fehlt, die antik nur γραμματικός sein kann. Man kann sich diesem entscheidenden zeugnis nicht dadurch entziehen dass man etwa in dem letzten namen den zusatz eines späteren bearbeiters der liste des Demetrios sieht: man müsste denn gleichzeitig den supponierten bearbeiter eines irrtums bezichtigen oder annehmen, dass S. doppeltes bürgerrecht hatte und die Περιήγησις Ἄργους als Argiver, die Ἐπικλήσεις als Koer schrieb. Beides ist gleich willkürlich, und was wir von Demetrios' werk wissen ist überhaupt kein boden für solche vermutungen: es ist vielmehr deutlich, dass die liste der homonymen nach den literarischen kategorieen der historiker, philosophen, dichter, grammatiker ordnet [9]). Für den Argiver ist wichtiger, dass der katalog dem 'historiker' eine Περιήγησις Ἄργους zuschreibt, nicht Ἀργολικά, die einmal in den Euripidesscholien zitiert werden [10]). Ich traue in der titelfrage dem katalog mehr als selbst guten scholien, weil zwischen einer Peregiese von Argos (deren inhalt Ἀργολικά, d.h. auf Argos bezügliche dinge bilden [11])), und *Argolika* kein unterschied der sache besteht, sondern nur einer der literarischen form, und weil ich nicht glaube dass derselbe mann sowohl eine periegese wie eine geschichte von Argos geschrieben hat. Die Periegese ist eine deutlich abgesetzte literarische gattung [12]), deren verfasser aber nach antiken begriffen (was T 1 bestätigt) sehr wohl historiker genannt werden können. Wenigstens gilt das für das εἶδος der historischen (antiquarischen) Periegese (im unterschied zur mehr geographischen und oft für den praktischen gebrauch bestimmten Περίοδος γῆς und noch mehr zum Περίπλους), die ihren ausgang nimmt von Herodots ἱστορίης ἀπόδεξις, in der der verfasser erzählen will ὁμοίως σμικρὰ καὶ μεγάλα ἄστεα ἀνθρώπων ἐπεξιών. Der inhalt einer solchen periegese ist auch nach unseren begriffen weitgehend historisch; den unterschied macht die form, die das historische material (soweit nicht die einleitung kontinuierliche historische erzählung gibt) zur erklärung von denkmälern benutzt oder exkursweise an sie knüpft. Sie nimmt dieses historische material, grob gesprochen, aus historischen büchern, in Argos aus *Argolika*, in Athen (wo wir in Diodoros, Heliodoros u.a. solche periegeten haben, die denn auch das distinktiv ὁ περιηγητής erhalten [13])) aus *Atthides*. Der unterschied zwischen geschichtswerk und periegese ist also an sich keineswegs gering — S. setzt nicht die reihe Derkylos-Deinias fort, sondern ist der vorläufer des wahrscheinlich späten Lykeas [14]) — aber er wird im spezialfall dadurch geringer, dass S. nicht eine allgemeine periegese, sondern nur eine solche von Argos schrieb. Leider fehlt wegen der unvollständigkeit von T 1 und F 1 jede möglichkeit ihren umfang zu bestimmen.

Von den anderen werken unter dem namen des S. gehört ihm des inhalts wegen [15]) ohne zweifel das (wie es scheint von Plutarch besonders ausgiebig benutzte) buch Περὶ ὁσίων, ein werk vermutlich über sakralaltertümer, an dessen selbständigkeit man nicht zu zweifeln braucht, wenn man sie auch nicht strikt beweisen kann [16]). Die mit wahrscheinlichkeit auf dieses werk zurückzuführenden fragmente erweisen S. als gründlichen kenner der heimischen kulte und darüber hinaus als ernsthaften gelehrten. Man hat das gefühl, dass er in bescheidener weise für Argos zu leisten suchte was Philochoros für Athen getan hat und Sosibios für Sparta. Es ist übergrosse objektivität und im grunde inkonsequent, wenn ich die streitschrift (?) πρὸς Εἰδόθεον unter die werke von 'zweifelhafter autorschaft' gestellt habe. Ich habe hier persönlich (auch des inhalts wegen) keinerlei zweifel an der autorschaft des Argivers [17]), während die jetzt mit ihr zusammenstehende schrift Περὶ ὁρῶν κτλ. wahrscheinlich weder dem Argiver noch dem Koer gehört, sondern einem dritten, den man vielleicht am besten unter die Thaumasiographen einordnen würde [18]). Aber da wir doch ohne 'zweifelhaftes' nicht auskommen [19]) und weil das problem der homonymen autoren zusammenfassend behandelt werden musste, schien es mir praktischer hier alles zusammenzustellen was weder dem Koer gehört noch dem Rhodier, der wahrscheinlich in früh-augusteischer zeit ein werk über den römischen bürgerkrieg von 43-29 v. Chr. verfasst hat [20]) und jünger ist als Argiver und Koer. Diese beiden gelehrten und nicht unbedeutenden autoren lassen sich direkt nur auf 'vor Demetrios von Magnesia' datieren, was sie spätestens in das erste drittel des 1. jhdts v. Chr. bringt. Ich habe auch hier keinen zweifel, dass mindestens der Argiver (was auch für den Koer wahrscheinlich ist) noch in gute hellenistische zeit gehört: dafür spricht die benutzung in den alten scholien zu Euripides, Pindar, Theokrit (und Apollonios von Rhodos) [21]); und die sehr wahrscheinliche ableitung von F 11 aus Apollodors Περὶ θεῶν gibt die bestätigung [22]). Es mag zufall sein, kann sich aber auch aus der bedeutung des buches als religionswissenschaftliche quelle erklären, dass der an allem kultischen interessierte Plutarch für die einschlägigen schriften *De Iside* und *Aetia* mindestens Περὶ ὁσίων noch selbst eingesehen hat [23]). Das gilt nicht für Pausanias, dessen wirkliche quellen man aus allgemeinen gründen meist mit recht vor 150 v. Chr. ansetzt, der aber selbst gewöhnlich recht junge bücher benutzt; es ist aber leider auch nicht zu sagen, ob seine argivische landesgeschichte — ob das nun der dichter Lykeas war oder nicht — S. s periegese überhaupt herangezogen hat [24]).

F

(1) Glücklicherweise sichert der buchtitel gegen die unbedachte änderung in Sosikrates, den verfasser von *Kretika* (no. 461), die sich in F 7 fast allgemein durchgesetzt hat. Die zitate F 1; 7-8 stützen sich gegenseitig und gehören vielleicht in den gleichen zusammenhang, einen grösseren exkurs über thebanische geschichte, der in einer periegesis von Argos nahe genug lag: die stadt war voll von denkmälern, die an den zug der Sieben erinnerten. Sonst müssen über die söhne des Zeus von Europa

viele landesgeschichten gehandelt haben — die *Atthis* vermutlich in der Theseusgeschichte, wie das mythologische handbuch Diodors, dessen stammbaum sich mit S. berührt und am schluss aus ihm ergänzt werden muss [25]). Wo das in der periegese von Argos stand lässt sich nicht raten: möglich nach Agias-Derkylos 305 F 6 ein exkurs über das königshaus von Theben; nach 305 F 8 eine geschichte des Minos, wo man dann daran denkt, dass man in Argos das grab der Ariadne zeigte [26]). Kreta muss in *Argolika* fast noch öfter vorgekommen sein als Theben: Bibl. 3, 15 werden die enkelinnen des Minos nach der Argolis verkauft, wo Aerope von Pleisthenes mutter des Agamemnon und Menelaos wird, Klymene von Nauplios mutter des Palamedes; die von Diodor. 5, 64 ff. aus Epimenides, Dosiades, Sosikrates und Laosthenidas exzerpierten *Kretika* (468 F 1) schliessen mit zwei dorischen besiedlungen der insel durch Tektamos, sohn des Doros, der auch in dem stammbaum Diodor. 4, 60 steht, und (nach Minos, dem Troischen krieg und der rückkehr der Herakliden) durch Argiver und Lakedaimonier [27]). Der argivische führer ist Althaimenes [28]). Dass weder Sarpedon noch Aerope noch Althaimenes in Pausanias' *Argolika* vorkommen, besagt nichts. (**2**) Plutarch. *Aet. Gr.* 36 p. 299 AB διὰ τί τὸν Διόνυσον αἱ τῶν Ἠλείων γυναῖκες ὑμνοῦσαι παρακαλοῦσι ⟪βοέωι ποδί⟫ παραγίνεσθαι πρὸς αὐτάς; .... πότερον ὅτι καὶ βουγενῆ προσαγορεύουσι καὶ ταῦρον ἔνιοι τὸν θεόν; ἢ τῶι μεγάλωι ποδί κτλ. *Quaest. conv.* 4, 6, 2 p. 671 E ἔστι δὲ καὶ κραδηφορία τις ἑορτὴ καὶ θυρσοφορία παρ' αὐτοῖς (*scil.* τοῖς Ἑβραίοις), ἐν ἦι θύρσους ἔχοντες εἰς τὸ ἱερὸν εἰσίασιν· εἰσελθόντες δ' ὅ τι δρῶσιν, οὐκ ἴσμεν, εἰκὸς δὲ βακχείαν εἶναι τὰ ποιούμενα· καὶ γὰρ σάλπιγξι μικραῖς, ὥσπερ Ἀργεῖοι τοῖς Διονυσίοις, ἀνακαλούμενοι τὸν θεὸν χρῶνται κτλ. Zu Π. ὁσίων s. p. 38, 32 ff. Man erklärt den titel wohl richtig als 'werk über sakralaltertümer'[29]), also vielleicht eine argivische parallele zu der älteren πραγματεία περὶ ἱερῶν eines Dionysios, die Philochoros epitomiert hat [30]). Wenn es ein eigenes buch ist und wenn auch F 3-5 (6) aus ihm stammen, darf man nicht zugleich an die delphischen Ὅσιοι denken [31]). Das zitat steht bei Plutarch in der begründung der these dass Osiris identisch ist mit Dionysos. Der beweis, der die ἀπόρρητα beiseite lassen will, operiert (1) mit dem aegyptischen kultbrauch (ἃ ἐμφανῶς δρῶσι θάπτοντες τὸν Ἆπιν οἱ ἱερεῖς) und der tauromorphen bildung des Dionysos in vielen hellenischen kulten; (2) mit der übereinstimmung zwischen Τιτανικά und Νυκτέλια einerseits, der aegyptischen überlieferung über Osiris' διασπασμοὶ καὶ ἀναβιώσεις andrerseits; (3) den vielen Osirisgräbern in Aegypten und dem Dionysosgrab (nur diesem!) in Delphi, mit dem die Ὅσιοι zu tun haben. Dann geht Plutarch zu der nächsten these über, dass οὐ μόνον τοῦ οἴνου Διόνυσον ἀλλὰ καὶ πάσης ὑγρᾶς φύσεως Ἕλληνες ἡγοῦνται κύριον καὶ ἀρχηγόν (mit berufung auf Pindar!), was auch für Osiris gilt. Wer im zusammenhang liest, kann garnicht zweifeln dass das zitat aus S. und der voraufgehende hinweis auf den ποὺς βόειος im hymnos der elischen frauen ein einschub ist, den Plutarch aus eigner kenntnis [32]) in seinem exzerpt aus 'einem gelehrten buch über Dionysos' macht [33]) — sozusagen eine anmerkung zu dem einen der beweisgründe der identifikation, dem faktum dass ταυρόμορφα Διονύσου ποιοῦσιν ἀγάλματα πολλοὶ τῶν Ἑλλήνων. Die parallelstelle in den *Aitia*, in denen Plutarch mehrfach klar abgesetzte stücke aus S. gibt, zeigt weiter dass er das ohne quelle (weil allbekannt) zitierte lied der elischen frauen nicht aus S. nimmt, der ihm vielmehr (anonym zitiert mit ἔνιοι; an der zweiten parallelstelle überhaupt ohne zitat) eine der erklärungen für den ποὺς βόειος des liedes liefert. Ich habe daher nur das als fragment gegeben, was sicher dem S. und allein ihm gehört. C. Mueller und noch Tresp [34]) haben viel zu viel abgedruckt, und was sie S. geben, ist willkürlich aus Plutarchs klarem zusammenhang herausgeschnitten. Die folge ist das falsche urteil über den charakter des buches, dahingehend dass 'S. ähnlich wie Plutarch griechische und nicht-griechische götterkulte in zusammenhang zu bringen sucht' [35]). Ein solcher orientalisierender synkretismus ist für das 3./2. jhdt keineswegs unmöglich; aber das kapitel von *De Iside* bietet keine grundlage für die annahme, dass S. ihn übte; und die fragmente der *Aitia*, die man gemeinhin und vermutlich mit recht aus diesem buch ableitet [36]), widersprechen ihr [37]). Soweit wir urteilen können, war Περὶ ὁσίων rein antiquarisch, d.h. auf die darstellung der argivischen kulte beschränkt, die für den lokalforscher (und gegebenenfalls auch für den vergleichenden religionshistoriker) interessant genug waren. βουγενής] neben ταῦρος und den vielen damit gebildeten epitheta [38]) bei dichtern und sonst haben wir nur den βόειος πούς des elischen liedes und den βουκέρως Ἴακχος des Sophokles [39]). Der kultname βουγενής ist nur durch S. belegt und scheint wirklich spezifisch argivisch [39a]). Dass der von S. beschriebene ritus, über dessen natur kein zweifel bestehen kann [40]), in den kult von Lerna gehört [41]) beweist ἡ ἄβυσσος (*scil.* κρήνη) [42]), die Paus. 2, 37, 5 f. Ἀλκυονία λίμνη nennt und ausführlich beschreibt [43]). Weitere argivische mythologeme, die sich an diese quelle knüpfen und ebenfalls in *Argolika* und dann auch bei dem periegeten gestanden haben werden: Schol. T *Il.* Ξ 319 τινὲς δέ φασι πλείονα Ἡρακλέους αὐτὸν (*scil.* τὸν Περσέα) εἰργασμένον οὐ τυχεῖν δόξης, ὅτι Διόνυσον ἀνεῖλεν εἰς τὴν Λερναίαν ἐμβαλὼν λίμνην [44]), und Schol. Pindar. *Ol.* 7, 60a ἐνταῦθα δὲ καὶ Ὕδραν καταδεδυκέναι μυθολογοῦσιν [45]). (3) Das zitat steht am ende des kapitels. An seinem charakter als (nachträglicher) zusatz ist um so weniger zu zweifeln, als es keine erklärung des römischen brauches enthält, sondern eine parallele [46]). ὑδατόκλυστα bedeutet dass die trauerkleider mit (reinem) wasser, ohne andere putzmittel [47]), gewaschen sein müssen. Angesichts der knappheit des zusatzes wird man offen lassen, ob das wasser einer bestimmten quelle vorgeschrieben war [48]).   (4) Auch hier unterbricht das zitat aus S. einen zusammenhang [49]): der zu erklärende römische brauch ist ein allgemeines opfer für die gesundheit der οἰκογενεῖς, d.h. der hausklaven [50]). Das argivische hundeopfer ist eines der vielen mittel zur erleichterung speziell der geburt [51]) (nicht schutz gegen ihren möglichen tödlichen ausgang), und (wenn das knappe exzerpt nicht irreführt) auch nicht auf die sklavinnen beschränkt, die γυναῖκες δμωίδες, für deren reinigung nach der geburt man in Argos wasser aus einer besonderen quelle gebraucht [52]). An dem überlieferten namen Εἰλιονεία wage ich nicht zu zweifeln, obwohl Amyots änderung palaeographisch nicht schwer ist; viel eher daran, dass das wirklich derselbe name ist wie Εἰλείθυια [53]), obwohl Pausanias die argivische geburtsgöttin so nennt [54]). Er kennt ein ἱερόν jenseits des Inachos bei dem tor das nach ihr heisst [55]), und ein zweites auf dem markt πλησίον τῶν Ἀνάκτων, das nach argivischer tradition von Helena gestiftet ist als sie von Theseus schwanger in Argos von Iphigeneia entbunden wurde [56]). Pausanias' diskussion über die literarische bezeugung für Iphigeneia als tochter des Theseus und der Helena interessiert uns hier nur in so weit als auch Attika die geburt der Iphigeneia für sich beanspruchte [57]). Der attische anspruch kann sehr wohl anlass zu der argivischen erfindung gegeben haben [58]). Denn wenn auch die kultische verbindung der geburtsgöttin (wie immer sie hiess) mit den *Nixi di* alt und ursprünglich ist, so war sie doch weder den Argivern noch den Spartanern [59]) noch bewusst: die Ἄνακτες sind schon *Il.* Γ 236 ff. mythologische personen und brüder der Helena, die sie aus der attischen gefangenschaft befreien. Auch sie werden in Argos verehrt; und F 5 kann aus dem gleichen zusammenhang stammen wie F 4, wenn der perieget (was man in jedem fall annehmen wird) von der stiftung des tempels auf dem markte erzählte.   (5) Es ist seit C. Mueller [60]) nicht ernsthaft bezweifelt, dass (so möchte ich formulieren) das zitat aus S. die drei kapitel deckt, und dass demzufolge die kultischen worte μιξαρχαγέτας, Ἐλάσιοι, ἔγκνισμα, ἀλάστωρ u.s.f. aus dem am schlusse angeführten διφθέραι χαλκαῖ stammen. Der perieget hat kultbestimmungen von der art der 'Heiligen Gesetze' von Kyrene und vieler anderer orte, die seit spätestens dem 4. jhdt auch im mutterlande öffentlich aufgestellt sind [61]), bei einer oder mehreren gelegenheiten erwähnt, die schwie-

rigen ausdrücke erklärt und sie z.t. auch durch mythologische erzählung (aitiologie) kommentiert. Auch die zuweisung von cc. 50-51, die keinen autor zitieren, ist m.e. sicher genug um sie unter der gleichen nummer aufzunehmen. Ich denke Plutarch hat sich aus dem buche, das ihm irgendwo
5 einmal in die hand fiel, eine reihe von tatsachen notiert und bei der späteren verwendung nur da zitiert, wo es wirklich nötig war — bei der berufung auf die urkundliche quelle und bei der variante, die er in die Telesillageschichte einschob [62]).   c 23] Die Ἄνακτες hatten eine kultstätte auf dem markt von Argos [63]) und eine zweite ausserhalb der
10 stadt abseits des weges nach Lerna mit gleichartigen ξόανα [64]). Sie hatten offensichtlich im kult keine individualnamen [65]), sind aber schon von S. (der schwerlich der erste war) mit den Dioskuren Kastor und Polydeukes geglichen. Von den erklärungen des singulären μιξαρχαγέτας will mir keine wirklich einleuchten [66]). Ich würde es
15 begrüssen, wenn ein sprachforscher den namen als volksetymologische verdrehung eines alten argivischen wortes auf grund der geschichte von Kastor und Pollux nachweisen könnte. Dass die Ἐλάσιοι — so ist zu schreiben, nicht ἐλάσιοι wie noch in der neuesten Plutarchausgabe — von den Ἄνακτες verschieden sind, zeigen name und ge-
20 nealogie [67]). Plutarch hätte sie in einem besonderen abschnitt behandeln müssen; dass er es nicht getan hat liegt an der art des exzerpts, das er sich aus S. gemacht hat [68]). Die genealogie mag spät sein, passt aber für derartige heilgötter: denn Amphiaraos ist nachkomme des Melampus. Der nicht unbedenkliche name der mutter Alexida — einen vater gibt
25 das exzerpt nicht — klingt an Alexanor, Alexikakos u.ä. an. Über die zahl der Ἐλάσιοι lässt sich nichts sagen, wenn man die gleichung mit den Ἄνακτες verwirft (wie man es muss). Es ist in ordnung, dass sie nicht θεοί heissen; der beisatz ist wie bei den Ἀποπομπαῖοι, Ἀποτρόπαιοι, Παλαμναῖοι u.s.f. so sekundär wie die verwendung des singulars als
30 epitheton eines der olympischen götter.   c. 24] Vgl. Halliday *op. cit.* p. 120 ff., der auf einige ausführliche heilige gesetze mit vorschriften über die bestattung des toten und reinigung der hinterbliebenen verweist. Plutarch hat die bestimmungen über die zu bringenden opfer mit den terminen verhältnismässig ausführlich ausgehoben. Was ihm auffiel, war
35 das wort für das erste auf den gereinigten herde gekochte mahl, das auch für uns singulär ist; Van der Valk *Mnem.* III 6, 1938, p. 350 ff. will es als ἐγκαίνισμα erklären.   c. 25] Trotz der lücke gerade vor dem zitat liegt es am nächsten S. das ganze c. 25 zu geben, das die für einen gelehrten hellenistischer zeit fast unvermeidliche beschäftigung mit etymologie
40 auch für ihn beweist. Es sind viele versuche gemacht, die drei wörter,

besonders ἀλάστωρ und ἀλιτήριος, in ihrer bedeutung zu unterscheiden. Für παλαμναῖος besitzen wir nur die erklärung des Atheners Autokleides, ἐν τῶι Ἐξηγητικῶι [69]); für ἀλάστωρ und ἀλιτήριος eine ganze reihe von etymologieen in zwei längeren artikeln von Photios' *Lexikon,* deren erster schon im *Et. gen.* steht [70]): da leitet Chrysippos ἀλάστωρ ab ἀπὸ τῆς ἐλάσεως, ὁ ἄξιος ἐλαύνεσθαι διὰ φόνον; Apollodoros 244 F 150 ἀπὸ τοῦ ἀλιπεῖν· τοῦτο δέ ἐστιν ἀλιτανεύτως ἀδικεῖν; ein anderer erklärt ähnlich als ὁ διὰ μέγεθος τῶν πεπραγμένων αὐτῶι κακῶν λιτῆς μὴ καταξιούμενος. S.'s erklärung steht (nach ihm?) bei Plutarch *De def. or.* 15 p. 418 BC οὕς ἀλάστορας καὶ παλαμναίους ὀνομάζουσιν ὡς ἀλήστων τινῶν καὶ παλαιῶν μιασμάτων μνήμαις ἐπεξιόντας und *Lex. Rhet.* p. 211, 18 ἀλάστωρ· ὁ μεγάλα τετολμηκὼς ἀδικήματα, ὧν οὐκ ἂν ἐπιλάθοιτό τις [71]). Der artikel ἀλιτήριοι der *Synagoge* p. 377, 11 (Phot. Berol. p. 76, 3) gibt die von S. bekämpfte erklärung aus einem athenischen autor und in einem historischen rahmen, den ich zeitlich nicht zu bestimmen vermag: οἱ ἁμαρτωλοὶ δὲ ἀλιτήριοι ἐντεῦθεν ἐκαλοῦντο καὶ πονηροί· λιμὸς κατέλαβέ ποτε τοὺς Ἀθηναίους, καὶ οἱ πένητες διήρπαζον τὰ τῶν ἀλούντων ἄλευρα· ἀπὸ γοῦν ἐκείνων καταχρηστικῶς ἐλέχθησαν οἱ τοὺς ἀλοῦντας τηροῦντες καὶ ἁρπάζοντες ἀλιτήριοι. παρέτεινε δὲ τὸ ὄνομα καὶ ἐπὶ τῶν μετὰ βίας τι ποιούντων ἀπὸ τῆς σιτοδείας τῆς κατὰ τὸν Αἰτωλικὸν πόλεμον γενομένης [72]). *c.* 50] An dem faktum kann niemand zweifeln; und damit gewinnt 'der herrschername allgemeiner bedeutung, der es nicht zu mythischer persönlichkeit, sondern nur zu genealogischer existenz gebracht hat' [73]) für das (spätere?) Argos eine gewisse realität. Aber auch Pausanias kennt kein τέμενος Agenors. Die wohl nur datierende erwähnung Agenors in der (konstruierten) argivischen Demetergeschichte 314 F 2c geht die viehzucht nichts an; und wenn nach Hellanikos ἐν Ἀργολικοῖς 4 F 36 bei der erbteilung der söhne des Phoroneus der jüngste sohn Agenor τὴν πατρικὴν ἵππον erhält [74]) (mit der er dann gegen Argos zu felde zieht und könig wird), so dient das nur der erklärung der beinamen des alten Argos — Πελασγικόν, Ἴασον, ἱππόβοτον. *c.* 51] Als quelle sind *Argolika* sicher [75]). Zu den ἀχράδες-ἀπίαι, nach denen die Peloponnes Apia heisst, von deren holz das älteste kultbild der Hera gefertigt wird [76]), und deren früchte die älteste nahrung der Argiver bilden: Istros ἐν τοῖς Ἀργολικοῖς 334 F 39; Demetrios 304 F 1; Aelian. *V.H.* 3, 39. Zu Inachos: Schol. Eurip. *Or.* 932 μετὰ τὸν κατακλυσμὸν ἐν ὄρεσιν οἰκούντων τῶν Ἀργείων, πρῶτος αὐτοὺς συνώικισεν Ἴναχος, καὶ λιμναζόμενον τὸ παρὰ τὸν Ἴναχον πεδίον αὐτὸς ἐκαθάρισε καὶ ἐκ πηγῆς τινος ποιησάμενος τὸν ποταμὸν ἀφ' ἑαυτοῦ Ἴναχον ἐκάλεσε [77]) καὶ τὸ Ἄργος Ἰνάχιον. Zu den uns undurchsichtigen βαλλαχράδες: Kern *RE* I, 1896, col. 829 f.; Nilsson *Gr. Feste,* 1906, p. 465;

Halliday *op. cit.* p. 198 f. (6) Für den Kleomeneskrieg gegen Argos ist der historiker an den bericht Herodots 6, 76-83, der aus erkundung in Sparta und Argos zusammengearbeitet ist [78]), mindestens in so weit gebunden als in den wesentlichsten tatsachen kein widerspruch zwischen beiden traditionen besteht. Aber Herodot weiss nichts von einem angriff auf die stadt und demzufolge auch nichts von der rolle der frauen bei ihrer verteidigung. Den ersteren schliesst er ausdrücklich aus durch die erzählung von dem orakel des Kleomenes; von seinem besuch des Heraions mit den tausend ἀριστεῖς, nachdem er den grössten teil des heeres entlassen hat; und durch die in Sparta gegen den könig erhobene anklage — δωροδοκήσαντα οὐκ ἑλεῖν τὸ Ἄργος, παρεὸν εὐπετέως μιν ἑλεῖν. Das schweigen über die rolle der frauen und die nichterwähnung der Telesilla, trotz seines interesses für dichterische persönlichkeiten [79]), fällt ins gewicht, weil er den ganzen bericht schliesst mit einer ausführung über die schwierige stellung der frauen in Argos nach dem grossen aderlass der schlacht. Das ist alles klar, wie immer man über den historischen wert der einzelheiten denkt. Es ist weiter klar dass die *Argolika*, deren darstellung des krieges (richtiger der schlacht bei Sepeia) uns nur bei den späten autoren Plutarch; Polyaen. *Strat.* 8, 33 (der, wie ich bestimmt glaube, Plutarch ausgeschrieben hat [80])); Suda s.v. Τελέσιλλα [81]) vorliegt, Herodots bericht nicht geradezu verworfen haben: sie erkennen die schwere niederlage im felde an [82]), und die polemik in § 5 betrifft nur einen einzelpunkt, hat zudem (charakteristisch für die patriotische empfindlichkeit der lokalen autoren) Herodot [83]) missdeutet, der nicht sagt, dass die sklaven die bürgerinnen zu frauen nahmen. Aber während sie an der vorgeschichte der schlacht und der strategie des Kleomenes, von der Herodot etwas zu sagen weiss, weniger interessiert scheinen, haben sie der schlacht eine fortsetzung gegeben — den angriff des oder der könige auf die stadt und seine zurückweisung durch die argivischen frauen. Diese fortsetzung verträgt sich schlechterdings nicht mit Herodots cc. 80-82, aber den verwundeten nationalen stolz der Argiver heilt sie, wie auch die antwort von spartanischer seite zeigt [84]), mehr als der blosse ersatz der sklaven durch perioeken. Dieser zug ist aber für uns wesentlich, weil er zeigt dass der neue argivische bericht schon im 4. jhdt literarisch geformt ist: denn Aristoteles in der *Politik* kennt ihn [85]). Da Plutarch in der haupterzählung nur anonym zitiert und polemisiert [86]), können wir ihn trotzdem nicht unter einen bestimmten namen stellen: aber Demetrios und Derkylos sind möglich, Deinias und Sokrates zu spät. Wir wissen auch nicht woher Plutarch seinen hauptbericht hat (der durch mehrere hände gegangen sein kann) [87]); aber dass er auch hier (wie überall) die variante aus S. aus der eigenen lektüre hinzugefügt hat, darf man ohne weiteres sagen [88]); Polyaen, der nicht zitiert, hat sie aus Plutarch. Sie stellt sich als eine weitere ausmalung des argivischen hauptberichtes dar, für die sich besondere gründe leicht denken lassen, wenn man zwei besonderheiten der lokalgeschichte in rechnung stellt: (1) die rein literarische tendenz ihre geschichten (besonders die erfundenen oder soweit nicht urkunden die änderung verboten) genau so auszugestalten und zu variieren, wie es die früheren und noch mehr die zeitgenössischen dichter taten; (2) die sachliche diskussion, die zwischen den lokalhistorikern verschiedener städte über ereignisse geführt wird, an denen mehrere von ihnen beteiligt sind [89]). In jedem fall ist der argivische bericht in den einzelheiten alles andere als einheitlich [90]). Das ist interessant für uns, deren blick auf die historische literatur von Argos gerichtet ist. Aber der historiker kann (daran habe ich nicht den geringsten zweifel) den ganzen bericht ungestraft beiseite lassen. Das ist längst gesagt, und es ist längst erkannt, wie er zustande gekommen ist [91]), wenn auch m.w. nicht klar ausgesprochen ist, dass bewegendes motiv der erfindung der lokale patriotismus ist und die ausbildung der geschichte nicht älter ist als die lokalargivische literatur [92]). Die elemente der komposition sind: (1) das den Milesiern und Argivern gemeinsam gegebene orakel, das Herodot nicht ohne mühe, aber überlegt an zwei stellen in seinen zusammenhang eingefügt hat [93]) und dessen rätselhafte anfangsverse ἀλλ' ὅταν ἡ θήλεια τὸν ἄρσενα νικήσασα / ἐξελάσηι καὶ κῦδος ἐν Ἀργείοισιν ἄρηται für die argivischen historiker den ausgangspunkt ihrer erfindung gebildet haben werden [94]). (2) das fest der Hybristika, für das die siegreiche verteidigung der stadt das aition gibt; und (in zweiter linie) der argivische hochzeitsbrauch [95]), der aus den auf sie folgenden ereignissen erklärt wird, die die *Argolika* (was Aristoteles bestätigt) ausführlicher erzählten als Herodot 6, 83. (3) die gestalt der Telesilla, deren zeit nicht genauer bestimmbar ist, die aber jedenfalls ins 5. jhdt gehört [96]). Man soll dahinter nicht zu viel suchen: wenn man die kämpfenden frauen einführte, brauchte man auch eine führerin und wählte dazu die bekannte dichterin, weil man keinen anderen namen kannte (während die ältere tegeatische geschichte die heldin Choira ∾ Marpessa oder Perimede vielleicht überhaupt erfunden hat [96a])). Es ist kein zweifel, dass das *prius* der erfindung nicht Telesilla ist, sondern die patriotische erfindung von der siegreichen abwehr des spartanischen angriffs durch die frauen: denn ihre gedichte boten keinen anlass für diesen teil der erfindung [97]). Auch die beiden aitia sind nicht wirklicher ausgangspunkt, sondern stützen die haupterfindung [98]). Das ganze ist

literatenwerk des 4. jhdts, keine echte volksüberlieferung, wie sie in Tegea bestanden haben kann, wo man eine 'reliquie' besass, an die sich die überlieferung hängen konnte. Denn es ist ganz zweifelhaft, was es mit den τάφοι ἐπὶ τῆς ὁδοῦ τῆς Ἀργείας in § 3 auf sich hat; sie können sehr
5 wohl (literarische) umdeutung eines älteren unbenannten grabes sein [99]).
   Wo die geschichte bei S. stand, ist nicht zu sagen; doch ist nicht unwahrscheinlich, dass der perieget (wie Pausanias) sie an das relief der Telesilla im heiligtum der Aphrodite oberhalb des theaters angeknüpft hat [100]), während die eigentlichen *Argolika* den krieg *suo loco*, innerhalb
10 der chronologischen folge der ereignisse, erzählt haben müssen. Plutarchs autor nannte als lohn für die überlebenden frauen die stiftung eines kultes des Enyalios (was wieder an den Ἄρης Γυναικοθοίνας von Tegea erinnert) [101]), und dann denkt man am ehesten an den doppeltempel des Ares und der Aphrodite am wege von Argos nach Mantineia, ἀπὸ τῶν
15 πυλῶν τῶν πρὸς τῆι Δειράδι, von dem uns Pausanias [102]) leider nur sagt, dass die kultbilder als stiftung des Polyneikes galten. Das könnte wohl die seite sein, von der aus nach S.'s darstellung der andere könig Demaratos in die stadt eindrang, weil die verteidiger den angriff aus der richtung Tiryns-Sepeia erwarteten [103]). Man wird dem argivischen periegeten
20 denselben grad von lokalkenntnis zutrauen, wie ihn z.b. Kleidemos in der schilderung der Amazonenschlacht [104]) entwickelt hat, und dann versuchen auf grund dieser kombination auf die lage des stadtteiles Pamphyliakon zu schliessen [105]).   (7—8) Dass man an keiner der beiden stellen den autornamen ändern darf, ist zu F 1 gesagt. F 8, wo er
25 in einigen Hss. verdorben ist, läge Νικοκράτης als verfasser von *Boiotiaka* [106]) immer noch näher als Krates [107]). Die inkonsequenz, die S. aus F 7 vertreibt und F 8 stehen lässt (oder aus der hs. B einführt) ist schwer begreiflich.   Πασιφάη] Schol. Dan. Vergil. *Buc. 6, 47 ob iram scilicet Veneris, quae irata Soli, quod se, ut quidam volunt Anchisae, ut*
30 *alii Marti coniunctam prodidisset, subolem eius inhonestis amoribus subiecit, ut Circen Medeam Pasiphaen.* Serv. Vergil. *A. 6, 14 indicato a Sole adulterio Martis et Veneris .... quod factum Venus vehementer dolens stirpem omnem Solis persequi infandis amoribus coepit. igitur Pasiphae .... tauri amore flagravit ....* Die einführung der Aphrodite an stelle des
35 Poseidon [108]) in die geschichte von Minotaurus — offenbar wegen der ausdehnung auf alle töchter des Helios — ist relativ jung, vielleicht erst hellenistisch [109]). Der text ist dann vielleicht einfach damit herzustellen dass man in ταῦρος den eigennamen sieht und in F 7 den rationalismus von F 8 findet. Aphrodite straft dadurch dass die Heliostöchter nicht
40 mit éinem manne zufrieden sind: Palaiphat. Π. ἀπ. 2 Μίνωι ἠκολούθει

νεανίας κάλλει διαφέρων, ὦι ὄνομα ἦν Ταῦρος· τούτου Πασιφάη ἔρωτι ἁλοῦσα καὶ πείσασα μίγνυται κτλ.; Serv. Dan. Vergil. *A*. 6, 14 *nam Taurus familiaris vel notarius Minois fuit vel ut alii dicunt magister militum Minois, quem Pasiphae amavit, cum quo in domo Daedali concubuit, et quia geminos*
5 *peperit, unum de Minoe et alium de Tauro e.q.s*. Stratege des Minos ist Tauros schon bei dem Atthidographen Demon 327 F 5, und sein liebesverhältnis zu Pasiphae kennt Philochoros 328 F 17.   Σφίγγα] Es ist nicht unmöglich, dass S. (oder sein vorgänger) gerade die (keineswegs junge) fassung rationalisiert, die der Tragilenser Asklepiades bewahrt
10 hat. Da das fragment keine näheren angaben macht hat es keinen zweck die verschiedenen anderen rationalismen aufzuzählen, die der Sphinx einen menschlichen vater oder gatten geben und sie als räuberin, empörerin u.ä. deuten [110]). Wichtig aber was Lesky *RE* III A, 1929, col. 1719, 64 ff. sagt mit dem hinweis auf die παρθένος χρησμωιδός Soph.
15 *O.T*. 1199 f. (vgl. die Σφιγγὸς χρησμοί Schol. Eurip. *Phoen*. 45 in der wiedergabe durch Asklepiades u.a.), dass 'für griechisches empfinden das rätsel der Sphinx in die reihe der orakelsprüche dunkeln inhalts gehörte'. Denn Paus. 9, 26, 3, der in seinen *Boiotiaka* die Sphinx eine uneheliche tochter des Laios nennt, erzählt von einem Kadmos gegebenen delphischen
20 orakel und seiner rolle in der königsgeschichte. Das stand schon in Lysimachos' Θηβαικὰ Παράδοξα [111]).   (9—10) Stammen wohl aus einer ausführlicheren Heraklesgeschichte, die man — analog den auf Theben bezüglichen fragmenten — ohne bedenken der Periegese zuweist, auch wenn die stellung des exkurses nicht zu bestimmen ist. Dass S. in Πρὸς
25 Εἰδόθεον (F 15; 18) einige strittige fragen wieder aufgenommen hat, ist kein gegengrund; denn seine darstellung scheint einerseits eigentümlich genug gewesen zu sein und andrerseits so im einklang zu stehen mit lokalgeschichten anderer städte, dass man geradezu einen allgemeinen gegensatz zwischen lokalhistorie und mythographie der grammatiker
30 (diesen als nachfolgern der alten genealogen und vertretern der 'vulgata', wie sie durch die Tragoedie neu gestaltet war) statuieren möchte. Offensichtlich ist (wie bei anderen· verfassern von *Argolika* [112])) die apologetische tendenz, die nicht auf die *Argolika* beschränkt ist, sondern vielleicht noch stärker auch in den *Thebaika* herrschte: der von Hera
35 gesandte wahnsinn ist keine genügende entschuldigung für den kindermord, also befreit man den lokalen helden in Argos wie in Theben überhaupt von dieser tat [113]), woraus man weiter schliessen möchte, dass die lokalhistorie (bewusst oder unbewusst auf älteres und selbst ältestes zurückgreifend) weder den wahnsinn noch überhaupt die feind-
40 schaft Heras gegen Herakles gelten liess [114]). Das gibt dann natürlich

varianten, und hier ist die willkür deutlich: getötet sind die kinder (das muss man der vulgata glauben); wenn man Herakles von der schuld befreien will, muss man ihre mörder nennen. Das ist dann in den *Thebaika* sein feind Lykos, in den *Argolika* sein feind Augeias; ein anderer (leider nur anonym zitierter autor) scheint naiv unbekannte (?) fremde eingeführt zu haben. Man kann weiter kaum umhin, in der verwandlung des Hylas aus einem ἐρώμενος in einen sohn des Herakles die gleiche apologetische tendenz zu finden [115]). Wieder kann man die existenz der knabenliebe in heroischer zeit nicht leugnen, und wieder wagt man nicht Hylas aus dem kreise der ἐρώμενοι auszuschliessen; aber wer immer zum ἐραστής des Hylas gemacht wird (und F 19 erweckt zweifel an der richtigen herstellung des stark korrupten scholions), den Herakles befreit man von dem makel. Es ist interessant, dass es hellenistische lokalhistoriker gab, die die knabenliebe als sittlichen makel ansahen, nachdem nicht so lange vorher Rhianos in der Herakleia und sonst ihren bereich erweitert hatte [116]). So erklärt sich denn auch die wiederaufnahme der frage in Πρὸς Εἰδόθεον als verteidigung gegen kritik von seiten der grammatiker. Ich bin mir der unsicherheit aller dieser vermutungen bewusst; aber wenn man die lokalhistoriker verstehen will, ist ohne sie nicht auszukommen: wir haben nur dürftige fetzen einer offenbar reichen und eigenartigen lokalen literatur in (zudem verkürzten) scholien zu einzelnen fakten der vulgaten mythographie; da muss man mindestens ihre eigenart festzustellen versuchen. (11—14) Die vier fragmente stammen wohl alle aus Apollodoros (Περὶ θεῶν), den Theodoret. *Graec. aff. cur.* 8, 19 im eingang eines von den christlichen apologeten tendenziös zusammengestrichenen berichtes über Asklepios zitiert [117]) und der in den Pindarscholien durch Didymos vermittelt ist. Es sind reste einer relativ ausführlichen geschichte des Asklepios, die natürlich nicht beweist dass S.'s periegese Epidauros behandelt hat [118]). Es ist vielmehr möglich, und (ich denke) wahrscheinlich, dass ihr verfasser (offen oder versteckt) gegen die ansprüche von Epidauros polemisierte [119]). Asklepios genoss verehrung auch in Argos: Pausanias erwähnt 2, 21, 1 einen ναὸς Ἀσκληπιοῦ auf dem markt und 2, 23, 2 ein Ἀσκληπιοῦ τέμενος auf der ὁδὸς καλουμένη Κοίλη, nahe dem ἱερὸν Ἀμφιαράου und dem grab der Eriphyle, beide ohne nähere angaben; dann 2, 23, 4 das ἐπιφανέστατον Ἀργείοις τῶν Ἀσκληπιείων mit angaben über die kultbilder und der stiftungslegende, die seine begründung auf einen sonst unbekannten Sphyros, sohn Machaons, zurückführt [120]). Das soll die selbständigkeit des kultes von Argos erweisen (ohne dass diese stadt den anspruch auf die geburt des Asklepios erhob): mindestens 'das berühmteste der argivischen

Asklepieia' gehört nicht zu den filialen von Epidauros, die für Pausanias einer der beweise sind, dass der gott hier geboren ist [121]). Die polemische abzweckung wird auch dadurch deutlich, dass zwar Pausanias die geschichte des gottes im abschnitt über Epidauros erzählt [122]) (denn für ihn steht der vorrang dieser stadt fest), aber im eingang bemerkt dass κατὰ δὲ Ἀργείων δόξαν καὶ τὰ ἔπη τὰς Μεγάλας Ἠοίας der vater des eponymen Epidauros Ἄργος ὁ Διός ist, während die Epidaurier selbst Ἀπόλλωνι Ἐπίδαυρον παῖδα προσποιοῦσι und (dies wichtig für die haltung auch anderer lokalgeschichten) die Eleer ihn sohn des Pelops nennen [123]). Die vermutung liegt nahe dass S. seine geschichte des Asklepios an die beschreibung des ἐπιφανέστατον Ἀργείοις τῶν Ἀσκληπιείων knüpfte. Die geschichte ist vollständig; d.h. sie reicht von der geburt des gottes F 11 bis zu seinem (wirklichen oder angeblichen) tode F 14. Was ihren charakter angeht sind zwei züge deutlich: (1) das bestreben die schwierigkeiten der tradition durch vermittelnde stellungnahme zu überwinden; (2) ein rationalismus, der jedes kompromiss ausschliesst nicht so sehr mit den erzählungen der alten dichter (die sich eben mit den gewöhnlichen methoden leicht rationalisieren liessen) als mit der frommen legende von Epidauros, sowohl in ihrer bescheideneren älteren form im paean des Isyllos wie in der schreienden zustutzung, in der sie bei Pausanias erscheint [124]). Zweifelhaft bleibt dagegen (schon weil wir nicht wissen wie umfangreich der exkurs war), wie weit S. (in der art Apollodors) die einzelnen fragen gelehrt (mit belegen) behandelte, und ob er die für Apollodor wie für Pausanias [125]) primäre religiöse frage überhaupt diskutierte. Ich glaube, dass er beides nicht getan hat, ohne es eigentlich beweisen zu können: die erhaltenen fragmente machen den eindruck als ob diese fragen dem periegeten fern lagen; aber es sind eben nur fragmente, und wer dem verfasser von Περὶ ὁσίων (die freilich nur kultusaltertümer behandelten) auch ein spezifisch theologisches interesse zutraut ist schwerlich zu widerlegen. Das streben nach vermittlung ist klar in F 12, wo die beiden hauptversionen der literatur über die mutter des Asklepios ausgeglichen sind. S. war nicht der einzige und vielleicht nicht der erste, der diesen versuch gemacht hat: von dem zeitlich unbestimmbaren Aristeides no. 444 abgesehen, heisst es bei Isyllos von der Phlegyastochter Aigla (denn um Arsinoe kümmert er sich nicht [126])) τὸ κάλλος δὲ Κορωνὶς ἐπεκλήθη; und die doppelnamigkeit ist (wie die homonymie) ein beliebtes mittel, das schon im epos angewendet wird, um schwierigkeiten zu lösen. Den für S. durch F 8 erwiesenen rationalismus möchte man aus F 11 erschliessen, in dem sich auf S. mit sicherheit nur *incerto patre* [127]) zurückführen lässt, was einer verwerfung des göttlichen vaters gleichkommt. Wenn man F 12 scharf interpretieren darf, schliesst es nicht nur die rettung des kindes aus dem brennenden scheiterhaufen, sondern auch die wunderbar ausgestaltete aussetzungsgeschichte aus. Unklar bleibt für uns, warum Arsinoe das kind der Koronis adoptiert; aber solche unklarheiten sind die folge der willkür aller rationalisierungs- und ausgleichsversuche: hinter S.'s versuch steckt die dichtergeschichte von Koronis' untreue und doppelverhältnis zu Apollon und Ischys; aber da in dem kurzen fragment alle näheren angaben über Koronis und Arsinoe fehlen, sehen wir nicht ob er den punkt im unklaren liess (was ganz möglich ist) oder ob er etwa Arsinoe im wochenbett sterben liess (eine wieder durchaus denkbare rationalisierung des mythischen todes durch Artemis). Die erziehung durch Chiron F 13, die ein alter bestandteil der legende ist [128]), lässt sich auch für einen rationalisten leicht mit der adoption vereinigen. Weniger leicht ist zu sagen, wie S. den gleichzeitigen tod von lehrer und schüler erklärte, den F 14 als seine spezielle (d.h. bei keinem dichter oder älteren mythographen zu belegende) ansicht gibt [129]); aber das fragment schliesst (wieder streng interpretiert) den blitztod als strafe der totenerweckung aus; und wirklich gibt es hier nicht nur rationalistische erklärungen [130]), es fehlt auch S.'s name in den ausführlichen zusammenstellungen über diesen punkt der Asklepiosgeschichte, in denen auch ein argivischer autor vorkommt [131]).

(15—16) Über Πρὸς Εἰδόθεον s. p. 39, 1 ff. Der umfang ist zweifelhaft: F 16 zitiert ἐν τοῖς, der bessere zeuge F 15 ἐν τῶι; beides ist nicht entscheidend, aber das einzelbuch für den 'brief' immerhin wahrscheinlicher. Der inhalt war bunt, da S. einzelfragen aus der Periegese (kaum auch aus Περὶ ὁσίων) ausführlicher besprochen und gegen einwände verteidigt zu haben scheint. Ich halte die zuweisung von F 9-10 und erst recht von F 8 an dieses buch für verfehlt, die von F 18-19 für eher glaublich.

(15) Als liebhaber des Hylas [132]) konkurrieren Polyphemos und Herakles, und es ist sehr möglich dass der letztere — dessen teilnahme an der fahrt der Argo sekundär und nicht allgemein anerkannt war [133]) — aus lokaler literatur (Herakleia am Pontos?) an die stelle des ersteren getreten ist. S. hat sich mit oder nach Euphorion [134]) für Polyphem entschieden, hat aber gleichzeitig das verhältnis des Hylas zu Herakles dadurch festgehalten, dass er Hylas zu dessen sohn machte [135]). Man kann darin eine ausgleichung der widerspruchsvollen überlieferung in der art von F 12 sehen [136]), und diese erklärung mag manchem mehr einleuchten als die zu F 9-10 p. 49, 6 ff. vorgetragene. Nur eine verwechselung oder vermengung von Hylas und Hyllos [137]) erscheint mir sachlich und formal (die gelehrten scholien würden das anders ausgedrückt haben) hier so

ausgeschlossen wie in den *Deliaka* des Antikleides, der ἰδίως "Υλλον φησὶ τὸν 'Ηρακλέους υἱὸν ἀποβάντα ἐφ' ὕδωρ μὴ ὑποστρέψαι [138]). (16) Pollux 4, 65 τὸ μέντοι σιφνιάζειν καὶ χιάζειν, τὸ περιέργοις μέλεσι χρῆσθαι, ἀπὸ Δημοκρίτου τοῦ Χίου καὶ Φιλοξενίδου τοῦ Σιφνίου, ὃς καὶ 'Υπερτονίδης ἐκαλεῖτο. Hesych. s.v. Βάστας ὁ Χῖος· Δημοκρίτου ἐπώνυμον, καθὰ καὶ Εὔπολις ἐν Βάπταις (I 277, 81 K)· ἔστι δὲ †ἱστοριογράφος [139]). Diog. Laert. 9, 49 δεύτερος (*scil.* Δημόκριτος) Χῖος μουσικὸς κατὰ τὸν αὐτὸν χρόνον (*scil.* τῶι 'Αβδηρίτηι). Wir wissen nicht wer der Praxidamas war, den S. zitiert; aber Aristoxenos hat *Praxidamantia* geschrieben [140]). Die musikgeschichte in Argos beginnt für uns im anfange des 6. jhdts mit dem elegiker und auleten Sakadas [141]); und Plutarch. *De mus.* 9 p. 1134 BC nennt, neben den spartanischen Gymnopaidia und den arkadischen Apodeixeis, in Argos die sonst unbekannten 'Ενδυμάτια καλούμενα mit musikalischen darbietungen. Über das musikleben von Argos im 5. jhdt sind wir nicht unterrichtet; aber die modernen virtuosen werden auch dort aufgetreten sein. Sie machten sich ihre texte selbst, wie die älteren musiker; aber der ausdruck ἐπὶ χρώματος τάξαι scheint unerklärt [142]). (17) Die zuweisung der schrift an den Koer [143]) ist so willkürlich wie die zuweisung von F 19 an sie. Der titel sieht auch nicht nach einem arzt [144]), sondern eher nach thaumasiographischer literatur [145]) aus. Möglich dass ihr verfasser der S. des traktates Σωκράτους καὶ Διονυσίου Περὶ λίθων ist [146]), der schon Galen bekannt gewesen zu sein scheint. Über die ἀτταγαῖ s. Plin. *N.H.* 10, 133 *attagen maxime Ionius celeber et vocalis alias, captus vero obmutescens, quondam existimatus inter raras aves* [147]); *iam et in Gallia Hispaniaque capitur e.q.s.* [148]). Plinius' quelle ist wahrscheinlich Alexandros von Myndos [149]); wenn auch S. durch ihn vermittelt ist, gibt das einen spät (?) hellenistischen autor. (18) Das zitat geht nur auf die genealogie des Polyphemos und darf nicht gleichgesetzt werden mit F 15. Wenn letzteres die fortsetzung der geschichte des Polyphemos enthält, wird auch F 18 in Πρὸς Εἰδόθεον gehören. Schwierigkeiten macht der name des vaters: Polyphemos ist in unserer sonstigen (freilich jungen) überlieferung sohn des Elatos [150]); der sohn des Poseidon, gleichfalls Argonaut, heisst seit Hesiod und Pindar Euphemos [151]). Nun gibt es zwar genug derartige varianten, aber ein widerspruch zwischen den verschiedenen scholiasten macht bedenklich: was Schol. Apoll. Rhod. 1, 1241a von der ehe Polyphems sagen — Εἰλατίδης· γράφεται καὶ Εἰλασίδης· κατὰ γάρ τινας 'Ελάσου υἱός ἐστιν ὁ Πολύφημος, κατὰ δέ τινας Ποσειδῶνος· γυναῖκα δὲ ἔσχεν ὁ Πολύφημος Λαονόμην, 'Ηρακλέους ἀδελφήν, 'Αμφιτρύωνος καὶ 'Αλκμήνης θυγατέρα — steht Schol. Pindar. *Pyth.* 4, 79b wortwörtlich von Euphemos, und hier ist der name absolut sicher [152]). Man kann nicht einfach Polyphemos 'doppelgänger' des Euphemos [153]) nennen: die schicksale beider sind in der Argonautengeschichte völlig verschieden, und beide spielen eine rolle als κτίσται oder vorfahren von solchen, aber Polyphemos am Pontos, Euphemos in Kyrene. Auch die sonstigen erklärungen [154]) lösen das eigentliche problem, den widerspruch der Scholiasten über dieselbe sache, nicht. Die möglichkeit muss offen bleiben, dass in F 18 eine verwechselung vorliegt, deren anlass vielleicht F 10 verrät: da wird Hylas mit Euphemos zusammengebracht [155]), und man kann bezweifeln, ob (trotz der sonstigen korruptelen der namen in diesen scholien) der ersatz durch Polyphemos richtig ist. Andernfalls sehe ich nicht, warum Euphorion und S. dem Polyphemos Poseidon zum vater gegeben haben; denn irgend eine gelehrte kombination des Argonauten mit dem Poseidonsohn der Odyssee ist schwer vorstellbar. (19) Das gelehrte scholion [156]), das hier nicht voll ausgeschrieben zu werden brauchte, ist ein notizzettel des Didymos über vorkommen und erklärung des wortes ὀρείχαλκος [157]). Damit entfällt die mechanische erklärung des doppelzitates als 'Theopompus apud Socratem' [158]), die auch deshalb unglaublich ist, weil bei Theopomp die buchzahl steht und bei S. kein buchtitel. Die buchtitel sind, ausser bei dem ersten zitat 'Ἀριστοτέλης ἐν Τελεταῖς, der üblichen verkürzung zum opfer gefallen. Die zuweisung des S.-zitates an Περὶ ὀρῶν [159]) ist möglich, weil das angebliche metall von Ps. Aristoteles Π. θαυμ. ἀκ. 58 behandelt wird. Aber die Periegese des Argivers konkurriert und ist vielleicht wahrscheinlicher: denn Ps. Aristoteles zählt weihgeschenke aus ὀ. auf, die Herakles nach dem kriege gegen Augeias in verschiedenen peloponnesischen städten gestiftet haben soll [160]); unter ihnen fehlt zwar Argos, aber Pausanias [161]) erwähnt in der beschreibung von Lerna einen ὀρείχαλκος, den man kaum anders verstehen kann als die ἐν Φενεῶι καλούμενοι ὀρείχαλκοι des Ps. Aristoteles. Für Πρὸς Εἰδόθεον gibt es kein positives argument [162]). (20—22) Sind nun wirklich nur der übertriebenen vollständigkeit wegen aufgenommen. Denn F 20 ist Heitz' beziehung auf den philosophen Sokrates in Antisthenes' *Protreptikos* so überzeugend, dass ich die naheliegende änderung in Εὐκράτης, verfasser von *Rhodiaka* [163]) nicht einmal im apparat vorgeschlagen habe; F 21 ist die abbreviatur nicht aufzulösen, und Σωκράτης liegt keineswegs nahe [164]); F 22 ist für Σωκράτης so gut wie sicher ὁ Κράτης zu setzen.

311. SAMMELZITATE

Über die herkunft dieser sammelzitate aus der gelehrten hellenistischen literatur s. *Atthis*, 1949, p. 1 f. Es ist mindestens überflüssig, wahrscheinlich sogar falsch, hinter einem solchen zitat einen einzelnen autor zu suchen [1]).

F

(1) Seit Kirchner *RE* III, 1899, col. 240 identifiziert man die Argiverin ganz selbstverständlich (1) mit der maitresse des Ptolemaios Philadelphos, die Ptolemaios Euergetes II [2]) neben vielen anderen aufzählt, leider ohne nähere angaben [3]). Gegen (oder auf) sie hat Sotades ein gedicht geschrieben [4]), und Plutarch und Clemens wissen interessantes von ihr zu sagen [5]). (2) mit der Belistiche, die ol. 129 (264 v. Chr.) in dem neuen kampfspiel mit dem zweigespann (συνωρίς) siegte [6]). Nach allem was wir von der ersteren hören, ist glaublich dass sie in Olympia rennen liess; und es ist weiter glaublich, dass dies die Βιλιστίχη Φίλωνος ist, die als eponyme kanephore der Arsinoe im j. 251/0 v. Chr. in den Zenonpapyri genannt wird [7]). Dann war sie eine dame der gesellschaft [8]), vielleicht eine vornehme Makedonin; denn die olympische siegerin heisst in den aus offiziellen quellen geflossenen angaben der Olympionikenliste ἐκ Μακεδονίας τῆς ἐπὶ θαλάσσηι γυνή [9]). Aber eben das schliesst die identifikation mit der 'hetaere' der *Argolika* aus, die ausdrücklich 'Argiverin' heisst. Die königliche maitresse hat sich eben nicht so ausrufen lassen, und auch die ableitung von Agamemnon (etwa in epigramm einer siegesstatue) passt nicht gut für die Makedonin, die sich eher auf Temenos oder einen seiner vorfahren oder nachkommen zurückgeführt hätte [10]). Der (wie es scheint) sonst nicht belegte name entscheidet auch nicht für identifikation: sein makedonischer charakter und seine beschränkung auf Makedonien ist nicht erwiesen [11]).   (2) Paus. 2, 37, 5-6 εἶδον δὲ καὶ πηγὴν Ἀμφιαράου καλουμένην καὶ τὴν Ἀλκυονίαν λίμνην, δι' ἧς φασιν Ἀργεῖοι Διόνυσον ἐς τὸν Ἅιδην ἐλθεῖν Σεμέλην ἀνάξοντα, τὴν δὲ ταύτηι κάθοδον δεῖξαί οἱ Πόλυμνον. τῆι δὲ Ἀλκυονίαι πέρας τοῦ βάθους οὐκ ἔστιν . . . . τὰ δὲ ἐς αὐτὴν Διονύσωι [12]) δρώμενα ἐν νυκτὶ κατὰ ἔτος ἕκαστον οὐχ ὅσιον ἐς ἅπαντας ἦν μοι γράψαι [13]). Anon. Misc. 7 (Westermann Μυθογρ., 1843, p. 348, 15) Πολύυμνος Ἀργεῖος Διονύσου ἐρασθεὶς ὑπέσχετο ζητοῦντι τὴν ἐς Ἅιδου κάθοδον μηνύσειν, ἐὰν αὐτῶι τῆς ὥρας ἀποχαρίσηται· ἐπαγγειλαμένου δὲ τοῦ θεοῦ, ἐμήνυσε διὰ τῆς Λέρνης οὔσης ἀβύσσου. ἀναγαγὼν δὲ τὴν Σεμέλην εὗρε τὸν Πολύυμνον τετελευτηκότα· θέλων δὲ εὐορκεῖν, ἐλθὼν ἐπὶ τὸν τάφον τοῦ ἐραστοῦ συκίνωι φάλλητι περιελυκίσατο. διὰ τοῦτο ἔνιοί φασι ἴστασθαι τῶι θεῶι φαλλοὺς ὑπομνήματα τῆς εὐορκίας. Tzetz. *Lykophr.* 212 Διόνυσον λέγουσι ψηλαφᾶν τὴν μητέρα μετὰ τὸ κεραυνωθῆναι αὐτήν. Πολύυμνος δέ τις

νεανίας ἔφη δείξειν τὴν εἰς ταύτην ὁδόν, εἰ συγγένοιτο αὐτῶι· ὁ δὲ ὑπέσχετο τοῦτο ποιῆσαι, εἰ πρῶτον εὑρήσει τὴν μητέρα. καὶ δὴ βουλαῖς Πολυύμνου κατελθὼν εἰς τὸν Ἅιδην ἐκ τῆς Λέρνης πηγῆς ἀνάγει αὐτήν. τελευτήσαντος δὲ Πολυύμνου Διόνυσος θέλων πληρῶσαι τὴν ὑπόσχεσιν σύκινα αἰδοῖα προσῆψεν
5 αὑτῶι καὶ φαλλοὺς δερματίνους ἐλάφων, ὅθεν, ὥς φασι, καὶ Ἐνόρχης λέγεται [14]).
Schol. Lukian. *De dea Syria* 28 p. 187, 21 R φαλλοὺς ὅσοι Διονύσωι ἐγείρουσιν, ἐν τοῖσι φαλλοῖσι καὶ ἄνδρας ξυλίνους κατίζουσιν· ὅτευ μὲν εἵνεκα ἐγὼ οὐκ ἐρέω] οὐδὲ γὰρ ὅσιον (οἶμαι) τὴν αἰτίαν ἐρεῖν κιναίδειαν Διονύσου κατήγορον, παρόσον καὶ ὁ φαλλὸς τοῦ πεπορνευκότος Κοροίβου [15]) Διόνυσον ὑπό-
10 μνημα μισθὸν τοῦτον αὑτῶι Διόνυσον ἐκτετικότα Σεμέλης τῆς μητρὸς μήνυτρα.
Clem. Alex. *Protr.* 2, 34, 1 (Arnob. *Adv. nat.* 5, 28) μυστήρια ἦσαν ἄρα, ὡς ἔοικεν, οἱ ἀγῶνες ἐπὶ νεκροῖς διαθλούμενοι .... (2) ἀλλὰ τὰ μὲν ἐπὶ Ἄγραι [16]) μυστήρια καὶ τὰ ἐν Ἁλιμοῦντι τῆς Ἀττικῆς Ἀθήνησι περιώρισται, αἶσχος δὲ ἤδη κοσμικὸν οἵ τε ἀγῶνες καὶ οἱ φαλλοὶ οἱ Διονύσωι ἐπιτελούμενοι,
15 κακῶς ἐπινενεμημένοι τὸν βίον. (3) Διόνυσος γὰρ κατελθεῖν εἰς Ἅιδου γλιχόμενος [17]) ἠγνόει τὴν ὁδόν, ὑπισχνεῖται δ' αὐτῶι φράσειν <τις> [18]) Πρόσυμνος τοὔνομα, οὐκ ἀμισθί· ὁ δὲ μισθὸς οὐ καλός, ἀλλὰ Διονύσωι καλός, καὶ ἀφροδίσιος ἦν ἡ χάρις, ὁ μισθὸς ὃν ἠτεῖτο Διόνυσος, βουλομένωι δὲ τῶι θεῶι γέγονεν ἡ αἴτησις· καὶ δὴ ὑπισχνεῖται παρέξειν αὐτῶι εἰ ἀναζεύξοι, ὅρκωι πιστωσάμενος
20 τὴν ὑπόσχεσιν. μαθὼν ἀπῆρεν, ἐπανῆλθεν αὖθις, οὐ καταλαμβάνει τὸν Πρόσυμνον (ἐτεθνήκει γάρ)· ἀφοσιούμενος τῶι ἐραστῆι ὁ Διόνυσος ἐπὶ τὸ μνημεῖον ὁρμᾶι καὶ πασχητιᾶι· κλάδον οὖν συκῆς, ὡς ἔτυχεν, ἐκτεμὼν ἀνδρείου μορίου σκευάζεται τρόπον, ἐφέζεταί τε τῶι κλάδωι, τὴν ὑπόσχεσιν ἐκτελῶν τῶι νεκρῶι. (5) ὑπόμνημα τοῦ πάθους τούτου μυστικὸν φαλλοὶ κατὰ πόλεις ἀν-
25 ίστανται Διονύσωι. [Nonnos] zu Gregor. Naz. *Inv.* 1, 37 (*Patr. Gr.* 36; Westermann Μυθογρ. p. 368, 3 ff.) τῶι Διονύσωι ἑορτὴν ἄγοντες οἱ Ἕλληνες φαλλοῖς ἐτίμων αὐτόν [19]) .... τὴν δὲ τιμὴν ταύτην ἦγον τῶι Διονύσωι διὰ τὴν τοιαύτην αἰτίαν. ἐκ Σεμέλης τῆς Κάδμου θυγατρὸς γεννᾶται ὁ Διόνυσος· αὕτη δὲ κεραυνωθεῖσα ἐζητεῖτο ὑπὸ τοῦ Διονύσου. περιπλανωμένωι δὲ τούτωι
30 καὶ ζητοῦντι Πρόσυμνος παῖς [20]) οὕτω λεγόμενος περιέτυχε τῶι Διονύσωι καὶ ὑπέσχετο δείξειν αὐτῶι τὴν μητέρα, εἰ παιδεραστήσει αὐτόν· ὁ δὲ Διόνυσος ὑπέσχετο τοῦτο. λέγει αὐτῶι ὁ Πρόσυμνος ὅτι ἐν Λέρνηι ἐστὶν ἡ Σεμέλη. εἶτα εἰσῆλθεν ὁ Διόνυσος ἐν τῆι θαλάττηι, ἵνα περάσηι ἐν τῆι Λέρνηι [21]). συνηκολούθησεν αὐτῶι καὶ ὁ Πρόσυμνος· καὶ ὁ μὲν Διόνυσος ὡς θεὸς οὐ τέθνηκεν, ὁ δὲ
35 Πρόσυμνος τέθνηκεν. λυπηθεὶς δὲ ὁ Διόνυσος ὅτι ὁ ἐραστὴς αὐτοῦ τέθνηκε, πρὸς τιμὴν αὐτοῦ καὶ μνήμην αἰδοῖον ξύλινον ἐκ συκίνου ξύλου ἐπελέκησε, μεμνημένος τῆς συντελεσθείσης αὐτοῖς αἰσχρᾶς καὶ παρανόμου ἡδονῆς. καὶ διὰ ταύτην τὴν αἰτίαν τοῖς φαλλοῖς τιμῶσι τὸν Διόνυσον.

Wieder verbietet das sammelzitat die zurückführung auf einen be-
40 stimmten autor; wir würden auch nichts für das verständnis der geschich-

te gewinnen, wenn sie Hygin durch Istros vermittelt wäre [22]), der nichts erfand, sondern bestenfalls die ältere literatur zusammenstellte [23]). Über die sagen und kulte von Lerna haben vermutlich alle *Argolika*, vielleicht bei verschiedenen gelegenheiten, gehandelt; aus Sokrates' Periegese haben wir ein fragment 310 F 2, das gerade den kult des Dionysos und seinen aufenthalt im Hades betrifft. Wir lassen die sehr schwierigen religionswissenschaftlichen probleme bei seite [24]) und beschränken uns auf die geschichte von Polymnos-Prosymnos [25]). Ihren argivischen ursprung als aition der mysterien von Lerna oder vielmehr einer zu ihnen gehörigen, den späteren auffälligen zeremonie [25a]), beweisen (1) die berufung auf Argiver bei Pausanias und Ἀργολικά bei Hygin; (2) die bezeichnung des Poly(y)mnos als Argiver beim Anonymus, gegebenenfalls auch der name selbst, wenn Prosymnos doch seine ursprüngliche form sein sollte [26]), und vielleicht der Koroibos der Lukianscholien [27]); (3) die lokalisierung in Lerna bei Pausanias (der das genaueste gibt, was durch Sokrates 310 F 2 eine besondere bestätigung erhält), dem Anonymus (wo οὔσης ἀβύσσου zeigt, dass er die geschichte an den gleichen see verlegt wie Sokrates und Pausanias), Ps. Nonnos und Tzetzes; (4) das aition für eine zweite argivische lokalität, den Stephanos, bei Hygin, der allerdings Lerna nicht nennt und nur im eingang *cum ad Argivorum fines pervenisset* sagt [28]). Das liegt daran, dass die argivische geschichte als solche rein nur bei Pausanias (hier unvollständig [29])) und dem Anonymus erhalten ist; und auch von ihnen weist der letztere mit dem zitat der ἔνιοι am schlusse darauf hin dass ihm ihre weitere verwendung in der allgemeinen religionsgeschichte bekannt ist: sie ist nämlich zum aition des φαλλοὺς ἵστασθαι Διονύσωι in der ganzen hellenischen welt gemacht, vielleicht erst von den Christen, wie in verschiedener weise Ps. Nonnos und ganz besonders Clemens (mit Arnobius) zeigen [30]), der die sitte als αἶσχος κοσμικόν den lokalathenischen mysterien entgegenstellt und offenbar bewusst die lokalargivischen elemente verschweigt [31]); sie tritt bei ihnen an stelle von Herodots erklärung, der (nicht als erster) Melampus die sitte aus Ägypten nach Hellas einführen lässt [32]). Der grund ist durchsichtig: die geschichte empfahl sich der christlichen polemik durch ihre obscoenität. Auch bei Hygin, der doch die *Argolika* zitiert, steht die geschichte nicht mehr in ihrem ursprünglichen zusammenhang: sie ist eine der erklärungen für das sternbild des Kranzes und konkurriert als solche vor allem mit der tradition der *Kretika*. Er hebt infolgedessen nur so viel aus als für diesen zweck notwendig ist (und was auch in hellenistischen *Argolika* gestanden haben kann): es fehlt die hauptsache, wie Dionysos sein versprechen erfüllt hat, d.h. das aition für den als obscoen empfundenen mysterienbrauch. Diese lücke füllen die Christen aus. Der katasterismos ist vielleicht die späteste zutat zu dem was ursprünglich einfaches aition eines auffälligen kultbrauches war; aber trotz seiner jugend steht er auf der gleichen stufe wie die hineinziehung der Semele [33]) und des Perseus [34]) in die geschichte der argivischen mysterien. Wir fragen hier nicht wie alt die einzelnen elemente der allmählich komplizierten geschichte sind, konstatieren nur dass auf diese weise auch die varianten entstanden, die sie in den verschiedenen *Argolika* offensichtlich gehabt hat, z.t. weil man, je weiter die geschichte ausgestaltet wurde, um so mehr einzelfragen stellte [35]).

312. LYKEAS

Was wir von L. haben sieht mehr nach periegese als nach geschichtlicher erzählung aus, und Pausanias' bezeichnung ὁ τῶν ἐπιχωρίων ἐξηγητής begünstigt die vermutung, ohne sie (bei seinem losen gebrauch des terminus ἐ. [1])) strikt zu beweisen. In diesem fall ist er nachfolger des Sokrates [1a]), hinter dem er aber an sorgfalt und zuverlässigkeit weit zurücksteht. Was er gab war offenbar weitgehend das was die fremdenführer den besuchern von Argos erzählten, und die von Argos waren vielleicht noch unzuverlässiger als ihre kollegen an anderen orten [2]). Das muss auch unser urteil über seine zeit beeinflussen. Er schrieb nach F 1 nach 272/1 v. Chr.; aber die zuweisung 'zur schule des Kallimachos' [3]) ist ganz unglaublich. Schon dass er nur von Pausanias, von ihm aber relativ sehr häufig, zitiert wird macht wahrscheinlich dass er zu den von diesem selbst gelesenen autoren gehört. Es ist wohl möglich dass er (älterer?) zeitgenosse des Pausanias war, und dass dieser sein gedicht in Argos erhielt oder einsehen konnte und sich ein paar notizen daraus gemacht hat. Er hat zu dem dichter grosses zutrauen, was aber nicht beweist dass er ihn über die zitate hinaus herangezogen hat [4]): ein epiker ist keine bequeme quelle für den zweck des Pausanias; und die zitate beweisen bei einem schriftsteller, der so selten zitiert, eher für zusätze zu der (oder den) hauptquelle(n) [5]), die wir nicht benennen können. Es hat keinen zweck unsere unkenntnis von Pausanias' hauptquelle(n) für die *Argolika* durch derartige hypothesen zu verhüllen [6]).

F

(1) Paus. 2, 21, 4 τὸ δὲ οἰκοδόμημα λευκοῦ λίθου κατὰ μέσον μάλιστα τῆς ἀγορᾶς οὐ τρόπαιον ἐπὶ Πύρρωι τῶν Ἠπειρώτηι, καθὰ λέγουσιν οἱ Ἀργεῖοι,

καυθέντος δὲ ἐνταῦθα τοῦ νεκροῦ μνῆμα καὶ τοῦτο ἂν [7]) εὕροι τις, ἐν ὧι τά τε [8])
ἄλλα ὅσοις ὁ Πύρρος ἐχρῆτο ἐς τὰς μάχας καί οἱ ἐλέφαντές εἰσιν ἐπειργασμένοι [9]). τοῦτο μὲν δὴ κατὰ τὴν πυρὰν <τὸ> [10]) οἰκοδόμημα ἐγένετο, αὐτὰ δὲ κεῖται τοῦ Πύρρου τὰ ὀστᾶ ἐν τῶι ἱερῶι τῆς Δήμητρος, παρ' ὧι συμβῆναί οἱ καὶ
5 τὴν τελευτὴν ἐδήλωσα ἐν τῆι 'Ατθίδι συγγραφῆι. τοῦ δὲ τῆς Δήμητρος ἱεροῦ τούτου κατὰ τὴν ἔσοδον ἀσπίδα ἰδεῖν Πύρρου χαλκῆν ἐστιν ὑπὲρ τῶν θυρῶν ἀνακειμένην. Die stelle ist interessant für die quellenbenutzung des Pausanias: er polemisiert offensichtlich auf grund des L. gegen die gewöhnliche überlieferung der *Argolika* (bezw. seiner landesgeschichte [11])), die
10 das gebäude auf dem markt (technisch vielleicht nicht genau) als τρόπαιον und als platz der verbrennung von Pyrrhos' leichnam bezeichneten. Im F I steht dass die Argiver auf einen orakelspruch hin einen tempel der Demeter an der stelle errichteten wo Pyrrhos fiel; aus 2, 21, 4 würde man vielmehr schliessen dass der tempel bereits stand, und das würde die
15 legende über Pyrrhos' tod von der hand Demeters erklären. Sie könnte an sich sehr wohl zeitgenössisch sein, obwohl (falls der Demetertempel am markt stand, was Pausanias aber nicht sagt) sie nicht besonders gut zu dem kampf in den strassen passt, bei dem die weiber von den dächern ziegelsteine schleudern [12]). Vermutlich ist die ganze geschichte, die L.
20 erzählt, erfindung der späteren fremdenführer, herausgesponnen aus weihung von Pyrrhos' schild (wenn es wirklich sein schild ist) am Demetertempel, und es ist nur schade dass wir den orakelspruch nicht haben und nicht wissen wer ihn gegeben hat — der delphische gott oder der Pythier von Argos, dessen tempel in römischer zeit erneuert worden ist[13]).
25 Die überlieferung über den ort von Pyrrhos' tod widerspricht sich [14]), obwohl kaum ein zweifel ist dass Hieronymos und Phylarch (die quelle Plutarchs) das richtige geben: er ist im strassenkampf, nicht vor den mauern, gefallen [15]). Aber sie ist einheitlich darin dass der tödliche stein von der hand einer frau geschleudert ist, deren name sich natürlich nicht
30 feststellen liess [16]); und wir haben genug um der tradition zu glauben, die Pausanias zu diskreditieren versucht [17]), dass Antigonos die leiche in Argos ehrenvoll verbrennen liess und die gebeine dem Pyrrhossohn Helenos übergab, der sie in die heimat mitnahm: sie sind dann in Pyrrhos' residenz Ambrakia in einem heroon bestattet worden [18]). Pausanias hat
35 geglaubt auf grund des neuesten buches seine *Argolika* korrigieren zu können: das resultat ist die oben festgestellte unklarheit.   (2) Das weihgeschenk wird den namen Bitons getragen haben, im übrigen sprach es für sich selbst. L. erfand die gelegenheit; vielleicht zog er einen schluss daraus dass die reliefstele des Kleobis gegenüber dem heiligtum des
40 Nemeaios Zeus stand [19]). Der Biton im tempel des Apollon Lykios ist

gewiss der eine der brüder: Herodot, der sie ἀεθλοφόροι nennt, wusste mehr von ihnen als was er 1, 31 erzählt.   (3) Die erfindung ist offensichtlich, gemacht vielleicht nach dem bekannten schwur der Spartaner im Messenischen krieg [20]. Die auf L. beruhende deutung des Zeus Mechaneus als 'gott der belagerung' hat Vollgraff [21]) widerlegt, der auch die konstruktion des χαλκεῖον erklärt hat. Die älteren *Argolika* haben es als grabmal (reliquienschrein) des Tantalos betrachtet und damit ihre ansprüche auf ihn wie auf Pelops und die Atriden begründet [22]. Pausanias, der bereit ist einen jüngeren Tantalos [23]) gelten zu lassen, ist wieder einmal kritisch gewesen und war froh dass ihm L. seine zweifel löste.

(4) Pausanias scheidet von dem feldzug des Dionysos gegen Argos, durch den er (wenigstens in der späteren überlieferung [24])) die anerkennung als gott und sein (erstes) τέμενος in Argos gewinnt, ausdrücklich die 'spätere' bestattung der Ariadne in diesem τέμενος, auf die hin der gott den kultnamen Κρήσιος erhält [25]). In der tat kann Ariadne in Pausanias' *Argolika* nicht zu denen gehört haben die in diesem kriege gefallen sind: die weiblichen krieger des gottes erhielten ein massengrab; nur Choreia wird wegen ihrer hervorragenden stellung (als führerin der Ἁλίαι, wie sie in dieser tradition heissen) besonders bestattet, auch sie nicht in einem Dionysostempel [26]). Dann ist schwer zu sehen wie und wann Ariadne in Argos gestorben sein oder Dionysos sie dort begraben haben soll [27]). Wenn man L.s eigenart in rechnung setzt, kann man den verdacht schwer unterdrücken, dass erst L. diese falsche deutung des kultnamens Κρήσιος, der weder mit Ariadne noch mit Kreta zu tun hat und der gewiss alt ist [28]), gegeben hat, als man in seiner zeit beim neubau des tempels den 'sarg' fand, als dessen inhaber(in) sei es L. selbst sei es (eher) das orakel [29]) die Ariadne bezeichnete. Solche funde und erklärungen sind in der kaiserzeit besonders häufig (wenn auch nicht auf sie beschränkt): erst in die kaiserzeit gehört der argivische Ps. Akusilaos, der sich auf δέλτοι χαλκαῖ berief, die sein vater ὀρύξας τινὰ τόπον τῆς οἰκίας αὑτοῦ fand [30]). Pausanias hat auch hier die neueste erkenntnis aufgenommen, diesmal ohne den widerspruch zu der gewöhnlichen tradition zu erklären; und die fassung des zusatzes ist wieder so knapp, dass man nicht einmal über den sinn ganz sicher ist [31]).

313. TIMOTHEOS

Über die schwindelautoren des Ps. Plutarch s. III a p. 369 ff.; über Timotheos Laqueur *RE* VI A 2, 1937, col. 1338 no. 13. Die identifikation mit einem der anderen träger des namens braucht nur in ausnahmefällen erwogen zu werden: hier kommen weder der eleusinische theologe aus der zeit des Ptolemaios Lagu noch der athenische biograph unbestimmter zeit [1]) in frage. Auch Atenstaedts vermutung [2]), dass Ps. Plutarch 'manche seiner autoren', namentlich die in beiden schriften angeführten, 'bei Alexander Polyhistor zitiert gefunden, sie aber so verwertet hat, dass er ihnen eine andere heimat und andere werke angedichtet hat', wäre nur für den fälscher interessant. Aber für die erfindung eines so gewöhnlichen namens wie T. brauchte dieser gewiss keinen besonderen anhalt; und der weitere schluss (den Atenstaedt nicht bestimmt zieht), dass zwar heimat und buchtitel erfunden sind, die tatsachen aber beim Polyhistor standen, wäre sehr bedenklich — selbst wenn die fakten real sind oder wenigstens einen realen hintergrund haben. Das muss in jedem einzelfall in der weise untersucht werden wie es zu no. 284-296 für eine reihe von autoren geschehen ist.

F

(1) Über Prosymna s. 311 F 2 n. 25. Frickenhaus *Tiryns* I, 1912, p. 118 n. 3 findet 'die nachricht über die schwursteine unverdächtig'.
(2) Trägt die typischen züge einer erfundenen geschichte: ein bekanntes motiv (Hippolytos-Phaidra) wird benutzt um die (überall von dem fälscher behauptete) umnennung eines flusses zu erklären. Die namen, soweit sie bekannt und nicht einfach erfunden sind, stammen aus mythologie [3]) und geschichte und sind in willkürliche verbindung gesetzt.

314. ARGOLIKA DES PAUSANIAS

Von den 'Argolika' des Pausanias ist im kommentar mehrfach wie von einer einheit die rede gewesen, und zu Lykeas no. 312 ist festgestellt dass Pausanias aus diesem modernsten autor zusätze in einen bereits festen kontext gemacht hat, den wir mit einem von Wilamowitz und Schwartz mehrfach gebrauchten terminus 'die landesgeschichte' genannt haben. Das muss jetzt modifiziert werden. Wir sind hier so wenig wie in den anderen büchern — nur das vierte macht eine ausnahme [1]) — wirklich sicher dass Pausanias nur éine quelle hatte, und dass diese supponierte hauptquelle die form der geschichtlichen erzählung hatte. Diese annahme mag für die historischen einleitungen (die im vierten buch ungewöhnlich lang ist) zutreffen; aber selbst für sie ist mir meist eine späthellenistische

(oder selbst römische) periegese ²) glaublicher, die als solche schon geschichtliches material in grösserem umfange gab und die Pausanias mehr gelegentlich aus historischer literatur ergänzt hat. Man darf seine kenntnis der letzteren nicht überschätzen: er hat für die historische zeit kaum
5 mehr als Herodot und Thukydides gelesen, kaum auch nur éinen hellenistischen autor, eher vielleicht einen allgemeinen abriss (wie er sie für die mythische zeit sicher kannte) oder auch nur eine ausführlichere universalchronik. Die mehr oder weniger gelehrten lokalgeschichten der guten hellenistischen zeit hat er (auch in dem attischen buch) nicht
10 selbst eingesehen: wir würden sonst mehr und engere übereinstimmungen mit ihren (freilich sehr dürftigen) resten finden. Aber ihre einwirkung auf die oder verarbeitung in der (oder den) periegetischen hauptquelle(n) ist überall deutlich. Das eigentliche material stammt eben nicht aus historischen büchern im engeren sinne; es stammt aus der älteren periegese
15 und wird von Pausanias revidiert und gelegentlich erweitert aus autopsie und den mündlich gegebenen erklärungen der fremdenführer. Dazu tritt auch die eigene kenntnis der dichter, die Pausanias mit kommentaren las. Auch sie sind freilich schon von den älteren mythographen und periegeten herangezogen, sodass schwer zu sagen ist, ob Pausanias hier viel mehr
20 hinzugefügt hat als die gelegentliche bezugnahme auf ein paar ganz moderne bücher, wie Lykeas für Argos, Kallippos für Orchomenos ³) und dergleichen. Trotzdem darf man Pausanias' eigene tätigkeit nicht unterschätzen: sie beschränkt sich nicht auf die stilistische ausarbeitung (wo sie zuweilen, wie in den büchern über Olympia zu ehrlicher bewunderung
25 zwingt), sondern betrifft auch die sachen, wo dann freilich die abgrenzung nicht leicht und meist sache des taktgefühls ist. Um von seiner hauptquelle (oder quellen) oder (noch vorsichtiger) von dem material, das ihm zur verfügung stand, und damit zugleich von der älteren lokalliteratur, eine etwas klarere vorstellung zu gewinnen, sind hier (wie zu den *Arkadika*
30 und ganz gelegentlich sonst) ein paar zitate der 'Ἀργεῖοι zusammengestellt ⁴). Das soll keineswegs bedeuten dass sie alle aus büchern oder gar éinem buch, eben der supponierten hauptquelle, stammen. Es mag manches davon wirklich nur aus dem munde der exegeten aufgenommen sein, die Pausanias für Olympia und die Argolis häufiger zitiert, in dem
35 letzteren fall auch kritisiert ⁵). Aber in der hauptsache werden wir allerdings annehmen dürfen, dass — im gegensatz zu Herodot, dem er diese 'völkerzitate' nachgemacht hat — die dinge auch in schriftquellen standen, und es soll weder hier noch sonst der versuch einer entscheidung im einzelfall gemacht werden. Auch auf einen kommentar habe ich
40 (von ein paar hinweisen abgesehen) aus prinzipiellen gründen verzichtet.

Die zitate sprechen für unseren zweck für sich selbst: sie sollen nur zeigen, ein wie lückenhaftes bild die benannten autoren von der lokalen literatur über Argos geben.

F

(1) Cf. F 2; 9; 12. — Philitas F 13 Diehl (Steph. Byz. s.v. Φλιοῦς) Φλιοῦς γὰρ πόλις ἐστί, Διωνύσου φίλος υἱὸς / Φλιοῦς ἦν αὐτὸς δείματο, λευκόλοφος. Paus. 2, 6, 6 Σικυῶνος δὲ γίνεται Χθονοφύλη, Χθονοφύλης δὲ καὶ Ἑρμοῦ Πόλυβον γενέσθαι λέγουσιν (scil. Σικυώνιοι)· ὕστερον δὲ αὐτὴν Φλίας ὁ Διονύσου γαμεῖ, καί οἱ παῖς Ἀνδροδάμας γίνεται. Schol. Apoll. Rhod. 1, 115 (Steph. Byz. s.v. Φλιοῦς) Ἀραιθυρέα, ἡ νῦν ὀνομαζομένη Φλιοῦς ἀπὸ Φλιοῦντος τοῦ Διονύσου καὶ Χθονοφύλης ... καὶ αὐτὸς δὲ Διόνυσος Φλιοῦς ὠνομάζετο ἀπὸ τοῦ φλεῖν (L φλύειν P) τὸν οἶνον. Orph. Arg. 194 Φλίας δ' ἐξίκανε περικλυτός, ὅν ποτε Βάκχωι / νύμφη ὑποκλινθεῖσα παρ' Ἀσωποῖο (Eschenbach αἰσήποιο o) ῥοῆισι / τίκτεν. Hygin. fab. 14, 10 (Argonautenkatalog) Argus Polybi et Argiae filius .... Liberi patris et Ariadnae Minois [6]) filiae filius ex urbe Phliunte. Hoefer Rosch. Lex. III 2 col. 2383, 68 ff.   (2) Cf. p. 15, 8 ff.   (3) Schol. T Eustat. Il. Σ 219 (Et. gen. p. 264 Mi; Et. M. p. 708, 2; Tzetz. Lykophr. 915) σαλπίγγων δὲ εἴδη ἕξ· πρώτη ἡ Ἑλληνικὴ μακρὰ τὸ σχῆμα, ἥν Τυρρηνοῖς εὗρεν ἡ Ἀθηνᾶ, διὸ καὶ Σάλπιγξ παρὰ Ἀργείοις τιμᾶται. Schol. Euripid. Phoen. 1377 (= Schol. Soph. Ai. 17) πρῶτος δὲ Ἀρχώνδας [7]) συμμαχῶν τοῖς Ἡρακλείδαις ἤγαγεν εἰς Ἕλληνας τὴν Τυρρηνικὴν σάλπιγγα. Schol. Hom. l.l. Μήλας δὲ Ἡρακλέους καὶ Ὀμφάλης ἐν τῆι καθόδωι τῶν Ἡρακλειδῶν †ἀγαγὼν [8]) κατέπληξε τοὺς πολεμίους. Hygin. fab. 224, 20 Tyrrhenus Herculis filius tubam primus invenit hac ratione e.q.s. cf. Tuempel RE II col. 565; Kroll ebd. VII col. 2594.   Ἐπιμενίδης] s. Einltg. no. 457 und zu Sosibios 595 F 15.   (4) Niese Gesch. d. griech. u. makedon. Staaten II, 1899, p. 226 n. 2 'möchte' mit Thirwall Hist. of Greece VIII p. 124 f. Archinos (Polyaen. Strat. 3, 8) und Laphaes 'lieber ins vierte als ins dritte jhdt setzen'.   (5) Paus. 5, 16, 4. Bibl. 3, 46 f. ἐσώθη δὲ τῶν μὲν ἀρρένων Ἀμφίων, τῶν δὲ θηλειῶν Χλωρὶς ἡ πρεσβυτέρα [9]), ἧι Νηλεὺς συνώικησε· κατὰ δὲ Τελέσιλλαν [10]) ἐσώθησαν Ἀμύκλας καὶ Μελίβοια κτλ. Cf. Robert Heldensage p. 121 f.; Lesky RE XVII 1 col. 665, 37 ff.; 666, 58 ff.   (6) S. zu Sokrates 310 F 4.

(7) Dem argivischen anspruch auf das echte troische Palladion hat auch die Atthis widersprochen: Kleidemos 323 F 20; Phanodemos 325 F 16. Es ist das ἱρὸν ἄγαλμα, das nach Kallimach. Loutr. Pall. 33-42 (es ist keine lücke in den versen) Eumedes auf der flucht mit sich genommen hatte [11]), das aber in das dorische Argos zurückgekehrt sein muss.

Kleinknechts [12]) gleichsetzung mit der Διομήδους ἀσπίς v. 35 ist verkehrt.
(8) Bibl. 1, 77 οἱ δὲ ᾽Αγρίου παῖδες .... ἀφελόμενοι τὴν Οἰνέως βασιλείαν τῶι πατρὶ ἔδοσαν, καὶ προσέτι ζῶντα τὸν Οἰνέα καθείρξαντες ἠικίζοντο. (78) ὕστερον δὲ Διομήδης ἐξ ῎Αργους παραγενόμενος μετ᾽ ᾽Αλκμαίωνος κρύφα τοὺς μὲν ᾽Αγρίου παῖδας ... ἀπέκτεινεν ... τὴν δὲ βασιλείαν, ἐπειδὴ γηραιὸς ἦν ὁ Οἰνεύς, ᾽Ανδραίμονι τῶι τὴν θυγατέρα τοῦ Οἰνέως γήμαντι δέδωκε, τὸν δὲ Οἰνέα εἰς Πελοπόννησον ἦγεν. (79) οἱ δὲ διαφυγόντες ᾽Αγρίου παῖδες ἐνεδρεύσαντες περὶ τὴν Τελέφου ἑστίαν τῆς ᾽Αρκαδίας τὸν πρεσβύτην ἀπέκτειναν. Διομήδης δὲ τὸν νεκρὸν εἰς ῎Αργος κομίσας ἔθαψεν ἔνθα νῦν πόλις ἀπ᾽ ἐκείνου Οἰνόη καλεῖται. (9) Bibl. 2, 2 f. Νιόβης δὲ καὶ Διός, ἧι πρώτηι γυναικὶ Ζεὺς θνητῆι ἐμίγη, παῖς ῎Αργος ἐγένετο, ὡς δὲ ᾽Ακουσίλαός φησι (2 F 25) καὶ Πελασγός .... ῎Αργος δὲ .... γήμας Εὐάδνην τὴν Στρυμόνος καὶ Νεαίρας ἐτέκνωσεν ῎Εκβασον [13]), Πείραντα, ᾽Επίδαυρον (fehlt Hygin. fab. 145, 2), Κρίασον, ὃς καὶ τὴν βασιλείαν παρέλαβεν. Vgl. zu Sokrates 310 F 11-14 p. 50, 2 ff. (10) Hitzig-Bluemner *Paus.* I 2 p. 656; Frazer *Paus.* III p. 304; Frickenhaus *Tiryns* I, 1912, p. 23 f.; v. Geisau *RE* X, 1919, col. 1856, 66 ff. (11) Parallele zu solchem vertrag und daraus entspringendem streit: Herodt. 5, 82 ff. (12) Apoll. Rhod. 1, 177 f. Πελλήνης ... ᾽Αχαιίδος, ἥν ποτε Πέλλης / ... ἐπόλισσεν.

X. ARKADIEN

Die literatur über Arkadien [1]) beginnt im epos [1a]) und der älteren Genealogie, für die beide die landschaft (im gegensatz zu den historischen zuständen) eine politische einheit ist. Das erste selbständige buch schreibt, wie für Argos und Athen, Hellanikos wohl im letzten drittel des 5. jhdts. Wir wissen von ihm nicht mehr als dass es ebenfalls die sagengeschichte gab, vielleicht sich auf sie beschränkte [1b]), was kein recht gibt es in den diskussionen besonders über die königsliste als nonexistent zu behandeln. Es sah gewiss nicht aus wie die *Atthis*, die eine wirkliche lokalchronik war: chronikform war wenigstens für die historische zeit dadurch ausgeschlossen dass Arkadien in eine reihe selbständiger, teilweise bedeutender gemeinden zerfiel, deren sagenbestand und geschichte so verschieden war wie ihre politischen verbindungen. Selbst wenn es in den städten oder in einzelnen von ihnen alte lokalchroniken gegeben hätte (was weder nachweisbar noch wahrscheinlich ist [2])), wäre keine der lokalen beamtenlisten geeignet gewesen als rückgrat für die geschichtserzählung zu dienen, und es gab auch kein gemeinsames heiligtum, dessen priesterliste (wenn sie erhalten war) so verwendet werden konnte [3]).

Die verhältnisse in der Argolis (nicht zu reden von Athen oder Sparta), die in Hellanikos' zeit die politische einheit der stadt Argos war, sind völlig verschieden. Wohl aber traut man es Hellanikos zu, dass er für die ältere zeit die vollständige gesamtarkadische königsliste schuf, deren anfänge wir im (mutterländischen) epos finden, und von der eine (aber eben nur éine) späte form bei Pausanias vorliegt [4]). Dann wird er sie auch mit anderen griechischen königslisten in (gelegentliche) chronologische verbindung gebracht haben [5]). Wenn er das in ihr nicht unterzubringende, teilweise historische material aus den einzelnen städten überhaupt geben konnte und wollte, blieb ihm kaum ein anderer weg als der der periegese, das ὁμοίως σμικρὰ καὶ μεγάλα ἄστεα (nun nicht ἀνθρώπων sondern) Ἀρκάδων ἐπεξιέναι [6]), der weg, den schon Hekataios in der *Periodos* eingeschlagen hatte [7]) und den später Pausanias mit sehr viel detaillierten angaben über die einzelnen orte ging. Den beginn der epichorischen schriftstellerei — die hier wie überall an das erste buch des fremden gelehrten mehr oder weniger eng angeknüpft haben wird, aber mit der neuen, durch die zeitereignisse bedingten politischen beleuchtung — bringen E. Schwartz [8]), Boelte [9]) u.a. mit der gründung des arkadischen bundes im j. 370 v. Chr. zusammen. Das scheint einleuchtend, obwohl die einigung keineswegs vollständig und auch nicht fest war [10]), aber es ist nicht zu beweisen, da keiner der bekannten autoren [11]) auch nur mit einiger sicherheit ins 4. jhdt zu datieren ist [12]), was z.t. daran liegt dass sie uns (anders als einige *Argolika*) nicht ein einziges fragment aus der wirklich historischen zeit geben. Ich habe deshalb die autoren in alphabetischer folge gegeben, da alle zeitbestimmungen hypothetisch sind. Wer behaupten wollte dass diese meist oder durchweg der hellenistischen zeit angehörigen schriftsteller sich alle auf die sagengeschichte beschränkt und die politischen wandlungen seit der zeit des Epameinondas nur in mythischer spiegelung gegeben haben, könnte kaum widerlegt werden. Denn was Pausanias liefert kann aus der Grossen Historie und (zum geringeren teil) aus später lokaler und periegetischer tradition stammen [13]). Sicher ist nur (1) dass sich Aristoteles für die verfassung des neuen bundes und er wie seine schüler für verfassung und sitten einzelner städte interessiert haben. Diese bücher enthielten sicher historisches material und vielleicht nicht wenige dokumente, auch wenn wir nicht sagen können ob sie auf eigener lokaler erkundung oder wenigstens teilweise auf büchern beruhen. Das erstere wird in diesem falle für die urkunden, das letztere für die (mythischen und) historischen fakten gelten; und soweit das sehr spärliche material ein urteil gestattet, beweist es nicht zwingend für voraristotelische *Arkadika* [14]). (2) Dass das land (auch wenn man alles abzieht was ganz oder teilweise dem verdacht lokaler erfindung unterliegt; und das ist nicht wenig; s. no. 322) reich war an alten und eigenartigen traditionen, viel reicher als Messenien und auch als andere peloponnesische landschaften, in denen das Dorertum vieles überdeckt hat. Davon kam schon bei Hekataios (1 F 6; 9), Pherekydes (3 F 156-161) und Hellanikos offenbar nicht wenig vor, und die hellenistischen gelehrten haben sich für sie besonders interessiert. Die seit Hesiod F 43 geglaubte und vom arkadischen bund officiell anerkannte autochthonie der Arkader wird überall stärker hervorgehoben als selbst die der Athener [15]).

315. ARCHITIMOS

Die zeit ist unbestimmbar [1]). Da Plutarch die heimat nicht angibt, lässt sich die identifikation mit dem Ἀρχέτιμος Συρακούσιος [2]) nicht widerlegen, der — ebenfalls in unbestimmter zeit; aber das 4. jhdt v. Chr. ist nicht unmöglich [3]) — eine zusammenkunft der Sieben Weisen bei Kypselos, also in der Peloponnes [4]), beschrieb, ἧι καὶ αὐτός φησι παρατυχεῖν. Aber das ist ein negatives argument, und der name ist häufig [5]).

F

(1) Das kultgesetz, das das betreten des heiligtums mit dem tode bestraft, kommt auch in einer fassung der Kallistogeschichte vor [6]). Das verbot galt noch im 2. jhdt n. Chr., nicht mehr die strafe: an ihre stelle war ein (von den priestern aufgebrachter?) aberglaube getreten; das sagt Pausanias implicite, aber deutlich [7]). Zwischen beiden punkten steht was A. gab: eine abmilderung des alten strengen gesetzes, das keinen unterschied machte. Für diese abmilderung scheint A. das aition erzählt zu haben: infolge der knappheit von Plutarchs exzerpt entgeht uns wer die τινές des praecedenzfalles waren; sonst liesse sich vielleicht die zeit der milderung bestimmen [8]). Einen historischen fall der anwendung des gesetzes gibt auch der schlusspassus, der offensichtlich hierher gehört, nicht zu dem schattenwunder, mit dem ihn Plutarch ganz äusserlich verbindet. Es ist eine jener zusatzbemerkungen Plutarchs aus der eigenen lektüre, wie wir sie in den Aitia vielfach und nicht immer am richtigen platz finden [9]). Also stammt sie nicht aus A.; sie sieht mit der erklärung der glosse und ihrem dokumentarischen beleg durch ein delphisches orakel sehr nach Aristoteles aus [10]). Die notiz ist wertvoll, weil sie die

kultische bezeichnung des frevlers als ἔλαφος liefert. Das stammt wohl bereits aus einer zeit, in der man sich auch bei der kultischen tötung eines menschen unbehaglich fühlte: der fall des sonst unbekannten Kantharion mag in den krieg von 365/4 v. Chr. gehören [11]), in dem die Eleer mit unterstützung der Spartaner dem jungen arkadischen bund Triphylien wieder zu entreissen suchten. Das erklärt, warum der arkadische freibeuter, der (gewiss als gegner des bundes, also vielleicht ein Trapezuntier) zu den Eleern übergegangen war, nach dem ende des für Elis unglücklichen krieges zuflucht in Sparta suchte, und dass Sparta der (offenbar von den Arkadern verlangten) auslieferung schwierigkeiten machte, sodass erst das (vermutlich wieder von den Arkadern angerufene) delphische orakel eingreifen musste. Zwischen dem zitat aus A. und dem zusatz aus Aristoteles steht das schattenwunder, das für uns zuerst durch Theopomp bezeugt ist [12]). Es kann aus A. stammen, aber zu beweisen ist es nicht: wenn Plutarch in den *Aitia* keine autorität zitiert, beweist das nur in besonderen fällen (und ein solcher liegt hier nicht vor, da er zu etwas neuem übergeht) dass er die vorher genannte weiter ausschreibt.

316. AR(I)AITHOS VON TEGEA

Der einzige einigermassen häufig zitierte verfasser von Ἀρκαδικά [1]). Trotzdem ist unsicher ob sie das 'für arkadische altertümer massgebende buch' waren [2]), und noch unsicherer ob es das älteste war und noch ins 4. jhdt gehört: es gibt keine zwingenden beweise für den frühansatz [3]). Wenn wir nicht annehmen dürfen dass Eratosthenes' schüler Mnaseas (in dem für diese frage nicht beachteten F 4) Pans vater Aither aus A. hat, müssen wir uns mit dem *terminus ante* begnügen [4]), den die benutzung durch zwei schüler Aristarchs, Apollodoros [5]) und Parmeniskos [6]) liefert. Sonst kämen wir mit der benutzung durch Mnaseas in die zweite hälfte des 3. jhdts. Aber die quelle für die älteren hellenistischen dichter ist A. nicht; F 8 scheint sogar auf abhängigkeit von Kallimachos zu führen. Übrigens ist nicht einzusehen warum Apollodor und Parmeniskos nicht einen epichorischen autor benutzt haben sollen, der (sagen wir) um 200 v. Chr. schrieb, wenn es ältere nicht gab. A. war auch nicht der einzige arkadische autor der ihnen zur verfügung stand, obwohl es eigentliche sammelzitate von der form οἱ τὰ Ἀρκαδικά nicht gibt [7]). Es ist auch nicht auszumachen, ob A.s buch (und das gleiche gilt für die anderen *Arkadika*) gelehrten charakter trug: F 2-3 sprechen eher dagegen. Der fragmentbestand lässt sich weder aus Stephanus (der überhaupt keinen arkadischen autor nennt) noch aus Pausanias vermehren, obwohl konkordanzen zwischen ihm und den fragmenten beweisen dass auch A. von Pausanias' quelle(n) herangezogen ist [8]).

F

(1) Strabon 13, 1, 53 [9]) τὸν δὲ Αἰνείαν μετ' Ἀγχίσου τοῦ πατρὸς καὶ τοῦ παιδὸς Ἀσκανίου λαὸν ἀθροίσαντα πλεῦσαι, καὶ οἱ μὲν οἰκῆσαι περὶ τὸν Μακεδονικὸν Ὄλυμπόν φασιν, οἱ δὲ περὶ Μαντίνειαν τῆς Ἀρκαδίας κτίσαι Καπύας, ἀπὸ Κάπυος θέμενον τοὔνομα τῶι πολίσματι, οἱ δὲ εἰς Αἴγεσταν καταραι τῆς Σικελίας σὺν Ἐλύμωι.... ἔνθεν δ' εἰς τὴν Λατίνην ἐλθόντα μεῖναι κτλ.; Steph. Byz. s.v. Καφυῖα(?)· πόλις Ἀρκαδίας, ἀπὸ Κάπυος τοῦ π<ατ>ρὸς Ἀγχίσου ἢ ἀπὸ Κηφέως.   Dass A. Aineias nicht über Arkadien hinauskommen lässt, beweist nicht für seine zeit [10]), sondern nur für den selbstverständlichen lokalpatriotismus. Nur wenn er in jüngerer zeit, etwa im Hannibalischen kriege, schrieb, kann man darin auch abneigung gegen Rom sehen. Zu beachten ist für die zeitfrage vielleicht auch (warnt jedenfalls vor hastigen schlüssen über die königsliste) dass der Tegeate einen anspruch von Orchomenos anerkennt: er schrieb eben Ἀρκαδικά, nicht Τεγεατικά, und spezifisch tegeatischer lokalpatriotismus ist bei ihm auch sonst nicht kenntlich. Der zusammenhang verlangt die arkadische stadt [12]) und verbietet die annahme dass A. eine verbindungslinie zu dem kampanischen Kapua zog, als dessen eponym nach einer tradition der gleiche (?) Kapys galt [13]). Kapyai nannte er sie aus etymologischen gründen (wie Strabon) und wird notiert haben dass der name sich im laufe der zeit leicht geändert hat [14]). Die stadt war im 5. jhdt und später politisch selbständig. Ob sie einmal zu dem angeblichen grossreich von Orchomenos [15]) gehört hat, ist zweifelhaft. Aber Orchomenos, das auch sonst troische altertümer besitzen wollte [16]), muss irgendwann ansprüche auf Nasos [17]) und Kaphyai selbst erhoben haben [18]), und zu ihrer stütze ist die gründung durch Aïneias erfunden. Ihr stellte die lokale tradition die (wohl ebenfalls auf die etymologie gestützte) ableitung von Kepheus gegenüber, der Pausanias folgt [19]); sein δῆλον verrät polemik schon in seiner quelle die (wie Stephanos' autor) beide ableitungen gab. Die zeit der erfindungen ist kaum zu bestimmen, weil man nicht sieht, worauf es beruht dass die Kapyaten sich für einwanderer aus Attika schon in vortroischer zeit erklärten [20]), und ob die Menelaosplatane [21]) in den gleichen komplex gehört oder älter ist. Sie soll die beteiligung von Kaphyai am Trojanischen krieg

und damit die vortroische existenz der angeblich erst von Aineias gegründeten stadt beweisen.   (2) Nach dem wortlaut Hygins hat A. die geschichte des arkadischen eponymen ausführlich (was man in *Arkadika* erwartet) und im wesentlichen nach der vulgata erzählt, die mit Hesiod beginnt. Aber die Zeusgeliebte heisst bei ihm nicht Kallisto, sondern trägt den farbloseren namen Megisto [22]); und der vater (den die μία τῶν νυμφῶν Hesiods [23]) vermutlich nicht hat, sodass schon die epiker differieren [24])) ist, wie bei Pherekydes 3 F 157, Keteus, der schlecht genug in das binnenland passt [25]). Die darstellungen des auch in hellenistischer zeit beliebten mythos zeigen überall eine fülle von teilweise ernsthaften varianten [26]); und da *Bibl.* 3, 100 ausser dem alten Pherekydes nur epiker zitiert, und diese nur für die genealogische frage, lässt sich mindestens die spätere geschichte des mythos nicht schreiben. Was A. bietet, ist eine mischversion: wenn Megisto enkelin des Lykaon heisst, so hat er ihren vater Keteus unter die söhne Lykaons aufgenommen, deren zahl sich immer leicht vermehren liess [27]). So liessen sich die unvereinbaren gestalten des Lykaon und Arkas wenigstens äusserlich zusammenbringen. Sonst bleibt alles einzelne zweifelhaft: z.b. ob A. bei dieser gelegenheit von dem heiligen gesetz des Lykaion [28]) gehandelt und was er gesagt hat; ob auch bei ihm Arkas — bei Paus. 8, 4, 1 ff. (cf. 9, 3 f.), der von Keteus und Megisto nichts weiss, der zweite kulturheros Arkadiens — mit der mutter gleichzeitig verstirnt wurde, worauf die A. eigene hineinziehung des Engonasin [29]) zu führen scheint. Aber die lokalisierung *in Nonacri monte* scheint zum zitat zu gehören; und wieder differiert Pausanias: er lokalisiert 8, 3, 6 f. die Kallistogeschichte überhaupt nicht; nennt 8, 18, 6 f. die berge ὑπὲρ τὴν Νώνακριν (die stadt heisst nach Lykaons gattin) Ἀροάνια; und erwähnt als merkwürdigkeit in ihnen nur das σπήλαιον der Proitiden. Um die konstruktionen des Epimenides, dessen Arkas als bruder des Pan wirklich am anfang der arkadischen genealogieen gestanden haben muss, scheint sich A. nicht gekümmert zu haben [30]).   (3) Die überlieferung von der liebe Apollons zu der thessalischen königstochter Kyrene und die über Aristaios hat Malten [31]) behandelt. Sie geht in den grundzügen auf eine Eoee zurück, die Pherekydes nacherzählte; und wenn der einzelzug, für den er zitiert wird, zum beweise genügt, ist A. dem Pherekydes gefolgt. Es ist auch möglich dass er zitiert hat, aber ebenso möglich dass erst die gelehrten scholien die übereinstimmung konstatiert haben. Die *Arkadika* mussten von Kyrene sprechen des Aristaios wegen. Allerdings hat schon Bergk bezweifelt dass es wirklich Pindar ist was Serv. Vergil. *Ge.* I, 14 ihm zuschreibt: *qui eum ait de Cea insula in Arcadiam migrasse ibique*

vitam coluisse; nam apud Arcadas pro Jove colitur, quod primus ostenderit, qualiter apes debeant reparari [32]). Aber Arkadien als zwischenstation zwischen Thessalien und Keos kennt Apoll. Rhod. 2, 519 ff. [33]) λίπεν δ' ὅ γε πατρὸς ἐφετμῆι / Φθίην, ἐν δὲ Κέωι κατενάσσατο, λαὸν ἀγείρας / Παρρά-
5 σιον, τοίπερ τε Λυκάονός εἰσι γενέθλης. Ein weiterer berührungspunkt aus historischer zeit: Damonax aus Mantineia [34]) gab Kyrene um 550 v. Chr. eine verfassung, die Herodot 4, 161 f.; Aristot. *Pol*. 6, 2, 10; Ephoros (?) [35]) und Hermippos [36]) kennen. (4) Aus den zusammenstellungen in Apollodoros' Περὶ θεῶν 244 F 134/7 [37]). Die genealogie 'sohn des Aither'
10 kennt auch Mnaseas; ob aus A., ist schwer zu sagen; sie sieht mehr nach theogonischer spekulation als nach lokalpatriotismus aus und wäre dann älter [38]). A. selbst wird die nymphenmutter Oinoe [39]) hinzugefügt haben, die sich neben diesem vater seltsam genug ausnimmt; Aristippos 317 F 3 wird das empfunden haben, wenn er für Aither den
15 in Arkadien mit Pan oft verbundenen Zeus einführte [40]). Oinoe ist nicht individueller als Orsinoe [41]), die neben Hermes ihren guten platz hat. Nymphennamen sind leicht zu erfinden, und die νύμφαι ὀρεστιάδες sind gespielinnen Pans schon im Homerischen Hymn. 19, wo die mutter zwar noch keinen individualnamen, aber einen vater hat: sie heisst (nicht
20 leicht verständlich) νύμφη ἐυπλόκαμος Δρύοπος. Bedauerlich dass es dem schreiber des auch stark korrupten scholions zu langweilig gewesen ist die unbekannteren autorennamen auszuschreiben [42]). Er ersetzte sie durch οἱ μέν, ἄλλοι, ἔνιοι, behielt aber den Tegeaten wohl mit bedacht bei, wie der Theokritscholiast 317 F 2 den Aristippos, weil der Arkader für
25 Pan ihm ein guter zeuge zu sein schien. (5) Paus. 8, 25, 4-10 (ἱερὸς λόγος des Ὄγκειον bei Thelpusa, deren eltern Poseidon und Demeter Erinys sind) ἐπὶ τούτωι δὲ παρὰ σφίσιν Ἀρκάδων πρώτοις Ἵππιον Ποσειδῶνα [43]) ὀνομασθῆναι .... λέγεται δὲ καὶ τοιάδε· Ἡρακλέα πολεμοῦντα Ἠλείοις αἰτῆσαι παρ' Ὄγκου τὸν ἵππον καὶ ἑλεῖν τὴν Ἦλιν ἐπὶ τῶι Ἀρείονι
30 ὀχούμενον ἐς τὰς μάχας, δοθῆναι δὲ ὑπὸ Ἡρακλέους ὕστερον Ἀδράστωι τὸν ἵππον· ἐπὶ τούτωι δὲ ἐς τὸν Ἀρείονα ἐποίησεν Ἀντίμαχος (F 33 Wyss) <<ὅς ῥα τότ' Ἀδρήστωι [44]) τριτάτωι δέδμηθ' ὑπ' ἄνακτι>>. Schol. T(ABD) *Il*. Ψ 347 Ὅμηρος μὲν ἁπλῶς ὅτι θειοτέρας ἦν φύσεως (*scil*. Ἀρίων), οἱ δὲ νεώτεροι Ποσειδῶνος καὶ Ἁρπυίας αὐτὸν γενεαλογοῦσιν, οἱ δὲ ἐν τῶι Κύκλωι
35 Ποσειδῶνος καὶ Ἐρινύος [45]). καὶ Ποσειδῶν μὲν αὐτὸν Κοπρεῖ τῶι Ἁλιαρτίωι δίδωσιν, ὁ δὲ Κοπρεὺς Ἡρακλεῖ, <ὃς> καὶ Κύκνον ἀνεῖλεν ἐν Παγασαῖς [46]) ἐπ' αὐτοῦ μαχόμενος· ἔπειτα αὐτὸν δίδωσιν Ἀδράστωι. Über die sage von Arion s. Malten *Jahrb. Arch. Inst.*, 29, 1914, p. 201 ff.; Robert *Heldensage* p. 436 f.; Wilamowitz *Gl. d. Hell*. I, 1931, p. 398 ff. Die münzen von
40 Thelpusa zeigen den Erion (so!) [47]); und nach Pausanias haben sich die

Arkadika für ihren anspruch geburtsstätte des rosses zu sein auch auf *Ilias* und *Thebais* berufen. In jener stand das nicht; ob für diese das zitat der κυκλικοί mehr beweist als dass Arion, nun mit der genealogie Poseidon-Erinys, in ihr vorkam, stehe dahin. Aber Antimachos (F 32/3
5 Wyss) kennt und vertritt den arkadischen anspruch, und wohl nach ihm heisst bei Kallimachos Arion Ἀρκὰς ἵππος [48]). Die zwischen böotischen und arkadischen lokalhistorikern vermutlich ausgiebig geführte diskussion ist uns nicht mehr kenntlich. Aber der Herakleskrieg gegen Elis ist in den *Arkadika* mehrfach vorgekommen [49]); er wird hier ver-
10 wendet um der auf die *Aspis* gestützten böotischen Heraklesgeschichte ein paroli zu bieten. Wenn Roberts [50]) glänzende kombination von Herakles' bändigung 'des göttlichen urrosses' in der Peloponnes richtig ist, so war sie den späten autoren nicht mehr bekannt.   (6) Prellers herstellung des autornamens ist wohl sicher; ein autor, nicht ein zweiter
15 sohn, muss dagestanden haben [51]). Gegenüber oder neben der einheitlichen beteiligung der Arkader am Trojanischen krieg [52]) boten die *Arkadika* eine reihe lokaler traditionen: 316 F 1; (321 F 2); 322 F 9; (22; 25); 30; 31. Von einem griechischen Maraphios wissen freilich weder Herodt. 1, 125 noch Pausanias, und der artikel des Steph. Byz. s.v.
20 Μαράφιοι· [53]) ἔθνος ἐν Περσίδι, ἀπὸ Μαραφίου [54]) βασιλέως ist stark verkürzt, wie auch der verweis s.v. Μάσπιοι zeigt. Einen persischen könig Μάραφις bietet der interpolierte vers Aischyl. *Pers.* 778.   (7) Die *Ilias* Δ 319 kurz berührte geschichte wird H 132 ff. etwas ausführlicher erzählt und stand auch bei Pherekydes [55]), wohl noch ohne die einzelheiten (zwei-
25 kampf, grabepigramm), die die *Arkadika* boten. Die schwierigkeiten, die die lokalisierung Homers ἐπ' ὠκυρόωι Κελάδοντι Φειᾶς παρ' τείχεσσιν Ἰαρδάνου ἀμφὶ ῥέεθρα machte, hat man auf verschiedene weise, durch grammatische deutung [56]) oder identifikationen mit modernen lokalitäten, zu lösen versucht [57]). So soll Pherekydes Φηρᾶς und Δαρδάνου ge-
30 geben haben; kühner die ἔνιοι bei Strab. 8, 3, 21 (aus Demetrios von Skepsis), die für den Keladon den Akidon [58]) einsetzen, der ῥεῖ παρὰ τάφον Ἰαρδάνου καὶ Χάαν πόλιν, die an stelle von Φειά tritt. Unter ἔνιοι ist man zunächst geneigt arkadische lokalhistoriker zu verstehen; aber der ἀνὴρ Ἐφέσιος, von dem Paus. 5, 5, 8-9 gehört zu haben behauptet
35 dass der Akidas früher Jardanos geheissen habe, ist gewiss der Homereditor [59]). Ihm traut man so freche konjekturen zu. Von den beiden fassungen unseres scholions gibt **b** ebenfalls den Akidas, aber **a** ein sonst unbekanntes gebirge Ankaion [60]). Sie zeigen noch weitere differenzen in den namen und in der erzählung: Ereuthalion ist in **a** sohn Hippome-
40 dons mit der variante (ἔνιοι) Apheidas [61]), in **b** sohn des Xanthippos;

in **a** haben wir zweikampf mit folgender schlacht, in **b** wiederholung des zweikampfes [62]). Das ist zu viel, um auszugleichen und in **b** teils missverständnis teils korruptel zu sehen. Wir haben eine aus verschiedenen darstellungen zusammengearbeitete ἱστορία vor uns, und es bleibt demnach zweifelhaft wie A. im einzelnen erzählte.   (8) Die geschichte des Teiresias hat A., wie die Hera beweist, im einklang mit der Melampodie (Hesiod. F 161/2 Rz³) erzählt und völlig anders als Pherekydes 3 F 92, dem sich Kallimachos *Hy.* 5, 57 ff. angeschlossen hat [63]). Man wird aus dem letzteren schliessen dass auch Pherekydes die blendung des thebanischen sehers in einem gebirge Boiotiens lokalisierte, was uns das natürliche zu sein scheint, da Teiresias sonst überall an Theben haftet [64]). Bei Hesiod beginnt die geschichte mit der tötung der schlange περὶ Κυλλήνην, und Arkadien bezeugt Phlegon 257 F 36 c. 4 ausserdem für Dikaiarchos und Klearchos [65]). Aber Kallimachos (v. 121 ff.) und A. gehen zusammen in dem einzelzug, den sie über Hesiod-Pherekydes hinaus haben [66]) und um dessentwillen A. zitiert wird — die erhaltung seiner geisteskraft auch nach dem tode (nur dass sie bei Kallimachos natürlich gabe Athenas ist): μάντιν ἐπεὶ θησῶ νιν ἀοίδιμον ἐσσομένοισιν .... γνωσεῖται δ' ὄρνιχας ..... δωσῶ καὶ μέγα βάκτρον, ὅ οἱ πόδας ἐς δέον ἀξεῖ, / δωσῶ καὶ βιότω τέρμα πολυχρόνιον· / καὶ μόνος, εὖτε θάνηι πεπνυμένος ἐν νεκύεσσι / φοιτασεῖ, μεγάλωι τίμιος Ἀγεσίλαι. Über die unterwelt haben weder Hera noch Athena zu bestimmen, und es muss éin mann gewesen sein, der die änderung gegen Od. κ 494 f. τῶι καὶ τεθνηῶτι νόον πόρε Περσεφόνεια / οἵωι πεπνῦσθαι vorgenommen hat. Wenn das nicht ein früherer war, von dem sowohl Kallimachos wie A. abhängen (und das scheint nicht glaublich), so war das Kallimachos, in dessen zusammenhang die erweiterung passt, weil es die gleiche gottheit ist, die straft (strafen *muss* gegen ihren eigenen wunsch) und entschädigt. In der Hera-Zeus-geschichte Hesiods ist die 'reuige' Hera unorganisch: da blendet Hera den Teiresias, und Zeus verleiht ihm zur entschädigung die wahrsagekunst und ein langes leben. Dann hat A. diesen zug aus Kallimachos übernommen, nicht umgekehrt; und das entscheidet doch wohl die zeitfrage A's [67]).

317. ARISTIPPOS

Als *term. ante* gibt F 3 Apollodors Περὶ θεῶν [1]) (nach 133 v. Chr.), als *term. post* F 1 die zeit des Ptolemaios I (323-285 v. Chr.). Es ist möglich, dass A. schon Ariaithos benutzt hat [2]), sodass er vielleicht erst in der zweiten hälfte des 2. jhdts v. Chr. geschrieben hat. Identifikation mit einem der beiden Kyrenaeer kommt nicht in frage; der name ist auch in Arkadien häufig ³). Ein gewisses ansehen des werkes, das mindestens zwei bücher umfasste, beweist die aufnahme in die Ὁμώνυμοι des Demetrios Magnes.

F

(1) Bemerkenswert wäre, wenn die *Arkadika* einen argivischen anspruch ⁴) verteidigt hätten. Aber es ist zweifelhaft ob man aus Clemens, der die vulgate argivische königsliste ⁵) vor sich hat, schliessen darf dass auch A. seinen Apis Ἄργους βασιλεύς nannte. Paus. 5, 1, 8 kennt einen Apis, Iasons sohn, ἐκ Παλλαντίου τοῦ Ἀρκάδων, den der Epeier-Eleer Aitolos versehentlich tötet, ἐπελάσας τὸ ἅρμα τεθέντων ἐπὶ Ἀζᾶνι ἄθλων ⁶). Dass die leichenspiele Azans in *Arkadika* ausführlich behandelt waren, wird man aus Paus. 8, 4, 5 schliessen. Wie dieser Apis Memphis gründen konnte, sehen wir so wenig wie bei dem argivischen Apis: es ist eben ein krasses stück lokalpatriotismus. In der knappen behandlung Pallantions 8, 44, 5 sagt Pausanias nichts von ihm; aber die stadt spielt in den frühesten gründungsgeschichten Roms schon im 3. jhdt eine grosse rolle ⁷).
(2) Zweifelhaft ob auch dieser Deukalion etwas mit der flut zu tun hat, die der stammbaum Schol. Eur. *Or.* 1646 ⁷ᵃ) unter Nyktimos ansetzt. Auch sonst ist keine beziehung möglich: 'Abas weist eher nach Argos oder Euboia' Tümpel *RE* V col. 272, 20 ff. Aber wer will ermessen was arkadischer lokalpatriotismus erfand?   (3) Zu 316 F 4.   (4) Von unterstützung des Herakles im kriege gegen die Eleer berichteten *Arkadika*: es gab gewiss mehr als was bei Pausanias 8, 25, 10 ⁸) steht. Arkader sind zahlreich unter den siegern der Herakleischen Olympienfeier: Pindar *Ol.* 10, 67 ff. nennt Echemos von Tegea als sieger im ringkampf, Samos von Mantineia ⁹) ohne angabe der kampfart; Paus. 5, 8, 4 nennt Ἴασιος ἀνὴρ Ἀρκάς (nach 8, 48, 1 Tegeat) als sieger mit dem rennpferd. Die offenbar sehr reiche überlieferung über diese Olympiade ist nicht einheitlich: nach Pausanias siegt im wagenrennen Iolaos mit den pferden des Herakles. Aristippos hat den wagensieg dem Theseus zugeschrieben, was der scholiast (wir wissen nicht auf wessen autorität hin) korrigiert. Aber auch im Pankration ist Theseus nicht ohne konkurrenz ¹⁰). Angesichts der (wahrscheinlich noch viel reichlicheren) varianten ist Boeckhs umstellung, nach der A. polemisierte, nicht überzeugend.

318. NIKIAS

Der mann, der mit keinem der sonstigen träger des namens zu identifizieren ist [1]), lässt sich zeitlich nicht bestimmen [2]). Hillers gedanke, dass Ephoros aus ihm 'sua de Trapezunte habuit' [3]) geht von falschen voraussetzungen über die ausbildung der arkadischen königsliste aus [4]) und ist auch sonst ohne boden.

(1) Paus. 8, 29, 1 διαβάντων δὲ 'Αλφειὸν χώρα τε καλουμένη Τραπεζουντία καὶ πόλεώς ἐστι ἐρείπια Τραπεζοῦντος· καὶ αὖθις ἐπὶ τὸν 'Αλφειὸν ἐν ἀριστερᾶι καταβαίνοντι ἐκ Τραπεζοῦντος οὐ πόρρω τοῦ ποταμοῦ Βάθος ἐστὶν ὀνομαζόμενον (wo die Arkader den Gigantenkampf lokalisieren: 322 F 10) ....
(5) τοῦ δὲ χωρίου τοῦ ὀνομαζομένου Βάθους σταδίους ὡς δέκα ἀφέστηκε καλουμένη Βασιλίς. ταύτης ἐγένετο οἰκιστὴς Κύψελος ὁ Κρεσφόντηι τῶι 'Αριστομάχου τὴν θυγατέρα ἐκδούς· ἐπ' ἐμοῦ δὲ ἐρείπια ἡ Βασιλίς ἦν, καὶ Δήμητρος ἱερὸν ἐν αὐτοῖς ἐλείπετο 'Ελευσινίας. 8, 5, 6 Κυψέλου δὲ τοῦ Αἰπύτου βασιλεύοντος μετὰ Αἴπυτον, ὁ Δωριέων στόλος .... κάτεισιν ἐς Πελοπόννησον· πυνθανόμενός τε ⟨τὰ⟩ ἐς αὐτοὺς ὁ Κύψελος, ὃν τῶν 'Αριστομάχου παίδων οὐκ ἔχοντά πω γυναῖκα εὕρισκε, τούτωι τὴν θυγατέρα ἐκδοὺς καὶ οἰκειωσάμενος τὸν Κρεσφόντην αὐτός τε καὶ οἱ 'Αρκάδες ἐκτὸς ἐστήκεσαν δείματος [5]). Anders Polyaen. *Strat.* 1, 7, nach dem Kypselos durch eine kriegslist die Herakliden zwingt πρὸς 'Αρκάδας σπένδεσθαι. Ein kastell Kypsela — τὸ ἐν Κυψέλοις τεῖχος ἐν τῆι Παρρασικῆι κείμενον ἐπὶ τῆι Σκιρίτιδι τῆς Λακωνικῆς — erwähnt Thukydides 5, 33 im j. 421 v. Chr. Das identifizierten O. Mueller *Dorier* I p. 63 und jetzt wieder Hiller von Gaertringen *Klio* 21, 1927, p. 8 [6]) mit Basilis; Curtius *Peloponnes* I p. 339 n. 16 widersprach und suchte es weiter südlich. Athenaios' text, in dem der ausfall von Κύψελα begreiflicher wäre als der von Βασιλίς, stützt die gleichung nicht; es ist sehr zweifelhaft ob er den namen der von Kypselos gegründeten stadt überhaupt genannt hat.

319. HARMODIOS VON LEPREON

Titel, inhalt und sprache [1]) weisen auf hellenistische zeit; F 2 erinnert an die *Städtebilder* des Herakleides. Jung ist das buch, obwohl es nur von Athenaios zitiert wird [2]), schwerlich; aber ich sehe nicht wie man seine zeit näher bestimmen will [3]). Dass ein Lepreat über Phigalia schreibt — das er offensichtlich persönlich kennt und für dessen trunksucht er eine besondere entschuldigung findet [4]) — mag sich aus den geographischen und politischen verhältnissen erklären: Phigalia gehört geographisch eher zu Triphylien als zu Arkadien ⁵); aber politisch (und sagengeschichtlich) neigt mindestens das südliche Triphylien viel mehr zu Arkadien als zu Elis ⁶).

(1) σίταρχος] θυσίαι τε καὶ σιτιαρχίαι und eine ἱέρεια καὶ σιταρχώ *IG* V 2 no. 260 (Mantineia).   μαζῶσι] Πάντων μαζώνων με διακρειτὸν ἤθεσι κα(ὶ νῶι / * καὶ) κάλλει μοῖρ᾽ ἐπέδησε λυγρά grabepigramm von Tegea *IG* V 2 no. 178.   μετὰ τῶν δούλων] Die sitte der gemeinsamen mahle von herrn und sklaven berichtet Theopomp 115 F 215 von 'den Arkadern' schlechthin.

320. SAMMELZITATE

Plinius hat aus Varro ¹) zwei werwolfgeschichten ausgehoben, die beide zu den legenden um den kult des Zeus Lykaios und das menschenopfer für den gott ²) gehören. Die zweite, für die ein verfasser von *Olympionikai* zitiert wird und die auch bei Pausanias im buche über Olympia steht ³), ist anekdotischer natur: ein athlet aus der arkadischen Parrhasia soll neun jahre als wolf gelebt haben, weil er bei dem opfer von den *exta* des geopferten knaben gekostet hat, d.h. es ist ihm dasselbe widerfahren wie Lykaon, dem stifter des menschenopfers ⁴). Wichtiger ist was Euanthes ⁵) aus *Arkadika* mitteilte: das sonst unbekannte geschlecht des Anthos ⁶) muss in dem kult eine besondere rolle gespielt haben. Die annahme liegt nahe dass es den priester stellte, der den knaben schlachtete und daher das land auf ein grosses jahr meiden musste ⁷). Es liegt vielleicht auch nahe in dem *stagnum quoddam regionis eius* die quelle Hagno zu sehen ⁸), an der in zeiten ungewöhnlicher dürre der priester des Zeus Lykaios, θύσας ὁπόσα ἐστὶν αὐτῶι νόμος, gewisse zeremonieen vollzog ⁹). Aber Pausanias wie Plinius sind zu undeutlich als dass sie gestatteten das menschenopfer mit dem regenzauber zu verbinden.

321. ZWEIFELHAFTES. SCHWINDELAUTOREN

(1) A. gehört auch die erwähnung der Moleia ¹). Ein sonst unbekannter verfasser von *Arkadika* ist nicht ausgeschlossen ²), und auch die änderung des autornamens in Ἀριστοτέλης (Τεγεατῶν πολιτεία) ³) muss erwogen werden. Aber am nächsten liegt doch wohl der verfasser von Ἱερουργίαι aus der zeit Hadrians, der freilich Athener war und dessen buch inhaltlich nicht sehr kenntlich ist.   (2) Poetische Ἀρκαδικά im stile von Lykeas' Periegese (no. 312) oder Κτίσεις, die gern das elegische

versmass benutzen, sind keineswegs ausgeschlossen; und dass A. Arkader ist, spricht vielleicht eher dafür als für Crusius [4]), der in A. einen der 'jüngeren hellenistischen dichter' sieht, 'die in elegischer form αἴτια 'Ρωμαικά behandelten als vorgänger des Properz und Ovid'. Ganz bodenlos ist der gedanke von C. Mueller [5]), der A. mit Aristonymos-Agathonymos gleichen will, schwindelautoren Ps. Plutarchs [6]), die nicht einmal Arkadisches geben. Ebenso wenig darf man von einem 'arkadischen lokalhistoriker' [7]) reden.

322. ARKADIKA DES PAUSANIAS

Vgl. Einleitung zu no. 314. (1) Von der ganzen, bis Aristokrates reichenden, königsliste (Einltg. no. 4) heisst es 8, 6, 1 τὰ μὲν δὴ ἐς τοὺς βασιλεῖς πολυπραγμονήσαντί μοι κατὰ ταῦτα ἐγενεαλόγησαν οἱ 'Ἀρκάδες. (2) Schol. T *Il.* Π 185 ἐξ αὐτοῦ (*scil.* Ἑρμοῦ) δὲ τὸ 'Ἀκακήσιον ὄρος. Schol. A καὶ οὐκ ἀπὸ τοῦ ἐν 'Ἀρκαδίαι ἄντρου 'Ἀκακησίου προσηγόρευται καθ' "Ομηρον ὁ Ἑρμῆς 'Ἀκακήσιος, ἀλλὰ διὰ τὸ κακοῦ μηδενὸς παραίτιος γίνεσθαι· ἢ ὁ μὴ δυνάμενος κακωθῆναι ὑπὸ ἑτέρου· ὅθεν καὶ δοτὴρ ἑάων, ὅ ἐστι τῶν ἀγαθῶν. Ταναγραῖοι: Pauś. 9, 20, 3; 22, 2. (3) Seltsamer anspruch für das binnenlandvolk, wohl nur auf die etymologie gegründet. Paus. 2, 37, 5; 7 sagt nichts; und auch Strabon 8, 6, 17 (Θυρέας δὲ "Ομηρος μὲν οὐκ ὠνόμασεν, οἱ δ' ἄλλοι θρυλοῦσι) erwähnt nur den krieg zwischen Argos und Sparta um die landschaft. Vgl. zu F 26; 27. (4) Festus p. 101 M (90, 11 Li) *Hippius* (cf. 316 F 5; 322 F 5; 26; 35; zu 322 F 14) . . . . *Neptunus dictus est vel quod Pegasus ex eo . . . natus sit; vel quod equuleus, ut putant, loco eius suppositus Saturno fuerit, quem pro Neptuno devoraret; vel quod tridentis ictu terra equum excierit e.q.s.* Serv. Dan. Verg. Ge. 12 *nonnulli Saturno, cum filios suos devoraret, pro Neptuno equum oblatum devorandum tradunt.* Über Arne anders Θησεὺς ἐν Κορινθιακῶν γ̄ (453 F 1). Der vulgata (Zeusgeburt) näher 322 F 35. (5) Charax 103 F 5 'Ἀγαμήδης ἄρχων Στυμφήλου τῆς 'Ἀρκαδίας ἐγάμει 'Ἐπικάστην, ἧς παῖς ἦν Τροφώνιος σκότιος κτλ. Der eheliche sohn heisst Kerkyon. In Pausanias' königsliste (8, 4, 8; 5, 4) ist Agamedes ebenfalls sohn des Stymphalos und vater des Kerkyon. Ich denke, man hat den namen benutzt, um auch Trophonios nach Arkadien zu ziehen; bezeichnend dass bei Charax der bestohlene der könig von Elis ist, und dass Trophonios und Kerkyon nach Boiotien fliehen. Agamedes muss man da lassen, wo er zuhause ist — in Arkadien. (6) Ähnliche fabeln aus mythischer und historischer zeit: Schol. Pindar *Ol.* 3, 53e; [Aristot.] *Mir. ausc.* 110; Plin. *N.H.* 8, 119. Diese scheint aus dem gleichen zusammenhang zu stammen wie die viel bezweifelte schlacht von Mantineia (verteidigt von Beloch *Gr. G.* ²IV 2, 1927, p. 523 ff.), für die Pausanias sich auf die Μαντινεῖς beruft (322 F 19) — die Podaresquelle Hillers (Einltg. n. 11). (7) Vollständiger, mit verwandlung der Daphne (nur diese Ovid. *Met.* 1, 452 ff.), Parthenios *Narr. am.* 15 nach Diodoros Elaitas ἐν ἐλεγείαις und Phylarch. 81 F 32. Die sonstige überlieferung: Waser *RE* IV col. 2138 f. (8) Steph. Byz. s.v. Ψωφίς· πόλις 'Αρκαδίας· κέκληται ἀπὸ Ψώφιδος τοῦ Λυκάονος ... ἢ ἀπὸ Ψωφίδος τῆς "Ερυκος θυγατρός. Φηγίαι] Charax 103 F 4 bei Steph. Byz. s.v. Φήγεια. (9) Malalas *Chron.* V p. 107, 20 ed. Bonn 'Αγ<απ>ήνωρ καὶ Θευθίδης (Steph. Byz. s.v. Τευθίς) σὺν νηυσὶν ξ̄. Clem. Al. *Protr.* 2, 36, 2 Πολέμων (IV) δὲ καὶ τὴν 'Αθηνᾶν ὑπὸ 'Ορνύτου τρωθῆναι λέγει. Dass auch Kallimachos die geschichte erzählt hat, zeigt Schol. Paus. 8, 28, 6 (Wilamowitz *Herm.* 29, 1894, p. 244). (10) Solche erdfeuer, darunter das περὶ Μεγάλην πόλιν τὴν ἐν Πελοποννήσωι stellen zusammen [Aristot.] *Mir. ausc.* 127; Plin. *N.H.* 2, 235 ff. (11) Frazer *Paus.* IV p. 354 ff.; Wilamowitz *Sb. Berlin* 1925 = *Kl. Schr.* V 2 p. 83 ff.; Lesky *RE* XVIII 1, 1939, col. 988, 38 ff.; Jacoby zu 323a F 1. Pausanias verbindet mit der lokalen deutung aus *Arkadika* die mythographische tradition, unter deren einfluss sie entstanden ist, und leitet das mit neuem zitat ein. (12) Paus. 3, 21, 3; Hitzig-Bluemner Paus. III 1, 1907, p. 239; Boelte *RE* III A, 1928, col. 1309, 31 ff. (13) Landschaftliche 'Titanen' gab es vielfach (s. z.b. Philochoros 328 F 74); häufiger heissen sie αὐτόχθονες (z.b. 322 F 26); und die καλούμενοι ἥρωες 322 F 37 sind davon kaum verschieden. Aber die γίγαντες von 322 F 35 (cf. 322 F 10) sind etwas anderes. (14) Auch dieser Poseidon, den Arkadien als *den* ionischen gott bestätigt, ist der Hippios (§ 10). Über Despoina in Lykosura: Kern *RE* V col. 252, 55 ff. (15) Den anspruch des arkadischen Lykaion vertritt — so schüchtern dass es an das kompromiss von Methydrion (322 F 35) erinnert — Kallimachos *Hymn.* I 33 ff.: gleich nach der geburt Νέδηι δέ σε δῶκε (*scil.* Rhea) κομίζειν / κευθμὸν ἔσω Κρηταῖον, ἵνα κρύφα παιδεύοιο / πρεσβυτάτηι νυμφέων. Viel mehr namen von nymphen gibt Paus. 8, 47, 3, wo Oinoe (no. 316 n. 39) die hauptperson ist, für die legende von Tegea; für Hagno s. zu 320 F 1. Es ist offenbar, dass es mehr geburtsorte in Arkadien gab (s. auch Wilamowitz *H.D.* II, 1924, p. 4 ff.) und, obwohl der anspruch auf die Poseidongeburt älter sein wird, ganz jung sind auch sie nicht: wenigstens der vom Lykaion wird bei Hellanikos gestanden haben; ob schon in Alkmans hymnos (Bergk *P L Gr.* ⁴III p. 14) ist zweifelhaft. Wilamowitz findet in v. 43 Θεναὶ δ' ἔσαν ἐγγύθι Κνωσοῦ polemik; es ist bedauerlich, dass Steph. Byz.

s.v. Θεναί· πόλις Κρήτης· τινὲς δὲ 'Αρκαδίας· οἱ δὲ ὄρος keine autoren nennt (s. auch zu 468 F 1 c. 70-76). ῎Ολυμπον] Schol. Apoll. Rhod. 1, 598/9 (Apollodor. 244 F 174?). (16) Eine nymphe Nomia zusammen mit Kallisto und der Neleustochter Pero auf Polygnots unterweltsbild: Paus. 10, 31, 10, der an die Arkaderin erinnert. (17) Aristeid. or. 23, 15 γίγνεται .... αὕτη δευτέρα τις ἀποικία δεῦρο ἐκ τῆς Ἑλλάδος μετὰ τὴν ἐξ 'Αρκαδίας ἅμα Τηλέφωι. Hygin. f. 100, 1 kennt einen begleiter Parthenopaios; sonst ist, wo er nicht als kind mit der mutter in der λάρναξ landet (z.b. Strab. 13, 1, 69), nur von Telephos allein die rede, auch in dem neuen fragment von Euripides' *Telephos* (*Arch. Pap.-Forsch.* 13, 1938, p. 99). Pausanias in den *Arkadika* gibt nichts bezügliches. Material: Thraemer *Pergamos*, 1888, p. 369 ff.; Schwenn *RE* V A 1, 1934, col. 362 ff. Vgl. immerhin 322 F 3. (18) Es ist nicht ganz sicher, ob 'Ηοῖαι subjekt auch noch zu φασίν ist und die ganze reihe der 16 namen aus Hesiod stammt, der nähere angaben über die einzelnen nicht gemacht zu haben scheint. Dafür sprechen art der aufzählung, versspuren und das doppelzitat von Hesiod und Epimenides (457 F 14) Schol. Pindar. *Ol.* 1, 127b (die analyse von Robert *Heldensage* p. 211 n. 4 scheint mir verkehrt). Aus *Arkadika* direkt stammt nur die identifikation des Trikolonos mit dem sohne Lykaons (Paus. 8, 3, 4; 35, 6; Steph. Byz. s.v. Τρικόλωνοι) — ein deutlicher zusatz. Aber sie werden von der 'Olympiade' des Oinomaos so ausführlich erzählt haben wie von der des Herakles (317 F 4). (19) Zu 322 F 6. (20) Hygin. *fab.* 24 *Peliades* . . . . *cum se deceptas esse viderent, a patria profugerunt.* Cf. F 22; 23. (21) Plutarch. *Ages.* 35, 1 τὸν Ἐπαμεινώνδαν . . . Ἀντικράτης Λάκων ὑποστὰς ἔπαισε, δόρατι μὲν ὡς Διοσκουρίδης (594 F 4; s. dort) ἱστόρηκε, Λακεδαιμόνιοι δὲ Μαχαιρίωνας ἔτι νῦν τοὺς ἀπογόνους τοῦ Ἀντικράτους καλοῦσιν, ὡς μαχαίραι πατάξαντος κτλ. ὑπὸ Γρύλου] Paus. 9, 15, 5; aber nicht 1, 3, 4 (vgl. Ephoros 70 F 85). (22) *Bibl. Epit.* 7, 38 τινὲς δὲ Πηνελόπην ὑπὸ Ἀντινόου φθαρεῖσαν λέγουσιν ὑπὸ Ὀδυσσέως πρὸς τὸν πατέρα Ἰκάριον ἀποσταλῆναι, γενομένην δὲ τῆς Ἀρκαδίας κατὰ Μαντ⟨ίν⟩ειαν ἐξ Ἑρμοῦ τεκεῖν Πᾶνα· (39) ἄλλοι δὲ δι' Ἀμφίνομον ὑπὸ Ὀδυσσέως αὐτοῦ τελευτῆσαι· διαφθαρῆναι γὰρ αὐτὴν ὑπὸ τούτου λέγουσιν. Die tradition über Penelope (und Odysseus; cf. 322 F 25) in Arkadien: Wüst *RE* XIX 1, 1937, col. 463 ff. (s. auch Robert *Heldensage* p. 1050 ff.); über die verzerrung der homerischen gestalt durch weitere liebesabenteuer *ebd.* col. 479, 12 ff. (23) Paus. 8, 48, 6 καὶ μνήματά ἐστιν ἐνταῦθα (auf dem markt von Tegea) Τεγεάτου τοῦ Λυκάονος (Mus τεγέαν τοῦ τε λ. ο) καὶ Μαιρᾶς γυναικὸς τοῦ Τεγεάτου κτλ.; s. Ernst Meyer *RE* XIV 1, 1928, col. 604, 63 ff. (24) Strabon 8, 3, 2 Τεγέα δ' ἐξ ἐννέα (*scil.* δήμων συνωικίσθη); vgl. Frazer

Paus. IV p. 423 f.; Hitzig-Bluemner III 1 p. 283 f.; Hiller *IG* V 2 p. 2, 133 ff.; *RE* V A 1, 1934, col. 111, 62 ff. Dass die *Arkadika* (oder Aristoteles' Τεγ. πολ.) von den einzelnen demen etwas wussten, zeigen Nikol. Dam. 90 F 39 'Ιοκρίτου δὲ τοῦ Λυκούργου Βώταχος, ἀφ' οὗ ὁ τόπος Βωταχίδαι ἐν τῆι Τεγέαι ἐκλήθη und Phot. *Lex.* s.v. Καρυάτεια· ... τὰς δὲ Καρύας 'Αρκάδων οὔσας ἀπετέμοντο Λακεδαιμόνιοι. Über die geschichte der Choira von Tegea (Paus. 8, 48, 4-5) s. zu 306 F 4. Zu Tegeates: Paus. 8, 3, 4; 48, 6 (zu F 23); 53, 2 ff.; Türk *RE* V A 1 col. 118.   (25) Catull. 68, 109 ff. *quale* (scil. *Barathrum) ferunt Grai Pheneum prope Cylleneum / siccare emulsa pingue palude solum, / quod quondam caesis montis prodisse medullis / audit falsiparens Amphitryonides e.q.s.* Hier auch die lokalisierung des raubes der Kore: Konon 26 F 1 c. 15 (vgl. auch Paus. 8, 15, 1 ff.). Weitere an Herakles (dessen herkunft von mütterlicher seite sie an sich ziehen) geheftete ansprüche der Pheneaten: Paus. 8, 15, 5 ff. (wo selbst Pausanias kritik übt); Boelte *RE* XIX 2, 1938, col. 1977, 40 ff. Nur die topographischen tatsachen (s. Boelte col. 1965 ff.) gibt Eratosthenes bei Strabon 8, 8, 4. Eine sonderschrift über Pheneos s. Einltg. n. 11.   (26) Zu Pheneos (Steph. Byz. s.v. Στρατία), der mit Phineus nichts zu tun hat (selbst wenn die von Jessen *Rosch. Lex.* III col. 2372, 17 ff. referierten kombinationen richtig sind) vgl. F 13 mit note; er ist zu durchsichtig erfunden. Über die Odysseusgeschichte (cf. zu F 22) s. die gewichtigen bedenken Böltes *RE* XIX 2 col. 1978, 30 ff., die den 'arkadischen' Odysseus überhaupt treffen.   (27) Robert *Heldensage* p. 213. Haben die Pheneaten wirklich geglaubt, dass ihr gebiet einmal bis an das meer reichte (cf. 322 F 3)?   (28) Mischung von lokalen ansprüchen (vgl. zu F 25) mit einer gewissen anerkennung von Eleusis. Die namen sind durchsichtig erfunden, und das ganze ist so plump wie alles Pheneatische. Zur Eleusinia in Arkadien s. auch 318 F 1; zu dem mythus der aufnahme der göttin die argivische tradition 314 F 2.   (29) Über diesen Temenos, der von dem Herakliden in Argos nicht getrennt werden kann, s. Ed. Meyer *Forsch.* I, 1892, p. 99 n. 1; *G.d.A.* II, 1893, § 170; Beloch *Gr. G.* ²I 2, 1913, p. 77. Über die drei gestalten der Hera Farnell *Cults* I, 1896, p. 190 ff. und (bedenklich) Max. Mayer *RE* V A 1, 1934, col. 437, 52 ff. Zu beachten ist die arkadische Hera Pindar. *Ol.* 6, 80 ff.   (30— 31) Zu 316 F 1. Theophrast *H. Pl.* 4, 13, 2 τινὲς δέ φασι καὶ τὴν ἐν Δελφοῖς πλάτανον 'Αγαμέμνονα φυτεῦσαι καὶ τὴν ἐν Καφύαις τῆς 'Αρκαδίας.   (32) Vgl. 322 F 9. Über Alkmaion: Robert *Heldensage* p. 959 ff.   (33) Gyges nennen Valer. Max. 7, 1, 2 und Plin. *N.H.* 7, 151 *iterum a Gyge rege .... consulti* (scil. das delphische orakel): *Aglaum Psophidium esse feliciorem. senior hic in angustissimo Arcadiae angulo parvum sed annuis victibus large sufficiens praedium colebat, numquam ex eo egressus atque, ut e vitae genere manifestum est, minima cupiditate minimum in vita mali expertus.* Für wirkliche existenz des Aglaos und lokaltradition von Psophis wird sich niemand verbürgen; die geschichte ist vom typ derer die Theopomp 115 F 344 von Klearchos von Methydrion erzählt. (35) Paus. 8, 32, 5 ἀνάκειται δὲ αὐτόθι (im tempel des ᾽Ασκληπιὸς Παῖς von Megalopolis) καὶ ὀστᾶ ὑπερηρκότα ἢ ὡς ἀνθρώπου δοκεῖν· καὶ δὴ καὶ ἐλέγετο ἐπ᾽ αὐτοῖς εἶναι τῶν γιγάντων ἑνός, οὓς ἐς τὴν συμμαχίαν τῆς Ῥέας ἤθρο.σεν Ὁπλάδαμος. Wilamowitz *H.D.* II p. 5 n. 1 sieht darin eine umbildung der kretischen geschichte von den Korybanten; vgl. 322 F 4; 15 und zu den arkadischen Giganten F 10. Zu ihm stellt man den Zeus Hoplosmios von Methydrion *I G* V 2 no. 344, 17 ff. (und Mantineia: phyle Ὁπλοδμία ebd. no. 271): s. Sundwall *RE* VIII col. 2299; Fehrle *Rosch. Lex.* VI col. 647, 51 ff. (36) Hoefer *RE* VI, 1909, col. 1339 f. Eurynome hat in der theologischen spekulation eine verhältnismässig grosse rolle gespielt; aber die ὑπομνήματα ἀρχαῖα sind wohl nur gezierter ausdruck für Homer. (37) 'Fabula redolet poetam Alexandrinum, Αἰτίων conditorem' Hiller *I G* V 2 p. 46, 118; 106, 53 ff. Cf. zu 322 F 13.

XI. ATHEN

Die eigentlichen historiker Athens von Hellanikos bis Philochoros (no. 323a-329) nebst den pseudepigraphen *Atthides* (no. 330-333) und der (auf die archaeologie beschränkten) sammlung des Istros (no. 334) habe ich in dem Ergänzungsband III b Suppl. ausführlich kommentiert, was hoffentlich keiner besonderen rechtfertigung bedarf [1]). Hier folgt der kommentar zu der sonstigen lokalen literatur über Athen, soweit sie historischen oder antiquarischen charakter hat. Nicht aufgenommen habe ich die rhetorischen ἐγκώμια und ψόγοι, auch wenn sie von 'historikern' stammen — z.b. Theopompos Παναθηναικός (115 T 48), den des Dikaiarchos [2]), den Τρικάρανος des [Theopompos]-Anaximenes und die gegenschrift eines Isokrateers [3]), Demetrios von Phalerons ᾽Αθηναίων καταδρομή (228 T 1) u.a.m. [4]). Ferner nicht die poetischen Θησηίδες [5]) oder sonstige mit attischen dingen befasste dichtungen, wie z.b. Euphorions Μοψοπία ἢ ῎Ατακτα [6]), die Μαραθωνιακά des Ägypters Tryphiodoros [7]) u.ä. Endlich nicht dinge, die vielleicht aus den antiquarischen periegesen [8]) stammen und von denen es zweifelhaft ist ob sie besonders ediert waren (was ich für die Ὁρισμοὶ τῆς πόλεως no. 375 angenommen habe), z.b. die Δημιόπρατα [9]), die ᾽Αναγραφὴ τῶν ἐν ἀκροπόλει ἀναθημάτων [10]), und (etwas anderen charakters) ἡ τῶν Παναθηναίων γραφή (?) ἡ περὶ τοῦ μουσικοῦ ἀγῶνος [10a]). Das unbefriedigende einer blossen fragmentsammlung zeigt sich hier noch viel stärker als z.b. bei Ἀργολικά, Ἀρκαδικά, Λακεδαιμονιακά — nicht weil wir so wenig haben wie bei vielen städten und landschaften, sondern weil von der überaus reichen (wenn auch selbstverständlich bei weitem nicht vollständigen) tradition über die verschiedenen gebiete des attischen lebens so wenig unter bestimmte namen gestellt werden kann. Eine moderne 'Atthis', die nicht nach autoren ordnet, ist wirklich ein sehr dringendes bedürfnis. Die fragmentsammlung würde auch dann es nur scheinbar erfüllen wenn sie gruppenweise 'anonyme zitate' hier zusammenstellte — etwa grössere stücke der attischen archaeologie (Bibl. 3, 177-Epit. 1, 24 u.a.); der älteren geschichte (bei Herodot und Thukydides); oder wenigstens die mit archontendaten überlieferten fakten aus Aristoteles' Ἀθπ., dem geschichtlichen teil des *Marmor Parium*, vielen scholien besonders zu Aristophanes und den rednern; stücke, die aus rednerkommentaren stammen, wie der Anonymus Argentinensis [11]) und der Anonymus über Phidias [12]); die nachrichten über feste und kulte aus den lexikographen oder die chronik des Asklepieion [13]); die landeskundlichen tatsachen u.s.f. Das würde einen ganzen band erfordern und wäre doch nichts ganzes.

—. PALAIPHATOS   335. KADMOS D. J. VON MILET
—. BATON VON SINOPE   —. POSEIDONIOS VON OLBIA
            —. MARSYAS VON TABAI (?)

Von den Ἀττικά und Ἀττικαὶ ἱστορίαι ist so wenig erhalten, dass selbst über ihren inhalt und literarischen charakter nicht völlig ins klare zu kommen ist. Der titel Ἀττικά, den die bücher des Palaiphatos und Marsyas [1]) getragen haben sollen, könnte direkt von Istros [2]) oder gar von Androtion [3]) übernommen sein. Aber es ist auch die gewöhnliche titelform für bücher über städte und länder, griechische wie barbarische, die — wie man besonders gut an Μιλησιακά und Λιβυκά sieht — zwei verschiedene inhalte deckt: die vollständige geschichte eines volkes oder einer stadt und die sammlung von einzelgeschichten, die (auch wenn die verfasser als ἱστορικοί bezeichnet werden, und die auftretenden personen historische namen tragen) vielfach doch nicht historisch in unserem sinne sind, sondern romanhaft oder novellistisch und, mindestens in der überwiegenden mehrzahl der fälle, erotisch [4]). Als beispiel mögen die gewiss pseudepigraphen träger des namens Xenophon in der *Suda* genügen, deren reihe man mit den historischen personen im katalog der homonymen bei Diog. Laert. 2, 59 vergleichen muss: 47/8 Ξενοφῶν... φιλόσοφος Σωκρατικός (Σωκράτους μαθητής). — 49. Ξ. Ἀντιοχεύς, ἱστορικός (696 F 26). Βαβυλωνιακά· ἔστι δὲ ἐρωτικά. — 50. Ξ. Ἐφέσιος, ἱστορικός (no. 419). Ἐφεσιακά (ἔστι δὲ ἐρωτικὰ βιβλία ī περὶ Ἀβροκόμου καὶ Ἀνθίας)· καὶ Περὶ τῆς πόλεως Ἐφεσίων· καὶ ἄλλα. — 51. Ξ. Κύπριος (no. 755), ἱστορικός. Κυπριακά· ἔστι δὲ καὶ αὐτὰ ἐρωτικῶν ὑποθέσεων ἱστορία περί τε Κινύραν καὶ Μύρραν καὶ Ἄδωνιν. Von den verfassern von Ἀττικά wird Kadmos in diese gruppe verwiesen durch sein zweites werk, die Λύσις ἐρωτικῶν παθημάτων [5]), und Palaiphatos durch die lange reihe der gleichartigen titel — Κυπριακά, Δηλιακά, Ἀττικά, Ἀραβικά [6]). Die bücher sind offensichtlich pseudepigraph, und ihre autoren nicht fassbar. Über den angeblichen jüngeren Kadmos s. *RE* X, 1919, col. 1476 no. 7. Der βίος in der Suda ist im eingang unheilbar verdorben; aber νεώτερος wird gesichert durch die beziehung auf den fabelhaften εὑρετὴς τῶν γραμμάτων und ersten verfasser einer prosaschrift aus der zeit 'kurz nach Orpheus' [7]). Von den vier Palaiphatoi der Suda ist der athenische epiker — als sohn des Aktaios oder gar des Hermes noch älter als der erste prosaiker — sicher erfunden, spätestens im 3. jahdt v. Chr. [8]); der letzte, Αἰγύπτιος γραμματικός, trug möglicherweise wirklich diesen namen [9]). Nach dem epiker nannten sich der verfasser der Ἄπιστα, der als Πάριος (eher aus Parion als aus Paros) ἢ Πριηνεύς [10]) bezeichnet wird, und der Abydener, der verfasser der Ἀττικά und ähnlicher werke, wenn das wirklich zwei verschiedene personen sein sollen: die daten κατὰ Ἀρταξέρξην (gewiss Ochos 358-337) und ἐπὶ Ἀλεξάνδρου τοῦ Μακεδόνος (336-323) gehen offenbar auf den gleichen mann [11]). Die zeit ist weder für den verfasser der Ἄπιστα unmöglich noch für den der Τρωικά, des zweiten fassbaren werkes, das zwar nach dem biographen der Suda zwischen dem Ägypter, Athener und Pariander strittig ist, aber wahrscheinlich noch ins 4. jahdt gehört: sie sehen nach den fragmenten dem καθ' Ἡρακλέα λόγος des Herodoros ähnlich und werden von dem Skepsier Demetrios neben Hekataios und Menekrates von Elaia als autorität für homerische geographie zitiert, erscheinen auch sonst in guter gesellschaft (neben Hesiod und Hellanikos) [12]). Ob man daraufhin an die realität auch der Ἀττικά u.s.w. glauben will sei dahingestellt; unmöglich sind selbst die Ἀραβικά für das letzte viertel des 4. jhdts nicht; und wie alt pseudepigrapha sein können, zeigt die *Atthis* des Amelesagoras, die vermutlich älter ist als die beiden letzten chroniken Athens, die des Demon und Philochoros. Von den drei anderen ist Baton an seinem platze (no. 268) behandelt: er gehört ins dritte jhdt v. Chr., und das einzige fragment (eine aufzählung der Heraklessöhne) lehrt für den charakter des Buches nichts. Auch an der realität der bücher des Poseidonios und Marsyas braucht man nicht zu zweifeln, obwohl ihre verfasser namen bekannter autoren tragen, also pseudepigraph sein können. Sie werden in die kaiserzeit gehören; aber wir wissen sonst nichts von ihnen, und für Marsyas ist selbst der titel 'Ἀττικά zweifelhaft [13]).

336. ZOPYROS

Der name Z. ist auch in der historischen oder quasi-historischen literatur häufig [1]), aber seine träger sind teils nicht fassbar, teils in ihrer realität zweifelhaft. Das erstere gilt (1) für den verfasser einer Μιλήτου κτίσις, die einmal in den Homerscholien für die textgestaltung von *Il.* K 274 zitiert wird [2]); (2) für den Z. Μάγνης, der im *Tract. de signis Aristarcheis* mit (und nach?) Dikaiarchos einen ursprünglich äolischen Homer bezeugt [3]); (3) für den Z., aus dem Schol. BT *Il.* Ω 139 (= 494 F 2) eine sprachliche erklärung geben. Die identifikation von no. 2 und 3 ist wahrscheinlich, die von no. 1-3 ist möglich, aber nicht beweisbar. (4) Einen Z. γράφων καὶ ἱστορίας (VI), was nach dem zusammenhang kein buchtitel ist, zitiert Alex. Polyhistor 273 F 29 für den namen der kilikischen stadt Aphrodisias; (5) ein Z. (VI) hat den Kleitarch (137 F 32) zitiert für die keuschheitsprobe von männern eines unbekannten volkes. So ist wohl das doppelzitat P. Ox. 218 aufzufassen, und dieser Z. mag Νόμιμα oder Παράδοξα gesammelt haben. (6) Ein Z. περὶ ποταμῶν tritt bei Harpokration s.v. Ἕρμος [4]) in guter gesellschaft auf, und weder der autor noch der fluss kommen in Ps. Plutarchs gleichnamiger schrift vor. Es besteht kein grund an einem der drei autoren 4-6 zu zweifeln, aber auch keine möglichkeit ihre zahl zu reduzieren. Zur zweiten gruppe gehört: (7) der verfasser der *Theseis*, der — nach den gewährsmännern zu urteilen — ein erschwindelter autor ist. Dann verlieren natürlich auch die fragen nach ihrer zeit und form ihren sinn [5]). (8) Denselben charakter trägt (bei erschwindelten autoren kann man nicht eigentlich identifizieren) der Z. von Byzanz (VI) ἐν γ̄ Ἱστορικῶν (Ἱστοριῶν?), den die *Parall. min.* 36 A für die geschichte einer sonst unbekannten arkadischen Phylonome und der zwillinge, die sie dem Ares gebiert, zitieren. Sie ist offensichtlich erst nach der römischen geschichte von Romulus und Remus erfunden, für die Ps. Plutarch Ἀριστείδης Μιλήσιος ἐν τοῖς Ἰταλικοῖς [6]) zitiert, Lydus *De mens.* 4, 150 (wohl mit verwechselung der autoren für die parallelgeschichten) Ζώπυρος ὁ * *. Dieser Z. ist vermutlich erfunden nach dem echten Z. des Alexandros Polyhistor (no. 4). (9) Für einen schwindelautor (wenn es ein autor sein soll und nicht ein zeuge von der art wie sie Hermippos gelegentlich anführt) halte ich auch den nicht näher charakterisierten Z., den Marcellin. *Vit. Thuc.* 33 aus Kratippos [7]) für Thukydides' tod in Thrakien ablehnend zitiert.

(**1—2**) Was der angebliche Z. gibt ist die Hippolytosgeschichte in der gestaltung durch Euripides, vermehrt um das aition eines oder mehrerer athenischen kulte. Von dem aition hat Euripides sicher nichts gewusst, und ich bin zweifelhaft wie weit man Z. in den kultischen tatsachen trauen darf. Bezeugt für Athen sind (1) ein heros Psithyros, den man aus Hesych [8]) erschlossen und den ein kaiserzeitliches weihepigramm aus Lindos gesichert hat: er hat sich hier an die stadtgöttin Athena angeschlossen, ohne seine selbständigkeit zu verlieren [9]); (2) der mit ihm identische (?) Ψιθυριστὴς Ἑρμῆς, den Demosthenes bezeugt [10]) und dessen epitheton der brauch beim Hermes Agoraios von Pharai in Achaia erklärt [11]). Ihn allein kennt die 'menschlichere deutung' in F 2, die so wenig wie der Hermes selbst in die Hippolytosgeschichte passt: sie war ursprünglich selbständig und stammt aus einem autor Περὶ θεῶν, periegeten o.dgl. Aphrodite und Eros Psithyros kennen nur die Lexikographen [12]), und der ausführlichste von ihnen beruft sich auf Demosthenes, bei dem nichts davon steht. Das sieht so aus als ob 'Z.' sie für sein aition als in die Hippolytosgeschichte passende gottheiten nach dem Hermes Psithyristes erfunden und damit bei den Lexikographen glauben gefunden hat [13]).

337. ARISTON

C. 37 unterbricht den zusammenhang durch ein zitatennest: die angeführten autoren vertreten die alte gleichung Dionysos ∼ Osiris mit besonderheiten, die Plutarch unwesentlich findet neben den εἰρημέναι περὶ τὰς ἑορτὰς καὶ τὰς θυσίας οἰκειότητες. A. wird nach oben dadurch bestimmt, dass er sich auf den brief eines Alexarchos beruft, der gewiss der bruder Kassanders ist. Περιέπεσε mag besagen, dass er ihn als rares zeugnis anführte, und dann mag er beträchtlich später sein; aber über das 2. jhdt. v. Chr. wird man wegen der anderen zitate kaum hinuntergehen. Der name ist sehr gewöhnlich, und Plutarch zitiert daher nicht mit ἐν τῆι κτλ., sondern benutzt den titel in der üblichen weise (ὁ γεγραφώς) als distinktiv. Man sieht also besser von identifizierungsversuchen ab [1]). Auch über den inhalt eines buches, von dem wir nur ein fragment haben, ist um so schwerer zu urteilen, als der titel nicht heil ist: ein kollektiver singular kann Ἀποικία nicht gut sein. Gegen die leichteste änderung in 'Αποικίαι spricht weniger der zusammenhang, in dem F 1 steht, als die tatsache dass das verhältnis von Sais zu Athen, und darüber hinaus der einfluss von Ägypten auf Athen oder umgekehrt, ein altes und viel diskutiertes problem ist: s. zu Kallisthenes 124 F 51; Phanodemos 325 F 25; Hekataios von Abdera 264 F 25 c. 28, 4 ff. Auch bei Istros stand die behauptung dass Isis tochter des Prometheus gewesen sei in den Αἰγυπτίων ἀποικίαι 334 F 43/6; und für ein sonderbuch 'Αθηναίων ⟨εἰς Αἴγυπτον⟩ ἀποικία, wie ich es hier annehme, mag man an Polemons buch über die phokischen städte und ihre verwandtschaft mit Athen denken. Es zeigt auch dass der verfasser eines solchen buches kein Athener gewesen zu sein braucht.

338. IDOMENEUS VON LAMPSAKOS

Jacoby *RE* IX, 1916, col. 910 no. 5. Die beiden bücher [1]), die der schüler und gönner Epikurs [2]) geschrieben hat und die man richtiger broschüren nennt (auch wenn die eine von ihnen mehrere bücher umfasste) sind nicht produkt eines historischen oder sonst gelehrten interesses [3]), sondern hängen zusammen mit seinem epikureischen glauben und vielleicht auch (das hängt von der zeit der abfassung ab, die wir nicht näher bestimmen können) der politischen tätigkeit in seiner vaterstadt, wo er mit anderen eine herrschaft von der art ausgeübt zu haben scheint wie ein halbes jahrhundert früher Hermias in Atarneus oder die Platoniker Eratos und Koriskos in Skepsis [4]). Epikur, der prinzipiell enthaltung von der politik empfiehlt [5]), kann im praktischen leben keine vorliebe für die radikale demokratie gehabt haben, und seine abneigung gegen die rhetorik war ausgesprochen [6]). Die wenigen reste des éinen buches Περὶ τῶν Σωκρατικῶν zeigen diese abneigung, wenn sie versuchen Sokrates, den auch Epikur unfreundlich behandelt hat [7]), als redelehrer zu erweisen. Was sonst darin steht ist klatsch, für den es keines besonderen studiums bedurfte [8]). Die schrift Περὶ (τῶν 'Αθήνησι) δημαγωγῶν [9]) war umfänglicher, da von Themistokles erst im zweiten buch die rede war [10]); aber auch hier lag das material bereit, und urkunden hat I. nicht gegeben, kaum auch nur die darauf bezügliche gelehrte literatur des Peripatos eingesehen [10a]). Für beide ging Theopomp voran mit dem pamphlet Τὰ περὶ τῶν 'Αθήνησιν δημαγωγῶν, das er später in das 10. buch der *Philippika* aufgenommen hat [11]), und der Καταδρομὴ τῆς Πλάτωνος διατριβῆς [12]). Er war natürlich nicht die einzige quelle I.s, der klatsch auch in anderen pamphleten gegen Athen und seine führer fand, vielleicht auch in den Atthiden, die meist vom konservativen standpunkt aus geschrieben waren. Die pamphlete gegen einzelne demagogen beginnen schon mit Stesimbrotos [13]), und mindestens Antisthenes' πολιτικὸς λόγος, der ἁπάντων καταδρομὴν περιέχει τῶν 'Αθήνησι δημαγωγῶν [14]), war I. gewiss bekannt. Der tralaticische charakter dieser schmähschriften ist darin besonders deutlich dass I. den Aristeides — den man schon Herodot [15]) als ἄριστος ἀνὴρ 'Αθήνησιν καὶ δικαιότατος bezeichnet hatte — von der allgemeinen verurteilung der demagogen ausnimmt: ihn hatten die konservativen zu einem heiligen gemacht weil sie keinen besseren hatten, und selbst Platon hat ihn gelten lassen [16]). Es ist zweifelhaft ob I. auch nur éinen der politiker des 4. jhdts freundlicher beurteilte [17]); leider auch ob er über Phokion und Hypereides [18]) hinausgegangen ist und die zeitgenössischen demagogen der Diadochenzeit behandelte. Interessant dagegen, dass er schon mit den Peisistratiden begann, was nach F 3 Theopomp nicht getan hat. Wir wüssten gern ob dann auch Theseus (von dem es ein sehr ungünstiges bild gab [19])) und Solon (den auch nicht alle konservativen liebten, und der im 4. jhdt. der verteidigung bedurfte [20])) vorkamen; und die lücke über Kleisthenes ist schmerzlich: man scheint wirklich keine persönlichen erinnerungen an den zweiten gründer der demokratie gehabt zu haben, und eine legende konnte sich nicht bilden, weil in der schnell lebenden zeit Themistokles und Perikles ihn überschatteten.

Das Sokratikerbuch scheint nur in einem βίος des philosophen Aischines benutzt zu sein, von dem wir spuren bei Athenaios und Diogenes Laertius haben [21]). Das Demagogenbuch ist von Hermippos an, und vielleicht allein von ihm, in der hellenistischen Biographie vor allem für die redner benutzt. Aus Hermippos werden die vielen zitate Plutarchs (der I. kaum je ohne widerspruch zitiert, übrigens mehr aus ihm hat — namentlich im *Aristeides* — als was unter dem namen steht) und die biographischen angaben des Caecilius von Kaleakte [22]) stammen. Er war wohl auch der vermittler für Phavorin und Athenaios, der die Βίοι häufiger zitiert.

F

(1) Die beziehung auf Themistokles erkannte Clinton. Das unverständig gekürzte und teilweise korrupte Scholion behandelt den unterschied zwischen φυγή und ὀστρακισμός besonders in ihren vermögensrechtlichen folgen und scheint den wortlaut der εἰσαγγελία gegen Themistokles, der bei Krateros stand [23]), als beweis dafür angeführt zu haben, dass τῶν μὲν φευγόντων αἱ οὐσίαι δημεύονται. I. hat die urkunde nicht

gegeben, sondern den inhalt der καταδίκη auf die kürzeste formel gebracht. Die anklage lautete προδοσίας auch bei Ephoros [24]) und Krateros. Κρίνεσθαι μηδισμοῦ, wie Aristoteles 'Αθπ. 25, 3 aus schlechter quelle sagt, ist inkorrekt; μηδισμός ist kein technisches verbrechen. Aber die προδοσία bestand darin dass er mit den Persern gezettelt, sich an dem μηδισμός des Pausanias beteiligt oder wenigstens kenntnis von ihm hatte [25]); schwerlich nur darin dass er δῶρα ἐλάμβανε παρὰ τῶν πολεμίων — dem letzten punkt in der definition der εἰσαγγελία bei Theophrast [26]). Dass Themistokles teile seines vermögens rettete, sagen Thukyd. 1, 137, 3 und Theopomp 115 F 86; für den betrag, der in die staatskasse kam, geben Theopomp und Theophrast [27]) verschiedene zahlen. Das alles war also nicht urkundlich. Zum lobe des I. muss gesagt werden — selbst wenn es nur auf seiner abneigung gegen rhetorische pointen [28]) beruht — dass er Themistokles mit den ältesten gewährsmännern Thuk. 1, 137, 3 und Charon 262 F 11 zu Artaxerxes kommen liess. (2) Vit. Aischin. (II) p. 265, 7 W μητρὸς δ' ἦν ὁ Αἰσχίνης Γλαυκοθέας ἢ (ὡς ἔνιοι) Γλαυκίδος, ἥν φασι τὴν πρώτην ἡλικίαν ἡταιρηκέναι καθεζομένην ἐν οἰκήματι πρὸς τῶι τοῦ Καλαμίτου ἥρωωι, ἔπειτα ὕστερον ἀναστᾶσαν ἀπὸ τῆς ἐργασίας ταύτης ἐπὶ τὸ τελεῖν καὶ καθαίρειν τοὺς βουλομένους ἀποκλῖναι [29]). Vit. III p. 268, 1 W Αἰσχίνης .... Γλαυκοθέας τῆς τοὺς θιάσους τελούσης. φασὶ δ' αὐτὸν παῖδα μὲν ὄντα ἐν τῶι διδασκαλείωι τοῦ πατρὸς ὑπουργεῖν [30]) καὶ τῆι μητρὶ τὰς βίβλους ἀναγινώσκειν· ταύτην δὲ σκοτεινῶν ἐκ τόπων ὁρμωμένην καὶ ἐκφοβοῦσαν παῖδας καὶ γυναῖκας Ἔμπουσαν ὀνομασθῆναι, ἐπεὶ νυκτερινὸν φάντασμα ἡ Ἔμπουσα. Demosthenes deutet nur an dass Aischines' mutter ursprünglich hetaere war; andere redner (?) gaben details über diese angebliche phase ihres lebens. Dann müsste Empusa ihr ἐπώνυμον [31]) als hetaere gewesen sein, und die grammatiker suchten nach erklärungen, während andere den beinamen aus ihrer priesterlichen tätigkeit ableiteten. Offenbar hat Demosthenes in der ersten kürzeren beschimpfung zusammengezogen; in der ausführlicheren 18, 25 ff. weiss er (wie in Π. τ. Παραπρεσβ. 19, 199; 281) nur von dem priestertum. Unverständlich wie jemand mehr ernst nehmen konnte als das priestertum in einem kult den wir nicht genau bestimmen können [32]), der aber jedenfalls ebenso reputierlich war wie der anderer θίασοι. Namen und schicksale der eltern[33]) weisen auf anständige (bürgerliche) familie. Für I. stellt sich allein die frage, ob er den namen Empusa nur aus Demosthenes kannte und zu erklären versuchte. Wenn Glaukothea ihn wirklich trug (was nicht gerade wahrscheinlich ist, da Demosth. 19, 81 sie als die leitende priesterin hinstellt) ist das ein zug mehr für den von Demosth. 18, 259 ff. ausführlich beschriebenen kult. (3) S. p. 85, 14 ff. Der text ist verdorben:

ἵππος vielleicht 'glosse' oder (bei dem Epikureer wahrscheinlicher) vulgärer ausdruck für unzüchtige person, ἑταίρα [34]). Etwa in der letzten Peisistratidenzeit setzen vasen mit namen von hetaeren ein [34a]). Für I. interessant, dass er einen so persönlichen grund an stelle der ermordung Hipparchs [35]) und der natürlichen misstimmung der geschlechter setzt. (4) Dass I. auch Theopompos und Herakleides zitiert hat, wie Kaibel meint, glaube ich nicht; das sind lesefrüchte des Athenaios selbst. Aber der anekdotenkram bei ihm ist mindestens teilweise älter; wir können nicht nachweisen dass er solche dinge selbst erfand. Über das ausschweifende leben des Themistokles in seiner jugend (und nur in diese kann man die geschichte setzen, also etwa in die jahre, in denen der dissolute hof der Peisistratiden [36]) in Athen den ton angab) s. Plutarch Them. 2, 7 [37]). Wenn dieser fortfährt mit ἃ δὲ τούτων ἐξαρτῶσιν ἔνιοι διηγήματα πλάττοντες, ἀποκήρυξιν μὲν ὑπὸ τοῦ πατρὸς αὐτοῦ [38]), θάνατον δὲ τῆς μητρὸς ἑκούσιον ἐπὶ τῆι τοῦ παιδὸς ἀτιμίαι περιλύπου γενομένης, δοκεῖ κατεψεῦσθαι, so kann hinter den ἔνιοι sehr wohl I. stecken, gegen den er gewöhnlich polemisiert [39]). Man wüsste gern, was I. über Themistokles' herkunft sagte [40]). Herodots ausdrucksweise [41]) lud ja dazu ein seinen adel, den für uns schon das archontat garantiert, zu bestreiten, und die anzweifelung des zivilstandes der mutter (mit der sich leichter operieren liess) ist nachweisbar älter als der Amphikrates aus Sullanischer zeit [42]): Plutarch. Them. 1 gibt autoren vom frühen 3. jhdt an (und vielleicht schon aus dem 4.), die nur darüber uneinig sind ob sie eine Thrakerin Habrotonon [43]) oder eine Karerin (Halikarnassierin nach Neanthes) Euterpe war. Ich weiss nicht wie alt das epigramm ist, das Plutarch für die erste eventualität anführt: Amphikrates kannte es; und selbst wenn er es selbst gemacht hätte, muss die tradition von der Thrakerin älter sein. Aber es lässt sich keine sichere brücke von ihm zu I. schlagen; das zusammenstehen der zitate kann zufall sein. Plutarch Them. 1, 4 widerspricht scharf; ihm ist Themistokles' zugehörigkeit zu den Lykomiden 'klar'; und die hellenistische Biographie kannte als mutter eine freie, also vor 451/0 ebenbürtige Akarnanin [44]). (5—7) Über I.s beurteilung des Aristeides s. p. 85, 5 ff. Um einen heiligen aus ihm zu machen bedurfte es freilich starker verschiebungen, und die überlieferung (die für uns faktisch mit 478/7 aufhört) ist besonders schlecht. In F 5 soll ἑλομένων Ἀθηναίων Aristeides nicht herabsetzen, sondern eher glorifizieren: wahl ist ehrenvoller als losung. I. wollte auch schwerlich gegen den ansatz des archontats durch Demetrios von Phaleron auf μετὰ τὴν ἐν Πλαταιαῖς μάχην protestieren: chronologie war nicht seine sache; und er hat wohl weder bedacht dass es ein κυαμεύειν ἐκ προκρίτων war, noch sich überhaupt um die peripatetische forschung über die bestellung der athenischen beamten seit Solon [45]) gekümmert. Ob man ihm für F 6, das inhaltlich bearbeitung Herodots [46]) ist, den gleichen vorwurf machen darf, stehe dahin: ich glaube freilich, dass er sich um Krateros' *Psephis-* mata nicht gekümmert hätte, auch wenn sie schon vorlagen [47]). Die einführung des Aristeides als des gesandten — wo Herodot anonym von ἄγγελοι und noch Ephoros von βιβλιαφόροι spricht [48]) — zieht so gut wie sicher c. 10, 4-6 nach sich, wo die zurückweisung von Mardonios' angebot erfolgt Ἀριστείδου ψήφισμα γράψαντος. Überhaupt scheint in dieser *Vita* I. reichlich benutzt, und auch die herodoteische darstellung im wesentlichen durch ihn vermittelt zu sein [49]). In F 7 fällt die untechnische terminologie auf: einen ἐπιμελετὴς τῶν δημοσίων προσόδων hat es im Athen des 5. jhdts nicht gegeben [50]). Was I. erzählt steht offenbar im zusammenhang mit dem was Krateros 342 F 12 über eine verurteilung des Aristeides δωροδοκίας berichtet und wird dadurch auf nach 465/4 datiert. Darüber wird zu Krateros zu sprechen sein. Aber dass I. die geschichte von Aristeides' verurteilung zu einer glorifizierung des mannes umdeutet weist die tradition in ältere zeit: wir haben hier wohl ein stück Aristeides-feindlicher literatur (an der es ja kaum gefehlt haben kann [51])), vielleicht einer rechtsradikalen broschüre, die die ausnahme Aristeides nicht anerkannte. Der charakter des berichtes erinnert an das schlechte c. 25 der Ἀθπ., wo wir die gleiche vernachlässigung der chronologie konstatieren. (8) Diodor. 11, 77, 6 Ἐφιάλτης ... δημαγωγὸς ὢν καὶ τὸ πλῆθος παροξύνας κατὰ τῶν Ἀρεοπαγιτῶν .... οὐ μὴν ἀθῶιός [52]) γε διέφυγε τηλικούτοις ἀνομήμασιν ἐπιβαλόμενος, ἀλλὰ τῆς νυκτὸς ἀναιρεθεὶς ἄδηλον ἔσχε τὴν τοῦ βίου τελευτήν. Man wird nicht ernsthaft zweifeln dass I. auch hier zeitgenössische verleumdungen des Perikles erhalten und nicht selbst erfunden hat. (9) Perikles ist in anklagezustand versetzt worden durch ein psephisma des Drakontides, das Plutarch *Per.* 32, 3-4 nebst einer von Hagnon beantragten änderung knapp wiedergibt, jedenfalls nach Krateros [53]). Die chronologische verwirrung, die Plutarch angestiftet hat, indem er die anklage gegen Perikles verband mit den angriffen gegen Aspasia und Anaxagoras [54]), ist erledigt: wir wissen jetzt, dass Perikles nur einmal, im sommer 430, angeklagt ist [55]). Ich habe keinen zweifel dass Plutarch mit der δίκη eben dieses psephisma meint. Dann war die urkunde noch nicht publiziert als Herakleides, Theophrast und I. schrieben, oder der letztere hat sich um die gelehrte publikation nicht gekümmert [56]). Man riet also auf den ankläger, und für I. lag Kleon nach den komikern [57]) nahe genug. Wer vor gericht gesprochen hat (wenn er von dem antragsteller verschieden war) wissen wir nicht: darüber gab es keine überlieferung. (10) *Vit. X or.* 6 p. 840 C ἀλλὰ συνειπόντος αὐτῶι Εὐβούλου τοῦ Σπινθάρου Προβαλλουσίου δημαγωγοῦντος, τριάκοντα ψήφοις ἀπέφυγεν. εἰσὶ δ' οἵ φασι συγγράψαι μὲν τοὺς ῥήτορας τοὺς λόγους, ἐμποδὼν δὲ γενομένων τῶν περὶ Χαιρώνειαν, μηκέτι τὴν δίκην εἰσελθεῖν. Aischin. *or.* 2 Argum.; Phot. *Bibl.* 265 p. 490 a 40 ff. Die modernen urteilen meist anders als Plutarch [58]), wobei sie viel wert auf das zeugnis des I. legen; ich weiss nicht ob mit recht. (11) Über die tradition s. zu 76 F 39. Die vollständige liste der zehn, die die feldherren Chares und Thrasybulos mitrechnete, steht in der *Suda* s.v. Ἀντίπατρος und bei Arrian *Anab.* 1, 10, 4 (wo Θρασύβουλος erst in der überlieferung ausgefallen ist). Es war die vulgata. Danach ist zweifelhaft ob man ein näheres verhältnis zwischen Duris und I. annehmen darf (in diesem fall hätte eher jener diesen benutzt), und ob der bei Plutarch im folgenden genannte Aristobulos [59]) zu denen gehört, die er δοκιμώτατοι nennt; das sind wohl eher rednerbiographieen, die für die feldherren kein interesse hatten, aber im *Demosthenes* stärker benutzt sind. Ob namentlich im voraufgehenden mehr aus I. stammt, ist nicht zu sagen; 23, 3 sieht nach ihm aus. (12) Suda s.v. Δημοσθένης· ... καὶ πρὸς τὰς ἡδονὰς ἀκόλαστος, ὡς καὶ τοῦτό φησιν ὁ αὐτός (*scil.* Ἕρμιππος)· ὅθεν καὶ νέος μὲν ὢν Βάταλος ἐκλήθη, ὡς καὶ γυναικείαι ἐσθῆτι πολλάκις χρησάμενος, Ἀργᾶς δὲ μετὰ τὸ εἰς ἄνδρας τελέσαι. Dasselbe anonym *Vit. X or.* 8 p. 847 E [60]). Bei Athenaios stammt aus I. nur die durch ihre kürze irreführende angabe über das verhältnis zu Aristarchos [61]). I. hat die geschichte, die in den handel mit Meidias hineingezogen ist [62]), gewiss ausführlicher erzählt; vermutlich nach Aischines 1, 170 ff., der die art wie Demosthenes mit Aristarchos bekannt geworden ist und die grausigen einzelheiten der ermordung des Nikodemos mit behagen erzählt. Das erotische verhältnis ist angedeutet [63]); aber der mörder ist Aristarchos. 2, 148 heisst es schon τὸν γραψάμενον Νικόδημον τὸν Ἀφιδναῖον .... ὕστερον μετὰ Ἀριστάρχου συναπέκτεινας, und so spricht auch Dinarch. Κατὰ Δημ. 30, 47. In der Zosimosvita p. 300, 97 ff. W ist Aristarch nur werkzeug des Demosthenes. (13) *Vit. X or.* 6 p. 840 B ἀκροατὴς δὲ γενόμενος ὡς μέν τινες λέγουσιν Ἰσοκράτους καὶ Πλάτωνος, ὡς δὲ Καικίλιος Λεωδάμαντος. Phot. *Bibl.* 61 p. 20a 40 διακοῦσαι δ' αὐτὸν Πλάτωνος καὶ †Ἀνταλκίδαι φασὶ μαθητεῦσαι, καὶ εἶναί τι καὶ ἑκατέρου δεῖγμα διὰ τῶν Αἰσχίνου λόγων κτλ. Der lehrer Leodamas [64]) ist schluss aus Aischin. 3, 138 ff. und vor Suda s.v. Αἰσχίνης Ἀθηναῖος in Ἀλκιδάμας verdorben, da Photios Ἀνταλκίδας hat. Sokrates stammt aus konfusion mit dem Sokratiker Aischines: den fehler, den 390/89 geborenen redner zum schüler des Sokrates zu machen, kann man weder Demetrios von Phaleron noch Demetrios Magnes [65]) zutrauen. Ob I. überhaupt eine positive angabe machte, steht dahin; vielleicht warf er dem redner, den einige aus dem sklavenstande hervorgehen liessen [66]), völlige unbildung vor.   (14) Blass *A.B.* ²III 1 p. 4 f.; Christ-Schmid *Gr. Lit.*⁶ I p. 612 n. 2. Gewiss hatte I. mehr [67]); aber bestimmtes lässt sich ihm nicht geben. Was *Vit.* X *or.* 849 E folgt, steht bei Athenaios (8, 27 p. 342 C; 13, 58 p. 590 DE) unter Hermippos' namen.   (15) Es ist leider nicht zu sagen ob I. eine tatsächliche angabe machte oder Phokion mit ihr bescheiten wollte. Aelian *V.H.* 12, 43 führt den sohn des δοίδυκας ποιησάμενος in der reihe der aus niederem stande zu hohen stellungen gelangten auf, neben Demetrios von Phaleron, den sie οἰκότριβα γενέσθαι λέγουσιν ἐκ τῆς οἰκίας τῆς Τιμοθέου καὶ Κόνωνος. Aber man muss das vorurteil der biographen gegen die gewerbetreibenden berücksichtigen, das in römischer zeit nur stärker geworden ist [68]). Wir wissen sonst nichts von dem vater Phokos, aber Duris [69]) hat den feldherrn ähnlich gepriesen wie Aristophanes den Phormion [70]); und der annahme dass auch I. ihn neben Aristeides [71]) von der allgemeinen verurteilung der athenischen volksführer ausgenommen hat, steht nichts im wege; F 11 mag sogar dafür sprechen. Man braucht deshalb nicht zu glauben, dass ihm die posthumen ehrenbeschlüsse der Athener im j. 305/4 v. Chr., gegen die Hypereides vergeblich sprach [72]), eindruck gemacht haben.   (16) Die behauptung rhetorischer δεινότης des Sokrates liess sich leicht genug mit seiner rolle in den Platonischen dialogen begründen, und eine erziehung der anhänger in dieser richtung durch stellen wie z.b. Xenoph. *Mem.* 1, 2, 14 ff. Aber gewerbsmässiger unterricht — und solchen meint I., und es ist eine böswilligkeit — widerlegt allein schon Plat. *Apol.* 33 A. Er ist auch für Aischines zweifelhaft [73]); die einzelnachrichten bei Diog. Laert. 2, 62 f. machen eher misstrauisch. (17) Den klatsch über Aischines' rolle bei Sokrates' tod können wir nicht nachprüfen; er ist auch kein boden für vermutungen [74]). Platon *Phaidon* 59 B zeigt keine animosität; aber persönlich sympathisch war ihm Aischines schwerlich und er mag ihn auch einmal parodiert haben [75]). Die autorschaft der dialoge war eine doktorfrage [76]). Sieben unter ihnen werden charakterisiert als τὸ Σωκρατικὸν ἦθος ἀπομεμαγμένοι [77]), und mehr wird hinter der behauptung, dass Sokrates selbst sie geschrieben habe, nicht stecken.

339. ASKLEPIADES VON NIKAIA (ALEXANDREIA)

Den sicheren *terminus ante* gibt die gegenschrift des Didymos T 3.

In der Suda T 1 sind, wie die daten beweisen, zwei grammatiker zusammengeworfen, der schüler des Apollonios (von Rhodos) und der bekanntere Myrleaner [1]). In dem ersteren sieht Wentzel [2]) den verfasser der Ἐξηγητικά. Dafür spricht (1) dass er nach F 2 über die athenische verfassung gehandelt hat, und Ἀλεξανδρεύς, was sich mit der herkunft aus Nikaia verträgt [3]); (2) dass er sich auch sonst mit (attischen?) prosatexten befasst hat [4]); (3) dass auch Aristophanes von Byzanz in den Λέξεις die Axones berücksichtigt hat [5]). Aus νέος und der datierung nach den pergamenischen königen ergibt sich wohl dass A. später seinen wohnsitz nach Pergamon verlegt hat — vielleicht nach Apollonios' tod oder (eher) als ihm Aristophanes in der leitung der bibliothek vorgezogen wurde. Denn dass er ansehen als grammatiker genoss, zeigt die aufnahme in die bücher Περὶ πόλεων καὶ οὓς ἑκάστη ἐνδόξους ἔφερεν [6]); die berücksichtigung durch die verfasser von Ἔνδοξοι; die gegenschrift des Didymos und die benutzung noch durch Seleukos [7]).

(1) A. wird auch über den unterschied von κύρβεις und ἄξονες gehandelt haben — ein altes [8]), wenn auch nur scheinbares problem. Es kann hier nicht behandelt werden; aber L. B. Holland *A J Arch.* 45, 1941, p. 346 ff. verlangt eine antwort [9]). (2) A. fehlt bei Harpokration s.v. δήμαρχος. Wentzel hat aus der folge der zitate und daraus dass 'das zitat aus A. zu der erklärung des scholiasten garnicht passt', mit recht geschlossen dass A. nicht Aristophanes kommentiert hat [10]). Das fragment gehört sicher in die exegese der Axones.

340. DIDYMOS VON ALEXANDREIA

F 1 wie auch Asklepiades 339 F 1 zeigen dass auch diese 'kommentare' erst einmal über die person des 'autors' und sonstige äussere fragen handelten. Der zeuge Φιλοκλῆς τις (wenn das nicht kürzung Plutarchs ist) gehört in die reihe der merkwürdigen erscheinungen, von denen nicht einmal zu sagen ist ob sie wirklich existiert haben; denn auch die nachrichten sehen oft bedenklich nach Ξένη ἱστορία aus, die älter ist als man gewöhnlich glaubt. Derart sind der Zopyros des Kratippos [1]) und der Pataikos des Hermippos [2]), ὃς ἔφασκε τὴν Αἰσώπου ψυχὴν ἔχειν. Die kritik wird wohl auch schon D. sein, und wir wünschten dass uns Plutarch aus ihm ältere bezeugung des vaternamens Exekestides erhalten hätte, den wir erst mit Diodor 9, 1 (der ihn falsch zum Salaminier macht) belegen können. Stärkere benutzung der ἀντιγραφή in Plutarchs *Solon* [3]) findet L. Cohn *RE* V, 1905, col. 471, 21 ff. 'zweifelhaft', und Von der

Mühll *Klio* 35, 1942, p. 89 f. leugnet sie ganz auch für die mittleren kapitel 17 ff., die von den gesetzen handeln [4]). Die entscheidung hängt weitgehend von der vorstellung ab, die man von der art der Βίοι des Hermippos hat. Ich persönlich halte für ziemlich zweifellos dass stücke von ausgesprochen gelehrtem charakter — wie z.b. 19, 3-4 (wo ein gesetz mit nummer und axon wörtlich angeführt wird) oder 25, 2 (eine sehr verkürzte abhandlung über den namen κύρβεις, die von Asklepiades 339 F 1 nicht zu trennen ist) — D. und nicht Hermippos gehören. Im übrigen kann die Vita (die dringend eines neuen kommentars bedarf) hier nicht analysiert werden. In den sonstigen resten des Didymos nach fragmenten der ἀντιγραφή zu suchen hat wenig zweck, da wir einerseits von Asklepiades zu wenig haben, und andrerseits D. mindestens in den rednerkommentaren oft auf attisches recht zu sprechen kommen musste [5]).

341. SELEUKOS VON ALEXANDREIA

Der grammatiker S., den die zeitgenossen Ὁμηρικός nannten, ist eine festumrissene persönlichkeit [1]). Jüngerer zeitgenosse des Didymos, den die Suda ἐπὶ Ἀντωνίου καὶ Κικέρωνος καὶ ἕως Αὐγούστου ansetzt und dessen schüler unter Tiberius bis Nero leben [2]), war er unter Tiberius in Rom tätig [3]), vorher — da er über Alexandrinische sprichwörter geschrieben hat — neben Didymos in Alexandria. Neben der umfangreichen kommentatorentätigkeit εἰς πάντα ὡς εἰπεῖν ποιητήν und dem grossen glossenwerk Περὶ Ἑλληνισμοῦ, in dem auch die prosa ausgiebig berücksichtigt war, standen eine reihe von sonderschriften sprachlichen und sachlichen inhalts, von denen die Vita der Suda nur einige wenige nennt — vielleicht die Σύμμικτα [4]), die in den Apolloniosscholien (leider ohne epitheton für den verfasser) zitiert werden; nicht das Ὑπόμνημα τῶν Σόλωνος ἀξόνων, das man ihm allgemein gibt, weil es für den textinterpreten, den glossographen, und den Alexandriner gut passt. Ich habe (wie bei Didymos und aus dem gleichen grunde) darauf verzichtet die auf athenische sprache oder altertümer bezüglichen zitate, die keinen buchtitel tragen, hier zusammenzustellen, und habe auch Plutarchs (?) büchlein über die alexandrinischen sprichwörter nicht abgedruckt, das seit O. Crusius [5]) gemeinhin als exzerpt aus S. gilt. Von dem Alexandriner habe ich getrennt und an ihren platz in Teil IV verwiesen: (1) mehr aus praktischen gründen den verfasser von Περὶ βίων, der wahrscheinlich der grammatiker ist, weil er sowohl in diesem werk wie in dem sicher ihm gehörigen Περὶ Ἑλληνισμοῦ [6]) gegen einen Krates polemisiert, der höchstwahrscheinlich der athenische kultschriftsteller und glossograph des 1. jhdts v. Chr. ist [7]). Ganz sicher ist das nicht, weil in beiden fällen S. die werke dieses Krates anders betitelt als unsere sonstigen quellen, und weil die tatsache dass der biograph von Homeridai, also auch von Homer, sprach kein wirklicher beweis für seine identität mit dem Ὁμηρικός ist. Sehr viel zweifelhafter ist ob man Περὶ βίων ohne weiteres mit Περὶ φιλοσοφίας gleichsetzen darf, als dessen verfasser Diogenes Laertius zweimal Σ. γραμματικός zitiert [8]). Das erste der beiden zitate stammt wahrscheinlich aus den 'Homonymen' des Demetrios Magnes, der den Alexandriner noch nicht kennen konnte. Der name Seleukos ist doch sehr häufig. (2) Mit zuversicht den 'theologen', wie ihn Porphyrios [9]) nennt, der aus ihm von menschenopfern auf Kypros berichtet, die Δίφιλος ὁ τῆς Κύπρου βασιλεὺς κατέλυσε, κατὰ τοὺς Σελεύκου χρόνους τοῦ θεολόγου γενόμενος. Könige von Kypros hat es in der zeit des Homerikers nicht mehr gegeben, und das zitat steht in der vertrauenerweckenden gesellschaft von älteren autoren — Manethos, Euelpis von Karystos, Apollodor [10]), der vermutlich vermittler für die reihe der mit und ohne autoren angeführten einzelfälle ist. Das sieht nach einer parallelerscheinung zu dem Eumolpiden Timotheos und frühhellenistischer zeit aus, und so wird sich die eigenartige zeitbestimmung bei Porphyrios erklären. Sehr möglich dass diesem S. das werk Περὶ θεῶν gehört, das die Suda dem Homeriker gibt; nicht aber Athenaios 4, 72 p. 172 D, wo das stichwort πέμματα ist (nicht ἀνθρωποθυσίαι); von ihnen konnte in den Γλῶσσαι oder Περὶ Ἑλληνισμοῦ (beide von Athenaios angeführt) gesprochen werden.

F

(1) Harpokr. s.v. ὀργεῶνας· Ἰσαίου λόγος ἐστὶ Πρὸς ὀργεῶνας (F 111/5 Tur). ὀργεῶνες δ᾿ εἰσὶν οἱ ἐπὶ τιμῆι θεῶν ἢ ἡρώων συνιόντες· ὀργιάζειν γάρ ἐστι τὸ θύειν καὶ τὰ νομιζόμενα δρᾶν [11]), ἤτοι παρὰ τὸ ὀρέγειν τὼ χεῖρε, ἢ παρὰ τὰ ὄργια, ἢ διὰ τὸ ἐν ταῖς ὀργάσι καὶ τοῖς ἄλσεσι τὰ ἱερὰ δρᾶν. οἱ μέντοι ποιηταὶ ἔταττον τοὔνομα ἁπλῶς ἐπὶ τῶν ἱερέων, ὡς Ἀντίμαχός τέ που καὶ Αἰσχύλος ἐν Μυσοῖς. μήποτε δὲ ὕστερον νενόμισται τὸ ἐπὶ τιμῆι τινὰς τῶν ἀποθανόντων συνιέναι καὶ ὀργεῶνας ὁμοίως ὠνομάσθαι, ὡς ἔστι συνιδεῖν ἐκ τῶν Θεοφράστου διαθηκῶν [12]). Pollux 8, 107 ὀργεῶνες· οἱ κατὰ δήμους [13]) ἐν τακταῖς ἡμέραις θύοντες θυσίας τινάς. S. interpretiert offenbar das von Philochoros 328 F 35 angeführte gesetz [14]), das auch dadurch als solonisch erwiesen wird. Ferguson's schluss [15]) aus der folge ἥρωας ἢ θεούς 'Seleukos *knew*, I think, that orgeones were primarily concerned with heroes' kann ich nicht billigen; ich glaube auch nicht dass er sachlich

recht hat, oder dass das von ihm sorgfältig gesammelte material die m.e. aprioristische annahme glaublich macht. Ob man ἥρωες ἢ θεοί oder (wie Harpokration) θεοὶ ἢ ἥρωες sagt, ist ganz gleichgiltig. Die glossographen haben das vorkommen des wortes bei attischen und ausser-
5 attischen autoren und seine bedeutung(en) festgestellt; aus ihnen schöpfen rednerlexika (Harpokr.) und Scholien (Photios). (3) Σύμμικτα sind verstreute philologische notizen. S. hat schwerlich Apollonios interpretiert, aber vielleicht kamen die Stymphaliden bei Panyassis vor [16]). (4—5) F 4 hat C. Mueller in die Σύμμικτα gestellt. Über F 5 s. B. A.
10 Mueller RE II A col. 1252, 57 ff.

342. KRATEROS DER MAKEDONE

Der verfasser [1]) der sammlung, die vielleicht den titel Συναγωγὴ τῶν (Ἀθήνησι?) ψηφισμάτων getragen hat [2]), gewöhnlich aber kürzer Τὰ ψηφίσματα oder Περὶ ψηφισμάτων zitiert wird [3]), heisst bei Plutarch
15 einmal K. ὁ Μακεδών [4]) ohne nähere bestimmung, die wir auch nicht erwarten, wenn er gebürtiger Makedone ist. In diesem falle nennt sich der schriftsteller im ausland oder für das ausland (also gemeinhin im titel seines buches) Μακεδών [5]) wie der Athener Ἀθηναῖος und der Argiver Ἀργεῖος. Hinzufügung des für den inneren gebrauch (wie es scheint
20 überall) offiziellen distinktivs nach landschaft oder stadt ist ungewöhnlich; auch der Athener nennt sich im buchtitel nur unter besonderen umständen mit dem demotikon [5a]), und besondere umstände bedingen auch das Κερκάδας eines Argivers [6]). Es ist natürlich möglich dass man aus anderer überlieferung die engere heimat kennt und dass sie in die
25 biographie gelangt, wie das der fall ist für Μαρσύας Περιάνδρου Πελλαῖος, den bruder des Antigonos (Monophthalmos) und σύντροφος Ἀλεξάνδρου τοῦ βασιλέως [7]) — vielleicht den ersten schriftstellernden Makedonen, den wir kennen, der seine bildung dann wohl mit dem kronprinzen durch Aristoteles erhalten hat. Er schrieb sicher vor könig Ptolemaios I, aber,
30 wie dieser, um ein griechisches Alexanderbild (das des Onesikritos) aus eigener kenntnis von Alexanders erziehung zu berichten [8]). In den autorenverzeichnissen des Plinius heisst auch er einfach *Marsyas Macedon*, und so zitiert ihn Didymos [9]); ebenso zitiert Athenaios [10]) einen (jüngeren?) zeitgenossen K.s als Ἱππόλοχος ὁ Μακεδὼν ἐν τῆι πρὸς
35 Λυγκέα ἐπιστολῆι. Das lässt also keinen schluss auf die soziale stellung des autors zu — abgesehen von der allgemeinen erwägung, dass schriftstellernde und überhaupt gebildete Makedonen der Alexander- und

Diadochenzeit wahrscheinlich durchweg den höheren ständen angehörten, deren söhne entweder am hofe erzogen wurden oder sich einen studienaufenthalt in Athen leisten konnten. Es besagt auch nicht viel dass wir aus der geschichte der zeit, die natürlich nur politisch aktive
5 personen erwähnt, nur zwei träger des namens kennen, den general Alexanders [11]) und seinen sohn von Phila, Antipaters tochter und späteren gattin des Demetrios Poliorketes, der 321 v. Chr. geboren ist und sein leben im dienste seines halbbruders Antigonos verbracht hat [12]). Seit Niebuhr [13]) sieht man in dem sohne meist den sammler der volksbe-
10 schlüsse [14]). Positive gründe dafür gibt es nicht: wir wissen weder von schriftstellerei noch auch nur von literarischen interessen des 'prinzen'. Dass Epikur ihn in einem briefe erwähnt und dass er im Kepos verkehrt hat [15]) besagt nichts — oder wenn etwas, dann das gegenteil: für historische studien hat Epikurs schule kein interesse gehabt [16]). Noch weniger,
15 dass der dialektiker Alexinos vielleicht auf ihn einen paian geschrieben hat [17]). Und dringend zu warnen ist vor jeder verwendung der notiz in Phlegons Mirabilien [18]): was dieser aus Krateros, 'dem bruder des königs Antigonos' anführt, stammt sicher nicht aus den Ψηφίσματα, sondern aus der Κρατεροῦ πρὸς τὴν μητέρα 'Αριστοπάτραν ἐπιστολή [19]),
20 die indische παράδοξα enthielt. Der brief ist vermutlich pseudepigraphon bezw. fälschung späterer zeit, als deren verfasser Alexanders general gedacht ist; der fälscher oder erst Phlegon haben ihn mit dem sohn, dem halbbruder des Antigonos Gonatas, verwechselt. Sehr viel kommt auf die identifizierung des sammlers der Ψηφίσματα überhaupt nicht an. Viel
25 wichtiger ist dass eine solche sammlung sich ohne jeden zweifel neben Aristoteles' Πολιτεῖαι und Δικαιώματα (hier von den Διδασκαλίαι und den urkunden für die geschichte der theologie u.s.f. zu schweigen), Theophrasts Νόμοι, Demetrios' des Phalereers Περὶ τῶν 'Αθήνησι πολιτειῶν und Περὶ τῆς 'Αθήνησι νομοθεσίας stellt: sie gehört in die ganz systema-
30 tische urkundenforschung, die Aristoteles und seine schüler, und nur diese schule, in der zweiten hälfte des 4. jhdts betrieben hat. Wir werden daher den verfasser nicht nur für ein mitglied dieses kreises halten, sondern ihn auch so früh wie möglich ansetzen, d.h. 'in die älteste zeit der peripatetischen schule' [20]). Es ist durchaus möglich dass er schüler des
35 Aristoteles selbst war, und dass die sammlung etwa gleichzeitig mit Theophrasts Νόμοι, deren fast naturnotwendige ergänzung sie ist, in den 40er oder 30er jahren gemacht ist [21]). Ob der verfasser in die gleiche familie gehört wie die beiden uns bekannten träger des namens, ist nicht zu sagen und wirklich wieder ziemlich gleichgiltig [22]).
40 Die Ψηφισμάτων Συναγωγή war keine geschichte Athens, sondern

(was ihr name besagt) eine urkundenpublikation. Aber K. erklärte die urkunden, die er im wortlaut gab [23]), versah sie also vielleicht mit einer art verbindendem text, wenn man nicht besser von exkursen oder anmerkungen spricht, in denen die einzelne urkunde diskutiert wurde [24]) — wir haben keine wirkliche vorstellung von der form solcher bücher. Das dafür entscheidende zitat Plutarchs [25]) zeigt zugleich dass K. seine quellen angab, d.h. nicht ausschliesslich neue urkunden aus den archiven publizierte [26]). Die mehrzahl stammt gewiss aus ihnen, wenn es auch nicht ausgeschlossen ist dass er sie einmal vom stein selbst nahm. In jedem fall bedeutete die sammlung für jeden der aus ihr lernen wollte — was nicht überall der fall war [27]) — eine gewaltige vermehrung der kenntnis der geschichte Athens und der schicksale seiner leitenden politiker; denn die bereits erschienenen *Atthides* hatten wenige urkunden (wenn überhaupt) im wortlaut gegeben [28]), und dasselbe gilt für die älteren historiker [29]), während die hellenistische historie (vielleicht, wenn auch nicht allein, unter dem einfluss der peripatetischen forschung) freigebiger mit zitaten von urkunden, gedichten und anderen dokumenten war [30]). So hat der zeitgenössische historiker, dem Plutarch in der *Vita* des Demetrios folgte, den wortlaut von Dromokleides' psephisma über die gesandtschaft an Demetrios [31]) (und wahrscheinlich noch andere stücke) aus gründen, die auf der hand liegen, im wortlaut gegeben.

K.s sammlung enthielt (und darin liegt der erste unterschied gegen Theophrasts Νόμοι, ohne dass wir es hier nötig haben auf die frage des verhältnisses von νόμος und ψήφισμα einzugehen) die beschlüsse des souveränen volkes, aus denen sich in historischer zeit die innere und äussere geschichte Athens in allen wesentlichen punkten ablesen liess; darunter offenbar viele urteile der gerichte in politischen prozessen, weil das interesse der schule, bezw. der zeit überhaupt, stark auf die sich ablösenden gestalten der volksführer gerichtet war; aber keine privaturkunden. Die sammlung war, nach den fragmenten zu urteilen — und hier dürfen wir den schluss *e silentio* wagen auch gegen das zeugnis eines späten scholiasten [32]) — auf Athen beschränkt (ein zweiter unterschied gegen Theophrasts Νόμοι) und wird diese beschränkung doch wohl auch im titel getragen haben [32a]). Wie weit sie hier vollständigkeit anstrebte oder die urkunden in einer (nicht engen) auswahl nach ihrer historischen bedeutung vorlegte, ist — ausser für die tributlisten, von denen K. sehr wahrscheinlich nur zwei gab, diese aber in vollem umfange [33]) — nicht zu entscheiden, zumal von dem umfänglichen werk eben doch nur ein paar fetzen erhalten sind, selbst wenn man von Krechs 'fragmenta latentia' hinzunimmt was mit einiger wahrscheinlichkeit wirklich aus

K. abgeleitet werden darf [33a]). Wir haben nur 21 fragmente aus den mindestens 9 büchern die K. füllte, und allerwichtigstes fehlt, wie z.b. das instrument des dreissigjährigen friedens vom j. 446/5 [34]). Das würde vermutlich anders sein wenn wir gelehrte scholien zu Herodotos, Thukydides, und vielleicht zu den ältesten politischen reden hätten, und wenn die erhaltenen Lexika und die Scholien zu Aristophanes und den rednern vollständiger wären. Denn wenigstens für Didymos ist sicher, dass er Krateros (vermutlich regelmässig) nachgeschlagen und zitiert hat. Wie die dinge liegen, hören wir von zahlreichen psephismata nur durch Aristoteles und Philochoros (von denen der letztere wohl sicher schon die sammlung benutzen konnte); wir kennen andere aus den historikern des 4. jhdts [34a]) und den rednern (von denen aber die letzteren — mit der zweifelhaften ausnahme Lykurgs — weder gelehrtes noch auch nur historisches interesse hatten). Für schlüsse *e silentio* ist hier kein platz, und ganz unglaublich ist dass sich K. in der auswahl der urkunden von irgend einer tendenz leiten liess.

Die anordnung, die K. wählte, war die allein natürliche chronologische [35]). Daran lassen selbst die wenigen fragmente keinen zweifel, wenn man nicht mit Meineke rücksichtslos die zahlen nach einer vorgefassten meinung ändert: im 3. buch stand eine tributliste, die durch die überschrift Καρικὸς φόρος [36]) in ein jahr vor 438 verwiesen wird; eine zweite tributliste stand im 9. buch [37]), das auch den prozess gegen Antiphon aus 411/0 v. Chr. enthielt [38]), also dokumente ganz verschiedenen charakters. Zwischen den beiden für die zweite liste möglichen daten 410/9 und 406/5 haben sich die herausgeber der *A.T.L.* [39]) für das erstere entschieden und sehen darin das jahr der letzten veranlagung des reiches. Ihre weitere annahme [40]) dass die fragmente aus dem 3. buch auf die veranlagung von 454/3 gehen und dass K. 'deliberately chose the first and last assessments for illustration in his book' ist verlockend, aber nicht sicher und m.e. auch nicht richtig, weil (1) die dann notwendige annahme [41]) dass der Καρικὸς φόρος in der ersten, dritten, vierten schatzungsperiode bestand, aber nicht in der zweiten [42]), sehr wenig glaublich ist; (2) weil die beziehung von F 4 aus dem 4. buch auf das bürgerrechtsgesetz des Perikles von 451/0 so gut wie sicher falsch ist [43]). Das psephisma, das den ναυτοδίκαι die klagen ξενίας gegen ἐξ ἀμφοῖν ξένοιν γεγονότες zuwies, scheint vielmehr in die (frühen?) 30er jahre zu gehören. Dann enthielt das vierte (und fünfte?) buch dokumente aus dem jahrzehnt vor ausbruch des Peloponnesischen Krieges [44]), und die veranlagung von F 1-3 wird die von 446/5 (dem jahre des Dreissigjährigen Friedens) sein, oder (eher?) die von 443/2, die erste aus der 'alleinherrschaft' des Perikles und die erste, für die unsere quotenlisten (die darin doch wohl der praxis der tributlisten folgen) die namen der 'provinzen' als überschriften geben [45]). Das bedeutet dass die ersten beiden bücher die psephismata von Kleisthenes an [46]) bis spätestens 444/3 enthielten. Faktisch wird das dritte buch wohl früher eingesetzt haben, vielleicht beträchtlich früher: das j. 462/1 (die konsolidierung der demokratie durch die psephismata, die Ephialtes durchbrachte) wäre ein sehr passender anfang [47]); aber man könnte auch an die übertragung des bundesschatzes nach Athen 454/3 denken. Es hat eben keinen zweck zu raten, und das gilt auch für die abgrenzung der bücher 4-8. Ich habe keinen zweifel dass K. aus der ältesten zeit, den rund 50 jahren von Kleisthenes bis Ephialtes, alles erreichbare gegeben hat: aus unseren fragmenten gehört eine verhältnismässig grosse zahl in diese periode [48]), für die es keinen alten historiker gab und für die die biographen naturgemäss am ehesten K. aufschlugen. Hier ist auch eine (nicht sehr bedeutende) vermehrung der namentlichen fragmente mit einer gewissen sicherheit möglich [49]), und die Aristophanesscholien liefern wenigstens eines aus der zeit des Kleisthenes selbst — den ächtungsbeschluss der Isagoreer [50]). Dass K. trotzdem nur zwei bücher damit füllen konnte beweist dass er auch in den akten nicht mehr viel fand, was nicht weiter verwunderlich ist [51]). Um so mehr hatte man für die zeit des ersten und zweiten Peloponnesischen Krieges und für die friedensjahre zwischen ihnen, aus denen die Atthidographen (d.h. für uns nur noch Philochoros) manches auch für die grossen bauten (vielleicht eben aus K.) erhalten haben. Es befremdet keinen augenblick, dass K. für die zeit von 462/1 (oder auch erst von rund 450 an) 7 bücher füllen konnte. Es wäre leicht gewesen diese dinge hier in einem 'Anhang' zusammenzustellen; und es wäre wünschenswert, wenn endlich einmal systematisch gesammelt würde was in unserer gesamten überlieferung auf psephismata zurückgeht oder zurückgehen kann (ohne rücksicht auf den vermittler). Aber in der fragmentsammlung würde das nur irre führen und dem aberglauben neue nahrung geben, als ob jede erwähnung eines psephisma auch nur aus dem 5. jhdt sofort den schluss auf K. erlaubte. Denn es ist eine angesichts der überlieferung schwer begreifliche verirrung, dass K. die sammlung bis auf seine eigene zeit und bis etwa 270/65 v. Chr. herabgeführt habe [52]). Die überlieferung ist eindeutig: von den 21 fragmenten unter K.s namen beziehen sich 20 ohne jeden zweifel auf das 5. jhdt und die zeit die auch Aristoteles in der historischen einleitung der 'Aθπ. behandelt hat. Schon das gibt — von allem anderen zu schweigen, was für den Samischen krieg (442-439) spricht — ein praejudiz für die deutung von F 21. Das jahr 411/0 stand im 9. buch; eine herabführung in gleicher ausführlichkeit bis auf das erste drittel des 3. jhdts würde einen umfang ergeben, der für ein werk dieser zeit, milde gesagt, wenig glaublich ist. Man möchte fast behaupten, dass die negativen argumente (die, wie gewöhnlich, vergessen werden) noch entscheidender sind. Ich lege keinen wert darauf dass Plutarch den K. nur in den Viten des Aristeides und Kimon zitiert, in keiner des 4. jhdts, nicht für Alexander und Demetrios, nicht einmal für Demosthenes und Phokion; denn da könnte man einwenden, dass namentliche zitate auch in *Perikles*, *Nikias* und *Alkibiades* fehlen, ja selbst im *Themistokles*, wo doch F 11b die (indirekte) benutzung beweist. Aber auch die rednerbiographieen, die Caecilius zur hand hatte, zitieren K. nur für Antiphon und für keinen der späteren. Entscheidend ist, dass die Aristophanesscholien K. mehrfach zitieren [53]) — darunter für den prozess des Diagoras, aber nicht für den des Sokrates; dagegen fehlt sein name in den scholien zu den rednern des 4. jhdts. Dass das kein zufall ist, erklärbar aus der verkürzung der Scholien, beweist jetzt der Demostheneskommentar des Didymos mit seiner unzahl von zitaten [54]): für die geschichte der beziehungen Athens zu Philipp war aus der Συναγωγή nichts mehr zu holen.

F

(1—3) Unter bezugnahme auf n. 50 gebe ich hier die vier fragmente von tributären städten aus Steph. Byz., die Meineke, Krech, und die *A.T.L.* dem K. zuweisen: (1) Μάρκαιον· ὄρος τῆς Τρωάδος, πρὸς τῆι Γέργιθι· οἱ οἰκήτορες <<Μαρκαῖοι, Ἥσσιοι>> [55]). (2) Σκέμψα· πόλις Θράικης· τὸ ἐθνικὸν Σκεμψαῖος [56]) καὶ [57]) <<Σκέμψιοι [58]), Δαυνιοτειχῖται>> [59]). (3) Στράμβαι· πόλις Θράικης· τὸ ἐθνικὸν <<Σταγειρῖται, Στραμβαῖοι>> [60]). (4) Δειρή· ἄκρα καὶ πόλις ὁμώνυμος πρὸς τῆι Αἰθιοπίαι· Στράβων ιϛ [61]) (4, 5; 14). ἔστι καὶ πόλις [62]) Ἀθηναίων συμμαχική· τὸ ἐθνικὸν Δειραῖος. Die Μαρκαῖοι (*A.T.L.* I p. 515 f.) fehlen in den quotenlisten, auch den vollen, überhaupt. Die Ἥσσιοι (*ebd.* p. 490 'the people of Assos') stehen in den listen von 454/3; 450/49; 446/5 (ergänzt) und fehlen in der vollen liste 443/2 (442/1; 440/39). Die Σκέμψιοι, richtiger Σκήμψιοι (= Σκάψιοι, Σκήψιοι 'the people of Skepsis' *A.T.L.* I p. 549) und Δαυνιοτειχῖται (*ebd.* p. 480) sind zuerst 452/1 erhalten, stehen aber nicht nebeneinander. Beide sind 446/5 nicht erhalten und fehlen in der vollen liste 443/2. Die Σταγειρῖται sind 454/3, 446/5, 443/2 (hier sicher) ergänzt; die Θραμβαῖοι (*ATL* I p. 491; 550) sind ergänzt 454/3 und sicher für 446/5 und 443/2; aber die beiden namen stehen nirgends nebeneinander. Δειρή (*ebd.* p. 480) kommt in den quotenlisten so wenig vor wie die Μαρκαῖοι. Der befund ist unbefriedigend, was vielleicht daran liegt dass die steine uns nur quoten-, nicht tributlisten geben. Ich kann nicht behaupten, dass er die oben (p. 97, 27 ff.) empfohlene zuweisung der liste des 3. buches an 446/5 oder 443/2 zu stützen geeignet ist. Aber wenn *ATL* no. 2 und 4 dem 3., no. 1 und 3 dem 9. buch zuschreiben, so stützt sich das auch nur auf die lücken der listen. Wer weiss, wieviele namen der epitomator des Stephanos in den aus K. ausgehobenen reihen gestrichen hat [63]).

(**1**) Δῶρος kommt in den quotenlisten nicht vor; die Φασηλῖται stehen in der liste von 454/3 (*ATL* 1, IV 24) zwischen Καρβασυανδῆς und Τερμερῆς, in der von 443/2 (12, IV 9) zwischen Κλαυνδῆς und Ἰελύσιοι. Wir kennen keine karische stadt Doros, nur ein Δώριον πεδίον ἐν τῆι Ἁλικαρνασίδι [64]), das nach ihr heissen kann und dann das verschwinden der stadt, ihr aufgehen in Halikarnass (ungewiss in welcher zeit) wahrscheinlich macht. Die von Krech und *ATL* I p. 483 (III p. 9 f.) akzeptierte ansicht U. Koehlers [65]), dass die phoenikische stadt am Karmel gemeint sei und Stephanos' quelle einen falschen schluss aus K. gezogen habe, macht mir schwierigkeiten: überschriften, die die verwechslung möglich machen, haben wenigstens die quotenlisten erst seit 443/2; und damals scheint die veranlagung einer phoenikischen stadt schwer, wenn überhaupt, denkbar. Sie ist selbst 454/3 nicht leicht glaublich [66]); jedenfalls war sie nach dem zusammenbruch des ägyptischen unternehmens durch die ereignisse überholt. Schliesslich kennen wir auch Μαρκαῖοι, Καρηναῖοι, Δειρή nur aus (K.-)Stephanos [67]); und wenn bei der letzten der name der provinz ausgefallen ist, so ist doch hier keine verwechselung mit dem äthiopischen vorgebirge denkbar; wir können nicht an der existenz einer thrakischen stadt, sondern höchstens an den namensformen Δειρή und Δειραῖοι zweifeln.   (**2**) Die Καρηναῖοι (*ATL* I p. 495) fehlen in den quotenlisten, alle drei orte in der (nicht vollständig erhaltenen) tributliste A 9. Die Γρυν(ει)ῆς (*ebd.* p. 478) sind nachweisbar seit 453/2; werden 446/5 teilweise, 443/2 ganz ergänzt; erscheinen zum letzten mal 428/7. Die Πιταναῖοι (*ebd.* p. 538) sind nachweisbar seit 454/3 (Πι-), stehen 446/5, werden 443/2 ergänzt. Die drei orte stehen in keiner quotenliste zusammen: 446/5 stehen zwischen Γρυνειῆς und Πιταναῖοι 4, 443/2 (wo beide namen ergänzt sind) 12 namen. Es ist willkür, wenn *ATL* I p. 154 ‹III p. 40› die reihe als A 1 fr. 2 für 454/3 einsetzen.   (**3**) Fraglich, ob aus einer tributliste, und dann aus welcher; denn (1) schwanken die hss. zwischen buch III und IX [68]); (2) haben weder die quotenlisten (*ATL* 3; 9; 10) noch die tributliste A 9 das ethnikon, sondern stets den stadtnamen Τυρόδιζα(ι). Es ist eine bare möglichkeit dass K. für die namensform Τυρόδιζαι zitiert wurde, die die quotenliste 3 (IV 30) für 452/1 hat. Aber wenn man mit der möglichkeit einer lücke rechnen muss, bleibt es ganz fraglich, in welchem zusammenhang K. den ort erwähnte. (4) In dem psephisma aus K., mit dem die lexikographen die behörde der ναυτοδίκαι belegen [69]), sehen Keil *l.l.* p. 217 n. 1, die herausgeber der *ATL* I p. 203 u.a. ohne weiteres einen teil des Perikleischen bürgerrechtsgesetzes vom j. 451/0 [70]) und gewinnen damit einen festen punkt für die verteilung des stoffes in der Συναγωγή, soweit man solche bei dem dürftigen bestand an fragmenten mit buchzahl überhaupt versuchen kann [71]). Die annahme ist bedenklich schon wegen des ausdrucks φρατρίζειν: die führung der bürgerliste gehörte seit Kleisthenes zur aufgabe der demen, nicht der phratrieen [72]). Es ist ferner nicht nachweisbar, und m.e. ist es unwahrscheinlich, dass das psephisma des Perikles mehr enthielt als was Aristoteles angibt: ἐπὶ ᾽Αντιδότου διὰ τὸ πλῆθος τῶν πολιτῶν Περικλέους εἰπόντος ἔγνωσαν μὴ μετέχειν τῆς πόλεως ὃς ἂν μὴ ἐξ ἀμφοῖν ἀστοῖν ᾖ γεγονώς [73]). Dazu kommt und ist m.e. entscheidend der verschiedene charakter der beiden psephismata: das psephisma des Perikles, das abstammung von bürgerlichen eltern beiderseits verlangt, schafft neues recht; das des K., dessen antragsteller wir nicht kennen, regelt das verfahren in fällen, die von jeher und immer strafbar waren, nämlich wenn ein ξένος, d.h. der sohn von zwei nichtbürgerlichen eltern, sich in eine phratrie eingeschlichen hatte [74]). Für die zeitbestimmung dieses psephisma kommen die folgenden gesichtspunkte in betracht: (1) die in ihm vorgeschriebene regelung des verfahrens ist jederzeit möglich. Wenn aber ein besonderes psephisma für fälle der erschleichung des bürgerrechtes auf dem umweg über die phratrieen gemacht wurde, so wird man auf eine zeit schliessen müssen, in der solche fälle in grösserer zahl festgestellt wurden. (2) Dafür dass γραφαὶ ξενίας nicht ursprünglich der gerichtsbarkeit der ναυτοδίκαι unterstanden, bürgt ihr name [75]); dafür dass sie einmal mit klagen gegen ἀμφοτέρωθεν ξένοι befasst worden sind, haben wir die zeugnisse der komiker: des Aristophanes in den Δαιταλῆς von 428/7 und des Kratinos in den Χείρωνες [76]), die zwischen 436 und 431 aufgeführt sind [77]). Sie geben zugleich die zeit; und es ist eine zeit, in der man leicht glaubt, dass versuche, das bürgerrecht (direkt oder auf dem umweg über die phratrie) zu erschleichen, häufiger wurden. Man überwies dann klagen gegen ἀμφοτέρωθεν ξένοι (die von den νόθοι nach Perikles' gesetz, den μητρόξενοι, scharf zu scheiden sind) den ναυτοδίκαι; nicht weil diese auch sonst viel mit fremden zu tun hatten, sondern eher weil sie bei dem saisonmässigen charakter ihrer tätigkeit [78]) nicht voll beschäftigt waren. (3) Mit dem so gewonnenen datum verträgt sich gut die buchzahl des fragments [79]): wenn das 3. buch eine veranlagung enthielt, die durch den Καρικὸς φόρος auf die zeit vor 438/7 verwiesen wird, so sind für das vierte die dreissiger jahre ein passender zeitraum. Wir werden in keinem fall die zahl ändern, aber auch F 4 nicht mehr verwenden können um die veranlagung im dritten buch auf 454/3 zu datieren.   (5) Dafür dass Caecilius ratsbeschluss und urteil aus K. genommen hat [80]) spricht die stellung des dokuments als anhang, ohne verbindung mit der *Vita*, die nur eine dunkle vorstellung von dem prozess hat [81]), aber am schluss die verteidigung Antiphons im katalog seiner berühmten reden aufführt [82]). Von den im ratsbeschluss erwähnten anklägern kennen wir Theramenes und Apolexis [83]). Mit dem antragsteller ist wohl der Andron identisch, der in einer anderen berühmten rede Antiphons vorkam, die *Vit.* X *or.* 833 D mit Πρὸς Δημοσθένην τὸν στρατηγὸν παρανόμων überschreiben, Harpokration mit ἡ πρὸς τὴν Δημοσθένους γραφὴν ἀπολογία [84]). Sie ist wahrscheinlich nicht in eigner sache gehalten, sondern vor 413 für einen parteigenossen geschrieben. Welche rolle Andron in diesem prozess spielte, sehen wir nicht.   (6—8) Über die zeit dieser tributliste s. p. 97, 21 ff. Die Ἀρταιοτειχῖται ἐπὶ τῶι Ῥύνδακι (*ATL* I p. 470) fehlen in den vollen quotenlisten von 443/2, 442/1, 435/4, 433/2 und erscheinen zuerst 428/7 [85]). In der tributliste von 425/4 (und 421) steht, wie bei K., der name des ortes [86]). Die bewohner von Ληψίμανδος (*ATL* I p. 513) heissen in den quotenlisten von 453/2-451/0 Λεψσιμάνιοι, von 448/7-447/6 Λεψσίμανδοι, von 443/2-440/39 Λεψσυανδεῖς; Λεψσιμανδῆς (wie bei K.) in den jahren 446/5-444/3. Danach ist zweifelhaft ob in der tributliste 425/4 (A 9 II 102) Λε]ψσιμαν[δἐς] oder [-δοι] zu ergänzen ist. Νύμφαιον steht weder in den quotenlisten noch in der tributliste von 425/4; aber das zitat aus K. lässt in verbindung mit Aischines 3, 171 [87]) keinen zweifel daran dass die stadt 410/9 zum attischen reich gehört hat [88]).   (9) Von den verschiedenen aitia, die Schol. Aristoph. *Lys.* 645 für das ἀρκτεύειν geben, schliesst das letzte mit δηλωθέντος δὲ τοῦ χρησμοῦ τοῖς Ἀθηναιοίς, ἐψηφίσαντο μὴ πρότερον συνοικίζεσθαι ἀνδρὶ παρθένον, εἰ μὴ ἀρκτεύσειεν τῆι θεῶι. Die aitia standen in den *Atthides* [89]), gewiss nicht bei K.; und auch psephismata aus der mythischen zeit hat er schwerlich gegeben [90]). Wir erschliessen aus seinem zitat eine staatliche regelung des kultes — analog der für Eleusis — im 5. jhdt [91]).   (10) Ein negatives zitat, das aber die bedeutung der Συναγωγή als nachschlagebuch zeigt. Der text rechtfertigt nicht gerade Meinekes [92]) schluss 'Craterum alios honores ab Atheniensibus Plataeensium civitati decretos memorasse'; er zeigt aber, dass der lexikograph, oder vielmehr seine quelle (Didymos?), zuerst historiker oder auch periegeten aufschlug, dann, als er bei ihnen nichts fand [93]), K., wo er im zweiten buch etwas über die Stoa Poikile erwarten konnte [94]). Es mag dahingestellt bleiben, ob für die errichtung der halle und ihre künstlerische ausschmückung volksbeschlüsse notwendig waren. Sie waren es, wenn Kimons schwager Peisianax nicht der bauherr, sondern nur der epistat war [95]). Auch dann bleibt zweifelhaft, wie weit der beschluss einzelvorschriften gab. Die behauptung des verfassers der rede gegen Neaira beruht jedenfalls nicht auf aktenmässiger kenntnis, sondern ist ein schluss aus der abweichenden kopfbedeckung eines teiles der kämpfer auf griechischer seite [96]); denn auch beischriften hatten die bilder nicht [97]). Da der redner ganz bestimmt spricht, ist das alte periegetenweisheit schon des 5. jhdts, wie andere einzelheiten, die man von den bildern erzählte und die letztlich nur auf zeitgenossen zurückgehen können [97a]). Ob der schluss richtig ist oder nicht, lässt sich kaum bestimmt entscheiden [97b]). Sicher ist allein durch Herodots bericht das faktum der teilnahme der Plataienser an der schlacht; ob sie aktenmässig irgend welchen niederschlag gefunden hat, wissen wir nicht: das grab der gefallenen Plataienser auf dem schlachtfelde [97c]) beweist an sich nichts, weil es der allgemeinen sitte entspricht [97d]); und da sie nicht mit den Athenern im gleichen grabe bestattet sind, erlaubt es nicht einmal den schluss auf ein psephisma über besondere ehren für diese gefallenen.   (11) Interessant als beleg, wie schwer und spät oft dokumentarische überlieferung sich gegen eine vulgate tradition durchsetzt. Der aus K. stammende name des anklägers Leobotes [98]) ist von Plutarch an falscher stelle eingeschoben [99]) in die darstellung einer biographie, die die urkunde nicht kannte, sondern nach kurzer erzählung der Pausaniasgeschichte im § 4 so fortfährt: οὕτω δὲ τοῦ Παυσανίου θανατωθέντος, ἐπιστολαί τινες ἀνευρεθεῖσαι . . . εἰς ὑποψίαν ἐνέβαλον τὸν Θεμιστοκλέα, καὶ κατεβόων μὲν αὐτοῦ Λακεδαιμόνιοι, κατηγόρουν δ' οἱ φθονοῦντες τῶν πολιτῶν. Die benutzte Vita gab als namen dieser gegner eine reihe, die Plutarch *Aristeid.* 25, 10 nicht vollständig ausschreibt: Ἀλκμαίωνος καὶ Κίμωνος καὶ πολλῶν ἄλλων ἐλαυνόντων καὶ κατηγορούντων, μόνος Ἀριστείδης οὔτ' ἔπραξεν οὔτ' εἶπέ τι φαῦλον, οὐδ' ἀπέλαυσεν ἐχθροῦ δυστυχοῦντος, ὥσπερ οὐδ' εὐημεροῦντι πρότερον ἐφθόνησε. Der preis des Aristeides führt auf Idomeneus, Plutarchs hauptquelle im *Aristeides* [100]). Ihm, nicht Plutarch, wird der irrtum Alkmeon für den sohn Leobotes zur last fallen [101]); und er wird Kimon genannt haben, den vermutlich schon Stesimbrotos eingeführt hatte [102]). In dem unvollständigen fragment des Idomeneus 338 F 1 fehlen die namen der ankläger; aber wir wissen dass er die urkunde nicht gegeben, also die Συναγωγή nicht nachgeschlagen hat [103]). Möglich also dass letztlich auf ihn (oder eher schon auf den von ihm benutzten Stesimbrotos) zurückgehen einige weitere namen des πολλοὶ ἄλλοι, die der 8. Themistoklesbrief an Leagros [104], Glaukons sohn, den 'ἡλικιώτης καὶ συνέφηβος' des Themistokles erhalten hat. Der rhetor, der ihn verfasst hat, kannte (wie Plutarch) auch die dokumentarische überlieferung, von der er geschickteren gebrauch machte: ἦ που — so beginnt der brief — Λεωβώτης ὁ Ἀγρυλεύς, ὦ Λέαγρε, καὶ Λύσανδρος ὁ Σκαμβωνίδης καὶ Προνάπης (?) ὁ Πρασιεὺς νῦν μὲν ἀσπάζονται τὸν Ἀθηναίων δῆμον κτλ. [105]). Ich will aber nicht bestreiten, dass diese namen, von denen Pronapes für das 5. jhdt mehrfach belegt ist [106]), in einer der diskutierenden noten K.'s [107]) gestanden haben können. (12) Wichtig weil es zeigt dass K. in seinen anmerkungen auch fragen diskutierte, für die er weder selbst urkunden besass noch bei einem älteren schriftsteller fand [108]). Trotzdem ist Plutarchs schlussbemerkung dass niemand ausser K. 'von einer solchen verurteilung' des Aristeides etwas wisse, nicht richtig: dunkle kunde, vermutlich aus einem pamphlet des 5. (?) jhdts, von einem prozess gegen ihn wegen unterschleif im amte (κλοπῆς) finden wir auch bei Idomeneus 338 F 7. Damit ist wohl zu verbinden dass Aristoteles Ἀθπ. 25 von anklagen gegen πολλοὶ τῶν Ἀρεοπαγιτῶν spricht, die Ephialtes erhob, ἀγῶνας ἐπιφέρων περὶ τῶν διωικημένων. Das war nach der unbrauchbaren chronologie seiner schlechten quelle vor 462/1, aber unter beihilfe des Themistokles, ὅς ἦν μὲν τῶν Ἀρεοπαγιτῶν, ἔμελλε δὲ κρίνεσθαι μηδισμοῦ. Dieser fehler ist von K. vermieden, der diese prozesse (denn es sind offenbar die gleichen gemeint wie bei Aristoteles) ausdrücklich μετὰ τὴν Θεμιστοκλέους φυγήν datiert [109]). Es ist weiter deutlich, dass K. den Aristeides für einen führer der γνώριμοι hielt; ob mit recht, ist hier gleichgiltig [110]). Aber schon damit wird die annahme einer blossen verwechselung mit Aristeides, Archippos' sohn, dem strategen von 425/4, die 'ein autor' K.s (denn K. selbst wagt man solchen chronologischen schnitzer doch nicht zuzutrauen) begangen haben soll[111]), unwahrscheinlich. Sie wird unglaublich dadurch dass K. wieder ausdrücklich von bestechung gelegentlich der ersten veranlagung der φόροι (478/7) spricht [112]); und seine quelle hat auch sonst genaue angaben über den ankläger, die höhe der strafe, und die folgen für Aristeides gemacht. Es ist ganz sicher, dass auch sie von dem 'gerechten' und dem 'armen' Aristeides handelte. Deshalb braucht die sache nicht wahr zu sein; sie kann (angesichts der verhältnismässig niedrigen strafe, die Aristeides doch nicht bezahlen kann) aus einem pamphlet stammen, das die undankbarkeit der Athener gegen ihre besten männer geisselte, also kaum aus der gleichen schrift, die Idomeneus kannte: man wird beachten, dass in der alternative des § 1 (die ja auch zeigt wie wenig zuverlässige überlieferung man selbst für die grundtatsachen von Aristeides' späterem leben besass) der tod in den Pontos verlegt wird, in der prozessgeschichte nach Ionien. Stesimbrotos als letzte quelle ist möglich, aber nicht zu beweisen, da aus ihm und aus Theopomp nichts über Aristeides erhalten ist. Aber wie viel und wie verschiedenartiges es gab, zeigt auch Aristoteles' Ἀθπ. 24.   (13) Für die realität des Kalliasfriedens und die tradition über ihn genügt es hier auf Wade-Gery Athen. Stud. Ferguson, 1940, p. 122 ff. zu verweisen [113]). Der gelegentlich geäusserte gedanke, dass K. eine fälschung mit bewusstsein aufgenommen hat oder die aus einem älteren schriftsteller übernommene urkunde nicht als fälschung erkannt hat, ist damit endgiltig erledigt [114]). Nicht sicher zu sagen ist ob K. in der von Theopomp begonnenen diskussion stellung genommen hat, obwohl man es bei dem Aristotelesschüler gern glaubt, weil der historiker der schule, Kallisthenes, sich von Theopomp hatte beeinflussen lassen; auch nicht ob er den 449/8 mit Artaxerxes abgeschlossenen vertrag gab oder die erneuerung im ersten jahre des Dareios 424/3, und ob er die stele abschrieb oder den im archiv aufbewahrten text. Wade-Gery p. 155 f., der sich für 449 entscheidet, vermutet ansprechend dass F 18 ein stück aus diesem vertrag ist, und (wegen des ionischen πλέειν) dass ein zweites Kimon 13, 4 erhalten ist. Wenn er es selbst unwahrscheinlich (wenn auch nicht ganz unmöglich) findet, dass man damals in Athen eine stele 'in Ionic script' (und vor allem doch in ionischem dialekt) aufgestellt hat, so ist das m.e. ein argument mehr dafür dass der vertrag im j. 449 überhaupt nicht 'publiziert' ist; im j. 424/3 brauchte man nicht ängstlich zu sein. Garkeine schwierigkeit macht auch die annahme, dass ein vertrag mit Persien, der ja nicht nur Athen anging, ionisch abgefasst war [115]); und dann hat K. naturgemäss diesen text gegeben, ganz gleich ob er ihn im archiv fand oder von der etwa später — sagen wir 375/4 — erneuerten stele [116]) abschrieb, gegen die Theopomp seine kritik gerichtet hatte.   (14) Demosth. 9, 41 γράμματα τῶν προγόνων τῶν ὑμετέρων, ἀκεῖνοι κατέθεντ' εἰς στήλην χαλκῆν γράψαντες εἰς ἀκρόπολιν . . . . (42) τί οὖν λέγει τὰ γράμματα; <<"Ἄρθμιος>> φησί <<ὁ Πυθώνακτος Ζελείτης ἄτιμος καὶ πολέμιος τοῦ δήμου τοῦ Ἀθηναίων καὶ τῶν συμμάχων αὐτὸς καὶ γένος>>· εἶθ' ἡ αἰτία γέγραπται δι' ἥν ταῦτ' ἐγένετο <<ὅτι τὸν χρυσὸν τὸν ἐκ Μήδων εἰς Πελοπόννησον ἤγαγεν>>. ταῦτ' ἐστὶ τὰ γράμματα [116a]). Aischin. 3, 258 οἱ μὲν πατέρες ὑμῶν Ἄρθμιον τὸν Ζελείτην κομίσαντα εἰς τὴν Ἑλλάδα τὸ ἐκ Μήδων χρυσίον, ἐπιδημήσαντα εἰς τὴν πόλιν, πρόξενον ὄντα τοῦ δήμου τοῦ Ἀθηναίων, παρ' οὐδὲν μὲν ἦλθον ἀποκτεῖναι, ἐξεκήρυξαν δ' ἐκ τῆς πόλεως καὶ ἐξ ἁπάσης ἧς ἄρχουσιν Ἀθηναῖοι [116b]). Deinarch. 2, 24 καλῶς οἱ πρόγονοι περὶ τούτων ψηφισάμενοι στήλην εἰς ἀκρόπολιν ἀνήνεγκαν,

ὅτε φασὶν Ἄρθμιον τὸν Πυθώνακτος τὸν Ζελείτην κομίσαι τὸ χρυσίον ⟨τὸ⟩ ἐκ Μήδων ἐπὶ διαφθορᾶι τῶν Ἑλλήνων· πρὶν γὰρ λαβεῖν τινας καὶ δοῦναι τοῦ τρόπου πεῖραν, φυγὴν τοῦ κομίσαντος τὸ χρυσίον καταγνόντες ἐξήλασαν αὐτὸν ἐξ ἁπάσης τῆς χώρας. . . . (25) καὶ μόνωι τούτωι προσέγραψαν τὴν αἰτίαν,
5 δι' ἣν ὁ δῆμος ἐξέβαλεν αὐτὸν ἐκ τῆς πόλεως, γράψαντες διαρρήδην Ἄρθμιον τὸν Πυθώνακτος τὸν Ζελείτην πολέμιον εἶναι τοῦ δήμου καὶ τῶν συμμάχων, αὐτὸν καὶ γένος, καὶ φεύγειν Ἀθήνας, ὅτι τὸν ἐκ Μήδων χρυσὸν ἤγαγεν εἰς Πελοπόννησον. καίτοι εἰ τὸν ἐν Πελοποννήσωι χρυσὸν ὁ δῆμος πολλῶν κακῶν αἴτιον ἡγεῖτο τοῖς Ἕλλησιν εἶναι, πῶς χρὴ ῥαιθύμως ἔχειν ὁρῶντας ἐν αὐτῆι
10 τῆι πόλει δωροδοκίαν γιγνομένην; καί μοι σκοπεῖτε ταύτην τὴν στήλην [117]). Plutarch. Them. 6 ἤδη δὲ τοῦ Μήδου καταβαίνοντος ἐπὶ τὴν Ἑλλάδα καὶ τῶν Ἀθηναίων βουλευομένων περὶ στρατηγοῦ (geschichte des Epikydes). ἐπαινεῖται δ' αὐτοῦ καὶ τὸ περὶ τὸν δίγλωσσον ἔργον ἐν τοῖς πεμφθεῖσιν ὑπὸ βασιλέως ἐπὶ γῆς καὶ ὕδατος αἴτησιν (den Themistokles διὰ ψηφίσματος ἀπέκτεινεν).
15 ἔτι δὲ καὶ τὸ περὶ Ἄρθμιον τὸν Ζελείτην· Θεμιστοκλέους γὰρ εἰπόντος καὶ τοῦτον εἰς τοὺς ἀτίμους καὶ παῖδας αὐτοῦ καὶ γένος ἐνέγραψαν, ὅτι τὸν ἐκ Μήδων χρυσὸν εἰς τοὺς Ἕλληνας ἐκόμισε [118]). Aristeides nahm den wortlaut des psephisma aus Demosthenes und den antragsteller aus Plutarch. Keiner der redner, die den fall des Arthmios nur als rhetorischen gemein-
20 platz verwenden [119]), nennt den antragsteller; und sie bestimmen die zeit ganz allgemein mit πρόγονοι oder πατέρες. Alle näheren umstände sind ihnen unbekannt, oder sie interessieren sich nicht dafür. Die differenz zwischen den beiden stellen des Demosthenes, wonach Arthmios das gold bald εἰς τὸν Πελοπόννησον bald εἰς τοὺς Ἕλληνας bringt (woraus bei
25 Aischines und Deinarch anwesenheit in Athen geworden ist) führt fast mit naturnotwendigkeit zur datierung auf den Xerxeskrieg; und dann kamen als antragsteller nur Aristeides oder Themistokles in frage. Es ist vermutlich reiner zufall, dass man sich für den letzteren entschied [120]). Die urkundliche angabe, dass der antrag von Kimon gestellt ist, schliesst
30 nicht nur jedes datum zwischen 461 und 451 und damit die heutige vulgata aus, die die geschichte in die 50er jahre verlegt [121]), sondern auch die gleichsetzung von Arthmios' sendung mit der des Megabazos, den der könig nach den ersten erfolgen der Athener in Ägypten nach Sparta schickt, um die Lakedaimonier zu einem einfall in Attika zu bewegen [122]);
35 denn das ägyptische unternehmen beginnt erst 459 und endet 454 [123]). Die spätdatierung des antrags auf 451 oder 450 [124]) ist nicht strikt zu widerlegen: man könnte es sogar glaublich finden, dass die mit dem ablauf von Kimons verbannung zu erwartende wiederaufnahme der athenischen offensive gegen Persien den könig zu einem neuen versuch
40 veranlasste, die verhandlung zwischen Athen und Sparta über einen

frieden oder wenigstens waffenstillstand zu stören [125]); aber die zeit, die Kimon in Athen war, reicht kaum aus für bekanntwerden dieser verhandlungen am königshof, sendung des Arthmios nach Sparta, und prozess gegen ihn. Viel wahrscheinlicher ist der ansatz in den 60er jahren und die zeit von Kimons eigentlicher 'staatsleitung' (wenn man diesen ausdruck brauchen darf), zwischen der schlacht am Eurymedon 469 (?) und dem ostrakismos Kimons 461 [126]), und dann wohl näher dem ersten termin. Ein zusammenhang mit der ächtung des Themistokles, der Kimons anklage gegen Themistokles' freund Epikrates wahrscheinlich sehr bald folgte [127]), erscheint nicht unmöglich [128]). Dann könnte man glauben, dass Arthmios nach Argos ging, das immer gute beziehungen zu Persien unterhielt und das standquartier des Themistokles war. Es ist mir persönlich nicht zweifelhaft, dass dessen politik sogleich nach dem Xerxeskrieg auf eine verständigung mit Persien ging, wie sie 449 Perikles vollzog, nachdem das ägyptische unternehmen und die neue offensive Kimons gelehrt hatten, dass Athen nicht gleichzeitig gegen Persien und Sparta kämpfen konnte. Zur zeit der sendung des Megabazos war die politische lage noch eine völlig andere: Perikles war noch nicht der alleinige leiter der politik und hatte vielleicht selbst noch nicht die überzeugung gewonnen dass Themistokles' politik die allein mögliche für Athen war.   (15) Über das psephisma des Kannonos: Lipsius *A.R.* I, 1905, p. 43; 380; III, 1915, p. 912 n. 43; Bonner-Smith *Adm. of Justice* I p. 207 f.; Kahrstedt *Studien* I, 1934, p. 156. Nach Xenoph. *Hell.* 1, 7, 20 ist es 406 in kraft; aber Lipsius p. 43 datiert es 'nach der altertümlichkeit von inhalt wie ausdruck' auf 'schwerlich jünger als 450'. Es kann wesentlich älter sein; aber vielleicht war die zeitbemessung πρὸς κλέψυδραν, für die K. zitiert wird, ein späterer zusatz zu dem alten gesetz.   (16) Der scholiast hatte kein festes datum. M.e. wurde die erste anklage ἀσεβείας, bei der Diagoras *in absentia* zum tode verurteilt ist, kurz vor dem ausbruch des Peloponnesischen krieges erhoben; der ächtungsbeschluss ist dann 415/4 [129]) erneuert, zweifellos im zusammenhang mit dem Hermokopidenprozess und der anklage gegen Alkibiades und genossen wegen mysterienfrevels. Die untersuchung der tradition würde hier zu weit führen [130]). Die frage, ob K. die urkunde aus dem spezialbuch des Melanthios genommen hat, ist nicht sicher zu entscheiden [131]).   (17) Die *Lysistrate* ist an den Lenaeen 411 aufgeführt; die von Didymos angenommene beziehung des verses gerade auf Phrynichos, der zu den strategen von 412/1 gehörte, ist zweifelhaft. Phrynichos wurde im (spät)sommer 411 ermordet und das verfahren προδοσίας auf antrag des Kritias gegen den toten eingeleitet [132]): K. hat psephisma und urteil im wortlaut gegeben wie im falle des Antiphon [133]). Das doppelzitat bedeutet nicht, dass K. über den Aristophanesvers gehandelt hat, sondern dass sich Didymos für seine deutung auf die von K. mitgeteilten urkunden berufen hat [134]).   (18) S. zu F 13. Zu πόλις im sinne von 'land' s. Wade-Gery Athen. Studies Ferguson, 1940, p. 155 f.; vgl. auch Cl. Q. 36, 1942, p. 69 n. 2.   (19—20) ATL I p. 204 leiten beide zuweisungen aus der überschrift Καρικὸς φόρος ab und suchen die orte in der tributliste von 454/3 (richtiger 446/5 oder 443/2) [135]). Das ist zweifelhaft, weil Stephanos' quellen karische stadtnamen auch in Καρικά und Periegesen fanden und zunächst vermutlich aus solchen nahmen. In Χάλκεια sieht man gewöhnlich einen ort auf der kleinen insel Χάλκη westlich von Rhodos [136]). Χαλκητόριον (ATL I p. 561) und Apollodors Charidemos sind unbekannt; aber Strab. 14, 1, 8; 2, 22 kennt Χαλκήτορες (und ein städtchen Χαλκήτωρ?) in Karien, und die quotenlisten führen Χαλκητορεῖς von 451/0-440/39 auf; auch in der tributliste von 425/4 (A 9) sind sie sicher ergänzt.   (21) Wenn Duris — sei es in den Σαμιακά oder den Μακεδονικά ('Ιστορίαι) [137] — und K. von dem gleichen vorgang sprachen, wie wahrscheinlich ist, so hat der erstere weiter ausgegriffen und geschichten aus früherer zeit erzählt, die bewiesen dass die Athener von jeher 'schlechte nachbarn' waren [138]): denn etwas anderes kann πάροικος in dem sprichwort nicht heissen [139]). Wenn K. das sprichwort erwähnt hat, so kann das nur in einer anmerkung geschehen sein [140]). Dass er es getan hat, ist möglich, aber keineswegs sicher [141]). In jedem fall muss man beachten (1) dass Duris die entstehung des sprichwortes in die attische urzeit datiert hat; (2) dass πάροικος und παροικεῖν (das letztere nach der besseren überlieferung bei Ps. Plutarch von Duris verwendet) keine termini des attischen staatsrechts sind [142]); (3) dass K. das wort παροικεῖν nicht braucht, das allein das sprichwort wirklich erklärt, sondern κατοικεῖν, ein für attische kolonisierung übliches wort; (4) dass er die kolonisten ἔποικοι nennt, nicht ἄποικοι oder κληροῦχοι [143]), wie die 365/4-352/1 nach Samos gesandten kolonisten in unseren atthidographischen und sonstigen quellen durchweg heissen [144]); (5) vielleicht auch, dass er nicht den für 365/4 ff. zutreffenden ausdruck ἐκβαλεῖν braucht, sondern das harmlosere und nicht offizielle ἐξωθεῖν. Ich lasse dahingestellt, ob diese dinge in ihrer gesamtheit gegen die annahme sprechen, dass K. das sprichwort erwähnt hat. Sicher scheint mir, dass mit ihnen das einzige argument für die gewöhnliche beziehung von fragment und sprichwort auf die vorgänge im 4. jhdt [145]), die 'vertreibung' der Samier von ihrer insel, sehr unsicher wird. Und doch hat man das recht für diese beziehung ein zwingendes argument zu verlangen angesichts der tatsache dass alle sicheren fragmente K.s auf das 5. jhdt gehen [146]). Nun hat schon Keil darauf hingewiesen, dass 'der den samischen aufstand beendigende friede von 439 Athen landbesitz auf Samos gebracht hat'. Die inschriftlichen belege lassen an dieser tatsache keinen zweifel. Es ist unnötig, sie hier aufzuzählen oder näher auf die staatsrechtliche stellung von Samos in den jahren zwischen 439 und 412 — in dem die insel ihre autonomie zurückerhielt [147]) — einzugehen [148]). Über den samischen aufstand von 441-439 hat nicht nur Duris ausführlich gehandelt [149]); für die Atthiden ist das gleiche selbstverständlich [150]), da schon Thukydides in der skizze der Pentekontaetie einen ungewöhnlich eingehenden bericht gegeben hat [151]). Die landabtretungen erwähnt er unter den kapitulationsbedingungen nicht, und es ist fraglich ob in dem 439/8 beschworenen vertrag [152]) etwas über sie stand. Aber beschlüsse des volkes müssen damals ebenso gefasst sein wie nach der niederschlagung der aufstände von Euboia 446/5, wo wir einiges inschriftlich haben [153]), und Lesbos 427 [154]). Diese beschlüsse hat K. mitgeteilt und auf sie hat sich Zenobios' autor berufen. Ob also K. selbst das sprichwort erwähnt hat oder nicht, die bei weitem überwiegende wahrscheinlichkeit ist, dass F 21 in 439/8 oder eines der folgenden jahre, und damit in das (3. oder) 4. buch der Συναγωγή gehört.

343. NIKANDROS VON THYATEIRA

Eine liste der kleisthenischen demen, in der die namen (meist durch ableitung von einem eponymen) erklärt wurden, gab Philochoros im 3. buche seiner *Atthis* [1]). Das erste sonderbuch über sie schrieb der Perieget Diodoros [2]). Über seinen inhalt lehren die verhältnismässig reichlichen zitate wenig; aber es war das hauptbuch für die rednererklärung in den Lexiken Harpokrations und anderer; vielleicht auch für die bücher Περὶ πόλεων, wenn Stephanos von Byzanz wenigstens einen teil seiner namen aus ihnen nahm. Da auch Diodoros nur die verteilung auf die zehn kleisthenischen phylen gab, zog Harpokrations vorlage das spezialbuch des N. heran. Die zwei zitate lehren leider nur, dass er die veränderungen berichtet hatte, die die einrichtung der Ptolemais nach sich zog; nicht ob er das gleiche für die beiden älteren makedonischen phylen und die Attalis tat [3]). Da wir N.s zeit nicht kennen, bleibt also zweifelhaft ob er als perieget den zustand nur seiner zeit schilderte oder eine erweiterte neuauflage von Diodors buch machte, das er doch nicht aus dem allgemeinen gebrauch verdrängte: denn für die erklärung von komoedie und rednern war der zustand im 5. und 4. jhdt wichtiger als der des dritten und zweiten. Jedenfalls aber gehört auch das neue buch, obwohl N. grammatiker heisst [4]) und war, mehr zur historisch-periegetischen als zur (rhetorisch-)sprachlichen literatur. Das zeigt der vergleich mit Dionysios ὁ Τρύφωνος aus dem anfang des 1. jhdts n. Chr. [5]), den sowohl Harpokration wie Stephanos zitieren [6]): er hat die demen nicht für sich, sondern in den Ὀνόματα behandelt. Phrynichos, den wir bei Harpokration nicht erwarten, berücksichtigte wie dieser die sachliche wie die sprachliche seite; und vielleicht deshalb haben Stephanos' autoren nur aus ihm exzerpiert [7]), nicht auch aus N., der (wie es scheint) von Phrynichos ebenso wie von Harpokration zur ergänzung Diodors herangezogen ist [8]). Ganz sicher ist der schluss nicht, weil Stephanos auch artikel über neu eingeordnete phylen ohne angabe eines autors hat [9]). Weder von Harpokration noch von Stephanos wird für die demen Polemons Ἀναγραφὴ τῶν ἐπωνύμων τῶν δήμων καὶ φυλῶν zitiert [10]). Es ist zweifelhaft ob sie ein sonderbuch war, wie es zweifelhaft (wenngleich nicht unwahrscheinlich) ist ob Didymos alles frühere (abgesehen von Dionysios?) in einem buch Περὶ δήμων zusammengefasst [11]) und den scholiasten und lexikographen vermittelt hat. Über den inhaltlichen unterschied der bücher Περὶ δήμων und der Ὁρισμοὶ τῆς πόλεως s. zu no. 375.

Für N.s zeit ergibt sich aus F 1 nur dass er frühestens im letzten viertel des 3. jhdts [12]) geschrieben hat. Ich glaube nicht, dass man sehr viel weiter herunterzugehen braucht [13]): denn das zitat des Demetrios von Skepsis (1. hälfte des 2. jhdts) stammt jedenfalls nicht aus ihm. Aber F 5 gibt keinen sicheren *terminus ante*: zwar bezieht sich προστιθείς eher auf Didymos als auf N.; aber es ist zweifelhaft, ob N.s name aus Didymos stammt oder zusatz der lexikographen (aus anderer quelle oder eigener kenntnis) ist. Auch F 8 (aus Pamphilos?) hilft nicht weiter: es ist zweifelhaft ob N. den Herakleon oder Herakleon den N. oder überhaupt einer den anderen zitiert hat; es ist also ziemlich gleichgiltig, dass wir auch Herakleons zeit nicht genau bestimmen können [14]).

(1—2) Über die änderungen in der zugehörigkeit der demen s. jetzt Pritchett *The Five Attic Tribes after Cleisthenes*, Baltimore 1943. Zweifelhaft ob die vermutung über den eponymen F 2 erst oder überhaupt N. gehört.   (3—20) Die fragmente aus dem umfangreichen und offenbar angesehenen werk sind, wie bei Krates no. 362, nur der vollständigkeit wegen hinzugefügt und nicht kommentiert. Zweifel über die verteilung auf den Thyateirener und den berühmten Nikandros von Kolophon, dessen Γλῶσσαι sich nicht auf Athen beschränkten, sind selten, da die zitate meist entweder das distinktiv oder den buchtitel geben. Wo das nicht der fall ist, entscheidet gewöhnlich der inhalt [15]).

344. DRAKON   345. MELITON

Über einzelne geschlechter — d.h. abgesehen von gelegentlichen stammbäumen oder bemerkungen über die abkunft einer persönlichkeit innerhalb der historischen erzählung, die sich von Pherekydes an finden [1]), wohl hauptsächlich über ihre kultischen rechte und pflichten — fand man detaillierte angaben in den Atthiden [2]), bei den Periegeten [3]), in kultschriften [4]) und werken wie Apollodoros Περὶ θεῶν [5]). Die älteren erklärer der texte werden hauptsächlich diese literatur eingesehen haben; den lexikographen wurde die arbeit durch spezialwerke Περὶ γενῶν erleichtert, deren entstehung man mit der in späthellenistischer zeit immer stärker werdenden restaurationsbewegung in zusammenhang bringen wird: es ist einerseits zu beachten, dass keiner der Atthidographen oder älteren Periegeten ein buch Περὶ γενῶν schreibt; andrerseits dass z.b. die in den 30er jahren des 2. jhdts v. Chr. einsetzenden Pythaisteninschriften [6]) sehr klar die bedeutung der noch überlebenden geschlechter in der staatlichen kultübung zeigen. Aus den zwei spezialwerken [6a]), von denen eines (das spätere?) mehrere bücher umfasste, besitzen wir nur zwei zitate bei Harpokration. Dass die unverkürzten Lexika viel mehr boten, zeigen die zahlreichen, jetzt aber meist wenig ausgiebigen glossen z.b. bei Hesych [7]). Sie können aus raumgründen hier nicht abgedruckt werden, und der blosse abdruck ohne ziemlich ausführlichen kommentar hätte auch wenig sinn. Die sammlung und behandlung der gesamten tradition in Joh. Toepffer's *Attischer Genealogie* (1889) bedarf, nicht nur wegen der starken vermehrung des inschriftlichen materials, einer neubearbeitung, die sich auch stärker mit der geschichte des attischen adels überhaupt, dem ursprung und der organisation der γένη, ihrem verhältnis zu den phratrieen, und ähnlichen allgemeinen fragen befassen müsste.

Drakon ist (wie Drakontides) ein guter athenischer adelsname [8]). Nikitsky [9]) hat den schriftsteller gewiss richtig in die 'von alters her berühmte, dem redner Lykurg verwandte Habron-Kallias-familie' (das ist nach den Pythaisteninschriften das geschlecht der Εὐπατρίδαι) verwiesen, zu dem auch der exeget Habron aus dem demos Bate gehörte, der Περὶ ἑορτῶν καὶ θυσιῶν geschrieben hat [10]). Er gibt als (sehr verlockende) möglichkeit die identität mit dem aus attischen und delischen inschriften bekannten Δράκων Ὀφέλου Βατῆθεν, der im archontat des Dionysios (135/4 v. Chr.) epimelet von Delos war [11]). Damit entfällt C. Muellers gleichung mit dem grammatiker Drakon von Stratonikeia, der etwa der gleichen zeit angehört [12]); und auch andere uns bekannte schriftsteller des gleichen namens [13]) kommen nicht in frage. Meliton ist zeitlich nicht weiter als durch die benutzung bei Harpokration zu bestimmen; aber er könnte in Hadrianische zeit gehören, in die ein umfangreicheres buch Περὶ γενῶν gut passt. Der name kommt in Athen auch sonst vor, so in der Pythaisteninschrift von 106/5 v. Chr., die aber keine nähere bestimmung des schriftstellers erlaubt [14]).

(**344 F 1**) Schol. Aischin. 2, 147 εἶναι δ' ἐκ φρατρίας τὸ γένος (*scil.* des Aischines), ἣ τῶν αὐτῶν βωμῶν 'Ετεοβουτάδαις μετέχει, ὅθεν ἡ τῆς Ἀθηνᾶς τῆς Πολιάδος ἐστὶν ἱέρεια. εἶχε δὲ τὰ γένη ἰδίους βωμοὺς ἐν ταῖς οἰκίαις ἑαυτῶν . . . . Βούτης ἀπ' Ἐρεχθέως τὸ γένος ἔχει, καὶ ἀπ' αὐτοῦ καλεῖταί τι Ἀθήνησι γένος 'Ετεοβουτάδαι, οἱ τῶι ὄντι ἀπὸ τοῦ Βούτου· οὗτοι προΐστανται τοῦ ἱεροῦ τῆς ἐν ἀκροπόλει Ἀθηνᾶς τῆς Πολιάδος. Et. M. (Gen.) p. 386, 3 'Ετεοβουτάδαι· γένος τι ἐπίσημον καὶ περιφανὲς τοῖς Ἀθηναίοις, οἱ ἀληθῶς ἀπὸ τῆς τοῦ Βούτου * * γεγονότες· τὸ γὰρ ἐτεὸν τὸ ἀληθὲς δηλοῖ. ἐκ δὲ τούτου καθίστανται ἱέρειαι τῆς Πολιάδος [15]). *Lex. rhet.* p. 257, 4 Bkr 'Ετεοβουτάδης· γένος Ἀθήνησι καθαρὸν Ἀττικόν· ⟨ἐτεὸν⟩ τὸ γνήσιον. Suda s.v. 'Ετεοβουτάδαι· γένος Ἀθηναίοις πολὺ λαμπρόν, ἀπὸ Βούτου· ἀφ' οὗ οἱ ἱερεῖς καθίσταντο Ἀθήνησιν. S. Toepffer *op. cit.* p. 113 ff.

(**345 F 1**) *Lex. rhet.* p. 270, 8 Bkr (Phot. *Lex.* s.v.) κάθετον· βοῦν τινὰ καθιεμένον εἰς τὴν θάλατταν τῶι Ποσειδῶνι θυσίαν. Derartige opfer von verschiedenen tieren [16]) werden verschiedenen göttern des meeres dargebracht. Lamm und stier sind schwer zu verwechseln; es wird sich also wohl um verschiedene zeremonieen handeln, die wir nicht näher bestimmen und keinem bestimmten geschlecht zuweisen können [17]).

346. THEODOROS Ο ΠΑΝΑΓΗΣ

Der verfasser der sonderschrift, die in mindestens zwei büchern vermutlich die geschlechtssagen, geschichte und sozusagen die πάτρια Κηρύκων enthielt [1]) wird durch den amtsnamen selbst als Keryke erwiesen [2]). Allgemeine erwägungen [3]) und der parallele fall des Krates [4]) machen wahrscheinlich, dass ihm auch die Ἀττικαὶ φωναί — dies wohl der richtige titel [5]) — gehören. Ihre anführung durch Pamphilos (F 3a) gibt als *t. ante* die mitte des 1. jhdts n. Chr. Wenn er die grammatischen schriften Apollodors kannte, wofür F 2 keine sehr sichere grundlage ist, mag man als *t. post* ca. 100 v. Chr. ansetzen: dann war Th. etwa zeitgenosse des Krates und mag zunächst geschrieben haben weil ihm die behandlung seines geschlechtes in dem gesamtwerk Drakons nicht genügte. Sein fehlen in der homonymenliste Diog. Laert. 2, 103 f. ist ein schwaches argument für ansatz in der zweiten hälfte des 1. jhdts v. Chr.; und das zeitverhältnis zu Didymos ist aus F 1 nicht zu bestimmen [6]). Auch lässt sich der Παναγής mit keinem der zahlreichen anderen träger des namens in Athen identifizieren.

(1) Hesych. s.v. ἡμεροκαλλές· τῶν σπορίμων ἄνθος, ἢ στεφάνωμα· οἱ δὲ ἐρίου βάμμα φοινικοῦν· οἱ δὲ ἄνθος πρὸς μίαν ἡμέραν ἀκμάζον· οἱ δὲ τὴν νάρκισσον βοτάνην. Die lexika, die Didymos (in der Κωμικὴ λέξις?) benutzte, erklärten die reihe der ἄνθεμα in Kratinos' Μαλθακοί (I 43, 98 K). Th. hat gewiss nicht geleugnet, dass es eine blume dieses namens [7]) gab, sondern die bedeutung erklärt, die das wort in der kultsprache der Keryken hatte und die Didymos vielleicht übersehen hatte; den gegensatz hat erst der grammatiker hineingebracht, der Didymos und Th. zitierte. Es fehlt im exzerpt die verwendung in kult, wie sie z.b. der erklärer des ὄρθαπτον gab, das bei Deinarchos in der Διαδικασία τῆς ἱερείας τῆς Δήμητρος πρὸς τὸν ἱεροφάντην vorkam: ἔστι δ' ἐξ ἐρίου πίλημα φοινικοῦν, ὧι φαιδρύνουσι τὰ ἕδη τῶν θεῶν [8]).

347—351. SCHRIFTSTELLER ΠΕΡΙ ΤΩΝ ΑΘΗΝΗΣΙΝ ΕΤΑΙΡΙΔΩΝ

Diese schriften gehören in das grenzgebiet zwischen Philologie und Geschichte wie die historisch wichtigeren Κωμωιδούμενοι [1]), von denen sie prinzipiell nicht verschieden sind und die eigentlich auch hier aufgenommen werden müssten: Ammonios schrieb sowohl Κωμωιδούμενοι wie Περὶ ἑταιρῶν, und bei Herodikos ἐν ἕκτωι Κωμωιδουμένων [2]) war von den hetaeren Sinope und Phryne die rede. Die hetaeren sind eine sondergruppe der κωμωιδούμενοι, die in der alten komoedie verhältnissmässig selten, in der mittleren und bei den rednern umso häufiger vorkommen. Beide εἴδη handeln von personen, die nicht gebürtige Athener zu sein brauchen (die eigentlichen κωμωιδούμενοι sind es meist, die hetaeren vielfach nicht), aber ganz oder zeitweise in Athen gelebt haben. An dieser beschränkung auf die 'athenischen hetaeren' lassen 347 T 1-2 keinen zweifel [3]); sie machen ferner wahrscheinlich, dass der volle titel aller dieser sonderschriften — die (soweit wir sehen) den umfang eines buches nicht überschritten — Περὶ τῶν Ἀθήνησιν ἑταιρίδων war, obwohl er in den zitaten meist zu Περὶ ἑταιρῶν verkürzt ist [4]). Dagegen beschränkte sich die behandlung der einzelnen personen nicht auf ihr leben in Athen, sondern trug alles zusammen, was man in komoedien, bei rednern, historikern, biographen, und in der reichen anekdotenliteratur des 3. (und schon des 4.) jhdts [4a]) über sie fand. Die verfasser der bücher sind fast alle bekannte, z.t. berühmte grammatiker, die das antiquarische material für die interpretation der texte brauchten. Ob ihre aufzählung 347 T 1 chronologisch [5]) oder (was in solchen katalogen das gewöhnliche ist [6])) alphabetisch sein soll, ist auch aus 347 T 2 nicht zu entscheiden, da beide kataloge unvollständig sind: in dem ersten fehlt Kallistratos [7]), der zeitlich zwischen Aristophanes und Apollodor, alphabetisch an das ende der liste gehört hätte; in der zweiten gibt Athenaios (wir sehen nicht weshalb) die zahlen nur von dreien der sechs uns bekannten autoren.

Es wäre zwecklos, die paar zufällig in den namentlichen zitaten vorkommenden damen zu kommentieren [8]). Auch eine quellenuntersuchung von Athen. XIII, die an sich nicht ohne interesse wäre, würde keine sichere vermehrung des inhalts der einzelnen bücher ergeben. Über die autoren genügen, da sie nicht historiker sind, ein paar kurze bemerkungen. Ich habe darauf verzichtet aus ARISTOPHANES' Λέξεις oder Γλῶσσαι, die auch einen abschnitt 'Ἀττικαὶ λέξεις enthielten [9]), die auf Athen bezüglichen glossen zusammenzustellen, und habe Περὶ παροιμιῶν, aus dem ziemlich viel erhalten ist, lieber in dem entsprechenden kapitel von Teil IV eingeordnet. Dass KALLISTRATOS [10]) der schüler des Aristophanes ist, nicht der historiker Domitius Kallistratos aus dem 1. jhdt v. Chr. [11]), beweisen die buchtitel. Dass das Hetaerenbuch 'eine art von neuauflage' von Aristophanes' schrift ist [12]), ist möglich, gilt aber im grunde für alle diese bücher, die sich daneben gegenseitig korrigieren. So versteht man auch, dass sie sich — vielleicht abgesehen von Gorgias — in einen verhältnismässig kurzen zeitraum zusammendrängen. Gudeman hat den zusammenhang mit der interpretation der komoedie nicht genügend beachtet; und auch sein weiterer schluss, dass K. die zahl der hetaeren nicht vermehrt, sondern 'nur hie und da interessante zusätze gemacht hat', ist mit 347 T 2 nicht zu begründen. Σύμμικτα ist ein echt grammatischer titel; die bekannten bücher werden in Teil IV zusammengestellt [13]). ANTIPHANES heisst bei Harpokration, der wahrscheinlich die gleiche quelle wie Athenaios benutzt hat [14]), ὁ νεώτερος; die beziehung des distinktivs ist zweifelhaft [15]), geht aber sicher nicht auf einen der bühnendichter dieses namens [16]). In den beiden verwirrten artikeln der Suda heisst der erste Antiphanes Athener, und νεώτερος τοῦ Παναιτίου; der zweite soll aus Kios sein, nach anderen aus Smyrna, κατὰ δὲ Διονύσιον (das ist der Halikarnassier, ὁ μουσικός, Hadrianischer zeit) Ῥόδιος. Wenigstens diese beiden angaben möchte man zusammennehmen: es sind, wie nicht selten in der Suda, eine reihe von homonymen autoren zusammengeflossen. A. Wilhelms änderung in υἱὸς Παναιτίου scheint mir wenig glaublich; vielleicht ist νεώτερος, ⟨μαθητής〉 Παναιτίου zu ergänzen. Dann war A. jüngerer zeitgenosse Apollodors und mag seinen lehrer nach Athen begleitet haben, wo dieser in philosopnischen kreisen verkehrt hat [17]). Er wird mehr geschrieben haben; aber davon wissen wir nichts. Die gleichung des AMMONIOS mit dem A. Λαμπτρεύς, der Περὶ βωμῶν καὶ θυσιῶν geschrieben hat [18]), ist nicht strikt zu widerlegen, aber nicht wahrscheinlich, da die titel auf einen berufsmässigen grammatiker führen; und dann denkt man am ehesten an den Aristarcheer, dessen zeit auch das neue zeugnis T 1c nicht genau festlegt. Sicher nur, dass Didymos ihn benutzt hat [19]). Den titel Κωμωιδούμενοι hat man aus F 2 erschlossen, und tatsächlich können F 1-4 nicht wohl aus einem anderen werk stammen. Für GORGIAS ergibt 347 T 2 nur dass er frühestens jüngerer zeitgenosse Apollodors war. Gegen die gleichung mit dem technographen und redelehrer, der im j. 44 v. Chr. den jungen M. Cicero in Athen unterrichtete [20]), hat man seit Ruhnken das begründete bedenken erhoben, dass 'diese art von schriften durchaus in das gebiet der grammatiker und nicht im mindesten in das der rhetoren einschlägt' [21]). Will man überhaupt gleichen, so liegt der gedanke an den sonst unbekannten 'sophisten' G. des Pollux [22]) näher: neben einem Ὀνομαστικόν steht eine sonderschrift Περὶ ἑταιρῶν so gut wie Περὶ δήμων neben Ἐξηγητικὰ τῆς Ἀττικῆς διαλέκτου oder Ἀττικὰ ὀνόματα [23]). Dann ist möglich dass er erst etwa in Hadrianische zeit gehört, und F 1 (347 T 1-2) — ganz am ende des abschnittes über die hetaeren — könnte sehr wohl zusatz des Athenaios aus eigener kenntnis sein. Nur darf man nicht daraufhin in G. die quelle für den ganzen abschnitt sehen.

352—356. LITERATUR DER EXEGETEN

Für diese literatur genügt der hinweis auf *Atthis*, 1949, c. I § 2. Es ist zweifelhafter als bei den büchern Περὶ ἑταιρίδων, ob man die paar namen [1]) und zitate überhaupt in eine sammlung der Historikerfragmente aufnehmen darf. Der zweck der veröffentlichung der formulare und rezepte war ursprünglich rein praktisch und ist es vielleicht immer geblieben. Selbst dass im 1. jhdt v. Chr. die beiden geschlechter, die neben dem staatlichen kollegium der ἐξηγηταὶ πυθόχρηστοι standen, ihre πάτρια publizierten, kann im zusammenhang mit der religiösen restaurationsbewegung stehen, in der die noch überlebenden alten geschlechter eine grosse rolle spielten [2]). Es ist kein gegenargument, dass die herausgeber nicht unberührt waren von den antiquarischen und sprachlichen interessen der zeit: den späteren benutzern der in archaischer sprache gehaltenen formulare mussten gewisse hilfen gegeben, d.h. die 'glossen' in den texten erklärt werden [3]); und auch über gelegentliche sachliche bemerkungen, wie in 352 F 1, wundert man sich nicht, ist höchstens im zweifel, ob man in ihnen antiquarisches interesse und nicht eher religiöse spekulation zu sehen hat. Jedenfalls bilden diese sozusagen technischen schriften selbst in der auf religion und kultus bezüglichen literatur (der vielfach ein praktischer zweck nicht abzusprechen ist) eine eigene gruppe: von Kleidemos abgesehen — der seine besonderen gründe gehabt haben wird die im besitz der 'priester' befindlichen formulare, den letzten rest von geheimwissenschaft im öffentlichen kult, den laien zugänglich zu machen [4]) — hat keiner der Atthidographen (von denen u.w. auch keiner exeget war) ein *Exegetikon* veröffentlicht; und von keinem der herausgeber von *Exegetika* wird ein anderes werk zitiert, das auf ein literarisches oder wissenschaftliches interesse schliessen liesse, wie es die bücher Περὶ θυσιῶν u.ä. doch gehabt zu haben scheinen. Es ist vielleicht kein blosser zufall, dass der exeget Habron [5]), der aus einer literarisch interessierten familie stammt, nicht ein *Exegetikon* publizierte, sondern Περὶ ἑορτῶν καὶ θυσιῶν schrieb. Es wird, seit das buch des Autokleides vorlag, das auch für die Lexikographen das gewöhnliche nachschlagebuch war [6]), kein bedürfnis nach einem neuen *Exegetikon* mehr bestanden haben; die etwa noch vorhandene lücke wurde durch die publikation der πάτρια einzelner geschlechter geschlossen. Selbstverständlich haben wir bis zum erweis des gegenteils in den herausgebern aller dieser bücher Athener zu sehen [7]), auch wenn wir sie nicht identifizieren und zeitlich nicht genau festlegen können.

357. DIONYSIOS

D. [1]) ist bei der häufigkeit des namens und der ungewissheit, ob er Athener war, nicht zu identifizieren. Wenn er es war und wenn wir in der πραγματεία περὶ ἱερῶν [2]) — so wird man doch verbinden müssen — eine rede oder broschüre sehen dürften, so läge es nahe, an den politiker (und dichter) Dionysios Chalkus [3]) zu denken, der eines der bedeutenderen mitglieder der kommission für die gründung von Thurioi gewesen ist [4]), und den Crusius wegen Plutarch *Nikias* 5, 3/4 als 'deisidaimon und mantis' charakterisiert. Aber in beiden fällen ist eine epitome schwer denkbar. So wird man lieber ins 4. jhdt gehen: vielleicht war D. (wie in anderer weise Phanodemos) ein mitarbeiter Lykurgs bei seiner kultreform.

358. SOTADES VON ATHEN

Die Suda nennt diesen S. als letzten in einer reihe von vier autoren [1]), die besteht aus (1) dem philosophen Sotadas (so!) von Byzanz, für den die biographische quelle Ἀριστοκλῆς ἐν ϛ Περὶ φιλοσοφίας aus dem 2. jhdt v. Chr. [2]) zitiert; (2) dem Athener, κωμικὸς τῆς μέσης κωμωιδίας, von dessen Vita nur dieser kopf erhalten ist [3]); (3) dem bekannten kinaedologen (ἰαμβογράφος) aus Maroneia, der mit den übrigen vertretern der gattung aus einer literaturgeschichte genommen ist [4]); sie gab die liste seiner gedichte, deren anfang die Suda ausschreibt; (4) dem athenischen philosophen [5]). Die vier artikel sind alle unvollständig und keiner (ausser etwa no. 2) hat ein datum; aber die reihe genügt um die gleichung von no. 4 mit dem kinaedologen unmöglich zu machen [6]); und damit entfallen alle darauf gebauten schlüsse auf zeit, charakter, und tendenz seiner schrift [7]). Da S. Athener war, wird er mindestens in erster linie von den eleusinischen mysterien gehandelt haben; da er philosoph heisst, war sein standpunkt wohl eher theologisch als historisch. Dann könnte er recht wohl in die späte Kaiserzeit gehören; aber da wir den gewährsmann der notiz nicht kennen, und keine identifizierung mit einem der träger des namens in Athen möglich ist, bleibt das vermutung.

359. HABRON KALLIU VON ATHEN

Wahrscheinlich aus der gleichen familie, die im 2. und 1. jhdt v. Chr. mehr als einen exegeten gestellt hat [1]) und wenigstens ungefähr aus der gleichen zeit wie Drakon, der verfasser von Περὶ γενῶν [2]). Trotz des vollen namens und der berufsbezeichnung ist keine sichere identifikation möglich, weil keiner der verschiedenen Ἅβρωνες Καλλίου als schriftsteller oder exeget bezeugt ist. Es gibt keinen grund (denn die änderung des autornamens in no. 360 ist keiner) mit Kirchner u.a. [3]) in dem verfasser von Περὶ ἑορτῶν καὶ θυσιῶν gerade Habron II, den sohn des ταμίας στρατιωτικῶν von 338/7 v. Chr. zu sehen. *A priori* wird man lieber ins 2. oder 1. jhdt v. Chr. hinabgehen, wo diese literatur besonders reichlich ist und wir fast in jeder generation einen Ἅβρων Καλλίου kennen [4]).

360. ANDRON

Der autor [1]) ist unbekannt und seine einreihung hier vielleicht unberechtigt, da wir nach dem einzigen zitat nicht sicher sein können, dass das verhältnismässig umfangreiche werk nur über Athen handelte. Einen nicht sehr sicheren *t. ante* gibt das vorkommen im wunderbuch des Apollonios, den man, weil er nur ältere autoren anführt, 'nicht lange nach dem 3. jhdt v. Chr.' ansetzt [2]). Der nackte name des adressaten hilft nicht weiter [3]). Unter diesen umständen ist Meinekes änderung [4]) von Ἄνδρων in Ἄβρων willkür, zumal auch die buchtitel nicht genau stimmen. Mit Andron von Halikarnass, der im 4. jhdt Συγγένειαι schrieb [5]), hat dieser A. nichts zu tun. Auch wird man seinen nachlass nicht [6]) durch die halben schwindelzitate des Natalis Comes aus dem angeblichen buch *De Sacrificiis* des Atthidographen Androtion [7]) vermehren: beide zitate stammen aus uns noch erhaltenen quellen, und der im ersten genannte Androtion ist der Halikarnassier Andron der Sophoklesscholien. Den titel *De sacrificiis* wird Conti aus dem ihm zugänglichen Wunderbuch genommen haben.

(1) Das faktum erwähnen auch Aelian. *H.A.* 5, 8 und genauer Plin. *N.H.* 10, 30 *ab Arcturi sidere ad hirundinum adventum notatur eam in Minervae lucis templisque raro, alicubi omnino non adspici, sicuti Athenis*; das mythische aition erzählte Amelesagoras [8]).

361. AMMONIOS Ο ΛΑΜΠΤΡΕΥΣ

Durch das demotikon wollen der sog. Ammonios — d.h. Herennius Philon [1]) — und Syrian den athenischen verfasser des buches Περὶ βωμῶν καὶ θυσιῶν [2]) doch wohl von dem alexandrinischen grammatiker unterscheiden, dem wahrscheinlichen verfasser von Περὶ (τῶν Ἀθήνησιν) ἑταιρ(ίδ)ων und Κωμωιδούμενοι, den unsere (freilich gekürzten) Aristophanesscholien einfach als Ἀμμώνιος zitieren [3]). Ob Harpokration, der nur den Athener anführt, den er dreimal einfach Ammonios nennt, aber stets unter zufügung des buchtitels [4]), einmal statt dessen den vatersnamen [5]) als distinktiv verwandte steht dahin: der text von F 6 ist eher unvollständig als korrupt, die zuweisung daher zweifelhaft. Dass ein Athener in einem auf Athen bezüglichen (und vielleicht auf für den praktischen gebrauch im kult bestimmten) buch sich mit dem vollen athenischen namen bezeichnen konnte, wird man nicht bezeifeln [5a]). Ein zeitindiz für den verfasser gibt das nicht; oder wenn, so spricht es nicht für sein 'alter' [6]), sondern im gegenteil für die spätere zeit: man wird in der verwendung des demotikons im buchtitel nicht allein durch Ammonios [7]) einen falschen archaismus sehen. Leider gibt der vergleich zwischen F 2 (wo mit der Epitome εἰσί zu schreiben ist für das φησί von A, das man auf Polemon bezog) und dem exzerpt aus Polemon Περὶ τοῦ Δίου κωιδίου ebd. 11, 56 keinen sicheren t. post: es handelt sich entweder um das gleiche exzerpt über κέρνος, das Athenaios an zwei stellen eingeordnet und sein epitomator an beiden stellen in verschiedener weise verkürzt hat [8]), oder (m.e. weniger wahrscheinlich) um zwei exzerpte über dieselbe sache aus Polemon und A., von denen Athenaios das eine als beleg für κέρνος und das andere als beleg für κότυλος (κοτυλίσκος) verwendet hat. Die zitate der gewährsmänner stammen in jedem falle erst von dem lexikographen, dem Athenaios die belege entnimmt; d.h. es hat weder Polemon den A. noch A. den Polemon *zitiert*, und wir sind nicht in der lage zu entscheiden, ob der eine den anderen *benutzt* hat [9]): da es sich um ein 'rezept' handelt, ist es ebenso möglich, dass beide es einem älteren autor Περὶ θυσιῶν (Philochoros; Demon) oder einem *Exegetikon* [10]) entnommen haben. Dagegen gibt das zitat durch den sog. Ammonios als *t. ante* die zweite hälfte des 1. jhdts n. Chr. [11]), und wahrscheinlich kann man wegen Harpokration, der die monate sonst aus Lysimachides [12]) belegt, die A.-zitate schon aus Didymos ableiten: A. wird am ehesten in das 2. oder 1. jhdt v. Chr. gehören. Identifizieren können wir ihn nicht. Der name ist in Athen — wo der gott seit dem 5. jhdt bekannt ist, ohne jemals 'extremely popular' gewesen zu sein [13]) — nicht selten. Wir kennen eine familie aus dem demos Παμβωτάδαι (der, wie Lamptrai, zur Erechtheis gehörte), in der zwischen ca. 250 und ca. 88 v. Chr. die namen Σαραπίων und 'Αμμώνιος regelmässig wechseln [14]); aber auch einen Κλέανδρος 'Αμμωνίου 'Αναγυράσιος von ca. 40/30 v. Chr. [15]) und einen 'Αμμώνιος 'Αμμωνίου 'Αναφλύστιος [16]); dagegen (soweit ich weiss) keinen Lamptrenser.

Das werk war, soweit die fragmente ein urteil erlauben, systematisch angelegt. Jedenfalls war in buch I der versuch gemacht die verschiedenen arten von altären zu unterscheiden (F 1); in III kam ein kultgefäss vor und wurden θυσίαι besprochen (F 2); in IV, das danach vielleicht eine aufzählung der βωμοί enthielt, kultorte (F 3; vgl. F 4-5). A. scheint einer der hauptautoren der Lexicographen für dieses gebiet gewesen zu sein; aber da er nicht der einzige war, kann man seinen nachlass nicht durch die vielen anonymen fragmente vermehren. Seine eigenen quellen lassen sich nicht näher bestimmen, als dass für die historischen fakten Atthidographen darunter waren [17]).

F

(1) S. zu 84 F 7; Tresp *op. cit.* p. 91 ff., der aber die zeugnisse nicht ordnet und zu viel auf A. zurückführt. Man darf ihm nicht mehr geben als

die definition der vier formen nach ihrer äusseren erscheinung. Erst der lexikograph hat die andersartige definition des Neanthes und den, den definitionen nicht durchweg sich fügenden, gebrauch der dichter hinzugefügt. (2) Polemon ἐν τῶι Περὶ τοῦ Δίου κωιδίου bei Athen. 11, 56 p. 478 CD μετὰ δὲ ταῦτα τὴν τελετὴν ποιεῖ καὶ αἴρει τὰ ἐκ τῆς θαλάμης καὶ νέμει ὅσοι (?) ἄνω τὸ κέρνος περιενηνοχότες. τοῦτο δ' ἐστὶν ἀγγεῖον κτλ. Vgl. Nilsson *Min.-Myc. Religion*, 1927, p. 387 ff.; *Gesch. d. gr. Rel.* I, 1941, p. 118. Ein κερνοφόρον ὄρχημα (οἶδ' ὅτι λίκνα ἢ ἐσχαρίδας φέροντες) Pollux 4, 103; eine μανιώδης ὄρχησις κερνοφόρος Athen. 14, 27 p. 629 D. (3) Etymologieen und definitionen der Tholos: Schol. Demosth. 19, 249; Hesych s.v.; Tim. *Lex. Plat.* p. 402 Bkr (Suda Θ 402); Et. Gen. p. 159 Mi; *Lex. rhet.* p. 264, 26 Bkr (Phot. s.v.; Et. M. p. 453, 30); Et. M. p. 737, 36 ff.; vgl. Judeich *Topogr.*[2] p. 346 und über die kulte Homer A. Thompson *Hesperia* Suppl. 4, 1940, p. 137 ff. Opfer der prytanen in ihr erwähnen Demosth. 19, 190 ἐγὼ δ' οἶδ' ὅτι πάντες οἱ πρυτάνεις θύουσιν ἑκάστοτε κοινῆι καὶ συνδειπνοῦσιν ἀλλήλοις καὶ συσπένδουσιν und Pausan. 1, 5, 1 καὶ θύουσί τε ἐνταῦθα οἱ πρυτάνεις, καί τινα καὶ ἀργύρου πεποιημένα ἐστὶν ἀγάλματα οὐ μεγάλα. Ein ἱερεὺς Φωσφόρων καὶ ἐπὶ τῆς σκιάδος in prytanenkatalogen der kaiserzeit (*IG*[2] II 1795-1798). (4) Die überlieferung über den Amazonenkrieg s. zu Kleidemos 323 F 18. Was er in dem knappen exzerpt Plutarchs τὸ νῦν καλούμενον Ἀμαζόνειον nannte markierte den platz wo die Amazonen gelagert [18]) und Theseus sie besiegt hatte [19]). Dass es ein von den Amazonen gegründetes heiligtum ist, sagt nur A., wenn die zusammenfassung ἔστι — ἱδρύσαντο ihn richtig wiedergibt (was man bezweifeln kann). Da Harpokrations epitomator das exzerpt gestrichen hat, ist nicht zu sagen ob die γινομένη πάλαι θυσία ταῖς Ἀμαζόσι πρὸ τῶν Θησείων [20]) in seiner zeit noch bestand (oder erneuert war). (5) Περὶ τῆς γλαυκός: Aristoph. *Vesp.* 1086 γλαῦξ γὰρ ἡμῶν πρὶν μάχεσθαι τὸν στρατὸν διέπτετο. Schol. z. st. φασὶ κατὰ τὸ ἀληθὲς γλαῦκα διαπτᾶσθαι τὴν νίκην τοῖς Ἀθηναίοις ἀπαγγέλλουσαν. Plutarch. *Them.* 12, 1 (aus einem Atthidographen, vermutlich Kleidemos) λέγεται δ' ὑπό τινων τὸν μὲν Θεμιστοκλέα περὶ τούτων ἀπὸ τοῦ καταστρώματος [ἄνωθεν] τῆς νεὼς διαλέγεσθαι, γλαῦκα δ' ὀφθῆναι διαπετομένην ἐπὶ δεξιᾶς τῶν νεῶν καὶ τοῖς καρχησίοις ἐπικαθίζουσαν· διὸ δὴ καὶ μάλιστα προσέθεντο τῆι γνώμηι, καὶ παρεσκευάζοντο ναυμαχήσοντες. Lex. rhet. p. 232, 30 Bkr: γλαῦξ ἔπτατο· παροιμία ἐπὶ τῶν νενικηκότων [21]), ὅτι πρὸ τῆς μάχης ἐν Σαλαμῖνι γλαῦκα φασι διαπτῆναι τὴν νίκην τοῖς Ἀθηναίοις προσημαίνουσαν. Θεμιστοκλέους γὰρ †πέμψαντος [22]) αὐτούς, περὶ τῆς ναυμαχίας ποιουμένου τὸν λόγον, γλαῦκα περὶ τὸ δεξιὸν μέρος τοῦ κέρους ὀφθῆναι. Ἀφροδίτης ἱερόν: eine weihung des Themistokles im Peiraieus, hier vor der schlacht, bezeugt die aufzählung von

restaurierungen aus dem anfang des 1. jhdts v. Chr. *I G* ² 1035, 45 . . . . . .]
ἀκανῆς ὃ ἱδρύσατο Θεμιστοκλῆς πρὸ τῆς περὶ Σαλαμῖνα ναυμαχίας. Wachsmuths ergänzung [ἱερὸν Ἀφροδίτης], wo dann ἀκανῆς rest des beinamens sein müsste, ist ebenso zweifelhaft wie die gleichung mit dem Ἀφροδίσιον (der Euploia?), das Konon nach der schlacht bei Knidos im Peiraieus erbaute [23]); denn dieses erscheint in der genannten inschrift lin. 46 als ortsbestimmung [24]). Περὶ τῆς περιστερᾶς: zu den tauben als günstigem vorzeichen für die Griechen in den Perserkriegen vgl. Charon von Lampsakos 262 F 3. (6) Der vertreter dieser ansicht, wer immer es war [25]), verhielt sich ablehnend gegen die spekulationen, die den Helios-Apollon möglichst in den vordergrund schoben [26]).

362. KRATES VON ATHEN

Unter dem namen K. [1]) wird zitiert (1) ein werk Περὶ τῶν Ἀθήνησι θυσιῶν, das wahrscheinlich nur ein buch umfasste [2]); (2) ein glossographisches werk Περὶ τῆς Ἀττικῆς διαλέκτου in mindestens 5 büchern. Den verfasser des ersteren bezeichnen der Atticist Pausanias und die Sophoklesscholien (d.h. Didymos) als Athener [3]) — vermutlich um ihn von dem Pergamener Krates von Mallos zu unterscheiden [4]); den glossographen zitieren Athenaios, der ihn häufiger (aber durchweg indirekt) benutzt, und die Aristophanesscholien F 13 einfach als Κράτης. Ein strikter beweis für oder gegen die identität des glossographen mit dem kultschriftsteller lässt sich nicht führen, weil (1) ein buch Περὶ θυσιῶν schon im 4. jhdt möglich ist; (2) weil seine wenigen fragmente zwar die zeit des Demetrios Poliorketes und rund 300 v. Chr. als *t. post* liefern [5]), aber keine sichere entscheidung über das zeitverhältnis des K. zu Philochoros und Aristophanes von Byzanz erlauben [6]); (3) das ausgeprägte kultische interesse des glossographen sich auf das 2. buch beschränkt [7]), also nur die sachliche anordnung des glossographischen werkes beweist, dessen eigentliche tendenz die eines gemässigten Attizismus ist; (4) Seleukos zwar sowohl gegen ein glossographisches werk eines K. wie gegen den kultschriftsteller polemisiert, aber in beiden fällen andere titel — Περὶ τῆς Ἀττικῆς λέξεως und Ἱεροποιίαι — gibt [8]). Trotz des weiteren zweifels, ob der Seleukos Περὶ βίων wirklich der berühmte grammatiker der ersten kaiserzeit und verfasser von Περὶ Ἑλληνισμοῦ ist [9]), ist dieses vierte argument eher positiv als negativ zu werten: denn wir haben aus etwa der gleichen zeit den parallelen fall des Theodoros ὁ Παναγής [10]), der ebenfalls ein antiquarisches werk neben Ἀττικαὶ λέξεις geschrieben hat. Dazu kommt, und ist dann wohl entscheidend, dass man das glossographische werk nicht leicht dem Krates von Mallos geben wird [11]), den Athenaios in dem einzigen zitat aus ihm durch das distinktiv ὁ κριτικός von dem glossographen zu scheiden scheint [12]): denn Latte hat gewiss recht, wenn er ein werk, das schon deutliche polemik gegen die beschränktheit des strengen Attizismus zeigt, 'lieber ins erste als ins zweite vorchristliche jhdt' datiert [13]). Damit ist dann auch die zeit des kultschriftstellers (der, wie es scheint, in F 2 die methode Apollodors anwendet) im groben bestimmt; und viel weiter lässt sich nicht kommen, weil man K. nicht identifizieren kann [14]). Die obere grenze gibt vielleicht sein fehlen im homonymenwerk des Demetrios Magnes [15]), die untere dass Didymos und Seleukos ihn kennen. Sie haben den wohl etwas älteren zeitgenossen, wie es scheint, recht ausgiebig benutzt, was begreiflich ist, da K.s fragmente grosse belesenheit zeigen und den kollegen damit die sammlung der belege erleichterten. Gelegentliche, vielleicht sogar häufige, polemik [16]) ist damit nicht ausgeschlossen, vielmehr nur natürlich.

F

(1) Die besonderheit der K. zugeschriebenen ansicht besteht darin dass sie aition und ritus in einen inneren zusammenhang bringt — ein verfahren, das schon Philochoros nicht fremd ist. Dementsprechend löst sie die einführung des ritus von der Theseusgeschichte, die einen solchen zusammenhang nicht erkennen lässt, mit der ihn aber eine verbreitete überlieferung verband [17]): denn die ἀφορία kann nicht die der Androgeos-Aigeus-Theseusgeschichte sein, die aufhört als die Athener auf geheiss des orakels πέμψαντες πρὸς Μίνωα ἐπέτρεπον αἰτεῖν δίκας [18]). Sie ist in Pausanias' knappem exzerpt nicht datiert; aber hier führt Schol. Aristoph. Eq. 729 [19]) trotz seiner starken verkürzung weiter: τὴν εἰρεσιώνην μου κατεσπαράξατε] κλάδος ἐλαίας ἐρίοις περιπεπλεγμένοις ἀναδεδεμένος, ἐξήρτητο δὲ αὐτοῦ ὡραῖα πάντα ἀκρόδρυα· πρὸ δὲ τῶν θυρῶν ἱστᾶσιν αὐτὴν εἰσέτι καὶ νῦν. ποιοῦσι δὲ τοῦτο κατὰ παλαιόν τι χρηστήριον· οἱ μὲν γάρ φασιν ὅτι λιμοῦ, οἱ δὲ ὅτι καὶ λοιμοῦ τὴν πᾶσαν κατασχόντος οἰκουμένην, χρωμένων τίνα ἂν τρόπον παύσαιτο τὸ δεινόν, τὴν λύσιν ταύτην ὁ Πύθιος ἐμαντεύσατο, εἰ προηρόσιον (προηροσίαν τῆι Δηοῖ Schol. Plut. 1054) ὑπὲρ ἁπάντων Ἀθηναῖοι θύσειαν. θυσάντων οὖν τῶν Ἀθηναίων τὸ δεινὸν ἐπαύσατο, καὶ οὕτως ὥσπερ χαριστήριον οἱ πανταχόθεν τοῖς Ἀθηναίοις ἐξέπεμπον τῶν καρπῶν ἁπάντων τὰς ἀπαρχάς, ὅτε δὴ καὶ Ἄβαριν φασι τὸν Ὑπερβόρειον ἐλθόντα θεωρὸν εἰς τὴν Ἑλλάδα Ἀπόλλωνι θητεῦσαι . . . . · ὅθεν εἰσέτι καὶ νῦν, ἐπειδὰν ἀνιστῶσι τὸν κλάδον, λέγουσι ταῦτα ≪εἰρεσιώνη σῦκα φέρει κτλ.≫. Die be-

ziehung auf die grosse ἀφορία nach dem raube der Persephone [20]) ist klar; und dass das eine alte geschichte ist, verbürgt die darstellung des redners Lykurgos im Δηλιακός [21]), und in ihr besonders dass der orakelspender der gott von Delos, nicht der Pythier, ist. Das ist keineswegs das einzige aition, das die εἰρεσιώνη aus dem bezirk der Theseusgeschichte entfernt: Plutarch [22]) schliesst diese mit der note καίτοι ταῦτά (scil. den brauch der εἰρεσιώνη) τινες ἐπὶ τοῖς Ἡρακλείδαις γενέσθαι λέγουσιν οὕτως διατρεφομένοις ὑπὸ τῶν Ἀθηναίων· οἱ δὲ πλείονες ὡς προείρηται; und wahrscheinlich muss man auch die geschichte von der opferung der Hyakinthiden, die *Bibl.* 3, 212 ganz unorganisch in die Theseusgeschichte eingearbeitet ist, vielmehr in die aitiologie der εἰρεσιώνη stellen [23]). Da wir nur fetzen einer variantenreichen literatur in Atthiden, Περὶ ἑορτῶν und Περὶ θυσιῶν haben, die hier nicht weiter untersucht werden kann, muss dahingestellt bleiben (1) ob und wie weit K. mit Lykurgos ging; (2) ob er die quelle der Aristophanesscholien ist; (3) ob er bei der wahl des aitions unter dem einfluss der kritik steht, die Philochoros an der immer mehr angeschwollenen Theseusgeschichte geübt hat [24]); (4) ob er gleichzeitig auch den Apollon als empfänger der εἰρεσιώνη beseitigte. Das ist, wie Lykurgos zeigt, keine notwendige konsequenz; und K. hätte sich damit in gegensatz gesetzt zu der vulgata der athenischen heortologie [25]). Aber das Statiusscholion, in dem Usener K.s namen doch wohl richtig hergestellt hat [26]), spricht von einer penteterischen darbringung für Athena; und wie das zu verstehen ist lehrt ein scholion zu Clemens *Protr.* 2, 10, 2 [27]). Das scholion ist verkürzt und lückenhaft, und die frage für den heortologen ist ob die εἰρεσιώνη — ursprungsmässig gewiss eine selbständige erscheinung des glaubens aus vermutlich sehr früher zeit [28]) — wirklich auf den tag der Pyanopsia und den Apollonkult beschränkt war oder auch in die kulte anderer götter eingang gefunden hat [29]). Wenn das der fall war, so mag K. dieses anderweite vorkommen etwa anmerkungsweise erwähnt haben: wir kennen die disposition von Περὶ θυσιῶν nicht.   (2) Die erste version, für die ein autor von Ἐπικλήσεις zitiert wird, gehört zur geschlechtssage der Κυννίδαι [30]), über die Lykurgos in der διαδικασία Κροκωνίδων πρὸς Κοιρωνίδας vermutlich ausführlicher gesprochen hatte [31]) und die auch in den büchern Περὶ γενῶν [32]) gestanden haben wird. Vielleicht hat die grosse lücke vor θεμένης einen zweiten autornamen verschlungen. Dieses wort bezieht sich weder auf die geburt des Kynnes noch auf die von Apollon und Artemis [33]), sondern wahrscheinlich auf die wanderung der Leto von Delos nach Delphi, bei der sie in Attika station machte. Die gegenden im und am Hymettos sind voll von Apollonkulten und -legenden [34]). Am Zoster hat man auch die geburt des gottes beansprucht [35]); aber schon Hypereides im *Deliakos* [36]) hatte damit den anspruch von Delos so ausgeglichen dass der Zoster eine station auf dem wege nach Delos wurde, also anders als in der hier vorauszusetzenden erzählung. Halai (Aixonides) gehört in die gleiche region: es war 'der erste küstendemos auf der westseite des Hymettos, dessen genaue lage durch die beiden salzlachen zwischen kap Zoster und kap Punta bestimmt wird' [37]). Ob sich die antiken gelehrten die schwierigkeiten der ableitung des Ἀπόλλων Κύννειος von κύων klarmachten, oder ob das vorkommen des gottes und des 'heros' Kynnes ausserhalb Attikas sie bedenklich machte, stehe dahin. Aber K. hat offenbar die geschlechtslegende verworfen und das Κύννειον — das nur das heiligtum, nicht ein opfer bedeuten kann — durch eine kühne etymologie mit dem θυννεῖον von Halai zusammengebracht, aus dessen ertrag es erbaut war und unterhalten wurde. Das letztere wird tatsache sein, und die methode ist dann die von Apollodor in Περὶ θεῶν vielfach verwendete. Was könig Demetrios mit dem nicht unbedeutenden heiligtum zu tun hatte, ist wieder von der lücke am schluss des exzerpts verschlungen.   (5) Über Ἱεροποιίαι als buchtitel und seine wahrscheinliche identität mit Περὶ θυσιῶν s. ob. p. 121, 30 ff. Bei welcher gelegenheit K. da auf die Homeriden zu sprechen kam, ist nicht zu sagen: kultbeamte waren sie schwerlich irgendwo, und im zusammenhang des Harpokrationartikels kann auch nicht von solchen die rede sein [38]). Die konjektur ⟨τοὺς⟩ ἐν ταῖς ἱεροποιίαις Ὁμηρίδας [39]), nach der Tresp *op. cit.* p. 61 n. 1 das fragment dem Athener abspricht, ist falsch. Es ist nicht unmöglich dass die vielen und genauen zitate für die ableitung des geschlechts von Homer aus K. stammen. Jedenfalls tritt Seleukos einer ziemlich allgemeinen ansicht entgegen. Leider können wir die grundlage seiner ansicht nicht nachprüfen: die geschichte der vergeiselung spielt sonst eine rolle in der erklärung von Homers eigenem namen [40]).   (6) In der zusammenstellung von griechischen (dialektischen) und fremden brotnamen (3, 80-82), vermutlich durch Tryphon (unter Augustus) [41]) vermittelt; doch ist hier nicht der platz auf die quellenfragen des Athenaios einzugehen. θάργηλος hiess auch die χύτρα ἀνάπλεως σπερμάτων [42]). Den θαλύσιος ἄρτος versteht Goeber [43]) in dem Anacreonteum aus Hermupolis Magna.   (7) In dem gelehrten anfang des grossen abschnitts über παράσιτοι (6, 26-52), aus dem Preller *Polem. Perieg. Fragm.* p. 115 ff. zu viel auf Polemon zurückgeführt hat. Wichtig (wie auch F 9) für K.s belesenheit und vielleicht für sein verhältnis zu Philochoros [44]).   (8) Das doppelte ἐν τῆι ἑορτῆι zeigt dass das fest vorher genannt war: es können nur die Χόες gewesen sein [45]). Bei Athenaios folgt der gebrauch von ὄλπη und πελίκη-πελίχνα in den dialekten mit

zitaten aus Euphronios, Kleitarchos, Seleukos. (9) Hesych s.v. σταφυλή· .... Ἀττικοὶ δὲ τὴν ἐν τῶι στόματι κίονα σταφυλήν, βότρυν δὲ καὶ ὀπώραν τὴν ἀπὸ τῆς ἀμπέλου; vgl. Latte *Herm*. 50 p. 386; 388 n. 1. Der hymnos galt Dionysos. (11) Reitzenstein *Gesch. d. griech.*
5 *Etymol.* p. 374 f.; Latte *l.l.* p. 386. (13) Die herkunft aus einem attizistischen lexikon sichert Antiatticist. p. 79, 15 Bkr. Dem Athener werden auch die scheinbar exegetischen bemerkungen Schol. *Vesp*. 352 und *Ran.* 294 gehören.

363. GLAUKIPPOS

10 Die praxis, die wir aus inschriften des 4. und 3. jhdts zwischen 333/2 und 247/6 kennen, ist die dass man den schalttag — und nur von diesem ist hier die rede, nicht von dem schaltmonat [1]) — dem Skirophorion nur hinzufügt, wenn dieser ein 'hollow month' war; war er voll, so gab man ihn (regellos?) einem der drei voraufgehenden monate, um einen
15 monat von 31 tagen zu vermeiden [2]). Auch weiterhin bis tief ins 2. jhdt v. Chr. bestand offenbar die beschränkung der einschaltung von einem oder mehreren tagen auf den letzten monat des jahres nicht [3]). Wenn also Macrobius' angabe zu trauen ist [4]), so hat sich die praxis in römischer zeit geändert, und man muss Glaukippos entsprechend spät ansetzen [5]).
20 Identifizieren lässt er sich nicht (nichts spricht für den vater oder den sohn des redners Hypereides); aber Athener wird er gewesen sein. Den sehr allgemeinen titel *De sacris* [6]) hat Theodoros Gaza im j. 1470 n. Chr. mit τὰ τῶν Ἀθήνησιν ἱερῶν καὶ ὁσίων ὑπομνήματα übersetzt; und weiter ist nicht zu kommen, da vom kalender und speziell den schalttagen in
25 büchern Περὶ ἱερῶν [7]), θυσιῶν, und auch ἑορτῶν die rede gewesen sein kann. Ausgeschlossen ist (wenn man nicht ohne rechten grund alte korruptel in der griechischen vorlage annehmen will) einer der von Tresp zur wahl gestellten titel — Περὶ μηνῶν, Περὶ ἡμερῶν, Περὶ ἐμβολίμων μηνῶν καὶ ἑορτῶν.

364. ARISTOMENES VON ATHEN

Die einreihung ist (wie bei Andron no. 360) zweifelhaft, weil Ἀθήνησιν im titel fehlt, und das (freilich nicht sehr sichere) F 2 [1]) ein arkadisches fest erwähnt. Weder die herkunft noch der kosename Attikoperdix entscheiden unbedingt für ein buch über athenische kultpraxis. Wegen
35 des seltenen titels Ἱερουργίαι ist die vermutung von Bernays [2]) anspre-

chend, dass Porphyrios *De abst*, 2, 19 = 368 F 5 in dem anonymen zitat der Περὶ τῶν ἱερουργιῶν γεγραφότες καὶ θυσιῶν A., den verfasser des letzten umfassenden buches über opferpraxis, im auge hat; und dann ist die frage methodisch berechtigt ob er der vermittler der älteren zitate aus historikern und bühnendichtern [3]) ist, die Porphyrios in dem (nach Bernays' urteil) nicht theophrastischen abschnitt *De abst*. 2, 16-19 beibringt. Wenn man sie bejaht, so war A.s buch nicht auf Athen beschränkt, und sein zweck war nicht feststellung der kultpraxis, sondern empfehlung einer bestimmten kultform: er hätte (wie Theophrast) für unblutige opfer plaidiert. Ich zweifle, ob das einzige fragment genügende grundlage für so weittragende schlüsse ist: von πόπανα und πέμματα war in allen büchern Περὶ θυσιῶν, ἑορτῶν etc. die rede, und dass A. im dritten buch (nur im dritten!) einen offenbar ausführlichen katalog von solchen opferkuchen gab erlaubt bestenfalls einen (unsicheren) schluss auf die anlage seines werkes. Die begründung ὡς ἀρεστὴν κτλ. in 368 F 5 ist wahrscheinlich einer der vielen tendenziösen zusätze, mit denen der belesene Porphyrios älteres material seiner tendenz dienstbar machte. Es ist nicht einmal sicher, dass er von A. mehr wusste als bei Athenaios steht, und es ist zufall dass wir von diesem späten vertreter der literatur über opferwesen überhaupt etwas wissen: denn sicher falsch ist die behauptung von Tresp [4]), dass 'unzweifelhaft der eingehende bericht des Athenaios über die einzelnen opferkuchen zum grössten teil auf A. zurückgeht'. Schon die stellung des mit einer persönlichen bemerkung schliessenden zitats [5]) zeigt vielmehr dass das zitat zusatz des Athenaios selbst ist: mit dem witz über sein schwaches gedächtnis entzieht er sich der notwendigkeit ein modernes buch zu exzerpieren, das wohl auch wenig neues für ihn brachte.

365. APOLLONIOS Ο ΑΧΑΡΝΕΥΣ

Der verfasser von Περὶ τῶν ᾿Αθήνησιν ἑορτῶν [1]) ist sehr wahrscheinlich der ἐξηγητὴς ἐξ Εὐμολπιδῶν dessen bild seine familie um 100 v. Chr. den göttinnen von Eleusis weihte [2]), was die zeit des buches auf das letzte drittel des 2. jhdts v. Chr. bestimmt [3]). Es war vermutlich jünger als das buch Περὶ ἑορτῶν καὶ θυσιῶν des exegeten Habron [4]). Wir wissen nicht ob es auf das ältere buch bezug nahm oder es ersetzen wollte; aber es war offenbar das bedeutendere und, im sinne der zeit, gelehrtere: Harpokration und die Aristophanesscholien benutzen es, wahrscheinlich beide durch Didymos, der den verfasser durch das demotikon von dem

gleichnamigen und etwa gleichzeitigen grammatiker unterschied [5]); es war das buch, das die lexikographen für feste zunächst nachschlugen. Zweifelhaft ist ob und wie stark A. seinerseits das gleichnamige werk des Philochoros [6]) herangezogen hat, da er selten für die aitiologie zitiert
5 wird, die bei den Atthidographen und demzufolge auch bei den Heortologen oft stark differierte [7]). Dass die hauptfeste bei beiden vorkamen liegt in der natur der sache. Aber den exegeten wird in erster linie die kultpraxis interessiert haben, die sich seit dem 2. jhdt mehrfach geändert haben mag. Über die disposition des werkes (nach göttern oder monaten?)
10 wissen wir nichts; aber die daten hat A. gegeben.

Dem exegeten würde man an sich auch eine schrift Περὶ γενῶν zutrauen; aber das distinktiv ὁ γραμματικός passt nicht für ihn, und so bleibt es Schol. Hom. Il. Θ 284 [8]) bei Valckenaers änderung von 'Απολλώνιος in 'Απολλόδωρος und der bevorzugung des titels ἐν καταλόγωι νεῶν in D
15 gegen ἐν τῶι δευτέρωι τῶν γενῶν der besseren Hss (AB). Auch das zitat eines A. bei Athen. 5, 18 p. 191 F durfte C. Mueller dem heortologen nicht zuweisen: περὶ τούτων bezieht sich nicht auf das entferntere ταῖς τῶν θεῶν ἑορταῖς und den νῦν νόμος ἐκ θυσιῶν τινων πρὸ ἡλίου δύνοντος ἀπιέναι (wofür sich auch attische belege finden lassen), sondern auf die
20 unmittelbar voraufgehenden Ägypter oder τὸ τῶν συμποσίων γένος.

(1) Über den begriff des πελανός s. Stengel *Opferbräuche* p. 66 ff.; Ziehen RE XIX 1, 1937, col. 246 ff. [9]). Zu ihrer auffassung, dass er 'eine ältere form der nahrung darstellt', die im ritual alter feste ihre stellung behauptet hat, passt es dass die erklärung ἐκ τοῦ ἀφαιρεθέντος σίτου ἐκ
25 τῆς ἄλω [10]) auf die Haloa führt, deren bräuche auch nach Philochoros [11]) einen urtümlichen zustand wiederspiegelten. Bedenklich macht allein, dass A. (vielleicht exkursweise) eine reihe von πέμματα aufgezählt hat, und beschränkt auf die Haloa war der πελανός nicht [12]).   (2) Sicher aus der behandlung der Pyanopsia; über das fehlen der aitiologie s. zu
30 368 F 2; über die zugehörigkeit der εἰρεσιώνη s. zu 362 F 1. Die etymologie wird vertreten durch Plutarch. *Thes.* 22, 5 (aus atthidographischer quelle), Heliodor. 373 F 3, und die lexikographen. Sie hat allmählich zur verdrängung der alten formen Πυανόψια und Πυανοψιών geführt [13]). Die existenz der form Πανόψια, die Lykurgos für ἄλλοι Ἕλληνες bezeugt,
35 wird bezweifelt; als autoschediasma ist sie auch aus der attischen tradition zu erklären, weil der brei nicht nur aus bohnen besteht, sondern eine πανσπερμία ist [14]).   (3) S. zu Phanodemos 325 F 18.   (4) Die gewöhnliche annahme dass die Ὑδροφόρια 'ein mit den Chytren verbundener festbrauch' waren, demnach auf den 13. Anthesterion zu datie-
40 ren sind [15]), beruht auf dem aition, das Theopomp [16]) für die Chytren

gibt: τοὺς διασωθέντας ἐκ τοῦ κατακλυσμοῦ ἑψῆσαι χύτραν πανσπερμίας, ὅθεν οὕτω κληθῆναι τὴν ἑορτήν. Aber Plutarch [17]) widerspricht mit der νουμηνία τοῦ Ἀνθεστηριῶνος μηνός, ἐν ἧι κατὰ τύχην ὑπομνήματα πολλὰ τοῦ διὰ τὴν ἐπομβρίαν ὀλέθρου καὶ τῆς φθορᾶς ἐκείνης δρῶσιν, ὡς τότε καὶ περὶ τὸν χρόνον
5 ἐκεῖνον μάλιστα τοῦ κατακλυσμοῦ συμπεσόντος. Theopomp ist kein besonders zuverlässiger zeuge für attischen kult, und ich ziehe beim stande der überlieferung vor, die Hydrophoria von den Chytren zu trennen, nicht weil die quelle von Photios-Suda die ersteren 'ein fest' nennt, sondern weil die erfindung des aitions verständlicher ist für die riten am erdspalt im bezirk
10 der Γῆ ἐπίκλησιν Ὀλυμπία [18]) als für das allgemeine seelenfest der Anthesteria (wenn es denn ein seelenfest ist). Dann gibt uns das exzerpt, so zusammengestrichen es ist, einen neuen zug; denn die sonstige tradition über die opfer und die geretteten aus dem κατακλυσμός spricht nur von speiseopfern [19]); und die heranziehung der notiz Ἀνθεστηριῶνος ἱερεῖς ἐκ
15 λουτρῶν in einem opferkalender vom ende (?) des 1. jhdts v. Chr. ist bedenklich, weil sie den tag nicht nennt und λουτρά nicht 'wasserspenden' sind. Reine willkür ist in jedem falle die änderung des autornamens Ἀπολλώνιος in Ἀπολλόδωρος [20]).   (5) Gibt nur den negativen teil von A.s ansicht [21]): wir erfahren weder warum er sich in gegensatz zu
20 dem ältesten und sehr vollständigen zeugnis des Thukydides [22]) gesetzt hat, noch wen er an stelle des Zeus Meilichios als herrn des festes oder empfänger der eigenartigen opfer genannt hat. Sein grund kann nicht die etymologie gewesen sein, für die er sich auf ältere autoren berufen zu haben scheint. (wenn der text nicht durch verkürzung korrumpiert ist);
25 d.h. er nannte nicht etwa einen Ζεὺς Διάσιος [23]). Vielleicht müssen wir mit der tatsache rechnen, dass alle alten und bedeutenden Zeusfeste Athens [24]) — Πάνδια, Διάσια, Διπολίεια — früh ihre bedeutung verloren hatten [25]), vielleicht in A.s zeit überhaupt nicht mehr oder nur in verkümmerter form gefeiert wurden, auch wenn sie später restauriert worden sind.
30 Das letztere ist nachzuweisen für die Dipolieia (aber der beweis würde hier zu weit führen), und ist für die Diasia vielleicht aus Lukian [26]) zu erschliessen. Es gibt indizien dafür, dass die Diasia zu einem anhängsel der Mysterien von Agra geworden sind [27]), die ebenfalls im Anthesterion gefeiert wurden, deren kalenderdatum aber leider nicht genauer festzu-
35 stellen ist; und dann nannte der ἐξηγητὴς ἐξ Εὐμολπιδῶν vielleicht deren gottheiten [28]). Merkwürdigerweise begegnet uns in scholien eine identifizierung von Διάσια und Διπολίεια [29]). Aber es ist nicht leicht, dem exegeten und heortologen eine so grobe verwechselung zuzutrauen: denn das kalenderdatum der Διπολίεια ist der 14. Skirophorion.

366. LYSIMACHIDES

Der autor, der ohne distinktiv zitiert wird, ist nicht zu identifizieren, mag aber Athener gewesen sein [1]). Seine zeit wird im groben bestimmt durch die polemik gegen Caecilius (unzweifelhaft den Kaleaktiner), den vermutlich etwas älteren zeitgenossen des Dionysios von Halikarnass [2]). Denn man wird angesichts von no. 343, 346, 362 kein bedenken tragen in dem verfasser von Περὶ τῶν ᾿Αθήνησι μηνῶν auch den der streitschrift gegen Caecilius zu sehen [3]). Es ist auch nicht rätlich tiefer ins 1. jhdt n. Chr. herunterzugehen [4]), weil die zitate L.s bei Harpokration und in den Sophoklesscholien doch wohl durch Didymos vermittelt sind, der hier das ältere material für die monate fand [5]) wie bei Apollonios für die feste (was nicht ausschliesst dass er es vermehrte). Diese beiden εἴδη der kultisch-antiquarischen schriftstellerei (und bis zu einem gewissen grade auch die bücher Περὶ θυσιῶν) müssen sich vielfach berührt haben [6]). Aber für ein buch Περὶ μηνῶν war die disposition nach dem kalender gegeben, und in den beiden sicheren zitaten Harpokrations (F 1-2) steht die ordnungszahl des monats. Es gab seit Philochoros eine reihe von schriften Περὶ ἑορτῶν (und Περὶ θυσιῶν); auch sammelzitate der Περὶ ἑορτῶν γράψαντες sind nicht selten [7]). Für Περὶ μηνῶν fehlen die letzteren, und mit namen wird nur L. zitiert [8]), was doch wohl nicht zufall ist. Wenn L.s buch das einzige über die attischen monate war — und Philochoros hat nicht Περὶ μηνῶν geschrieben, sondern Περὶ ἡμερῶν [9]), was etwas anderes ist — so wird man mindestens die gleichgeformten artikel bei Harpokration ohne autornamen (F 6-8) mit zuversicht auf ihn zurückführen, und wahrscheinlich auch die bei den anderen lexikographen, die aber wegen der übermässigen verkürzung wenig ausgeben, und die ich deshalb nicht zusammenstelle. Harpokration beweist, was des beweises nicht bedürfen sollte, dass L. alle zwölf monate des attischen jahres behandelt hat [10]). Für die annahme, dass er prinzipiell 'die monatsnamen von den beinamen der götter ableitete' [11]), reicht das material nicht aus. Wenn F 5 L. gehört (was freilich zweifelhaft ist) wäre sie falsch.

(1) *Lex. rhet.* p. 280, 26 Bkr Μεταγειτνιών· μὴν ᾿Αθήνησι δεύτερος. Plut. *De exil.* 6 p. 601 B ᾿Αθηναίων οἱ μεταστάντες ἐκ Μελίτης εἰς Διωμίδα, ὅπου καὶ μῆνα Μεταγειτνιῶνα καὶ θυσίαν ἐπώνυμον ἄγουσι τοῦ μετοικισμοῦ τὰ Μεταγείτνια, τὴν πρὸς ἑτέρους γειτνίασιν . . . . στέργοντες. Vgl. Preller-Robert *Gr. Myth.* [4]I p. 263 n. 2; Deubner *A.F.* p. 202. (2) *Lex. rhet.* p. 280, 27 Bkr Μαιμακτηριών· μὴν καὶ αὐτὸς ᾿Αθήνησι, πέμπτος. Die Hesychglosse μαιμάκτης· μειλίχιος, καθάρσιος ist bis zur sinnlosigkeit verkürzt; denn die bedeutung von μαιμάκτης hat L. richtig gegeben [12]). Auch bei

Plut. De coh. ira 9 p. 458 B 'ἐν τῶι βασιλικῶς (ἔφη) πάντ' ἔνεστι'· διὸ καὶ τῶν θεῶν τὸν βασιλέα Μειλίχιον Ἀθηναῖοι καὶ [13]) Μαιμάκτην (οἶμαι) καλοῦσιν stehen sich Μειλίχιος und Μαιμάκτης als 'antipoden' [14]), besser als zwei verschiedene seiten des gottes, gegenüber.   (3) Lex. rhet. p. 304, 22 Bkr Σκιροφοριών· μὴν Ἀθηναίων δωδέκατος. Über Skira und Athena Skiras s. zu Philochoros 328 F 14-16. Dass der Heliospriester in der prozession ging, muss man glauben [15]). Die frage ist, seit wann (denn ursprünglich ist er sicher nicht), und die antwort hängt davon ab ob der offensichtliche zusatz καὶ ὁ τοῦ Ἡλίου schon von L. stammt (der eine ältere beschreibung, etwa die des Philochoros, à jour brachte) oder von Harpokration oder gar erst von einem interpolator des lexikons. Ich halte die erste möglichkeit für nicht unwahrscheinlich [16]), wage aber nicht zu entscheiden, so wichtig eine sichere antwort für die geschichte des athenischen staatskultes wäre. Der Helioskult ist in Athen älter als die kaiserzeit, wo er durch den theatersessel der ἱέρεια Ἡλίου bezeugt ist [17]): Polemon führt unter den empfängern von νηφάλια ἱερά Eos, Helios, Selene an [18]). Bedeutender wird der gott aber erst, seit die gleichung Apollon ∽ Helios auch im kult ihre folgen hatte. Freilich können wir das nur für Apollonkulte belegen [19]). Auch dass Helios in einer πομπή neben die Horen tritt [20]) ist leichter zu verstehen als die aufnahme in einen festgefügten alten kult der götter der burg. Aber (wie gesagt) an der tatsache ist nicht zu zweifeln.   (4) Da Apollodor L. nicht zitiert haben kann, ist der name des letzteren zusatz in die ganz aus Apollodor genommene beschreibung der kultdenkmäler des Prometheus [21]). Gemacht haben wird ihn der Scholiast, der L. bei Didymos ausgeschrieben fand — vielleicht nur für den altar als ausgangspunkt der lampadophorie an den Promethia [22]), deren (jetzt unbekanntes) kalenderdatum L. gegeben haben muss [23]).   (5) Die form spricht eher gegen L. und für ein buch Περὶ θυσιῶν [24]). Vielleicht ist L.s ansicht erhalten in Lex. rhet. p. 247, 1 Bkr [25]) Ἑκατομβαιών· μὴν τῶν Ἀθηναίων ὁ πρῶτος· ὠνομάσθη δὲ οὕτως, ἐπειδὴ ἱερός ἐστι τοῦ Ἀπόλλωνος [26]). ὁ δὲ Ἀπόλλων ἥλιος εἶναι δοκεῖ [27]), ὁ δὲ ἥλιος τούτωι τῶι μηνὶ μέγαν ποιεῖ τὸν δρόμον· ἐκάλουν δὲ οἱ παλαιοὶ τὸ μέγα ἀπὸ τοῦ ἑκατόν, ἀφ' οὗ καὶ ἑκατόμβοια und bei Hesych. s.v. Ἑκατόμβαιος· ὁ Ἀπόλλων παρὰ Ἀθηναίοις [28]).   (6) Lex. rhet. p. 297, 16 Bkr Ποσειδεών· μὴν Ἀθήνησι ἕκτος. Über die Posidea, die ihm den namen gaben, Deubner A.F. p. 214 f., der Hesych. s.v. Ποσείδεα· ἑορτὴ Ποσειδῶνι τελουμένη übersehen hat.   (7) Lex. rhet. p. 208, 28 Bkr Ἀνθεστηριών· μὴν Ἀθήνησιν. ἱερὸς Διονύσου wie ἱερὸς Ἀπόλλωνος zu F 5. (8) Form wie F 1. Über die Munichia Deubner A.F. p. 204 ff.   (9) S. p. 129, 6 ff. Auf L. will Gudeman RE XIII col. 2558, 6 ff. auch die

Caeciliusglossen εἰσαγγελία und προβολή aus dem Lex. Cantabrigense und ἐξούλης aus Harp. s.v. [29]) zurückführen; die dritte sicher, die ersten beiden wahrscheinlich zu unrecht.

367. CHARIKLES

Zeit des verfassers und charakter des buches nicht kenntlich. Die mehrzahl der bücher spricht gegen reinen panegyrikos. Das einzige fragment weist Schwartz *RE* III col. 2140 wohl mit recht der einleitung zu.

368. ANONYME KULTSCHRIFTSTELLER

(1) Fraglich, ob hier zu recht eingeordnet. Für alle athenischen schriftsteller [1]), einschliesslich des exegeten Timosthenes [2]), ist Daeira eine göttliche person; die hier zitierte literatur der τελεταί, die nicht auf Athen beschränkt ist [3]), scheint δαῖρα in ihrer geheimsprache appellativisch gebraucht zu haben, etwa wie das (angeblich phrygische) βέδυ. (2) Harpokration zitiert für die kultische seite heortologen, für die historische (d.h. das aition) historiker; hinter ἄλλοι τε πολλοί stecken die Atthidographen, die seit Hellanikos [4]) die geschichte des Melanthos ausführlich behandelt haben. Damit ist nicht gesagt, dass man bei den heortologen überhaupt keine aitia fand und bei den Atthidographen keine kultischen tatsachen [5]); aber es ist charakteristisch für Didymos' art, die bei unvollständigen zitaten (wie z.b. bei F 3) beachtet werden muss. Der stark zusammengestrichene artikel Harpokrations ist für beide seiten zu ergänzen aus Schol. Aristoph. *Ach.* 146 (*Pax.* 890; Suda s.v.), die auch eine prinzipiell andere, nicht mythisch-aitiologische erklärung liefern [6]), und der Συναγ. λεξ. χρησ. p. 416, 24 ff.; 417, 22 ff. Bkr; für die kultische seite auch aus Hesych. s.v. Ἀπατούρια. Der letztere sichert auch die vier tage gegen die leichte änderung von $\bar{\delta}$ in $\bar{\gamma}$ [7]) durch ἐπὶ ἡμέρας τέσσαρας und ἡ τετάρτη ἐπίβδα [8]). Als herrn des festes nennt die erste glosse der *Synagoge* im lemma den Dionysos [9]), was in dieser form falsch ist, sich aber daraus erklärt, dass sie gegen die gewöhnliche anordnung das aition vorangestellt hat, in dem Dionysos eine hauptrolle spielt — wenigstens in einer fassung. Denn auch hier bestehen unterschiede, und die berichte geben (trotzdem sie sämtlich gekürzt sind) varianten zu fast allen einzelheiten [10]). (3) Zu 365 F 2. (4) Zu 366 F 3. (5) Zu no. 364. (6) Proklos *ebd.* p. 85, 28 Diehl Ἀριστοκλῆς ὁ Ῥόδιος (IV) ἱστορεῖ τὰ μὲν ἐν Πειραιεῖ Βενδίδεια τῆι εἰκάδι τοῦ Θαργη-

λιῶνος ἐπιτελεῖσθαι. S. Deubner *A.F.* p. 219, und über das falsche datum für die kleinen Panathenaia hier und sonst *ebd.* p. 23 n. 11; 35. (**7**) Geht doch wohl auf die eleusinischen mysterien, und dann sind es die 'zweigbündel', die die mysten auf monumenten in den händen tragen. Ob sie βάκχοι hiessen [11]) ist eine streitfrage [12]). Tresp *op. cit.* p. 111 denkt an Melanthios, bei dem dergleichen wohl gestanden haben kann [13]). (**8**) Varro *De r. rust.* 2, 4, 17 *porcus Graecum est nomen antiquum, sed obscuratum, quod nunc eum vocant choeron*; 2, 4, 9 *sus Graece dicitur* ὅς, *olim* θῦς [14]) *dictus ab illo verbo quod dicunt* θύειν, *quod est immolare. ab suillo enim [genere]* [15]) *pecore immolandi initium primum sumptum videtur, cuius vestigia, quod initiis Cereris porci immolantur e.q.s.* Im eleusinischen kult: Schol. Aristoph. *Ach.* 764 χοίρους ἐγώγα μυστικάς] διὰ τὸ ἐν τοῖς μυστηρίοις τῆς Δήμητρος χοίρους θύεσθαι [16]) und das (bezw. ein) aition Hygin. *fab.* 277. In den *libri sacrorum* sieht Tresp p. 110 nach K. O. Mueller die Εὐμολπιδῶν πάτρια. Unsicher; aber bekannt konnten sie Varro sein [17]).

369. ANONYMER PERIEGET

In den traurigen resten des papyrus von Hawara [1]) hat U. Wilcken eine Periegese erkannt, 'die uns vom Piraeus nach Munichia und von dort zu den langen mauern führt'; und er hat das einzige stück, das man überhaupt ergänzen kann, entsprechend hergestellt [2]). Ich bereue nachträglich, dass ich diesen text des inhalts wegen hier (statt in Teil V) eingereiht habe, weil es dem irrtum nahrung gibt, als ob wir die reste eines buches über Athen vor uns hätten [3]). Wer mit dem Peiraieus beginnt, kommt zur see und von aussen; und wenn er, trotz aller einzelangaben über die häfen, so knapp ist [4]), so hat er nicht eine periegese Athens geschrieben, sondern eine Περιήγησις τῆς Ἑλλάδος (oder wie immer der titel des buches lautete), die mit Athen begann wie Pausanias' Ἑλλάδος Περιήγησις [5]) und wahrscheinlich schon des Herakleides buch Περὶ τῶν ἐν τῆι Ἑλλάδι πόλεων (V). Keiner dieser männer war gebürtiger Athener.

Über die geschichte der Periegese kann hier nicht weiter gehandelt werden als zum verständnis der folgenden autoren über Athen notwendig ist. Ich begnüge mich mit der feststellung dass wir zwei verschiedene arten der periegese zu unterscheiden haben, die wir am besten knapp als die geographische und die historische bezeichnen. Ich wähle diesen zweiten terminus nicht nur weil der übliche 'antiquarische periegese' schwer zu definieren ist und — wenn man ihn auf die unbestrittenen periegesen von Hawara (H) und 'Herakleides' anwendet — zu fehlurteilen sowohl über die gesamtentwicklung wie über die einzelnen autoren führt, sondern vor allem weil die Alten die zweite art ganz mit recht als ein εἶδος der geschichte (im weitesten sinne des wortes) angesehen zu haben scheinen [6]). Der unterschied zwischen den beiden arten ist ganz deutlich. Die geographische periegese, in der sich gelehrte und praktische interessen untrennbar mischen — wenn auch das mischungsverhältnis zu verschiedenen zeiten und bei verschiedenen autoren ein verschiedenes ist — gehört zu den ältesten formen der prosaliteratur, da sie mit Hekataios' Περίοδος Γῆς [7]) beginnt. Sie bewahrt ihre selbständigkeit auch als Herodot die von Hekataios durch seine zwei werke vollzogene trennung von geschichte und geographie durch ὁμοίως σμικρὰ καὶ μεγάλα ἄστεα ἀνθρώπων ἐπεξιών [8]) in der einleitung eines geschichtswerkes scheinbar wieder aufhebt, und hellenistische historiker (wie Demetrios von Kallatis und Agatharchides von Knidos[9])) universalgeschichte in geographischer anordnung schreiben; denn andere, wie Ephoros und Polybios, haben die Geographie in grossen exkursen als hilfswissenschaft der Geschichte behandelt. Sie bewahrt auch im allgemeinen die alte form der 'umwanderung' oder 'herumführung' bis auf die Περιήγησις Οἰκουμένης des Dionysios im 2. jhdt n. Chr., der bei den späteren schlechtweg ὁ Περιηγητής heisst, wie Strabon ὁ Γεωγράφος; höchstens dass man seit Eratosthenes' Γεωγραφούμενα, die die Geographie zu einer mathematisch fundierten wissenschaft machen, und den reformversuchen der astronomen an der karte zwischen Geographie und Periegese (χωρογραφία, τοπογραφία) einen unterschied macht [10]). An alledem ändert sich prinzipiell auch dadurch nichts dass die Periegese nicht immer universal bleibt, sondern sich später vielfach auf einen engeren raum — erdteile, einzelne länder, und selbst städte — beschränkt [11]); dass sowohl die universale wie besonders die teilperiegese vielfach und zuweilen reichlich 'altertümer' aufnimmt und damit wenigstens stofflich unter den einfluss der historischen periegese tritt (seit es diese gibt) [12]); dass sie literarische ansprüche erhebt, den stil der 'belletristik' auf ein recht widerstrebendes material anwendet — was alles sehr deutlich der fall ist in Pausanias' Ἑλλάδος Περιήγησις [13]). Demgegenüber ist die historische periegese eine neue, erst in frühhellenistischer zeit entstandene, rein gelehrte gattung. Ihr interesse ist alles andere als geographisch; es geht ausschliesslich auf die altertümer und noch spezieller auf die denkmäler. Wenn sie überhaupt bewusste berührung mit der älteren ionischen periegese hat, so kann man sie nur darin finden, dass diese sei es mehr gelegentlich (für Hellas) sei es fast systematisch (für den Orient) denkmäler verzeichnete und erklärte (d.h. ins historische gebiet übergriff), und jene ein lokales (freilich nicht geographisches, sondern topographisches) prinzip hat. Um hier bei Athen und den für Athen wichtigsten der uns bekannten gelehrten periegeten zu bleiben: Diodor und Heliodor [14]) schreiben keine Περιήγησις 'Αθηνῶν [15]) und nicht einmal Περὶ 'Αθηνῶν — wie etwa Kallikrates [16]) — sondern Περὶ (τῶν 'Αθήνησι) μνημάτων, Περὶ τῆς 'Αθήνησιν ἀκροπόλεως, Περὶ τῶν 'Αθήνησι τριπόδων u.s.f.; Polemon schreibt nicht Περὶ ζωγράφων oder Περὶ τορευτικῆς sondern Περὶ τῶν ἐν τοῖς Προπυλαίοις πινάκων, Περὶ τῶν ἐν Σικυῶνι πινάκων, Περὶ τῶν ἐν Λακεδαίμονι ἀναθημάτων u.s.f.; und er hält diese lokale beschränkung meist auch fest wo er sich mit πόλεις und κτίσεις befasst, also ins gebiet der geographischen periegese überzutreten scheint [17]). Diese beschränkung, die grösste ausführlichkeit, vollständigkeit und entsprechende genauigkeit in der (weitgehend historischen) kommentierung der denkmäler erlaubt, ist geradezu der charakteristische zug dieser periegese, die eben ein zweig der stets gelehrten antiquarischen, nicht der (mehr oder minder gelehrten, mehr oder minder auch antiquarisch interessierten) geographisch-periegetischen literatur ist. Wenn es zutrifft, dass gerade die drei genannten autoren in unseren quellen das spezielle distinktiv ὁ περιηγητής erhalten [18]), so hat sich die bedeutung des wortes leicht verlagert: in der geographischen literatur ist es ein 'herumführen' im ursprünglichen sinne, und die entsprechend disponierten bücher heissen deshalb Περιηγήσεις; wenn die bücher der historischen περιηγηταί gerade nicht Περιηγήσεις heissen, sondern vom inhalt genommene titel tragen, so zeigt das, dass es trotz der topographischen beschränkung (die hier eben eine beschränkung ist, deutlich in titeln wie Περὶ ἀκροπόλεως, Περὶ τῆς ἱερᾶς ὁδοῦ und ähnlichen) weniger auf das 'herumführen' auf diesem beschränkten gebiet ankommt, als auf das 'beschreiben und erklären' der denkmäler, die nicht immer in einem topographisch bestimmbaren raum liegen. Selbst wenn man konzedieren wollte, dass die historische periegese ein εἶδος der altionischen periegese ist — wegen ihrer topographischen beschränkung und weil die geographische periegese z.b. bei Pausanias der historischen periegese material entnimmt — wird man vermeiden sie schlechthin eine station auf 'dem langen weg von Herodot zu Pausanias' zu nennen [19]). Ihr geistiger charakter verweist sie ursprungsmässig vielmehr in das gebiet der peripatetischen und überhaupt der gelehrten sammelarbeit, die ein sachlich bestimmtes material vollständig aufarbeitet; und ihr verhältnis zu der geographischen periegese ist das einer quelle, die von bestimmten (keineswegs allen) reisewerken, echten 'herumführungen', ausgenutzt wird.

Was nun H angeht, so ist kein zweifel, dass er — wie 'Herakleides' und von den Athenern vielleicht Kallikrates trotz der beschränkung des letzteren auf Athen — eine station auf dem wege von der altionischen periegese zu Pausanias ist; dass er nicht in die gesellschaft der historischen periegeten — eines Diodoros, Heliodoros und Polemon — gehört, sondern in die der geographischen periegese. Hier entscheiden nicht einzelheiten wie Θησέως ἔργον ἡ πόλις [20]), oder die kurzen erwähnungen von einzelnen bauten und sonstigen denkmälern [21]), oder die zahlen für die länge der mauern, sondern der gesamtcharakter, den Pasquali [22]) im wesentlichen richtig bestimmt hat: 'er strebt so wenig nach vollständigkeit wie Pausanias ... der Unbekannte [23]) wählt frei sein material aus: er verzeichnet aus den hafenstädten ein paar einzelne gebäude, die ihm aufgefallen sind .... die ἱστορίη-form tut sich darin kund, dass die gegenstände aneinandergereiht werden, wie sie sich dem reisenden vorstellen'. Der gegensatz zu dem streben nach vollständigkeit und akribie in der historisch-antiquarischen periegese ist absolut. Wir haben in der tat einen reisenden vor uns, wie es auch der sog. Herakleides war, der freilich mehr interesse für das was man 'land und leute' nennt gehabt zu haben scheint als für topographische beschreibung. Aber das ist dann seine spezialität, und nach fragmenten ist schwer zu urteilen; nur dass die beiden unter sich und (trotz deutlicher unterschiede) beide mit Pausanias zusammengehören ist zweifellos [24]). Dieser reisende ist so unbekannt wie 'Herakleides'; jede vermutung wäre zwecklos [25]). Sicher aber, dass er sowenig Athener ist wie dieser [26]), und seine zeit hat Wilcken [27]) mit ziemlicher wahrscheinlichkeit auf das 3. jhdt v. Chr. bestimmt, in das auch 'Herakleides' gehört. Das ist ein sehr passender zeitpunkt für die entstehung eines neuen εἶδος der geographischen periegese (denn als ein solches sehe ich diese reisebücher ebenso an wie die vermutlich etwas ältere, in Athen mit Diodoros beginnende 'historische'): in der zeit der Diadochen oder (eher) der Epigonen wird das eigentliche Hellas (nicht Athen allein) reiseland, ziel eines im ganzen neuartigen fremdenverkehrs, der (wenigstens zum teil) das mutterland der griechischen kultur in einer art von romantischen stimmung aufsucht: man macht bildungsreisen dahin, wie man sie früher von Hellas nach dem Orient, wie sie später die Römer nach Griechenland und dem griechischen Kleinasien machen [28]). Diese reisenden beschreiben was sie da gesehen haben, gewiss mit dem gedanken anderen eine hilfe für ihre reisen zu geben: man versteht so die linie, die von diesen reisebüchern des 3. jhdts zu Pausanias läuft, und dass sie alle einen gewissen Baedekercharakter haben, der in H so deutlich ist wie in den resten des Kallikrates [29]). Daher stellen wir bei allen ganz natürlich — schon Wilcken hat es getan ³⁰) — die frage nach der autopsie oder (da diese bei keinem von ihnen, auch bei Pausanias nicht, zweifelhaft ist) nach dem verhältnis von autopsie und benutzung älterer tradition (mündlicher oder schriftlicher) in ihren büchern.

Ich muss auf einen kommentar verzichten, weil das erhaltene zu tief in topographische fragen führen würde, die zu behandeln nicht meines amtes ist. Auch der nachweis, wie deutlich H nach oben wie nach unten in der im eigentlichen sinne periegetischen tradition steht, lässt sich nicht kurz abmachen; nur darauf sei hingewiesen, wie gross die allgemeine ähnlichkeit des erhaltenen stückes mit den resten des Kallikrates no. 370 ist (nicht nur mit seinem F 4) und mit dem kapitel des Pausanias über die häfen Athens ³¹). Es ist im höchsten grade bedauerlich, dass F 2, wo Wilcken ³²) ausführlichere beschreibung von kunstwerken finden möchte, so sehr zerfetzt ist dass man nicht sicher zu reden wagt; wie es bedauerlich ist dass nicht klar wird ob und in welcher beziehung der unbestimmbare Thrasymedes in F 1 zu dem tempel der Artemis von Munichia steht ³³).

370. KALLIKRATES-MENEKLES

Die nicht zahlreichen, aber ausgiebigen fragmente weisen das buch in die reihe, an deren spitze für uns jetzt die periegese von Hawara und der sog. Herakleides, und an deren ende Pausanias steht ¹). Der unterschied gegen die beiden älteren periegeten besteht darin dass dieser autor, wie der titel Περὶ Ἀθηνῶν ¹ᵃ) zeigt, seine periegese auf Athen beschränkte: er schrieb einen führer der stadt, der gewiss schon zum praktischen gebrauch der bildungsreisenden Römer bestimmt war ²). Charakteristisch für ihn ist ferner der schlichte stil und die knappheit, die auf einzelheiten und historische exkurse verzichtet ³). Die darstellung geht streng topographisch vor ⁴), und Judeich ⁵) rühmt die zuverlässigkeit der angaben. Da die meist wörtlichen fragmente zwar den genauen titel, aber nie buchzahl geben, wird es nur éin buch gewesen sein ⁶). Das überwiegen der wörtlichen zitate nur bei Harpokration und in den Aristophanesscholien führt auf übernahme aus Didymos' kommentaren: er hat das letzte buch über das noch unzerstörte Athen herangezogen, weil es das letzte und zugleich das modernste war. Dass es vor der Sullanischen verwüstung geschrieben ist zeigt F 4 deutlicher noch als F 1. Die einzige schwierigkeit macht der doppelte autorname ⁷). Es ist in dieser zeit schwer glaublich, dass man über den wirklichen verfasser im zweifel war; es liegt näher, an die verkürzende bearbeitung eines älteren buches zu denken [8]), bei dem das für den praktischen zweck des reiseführers nicht unbedingt nötige antiquarische material, die λόγοι und exkurse, der schere zum opfer fiel. Freilich lässt sich nicht entscheiden, wer von beiden den anderen in dieser weise epitomiert hat. Wenn man in Menekles den Barkaier sehen darf, der zu den im j. 140 v. Chr. aus Alexandreia vertriebenen philologen gehörte (was sich nicht beweisen lässt, aber nicht unwahrscheinlich ist [9])), so hat er sich einen neuen wirkungskreis in Athen gesucht, wie Apollodor erst in Pergamon und später auch in Athen. Kallikrates [10]) ist nicht zu identifizieren, und braucht nicht Athener gewesen zu sein [11]). War M. der bearbeiter, so könnte man mit K. ins 3. jhdt, die zeit der periegesen von Hawara und des 'Herakleides' hinaufgehen. Aber das bleibt alles unsicher.

(1) Den ausbau des Peiraieus mit seinen λιμένες τρεῖς αὐτοφυεῖς durch Themistokles verzeichnet als historisches faktum schon Thukyd. 1, 93 (danach [Ephoros-]Diodor 11, 41; Nepos *Them.* 6, 1). Alle periegeten haben den hafen und seine bauten dann mehr oder weniger ausführlich beschrieben: s. ausser K.-M. (von dem Didymos bezw. die scholien nur den passus über den Κανθάρου λιμήν ausgeschrieben haben) den Periegeten von Hawara 369 F 1 col. II § 1-2 (wo der allgemeine eingang verloren ist und von der schilderung des Kantharos nur trümmer erhalten sind); Strabon 9, 1, 15; Pausan. 1, 1, 2 f. Dazu einzelartikel in den Lexika: Hesych. s.v. Ζέα; Κανθάρου λιμήν; *Lex. rhet.* p. 271, 8 Bkr. Die namen der drei häfen auch auf inschriften des 4. jhdts (*IG* ²II 1627-1631); für ihre identifikation und alle sonstigen einzelfragen s. Judeich *op. cit.* p. 433 ff. Unsicher bleibt wegen des bestimmten artikels (gegenüber von στοαὶ πέντε) die zahl 60 für die schiffshäuser: Strabon spricht nur von λιμένες πλήρεις νεωρίων, und man erwartet selbst in einem knappen text ξ τὸν ἀριθμόν; darf man sie glauben, ist sie ein wertvolles zeugnis für Athens zustand im 2. jhdt (vgl. immerhin *JHSt* 64, 1946, p. 66). Über das 'Ἀφροδίσιον vgl. zu Ammonios 361 F 5.   (2) Zu der ortsbezeichnung οἱ Ἑρμαῖ s. *Hesperia* 14, 1945, p. 193 ff. Dem ausdrücklichen zeugnis gegenüber lässt sich schwer bezweifeln, dass der vers, den die Paroemiographen dem 'Megarer Maison' zuschreiben [12]), wirklich auf einer der Hermen stand. Merkwürdig genug [13]). Stifter und etwaige beziehung auf ein faktum der attischen politik (man hat an die Peisistratiden, Miltiades, Kimon gedacht) bleiben im dunkel.   (3) *Lex. rhet.* p. 247, 24 (Et. M. p. 321, 21) Ἑκατόμπεδον· νεώς ἐστι τῆς Ἀθηνᾶς, ποδῶν ἑκατὸν ἐκ πάσης πλευρᾶς· διὰ τοῦτο γὰρ καὶ ὠνομάσθη. καλοῦσι γὰρ (δὲ?) αὐτόν τινες Παρθενῶνα. Gegen diese gewöhnliche und natürliche auffassung des terminus Ἑκατόμπεδον, die in ihm den grossen tempel sieht, ohne dass

es auf die genauigkeit der masse ankommt, haben K.-M. polemisiert, was für ihr künstlerisches empfinden interessant ist. Ursprünglich sind die termini nicht gleichbedeutend; aber der streit über den ἀρχαῖος νεώς geht uns nichts an. (4) Die klare ausdrucksweise des periegeten erläutert den wortreichen und trotzdem unklaren, daher vielumstrittenen anfang von Pausanias' beschreibung des ehrenfriedhofes [14]: ἔστι δὲ καὶ πᾶσι μνῆμα Ἀθηναίοις ὁπόσοις ἀποθανεῖν συνέπεσεν ἔν τε ναυμαχίαις καὶ ἐν μάχαις πεζαῖς, πλὴν ὅσοι Μαραθῶνι.... οἱ δὲ ἄλλοι κατὰ τὴν ὁδὸν κεῖνται τὴν ἐς Ἀκαδημίαν, καὶ σφῶν ἑστᾶσιν ἐπὶ τοῖς τάφοις στῆλαι τὰ ὀνόματα καὶ τὸν δῆμον ἑκάστου λέγουσαι. Vorher war der innere Kerameikos beschrieben, den Pausan. 1, 13, 1 schlechthin Κεραμεικός nennt.

371. TELEPHANES

Ἄστυ ist die stadt im gegensatz zur χώρα [1]), und Diomeia ist ein städtischer demos. Schwer zu sagen ob T. das wort in diesem sinne gebraucht hat, oder ob Περὶ τοῦ ἄστεος gezierter titel für Περὶ Ἀθηνῶν ist. Wilamowitz' konjektur Περὶ τοῦ ἀστείου γ̅ ist geistreich, aber (da wir nur ein fragment haben) methodisch und auch sachlich bedenklich: ein rhetor, der so ausführlich über einen spezialpunkt schrieb, wäre uns wohl bekannt, und das fragment findet leicht platz in einem 'antiquarischen' exkurs der beschreibung des mit dem Kynosarges verbundenen berühmten Herakleions von Diomeia. T. ist unbestimmbar, gehört aber wohl schon in die kaiserzeit (2. jhdt?).

372. DIODOROS DER PERIEGET

Verfasser zweier spezialwerke über athenische altertümer mit den titeln Περὶ τῶν δήμων und Περὶ (τῶν) μνημάτων [1]), unbekannter herkunft [2]), und bei der ausserordentlichen häufigkeit des namens auch nicht zu identifizieren. Er wurde (wie es scheint) durchgängig durch das distinktiv ὁ περιηγητής ausgezeichnet [3]) und gilt seit Ahrens [4]) gemeinhin als der erste 'historische' perieget Athens. Er ist damit schöpfer eines neuen εἶδος der periegese, dessen eigenart zu no. 369 festgestellt ist: man setzt nämlich sein buch Περὶ τῶν δήμων — denn nur dieses lässt sich so datieren, nicht die ganze tätigkeit des gelehrten — vor die befreiung Athens durch Demetrios Poliorketes und die errichtung der phylen Antigonis und Demetrias im j. 306/5 v. Chr., weil in den fragmenten dieses buches nur die zehn alten phylen vorkommen und auf die änderungen von 306/5 (224/3? 201/0) in der phylenzugehörigkeit keine rücksicht genommen ist [5]). Es ist E. Schwartz [6]) zuzugeben, dass diese datierung nicht strikt beweisbar ist; nicht weil seine einwände, die ihn zu dem skeptischen ansatz 'vor den beiden letzten dezennien des 3. jhdts' führen, überzeugend wären, sondern weil ein negatives argument dieser art nicht zur positiven datierung genügt: die sozusagen klassizistische beschränkung auf die zehn alten phylen kann in einem antiquarischen werk so gut in dem plane des autors liegen wie in Krateros' Ψηφισμάτων Συναγωγή die beschränkung auf die volksbeschlüsse des (6. und) 5. jhdts [7]). Wir können also direkt nicht mehr sagen als dass F 36 das buch Περὶ μνημάτων auf nach 340 v. Chr. verweist, und F 34 (nach verbesserung des autornamens [8])) für das dritte buch dieses werkes auf nach 322 v. Chr. (tod des Hypereides) herabzugehen zwingt. Auch *a priori* würde man übrigens einen solchen antiquar nicht vor den beginn und kaum in die erste periode der 'antiquarischen' sammelarbeiten des Peripatos setzen, ob D. nun persönliche verbindung mit dem Peripatos hatte [9]) oder nicht. Vielleicht führt der indirekte weg zu genauerer zeitbestimmung. Zwar dass schon der Kallimachosschüler Hermippos D. benutzt hat [10]) lässt sich zur not mit Schwartzens ja sehr vagem ansatz vereinigen. Aber die vorlage von Pausanias' auszug aus einer offenbar vollständigen liste der kriegergräber im Kerameikos [11]) kann kaum eine andere gewesen sein als D. — der einzige autor, von dem wir sicher wissen, dass er Περὶ μνημάτων geschrieben hat [12]). Dieser auszug erwähnt nur drei gräber des 4. jhdts, aber fünf der Diadochenzeit, von denen keines jünger ist als 287/6 v. Chr. Der schluss, dass der autor vor dem Chremonideischen krieg 267/6 (270/69) - 263/2 geschrieben hat, ist erlaubt: trotz der willkür, mit der Pausanias verfährt, fällt es (angesichts der vollständigkeit, mit der er die gräber aus den freiheitskämpfen aushebt) schwer zu glauben, dass er diesen ihm als entscheidend bekannten krieg [13]) ausgelassen hätte, wenn seine vorlage ihn bot. Wie lange nach 287 D. das buch Περὶ μνημάτων und wie lange vorher er das buch Περὶ τῶν δήμων publiziert hat, lässt sich nicht sagen [14]). Die möglichkeit, dass das letztere wirklich vor 306/5 geschrieben ist, kann nicht ausgeschlossen werden. Jedenfalls werden wir mit einer gewissen zuversicht D.s tätigkeit in die jahre ca. 310/300-287/80 setzen. Sie fällt teilweise in nicht näher zu bestimmendem umfang zusammen mit der des Philochoros, neben dem er öfter zitiert wird [14a]).

Wir kennen unter D.s namen nur die beiden eingangs genannten werke, von denen Περὶ δήμων nur éin [15]), Περὶ μνημάτων höchst wahrscheinlich mindestens drei bücher [16]) umfasste. Das ist nicht viel und mag sich daraus erklären, dass D. noch ohne hilfe von vorgängern ganz aus eigener forschung arbeiten musste, kann aber auch andere gründe haben: wir können ja D. nicht identifizieren; wissen nicht ob er dauernd in Athen lebte; ob er politisch oder sonstwie tätig war [16a]). Ein Περὶ Μιλήτου σύγγραμμα (F 40) ist *a priori* für ihn keineswegs unmöglich; es würde wohl für die herkunft des periegeten aus dieser stadt beweisen und es auch möglich machen in ihm einen angehörigen des Peripatos zu sehen. Dass das distinktiv ὁ περιηγητής fehlt, besagt in der späten quelle nicht viel; andrerseits ist die zweimal unabhängig vorgeschlagene änderung von Περὶ Μιλήτου in Περὶ μνημάτων [17]), die palaeographisch leicht ist, angesichts des inhalts von F 40 immerhin verlockend. Ich wage keine entscheidung, weil der name so gewöhnlich und die literatur über Milet nicht ganz gering ist [18]).

Der bestand der fragmente von Περὶ δήμων lässt sich mit einer gewissen sicherheit besonders aus Stephanos von Byzanz vermehren. D. steckt vermutlich nicht nur hinter den τινές s.v. Ἁγνοῦς, sondern ist auch da als quelle wahrscheinlich wo für einen demos der zehn alten phylen der autor infolge der epitomierung fortgefallen ist [19]). Viel lehren diese paar ergänzungen nicht. Wichtiger wäre eine sammlung der tradition über die athenischen gräber. Es scheint nicht zweifelhaft dass das reiche, in den büchern Περὶ μνημάτων aufgestapelte material von allen nachfolgern im gleichen εἶδος — d.h. vor allem von Polemon und Heliodor [20]) — und weiter, soweit es bekannte männer anging, auch von der hellenistischen Biographie ausgebeutet ist, vermutlich schon von Hermippos, aus dem Plutarch einiges mit namen zitiert [21]). Wir finden D. m.e. mit sicherheit — verwischt nur durch die korruptel des autornamens in F 36 — verhältnismässig reichlich in der quelle, aus der die *Vitae* X *or.* (d.h. doch wohl Caecilius von Kaleakte) ihre kenntnis der monumente haben. Ob der vermittler ein perieget war oder ein biograph, der Athen besucht hat, ist nicht sicher zu entscheiden; aber er hat seine vorlage à jour gebracht [22]). Man denkt bei den diskussionen über die gräber des Solon, Kimon, des historikers Thukydides zuerst an den autor, der das Themistoklesgrab gefunden hat [23]). D. war offenbar für die gräber so massgebend wie Krateros, dessen buch auch keine neuauflage erfahren hat, für die volksbeschlüsse.

(**1**—**33**) Aus Περὶ τῶν δήμων sind 29 namen aus allen zehn phylen bei Harpokration erhalten; nur vier und nur für die phylen V, VII-IX bei Steph. Byz., was folge der starken epitomierung des letzteren ist, der (wie in der Epitome Harpokrations) besonders auch die belege zum opfer gefallen sind. Sie sind alle gleichartig, was an der vermittlung durch den gleichen autor liegen kann, der neben D. eine zweite quelle für die historischen fragen (eponyme etc.) heranzog — sicher Philochoros [24]). Das ist Didymos' art, die z.b. bei den athenischen πολιτικὰ ὀνόματα sehr deutlich ist [25]); und er ist als quelle Harpokrations sicher [26]). Nur F 28 zitiert den eponymen unter D.s namen, und das kann auch folge der verkürzung Harpokrations sein [27]); die meisten artikel geben jetzt nichts weiter als die phylenzugehörigkeit. Infolgedessen sehen wir über inhalt und charakter des buches nicht klar. Fest steht nur dass D. den namen des demos gab und ihn, mindestens in fällen von homonymie, aus der literatur belegte [28]); ferner dass er überall die demotika und topika hinzufügte [29]). Wenn die ableitung gewisser anonymer Stephanosartikel aus ihm (statt aus Krateros) berechtigt ist [30]), so gab er auch hier belege, und zwar mindestens teilweise aus inschriften, die in Περὶ μνημάτων eine grosse rolle gespielt haben müssen [31]). Das könnte auf ein primär grammatisches interesse deuten [32]); aber ein solches ist für den frühen periegeten nicht sehr glaublich, und es fällt auf dass F 15 für das grammatische geschlecht des namens Διονύσιος ὁ Τρύφωνος zitiert wird [33]) und für die ableitung des namens ein sonst unbekannter Zopyros. Leider fehlt gerade hier Philochoros, der nicht alle demennamen von mythischen eponymen ableitete [34]); sonst würde man in F 15 den beweis dafür sehen dass D. wirklich die namen der demen nicht erklärte, und dann weiter dass Philochoros im 3. buch der *Atthis* D.s buch in dieser beziehung ergänzte [34a]). Gewiss sind beim zustand der überlieferung schlüsse *e silentio* überhaupt bedenklich. Aber hätte D. die namen der demen erklärt, so würde man auch erwarten dass Didymos aus ihm diskrepanzen gegen Philochoros notiert hätte; denn ganz gefehlt hat es an solchen nicht. Es fehlt in den fragmenten auch jede spur einer behandlung der denkmäler und sonstigen altertümer der demen, obwohl ihre besonderheiten z.b. im kult bekannt sind [35]). Dagegen würde man von dem 'periegeten' erwarten dass er überall die lage der demen genau bestimmte. Das scheint F 7 zu bestätigen; aber leider handelt es sich da nicht nur um ein doppelzitat, sondern auch um homonyme demen. Die einzelnen demen (namen etc.) zu besprechen ist hier nicht der platz. (**34—40**) Περὶ μνημάτων, dessen titel nur F 34 gibt, handelte über attische gräber. Über den sinn des titels kann nach F 34-35 kein zweifel bestehen, ganz gleich ob F 34 D. oder Heliodor gehört [36]). Keil setzt stillschweigend die bedeutung 'denkmäler' voraus [37]), und Pasquali [38]) will sich 'über den sinn von μνῆμα im titel *dieses* werkes nicht aussprechen'. Aber die periegeten spezialisieren in ihren titeln ganz unzweideutig; es gibt keine parallele für ein vages Περὶ μνημάτων, das denkmäler der verschiedensten art deckte. Es war ein gelehrtes buch, das die einzelnen gräber und ihre inhaber sorgfältig, unter heranziehung der gesamten literatur [39]), diskutierte und daran anknüpfende fragen z.b. der familiengeschichte [40]) behandelte. Das muss z.t. ausführliche exkurse (wie F 38/9 zeigen, nicht nur über familiengeschichte) gegeben haben, deren anknüpfung uns nicht immer klar ist, da wir die disposition nicht kennen [41]). Es hilft nicht viel, einen 'topographischen leitfaden' anzunehmen, wenn wir den ausgangspunkt nicht kennen; und dass das einzelne grab topographisch genau bestimmt wird [42]) beweist nichts für die gesamtanlage. Das Theseusgrab F 38 beweist das streben nach vollständigkeit [43]); das Themistoklesgrab F 35 vielleicht die vorsicht des wissenschaftlers, der eine neue behauptung aufstellte [44]). Begreiflich dass eine solche behandlung mindestens drei bücher füllte; ebenso begreiflich dass es sowenig erneuert ist wie Krateros' Ψηφίσματα; das angeblich gleichnamige werk des Heliodoros (in dem man dann den titel anders deuten müsste) hat nie existiert.   (34) Ich habe keinen zweifel daran, dass Ruhnken Ἡλιόδωρος richtig in Διόδωρος geändert hat [45]). Der biograph zitiert ihn für das erbbegräbnis und dessen lage πρὸ τῶν Ἱππάδων πυλῶν; der zusatz über seine spätere zerstörung scheidet sich ohne weiteres aus. Die benutzung des periegeten, der nur hier zitiert wird — alle gleichartigen stellen sind anonym [46]) — ist nicht direkt, der vermittler wahrscheinlich der im anfang zitierte Hermippos, bei dem Caecilius einzelheiten fand und vielleicht auch die varianten, die sich ebenfalls leicht aussondern. Aus dem wortlaut τοὺς δ' οἰκείους τὰ ὀστᾶ λαβόντας ergibt sich, dass auch D. den tod des redners ausserhalb Athens (vielleicht ohne die einzelheiten, die strittig waren) vorher erwähnt hatte, weil er erklären musste, wie der verbannte in Athen bestattet werden konnte: es ist der fall des Themistokles [47]), bei dem die verurteilung auch nicht rückgängig gemacht war, wie das bei Thukydides der fall war [48]). Hermippos, der auch den Phalereer Demetrios kannte, brodiert auf dieser grundlage. Möglich ist an dieser stelle ein exkurs über person und familie des Hypereides (wie ihn F 40 über Aspasia gibt), aus dem vielleicht F 36 stammt [49]): bei Plutarch. *Demosth.* 28, 3-4 ist Archias ὁ κληθεὶς φυγαδοθήρας nach Hermippos schüler des rhetors Lakritos, Δημήτριος δὲ (der Phalereer 228 F 20) τῆς Ἀναξιμένους διατριβῆς μετεσχηκέναι αὐτόν; darauf folgt der tod des Hypereides in Kleonai. (35) Thukyd. 1, 138, 6 (Nepos *Them.* 10, 5) τὰ δὲ ὀστᾶ φασὶ κομισθῆναι αὐτοῦ οἱ προσήκοντες [50]) οἴκαδε κελεύσαντος ἐκείνου, καὶ τεθῆναι κρύφα Ἀθηναίων ἐν τῆι Ἀττικῆι· οὐ γὰρ ἐξῆν θάπτειν ὡς ἐπὶ προδοσίαι φεύγοντος. Pausan. 1, 1, 2 καὶ πρὸς τῶι μεγίστωι λιμένι τάφος Θεμιστοκλέους· φασὶ γὰρ μεταμελῆσαι τῶν ἐς Θεμιστοκλέα Ἀθηναίοις, καὶ ὡς οἱ προσήκοντες τὰ ὀστᾶ κομίσαιεν ἐκ Μαγνησίας ἀνελόντες· φαίνονται δὲ οἱ παῖδες οἱ Θεμιστοκλέους καὶ κατελθόντες καὶ γραφὴν ἐς τὸν Παρθενῶνα ἀναθέντες, ἐν ἧι Θεμιστοκλῆς ἐστι γεγραμμένος. Auf das grab gehen wahrscheinlich auch das Θεμιστοκλεῖον Aristot. *H.A.* 6, 15 p. 569 b 8 ff. und die κρηπίς bei Philochoros 328 F 201 [51]). Über die 'entstehung der fabel' s. Wilamowitz *Ar. u. Ath.* I p. 147 n. 45; Busolt *Gr. G.* III 1 p. 139; über die topographische frage Judeich *Topogr. v. Athen*[2] p. 442 f. Thukydides datiert den glauben an das grab bereits ins 5. jhdt, und der komiker Platon bestätigt das. Man wird gern hoch hinaufgehen, möglichst nahe an das bekanntwerden seines todes in Athen. Ärgerlich, dass Pausanias keinen autor für seine fortbildung der geschichte nennt. (36) Harpokrat. s.v. Εὐθίας· Ὑπερείδης ὑπὲρ Φρύνης. τῶν ἐπὶ συκοφαντίαι διαβεβλημένων ἦν ὁ Εὐθίας· τὸν μέντοι λόγον αὐτῶι τὸν κατὰ Φρύνης Ἀναξιμένην πεποιηκέναι φησὶν Ἕρμιππος. Hermippos hat das aus D. [52]), der in einem exkurs über Hypereides' leben und sein stadtbekanntes verhältnis zu der berühmten hetaere gesprochen haben wird [53]). (37) Kann in einem buch Περὶ μνημάτων nur in einem exkurs zu den Κιμώνεια μνήματα [54]) gestanden haben, in dem D. die familiengeschichte Kimons behandelte [55]). Bei welcher gelegenheit Heliodor 373 F 5 über den dritten sohn Thettalos sprach, bleibe dahingestellt. Die eheverhältnisse Kimons sind so ungeklärt wie die zeit der ehe mit Isodike [56]). Wenn wir einfach zu wählen hätten zwischen dem pamphletisten Stesimbrotos — nach dem die drei söhne [57]) mit den ὀνόματα ὀθνεῖα καὶ ξένα Lakedaimonios, Eleios, Thessalos söhne einer Arkaderin waren — und D., der sie söhne der vornehmen Isodike nannte, würden wir keinen moment zögern [58]). Da wir aber an anderer stelle von drei weiteren söhnen Kimons — Miltiades, Kimon, Peisianax — hören [59]), muss die möglichkeit offen gelassen werden dass Plutarch eine ausführlichere erörterung [60]) übermässig und nicht ohne missverständnisse gekürzt hat. Mit annahme von textkorruptelen kommt man schwerlich aus [61]). (38) Beweist ziemlich ausführliche, nicht auf das topographische beschränkte behandlung der Theseusgeschichte, berechtigt aber nicht zur zuweisung auch von c. 22, 5 an D. Da ist vielmehr eine *Atthis* ausgeschrieben (vgl. zu Philochoros 328 F 14-16). Über das Theseion (in dem man das grab des Theseus in Athen sehen konnte) s. Hitzig-Bluemner zu Pausan. 1, 17, 2; Judeich *Topogr. v. Athen*[2] p. 351 f. (39) Gehört topographisch in die gegend von F 35. Anknüpfung zweifelhaft; aber vielleicht zeigte man das grab des eponymen Munichos. Über das aition s. zu Hellanikos 323a F 5. (40) Zitatennest über Aspasia, das quellenmässig mit Plutarch. *Perikl.* 24

zusammenhängt, dessen exkurs mit ὅτι μὲν γὰρ ἦν Μιλησία γένος, 'Αξιόχου θυγάτηρ, ὁμολογεῖται ⁶²) beginnt. Die quelle, aus der auch die verschiedenen stellen bei Athenaios ⁶³) und Harpokr. s.v. 'Ασπασία stammen mögen, ist nicht sicher bestimmbar, war aber kaum Hermippos; es gibt eine reihe von möglichkeiten. Auch D.s anteil lässt sich nicht abgrenzen; aber dass er ausführlicher über Aspasia gesprochen hat, wird man nach den übrigen fragmenten annehmen müssen. War dieser D. wirklich der verfasser von Περὶ μνημάτων ⁶⁴), so ist glaublich dass er ihren grabstein gefunden hat, auf dem dann wohl nichts stand als 'Ασπασία 'Αξιόχου Μιλησία ⁶⁵); jedenfalls nicht γυνὴ Περικλέους, da sie ja zum zweiten mal geheiratet hat. Sein grund zur identifizierung wird gewesen sein dass er den stein im familiengrab des reichen Lysikles fand, das er so gut kennen konnte wie z.b. das des Hypereides ⁶⁶).

373. HELIODOROS (DER PERIEGET) VON ATHEN

Der einzige sichere Athener ¹) unter den periegeten, eine dem Polemon und noch mehr dem Diodoros gleichartige erscheinung. Wie dieser heisst er bei Athenaios und Harpokration, die die wichtigsten und allein sicheren fragmente bewahrt haben, ὁ περιηγητής ²), und wie dieser hat er ein spezialwerk über athenische altertümer geschrieben, die 15 bücher Περὶ τῆς 'Αθήνησιν ἀκροπόλεως, von denen Περὶ τῶν 'Αθήνησι τριπόδων wohl nur ein teil war ³). Zweifelhaft ist ob aus T 2 ein zweites werk Περὶ τῶν 'Αθήνησι ἀναθημάτων entnommen werden darf oder ob Plinius 'nur den wesentlichen inhalt von der Heliodorischen schriftstellerei zusammenfassen wollte' ⁴): es ist immerhin zu beachten, dass das stets als Περὶ τῆς 'Αθήνησιν ἀκροπόλεως zitierte buch des Polemon bibliographisch genau Περὶ τῶν ἀναθημάτων τῶν ἐν ἀκροπόλει heisst ⁵). Ein vierter titel Περὶ μνημάτων beruht nur auf einem schreibfehler in den *Vit.* X *or.* ⁶).

So wenig wie bei Diodor darf man bei H. von einer gesamtperiegese Athens reden: das zeugnis des Athenaios ⁷), der in seinen bibliographischen angaben zuverlässig ist, ist formell und verbietet die hypothese Keils ⁸) dass das titellose gesamtwerk (an sich schon eine für hellenistische zeit unglaubliche vorstellung) vom inhalt des ersten buches Περὶ ἀκροπόλεως genannt sei. Dass von den drei fragmenten mit der buchzahl I zwei von der Akropolis handeln beweist nichts, da die drei anderen, deren beziehung wir erst aus dem titel erschliessen, eben keine buchzahlen haben; und wenn der (ältere) Polemon allein für die weihgeschenke auf der Akropolis vier bücher brauchte, so widerlegt das gradezu die annahme dass in einem werk von 15 büchern die Akropolis in einem einzigen abgemacht war. Wir werden umgekehrt schliessen (1) dass H. sich nicht auf die weihgeschenke beschränkte, die auch bei ihm viel raum beansprucht haben müssen; (2) dass er überhaupt sehr ausführlich war und jede gelegenheit zu exkursen benutzt hat, die vermutlich noch umfangreicher waren als die für Diodors werk Περὶ μνημάτων feststellbaren. Die fragmente, so wenig an zahl sie sind, bestätigen: F 1 zeigt, dass H. mit einer allgemeinen einleitung begann, die auch die baugeschichte der Propylaia umfasste; F 2-3, dass er kultbräuche eingehend behandelt hat; und F 6 beweist für eine in die einzelheiten gehende beschreibung der Tripodenstrasse. Ausführlich muss er (wir wissen nicht in welchen büchern) vom leben des Aristophanes und der familie Kimons gesprochen haben [9]). Wenn ihm von den titellosen F 8 und F 11 gehören — und bei F 8, das ihm Preller *Polem. Per. Fragm.*, 1838, p. 172 zugewiesen hat, spricht die weitaus überwiegende wahrscheinlichkeit für ihn [10]) — so zeigt das erstere, wie weit gespannt die exkurse waren, und das zweite dass er (in der weise des Krateros) auch grosse aktenstücke im wortlaut mitteilte [11]). Alles deutet auf ein sehr stoffreiches und sehr gelehrtes, urkundlich gut fundamentiertes werk, in dem die ganze ältere, nicht nur die periegetische literatur benutzt war — ein echtes produkt der ihrem ende sich zuneigenden hellenistischen gelehrsamkeit [12]). Die anlage war wohl topographisch [13]), wenn auch die masse des in den exkursen aufgehäuften materials den topographischen grundriss vielfach überwuchert haben mag. Aber eine genauere vorstellung von H.s arbeitsweise und dem aussehen des buches gewinnt man aus den wenigen bruchstücken natürlich nicht: denn der offenbaren bedeutung des grossen sammelwerkes entspricht die zahl der zitate nicht; und die vermehrung des dürftigen nachlasses ist — bei der allgemeinheit des titels und der buntheit des (vielleicht weitgehend traditionellen) materials — unsicherer als bei Diodors aufarbeitung der gräber. Keils versuch H. als die periegetische quelle der *Vitae X or.* zu erweisen ist misslungen [14]). Auch bei Pausanias fehlen sichere spuren seiner benutzung; wenn T 3 auf ihn geht — und diese beziehung liegt immerhin nahe [15]) — so hat er vielleicht von seiner schriftstellerei garnichts mehr gewusst [16]). Sicher steht durch T 2 die benutzung in Plinius' kunstgeschichte, wahrscheinlich durch vermittlung Varros; aber es ist schwer, oder vielmehr unmöglich, seinen anteil abzugrenzen [17]).

H.s zeit ist nicht sicher zu bestimmen. Er lässt sich mit keinem der inschriftlich oder aus der literatur bekannten träger des verbreiteten namens identifizieren; und wenn er der inhaber des von Pausanias erwähnten grabes ist [18]), hilft auch das nur zu der vagen bestimmung 'vorrömische zeit'. Es ist bedenklich mit C. Mueller [19]) aus dem grösseren umfang des Akropolisbuches zu schliessen, dass er nach Polemon schrieb, dessen tätigkeit bis in die 70er jahre des 2. jhdts v. Chr. reicht [20]); denn es ist zweifelhaft, ob die inhalte der beiden werke sich deckten. Das anonyme F 11 [21]) ergibt 264 v. Chr. als *t. post*, und würde damit den aprioristischen eindruck bestätigen dass H. jünger ist als Diodor; und wenn ihm F 8 gehört [22]) so hat er die regierung des Antiochos Epiphanes 175-164 v. Chr. erlebt. Ein ansatz in das zweite drittel des 2. jhdts mag etwa das richtige treffen [23]).

(1) Die seit Leake [24]) von manchen für viel zu hoch gehaltene summe ist nach Kirchhoff und Wilamowitz zuletzt von Kolbe verteidigt worden [25]). Die genaue summe liess sich aus den im archiv aufbewahrten baurechnungen ermitteln, von denen die reste auf den steinen [26]) eine vorstellung geben. J. E. Powells behauptung [27]), dass 'the preservation in such a late and derivative quarter of so precise an amount almost ridiculous' sei, vergisst die arbeit, die Krateros und die gelehrten periegeten den akten zugewendet haben, und kümmert sich nicht um die verschiedenheit der quellen, von denen die gelehrten die genaue bausumme, andere (wie schon Ephoros [28])) eine rundzahl geben, die die δισχίλια schon für das 4. jhdt sichern. Natürlich kann niemand beschwören, dass die zahl nicht im laufe der überlieferung eine korruptel erfahren hat; aber die annahme einer dittographie — eine solche wäre es, wenn ιβ̄ korruptel von ιβ wäre — ist die wenigst wahrscheinliche lösung [29]). Mit noch weniger grund hat Keil [30]) H. den satz πέντε — εἰσίασιν abgesprochen: mit ihm beginnt die beschreibung des burgeingangs [31]). Das zitat scheint wörtlich: dass es nicht unverkürzt ist, sagt Harpokration (oder sein epitomator) selbst.   (2—3) Pausan. 1, 22, 4 ἐς δὲ τὴν ἀκρόπολίν ἐστιν ἔσοδος μία .... τὰ δὲ προπύλαια λίθου λευκοῦ τὴν ὀροφὴν ἔχει καὶ κόσμωι καὶ μεγέθει τῶν λίθων μέχρι γε καὶ ἐμοῦ προεῖχε .... τῶν δὲ προπυλαίων ἐν δεξιᾶι Νίκης ἐστὶν Ἀπτέρου ναός. ἐντεῦθεν ἡ θάλασσά ἐστι σύνοπτος, καὶ ταύτηι ῥίψας Αἰγεὺς ἑαυτὸν, ὡς λέγουσιν, ἐτελεύτησεν (folgt Theseus' heimkehr) · καί οἱ παρὰ Ἀθηναίοις ἐστὶ καλούμενον ἡρῷιον Αἰγέως. Pausanias nennt sie immer (Ἀθηνᾶ) Ἄπτερος [32]) und gibt 3, 15, 7 eine erklärung für diese bildung; offiziell heisst sie wie H. sie nennt — Νίκη Ἀθηναία oder ἡ Ἀθηνᾶ ἡ Νίκη [33]). Ihr besonderes verhältnis zur Polias zeigt der beschluss über die opfer an den kleinen Panathenaia *I G*² II 334 a. 335/4; die zeit der errichtung gibt der ungefähr gleichzeitige beschluss *I G*² II 403 vom jahre 426/5 über die ἐπισκευὴ τοῦ ἀγάλμα[τος τῆς Ἀθηνᾶ]ς τῆς Νίκης, ἣν διέθεσαν [Ἀθηναῖοι ἀπὸ] Ἀμπρακιωτῶν κτλ. Ἐτιμᾶτο mag zeigen dass H. den ersten

beschluss kannte, und den zweiten bezw. die weihinschrift wird er abgeschrieben haben; ob als erster, ist hier so wenig wie sonst zu sagen. F 3 beweist dass er, wie Pausanias, aber offenbar ausführlicher, die Theseusgeschichte erzählt hat [34]). Selbstverständlich, dass er dann auch das ἡρῷον (oder μαντεῖον) Αἰγέως [35]) erwähnt hat: Harpokrat. s.v. Αἰγεῖον, wo der autor fortgefallen ist, kann sehr wohl aus H. sein [36]). (4) Das (freilich knappe) zitat scheint zu zeigen dass H. wirklich an Aristophanes' ägyptische bezw. ägyptisch-griechische herkunft geglaubt hat. Natürlich hat er nicht 'einen falschen schluss aus irgend einem denkmal' gezogen [37]), sondern folgt der törichten erklärung von Aristoph. *Nubb*. 272, die die scholien zur stelle erhalten haben [38]), also einem älteren buch über die komoedie. Die meisten dieser spinösen ζητήματα sind keineswegs jung, sondern stammen aus der literaturgeschichte und biographie schon des 4. jhdts. Angeknüpft haben mag der exkurs an ein choregisches oder sonstiges denkmal, und Keil sucht ihn deshalb in Περὶ τῶν Ἀθήνησι τριπόδων. (5) Über die familie Kimons zu handeln gab es für einen autor Περὶ ἀκροπόλεως gelegenheiten genug [39]). Ob er Diodor [40]) ausgeschrieben oder sich mit ihm auseinandergesetzt hat, wissen wir nicht. (6) IG^2 II 2318, 324 a. 333/2; vgl. auch A. Wilhelm *Urk. dram. Aufführ.*, 1906, p. 30 f. (8—11) F 8-9 wird man ohne viel bedenken dem periegeten geben. Über F 8 s. n. 10; anlass zu dem breiten exkurs über den zeitgenössischen könig gaben vermutlich seine weihgeschenke auf der Akropolis, die noch Pausanias verzeichnet [41]). F 9 wird in die beschreibung der Pangrotte am NW abhang der burg gehören [42]). Zu F 11 s. n. 11. F 10 ist unsicherer; und man wird hier am ehesten an korruptel des namens denken; aber schliesslich ist bei einem periegeten des 2. jhdts die sprachliche erklärung eines götternamens so gut denkbar wie die behandlung seiner genealogie. Woran der exkurs anknüpfte wird man nicht zu erraten suchen.

374. THEMISON

Nicht ohne bedenken aufgenommen, weil zwar der name des autors sicher ist [1]), aber nicht nur seine zeit, sondern auch der charakter des werkes unbestimmbar bleiben. Das zitat steht in dem gelehrten ersten teil des grossen abschnitts über die parasiten, der die these p. 234 D beweisen soll, dass τὸ τοῦ παρασίτου ὄνομα πάλαι μὲν ἦν σεμνὸν καὶ ἱερόν [2]). Zu diesem zweck gibt Athenaios eine reihe von exzerpten aus antiquaren (Polemon), historikern (Kleidemos, Philochoros), und sprachlichen wer-

ken über Athen (Krates). In die reihe der belege, die er gesammelt vorfand (wir fragen hier nicht, wo), hat er mindestens éinen einschub aus eigener kenntnis gemacht — den verweis auf den komiker Diodoros von Sinope, dessen mit βούλομαι δεῖξαι σαφῶς / ὡς σεμνόν ἐστι τοῦτο καὶ νενο-
5 μισμένον / καὶ τῶν θεῶν εὕρημα (scil. τὸ παρασιτεῖν) beginnende verse er im zweiten teil ausführlich ausschreibt. Mit ihm hat er die erwähnung des Philochoros so verbunden dass es zweifelhaft ist ob er sie in seiner hauptquelle fand [3]); und dasselbe gilt, mindestens für die einreihung, der zwei nicht auf Athen bezüglichen zitate: das des Klearchos ἐν ᾱ τῶν Βίων, das
10 die these wiederholt [4]) und die reihe der athenischen belege durchbricht, und das des Aristoteles ἐν τῆι Μεθωναίων πολιτείαι am ende des ganzen abschnittes. In der folgenden aufzählung der exzerpte sind die möglicherweise aus anderen quellen genommenen stücke mit * bezeichnet: (1) Polemon 234 D-F. Athenaios macht einen langen zusatz zu dem namen
15 aus einer biographischen quelle, und vergisst darüber den titel des werkes anzuführen, in dem Polemon 'über parasiten geschrieben hat' [5]). Polemon gab mehr oder weniger ausführlich (was schuld der epitomirung sein kann) den wortlaut von vier dokumenten: (a) ein psephisma des Alkibiades von einer ἐν Κυνοσάργει ἐν τῶι Ἡρακλείωι στήλη [6]); (b) einen
20 passus aus den κύρβεις τῶν Δηλιαστῶν; (c) die aufschrift(en) von ἐν Παλληνίδι ἀναθήματα; (d) einen (offenbar stark verkürzten) passus, der ἐν τοῖς τοῦ βασιλέως νόμοις stand [7]). *(2) Klearchos ἐν τῶι ᾱ Περὶ βίων 234 F-235 A: allgemein über die bedeutung von παράσιτος in den 'alten gesetzen der meisten städte'. Vermutlich gab er, dem es weniger auf das
25 wort als die lebensform ankam, einzelbelege aus den gesetzen verschiedener städte; vgl. no. 9. (3) Kleidemos ἐν τῆι Ἀτθίδι 235 A = 323 F 11 (sehr verkürzt): parasiten des Herakles. (4) Themison ἐν Παλληνίδι 235 A: stück einer vorschrift für den βασιλεύς, gewiss aus den von Polemon (1d) benutzten gesetzen. (5) stück einer kultvorschrift von einer stele
30 im Anakeion 235 B, von dem infolge der dialogischen unterbrechung zweifelhaft bleibt ob auch dieses zitat aus Th. stammt, oder der name des gewährsmannes (Heliodoros?) ausgefallen ist, wie unter no. 1 der titel von Polemons werk. (6) Krates ἐν β̄ Ἀττικῆς διαλέκτου 235B-D = 362 F 7: these καὶ ὁ παράσιτος νῦν ἐπ' ἄδοξον μετάκειται πρᾶγμα, πρότερον
35 δὲ κτλ. und als beleg zwei stücke aus dem τοῦ βασιλέως νόμος. *(7-8) Philochoros ἐν τῆι ἐπιγραφομένηι Τετραπόλει (235 D = 328 F 73) und Diodoros von Sinope ἐν Ἐπικλήρωι (235 DE), die angeblich 'dasselbe erzählen' [8]). *(9) Aristoteles ἐν τῆι Μεθωναίων πολιτείαι: parasiten in Methone; vgl. no. 2.
40 Der aufbau des abschnitts ergibt folgendes: (1) er ist kein einheitliches

exzerpt aus Polemon ⁹), sondern eine reihe von solchen: denn die these wird dreimal wiederholt (234 C; 234 F; 235 B); die anlage der exzerpte aus Polemon, (*Klearchos), Krates ist die gleiche; Polemon, (Themison), Krates zitieren alle drei die für den könig geltenden instruktionen d.h.
5 offenbar den betreffenden abschnitt der Solonischen gesetze, die durch Theophrasts Νόμοι in die antiquarische literatur eingeführt sind, sodass man für sie nicht mehr die στῆλαι einzusehen brauchte. Sie zitieren aber verschiedene stücke, und Krates redet singularisch von 'dem gesetz', wo Polemon 'die gesetze' sagt, hängt also nicht von ihm ab. Also ist
10 Th.'s zeit unbestimmbar. (2) Der aufbau macht Wilamowitz' konjektur, die das Th.-zitat beseitigt, mindestens sehr unwahrscheinlich: das Kleidemoszitat no. 3 ist mit φησί in sich abgeschlossen und hat ein historisches tempus; nichts spricht für weitere ausdehnung, die, wenn no. 4 (und dann natürlich auch no. 5) aus seiner *Atthis* stammten, ein neues
15 verbum verlangen würde. (3) Der charakter von Th.s werk ist selbst dann unbestimmbar, wenn sich ihm das anonyme zitat no. 5 zuweisen liesse. Es kann periegetisch gewesen sein wie das des Polemon (no. 1), oder historisch wie das aus Kleidemos no. 3, oder sprachlich wie das des Krates no. 6. Da Kleidemos eine Atthis geschrieben hat und da no. 5
20 anonym bleibt, kann man auch nicht schliessen dass zuerst periegeten und historiker, dann sprachliche werke exzerpiert sind — um von den quellenmässig zweifelhaften no. 7-9 hier abzusehen. (4) Das einleitende ἐν Παλληνίδι (das nicht zum zitat gehört, aber ihm entnommen sein kann) verhilft nicht zur näheren bestimmung des werkes, weil seine be-
25 deutung zweifelhaft ist: zwischen ἐν τῆι Ἀτθίδι no. 3 und ἐν β Ἀττικῆς διαλέκτου no. 6 denkt man zumächst an einen buchtitel, der dann vielleicht verkürzt ist aus ἐν τῶι Περὶ τῆς Παλληνίδος; für ein nacktes Παλληνίς ist Ἀτθίς keine parallele, eher Philochoros' ἐπιγραφομένη Τετράπολις ¹⁰). Aber — um von no. 6 κἀν τῶι Ἀνακείωι abzusehen — ἐν Παλληνίδι ist in
30 dem exzerpt aus Polemon (1c) ohne jeden zweifel ortsbestimmung, und man kann nicht gut an beiden stellen ändern ¹¹). Vielmehr bestätigt Polemons ἐν Παλληνίδι, dass das eine gebräuchliche abkürzung für das ist was Hdt. 1, 62, 3 τὸ Παλληνίδος Ἀθηναίης ἱρόν nennt ¹²). Damit wird die auffassung von Παλληνίς als buchtitel sehr unwahrscheinlich,
35 obwohl an sich eine historisch-antiquarisch-periegetische sonderschrift über dieses heiligtum sehr wohl denkbar ist: 'denn nächst Athena auf der Akropolis ist der kult der Pallenis der bedeutendste Athenakult Attikas' ¹³), und Th.s zitat aus dem königsgesetz bestätigt dass der tempel zentrum eines kultverbandes benachbarter demen war. Der buch-
40 titel ist ebenso ausgefallen wie bei dem grossen Polemonzitat, und damit

ist jede möglichkeit verschwunden den charakter des werkes zu bestimmen.

Für Th. ist also nur die angabe über den kult der Pallenis sicher, über den Solon bestimmungen getroffen hatte, die ihn, wie alle alten kulte, dem ἄρχων βασιλεύς unterstellten. Neben ihm fungieren [14]) parasiten 'aus den demen', die im gesetz wohl vorher genannt waren, γέροντες und γυναῖκες πρωτοπόσεις, von denen wir nur hier hören [15]), da Athenaios weitere belege unterdrückt hat. Pollux 3, 39 (F 1b) geht auf die quelle des Athenaios zurück; ebenso Pollux 6, 35 (Hesych., Phot. s.v. παράσιτοι) ἔστι δὲ καὶ παρὰ τοῖς παλαιοῖς τοὔνομα (scil. παράσιτοι), οὐ μὴν ἐφ' οὗ νῦν, ἀλλ' ἱερᾶς ὑπηρεσίας [τοὔνομα], ὁ ἐπὶ τὴν τοῦ ἱεροῦ σίτου ἐκλογὴν αἱρούμενος· καὶ ἀρχεῖόν [16]) τι 'Αθήνησι παρασίτιον καλούμενον, ὡς ἐν τῶι νόμωι τοῦ βασιλέως ἔστιν εὑρεῖν.

375. ΟΡΙΣΜΟΙ ΤΗΣ ΠΟΛΕΩΣ

Die 'Ορισμοί τῆς πόλεως [1]) — was in dem buchtitel [2]) nur die stadt Athen, nicht die landschaft Attika bedeuten kann — verzeichnen die resultate dessen, was Fabricius [3]) in der behandlung der römischen *limitatio* 'die absteinung' nennt, 'die sicherung der durch die limitation geschaffenen einteilung durch marksteine, *termini* oder *lapides*', griechisch ὅροι [4]), von denen wir aus der landschaft und dem stadtgebiet eine grosse anzahl besitzen, die durch die amerikanischen ausgrabungen beträchtlich vermehrt sind [5]). Eine aufnahme der landschaft muss spätestens Kleisthenes gemacht und seine z.t. sehr künstlichen demen durch ὅροι abgegrenzt haben [6]); und es muss ein offizielles verzeichnis gegeben haben der durch die ὅροι abgegrenzten quartiere der stadt, der städtischen demen, dann auch der tempelbezirke, der öffentlichen plätze [7]) und strassen; ob auch der privaten grundstücke (wie in den antiken und modernen katastern, die ursprünglich steuerzwecken dienten [8])), bleibe dahingestellt. Das verzeichnis muss ständig auf dem laufenden erhalten sein durch eintragung aller änderungen und vermehrungen; es muss allgemein zugänglich gewezen sein, weil es in den verschiedensten rechtsstreitigkeiten als entscheidende instanz angerufen werden konnte [9]). Von seiner art können wir uns nur eine vorstellung machen nach einem fragment aus Istros' ῎Ατακτα [10]), das offenbar eine solche grenzlinie durch ihre einzelnen punkte im terrain bezeichnet, um zu beweisen dass der Kolonos noch einen teil des Aigaleos umgreift. Wie das einzige zitat aus den 'Ορισμοί zeigt es dass die genaue abgrenzung gelegentlich für die interpretation der schriftsteller wichtig werden konnte. Das register stand wohl unter der obhut der ὁρισταί, die wahrscheinlich eine ständige behörde waren [11]), wie anderwärts die μνήμονες und ἱερομνήμονες [12]). In diesem fall mögen sie ihr eigenes archiv gehabt haben; sonst war das Metroon der gegebene aufbewahrungsort. Wenn der scholiast, wie es den anschein hat [13]), ein buch einsehen konnte, so sind sie später publiziert worden, wohl ebensosehr aus antiquarischen wie aus praktischen interessen, die auch bei der publikation der πάτρια einzelner geschlechter konkurrierten [14]). Das führt auf die restauration nach dem Mithridatischen krieg; genauer ist die zeit nicht zu bestimmen, weil wir nicht entscheiden können, auf wen das scholion zurückgeht. Aber ob Didymos oder Symmachos (um 100 n. Chr.), für den manches spricht [15]); und ob die Ὁρισμοί publiziert waren oder im archiv eingesehen sind — das zitat wirft ein merkwürdiges licht auf die bücher Περὶ τῶν δήμων [16]): es ist kein zufall, dass wir in ihren resten keine verwertung der Ὁρισμοί finden; sie waren eben nicht topographisch sondern antiquarisch interessiert.

XII. BOEOTIEN

Die boeotische literatur [1]) zeigt — verglichen etwa mit der von Athen, Megara, Argos, aber auch Arkadien — eigenheiten, die sich vor allem aus der politischen organisation der landschaft erklären, aus den spannungen zwischen dem für griechische verhältnisse straffen bund nominell gleichberechtigter städte und den ansprüchen Thebens auf die führende stellung im bunde. Gegenüber den einheitlichen Ἀτθίδες, Μεγαρικά, Ἀργολικά haben wir den deutlichen unterschied von Βοιωτιακά und Θηβαικά: Hellanikos schreibt Βοιωτιακά, aber der vermutlich älteste epichorische historiker Armenidas (no. 378) Θηβαικά. Es ist kaum zweifelhaft, dass ihr inhalt in nacherzählung der thebanischen epen bestand und dass sie sich auf die archaeologie Thebens beschränkten. Als Armenidas' direkte, wenn auch zeitlich entfernte, nachfolger wird man die gelehrten grammatiker des 2. jhdts v. Chr. ansehen, bei denen das antiquarische und vor allem das interpretatorische interesse gesteigert war. Das liegt in der natur der sache und wird bestätigt durch die spezialisierten titel: Lysimachos (no. 382) nannte sein werk Συναγωγή τῶν Θηβαικῶν παραδόξων, und man wird den unterschied gegen Istros' Συναγωγή Ἀτθίδων, die ihr autor einfach Ἀττικά genannt zu haben scheint [2]), beachten. Aristodemos (no. 383) behandelt das gleiche material unter dem titel Θηβαικὰ ἐπιγράμματα, und man konstatiert dass die 'Αττικὰ ἐπιγράμματα des Philochoros nur eines der vielen spezialwerke waren, die seiner 'Ατθίς voraufgingen. Die brücke zwischen dem autor des 5. jhdts und den hellenistischen gelehrten mögen die zeitlich nicht näher bestimmbaren verfasser von Θηβαικά gebildet haben, in denen man am ehesten die unmittelbaren nachfolger des Armenidas sehen wird — Lykos (no. 380) und Timagoras (no. 381), denen in späthellenistischer und römischer zeit die ausländer Nikandros von Kolophon (no. 271/2) und Menelaos von Aigai (no. 384), der nun wieder die epische form wählt, folgen. Neben diesen zahlreichen Θηβαικά sind Βοιωτιακά selten: denn die vielen gefälschten autoren [3]) fallen fort, und Paxamos' Βοιωτιακά (no. 377) beruhen doch wohl nur auf schreiberversehen [4]). Ganz sicher sind nur die ihrer form nach unbestimmbaren Βοιωτιακά des Nikokrates (no. 376), eines hellenistischen gelehrten aus der zeit, in der die frage des vorortes gegenstandslos geworden war. Aber es soll nicht unbedingt bestritten werden dass Aristophanes (no. 379) — der zeitlich vor die Epameinondaszeit gehört — sowohl Θηβαίων ὧροι (Θηβαικά) wie Βοιωτιακά geschrieben hat: allerdings zitiert Photios das zweite buch der Θηβαικά und Stephanos von Byzanz das zweite der Βοιωτιακά für die mythische zeit; aber das Stephanoszitat geht nicht auf Theben sondern auf Chaironeia, und F 1 aus den Θηβαίων ὧροι scheint auf Tanagra zu gehen. Wenn wir wirklich zwei werke anzunehmen haben, so ist das umfassendere die erste epichorische neubearbeitung von Hellanikos' buch, wohl ohne weitere tendenz und einfach aus dem natürlichen bestreben geboren, das kurze werk des 'fremden sophisten' zu vervollständigen und gegebenen falls zu verbessern. Dagegen zeigen die Θηβαίων ὧροι — das einzige werk, für das behandlung auch der historischen zeit *beweisbar* ist [5]) — durch ihre polemik gegen Herodot [6]) eine ausgesprochen historische und zugleich aussenpolitische tendenz: sie waren offenbar direkt gegen Herodots auffassung der griechischen geschichte gerichtet und geben vielleicht den besten beweis für den starken anteil, den Herodots werk — neben der sehr andersartigen tätigkeit des Hellanikos — an der entstehung der griechischen lokalgeschichte gehabt hat [7]). Nicht lange nach Aristophanes haben dann die Boeoter die konsequenz ihres späten anspruchs auf eine hegemonische stellung im Mutterland gezogen, und die form, in der das geschieht, ist bemerkenswert: während in Athen die epichorischen nachfolger des Hellanikos dabei bleiben die geschichte Athens in der lokalen form der *Atthis* zu schreiben [8]), wählen jetzt böotische historiker — Daimachos (no. 65), Anaxis (no. 67), Dionysodoros (68) — die panhellenische form der *Hellenika*, fühlen sich also offenbar als nachfolger des Thukydides und Herodot. Lange konnte dies nicht dauern; in der hellenistischen zeit nehmen die oben aufgezählten verfasser von Θηβαικά die lokale form des Aristophanes wieder auf, ohne dass wir mit bestimmtheit sagen können, ob sie ihm auch darin folgten dass sie die lokale geschichte bis auf die eigene zeit herabführten.

Es frappiert, dass Aristoteles nur politieen der einzelnen böotischen städte geschrieben zu haben scheint [9]), keine κοινὴ Βοιωτῶν πολιτεία, wie er es für Arkadien getan hat; und es ist keine wirkliche erklärung, dass, als er an den Politieen arbeitete, Theben vielleicht eben zerstört und der bund aufgelöst war. Die lokale literatur über einzelne städte und heiligtümer — Orchomenos (no. 385), Thespiai (no. 386-387; cf. 376 F 3-4), Plataiai (no. 388) — mag reichlicher gewesen sein als wir wissen; was wir kennen ist teilweise spät.

Von der sammlung der böotischen literatur ausgeschlossen sind (1) natürlich die alten epen, die die thebanischen kriege zum gegenstande haben und mit denen die lokalen historiker und die grammatiker arbeiten. Die ältesten und bedeutendsten sind nicht böotischen ursprungs. Der vermutlich späte Menelaos (no. 384), ebenfalls kein Boeoter, ist aufgenommen wegen der möglichkeit dass seine Θηβαίς (Θηβαικά) ein landschaftliches gedicht im stile des Rhianos und Nikandros war [10]); (2) ebenso natürlich die böotischen Hellenika, und gedichte über teile der böotisch-griechischen geschichte, die an ihrem platze in teil II eingeordnet sind [11]); (3) biographieen bedeutender Boioter — Herakles, Hesiod, Pindar, Epameinondas u.s.w. — die in teil IV ihren platz finden werden [12]); (4) die ἐπιχώριοι-zitate des Pausanias [13]), weil sie zum grossen teile doch im kommentar erwähnt werden müssen. Für eine analyse von Pausan. IX ist hier kein platz; aber eine böotische landesgeschichte — ähnlich der messenischen, die den grundstock des 4. buches bildet [14] —, hat er nicht und eine gesamtperiegese der landschaft kaum zur verfügung gehabt. Die autoptische grundlage und an einzelnen orten die weisheit der lokalen 'exegeten' ist an den meisten stellen deutlich; aber das gelehrte material geht wohl zum grössten teil letztlich auf die grammatiker Lysimachos und Aristodemos zurück [15]), die auch nicht direkt benutzt zu sein scheinen, sondern dem Pausanias hauptsächlich durch dichterkommentare vermittelt sind. Gelegentlich zitiert er selbst (wie auch in anderen büchern) für einzelheiten eine vermutlich ganz junge spezialschrift, den Kallippos über Orchomenos (no. 385), der keinen guten eindruck macht.

376. NIKOKRATES

Der autor, der auch deshalb schwer zu fassen war weil der name so oft verdorben ist [1]), ist durch den von Campbell Bonner mit einem ausgezeichneten kommentar [2]) edierten P. Michigan deutlicher geworden. Wir wissen jetzt dass er, ausser dem spezialbuch über den Musenkult auf dem Helikon [3]), eine gesamtperiegese (so wird man das buch nennen müssen [4])) Boeotiens geschrieben hat. Wenn P ein stück aus Apollodors Περὶ Νεῶν ist [5]), so gibt das einen glaublichen *t. ante* für N.: denn auch die mehr oder weniger sichere benutzung in den Scholien zu Homer (F 3a), Hesiod (F 2), Apollonios Rhodios (F 3b), Pindar (? F 8), Euripides (? F 6-7) weist auf gute hellenistische zeit [6]). Dass er Boioter war, macht das spezialwerk und der inhalt besonders von F 2 wahrscheinlich: ob gerade aus Thespiai [7]), stehe dahin; der name ist gewöhnlich, und es ist wohl zufall dass einer von den beiden uns bekannten böotischen trägern Thespier ist [8]).

(1) Die abgrenzung des fragments nach unten ist unsicher. Bonner ist geneigt es bis col. III 3 auszudehnen und im folgenden ein zitat aus dem spezialbuch des gleichen autors zu finden. Aber die auf αγωνι basierten herstellungsversuche befriedigen nicht, und was im folgenden von Oropos gesagt wird passt nicht in ein buch über den Helikon: εἰρή]καμεν kann (wenn überhaupt so zu ergänzen ist) der autor von P (Apollodor?) sein, der möglicherweise (wegen φησί) einen autor über Oropos zitiert hat, für das es eine Politie des Aristoteles gab. Vielleicht gehört N. nicht mehr als die zuweisung von Salganeus und Aulis an Tanagra, die bei ihm den schluss der beschreibung der Ταναγρική gebildet hat. Das werden wir ihm (für seine zeit) glauben müssen, und das zitat Apollodors (?) ist verständlich, wenn hier zweifel bestanden. Es ist mir nicht sicher, ob man den geographischen überblick des Ephoros [9]) auch für die politische einteilung Boiotiens auswerten darf [10]); aber er fasst einerseits Aulis-Tanagra und andrerseits Salganeus-Anthedon zusammen; und Pausan. 9, 19, 8 — der Salganeus auch sonst nicht erwähnt — sagt nur νέμονται δὲ Ταναγραῖοι ταύτην τε τὴν χώραν (*scil.* τὴν Αὐλίδα) καὶ ὅση περὶ Μυκαλησσόν ἐστι καὶ Ἅρμα. Wenn ἐντεῦθεν κτλ. noch zum zitat gehören, so wird man beachten, dass auch Paus. 9, 22, 5 von Tanagra auf Anthedon übergeht [11]) und hier u.a. das grab der söhne des Aloeus und das Γλαύκου πήδημα erwähnt. Was P vorher von Otos erzählt [12]) kann (als allgemeine böotische tradition) auch bei N. gestanden haben, und auch auf Glaukos führt bei ihm eine freilich unsichere spur [13]). Ich glaube nicht, dass der bestand in P zu Bonners skeptischem urteil

über den wert von N. berechtigt [14]); wohl aber macht F 1 wahrscheinlich, dass N. eine periegese Boiotiens gegeben hat. Zweifelhaft bleibt, ob er danach die geschichte in chronologischer folge erzählte. Wenn man aus ἐν τῶι Περὶ Βοιωτίας schliessen darf dass er nur éin buch schrieb, wird
5 man das nicht glauben; und das wenige was wir haben weist eher auf periegese, der die mythologischen (und historischen) fakten untergeordnet waren: N. steht dann mit periegeten anderer landschaften auf dem wege, der von Hellanikos' Περὶ Βοιωτίας zu dem sog. Herakleides und Pausanias führt [14a]).   (2) Die verbesserung des autornamens,
10 die der buchtitel wahrscheinlich machte, ist durch F 1 sicher geworden. Soweit die ungenügende kenntnis der überlieferung ein urteil erlaubt, zitiert der scholiast N. auch hier nur für eine spezialität, entweder für die epichorische form des namens — Περμασός wird man herstellen müssen [15]) — oder für seine erklärung aus dem böotischen dialekt.
15 Es bleibt unklar wie man in ihm das πρῶτον φανῆναι finden konnte, und die geschichte vom ursprung der quelle ist verloren: der Pegasos gehört zur Ἵππου κρήνη [16]); aber ein eingehen auf die noch immer unklare onomatologie und topographie der quellen und bäche des Helikon würde zu weit führen [17]).   (3) Der titel in F 3a beweist die sonderschrift,
20 und es widerspricht nicht dass N. die topographie des Helikon in den Βοιωτιακά behandelt hat, wo sie hingehörte [18]). Man wird sie verbinden mit der reorganisation des Musenkultes gegen ende des 3. jhdts v. Chr., bei der die Museia zum penteterischen ἀγὼν στεφανίτης wurden [19]). Als solcher gewinnen sie panhellenische geltung, geniessen die aufmerksam-
25 keit auch der Römer, und haben bis zum ausgang des altertums bestanden. Verständlich, dass sie in mehreren sonderschriften behandelt sind [20]). Was N. von Poseidon sagt beweist dass er die urgeschichte des Musenkultes behandelt hat: bei Pausanias [21]) sind seine stifter die söhne des Aloeus, die zusammen mit einem sohne Poseidons Askra gründen,
30 und ist Linos enkel Poseidons [22]), dessen kultnamen Helikonios Aristarch von dem boeotischen berg abgeleitet hat [23]). Die nähere verbindung mit der angeblichen insel Aigai entgeht uns, falls der exkurs nicht auch andere kultnamen des gottes besprach [24]). Allerdings hat auch Wendel [25]) das zweite zitat in den Apolloniosscholien bezweifelt; und dass ein autor-
35 name fälschlich wiederholt wird, ist in Scholien nichts seltenes. Aber man wird die möglichkeit immerhin offen lassen, dass N. das ganze problem ausführlich besprochen, den kult des Helikonios wenigstens in Athen, vielleicht auch an anderen orten [26]), aufgewiesen und damit die ansprüche Achaias auf den Poseidon Helikonios zurückgewiesen hat.
40 Dem Aristarch gehört dann nur das sprachliche argument, das die

frage zugunsten Boeotiens entschied.   (4) Das urteil über F 4 ist schwierig. Wenn der autorname richtig überliefert ist, wird man die lesung *De Musio* der älteren und besseren Hs. vorziehen und den titel mit E. Maass als Περὶ (τοῦ) Μουσείου deuten. Gemeint kann dann nur das Musenheiligtum von Thespiai sein [27]), und die gleichung mit N.s buch Περὶ τοῦ ἐν Ἑλικῶνι ἀγῶνος ist kaum zu umgehen [28]): Varro, in dem O. Jahn die quelle des Anonymus sah, müsste den titel verkürzt haben, weil (das bestätigt F 1) in dem buche mehr stand als nur der agon. In ihm überraschen weder Orpheus noch sein sohn mit der ableitung des namens *rhythmus* noch die erfinder des 'heldensanges': denn die urgeschichte des agons ist von den lokalpatriotischen schriftstellern zu einer art literatur- oder musikgeschichte des ältesten Hellas ausgebaut worden [29]). Wer aber N. mehr geben will als die namen für die er zitiert wird, und mit Wendel [30]) glaubt, dass N. 'mit seiner darstellung des Musendienstes eine teils mythisch-historische, teils theoretische erörterung musikalischer fragen verbunden hat', würde besser überlegen, ob der autorname aus Nikokles [31]) verdorben und der buchtitel *De musice* (Περὶ μουσικῆς) ist: ein Nikokles wird für die erfindung der rhapsodik durch Hesiod zitiert, und ihm schreiben die Platonscholien ein buch Περὶ θεωρίας zu [32]). Ich halte die erste eventualität für glaublicher. (5) Nach F 1 wird man nicht zweifeln, dass F 5 aus Περὶ Βοιωτίας stammt [33]). Dagegen wird man Et. M. p. 145, 53 Ἄρνη· πόλις Βοιωτίας (ἔστι δὲ καὶ Θεσσαλίας)· ἀπὸ Ἄρνης τῆς Αἰόλου ⟨τῆς μητρὸς Βοιωτοῦ⟩ [34])· ὁ δὲ Κράτης [35]) φησὶ παρὰ τὸ ἄρνας· ἐπιτηδεία γὰρ εἰς τὸ ἄρνας τρέφειν ἡ πόλις nicht in ⟨Νικο⟩κράτης ändern [36]). Vermutlich hat auch N. den eponymen Boiotos in das grosse Hellenenstemma eingereiht, d.h. Arne war auch bei ihm tochter des Aiolos [37]). Wir kennen diesen stammbaum Hesiods und der alten genealogie nicht genügend um sagen zu können, ob N. oder Lykos (?) [38]) mit der genealogie Deukalion - Amphiktyon - Itonos - Boiotos ihm genauer folgten: nach der ἱστορία unter Hellanikos' namen [39]) ist es möglich, dass er das elternpaar Poseidon ∾ Arne gab, das Euphorion dann direkt aus ihm oder durch vermittlung anderer Βοιωτιακά übernahm; aber Armenidas 378 F 1 scheint den stammbaum des Lykos (?) gehabt zu haben. Beide genealogieen tragen spezifisch böotische züge. Möglich dass die direkte ableitung von dem landesgott [40]) vornehmer sein soll: sie erlaubt auch die umkehrung des verhältnisses zwischen der thessalischen und der böotischen Arne [41]): die letztere wird zur mutterstadt der thessalischen stadt, und die Boeoter werden damit sozusagen autochthonen.   (6—8) Für keines der drei fragmente ist die verbesserung in Νικοκράτης wirklich wahrscheinlich zu machen, am ehesten für F 8: Hesiod muss mindestens in Περὶ τοῦ ἐν Ἑλικῶνι ἀγῶνος vorgekommen sein; die angabe über den ersten rhapsoden passt gut in dieses buch [42]), und der zitierte Νικοκλῆς ist unbekannt, sicher nicht der verfasser der Λακώνων πολιτεία [43]). Freilich zitieren Schol. Plat. *Phaidon* 108b in den älteren ausgaben einen Νικοκλῆς Περὶ θεωρίας für etwas was in einer Musikgeschichte gestanden haben kann; aber der name ist unsicher: Bekker notierte Τιμοκλῆς aus A, Greene gibt Καλλικλῆς für b, und das κοκλῆς vor T ist doch nur kompendium davon.

377. PAXAMOS

Hauptwerk offenbar das an erster stelle genannte lexikon der kochkunst, angeführt von Pollux 6, 70 f. in einem katalog von ὀψοποιικὰ συγγράμματα und citirt von Athen. 9, 19 p. 376 D. [1]). Nach seinem verfasser heisst ein zwieback παξαμᾶς, παξαμάδιον, oder παξαμάτιον [2]). Es folgen zwei alphabetische reihen, deren zweite vermutlich werke enthält, die einem anderen (pseudonymen?) P. gehören: die Βαφικά werden anscheinend nicht zitiert, die Γεωργικά vielfach in den Geoponika, und hier in sehr gemischter gesellschaft, zusammen mit Zoroaster, (Fronto), Damegeron [3]). Vermittler ist nicht der vor ihnen genannte Varro, der in dem langen verzeichnis derer *qui de agricultura Graeca scripserunt* in *De r.r.* 1, 1, 8 ff. weder P. noch einen der anderen zweifelhaften namen hat. Auch Columella 12, 4, 2 kennt nur den kochschriftsteller, und die viel behandelte stelle über die pistazie *Geop.* 10, 12 führt für dieses buch frühestens auf das 1. jhdt n. Chr. Von den beiden werken der ersten reihe erklärt die Suda das Δωδεκάτεχνον in einer weise, die es ausschliesst in dem ersten titel ein ernsthaftes werk über Böotische geschichte zu sehen. Wenn nicht Hemsterhuys mit Βιωτικά das richtige getroffen hat — in diesem fall bleibt die bedeutung des titels immer noch zweifelhaft, aber P. gehört dann nicht in unsere sammlung —, kann man nur mit C. Mueller an erotische geschichten denken. Warum gerade aus Boeotien lässt sich nicht raten [4]): der name kommt in *IG* VII nicht vor. Die zeit des kochbuches bestimmt Susemihl [5]) — mit nicht sehr überzeugenden gründen — auf das 1. jhdt v. Chr. und nennt P. zeitgenossen Varros.

378. ARMENIDAS

Der name ist, wie Nikokrates, erstaunlich oft korrumpiert [1]), aber meist sicher herzustellen. Den buchtitel Θηβαικά gibt nur F 1; aber unter ihm lassen sich alle fragmente unterbringen. Spuren des ionischen dialektes²) in F 6 — und mehr als spuren kann man bei der art der überlieferung nicht erwarten — sprechen für frühe zeit: man wird A. noch vor Aristophanes und auch deshalb in die letzten jahrzehnte des 5. jhdts setzen ³), aber nicht vor Hellanikos' Φορωνίς (und Βοιωτιακά?), die sich nicht genauer datieren lässt, aber wahrscheinlich in die erste periode seiner schriftstellerei gehört ⁴). Eher wird Hellanikos dem Thebaner (?) die anregung zu dem ersten spezialwerk über Theben gegeben haben, das sich noch in dem mythischen bereich gehalten zu haben scheint, den erst Aristophanes aus kenntlichem grunde verliess ⁵). Der unterschied gegen Akusilaos, der zwar die argivische tradition ins zentrum rückte, aber es in Γενεαλογίαι tat, ist deutlich. Wir haben zu wenige und vor allem zu knappe zitate, um sagen zu können, ob A. etwa gegen Hellanikos polemisierte und in welcher weise er die epische tradition durch die lokale vermehrte, die nicht besser oder schlechter war als die von Athen oder Argos; nur dass er es getan hat und dass er auch varianten der lokalen tradition verzeichnete, ist sicher ⁶). Von dem rationalismus des Hellanikos (und der Atthidographen) scheint er unberührt ⁷); frei auch von übertriebenem lokalpatriotismus ⁸).

(1) Vgl. zu 376 F 5. Die herkunft der Itonia, die auch göttin der in Koroneia gefeierten Pamboiotia war, aus Thessalien ist unbezweifelt; s. Preller-Robert *Gr. Myth.* ⁴I p. 214; 220 f.; Nilsson *Gr. Feste* p. 86; 89 f.; Adler *RE* IX col. 2374 ff.; Wilamowitz 'Athena' (1921) *Kl. Schr.* V 2, p. 46; *Gl. d. Hell.* I p. 235. (2) Gehört in die gründungsgeschichte Thebens. Wir wissen nicht, wie sich A. mit der 'dublette' ⁹), der gründung durch Kadmos und Amphion (-Zethos), abfand; auch F 5 hilft da nicht weiter. Die ältere harmonisierung bei Pherekydes 3 F 41 macht Amphion, den als leierspieler (und damit gründer Thebens?) schon Hesiod F 133 kennt, zu dem älteren, gewiss wegen Od. λ 260 ff ¹⁰). Die spätere kehrt das verhältnis um — so schon Hieronymos von Kardia bei Diodor. 19, 53, 8 —, höchstens sekundär unter dem einfluss von Euripides' *Antiope*; eher gehört auch dieser versuch der ausgleichung, der später mannigfach ausgemalt ist ¹¹), schon ins 5. jhdt. (3) Aus der Dionysosgeschichte? Oder hatte A. sonst gelegenheit den Hesiodvers *Opp.* 589 zu interpretieren? S. auch Semos 396 F 13. (4) Vgl. Pollux 5, 27; Et. M. p. 344, 42; Xenophon *Kyneg.* 6, 9. Beziehung des zitats und daher änderung des autornamens zweifelhaft; es können zwei glossen zusammengeflossen sein. Einen jagdschriftsteller ¹¹ᵃ) Andromenidas kennen wir nicht. (5) Drei beziehungen scheinen möglich: (1) auf die tradition, dass Zeus in Theben geboren ist; (2) auf die überlieferung vom grabe

Hektors in Theben an dem platze Διὸς γοναί [12]); (3) auf die Heraklesgeschichte [13]): Rhadamanthys, der herr des Ἠλύσιον πεδίον Od. δ 561 ff., das Pindar Ol. 2, 75 ff. Μακάρων νῆσος nennt, ist auf dem griechischen festland in Boeotien (und nur in Boeotien) nachweisbar, wo er gatte der Alkmene wird. Die tradition ist bezeugt für Okalea und durch denkmäler in Haliartos (das bei A. vorkam [14])) am Kopaissee [15]), für Theben nur in der offenbar späteren form der ἱστορία unter Pherekydes' namen [16]), die die ehe als entrückung der toten Alkmene nach den Μακάρων νῆσοι deutet, die also nicht in Theben gedacht sind. Diese beziehung wird auch empfohlen durch Aristophanes 379 F 8. Die beiden ersten möglichkeiten haben den vorteil, dass sie den τόπος καλούμενος Μακάρων νῆσοι, der mit Hektors grab und den Διὸς γοναί identisch ist, direkt für Theben bezeugen [17]); aber es ist nicht möglich, sich für eine von ihnen sicher zu entscheiden. (6) Das zitat in dem verkürzten und korrupten scholion dehne ich bis ἐκεῖ καυθέντων aus [18]): die erklärung des lokalen namens und die variante [19]), beides als anmerkung innerhalb der erzählung vom kriege der Sieben gegen Theben, passt gerade für einen älteren autor gut; nur ein ἔτι καὶ νῦν o.ä. würde man vor καλοῦνται wünschen. Die siebenzahl der Niobiden (die dem scholiasten schwierigkeiten machte) hat auch Hellanikos in der Ἀτλαντίς [20]), und die beziehung der stätte Ἑπτὰ πυραί auf sie kennt Euripides [21]). Lässt man Pindar als zeugen für thebanische tradition gelten — ein autoschediasma, das dann auf A. eindruck gemacht hat [22]), ist keineswegs ausgeschlossen —, so sind beide deutungen für das 5. jhdt gesichert. Aristodemos, der der beziehung auf die Niobiden widersprach [23]), ist auch in Theben selbst nicht durchgedrungen [24]). Wenn das A.-zitat aus ihm stammt (was keineswegs sicher ist), so hat er gegen den alten zeugen polemisiert. (7) S. n. 2 und zu F 5. (8) Die korruptel von Ἀρμενίδης in Παρμενίδης ist F 5 sicher, und die änderung ist noch leichter als die in Ἐπιμενίδης, obwohl dieser unter den autoren der ἱστορία Τελχινιακή genannt wird [25]). Für den thebanischen autor entscheidet Aktaion, der in Boiotien festsitzt [26]), auch oder gerade weil wir nicht verstehen wie A. zu dieser gestaltung der alten sage kam, die nur für ihn bezeugt und bisher nicht wirklich erklärt ist, weil sie von der sonstigen tradition über die Telchinen abliegt und doch nicht jung aussieht [27]).

379. ARISTOPHANES DER BOEOTER

Die zeit des schriftstellers, der vielleicht kein Thebaner war [1]), bestimmt sich durch den titel Θηβαῖοι ὧροι, der direkten anschluss an die ionischen chroniken zeigt. Dazu passt gut, dass das werk mindestens in teilen ἀντιγραφή gegen Herodot war [2]). Das gibt als *t. post* ca. 424 v. Chr. Da A. nicht mehr in ionischem dialekt schrieb und die historische zeit mitbehandelte, wird er jünger gewesen sein als Armenidas; aber es spricht nichts dagegen, dass er noch im 5. jhdt geschrieben hat, und die Epameinondaszeit (wenn nicht schon der königsfriede 387/6) ist sicher *t. ante* [3]). Wir liessen ob. p. 152, 14 ff. dahingestellt, ob die Βοιωτικά ein zweites werk sind. Auch dass der fremde titel Ὧροι für jahreszählung und beamtenliste beweist, möchte ich nicht mit der zuversicht von Wilamowitz [4]) behaupten. Wenn es stimmt, können nicht die boiotarchen, sondern nur die thebanischen oberbeamten [5]) das chronologische rückgrat geliefert haben; und dann wird man weiter annehmen müssen (was sich vielleicht auch sonst empfiehlt), dass A. für die mythische zeit eine (die erste?) redaktion der thebanischen königsliste gab. Wie er den zwischenraum überbrückte und wann die beamtenliste einsetzte, sehen wir nicht: die spätere chronographie hat die thebanische liste beiseite gelassen. Erhalten ist von den zwei (?) werken nicht viel, aber wichtiges. Dass A. ein angesehener autor war, zeigen die zitate in den gelehrten Scholien, den Lexika, und bei den autoren des Stephanos. Ich sehe nicht, woraufhin Wilamowitz dem Plutarch die direkte benutzung seines landsmannes abspricht [6]). An der autorschaft der fragmente ist höchstens bei F 7 ein zweifel; F 4 ist nicht an den berühmten grammatiker zu denken, der keinen kommentar zu Pindar geschrieben hat; und in F 2 sehe ich keinen anlass zu der gewöhnlichen änderung in Ἀριστόδημος.

F

(1) Hesych. s.v. Κολοίφρυξ· Ταναγραῖος ἀλεκτρυών· καὶ ὄρος Βοιωτίας. Et. M. (Gen.) s.v. Κολοίφρυξ· ὁ ὀλόφρυξ· τὸ κ̄ περισσόν. ʼΑντικονδυλεῖς dicti fuisse videntur qui Anticondylum Boeotiae vicum in colle (κονδύλωι) positum inhabitarent.... cur dicti sunt Colophryges obscurum est. fuisse videntur in vicinia Tanagrae, gallis nobilitatae' Meineke. Wir verstehen weder den sinn noch die beziehung. (2) Hesych. s.v. Ὁμολώιος Ζεύς· Θήβησιν οὕτω προσαγορεύεται ὁ Ζεύς. Steph. Byz. s.v. Ὁμόλη· ὄρος Θετταλίας· Παυσανίας θ̄ (8, 6)· λέγεται καὶ Ὅμολος ... καὶ Θηβῶν ⟨πύλ⟩αι πρὸς τῶι ὄρει Ὁμολωίδες· καὶ Ζεὺς Ὁμολώιος τιμᾶται ἐν Βοιωτίαι. Da das zitat unvollständig ausgehoben ist [7]), lässt sich die beziehung nicht feststellen. Sicher scheint nur, dass A. vom Zeus Homoloios [8]) sprach und ihn — wie andere die Athena Itonis [9]) — aus Thessalien ableitete. Dass auch Aristodemos 383 F 5 über das fest der Homoloia und die πύλαι

Ὁμολωΐδες gehandelt hat (die er von einem heros Homoloios ableitete), ist kein grund hier den autornamen zu ändern: die kulte u.s.f. müssen in allen *Thebaika* vorgekommen sein [10]). Unsere überlieferung genügt nicht um alter und entwicklung der verschiedenen theorieen festzustellen; aber die thessalische prophetin [11]) mit der hereinziehung Delphis scheint A. eigentümlich gewesen zu sein, und darum wird er zitiert. (3) Pausan. 9, 40, 5 .... Χαιρωνεῖς· ἐκαλεῖτο δὲ ἡ πόλις καὶ τούτοις "Άρνη τὸ ἀρχαῖον (*Il.* B 507) .... τὸ δὲ νῦν τοῖς Χαιρωνεῦσιν ὄνομα γεγονέναι ἀπὸ Χαίρωνος, ὃν Ἀπόλλωνός φασιν εἶναι, μητέρα δὲ αὐτοῦ Θηρὼ τὴν Φύλαντος εἶναι· μαρτυρεῖ δὲ καὶ ὁ ... τὰς Μεγάλας Ἠοίας ποιήσας (F 142 Rz³) Plutarch. *Kimon* 1, 1 Περιπόλτας ὁ μάντις ἐκ Θεσσαλίας εἰς Βοιωτίαν Ὀφέλταν τὸν βασιλέα καὶ τοὺς ὑπ' αὐτῶι λαοὺς καταγαγὼν γένος εὐδοκιμῆσαν ἐπὶ πολλοὺς χρόνους κατέλιπεν, οὗ τὸ πλεῖστον ἐν Χαιρωνείαι κατώικησεν, ἣν πρώτην πόλιν ἔσχον ἐξελάσαντες τοὺς βαρβάρους. *Sulla* 17, 7 ἔστι δὲ κορυφὴ τραχεῖα καὶ στροβιλώδης (*scil.* τὸ Θούριον) ὄρους ὃ καλοῦμεν Ὀρθόπαγον, ὑπὸ δ' αὐτὸ τὸ ῥεῦμα τοῦ Μωρίου καὶ Θουρίου νεὼς Ἀπόλλωνος. (8) ὠνόμασται δ' ὁ θεὸς ἀπὸ Θουροῦς τῆς Χαίρωνος μητρός, ὃν οἰκιστὴν γεγονέναι τῆς Χαιρωνείας ἱστοροῦσιν· οἱ δέ φασι τὴν Κάδμωι δοθεῖσαν ὑπὸ τοῦ Πυθίου καθηγεμόνα βοῦν ἐκεῖ φανῆναι, καὶ τὸν τόπον ἀπ' αὐτῆς οὕτω προσαγορευθῆναι· θῶρ γὰρ οἱ Φοίνικες τὴν βοῦν καλοῦσιν. Für Chaironeia ist Plutarch autorität, und Thuro ist sozusagen die *lectio difficilior*; ein alter fehler in den Hesiodhss. ist sehr wohl denkbar. Den Stephanostext hat Wilamowitz wohl richtig hergestellt; dann wird auch das zweite zitat Hellanikos gehören, der bei der erwähnung von Chaironeia im j. 447/6 kurz auf die archaeologie der stadt zurückgriff. Für A. ist, da die buchzahl fehlt, nicht zu entscheiden, ob das fragment sich auf das gleiche historische faktum bezieht oder aus der erzählung der 'Boeotischen wanderung' stammt. Für diese wird er nach F 2 der darstellung des (Hellanikos und) Thukydides gefolgt sein. Das Hellanikoszitat stammt, wie die buchzahl der Ἱέρειαι beweist, nicht aus ihm; aber er gab gewiss die gleiche genealogie wie dieser. (4) Aus dem kriege der Epigonen gegen Theben: Pausan. 9, 33, 1 τὸ δὲ ὄρος τὸ Τιλφούσιον καὶ ἡ Τιλφοῦσα καλουμένη πηγὴ σταδίους μάλιστα Ἁλιάρτου πεντήκοντα ἀπέχουσι. λέγεται δὲ ὑπὸ Ἑλλήνων Ἀργείους μετὰ τῶν Πολυνείκους παίδων ἑλόντας Θήβας ἐς Δελφοὺς τῶι θεῶι καὶ ἄλλα τῶν λαφύρων καὶ Τειρεσίαν ἄγειν, καὶ (εἴχετο γὰρ δίψηι) καθ' ὁδὸν φασιν αὐτὸν πιόντα ἀπὸ τῆς Τιλφούσης ἀφεῖναι τὴν ψυχήν· καί ἐστι τάφος αὐτῶι πρὸς τῆι πηγῆι. 18, 4 Θηβαῖοι δὲ καὶ Τειρεσίου μνῆμα ἀποφαίνουσι, πέντε μάλιστα καὶ δέκα ἀπωτέρω σταδίοις ἢ Οἰδίποδος τοῖς παισίν ἐστιν ὁ τάφος· ὁμολογοῦντες δὲ καὶ οὗτοι συμβῆναι Τειρεσίαι τὴν τελευτὴν ἐν τῆι Ἁλιαρτίαι, τὸ παρὰ σφίσιν ἐθέλουσιν εἶναι κενὸν μνῆμα. Vgl. 7, 3, 1; *Bibl.* 3,

84; Diodor. 4, 67, 1; Strab. 9, 2, 27; 36 (mit leichten varianten und ausmalungen). Dagegen lassen ihn die *Nostoi* in Kolophon sterben; und Plinius kennt ein grab in Makedonien. Das erstere scheint versehen des Proklos oder des epitomators für Kalchas [12]), das letztere ist nach dem wortlaut der stelle [13]) eine abweichende tradition, die jung sein kann. (5—6) Dass in den c. 31-33 mehr aus A. steckt, ist öfter vermutet [14]) und mag zutreffen, obwohl die wortreiche polemik Plutarchs mit sehr wenigen tatsachen arbeitet. Der traum des Leonidas im Heraklesheiligtum p. 865 F geht auf den aufschwung Thebens und (was gewöhnlich vergessen wird) auf den schnellen verlust der hegemonie; damit ist A. als quelle schon zeitlich ausgeschlossen; denkbar etwa der Plutarch wohlbekannte Kallisthenes, der eine schwäche für solche dinge hat. Ich sehe keinen grund zu Schwartzens leiser skepsis gegen F 6 [15]), und ebenso wenig zu der häufigeren gegen die in F 5 stehende nachricht über die behandlung Herodots. Dass Herodot in Theben war, wissen wir aus seinem werke [16]); dass er vorträge gehalten hat, ehe er beim oder kurz vor dem ausbruch des Peloponnesischen krieges diese vorträge zum geschichtswerk zusammenfasste, sagt das werk jedem der es sehen will. Aber wir werden die äussere bestätigung begrüssen [17]), auch wenn wir nicht zögern ihre verwendung durch A. zu verwerfen: Herodots ungünstiges urteil über Theben (und Korinth!) hat zu deutlich andere gründe [18]). Zweifelhaft allein ob die kritik an dem verhalten der thebanischen behörden — das seine parallele an angeblichen massnahmen der spartanischen behörden (und bezeugtes des römischen senates in Catos zeit) hat — schon A. oder erst Plutarch gehört. Die letztere eventualität ist die wahrscheinlichere, aber die erstere ist nicht ganz unmöglich: der vorwurf Βοιωτία ὗς war gewiss den ältesten thebanischen historikern so empfindlich wie Pindar; und wenn sie Herodot sachlich korrigieren, so bedingt das nicht dass sie das verfahren der behörden gegen ihn billigten. (7—8) Aus der Heraklesgeschichte. Für F 8 s. zu Armenidas 378 F 4. Der anfang des wohl noch durch Didymos vermittelten F 7 ist korrupt, und zuweisung nicht ganz sicher. Was als A. zitiert wird, ist leicht geänderter hexameter mit dem genealogischen praesens. (9) Clem. Al. *Protr.* 2, 38, 2 Φανοκλῆς δὲ ἐν Ἔρωσιν ἢ Καλοῖς Ἀγαμέμνονα .... Ἀργύννου [19]) νεὼν Ἀφροδίτης ἵστασθαι ἐπ' Ἀργύννωι τῶι ἐρωμένωι. Athen. 13, 80 p. 603 D Ἀγαμέμνονά τε Ἀργύννου ἐρασθῆναι λόγος, ἰδόντα ἐπὶ τῶι Κηφισῶι νηχόμενον, ἐν ὧι καὶ τελευτήσαντα αὐτὸν .... θάψας εἴσατο καὶ ἱερὸν αὐτόθι Ἀφροδίτης Ἀργυννίδος. Λικύμνιος δ' ὁ Χῖος ἐν Διθυράμβοις (F 5 Bgk) Ἀργύννου [20]) φησὶν ἐρώμενον Ὑμέναιον γενέσθαι. Vage Plutarch *Bruta rat. uti* 7 p. 990 D ὁ δ' Ἀγαμέμνων τὴν Βοιωτίαν ἐπῆλθε κυνηγετῶν τὸν Ἄργυννον [21]) ὑποφεύγοντα καὶ καταψευδόμενος τῆς θαλάσσης καὶ τῶν πνευμάτων, εἶτα καλὸν καλῶς ἑαυτὸν βαπτίζων εἰς τὴν Κωπαΐδα λίμνην, ὡς αὐτόθι κατασβέσων τὸν ἔρωτα καὶ τῆς ἐπιθυμίας ἀπαλλαξόμενος. Die zeit gibt Propert. 3, 7, 21: *sunt Agamemnonias testantia litora curas, | quae notat Argynnus* [22]), *poena minantis aquae: | hoc iuvene amisso classem non solvit Atrides, | pro qua mactata est Iphigenia mora*. Zitiert wird A. nur für die (richtige) schreibung [23]); aber er wird auch das aition des boeotischen kultes gegeben haben [24]), das seine parallelen in der Atthidographie und der lokalliteratur von Euboia hat.

380. LYKOS

Zeit nicht näher bestimmbar, aber nach der benutzung in Hesiod- und Pindarscholien jedenfalle hellenistisch. Die identifikation mit Lykos von Rhegion, der unter Ptolemaios I schreibt [1]), beruht auf einem 'grotesken irrtum', den Laqueur [2]) aufgeklärt hat; die mit Lysimachos no. 382 [3]), ist eine torheit: Lykos ist nicht kurzname, und korruptel etwas aus abkürzung Λυσ' unglaublich. Wohl aber scheint der einfache name des öfteren früh verdorben zu sein: bei Steph. Byz. und in der Suda ist ΛΥΚΟΣ die leichteste änderung für ΑΥΤΟΣ, und auch in den stark verdorbenen Hesiodscholien liegt er für überliefertes ΔΥΙΚΩΣ nahe. Die fragmente zeigen thebanischen lokalpatriotismus der neues zu geben sucht und dabei vor erfindungen nicht zurückscheut; einen gelehrten eindruck machen sie nicht.

(1) Schol. Eurip. *Phoen.* 1031 παρόσον τὴν Σφίγγα ὁ Διόνυσος ἔπεμψε τοῖς Θηβαίοις, ὡς †ἐναντίον λέγειν [4]). *Ebd.* 45 τινὲς δέ φασιν ὅτι μία τῶν σὺν ταῖς Κάδμου θυγατράσι μανεισῶν [5]) μετεβλήθη εἰς τὸ ζῷον τὴν Σφίγγα. Die Sphinx ist nur in Theben in die heldensage eingedrungen, doch wohl weil schon vorher auf dem Phikiongebirge nördlich von Theben ein wie immer gestaltetes ungeheuer lebte [6]); sie kann in keinem buch über Theben gefehlt haben [7]). Demgegenüber ist die überlieferung über ihre 'historische' erscheinung merkwürdig widerspruchsvoll, und vor allem spät. Es ist zu beachten, dass der interpolator Hesiods *Th.* 326 ff. nichts sagt; und die Hera der Oidipodie ist eine keineswegs sichere vermutung Bethes [8]). Euripides in den *Phoenissen* vermeidet offensichtlich jede genauere angabe über den grund ihres erscheinens: φόνιος ἐκ θεῶν ὃς τάδ' ἦν ὁ πράξας 1031 f.; δαιμόνων τις ἄτα 1066; 810 f. ἂν ὁ κατὰ χθονὸς Ἅιδας Καδμείοις ἐπιπέμπει meint eher den ort, vom dem sie kommt [9]), als den agierenden gott; den Ares und die erklärung διὰ τὸν θάνατον τοῦ

δράκοντος μηνίσαντος haben Schol. 1064 ff. wohl erst aus v. 932 ff. erschlossen. Den zorn der Hera (γαμοστόλος Peisandros 16 F 10) geben als grund Bibl. 3, 52 und Dio Chrys. 11, 8, bei denen das mit der Laiosgeschichte verbunden ist, also wohl Peisandros' erklärung zugrunde liegt: ὅτι τὸν Λάιον ἀσεβήσαντα εἰς τὸν παράνομον ἔρωτα τοῦ Χρυσίππου οὐχ ἐτιμωρήσαντο. Die zurückführung von Lykos' Dionysos auf Euripides' *Antigone* — die *Bakchai* wissen nichts davon — hängt an Ungers verbesserung von Schol. *Phoen.* 1031 [10]): es ist eine erfindung, die als solche leichtverständlich ist [11]), eigenartig nur weil sie durch die lösung aus der Laios-Oedipusgeschichte der tragoedie entgegentritt. Schade, dass das zitat so kurz ist. (2) Die genealogie, die *in maiorem gloriam* Thebens erfunden ist, reiht Iodama — wie den vater Itonos [12]) — in den grossen Hellenenstammbaum ein. Die sonstige tradition lässt erkennen, dass sie ursprünglich göttin von Koroneia war, die von der Athena Itonis absorbiert ist [13]): der genealoge Simonides [14]) erzählte den streit der Itonostöchter Athena und Iodama, in dem die letztere unterliegt; das geht aus von der tempellegende von Koroneia, die Pausanias bewahrt hat [15]). (3) Zu Aristodem. 383 F 4. (4) Über die genealogie des Boiotos s. zu Nikokrates 376 F 5; über Maass' einführung des Alexandros Polyhistor s. zu 273 F 97. (5) Zwei weitere erklärungen des sprichwortes, das schon Herodt. 1, 166, 2 kennt, bei Zenob. *Prov.* 4, 45: (1) ὅτι Ἐτεοκλῆς καὶ Πολυνείκης μονομαχοῦντες ἀμφότεροι ἀπώλοντο; (2) ὅτι τὰ ἐκ Φοινίκης γράμματα βουλόμενος διαδοθῆναι τοῖς Ἕλλησι Κάδμος ἀνεῖλε Λίνον καὶ αὐτὸν ἴδια γράμματα ἐπιδεικνύμενον, ὃν ἀπεδίωξαν οἱ πολῖται. Auf den ersten zug der Sieben, bei dem die Thebaner siegen οὐκ ἄνευ κακῶν μεγάλων, ist es bei Pausan. 9, 9, 3 gedeutet. Den dienst des Kadmos kennen nur noch *Bibl.* 3, 24 und die ἱστορία Schol. AD *Il.* B 494 unter Hellanikos' namen [16]), ohne das sprichwort zu ergeben. Der zug ist nicht jung, obwohl er nicht aus Hellanikos stammt; die recht gesuchte beziehung des sprichwortes auf ihn gehört erst L.

381. TIMAGORAS

Für die zeit T.s gilt das zu Lykos gesagte [1]). Die drei fragmente beziehen sich auf die Spartoi, und die darstellung scheint rein rationalistisch gewesen zu sein. Die herstellung des namens auch in Schol. *Phoen.* 7 für den überlieferten Demagoras ist sehr zweifelhaft. Der gefälschte T. Περὶ ποταμῶν [2]) wird für den mysischen Kaikos zitiert.

(1) Schol. T Hom. *Il.* Ω 602 ἀπώλετο δὲ (*scil.* ἡ Νιόβη), ὥς τινες, συνεπιορκήσασα Πανδάρωι περὶ τοῦ κυνός, ὡς δέ ἔνιοι, ἐνεδρευθεῖσα ὑπὸ τῶν Σπαρτῶν ἐν Κιθαιρῶνι. Das T.-zitat ist eingeschoben in das zitatennest über die zahl der Niobiden. T. scheint eine art thebanischer parteige‑
5 schichte der urzeit gegeben zu haben. Die Sparten — als ἔθνος gedeutet schon von Hippias [3]) — sind bei Palaiphatos die anhänger des königs Drakon, den der fremde Kadmos vom throne stösst [4]). Dann folgt dass οἱ περὶ ᾽Αμφίονα, von denen sie gedrückt werden, zu den neuen herren gehören. Zu grunde liegt dabei die ohne autor überlieferte auffassung,
10 dass οἱ περὶ ᾽Αμφίονα σὺν τοῖς παισὶν ἅμα Κάδμοι Theben befestigen. [5]). Nach Eleutherai gehen die söhne Amphions zu einer πάτριος θυσία, weil man dort die grotte zeigte, in der ᾽Αντιόπη τεκοῦσα κατάθοιτο τοὺς παῖδας [6]). (2) Wird man nach F 1 ergänzen und verstehen: T. gehört nicht mehr als die angabe über Kreon. Dass dieser schon bei Aischylos *Sept.* 474 und
15 Euripid. *Phoen.* 942 Sparte ist, bedeutet kaum mehr als dass man gemeinhin den adel Thebens von den Spartoi ableitete. Bei T. wird sich der parteikampf fortgesetzt haben: aus dieser herkunft erklärte er die feindschaft Kreons gegen Kadmos' geschlecht; mit ihm besteigt die alte dynastie wieder den thron [7]). Eine parallele ist in der *Atthis* das ver‑
20 hältnis von Erechthiden und Aigiden. Historisches wird man dahinter nicht suchen [8]).   (3) Bemerkenswert dass die singuläre erklärung in dem artikel Λακεδαίμων fehlt [9]). Bei T. können die Sparten nicht οἱ μετὰ Κάδμου und nicht aus den drachenzähnen erwachsen sein. Es bleibe dahingestellt ob er die verstreuten Sparten des Drakon meint,
25 die z.t. in die Peloponnes flüchteten [10]), oder die geschichte der Aigeidai.

382. LYSIMACHOS VON ALEXANDREIA

Der 'Alexandriner' Lysimachos wird zitiert [1]) als verfasser einer Συναγωγὴ τῶν Θηβαικῶν Παραδόξων [2]), die nach den zitaten mindestens 13 bücher umfasste, und von Νόστοι in mindestens 3 büchern [3]). Die
30 persönlichkeit ist einigermassen fassbar, wenn man die diskussion nicht überflüssig kompliziert durch hineinziehung von homonymen autoren und sogar von trägern anderer namen. So fällt schon um des namens willen ohne weiteres fort (1) der Lysimachides, der zwischen 50 v. und 50 n. Chr. Περὶ τῶν ᾽Αθήνησι μηνῶν und wahrscheinlich auch Πρὸς Κεκίλιον
35 über attische rhetoren geschrieben hat [4]). Sodann um das stoffes und der lebensumstände willen, soweit sie uns bekannt sind, (2) der arzt und Hippokrateserklärer L. von Kos um 100 v. Chr. [5]); (3) der schrift‑

steller über landwirtschaft, den Varro in den *Pinakes* ohne ethnikon verzeichnet fand [6]); (4) der philosoph, den Kallimachos als Θεοδώρειος verzeichnete und Hermippos unter den schülern Theophrasts aufführte. Er hat zwar über die παιδεία des ersten Attalos (241-197 v. Chr.) geschrieben, aber seine tätigkeit fällt in der hauptsache wohl in das 2. drittel des 3. jhdts. [7]). Nur auf einem versehen (kaum auf einem blossen schreibfehler) des Tzetzes beruht (5) ὁ Κυρηναῖος Λυσίμαχος ἐν ᾱ Περὶ ποιητῶν, den er für den streit von Helikon und Kithairon zitiert [8]). Das könnte zwar in den Θηβαϊκά gestanden haben; aber der buchtitel führt auf Lysanias, den lehrer des Eratosthenes, und Schol. Eurip. *Andr*. 10 zitieren nebeneinander diesen Lysanias für eine bemängelung des Euripides und Λυσίμαχος ἐν τῶι β̄ Περὶ Νόστων über die tradition des Hektorsohnes als städtegründer. Ernsthafter ist die frage nur für (6) den L., der Αἰγυπτιακά oder eine streitschrift gegen die Juden geschrieben hat, die uns nur aus der polemik des Josephus bekannt ist [9]). Ein solcher antisemitischer traktat ist für den Alexandriner denkbar; aber die zusammenstellung mit Molon führt viel eher auf die zeit zwischen 50 v. Chr. und 50 n. Chr. Dagegen habe ich persönlich keinen zweifel, dass (7) der verfasser von zwei büchern Περὶ τῆς Ἐφόρου κλοπῆς mit dem alexandrinischen grammatiker identisch ist [10]).

Mit der anerkennung dass Tzetzes einen irrtum begangen hat entfällt die annahme, dass L. aus Kyrene stammte [11]). Seine heimat ist unbekannt: denn Ἀλεξανδρεύς kann sozusagen berufsbezeichnung sein und den 'alexandrinischen grammatiker' bedeuten. Dass er grammatiker, nicht historiker, war [12]) beweisen die in den fragmenten enthaltenen zeugnisse: περὶ ... τῆς Κάδμου εἰς Θήβας παρουσίας Λυσίμαχος ἐν τῆι ᾱ τῶν Θηβαϊκῶν παραδόξων συνείληχε πολλὴν τὴν ὕλην διαφανοῦσαν F 1a; ὧν τὰς δόξας Λυσίμαχος ἐν τῶι β̄ τῶν Νόστων ἀνέγραψεν F 9 [13]). Sie sind genügende grundlage für die allgemeine auffassung, die Radtke [14]) so formuliert hat: 'Lysimachus in Thebanis paradoxis Nostisque congessit undique fabularum varias formas abstinens narrationibus ab ipso inventis deflexisve'. Nur wird man das nicht so verstehen dürfen als ob L. sich des eigenen urteils ganz enthalten habe [15]); und vor allem nicht als ob die werke nur aus einer reihe von ζητήματα bestanden, d.h. den charakter der Περί-bücher trugen. Wahrscheinlich ist vielmehr dass er die chronologische anordnung in den *Thebaika* und die sachliche in den *Nostoi* begünstigte, und dass er in beiden werken die zusammenhängende erzählung durch ausführliche noten über die diskrepanzen der überlieferung unterbrach; dass wir uns also seine bücher nach der Ps. Apollodorischen *Bibliothek* und den voraufgehenden *Kykloi* vorzustellen haben — mit dem unterschiede, dass L. nur gewisse teile des Kyklos in dieser gelehrten weise behandelte, womit er nicht allein steht [16]). Wir wissen nicht warum er gerade Θηβαικά und Νόστοι wählte; vielleicht weil es Τρωικά schon zahlreich gab, und die gesamtdarstellungen, die spätestens seit Hellanikos alle auf sie ausliefen, zu genügen schienen. Differenzen der tradition gab es freilich auch für den stoff der *Ilias* und der *Antehomerica* genug. Es ist zweifellos, dass Didymos und Theon L. ausgiebig benutzt haben [17]), und für das ansehen des grammatikers zeugen die nach seinem namen erfundenen schwindelzitate [18]). Das erhaltene material gibt auch das recht in den Scholiencorpora nach weiteren resten von L.s gelehrten noten zu suchen: der versuch ist in weitestem umfang von Radtke gemacht [19]), und von den 116 stücken, die er gibt, mag wirklich ein grosser teil L. sein. Ich habe aber darauf verzichtet sie in einem Anhang abzudrucken, weniger aus raumgründen als weil selten ein strikter beweis zu führen ist: er würde eine untersuchung des zusammenhangs zwischen L. und den vollständigen Κύκλοι bedingen, in erster linie mit dem Kyklographen Dionysios [20]), dessen zeit nicht sicher bestimmbar ist, der aber sehr wohl in das 3. jhdt v. Chr. gehören kann und von denselben scholiasten benutzt wird, die uns die sicheren fragmente L.s liefern. L.s eigene zeit wird nach oben dadurch bestimmt dass er noch eine ansicht von Eratosthenes' schüler Mnaseas anführt [21]). Es ist keineswegs unmöglich dass er einen zeitgenossen berücksichtigte, und m.e. warnt die schrift Περὶ τῆς Ἐφόρου κλοπῆς davor zu tief ins 2. jhdt herunter zu gehen [22]). Aber leider lässt sich das zeitverhältnis zu Apollodor nicht bestimmen.

F

(1—5) Obwohl nur zwei fragmente buchzahl tragen, ist chronologische anordnung wahrscheinlich, weil sie die einzig natürliche ist [23]). Ob aber L. wirklich 12 bücher mit den ereignissen zwischen der gründung der stadt (F 1) und Oidipus' tod (F 2) füllen konnte? Obwohl für Istros' Συναγωγή 14 bücher sicher sind, ist C. Muellers änderungsvorschlag ἐν τῶι [ι]γ̄ erwägenswert; das gäbe etwa den gleichen umfang wie für die Νόστοι. Unerklärlich ist Παράδοξα im titel: was in den fragmenten steht ist absolut nicht das was dieser und ähnliche titel sonst decken [24]). Kritik des L. scheint angesichts des einfachen titels Νόστοι ausgeschlossen; warum sollte er zu diesen ganz gleichartig bezeugten traditionen grösseres zutrauen gehabt haben? Der häufigere titel Θαυμαζόμενα für bücher über Sizilien [25]) ist keine parallele, da sie wirkliche θαυμάσια geben; und dasselbe scheint z.b. für die Ἱστορικὰ παράδοξα des Myrsilos (no. 477) zu gelten. (1) Kann gleich als beleg dienen (1) für den von Radtke [26]) systematisch nachgewiesenen vorgang, der in der überlieferung das verhältnis des L. und der von ihm angeführten autoren häufiger verdunkelt: was in **b** mit καί angeknüpft steht, ist eben die von L. zusammengebrachte πολλὴ ὕλη διαφωνοῦσα, oder doch ein teil von ihr; (2) für die starke verkürzung in unseren scholien, die auch zweifel erweckt, ob man das ganze zitatennest so wie es ist auf L. zurückführen darf: so hat schon Radtke (der diesen für die 'rekonstruktion' fundamentalen punkt sonst kaum genügend beachtet) das sozusagen voreilige zitat des Apollonios dem scholiasten selbst zugewiesen; aber auch die anführung der Titanomachie (die im engsten sinne auf die παρουσία geht) steht entweder an falschem platze oder ist nur dürftigster rest aus einer behandlung der frage wie Kadmos nach Theben gekommen ist. Ich führe daher die anordnung der autoren nicht ins feld gegen die mir (aus anderen gründen) unwahrscheinliche annahme [27]) dass L. 'für die einzelnen sagenversionen zuerst die dichterischen und dann die prosaischen quellen aufgezählt' habe, sondern als warnung vor dem glauben dass man mit unseren mitteln L. überhaupt 'rekonstruieren' könne [28]), so günstig gerade in seinem falle die voraussetzungen zu sein scheinen. Wer ernsthaft zu rekonstruieren versucht und nicht an irgend einem punkte willkürlich halt macht, wird uns nicht L. geben, sondern ein neues werk über die thebanische sagengeschichte, das er dann mit R. Unger 'Thebana Paradoxa' nennen mag. Dabei habe ich persönlich nicht den geringsten zweifel, dass L. auch über Ogygos [29]) und die thebanische urgeschichte überhaupt, über den ort des drachenkampfes u.s.f. gehandelt hat. Nur sind die betreffenden parallelstellen selten mit wirklicher sicherheit gerade auf ihn zurückzuführen, während es ganz sicher ist, dass wir nur fetzen seiner behandlung haben. Mit grösster reserve sei daher aus diesem und anderen fragmenten etwas über die 'pristina operis forma et compositio' vermutet. Die anordnung in den einzelnen ζητήματα, die im verlauf der chronologisch angelegten erzählung auftauchten, war diese: L. begann mit der wiedergabe der gesamtdarstellung der sage durch Hellanikos [30]), der, als genealoge verhältnismässig spät, doch zur hauptautorität für die ganze sagenzeit geworden war [31]), und besprach dann der reihe nach ihre einzelnen punkte: (1) die wahl des ortes, von der nur das zitat der Titanographie übrig geblieben ist; (2) über den drachenkampf, der ganz verloren ist, wenn man nicht in dem Hippiaszitat den rest einer diskussion der Spartenfrage überhaupt sehen will, wo man dann konstatirt wie unvollständig die aufzählung der autoren oder wohl eher das exzerpt aus ihr ist [32]); (3) nach erledigung der rationalistischen deutung der Spartensage die aussaat der zähne mit den varianten über die beteiligten götter und die verteilung der zähne (hinweis auf die Argonautengeschichte), wo wir z.b. den wichtigen zeugen Stesichoros ergänzen können; (4) der Spartenkampf und die namen der überlebenden, wo im scholion nur die vulgata (eben des Hellanikos)[33]) ohne autoren und varianten erhalten ist. Dies alles als begründung warum der kommentar zu den folgenden fragmenten so kurz gehalten und nirgend der versuch einer rekonstruktion gemacht ist.   (2) Wenn Radtkes vermutung zutrifft, sind das worte des Arizelos. Er ist unbekannt, und man wird den namen nicht ändern [34]). Ein unbekannter autor über Theben [35]) ist nicht undenkbar; aber es gibt auch andere möglichkeiten. Jedenfalls war er weder Athener noch tragiker; denn er schaltet die athenischen ansprüche auf Oidipus' grab aus. Die sache ist gewiss viel diskutiert und hat zu seltsamen kompromissen geführt [36]). Zur sache s. Robert *Oedipus* I p. 2 ff.; *Heldensage* p. 900 ff.; über Keos-Eteonos Boelte *R E* XI col. 181 f.   (3) Für das verständnis derartiger fragmente, in denen scheinbar L.s eigene autorität angerufen wird, gilt Radtkes prinzip dass zeugen in der überlieferung verloren gegangen sind [37]), wofür man als musterbeispiel F 4 und 16 anführen kann. Gewährsmann ist hier vermutlich ein rationalisierender mythograph, der das blutgeld einer älteren darstellung übernahm, die durch den mord die knechtschaft bei Omphale erklärt [38]). Die an varianten sehr reiche überlieferung s. bei Robert *op. cit.* p. 567 ff.; 579 ff.   (4) Paus. 9, 26, 3 λέγεται δὲ καὶ ὡς νόθη Λαίου θυγάτηρ εἴη (*scil.* ἡ Σφίγξ), καὶ ὡς τὸν χρησμὸν τὸν Κάδμωι δοθέντα ἐκ Δελφῶν διδάξειεν αὐτὴν κατὰ εὔνοιαν ὁ Λάιος· ἐπίστασθαι δὲ πλὴν τοὺς βασιλέας οὐδένα ἄλλον τὸ μάντευμα κτλ. Von den sonstigen rationalistischen erklärungen steht einigermassen nahe die des Palaiphatos, nach der sie 'Αμαζονίς (also aus dem osten) und erste gemahlin des Kadmos ist, mit dem zusammen sie nach Theben kommt. Die alte genealogie Hesiods haben u.a. Eurip. *Phoin.* 1019 f. und Lykos 380 F 1.   (5) Vgl. zu 3 F 14; 310 F 9. Die annahme dass nicht nur Sokrates durch L. vermittelt ist, sondern auch der anschliessende abschnitt καὶ περὶ τοῦ ἀριθμοῦ δὲ διαλλάττουσι, in dem der Kyklograph Dionysios, Euripides, Deinias, Pherekydes, Baton, zitiert werden, L. gehört, wird für mich durch den beginn mit dem kyklographen bedenklich [39]) — es sei denn man nehme an dass L. gelegentlich seine zusammenstellungen bereits übernahm, und die gleichung scholion: L. = L.: Dionysios statt hat. Dann bleibt auch zweifelhaft, wem der schluss über doppelten wahnsinn des Herakles und die befreiung davon (mit zitaten des Herodor und Menekrates) gehört. Für die lage von Herakles' haus in Theben [40]) wird Schol. b (d) der Pindarerklärer Chrysippos zitiert, der nicht mehr gibt als was in Pindars text steht. (6—16) Νόστοι in mindestens 8 büchern hat schon vor L. der athenische Alexanderhistoriker Antikleides geschrieben [41]). Über ihren charakter sehen wir nicht klar; aber die gelehrten kommentatoren haben zu L. gegriffen. Für diesen scheinen die hier zahlreicheren fragmente mit buchzahl zu ergeben dass er im 1. buch die schicksale der Trojaner [41a]), im 2. die der griechischen helden, im 3. Odysseus behandelte. Da L. die zerstörung Trojas und die verteilung der beute erzählt hat [41b]), is der titel Νόστοι *a potiori* gewählt, und es waren kaum mehr als drei bücher. Denn dass sich L. auf die zeit des Epos beschränkte bedarf keines beweises [42]). Zu seinen quellen gehörten, ausser den Epen, hauptsächlich Κτίσεις und Lokalhistorien. (6) Arg zusammengeschnitten und ohne die (jedenfalls z.t. kyrenaeischen) quellenautoren. Von den beiden traditionen über Antenor und die Antenoriden [43]) hat den Pindarerklärer nur die kyrenaeische lokaltradition [44]) interessiert, nicht die gleichfalls schon im 5. jhdt nachweisbare, die ihn zum führer der Eneter macht und nach Oberitalien bringt [45]). Jene verbindet ihn, anknüpfend an Ilias und Odyssee, mit Menelaos [46]), ist aber auch nicht einheitlich; denn die Telegonie hat die anknüpfung an Odysseus durch einen sohn Arkesilas bevorzugt [47]), und eine dritte geschichte, die an die Argonautensage anknüpft, begnügt sich überhaupt damit den anspruch der Griechen auf Libyen-Kyrene zu begründen [48]). Über die namen der Antenoriden, die bei L. nicht gefehlt haben können, geht die überlieferung gleichfalls auseinander [49]); von der tochter Krino [50]) hören wir überhaupt nichts weiter. Der name des libyschen königs ist nicht sicher herzustellen [51]). (7) Das zitat L.s ist deutlicher einschub in das Durisexzerpt; fraglich ob man auch nur die zweite worterklärung von σάμαινα dazu rechnen darf. Bei welcher gelegenheit er auf Polykrates oder den samischen schiffstyp zu sprechen kam, lässt sich nicht raten; der verweis auf Apollodor 244 F 178 [52]) hilft nicht weiter. Selbstverständlich wird man aus solchem zitat nicht schliessen dass L. auch historische νόστοι behandelt hat [53]). (8) Wird zum νόστος des Neoptolemos (F 10) gehören, und zeigt dann wie weit L. ausgriff. Es gibt mehr; aber L. scheint Staphylos [54]) noch nicht gekannt zu haben. Fraglich ob er auch auf die frage nach Achills 'schwester' Polydora [55]) und der ersten ehe des Peleus eingegangen ist. (9) Aus dem νόστος der Theseussöhne [56])? Denn Akamas ist bei dem zitierten Dionysios der eigentliche gründer der vielen städte in der (von den Athenern beanspruchten) Troas, der nur für eine (?) von ihnen die ehre den söhnen des Hektor und Aineias überlässt [57]). Aus F 14 lässt sich bei dem sammler L. kein widerspruch konstruieren. (10) Wie F 8 aus dem νόστος des Neoptolemos [58]). Die beiden fassungen zeigen starke widersprüche, und ich bin zweifelhaft ob man das mit Schwartz *Mél. Graux* p. 651 f. und Radtke nur auf korruptel in dem allerdings sehr verderbten scholion zurückführen darf. Sie geben L. trotz der schlussformel ταῦτα μὲν ὁ Λ. auch den zweiten teil des scholions. Ich möchte offen lassen ob der scholiast nicht ausser L. noch eine andere sammlung benutzt hat, was nicht nur für dieses eine fragment zu erwägen ist. (11) Lehrs' Ἰθάκη ist verlockend [59]); aber dann muss es ein alter fehler sein, da Athenaios sicher Φακῇ las; und bei Mnaseas' erfindungen ist man nie sicher, worauf sie beruhen. *Od.* ο 363 ff. kennt eine Ktimene als (einzige?) tochter des Laertes, und es ist auffällig dass die scholien Κτιμένη κυρίως ἐκαλεῖτο ἡ Ὀδυσσέως ἀδελφή, ἧς ὁ Εὐρύλοχος ὑπονοεῖται ἀνήρ [60]), sagen. (12) Mit καὶ ἄλλοι τινές streicht dieser scholiast (und leider auch andere [61])) die vermutlich lange aufzählung der belege für den (nachtroischen) Nikostratos, die mit Hesiod und Kinaithon [62]) begonnen haben wird. Das (vermutlich einzige) zeugnis aus kyprischer lokalliteratur (?) für die besiedlung von Kypros durch zwei söhne von Menelaos und Paris aus troischer und nachtroischer zeit hat er bewahrt. Man sieht nicht warum, wenn nicht Nikostratos und Pleisthenes varianten des namens derselben person sind [63]). Jedenfalls ist die überlieferung über die kinder der Helena hier bei weitem nicht vollständig: um von der tochter Iphigeneia [64]) abzusehen, kennt spartanische lokaltradition von Menelaos das brüderpaar Nikostratos und Aithiolas [65]), und Ariaithos 316 F 6 einen Maraphios (der während der irrfahrten geboren sein muss [66])); von Paris zählen die πλείους des Tzetzes [67]) vier söhne auf, deren einen auch Nikandros 271/2 F 33 bezeugt. (13) C. Muellers zweifel an den Νόστοι ist unberechtigt und die zuweisung an Lysimachides Περὶ μηνῶν nicht diskutabel. Für das unter L.s namen stehende datum zitiert die ausführlichere aufzählung des Clemens [68]) den Argiver Dionysios [69]). Wer danach auch Clemens auf L. zurückführen will, ist nicht zu widerlegen. Aber ich muss immer wieder darauf hinweisen dass es andere möglichkeiten gibt, und dass wir nicht einen einzigen vollständigen abschnitt aus L. besitzen. (14) Zeigt mit F 16 zusammen dass L. die Ἰλίου πέρσις einigermassen ausführlich erzählt hat. Wo er genau einsetzte, ist nicht zu sagen. (15) Vgl. F 8; 10; 12 und das wohl in den zusammenhang von F 15 gehörende F 11. L. griff in der genealogie überall über das hinaus was zum νόστος im strengen sinn des wortes gehört. (16) Serv. Dan. Verg. A. 2 204 *horum sane draconum nomina Sophocles in Laocoonte* (F 343 N²) *dicit*, was Nauck ohne grund 'utique incredibile" findet. Richtig urteilt Radtke p. 13. In epos und lyrik waren sie namenlos; sonst fänden wir die namen, wenn nicht bei Vergil, so doch bei Quintus 12, 390 ff., der sie οὐλομένοιο γενέθλην Τυφῶνος nennt. Ob Tzetzes eine andere (spätere?) quelle hatte bleibe dahingestellt. Auch die söhne haben namen wohl nicht erst von dem unbestimmbaren Thessander erhalten: Antipha(n)tes und Thymbraeus nennt sie Hygin. *fab.* 135, wo die erfindung des zweiten namens durchsichtig ist. Zur überlieferung der Laokoongeschichte s. Bethe *RE* XII col. 736 ff.; Robert *Heldensage* p. 1246 ff. (17) Schwindelzitat; herstellung des autornamens zweifelhaft. (18) Hesych. s.v. σκιρός· ἐστὶν ἡ λατύπη. Schol. Pind. *Pyth.* 5, 120b σκυρωτήν (*scil.* ὁδόν) δὲ λιθόστρωτον· σκῦρον γὰρ λέγουσι τὴν λατύπην τὴν ἀπὸ τῆς κατεργασίας τῶν λίθων ἀποπίπτουσαν. Et gen. s.v. Σκύρος (p. 48 Rei)· ἡ νῆσος, ἐπεὶ ἀργιλώδης ἐστὶ καὶ λευκόγεως· σκύρος γὰρ ἡ λατύπη. Δίδυμος λέγει ἐν ὑπομνήματι ξ Ὀδυσσείας (p. 183 Schm) οὕτως· «αἱ ἀργιλώδεις φαῦλαι εἰς καρπῶν ἀνέσεις, μηλόβοτοι δὲ καθάπερ Σκύρος καὶ αἱ λεγόμεναι Ἀργινοῦσαι». Ὧρος. Der zusammengestrichene artikel schliesst nicht aus dass L. vom νόστος des Neoptolemos sprach, in dem Skyros eine rolle spielt [70]); dass Didymos im Odysseekommentar von der insel sprach mag die bezi͜ehung auf den grammatiker L. begünstigen. Andernfalls wird man eher an den landwirtschaftlichen schriftsteller denken, als an den arzt [71]). (19) Dass Asklepios in den Nostoi vorkommen konnte wird niemand bestreiten; aber die ergänzung ist ganz unsicher. (21) Kann in einer der vielen genealogieen der *Nostoi* vorgekommen sein. Aber die ergänzung ist unsicher, und ἐν τῶι Περὶ Τεύκρου scheint buchtitel. (22) Dass L. vor Alkaios genannt wird — der aus einem anhänger zum erbitterten gegner Philipps V von Makedonien (220-179 v. Chr.) geworden ist und 197/6 v. Chr. T. Flamininus feierte [72]) — lässt keinen sicheren schluss auf ihr zeitverhältnis zu. Παρωιδήκεν ἐξελέγχων bedeutet gewiss nicht dass Alkaios das gelehrte werk des L. 'parodierte und korrigierte', sondern gibt die form seines ἔλεγχος [73]). Da Alkaios ἐν ταῖς Συγκρίσεσιν auch den zeitgenössischen grammatiker Isokrates verspottet hat [74]) und diese art poesie eine vorgeschichte hat, die bis auf Xenophanes zurückgeht, kann man auch nicht sagen dass L. ihm 'die anregung gab', was die zeit L.s genauer bestimmen würde. Noch weniger wird man das umgekehrte verhältnis glauben; L.s werk mag in der von dem Byzantier Aristophanes mit den Παράλληλοι Μενάνδρου τε καὶ ἀφ' ὧν ἔκλεψεν ἐκλογαί begründeten (?) tradition stehen — wenn er überhaupt schon

in einer tradition stand. Bei der durchmusterung der ganzen griechischen literatur für seine beiden mythographischen werke fiel ein werk über Ephoros sozusagen als nebenprodukt von selbst ab: Ephoros war die grosse autorität für die κτίσεις [75]), die mit den νόστοι in enger verbindung
5 stehen, und er muss in erzählung und exkursen oft genug von Theben gehandelt haben. Ich sehe keinen grund dem alexandrinischen grammatiker eine solche untersuchung abzusprechen [76]).

383. ARISTODEMOS VON THEBEN (ALEXANDREIA)

A., den die Theokritscholien [1]) ὁ Θηβαῖος nennen, schrieb Θηβαικὰ
10 Ἐπιγράμματα. So lautet der titel in den Apolloniosscholien [2]), und dagegen kommen die Θηβαικά eines späten sammelzitats [3]) nicht auf, wenn man nicht (was wenig glaublich ist) zwei verschiedene werke annehmen will. Die benutzung A.s in den Scholien zu Homer, Apollonios, Euripides, Theokrit [4]) weist ihn vor Didymos und noch in die zeit der
15 originalen gelehrsamkeit. Es liegt daher nahe in ihm den schüler Aristarchs [5]) zu sehen, der in den Pindarscholien mehrfach zitiert [6]) und öfter benutzt ist: die scholien geben keinen buchtitel, aber Athenaios [7]) zitiert einen Pindarkommentar (Περὶ Πινδάρου [8])) in mindestens drei büchern. Strikt zu beweisen ist die identifizierung nicht [9]), weil die
20 Pindarscholien den kommentator Ἀλεξανδρεύς nennen [10]). Noch etwas ungünstiger steht es um den ʼA. Ἠλεῖος [11]), der in den Schol. Pindar. Ol. 3, 21b/22a gemeint ist: wir kennen keinen buchtitel für ihn, und was wir haben passt besser in eine Ὀλυμπιάδων ἀναγραφή als in einen Pindarkommentar [12]). Ich habe ihn daher unter die schriftsteller über Elis-
25 Olympia gestellt [13]), ohne damit unbedingt die möglichkeit bestreiten zu wollen, dass 'der in Alexandreia gebildete mann für seine verdienste mit dem ehrenbürgerrecht von Elis und Theben bedacht ist' [14]). Zu der annahme dass ὁ Θηβαῖος ein 'irrtum' ist [15]), kann ich mich jedenfalls nicht entschliessen. Wenn die identifizierung zutrifft, so haben wir die
30 wahl zwischen dem gebürtigen Thebaner, der in Alexandreia studiert hat, und dem (wo immer geborenen) 'Alexandriner' [16]), der 146 v. Chr. mit seinem lehrer Aristarch und anderen gelehrten [17]) aus Alexandreia vertrieben ist. Der Ἠλεῖος (wenn er derselbe ist) spricht vielleicht eher für die zweite eventualität. Nicht entscheidend ist, dass die Θηβαικὰ
35 ἐπιγράμματα lokalkenntnis von Theben zeigen [18]) und der Pindarkommentar solche von Athen [19]). Sehr bedauerlich, dass Athenaios dem kommentator kein distinktiv gibt; aber A.s arbeit zentrierte (ob nun der

Eleer derselbe ist oder nicht) um den thebanischen dichter, dessen text Aristophanes in der voraufgehenden generation massgebend konstituiert hatte.

Da der name sehr gewöhnlich ist, bleibe dahingestellt ob dem 'Alexandriner' auch das nur einmal von Clemens [20]) in einem sammelzitat genannte buch Περὶ εὑρημάτων gehört. Sicher von ihm zu scheiden sind ein (vielleicht nicht sehr alter) verfasser von Γελοῖα Ἀπομνημονεύματα [21]); der Ἀ. ἐκ Καρίας, der in der zeit der Philostrate Περὶ ζωγράφων schrieb [22]); der kompilierende universalhistoriker aus späthellenistischer oder römischer zeit [23]); Menekrates' sohn und enkelschüler Aristarchs, ῥήτωρ καὶ γραμματικός, und verfasser von Ἱστορίαι, die unter den quellen des Parthenios erscheinen [24]). Der letztere hat einen gleichnamigen neffen, der 'erzieher des grossen Pompeius' heisst [25]), und war ein im 1. jhdt v. Chr. angesehener mann: denn er ist es wahrscheinlich, dem Ps. Plutarch eine Μυθικὴ Συναγωγή unterschiebt [26]).

Mit dem titel Θηβαικὰ ἐπιγράμματα hat schon C. Mueller Philochoros' Ἐπιγράμματα Ἀττικά und Polemons Περὶ τῶν κατὰ πόλεις ἐπιγραμμάτων verglichen [27]). Es ist auch hier nicht gesagt dass unter ἐπιγράμματα ausschliesslich metrische inschriften zu verstehen sind, und es bleibt unsicher wie weit der titel den inhalt wirklich deckt, und wie der inhalt disponiert war [28]): unser material ist zu dürftig um da auch nur versuchsweise antworten zu geben. Man wird vielleicht glauben dürfen dass epigramme bezw. inschriften den grundstock, ausgangspunkt, roten faden, oder wie man es sich sonst vorstellen will, bildeten. Die fragmente geben freilich so gut wie nichts aus [29]), und auch die sonstige überlieferung ist spärlich, obwohl schon Herodot 5, 59 ff. gedichte im tempel des Apollon Ismenios bezeugt. Der versuch Radtkes, den nachlass A.s aus der Scholienliteratur zu vermehren, arbeitet mit mehr oder weniger unsicheren, z.t. schlechthin unglaublichen vermutungen [30]).

F

(1) Der behauptung Radtkes [31]) dass 'A. den Inderkrieg des gottes doch nur deshalb behandelt hat, weil er in einem thebanischen epigramm vorkam', stehe ich mit grösstem misstrauen gegenüber. Die darauf gebaute vermutung, dass 'der inhalt des ersten buches in götterepigrammen' bestand, gibt er selbst zu gunsten 'periegetischer anordnung' auf. Auch sie ist unbeweisbar. Die historische, die ich auch für Lysimachos annehme [32]), ist ebenso möglich, war *a priori* bequemer und wird vielleicht durch Herodot 5, 59 ff. empfohlen [33]). Ein (grösserer?) exkurs [34]) über

Dionysos ist da ebenso leicht einzuordnen wie ein solcher über die tore; und Theben war reich an Dionysosdenkmälern [35]). Wenn es aber doch ein auf den indischen zug bezügliches epigramm gab — etwa eine weihung des siegers [36]) — das in unseren quellen verloren gegangen ist, so hat A. die tradition vom Inderzug anerkannt: der gegenteilige schluss, weil 'die sage erst durch Alexanders zug entstanden ist', setzt für den antiken grammatiker die moderne mythenkritik voraus. (2) Es ist ein sammelzitat, und ich gehe auf die überlieferung der geschichte, die starke varianten zeigt [37]), nicht ein. Aber angesichts der ziemlich ausführlichen erzählung und der quellenangabe am schluss ist Radtkes ausweg zu F 1 [38]) hier noch schwerer glaublich, und sein schluss, auf 'ein oder mehrere epigramme' am orte der verwandlung 'als grundlage des Aristodemfragments' [39]) bleibt eine vage möglichkeit, der sich andere entgegenstellen lassen [40]). Dagegen könnte man F 2 (wenn man A. als seinen eigentlichen gewährsmann betrachten dürfte) wegen des grundes διὸ τῆς βασιλείας ἐξέκλειον τοὺς ἀπὸ Κάδμου γεγονότας für chronologische disposition ins feld führen [41]). (3) Stammt nach fundort und F 5 so gut wie sicher aus der behandlung der sieben tore Thebens in den Θηβαικὰ ἐπιγράμματα, nicht aus dem kommentar zu Pindar, der in den Paianes von der hochzeit der Niobe sprach [42]). Die namen der tore leitete eine thebanische und (wie es scheint) nicht junge tradition sämtlich von kindern des Amphion und der Niobe ab [43]), und gab eben deshalb sieben auch als gesamtzahl der kinder [44]). Mit der behauptung, dass es in Theben kein grab der Niobiden gibt, setzt sich A. bewusst in weiteren scharfen gegensatz zu dieser lokalen tradition, die sicher ins 5. jhdt zurückgeht [45]), dem Euripides bekannt ist [46]), und noch von Pausanias ohne andeutung einer variante und mit genauerer lokalangabe wiederholt wird: 9, 16, 7 Θηβαίοις δὲ ἐνταῦθα (scil. πρὸς ταῖς καλουμέναις πύλαις Προιτίσι) καὶ τὰ μνήματα πεποίηται τῶν Ἀμφίονος παίδων, χωρὶς μὲν τῶν ἀρσένων, ἰδίαι δὲ ταῖς παρθένοις; 17, 2 ἀπέχει δὲ ἡ πυρὰ τῶν Ἀμφίονος παίδων ἥμισυ σταδίου μάλιστα ἀπὸ τῶν τάφων· μένει δὲ ἡ τέφρα καὶ ἐς τόδε ἔτι ἀπὸ τῆς πυρᾶς [47]). Weshalb A. sie verwarf, ist nicht sicher zu sagen [48]). Klar nur dass eine negative statuierung dieser art nicht auf epigrammen beruhen kann, es sei denn dass A. mit ihrem nichtvorhandensein argumentierte und dieses vielleicht sogar zum ausgangspunkt seiner behandlung nahm [49]). Faktisch gibt uns die überlieferung keine epigramme [50]), und kein gegner hat sie u.w. gegen A. ins feld geführt, der die entschiedene zustimmung des anonymen Euripideskritikers fand, ohne sich (begreiflicher weise) gegen die jahrhunderte alte tradition durchzusetzen. (4) Schol. Apoll. Rhod. 3, 1177/87a Ὠγυγίας δὲ τὰς Θήβας ἀπὸ Ὠγύγου τοῦ βασιλεύσαντος αὐτῶν· Κόριννα (III 551, 31 Bgk⁴) δὲ τὸν Ὤγυγον Βοιωτοῦ υἱόν· ἀπὸ τούτου δὲ καὶ τῶν Θηβῶν πύλαι. Schol. Lykophr. Al. 1206 Ὤγυγος ἀρχαῖος βασιλεὺς Θηβῶν, ἀφ' οὗ καὶ Ὠγύγιαι πύλαι ἐν Θήβαις. F 4-5 (3-6?) gehören in den gleichen zusammenhang der ummauerung Thebens, die A. nach Od. λ 260 ff. Zethos und Amphion zuschrieb ⁵⁰ᵃ). Daran hat die polemik gegen die thebanische tradition von den Niobiden nichts geändert. Anknüpfung des exkurses (?) an ein 'grabepigramm des Ogygos' ⁵¹) ist ganz zweifelhaft; sicher dagegen die ableitung der namen wahrscheinlich aller tore von thebanischen heroengräbern und anderen lokalitäten in ihrer nähe, die man nicht anders beurteilen kann als die Ἑπτὰ πυραί F 10 und die Διὸς γοναί F 7. Ogygos war auch für A. ein vorkadmeischer könig, vielleicht der älteste ⁵²), und (nach der ersten fassung des scholions) sohn des Boiotos ⁵³), wie bei Korinna, die von den umfasenderen genealogieen ⁵⁴) nichts wusste oder sich nicht um sie gekümmert hat. Ogygos sitzt in Boeotien fest, während sein zusammenhang mit Athen (Eleusis) locker ist ⁵⁵). Wie alt die verbindung mit Ägypten ist ⁵⁶), die in Athen an Kekrops und Petes-Menestheus geknüpft wird ⁵⁷), bleibe dahingestellt. (5) A. hat über den namen des tores und — dieses vielleicht im Pindarkommentar ⁵⁸) — über das fest der Homoloia gesprochen. Ob auch über Homoloios u.ä. als epitheton thebanischer gottheiten, ist nicht sicher; aber der sonst unbekannte 'heros Homoloos' ⁵⁹) — wenn diese überlieferung richtig ist ⁶⁰) — würde angesichts der 'prophetin Homoloia' des Aristophanes 379 F 2 nicht widersprechen. Diese dinge gehören zusammen, berechtigen aber nicht in der sondergeschichte des Aristophanes den autornamen zu ändern. An ein epigramm als ausgangspunkt für A. zu denken ⁶¹) erscheint selbst dann unglaublich wenn das Homoloische tor wirklich existiert hat ⁶²). (6) Ἴσως δὲ τῆι Δίρκηι παρέκειντο καὶ ἀπὸ ταύτης ὠνομάσθησαν Schol. Eurip. Phoin. 1123 ⁶³); leider ohne autornamen, sodass das scholion nicht als stütze der in F 5 vorgeschlagenen änderung von ἥρωος in ὄρους benutzt werden kann. Aber F 6 kann überhaupt in einen anderen abschnitt als F 4-5 gehören, in den krieg der Sieben. Da herrscht in den berichten grösste verschiedenheit: Parthenopaios steht bei Aischylos Sept. 526 ff. (der die Κρηναῖαι nicht kennt) vor den Βορραῖαι πύλαι, bei Eurip. Phoin. 1104 ff. (der an den Κρηναῖαι π. Polyneikes hat) vor den Νηΐται πύλαι, in Bibl. 3, 68 (die an den Κρηνίδες [so!] πύλαι Tydeus hat) vor den Ἠλέκτραι. Den ort des todes gibt Eurip. Phoin. 1153 ff. nicht genauer an; aber nach dem vorhergehenden kann man nur an die Νηΐται πύλαι denken. Periklymenos hat Euripides aus der Kyklischen Thebais, die Paus. 9, 18, 6 zitiert und der A. (wenigstens in diesem punkt; wir wissen nicht ob auch in der angabe des tores [64]) folgt; und das scheint die vulgata [65]). Aber Pausanias führt daneben die überlieferung der 'Thebaner' an, die den Astakiden Asphodikos nennt [66]). Wie in F 3 ist bemerkenswert, dass A. die thebanische version — worauf immer sie beruht [67]) — nicht akzeptiert, wenn wir auch nicht wissen ob er sie, wie dort, ausdrücklich verwarf. Es hat — wenigstens für A. — keine bedeutung, dass das grab dieses Asphodikos an der Οἰδιποδία κρήνη vor dem Proitidentor [68]) liegt. (7) Schol. Lykophr. *Al.* 1194 ἀλλ' ἄξεταί σε (*scil.* Ἔκτορα)] φασὶν ὅτι λοιμοῦ κατασχόντος τὴν Ἑλλάδα ἔχρησεν ὁ Ἀπόλλων τὰ τοῦ Ἕκτορος ὀστᾶ [[κείμενα ἐν Ὀφρυνῶι τόπωι Τροίας]] [69]) μετενεγκεῖν ἐπί τινα πόλιν Ἑλληνίδα ἐν τιμῆι [70]) μὴ μετασχοῦσαν τῆς ἐπὶ Ἴλιον στρατείας· οἱ δὲ Ἕλληνες εὑρόντες τὰς ἐν Βοιωτίαι Θήβας μὴ στρατευσαμένας ἐπὶ Ἴλιον, ἐνεγκόντες τὰ τοῦ ἥρωος λείψανα ἔθηκαν αὐτὰ ἐκεῖσε [[παρὰ τὴν Οἰδιποδίαν [71]) κρήνην ἐν Θήβαις]]. // γενεθλίαν δὲ πλάκα φησὶ τὰς Θήβας παρ' ὅσον τινές φασι τὰς τῶν Μακάρων νήσους ἐν Θήβαις εἶναι καὶ τὸν Δία ἐνταῦθα τεχθῆναι. *Ebd.* 1204 νήσοις δὲ Μακάρων] .... τὰ Ἕκτορος ὀστᾶ κατὰ χρησμὸν οἱ Ἕλληνες ἐκ Τροίας κομίσαντες ἔθηκαν εἰς τὴν Οἰδιποδίαν κρήνην καλουμένην. τὴν τοῦ Διὸς γένεσιν [[οἱ μὴ εἰδότες τίς ἐστιν ὁ Ζεύς]] οἱ μὲν ἐν Κρήτηι, οἱ δὲ ἐν Ἀρκαδίαι, οὗτος δὲ ἐν Θήβαις λέγει, ἔνθα καὶ ἐπιγέγραπται ταῦτα· <<Αἵδ' εἰσὶ Μακάρων νῆσοι, τόθι περ τὸν ἄριστον / Ζῆνα θεῶν βασιλῆα Ῥέα τέκε τῶιδ' ἐνὶ χώρωι>>. *Ebd.* 1208 Ὀφρυνείων] Ὀφρυνὸς τόπος τῆς Τροίας, ὅπου ἔκειτο τὰ ὀστᾶ τοῦ Ἕκτορος, ὅθεν οἱ Ἕλληνες [[χρησμῶι]] μετενεγκόντες αὐτὰ ἔθαψαν ἐν Θήβαις [[ἐπὶ τὴν Οἰδιποδείαν κρήνην καλουμένην]]. Paus. 9, 18, 5 ἔστι δὲ (vor dem Proitidischen tor auf der landstrasse nach Chalkis) καὶ Ἕκτορος Θηβαίοις τάφος τοῦ Πριάμου πρὸς Οἰδιποδίαι καλουμένηι κρήνηι, κομίσαι δὲ αὐτοῦ τὰ ὀστᾶ ἐξ Ἰλίου φασὶν ἐπὶ τοιῶιδε μαντεύματι· <<Θηβαῖοι Κάδμοιο πόλιν καταναιετάοντες, / αἴ κ' ἐθέλητε πάτραν οἰκεῖν σὺν ἀμύμονι πλούτωι, / Ἕκτορος ὀστέα Πριαμίδου κομίσαντες ἐς οἴκους / ἐξ Ἀσίης Διὸς ἐννεσίηισ' ἥρωα σέβεσθαι>>. Obwohl die ἱστορία in sich geschlossen scheint, bleibt das bei scholien dieser form gewöhnliche bedenken ob man in ihr wirklich ein resumée von A.s erzählung sehen darf [72]). Dann ist es jedenfalls stark verkürzt, und wichtige einzelheiten bleiben im vagen [73]). Das auf eine reihe von stellen verteilte, von Tzetzes interpolierte Lykophronscholion — dessen lokale quellen fraglich bleiben; es zitiert τινές, aber nur für die Zeusgeburt — ist wichtig für die legende der Zeusgeburt in Theben, schafft aber für das Hektorgrab eher weitere schwierigkeiten: es setzt an stelle der Thebaner, die hilfe in eigener not suchen, die Griechen insgesamt und bringt Theben nur durch die bedingung μὴ στρατευσαμένας ἐπὶ Ἴλιον hinein [74]); es lokalisiert ferner die Zeusgeburt in Theben einigermassen genau durch Μακάρων νῆσοι [75]) — nach dem böotischen autor Armenidas 378 F 5 die akropolis (Kadmeia), die dafür auch der allein geeignete platz ist — und zu v. 1204 das Hektorgrab mit Pausanias an der Oedipusquelle. Wir haben also zwei versionen, und die auf die vereinigung beider scholien gestützte, gewöhnliche gleichung Μακάρων νῆσοι ∼ Οἰδιποδία κρήνη [76]) ist nicht erlaubt, auch wenn schon Lykophron sie aufgestellt hätte [77]). Zwischen dem A.-zitat (bezw. der ἱστορία, der wir A.s namen verdanken) und Pausanias bestehen zwei verschiedenheiten: weniger wichtig dass er — offenbar nach der Ilias [78]) — die gebeine Hektors aus Ilion holen lässt (das schlechte orakel sagt wohl mit bedacht ἐξ 'Ασίης), während das Homerscholion und Lykophron 1208 Ophryneion geben, wo ein anerkannter Hektorkult bestand [79]); wesentlicher (aber vielleicht einfach daraus zu erklären, dass die ἱστορία nicht éiner quelle folgt) dass sie zweifelsfrei das Hektorgrab ausserhalb der burg und sogar ausserhalb der stadt vor dem Proitidentor an der strasse nach Chalkis lokalisiert, während das Homerscholion den παρ' αὐτοῖς καλούμενος τόπος Διὸς γοναί nennt. Da A. und Pausanias gegen das Lykophronscholion, aber offenbar mit Lykophron selbst, darin zusammengehen dass sie die geschichte als eine rein thebanische sache behandeln, werden wir hier zwei varianten einer der beiden soeben statuierten versionen sehen. Wir können hier weder die topographische frage behandeln noch gar die nach Hektors wahrer heimat [80]), sondern begnügen uns mit der feststellung dass die tradition von der transferierung Hektors dem Lykophron bekannt ist, also mindestens in das 4. jhdt zurückreicht [81]), und jedenfalls von thebanischen lokalhistorikern vertreten ist. Es ist sicher dass A. sie behandelt hat, und denkbar dass ihm das zeitlich unbestimmbare, aber recht banale, epigramm des *Peplos* bekannt war [82]). Nicht zu entscheiden ist, ob und in welcher form die geschichte (und das epigramm) schon bei Armenidas stand: wir können auch jetzt nicht einmal sicher sagen, ob (was an sich durchaus glaublich ist) die Zeusgeburt in Theben und das dazu gehörige epigramm im Lykophronscholion auf ihn zurückgeführt werden dürfen, und ob sie auch bei A. standen (was wieder an sich nicht unglaublich ist). (**8**) S. zu F 1. Schwerlich Kleidemos (323 F 27). Nicht aufgenommen ist der *Aristodemus vel Aristophon* Tertullian *De an.* 46: schon C. Mueller *FHG* III p. 311 erkannte die verwechselung mit dem seher Aristandros von Telmessos. (**9—16**) Aus dem Pindarkommentar: s. n. 4: Ich habe nur die sachlichen angaben aufgenommen, nicht rein textkritische noten.

384. MENELAOS VON AIGAI

Die möglichkeit, dass das umfangreiche gedicht nicht ein heroisches sondern ein landschaftliches epos [1]) war, ist gegeben weil in buch I ein böotisches urvolk vorkam, in IV vielleicht der katalog der Sieben gegen Theben. Aber das beweist nicht unbedingt [2]), und beziehungen auf historische zeit sind zweifelhaft [3]); der bibliographisch genauere titel Θηβαίς [4]) spricht eher dagegen. Freilich wissen wir nichts von M.s sonstiger produktion, und können auch seine zeit nicht bestimmen. Aber für Kaiserzeit spricht m.e. die art der berücksichtigung durch Longinus [5]), und dies datum würde gleichfalls das heroische epos wahrscheinlicher machen. Die heimat Aigai hilft nichts, da wir nicht wissen, welches Aigai gemeint ist, und die identifikation des ἐποποιός mit dem ἱστορικός Melas von Anaia in Karien [6]) beruht auf einer unglaublichen konjektur Xylanders im Stephanostext, auf grund deren Holste, Kuster, C. Mueller u.a. in der Suda Αἰγαῖος in Ἀναῖος geändert haben [7]).

F

(1) Die Temmiker sind ein vorkadmeisches urvolk Boeotiens [8]), nicht gerade Thebens (wo ursprünglich Ektener sitzen [9])) und auch nicht unbedingt das älteste, da sie von Sunion kommen. Aber Τεμμίκιον ἄστυ kann doch Theben meinen; denn in Lykophr. Al. 644 sind Ἄρνης παλαιᾶς γέννα, Θεμμίκων πρόμοι einfach die Boioter [10]). So bleibt die beziehung von F 1 und damit der inhalt von buch I zweifelhaft. (2) Strabon 8, 3, 10 (aus Apollodor) ʽΥρμίνη μὲν οὖν πολίχνιον ἦν, νῦν δὲ οὐκ ἔστιν· ἀλλ' ἀκρωτήριον πλησίον Κυλλήνης ὀρεινόν ἐστι, καλούμενον Ὄρμινα ἢ Ὕρμινα [11]). Erwähnung der drei peloponnesischen städte F 2; 3; 5 ist denkbar bei der behandlung der Sieben gegen Theben. Vgl. zu F 3. (3) Amphigeneia kommt auch bei Antimachos F 16 als messenische stadt [12]) vor, und Wyss hat das fragment dem katalog der Sieben im 4. buch der Thebais zugewiesen wegen Stat. *Theb.* 4, 178 (dem Kapaneus) *parere dati quos fertilis Amphigenia | planaque Messene montosaque nutrit Ithome*. Diese heimat ist für Kapaneus merkwürdig, aber nicht zu bestreiten [13]). M. scheint auch nach F 4 vorliebe für entlegenere sagen gehabt zu haben, die unsere handbücher vielfach übersehen. (4) Strabon 9, 2, 28 (Apollodor) Εὔτρησιν ... κωμίον Θεσπιέων· ἐνταῦθά φασι Ζῆθον καὶ Ἀμφίονα οἰκῆσαι, πρὶν βασιλεῦσαι Θηβῶν. Danach muss man Stephanos' ἦν auf das *Il.* B 502 erwähnte Eutresis beziehen, und F 4 zeitlich vor F 2-3 einordnen [14]). Man wird daran denken dass Eutresis

in der ebene von Leuktra liegt, ohne damit die beziehung von F 4 auf diese schlacht behaupten zu wollen. (5) Eine sichere verbindung des beim zuge der Sieben vorkommenden Lykurgos [15]) mit einer der beiden arkadischen ortschaften des namens Lykaia, die 368/7 in Megalopolis aufgingen [16]), ist nicht herzustellen. Aber man mag wegen der note zu F 3 beachten, dass Stesichoros in der *Eriphyle* [17]) Kapaneus und Lykurgos nebeneinander als von Asklepios wieder ins leben zurückgerufene nannte.

385. KALLIPPOS VON KORINTH

Die identifizierung mit dem stoiker K. von Korinth, einem schüler von Zenon von Kition aus der ersten hälfte des 3. jhdts v. Chr. [1]), hat nichts für sich, auch wenn schwindelzitate schon in frühhellenistischer zeit möglich sind [2]). Die von Pausanias gelegentlich in dieser weise mit namen zitierten schriftsteller scheinen alle jung und repraesentieren die neuesten bücher über die betreffende stadt [3]): sie sind periegetischen charakters mit stark mythographischem gehalt, der selten viel vertrauen verdient, obwohl er keineswegs immer ganz jung zu sein braucht [4]). Über die form der συγγραφή oder des λόγος — für Pausanias identische begriffe [5]) — lässt sich nichts sagen als dass es vermutlich keine städterede war [6]). Nach der stellung von F 2 ganz am schlusse des abschnittes über Orchomenos und mit dem nachgedanken über den verfasser des vorher (9, 38, 4) ohne bemerkung angeführten epigramms bin ich jetzt misstrauisch geworden gegen die annahme [7]), dass K. quelle für den ganzen abschnitt über Orchomenos (9, 34, 6-38) ist; und in dem abschnitt 9, 28-31 über den auch in spezialschriften vielbehandelten Helikon [8]) möchte ich ihm erst recht nicht mehr geben als was sein name deckt.

(1) Wenn meine vermutung zu Nikokrates 376 F 1 n. 12 richtig ist, so zeigt sich, dass Otos in den älteren *Boiotiaka* eine grössere rolle gespielt hat als unsere sonstige überlieferung über die Aloaden erkennen lässt. (2) Die tradition von Hesiods grab in Orchomenos kannte schon Aristoteles in der Ὀρχομενίων πολιτεία [9]). Sie war bestritten: anders kann man auch Plutarch. *Sept. Sap. Conv.* 19 p. 162 E [10]) nicht deuten. K. wollte offenbar den streit zu gunsten von Orchomenos entscheiden durch zuweisung des grabepigramms an den von ihm erfundenen orchomenischen dichter: es steht *A. P.* 7, 54 (wahrscheinlich zu unrecht) unter dem namen des Mnasalkas; in der *Planudea* und sonst [11])

ist es anonym. Über die genealogie des Aspledon, der bei Hesiod F 277 Rz³ sohn des Orchomenos gewesen zu sein scheint, s. Tümpel *R E* II col. 1737 no. 2-3.

386. APHRODISIOS-EUPHEMIOS <VON THESPIAI>

Stephanos ist zusammengestrichen. Zitiert wird ein autor, der nur ein Thespier sein kann. Wenn ihm der ganze inhalt des artikels gehört — was wahrscheinlich, aber nicht sicher ist, da Tiphys' heimat in Siphai-Tipha wenigstens später die vulgata war [1]) — so ist nur die zweite hälfte des zitats im wortlaut, aber korrupt oder lückenhaft erhalten [2]). Es gibt das aition für den namen Ἀφόρμιον, den ein platz im hafen von Siphai, kaum der ganze hafen, trug [3]). Jedenfalls ist Ἀφόρμιον nicht dasselbe wie Σίφαι, das Steph. Byz. s.v. ἐπίνειον τῆς Θεσπιακῆς nennt [4]); und da es τόπος Θεσπιέων heisst und bereits in 5. jhdt zu Thespiai gehörte, darf man nicht mit C. Mueller einen schriftsteller mit dem ethnikon (demotikon?) Σιφναῖος oder gar Ἀφορμιεύς konstruieren. Noch weniger überzeugt die ohne jede begründung gemachte änderung von Schwartz [5]). Aphrodisios und Euphem(i)os sind gute, auch in Boeotien häufige, namen [6]); und dass ein buch (nicht nur ein bühnenstück) einen doppelten autorennamen trägt, ist ebenfalls nicht selten, sei es weil die autorschaft wirklich strittig war, sei es (eher) weil der eine den anderen bearbeitet oder fortgesetzt hat [7]). Thespiai ist noch in der kaiserzeit eine lebende stadt [8]), in der man lokale literatur erwarten kann. Die zeit der beiden autoren ist nicht zu bestimmen; aber stellung im zitat und form des namens sprechen dafür, dass Euphemios der bearbeiter war und wohl erst der kaiserzeit angehörte.

(1) Pausan. 9, 32, 4 παραπλέοντι δὲ αὐτόθεν (von Thisbe, das gleichfalls zu Thespiai gehört) πόλισμά ἐστιν οὐ μέγα ἐπὶ θαλάσσηι Τίφα, Ἡράκλειόν τε Τιφαιεῦσίν ἐστι, καὶ ἑορτὴν ἄγουσιν ἐπέτειον. οὗτοι Βοιωτῶν μάλιστα ἐκ παλαιοῦ τὰ θαλάσσια ἐθέλουσιν εἶναι σοφοί, Τῖφυν ἄνδρα μνημονεύοντες ἐπιχώριον ὡς προκριθείη γενέσθαι τῆς Ἀργοῦς κυβερνήτης· ἀποφαίνουσι δὲ καὶ πρὸ τῆς πόλεως ἔνθα ἐκ Κόλχων ὀπίσω κομιζομένην ὁρμίσασθαι τὴν Ἀργὼ λέγουσιν. Ob dahinter mehr steckt als eine willkürliche (deshalb nicht junge) etymologie, die Tiphys nach Tipha [9]) zieht, und ihn wohl auch zum eponymen der stadt gemacht hat, muss dahingestellt bleiben [10]): eine untersuchung der schwierigen gestalt des Tiphys kann hier nicht angestellt werden. Aber die ausfahrt der Argo von Siphai am Korinthischen golf — und das ist was A., der sich vorsichtig ausdrückt,

als einheimische überlieferung gibt; Pausanias vermeidet diese schwierigkeit — ist mit der fahrt nach dem osten und dem Pontos nicht leicht zu vereinigen. Merkwürdig dass Robert [11]) sich diese stütze seiner these dass 'das märchenland Aia nach der sagenform, die wir unbedenklich als die älteste ansprechen dürfen, im westen lag', hat entgehen lassen.

387. AMPHION VON THESPIAI

Der titel ist bemerkenswert verschieden, weil umfassender, von dem des Nikokreon [1]); und der verfasser, der ein epigramm vielleicht des 4. jhdts als 'alt' zitiert, mag jünger sein als er [2]). Das exzerpt ist verkürzt [3]); denn das epigramm, das von männerchören spricht, ist kein beleg für die παίδων ὀρχήσεις, die übrigens in den siegerlisten nicht vorkommen [4]), also wohl bestandteil des regulären kultes waren, nicht programmpunkt des agons. Ob Pausanias, der vom kult nur ganz kurz spricht, A. in der beschreibung des Musenheiligtums [5]) benutzt hat, ist nicht zu sagen.

388. PLUTARCHOS VON CHAIRONEIA

Die schrift hat ähnlichkeit mit dem traktat Περὶ Ἴσιδος. Ich habe nur die fakten exzerpiert und Plutarchs synkretistisch-philosophische deutungen beiseite gelassen. Er gibt die erzählung in zwei fassungen, von denen nur die zweite p. 264, 28 ff. ein wirkliches aition des brauches ist; und diesen εὐηθέστερος μῦθος allein hat (mit einigen varianten) Pausan. 9, 3, der die zeremonieen viel vollständiger beschreibt, letztlich wohl aus den gleichen quellen, die auch Plutarch benutzt hat. Für den ihm und uns rätselhaften einzelpunkt des festzyklus hat er den τῶν ἐπιχωρίων ἐξηγητής konsultiert, ohne befriedigende auskunft zu erhalten [1]).

(1) *p. 264, 15 ff.*] sieht aus wie aition für einen ἱερὸς γάμος, wie z.b. den in Samos erzählten, und den dreifachen kultnamen der Hera in Plataiai als νυμφευομένη, τελεία, γαμήλιος [2]). Weder geschichten des ἱ. γ. noch diese oder ähnliche dreiheiten sind für Plataiai (oder Hera) spezifisch. Auch das schwanken zwischen μύχιος und νύχιος findet sich nicht nur hier; und der ganze brauch war ursprünglich vielleicht nicht auf Plataiai beschränkt, wo er sich am längsten erhalten hat [3]). Nicht ganz klar ist die rolle der Leto [4]); vielleicht wird sie doch nur Plutarchs

synkretismus verdankt. Zu beachten dagegen dass Kithairon bei Pausan. 9, 3, 1 δυναστεύων ἐν Πλαταιαῖς τότε heisst [5]).   *p. 264, 28 ff.*] Diesen rat gibt bei Pausanias eben könig Kithairon, der οὐδενὸς σοφίαν ὕστερος ist. Den ἀνὴρ αὐτόχθων Alalkomeneus kennt er 9, 33, 5 als eponymen von Alalkomenai ἐν τῆι Ἁλιαρτίαι am Kopaissee. Aber auch bei ihm (9, 3, 4) holen die Plataienser das holz für ihr δαίδαλον auf rituell vorgeschriebene weise aus dem δρυμὸς Ἀλαλκομενῶν οὐ πόρρω. Dagegen findet die zeremonie, bei der das oder die δαίδαλα ihre rolle spielen, auf dem Kithairon statt, von dem Hera in dem εὐηθέστερος μῦθος kommt, während die Τριτωνίδες νύμφαι, die das wasser zum brautbad bringen, wieder nach Alalkomenai führen [6]). Wenn Hera bei Pausan. 9, 3, 1 von Euboia kommt, so stammt das aus Plutarchs erster fassung; unsere späten berichte sind offenbar kontaminiert; wir kennen die vermutlich zahlreicheren varianten nur zum teil und können nicht sondern.   *p. 265, 2* Δαιδάλην] Kithairon rät dem Zeus λέγειν ὡς ἄγοιτο Πλάταιαν τὴν Ἀσωποῦ Paus. 9, 3, 1.   (2) Den anknüpfungspunkt für den exkurs hat Paus. 9, 3, 2 ἐπὶ ταύταις ταῖς διαλλαγαῖς Δαίδαλα ἑορτὴν ἄγουσιν, ὅτι οἱ πάλαι τὰ ξόανα ἐκάλουν δαίδαλα bewahrt, und knüpft daran seinerseits einen kurzen exkurs über zeit und namen des Daidalos.

XIII. BYZANZ

Eine chronik oder ähnliches hat es nicht gegeben; die überlieferung über gründung und ältere geschichte ist dürftig und widerspruchsvoll [1]). Das erste was wir kennen ist die historische monographie, die der Akademiker Leon aus Byzanz als zeitgenosse und mithandelnder über die belagerung durch Philipp im j. 340 geschrieben hat: es waren keine Φιλιππικά (der titel ist unzweideutig), und es ist nicht zu sagen wie weit er auf die vorgeschichte der stadt und ihre altertümer einging. Aber Pompeius Trogus hat zu diesem jahre *Byzantii origines* eingelegt, von denen Justin. 9, 1, 3 kaum mehr als den irrtum *condita primo a Pausania rege Spartanorum et per septem annos possessa* erhalten hat [2]). Eine monographie ähnlicher art wie die Leons, obwohl sie Byzanz nicht im titel trägt, war auch das grosse werk des Demetrios von Byzanz — 13 bücher Γαλάτων ἐξ Εὐρώπης εἰς Ἀσίαν διάβασις aus den 70er jahren des 3. jhdts [3]) — von dem nichts erhalten ist; und die stadt kam überhaupt häufig vor sowohl in der grossen zeitgeschichte wie in den Atthiden und den lokalgeschichten der hellespontischen städte [4]). Dann scheinen Damon und Teukros wirklich lokalgeschichten geschrieben zu haben.

Eine Βυζαντίων πολιτεία des Aristoteles ist nicht ausdrücklich bezeugt, aber nicht unmöglich [5]). Periegesen wie der Ἀνάπλους Βοσπόρου des Dionysios von Byzanz, der vor der belagerung durch Septimius Severus 193/5 n. Chr. geschrieben ist [6]), gehören in den Geographenband; die Βυζαντιακαὶ ἱστορίαι (wenn das der wirkliche titel ist) des Priskos und Malchos sind zeitgeschichte des oströmischen reiches; und die Πάτρια Κωνσταντινουπόλεως — für uns beginnend mit den 12 büchern des Christodoros von Koptos, der unter Anastasios I (491-518 n. Chr.) zahlreiche derartige werke verfasste [7]), und schliessend mit dem gleich betitelten sammelwerk, das unter Basileios II (976-1025) zusammengestellt ist [8]) — überschreiten zeitlich den rahmen unserer sammlung. Ich habe aber als anhang den vorkonstantinischen abschnitt aus den Πάτρια des Hesychios von Milet (der noch die regierung Justinians 527 ff. n. Chr. erlebt hat) abgedruckt, der im 6. buch seiner Ἱστορία Ῥωμαικὴ τε καὶ παντοδαπή stand [9]), früh aus diesem zusammenhang gelöst und unter dem sondertitel überliefert ist. Trotz der kläglichen beschränkung des inhalts — es sind nicht einmal Herodot, Thukydides, Xenophon ausgenutzt —, der mangelnden chronologie, und des fehlens von namentlichen zitaten seiner quellen [10]) bietet er einen gewissen ersatz für den verlust der lokalliteratur und des exkurses bei Trogus, und gewährt auch eine vorstellung von dem inhalt der historisch-periegetischen bücher über eine stadt, die keine alte chronik oder lokalgeschichte besass. Ich hätte die anonymen zitate die jetzt z.t. in den anmerkungen zu Hesychios stehen, wohl eigentlich unter besonderer no. zusammenstellen sollen.

389. DAMON

Nicht zu identifizieren mit Δάμων ὁ Κυρηναῖος γεγραφὼς Περὶ τῶν φιλοσόφων [1]); der Damon, den Plinius [2]) für ein aethiopisches volk zitiert, ist vielmehr Dalion, der unter den ersten Ptolemaeern lebte. D. ist nicht zu fixieren, da die beziehung des einzigen fragments unsicher ist [3]), gehört aber wahrscheinlich noch in hellenistische zeit [4]). Er war wohl Byzantier; der name kommt dort öfter vor.

390. HESYCHIOS ILLUSTRIS

S. ob. v. 12 ff. Ich folge im text, soweit irgend möglich, der vorzüglichen Heidelberger Hs. und habe den apparat auf das notwendigste beschränkt.

§ 2] Topische quellenangabe; vgl. *Das Marm. Par.* p. 26 Jac.   § 3-5]
Das orakel ist nach Steph. Byz. s.v. Βυζάντιον [1]), der s.v. Βόσπορος
anonyme Πάτρια Βυζαντίου zitiert [2]), den Megarern erteilt, die als gründer
vermutlich Ephoros genannt hat [3]) und die im ganzen genommen den
besten anspruch haben. Aber auch er hat an erster stelle die verbindung
mit Argos und die ableitung des stadtnamens ἀπὸ Βύζαντος τοῦ Κεροέσσης
τῆς Ἰοῦς θυγατρὸς καὶ Ποσειδῶνος. Beides kennt auch der Byzantier
Dionysios, der aber (wie gewöhnlich) mehr hat und die beteiligung von
Korinthern und Arkadern kennt [4]). Es ist deutlich dass wir nur dürftige
reste dessen haben, was in den büchern Περὶ Βυζαντίου mit allen, auch
topographischen und periegetischen, einzelheiten stand. In der ableitung
von Argos sehe ich spätere erfindung, die der stadt eine vornehmere
ahnin verschaffen will: das war bei der verbindung Ios mit dem Bosporus
leicht genug. Daneben scheint § 5 eine rein epichorische zu stehen, die
den eponymen Byzas zum sohne der ἐπιχωρία νύμφη Semestra macht.
Sie schiebt die gründung der (später von Megarern und anderen neu gegründeten) stadt in die urzeit: Byzas spielt die rolle des in mutterländischen κτίσεις häufigen autochthonen; bei Diodor. 4, 49, 1 ist er
einheimischer könig aus der zeit der Argofahrt [5]) und trägt einen namen,
der nach Kretschmer *Glotta* 14, 1925, p. 94 f. 'illyrisch' ist. Auf das
5. jhdt geht Ammian. Marc. 22, 8, 8 *vetus Byzantium Atticorum colonia*,
wohl nur staatsrechtlich unscharf [6]). Dagegen steckt hinter der mutterstadt Milet bei Vellei. Paterc. 2, 7, 7 kein 'blosser irrtum': die nachricht
repraesentiert eine andere auffassung über die kolonisationsgeschichte
der hellespontischen (und pontischen) städte, die nicht ganz ohne boden
in der echten tradition gewesen zu sein scheint [7]). Für alles einzelne s.
die Einltg. n. 1 zitierten, die der tradition z.t. ziemlich hilflos gegenüber
stehen; ich kann mich hier nicht mit den verschiedenen ansichten auseinandersetzen.   § 3] Βαρβύσης [8]): Di(on Byz.) 24 τοῦτον οἱ μὲν
τροφέα καλοῦσι Βύζαντος, οἱ δ' Ἰάσονι καὶ τοῖς σὺν αὐτῶι Μινύαις ἡγεμόνα
τοῦ πλοῦ, τινὲς δ' ἐπιχώριον ἥρωα. Nach *alii* § 59 vater der Phidalia [9]),
nicht etwa identisch mit dem Ἅλιος γέρων § 49, der nach anderer version
den Argonauten φραστὴρ τοῦ πλοῦ καὶ τῆς ἐκβολῆς τῶν στενῶν ἡγεμών
wurde — eine durchsichtige erfindung.   Σεμέστρη: § 5; 8; 9; 15;
νύμφη ναῖς, Κεροέσσης τροφός Di 24; nach τινές ebd. 49 tochter des Ἅλιος
γέρων, in dem man Nereus, Phorkys, oder Proteus sah. Vgl. Hoefer
Rosch. Lex. IV col. 677.   § 8] Κερόεσσα: Di 24; Prokop. *De aedif.*
1, 5, 1; Steph. Byz. ob. v. 5 ff. Über Byzas s. zu § 3-5; Miller *l.l.* col.
1158 f. Er heisst auch im *Chron. Pasch.* I p. 494 und bei Malalas p. 320
ὁ τῆς Θράικης βασιλεύς [10]) und heiratet die stadtgründerin Phidaleia,

die tochter des Barbyses. Trotzdem ist der name der nymphe und quelle, wo die junge überlieferung zwischen Βυζύη und Βυζίη schwankt, nicht sicher herzustellen: eine Βύζη (wie Lambeccius auch hier vermutet) ist tochter des argivischen flusses Erasinos bei Anton. Lib. *Met.* 40, 2 und bei dem späten Genesios p. 54 eine solche des Byzas.   § *9-11*] Melias nur hier. Eponym des κόλπος Μελίας Di 17? Unklar die geschichte von dem θήρ, doch wohl dem nachher geopferten ταῦρος: *Anth. Plan.* 67 scheint vorauszusetzen dass Byzas als preis die hand der Phidaleia erhielt. Über Chrysopolis hat Di 109 (den Steph. Byz. s.v. zitiert) eine variante: κέκληται δὲ Χρυσόπολις, ὡς μὲν ἔνιοί φασιν ἐπὶ τῆς Περσῶν ἡγεμονίας ἐνταῦθα ποιουμένων τοῦ προσιόντος ἀπὸ τῶν πόλεων χρυσοῦ τὸν ἀθροισμόν, ὡς δ' οἱ πλείους Χρύσου παιδὸς Χρυσηίδος καὶ 'Αγαμέμνονος, τάφος(?)κτλ. Das letztere braucht nicht jung zu sein; an Sophokles' Χρύσης denken Wilamowitz *Herm.* 18, 1883, p. 257 f. und Tümpel *R E* III col. 2497, 34 ff.; s. auch Robert *Heldensage* p. 1093 f. und Hanell p. 185. Es kann auch in Κτίσεις gestanden haben.   § *12*] Aus der trojanischen legende übertragen. Ob wirklich schon in älteren Βυζαντιακά? Poseidon ist vater des stadtgründers Byzas; für Apollon s. immerhin Di 24 p. 12, 14 ff. Gü (fehlt Hes. 4) und sein (spätes?) heiligtum auf der burg *Chron. Pasch.* I p. 495. Von θεόκτιτα τείχεα spricht der spruch der Sibylle bei Zosimus 2, 37: Byzanz gehörte zu den am besten befestigten städten [11]). Vgl. über den Apollonkult in Byzanz auch Hanell p. 167 ff. § *13-14*] Das 'Fragm. de sept. turribus' und die sonstigen zeugnisse (zuerst Cassius Dio 74, 14, 5-6 Boiss. gelegentlich der eroberung durch Septimius Severus) bei Preger p. 5 f.   § *15-16*] Periegetisches stück; sehr unvollständig. Die kulte und heiligtümer zählen auf: Miller *l.l.* col. 1145, 55 ff. und Hanell *op. cit.* p. 188 f.; 211 ff.   § *17-19*] Phidaleia ist in einer der beiden von Di 59 mitgeteilten versionen tochter des Barbyses (zu § 3) und eponyme des eigenartig gestalteten felsens — *quam nescias dicerene debeas insulam an continentem* — in oder nahe dem *Portus Mulierum* [12]). Die offizielle version, repraesentiert zuerst durch das epigramm § 34, macht sie zur gattin des stadtgründers Byzas, und damit geht wohl zusammen was Hesych von ihrer verteidigung der stadt während Byzas' Thrakerkrieg erzählt. Nach einer erst später bezeugten version [13]) ist sie selbst stadtgründerin und heiratet (nach dem tode des Barbyses?) den 'Thrakerkönig' [14]) Byzas. Sie scheint vorausgesetzt bei Steph. Byz. s.v. Γυναικόσπολις, der ihre heldentat erst in den krieg gegen Strombos (hier Stroibos) § 20/3 verlegt: er bezeichnet die gegner nicht genauer, nennt aber Stroibos ebenfalls 'bruder des Byzas'; die verfolgung geht bis zum Γυναικῶν λιμὴν περὶ τὴν λεγομένην Φιδάλειαν, τὸ μεταξὺ τοῦ

Ἀνάπλου καὶ τοῦ Λεωσθενείου [15]), der danach heisst. Ob das schlangenstrategem [16]) in dieser version einen platz hatte, ist fraglich. § 20-22] Strombos oder Stroibos, bruder des Byzas [17]), ist unbekannt; der name ist griechisch. § 20 ist die erzählung verwirrt oder unklar: der ebenfalls unbekannte Dineos kommt nach § 22 den Byzantiern gegen die barbaren zu hilfe, und dasselbe wird für die Ἕλληνες und Ῥόδιοι gelten. Das ganze sieht wie rückspiegelung der belagerung durch könig Philipp aus [18]), und es ist mir zweifelhaft ob Hanell [19]) recht daran tat hier 'ein stück alter überlieferung' zu finden. Auch sein schluss, dass Hesych einer 'stadtgeschichte' folgt, 'in der die strategenreihe das chronologische gerüst lieferte', ist mir bedenklich. Was Hesych gibt sind einzelne fakten, die sich an bestimmte namen knüpfen, keines älter als 340 v. Chr.; die strategen, deren zahl wir nicht kennen, die aber ein kollegium waren, mögen in späterer zeit (vermutlich in der demokratischen periode) 'leitende behörde' gewesen sein; aber eponym waren sie in Byzanz nicht [20]). Sicher alt ist nur was über die gründung von Chalkedon gesagt wird und das nachbarliche spottwort über die 'blinden', das seit Herodt. 4, 144, 2 viele wiederholt haben. Über Ἑστίαι, das hier Dineos benennt, berichtet Di 53 p. 22, 11 ff. anders. § 22-25] 'Fragm. de sept. turribus' bei Preger p. 10; Tzetz. *Chil.* 2, 925 ff. Hesych hat, wie § 15-16 die kulte, so hier ein paar θαυμάσια aus veschiedenen zeiten zusammengestellt. Die verkehrte chronologie des Apollonios von Tyana traue ich ihm ungern zu: vielleicht hat Orelli das οὐ im anfang von § 24 mit recht gestrichen. § 26-30] Über die belagerung durch Philipp s. Schaefer *Demosthenes* II p. 465 ff.; Miller col. 1134, 26 ff.; Beloch *Gr. G.* ²III 1 p. 515 f. Die unklarheit der erzählung — verschuldet durch das neue anheben in § 28, dessen inhalt in den krieg gehört [21]) — beruht auf der benutzung verschiedener quellen, bezw. auf der einarbeitung eines neuen faktums in die grundquelle: § 26/7 sind stark verkürzt [22]), geben aber eine historische und im allgemeinen zuverlässige erzählung wieder, deren einzelheiten letztlich auf Leons buch zurückgehen mögen [23]). § 28-30 knüpfen zwar mit § 28 an das historische faktum von Chares' kommando, bringen es aber nicht in seinem historischen zusammenhang, sondern in einem zeitlich und sachlich neuem abschnitt, der ein periegetisches faktum enthält — das denkmal, das Chares seiner verstorbenen 'gattin'[24]) an dem Βοῦς oder Δάμαλις genannten platze am anderen ufer des Bosporus [25]) errichtet hat. Wir wissen aus Di 110, dass sich an dieses denkmal eine diskussion geknüpft hat: Di, der erste der das epigramm bezeugt, verwirft um seinetwillen die — z.b. von Arrian. 156 F 10 vetretene — ansicht, dass die kuh denkmal für Io und von den Chalkedoniern errichtet ist. Bei Hesych wird man vielleicht nicht gern an interpolation glauben; aber der befund fällt schwer ins gewicht gegen die echtheit des epigramms [26]). § *31-34*] Die drei strategen sind zeitlich unbestimmbar, da Hesychs angaben über ihre kriegstaten zu vage sind, gehören aber wohl noch in vorrömische zeit, obwohl auch der *term. ante* in § 35 reichlich vage ist. Das weihepigramm des Kalliades datiert Preger *Inscr. Gr. metr.* 165 auf das 3.-2. jhdt v. Chr. Auf ein epigramm geht wohl auch § 31 zurück. § *36*] Miller col. 1139, 32 ff. § *37*] Lydus *De mens.* 1, 12.

XIV. CHALKIDIKE
(UND GRIECHISCHE STÄDTE IN THRAKIEN)

Der geringe bestand an historischer literatur überrascht, und man fragt doch ob nicht auch der zufall der erhaltung mitgespielt hat, wenn wir z.b. von keiner stadtgeschichte Abderas hören. Immerhin ist der unterschied gegen die inseln auffallend. Nur sollte man nicht zu schnell von einem 'ausfallen für die kultur' [1]) sprechen, weil diese städte nicht kulturzentren sind und keine eigenen 'universitäten' haben: obwohl eine reihe von ihnen schon in der zweiten hälfte des 4. jhdts ihre politische selbständigkeit und selbst ihre existenz durch zerstörung [2]) oder aufgehen in frühhellenistische gründungen verloren haben, ist die zahl der aus ihnen stammenden, z.t. bedeutenden persönlichkeiten der wissenschaft und literatur nicht gering. 'Nach dem winzigen Mekyberna' hat sich nicht nur Hegesippos 'genannt' [3]). Aristoteles schrieb Politieen für die thrakischen Chalkidier überhaupt und für eine reihe auch kleinerer städte. Der Χαλκιδικός des Demetrios von Phaleron 238 T 1 heisst eher nach Chalkis als nach der Chalkidike.

391. HEGESIPPOS VON MEKYBERNA

Diese einzige ältere lokalgeschichte chalkidischer städte auf thrakischem boden, die wir kennen, scheint ein gewisses ansehen genossen zu haben. Nicht unmöglich ist ihre benutzung schon durch Ephoros, wahrscheinlich die durch Lykophron und Euphorion [1]). Auch mit den zeitlich nicht genauer zu bestimmenden Μακεδονικά des Theagenes [2]) wird sie so zusammen zitiert dass ein näheres verhältnis angenommen werden muss; und dann wird der lokalhistoriker der gebende sein [3]). Im 1. jhdt v. Chr. hat Parthenios ein paar geschichten aus ihm in seine für einen dichter bestimmte stoffsammlung aufgenommen, und ich bin jetzt weniger skeptisch gegen eine vermehrung des materials aus Konon und vielleicht anderen [4]). Dionys beweist durch die charakteristik ἀνὴρ ἀρχαῖος [5]) dass H. nicht unter die gute hellenistische zeit zu rücken ist. Da er ihn nicht πάνυ ἀρχαῖος nennt und ihn *De Thuc.* 5 nicht in der liste von autoren des 5. jhdts hat [6]), würde ich nicht gern viel höher gehen. Wenn man in Ps. Skymnos 640 f. εἶτ' ἔστι κόλπος λεγόμενος Τορωνικός, / οὗ πρότερον ἦν τις Μηκύβερνα κειμένη Ephoros sehen dürfte [7]), könnte man die verse zur ungefähren zeitbestimmung benutzen: es ist ganz glaublich dass die inkorporierung der chalkidischen städte in Makedonien und ihre teilweise zerstörung anlass zu dem werke gab, das sich nicht etwa auf H.s heimat Mekyberna beschränkte, übrigens wahrscheinlich nicht makedonenfreundlich gehalten war [8]). Mekybernaeer konnte er sich — wie das so viele Olynthier getan haben — auch nach dem verlust der politischen selbständigkeit nennen [9]), und etwas anderes hat er nicht geschrieben: die Μιλησιακά F 4 beruhen auf korruptel, und er ist weder mit dem dichter der neuen komoedie [10]) noch mit dem epigrammatiker aus älterer hellenistischer zeit [11]) zu identifizieren. Es ist anzunehmen, dass H. bis auf die eigene zeit herabging; aber die spur F 6 ist dürftig und auch unsicher.

F

(1—2) In F 1 gehört H. direkt nur die eponyme Pallene [12]), deren geschichte F 2 nach Theagenes und H. erzählt, ohne den aitiologischen schluss, der für beide wesentlich ist, der aber Parthenios nicht interessierte. Konon 10 hat ihn erhalten, und seine letzten worte καὶ τελευτήσαντος τοῦ πατρὸς Παλλήνη καὶ Κλῖτος τὴν βασιλείαν ἐκδέχονται, καὶ ἀπ' αὐτῆς ἡ χώρα Παλλήνη ἔλαβεν ὄνομα schliessen glatt an F 2 an. Auch sonst ergänzen sich die beiden nacherzählungen. Danach ist wohl sicher dass bei H. auch stand was Theagenes von den Giganten erzählte. Er kennt den 'mythos' von den götterfeinden, der überwiegend hier lokalisiert wurde [13]), bevorzugt aber die leichte rationalisierung, die aus ihnen ein wildes urvolk macht, das von Herakles besiegt (und vernichtet) wird, sodass ihr land frei wird für die griechisch-troische kolonisation nach dem Priamoskrieg [14]). Ephoros [15]) verbindet diese Heraklestat mit der rückkehr von dem ersten trojanischen, dem Laomedonkrieg. Die berichte des Ephoros und Theagenes sind so ähnlich angelegt, dass eine verbindung bestehen muss. Fraglich nur, ob jener, der den namen nicht von der Sithontochter ableitet, sondern von den Pelleneis-Palleneis

Achaias [16]), die aus dem zweiten trojanischen krieg zurückkehren, H. oder eine ältere quelle [17]) bearbeitet hat. Chronologisch lässt sich die Pallenegeschichte nicht leicht einordnen, da Sithon — nicht gigant, wie etwa Alkyoneus [18]) — und Pallene zeitlose eponyme sind, und auch die freier durchsichtig erfundene griechische namen tragen, obwohl die zwei älteren, die Konon nennt, in Anthemusia und Mygdonia regieren [19]). Die der Oinomaos-Hippodameiageschichte nachgebildete erzählung sieht auch sonst nicht alt aus und trägt keine epichorischen züge, wobei man allerdings berücksichtigen muss dass sie epitonmiert ist [20]). Aber es fällt auf dass Herakles nicht zum gatten oder liebhaber der Pallene gemacht wird, was leicht gewesen wäre: der erfinder der fabel hat nicht im sinne der makedonischen ansprüche auf die Chalkidike geschrieben [21]).   (3) Zu kurz, um voll verständlich zu sein. Es fehlt nicht an spuren des Kadmos auch auf dem festland gegenüber Thasos [22]), und Konon 32 macht wahrscheinlich, dass die *Palleniaka* mehr zu erzählen wussten [23]) — übrigens dinge, die so wenig einen alten eindruck machen wie die geschichte von Pallene. Aus τοῦ ἀνδρὸς ἀπολειφθεῖσα muss man schliessen dass Kadmos diese Europa zum weibe nahm, wie bei Konon Proteus die sithonische prinzessin; und dann erwartet man eponyme nachkommen, wie z.b. bei Marsyas von Philippi, in dessen *Makedonika* Galepsos sohn von Thasos und Telephe (nicht die Kadmosmutter) ist [24]). Darf man dann den weiteren schluss wagen dass H. Kadmos' leben in Thrakien enden liess, wie das des Aineias [25])? Bibl. 3, 4 Φοῖνιξ μὲν ἐν Φοινίκηι (*scil.* κατώικησεν), Κίλιξ δὲ Φοινίκης πλησίον καὶ πᾶσαν τὴν κειμένην χώραν ποταμῶι συνέγγυς Πυράμωι Κιλικίαν ἀφ' ἑαυτοῦ ἐκάλεσε· Κάδμος δὲ καὶ Τηλέφασσα ἐν Θράικηι κατώικησαν· ὁμοίως δὲ καὶ Θάσος ἐν Θράικηι κτίσας πόλιν Θάσον κατώικησεν klingt so; und wenn 3, 21 mit Κάδμος δὲ ἀποθανοῦσαν θάψας Τηλέφασσαν, ὑπὸ Θραικῶν ξενισθείς, ἦλθεν εἰς Δελφοὺς κτλ. in die bahn der vulgata einlenkt, so ist doch das grab der Telephassa ein element thrakisch-epichorischer tradition. Andernfalls genügte H.s lokalpatriotischem sinn die erfindung, dass die eponyme des erdteils [26]) nicht eine Phoenikerin, sondern eine thrakische fürstin war.   (4) Die geschichte von der liebe der Laodike zu Akamas erzählen Lykophron *Al.* 494/503 und Euphorion Schol. Lykophr. 495; 499 (F 68 Scheidw) — soweit sie reichen, übereinstimmend mit H., also wohl nach ihm [27]). Das auch sonst unbekannte ehepaar Perseus-Phylobie (das die stelle der gewöhnlich in solchen geschichten auftretenden amme oder des τροφεύς [28]) einnimmt) können wir bei Lykophron nicht erwarten, und von Euphorion haben wir nur die verse über Munitos' tod. Der tod erfolgt auf der jagd [29]), und wird von H.

und Euphorion in der gegend von Olynth lokalisiert; Lykophrons Κρηστώνης ἔχις widerspricht nicht. Aber es fällt auf dass er in den gründungslegenden von Olynth [30]) nicht vorkommt. Der sohn heisst bei H., Lykophron, Euphorion, und den grammatikern [31]) Munitos;
5 nur bei Plutarch, der als vater Demophon nennt, steht Munichos; an sich richtig, aber da haben ältere (Philochoros?) der verkehrten identifizierung mit dem attischen lokalkönig widersprochen [32]). Der eponym der Munichia [33]) hat nichts mit dem Akamassohn zu tun, der wohl eine epichorische gestalt ist, die schon die chalkidischen ansiedler vorgefunden
10 haben können. Wann er — wie andere wirkliche oder erfundene namen dieser gegenden [34]) — mit Akamas und dem trojanischen krieg verbunden ist, stehe dahin. Ich glaube aber dass die verbindung älter ist als die von Akamas (Demophon) und Phyllis; vielleicht ihre vorlage [35]).
(5) Vgl. n. 6; zu Ariaithos 316 F 1; und mehr über die besiedlung der
15 Chalkidike nach dem trojanischen krieg zu Ephoros 70 F 34. Was H. von Aineias erzählte wird man sich nach Konon 46 vorstellen, der die gründung von Aineia-Ainos erzählte. Er schliesst mit λόγος μὲν οὖν εἷς οὗτος ὑπὸ Ἑλλήνων ἐπὶ πολλοῖς ἄλλοις λέγεται und kritisiert dann (aus eigenem?) den τὸ Ῥωμαίων γένος εἰς αὐτὸν ἀναφέρων καὶ οἰκιστὴν ποιῶν
20 Ἄλβας κτλ.   (6) Satyas ist unbekannt, und ich sehe nicht wie man entscheiden will ob H. der Mekybernaeer oder der komiker ist [36]).

XV. CHIOS

Die lokale literatur [1]) beginnt früh mit den Κτίσεις des Ion und Hellanikos — doch wohl in dieser folge [2]). *Horoi* werden nicht zitiert, und
25 von einer vorliterarischen chronik findet sich in der überlieferung keine spur. Der einzige sonst namentlich bekannte autor Περὶ Χίου, Zenis, gehört eher in hellenistische zeit als ins 4. jhdt, und es ist nicht zu sagen ob das buch eine volle geschichte der insel gab: das einzige fragment geht, wie das sammelzitat der τὰς ὑπὲρ τῆς Χίου συγγράψαντες ἱστορίας [3])
30 (wo der plural nicht viel besagt) auf die urzeit. In der Grossen Historie des 5. und 4. jhdts kam Chios oft vor [4]); und die allgemeine Periegese [5]), die *Ionika* [6]) und die hellenistischen bücher Περὶ νήσων haben die insel nicht übersehen. Das anonyme material ist garnicht spärlich.

392. ION VON CHIOS

35 Die zeit lässt sich ziemlich genau auf gegen 480 bis 422/1 (423/2) bestimmen [1]). I. gehörte einer alten und reichen familie an. Sein vater

ist vielleicht gelegentlich von Kimons erster strategie (476/5) in persönliche beziehungen zu diesem getreten ²); und als I. gegen 465 παντάπασιν μειράκιον zur erziehung nach Athen geschickt wurde, fand er aufnahme in Kimons haus ²ᵃ). Er hat ihn 463/2 in die Peloponnes begleitet, als Kimon den Spartanern vor Ithome das athenische hilfskorps zuführte ³); und das freundschaftsverhältnis zu dem feldherrn wird bis zu dessen tode (450/49; es ist möglich, dass I. in Athen war als die nachricht eintraf) bestanden haben. Man wird gern glauben dass es I.s urteil über athenische zustände und persönlichkeiten beeinflusst hat, darf nur diesen gesichtspunkt nicht übertreiben ³ᵃ): I. hat Kimon, der nie 'führer der konservativen partei' war, um mehr als 25 jahre überlebt; er hat noch später dem athenischen demos seine dankbarkeit bezeugt ⁴). Von einer politischen stellung in der heimat wissen wir nichts über die zugehörigkeit zu den optimaten (die das regiment hatten) und die konstant athenerfreundliche haltung der familie hinaus; und nichts führt in der anekdotischen tradition auf verkehr nur in den konservativen kreisen Athens oder gar (wenn es solche schon gab) in den oligarchischen klubs. Aber innerhalb der gegebenen grenzen erscheint allerdings das urteil über Perikles signifikant ⁵); daneben vielleicht das interesse für Sokrates ⁶) und das fehlen des Euripides in den resten der *Epidemiai* ⁷). I. ist mehrfach auf längere oder kürzere zeit in Athen gewesen, wo er zwischen 452 und 448 und wieder 429/8 aufführte. Ob er andere städte des mutterlandes besucht hat, ist zweifelhaft; aber Sparta scheint er nicht zu kennen ⁸).

I. galt den zeitgenossen und späteren in erster linie als tragiker ⁹), und ist als solcher geschätzt worden. Aber die Vita in der Suda T 1 nennt ihn τραγικὸς καὶ λυρικὸς καὶ φιλόσοφος, und Kallimachos — der in den Πίνακες nach seiner art einen βίος von ihm gab, auf den letztlich die uns erhaltenen schriftenlisten mit ihrer echtheitskritik zurückgehen ¹⁰) — hat seine vielseitigkeit bewundert ¹¹). Arkesilaos hat sich für ihn interessiert ¹²); Baton hat ebenfalls im 3. jhdt ein buch über ihn geschrieben ¹³); noch Didymos hat einzelne tragoedien kommentiert ¹⁴). Die prosaschriften, die in der ionischen literatursprache abgefasst waren und deren eine Isokrates und wahrscheinlich Platon bekannt war ¹⁵) sind besonders von biographie, doxographie, und lexikographie berücksichtigt worden. Uns gehen hier an die historische Κτίσις seiner heimat, vielleicht eine jugendschrift, und die (sagen wir) autobiographischen Ἐπιδημίαι, die nach 440 verfasst sind, und vielleicht zu dem letzten gehören was I. geschrieben hat ¹⁶). Die verwendung der prosa für einen stoff, der bis dahin gelegentlich und kaum systematisch in ionischen elegieen behandelt war, ist ein 'moderner' zug, der schnell nachahmung gefunden hat [17]); mit den Ἐπιδημίαι — in denen I. von eigenen besuchen im mutterland und von besuchen bedeutender männer in Chios erzählte — sind sie (nach einzelnen ansätzen in älterer poesie) ein neues εἶδος der historischen literatur, das man am besten zusammenfassend Hypomnemata nennt — ein titel, mit dem schon I.s buch gelegentlich zitiert wird [18]). Seinen charakter erleuchtet nicht sowohl der (vielleicht nicht einmal von I. selbst stammende) titel, der zu dem Hippokrateischen werk, mit dem man es schon im altertum zusammengestellt hat [19]), nur eine ganz äusserliche beziehung hat, als der vergleich mit dem grossen historischen werk von I.s (vielleicht etwas älterem) zeitgenossen Herodot. Gewiss liegen die unterschiede auf der hand, zumal nachdem Herodot seine auf reisen und bei 'besuchen' fremder orte durch ἱστορίη erworbenen kenntnisse unter einen leitenden geschichtsphilosophischen gesichtspunkt gestellt hat (aber I. kann in Athen oder auch zuhause vorträge Herodots gehört haben): denn I.s 'hypomnematisches' buch war vermutlich ganz unsystematisch. Aber das wesentliche ist nicht die form, die wir ungenügend kennen, sondern die ganz andere richtung des interesses, das nicht auf weltgeschichtliche ereignisse, sondern auf bedeutende menschen und ihr wesen geht — menschen der eigenen zeit, die I. persönlich kennen gelernt hat [20]). In dem gegensatz der beiden zeitgenossen, deren einen man Ὁμηρικώτατος genannt hat und deren anderer auch als dichter so unhomerisch wie möglich ist, wiederholt sich *mutatis mutandis* die situation des 7. jhdts, in der elegie und persönliche lyrik neben das epos treten. Und wieder ist es ein echter Ionier, der die wendung vollzieht. Der wert der aus den *Epidemiai* erhaltenen nachrichten (über deren glaubwürdigkeit im einzelnen man streiten kann; aber zu dem abfälligen gesamturteil schon Hermanns geben die fragmente kein recht) geht deshalb auch weit hinaus über das was die lokalgeschichten bieten, selbst wenn wir in rechnung stellen dass wir selten etwas aus ihren zeitgeschichtlichen abschnitten haben; und es ist im höchsten grade bedauerlich, dass wir doch nur fetzen besitzen, die zudem nicht immer genügend ausgenützt sind [21]), und so gut wie nichts von dem Συνεκδημητικός, den man mit dem Πρεσβευτικός wohl so sicher identifizieren darf wie die Ὑπομνήματα mit den Ἐπιδημίαι [22]). Es war vermutlich der bericht über eine gesandtschaft, an der I. (inoffiziell?) beteiligt war. Da das einzige zitat F 8 eine person in der art beschreibt wie wir sie aus F 12 für die Epidemiai kennen, könnte man glauben dass er älter war als diese und den alten I. auf den gedanken brachte, die erinnerungen seines ganzen lebens zusammenzufassen. Datieren lassen sich die *Epidemiai* freilich nicht genauer

als auf nach 440; aber der ton von F 6 ist m.e. der einer rückschau, und auch die erwähnung des Sokrates in F 9 empfiehlt, mit der niederschrift der erinnerungen in das erste jahrfünft des Peloponnesischen Krieges hinabzugehen, sodass Herodot und I. tatsächlich gleichzeitig
5 in sehr verschiedener weise, aber doch vielleicht beide (nicht nur Herodot) mit dem blick auf Athen, die resultate ihrer erfahrung zusammengefasst hätten.

T

(1—3) S. p. 192, 25 ff.; zu F 24/6.   (5) Zu verbinden ist in **a**
10 συνδειπνῆσαι τῶι Κίμωνι παρὰ Λαομέδοντι. Der bericht ist stärker gekürzt als der über das Sophoklesdiner auf Chios, wie schon das fehlen näherer angaben über den gastgeber zeigt [23]). Es ist daher nicht absolut sicher zu entscheiden ob I. im hause Laomedons [24]) wohnte als Kimon dort eingeladen war, oder ob Kimon seinen jungen gastfreund mitbrachte;
15 aber die zweite eventualität ist bei weitem wahrscheinlicher. Über die zeit des athenischen diners: *Hesperia* 14, 1945, p. 210 n. 193; *Cl. Q.* 41, 1947, p. 2. Nach **b** ist anzunehmen dass Sophokles, dessen strategie durch die amtliche liste für 441/0 bezeugt ist [25]), eines der schiffe kommandierte (mehr als eines war für diesen auftrag nicht nötig), die nach Chios und
20 Lesbos geschickt wurden περιαγγέλλουσαι βοηθεῖν [26]). Perikles war nicht geneigt, ihm das kommando des ἐπὶ προσκοπὴν τῶν Φοινισσῶν νεῶν nach Karien detachierten geschwaders anzuvertrauen: er hat aus seinem urteil über die militärischen fähigkeiten des dichters kein hehl gemacht; Sophokles hat das mit humor genommen, und I., der sonst Perikles'
25 scharfe urteile nicht liebte [27]), hat dies indossiert [28]). Da der gastgeber in **c** ein Eurypontidischer könig war, kommt nach I.s lebenszeit nur Archidamos (469/8-428/7) in betracht. Gegenüber der gewöhnlichen datierung auf die zweite hälfte der 40er jahre (die in jedem fall auf zwischen frühjahr 443 und frühjahr 441 einzuschränken wäre) und auf
30 Sparta als lokal habe ich in *Cl. Q.* 41 p. 7 ff. für 463 und das feldlager vor der Ithome plaidiert.   (7) Dass Tydeus der sohn des dichters I. war, kann man nicht beweisen, wird es aber nicht bezweifeln [29]).   (8) S. p. 192, 31 f.

F

35 (1—3) Der prosacharakter der Χίου κτίσις ist sicher [29a]). Den titel, der nicht von I. selbst stammt [29b]), darf man (auch nach F 3) nicht zu

eng fassen — zwischen Κτίσις und 'Αρχαιολογία, wie man eine elegie des Semonides betitelte [30]), ist kaum ein sachlicher unterschied — oder man muss ihn *a potiori* auf okkupation von Chios durch die Ionier beziehen. Über die verbindung, in die I. — nicht als erster — Chios schon vor der Ionischen Wanderung durch Theseus mit Athen bringt, s. *Cl. Q.* 41 p. 4 ff.

(1) Der auszug, dem ein stück von Pausanias' hauptquelle (die mit Strabon zusammengeht) voraufgegangen sein wird, ist flüchtiger als der für Samos aus Asios gemachte [31]) und (wie es scheint) in den einzelheiten ziemlich korrupt: es fehlen die namen der nymphen, die genealogie Oinopions u.a.m. Aber Pausanias' eigener anstoss ist nichtig: allerdings kennt (oder nennt) I. den gründer Egertios (einen Kodriden?) [32]) nicht, aber er sagt dass Amphiklos aus Euboia kommt, also Ionier ist; und daran 'erinnert sich' offenbar sein nachkomme Hektor als er den anschluss an den Ionischen Bund vollzieht. Aus dieser darstellung und der verwendung des Theseus müssen wir schliessen dass I. die im laufe des 5. jhdts zur vulgata gewordene ansicht von der gleichzeitigkeit der wanderung und des bundes [33]) nicht teilte, was nicht unbedingt bedeutet dass er über die geschichte des bundes genauer unterrichtet war, sondern nur dass er heimische traditionen kannte und sie vorzog [34]). Bemerkenswert und wohl ebenfalls lokalpatriotisch bedingt dass die insel bei ihm von anfang an Chios heisst; ob er die reihe der (meist nicht jungen) μετονομασίαι [35]) nicht kennt oder ablehnt lässt man besser dahingestellt. Ποσειδῶνα - Χίον] Plin. *N. H.* 5, 136 (n. 35), wo Metrodoros nicht der Chiische (?) verfasser von 'Ιωνικά [36]) ist; Steph. Byz. s.v. Χίος· ἡ ἐπιφανεστάτη νῆσος τῶν Ἰώνων, ἔχουσα καὶ πόλιν ὁμώνυμον· Ἑκαταῖος Εὐρώπηι (I F 141) <<Χίος κατὰ Ἐρυθράς· ἐν δὲ πόλις Χίος>>· ἀπὸ Χίου τῆς Ὠκεανοῦ ἢ ἀπὸ τῆς χιόνος τῆς ἐκεῖ γινομένης πολλῆς ἢ ἀπὸ νύμφης τῆς Χιόνης. Von den ableitungen gehört keine schon dem Hekataios; I.s Poseidon ist nicht der gott vom Panionion, sondern der auf Chios verehrte: Strab. 14, 1, 35 ἐν δὲ τῶι περίπλωι δεξιὰν τὴν νῆσον ἔχοντι ἀπὸ τῆς πόλεως πρῶτον μέν ἐστι τὸ Ποσείδιον, εἶτα Φάναι λιμὴν βαθύς. Dazu der Chiische monat Posideon. Ἄγελος-Μέλας] Der korrupte Agelos ist nicht sicher zu verbessern. Melas kommt gleich darauf noch einmal als sohn Oinopions vor, wo er besser passt als vertreter des 'schwarzen' weines [37]), der nach Theopomp 115 F 276 zuerst auf Chios angebaut ist. Chios selbst heisst Μέλανος ἄστυ in dem epigramm des Mikkiades und Archermos aus der ersten hälfte des 6. jhdts [38]). Er war ursprünglich wohl eine bedeutendere gestalt in der Chiischen legende [39]), der dann hinter Oinopion zurückgetreten ist.   Οἰνοπίωνα] sein grab zeigte man (später?) auf Chios und erzählte λόγοι ἐς τοῦ Οἰνοπίωνος τὰ ἔργα [40]). Chronologisch gehört er nach

F 2 in die zeit des Trojanischen Krieges, und dazu stimmt dass I. in den elegieen ihn sohn des Theseus nannte. I. wird hinter den ἔνιοι Plutarchs stecken [41]), deren Theseusgeschichte (mindestens soweit sie das schicksal Ariadnes angeht) von der athenischen vulgata stark abweicht. Wir haben nicht ganz klare spuren von ihr bei Zenis 393 F 1 und Philochoros 328 F 17 (der sich aber auf 'die Kreter' beruft), eine deutlichere in Diodors Κρητικά [42]), die von der der ἔνιοι leicht abweicht: Staphylos scheint in ihr nicht bruder und Euanthes nicht sohn Oinopions zu sein. Es hat keinen zweck hier die vielen verschiedenen namensreihen aufzuzählen [43]); aber die namen I.s, die Pausanias gibt, sind z.t. befremdend: Σάλαγος in Στάφυλος, und Ἀθάμας (der vielleicht auf beziehungen zu Teos weist[44])) in Θόας zu ändern, ist m.e. nicht diskutabel; Euanthes und Melas sind durchsichtig, und Talos verträgt sich mit der ableitung des vaters aus Kreta.   Κᾶρες - Ἄβαντες] an stelle der Karer, die bei ihm von Milet bis Ephesos sitzen, gibt Pherekydes 3 F 155 für die ἑξῆς παραλία μέχρι Φωκαίας nebst den inseln Chios und Samos Leleger, die spätere lokalliteratur 395 F 2 (die unter Hellanikos' einfluss steht) thessalische Pelasger. Ἄβαντες ἐξ Εὐβοίας sind auch nach Herodt. 1, 146, 1 οὐκ ἐλαχίστη μοῖρα der kleinasiatischen Ionier. Ob sie nicht doch ihre existenz auf Chios nur der erinnerung an kämpfe im heimischen Euboia verdanken? Sie sind bei I. vorionisch, und unter Hektor verschwinden sie spurlos. Ἄμφικλος - Ἕκτωρ] Der erstere heisst bei Hippias von Erythrai 421 F 1 zusammen mit einem Polyteknos 'tyrann' von Chios. Man wird nicht bezweifeln dass hier erinnerung an die tyrannis des 7. jhdts und (in dem stammbaum) familienüberlieferung vorliegt [45]); auch nicht dass der dreifuss Hektors mit entsprechender inschrift als weihung in einem heiligtum stand; da aber der wortlaut der inschrift nicht erhalten ist, haben wir über die richtigkeit ihrer deutung kein urteil.   (2) Der text ist nicht sicher herzustellen, aber sicher ist dass er einen der (nicht jungen) versuche enthält die ionischen inseln in den trojanischen kreis zu bringen [46]), wie wir sie z.b. für Delos und Lesbos kennen und wie man sie ähnlich auch für die Argonautensage gemacht zu haben scheint [47]): Alkidamas *Od.* 20 weiss dass Menelaos den Palamedes εἰς Χίον πρὸς Οἰνοπίωνα καὶ εἰς Κύπρον πρὸς Κινύραν schickt, um truppen zu erbitten. Die von I. berichtete spezialität scheint eher einen aufenthalt der ganzen griechischen flotte in Chios vorauszusetzen, wenn wir annehmen dürfen dass der seher seinen ratschlag [48]) auf Chios gab: solche varianten sind in den *Posthomerica* ganz gewöhnlich.   (3) Aus einem hellenistischen lexikographen: Hesych. s.v. δίλογχον· λόγχας γὰρ ἐκάλουν τοὺς κλήρους. λόγχαι· ἀπολαύσεις. λόγχη· λῆξις, μερίς. Für Chios belegt durch das im

4. jhdt aufgezeichnete opfergesetz *Syll.*³ 1013 ὧν αἱ λόγχαι εἰσίν; anderes in Favres *Thes. Verb. in Tit. Ionicis*, 1914, p. 251. Der text ist auch hier unsicher. Man möchte an die besiedlung von Phokaia denken, und in dem fragment eine bestätigung für die vermutung ⁴⁹) finden dass sie von Teos
5 aus erfolgt ist. Für das vorkommen in einer Χίου κτίσις schlägt vielleicht der Oinopionsohn Athamas die brücke ⁵⁰).   (4—7) P. 193, 2 ff. (4—5) Aus der beschreibung eines gastmahls. I. gab das menu, wie die späteren δεῖπνα ⁵¹) bis herab zu Athenaios. Aber die in F 4 folgende etymologie gehört ihm nicht mehr.   (6) Zu T 5. Gewisse korruptelen
10 zeigen dass Athenaios' text bereits gelegentliche varianten hatte ⁵²). Wichtiger, dass I.s bericht über das diner in Chios uns so wenig vollständig vorliegt wie der über das im hause Laomedons (F 13): der exzerptor hat nur die szene aus dem (auf das deipnon folgenden) symposion ausgehoben, die Sophokles angeht. Der bestimmte artikel p. 279, 20 ⁵³)
15 und F 4/5 machen wahrscheinlich dass I. die szenerie ausführlicher gegeben hatte, und dass (am anfang) auch eine liste der gäste stand: geschnitten ist vielleicht nach ἑστιῶντος αὐτόν, wenn der exzerptor nicht (wie es Athenaios oft tut) den ganzen eingang durch einen eigenen einleitungssatz ersetzt hat ⁵⁴). Wichtiger als die breit ausgesponnene an-
20 ekdote ist das allgemeine schlussurteil über die persönlichkeit des Sophokles ⁵⁵) und die tatsache dass I. es direkt ausspricht, wie auch das über Perikles ⁵⁶) und danach vermutlich über andere bedeutende männer, deren äusseres aussehen er auch schildert ⁵⁷). Das ist wirklich etwas neues, und für das neue literarische εἶδος charakteristisch, das voll ist
25 von rein biographischen tatsachen ⁵⁸).   (7) Niemand wird bezweifeln dass I., dessen persönlicher verkehr mit Aischylos bezeugt ist ⁵⁹), die nachricht aus Aischylos' eigenem munde hat: sie ist das älteste und das einzig sichere zeugnis für kriegsdienst des dichters. Das schweigen Herodots ist, obwohl er Aischylos nicht mehr persönlich gekannt hat ⁶⁰),
30 als negativer beweis dafür zu werten dass man in den 40er jahren keine besondere tat von ihm zu berichten hatte; und wenn er 6, 114 eine solche von Κυνέγειρος Εὐφορίωνος (den man vielleicht mit recht für Aischylos' bruder hält, obwohl Herodot es nicht sagt und auch kein demotikon gibt) in der schlacht bei Marathon kennt, so beweist das m.e.
35 widerspruchslos dass das angebliche grabepigramm des dichters ⁶¹) nicht Aeschyleisch (und auch wohl nicht 5. jhdt) ist. Die kürze von I.s fragment und seine erhaltung gerade in den Scholien der *Perser* verbietet, mit bestimmtheit zu behaupten dass die Scholiasten über die teilnahme bei Salamis hinaus nichts von kriegsdienst des Aischylos bei I. fanden.
40 Aber die wahrscheinlichkeit spricht für diese deutung; und dann entfällt

alles was die spätere überlieferung von Artemision und Plataiai erzählt [62]). Erst die Biographie, vermutlich schon die des 4. jhdts [63]), hat mit ihrer gewöhnlichen verantwortungslosigkeit [64]) die tradition erweitert, indem sie z.b. den Pallenenser Ameinias [65]) zum bruder des Eleu-
siniers Aischylos machte, was nicht einmal den schluss zulässt, dass der letztere einen bruder dieses namens hatte. (8) P. 193, 33 ff. Warum die chiische gesandtschaft (denn an eine solche denkt man zunächst) gerade nach Sparta gegangen sein soll, ist nicht einzusehen: Sext. Emp. *Adv. Math.* 2, 23 über eine solche stammt schwerlich aus I.;
und die verbindung mit der charakteristik Spartas in einer tragoedie I.s [66]) gehört nicht diesem, sondern Sextus oder seiner quelle. Auch wenn E. Maass [67]) σπανοπώγων richtig als 'kastrat' deutet, verhilft das nicht zu näherer bestimmung: wir haben nichts als das aus seinem zusammenhang gerissene wort. (9—20) Zum grössten teil aus den Ἐπιδημίαι,
auf die in Plutarchs Kimonvita vermutlich noch manches zurückgeht [68]), obwohl nirgends ein wirklich zwingender beweis zu führen ist [69]). Ob der anteil I.s in der Periklesvita über die beiden zitate F 15/6 hinausgeht, ist sehr fraglich; c. 12 ist sicher nicht aus ihm. In der Themistoklesvita wird I. nicht zitiert, was freilich nicht unbedingt ausschliesst dass auf
indirektem wege nachrichten aus I. in sie gelangt sind [70]). (9) Die missdeutungen des klaren zeugnisses sind *Cl. Q.* 41 p. 9 ff. zurückgewiesen. An der glaubwürdigkeit der wichtigen nachricht zu zweifeln sehe ich keinen grund; das biographische faktum war Aristoxenos bekannt (ob aus I. bleibe dahingestellt), und ist von ihm benutzt um 'die allzu enthusiastischen erzählungen bestimmter Sokratiker realistisch zu korrigieren' [71]). Was wir nicht wissen ist in welchem zusammenhang I. auf Sokrates zu sprechen kam; wie ausführlich er von ihm erzählte; ob er ihn etwa schon 453/2 (in Kimons umgebung?) auf Samos gesehen hat oder erst um 429/8 in Athen. Wenn man die erstere eventualität ausschliesst, würde die letztere bedeuten
dass er sich persönlich mit ihm unterhalten und von ihm selbst etwas über sein früheres leben gehört hat. Jedenfalls darf man annehmen dass die persönlichkeit auf ihn eindruck gemacht hat. Es ist sehr bedauerlich dass die (mehr und mehr unter Platons einfluss geratene) biographie so wenig aus I. ausgehoben hat oder das von früheren (wie Aristoxenos) erhaltene
hat verkommen lassen. (10) In der verbindung mit ὁμόσπονδος kann αὐτόφρων [72]) nur ὁμόφρων bedeuten, und ist einerseits mit αὐτόκωπος u.ä., andrerseits mit Aischyleischem μονόφρων [73]) zu vergleichen. Wer die gleichgesinnten und eng verbundenen [74]) sind, können wir nicht raten; nur dass das zitat aus einem prosabuch stammt, scheint sicher.
(11) Die Ἀθηναία ξένη kann I. nicht in Athen kennen gelernt haben;

aber eine Themistoklestochter hat (ungewiss wann) den Chier Panthoides geheiratet [75]). Eine persönliche begegnung I.s mit Themistokles selbst ist schon aus zeitgründen nicht gerade wahrscheinlich, und es muss dahinstehen ob er ihn anders als gelegentlich erwähnte [76]): Plutarch in der Themistoklesvita zitiert Stesimbrotos, aber nicht I. [77]). **(12)** Charakteristisch für die geringe beachtung I.s [48]), dass J. Fürst 'Die liter. Portraitmanier' *Philol.* 61, 1902, p. 382 ff. diese beschreibung übersehen hat und behauptet, dass 'wurzelansätze der körperschilderung erst im 4. jhdt zum vorschein kamen'. **(13)** Zu T 5 und *Cl. Q.* 41 p. 2. Plutarch hat die szenerie nur kurz angedeutet [79]), weil es ihm wesentlich auf die geschichte ankam, die Kimon von seiner eigenen σοφία erzählt hat [80]). Sie steht vergröbert bei Polyaen *Strat.* 1, 34, 2; wenn aus Ephoros, wie man gewöhnlich annimmt, so hatte dieser sie aus I. [81]). **(14)** Selbst wenn meine beziehung von T 5c nicht richtig ist, dürfen wir aus F 14 schliessen, dass I. im j. 463 noch in Athen war. Kimons plastischer vergleich ist also authentisch. Er hat nichts rhetorisches, und das orakel für Sparta — φυλάξασθαι τὴν χωλὴν βασιλείαν [82]) — ist jünger. **(15)** Psychologisch feines und gewiss zutreffendes urteil, das für uns die würdigung des grossen menschen durch Thukydides 2, 65, 8-9 in sehr charakteristischer weise ergänzt [83]). Es zeigt deutlich dass I. Perikles persönlich nicht geliebt hat. Gern wüsste man ob I. die ähnlichkeit mit der gesellschaftlichen art des Themistokles [84]) bemerkt, und ob schon er Perikles' art mit der liebenswürdigen menschlichkeit Kimons verglichen hat. Aber es scheint nicht, dass er ein vollbild des Perikles gegeben hat; man denkt eher an etwas von der art der kurzen charakteristik des Sophokles in F 6 bei einer für uns nicht kenntlichen gelegenheit: aus *Perikles* 7 gehört ihm kaum etwas, obwohl § 5(-6) zu seinem urteil über den menschen stimmen. Auch die beschreibung von Perikles' äusserer erscheinung in c. 3, 3 kann man trotz F 12 nicht mit irgendwelcher sicherheit auf I. zurückführen. **(16)** Perikles' äusserung ist in Athen etwa ein jahr nach I.s zusammentreffen mit Sophokles gefallen. Hat I. sie selbst gehört? Und rühmte Perikles wirklich die eigene leistung und nicht vielmehr die der Athener? S. *Cl. Q.* 41 p. 12 ff. **(17)** Diels *Vorsokr.* [5]I p. 379 sieht in **b** I.s eigene worte, und lässt unbestimmt aus welcher prosaschrift sie stammen [85]). Sie sind für die *Epidemiai* denkbar, wenn sie auf eine einzelhandlung gingen oder auf einen mann, der 'mehr glück als verstand' hatte [86]). Obwohl I. einen hymnos auf den καιρός geschrieben hat [87]), ist die τύχη hier und F 24a (aus dem *Triagmos*) sowenig person wie z.b. bei Herodt. 7, 10 δ 2 und Thukyd. 1, 140, 1 [88]). **(18—19)** F 18 kann überall gestanden haben ⁸⁹); F 19 möchte man am ehesten nach F 4-6 ⁹⁰) beurteilen. Aber wie vorsichtig man mit der zuteilung solcher fetzen sein muss lehrt die zufällig bekannt gewordene tatsache, dass die anspielung auf das angebliche orakel 'Ὑμεῖς δ' ὦ Μεγαρεῖς ⁹¹) nicht auf einen besuch I.s in Megara oder Aigion deutet, sondern in einem enkomion vorkam ⁹²), auf das niemand hätte raten können; und für θίασος bezeugt Harpokr. s.v. die *Omphale*, an die wir ohne ausdrückliches zeugnis ebenso wenig gedacht hätten. **(20)** Gell. *N. A.* 19, 14, 7; *Gr. Lat.* VI 8, 11; 16, 13; 19, 11 Keil; Kühner-Blass *Ausf. Gramm.* ³I, 1890, p. 57; E. Schwyzer *Gr. Gramm.*, I, 1934, p. 214. An I.s namen zu zweifeln ist kein grund ⁹³): die spekulation über ursprung und entwicklung des griechischen alphabets beginnt schon im frühen 5. jhdt ⁹⁴), und man wird I. in den von Diels *N. Jahrb.* 1910 I p. 9 angedeuteten zusammenhang einreihen. Es ist daher zweifelhaft ob er seine gedanken gerade an den unterschied des ionischen und attischen alphabets anknüpfte ⁹⁵), der ihm in Athen oder sonstwo aufgefallen sein kann. Eine besondere 'schrift grammatischen inhalts' ⁹⁶) wird man (wenn man auch nur an Herodot denkt) kaum annehmen, obwohl sie vielleicht nicht unmöglich ist: wieder ist schon das 5. jhdt für technische fragen aller art interessiert. **(21—23)** F 21 hat Phrynichos aus einem lexikographen. Diese zitieren ihre autoren namentlich; aber selbst in einem gekürzten exzerpt kann Ἴων τις συγγραφεύς (zumal neben Hippias) nicht 'dieser oder jener ionische prosaiker' ⁹⁷) bedeuten; vielleicht ist τινα korruptel von kompendiös geschriebenem τραγικός ⁹⁸). Die gleiche korruptel ist F 23 möglich; aber F 6 macht eher bedenklich gegen zuweisung an I. ⁹⁹). Dagegen würde man F 22 doch sehr gern aus den *Epidemiai* ableiten, die Plutarch wahrscheinlich noch selbst gelesen, und in denen I. sicher von Aischylos erzählt hat ¹⁰⁰). Die öfter vorgeschlagene ¹⁰¹) änderung Δίων ∼ Ἴων in Plutarch *Comp. C. Marc. et Alcib.* 2, 4 ist zu unsicher, um die spielerische gnome ¹⁰²) ὀργῆι χαριζόμενος, παρ' ἧς οὐδένα λαβεῖν χάριν auch nur unter die *Dubia* aufzunehmen. Die erwähnung eines attischen gerichtshofes bei Hesych¹⁰³) gehört schwerlich in eine prosaschrift. **(24—26)** Das φιλόσοφόν τι σύγγραμμα — das Ion mit der ionischen naturphilosophie, nicht mit den sophisten verbindet — steht in den anderen rezensionen des schriftenkatalogs unter den gattungstiteln Περὶ μετεώρων und Κοσμολογικός ¹⁰⁴). Der individualtitel Τριαγμός oder Τριαγμοί ¹⁰⁵) ist ihm kaum schon von I. gegeben; denn das δέ des in den Πίνακες gegebenen, leider stark korrumpierten ¹⁰⁶), eingangssatzes macht sehr wahrscheinlich dass eine überschrift in der üblichen form ¹⁰⁷) — Ἴων (Ὀρθομένους) Χῖος τάδε λέγει — voraufging. Die autorschaft des buches ist gut bezeugt durch den φιλόσοφος der Vita (T 1) und die mit Isokrates beginnende reihe der zitate [108]). Die notiz aus den Πίνακες, dass es (von anderen) einem Epigenes zugeschrieben sei — unter dem man nur den uns im bereich des orphischen schrifttums begegnenden autor [109]) verstehen kann — scheint textlich nicht heil: (1) die vollständigste (freilich auch verkürzte) schriftenliste I.s in den Aristophanesscholien (T 2) verzeichnet einen zweifel nur an der echtheit des Πρεσβευτικός, nicht an dem Κοσμολογικός [110]); (2) die zitate führen darauf dass nicht die echtheit von I.s Τριαγμός bezweifelt war, sondern die des gleich oder ähnlich betitelten orphischen traktates [111]), und dass Kallimachos in dem (den) artikel(n) über I. (und Orpheus) das notiert hatte: in der Suda (F 25c) stehen die Τριαγμοί unter Orpheus' werken mit dem zusatz λέγονται δὲ εἶναι ᾽Ίωνος τοῦ τραγικοῦ; Diogenes und Clemens (F 25ab) sagen, dass I. dem Pythagoras fälschungen auf Orpheus' namen vorgeworfen hat [112]), und dass Epigenes über diese fälschungen gehandelt hat. Wenn der letztere die fraglichen bücher nicht Pythagoras selbst, sondern (namentlich angeführten) Pythagoreern zuschreibt, wird man glauben, dass er I.s behauptung korrigierte [113]). In dem stark verkürzten artikel Harpokrations ist der name Epigenes der einzige rest dieser diskussion [114]), und es ist nicht sicher zu entscheiden ob er schon bei Kallimachos stand oder ob er der vermittler der Kallimacheischen angaben ist: was wir von Epigenes wissen [115]) spricht mehr für einen hellenistischen grammatiker und die zweite eventualität. Dem versatilen I. [116]) wird man eine philosophische schrift gern zutrauen. Sein interesse für Pythagoras [117]) — das (nebenbei gesagt) bei ihm so wenig wie bei Herodot mit der samischen herkunft des philosophen zu tun hat — passt in die zeit. Es wird dadurch bestätigt dass er ihn in den *Elegieen* σοφὸς περὶ πάντων nannte, was nach dem zusammenhang nicht gut ironie sein kann: die bei Diog. Laert. 1, 120 [118]) erhaltenen und von ihm auf Pythagoras' 'lehrer' Pherekydes (dessen prosaschrift I. gekannt haben wird) bezogenen [119]) verse sind kein epigramm; sie sehen am ersten nach schluss eines enkomions aus [120]). Dass I. solche geschrieben hat, wissen wir jetzt.

393. ZENIS VON CHIOS

Ζῆνις, Ζηνᾶς, Ζηνῆς ist ein in Ionien nicht seltener kurzname; von dem letzten gibt es den genitiv Ζηνεῦς [1]), der vielleicht die variante erklärt. Seine zeit ist unbestimmbar, aber das 4. jhdt ist nicht unmöglich. Das einzige bruchstück möchte man nach Ion 392 F 1 verstehen: Z.

hat an der vor-ionischen verbindung von Chios und Athen festgehalten, aber Ariadne durch Phaidra ersetzt, die als mutter von Theseussöhnen weniger schwierigkeiten machte.

394. HYPERMENES

Die armut Homers ist alte legende. Dass er nur éinen sklaven besass, den Tzetzes [1]) Bykkon nennt, ist hellenistische ausmalung: die sphaere, aus der sie stammt, zeigt Seneca *Ad Helv. matr. cons.* 12, 4. Die geschichte, die Chennos von diesem sklaven erzählt, ist so willkürlich erfunden wie der name Skindapsos und seine scheidung von dem eretrischen musiker. Man wird kein zutrauen zu dem gewährsmann haben, den Chennos zitiert [2]).

395. SAMMELZITATE

Herodot und Pausanias zitieren 'die Chier' nicht direkt; in der chiischen geschichte Parthen. *Narr. am.* 20 fehlt der gewährsmann; für den kultbrauch des Dionysos Omadios nennt Porphyr. *De abst.* 2, 56 einen nicht-chiischen autor; auch für die viel behandelten Homeriden von Chios kennen wir keinen lokalen autor [1]). Natürlich gibt es allerlei, was in büchern Περὶ Χίου gestanden haben kann oder muss: historisches z.b. über den tyrannen Strattis aus der zeit des Dareios und Xerxes [2]); mythologisches — aber wir wissen nicht, wer Phanos und Staphylos in die Argonautengeschichte einführte [3]), und nichts sicheres über die chiischen λόγοι ἐς τοῦ Οἰνοπίωνος τὰ ἔργα [4]) —; fakten der literatur- (295 F 3 in Add. p. 757 f.) und der kunstgeschichte u.a.m. [5]).

(1) Solche geschichten von funden vorweltlicher menschen- und tierknochen kennen wir besonders viel von den inseln [6]). Meist sind es einfache fundgeschichten, gewöhnlich mit angabe der masse (die Aelian, charakteristisch für ihn, vergisst anzugeben) und deutung auf einen bestimmten heros; seltener in der form der volkssage wie hier. Die quelle ist nicht näher zu bestimmen [7]).   (2) E. Meyer Forsch. I, 1892, p. 35; zu Hellanikos 4 F 4; Philochoros 328 F 99-101.

XVI. DELOS

Das Apollonheiligtum mag, wie andere religiöse zentren, ein archiv gehabt haben, in dem auch texte von hymnen u. dergl. aufbewahrt wurden [1]). Aber Delos hatte keine alte chronik, und es ist unseres wissens auch später keine eigentliche geschichte der insel geschrieben. Es gab nur bücher, die sich mit ihren mythen, kulten, und antiquitäten befassten; und es ist bezeichnend dass auch diese literatur für uns (und wohl überhaupt) mit athenischen gerichtsreden beginnt, deren älteste gehalten ist, als Philipp von Makedonien sich (wahrscheinlich 345/4 v. Chr.) der Delier gegen Athen annahm [2]). Ob diese reden um ihres sachlichen interesses willen als broschüren publiziert sind, stehe dahin; wenn ja, sind sie die unmittelbaren vorläufer der historisch-antiquarischen Δηλιακά, die (wie es scheint) ebenfalls zuerst von Athenern — Philochoros und Antikleides [3]) — geschrieben sind; und wenigstens bei dem ersteren wird man politische und religiöse motive nit sicherheit annehmen. Wie weit Aristoteles' *Politeia* neutral war, steht wieder dahin. Dann folgen Delier — Semos war sicher, Phanodikos wahrscheinlich ein solcher —, und schon deshalb wird man glauben dass sie in die zeit der selbständigkeit von Delos (ca. 314-169 v. Chr.) gehören, in der auch fremde dichter auf Delos vortrugen [4]): sie hatten kein anderes material, kaum auch nur grössere lokal- oder archivkenntnis als die Athener, mögen das vorhandene aber wenigstens teilweise anders beleuchtet haben. Älter als das alles mag die epische *Delias* des ganz unbekannten Nikochares gewesen sein, die dem Aristoteles vorlag [5]). Man vergleicht sie mit der *Theseis*; aber sie war schwerlich so alt wie diese, vielleicht erst ein produkt der von den Athenern im j. 426/5 eingerichteten penteterischen feier. Ich glaube auch nicht dass die jährlichen berichte der delischen archonten, die für uns 284 v. Chr einsetzen [6]), in die hellenische zeit zurückreichen. Beamtenlisten mag es auch auf Delos gegeben haben; aber was die archonten publizieren — ein formelhaftes ὑγίεια καὶ εὐετηρία ἐγένετο, dem listen der choregen und der ἐπιδειξάμενοι τῶι θεῶι folgten [7]) — konnte nicht zu literarischer oder gar historischer darstellung verlocken. Nicht aufgenommen habe ich die inschrift des priesters Apollonios von ca. 200 v. Chr., in der er über den bau des Serapieions berichtet [8]). Das ist eine private angelegenheit, die auch mit der chronik des athenischen Asklepieions nicht ohne weiteres vergleichbar ist.

396. SEMOS VON DELOS

Semos ist ziemlich die einzige fassbare erscheinung unter den nicht zahlreichen autoren über Delos [1]). Er macht den eindruck eines ernst zu nehmenden gelehrten, und man möchte gern glauben dass er seine ausbildung in Alexandreia (eher als in Pergamon, das er wohl besucht haben muss ²)) empfangen hat. Er hat eine Vita in der Suda, in der die zeitbestimmung fehlt (wie so oft bei hellenistischen autoren) und die heimat in Ἠλεῖος korrumpiert ist ³). Es ist wirklich keine variante oder doppelbürgerschaft, sondern korruptel: denn dass er Delier war beweist — entscheidender als die zitate ⁴) — die angesehene familie in den delischen inschriften, in der die namen Kosmiades und Semos wechseln und die wir fast durch die ganze zeit der delischen selbständigkeit von 268 bis in die 80er jahre des 2. jhdts verfolgen können ⁵). Da es sich dabei um amtliche dokumente handelt — berichte der archonten und abrechnungen der hieropoioi — hilft das nichts zur zeitlichen bestimmung des schriftstellers, und auch die fragmente geben keine sicheren indizien ⁶). Aber wegen des buches Περὶ Περγάμου wird man ungern zu weit in das 3. jhdt hinaufgehen, und so mag Semos II — nachweisbar zwischen 229 und 210, und gestorben vor 200 — der wahrscheinlichste kandidat sein ⁷).

Das hauptwerk des Deliers waren die 8 bücher über seine heimatliche insel, die den preziösen titel Δηλιάς (scil. συγγραφή, nach dem muster von Ἀτθίς?) trugen ⁸). Sie werden besonders häufig von Athenaios zitiert, der das werk vielleicht noch selbst exzerpiert hat. Jedenfalls war es für die späteren autoritativ, und man kann ihm mit zuversicht auch alle titellosen fragmente zuschreiben ⁹). Sein charakter war antiquarisch, nicht eigentlich historisch, und die disposition am ehesten periegetisch ¹⁰). Was wir haben macht den eindruck sauberer gelehrtenarbeit. Leider lässt sich trotz der verhältnismässig grossen zahl von zitaten mit buchzahl der inhalt der einzelnen bücher, bezw. der weg der periegese, nicht erkennen. Angesehen war offenbar auch das buch Περὶ παιάνων, dessen leider dürftige reste sich durch scharfe beobachtung und genaue detailangaben ¹¹) auszeichnen. Dieses buch gehört ins gebiet der realphilologie und vielleicht der literarhistorie; es war sicher nicht musiktheoretisch und nicht auf Delos beschränkt oder auch nur von delischen zuständen ausgehend ¹²). Der umfang ist nicht zu bestimmen. Von den sonst in dem alphabetischen katalog der Vita (der sehr wohl vollständig sein kann) aufgezählten büchern ist nichts erhalten. Man wird glauben, dass éin buch Περὶ Πάρου um des Archilochos willen geschrieben war, und das éine über Pergamon verdankt seine entstehung eher den persönlichen beziehungen zu den fürsten (und gelehrten?) von Pergamon als deren interesse für Delos. Der platz für etwaige weihgeschenke u.a. der pergamenischen fürsten war die *Delias*. Ganz undurchsichtig sind die Περίοδοι in zwei büchern; aber sie waren wohl weder allgemein geographisch noch autobiographisch.

F

(1) F 1-2 können aus einer allgemeinen beschreibung der insel und ihrer unmittelbaren umgebung [13]) stammen, mit der das werk begann. Die palme, die schon *Od*. ζ 162 ff. und *Hymn. Apoll*. 117 der eigentliche heilige baum ist, existierte sicher noch in S.s zeit [14]); auch anderwärts zeigte man solche angeblich uralten bäume [15]). Von dem was in dem lückenhaften satz über σαμβύκη und Sibylle steht, darf man S. schwerlich etwas geben.   (2) Hesych. s.v. φάμμη· ἄλφιτα; s.v. ψαμμήν· ἄλφιτα. Die insel ist eines der beiden kleinen felseneilande im sund zwischen Delos und Rheneia [16]), die in den inschriften als ἡ νῆσος, ἡ ἱερὰ νῆσος, ἡ νῆσος ἡ ἱερὰ τῆς Ἀρτέμιδος, ἡ νῆσος τῆς Ἑκάτης erscheint [17]). An Sauppes leichter änderung [18]) darf nicht irre machen, dass im 2. buche ein opfer für Iris auf dieser insel erwähnt wird [19]).   (3—5) Handelte buch II über die auf Delos verehrten götter und die ihnen gebrachten opfer? Vgl. n. 10.   (3) Über die korruptel des titels s. n. 8. Über Kimolos: Bürchner *RE* XI col. 435 ff.; Bogiatzides Ἀθηνᾶ 35, 1924, p. 67 ff. (4) Et. (Gen.) M. p. 213, 17 Βριζώ· θεὸς παρὰ Δηλίοις, παρὰ τὸ βρίζειν ὅ ἐστι καθεύδειν [20]). Βριζώ· θεὸς διὰ ἐνυπνίων μαντευομένη [21]). Nur für Delos bezeugt; die tatsachen, die S. über den kult gibt, sind sicher richtig. Wilamowitz *Ph. U.* 7, 1884, p. 409 n. 8 bezweifelt nur seine erklärung von βρίζειν: 'sie wird wohl zu den Βρῖσαι gehören; die töchter des Anios von Delos, die schon die *Kyprien* kannten, sind verwandte wesen' [22]). Usener *G N.*, 1896, p. 147 geht gerade von der etymologie aus und glaubt, dass 'der bereich der einfachen und begrifflich durchsichtig gebliebenen göttin des schlafs' sich 'wesentlich erweitert' hat: 'sie schläfert auch wind und wellen ein u.s.f.'. Halliday *Greek Divination*, 1913, p. 133 deutet nach dem opfer, das ihr die frauen bringen: 'a water goddess. She has to do with the fortunes of the fishing fleet ... And once more the water power gives oracles in dream' [23]).   (5) Der vulgate text ist unverständlich. Es scheinen zwei darbringungen gewesen zu sein [24]), die beide erklärt werden, weil die namen singulär sind — die βασυνίαι und τὰ καλούμενα κόκκωρα. Ich habe entsprechend interpungiert. Athenaios ist stark verkürzt, und über den sinn der opfer lässt sich nichts sagen [25]).   (6) Über die quellenfrage s. zu Eparchides (no. 437), der ein spezialbuch über Ikaros geschrieben zu haben scheint. Wenn S. sachlich mit ihm geht, so ist die natürliche annahme, dass er den lokalhistoriker benutzt und zitiert hat. An der buchzahl erweckt F 13 einigen zweifel: die änderung von Γ̄ in F̄ ist leicht, und bei Photios mag ἐν ἕκτηι als korrektur von ἐν τρίτωι in ἐν ἧι stecken.   (7) Offenbar dauernder

brauch, wichtig auch für die beziehungen der beiden kultorte zu einander [26]). Aber wir können ihn nicht einordnen.   (9) Echenike ist tochter des Stesileos, eines der ersten archonten des freien Delos (303 v. Chr.). Die ἡδυποτὶς χρυσῆ, Ἐχενίκης ἀνάθεμα, wird mit angabe des gewichts verzeichnet noch in der übergabeurkunde aus dem jahre des Demares (179 v. Chr.) *Inscr.* 442 B 7; es ist wohl die ἡδυποτίς, die ohne nähere angaben in dem kurzen verzeichnis *I G* XI 2 no. 110, 26 aus dem archontat des Kallimos (267 v. Chr.) steht; wohl von ihr verschieden ist die κύλιξ χρυσῆ no. 287 B 75. Über andere stiftungen von ihr und das fest der Ἐχενίκεια Dürrbach zu *I G* XI 2 no. 287 A 122 ff.   (10) Geschichte von der art, wie man sie in Delphi von vielen weihgeschenken erzählte, und darin verschieden von der in F 12. Sie knüpfte jedenfalls an den κρατὴρ ἀργυροῦς ὃν ἀνέθηκε Παρμίσκος im Artemision [27]). Parmiskos ist Pythagoreer aus der wende des 6./5. jhdts [28]). Über Letoon und Letokult auf Delos: Wehrli *R E* Suppl. V, 1931, col. 560, 19 ff.; Laidlaw *op. cit.* p. 157 f.; 163 f.; Bethe *Herm.* 71, 1936, p. 351 ff.   (12) Dass es in Delos ein orakel Apollons gab ist gesichert durch *Hymn. Apoll.* 79/82; 131/2 und *I G* XI 2 no. 165, 44 (ca. 280 v. Chr.). Danach sind die μάντεις doch wohl nicht nur 'local soothsayers' [29]), die bei jedem opfer anwesend sein konnten. Die undatierte geschichte verbindet man am liebsten mit der tätigkeit des Peisistratos auf Delos [30]).   (13) Vgl. F 6 auch für S.s methode. S. fehlt unter den autoren bei Athenaios 1, 56 p. 31 AB = Armenidas 378 F 3. Der zusammenhang, in dem F 6 und F 13 standen, ist nicht zu erraten.   (14) Der abschnitt über diese brotart ist offenbar stark verkürzt. Es fehlt die ortsangabe, und die allgemeine beziehung auf Delos scheint mir so zweifelhaft wie die von Hypereides 401 b F 9: Lykurgos 401 c F 1-3 zeigt wieviel in den Δηλιακοί von attischen altertümern die rede war, und ganz kann das auch in den *Deliaka* nicht gefehlt haben. Thesmophoria und überhaupt Demeterkult auf Delos ist erst für die zeit der attischen kleruchie (seit 169 v. Chr.) nachweisbar; und die beziehung von F 23 gerade auf Delos ist ganz unberechtigt. Megalartia sind sonst bezeugt für Thessalien [31]), Boiotien [32]), und vielleicht Delphi [33]). Rätselhaft auch der name ἀχαίνη, den man mit der Demeter Achaia und der Hyperboreerin Achaiia zusammengebracht hat [34]), und unklar die bedeutung von τράγος in dem kultliedchen.   (16) Klare auseinanderlegung eines laxen sprachgebrauchs [35]). Beziehung nicht festzustellen; aber S. hat offenbar auch die Homerstellen im auge gehabt, an denen 'dreifüsse' vorkamen. Eine ähnliche unterscheidung stand in einem unbestimmbaren buch des Philochoros, wenn das betreffende fragment so weit geht [36]). Athenaios' quelle liegt wohl auch in den dürftigen exzerpten Schol. *Il.* I 122; Ψ 264 ff.; 702; Hesych., Phot. s.v. τρίπους vor.   **(17)** Kinaros als beispiel der unfruchtbarkeit bei Plutarch. *De ex.* 8 p. 602 C.; auf der route Kos-Delos *Stadiasm. M. m.* 282; *Cinara*, ohne nähere angaben, unter den Sporaden bei Mela 2, 111 und Plin. *N. H.* 4, 70. Vgl. Bürchner *R E* XI col. 463; *I G* XII 7 p. 122.   **(18)** Gemeint ist offenbar das weihgeschenk des Nikias, dargebracht sehr wahrscheinlich gelegentlich der ersten theorie zu dem neuen penteterischen fest 425 v. Chr.: Plutarch. *Nik.* 3, 7 μετὰ δὲ τὴν θυσίαν καὶ τὸν ἀγῶνα καὶ τὰς ἑστιάσεις τόν τε φοίνικα τὸν χαλκοῦν ἔστησεν ἀνάθημα τῶι θεῶι, καὶ χωρίον μυρίων δραχμῶν πριάμενος καθιέρωσεν, οὗ τὰς προσόδους ἔδει Δηλίους καταθύοντας ἑστιᾶσθαι, πολλὰ καὶ ἀγαθὰ Νικίαι παρὰ τῶν θεῶν αἰτουμένους· καὶ γὰρ τοῦτο τῆι στήληι ἐνέγραψεν, ἣν ὥσπερ φύλακα τῆς δωρεᾶς ἐν Δήλωι κατέλιπεν. (8) ὁ δὲ φοῖνιξ ἐκεῖνος, ὑπὸ τῶν πνευμάτων ἀποκλασθεὶς ἐνέπεσε τῶι Ναξίων ἀνδριάντι τῶι μεγάλωι, καὶ ἀνέτρεψε. Das zieht die ergänzung von Ross nach sich, die leicht und in einem so stark verkürzten exzerpt ohne bedenken ist [37]). Der lokale befund über den platz der palme und des naxischen weihgeschenks, einer archaischen Apollonstatue, widerspricht nicht [38]).   **(19)** Zuweisung an die *Deliaka* empfiehlt Phanodikos 397 F 1. Sonst ist das zitat zu kurz um den zusammenhang oder die von S. befolgte version der Boreadengeschichte zu erraten. Kult des Boreas auf Delos ist nicht bekannt, auch keine volkssage oder denkmal wie auf der nördlichen nachbarinsel Tenos [39]).   **(20)** Anfang (?) eines wörtlichen zitats. Die aufzählung ist überlegt, aber nicht vollständig. Rein lokale ansprüche, wie den der messenischen stadt Amphigeneia [40]) und (den ursprünglich nur auf Artemis gehenden?) von Ephesos [41]) mag S. absichtlich beiseite gelassen haben. Hat er sich selbst für Lykien entschieden? Gab er die belege und hat er die frage diskutiert? Von Athen gesehen (aber S. schrieb in der zeit von Delos' selbständigkeit) ist der anspruch von Zoster [42]) der wichtigste. Er sieht nicht alt aus und hat wohl schon bei Hypereides 401 b F 1 die kompromissform, in der Zoster nur wichtige (letzte?) station auf dem weg der schwangeren göttin ist. *Hymn. Hom. Apoll.* 30 ὅσσους Κρήτη τ' ἐντὸς ἔχει καὶ δῆμος Ἀθηνῶν umschreibt nur den umkreis ihrer wanderung.   **(21)** Hes. s.v. δίωγμα· θυσία τις Ἀθήνησιν ἐν ἀπορρήτωι τελουμένη ὑπὸ τῶν γυναικῶν ἐν τοῖς Θεσμοφορ(ί)οις· τὸ αὐτὸ καὶ ἀποδίωγμα ὕστερον ἐκλήθη. s.v. Χαλκιδικὸν δίωγμα· διότι εἰς Χαλκίδα ἐγένετο ἡ ἐκδίωξις. Vermutungen über sinn u.s.w. der zeremonie: E. Rohde *Kl. Schr.* II, 1901, p. 362 n. 2; Farnell*Cults* III, 1907, p. 92 f.; Deubner *A. F.*, 1932, p. 59 f.; Meuli in *Phyllobolia*, 1945, p. 277 f. (der sie wohl richtig unter 'fluchritual im opferbrauch' einordnet).

Man kann nicht wissen, in welchem zusammenhang S. eine spezifisch attische zeremonie erwähnen konnte; aber schon des καί wegen drängt sich die vermutung auf, dass nicht der Delier, sondern der Atthidograph Kleidemos zitiert war. (**22**) Für F 22 gilt das zuletzt für F 21 gesagte; die änderung von Σχῆμος in Σῆμος ist wohl nur scheinbar leicht. Das gelehrte und vollständigere scholion zu Apoll. Rhod. 4, 825/31g zitiert für die genealogie der Skylla die folgenden autoren: (1) Akusilaos (2 F 42) für das elternpaar Phorkys-Hekate; (2) Homer (*Od.* μ 124) für die mutter Krataiis [43]); (3) die *Grossen Eoeen* für Phorbas und Hekate [44]); (4) Stesichoros ἐν·τῆι Σκύλληι für die mutter Lamia [45]). Anderes, darunter das ehepaar Typhon-Echidna, mag beiseite bleiben [46]). Das stemma Triton ∼ Hekate — Krataiis ∼ Deimos — Skylla sieht nach einem (späteren?) genealogen von der art des Akusilaos aus. Ob Deimos darin zu recht steht, mag man bezweifeln; aber zu dem ebenfalls singulären Triton vgl. gewisse etruskische darstellungen der Skylla [47]) und vielleicht die reihe εἴτε σέ γε Τρίτωνα, ἅλιον τέρας, εἴτε σε Φόρκυν, / ἢ Νηρῆα θύγατρες ἐπικλείουσ' ἁλοσύδναι Apoll. Rhod. 4, 1597 ff. Triton, auch ein meergott, mag an stelle des Phorkys getreten sein, der im stammbaum anderweitig (als ausgangspunkt für alle meerwesen?) gebraucht wurde. (**23**) Schol. Apoll. Rhod. 1, 972a ἴουλος .... ὁ μέντοι Ἐρατοσθένης ὄνομα ὠιδῆς ἐρίθων ἀπέδωκεν ἐν τῶι Ἑρμῆι (F 12 Hi.) .... οὐκ ἔστι δέ, φησὶ Δίδυμος (p. 66 Schm), ἀλλ' ὕμνος εἰς Δήμητρα, ὡς ὁ οὔπιγγος παρὰ Τροιζηνίοις εἰς Ἄρτεμιν· ἔστι γὰρ οὖλος καὶ ἴουλος ἡ ἐκ τῶν δραγμάτων συναγομένη δέσμη [48]), καὶ Οὐλὼ ἡ Δήμητρ. Schol. Theokr. 10, 41/2d τοῦτον (scil. τὸν Λιτυέρσαν) δέ φησιν Ἀπολλόδωρος (224 F 149) ὠιδὴν εἶναι θεριστῶν λέγων οὕτω· ≪καθάπερ ἐν μὲν θρήνοις Ἰάλεμος, ἐν δὲ ὕμνοις Ἴουλος, ἀφ' ὧν καὶ τὰς ὠιδὰς αὐτὰς καλοῦσιν, οὕτω καὶ τῶν θεριστῶν ὠιδὴ Λιτυέρσας≫. Athen. 14, 10 p. 619 B (ebenfalls in einer zusammenstellung, die mehr hat als das Theokritscholion) αἱ δὲ ἴουλοι καλούμεναι ὠιδαὶ Δήμητρι καὶ Περσεφόνηι πρέπουσιν. Pollux 1, 38; Phot. *Lex.* s.v. ἴουλος. (**24**) W. Schmid *Gr. Lit.* I 1929, p. 635; Nilsson *Gesch. d. griech. Rel.* I, 1941, p. 559. Alle diese formen kann es auch auf Delos gegeben haben [49]); s. aber p. 204, 26 ff.

397. PHANODIKOS

Ph. wird wie Semos, mit dem er sich auch inhaltlich in nicht spezifisch delischen fakten berührt [1]), zu einer der angesehenen familien des freien Delos gehört haben. Der (an sich nicht seltene) name kommt auf den inschriften vor: ein Φ. Θεαίου als chorege des j. 283 *IG* XI 2 no. 105, 9; ein schatzmeister Φ. in einer übergabeurkunde von 178 v. Chr. *Inscr. de Délos* 442 B 69. Laqueur [2]) hält die identifikation mit dem letzteren für 'sehr wohl möglich'. Wenn F 4 dem verfasser der Δηλιακά gehört, so hat er wohl den um ca. 200 v. Chr. schreibenden Satyros benutzt, gehört also der generation nach Semos an [3]). F 2 gibt keinen irgendwie sicheren *term. ante*; aber F 5 kann sehr wohl durch Apollodor vermittelt sein [3a]), was dem ansatz in die erste hälfte des 2. jhdts v. Chr. nicht widerspricht. Zitiert werden nur *Deliaka*, in die sich F 5 aus den Homerscholien leicht einordnet. Die gewöhnliche annahme, dass F 4 aus einem besonderen buche über die Sieben Weisen stammt, ist zweifelhaft [3b]).

(1) Zu 396 F 19. (2) Was Ph. von Ortygia gesagt hat ist fortgefallen. Es ist unsicher, ob Nikander ihn zitiert oder im auge hatte, und man darf die von ihm bekämpfte legende — καὶ ἡ Δῆλος οὖν οὐχ, ὡς μεμύθευται, ἀπὸ τῆς Ἀστερίας μεταμορφώσεως τῆς Λητοῦς ἀδελφῆς [4]) — nicht auf Ph. zurückführen [5]). Es gibt alte varianten, in denen Delos selbst vor Apollons geburt Ortygia heisst [6]). Aber der kleine hymnus auf Leto, der in den delischen hymnus auf Apollon interpoliert ist, unterscheidet sie [7]); und andere haben (wohl danach?) Ortygia und Rheneia gleichgesetzt [8]) — um hier von dem anderweitigen vorkommen des namens (Ephesos, Syrakus etc.) abzusehen, der jedenfalls ursprünglich mit Artemis zusammengehörte. (3) Fortbildung der rationalistischen umdeutung, die Daidalos auf einem schiff oder kahn fliehen lässt [9]): Daidalos ist in ihr der erfinder des segels geworden [10]). Das kann auch schon 4. jhdt sein; aber wir haben kein altes zeugnis, und F 3 ist als zeitindiz nicht zu verwenden. Ausführlicher exkurs über die Theseusgeschichte, von der alle *Deliaka* erzählen mussten? (4) Diodor. 9, 13 ὅτι φασὶν οἱ Πριηνεῖς ὡς Μεσσηνίας τὸ γένος ἐπισήμους παρθένους λυτρωσάμενος ὁ Βίας παρὰ ληιστῶν ἦγεν ὡς ἰδίας θυγατέρας ἐντίμως. μετὰ δέ τινας χρόνους παραγενομένων τῶν συγγενῶν κατὰ ζήτησιν, ἀπέδωκεν αὐτὰς οὔτε τροφεῖα πραξάμενος οὔτε λύτρα, τοὐναντίον δὲ τῶν ἰδίων πολλὰ δωρησάμενος. εἶχον οὖν πρὸς αὐτὸν αἱ κόραι πατρικὴν εὔνοιαν διά τε τὴν συντροφίαν καὶ τὸ μέγεθος τῆς εὐεργεσίας, ὥστε καὶ χωρισθεῖσαι μετὰ τῶν ἰδίων εἰς τὴν πατρίδα τῆς ὑπερορίου χάριτος οὐκ ἐπελάθοντο. (2) ὅτι σαγηνεῖς Μεσσήνιοι κατὰ τὸν βόλον ἕτερον μὲν οὐδὲν ἀνείλκυσαν, χαλκοῦν δὲ τρίποδα μόνον ἐπιγραφὴν ἔχοντα ≪τῶι σοφωτάτωι≫. ἀναχθέντος δὲ τοῦ κατασκευάσματος δοθῆναι τῶι Βίαντι. Die anekdote stand bei Satyros, der viel über Bias gab, Ph., und wahrscheinlich auch bei früheren [11]). Das quellenverhältnis scheint zu sein dass Diogenes' autor sie nach Ph. erzählte, der seinerseits Satyros vor sich hatte: denn οἱ δὲ πατέρα αὐτῶν stellt offenbar eine be-

richtigung des Satyros dar; frauen können nicht in der volksversammlung auftreten, und Ph. mag bei seiner änderung an Aischylos' Hiketiden gedacht haben. In seiner erzählung ist merkwürdig: (1) die lokalisierung der ganzen geschichte in Athen, trotzdem auch bei ihm die mädchen Messenierinnen sind; (2) die weihung des dreifusses nicht in Delphi, wo ihn Theophrast [12]) und andere kennen, sondern in Theben [13]), und hier seltsamerweise für Herakles, während die anonyme geschichte Plutarch *Solon* 4 den ismenischen Apollon nennt [14]). Der erste punkt ist deutlich sekundär: Diodor, dessen quelle nicht näher zu bestimmen ist [15]), nennt noch messenische fischer, und sie oder 'die verwandten' der mädchen müssen es gewesen sein, die den dreifuss als ausdruck des dankes an Bias geschickt haben. Die zweimal betonte einführung Athens ist so künstlich dass eine tendenz dahinter gesucht werden muss: offenbar will dieser erzähler die freundschaft Athens mit Messenien über 456 v. Chr. zurück in die zeit der messenischen kriege datieren [16]). Das erweckt leisen zweifel, ob dieser Ph. (den man hier nicht gut in Phanodemos ändern kann [17])) überhaupt der Delier ist, oder ein namensvetter, der über die Sieben Weisen schrieb. Aber das material ist für eine entscheidung zu gering. An sich wird man weder bestreiten können dass der verfasser von *Deliaka* auch anderes geschrieben hat, noch dass er in den *Deliaka* gelegenheit fand Bias zu erwähnen. Nur auf den dreifuss hat Delos offenbar keinen anspruch erhoben.   (5) Erhalten wahrscheinlich durch die polemik Apollodors [18]). Die parallelen exzerpte aus ihm beweisen, dass bei dem bekämpften autor Hekaerge eine der hyperboreischen jungfrauen war [19]). Danach liegt Ph.s auffassung vor bei Serv. Vergil. *A.* 11, 532: *quidam dicunt Opim et Hecaergen primas ex Hyperboreis sacra in insulam Delum .... pertulisse. alii putant Opim et Hecaergon nutritores Apollinis et Dianae fuisse: hinc itaque Opim ipsam Dianam cognominatam....Apollinem vero Hecaergon* [20]).   (7) Alexander ist der Ätoler, der in den Vergilscholien öfter zitiert wird. Danach ist Schneidewins *Phanocles* wahrscheinlicher als Dübners *Phanodicus* [21]).

398. NIKOCHARES   399. DEINARCHOS
400. DEMOTELES

Von den drei dichtern ist der frühhellenistische Demoteles [1]) noch der fassbarste: er gehört zu den immer zahlreicher werdenden epideiktikern, die von ort zu ort ziehen, und ihren stoff teils älteren gedichten teils den bereits publizierten lokalgeschichten entnehmen ²). Dass er die delischen legenden dichterisch behandelt hat macht ποιητής ὤν im dekret unzweifelhaft; sonst lässt sich über die form nichts sagen. Er ist schwerlich identisch mit dem Demoteles, der über die pyramiden geschrieben hat ³). Von den beiden älteren wird Nikochares episch gedichtet haben. Ich sehe keinen grund an einer für das athenische hochfest bestimmten *Delias* zu zweifeln, was dann als *term. post* 425 v. Chr. gibt ⁴). Die heimat ist unbekannt, aber er ist schwerlich mit dem athenischen komiker aus dem anfang des 4. jhdts ⁵) identisch; *Delias* ist jedenfalls kein komoedientitel. Die delische heimat des Deinarchos ⁶) ist nur durch eine, freilich sehr leichte, konjektur gewonnen. Auch wenn man Demetrios Magnes glaubt dass er 'älter war als der redner' (ca. 361 — mindestens 292 v. Chr.), schliesst das nicht aus dass er als erster und dann noch zu Alexanders lebzeiten Dionysos nach Indien geführt hat ⁷). Dass von den prosaischen werken — die Demetrios bezeugt, auch wenn wir πραγμα nicht emendieren können — eines über Delos handelte sagt das zeugnis nicht. Aber man hat natürlich an den *Deliakos* gedacht, den Dionys dem redner abspricht und 'irgend einem anderen schriftsteller' gibt ⁸). Ob mit recht, stehe dahin.

401. ATTISCHE REDNER

(a—b) Apollon. *Vit. Aeschin.* 5; Ps. Plutarch *Vit. X or.* 6 p. 840 E. Wahrscheinlich 345 v. Chr. ¹) appellierte Delos an die neugeordnete Amphiktionie, um die befreiung von der athenischen herrschaft zu erreichen. Der appell wurde abgewiesen, gewiss weil Philipp Athen damals nicht verstimmen wollte ²). Der Areopag wurde wohl mit der wahl des redners befasst, weil man die angelegenheit als eine sakrale behandelt hat ³). Ob seine entscheidung von Aischines' politischer haltung bestimmt wurde ⁴), oder von sachlichen erwägungen, weil Hypereides zwar politisch gegner Philipps aber zugleich 'der beste advokat' war, 'den Athen damals hatte' ⁵) stehe dahin. Hatte er dabei die manuskripte der redner vor sich? Wenn das der fall war, könnte Aischines das seinige als broschüre veröffentlicht haben. Aber der unter seinem namen umlaufende *Deliakos* galt als unecht; er mag also übungsstück aus einer rhetorenschule gewesen sein. Caecilius riet auf einen zeitgenossen, vielleicht Aischines von Eleusis, von dem es eine rhetorische technik gab ⁶). Oder hatte er den angeblich Deinarchischen ⁷) im auge? Inhaltlich war er der rede des Hypereides ähnlich ⁸), der mit gutem grunde den nachdruck auf die 'archaeologie' legte, die den anspruch Athens bis in die frühe königszeit zurückdatierte. Die reste berühren sich mit *Atthis* und *Deliaka*, geben aber mehr und z.t. sehr spezielles [9]). Der verlust der rede ist für unsere kenntnis nicht nur der mythischen geschichte von Delos sehr bedauerlich.

(**b F 1**) Maxim. Planud. V 481; Johann. Sic. VI 210; Menand. IX 323 W. Zu Semos 396 F 20. (**2**) Athena Pronoia in Delos: Macrob. *Sat.* 1, 17, 55; vgl. Preller-Robert *Gr. Myth.* I p. 194 n. 5; Dümmler *RE* II col. 1968, 56 ff. (**4**) Philostrat. *Vit. Soph.* 2, 25, 6 αἱ μὲν δὴ μελέται τοῦ Ἑρμοκράτους (um 200 v. Chr.) .... καί τις λόγος οὐ μακρός, ὃν ἐν Φωκαίαι διῆλθεν ἐν τῶι Πανιωνίωι κρατῆρι. Vit. Apollon. 4, 5 f. ἀφικνουμένωι δὲ αὐτῶι ἐς τὴν Σμύρναν προσαπήντων μὲν οἱ Ἴωνες, καὶ γὰρ ἔτυχον Πανιώνια θύοντες .... 'τίς' ἔφη 'ὁ κρατὴρ οὗτος;' οἱ δὲ ἔφασαν 'Πανιώνιος'. Das ist kein 'arger archaistischer schnitzer' [10]), und Philostrat hat ihn ganz sicher nicht begangen. Die frage ist ob ein ähnlicher brauch auch an den Panionia bestand, oder ob die kleinasiatischen Ionier den κρατήρ, den A. Wilhelm in den tempelinventaren gefunden hat [11]), erst im 2. jhdt n. Chr. von dem mehr und mehr verödenden Delos [12]) übernommen haben. Die erstere eventualität ist keineswegs unmöglich; der Πανιώνιος κρατήρ wäre auch dann vermutlich übernahme aus dem delischen ritual, nur eine sehr viel frühere aus der zeit als die alte panegyris wenigstens für die zwölf städte hinter dem neuen Panionion zurücktrat. Für die zweite eventualität gäbe es vielleicht einen *term. post* dass die Delia unter Hadrian wieder gefeiert sind [13]). (**5**) Was ist das λεγόμενον, um dessentwillen Hypereides die geschichte so ausführlich erzählt? Etwa die παλαιά τις αἰτία, die bei der vertreibung der Delier im j. 422 eine rolle spielte [14])? Die mangelnde rituelle reinheit war ein offensichtlicher vorwand [15]), der der begründung bedurfte, den unsere geschichte vielleicht liefert. Dass die Athener kein gutes gewissen hatten zeigt die zurückführung der Delier schon im nächsten jahre und die dafür gegebene begründung [16]). Euthykrates, der advokat der Delier, hat sicher kapital aus der gewaltmassnahme geschlagen. (**6**) *Synag. Lex.* p. 399, 12 Bkr (Phot. Berol. p. 134, 23) ἀνετόν· Ὑπερείδης τὸ ἀνειμένον θεῶι ἱερόν. Die weihung von Rheneia? (**8**) Gestützt durch *Inscr. de Délos* 442 B 191 δακτύλιος χρυσοῦς ἐπίσημον ἔχων Ἀρτεμίσιον. Dann bildung wie Παλλάδιον. (**9**) Vgl. zu Semos 396 F 14; Lykurgos 401c F 1-3. (**10**) Zurückweisung der delischen beschwerde aus dem gegenwärtigen verhältnis zu Athen.

(**c**) Lykurgs rede wird in den Patmischen Lexeis als Δηλιακός zitiert, sonst als Κατὰ Μενεσαίχμου (εἰσαγγελία) [17]); Menesaichmos [18]) wird

angeblich von Deinarch verteidigt. Es handelt sich um vorgänge bei
der penterischen festgesandtschaft, die bis mindestens 330 v. Chr. entsendet ist [19]). Dass 'erst' Lykurg F 10 'einen fingerzeig gibt, welcher art
die rede war' [20]) trifft nicht zu; schon der titel der verteidigungsrede
ist ein solcher. Beide reden gingen ausführlich auf delische altertümer
ein; die gleichung der zweiten mit dem angenommenen *Deliakos* des
Deliers Deinarchos [21]) kommt nicht in frage.

(1—3) gehören zusammen; vgl. Harpokr. s.v. Ἄβαρις; Schol. Aristoph.
Eq. 729. Die Προηρόσια auch bei Hypereides **b** F 9.   (7) Zu 396
F 2.   (8) Nicht zu identifizieren; aber unmöglich ist der bekannte
Isokrateer nicht [22]).

(d) Der *Deliakos* war wohl eine (sophistische?) festrede. Dass der
autor einer solchen gleichzeitig von einer anderen insel handelte — ob
Leros oder Andros macht da keinen unterschied — ist unglaublich, und
κατὰ μέρος, das den namen beseitigt, ist wenigstens methodisch richtig.
Der sprung *in medias res* klingt tatsächlich archaisch, passt aber in eine
rede. Der autor beginnt nicht mit der abgebrauchten Apollongeburt,
sondern mit einer, wie es scheint, wirklich delischen gestalt, dem urkönig
und δαίμων ἐπιχώριος Anios [23]), dessen verehrung auf Delos bis mindestens 100 v. Chr. nachweisbar ist [24]). Anios' verbindung mit Euboia,
Andros, (Mykonos) ist anerkannt. Ob dieser anfang, verglichen mit den
berichten der *Atthis* [25]), ablehnung der athenischen ansprüche bedeutet,
die 345 v. Chr. von Hypereides ausführlich dargelegt wurden? [26])
Es ist sehr bedauerlich, dass wir von der rede des Euthykrates [27])
garnichts wissen.

XVII. DELPHI

Es ist nicht unmöglich dass Delphi auch in antiken Φωκικά [1]) behandelt ist als eine phokische stadt, wie es schliesslich noch bei Strabon
und Pausanias der fall ist. Aber es hat eine eigene literatur, deren ähnlichkeit mit der über Delos — nicht oder sehr viel weniger mit Olympia,
dessen verhältnis zu Elis in historischer zeit ein anderes ist als das zwischen
Delphi und den Phokern bestehende — in die augen springt. Auch hier
gibt es keine alte chronik [2]) und kaum eine eigentliche lokalgeschichte:
weder Apollas' Δελφικά noch Apollonios' Περὶ Δελφῶν — wenn das
wirklich verschiedene autoren und bücher waren [3]) — lassen sich als
solche erweisen; Pausanias springt von der stiftung der Amphiktionie
sogleich über zu ihrer umwandlung nach dem dritten Heiligen Krieg

der jahre 357/6-347/6 [4]); und der überhaupt zweifelhafte Melisseus mag sich im rahmen der urgeschichte gehalten haben, die natürlich auch bei Pausanias nicht fehlt [5]), und deren viele varianten zeigen wie sie zustande gekommen ist. Pausanias unterscheidet immerhin orakel und stadt nebst ihren vorgängerinnen [6]), und es ist vielleicht nur für ihn charakteristisch dass er auch hier von den mythischen kriegen gleich auf den Xerxeskrieg überspringt [7]). Den ersten Heiligen Krieg, der die selbständigkeit der heiligen stadt begründet, lässt er zwar nicht ganz beiseite, behandelt ihn aber nicht als teil der geschichte der stadt, sondern der Pythischen spiele, die inzwischen eine mythische vorgeschichte erhalten haben [8]). Begreiflich genug, weil Delphi keine eigentliche geschichte hat, seitdem man auch die Amphiktionie in die urzeit verlegt hatte [9]); und wo Delphi ins zentrum der ereignisse tritt, handelt es sich weniger um delphische als um griechische geschichte. Das ist naturgemäss beim dritten Heiligen Krieg noch deutlicher als beim ersten [10]), weil die Grosse Geschichtsschreibung jenen ausführlich behandelt hat; und man mag es wieder als charakteristisch empfinden, dass das vielleicht erste spezialbuch über Delphi — die broschüre Theopomps [11]) — von den geplünderten schätzen des tempels handelte; weiter, dass dieser titel bei Anaxandrides wiederkehrt, der für Delphi dieselbe rolle gespielt zu haben scheint wie Semos für Delos [12]). Die einigermassen fassbaren hellenistischen autoren, Anaxandrides so gut wie Polemon, sind nicht historiker sondern periegeten. Daneben stehen die antiquare und grammatiker, die spezialdinge, wie die festspiele und das orakel — übrigens selten mit beschränkung auf Delphi [13]) — behandeln. Voraufgeht dieser ganzen halbhistorischen literatur auch hier die festrede, von der wir wenig direkt wissen [14]), die wir uns aber *mutatis mutandis* nach den Δηλιακοί [15]) vorstellen können. Soweit sie die mythische geschichte behandelten stand ihnen zwar kein speziell delphisches epos zur verfügung — wenigstens hören wir von einem solchen nichts — wohl aber neben alten hymnen [16]) die sonstige tradition der epen und genealogieen, und das vorkommen von Delphi im jüngeren epos; für historische zeit gewiss auch die mündliche tradition der priester, die hier wirklich wichtig ist [17]). Das material ist überhaupt reichlich (es verlangt dringend eine vollständige sammlung), steht aber sehr selten unter bestimmten namen.

Über die 'historischen' quellen, die der prosaliteratur voraufgehen, sind wir etwas besser unterrichtet als für Delos. Die für Delos angenommene sammlung von hymnen ist für Delphi, freilich erst sehr spät, bezeugt [18]). Wir hören auch von akten, den Ὑπομνήματα Δελφῶν, die eine beamtenliste einschlossen, und die Aristoteles schon für den ersten

Heiligen Krieg benutzt zu haben scheint [19]). Dass die beamtenliste 'chronikartige notizen über neuerungen im betriebe der Pythien und über politische ereignisse' enthielt [20]), ist nicht unmöglich, aber aus allgemeinen gründen wenig wahrscheinlich [21]). Wie weit das archiv [22]), in dem man listen der hieromnemonen schon des 6. jhdts erwartet, die verschiedenen brände des tempels überstanden hat, ist nicht zu sagen; und es ist zweifelhaft, wann offizielle inschriften — also abgesehen von dedikationen auf weihgeschenken — begannen [23]). Dagegen ist m.e. ganz sicher, dass die liste der sieger an den Pythien erst von Aristoteles und Kallisthenes — vermutlich kurz vor 335/4 — aufgestellt ist, die mit den akten und den weihungen der sieger (soweit sie vorhanden waren) arbeiteten: das beweist der text ihrer ehrung in Delphi [24]); und die erste publikation der athenischen Διδασκαλίαι (die dann auf stein fortgesetzt wurden) ist eine so gute parallele wie die aufstellung der olympischen siegerliste durch Hippias. Die liste setzte 591/0 bezw. 582/1 v. Chr. ein — d.h. sie liess die fabelhaften sieger in dem angeblich uralten kitharodenagon bei seite. Man wird glauben dürfen dass sie chronologisch und und inhaltlich sicherer war als die Olympische; aber dass es an zweifeln nicht fehlte beweist das sie begleitende buch der Πυθιονικῶν ἔλεγχοι. Überhaupt wird man gut tun das in Delphi vorhandene dokumentarische material nicht zu überschätzen. Es ist zweifelhaft ob bezw. seit wann die orakel der Pythia ganz oder z.t. im archiv des tempels bewahrt worden sind; aber auch hier ist mir sicher, dass die these, die schon Herodot (ob mit oder ohne priesterliche vermittlung) eine solche sammlung benutzen lässt [25]), das wirkliche verhältnis umdreht. Was wir von orakelsammlungen wissen ist alles erst hellenistisch; und die hellenistischen sammler scheinen in erster linie auf grund der historiker gearbeitet zu haben; daneben in nicht feststellbarem umfang auf grund der mündlichen, keineswegs aktenmässigen, tradition. Die historiker ihrerseits sind abhängig teils von der gleichen mündlichen tradition, die in Delphi vor allem an die weihgeschenke anknüpfte, aber auch weitgehend dichterische und priesterliche erfindung war, teils (und vielleicht in höherem grade) von der lokalen überlieferung in den einzelnen städten, die die ihnen gegebenen orakel in verschiedener weise aufbewahrten. An dieser auffassung lässt schon die reiche, aber auch variantenreiche überlieferung über die einzelnen orakel m.e. keinen zweifel; den entscheidenden beweis liefert die streitfrage über die form der delphischen sprüche, die garnicht hätte entstehen können, wenn es in Delphi eine offizielle und autoritative sammlung gab. Plutarch [26]) belegt die abgabe prosaischer orakel zuerst mit zitaten aus Thukydides und der zeit des

Peloponnesischen Krieges [27]) und schliesst mit der berufung auf die entscheidung Theopomps (der die streitfrage ins 4. jhdt datiert), den er den 'sammlern' der metrischen sprüche — Herodot, Philochoros, Istros — gegenüberstellt [28]). Faktisch hat Herodot keine orakel 'gesammelt', so oft er von ihnen gebrauch macht. Dasselbe gilt für Philochoros, der in Περὶ μαντικῆς systematisch die zukunftserkundung behandelte, wobei er viele delphische orakel angeführt und besprochen haben mag [29]). Auch von Istros kennen wir keinen speziell auf Delphi bezüglichen titel. Erst Mnaseas [30]) veranstaltete um 200 v. Chr. wirklich eine orakelsammlung. Es ist nicht sicher zu sagen ob sie sich auf Delphi beschränkte, oder ob die Δελφικῶν χρησμῶν συναγωγή teil eines umfassenden werkes Περὶ χρησμῶν war; sicher aber, dass auch er sich bei einzelnen sprüchen auf ältere autoren, dichter und lokalhistoriker, berief. Späteres mag hier beiseite bleiben [31]), und ich habe mit bewusstsein hier auch auf einen anhang anonymer zitate verzichtet. In betracht kommen vor allem die περιηγῆται in Plutarchs delphischen schriften, die die spätere tempeltradition repraesentieren, und Pausanias, der die Δελφοί verhältnismässig selten direkt zitiert, aber eher schriftquellen wiedergibt als die mündlichen belehrungen durch die gleichen periegeten. Bemerkenswert, dass er 3, 4, 5 'die Delpher' für die πολλοὶ τῶν Ἑλλήνων Herodt. 6, 75, 3 einsetzt — ein kleiner beweis für die abhängigkeit der bücher über Delphi von der Grossen Historie, die doch ihrerseits von den mündlichen erkundigungen in Delphi gespeist ist. Wenn man Strabon 9, 3 hinzunimmt, kann man sich eine gewisse vorstellung von den Δελφικά machen, von denen wir direkt nur sehr klägliche reste besitzen.

402. MELISSEUS

Apokryphes buch [1]) oder schwindelzitat, wie F 2-3 [2]), die nur wegen der namenähnlichkeit hierhergestellt sind. Die urgeschichte sieht beinahe so aus, als ob der schwindler zu gunsten der makedonischen könige erfunden hat, oder dahingehende ältere literatur benutzte. Irgendein anschluss an diese muss in jedem fall angenommen werden. Bei dem autornamen Melisseus wird man kaum an den kretischen könig denken [3]), der in die Zeusgeschichte gehört, eher an die σεμναὶ κασίγνηται παρθένοι am Parnass, die der homerische Hermeshymnus 550 ff. als wahrsagende bienen schildert, und in denen man jetzt meist die Thriai sieht — vorgängerinnen und pflegerinnen Apollons [4]). Vielleicht auch an die bienen, die den zweiten delphischen tempel ἀπό τε τοῦ κηροῦ τῶν μελισσῶν καὶ ἐκ πτερῶν erbaut haben sollen, wie Pausanias aus delphischer überlieferung mitteilt [5]). Pindar *Pyth.* 4, 60 spricht von der μέλισσα Δελφίς [6]), καταχρηστικῶς wie die schol. 106c sagen, weil κυρίως die μέλισσαι nur priesterinnen der Demeter seien; und Mnaseas [7]) — wir wissen nicht wo, aber die geschichte spielt in der Peloponnes — hat dargelegt warum man τὰς περὶ τὰ ἱερὰ διατελούσας καὶ μελίσσας nannte. Μελισσίων ist in Delphi häufiger menschenname [8]).

403. APOLLONIOS

Der träger eines so gewöhnlichen namens lässt sich beim fehlen eines distinktivs nicht identifizieren. Es gibt genug autoren, die nur einmal zitiert werden, wie für Delphi Alketas no. 405; und viele lokalliteratur mag für uns ganz verloren sein. Aber man wird doch fragen ob A. nicht der Kallimacheer Apollas ist, der auch Περὶ τῶν ἐν Πελοποννήσωι πόλεων geschrieben hat: Schol. Nikand. *Ther.* 559 haben die Hss. Ἀπολλᾶς und Ἀπολλώνιος. Das einzige fragment stammt aus einer beschreibung der Pythien, die den dolichos von vornherein d.h. seit 591/0 hatten [1]). Ob A.s unglaubliche geschichte auf diese historischen Pythien geht ist zweifelhaft. Der daemon Amphidromos in Aischylos' *Semele* ist aus dem namenstag der Amphidromia entwickelt; in den *Edonoi* scheint ein anderer gemeint zu sein [2]).

404. ANAXANDRIDAS DER DELPHER

Heisst Delpher bei Plutarch [1]) und in den Euripidesscholien [2]), die ihn (ohne varianten in den Hss.) Ἀναξανδρίδης nennen [3]), was die delphischen inschriften gegen gelegentliche korruptelen in der literarischen überlieferung [4]) sichern. Da Polemon, der im archontat des Melission 177/6 v. Chr. delphischer proxenos wurde [5]), gegen ihn geschrieben hat [6]), wird er nach allgemeiner annahme dessen (etwas älterer?) zeitgenosse sein, und Pomtow [7]) wird recht haben, wenn er ihn mit den Ἀ. Χαιρεφάνευς gleicht, der in urkunden der jahre 225-182 mehrfach vorkommt [8]). Die ausführlichkeit der polemik spricht für die bedeutung A.s, den auch die biographie und die kommentierenden grammatiker herangezogen haben, sodass wir uns von ihm wenigstens eine gewisse vorstellung machen können: er war offenbar perieget, wie sein delischer kollege und ungefährer zeitgenosse Semos [9]). Das (haupt?)werk, in dem F 2-5

standen und dessen umfang unbekannt ist, wird Δελφικά oder Περὶ Δελφῶν geheissen haben; der titel Περὶ τοῦ ἐν Δελφοῖς χρηστηρίου (F 8) passt für ein periegetisches werk schlecht und könnte höchstens ein zweites werk bezeichnen. Es fällt auch schwer in dieser zeit an eine spezial-
5 schrift Περὶ τῶν ἐν Δελφοῖς (so!) συληθέντων ἀναθημάτων (F 1) zu glauben, die für Theopomp denkbar ist [10]); und ich möchte daraus auch nicht den titel des Alketas Περὶ τῶν ἐν Δελφοῖς ἀναθημάτων herstellen [11]). Der scheinbare titel wird auf einer bemerkung über das schicksal des weihgeschenks beruhen, an das die geschichte anknüpfte [12]); das zitat ist
10 durch viele hände gegangen. Die dürftigen reste A.s lassen sich durch quellenuntersuchung nicht vermehren [13]); aber F 2-3 zeigen dass er die grossen historiker benutzt hat, die über Delphi ausführlicher gehandelt hatten.

F

15 (1) Die Aegineten des sog. Zenobius sind wohl korruptel, nicht andere version, und Hullemans Κιρραῖοι sind sachlich so unmöglich wie palaeographisch. In den Πελλαῖοι-'Απελλαῖοι der sog. παροιμίαι δημώδεις κατὰ στοιχεῖον [14]) hat C. Mueller die Πελληναῖοι [15]) erkannt, deren stadt ἐστὶν ἐπὶ λόφου κατὰ ἄκραν τὴν κορυφὴν ἐς ὀξὺ ἀνεστηκότος [16]). Von kriegen
20 der sikyonischen tyrannen gegen sie, die unter Kleisthenes zur eroberung (zerstörung?) der stadt und versklavung ihrer bewohner führten, berichten P. Ox. 1365 = *F Gr Hist* 105 F 2 (Ephoros?) und 1241 col. 3, 2 ff., der letztere nach Aristoteles (?) und τινές, die auch bei Aelian *V. H.* 6, 1 § 4 vorliegen. Über das verhältnis von Pellene zu Delphi: Haussoullier
25 *Bibl. Éc. haut. étud.* 222 (1917) und De la Coste-Messeliére *B. C. H.* 49, 1925, p. 61 ff., 'qui a identifié l'offrande archaique des Pellanéens [17])' — eben des weihgeschenks, an das unsere geschichte anknüpfte [18])?
(2) A. wird nur für eine einzelheit zitiert. Das 'depot' Lysanders wird durch den verweis auf Poseidonios 87 F 48, der von handlungen des
30 staates spricht, nicht erklärt, und es ist sehr zweifelhaft ob A. von Spartas ausschluss des geldes überhaupt sprach. Wohl aber impliziert die einzelheit ausführlichere behandlung der weihungen Lysanders und vermutlich der Spartaner überhaupt, mindestens nach Aigospotamoi [19]). Ob die polemik gegen A.s angabe erst Plutarch gehört stehe dahin. Aber auch
35 der eingang der Vita (1, 1) zeigt dass die leider nicht mit namen genannten autoren über Delphi bei der deutung der z.t. nicht mehr vorhandenen weihgeschenke in zahlreichen einzelheiten auseinandergingen: ὁ 'Ακανθίων θησαυρὸς ἐν Δελφοῖς ἐπιγραφὴν ἔχει τοιαύτην· ≪Βρασίδας καὶ 'Ακάνθιοι

ἀπ' 'Αθηναίων>>. διὸ καὶ πολλοὶ τὸν ἐντὸς ἑστῶτα τοῦ οἴκου παρὰ ταῖς θύραις λίθινον ἀνδριάντα Βρασίδου νομίζουσιν εἶναι. Λυσάνδρου δ' ἐστὶν εἰκονικός, εὖ μάλα κομῶντος ἔθει τῶι παλαιῶι καὶ πώγωνα καθειμένου γενναῖον κτλ. [20]). Es ist daher nicht ausgeschlossen dass Polemon auch hier gegen A. pole-
5 misierte [21]), dessen darstellung c. 12, 1 zu grunde liegen mag: ἦσαν δέ τινες οἳ τοὺς Διοσκόρους ἐπὶ τῆς Λυσάνδρου νεὼς ἑκατέρωθεν, ὅτε τοῦ λιμένος ἐξέπλει πρῶτον ἐπὶ τοὺς πολεμίους, <ὡς> ἄστρα [22]) τοῖς οἴαξιν ἐπιλάμψαι λέγοντες. (2) οἱ δὲ καὶ τὴν τοῦ λίθου πτῶσιν ἐπὶ τῶι πάθει τούτωι σημεῖόν φασι γενέσθαι κτλ. Das vorzeichen des verschwindens dieser χρυσοῖ ἀστέρες,
10 die Pausanias [23]) nicht klar nennt, hat u.a. Kallisthenes [24]) verzeichnet, den A. gekannt haben wird.   (3) A. wird (hier zusammen mit Kallisthenes) für die behauptung zitiert dass der gott ursprünglich (d.h. lange vor Kallisthenes' zeit) nur einmal im jahre an seinem geburtstag orakel gab. Der sinn ist vollkommen klar; aber auch κατὰ μῆνα [25]) kann
15 kaum etwas anderes bedeuten als dass er später nur einmal im monat orakelte; dann gewiss auch am 7. monatstag und vermutlich nur in den neun monaten, in denen man ihn in Delphi anwesend dachte — οὐκ ἀποδάμου 'Απόλλωνος τυχόντος [26]). Ernsthafte einwände dagegen gibt es nicht [27]). Fraglich dagegen (1) ob die tatsache selbst stimmt — weder die
20 vielen nur an einem tag im jahr geöffneten tempel an verschiedenen orten, noch die orakelordnung von Korope [28]), sind wirkliche parallelen; (2) und wenn sie stimmt, ob Kallisthenes und A. imstande waren den wechsel genauer zu datieren als es hier mit ὀψέ geschieht. Man wird Parke [29]) zugeben, dass der Erste Heilige Krieg ein geeigneter zeitpunkt
25 auch für eine solche reform war, aber es ist unerweislich dass A. dieses datum gab. Wieder zeigt die einzelheit dass er ausführlich über den orakelbetrieb gehandelt hat.   (4) Da A. wieder nur für eine einzelheit zitiert wird, ist nicht zu sagen ob er die weihgeschenke Kyrenes und der übrigen orte der Kyrenaika zusammenfassend behandelte und als λόγος
30 die gründungsgeschichte gab. Wir würden die spätere delphische tradition gern vergleichen mit Herodt. 4, 50 ff. und mit dem was die 'Heiligen Gesetze' für die fortdauer der verbindung Kyrenes mit Delphi lehren [30]). (5) Das leider zu kurze zitat ist eingeschoben in das was das scholion [31] die διὰ στόματος καὶ δημώδης ἱστορία nennt, die von dem dienst Apollons
35 bei Admet wegen der tötung der Kyklopen oder ihrer söhne im rahmen der Asklepiosgeschichte handelt, aus alten autoren (Hesiod und Pherekydes [32])) belegt wird, und mit Delphi speziell nichts zu tun hat. A., der die dienstbarkeit mit der tötung des Python verbindet, folgt der delphischen theologie seiner seit, wofür hier ein verweis auf die polemik
40 Plutarchs gegen die Δελφῶν θεολόγοι genügen mag [33]); wir schliessen

daraus dass er die geschichte des orakels von den urzeiten an behandelt hat. Die theologie war schwerlich zu allen zeiten die gleiche: im Homerischen Hymnos gehört der kampf mit Python vermutlich überhaupt nicht zum urbestand [34]); und ob interpolation oder nicht, der schluss der partie weiss nichts oder will nichts wissen von einer θητεία des gottes [35]). Auch das Septerion wird nur von 'den einen' aus dem bedürfnis des gottes nach reinigung erklärt [36]). Das alles weckt zweifel an dem verbreiteten glauben dass die lehre und praxis der mordsühne ein frühes und zentrales anliegen Apollons war [37]); aber damit kommt man in die bestrittensten fragen der delphischen religion. (6—8) F 6 versteht man gewöhnlich den komiker [38]); aber das textlich zweifelhafte Antiphaneszitat Athen. 10, 42 p. 433 C entscheidet so wenig wie das fehlen anderer zitate des Delphers bei Athenaios [39]); den periegeten empfiehlt der vor ihm genannte Semos. F 7 muss man Bernhardys konjektur wegen der *v.l.* von F 1 ernsthaft überlegen. Zu F 8 vgl. n. 4.

405. ALKETAS (VON DELPHI?)

Ein A. kommt in drei delphischen freilassungsurkunden zwischen 170 und 150 v. Chr. vor [1]). Das ist vielleicht der dedikant von *Fouilles* III 1 no. 525 von ca. 150 v. Chr., wo Bourguet ᾿Αλκέ[τας] ergänzt und an den schriftsteller erinnert; 'mais on avouera que l'identification n'est pas assez sûre' [2]). Die zeit ist ganz glaublich, und lässt auf ein verhältnis zwischen A. und Anaxandridas schliessen wie es zwischen den Deliern Phanodikos und Semos bestand; doch tritt hier noch Polemon dazwischen, den jeder spätere berücksichtigt haben muss. Das buch ist nach dem titel und dem einzigen fragment deutlich periegetisch [3]), sein inhalt spezieller als der des Anaxandridas [4]), sodass A. die einzelnen anatheme vielleicht genauer behandeln konnte. Es ist nicht zu sagen ob F 1 aus einem exkurs über Phryne stammt; aber es sieht nicht so aus als ob Pausanias, der seine beschreibung mit ὁπόσα δὲ τῶν ἀναθημάτων εἶναί μοι λόγου μάλιστα <ἄξια> ἐφαίνετο κτλ. beginnt [5]), das buch zur hand hatte: Delphi sah zu seiner zeit anders aus als im 2. jhdt v. Chr.; es waren seitdem zahlreiche weihgeschenke verschwunden.

(1) Pausan. 10, 15, 1 Φρύνης δὲ εἰκόνα ἐπίχρυσον Πραξιτέλης μὲν εἰργάσατο ἐραστὴς καὶ οὗτος, ἀνάθημα δὲ αὐτῆς Φρύνης ἐστὶν ἡ εἰκών zwischen dem ehernen wolf πλησίον τοῦ βωμοῦ τοῦ μεγάλου und den Apollonstatuen der Epidaurier und Megarer. Die standbilder des Archidamos und Philippos erwähnt er nicht [6]); das der Phryne ist nach ihm (vermutlich richtig)

ἐπίχρυσος, nicht χρύσεος [7]); und er behauptet im gegensatz zu Athenaios — was immer dessen περικτίονες bedeutet [8]) — dass es eine weihung der Phryne selbst ist [9]). Man kann bei dem letzteren auf A. mit sicherheit nicht mehr zurückführen als den mit ἕστηκε beginnenden satz, in dem καί zeigt dass er vorher eine oder mehrere andere statuen am gleichen platz erwähnt hatte. Wenn es sich nicht doch um zwei verschiedene weihungen handelt, hat Pausanias bezw. seine quelle die inschrift anders gedeutet als der autor des Athenaios, der in der hauptsache aus der reichen anekdotischen überlieferung über die hetaeren schöpft [10]). Das weihgeschenk der Phryne als τῆς τῶν Ἑλλήνων ἀκρασίας ἀνάθημα (τρόπαιον) spielte zudem eine rolle in den philosophischen apophthegmata [11]).

406. THEODOROS VON PHOKAIA

S. Fabricius *R E* V A 2, 1934, col. 1917 no. 193. Pomtow will ihn mit dem Θεόδοτος ἀρχιτέκτων des Asklepieions von Epidauros [1]) gleichen, dessen herkunft wir nicht kennen. Über den Tholos: Charbonneaux-Gottlob *Fouilles* II 4; Schober *R E* Suppl. V vol. 145, 68 ff. Wenn Th. der architekt war, war die schrift technisch, nicht historisch.

XVIII. ELIS UND OLYMPIA

Die literatur unterscheidet sich von der über Delos und Delphi dadurch dass sie es mit einer landschaft und politischen einheit zu tun hat, die allmählich zusammengewachsen ist: das 'nationale' heiligtum von Olympia liegt im periökenland der 'achaeischen' Pisatis, und ist von den aetolischen Eleern erst im anfang des 6. jhdts annektiert worden [1]). Die als Ἠλιακά zitierten bücher scheinen wirkliche landesgeschichten gewesen zu sein, wie *Argolika* und *Boiotiaka*, nicht periegesen, die Περὶ Ὀλυμπίας heissen [2]). Wann sie einsetzten, ist unsicher: Hellanikos scheint keine Ἠλιακά geschrieben zu haben; das verkürzte und korrupte zitat über die zahl der Hellanodiken [3]) ist vielleicht nicht mehr als eine notiz in den Ἱέρειαι über die 'reform' des agons nach übernahme durch die Eleer. Die siegerliste, die erst durch Hippias publiziert ist, hat er nicht gekannt oder doch nicht benutzt, sei es weil sie nicht öffentlich aufgestellt war, sei es (eher) weil sie nicht hoch genug hinaufging und sich nicht so leicht nach oben ergänzen liess wie die der priesterinnen von Argos oder die der könige von Athen [4]). Politische erwägungen haben ihn schwerlich beeinflusst; denn die spartanische liste der Karneensieger hat er publiziert, während ihm eine liste der spartanischen könige mit regierungszahlen noch nicht zur verfügung stand [5]). Die zeiten des epichorischen autors Teupalos, des Echephylidas und Komarchos, die vermutlich auch Eleer waren, sind nicht ganz sicher festzustellen [6]), sodass als ältestes datierbares werk über Elis das umfangreiche gedicht des Rhianos bleibt [7]). Aber wahrscheinlich waren die genannten schon Istros bekannt, dessen Ἠλιακά ein sammelwerk von der art der Ἀττικά [8]) gewesen sein können. Es gab jedenfalls viel material nicht nur über die urgeschichte; Elis hat bei den historikern des 4. jhdts, Ephoros und gewiss auch den verfassern der Hellenika, eine grosse rolle gespielt. Dazu treten für Olympia, das der zankapfel zwischen Elis und seinen 'perioeken' war, die älteren Ὀλυμπικοί hinzu, die in grösserer zahl vorhanden gewesen sein werden, und Periegesen vielleicht schon aus frühhellenistischer zeit, von denen wir wenig wissen [9]). Es ist zu beachten dass Gorgias nicht nur einen Ὀλυμπικός, sondern auch ein ἐγκώμιον εἰς Ἠλείους verfasst hat, was sich gewiss aus dem streit um die prostasie des heiligtums und des agons erklärt [10]). Aber das wichtigste ist die siegerliste, deren erste publikation durch den herausgeber Hippias auf 400 oder etwas später datiert wird [11]). Man wird in ihr zunächst ein rein lokales gewächs sehen [12]), keine universalchronik wie die Ἱέρειαι des Hellanikos, die sie auch nicht sogleich aus dem gebrauch verdrängt hat [13]). Aber es ist begreiflich dass die historiker sogleich [14]) die verwendbarkeit der panhellenischen liste eines weiter gefeierten spieles zu datierungszwecken erkannten, und dass die wissenschaftliche chronologie sie seit Timaios und Eratosthenes zum rückgrat einer universalen zeitrechnung machte, die in 776/5 das erste *bezeugte* datum — im unterschied von den *errechneten* epochen der Heraklidenrückkehr und des Trojanischen Krieges — der griechischen geschichte sah [15]). Sie widmet ihr daher intensive arbeit: unmittelbar an Hippias schliesst eine lange reihe von editoren und interpreten, die sich deutlich von den verfassern der landesgeschichten (Ἠλιακά) scheiden und keineswegs allein, ja nicht einmal in erster linie, Eleer sind: Aristoteles, Philochoros, Timaios, Eratosthenes sind jedenfalls wichtiger als die (zudem zeitlich unbestimmbaren) lokalarbeiten der Eleer Skopas (wenn er Eleer war), Aristarchos (wenn er Ὀλυμπιονῖκαι verfasst hat), und Aristodemos [16]). Der gebrauch der panhellenischen aera blieb immer auf die fachkreise und damit auf die literatur beschränkt [17]). Es bedarf auch kaum der feststellung, dass von den Ὀλυμπιονῖκαι die universalchroniken zu scheiden sind, die nach olympiaden (und archonten etc.) datieren, auch wenn sie am kopfe

EINLEITUNG

des jahres nicht nur den sieger im stadion geben, wie Diodor und Dionysios, sondern die volle liste wie Phlegon [18]). Sie beginnen für uns zufällig mit dem wohl noch hellenistischen Stesikleides oder Ktesikles von Athen, für den wir den titel Ἀρχόντων καὶ Ὀλυμπιάδων ἀναγραφή neben allgemeinen Χρονικά kennen [19]), und gehen bis Dexippos' Χρονικὴ ἱστορία und Porphyrios, die beide mit ol. 262 (269/70 n. Chr.) schliessen [20]).

Wir besitzen (1) die volle liste der stadionsieger bis ol. 249 (217ᵖ) — mit vereinzelten bemerkungen über andere sieger und über die geschichte der spiele — in der chronik des Eusebios [21]), der sie aus Africanus übernommen hat [22]); (2) das leider kurze exzerpt, das sich ein gelehrter des 3. jhdts n. Chr. aus einer vollen liste gemacht hat, für ol. 75-78 (480-468) und ol. 81-83 (456-448) in einem papyrus von Oxyrynchos [23]); (3) eine masse von einzelangaben von Thukydides an bis auf Phlegon, von denen hier nur ganz wenige aufgenommen werden konnten, die für die geschichte der liste aus bestimmten gründen aufklärend sind [24]). Da auch der papyrus sich auf die nackten namen, die siegerliste im engsten sinn, beschränkt [25]), haben wir keinen rechten begriff von der anlage der gelehrten arbeiten von Hippias bis (mindestens) Eratosthenes; d.h. wir wissen nicht wie und wo sie die untersuchungen über einzelne sieger [26]) und die vielen geschichten verschiedener art unterbrachten, die sich an die einzelnen namen knüpften. Man wird aber annehmen dürfen dass alle *Olympionikai* mit einer mehr oder minder kritischen behandlung der vorgeschichte und einsetzung des agons begannen, wo u.a. die frage der 'nicht gezählten' Olympiaden ihren platz hatte [27]), während es unsicher ist ob in dieser historischen einleitung auch die spätere geschichte der spiele — einführung und abschaffung der verschiedenen kampfarten u.ä. — und die sonstigen allgemeinen punkte, wie die zahl der Hellanodikai, behandelt waren. Es ist ebenfalls kaum zweifelhaft, dass alle diese bücher bis herunter zu Pausanias' Ἠλείων ἐς τοὺς Ὀλυμπιονίκας ἀρχαῖα γράμματα und Africanus' liste die nachkommen der ersten Ὀλυμπιονικῶν Ἀναγραφή des elischen sophisten Hippias waren [28]). Jedes urteil über den historischen wert der liste hängt also von der vorstellung ab, die wir uns von der leistung des Hippias zu machen haben. Diese grundfrage kann hier nur ganz knapp, sozusagen in ein paar leitsätzen, behandelt werden, die wir aus der überlieferung ablesen; jede wirkliche untersuchung würde sich zu dem buche über die grundlagen der griechischen chronologie auswachsen, das zu den dringenden desideraten der altertumswissenschaft gehört.

Das einzige zeugnis über Hippias steht bei Plutarch [29]) und lehrt mit völliger sicherheit zweierlei: (1) dass er der erste herausgeber der Olympionikenliste war; (2) dass an seiner aufstellung kritik geübt worden ist. Der erste punkt wird bestätigt sowohl durch die analogie einer ganzen reihe ähnlicher publikationen im gleichen zeitraum vom Peloponnesischen Krieg bis Alexander — die priesterinnen der Hera von Argos und die liste der Karneensieger (Hellanikos); die liste der spartanischen könige und ephoren(? Charon); die Sikyonische Anagraphe (Menaichmos?); die Pythische siegerliste und die Didaskalieen Athens (Aristoteles) — wie durch die älteren datierungen nach den siegern in Olympia. Sie sind beim stande unserer überlieferung naturgemäss nicht zahlreich, genügen aber zum beweis, dass schon die liste des Hippias den stadionsieger an erster stelle führte [30]. Warum, ist hier gleichgiltig; ich halte hier jede historische frage mit bewusstsein fern, und gehe auch auf die praxis, die verteilung der spiele auf die einzelnen tage u.ä. nicht ein [31]; die vermischung verschiedener gesichtspunkte hat viel schaden angerichtet.

Für den zweiten punkt muss scharf betont werden dass die kritik nicht erst von Plutarch geübt ist: er sagt φασίν, beruft sich also auf ältere kritiker, die er vermutlich nicht mehr selbst eingesehen hat, die wir aber ohne bedenken im kreise der alten wissenschaftlichen diskussion bei Aristoteles, Timaios, Eratosthenes, suchen werden [32]. Ebenso sicher scheint mir, dass die kritik sich zunächst auf zwei punkte richtete: (1) auf das anfangsjahr der spiele; denn die diskussion, die mit einer reihe von 'nicht gezählten' olympiaden bezw. mit der scheidung zwischen den olympiaden des Iphitos und Koroibos arbeitet, ist vor-kallimacheisch [33]. Sie knüpfte an die frage nach der zeit des spartanischen gesetzgebers Lykurg, der auf grund des diskos im Heraion von Olympia als mitbegründer, wenn nicht des agons, so doch des gottesfriedens, galt [34]; (2) auf die frage nach der prostasie der spiele; denn wir haben über die sog. anolympiaden eine doppelte tradition, die sich weder durch textkritische kunststücke noch auf anderem wege [35] beseitigen lässt, sondern deutlich den widerstreit eines lokal-elischen anspruchs zeigt, der vor der historischen anolympiade 104 (364) nur zwei solcher irregulären feiern anerkannte, gegenüber einer historisch besser begründeten, die den Pisaten ausser einer (oder mehr?) irregulären feier(n) eine 23 olympiaden dauernde prostasie (ursprünglich vielleicht überhaupt die leitung vor der 'reform' von ol. 50) gab [36]. Dagegen ist die siegerliste selbst und als ganzes von der kritik nicht angegriffen worden: trotz zahlreicher und zuweilen schwerer korruptelen von einzelnen namen in den meist späten zeugnissen, die sich in anderen listen (wie z.b. in der liste der athenischen ἄρχοντες διὰ βίου und ἄρχοντες δεκαετεῖς) ebenso finden, war die überlieferung offenbar einheitlich [36a]; und der wert des stark zerstörten exerpts aus einem athenischen gymnasion (414 F 6) besteht darin dass es die einheitlichkeit schon für die frühhellenistische zeit bestätigt. Es gab also nur éine liste, die des Hippias. Die gelehrte diskussion ging (hier natürlich abgesehen von der chronologischen hauptaufgabe für Timaios und Eratosthenes, der herstellung eines synchronistischen gerüsts, in dem die königs- und beamtenlisten mit den olympiaden in einklang gebracht und gegebenen falls auf dieser grundlage korrigiert wurden) auf einzelheiten, wie das vorkommen des betreffenden namens in der sonstigen literatur, auf identifikationen von siegern mit berühmten trägern des gleichen namens [37]), wo Hippias zu hastig verfahren sein mag, weil die chronologie der philosophen- und literaturgeschichte noch ganz in den anfängen stand. Auch den notizen im papyrus von Oxyrhynchos gegenüber, wenn sie wirklich als autorennamen gelesen werden müssen [38]), ist die harmlose erklärung möglich, dass sie 'sich auf die namensform der sieger oder ihre heimat beziehen', da 'die sieger manchmal aus besonderer absicht eine befremdende heimat ausrufen liessen' [39]), was dann eben die späteren untersuchungen feststellten. Das alles würde bedeuten, dass Hippias' nachfolger wesentliche dokumentarische quellen aus Elis über ihn hinaus nicht besassen [40]); und damit stehen wir vor dem eigentlichen problem — der frage nach dem material, das Hippias zur verfügung hatte; ob er (grob gesagt) nur die amtliche liste herausgegeben hat oder ob er sie als erster aufgestellt, d.h. in ihren älteren teilen selbst geschaffen hat.

Auch die zweite eventualität schliesst nicht aus dass er für den jüngeren teil seit etwa ol. 50 (580) vorgänger hatte. Es bleibt doch das wahrscheinlichste dass als solche die beiden Hellanodiken Paraballon und Euanoridas anzusehen sind, die Olympioniken verzeichnet und dann gewiss auch öffentlich (auf holztafeln?) aufgestellt haben [41]). Allerdings können wir sie nicht genauer datieren als dass auch der erste von ihnen nicht vor etwa 550ª gelebt haben kann; und wir wissen wegen Pausanias' kürze nichts über den umfang ihrer tätigkeit. Möglicherweise gehören beide erst ins 5. jhdt nach 472 v. Chr. [42]), und sicher ist wohl dass Euanoridas die arbeit Paraballons (dem wir eine rückführung auf 776 sicher nicht zutrauen werden) fortgesetzt hat. Wie lange nach ihm bleibt so fraglich wie die mittel, die ihm zur verfügung standen, um den zwischenraum zwischen seinem anfang und Paraballons ausgang zu überbrücken; denn anders als in Delphi [43]) hören wir nichts von ὑπομνήματα, akten der priester oder (eher) der Hellanodiken (was übrigens nicht wunder nimmt: die Eleer waren sehr lange fast illiterat). Vielleicht reichte das gedächtnis für die nicht allzu lange zeit aus; aber dann stellt sich die gleiche frage für den zwischenraum zwischen dem ende des Euanoridas und der vorlegung der vollen liste durch Hippias, der beide wohl erwähnt haben kann, wenn auch nur um die vollständigkeit der eigenen *Anagraphe* gebührend hervorzuheben [44]). Aber aus dem oben angegebenen grunde [45]) will ich das problem, das seit J. P. Mahaffys erstem angriff auf die authentizität der liste [46]) nicht zur ruhe gekommen ist, hier nicht 'meritorisch' behandeln, auch nicht die beiderseitigen argumente und den gang der diskussion vorlegen, die dazu geführt hat dass die zweifel an der echtheit des älteren teiles stärker und stärker geworden sind [47]). Ich halte persönlich diese zweifel für berechtigt, obwohl ich zugeben will (1) dass sich die unechtheit der namenreihe wenigstens der stadionsieger bis ca. ol. 50 (nur um diese kann es sich handeln; dass die zeiten und daten konstruiert sind, kann m.e. kein verständiger bestreiten) nicht strikt beweisen lässt; (2) dass der ältere teil, auch wenn er als ganzes konstruiert ist, echte namen aus lokaler und familienüberlieferung von Elis und anderwärts enthalten kann [48]), die in sein vorher aufgestelltes chronologisches schema einzuordnen die eigentliche aufgabe des verfertigers der vollen liste war; (3) dass für den rahmen alte dokumente verwendet sind, wie vor allem der diskos mit der bestimmung über den gottesfrieden, dessen existenz und echtheit man nicht zu bestreiten braucht, dessen text und datierung aber eine andere frage sind. Ich begnüge mich also mit der klaren feststellung des problems, ohne die das hin und her der einzelargumente historischer, archaeologischer, heortologischer, chronologisch-kalendarischer natur zwecklos ist, und ich stelle es nicht in der üblichen allgemeinen form [49]), sondern mit bezug auf andere, uns mehr oder weniger gut bekannte analoge werke der antiken geschichtlich-antiquarischen forschung: hat Hippias gearbeitet wie Hellanikos, als dieser mit hilfe der (erst von ihm in die urzeit fortgeführten?) liste der argivischen Herapriesterinnen den rahmen für eine allgemeine griechische chronologie schuf, in den er die einzelnen wie immer überlieferten personen und ereignisse auf grund eigener historischer überlegungen einordnete, nur in wenigen fällen unterstützt durch dokumentarisch festzulegende daten? Oder hat er gearbeitet wie Aristoteles für die Pythien, dem seit 582/1 in den akten 'der Delpher' eine für sieger-namen und zeiten in der hauptsache dokumentarische tradition zur verfügung stand [50])?

Wer sich für die erste alternative entscheidet, wird in erster linie nach dem festen punkte suchen, von dem aus Hippias sein anfangsjahr 776/5 gewonnen hat, ob durch rückrechnung von einem datum der historischen zeit [51]), oder (und?) durch generationenrechnung von einem fixpunkt. Dieser fixpunkt kann schon für Hippias kaum ein anderer gewesen sein als die epoche des Herakles [52], die Herodot (und vielleicht vor ihm Hekataios) berechnet hatte; oder die Troika, von denen aus Demokrit sein hauptbuch datierte [53]); oder die Dorische Wanderung, die die Eleer nach Elis bringt — drei innerlich verbundene daten der griechischen vorgeschichte, die die wissenschaftliche chronologie nach der spartanischen königsliste berechnete. Hier wird die frage dieser liste akut — sowohl der namenreihe wie (und das ist etwas wesentlich anderes) der regierungszeiten der einzelnen könige — und damit (literarisch gesprochen) die frage nach dem verhältnis des Hippias zu Hellanikos' Ἱέρειαι (die die regierungszeiten schwerlich hatten) und zu den Πρυτάνεις οἱ τῶν Λακεδαιμονίων von Hellanikos' jüngerem zeitgenossen Charon von Lampsakos [54]), der sie vielleicht als erster gab und von dem wir leider so jämmerlich wenig wissen. In jedem fall setzen die zeitbestimmungen Lykurgs in der wissenschaftlichen chronologie die liste mit regierungszahlen voraus und zwingen zu den verschiedenen versuchen, sich dem auf dem elischen diskos beruhenden spätansatz, dem synchronismus 776/5 für Iphitos und Lykurg, zu entziehen — der zerlegung der spartanischen persönlichkeit in den gesetzgeber und den Olympienstifter durch Timaios und der annahme von zwei stiftungen der Olympien, d.h. der verlängerung von Hippias' liste nach oben durch eine reihe 'nicht gezählter' Olympiaden [55]). Wer sich diese dinge klar macht sieht was uns für das urteil über das jahr 776/5 fehlt, das seit Hippias als anfang der griechischen 'bezeugten' chronologie anerkannt ist [56]). Er wird auch nachdrücklich betonen wie unsicher die daten der zwischenzeit von 776/5 bis zur konstruktion des Hippias in unserer überlieferung sind und wird es als einen fortschritt empfinden dass wir sie für die chronologie Pheidons, der Messenischen Kriege u.s.w. loswerden.

Die vertreter der zweiten alternative haben es einfacher: sie gehen aus von der annahme einer 'olympischen chronik' [57]), d.h. in wahrheit von der vorstellung, die sich Wilamowitz — ich wiederhole hier einfach die kritik von Plutarchs quelle an Hippias: ἀπ' οὐδενὸς ὁρμώμενος ἀναγκαίου πρὸς πίστιν — von 'dem Zeus von Olympia' als 'des chronisten der Peloponnes' gemacht hat [58]), oder (wenn man wenigstens die 'chronik' aufgibt) von dem nicht weniger 'wunderbaren' glauben dass man schon 'in so befremdend alter zeit' (d.h. im 8. jhdt) 'an einem orte, der so fern von den zentren der kultur lag, die schrift anwendete', um 'auf haltbarem material' die sieger in einem doch zunächst nur lokalen agon aufzuzeichnen [59]). Wer das glaubt ist vielleicht nicht strikt zu widerlegen; denn ich bin nicht sicher ob die erwägungen über das alter des kalenders wirklich strikter beweis gegen die möglichkeit eines alten penteterischen festes sind [60]). Aber wer daran denkt dass in Delphi der penteterische agon erst 582/1 eingerichtet ist (wahrscheinlich mit gleichzeitiger aufzeichnung der sieger wenigstens in den akten), und dass er hier die folge eines sozusagen panhellenischen unternehmens war, das die heilige feier den Phokern fortnahm und sie den Amphiktionen unterstellte — der wird schwerlich geneigt sein die folgerung anzuerkennen dass die Olympionikenliste älter als ca. 580 sein müsse, weil 'doch die Pythien nach diesem vorbilde ihre listen geführt haben' [61]). Der umgekehrte schluss liegt näher [62]), und gibt dann auch einen *term. post* für die 'reform'. Auch er ist freilich nur ungefähr; und wir bleiben immer noch im zweifel ob Hippias' eigentlicher ausgangspunkt diese reform von ca. ol. 50 (580) mit ol. 51 (576) als erster neuer feier, oder die reform von ol. 77 (472) mit ol. 76 (476) als letzter feier alten stils war [63]). In beiden fällen sind die rundzahlen — 50 olympiaden bezw. 300 jahre, — deutlich, und namentlich die letztere würde das anfangsjahr 776/5 möglicherweise am einfachsten erklären — d.h. ohne die annahme einer spartanischen königsliste mit regierungszahlen, wenn nicht gar diese mit zahlen versehene liste (Charons?) bereits auf dem neuen datum 776/5 aufbaute.

408. TEUPALOS 409. ECHEPHYLIDAS 410. KOMARCHOS

Von den drei autoren sind *Eliaka* bezeugt für Teupalos; für Komarchos ist Περὶ Ἠλείων 410 F 1 sicher hergestellt; für Echephylidas [1]) machen die fragmente eine landesgeschichte so gut wie sicher. Man möchte sie alle drei vor Istros ansetzen, der Komarchos zitiert und aus dem Wellmann [2]) das ganze Platonscholion ableitet; denn mehr noch als die literarische entwicklung, die im 4. jhdt landesgeschichten an allen bedeutenderen orten des mutterlandes hervorruft, machen die politischen verhältnisse von Elis eine reichliche lokalliteratur schon in dieser zeit glaublich. Teupalos ist nicht näher datierbar; Komarchos wird auch in den Pindarscholien zitiert, gehört also gewiss noch in gute hellenistische zeit; mit Echephylidas' ansatz vor Istros verträgt sich gut dass dieser auch in den Αἰγύπτου Ἀποικίαι 334 F 44 E.s lokalisierung des Βαθὺ ὕδωρ hat, und dass auch Demetrios von Skepsis E. benutzt zu haben scheint [3]). Wenn Bölte die umgestaltung der erzählung von F 1 bei Pausanias mit recht Rhianos zuschreibt, kommen wir mit ihm wesentlich höher, vielleicht bis ins 4. jhdt hinauf; aber das angenommene quellenverhältnis ist sehr unsicher⁴). Sonst sind die drei autoren nicht zu fassen; in den *Inschriften von Olympia* kommt keiner der namen vor. Aber Muellers änderung von Κώμαρχος 410 F2 in Κλέαρχος — nur weil es sich um ein sprichwort handelt — erledigt sich durch die Pindarscholien 410 F 1, wo man die abkürzung κω im Ambrosianus wirklich nur mit Κώ(μαρχος) auflösen kann⁵). Wenn Τεύπαλος und Τευτίαπλος der gleiche name sind, so ist der schriftsteller nachkomme des elischen admirals von 427, den Thukydides 3, 30 eine kurze rede halten lässt. Dass schon er *Eliaka* geschrieben haben sollte, wird dadurch nicht glaublich. Glaublicher korruptel im Stephanostext, dessen notiz vermutlich aus des Herennius Philon Περὶ πόλεων καὶ οὓς ἑκάστη αὐτῶν ἐνδόξους ἤνεγκεν stammt und durch mehrere hände gegangen ist. Auch die 'stadt' Andria ist unbekannt⁶), wohl nur aus dem buchtitel erschlossen, und dann vielleicht missverständlich: Teupalos mag sich nach der phyle, dem demos, oder seiner πατριά genannt haben.

(**409 F 1**) Die Molione⁷), die schon für die Ilias nach Elis gehören, haben im epos noch einen rest ihres wunderbaren charakters als göttliche zwillinge bewahrt; bei Pausan. 5, 1, 9-11 heissen sie mit ihrem vater Aktor, dem sohn des Lapithen Phorbas und der Epeiostochter Hyrmina⁸), ein γένος ἐπιχώριον, βασιλείας τε μετῆν σφισιν. Auch die rationalisierung ihres kampfes mit Herakles beginnt schon bei Pindar *Ol.* 10, 26 ff., von dem (oder seiner epischen quelle) eine gerade linie zur darstellung des Pausanias führt: es ist die spätere vulgata⁹). Pindar erzählt nur bis zur tötung der Molione 'im hinterhalt bei Kleonai', um daran sogleich Herakles' feldzug gegen Augeias und die stiftung der Olympia 'in Pisa' zu knüpfen¹⁰). Mehr hat auch Pherekydes — von dem Hellanikos und Herodor wohl nur in der erklärung des sprichwortes abweichen — nicht gegeben¹¹). Erst die elischen lokalhistoriker führen in die Heraklesgeschichte spezifisch elische lokalsagen und altertümer ein, wie Echephylidas das Βαθὺ ὕδωρ, ὃ νῦν δείκνυται κτλ. In dem von einem paroemiographen systematisch geordneten verzeichnis zerreisst das sammelzitat seine erzählung, in der die tötung der Molione und das verhalten Korinths gegen ihren mörder das aition für den boykott der Isthmien durch Elis liefert. Diese erzählung war vermutlich die vulgata in Elis; sie steht bei Pausan. 5, 2 an erster stelle, und ist in dem olympischen epigramm des elischen athleten Timon verwendet¹²). Aber E. kennt — und Plutarch *De Pyth. or.* 13 p. 400 DE beweist höheres alter der verschiedenen versionen und ihrer diskussion in älteren *Eliaka* — zwei andere λόγοι: (1) einen streit mit Korinth um die aufschrift des weihgeschenkes der Kypseliden¹³), die Plutarch aus delphischer tradition unter ausdrücklicher polemik gegen ἔνιοι (d.h. Echephylidas) für richtig erklärt und die ganz wohl historisch sein kann, wenn man den streit nicht mit Pausanias (dessen einwand nicht durchschlägt) auf den tod des Kypselos datiert, sondern (wo er allein denkbar ist) mit Plutarch hinter den sturz der tyrannis in Korinth in die zweite hälfte der 80er jahre des 6. jhdts [14]); (2) die ἀραί der Lysippe, deren beide söhne ἐπὶ τὸν ἀγῶνα ἐλθόντας τῶν Ἰσθμίων die konkurrenten ermorden πρὶν ἢ ἐς τὸν ἀγῶνα ἐσελθεῖν. Da alle namen in dieser geschichte unbekannt sind, ist nicht zu sagen ob auch sie auf die historischen Isthmien nach 583/2 geht; aber sicher ist dass sie den älteren Μολιόνης ἀραί nachgebildet ist und an ihre stelle treten soll. Die erfindung wird begreiflich, wenn wir bei Pausan. 5, 3, 1-2 eine mit E.s erzählung unvereinbare erklärung von Βαθὺ ὕδωρ finden, die aber ebenfalls elisch und mit Herakles' krieg gegen Elis verbunden ist. Es ist das keine 'erotische begebenheit' und auch nicht 'alexandrinische umgestaltung der derberen geschichte des E.' [15]), sondern stiftungslegende des heiligtums der Ἀθηνᾶ Μήτηρ, deren alter ich nicht zu bestimmen wage.   (2) Die lokalisierung beweist die tendenz der erfindung [16]), die Gross-Elis in die zeit der Heraklidenrückkehr datiert und ihm einen rechtstitel gibt, der so gut ist wie der der dorischen staaten. Mit der lokalisierung und dem feierlichen vertrag geht der elische autor vermutlich über Ephoros hinaus, bei dem διὰ τὴν τοῦ Ὀξύλου πρὸς τοὺς Ἡρακλείδας φιλίαν die heilige neutralität von Elis μεθ' ὅρκου garantiert wird [17]). Die lokalisierung macht auch wahrscheinlich, dass die Herakliden den boden von Elis nicht betreten haben, sodass E. möglicherweise schon die geschichte vom trug des Oxylos [18]) kannte.   (3) Strabon 8, 3, 9 (aus Apollodor) τῶν δὲ τεττάρων μερίδων (in die das gebiet der Epeier nach dem Schiffskatalog zerfällt), ὧν ἐντός ἐστι καὶ τὸ Βουπράσιον, ἡ μὲν Ὑρμίνη καὶ ἡ Μύρσινος τῆς Ἠλείας ἐστίν, αἱ λοιπαὶ δὲ ἐπὶ τῶν ὅρων ἤδη τῆς Πισάτιδος, ὡς οἴονταί τινες. (10) Ὑρμίνη μὲν οὖν πολίχνιον ἦν, νῦν δ' οὐκ ἔστιν, ἀλλ' ἀκρωτήριον πλησίον Κυλλήνης ὀρεινόν ἐστι, καλούμενον Ὅρμινα ἢ Ὕρμινα. Pausan. 5, 1, 11 Ἄκτωρ (der bundesgenosse des Augeias gegen Herakles) γὰρ πατρὸς μὲν Φόρβαντος ἦν τοῦ Λαπίθου, μητρὸς δὲ Ὑρμίνης τῆς Ἐπειοῦ, καὶ ᾤκισεν ἀπ' αὐτῆς Ἄκτωρ πόλιν Ὑρμίναν ἐν τῆι Ἠλείαι. Diese belege für Hyrmina genügen hier. Sie zeigen immerhin worüber E. handelte; sie lassen einen gewissen zusammenhang mit Apollodor erkennen, der E. so gut benutzt haben wird wie der Skepsier Demetrios [19]). Die benutzung kann natürlich auch polemisch gewesen sein. Näheres, z.b. über E.s stellung in der Epeier-Elisfrage, die er nicht ganz übergehen konnte (Hyrmine ist tochter des Epeios, und Meinekes änderung des zweiten Ὁρμίνας in einen stammnamen ist sehr anziehend), gibt das knappe zitat nicht her. Ebenso wenig können wir sagen, ob E. die dinge in einer einleitenden periegese des landes behandelt hat, oder im zusammenhang der Heraklesgeschichte (F 1). Die erstere eventualität ist nicht unglaublich, und die behandlung von Homerfragen ist schon der ältesten genealogie nicht fremd; eine landesgeschichte musste den Schiffskatalog irgendwie interpretieren.

(410 F 1) Die schwer verdorbene stelle zeigt nicht mehr als dass K. ausführlich und (wie es scheint) mit einem gewissen technischen interesse die zeitfrage der feier erörtert hat. Über das kalendarische problem s. zuletzt Ziehen *RE* XVIII 1, 1939, col. 1 ff.   (2) S. zu 409 F 1. Das sammelzitat lässt nicht erkennen wie K. erzählte, und ob er etwa Echephylidas folgte. Von Herakles muss er gesprochen haben, sodass ihm keine der varianten bei Pausan. 5, 2 gehört. Möglich dagegen, aber auch nicht wahrscheinlich, dass er der autor der zweiten version über Βαθὺ ὕδωρ bei Pausan. 5, 3, 1-2 ist.

411. AGAKLYTOS

Nach titel und wortlaut des einzigen fragments sicher periegese. Verfasser zeitlich unbestimmbar; aber da F 1 sehr wahrscheinlich durch Didymos vermittelt ist, nicht der angebliche freigelassene des Verus [1]). Wenn er, wie es den anschein hat (aber das kann täuschen), den κολοσσός noch selbst gesehen hat, so gehört er vielleicht noch in hellenistische zeit [2]).

(1) Κυψελιδῶν ἀνάθημα Platon; Κυψελιδῶν κολοσσός Theophrast; χρυσοῦς und σφυρήλατος κολοσσός Agaklytos [3]); τὰ ἀναθήματα τῶν Κυψελιδῶν Aristot. *Pol.* 5, 9, 4; πλῆθος τῶν ἀναθημάτων (in Olympia) ... ὧν ἦν καὶ ὁ χρυσοῦς σφυρήλατος Ζεύς, ἀνάθημα Κυψέλου Strab. 8, 3, 30 (Eliaka); τοῦ δὲ περὶ τὸν οἶκον τοῦτον πλούτου μαρτύριον τὸ Ὀλυμπίασιν ἀνάθημα Κυψέλου, σφυρήλατος χρυσοῦς ἀνδριὰς εὐμεγέθης 8, 6, 20 (Korinthiaka); τὸν ἐν Πίσηι χρυσοῦν ἀνδριάντα Plutarch. *De Pyth. or.* 13 p. 400 DE; ἄγαλμα ἀναθεῖναι τῶι Διὶ χρυσοῦν ἐς Ὀλυμπίαν Pausan. 5, 2, 3. Aus Pausanias' προαποθανόντος δὲ τοῦ Κυψέλου πρὶν ἐπὶ τῶι ἀναθήματι τὸ ὄνομα ἀναγράψαι τὸ αὑτοῦ ergibt sich dass der dedikant nicht genannt war, d.h. dass das weihgeschenk nicht noch eine prosainschrift trug [4]). Es gab keine andere überlieferung; und unsere quellen schwanken zwischen Kypselos [5]) und Periander [6]). Die forderung der Korinther ἐπιγράψαι δημοσίαι τὴν πόλιν ἐπὶ τῶι ἀναθήματι und ebenso auf dem korinthischen θησαυρός in Delphi, die hier akzeptiert, von den Eleern abgelehnt wurde [7]),

entscheidet nichts: sie konnte erst nach dem sturz des tyrannen erhoben werden. Es ist bemerkenswert, dass offenbar schon Herodot diese geschichte in Delphi hörte [8]). Wahrscheinlich hat auch Apollas die frage in seinen *Delphika* behandelt [9]). Auch über den grund der weihung geht die überlieferung auseinander: ἐὰν κύριος γένηται τῆς πόλεως Ps. Aristot. *Oek.* 2, 1, wo überhaupt die gleiche überlieferung vorliegt wie bei Agaklytos und — wie bei diesem grunde selbstverständlich — Kypselos dedikant ist; aber εἰ νικήσειεν Ὀλύμπια τεθρίππωι (was sehr nach autoschediasma aussieht) Ephoros, der Periander nennt [10]). Wir haben in den späten quellen nur geringe reste einer offenbar ausführlichen diskussion.

412. ARISTARCHOS VON ELIS

Pausan. 5, 27, 11 ἔστι δὲ ὑπὸ ταῖς ἐν τῆι Ἄλτει πλατάνοις .... τρόπαιον χαλκοῦν καὶ ἐπίγραμμα ἐπὶ τοῦ τροπαίου τῆι ἀσπίδι, Ἠλείους ἀπὸ Λακεδαιμονίων ἀναστῆσαι. ἐν ταύτηι τῆι μάχηι καὶ τὸν ἄνδρα ἐπέλαβεν ἐκεῖνον ἀφεῖναι τὴν ψυχήν, ὃς τοῦ Ἡραίου τῆς ὀροφῆς κατ' ἐμὲ ἀνασκευαζομένης ἐνταῦθα ὁμοῦ τοῖς ὅπλοις εὑρέθη κείμενος. Der wortlaut scheint zu zeigen, dass Pausanias den λόγος nicht gehört sondern gelesen hat, was dann am ehesten auf ein periegetisches buch führt [1]). Wenn er an der zweiten stelle κατ' ἐμέ sagt, so ist das wohl nur einer der vielen belege für seine arbeitsweise [2]), und trägt Gurlitts schluss nicht dass 'die ἡλικία des A. in die lebenszeit des Pausanias fällt' und die reparatur des daches 'bei gelegenheit des besuches Hadrians erfolgte'. Solche ausbesserungen müssen häufig gewesen sein; vielleicht wurde eine grössere durch das erdbeben von ca. 40 n. Chr. notwendig [3]), sodass es sich immer noch um ein junges buch handeln würde von der art wie sie Pausanias selbst gelegentlich einsieht. Der name A. ist in Olympia nicht selten. Aber mit dem Ἀ. Κύρου Ἰαμίδης [4]) kann man den ἐξηγητής nur identifizieren wenn Pausanias untechnisch spricht: der Iamide war μάντις, der beamtete exeget seiner zeit ist Πολυχάρης Ἀριστοκράτους. Dass der perieget die schlacht in der Altis 364 v. Chr. mit dem spartanischen krieg von 401 verwechselt verhilft nicht zu näherer zeitbestimmung: wenn der hoplit ἐκτὸς τῆς Ἄλτεως bestattet wird, verliert die geschichte die letzte verbindung mit dem tropaion.

413. SKOPAS (?) 414. ARISTODEMOS VON ELIS
415. OLYMPIONIKENLISTE VON OXYRHYNCHOS
416. ZUR OLYMPIONIKENLISTE

Der erste autor ist vor-Varronisch [1]), der name ganz unsicher [2]), das einzige fragment eine der mehr oder weniger ausführlichen notizen zu den einzelnen siegern: es besteht nicht der geringste grund zum zweifel an dem titel 'Ολυμπιονῖκαι. Auch für Aristodemos weisen die fragmente auf die einleitung zu einer Olympionikenliste [3]); seine zeit ist unsicher, da die identifikation des Eleers mit Aristarchs schüler A. von Theben und Alexandreia [4]) mindestens nicht erweisbar ist. No. 415, auf dem verso einer rechnung von ca. 200ᵖ und etwa 250ᵖ geschrieben, ist auszug, den sich ein interessierter mann, lehrer oder gelehrter, gemacht hat. Die nächste parallele ist der etwas frühere auszug aus der athenischen königs- und archontenliste P. Ox. 1613. Von der gelehrsamkeit der älteren listen ist ein kleiner rest in den beischriften zu col. I erhalten, deren auflösung zweifelhaft ist [5]). Der text ist nicht besonders gut, und von den varianten in den namen ist kaum etwas brauchbar. Die vorlage ist nicht festzustellen [6]).

(413 F 1) Pausan. 6, 8, 2 ἐς δὲ πύκτην ἄνδρα, γένος μὲν 'Αρκάδα ἐκ Παρρασίων, Δάμαρχον δὲ ὄνομα, οὔ μοι πιστὰ ἦν πέρα γε τῆς ἐν 'Ολυμπίαι νίκης ὁπόσα ἄλλα ἀνδρῶν ἀλαζόνων [7]) ἐστὶν εἰρημένα, ὡς ἐξ ἀνθρώπου μεταβάλοι τὸ εἶδος ἐς λύκον ἐπὶ τῆι θυσίαι τοῦ Λυκαίου Διός, καὶ ὡς ὕστερον τούτων ἔτει δεκάτωι γένοιτο αὖθις ἄνθρωπος. οὐ μὴν οὐδὲ ὑπὸ τῶν 'Αρκάδων λέγεσθαί μοι τοῦτο ἐφαίνετο ἐς αὐτόν, ἐλέγετο γὰρ ἂν καὶ ὑπὸ τοῦ ἐπιγράμματος τοῦ ἐν 'Ολυμπίαι. ἔχει γὰρ δὴ οὕτως· « Υἱὸς Δινύτα Δάμαρχος τάνδ' ἀνέθηκεν / εἰκόν' ἀπ' 'Αρκαδίας Παρράσιος γενεάν» [8]).

(414 F 1) S. ob. p. 222, 29 ff.   (2) Lex.Rhet. p. 249, 4 (Et. M. p. 331, 24) ἦσαν δὲ τὸ παλαιὸν ἐννέα, εἶτα δέκα (δύο Et.), εἶτα πεντήκοντα (ἦ Et.) τὸ τελευταῖον. Die vollständigste reihe hat Pausan. 5, 9, 4-6 leider mit einer schweren korruptel: 1 Hellanodike aus οἱ ἀπὸ 'Οξύλου von Iphitos bis ol. 49 (584); 2 ἐξ ἁπάντων λαχοῦσιν 'Ηλείων (was gewiss mit recht bezweifelt wird) ol. 50 (580); 9 ol. †25 (—); 10 δευτέραι ἀπὸ ταύτης ὀλυμπιάδι (—); 12, εἷς ἀπὸ φυλῆς ἑκάστης, ol. 103 (368); 8, nach dem verlust eines grossen teiles der Perioikis, ol. 104 (364); 10 ol. 108 (348), καὶ ἤδη τὸ ἀπὸ τούτου διαμεμένηκεν ἐς ἡμᾶς. Aristodemos gab die zahl seiner zeit. Wenn Aristoteles wirklich 'zuletzt 9' gab, wird man nicht die 'Ηλείων πολιτεία danach datieren, sondern die zahl aus Hippias ableiten, und dann muss man die verdorbene zahl bei Pausanias entsprechend korrigieren; Boeckhs änderung von ol. 25 in 95 (400) ist wahrscheinlicher als die konkurrenz-

änderung in ol. 75 (480) ⁹), zumal sie durch die bemerkung gestützt wird, dass die zweizahl ἐπὶ πλεῖστον ἀπὸ ἐκείνου (ol. 50) διέμεινε. Die zahl 9 müsste dann auch Hellanikos gegeben haben; aber das Pindarscholion ist hoffnungslos korrupt, und mit dem doppelzitat Ἑλλάνικος καὶ Ἀριστό-
5 δημος ist überhaupt nicht viel anzufangen; möglich ist schliesslich, dass A. den Hellanikos zitiert hat.

(415) Die wertvollen aufklärungen, die auch die nackte namenliste für die literatur- und kunstgeschichte gebracht hat, können hier nicht rezensiert werden; und die nachrichten über die einzelnen athleten, die
10 einen begriff von dem ursprünglichen reichtum der tradition geben, gehören in eine 'rekonstruktion' der liste ¹⁰). S. den kommentar von Grenfell-Hunt und Robert *Herm.* 35, 1900, p. 141 ff. Neudruck, mit nicht wirklich vollständigem apparat, von Janell *Klio* 21, 1927, p. 344 ff.

(416 T 1—2) S. ob. p. 225, 24 ff. (T 3) Ob. p. 223, 39 ff. Es ist
15 schwerlich zufall, dass die kritik nicht im eingang der Lykurgvita steht, wo Plutarch sich vielmehr auf Aristoteles und den zuerst (? Einltg. n. 34) von diesem zur zeitbestimmung verwendeten diskos beruft, sondern im eingang zur Vita Numas, für den der verkehr mit Pythagoras das zentrale chronologische problem ist. In der Olympionikenliste war das problem
20 die identifikation des Pythagoras, das seit spätestens Eratosthenes (und Duris) behandelt ist; s. zu 76 F 62; 241 F 11; 244 F 29. (T 4) Einltg. n. 31. (T 5—7) Über die anolympiaden ob. p. 224, 27 ff., und über die pisatischen könige Einltg. n. 36. Pantaleon (vgl. Pausan. 6, 21, 1) mag historische figur aus dem zweiten Messenischen Krieg sein
25 (Strab. 8, 4, 10 aus Apollodor). Ich bin zweifelhaft ob die schauergeschichte bei Aristot.-Herakleid. 6 (Ἠλείων πολιτεία?) wirklich auf den historischen könig geht; aber dass ein pisatischer könig in der Ἠλείων πολιτεία vorkommt, ist längst damit erklärt dass Aristoteles keine Πισατῶν πολιτεία geschrieben hat (vgl. Einltg. n. 34; 35). T 5 kann nur
30 im zusammenhang der angeblichen urgeschichte der spiele besprochen werden. Trotz der starken verkürzung ist deutlich dass Apollodor die (z.t. auf Homer gestützten) ansprüche der Pisaten und die der Eleer (bezw. Dorier) gegen einander abgewogen hat. Da er in den grundzügen die geschichtskonstruktion des Ephoros akzeptiert hatte, konnte das er-
35 gebnis nur ein kompromiss sein: er verwarf die pisatische interpretation Homers, liess wie Ephoros (n. 1) die μυθικαὶ καὶ παλαιαὶ ἀποδείξεις mit ἐᾶσαι γὰρ δεῖ τὰ παλαιά beiseite, und sah in der langen pisatischen vorstandschaft, die er wegen der überlieferung über den zweiten Messenischen Krieg anerkannte, ein τὴν οἰκείαν ἀπολαβεῖν. (T 8) Die er-
40 klärung liefert Euseb: ol. 211 war keine anolympias und ist erst recht

nicht 'aus dem register gestrichen' (wie Hitzig-Blümner *Paus.* II 2 p. 829 wollen). Fragen kann man nur ob 65ᵖ doch eine formlose feier mit einigen wettspielen gehalten ist, oder ob Xenodamos 67ᵖ als pankratiast gesiegt hat. (**T 9**) Steht ganz am anfang der behandlung von Olympia, unmittelbar hinter dem abschnitt über den Alpheios 5, 7, 1-5 ἀφικομένωι δὲ ἐς Ὀλυμπίαν ἐνταῦθα τὸ ὕδωρ ἐστὶ τοῦ Ἀλφειοῦ κτλ. Das zitat ist wohl identisch mit gewöhnlichem Ἠλεῖοι [11]), nicht (wie Jüthner *op. cit.* p. 110 möchte) mit den kurz vorher (5, 4, 5-6 = F 1) zitierten Ἠλείων γράμματα ἀρχαῖα, d.h. der Olympionikenliste [12]). Es stammt dann aus irgendwelchen Ἠλιακά, die die pisatische tradition annektiert haben [13]) und deshalb dem Daktylen Herakles zuschrieben was Komarchos 410 F 1 erst von dem thebanischen Herakles erzählt zu haben scheint. Oder wenigstens der agon der götter ist spät und ins blaue erfunden von den ἀποσεμνύνοντες [14]). Nichts spricht für vermittlung gerade durch Polemon.

(**416 F 1**) Phlegon 257 F 1 § 2 Ἴφιτος ὁ Αἵμονος, ὡς δὲ ἔνιοι Πραξωνίδου, ἑνὸς τῶν ἀπὸ Ἡρακλέους, Ἠλεῖος. Euseb. Hier. *Canon* p. 86 Helm *Ifitus, filius Praxonidis sive ⟨H⟩aemonis* [15]). In dem ἐπίγραμμα τὸ ἐν Ὀλυμπίαι darf man nicht mit Hitzig-Blümner *Paus.* II 1 p. 293 u.a. den diskos im Heraion [16]) sehen. Mit ihm konnte sich die Olympionikenliste, d.h. letztlich Hippias, nicht in widerspruch setzen; es sei denn dass Hippias den diskos noch nicht kannte, und das wird man aus dieser stelle nicht zu schliessen wagen [17]). Gemeint ist offenbar das denkmal vor dem Zeustempel — Ἴφιτος ὑπὸ γυναικὸς στεφανούμενος Ἐκεχειρίας, ὡς τὸ ἐλεγεῖον τὸ ἐπ' αὐτοῦ φησίν [18]). Es scheint weihgeschenk des Mikythos gewesen zu sein [19]), und ist dann älter als Hippias. Der dichter des epigramms hat Haimon als vater des Iphitos wahrscheinlich nach dem vater des Oxylos [20]) erfunden. Die 'vulgata' Praxonides ist unerklärt; man denkt an den (späten?) stammbaum der familie, in dem die namen Oxylos und Iphitos vorkommen [21]). 'König' von Elis war Iphitos weder in Pausanias' quelle noch in der des Africanus [22]), während ihn Phlegon einmal so nennt [23]). Wir sehen auch nicht wie man ihn zum nachkommen des Herakles [24]) machen konnte. Für Hippias wird zu seiner legitimation die abkunft von Oxylos genügt haben [25]), und die ist vermutlich konstruktion: die ansicht, dass 'die Oxyliden' bis ca. 580 die spiele geleitet hätten, ist schon deshalb unglaublich, weil sie etwa um diese zeit von den Eleern übernommen sind [26]). (**F 2**) Den sieg des Pheidolas selbst datiert Pausanias nicht. Die schwierigkeit, dass das epigramm der söhne zwei olympische siege mit dem gleichen rennpferd gibt, hebt Bergks παίδων τ' leicht; aber die dann notwendige annahme Pregers [27]) das Pheidolas vor ol. 68 zweimal gesiegt hat, einmal mit der stute Aura und das zweite mal mit dem hengst Lykos, ist nicht ohne bedenken. Es gab über diese sieger auch ausserolympische überlieferung, und *Anth. Pal.* 6, 135 hat ein epigramm auf das pferd des Pheidolas [28]) unter Anakreons namen. (**F 3**) Die diskussion knüpfte an Θηβαίων δημόσιον τέθριππον [29]) in Hippias' liste. Die geschichte von Lichas [30]) ist nach Thukyd. 5, 50, 4 (der beweist welches aufsehen der fall erregt hatte) und Xenophon *Hell.* 3, 2, 21 gewiss auch von anderen historikern des 4. jhdts behandelt als eine der αἰτίαι des spartanisch-eleischen krieges von 401 v. Chr. Wir wüssten gern, ob Hippias' liste diese (und ähnliche) notiz(en) in der siegerliste hatte. Dann zeigt Pausanias den abstand der späteren listen von ihm: denn Hippias kann nicht von einer schlacht in der Altis [31]) gesprochen haben. (**4**) Paus. 10, 23, 14; Euseb. p. 97 a 27 Karst Δάδας (*Lagas* Arm) Αἰγεὺς στάδιον. (**5**) Der widerspruch zwischen exegeten (deren sonstige erwähnungen ich nicht zusammenstelle) und siegerliste beruht wohl nur darauf dass einer der Ζᾶνες stiftung der Rhodier war, und dass die exegeten dies auf den fall des Philostratos deuteten. Die bestraften, oder von vorn herein vom agon ausgeschlossenen, standen natürlich nicht in der liste, und akten neben ihr sind fraglich; aber tatsachen aus 68 v. Chr. konnten bekannt und in der mündlichen tradition der exegeten weiter gegeben sein. Stratonikos war einer der berühmtesten athleten des 1. jhdts; s. Förster *Die Sieger* no. 570/1. (**6**) Auszug aus einer Olympionikenliste. Der stein ist an der wahrscheinlichen stätte des gymnasiums Kynosarges gefunden, war also wohl in diesem aufgestellt [32]). Der erste teil stimmt, so weit erhalten, zu der gewöhnlichen geschichte der spiele; für den zweiten, von dem nur der anfang erhalten ist, glaubt man *a priori* die annahme Sauppes, dass er die athenischen sieger enthielt. Das einfache οἵδε der überschrift widerspricht ihr nicht; aber warum sie erst mit dem zweiten sieg des Pantakles bezw. mit seinem sieg im δίαυλον beginnt, hat noch niemand erklärt [33]). Vielleicht liegt die erklärung gerade darin dass es nicht der stadionsieg von ol. 22 [34]) war; d.h. dass das exzerpt, aus welchem grunde immer, nicht die offizielle folge der agone beliebte. Nächste parallele ist die liste der sieger von Keos *I G* XII 5 no. 608 [35]) von gegen 400 v. Chr. Erhalten sind in ihr nur die sieger an den Isthmien und Nemeen, soweit feststellbar, ohne die ordnungszahl der feier. Also mag man mit Hiller darauf hinweisen, dass der athenische auszug vielleicht gerade in der zeit gemacht ist in der Timaios, 'qui Olympiadibus insignem operam navavit', in Athen lebte.

XIX. EPHESOS

Die literatur über Ephesos beginnt frühestens im letzten drittel des 5. jhdts. Es mag hier dahinstehen ob in Ephesos eine alte chronik geführt ist oder eine beamtenliste mit notizen bestand [1]); die Ὧροι des Kreophylos beweisen es jedenfalls nicht [2]). Wir kennen, und um 200 v. Chr. kannte man, nur zwei bücher über die geschichte der stadt [3]) — wohl ein grund mehr Stiehles änderung der Σιφνίων ὧροι des Malakos [4]) in Ἐφεσίων abzulehnen. Die Χρυσῆ βίβλος des Ephesiers Themistagoras, deren drei fragmente über Ionien handeln und eines davon über Ephesos, war nach dem titel ein sammelwerk wie Dorotheos' Πανδέκτης [5]), Pamphilos' Λειμών, Sotions Κέρας Ἀμαλθείας u.a., die in Bd. IV zusammengestellt sind. Eine epische Ἐφεσίς hat es nicht gegeben: der iambograph Aischrion von Samos [6]), aus frühhellenistischer zeit oder noch dem 4. jhdt, kommt als verfasser eines epos überhaupt nicht in frage; und die Vita des epikers Aischrion von Mitylene [7]) ὃς συνεξεκδήμει Ἀλεξάνδρωι τῶι Φιλίππου und Ἀριστοτέλους γνώριμος καὶ ἐρώμενος gewesen sein soll, ist von Hercher [8]) als erfindung des Ptolemaios Chennos erkannt. Das zitat eines Αἰσχρίων ἐν ζ Ἐφεσίδων [9]) (Schol. Lykophr. Al. 688) über die von Zeus unter den Pithekussai begrabenen Giganten ist verdorben; den richtigen titel ἐν ταῖς Ἐφημερίσιν gibt Tzetz. Chil. 8, 398 ff., und es ist kein zweifel dass hier der erfundene autor des Chennos gemeint ist. Es heisst γένει Μιτυληναῖος und erzählt eine Alexanderanekdote. Bei Pausan. 5, 5, 9, der über den elischen Akidas-Iardanos etwas von einem ἀνὴρ Ἐφέσιος 'gehört' haben will, versteht man gewöhnlich den geographen Artemidoros von Ephesos.

417. KREOPHYLOS VON EPHESOS
418. EUALKES VON EPHESOS

Terminus ante für beide autoren ist die inschrift von Priene von ca. 200 v. Chr. Für K. kommen wir höher hinauf durch den ionischen dialekt[1]); den *term. post* 431 gibt die kenntnis der Euripideischen Medea [2]). Er schrieb also frühestens im letzten drittel des 5., vielleicht auch erst im ersten des 4. jhdts, und war dann wohl der älteste autor über Ephesos. Eualkes ist nicht genauer zu datieren; aber er hat schon die jüngere titelform Ἐφεσιακά. Es besagt nicht viel, verdient aber erwähnung, dass keiner von beiden in Dionys' liste der schriftsteller steht, die älter als Thukydides oder seine zeitgenossen waren [3]); und dann mag man gleich auch

auf K.s gebrauch von λέγεται verweisen, das den einfluss der mythenkritik des Hekataios und Hellanikos verrät [4]). Ein autor dieser zeit ist natürlich eine historische person: nur unter dem druck des vorurteils kann Wilamowitz behaupten, dass 'die ephesische chronik den namen des
5 epikers Kreophylos trägt' [5]).

(**417 F 1**) Das exzerpt aus der gründungsgeschichte von Ephesos setzt erst mit dem letzten stadium ein und ist am anfang nicht wörtlich, sondern überschriftartig (wie oft in solchen exzerpten) zusammengezogen: es war vorher erzählt wer die kolonisten waren, und woher sie
10 kamen; wie ihre führer, ihre gegner, und die dem festland vorgelagerte insel hiess, die sie zuerst okkupierten [6]). Gewöhnlich sieht man in οἱ τὴν Ἔφεσον κτίζοντες Androklos [7]), und das liegt umso näher als die schematisierende athenische geschichte 'der' Ionischen Wanderung ihm einen besonders ehrenvollen platz angewiesen hatte: nach den im anfang des
15 5. jhdts erschienenen *Historiai* des Atheners Pherekydes war er 'echter sohn des Kodros'', führer der Ἰώνων ἀποικία, und gründer von Ephesos, wo dann τὸ βασίλειον τῶν Ἰώνων ist, und die Βασιλίδαι als seine nachkommen gelten [8]). Diese version ist verständlich aus den verhältnissen der zeit: die königstrasse Susa-Sardes erreichte in ihrer verlängerung das
20 meer bei Ephesos; Ephesos stand spätestens seitdem neben Milet, und ist nach der katastrophe Milets mehr und mehr zur ersten stadt Ioniens geworden [9]). Dass nun um 100 v. Chr., als diese stellung von Ephesos noch ausgesprochener geworden war, der Ephesier Artemidor diese version der des Hellanikos vorzog [10]), beweist freilich nicht ohne weiteres
25 für einen autor von ca. 400 v. Chr.; ein solcher kann, wie Ion und (mit anderer tendenz, weil unter anderen politischen verhältnissen schreibend) Timotheos von Milet [11]), die ableitung von Athen überhaupt verworfen haben [12]); und wenn er es tat, ist nicht sicher zu sagen was er an ihre stelle setzte. Er kann z.b. den gründer Androklos beibehalten, aber ihn
30 direkt aus der Peloponnes haben kommen lassen. Nicht einleuchtend ist mir dagegen Wilamowitz' ganz selbstverständlich gegebene beziehung des eingangssatzes auf 'die Samier' [13]). Die historische frage, ob Ephesos von Samos aus besiedelt ist (wofür manches spricht), muss da ganz beiseite bleiben: auch wenn das faktum bekannt war, ist es m.e. ausgeschlossen
35 dass ephesische Horoi es akzeptierten; und die überlieferung zeigt denn auch dass es nicht der fall war. Sie weiss einerseits davon dass ἀφείλετο δὲ καὶ Σάμον (dessen besiedler Prokles ist und dessen bewohner ἀνάγκηι πλέον ἐδέξαντο ἢ εὐνοίαι συνοίκους Ἴωνας) Ἄνδροκλος Σαμίους καὶ ἔσχον Ἐφέσιοι χρόνον τινὰ Σάμον καὶ τὰς προσεχεῖς νήσους [14]), und andrerseits dass 'die Ephesier'
40 nachkommen von aufständischen samischen sklaven sind [15]). Das sind offen-

bar reste einer langen polemik zwischen den lokalhistorikern von Ephesos und Samos (analog der literarischen fehde zwischen Athen und Megara und vielem ähnlichen), und es ist nicht zweifelhaft welchen standpunkt die ephesischen autoren einnahmen. Damit wird die gleichung von οἱ τὴν Ἔφεσον κτίζοντες mit Samiern unmöglich. Im übrigen ist für die wertung der geringen überbleibsel aus den lokalen ionischen Κτίσεις und Ὧροι zu beachten, dass — ob sie den allgemeinen athenischen anspruch anerkannten oder nicht — sie deshalb nicht die viel detailliertere lokale tradition aufgaben, sondern sie irgendwie anpassten [16]). Diese lokale tradition enthielt gewiss nicht wenige historisch brauchbare elemente, daneben freilich auch erfundenes, z.t. recht jung erfundenes. Das muss in jedem einzelnen fall untersucht werden. In dem von F 1 liegt der wert von K.s angaben für die topographie von Alt-Ephesos auf der hand [17]); und es scheint dass auch Strabon (d.h. Artemidor) dieser tradition folgte [18]). Ich bezweifle auch nicht, dass in unserer überlieferung über die ältere geschichte von Ephesos mehr von K. steckt; nur lässt sich nirgends ein strikter beweis führen. Auch das verhältnis von Eualkes und Baton zu K. ist nicht kenntlich. Hier, wie überall, muss die lokale überlieferung zunächst ohne rücksicht auf autorennamen zusammengestellt werden.   (2) Wilamowitz *Sb. Berlin* 1906 = *Kl. Schr.* V 1 p. 128 ff.   (3) *Bibl.* I, 146 τοὺς δὲ παῖδας οὓς εἶχεν (Medeia) ἐξ Ἰάσονος, Μέρμερον καὶ Φέρητα, ἀπέκτεινε καὶ . . . ἦλθεν εἰς Ἀθήνας. λέγεται δὲ ‹καὶ› ὅτι φεύγουσα τοὺς παῖδας ἔτι νηπίους ὄντας κατέλιπεν, ἱκέτας καθίσασα ἐπὶ τὸν βωμὸν τῆς Ἥρας τῆς Ἀκραίας, Κορίνθιοι δὲ αὐτοὺς ἀναστήσαντες κατετραυμάτισαν. Paus. 2, 3, 6-7; Philostrat. *Heroik.* II p. 157 Kayser. Wilamowitz' zuweisung an den horographen [19]) hat J. Tolstoi *R. E. Gr.* 43, 1930, p. 143 ff. gegen Robert *Heldensage* p. 187 und Séchan *R. E. Gr.* 40, 1927, p. 266 ff. verteidigt. Das auch in F 1 vorkommende λέγεται beseitigt m.e. den letzten zweifel und erledigt die sonst mögliche annahme, dass Didymos (in Περὶ ξένης ἱστορίας?) sich durch ein schwindelzitat hat täuschen lassen. Wie Medea in die chronik von Ephesos kam ist freilich schwer zu sagen [20]); aber für die Οἰχαλίας ἅλωσις des epikers K. ist diese geschichte ausgeschlossen. Also kannte K. den kindermord Medeas, 'eine freie erfindung des Euripides', und versuchte ihn mit der älteren tradition auszugleichen. Damit wird Stiehles änderung des Ἡρόφιλος [21]) der Pindarscholien möglich, aber nicht wahrscheinlich.

(418 F 2) Mit welchem recht Bürchner das heiligtum der Ἀφροδίτη Ἑταίρα in dem Ἀφροδίτης τέμενος bei Polyaen. *Strat.* 5, 19 erkennt, weiss ich nicht. Das letztere lag an der küste. Polyaens quelle für die seeschlacht bei Ephesos zwischen Rhodiern und Ptolemaios' admiral

Chremonides im j. 260 v. Chr. (?) [22]) ist unbekannt, und das fragment kann nicht zur zeitbestimmung des Eualkes verwendet werden.

419. XENOPHON VON EPHESOS

Unter diesem namen, der so gut wie sicher pseudonym ist, sind Τῶν κατὰ Ἄνθειαν καὶ Ἁβροκόμην Ἐφεσιακῶν (λόγων) βιβλία ε̄ erhalten, also vielleicht eine epitome des originalen werkes. Man kann dann zweifeln ob καὶ περὶ τῆς πόλεως Ἐφεσίων zum titel des romans gehört oder ein zweites werk deckt. Aber die Suda hatte eine längere schriftenliste vor sich [1]). Wenn die letztere eventualität zutrifft, so war es schwerlich ein 'geschichtswerk' [2]), eher eine periegese [3]), die gerade für Ephesos im 2. und selbst noch im 3. jhdt n. Chr. nicht unmöglich erscheint: X. ist mit ihr ein später nachfolger des Demokritos von Ephesos [4]). Seine zeit ist nicht genauer zu bestimmen.

420. CHERSIPHRON-METAGENES

Vitruv. *De arch.* 7 praef. 16 *primumque aedis Ephesi Dianae ionico genere ab Chersiphrone Gnosio et filio eius Metagene est instituta, quam postea Demetrius ipsius Dianae servus et Paeonius Ephesius dicuntur perfecisse* [1]). Strab. 14, 1, 22 τὸν δὲ νεὼν τῆς Ἀρτέμιδος πρῶτος μὲν Χερσίφρων ἠρχιτεκτόνησεν, εἶτ' †ἄλλον [2]) ἐποίησε μείζω· ὡς δὲ τοῦτον Ἡρόστρατός τις ἐνέπρησεν, ἄλλον ἀμείνω κατεσκεύασαν κτλ. Plin. *N. H.* 7, 125 *laudatus est et Chersiphron* [3]) *Gnosius aede Ephesi Dianae admirabili fabricata* [4]). Die zeugnisse über das Artemision sind zusammengestellt von Kukula *Forsch. in Ephesos* I, 1906, p. 237 ff. Da Ch. in der zeit des Kroisos lebte [5]), von dem αἵ τε βόες αἱ χρύσεαι καὶ τῶν κιόνων αἱ πολλαί gestiftet sind [6]), und unter dessen regierung die verlegung der alten stadt aus Koressos erfolgte [7]), ist eine schrift weder von ihm noch von seinem sohn glaublich [8]). Sie ist möglich für die vollender des baues um 450 v. Chr. [9]), Paionios und Demetrios, die über die geschichte des baues und die angewendeten techniken gesprochen haben werden. Es wird ein irrtum Vitruvs anzunehmen sein. Auszüge aus dem buch bei Vitruv. 10, 2, 11-12 und Plin. *N.H.* 36, 95-97.

XX. EPIDAUROS

Ausser gedichten und 'Heilungen' [1]), die hier abzudrucken sinnlos wäre, scheint Epidauros keine eigene literatur erzeugt zu haben. Die stadt ist nicht unter Argos gestellt, weil sie (wie ja auch die eigene politie zeigt) in literarischer zeit dauernd selbständig war und auch in ihrer archaeologie alle argivischen ansprüche bestritt [2]). Das material für eine geschichte in Hiller von Gaertringens 'Prolegomena' zu *IG* IV 1 (1929); s. ferner Wilamowitz 'Isyllos von Epidauros' *Ph. U.* 9 (1886); Philippson-Kern *RE* VI, 1909, col. 56 ff. (unzureichend, aber mit literaturverzeichnis).

XXI. ERYTHRAI

Es kann mehr gegeben haben. Aber ob Demetrios von Erythrai, ein ποικιλογράφος ἄνθρωπος [1]), auch über seine heimat geschrieben hat, ist nicht zu sagen.

421. HIPPIAS VON ERYTHRAI

Wenn die Ionier erst im 2. buch stehen, muss H. die urgeschichte sehr ausführlich behandelt haben. Seine zeit ist unbestimmbar; stil und fehlen des dialekts warnen vor zu frühem ansatz; aber in die hellenistische zeit wird er noch gehören [1]), und war vielleicht älter als sein landsmann Apollodor.   (1) Ein besonders deutliches beispiel für den zusammenstoss der für jeden ort verschiedenen lokalen tradition mit der athenischen konstruktion von einer einheitlichen Ionischen Wanderung und für die schwierigkeiten, die den lokalhistorikern daraus erwuchsen [2]). Knopos gilt als unehelicher sohn des Kodros und gründer bezw. erster griechischer besiedler von Erythrai [3]); die gattin Kleonike und der bruder Hippotes sind sonst nicht bezeugt. Aber dass Hippotes neben Knopos steht weist vielleicht schon auf die verhältnisse der späteren zeit, in der nicht ein könig, sondern eine tyrannenfamilie dem adel gegenübersteht. H. spricht ganz richtig von dem versuch einer abschaffung der βασιλεία, ἵνα ὀλιγαρχίαν καταστήσωνται [4]), malt aber die letztere (der terminus ὀλιγαρχία ist bezeichnend) mit den farben, die wir aus Asios für die aristokratie von Samos [5]), aus Xenophanes für die von Kolophon [6]) und aus Baton für die tyrannis von Ephesos [7]) kennen. Der einzelzug p. 318, 7 ff. erinnert so stark an Tyrtaios [8]) dass man ihn als zeitindiz verwenden darf. Auch Chios steht schon unter tyrannen, während für Ion 392 F 1 (der nichts von 'der' Ionischen Wanderung

Jacoby, Fragm. Griech. Hist. III b

weiss oder wissen will) nicht nur Amphiklos sondern auch sein vierter nachkomme noch könige sind. Wieder steht bei H. neben Amphiklos ein Polyteknos, den Ion nicht kennt; er ist auch sonst so unbezeugt wie die namen der erythraeischen tyrannen, die deshalb nicht erfunden zu sein brauchen. Also hat H. die zustände der tyrannenzeit und der entarteten aristokratie aus dem 7/6. jhdt in die anfänge der geschichte der griechischen stadt übertragen. Man denkt daran dass Ephoros [9]), der lokale bücher benutzte, von einer στάσις in Ephesos schon gegen die söhne des Androklos erzählte. Wie er und H. sich mit der chronologie abfanden, und womit sie die drei leeren jahrhunderte füllten, ist nicht zu sagen. Auch bleibt es so fraglich wie im falle des Kreophylos [10]), ob man die hauptpunkte von H.s darstellung der urgeschichte bis auf Knopos, der συλλέξας ἐξ ἁπασῶν τῶν ἐν Ἰωνίαι πόλεων ὅσους δὴ παρὰ ἑκάστων ἐπεισήγαγεν Ἐρυθραίοις συνοίκους, bei Paus. 7, 3, 7 finden darf. Wieder erscheint der hinweis auf Ephoros' erklärung der ephesischen phylen Τήιοι und Καρηναῖοι angebracht; gesprochen hat er von der kolonisation und den früheren bewohnern der stadt zweifellos. Wie für Ephesos und andere städte gibt es mehr aus der älteren zeit was sich nicht auf einen bestimmten autor zurückführen lässt; aber es kann mindestens z.t. aus H. stammen, wenn auch selten direkt [11]). *p. 317*, 20 Ἀρτέμιδι Στροφαίαι] Vgl. Polemon Schol. Pindar. *Ol.* 7, 95; Eitrem *Beiträge* III, 1920, p. 165.

422. APOLLODOROS VON ERYTHRAI

Die zeit des autors ist nicht genauer zu bestimmen als dass er vor Varro geschrieben hat [1]). Denn wir haben zwar eine ungebrochene reihe von zeugnissen über die Erythraeerin seit der zeit Alexanders [2]), aber keine daten für die geschichte des kultes [3]) vor dem neubau ihres grottenheiligtums, den man auf etwa 162 n. Chr. datiert [4]). Es ist auch nicht sicher ob A. über Erythrai geschrieben oder eine spezialschrift von der art der bücher Περὶ τοῦ ἐν Ἑλικῶνι ἀγῶνος [5]), Περὶ τοῦ Γρυνείου Ἀπόλλωνος [6]) u.ä. publiziert hat, etwa bei der offiziellen einführung des kultes und in jedem fall zur begründung der ansprüche von Erythrai. **(1)** Die tradition über die Sibyllen hat Rzach [7]) zusammengestellt und sorgfältig behandelt. Den katalog von zehn namen — bei dem Pontiker Herakleides sind es erst drei [8]), wie man auch drei Bakides unterschied — mit belegen für die einzelnen verdankt Varro gewiss einer griechischen quelle, die sich aber nicht näher bestimmen lässt: es hat keinen zweck auf Alexander Polyhistor oder — wegen des zitats Suda s.v. Σίβυλλα

Ἀπόλλωνος καὶ Λαμίας — auf Hermippos zu raten. Für die Erythraeerin, deren individualname Herophile ist [9]), und die mindestens in späterer zeit 'die weitaus berühmteste der griechischen Sibyllen' ist [10]), ist besonders wichtig der exkurs des Pausanias [11]), dessen quelle wieder unbestimmbar ist [12]), der aber gewiss durch den neubau der grotte in Erythrai angeregt ist. Pausanias hat Herophile an erster stelle [13]); kennt sie als urheberin eines spruches über den Trojanischen Krieg [14]); gibt die ausführlichsten nachrichten über sie, für die er οἱ Ἐρυθραῖοι· zitiert; und kennt deren argumente gegen den anspruch von Marpessos [15]). Es bleibt zweifelhaft ob der vertreter der Troas Demetrios von Skepsis war [16]); aber trotz gewisser bedenken (die darauf beruhen dass Pausanias nicht gewagt hat sich der erythraeeischen tradition vorbehaltslos anzuschliessen) scheint es nicht zu kühn, wenn wir uns aus diesem abschnitt ein bild von A.s arbeitsweise machen; denn die wesentlichen tatsachen sind die gleichen, die der stein von Erythrai hat. A. erkannte offenbar nur éine Sibylle an, behauptete ihre geburt in Erythrai, und fand sich mit den anderen ansprüchen dadurch ab dass er diese Sibylle andere orte in der weise Homers besuchen und längere oder kürzere zeit an ihnen sich aufhalten liess [17]) — womit wieder παρθένος οὖσ' ἀδμὴς πᾶσαν ἐπὶ χθόν' ἔβην der inschrift von der Sibyllengrotte stimmt. Nicht ganz sicher, und vielleicht nicht sehr wahrscheinlich, ob er wenigstens den tod in der Troas anerkannte [18]) — womit dann die parallele mit Homer vollständig würde. Leider lässt sich über die chronologie A.s sicher nur ausmitteln dass seine Sibylle bereits vor dem Trojanischen Krieg gelebt haben muss, nicht wie weit ihr leben in die historische zeit reichte. Die 900 jahre, die ihr die erythraeeische inschrift gibt [19]), könnten in die Alexanderzeit führen; aber die damals auftretende Sibylle heisst Athenais, und Strabon unterscheidet sie ausdrücklich von der ursprünglichen Erythraeerin [20]). Pausanias sagt nur πρὸ τοῦ πολέμου τοῦ Τρωικοῦ, Strabon vage τῶν ἀρχαίων τις. Dagegen datiert Euseb die *Sibylla Erythraea* in ol. 9, 2 (743/2) [21]) und hat die Samierin unter ol. 17 (712/9) und ol. 28 (668/5), was sich auf ereignisse der lydisch-griechischen geschichte beziehen wird, die in den orakeln vorkamen, wie z.b. auch der sturz der lesbischen thalassokratie, den nach Bocchus die Erythraeerin prophezeit hat [22]). Derselbe Bocchus, der das troische orakel der Delpherin zuschreibt, lässt die Erythraeerin *annis aliquot intercedentibus* folgen; der Pontiker Herakleides setzt die Hellespontische Sibylle *Solonis et Cyri temporibus* [23]) an. Aber nach Nikol. Dam. 90 F 67 lässt Kyros τὴν Ἡροφίλην καλουμένην χρησμῳδόν 'aus Ephesos' kommen, und Ephesos ist nicht Erythrai [24]). Wir haben da zu wenig.

XXII. EUBOIA

Die hauptquellen für die tradition über Euboia [1]) sind Strabon [2]) und die scholien Theons zu Lykophron und Apollonios. Sie schöpfen durch vermittlung älterer grammatiker — Lysimachos, Apollodor [3]) — aus den Εὐβοικά, die gelegentlich als solche [4]) oder mit dem autornamen zitiert werden. Einiges wenige ohne zitat bei anderen autoren ist in den anmerkungen verwendet; auch die sammelzitate no. 427 bieten dafür leider keinen platz. Die lokale literatur setzt wahrscheinlich schon im 4. jhdt ein. Wir kennen zwei bücher über Euboia und je eines über Chalkis und Eretria, also vielleicht alles was es gab. Souidas [5]) hat über Euboia wohl nur gelegentlich in den *Thessalika* gehandelt; der zusammenhang ist überall — nicht nur für die darstellung des Lelantischen krieges — eng [6]). Dagegen hat Dionysios von Chalkis nicht Εὐβοικά, sondern Κτίσεις geschrieben. Diese und die bücher Περὶ πόλεων (zusammengestellt in Bd. IV) stellen ein anderes εἶδος dar; es sind sammlungen, wie sie schon Hellanikos hat, nicht lokalgeschichten. Der gedanke, dass 'entsprechend der kolonisatorischen bedeutung von Chalkis die lokalgeschichte' sich in dieser richtung 'ausgewachsen hat' [7]), ist abwegig. Über benutzung von *Euboika* bei Aristoteles und Kallimachos s. zu no. 423; 425 F 1; 427 F 5.

423. ARISTOTELES VON CHALKIS

Als untere zeitgrenze gibt die anführung durch Lysimachos (F 2) ca. 200 v. Chr. Wenn Schwartz [1]) in der plagiatorenliste T 1 A.s namen richtig hergestellt hat (was keineswegs sicher ist) werden wir allerdings ins 4. jhdt hinaufgehen dürfen [2]), und dann könnte dieser A. eine der quellen seines grossen namensvetters für die Politieen euboeischer städte gewesen sein; aber konjektur und kombination sind keineswegs sicher. Sonst ist er nicht zu fassen; denn identifikation mit dem Aristokles-Aristoteles von Περὶ τῶν Ἑρμιόνης ἱερῶν [3]) oder dem zweifelhaften verfasser von Θεολογούμενα oder Τελεταί [4]) ist so unwahrscheinlich wie C. Muellers zuweisung des Peplos an ihn. Plin. *N. H.* 4, 64 wird man bei *Aristides* (no. 444) bleiben müssen, trotzdem die *varia lectio* Aristoteles möglich macht; ebd. 4, 70 ist *Aristoteles* hinter *Aristides* wahrscheinlich; Plutarch. *Erot.* 17 (s. zu 427 F 5) ist trotz Huber sicher der Stagirite.

(**1**) Der name gehört zu den Thessalien und Euboia gemeinsamen; die zugehörigkeit des euböischen ortes zu Chalkis bestätigt wohl Demosth.

21, 132 aus dem j. 349/8. Zur lage Strabon 10, 1, 3 (aus Apollodor), der wohl auch den zusammenhang gibt, in dem der ort bei dem lokalhistoriker vorkam [4a]): τάχα δ' ὥσπερ Βοὸς αὐλή λέγεταί τι ἄντρον ἐν τῆι πρὸς Αἰγαῖον τετραμμένηι παραλίαι, ὅπου τὴν Ἰώ φασι τεκεῖν Ἔπαφον, καὶ ἡ νῆσος ἀπὸ τῆς αὐτῆς αἰτίας ἔσχε τοῦτο τοὔνομα (an stelle von älterem Μακρίς und Ἀβαντιάς); vgl. Steph. Byz. s.v. Ἄργουρα · καὶ τόπος τῆς Εὐβοίας Ἄργουρα, ὅπου δοκεῖ τὸν Πανόπτην Ἑρμῆς πεφονηκέναι. Der bei Strabon vorher für die herkunft der Abanten aus dem phokischen Abai zitierte A. ist der Stagirite; es ist leider nicht sicher, dass auch er der version der Iogeschichte im Ps. Hesiodischen *Aigimios* [5]) folgte, etwa durch vermittlung des lokalhistorikers, der diese version naturgemäss bevorzugte; sicher nur, dass beide über die alten namen der insel [6]) handelten. Ohne uns auf die frage nach der bodenständigkeit des mythos (auch) in Euboia einzulassen [7]) — eine frage, vor die uns so viele lokalgeschichten stellen — und wie weit etwa im hin und her der üblichen polemik Argos seinerseits züge aus dem *Aigimios* aufgenommen hat [8]), vergleichen wir nur die übertragung auch der Ganymedesgeschichte nach Chalkis [9]). (2) Dass die Nereide einen wenigstens halbmenschlichen vater erhält [10]), ist sicher nicht 'missverständnis' [11]); eher sieht es nach rationalismus aus. Von besonderen beziehungen Achills zu Euboia oder kult dort ist nichts bekannt [12]). Aber ein sohn des Cheiron gilt weitgehend als gründer von Karystos [13]), das ὑπὸ τῆι Ὄχηι liegt [14]); und καὶ Ὄχη δὲ ἐκαλεῖτο ἡ νῆσος, καὶ ἔστιν ὁμώνυμον αὐτῆι τὸ μέγιστον τῶν ἐνταῦθα ὀρῶν [15]). Möglich auch dass von Thetis gelegentlich Aigaions (424 F 5) die rede war.

424. ARCHEMACHOS VON EUBOIA

Der mehrfach korrupte name [1]) ist genügend bezeugt. Den *t. ante* gibt F 9 aus Apollodor; das freilich arg verwirrte F 7 bringt ihn wahrscheinlich vor den Rhodier Apollonios in die erste hälfte des 3. jhdts [2]). Höher hinauf möchte ich wegen F 6 und 7 nicht gehen. A. scheint das abschliessende werk über Euboia geschrieben zu haben. Wenn man F 4 auf den streit um Halonnesos in der zeit Philipps beziehen darf, war das 4. jhdt und vielleicht die historische zeit überhaupt im 4. buch behandelt. Im 3. standen die nachtroischen wanderungen und die zeit Homers; es setzte also vielleicht mit dem Trojanischen Kriege ein. Dann bleiben volle zwei bücher für die archaeologie. Das führt darauf (und die fragmente, soweit sie gehen, bestätigen es) dass A. sich nicht streng auf sein thema beschränkte, vielleicht gemeingriechische unternehmungen voller erzählte als notwendig war, oder viel nicht eigentlich euboeisches für seine heimat reklamierte [3]). Möglich auch, dass die periegese grösseren raum beanspruchte [4]). (1) Die Böotische Wanderung ἐξ Ἄρνης 60 jahre nach dem Trojanischen Krieg war seit Hellanikos [5]) fester und bedeutsamer einschnitt in der frühgeschichte von Nord- und Mittelgriechenland. Dass auch Euboia von den völkerverschiebungen berührt ist und vertriebene bewohner Thessaliens sich im nördlichen teil der insel ansiedelten, wird allgemein angenommen; und es gibt wenigstens einige spuren davon in der antiken tradition [6]). Aber F 1 lehrt nur wie ausführlich A. diese wanderung behandelt hat. (2) Unzweifelhaft dass die beiden zitate aus dem gleichen kontext stammen; ihre kritik muss berücksichtigen dass sie aufs äusserste zusammengestrichen sind. Gegen Dübners kühne verbesserung von Stephanos aus Harpokration spricht vor allem dass auch die buchzahlen nicht stimmen; gegen Wyss' verteidigung der überlieferung weniger entschieden dass wir von einer *Artemis* des Antimachos sonst nichts wissen [7]). Vielleicht war C. Mueller mit der annahme eines doppelzitates auf dem richtigen wege [8]). Man wird ἀνακείμενον Ἀρτέμιδι ungern aufgeben: es führt auf eine geschichte, die vielleicht der von Artemis und Orion (der auch auf Euboia vorkommt: Strabon 10, 1, 4) ähnlich war. Der heros Kotylos ist unbekannt [9]); aber so heisst λόφος τις τῆς Ἴδης, oberhalb von Skepsis, auf dem Skamander, Granikos und Aisepos entspringen [10]). (3) Wegen ἐν Χίωι denkt Vogt [11]) an die wanderung eines teiles der Abanten von Euboia nach Chios [12]). Aber weder stimmt die chronologie [13]) noch erklärt sich so das zusammentreffen mit Hesiod, der in Chios nichts zu suchen hat. Der ortsname ist korrupt und muss verbessert werden nach *Hom. et Hes. Cert.* 5 τινὲς δὲ συνακμάσαι φασὶν αὐτοὺς ὥστε καὶ ἀγωνίσασθαι ὁμόσε ⟨γενομένους⟩ ἐν Αὐλίδι τῆς Βοιωτίας .... καὶ οὗτοι οὖν ἐκ τύχης, ὥς φασι, συμβαλόντες ἀλλήλοις ἦλθον εἰς τὴν Χαλκίδα [14]). Delos, das durch Philochoros [15]) als ort des zusammentreffens bezeugt ist, liegt palaeographisch und sachlich ab: der euböische autor hat so naturgemäss mit Hesiod. Opp. 654 gearbeitet wie der Athener Philochoros mit dem delischen Apollonhymnos. (4) Der buchtitel verlangt änderung des autornamens. Die beziehung auf den historischen streit um die insel ist nicht sicher, aber wegen der buchzahl wahrscheinlich. Dann hat A., wie andere lokalhistoriker gerade des 4. jhdts, auch hier in die allgemeine geschichte übergegriffen. Das war kaum zu vermeiden, wenn er von Philipps eingreifen in die verhältnisse von Euboia erzählte. (5) Erklärt durch den kontaminierten bericht Arrian. 156 F 92 ὅτι Βριάρεως, Γῆς καὶ Οὐρανοῦ παῖς (Hesiod. *Th.* 149), θαλαττοκρατήσας ὁρμητηρίωι ἐχρήσατο Εὐβοίαι τῆι

νήσωι, κἀκεῖθεν ὁρμώμενος κατεστρέψατο τὰς Κυκλάδας· ὃς καὶ Αἰγαίων ὠνόμασται ὑπὸ τῶν ἀνθρώπων (*Il.* A 403 f.). οὗτος δὲ καὶ αἰτίαν παρασχεῖν λέγεται τῶι Αἰγαίωι πελάγει εἰς ἐπωνυμίαν κτλ. [16]). Die kultische seite (die inschriftlich noch nicht bestätigt ist) bei Solin. 11, 16 *Titanas in ea anti-*
5 *quissime regnasse ostendunt ritus religionum*: *Briareo enim rem divinam Carystii faciunt, sicut Aegaeoni Chalcidenses*; *nam omnis fere Euboea Titanum fuit regnum*. Wir haben kein recht Steph. Byz. s.v. Κάρυστος· ἐκαλεῖτο δὲ καὶ Αἰγαία ἀπὸ Αἰγ‹αί›ωνος [17]) τοῦ δυναστεύοντος, ἀφ᾽ οὗ καὶ τὸ πέλαγος Αἰγαῖον gerade auf A. zurückzuführen; dazu ist die überlieferung zu
10 dürftig und auch zu zwiespältig [18]). Aber es ist wegen *Il.* A 396 ff. wohl möglich dass die Thetisgeschichte [19]) in diesem zusammenhang behandelt war.   (6—7) Wo A. so verhältnismässig ausführlich auf Ägypten eingegangen ist, ist schwer zu sagen. Aber F 6 gibt ein zeitindiz: er kann nicht vor der regierung des Ptolemaios I und nicht in ihren anfängen ge-
15 schrieben haben. Vielleicht gab die einführung der ägyptischen kulte auch in Euboia anlass zu einem exkurs; aber die paar erst in der 2. hälfte des 2. jhdts einsetzenden inschriften [20]) lehren da nichts. Durch Wendels im wesentlichen gewiss richtige ordnung des textes entfällt der titel Μετονομασίαι, der in den scholien zu Μετωνυμίαι verdorben ist, zu gunsten
20 Nikanors, dessen so betiteltes buch berühmt war [21]).   (8) A.s name fehlt in den anderen brechungen — Schol. Apoll. Rh. 4, 308; Schol. Lykophr. 631; Serv. Dan. Verg. *A.* 3, 211; Steph. Byz. s.v. Ἰόνιον πέλαγος — vielleicht weil man seine zu knapp exzerpierte erklärung nicht mehr verstand. Auch wir wissen nicht wer diese Ἰάονες sind, und bei welcher
25 gelegenheit sie umkamen [22]). Denn dass A. eine bestimmte gelegenheit im auge hatte — etwa bei der kolonisation des westens [23]) — möchte man nach der ganzen art der lokalhistorie annehmen.   (9) Eust. *Il.* I 525 p. 771, 34 ἰστέον δὲ ὅτι Κουρῆτες οἱ τὴν Πλευρῶνα οἰκοῦντες . . . . Εὐβοέων ἦσαν ἄποικοι. *Il.* B 542 p. 282, 3 hat er zwischen κληθῆναι und μετοι-
30 κῆσαι den zusatz καὶ ἀγάλματά εἰσιν παρ᾽ αὐτοῖς οὕτως ἔχοντα, der eher aus Scholien als aus einem volleren Strabon stammt. Die Kureten als volk gehören seit und auf grund von *Il.* I 529 ff. nach Aitolien, was A. nicht verwerfen konnte. Wenn er sie aus Euboia kommen lässt und so ihre geschichte nach oben verlängert, so wohl weil er sie mit den dämonischen
35 wächtern des Zeuskindes identifiziert, über die es reichere überlieferung gibt [24]). Leider gibt Strabons exzerpt weder den namen ihrer πολέμιοι in Euboia — dass sie 'dauernd' um das Ληλάντιον πεδίον kämpfen ist so selbstverständlich, dass man es beinahe nicht rückspiegelung aus historischer zeit nennen kann — noch den grund ihrer auswanderung
40 nach Aitolien, sodass wir sie nicht in die (überhaupt zu kurze) besied-

lungsgeschichte der insel bei Strabon 10, 1, 3 einreihen können; und bei Ps. Skymnos 566 ff. (= Ephoros?) fehlt ihr name. Man rät auf die Abanten, die für den Katalogisten *Il.* B 536 ff. in Euboia sitzen und, wie die Kureten, ὄπισθεν κομόωντες heissen.

425. PROXENOS

Habe ich von dem Hofhistoriographen des Pyrrhos [1]) getrennt, weil ὁ τὰ Χαλκιδικά distinktiv zu sein scheint. Das zitat bei Philodem stammt wahrscheinlich aus Apollodor; genauer lässt sich die zeit nicht bestimmen. (1) Gehört in die geschichte der Kureten von Euboia (424 F 9; 427 F 2). Κύμινδις, als eigenname nur hier, ist sicher ergänzt aus *Il.* Ξ 290 f. ὄρνιθι λιγυρῆι ἐναλίγκιος, ἥν τ' ἐν ὄρεσσι / χαλκίδα κικλήσκουσι θεοί, ἄνδρες δὲ κύμινδιν [2]). Die heroine wird in Chalkis als ἀρχηγέτις Χαλκίς verehrt [3]). In der gemeingriechischen tradition ist sie tochter des Asopos und eponyme von Euboia, das nach ihr Asopis hiess [4]), oder von Chalkis, als dessen alten namen Hekataios Εὔβοια gibt [5]). In der tradition der *Euboika* wird sie mit Kombe geglichen [6]) und heisst dann mutter der Kureten: Schol. T *Il.* Ξ 291 — neben deutung auf Harpalyke und einer offenbaren dichtererfindung von einer geliebten des Zeus, die ἐν Χαλκίδι διῆγεν ἄνθρωπος οὖσα, und von Hera in den vogel verwandelt wird [7]) — οἱ δὲ τὴν μητέρα τῶν Κορυβάντων Χαλκίδα φασίν; Hesych. s.v. Κόμβη· Κουρήτων μήτηρ und s.v. Σῶχος· ὁ τῶν Κουρήτων πατήρ. Das ist die geschichte, die der paroemiograph in dem mehrfach korrupten zitat 427 F 2 vor sich hat, und die als hellenistisch erwiesen wird durch Nonn. *Dion.* 13, 135 ff. [8]), der die sieben Εὐβοέων παιδόκομοι Κορύβαντες aufzählt, als vater Sokos und als mutter Κόμβη ἑπτατόκος nennt; er erzählt wie sie vom vater nach Kreta, Phrygien, Athen vertrieben werden, und von Athen durch Kekrops (der die athenischen ansprüche auf kolonisation Euboias vertritt) in die heimat zurückgeführt werden. Davon weicht Epaphroditos bei Steph. Byz. s.v. Αἴδηψος ab, der die euboeischen ansprüche auf die Kureten der allgemein griechischen auffassung von ihrer heimat anpasst, aber Euboias anspruch auf erfindung der erzwaffen aufrecht erhält: ἦν δὲ καὶ σιδηρᾶ καὶ χαλκᾶ μέταλλα κατ' Εὔβοιαν· Καλλίμαχος (F 701 Pf) <<δέδαεν δὲ λαχαινέμεν ἔργα σιδήρου>>. οἱ γὰρ Εὐβοεῖς σιδηρουργοὶ <καὶ> χαλκεῖς ἄριστοι [9]). Ἐπαφρόδιτος δὲ μαρτυρεῖ ἐκεῖ χαλκὸν πρῶτον εὑρεθῆναι· <<καὶ πρῶτοι χαλκὸν ἐκεῖ ἐνεδύσαντο οἱ Κούρητες οἱ μετὰ Διὸς ἐλθόντες, οὓς φύλακας τῆς νήσου καὶ τοῦ ἱεροῦ τῆς Ῥέας κατέλιπεν [10]), ἀφ' οὗ οἱ Χαλκιδεῖς ὠνομάσθησαν>>. Die kontamination ist deutlich [11]), wird aber durch Strabon 10, 3, 19 οἱ δ' οὐ τοὺς Κουρῆτας, ἀλλὰ τοὺς Κορύβαντας Φρύγας, ἐκείνους δὲ Κρῆτας, περιθέσθαι δ' ὅπλα χαλκᾶ πρώτους ἐν Εὐβοίαι· διὸ καὶ Χαλκιδέας αὐτοὺς κληθῆναι als vor-Apollodorisch erwiesen. Dass die *Euboika* von dieser erfindung sprachen wie von anderen [12]) ist selbstverständlich. (2) Zuweisung an das buch über Chalkis scheint mir sicher; der inhalt passt in keines der bücher des hofhistoriographen [13]). Der lokalhistoriker beantwortet Athens anspruch mutterstadt von Euboia zu sein mit einer offenbaren erfindung. Ihre elemente entnahm er z.t. ziemlich plump der bekämpften tradition selbst [14]); das ganze war etwa der geschichte von dem schutze nachgebildet, den Athen (in der tragoedie des Euripides) den kindern des Herakles gewährt hatte. Ganz mit stillschweigen übergehen konnte wohl kein buch über Euboia die athenischen ansprüche; sie waren zu alt und von zu angesehenen autoren vertreten, auch wenn sie selbst auf reiner erfindung beruhten [15]). Sehr vollständig liegen sie vor bei Ps. Skymnos 571 ff. πρώτους δ' ἐν αὐτῆι φασιν οἰκῆσαι προτοῦ / μιγάδας συνοίκους Λέλεγας· ἐκ τῆς δ' Ἀττικῆς / τὸν Ἐρεχθέως διαβάντα Πάνδωρον [16]) κτίσαι / πόλιν μεγίστην τῶν ἐν αὐτῆι Χαλκίδα, / Ἄικλον δ' Ἐρετρίαν, ὄντ' Ἀθηναῖον γένει, / τὴν δ' ἐναλίαν Κήρινθον ὡσαύτως Κόθον; und noch erweitert in der quelle des Vell. Paterc. 1, 4, 1 *Athenienses in Euboea Chalcida <et> Eretriam colonis occupavere* (hier freilich erst nach dem Trojanischen Krieg) . . . . *nec multo post Chalcidenses orti, ut praediximus, Atticis Hippocle et Megasthene ducibus Cumas in Italia condiderunt*. Ob Ps. Skymnos einfach gleich Ephoros gesetzt werden kann [17]), ist sehr zweifelhaft; aber dass er den athenischen anspruch in der hauptsache anerkannte — im einzelnen gibt es zahlreiche varianten [18]) — beweist wohl Strab. 10, 1, 8 ἀμφότεραι (Eretria und Chalkis) δὲ πρὸ τῶν Τρωικῶν ὑπ' Ἀθηναίων ἐκτίσθαι λέγονται, καὶ μετὰ τὰ Τρωικὰ Αἴκλος καὶ Κόθος ἐξ Ἀθηνῶν ὁρμηθέντες ὁ μὲν τὴν Ἐρετρίαν ὤικισε, Κόθος δὲ τὴν Χαλκίδα [19]). Höher hinauf ist nicht sicher zu kommen. Der Alkon des P. ist bei Ephoros 70 F 24 ein sohn des Abas, ὃς Ἄβαντας ἐκάλεσε [20]), während sein bruder Dias Ἀθῆναι Διάδες auf Euboia gründet. Es ist zweifelhaft, ob man wenigstens bei Ephoros den Ἄλκων in Χάλκων ändern darf [21]); aber ein stammbaum Schol. B *Il*. B 536, den man am liebsten auf Hellanikos zurückführen würde, hat Chalkon als urenkel des Erechtheus und vater des Abas, ὃς Ἄβαντας αὐτοὺς (was doch nur auf die früheren bewohner — die Leleger? — gehen kann) ἐκάλεσεν, womit denn die Abanten sozusagen zu Athenern werden. Weiter sind Aiklos und Kothos bei Hekataios 1 F 119 barbarische namen, stehen aber unmittelbar hinter Kekrops und Kodros, sodass man kenntnis des athenischen anspruchs schon hier vermuten könnte.

426. LYSANIAS VON MALLOS

Ich sehe keinen grund zu zweifeln dass das wirklich ein buch über Eretria war, das freilich nicht von einem lokalen autor geschrieben ist. Seine zeit ist nicht zu bestimmen: zu den lokalhistorikern, die seit ca. 400 gegen Herodot polemisierten, gehört der verfasser kaum; und mit Lysanias von Kyrene, Eratosthenes' lehrer, hat er sicher nichts zu tun. (1) Ich möchte den inhalt nicht kurzer hand, bezw. nicht in vollem umfang, als 'schlechte erfindung und willkürliche umgestaltung der aus Herodot bekannten tatsachen' [1]) bezeichnen. Allerdings liegt die lokalpatriotische übertreibung der leistungen des kleinen kontingents von Eretria auf der hand, und ihre anordnung weckt insofern zweifel als sie sich nicht ohne weiteres mit dem (freilich sehr knappen) bericht Herodots in einklang bringen lässt [2]). Aber Plutarch sagt ἄλλοι τε καὶ Λυσανίας, und es gab schon aus dem 5. jhdt eine reihe von darstellungen des Ionischen aufstandes — Dionysios von Milet, Hellanikos, Charon [3]) —, die von den Eretriern mehr erzählt haben können: wie es scheint, verliessen sie die sache der Ionier nicht zugleich mit den Athenern. Auch lokale überlieferung — familienerinnerungen, und selbst weihungen — ist doch nicht ganz ausgeschlossen [4]). Aber angesichts von Plutarchs kürze kommen wir nicht weiter.

427. SAMMELZITATE

(1) Strab. 10, 1, 10 ἐν δὲ τῆι Ἐρετρικῆι πόλις ἦν Ταμύναι, ἱερὰ τοῦ Ἀπόλλωνος· Ἀδμήτου δ' ἵδρυμα λέγεται τὸ ἱερόν, παρ' ὧι θητεῦσαι λέγουσι τὸν θεὸν αὐτόν, πλησίον τοῦ πορθμοῦ. Der text ist offenbar gestört [1]); aber den Apollonkult und agone bezeugen die inschriften [2]), und die zurückführung auf Admetos, der auch in Athen erscheint [3]), ist für die lokale überlieferung glaublich. Inschriftlich unbelegt ist der kult des Zeus Tamynaios, den Steph. Byz. s.v. Τάμυνα bezeugt, freilich mit falschem zitat [4]). Nicht zu entscheiden ist ob die gründung des Apollonheiligtums in der archaeologie stand, oder in einem exkurs gelegentlich der zerstörung Eretrias im j. 490 [5]), oder der schlacht bei Tamynai 349/8 v. Chr. [6]). Im zweiten fall denkt man an weiterführung der erzählung von 426 F 1, im ersten können Argura 423 F 1 und das Kotylaion 424 F 1 im gleichen zusammenhang vorgekommen sein.   (2) S. zu 425 F 1.   (3) Mit der euböischen tradition widerlegt Pausanias den λόγος der Pheneaten [7]), die hinter ihrem Hermestempel das grab von Oinomaos' wagenlenker Myrtilos zeigen, den Ἑρμοῦ παῖδα εἶναι λέγουσι Ἕλληνες. Das ist zugleich

die allgemeine tradition, nach der Myrtilos ῥίπτεται παρὰ Πέλοπος περὶ Γεραιστὸν ἀκρωτήριον, ὁ δὲ Γεραιστὸς ἀποθανόντος ἐκεῖ Μυρτίλου Μυρτῶιον πέλαγος ὠνομάσθη [8]). Die euböische Myrto ist unbekannt und wohl erfindung der *Euboika* [9]): denn die version, die als mutter des Myrtilos neben anderen Μυρτώ μία τῶν Ἀμαζόνων nennt [10]), gehört in die Oinomaosgeschichte. Von den mythen prinzipiell verschieden ist die ohne autornamen gegebene erklärung bei Plin. *N. H.* 4, 51: *Aegaeo mari* (das die *Euboika* sicher von Aigaion ableiteten [11])) *nomen dedit scopulus inter Ten<ed>um et Chium verius quam insula, Aex nomine . . . . Aegaei pars Myrtoo datur; appellatur ab insula parva, quae cernitur Macedoniam a Geraesto petentibus haud procul Euboeae Carysto* [12]). (4) Am text ist nichts zu ändern. Pausanias zieht hier wegen der gebeine des Eurytos, die man im Karneiasion bei Andania zeigte [13]), den messenischen λόγος vor, und behandelt ihn allein ausführlicher; die gelehrte diskussion über die lage von Oichalia ist zu einer anmerkung verkürzt: *Thessalika* und *Euboika* stimmten gewiss nicht ganz überein, sondern jene werden den Homerisch-Hesiodischen ansatz vorgezogen haben [14]); wir erfahren auch nicht was eigentlich der euboeische λόγος war [15]). Faktisch war die überlieferung selbst in den *Euboika* nicht einheitlich, da (wie vermutlich oft) auch hier Chalkis und Eretria konkurrieren. Es mag hier genügen [16]) für die erstere zu verweisen auf Plin. *N. H.* 4, 64 *urbibus quondam . . . . Aedepso* [17]), *Oechalia nunc Chalcide, cuius ex adverso in continente Aulis est, Geraesto, Eretria . . . .*; für die letztere auf Strab. 10, 1, 10 ἔστι δὲ καὶ Οἰχαλία κώμη τῆς Ἐρετρικῆς, λείψανον τῆς ἀναιρεθείσης πόλεως ὑπὸ Ἡρακλέους, ὁμώνυμος τῆι Τραχινίαι καὶ τῆι περὶ Τρίκκην καὶ τῆι Ἀρκαδικῆι . . . . καὶ τῆι ἐν Αἰτωλίαι περὶ τοὺς Εὐρυτᾶνας [18]) und Steph. Byz. s.v. Ἐρετρία· ἐκαλεῖτο δὲ Μελανηὶς ἀπὸ Μελανέως τοῦ Εὐρύτου πατρός. Die zeugen des 5. jhdts sprechen von Euboia schlechthin [19]), und über Kreophylos war man im zweifel [20]), sodass die lokalhistoriker frei waren.

(5) Plutarch. *Erot.* 17 p. 760 E (Κλεόμαχος ὁ Φαρσάλιος) ἧκεν ἐπίκουρος Χαλκιδεῦσι τοῦ †Θεσσαλικοῦ [21]) πολέμου πρὸς Ἐρετριεῖς ἀκμάζοντος· καὶ τὸ μὲν πεζὸν ἐδόκει τοῖς Χαλκιδεῦσιν ἐρρῶσθαι, τοὺς δ' ἱππέας μέγ' ἔργον ἦν ὤσασθαι τῶν πολεμίων· παρεκάλουν δὴ τὸν Κλεόμαχον ἄνδρα λαμπρὸν ὄντα τὴν ψυχὴν οἱ σύμμαχοι πρῶτον ἐμβάλλειν εἰς τοὺς ἱππέας. ὁ δ' ἠρώτησε παρόντα τὸν ἐρώμενον, εἰ μέλλοι θεᾶσθαι τὸν ἀγῶνα· φήσαντος δὲ τοῦ νεανίσκου καὶ φιλοφρόνως αὐτὸν ἀσπασαμένου καὶ τὸ κράνος ἐπιθέντος, ἐπιγαυρωθεὶς ὁ Κλεόμαχος καὶ τοὺς ἀρίστους τῶν Θεσσαλῶν συναγαγὼν περὶ αὐτόν, ἐξήλασε λαμπρῶς καὶ προσέπεσε τοῖς πολεμίοις, ὥστε συνταράξαι καὶ τρέψασθαι τὸ ἱππικόν· ἐκ δὲ τούτου καὶ τῶν ὁπλιτῶν φυγόντων, ἐνίκησαν κατὰ κράτος οἱ Χαλκιδεῖς. τὸν μέντοι Κλεόμαχον ἀποθανεῖν συνέτυχε, τάφον δ' αὐτοῦ δει-

κνύουσιν ἐν ἀγορᾶι Χαλκιδεῖς, ἐφ' οὗ μέχρι νῦν ὁ μέγας ἐφέστηκε κίων· καὶ τὸ παιδεραστεῖν πρότερον ἐν ψόγωι τιθέμενοι τότε μᾶλλον ἑτέρων ἠγάπησαν καὶ ἐτίμησαν. Ἀριστοτέλης (F 98 Rose) δὲ τὸν μὲν Κλεόμαχον ἄλλως ἀποθανεῖν φησι, κρατήσαντα τῶν Ἐρετριέων τῆι μάχηι, τὸν δ' ὑπὸ τοῦ ἐρωμένου φιλη-
5 θέντα τῶν ἀπὸ Θράικης Χαλκιδέων γενέσθαι, πεμφθέντα τοῖς ἐν Εὐβοίαι Χαλκιδεῦσιν ἐπίκουρον, ὅθεν ἄιδεσθαι παρὰ τοῖς Χαλκιδεῦσιν (Carm. pop. 44 Diehl) <<ὦ παῖδες, οἳ χαρίτων τε καὶ πατέρων ἐλάχετε ἐσθλῶν, / μὴ φθονεῖθ' ὥρας ἀγαθοῖσιν ὁμιλίαν· / σὺν γὰρ ἀνδρείαι καὶ ὁ λυσιμελὴς Ἔρως / ἐπὶ Χαλκιδέων θάλλει πόλεσιν>> [22]). [[Ἄντων ἦν ὄνομα τῶι ἐραστῆι, τῶι
10 δ' ἐρωμένωι Φίλιστος, ὡς ἐν τοῖς Αἰτίοις Διονύσιος ὁ ποιητὴς (IV) ἱστόρησε]] [23]). Es ist sehr fraglich ob das den zusammenhang gibt, in dem die Ganymedesgeschichte stand, wie es fraglich ist ob diese als mythisches aition für dieselbe chalkidische sitte erfunden ist. Erfunden sind beide geschichten; aber eine lokalität Harpagion [24]) wird man so gut aner-
15 kennen müssen wie die säule auf dem markt, auch wenn sie keinen namen trug — denn Kleomachos (ein überall häufiger name) ist offenbar mit der geschichte erfunden, und die heimat wird durch die variante (eine solche ist es) bei Aristoteles zweifelhaft. Ich habe Plutarch ausgeschrieben, weil er so gut wie Aristoteles (ohne jeden zweifel der Stagirite; s. no.
20 423 n. 1), Dionysios, und Plutarchs quelle auf *Euboika* zurückgeht; und weil die geschichte einen guten begriff sowohl von dem relativen alter dieser aitia wie von der existenz von varianten gibt — beobachtungen wie wir sie ganz gleichartig in den *Atthides* und überhaupt in der lokalen literatur machen.

XXIII. HALIKARNASS

428. DEMODAMAS VON HALIKARNASSOS-MILET

Von einer chronik der halbkarischen stadt kann ernsthaft keine rede sein. Ob die priesterliste *Syll.*³ 1020 jemals in einem buch gestanden hat, ist zweifelhaft. Wir kennen nur durch zufall die frühhellenistische mono-
30 graphie eines Demodamas. Es ist wenig glaublich dass bei Athenaios zwei autoren vermischt sind oder eine handschriftliche variante in den quellen vorliegt — ΑΛΙΚΑΡΝΑΣΣΟΣ und ΜΙΛΗΤΟΣ sehen sich wirklich nicht ähnlich —, und dann ist die gleichsetzung des Ἁλικαρνασσεὺς ἢ Μιλήσιος mit dem general der Seleukiden, den seine weihung am Jaxartes
35 in verbindung mit dem ehrendekret für Seleukos I und seinen sohn als Milesier erweist, kaum zu umgehen [1]). Es bleibt nur fraglich, ob er

gebürtiger Halikarnassier war oder 'das bürgerrecht von Halikarnass eben um des buches willen erhalten hat, das er wohl erst im alter über diese stadt schrieb' ²); und ob sein interesse für Halikarnass durch die lektüre Herodots geweckt ist, die dem strategen im osten des seleukidischen reiches wohl ansteht ³). Über seine tätigkeit dort vgl. Tarn *J. H. St.* 60, 1940, p. 89 ff. ⁴), der die invasion der Saka-Skythen auf 293-290 datiert und das ende von Demodamas' strategie auf '285 oder wahrscheinlicher 286', wo dann Patrokles sein nachfolger wird, den Plin. *N. H.* 6, 58 als *praefectus classis* des Seleukos (I) und Antiochos (I) charakterisiert. Dass wir dann nicht mehr von ihm hören, kann sich dadurch erklären, dass er in den ruhestand trat und seine beiden bücher nach 286/5 schrieb. Er mag nicht mehr jung gewesen sein, hat jedenfalls schon um 300 in seleukidischen diensten gestanden, womit er weder seine heimat Milet aufgab noch gar seinen einfluss dort verlor. Es ist bedauerlich dass wir von beiden büchern so wenig wissen und über die natur des 'indischen' buches, das Eratosthenes vermutlich ausgiebig benutzt hat, nichts aussagen können: aber es war schwerlich eine kriegsmonographie, eher etwas wie die bücher des Nearch, Patrokles, und der verschiedenen gesandten nach Indien, die sich mehrfach zu vollständigen ethnographieen ausgewachsen haben ⁵).

T

(3) D. ist antragsteller auch des dekrets für Apama: Holleaux *R. E. Gr.* 36, 1923, p. 1 ff. Zur datierung s. Rehm *Milet* III, 1914, p. 261 f.; Stähelin *R E* II A, 1923, col. 1219, 14 ff.; Tarn *l.c.* p. 92.

F

(1) Die bibliographische notiz wird aus Kallimachos' *Pinakes* stammen, was zeitlich keine schwierigkeiten macht. Die verfasserschaft der Kyprien war eine frage schon für Herodot ⁶) — was in einem buche über Halikarnass nicht gleichgiltig ist — der sich aber mit οὐκ Ὁμήρου ἀλλ' ἄλλου τινός begnügt. Die zuweisung an einen Stasinos oder Hegesinus (Hegesias) braucht deshalb nicht jung zu sein. D. hat aus dem titel einen dichter Kyprias entwickelt — das scheint die leichteste änderung ⁷), auch wenn sie nach ξένη ἱστορία schmeckt. Wir wüssten nur gern, woraufhin er in ihm einen Halikarnassier sah: auch der lokalpatriotismus kann der gründe nicht entbehren, seien sie auch noch so schlecht oder gesucht. Die späteren waren offenbar nicht beeindruckt: Kyprias oder Kyprios kommt nur bei Athenaios vor. Da das einzige fragment mehr oder weniger

ernsthaftes literarhistorisches interesse zeigt, habe ich *R E* Suppl. II, 1913, col. 212, 32 ff. die entdeckung von Herodots halikarnassischer heimat auf D. zurückgeführt, und halte das auch jetzt noch für wahrscheinlich. Über den wert der etwa sonst von ihm in Halikarnass erforschten dinge s. *ebd.* col. 213, 31 ff.   (2) Die ableitung der liste skythischer stämme in § 50 aus D. lehnt Tarn *l.c.* p. 94 n. 43 mit bedacht ab. Plinius' *quem maxime sequimur in his* beweist auch nicht mehr als dass wahrscheinlich schon Eratosthenes das buch mit anerkennung nannte. Aber das material ist seitdem durch so viele hände gegangen dass es sich nicht herausschälen lässt, zumal es völlig an indizien dafür fehlt.   (3) Philon (790 F 26) ist vermittler für D., braucht ihn aber deshalb nicht noch selbst in der hand gehabt zu haben. Antissa ist unbekannt; 'doch wohl auch eine gründung der Seleukiden' Ed. Meyer *Blüte und Niedergang d. Hellenism.*, 1925, p. 33 n. 2.

429. PYTHEOS-SATYROS

S. Fluss *R E* II A, 1923, col. 226 no. 12; E. Pernice *Handb. d. Archaeol.* I, 1938, p. 256 f.; H. W. Law *J. H. St.* 59, 1939, p. 92 ff. P. ist gewiss identisch mit dem Pythis, der die krönende *quadriga marmorea* schuf [1]), S. so gut wie sicher nicht mit dem vermutlich späteren verfasser eines buches *De gemmis* [2]).

XXIV. HERAKLEIA AM PONTOS

Die reste der lokalgeschichte sind, auch abgesehen von Photios' grossem exzerpt aus Memnon [1]), ziemlich reichlich, und wir übersehen eine entwicklung von mindestens vier jahrhunderten. Die stadt kommt für uns zuerst bei dem Herakleenser Herodoros um 400 v. Chr. vor, der alles andere ist als ein 'alter logograph' [2]): er erkennt die ansprüche an, mit denen die junge stadt sich einen platz in der geschichte sowohl des Herakles wie der Argonauten sichert [3]). Dann begegnen wir wahrscheinlich schon im 4. jhdt dem wirklichen lokalhistoriker Promathidas [4]); und Amphitheos (?) [5]) von dem wir wenig wissen, braucht nicht viel jünger zu sein. Es steht dahin ob das erscheinen mehrerer werke in etwa gleicher zeit (hier und später im falle Kallistratos ∼ Memnon?) sich aus dem verschiedenen politischen standpunkt ihrer verfasser erklärt. Was wir haben bezieht sich begreiflicher weise meist (wenn nicht ganz) auf die frühzeit. Aber gleichzeitig hat die Grosse Geschichte Herakleia beachtet: für Theopomp ist die behandlung der tyrannis sicher [6]). Dass sie in dieser immer ihren platz behalten hat, zeigt vielleicht Memnons geschichte am besten, und hier wieder der abschnitt über die Mithridatischen kriege [7]). Leider ist kein vergleich mit Poseidonios möglich, dessen *Historiai* wahrscheinlich noch diese kriege umfassten [8]), in denen die bei Memnon mehrfach erwähnte rhodische flotte auf der seite Roms kämpfte. Die κτίσις stand bei Ephoros [9]), bei dem wir auch die geschichte bis mindestens in die anfänge der tyrannis erwarten dürfen [10]). Woher er sie hat ist — da wir von Promathidas nicht genug wissen — so zweifelhaft wie bei Aristoteles, der über die stadt gut unterrichtet war und eine 'günstige meinung' von ihr hatte [11]). Anderes muss hier bei seite bleiben [12]). Die vermutung dass Theopomp die quelle noch für Memnons bücher IX-X war [13]) ist mir sehr zweifelhaft. Man denkt doch eher an Nymphis, und möchte auf ihn auch den abschnitt *urbis et initia et exitus* des Pompeius Trogus zurückführen, der gelegentlich von Lysimachos' eingreifen in Herakleia [14]) die gründung der stadt und ihre geschichte erzählte: Justins exzerpt [15]) (das ich am liebsten als anhang abgedruckt hätte) gibt als letzten namen Satyros (352-345 v. Chr.), weiss aber dass *multis annis per gradus successionis Heracleenses regnum tyrannorum fuere.* Es hängt mit der befreiung von der tyrannis zusammen dass im zweiten viertel des 3. jhdts Nymphis, der in diesen kämpfen eine aktive rolle gespielt hat [16]), eine ausführliche geschichte der stadt schrieb, die zwar die archaeologie (von der allein wir aus den Apolloniosscholien etwas sicheres wissen) stark berücksichtigte, aber eidographisch dem typus der Grossen Geschichte näher gestanden zu haben scheint [17]). Das gilt vermutlich auch für Domitius Kallistratos, dessen werk mit den schicksalen von Herakleia im Mithridatischen Krieg zusammenhängt [18]), und sicher für Memnon, dessen zeit leider nicht genauer zu bestimmen ist als dass er noch von Caesar spricht und die beginnende erholung von Herakleia erlebt hat. Das buch des Timagenes [19]) ist hauptsächlich deshalb interessant, weil es bezeugt dass Herakleias stellung im griechischen geistesleben nicht ganz unbedeutend war: wir kennen ja selbst zahlreiche Herakleoten — Herodor, den Pontiker Herakleides, Chamaileon, den epiker Pherenikos u.s.f.; und dass schon der erste tyrann Klearchos eine bibliothek schuf sagt noch Memnon [20]). Im übrigen zeigt der überblick über die geschichtliche literatur gerade hier, bei einer spät gegründeten stadt, wie falsch der schematische schluss aus der existenz einer 'lokalen geschichtschreibung' auf eine 'verhältnismässig frühe urkundliche chronik' ist, die 'sehr wohl historische tradition von den anfängen der stadt an in schriftlicher aufzeichnung erhalten haben kann' [21]). Ohne dass man das 'archaeologische' element in der komposition leugnen wird, ist die entstehung der lokalen schriftstellerei aus politischem interesse so deutlich wie bei der Atthis. Das wird nur deutlicher wenn die Herakleotische lokalgeschichte, wie es den anschein hat, nicht oder nicht durchweg nach eponymen beamten datierte.

430. PROMATHIDAS (VON HERAKLEIA)

Die heimat ist nicht bezeugt, aber P. war gewiss aus Herakleia, wo sich der name auch später findet. Die zeit des historikers bestimmt T 1 auf spätestens die erste hälfte des 3. jhdts v. Chr.; doch wird man gern bis ins 4. hinaufgehen. In jedem falle ist der zweifel an der benutzung P.s schon durch den Rhodier Apollonios unberechtigt [1]). Man wird vielmehr ohne zögern [2]) von ihm unterscheiden den ausdrücklich als Herakleoten bezeugten schüler des Dionysios Thrax, dessen exegese der rekonstruktion des Nestorbechers der Myrleaner Asklepiades zitiert hat [3]), was seine zeit auf rund 100 v. Chr. und die nächsten dekaden bestimmt [4]). Er kann sehr wohl nachkomme des historikers sein. Ob die *Hemiamboi* dem älteren oder jüngeren P. gehören ist nicht zu entscheiden, und für uns gleichgiltig. Es ist möglich dass der jüngere P. Italien aus eigener anschauung kannte — etwa als einer der gefangenen des Mithridatischen krieges [5]) — aber nicht sicher, weil F 8 mit ὁποῖόν τι in direkte rede übergeht. Man verzichtet aber besser auf identifikation mit Promathion, dem verfasser einer Ἱστορία Ἰταλική [6]), deren einziges fragment sie auch nicht empfiehlt. Der ältere P. wird in die Apolloniosscholien aus dem buche gekommen sein das der Apolloniosschüler Chares über den stoff der *Argonautika* geschrieben hat [7]). Dass auch der Myrleaner Asklepiades in diesen scholien zitiert wird [8]) ist kein genügender grund ihn als vermittler für F 1-5 in anspruch zu nehmen und damit die ganze kenntnis der späteren von den beiden schriftstellern des namens P. auf ihn zurückzuführen, obwohl er auch den historiker P. sehr wohl in seinen *Bithyniaka* ausgiebig benutzt haben kann. Aber Alexander Polyhistor hat seine kenntnis des historikers schwerlich aus dem zeitgenössischen Asklepiades; er hat das lokale werk, wie viele andere dieser art, gewiss selbständig für seine bücher über kleinasiatische landschaften exzerpiert [9]), und bei Steph. Byz. kann durch seine vermittlung mehr aus P. stecken. Aber es wäre zwecklos den nachlass des letzteren durch notwendig unsichere vermutungen zu vermehren. Zitiert wird die lokalgeschichte als Περὶ Ἡρακλείας wie als Ὅροι Ἡρακλεωτῶν [10]). Angesichts der tatsache dass auch das lange exzerpt aus Memnon keine lokale datierung gibt, muss man dahingestellt sein lassen ob die bücher über Herakleia überhaupt die form des jahrbuchs hatten, die für die ungriechische vorzeit unbequem war. Es ist keineswegs unwahrscheinlich dass P. auch die historische zeit behandelte; aber bei der art der erhaltung ist es reiner zufall, wenn wir ein stück aus den lokalhistorikern vor Memnon auf sie beziehen können.

F

(1) Die überlieferung [11]) kennt Titias vor allem bei den Mariandynern. Hier nennen Nymphis 432 F 5 und Kallistratos 433 F 3 einen sohn von ihm, und hier ist er eponym einer (sonst unbekannten) stadt Tition [12]). Es ist schwer von ihm den milesischen daemon aus dem kreise der Grossen Mutter zu trennen, wie es Pohlenz *N. Jahrb.* 37, 1916, p. 584 will. Man fragt also ob ein zusammenhang besteht mit dem anspruch Milets [13]) mutterstadt von Herakleia zu sein? War etwa in der milesischen tradition die wirkliche oder angebliche stadt Tition wirklich oder angeblich vorgängerin der megarischen gründung? Die lokalgeschichte von Herakleia hat gewiss nicht mit der nacherzählung der griechischen mythen begonnen, sondern mit der reihe der einheimischen urkönige, unter denen Herakles und die Argonauten als erste Griechen eingeordnet wurden, die ihre spuren im lande hinterliessen. Die reihe beginnt entweder rein mythologisch mit Zeus oder mit einer ethnographischen konstruktion. Es ist bedauerlich dass Kallistratos die varianten anonym gibt.   (2—3) S. zu Pherekydes 3 F 108; Herodor 31 F 50; Ephoros 70 F 44 (κτίσις von Herakleia); und über Idmon Robert *Heldensage* p. 774 ff. Der sonst unbekannte Agamestor ist nicht ἐπιχώριος in dem sinne in dem Kallistratos den Titias so nannte [14]); man sähe in ihm am liebsten den oder einen der wirklichen ἥρωες κτίσται der megarisch-boeotischen gründung [15]); denn das grab liegt auf dem markt [16]), wo auch ὁ ἀγριέλαιος .... ἔτι καὶ νῦν δείκνυται [17]). Es ist nicht 'die dichtung' (wie Robert sagt), die den Argonauten Idmon an seine stelle setzt, sondern der wunsch der jungen stadt nach einer heroischen vorgeschichte, zu dessen befriedigung ihr das orakel verhilft. Den neuen glauben verzeichnet zuerst Herodor, dann die eigentlichen lokalhistoriker. Ihre tradition liegt, da die scholien meist stark verkürzt sind, am ausführlichsten bei Apollonios vor, der daher überall in den lemmata der fragmente möglichst weit ausgeschrieben ist. Von der diskussion über den neuen πολιοῦχος Idmon gibt Schol. Apoll. Rhod. 1, 139/44a einen begriff: der Herakleote Chamaileon hat ihn mit Thestor identifiziert.   (4—5) Ammian. Marcell. 22, 8, 22 *a quibus* (der völkerreihe Byzares bis Filyres) *brevi spatio distant virorum monu-*

menta nobilium, in quibus Sthenelus est humatus, et Idmon et Tifys, primus Herculis socius Amazonico bello letaliter vulneratus, alter augur Argonautarum, tertius eiusdem navis cautissimus rector. (23) *praetercursis partibus memoratis, A‹u›lion antron est, et fluenta Callichori, ex facto cognominati, quod superatis post triennium Indicis nationibus, ad eos tractus Liber reversus, circa huius ripas viridis et opacas orgia pristina reparavit et choros e.q.s.* [18]). Über Sthenelos: Lamer *Rosch. Lex.* IV, 1909/15, col. 1522 no. 1; Gebhard *R E* III A, 1927, col. 2470 no. 1; Robert *Heldensage* p. 846; Vollgraff *Mnem.* 59, 1931, p. 377 ff.; zur rolle des Orpheus: Ziegler *R E* XVIII 1, 1939, col. 1245, 23 ff. In einer geschichte von Herakleia [19]) stand das vor F 2-3 und unter der regierung des Daskylos, des vorgängers von Lykos [20]), bei dem die Argonauten einkehrten. (6) Zu 273 F 74. Nicht unmöglich dass die Potamogalenoi in einer historischen partie vorkamen; aber nicht in dem zusammenhang Memnon 434 c. 11. (7—8) S. ob. p. 256, 11 ff.

431. AMPHITHEOS (?) VON HERAKLEIA

Eine verständliche namensform bietet nur der Angelicanus, was nicht besagt dass es auch die richtige ist. Die änderung in Nymphis ist freilich ausgeschlossen, aber bei einem herakleotischen schriftsteller liegt der gedanke an Antitheos nahe: Λεωνίδης καὶ Ἀντίθεος, φιλοσόφω καὶ τῶδε ἄνδρε sind helfer Chions bei der tötung des tyrannen Klearchos 353/2 v. Chr., und werden selbst von dessen leibwächtern getötet [1]). Eine identifikation (die A. vielleicht zum ältesten schriftsteller über Herakleia machen würde) wird man aus verschiedenen gründen nicht wagen; und wenn der schriftsteller ein nachkomme des tyrannenmörders war, so verhilft das um so weniger zu einer zeitbestimmung als auch der umfang des werkes zweifelhaft ist [2]). (1) A. hat die frage offenbar ausführlich behandelt, was schon im 4. jhdt so gut möglich ist wie in hellenistischer zeit. Der text ist zu unsicher und zu verkürzt um etwas über sein verhältnis zu den ἄλλοι zu sagen. Aber wie das thema von Promathidas 430 F 6, finden wir auch die Sabaziosfrage bei Alexander Polyhistor wieder; und 273 F 103 stammt doch wohl aus der Συναγωγὴ τῶν περὶ Φρυγίας. Wo A. auf Sabazios zu sprechen kam, lässt sich nicht raten; es ist angesichts der beziehungen, die in Kleinasien zwischen Sabazios(-Dionysos) und der Grossen Mutter bestehen [3]), wohl möglich dass F 1 und Promathidas F 6 in den gleichen zusammenhang gehören. Der 'griechische' Dionysos kam in den *Herakleotika* gewiss öfter vor als wir nachweisen können [4]).

432. NYMPHIS VON HERAKLEIA

Der erste genauer datierbare autor über die stadt, der auch als persönlichkeit einigermassen fassbar ist. Er nahm schon 281 eine angesehene stellung unter den verbannten ein, und hat wahrscheinlich um 250 die gesandtschaft geführt, die die Galater zum abzug bewog [1]). Danach kann er kaum später als 310 geboren sein; und da er mindestens noch den regierungsantritt des Ptolemaios Euergetes erlebt hat [2]), mag er in den 40er jahren des 3. jhdts gestorben sein. Zu schreiben begonnen hat er wohl erst nach der rückkehr in die heimat im j. 281. Näheres lässt sich nicht ausmachen, aber werke von 13 und 24 büchern erscheinen nicht auf einmal, sondern buch- oder gruppenweise; und die arbeit an beiden kann neben einander hergegangen sein [3]). Die tatsache dass er zu den verbannten gehört hat zeigt dass er (wie die meisten lokalhistoriker) aus einer guten familie stammte [4]); ob man es dem späten epistolographen glauben will dass sie mit dem tyrannenhaus verwandt war stehe dahin [5]). An seiner eigenen tyrannenfeindlichen einstellung ist kein zweifel; wichtiger dass sie sein historisches urteil nicht getrübt zu haben scheint [6]), und dass er bereit war auch die persönlichen konsequenzen zu tragen [7]). Es mag wieder dahinstehen ob dabei eine philosophische überzeugung ins spiel kam [8]): die autorschaft von F 19 ist zweifelhaft; Memnon und die Suda [9]) nennen ihn 'historiker', und bei dem ersteren kann diese bezeichnung auf N.s eigenen bericht zurückgehen. Wieder wichtiger dass er weder parteiführer noch überhaupt berufspolitiker war: die seltene erwähnung bei Memnon erlaubt den schluss dass er nur in ausnahmefällen sich politisch betätigt hat [10]). Es war wohl das ehrwürdige aussehen des gemässigten und in den studien ergrauten mannes, das die bürgerschaft bewog ihn zum führer der gesandtschaft an die Galater zu wählen.

N. gehörte offenbar zu den geistigen grössen der an literarischen persönlichkeiten im 4. und 3. jhdt (und auch noch später) nicht armen stadt; und die einordnung als 'historiker' in der biographie ist vollauf gerechtfertigt durch die beiden werke, die wir von ihm kennen [11]). Neben der umfangreichen lokalgeschichte steht ein fast doppelt so langes werk über die Grosse Geschichte von Alexander bis vielleicht 246, dem jahre des regierungswechsels in Ägypten und Syrien [12]); d.h. über die periode, in der Herakleia mehr und mehr in die weltpolitik hineingezogen wurde[13]). Aus diesem werk haben wir nur éin zitat aus der zeit des Philadelphos, das über den aufbau nichts sicheres lehrt [14]). Besser steht es um die Lokalgeschichte, aus der wir verhältnismässig viele zitate mit buchzahl haben. Sicher ist dass das ganze erste buch sich mit der Archaeologie befasste [15]); aber, wie es scheint, nur das erste buch: denn das einzige zitat aus dem zweiten buch geht schon auf das Perserreich [16]), in dessen anfänge (nach dem gewöhnlichen antiken ansatz für Kyros) die gründung von Herakleia fällt [17]). Wenn F 9 aus dem 6. buch, das von der herrschaft des Spartaners Pausanias in Byzanz handelt, innerhalb der zeitlich fortschreitenden erzählung stand (und F 7-8 widersprechen einer solchen annahme nicht), so hat N. die zeit von der gründung der stadt bis (sagen wir) zum beginn der tyrannis und dem Satrapenaufstand, der auf jene nicht ohne einfluss war [18]), überraschend ausführlich in vielleicht 8 büchern behandelt — also gerade die zeit, aus der wir sehr wenig wissen, weil Photios die ersten 8 bücher Memnons nicht mehr vorgefunden hat [19]). Leider ist die buchzahl von F 10 über den dritten tyrannen von Herakleia verdorben, aber die änderung von β in ιβ ist so gut wie sicher; und wenn wir annehmen dass N für Klearchos (oder Klearchos und Timotheos) zwei bücher gebraucht hat (mehr waren es wegen F 9 schwerlich), so ergibt sich folgende anlage:

I Archaeologie
II-IX von der gründung der griechischen stadt bis zur tyrannis; ca. 660/50-365/4
X-XI tyrannis des Klearchos (und Timotheos?); 364/3-353/2 (oder 338/7)
XII-XIII weitere geschichte der tyrannis; ihr sturz; geschichte der stadt bis wahrscheinlich 347/6 [20]).

Abgesehen von dem leichten zweifel über den schlusspunkt der Lokalgeschichte, ist das keine unmögliche stoffverteilung: der erste teil behandelt in einem buche durchschnittlich 37 1/2 jahre, der zweite (10-) 13 jahre. Es ist fast genau die stoffverteilung auch Memnons, der bis zum beginn der tyrannis 8 bücher brauchte, von 364/3 bis (zum beginn des) Ptolemaios III deren 6. Die (verglichen etwa mit der *Atthis* des Philochoros) verhältnismässige knappheit des zweiten teiles erklärt sich vermutlich daraus dass N. die zeit von 336 an auch in dem universalgeschichtlichen werk behandelt hatte [20a]). Benutzt ist das buch über Herakleia — ausser von dem Rhodier Apollonios, der es als das neueste heranzog — gewiss von allen späteren lokalhistorikern, und hat, soweit es reichte, noch für Memnon die grundlage abgegeben [21]); in der Grossen Geschichtschreibung wahrscheinlich von dem autor des Pompeios Trogus [22]). Das erste buch war nicht die einzige, aber eine grosse autorität für die kommentatoren des Apollonios Rhodios [23]). Es ist exzerpiert von den quellen des Stephanos von Byzanz und von den lexikographen [24]);

einzelne geschichten sind durch sammlungen verschiedener art zu Plutarch und Athenaios gelangt [25]). Vermutlich war die benutzung beider werke in der guten hellenistischen zeit nicht unwesentlich stärker als wir nachweisen können; sie hörte auf als beide durch weiter hinabgehende geschichten ersetzt wurden. Über den stil haben wir kein urteil [26]). Sachlich hat N. sich im ersten buch mehrfach an Herodor angeschlossen, und die lokalpatriotische tendenz (die bei Herodor nebensächlich war) eher verstärkt. Das verhältnis zu Promathidas und Amphitheos ist nicht kenntlich.

T

(1) Der vater Xenagoras ist vielleicht der verfasser der Χρόνοι und anderer werke no. 240. Am schluss ist der korrupte text von C. Mueller dem sinne nach wohl richtig hergestellt: nur die Lokalgeschichte bedurfte näherer bestimmung des endpunktes, für das erste werk gab ihn der titel. Die bedeutung von μέχρι τοῦ τρίτου Πτολεμαίου gibt Memnon c. 17 unmittelbar vor dem exkurs über die römische vorgeschichte und der grossen zeitlichen lücke, und unmittelbar hinter der letzten erwähnung N.s in c. 16, 3: N. schloss mit einer der ersten regierungshandlungen des neuen königs von Ägypten, mit der er Herakleia sein (gewiss nicht uninteressiertes) wohlwollen kundgab. (2) P. 259, 14 f. Der historische wert der Chionbriefe (s. 434 n. 37) ist sehr gering. (4) Den tod des Ariobarzanes setzte Clinton *F. H.* ²II p. 26, dem noch Christ-Schmid *op. cit.* p. 210 folgen, gewiss zu spät auf etwa 240, wohl zu früh Niese *Gesch. d. gr. u. maked. Staaten* II, 1899, p. 137 und Ed. Meyer *R E* Suppl. I, 1903, col. 129 f. um 256. Das oben angenommene datum stammt von Reinach *Trois Royaumes de l'Asie Mineure* (1888), und ist auch von Beloch *Gr. G.* ²IV 2, 1927, p. 214 ff. akzeptiert. (5) Ἔοικε heisst nicht 'schien' [27]) sondern ist feststellung einer tatsache, an der zu zweifeln wir keinen grund haben [28]). Wir brauchen uns nicht auf die frage nach der abfassungszeit der *Argonautika* und das problem der änderungen in einer zweiten auflage einzulassen; selbst wenn das epos schon 'etwa 270 in Alexandreia vorgetragen' sein sollte, konnte sein verfasser vermutlich schon das 1. buch der zeitgenössischen lokalchronik benutzen [29]). Aber einen *t. ante* für den beginn der arbeit an ihr werden wir angesichts der unsicherheit über die zeit des epos auch T 5 nicht entnehmen wollen. Wenn Apollonios die romantische schilderung der örtlichkeit N. verdankt, so gewinnen wir wenigstens einen kleinen zug für dessen schriftstellerisches bild. (6) Adressat wohl sicher Philons landsmann N. Ob

das buch ihm gewidmet [30]), oder gegen ihn gerichtet war, ist aus πρὸς Νύμφιν nicht sicher zu entscheiden. Im letzteren fall würde man schliessen dass N.s werk reich an exkursen war, was man schon wegen F 7-8 gern glauben wird. Ein zweiter zug für den schriftsteller.

F

(**1**) Hesychios 390 F 1 § 33; Keyssner *R E* XX 1, 1941, col. 768, 22 ff. (**2**) Aus der Heraklesgeschichte? s. Apoll. Rhod. 2, 792 ff. mit schol. 794/5 b φησὶν ὅτι οἱ Βέβρυκες πολὺ ἀπετάμνοντο τῆς Μαριανδυνῶν χώρας, καὶ μέχρι τοῦ Ὑπίου ποταμοῦ προηγάγοντο τοὺς ὅρους. ὤικισται δὲ παρὰ τῶι ποταμῶι ἐν τῆι Θυνίαι καὶ πόλις Ὑπία λεγομένη· ὁ δὲ Ὕπιος ὠνόμασται ἀπὸ τοῦ καταφέρεσθαι ἀπὸ τῶν Ὑπίων ὀρῶν [31]). Der fluss: Skylax 91 Μαριανδυνὸν .... ἔθνος· ἐνταῦθα πόλις ἐστὶν Ἡράκλεια Ἑλληνίς, καὶ ποταμὸς Λύκος, καὶ ἄλλος ποταμὸς Ὕπιος. Ps. Skymn. 979 Ὕπιος· ἐφ' αὑτῶι δ' ἔχει / μεσηγὺ τὴν Προυσιάδα λεγομένην πόλιν [32]); Arrian. *Bithyn.* 156 F 101; *Peripl. P. E.* 13, 1-2 ἵναπερ Σαγγάριος ποταμὸς ἐσβάλλει εἰς τὸν Πόντον· ἐνθένδε εἰς τοῦ Ὑπίου [33]) τὰς ἐκβολὰς ἄλλοι ὀγδοήκοντα καὶ ἑκατὸν κτλ. Den eponymen finden Welcker u.a. bei Pollux 4, 55 in Οὐπίου [34]). Der berg: Plin. *N. H.* 5, 148 *a Cio intus in Bithynia Prusa, ab Hannibale sub Olympo condita . . . . dein Nicaea in ultimo Ascanio sinu, quae prius Olbia et Prusias, item altera sub Hypio* [35]) *monte.*   (**3**) S. zu T 5 und 433 F 2-3. Die fahrt der Argo den Acheron aufwärts stand schon bei Herodor 31 F 8, der F 31 auch vom Hadeseingang dort sprach, und die entstehung des ἀκόνιτον erklärte; dies vielleicht aus freier erfindung, die schnell anklang fand, und vielleicht schon Xenoph. *Anab.* 6, 2, 1-2 aus ihm bekannt war; denn der name Saonautes, den der fluss in wahrheit trug, ist sonst nicht belegt. Aber unbestritten war die lokaltradition nicht [36]), und vielleicht hat der Teier Andron im Periplus [37]) deshalb die rationalistische geschichte von könig Acheron vorgezogen, mit dessen tochter Dardanis Herakles den Poimen erzeugt — beides eponymen von örtlichkeiten im gebiet von Herakleia.   (**4**) S. zu 31 F 49. Die genealogie ist klärlich Tantalos—Daskylos ~ Anthemoeisia ἡ Λύκου-Lykos [38]), nicht Tantalos ~ Anthemoeisia—Lykos. Das material über Lykos, der faktisch nur eponym des flusses ist — und dieser trägt einen sehr gewöhnlichen namen — bei Gunning *R E* XII, 1927, col. 2401 no. 23, dessen ansicht über die entstehung der tradition ich nicht teilen kann. Sie ist m.e. rein lokalpatriotisch und relativ spät, wie auch die art der varianten zeigt: sie wollen alle erklären, warum Lykos die Argonauten freundlich aufnimmt. Leider ist die spezialität Herodors ausgefallen,

und bleiben die ἔνιοι (deren ansicht freilich nicht sehr bedeutsam ist) anonym. Aber mehr von Herakles' eroberungen für Daskylos erzählten Deinias 306 F 1 und Asklepiades in den *Bithyniaka* [39]), von denen mindestens der letztere sicher eine herakleotische quelle gehabt hat.   (5)
Titias: s. zu Promathidas 430 F 1. Bormos: Pollux 4, 54 f. βῶρμος (so!) δὲ Μαριανδύνων γεωργῶν ᾆσμα, ὡς Αἰγυπτίων μανέρως καὶ λιτυέρσας Φρυγῶν . . . . . ὁ δὲ Βώριμος ἦν Ἰόλ(λ)α [40]) καὶ Μαριανδύνου ἀδελφός, Οὐπίου [41]) βασιλέως παῖς, ἐν θήραι νέος ὥραι, θέρους ἀποθανών· τιμᾶται δὲ θρηνώδει περὶ τὴν γεωργίαν ᾄσματι. Material und literatur bei Hoefer *Rosch. Lex.* III 2, 1902/9, col. 2991 ff. Auf die varianten in der genealogie kommt wenig an. Bormos ist dem Hylas ähnlich, den Herakles bei Kios im Myserland [42]) verliert. Man sollte nicht bezweifeln dass alle diese namen epichorisch sind. Wir sehen nicht, warum Apollonios den Bormos durch Priolas, der auch eponym einer stadt ist [43]), ersetzt.   (6) Sehr verkürzt bei Hesych. s.v. ὀρσάγγης (so!) und Phot. *Lex.* s.v. ὀροσάγγαι. N. wird von dem grammatiker zitiert, der die belege für die drei persischen wörter gesammelt hat und kaum Eirenaios [44]) im Herodotkommentar ist, der nachher ἄγγαρος erklärt. Es gehört ihm nicht mehr als was unter seinem namen über ὀροσάγγης [45]) steht. Ob er den persischen hof schilderte, oder von einem Herakleoten erzählte, den der Perserkönig so ehrte? Über die beziehungen zwischen Herakleia und Persien s. zu Memnon c. 1, 4.   (7) Zitatennest, in dem nur N.s name erhalten ist. Ἥκιστα μυθώδης ist nur insoweit verständlich, als N. die Pegasosgeschichte gestrichen, und auch die sonstigen aufgaben des Bellerophontes durch das häufige motiv des wilden ebers ersetzt zu haben scheint. Aber der bericht war offenbar ausführlicher und lässt sich aus den vielen varianten im voraufgehenden nicht sicher ergänzen. So darf man aus dem knappen τὰς γυναῖκας αἰδεσθείς auch nicht mit Kakridis [46]) schliessen dass er das ἀνασύρασθαι τοὺς χιτωνίσκους 'durch bitten' ersetzt hat. Wo der exkurs stand, lässt auch die lokalisierung ἐν τῆι Ξανθίων χώραι nicht sicher erkennen; aber zeitlich passt die unterwerfung Lykiens durch Harpagos gut [47]). Mueller will auch c. 12 über die jungfrauen von Kios aus N. ableiten; aber Athen. 13, 20 p. 566 E ἐν Χίωι τῆι νήσωι erweckt zweifel [48]).   (8) Erwartet man im 1. buche; und die variante A ∼ F haben wir 433 F 1. Doch ist gelegentliche erwähnung immer denkbar; der anschluss der paphlagonischen fürsten an Persien mochte veranlassung zur beschreibung des landes geben.   (9) Stammt aus der ausführlichen darstellung der vorgänge nach dem Xerxeskrieg, die Justin. 16, 3, 9 indiziert [49]); die nähere bestimmung des Pausanias ὁ - Μαρδόνιον gehört dem exzerptor. Was N. erzählt scheint Herodot unbekannt gewesen

zu sein, [50]) passt aber gut in die allgemeinen schilderungen vom verhalten des Pausanias in Byzanz [51]), und sieht nicht nach erfindung aus. Annektierungen fremder denkmäler mögen auch ausserhalb Ägyptens nicht selten gewesen sein, wenn wir auch im eigentlichen Hellas nichts davon hören [52]). Wie immer man sich entscheidet, man darf dem epigramm keine dorischen formen aufdrängen. (10) Muellers änderung der buchzahl ist so gut wie sicher [53]). Im eingang stammt die nähere bestimmung des Dionysios wieder vom exzerptor. Aber ich sehe nicht warum man einem gebildeten manne, wie N. es offenbar war, die Menanderzitate absprechen soll: sie dienen seinem zweck, und ἥκιστα γ' ὢν λοίδορος sieht nicht nach Athenaios aus, der auch längere zitate nicht durch eigene lesefrüchte zu unterbrechen pflegt. Ausgehoben hat er ausschliesslich N.s bericht über Dionysios' letzte krankheit und ihren grund; und darin stimmt Memnon c. 4, 7-8 vollkommen mit ihm überein. Wie N. sonst über tätigkeit und charakter des letzten tyrannen urteilte wissen wir nicht; aber es spricht nichts dagegen dass Memnons knappes exzerpt seine darstellung wiedergibt; allgemeine tyrannenfeindschaft schliesst bei einem historiker individuelle beurteilung der einzelnen tyrannen nicht aus. Oder sollen wir glauben dass N. auch die philosophischen und rednerischen interessen Klearchs mitsamt der gründung der bibliothek verschwiegen hat? Laqueur [54]) geht auch hier ganz mechanisch vor; er vergisst (wovon er doch an anderer stelle ganz naiv gebrauch macht [55])) dass das urteil der Herakleoten nicht das der verbannten war, und vor allem dass N. nicht zu ihrem radikalen flügel gehörte [56]). (11) Von C. Mueller grundlos [57]) in den Περίπλους Ἀσίας gestellt, der vielmehr Nymphodoros gehört [58]). Es ist ärgerlich dass in dem einzigen wahrscheinlich historischen zitat, das wir von N. haben, der autorname hoffnungslos korrupt ist. Es scheint keiner der uns bekannten autoren über Herakleia gewesen zu sein. (13) Alle die insel betreffenden fragen sind ausführlich besprochen von K. Ziegler *RE* VI A 1, 1936, col. 718 no. 2. (14) Die variante Μύγδονες ~ Φρύγες sieht allerdings mehr nach 'bewusster änderung' als nach korruptel aus. Ob Apollonios selbst sie in der zweiten bearbeitung unter N.s einfluss vorgenommen hat [59]), ist eine andere frage, die ich nicht leicht bejahen möchte. Jedenfalls stehen für N. die Phryger fest, und in dem unbekannten Moiris steckt gewiss nicht Herodor [60]). (16) Kaum zweifelhaft dass Apollonios hier N. gegen Herodor gefolgt ist; der ausdruck zeigt, dass er varianten kennt. Dass Tiphys [61]) im gebiet von Herakleia gestorben ist, sagt nur N.; das grab dort bezeugt Ammian. Marc. 22, 8, 22 [62]). (17) S. n. 14. (18) Muellers annahme einer korruptel aus ἐν (β?) Περὶ Ἡρακλείας ist ausgeschlossen. Gegen die vulgata, dass N. auch einen Περίπλους Ἀσίας geschrieben habe [63]), hat schon Kaibel Index III p. 643 und (ohne ihn zu kennen) Wendel *Herm.* 77, 1942, p. 217 den autornamen in Νυμφόδωρος [64]) geändert, dessen so betiteltes buch Athenaios auch 13, 89 p. 609 E anführt.   (19) Sachlich kann das gut dem Herakleoten gehören. Die bezeichnung ὁ φιλόσοφος befremdet, ist aber für den Herakleoten vielleicht passender als für Nymphodoros [65]).

433. DOMITIUS KALLISTRATOS

Domitius Kallistratos [1]), wie Steph. Byz. fast regelmässig zitiert [2]), gewiss um ihn von dem bekannten Aristophaneer zu unterscheiden [3]), schrieb über Herakleia in 7 (und vielleicht nicht mehr) büchern. Die fragmente, seltsamerweise alle mit buchzahl, zeigen eine von Nymphis sehr verschiedene stoffverteilung, die sich aus den veränderten interessen seiner zeit leicht erklärt. Er gab für die sagenzeit volle zwei bücher her [4]); die Perserzeit begann im 3. buch [5]); die zitate aus buch IV-VII [6]) sind nicht mit sicherheit zu datieren, scheinen aber bereits auf hellenistische zeit zu gehen. Denkbar also dass K. hauptsächlich eine fortsetzung des Nymphis (den er kennt) geben wollte für die zeit, in der Rom an stelle der Griechen und Makedonen trat [7]). Die einleitung erweiterte die archaeologie, für die das interesse im 1. jhdt gewachsen war, und fasste dann um so knapper den inhalt von Nymphis' eigentlichem werk — die geschichte der freien stadt und der tyrannis — zusammen. Zeitlich lässt sich K. nur dann genauer bestimmen, wenn er identisch ist mit dem verfasser des (einen?) buches Περὶ Σαμοθράκης, das Dionys von Halikarnass wohl als das modernste werk einigermassen ausführlich zitiert [8]). Es vertritt den anspruch Roms auf den besitz des echten Palladions in der gleichen form wie Varro, und mag also schon vor Dionys von diesem herangezogen sein. Dann (aber auch nur dann) macht der römische name C. Muellers vermutung glaublich dass K. als gefangener des 3. Mithridatischen Krieges nach Rom gekommen ist; d.h. wenn er Herakleote war (wie für den verfasser einer solchen lokalgeschichte wahrscheinlich), im j. 71/0 v. Chr. Von dem schicksal dieser gefangenen ist bei Memnon ausführlich die rede [9]), sicher nach einem autor, der Rom kannte, und der dann wohl eben K. gewesen sein wird [10]). Die gefangenen, soweit sie professionelle leute waren, werden nicht alle, oder nicht sogleich, in die heimat zurückgekehrt sein. Man braucht aus einer einzelheit wie der anerkennung der Penaten nicht auf besondere freundschaft des verfassers der Σαμοθραικικά für Rom zu schliessen. Auch das buch über Herakleia, das m.e. hauptquelle Memnons von c. 18-40 ist, zeigt eine ziemlich kritische einstellung gegen Rom, freilich keine offene feindschaft [10a]), sodass daraus kein argument gegen die identifikation zu entnehmen ist.

F

(1) Zu Nymphis 431 F 2. (2—3) Über Titias s. zu Promathidas 430 F 1. K., der leider anonym zitiert, unterscheidet zwei träger des namens Mariandynos — den eponymen des volkes, der Κιμμέριος, oder eher sohn des Kimmerios [11]), heisst und vater des 'epichorischen heros' Titias ist, und seinen enkel, den sohn des Titias, bruder von Priolas und Bormos. Die erstere gestalt ist nicht jung, da der Pontiker Herakleides die Kimmerier ὑποκάτω τοῦ Πόντου ansetzt [12]), offenbar wegen *Od.* λ 13 ff. ∼ Nymphis 432 F 3. Den zweiten Mariandynos verbindet mit Bormos bezw. Priolas [13]) die musik. Aber während Bormos nur gegenstand von klagenden liedern ist — ein einfaches faktum — wird Mariandynos in lokalpatriotischer übersteigerung dieses faktums (denn die Μαριανδυνοὶ αὐλοί gehören wohl sicher dazu) zum vertreter der θρηνητικὴ αὐλωιδία und lehrer des 'Phrygers' Hyagnis, der sonst als erfinder der flöte gilt und an der spitze der konstruierten reihe der ältesten auleten steht [14]). (4) Geht auf die von Herodot 4, 1 ff. erzählte geschichte, nach dem der 'graben' ἐκ τῶν Ταυρικῶν ὀρέων ἐς τὴν Μαιῆτιν λίμνην, τῆι πέρ ἐστι μεγίστη läuft [15]). Also wird auch K. sie gelegentlich von Dareios' Skythenzug erzählt haben [16]). Eine stadt Taphrae [17]) kennt Plin. *N. H.* 4, 85; bei Ptolem. 3, 6, 5 heisst sie Taphros; aber bei Plin. 4, 87 (?) und Mela 2, 4 ist es eine region. Die Satorchaioi heissen auf einer inschrift des 2. (?) jhdts v. Chr. [18]) und bei Plin. 6, 22 [19]) Σαταρχαῖοι, bei Mela [20]) und Val. Flacc. *Arg.* 6, 144 f. *Satarchae.* (5) Der Psil(l)ios als grenzfluss Arrian. (*Bithyn.*) 156 F 77; vgl. auch *Peripl. P. E.* 12, 4; Strab. 12, 3, 7; Plin. *N. H.* 5, 150. Das Σάγγαρον χωρίον ist das ἐμπόριον ἐν Βιθυνίαι πλησίον τῆς Ἐλενουπόλεως κείμενον [21]). Wenn die die buchzahl richtig ist, können wir hier so wenig wie in F 4 an die Argonautengeschichte denken [22]), die auch ἐγκυριεύσαντος unwahrscheinlich macht. Aber daraus dass Arrian an der zitierten stelle den bithynischen bildhauer Doidalses aus der 2. hälfte des 3. jhdts v. Chr. erwähnt, οὗ ἔργον ἐν Νικομηδείαι γενέσθαι θαυμαστὸν ἄγαλμα Στρατίου Διός, wird man nicht wagen zeit und beziehung von F 5 zu erschliessen; und das subjekt zu ἐγκυριεύσαντος lässt sich daher nicht ergänzen. (6—9) Die vier orte kommen nur hier vor, und

nach den blossen namen können wir die historische beziehung nicht bestimmen. F 6-8 mögen in die kämpfe zwischen Herakleia und Bithynien gehören, von denen schon Nymphis (nach Memnon c. 6; 9 und weiter) ausführlicher zu erzählen begann. Wenn 'Ιλλυρίας in F 9 richtig ist — es gibt eine *civitas Olympene* am mysischen Olymp [23]) — so denkt man an den übergang der Römer πέραν τοῦ 'Ιονίου Memnon c. 18, 4. **(10)** S. oben p. 265, 22 ff. Auch Varro, dessen bericht bei Dionys. Hal. *A. R.* 1, 61-62; 67 vorliegt [24]), hat die ableitung der Penaten aus Samothrake und Troja [25]) verbunden, die durch ihre gleichsetzung mit den Μεγάλοι θεοί nötig wurde. Der unterschied gegen den annalisten Cassius Hemina (gegen 140 v. Chr.) besteht darin dass Aineias sie nicht aus Samothrake mitnimmt, sondern direkt aus Troja, wohin sie schon durch Dardanos gekommen sind. Die tendenz geht — abgesehen vom erweis der echtheit der römischen bilder — darauf die verbindung Troja ⁓ Rom so eng wie möglich zu gestalten.

434. MEMNON <VON HERAKLEIA>

M. ist uns nur aus dem exzerpt des Photios bekannt, der seinerseits nur noch einen band des werkes besass — die bücher IX-XVI, die vom beginne der tyrannis 364/3 bis zu Caesars rückkehr aus dem osten 47 v. Chr. gehen. Danach umfassten die ersten acht etwa den gleichen zeitraum wie die ersten neun des Nymphis [1]). Wie in ihnen das verhältnis von archaeologie und geschichte war, ist nicht zu sagen; aber die zahl der bücher beweist dass M.s stoffverteilung der des Nymphis näher stand als der des Kallistratos [2]). Wenn Photios dann ohne jeden ausdruck des zweifels von 'den büchern nach dem 16.' spricht [3]), so müssen wir annehmen dass M. — in der art die vielleicht seit einführung der buchteilung bei den historikern und jedenfalls in der römischen zeit üblich war [4]) — seine bücher (oder buchgruppen) mit einer zusammenfassung des inhalts schloss und zugleich den inhalt des folgenden buches ankündigte; Laqueurs zweifel 'ob M.s werk wirklich über buch 16 je hinausgereicht hat' [5]) sind daher unbegründet, es sei denn dass M. in währender arbeit gestorben ist und das am ende von buch XVI gegebene versprechen nicht mehr erfüllen konnte. Es ist also wieder nicht festzustellen, wieviel bücher das ganze werk umfasste, wie weit es ging, und wann M. gelebt hat. Die gewöhnliche annahme, die ihn zum zeitgenossen Plutarchs macht [6]), ist möglich, aber nicht zu beweisen. Den ἰσχνὸς χαρακτήρ [7]) konnte gerade ein historiker auch noch in und nach der zeit des Attizismus anwenden. Das bedarf keines beweises; aber der hinweis auf M.s halben landsmann Arrianos ist vielleicht nützlich. Es ist bedauerlich dass wir Timogenes no. 435 nicht genauer datieren können; aber auch die geschichte Herakleias in der Kaiserzeit lässt einen historiker im 2. jhdt n. Chr. nicht unmöglich erscheinen: die münzen, die unter Trajan die legende Ἡρακλεωτῶν Ματροπολειτᾶν tragen, gehen bis auf Gallienus und Claudius II [7a]).

Das exzerpt ist ungleichmässig wie alle exzerpte des Photios [8]): gleich im 9. buch ist in c. 1 die ganze geschichte wie Klearch die tyrannis gewann, von der Justin viel zu erzählen weiss [9]), mit dem knappen satz Κλέαρχον μὲν οὖν ἐπιθέσθαι πρῶτον τῆι τυραννίδι κατὰ τῆς πόλεως ἀναγράφει abgemacht, woran dann sofort die schilderung des mannes und seine ermordung schliesst. Man soll aber beachten dass am ende der darstellung die knappe bemerkung c. 1, 4 verrät dass M.s quelle von den beziehungen Herakleias zu Persien gehandelt hat. Es ist offensichtlich, dass hier sehr viel der schere des exzerptors zum opfer gefallen ist. Es steht ähnlich mit der regierung der beiden nächsten tyrannen Satyros und Timotheos c. 2-3; auch hier zeigt nur eine knappe bemerkung, diesmal innerhalb der charakterschilderung, dass die darstellung sich nicht auf die inneren verhältnisse Herakleias beschränkte, sondern dass Photios die lokalen einzelheiten gestrichen hat, die ihn nicht interessierten [10]). Im 11. buch setzt dann mit dem tyrannen Dionysios die enge verbindung mit der weltgeschichte auch in Photios' exzerpt ein [11]); die stadtgeschichte erweitert sich mit dem übergang Alexanders nach Asien, also in einem durchaus passenden moment, zur universalgeschichte, wie das in der Lokalgeschichte, soweit wir sehen können, seit ihren anfängen der fall war. Bis tief hinein in das 14. buch [12]) ist die darstellung geschichte der Diadochen und Epigonen, gesehen vom standpunkt Herakleias. Diese fortlaufende darstellung der zustände im griechischen osten, soweit sie das schicksal Herakleias berührten, schliesst innerhalb (gegen ende) des 14. buches mit einer der ersten regierungshandlungen des Ptolemaios Euergetes (347/6), die M. sicher noch bei Nymphis fand [13]). Dann erfolgt ein umbruch: unmittelbar an die zuletzt erwähnte tatsache schliesst nach dem exzerpt — und nach Photios' ausdruck muss das bei M. ebenso gewesen sein — der exkurs c. 18, 1-5 über das was Pompeius Trogus die *initia* oder *origines* Roms genannt hätte. Er stellte die geschichte Roms dar von den anfängen bis auf den zweiten Punischen Krieg (218-201) und die verbannung Hannibals (195), die makedonischen kriege und die vernichtung des selbständigen Makedoniens [14]) (200-197; 171-168); und er schliesst mit dem krieg gegen Antiochos III, soweit er in Europa ausgefochten wird [15]). Dann kehrt M. zur hauptlinie zurück (ἀναλαβὼν δὲ γράφει c. 18, 6), und spricht ausführlich von den beziehungen, in die Herakleia zu den generalen L. und P. Cornelius Scipio trat, die das römische heer über den Hellespont nach Asien geführt hatten [15a]). Auch das ist trotz der knappheit des exzerptes noch ganz verständlich: weder die stellung des exkurses ist ein wirklicher anstoss [16]) noch die folge der römischen kriege; der schriftsteller hat innerhalb des exkurses (in der weise Herodots, Theopomps, und Appians) nach kampfgebieten geordnet, und sich so die rückkehr zu seinem eigentlichen gegenstand leicht gemacht. Es ist auch durchaus noch in der ordnung, dass das 15. buch in c. 19-20 mit kriegen von Herakleia gegen Prusias und die Galater beginnt, also die geschichte der stadt fortsetzt. Dass der erstere nicht genauer datiert wird [17]) kann schuld des exzerptors sein; kaum noch dass c. 20 zeitlich früheres gibt als c. 19; das müsste aus der anlage der quelle erklärt werden. Es bleibt angesichts der dürftigkeit des exzerpts zunächst ganz zweifelhaft ob und was in der zeit zwischen 247/6 und 91 v. Chr. in einer vollständigen geschichte von Herakleia sonst noch zu erzählen war. Jedenfalls lenkt die erzählung jetzt wieder zu den Römern über: die ganz knappe notiz c. 21 gibt kaum mehr als die hilfe, die Herakleia den Römern im Bundesgenossenkrieg 91/88 v. Chr. leistete [18]); dann geht der schriftsteller zu einer ausführlichen erzählung der Mithridatischen Kriege 88-64 v. Chr. über, die den rest des 15. und das 16. buch füllt, und in dem schicksal Herakleias in und nach dem kriege gipfelt [19]). Damit bricht das erhaltene ab.

Es ist selbstverständlich dass man aus diesem befund schlüsse auf M.s quellen ziehen muss. Er lässt sich garnicht anders erklären als dass M. mit dem abbruch von Nymphis' werk im j. 247/6 die vorlage wechselte. Man wird aber zugleich auch schliessen dass von 365/4 bis 247/6 seine hauptquelle Nymphis war, den er zweimal nennt und an der zweiten stelle aus ca. 250 ausdrücklich als ἱστορικός bezeichnet — was er 281 noch nicht war [20]). Man wird noch weiter gehen und in Nymphis die haupt- und für die historische zeit wohl auch die einzige quelle M.s für die bücher I-VIII sehen [21]). In jedem fall ist m.e. für IX-XVI der beweis Laqueurs für seine these [22]), dass 'Nymphis nicht für die ganze darstellung Memnons oder auch nur für die grundlage verantwortlich gemacht werden darf, sondern nur für die dazwischen gestreuten bemerkungen entgegengesetzter tendenz' vollständig misslungen. Ich vermag ihm aber auch sein früheres, weniger radikales, resultat [23]) nicht zu glauben, dass wenigstens die bücher IX-X über die drei ersten tyrannen Klearchos, Satyros, Timotheos (364/3-338/7) nicht aus Nymphis sondern aus Theopomp stammen. Ein solcher quellenwechsel mitten in der geschichte der tyrannis ist für einen lokalhistoriker m.e. *a priori* nicht glaublich. Er wird auch dadurch nicht glaublicher, dass das 11. buch M.s über Dionysios mit dem übergang Alexanders nach Asien einsetzt, und Nymphis' grosses geschichtswerk mit Alexander beginnt: die natürliche quelle für einen so späten lokalhistoriker wie M. sind nicht die Ἱστορίαι sondern das werk Περὶ Ἡρακλείας. Konzedieren würde ich allein die möglichkeit dass Nymphis selbst bei der schilderung der ersten drei tyrannen Theopomp benutzt, oder wenigstens in seinem stil geschrieben hat; denn Memnon c. 1-3 zeigt eine gewisse schwarz-weissmalerei. Beweisbar ist auch sie nicht, weil wir Theopomps quelle für Herakleia so wenig kennen wie die des Nymphis für die zeit der tyrannis; und ich halte es für wenig glaublich, dass der letztere für seine eigene heimat zu den allgemeinen Φιλιππικά griff statt zu seinen herakleotischen vorgängern [24] und der lebendigen erinnerung nicht nur in dem kreise der verbannten. Wenn nun bis 247/6 Nymphis haupt- oder einzige quelle M.s war, wird man für die folgende zeit naturgemäss an Kallistratos denken. Wir wissen sehr wenig von dem aufbau seines werkes; aber das gibt kein recht ihn überhaupt nicht in erwägung zu ziehen, wie es bei Laqueur der fall ist, der nicht nur M. falsch in Caesarische zeit datiert, sondern nicht einmal den versuch macht den 'grundautor' der bücher XI ff. zu bestimmen, der nicht mehr Nymphis sein soll [25]. Und doch ist ein solcher versuch notwendig; denn mit der neuen auffassung von M.s quellen verträgt sich die alte annahme nicht mehr dass M. für die zeit nach Nymphis überhaupt keine fortlaufende darstellung mehr zur verfügung hatte sondern nur einzelne notizen; dass er für die überlieferung von 91 an 'selbst für die komposition verantwortlich' ist; und dass er hier 'das gerippe der darstellung aus einem werke über die Mithridatischen Kriege Roms genommen hat', in das er nur 'leise bemerkungen' über Herakleia 'einstreute' [26]. Ich bin vielmehr geneigt den zustand der exzerptes zu erklären teils aus der anlage und dem inhalt von Kallistratos' werk dessen blick zweifellos stark auf Rom gerichtet war [27], teils (und dies sehr weitgehend) aus der tätigkeit des exzerptors, den die lokalen katzbalgereien der späteren hellenistischen zeit weniger interessierten als den ihnen zeitlich nahe stehenden Kallistratos, und der im wesentlichen nur das aushob was das verhältnis Herakleias zu Rom direkt oder indirekt anging. Dass Kallistratos die Mithridatischen kriege mindestens in Kleinasien und am Pontos ausführlicher erzählte [28] passt durchaus zu der art der lokalchronik, und vielleicht wird man die datierung für den konflikt mit den Galatern c. 20, 1 οὔπω τῶν Ῥωμαίων εἰς τὴν 'Ασίαν διαβεβηκότων für die hier angenommene komposition des Kallistratos verwenden dürfen. Einig bin ich mit Laqueur nur darin dass 'von einem jahrbuch von Herakleia oder dergleichen keine rede sein kann' [29]). Das sollte Laqueur eigentlich überraschen; mir ist es nach meiner ganzen auffassung von entstehung und entwicklung der Lokalchronik selbstverständlich.

M. ist uns beim verlust der ganzen hellenistischen lokalliteratur wichtig als einziger vertreter dieses typus. Trotzdem er selbst erst in die Kaiserzeit gehört, und trotzdem er nur im exzerpt vorliegt, ist das exzerpt doch so umfangreich 'dass wir uns ein urteil über den typus zu bilden vermögen' [30]). Er ist daneben selbst im exzerpierten zustand ein im ganzen guter zeuge sowohl für die zeit der Diadochen und Epigonen wie für die Mithridateskriege. Was es mit der gewöhnlich getadelten geographischen unwissenheit auf sich hat, möchte ich unentschieden lassen [31]). Die chronologie würden wir genauer wünschen — ein paar absolute daten [32]) und mehr synchronismen —, wenn auch niemand datierung nach herakleotischen beamten verlangen wird; aber es ist möglich, dass hier der exzerptor ein gut teil der schuld trägt. Es ist auch nicht sicher zu entscheiden ob die synchronismen c. 1, 4 und 2, 5 erst von M. aus einem chronologischen handbuch zugefügt sind, oder schon bei Nymphis (und dann vielleicht genauer) standen; aber wenigstens 1, 4 sieht eher wie 4, 1 aus, wo die herkunft aus der vorlage sicher ist. Die offenkundig lokalpatriotische tendenz [33]) scheint nicht zu eigentlichen fälschungen der tatsachen geführt zu haben, ist aber stark genug um den verfasser als Herakleoten zu erweisen. Über seinen stil müssen wir uns mit Photios' urteil begnügen [34]); aber reste von schilderungen, reden und digressionen [35]) — um zu schweigen von so seltsamen sentimentalitäten wie z.b. c. 3, 3 — zeigen dass er (wie Arrian) stilistische ansprüche erhob. Wir werden Photios glauben dass er (wieder wie Arrian) diese zutaten massvoll verwendete.

Im abdruck des textes habe ich Muellers capiteleinteilung, nach der gewöhnlich zitiert wird, ändern müssen, aber wenigstens seine capitelzahlen am rande gegeben.

F

(**1**) Über den charakter des exzerpts s. ob. p. 268, 8 ff. Die grosse lücke am anfang ist zu füllen vor allem aus Justin. 16, 4-5, der die erhebung Klearchs in die grosse geschichte einordnet [36]), und aus einer reihe von mehr oder minder ausführlichen notizen, die sich fast ausnahmslos auf die gewinnung der tyrannis und Klearchs verhalten in ihr beziehen [37]). Da die in den grundzügen einheitliche überlieferung [38]) wohl ganz aus den kreisen der verbannten optimaten stammt, ist sie naturgemäss ungünstig, was nicht besagt dass die tatsachen selbst gefälscht sind: der längere parteikampf [39]) und die intransigenz der besitzenden kreise [40]) werden harte massnahmen des ersten herrschers und noch des vormunds seiner söhne notwendig gemacht haben [41]). Man wird um so mehr nachdruck auf das urteil des zeitgenossen Isokrates legen, der den charakter des jungen mannes ausserordentlich rühmt [42]); und die bibliotheksgründung, die Nymphis nicht verschwieg (der sich überhaupt die unbefangenheit des urteils bewahrt zu haben scheint [43])) zeigt dass auch dieser teufel nicht so schwarz war wie er gemalt wurde [44]). Über Klearch s. Beloch *Gr.G.* ²III 1, 1922, p. 137 ff.; Lenschau *RE* XI, 1922, col. 577 no. 4; Glotz-Cohen *Hist.Gr.* IV 1, 1938, p. 17 ff. Über die tyrannis überhaupt H. Apel *Die Tyrannen von Herakleia*, diss. Halle 1910; B. Lenk *Mitt. Verein. klass. Philol.* Wien, 1927, p. 77 ff. Die daten [45]) gibt Diodor nach dem chronologischen handbuch; M. hat (soweit das exzerpt sie erhalten hat) die gleichen regierungsdauern [46]) aus Nymphis, der die gesamtdauer (76 jahre) mit der unmittelbar folgenden herrschaft des Lysimachos zusammen (auch diese zusammenfassung ist für den unabhängig denkenden historiker bezeichnend) auf 84 jahre (364/3-281/0?) berechnet [47]). Ein absolutes datum, das doch bei Nymphis schwerlich gefehlt haben kann, gibt das exzerpt nicht. Die synchronismen 1, 4 und 4, 1 sind kein ersatz. § 2 ἐν ἀλλοφύλοις] der krieg gegen Astakos Polyaen. *Strat.* 2, 30, 3? § 3 Χίωνος] Philodem. *Ind. Ac. Herc.* col. 6, 13 p. 35 Mekler nennt Χίων ὁ τὸν ἐν ['Ηρα-κ]λείαι τύραννον ἀνελών unter den schülern Platons. Vgl. 431 n. 1. **(2)** Satyros, von dem wir sonst nichts wissen, fehlte in Diodors handbuch [48]), weil er nur vormund von Klearchs söhnen war. Das exzerpt gibt ihm trotzdem 7 regierungsjahre. Seine vorlage und Diodor [49]), die beide Dionysios auf Timotheos folgen lassen, setzen sich in widerspruch zu den münzen, die eine samtherrschaft der beiden söhne Klearchs bezeugen [50]); doch sagt Memnon c. 3, 1 dass Timotheos den Dionys κοινωνὸν εἶχεν αὐτίκα τῆς ἀρχῆς, ἑχομένως δὲ καὶ διάδοχον, und das wird das richtige sein. Der vergleich von c. 2, 5 mit 1, 4 beweist, dass Satyros ein oder zwei jahre älter war als Klearch. Sehr auffällig ist der (übrigens sehr ungenaue) synchronismus (§ 5) mit einem spartanischen [51]) statt mit einem persischen könig (wie c. 1, 4). Ich wage nicht daraus einen schluss zu ziehen auf die aussenpolitik der tyrannen in den jahren, in denen der gegensatz Makedonien ∼ Persien anfing sich abzuzeichnen. Andernfalls wäre eine fühlungsnahme mit Sparta ganz begreiflich; denn Satyros hat gewiss die guten beziehungen Klearchs zum persischen hofe aufrecht erhalten. Erst Dionysios musste die aussenpolitik Herakleias neu orientieren [52]). (3) Auch von Timotheos wissen wir näheres nur aus Memnon. Zu seiner charakteristik vgl. n. 41.   (4) Von hier an gibt das exzerpt die beschränkung auf die charakteristik der tyrannen auf, die ihre aussenpolitik so gut wie ganz ausser acht lässt. Bis tief ins 14. buch hinein [53]) erhalten wir verhältnismässig ausführliche angaben über die beziehungen Herakleias zu den hellenistischen königen und den pontischen dynasten, aber durchaus so, dass Herakleia im mittelpunkt der erzählung steht — viel stärker als in der römischen periode von c. 18 an [54]). Es ist wirklich eine geschichte Herakleias vor dem hintergrund der allgemeinen hellenistischen geschichte, wie gleich im anfang die bemerkungen über die verbannten zeigen, die bei Alexander und dann bei Perdikkas ihre rückkehr durchzusetzen suchen [55]). Aus diesem exzerpt kann man sich auch eine vorstellung von dem unterschied der beiden werke des Nymphis machen, von denen M. nur die lokalgeschichte benutzt hat.   § 1 Διονύσιος] Kaerst *R E* V, 1905, col. 912 no. 66; Beloch *Gr. G.* ²III 1, 1922, p. 139 ff.; Tarn *C. A. H.* VI, 1927, p. 372 f.; 490. Über die athenischen inschriften, in denen er vorkommt, Meritt *Hesperia* 10, 1941, p. 48 f.   § 4 Ἄμαστρις] Strab. 12, 3, 10; Steph. Byz. s.v.; Wilcken *R E* I col. 1750 no. 7.   § 6 Κύπρος] von Droysen richtig in Τύρος geändert. Über die belagerung dieser stadt durch Antigonos s. Beloch III 1 p. 122; Tarn p. 484 ff. Über Ptolemaios Niese *Gesch. d. gr. u. maked. Staat.* I p. 276.   § 7] Vgl. Nymphis 432 F 10.   § 9] Zur ehe des Lysimachos mit Amastris, die Nymphis als eine liebesheirat hinzustellen sich bemüht, s. Diodor. 20, 109, 6-7; Niese I p. 344 f.; Apel *op. cit.* p. 56 n. 3; Beloch p. 162 f. Die konjektur bei Polyaen. *Strat.* 6, 12, die einen sohn Alexandros aus dieser ehe schafft, ist unwahrscheinlich [56]); in μηστρίδου steckt vielleicht der name der Ὀδρυσιὰς γυνή, die Pausan. 1, 10, 4 als seine mutter bezeichnet. Über die stadt Amastris ausser den zeugnissen der schriftsteller [57]) die münzen mit der legende Ἀμάστριος βασιλίσσης [58]). Amüsant, dass der vermutlich erst kaiserzeitliche epiker Demosthenes in den *Bithyniaka* eine gleichnamige Amazone als eponyme erfindet [59]). Eine ähnliche erfindung bei Memnon c. 28, 9? Aber c. 12, 2 hat aus Nymphis die ältere zurückdatierung von Astakos.   (5) An 289/8 als datum für das ende der tyrannis in Herakleia hält Beloch IV 1 p. 233 n. 1 m.e. mit recht fest: das datum ergibt sich aus den regierungszahlen der einzelnen tyrannen, die Diodor vollständig hat. Trogus, der hier den grossen exkurs über die *Bithyniae et Heracleae origines* einlegt, hat anders disponiert: er lässt auf den ausgang des Demetrios Poliorketes († 284/3) und den tod des Ptolemaios Soter (winter 283) die letzten jahre des Lysimachos folgen von der vertreibung des Pyrrhos aus Makedonien (284) bis zum tode des königs in der schlacht auf dem Kurupedion (sommer 281) [60]). Ich habe bewusst mit § 4 kein neues kapitel begonnen. Der sehr zusammengestrichene § 4 sagt zwar dass Lysimachos (nach einer mindestens teilweisen plünderung) der stadt die demokratie wiedergibt, und das mag richtig sein. Aber er hat diese massnahme nach § 4 sehr schnell wieder rückgängig gemacht, und wir dürfen aus M.s disposition und der zahl in c. 6, 1 schliessen dass auch Nymphis die wirkliche befreiung Herakleias erst nach Lysimachos' tod im j. 281/0 datierte. Seine abneigung gegen die letzte 'tyrannin' Arsinoe, die offenbar ebenfalls den verbannten die rückkehr nicht gestattete, ist deutlich; daher die erklärung oder entschuldigung für Lysimachos' verhalten.   § 1] Die teilnahme des Klearchos am Getenkrieg [61]), der vielfach erwähnt wird, kennt nur M. Über Ox(y)athres s. Berve *RE* XVIII 2, 1942, col. 2021 no. 2. § 6] Tarn *Antig.Gon.*, 1913, p. 124 n. 25 'the truth about Agathocles' death is hopelessly lost; but we must follow Memnon-Nymphis where possible. Nymphis was alive at the time and belonged, though an exile, to a city afterwards friendly to Keraunos'.   (6) Herakleides und Phokritos sonst unbekannt. Die gleichung des ersteren mit dem verfasser der Περσικά (III C no. 689) ist unglaublich.   § 3] Vgl. 9, 4. Das war schwerlich die erste erwähnung Bithyniens, das mehr und mehr zu dem gefährlichsten gegner Herakleias werden sollte [62]). Aber erst zwei jahre später, gelegentlich des krieges zwischen Antigonos und Antiochos und des übergangs der Galater nach Asien, den Zipoites' sohn Nikomedes begünstigte, legte Nymphis einen grösseren exkurs über das land und seine dynastie ein. Er stand vielleicht am anfang von M.s 14. buch; s. zu c. 11-12.   (7) § 1 Χαμαιλέοντος] der bekannte gelehrte (IV): Kaibel *Prolegg.* 1898; Wilamowitz *H.D.* I p. 49 n. 2.   (8) § 2-3 Πτολεμαῖος ὁ Κεραυνός] Justin. 17, 2, 4-5; Porphyr. 260 F 3 § 9; Appian. *Syr.* 328-330; Nepos *De Regg.* 3, 4. Tarn *op. cit.* p. 125 n. 26 'it is obvious from Memnon that Keraunos *was* Seleukos' prisoner, that is that he stayed with Lysimachos to the end; as is required, too, to explain his acceptance later by Lysimachos' old army. He was presumably Lysimachos' right hand after Agathokles' death, holding high command'. § 6-8 εἰς τὴν Βοιωτίαν] Meritt *Hesp.* 4, 1935, p. 577; 8, 1939, p. 105. Die schlüsse, die Tarn p. 131 aus dem erst von Bekker in § 8 ergänzten ⟨ὁ⟩ ἡττηθείς zieht, sind schwerlich richtig. Über das datum, das τὴν Μακεδόνων λαμβάνει ἀρχήν zu grunde liegt, s. *FGrHist* II D p. 861. Das exzerpt lässt die ephemeren nachfolger des Keraunos in Makedonien beiseite, und es muss dahingestellt bleiben ob Nymphis in der Lokalgeschichte genaueres gab. Es ist ganz denkbar, dass er sich mit einem knappen vorgreifenden überblick über die ereignisse begnügte, die Herakleia nicht direkt berührten. Wir können das nicht entscheiden, und man kann bei der art des exzerpts nichts daraus schliessen dass c. 10 Antigonos nicht näher seiner stellung nach qualifiziert. (9) Der erste satz, in dem Niese [63]) einen nachruf gesehen zu haben scheint, kann sich nur auf die schwierige lage beziehen, in der sich Antiochos nach dem tode des Seleukos und dem verluste des väterlichen heeres befand; auch der beschluss der Ilienser [64]), der von schweren aufständen im inneren des reiches weiss, spricht von ἀνακτήσασθαι τὴμ πατρώιαν ἀρχήν. Nymphis hat in der Lokalgeschichte ausführlicher wohl nur über seine versuche gesprochen, den seleukidischen einfluss am Pontos und im nördlichen Kleinasien herzustellen. Wir hören daher zunächst von den schwierigkeiten, in die Herakleia, dessen verhältnis zum Seleukidenreich kein gutes war [65]), und das von Bithynien nicht lange zuvor einen verlustreichen angriff erlitten hatte [66]), geriet, als Antiochos jetzt erst durch seine feldherrn [67]), dann persönlich in Bithynien eingriff. Es entschloss sich zum bündnis mit Bithynien, und Nymphis hat über den inhalt des vertrages ausführlich referiert [68]). Der Zipoites von § 5 ist nicht der könig von c. 6, 3 sondern der bruder des neuen königs Nikomedes, *tenens partem Bithyniae* [69]), der nach dem bündnis zwischen Herakleia und Nikomedes natürlich gegen die stadt sich stellt. Die söhne des älteren Zipoites werden c. 12, 5-6 nicht namentlich aufgezählt; sonst ist das exzerpt der schwierigen periode verständlich genug, wenn wir auch statt des zweimaligen ὑπὸ τοὺς αὐτοὺς χρόνους [70]) gern genauere angaben hätten. Wir wissen nicht, wie es damit bei Nymphis stand. (10) Setzt die erzählung von Antiochos' anfängen unmittelbar fort: Antigonos erscheint in den kämpfen im westen des reiches als neuer faktor [71]). Auch Trogus *Prol.* 24 kehrt mit *bellum quod inter Antigonum Gonatam et Antiochum Seleuci filium in Asia gestum est* nach der langen unterbrechung durch Pyrrhos' kriege im Westen [72]) zur griechischen geschichte zurück. Von dem kriege erfahren wir auch aus Justin nichts; aber er notiert den förmlichen friedensschluss [73]). (11) Für eine herakleotische Lokalgeschichte ist es das natürliche, dass sie von den Galatern erst spricht als sie 278/7 [74]) nach Asien übersetzen; die Universalgeschichte befasst sich früher mit ihnen, als sie Italien und Griechenland bedrohen. So behandelt auch der Byzantier Demetrios in der gleichen zeit die Γαλάτων ἐξ Εὐρώπης εἰς Ἀσίαν διάβασις in 13 büchern [75]). Hier wäre also der natürliche platz gewesen für die *Gallorum origines*, die Trogus im 24. buch anlässlich von Keraunos' niederlage und tod im kampfe mit ihnen erzählt, während ihr übergang nach Asien *bellumque cum rege Antiocho* [76]) *et Bithynia* im 25. buch stand. Ich traue dem exzerpt darin dass Nymphis in Περὶ Ἡρακλείας keinen exkurs über ihre vorgeschichte gegeben hat, während ein solcher sehr wohl in seiner Universalgeschichte gestanden haben kann: der exkurs über die Römer c. 18 steht an sich auf einem anderen blatte, stammt zudem nicht aus Nymphis, sondern aus Kallistratos. Aber über ihre raubzüge im westlichen Kleinasien [77]) muss er gehandelt haben, und vielleicht auch über ihre endgiltige ansiedlung in Galatien. Der rest davon ist § 6; § 7, in dem fehler stecken, kann zusatz M.s sein, was an der sache nicht viel ändert [78]). Den vertrag des Nikomedes und der griechischen städte mit den Galatern hat Nymphis *in extenso* (ob im wortlaut ist zweifelhaft) wiedergegeben [79]), wie c. 9, 3-4 den zwischen Herakleia und Nikomedes. Aber wenn er an den beratungen selbst teilgenommen hätte [80]), würden wir seinen namen wohl bei M. lesen. Sein urteil über den vertrag ist begreiflich genug aus dem gegensatz zwischen Herakleia und den Seleukiden, übrigens bezeichnend für den 'demokratischen' doktrinarismus auch dieses griechischen historikers. Es stehe dahin, ob er später anders denken gelernt hat. Dann gewiss weniger wegen gelegentlicher einfälle der von dem bithynischen könig aufgestachelten Galater als wegen der wachsenden bedrohung der stadt durch Bithynien selbst, die die Herakleoten bald veranlasste wieder anschluss an Mithridates von Pontos zu suchen [81]).   § 3] Liv. 38, 16, 2 *ad viginti milia hominum cum Lonorio ac Lutario regulis*.   § 5 κατὰ Βιθυνῶν] d.h. soweit sie unter der herrschaft des jüngeren Zipoites [82]) standen: Liv. 38, 16, 7 *haud ita multo post Lonorius, adiuvante Nicomede, Bithyniae rege, a Byzantio transmisit*. (8) *coeunt deinde in unum rursus Galli, et auxilia Nicomedi dant adversus Ziboetam, tenentem partem Bithyniae, gerenti bellum*. (9) *atque eorum maxime opera devictus Ziboeta est, Bithyniaque omnis in dicionem Nicomedis concessit e.q.s.*   (12) Der exkurs über die bithynischen dynasten ist einer der sichersten beweise dafür dass M. in dieser partie im wesentlichen Nymphis ausschreibt: er bricht mit Nymphis' zeitgenossen Nikomedes I ab, ohne für diesen lebensdauer oder regierungszeit anzugeben [83]). Zur herstellung der liste s. Beloch *Gr. G.* ²IV 2 p. 211 ff. Die zuverlässigkeit der zahlen für Boteiras und Bas ist m.e. nicht über allen zweifel erhaben; die durch münzen und inschriften bezeugte Bithynische aera beginnt 297 v. Chr., wohl mit der annahme des königstitels durch Zipoitas [84]).   § 1 ἀντικρὺ Ἀστακοῦ] Strab. 12, 4, 2 unterscheidet beide städte, bemerkt aber dass τοὺς οἰκήτορας (des um 300 von Lysimachos zerstörten Astakos) μετήγαγεν εἰς Νικομήδειαν ὁ κτίσας αὐτήν. Damit wird das junge Nikomedeia zur nachfolgerin des alten Astakos, und übernimmt dessen vorgeschichte. So hat vermutlich schon sein gründer gedacht, und sicher Nymphis, da er hier einen exkurs über die letztere stadt einlegt [85]). Auch die angabe des Pausanias[86]) (der die gründung durch Nikomedes kennt) dass τὰ δὲ ἐξ ἀρχῆς αὐτῆι Ζιποίτης ἐγένετο οἰκιστής, Θρᾶιξ γένος εἰκάζοντί γε ἀπὸ τοῦ ὀνόματος stammt offenbar aus gut unterrichteter quelle, und kann nicht einfach als irrtum oder konfusion verworfen werden. Denn vermutlich ist diese ältere gründung vorausgesetzt auch bei Euseb. *Chron.* ol. 129, 1 (264/3) [87]) *Nicomedes rex Bithyniae urbem amplians* (erneuerte die stadt Arm) *Nicomediam nuncupavit*; und man wird auch daran denken dass Zipoites schon im j. 315/4 den versuch gemacht hat sich der städte Chalkedon und Astakos zu bemächtigen [88]). Es ist danach begreiflich dass spätere gelegentlich Astakos und Nikomedeia gleichsetzen [89]).   § 2-3] Über Astakos s. Toepffer *Herm.* 31, 1896, p. 124 ff.; Ruge *R E* II, 1896, col. 1774 no. 2; Sölch *Klio* 19, 1925, p. 142 ff.; *F Gr Hist* zu 156 F 26; Hanell *Megar. Stud.*, 1934, p. 119 ff. Das gründungsdatum ol. 17, 1 steht auch in Eusebs Chronik. Dass der historischen eine mythische gründung vorangeht, und dass es für diese varianten gibt [90]), ist keine seltene erscheinung [91]); seltener dass wir die gründe für die varianten erkennen können, wie es hier der fall ist; und wichtiger dass auch die historische tradition nicht einheitlich ist: Charon von Lampsakos nennt Astakos gründung der Chalkedonier [92]). Diesen anspruch wird Astakos abgelehnt haben, und Nymphis ist der lokalen überlieferung gefolgt. Zur neubesiedlung durch Athen: Strab. 12, 4, 2; Diodor. 12, 34, 5 (wo Niese den korrupten namen hergestellt hat).   § 5 κτίζει πόλιν] Steph. Byz. s.v. Ζιποίτιον· πόλις Βιθυνίας, ἀπὸ Ζιποίτου βασιλέως.   (13) Niese II p. 137 f. Herakleia als mutterstadt von Kallatis: Kirchner *R E* X, 1919, col. 1611, 6 ff.; Hanell *op. cit.* p. 129. Den Milesischen anspruch, der sich ja auch auf Herakleia selbst erstreckte [93]), hat der Herakleote nicht anerkannt, und vielleicht ausdrücklich verworfen.   (14) Nikomedes' tod setzt Tarn *Antig. Gon.* p. 327 n. 38 zwischen 255 und 253 als der einzigen zeit, in der zwischen Antigonos und Ptolemaios wirklicher friede bestand; 'etwa um 255' Beloch IV 2 p. 212 f.; dort auch über die familie. Die mutter des Ziaelas heisst nach Arrian. 156 F 29 Ditizele, nach Plin. *N. H.* 8, 144 in der gleichen geschichte von ihrem schrecklichen tode Consingis [94]).   § 3 Κάλλητος] s. Ruge *R E* X col. 1603.   (15) Den krieg datierte Niese II p. 137 auf 'etwa 255', Beloch IV 1 p. 672 n. 5 'in die letzten jahre des Antiochos' († 246). Ob Phylarch 81 F 8 sich auf ihn bezieht ist nicht mit sicherheit zu sagen [95]). (**16**) Ariobarzanes' tod setzen Th. Reinach *Rev. Num.* III 6, 1888, p. 243 und Beloch IV 2 p. 215 f. wegen der folge der ereignisse bei M. 'um 250', und viel später kann er nicht fallen; aber Ed. Meyers ansatz [96]) auf ca. 256 ist wesentlich zu früh. Herakleia scheint mit den königen von Pontos im allgemeinen in guten beziehungen gestanden zu haben [97]), was der stadt im Mithridatischen kriege zum verhängnis wurde [98]). (**17**) Es liegt am nächsten hier an Ptolemaios Euergetes zu denken, der sich beim regierungsantritt, und vielleicht schon im hinblick auf den bevorstehenden syrischen krieg, das wohlwollen der immer noch bedeutenden stadt sichern wollte. Bisher war (nach dem exzerpt) von direktem einfluss der Ptolemaeer auf den Pontos nicht viel zu spüren. Die nachricht des karischen lokalhistorikers Apollonios von Aphrodisias [99]) von einem siege des Mithridates und Ariobarzanes mit hilfe der νεήλυδες Γαλάται über ägyptische truppen mit dem streit um Amastris c. 9, 4 zusammenzubringen [100]), ist ganz unwahrscheinlich: M.s bericht schliesst einen bewaffneten konflikt zwischen Kappadokien und Herakleia im j. 279 aus. Mit dem geschenk des Euergetes bricht M.s erste hauptquelle Nymphis ab [101]). (**18—40**) Für den aufbau des folgenden s. ob. p. 268, 32 ff. und für Kallistratos als wahrscheinlich neue hauptquelle p. 270, 16 ff. Für ihr urteil über Rom sind anfang und schluss des exzerpts, dessen blick so gut wie ausschliesslich auf die neue vormacht gerichtet ist, gleich aufklärend. C. 39-40 klingen nicht ausgesprochen feindselig, aber durchaus kritisch; und c. 18, 2 zeigt dass der griechische autor nicht unberührt geblieben ist von der antirömischen publizistik, die seit dem Antiochoskrieg (192/189 v. Chr.) mächtig angeschwollen war [102]). Was er über Roms verhalten gegen Alexander sagt ist charakteristisch verschieden von Kleitarchs aufnahme der Römer unter die in Babylon erscheinenden gesandten [103]), und erst recht von ihrer weiterbildung bei späteren autoren [104]) zum ruhme der Römer. (**18**) § 6-9] Scheint stark und nicht ohne verwirrung zusammengezogen [105]). Unsere quellen wissen nur von einem ausführlichen brief der Scipionen an Prusias von Bithynien [106]); und der vermittlungsversuch Herakleias zwischen Rom und Antiochos (§ 8) erscheint nicht sehr glaublich, ging jedenfalls nicht von ihnen allein aus. Der brief des Cn. Manlius Vulso (cos. 189), der rat und volk von Herakleia im j. 188 ihrer freiheit versichert [107]), ist an Herakleia am Latmos gerichtet. Aber bei den verhandlungen mit der senatskommission über die neuordnung Kleinasiens wird das Pontische Herakleia vertreten gewesen sein [108]). (**19—20**) Kieros und Tios hatte Nikomedes im vertrag von 279 den Herakleoten zurückgegeben [109]). Den inhalt von c. 19 ordnet Niese III p. 70 ff. in den krieg zwischen Prusias († ca. 182) und Eumenes ein, in dem dann Herakleia auf der seite des Eumenes gestanden haben müsste. Trotz Polyb. 25, 2, 7 sehr zweifelhaft; es könnte sein dass die quelle hier rückgreifend erzählte, was während des Antiochoskrieges am Pontos selbst geschah und speziell Herakleia anging. Aber das exzerpt ist hier zu elend [110]).   (21) Über die geographische ungeheuerlichkeit s. n. 31 und über die lücke von fast einem jahrhundert p. 269, 15 ff.   (22—40) Herakleia im Mithridatischen Krieg, auf dessen darstellung hier nicht im einzelnen eingegangen werden kann; die fakten und daten zuletzt bei Geyer *RE* XV, 1931, col. 2163 ff. Für den charakter des exzerptes bezw. seines ersten teiles mag der hinweis auf 22, 6 mit dem plötzlichen auftreten des Manius (Aquilius) genügen. Wenn wir nicht Appian, Justin, und einige verstreute nachrichten aus Strabon, Dion u.a. hätten, wäre das ganz unverständlich. Das interesse des exzerptors erwacht erst mit dem einfall des Mithridates in Kleinasien, und richtet sich im folgenden stark auf die römischen feldherrn, vor allem Sulla und Lucullus.   (22) § 2 βίαι καὶ χρόνωι] *matre sua veneno interfecta* Sallust *Hist.* II 75 Maur; ἔκτεινε Appian. *Mithr.* 549.   § 5 Νύσης] Geyer *RE* XVII 1 col. 497, 53 ff.   § 6 Σύλλα καὶ Μαρίου] s. zu c. 25.   § 7 Μηνοφάνει] Appian *Mithr.* 72 nennt Νεοπτόλεμός τε καὶ Νεμάνης ὁ Ἀρμένιος. Der letztere ist der Ναιμάνης *OGI Sel.* 375; der Menophanes *Mithr.* 524 kommt nicht in betracht. Versehen des exzerptors oder eine der vielen korruptelen in den namen [111]), von denen zweifelhaft ist, auf wessen rechnung sie kommen.   § 9 μυριάδας ὀκτώ] Valer. Max. 9, 2 ext. 3; δεκαπέντε μ. Plutarch *Sulla* 24, 7. Einzelheiten aber keine gesamtzahl bei Appian 85 ff.; Cassius Dio F 101; 109, 8.   § 10 Λακεδαιμονίων] Ehrenberg *RE* III A col. 1446, 3 ff.; Kolbe *IG* V 1 p. XV 69 ff.   § 11 ἡ σύγκλητος] von einem senatsbeschluss wissen unsere berichte nichts; vielleicht missverständnis dessen was Plutarch *Sulla* 14, 9 sagt: ἀλλὰ γὰρ τοῦτο μὲν Μειδίου καὶ Καλλιφῶντος τῶν φυγάδων δεομένων .... τοῦτο δὲ τῶν συγκλητικῶν ὅσοι συνεστράτευον ἐξαιτουμένων τὴν πόλιν.   (23) Poseidon. 87 F 38; Nikol. Dam. 90 F 95; Appian *Mithr.* 180/6; *Syll.*³ 785. Nirgends ist die hilfe der Herakleoten erwähnt, die damals das schicksal der verschleppten nicht irgendwie wesentlich erleichtert haben kann. Ob sie beim rücktransport mehr tun konnten, stehe dahin; jedenfalls ist es übertreibung zu sagen, dass sie die Chier ἐν τῆι πατρίδι ἀποκατέστησαν.   (24) § 1 Φλάκκον ... καὶ Φιμβρίαν] Strab. 13, 1, 27 συνεπέμφθη δὲ ὁ Φιμβρίας ὑπάτωι Οὐαλερίωι Φλάκκωι ταμίας [112]). Anders (rhetorisiert) Appian. 205 ἀπειροπολέμωι δ' ὄντι τῶι Φλάκκωι συνεξῆλθεν ἑκὼν ἀπὸ τῆς βουλῆς ἀνὴρ πιθανὸς ἐς στρατηγίαν, ὄνομα Φιμβρίας, wo entsprechend die tötung des Flaccus mit allerlei ausschmückungen als persönliche tat Fimbrias dargestellt wird (§ 208 ff.).   § 4] schlacht bei Miletopolis [113]) Orosius 6, 2, 10; μάχας τινάς Appian. 210. Der fluss ist der Rhyndakos.   (**25**) Der exzerptor hat Marius vater und sohn zusammengeworfen. § 1 ist der vater gemeint; es wird also — da dieser schon am 13. Januar 86 starb [114]) — zeitlich leicht zurückgegriffen. Aus dem einschub τῶν ἀντιστασιωτῶν κτλ. verglichen mit c. 22, 6 wird man schliessen dürfen dass M.s quelle den parteikampf Marius ∽ Sulla innerhalb der darstellung des Mithridatischen krieges ausführlicher behandelt hat. Ob er volle charakteristiken der gegner gab [115]) ist nicht zu sagen.   § 1 Σύλλας - διεπρεσβεύετο] Appian hat ähnlich arrangiert und die siegreichen feldzüge des Fimbria vor den verhandlungen zwischen Sulla und Mithridates erzählt. Aber bei ihm ist es Mithridates, der schon nach der niederlage seines heeres bei Orchomenos ἐπέστελλεν 'Αρχελάωι διαλύσεις κτλ. [116]). Wie weit die differenz scheinbar d.h. schuld des exzerptors ist, der u.a. den seekrieg unter Sullas quaestor Lucullus auslässt [117]), ist kaum zu entscheiden.   (**26**) Wieder sehr unbefriedigendes und in einzelheiten auch fehlerhaftes exzerpt: L. Licinius Murena [118]) ist nicht 'vom Senate geschickt', sondern wird von Sulla mit den beiden Fimbrianischen legionen in Asien zurückgelassen [119]).   § 1 πρέσβεις] bedauerlich dass Photios die namen nicht gibt. Die nachricht steht in keinem widerspruch zu dem was Appian *Mithr.* 268 von der flucht des Archelaos zu Murena berichtet. Fraglich nur ob die beiden nachrichten sich ergänzen.   § 2] Die verhandlungen Murenas mit Herakleia sind glaublich. Der beschluss der stadt war in Kallistratos' augen (nicht in denen der Römer) eine rechtfertigung für sie [120]).   (**27**) § 1 καὶ πέμπουσιν] irreführend; es liegen vier jahre zwischen Sullas tod und dem ausbruch des dritten krieges. Es ist unsicher ob und was M. von Sulla und den ereignissen im Westen erzählte (die verbindung zwischen Sertorius und Mithridates konnte er nicht übergehen; s. c. 28, 3; 29, 5); sicher dass er mindestens die gründe des neuen krieges weggeschnitten hat.   § 2 Διοφάντωι κτλ.] Da der text korrupt ist, lässt sich nicht einmal sicher entscheiden ob Diophantos identisch mit dem c. 24, 4 genannten ist. Wenn nicht ein zweiter feldherr genannt war, will ihn M. von diesem oder von dem älteren feldherrn, dem sohn des Asklepiodoros aus Sinope [121]), unterscheiden.   § 3 Τιμωνίτιδος] Ruge *R E* VI A 2 col. 1307. Appian. *Mithr.* 295 nennt hier die generale Taxiles und Hermokrates; ersterer c. 22, 12; letzterer zu c. 28, 3.   § 5-6] Die entschuldigung von Herakleias politik in § 5 klingt naiv [122]); aber § 6 gibt die ernsthaften beschwerden der bürgerschaft, die zeigen dass die stadt bewusst sich Mithridates anschloss. Sie sind (was M.s quelle weiss) nicht auf Herakleia beschränkt [123]); aber die lokalgeschichte spricht naturgemäss so oft wie möglich von dieser stadt. Appian. 369 erwähnt nur ganz nebenbei die einnahme der Πόντου πόλεις — Ἀμαστρίν τε καὶ Ἡράκλειαν καὶ ἑτέρας — durch Lucullus im j. 70, Plutarch. *Lucull.* 13 nur den seesturm im j. 72, bei dem Mithridates παραβόλως εἰς τὴν Ποντικὴν Ἡράκλειαν ἐξεσώθη [124]). Von den einzelnen politikern, die M. nennt — Silenos, Satyros, Lamachos, Damophiles, Brithagoras, Thrasymedes — wissen wir sonst nichts.   § 7-8] Andere (übrigens weniger vollständige) verlustzahlen in der schlachtbeschreibung Appians 300-304 und bei Plutarch 8, 1-3, der für das verhältnis der beiden konsuln und die stimmung im heere aufschlussreich ist gegenüber dem vagen ἀνελάμβανεν des exzerptors.   **(28)** § 3 Ἑρμαῖον καὶ †Μάριον] der erstere der θύτης, den Plutarch *Lucull.* 17, 4 neben dem general Dorylaos nennt [125]), oder der general Hermokrates, der mit Taxiles unter Mithridates das durch Paphlagonien marschierende haupttheer [126]) führte? Marius ist entweder identisch oder konfundiert mit L. Magius [127]). Im letzteren falle war der name schon in Photios' vorlage verdorben: Plutarch 8, 4 (12, 5) Μαρίῳ δ', ὃν Σερτώριος ἐξ Ἰβηρίας ἀπεστάλκει Μιθριδάτηι μετὰ δυνάμεως στρατηγόν. Orosius 6, 2, 12 *Fannius et Magius de exercitu Fimbriae profugi Mithridati sese adiunxerunt: quorum hortatu Mithridates cum Sertorio per legatos in Hispaniam missos foedus pepigit. Sertorius ad eum M. Marium firmandi foederis causa misit, quem rex apud se retentum brevi ducem fecit in locum Archelai .... Marius et Eumachus* (so!) *duces a Mithridate adversus Lucullum missi e.q.s.* Appian. 287 ff. δύο δ' αὐτοῦ (*scil.* Σερτωρίου) τῶν στασιωτῶν, Λούκιοι Μάγιός (Fabricius Μάγνιος ο) τε καὶ Φάννιος, Μιθριδάτην ἔπειθον συμμαχῆσαι τῶι Σερτωρίωι .... ὁ μὲν δὴ πεισθεὶς ἐς τὸν Σερτώριον ἔπεμψεν· ὁ δὲ .... στρατηγόν τε αὐτῶι Μᾶρκον (μάρκιον ο) Οὐάριον (auch § 334 ff.; v.l. οὔαρον) καὶ συμβούλους τοὺς Λουκίους Μάγιόν τε καὶ Φάννιον ἔπεμψε κτλ.   § 6-7] Prusa am mysischen Olymp und Προυσιὰς ἡ ἐπιθαλάσσιος werden richtig unterschieden [128]); bei Appian. 333 f. scheinen sie konfundiert [129]). Aber Prusias ist nicht Kieros [130]), sondern Kios [131]), wo die Hylasgeschichte spielte. Für die quellenfragen ist wichtig dass Appian. 335 ff. — der auch berichtet, dass Lukullus den von ihm Varius genannten Marius [132]) auf Lemnos fängt — hier ein analoge mythographische bemerkung hinzufügt: ἔνθα δείκνυται βωμὸς Φιλοκτήτου κτλ.   § 8-11] rest eines umfangreicheren und in der verkürzung nicht leicht verständlichen exkurses, den man wenigstens zu einem teil am liebsten M. selbst zuschreiben möchte wegen der bedeutung, die Nikaia in der kaiserzeit gewonnen hat [133]). Dazu würde die eponyme nymphe Nikaia und die

rolle des Dionysos passen: zu ihm an erster stelle betet Dio Chrysostomos als dem προπάτωρ τῆσδε τῆς πόλεως in der rede Περὶ ὁμονοίας ἐν Νικαίαι πεπαυμένης τῆς στάσεως [134]); und Nonnos, der die geschichte der nymphe sehr ausführlich behandelt [135]), schliesst mit der stadtgründung durch
5 Dionysos: καὶ πόλιν εὐλάιγγα φιλακρήτωι παρὰ λίμνηι / τεῦξε θεὸς Νίκαιαν, ἐπώνυμον ἣν ἀπὸ νύμφης / 'Ασταχίης ἐκάλεσσε, καὶ 'Ινδοφόνον μετὰ νίκην [136]). Demgegenüber steht — in zwei teile zerrissen, und wohl auf M.s quelle Kallistratos zurückzuführen [137]) — die gründung durch veteranen Alexanders, die bereits Νικαεῖς heissen, also doch wohl identisch sind mit den
10 bewohnern der im Heiligen Krieg zerstörten lokrischen stadt [138]). Diese haben ihre neue heimat schwerlich nach der lokalen und durchsichtig erfundenen nymphe genannt, sondern nach der alten heimat. Was an dieser geschichte wahr ist, ist eine andere frage. Denn wenn Steph. Byz. s.v. die bithynische stadt Βοττιαίων ἄποικος nennt und einen älteren
15 (einheimischen?) namen 'Αγκώρη (?) [139]) kennt, so lässt sich das zur not mit der herkunft aus dem zerstörten lokrischen ort vereinigen; aber Strab. 12, 4, 7 [140]), der eine ältere gründung durch Antigonos unter dem namen Antigoneia kennt, sagt ausdrücklich dass sie den namen Nikaia erst von Lysimachos zu ehren seiner gemahlin, der tochter Antipaters,
20 erhielt. In ganz andere richtung führt der zeitlich nicht sicher zu bestimmende aber schwerlich alte Μενεκράτης τις, ἱστορίαν περὶ Νικαίας τῆς ἐν Βιθυνίαι πόλεως ἐκδεδωκώς, der die gründung der stadt mit dem Amazonenkrieg des Theseus zu verbinden scheint [141]).   (29) § 2 κατὰ τὸν Αἰγαῖον] περὶ Λῆμνον Appian. *Mithr.* 335/9. Vgl. c. 33.   εἰς τὸν Ὕπιον]
25 die schilderung des sturmes Plutarch. *Lucull.* 13, 3 schliesst einigermassen irreführend mit μετεμβὰς (scil. Μιθριδάτης) εἰς λῃστρικὸν μυοπάρωνα καὶ τὸ σῶμα πειραταῖς ἐγχειρίσας, ἀνελπίστως καὶ παραβόλως εἰς τὴν Ποντικὴν Ἡράκλειαν ἐξεσώθη [142]). Appian. 340 f., sonst ähnlich, lässt Herakleia ganz aus: καὶ ἐς Σινώπην αὐτὸν οἱ λῃσταὶ διέσωσαν. M. erzählt die folgen
30 ausführlich im 16. buch.   § 3] Λάμαχον s. c. 34, 9.   ὑπὸ χεῖρα κτλ.] gewiss unrichtig will Hanell *Meg. Stud.* p. 153 n. 1 daraus Strabons [143]) ἐβασιλεύθη erklären; die erklärung steht ja in Strabons nächsten worten γενομένη ὑπὸ τοῖς Ῥωμαίοις.   (30) § 1 ἡ ἀναίρεσις] anders datiert von Plutarch *Lukull.* 18, 2 Μιθριδάτου πέμψαντος ἐπ' αὐτὰς ἐκ τῆς φυγῆς
35 Βακχίδην εὐνοῦχον und Appian 368, der die entsendung des Bakchos (so!) nach dem bericht über die aufnahme durch Tigranes (= c. 31) erzählt. § 2 Μάρκον Πομπήιον] Drumann-Groebe *Gesch. Roms* IV, 1908, p. 593 no. 34.   (32) Die buchteilung ist mit überlegung vorgenommen: in XVI steht Herakleia wirklich im mittelpunkt; es wird erzählt was
40 nach c. 29, 5 zu erwarten war und wovon wir sonst nichts hören [144]).

Übrigens ist der einschnitt hier auch vom standpunkt der allgemeinen geschichte des krieges nicht unberechtigt. § 1 Προυσίας - Κίερος] zu c. 28, 6-7. (33) Vgl. c. 29, 2. (34) § 9 Λάμαχος] c. 29. (35) § 3 Βριθαγόρας] vgl. c. 40. (37) § 1] die befehlshaber sind nach Orosius 6, 3, 2 *Seleucus archipirata et Cleochares spado,* nach Strab. 12, 3, 11 (der einen guten bericht vor sich hat) Bakchides [145]). Appian gibt keinen namen. § 2 Κηνσωρῖνος] Münzer *RE* XIV col. 1550 no. 40. (39—40) Die schlusskapitel sind mit vorsicht zu geniessen. Dass Cotta angeklagt und verurteilt ist, sagt auch Cassius Dion [146]). Aber er sagt ausdrücklich — und der anfang von M.s eigener darstellung und selbst das resumé von Thrasymedes' rede bestätigt es — dass gegenstand der anklage nicht die behandlung Herakleias war, sondern die der beute [147]). Naturgemäss wurde bei der verhandlung das ganze verhalten Cottas unter die lupe genommen, und der herakleotische zeuge hat die gelegenheit zur stimmungsmache gründlich benutzt. Für die stadt hat er damit begreiflicherweise nichts erreicht, da sie einfach nach dem kriegsrecht behandelt war: auch c. 40 gibt nichts positives; vielmehr erfahren wir aus Strabon [148]) dass Herakleia eine ἀποικία Ῥωμαίων ἐπὶ μέρει τῆς πόλεως καὶ τῆς χώρας aufnehmen musste — vielleicht erst in Caesarischer zeit.

435. TIMOGENES VON MILET

Die grosse zahl von bedeutenden Herakleoten in der literatur — etwas anderes kann λογίων nicht gut bedeuten — rechtfertigte ein eigenes buch, in dem man am liebsten ein erzeugnis des herakleotischen lokalpatriotismus sähe, dessen existenz um 100 n. Chr. oder später [1]) Memnons grosses werk bezeugt. Aber der verfasser, den die Ἐπιστολαί [2]) wohl in die kaiserzeit verweisen, heisst Milesier; und der hinweis dass Milet den anspruch erhob mutterstadt von Herakleia zu sein [3]) hilft kaum weiter. Auch die argumentation C. Muellers [4]) ruht auf unsicheren fundamenten: das schwanken des namens zwischen Timagenes und Timogenes bedeutet wenig; und der Δαμάγητος Ἡρακλεώτης, den ein zeitlich unbestimmbarer Demosthenes Thrax epitomiert haben soll [5]), ist ganz unbekannt [6]). Merkwürdig ist allerdings dass derselbe Demosthenes auch prosaische Μεταφράσεις oder Μεταβολαί der Homerischen gedichte und der Hesiodischen *Theogonie* geschrieben hat, während der sog. Apollonios im Lex. Hom. [7]) Παραφράσεις eines Timogenes anführt. Natürlich hat Timagenes von Milet nichts mit dem rhetor und historiker aus Alexandreia [8]) zu tun: seine vita ist kurz, aber offenbar in ordnung; und dass die Suda die lange schriftenliste des Alexandriners ganz gestrichen hat rechtfertigt die annahme grösserer verwirrung in den drei artikeln über träger des namens Timagenes nicht.

XXV. HERMIONE

436. ARISTOKLES (ARISTOTELES)

Dass auch F 1 über die stadt in der Argolis handelt ist wegen Pausan. 2, 34, 11-36, 2 sicher [1]), und der durch leichte änderungen hergestellte titel sieht nach einer prosaschrift aus. In den unter Aristokles' namen von Aelian zitierten versen sah schon Cougny [2]) ein epigramm, und der gedanke von P. Maas (mündlich) dass der perieget es vom altar (τόνδ' ἐπὶ βωμόν!) abgeschrieben hat, ist ansprechend. Es macht weniger aus dass in einem der beiden fragmente der name geändert werden muss; aber die gleichung oder trennung der verschiedenen träger der namen Aristoteles und Aristokles ist nicht überall gleich sicher. Wir unterscheiden aus praktischen gründen: (1) den mythographen no. 33, den die Euripidesscholien als Ἀριστοτέλης ἐν τῶι ᾱ τῆς Θεογονίας zitieren, und der gewiss auch in den Pindarscholien über die Athenageburt gemeint ist, wo die beiden fassungen ebenfalls zwischen Ἀριστοτέλης und Ἀριστοκλῆς schwanken [3]). Ob Ἀριστοκλῆς ἐν τῶι Περὶ γιγάντων bei Photios [4]) teilzitat oder monorgaphie ist stehe dahin; aber den Aristoteles, der Θεολογούμενα und Τελεταί schrieb [5]), wird man hier und für no. 2 fernhalten: Theogonie und Theologumena sind verschiedene dinge, und ein buch, das Περὶ τῶν Ἑρμιόνης ἱερῶν zitiert wird, war gewiss kein abschnitt von Theologumena oder gar von Τελεταί [6]). Wenn es dieser Aristokles war, der in der reihe der benutzer des angeblichen Amelesagoras angeführt wird [7]), so kann er noch ins 4. jhdt gehören, in dem eine prosaische Theogonie so gut möglich ist wie Tragodumena. (2) Den schriftsteller über Hermione, der auch eher Aristokles als Aristoteles hiess. Seine zeit ist unbestimmbar: wenn das epigramm F 2 (wie man wegen Theokrit. 10, 42 glauben möchte) frühestens 3. jhdt v. Chr. ist, wird die gleichung mit no. 1 noch weniger wahrscheinlich; aber wie weit man heruntergehen muss, ist kaum zu sagen [8]). Die zu F 2 festgestellte diskrepanz gegen Pausanias im kultbrauch macht es möglich, dass A. — trotz des zitats in den Theokritscholien — erst in die Kaiserzeit gehört. Dass Kallimachos in der *Hekale* etwas über die kulte von Hermione weiss, ist kein argument für frühhellenistische zeit; er kann die dinge aus seinem argivischen autor haben. Ebenso unsicher ist die heimat dieses A.; wenn man die beiden fragmente sachlich mit Pausanias vergleicht, wird man zweifelhaft ob er Hermione überhaupt persönlich kannte.   (3) Aristokles von Rhodos, den Strab. 14, 2, 13 als seinen zeitgenossen und wahrscheinlich als grammatiker bezeichnet, während Dion. Hal. *De Din.* 8 ihn rhetor nennt. Was für ihn bezeugt ist oder ihm mit wahrscheinlichkeit zugeschrieben werden kann [9]) — ein Hippokrateslexicon, ein werk Περὶ ποιητικῆς, ein (wie es scheint nicht philosophischer, sondern philologischer) Platonkommentar, eine schrift Περὶ διαλέκτων — liegt weit ab von der schriftstellerei von no. 1 und 2. Die sichere bestimmung seiner tätigkeit auf die 2. hälfte des 1. jhdts trennt ihn auch von   (4) dem musikhistoriker Aristokles, verfasser von Περὶ χορῶν oder Περὶ μουσικῆς [10]), gegen den der grosse Apollodor geschrieben hat [11]), und der demnach in 'den letzten jahrzehnten des 2. jhdts v. Chr.' tätig war.   (5) den verfasser einer Λακώνων πολιτεία, dessen namen man meist in Νικοκλῆς oder Ἀριστοκράτης korrigiert [12]).   (6) Den schwindelautor Aristokles, dem Ps. Plutarch Ἰταλικά und Παράδοξα zuschreibt [13]).   (7) Aristokles von Messene aus dem 2. jhdt n. Chr., der Περὶ φιλοσοφίας βιβλία ῑ — in der form von Διαδοχαί oder Δόξαι —, Περὶ Σαράπιδος u.a. geschrieben hat [14]). Die sonstigen philosophen, ärzte, und künstler des namens Aristokles können wir beiseite lassen.

                    F

(1) Die deutung des Theokritverses auf den vorehelichen verkehr von Zeus und Hera ist trotz Kallim. F 75, 4 Pf. nicht zwingend, und scheint auch nicht die einzige gewesen zu sein [15]). Für A. ist sie voraussetzung und hat zahlreiche, z.t. alte, parallelen, die uns als aitia von kulttatsachen oder menschlichen bräuchen erzählt werden [16]). Es ist m.e. sehr zweifelhaft, ob die nicht näher bestimmbare quelle von Pausan. 2, 36, 1-2, die für Halike die literatur nachgeschlagen hat [17]), für Hermione A.s monographie benutzt hat [18]). Unterschiede bestehen: Pausanias nennt den berg Κοκκύγιον [19]), und (wichtiger) lokalisiert das heiligtum des Zeus auf ihm, das der Hera (ohne epitheton [20])) auf dem Pron; Steph. Byz. s.v. Ἑρμιών spricht von der Hera Parthenos, scheinbar in Hermione selbst. Aber das sind alles fetzen einer ausführlichen behandlung von kult und legende, die wahrscheinlich auch den namen der stadt ἀπὸ τοῦ τὸν Δία καὶ τὴν Ἥραν ἐνταῦθα ἀπὸ Κρήτης ἀφικομένους ὁρμισθῆναι κτλ. erklärte [21]). Vielleicht erklärt sich dadurch auch dass F 1 keinen gegensatz zwischen Argos und Hermione kennt, und am schlusse vom kultbild im Heraion, nicht von Hermione, spricht.   (2) Pausan. 2, 35, 4-11 erzählt die legende von der ankunft Demeters in Hermione in einer form, die den gegensatz gegen Argos erkennen lässt; er be-

schreibt ausführlich das fest der Chthonia [22]); er gibt näheres über die lage des haupttempels auf dem Pron, das ihm gegenüber liegende heiligtum des Klymenos (der mit Demeter-Chthonie und Kore in Hermione früh eine dreiheit bildete), und die umgebung. In der festbeschreibung finden wir deutliche differenzen gegen A.: bei ihm heisst das opfertier ausdrücklich ἐξ ἀγέλης ἀφειδὴς ταῦρος, bei Pausanias ebenso ausdrücklich τελεία ἐξ ἀγέλης βοῦς [23]). Es ist bei A. nur von einem stier die rede, den eine γραῦς (offenbar die priesterin) μόνα μόνον ohne gewaltanwendung zum altar führt; bei Pausanias wird das opfertier ὑβρίζουσα ἔτι ὑπὸ ἀγριότητος gefesselt und von männern [24]) in den tempel geführt; das opfer besteht aus vier solcher rinder, die im tempel von vier γρᾶες in bestimmter weise behandelt werden; auch das θαῦμα (so ergänze ich auch bei A.) ist, entsprechend der vierzahl der opfertiere, ein anderes. Ich lasse dahingestellt wie diese differenzen zu erklären sind; aber sie verlangen eine erklärung [25]).

XXVI. IKAROS

437. EPARCHIDES <VON OINE?>

Sehr wahrscheinlich verfasser einer spezialschrift über die insel [1], von deren wert die beiden zitate keine hohe meinung erwecken. Der verfasser mag aus Oine sein wo sich der name auf einer inschrift finden soll [2]). Er gehört wegen des verhältnisses von Semos zu ihm [3]) spätestens ins 3. jhdt v. Chr. Ob Aristoteles und Kallimachos ihn benutzt haben ist nicht zu sagen.

F

(1) Der Πράμνειος οἶνος, bekannt allein aus *Il.* Λ 639 [4]), ist ein altes Homerproblem, über das sich noch Aristarch geäussert hat [5]). Seine lösung ist auch der modernen sprachwissenschaft bisher nicht gelungen. Die identifikation mit dem Ἰκάριος οἶνος ist deutliches autoschediasma des lokalen historikers, der selbst andere namen für die rebe gibt: man wird (angesichts von F 2) sogar an der realität der Πράμνιος πέτρα 'bei dem hohen berg' zweifeln dürfen. Wenn Semos das wiederholt, so hat er es aus E. [6]), dem wir auch die begründung zuschreiben dürfen. In dem von der epitome des Athenaios kläglich zusammengestrichenen exzerpt stammt die charakteristik der weine aus einem arzt [7]), das gelehrte material — ebenfalls durch vermittlung des Pamphilos — aus Didymos [8]), der nach seiner gewohnheit [9]) mehr ausgeschrieben hat als un-

bedingt nötig ist, sodass wir einiges auch über Ikaros erfahren — wie den alten namen der insel [10]) — was auch bei E. gestanden haben wird. (**2**) Das epigramm sieht nicht nach Euripides aus. Wenn es wirklich auf einem stein in Ikaros gestanden hat, so gab E. 'eine ciceronefabel' wieder; 'wir wissen aber garnicht ob nicht Eparchides selbst schwindelte' [11]). Niemand wird wagen die geschichte für das leben des Euripides zu verwenden.

XXIX. IONIEN

Dass es so wenige *Ionika* gegeben hat ist begreiflich, weil Ionien weder im kultverband des Panionion noch im Κοινὸν ’Ιώνων eine politische einheit gewesen ist: die einzelnen städte [1]) hatten ihre eigene lokalliteratur, die hier unter einem obertitel zusammenzufassen irreführend wäre. Ob die sonderschrift des Phalereers Demetrios historischen inhalt hatte ist nicht zu sagen, und die ’Ιωνικά des Metrodoros — deren einziges fragment interessant genug ist — sind weder zeitlich sicher zu bestimmen [2]), noch in ihrer anlage fassbar; es ist anzunehmen, dass sie und die späten Ὑπομνήματα Artemidors reiches material mindestens für kultur und kult enthielten, und man könnte sich vorstellen dass sie auf der Herodoteischen periegese 1, 142-148 aufbauten. Von den älteren namen sind Kadmos und Bias sicher fälschungen. Über den ersteren s. zu no. 489; der von Lobon erfundene 'Bias' [3]) spiegelt kein historisches, sondern ein paraenetisches gedicht vor, gewiss nach der rolle, die Bias bei Herodt. 1, 27; 170 spielt. Zu Lobons erfindungen rechnet Crusius [4]) auch die elegische dichtung des sonst als erneuerer des ionischen epos geltenden Panyassis, und der zweifel ist schon wegen des umfanges und der rundzahl ernst zu nehmen, zumal das so ausführliche werk des bekannten mannes nirgends zitiert wird [5]). An sich wäre eine zusammenfassung und systematisierung von 'historischen' gedichten der älteren elegie [6]) nicht unmöglich in einer zeit, die auch die anfänge der prosaischen κτίσεις sah [7]); und wenn nach der inhaltsangabe Panyassis die athenische version der Ionischen Wanderung akzeptiert hat, so könnte man eben darin den anlass zur dichterischen gestaltung sehen. Aber ich bin skeptisch.

XXX. ITHAKA

Kronios ist der neuplatonische philosoph [1]). Es ist zweifelhaft ob er wirklich spezialgeschichten oder sonderperiegesen von Ithaka kannte, und nicht vielmehr die Homerkommentare, bücher über den Schiffskatalog, und die masse der allegorischen Homererklärung im auge hatte. Das amüsante psephisma von Ithaka [2]) entscheidet nichts.

XXXI. KEOS

442. XENOMEDES VON KEOS

Dass X. Keer, nicht Chier, war wird man jetzt nicht mehr bezweifeln [1]). Seine stellung in der zweiten gruppe der ältesten historiker bei Theophrast [2]) schliesst einen autor des frühen 4. jhdts nicht unbedingt aus; aber Kallimachos' beiworte — ἀρχαῖος Ξ., γέρων und πρέσβυς — sprechen doch für das 5. jhdt. Da Kallimachos das buch μνήμη μυθολόγος nennt, hat X. schwerlich Ὧροι von Keos geschrieben, sondern — wie sein (älterer?) zeitgenosse Ion (und nach dessen vorgang?) — die Κτίσις ('Αρχαιολογία) seiner heimatinsel [3]). In einer solchen lässt sich auch der inhalt der übrigen fragmente leicht unterbringen; und ich habe F 4 hierhergestellt, obwohl die änderung von Θεῖα in Κεῖα nicht leicht ist, und die Telchinen ziemlich überall vorkamen. Dass Aristoteles das buch in der Κείων πολιτεία benutzt hat sollte man annehmen; die auffälligen unterschiede zwischen seinen nachrichten und F 1 mögen sich daraus erklären dass X. sich widersprechende traditionen (vielleicht auch varianten innerhalb einer erzählung) verzeichnete. Die 'kaum wesentlich vor 400' aufgezeichnete siegerliste von Keern in den grossen nationalspielen [4]) wird man weder ganz noch teilweise aus X. ableiten.

F

(1) Die geschichte von Akontios und Kydippe kann X. als einen μῦθος ἐκ πολλοῦ πεπιστευμένος [5]) ausführlich erzählt haben; doch habe ich von der behandlung in den *Aitia* nur die quellenangabe abgedruckt, die exkursweise und in der form von kapitelüberschriften (und dann doch wohl in der folge der vorlage) den inhalt des ganzen buches skizziert — ob vollständig ist trotz der ausführlichkeit zweifelhaft [6]). 55-57 Νύμφῃσιν Κωρυκίῃσι] Ovid. *Epp.* 20, 221 *insula Coryciis* [7]) *quondam celeberrima nymphis cingitur Aegaeo nomine Cea mari*. Kallimachos sagt klipp und klar, dass sie vom Parnass nach Keos gekommen sind, und das ist so singulär dass es nicht falsch sein kann. Aristoteles [8]) sagt das gegenteil: ἐκαλεῖτο μὲν Ὑδροῦσα ἡ νῆσος· λέγονται δὲ οἰκῆσαι Νύμφαι (die später Βρῖσαι genannten?) πρότερον αὐτήν, φοβήσαντος δ' αὐτὰς λέοντος εἰς Κάρυστον διαβῆναι· διὸ καὶ ἀκρωτήριον τῆς Κέω Λέων καλεῖται. Für die er-

klärung des ältesten namens, den auch andere inseln tragen [9]), sind beide versionen gleich brauchbar; aber der berühmte steinlöwe liegt im binnenland, in der nähe von Julis [10]).   *57-58* κιρῳ ...] wir können keinen bekannten namen erwarten; aber mit Κιρώδης oder Κίρωμις [11]) ist nichts anzufangen. Κάρυστος hat nicht im papyrus gestanden; Aristoteles und die nachrichten über eine ursprüngliche landverbindung von Keos mit Euboia [12]) berechtigen nicht zur konjektur. Da bei X. der eponym Keos erst auf die Karer-Leleger folgt (bei Aristoteles ist die reihe der urbewohner Nymphen—Keos—Aristaios), erwartet man einen karischen namen (von den Karern hat X. nach F 3 gehandelt) oder Aristaios, an den Gunning und Storck gleichzeitig gedacht haben, und dessen fehlen selbst in einem knappen abriss befremdet [13]). Nachher ist kein platz mehr für ihn; und dass wir von seiner verbindung mit Karyai (hier ein ort auf Keos?) nichts wissen ist kein gegengrund. Aber wie war er dann bezeichnet? Die lösung ist noch nicht gefunden [14]).   *63* Κέως] Aristot. *l.l.* Κέως δ' ἐκ Ναυπάκτου διαβὰς ὤικισε, καὶ ἀπ' αὐτοῦ ταύτην ὠνόμασαν. Auch die genealogie verbietet in Keos den führer der Karer-Leleger zu sehen: er ist überall sohn Apollons; varianten gibt es nur für den namen der mutter [15]). Die Keer müssen (wie auch die korkyrischen nymphen zeigen) grossen wert auf die verbindung mit Delphi gelegt haben, auch wenn die einwanderung nicht von oder über Delphi ging, wie z.b. die der Magneten [16]).   *64-69*] Was Kallimachos aus X. berichtet ist eine einheitliche geschichte des bekannten typus von der göttereinkehr. Sie ist schon Pindar bekannt, wo die götter Zeus und Poseidon sind [17]), und von Bakchylides im epinikion für einen Keer wahrscheinlich ausführlich erzählt [18]). Es gibt viele varianten im einzelnen, von denen für X. vielleicht Nikander [19]) wichtig ist: hier heisst Damo [20]) *princeps* der Telchinen und vater der Makelo, die *cum viro propter viri nequitiam periit*, während die anderen schwestern gerettet werden; *sed ad alias servatas cum venisset Minos, cum Dexithoe concubuit, ex qua creavit Euxantium, unde Euxanti‹da›e fuerunt*. Von diesem geschlecht, dem auch Akontios angehört [21]), wird X. mehr erzählt haben. Die erinnerung an die Telchinen [22] war in Keos offenbar fest; aber es ist nur eine solche, kein kult, da sie auch hier von den göttern vernichtet sind. Es bleibt zweifelhaft ob diese tradition mit der angeblichen naturkatastrophe zusammenhängt, die Keos von Euboia losriss und einen grossen teil seines bodens vernichtete [23]). Eine engere beziehung zwischen den traditionen von Keos und Rhodos besteht m.e. nicht; die rhodische ist literarisch viel stärker vertreten, und hat alle anderen mehr und mehr in den hintergrund gedrängt.   *70-74*] Strab. 10, 5, 6 Κέως δὲ τετράπολις μὲν ὑπῆρξε, λείπονται δὲ δύο, ἥ τε Ἰουλίς καὶ ἡ Καρθαία, εἰς ἃς συνεπολίσθησαν αἱ λοιπαί, ἡ μὲν Ποιήεσσα εἰς τὴν Καρθαίαν, ἡ δὲ Κορεσσία εἰς τὴν Ἰουλίδα. Plin. *N. H.* 4, 62 *oppida habet ... Iulida, Carthaeam, intercidere Coresus, Poe(e)essa*. Ptolem. 3, 14, 23 Κεία νῆσος, ἐν ἧι πόλεις τρεῖς Καρεσσός (!), Ἰουλίς, Καρθαία ²⁴). Die πεντάπολις Schol. Pindar. *Paian.* 4, 13 wohl wegen Arsinoe ²⁵), in der Graindor Koresia, Wilamowitz Poieessa sieht. Die sonst unbekannten gründer sind keine eponymen ²⁶), also wohl Ioner, in denen historische erinnerung stecken kann ²⁷): Megakles weist auf Athen, und die akropolis von Karthaia trägt einen tempel der Athena ²⁸).   (2) Kult der Athena Tauropolos ist für Andros bezeugt; die kultlegende bei Phot. Suda s.v. Ταυροπόλον.   (3) Karer kennt X. als alte bewohner von Keos: F 1 v. 60 ff. Ob er bei dieser gelegenheit exkursweise ausführlicher von ihnen handelte steht dahin. Wenn er den Lykier Amisodaros einen 'karischen dynasten' nennt, denkt man an die reichlichen beziehungen Bellerophons zu Karien ²⁹).   (4) Die jetzt bevorzugte änderung des korrupten autornamens in X. und des buchtitels Θεῖα in Κεῖα ist keineswegs 'zweifellos', wie Herter behauptet. Allerdings hat X. über die Telchinen gehandelt, und die etymologie Τελχῖνες — θελγῖνες ist auch für das 5. jhdt nicht unmöglich. Aber es ist gerade nach F 1 vv. 64/9 fraglich ob ihre ὕβρις bei ihm nur oder überhaupt in der vernichtung der saaten bestand: die charakteristik γόητες kann von Kallimachos stammen. Strab. 14, 2, 7 gibt diesen verbreiteten glauben aus einem rhodischen autor; und die literatur über die Telchinen ³⁰) ist so reich dass in Ἐνομίδης auch ein anderer autor stecken kann — am ehesten doch wohl Epimenides, der unter den kandidaten für die Τελχινιακὴ ἱστορία genannt wird ³¹), und für den wegen der Theogonie die bezeichnung ὁ τὰ Θεῖα γράψας passt. Abwegig in jedem falle ist C. Muellers gedanke dass die Τελχ. ἱστ. dem X. gehört: Epimenides ist durch den beisatz ὁ Κρής gesichert.

XXXII. KLAZOMENAI

443. ARTEMON VON KLAZOMENAI

Der titel Ὧροι macht vorhellenistische zeit wahrscheinlich. Deshalb wird man den lokalhistoriker noch nicht mit dem ingenieur des Perikles identifizieren [1]); aber der gleichen familie mag er, trotz der häufigkeit des namens, angehören. Das Homerbuch gibt man ihm, weil dessen verfasser Klazomenier heisst; und es ist schon für das 5. jhdt möglich.

Dadurch wird der lokalhistoriker nicht zum grammatiker. Der Kassandreer A., der Dionysios Skytobrachion zitiert [2]), und vielleicht mit dem Pergamener der Pindarscholien [3]) identisch ist, ist beträchtlich jünger. Dasselbe gilt für A. von Magnesia, einen sammler von weiblichen heldentaten, und für den verfasser eines buches Περὶ ζωγράφων, der selbst maler war [4]).

F

(1) Ein geflügelter eber (keine sau) erscheint oft auf münzen von Klazomenai, vielleicht schon des frühen 6. jhdts [5]). Pausan. 7, 5, 11 — der λουτρά erwähnt, in denen Ἀγαμέμνων ἔχει τιμάς, und ein ἄντρον Μητρός, Πύρρου καλούμενον — weiss von dem χῶρος Ὑὸς πτερωτῆς nichts.
(2) Zitiert wird A. nur dafür, dass Arktinos schüler Homers war. Das ist gleichzeitig datierung; aber wir können mit ihr nichts anfangen, da wir weder A.s ansatz Homers noch seine troische epoche kennen. Das datum der Suda stammt mindestens direkt aus der literaturgeschichte, und ist vermutlich das Apollodorische; aber die epochenzahl, vielleicht auch die olympiadenzahl, sind korrupt. Es hat keinen zweck zu spekulieren [6]).

XXXIII. KNIDOS

Ich kann keinen der autoren datieren und habe sie daher alphabetisch geordnet. Es wird zufall sein, dass πολιτεῖαι des Aristoteles für Rhodos, Kos, Knidos nicht direkt bezeugt sind; aber ältere historische literatur wird man für die dorischen inseln nicht erwarten [1]). Wohl möglich dass die poetische Κτίσις des Apollonios das erste buch über Knidos ist, dem Poseidippos (polemisch oder ergänzend) in kurzem abstand mit Περὶ Κνίδου folgte — wenn es der epigrammatiker ist, was man weder beweisen noch widerlegen kann [2]). Merkwürdig auch die titel, sowohl Περὶ Κνιδίας no. 446 (vielleicht archaisierend wegen Herodt. 1, 174, 2/3 und Thukyd. 8, 35, 2) wie Περὶ Κνιδίου 445 F 1; 447 F 1. Das letztere ist wohl wirklich nur korruptel, da man auch in dem inhaltlich unkenntlichen fragment des Demognetos no. 445 wegen des fehlenden artikels nicht ἀγῶνος o.ä. ergänzen kann.

444. ARISTEIDES

Der name ist so gewöhnlich, und unsere quellen geben so selten ein distinktiv dass man besser tut in den verfassern von Κνίδου κτίσις und von Περὶ παροιμιῶν [1]) verschiedene personen zu sehen, die auch mit dem Milesier Aristeides [2]) nichts zu tun haben. Es besagt nichts dass die quellen des Steph. Byz. sicher [3]), die Theokritscholien möglicherweise [4]), beide bücher kannten. Auch F 5-7 habe ich dem verfasser von Περὶ Κνίδου nur aus praktischen gründen gegeben [5]): F 5-6 sehen am ersten nach einem buch Περὶ νήσων aus [6]), auf das auch F 7 gut gehen kann. Man wird nicht versuchen aus F 6 sein zeitliches verhältnis zu Kallimachos zu bestimmen.

F

(1) Gehört für die mutter zu den kompromissversuchen, die nicht ganz jung sind [7]). Die sämtlichen zeugnisse für Asklepios' herkunft und familie sind jetzt bequem zusammengestellt von E. und L. Edelstein *Asklepios* I (1945) [8]). Auch in einer Κτίσις sind die Asklepiaden gewiss bis auf den grossen Hippokrates und vielleicht weiter herabgeführt worden. Über Epione, die seit ende des 5. jhdts gewöhnlich als gattin des Asklepios genannt wird, s. Edelstein II p. 86 ff. Es ist zu beachten dass auch A. keine genealogie für sie gibt; die einzige, die wir kennen, führt auf Kos, und scheint nicht alt [9]).   (2—4) Wohl aus dem gleichen zusammenhang der gründungsgeschichte [10]), die sich nicht herstellen lässt, da wir nur dürftige fetzen aus einer reichen und sehr widerspruchsvollen überlieferung haben. A. wird in F 2 zitiert nur für den namen des agons, den zwei inschriften späthellenistischer und frührömischer zeit als Δώρεια oder Δωρίεια geben; ob Δώριος im scholion korrupt, oder nur ungenau, ist lässt sich nicht entscheiden. Das zitat Iasons scheint auch textlich nicht heil: es war aber eher die rede von dem streit zwischen den kolonisten, wo Dieuchidas [11]) von einem καταράσασθαι des Periergos gegen Phorbas auf den genannten inseln spricht, als von dem ausschluss der bewohner der kleineren dorischen inseln durch die kultgemeinschaft der ehemaligen hexapoliten [12]). Es kann schwerlich zweifelhaft sein dass auch die gottheiten, denen panegyris und agon galten, aus einem der zitierten bücher über Knidos stammen. Hier macht die dreiheit [13]) schwierigkeiten, da Herodot nur Apollon nennt [14]). Nilsson *Gr. F.* p. 178 vermutet hinzutritt der Nymphen und Poseidons bei der 'umordnung' des festes durch Ptolemaios Philadelphos [15]); Hanells widerspruch [16]) berücksichtigt die wahrscheinliche herkunft der notiz nicht, und gibt keine erklärung der 'merkwürdigen behauptung'; der verweis auf die inschrift einer halle aus dem 3. jhdt, ἣν ὁ δῆμος ἀνατίθησιν τῶι Ἀπόλλωνι καὶ βασιλεῖ Πτολεμαίωι [17]) entscheidet garnichts. Bei dem starken schwanken aller argivischen

genealogieen und der nachrichten über Triopas [18]) wird man selbst die lockende änderung von Ἄβαντος in Φόρβαντος nicht in den text setzen. (**5—6**) In beiden namen stimmt A. nicht genau mit Kallimachos, der *Hymn. Del.* 20 Euboia Μάκρις Ἀβαντιάς nennt. (**7**) Thiels änderung
5 des autornamens in *Aristo* oder *Aristeas* lässt sich durch Gellius *N. A.* 9, 4, 3 nicht stützen. S. auch Kroll *RE* Suppl. V col. 46 no. 23a.

445. DEMOGNETOS

Der text ist so korrupt dass man auch am autornamen zweifeln kann. Aber weder für Demagetos [1]) noch für Diognetos [2]) lässt sich etwas
10 geltend machen. Das bruchstück klingt nicht jung; aber das kann täuschen; vielleicht stammen die namen aus einer urkunde.

446. IASON

Natürlich kann man den buchtitel nicht mit Duebner in Περὶ Ῥόδου ändern. Wer den Ἰάσων Μενεκράτους von Nysa versteht, der u.a. Περὶ
15 Ῥόδου schrieb [1]), und Περὶ Κνιδίας als teiltitel ansieht, ist vielleicht nicht strikt zu widerlegen [2]); aber sehr glaublich ist die vermutung nicht. Der name ist in der literatur häufig, und seine träger sind nicht völlig sicher zu trennen. Weder I. von Argos no. 94 noch I. von Kyrene no. 182 noch I. von Byzanz no. 12 c kommen für ein buch über Knidos in
20 betracht; eher der autor über Alexandreia, wenn er nicht mit dem Argiver identisch ist [3]).

447. POSEIDIPPOS

Über die person des autors ob p. 291, 23 ff. Titel und zusammenstellung mit Philostephanos bewiesen für ein prosabuch. (**1**) Athen. 13, 59 p. 590 F-591 A καὶ ἀπ' αὐτῆς (*scil.* τῆς Φρύνης) Ἀπελλῆς τὴν Ἀναδυο-
25 μένην Ἀφροδίτην ἀπεγράψατο. καὶ Πραξιτέλης δὲ ὁ ἀγαλματοποιὸς ἐρῶν αὐτῆς τὴν Κνιδίαν Ἀφροδίτην ἀπ' αὐτῆς ἐπλάσατο κτλ. Schol. Clem. Al. I p. 313, 9 St τινὲς καὶ τὸν Φειδίαν [1]) τοῦτο πεποιηκέναι φασίν, εἰς τὸ Φρύνης τῆς ἑταίρας εἶδος, ἐρωμένης αὐτῶι, τὴν Ἀφροδίτην διαγλύψαι. Den namen Kratine, der nur hier in der künstlerlegende erscheint und auch in den
30 exzerpten des Athenaios aus der literatur Περὶ ἑταίρων nicht vorkommt, kann man nicht einfach mit Stiehle durch Φρύνη ersetzen. Der gedanke

Raubitscheks ²), dass 'Phryne für die thespische Aphrodite des Praxiteles, Kratina für die knidische das modell war' setzt eine (in dem exzerpt vielleicht nicht unmögliche) konfusion des Athenaios voraus; aber trotz aller ausführlichkeit des artikels trägt Raubitschek den diskrepanzen der überlieferung über Phryne ³) und dem schwanken der (uns nicht im vollen umfang bekannten) künstlerlegende kaum genügend rechnung. Fest steht nur die berühmtheit der knidischen Aphrodite ⁴), die ihre ausführliche behandlung in büchern über Knidos genügend erklärt.   (**2**) S. n. 4.

XXXIV. KOLOPHON

Lehrreiche und wohl vollständige reihe der wichtigsten schriftsteller über Kolophon. Frühe Ὧροι, die wahrscheinlich Aristoteles, der die πολιτεία schrieb und sicher Kallimachos bekannt waren, dessen schüler Philostephanos das einzige sichere F 1 in einer interessant veränderten fassung bringt ¹). Dann vermutlich noch hellenistische Κολοφωνιακά des Erxias unbekannten umfangs, und späthellenistisch (schon mit dem blick auf Rom ²)) die zusammenfassung Nikanders, der auch ein spezialbuch über die kolophonischen dichter schrieb ³).

448. HEROPYTHOS ⟨VON KOLOPHON⟩

Der auch für Samos, Ephesos, und anderwärts belegte und inschriftlich gesicherte ¹) name ist bei Plutarch *Kimon* 9, 4 in Ἡρόφυτος korrumpiert, bei Polyaen. *Strat.* 7, 23, 2 in Πρόφυτος ²), und bei den Paroemiographen (in anderer weise) zu Ἡρόδοτος ³). Der titel weist auf vorhellenistische zeit, und die wahrscheinliche benutzung durch Kallimachos und Philostephanos bestätigt das ⁴). Aber weder hier noch sonst ⁵) soll man die horographen mit geschichtlich bekannten persönlichkeiten aus der zeit der Perserkriege und des Attischen Reiches gleichsetzen. Das gibt immer zu frühe daten, davon abgesehen dass der H. Plutarchs aus den 70er jahren des 5. jhdts Samier ist, der Arrians — wahrscheinlich aus Maussollos' zeit, also wohl jünger als der horograph — Ephesier. Den horographen wird man bis zum erweis des gegenteils für einen Kolophonier halten.

F

(1) Das opfer für Kylabras in Phaselis kannten Kallimachos, der in den Νόμιμα βαρβαρικά (!) das sprichwort Φασηλιτῶν θῦμα· ἐπὶ τῶν εὐτελῶν καὶ ἀναίμων notierte [6]), und Philostephanos [7]), der die heroische verehrung des Kylabras bezeugt. Was Phaselis in den annalen Kolophons zu suchen hat, ist in H.s bericht nicht ohne weiteres klar, weil das exzerpt nichts näheres über Lakios [8]) gibt; in dem unmittelbar folgenden und ausführlicheren bericht des Philostephanos ἐν ᾱ Περὶ τῶν ἐν τῆι Ἀσίαι πόλεων ist es leichter zu verstehen: denn da ist Lakios Ἀργεῖος τῶν σὺν Μόψωι ἀφικομένων [9]), den Mopsos κατά τινα λόγον Μαντοῦς nach Phaselis schickt; und Mopsos, Kalchas, Kolophon gehören in der nachhomerischen überlieferung der Θηβαικά und Νόστοι zusammen. Es ist deutlich dass Philostephanos H.s bericht vor sich hat, den man sogar in einzelheiten aus ihm ergänzen kann; aber ebenso deutlich dass H. nicht gleichartig erzählt hat, weil Athenaios dann anders zitiert hätte. Vielmehr ist die einfache und alt anmutende, vielleicht zeitlose, gründungssage bei dem späteren autor in die heroische sphaere erhoben durch verbindung mit der epischen tradition. Leider sagt das exzerpt aus Philostephanos nur Κυλάβρας τις; bei H., der die heroisierung berichtet und das opfer erwähnt haben muss, ist er epichorischer schafhirt.   (2) So wenig wie F 1 ist sicher dass das sprichwort schon bei H. stand: die paroemiographen belegen es mit seiner angabe über die kolophonischen goldarbeiter [10]); denn auf münzen kann das nicht gehen. Es sieht nach einer priamel aus, in der produkte verschiedener städte aufgezählt wurden, wie es Kritias in den Elegieen tat [11]). Wie Aristophanes im *Kokalos* es verwendete ist nicht zu sagen, und ich wage keine kombination, die es (wegen Lakios aus Lindos [12])) und der behandlung durch Kallimachos und Philostephanos irgendwie mit den Kretern und Minos verbindet.

449. ERXIAS

Guter kurzname, wie der Erxion Anakreons (F 75 Diehl), bezeugt auch durch Archilochos [1]); nicht mit dem Rhodier Ergias [2]) zusammenzubringen.   (1) Eros in den gymnasien ist häufig genug; aber der zusatz zeigt, dass der freiheitsgott befremdete, und dass E. keine erklärung gab. Das διαβάλλειν der Peisistratiden kann auch angesichts von Thukyd. 6, 54, 1 nicht wohl reiner unsinn sein, aber man sieht nicht was dahinter steckt; vielleicht etwas aus den späteren philosophischen und populären diskussionen; ich habe deshalb πρῶτοι nicht geändert.

450. XENOPHANES VON KOLOPHON

An sich ist die poetische κτίσις einer ionischen stadt schon im 6. jhdt nicht unmöglich, und dem eigenartigen 'rhapsoden' würde man (wieder an sich) auch ein episches gedicht über die umsiedlung nach Elea wohl zutrauen. Aber schon die verbindung der beiden themata fällt schwer; denn Diogenes spricht offenbar nur von éinem gedicht. Entscheidend ist die stellung der notiz zwischen δόξαι und zeitansatz, getrennt durch jene von der echten (wenn auch flüchtigen) bücherliste in § 18: γέγραφε δὲ ἐν ἔπεσι καὶ ἐλεγείας καὶ ἰάμβους καθ' Ἡσιόδου καὶ Ὁμήρου, ἐπικόπτων αὐτῶν τὰ περὶ θεῶν εἰρημένα· ἀλλὰ καὶ αὐτὸς ἐρραψῴδει τὰ ἑαυτοῦ. Wir haben es mit einer der spielereien Lobons zu tun [1]), der anfangs des 3. jhdts v. Chr. in dem buche Περὶ ποιητῶν auch die Sieben Weisen, andere philosophen, und alte lyriker mit epen von runden verszahlen versah [2]). Es ist schwer begreiflich warum man mit X. eine ausnahme macht. Die vermutungen von Immisch [3]) dass Herodt. 1, 163-167 'auf das epos des X. zurückgeht' [4]), und Bowra [5]) dass F 3 'Ἀβροσύνας δὲ μαθόντες 'vielleicht aus dem εἰς Ἐλέαν ἀποικισμός oder einem ähnlichen gedicht stammt' sind gleich unwahrscheinlich; und die behauptung, mit der H. Fränkels [6]) (auch sonst wenig glückliche) interpretationen beginnen — 'dass X., soweit wir wissen, der erste Grieche war, der zeitgeschichte schrieb' — ist nicht ernsthaft zu nehmen.

XXXV. KORINTH

Korinth, das Pindar als sitz der Musen rühmt [1]), ist in der klassischen zeit ganz unliterarisch — ein auffälliger gegensatz zu Theben und selbst dem Sparta des 4. jhdts. Wilamowitz [2]) bemerkte 'das fehlen jeder korinthischen schrift aus den jahrhunderten 5-3'; und einzelne Κορινθιακοί widersprechen dem nicht [3]). Aber es gibt auch keine sicher hellenistischen *Korinthiaka*, sondern nur spezialschriften über die Isthmien: die zeit des Theseus ist unbestimmbar; der jüngere Ephoros — wenn er wirklich *Korinthiaka* geschrieben hat (was nicht ganz unmöglich ist [4])), und wenn sie historischer natur waren, nicht 'korinthische geschichten' (was man nicht entscheiden kann [5])) — gehört ins 3. jhdt n. Chr.; Dioxippos ist überhaupt eine zweifelhafte erscheinung. Schon damit ist ohne weiteres gesagt dass wir hier auch keine alte 'chronik' annehmen dürfen. Was Wilamowitz [6]) beibringt genügt nicht ihre existenz zu erweisen: die 'reiche alte tradition' entstammt ohne jeden zweifel dem epos — d.h.

Eumelos und dem zeitlich nicht sicher bestimmbaren, aber jedenfalls vorhellenistischen, Diodoros —, und die 'fülle der novellen', die sich an die tyrannen heften und schon Herodot bekannt sind, stammt am ehesten aus dem repertoire kleinasiatischer (kaum mutterländischer) erzähler [7]).
5 Entscheidend ist dass man spätestens in hellenistischer zeit das epos des Eumelos in prosa umgesetzt hat — soweit wir sehen, ohne sachliche änderungen, aber auch ohne es über die urzeit hinaus fortzusetzen. Es ist der einzige beleg für diesen, von Wilamowitz (dessen parallelen *Ar. u. Ath.* II p. 20 n. 12 keine sind) viel zu oft angenommenen vorgang,
10 der sich hier eben daraus erklärt dass Korinth auch im 4. jhdt keinen lokalhistoriker produziert hat. Eine moderne geschichte Korinths mit sammlung der zeugnisse fehlt [8]).

451. EUMELOS VON KORINTH

Eumelos [1]), den die Pindarscholien (F 2c) ποιητὴς ἱστορικός nennen [2]),
15 galt als verfasser einer reihe von epen, von denen uns hier nur die Κορινθιακά [3]) interessieren. Wirklich fest ist sein name selbst mit ihnen nicht verbunden, da Pausan. 4, 4, 1 von dem prosodion für die erste theorie der Messenier nach Delos sagt εἶναί τε ὡς ἀληθῶς Εὐμήλου νομίζεται μόνα τὰ ἔπη ταῦτα. Es ist also fraglich, ob der name mehr autorität hat als die
20 sonstigen zuweisungen von 'homerischen' und 'hesiodischen' gedichten, die 'namenlose epen mit epenlosen namen auf grund irgendwelcher, meist nicht kontrollierbarer vermutungen oder beziehungen verknüpfen' [4]). Dem zufolge wird man den biographischen mitteilungen, die Pausanias (T 2) dem prooimion der prosaischen umsetzung entnimmt [5]),
25 sehr misstrauisch gegenüber treten; sie können, und werden, von dem umsetzer zur beglaubigung und empfehlung seiner arbeit erfunden sein, während gegen echtheit und alter des epos keine begründeten zweifel bestehen [6]). Über art und umfang der umsetzung ist nichts näheres zu sagen: buchzahlen werden nicht zitiert; dass sie längere stücke des epos
30 wörtlich anführte, ist nach F 2c nicht wahrscheinlich. Aber das wichtigste ist dass es offenbar eine wirkliche umsetzung war, nicht bearbeitung unter berücksichtigung der späteren sagen. Ich habe daher nicht versucht zu scheiden, was von den zitaten aus ihr, und was aus dem epos selbst stammt. A priori ist m.e. wahrscheinlich, und wird durch F 2c bestätigt,
35 dass die gelehrten grammatiker, wie der Rhodier Apollonios [7]), das epos selbst eingesehen haben.

F

(**1—2**) Ein voller kommentar ist unmöglich, da er zu tief in probleme der sagen- und literaturgeschichte (Medea; Argonautenepos) führen würde [8]). Offensichtlich ist 'das bestreben Korinth eine alte geschichte zu geben' [9]), und ebenso offensichtlich die willkür, mit der E. annektiert und construiert. Mir scheint auch die formulierung 'korinthische stammsage, die bei E. nicht in ihrer ursprünglichen reinheit vorliegt, sondern in einer verbindung mit den Argonautika, die wahrscheinlich erst E. hergestellt hat' [10]), seine leistung zu unterschätzen. Selbst wenn Medea ursprünglich und wesenhaft eine korinthische göttin gewesen sein sollte[11]), liegt es m.e. immer noch so dass E. sozusagen aus dem nichts gearbeitet hat. Grundlagen für seine konstruktion sind die gleichung Korinth ∼ Ephyra und die begründung von Medeas anspruch auf die herrschaft in Korinth. Es ist deutlich (1) dass die gleichung die annexion von Sisyphos und Bellerophon erlaubt; (2) dass E.s Medea nicht die supponierte göttin ist, sondern die heroine der Argonautensage. Sehr wahrscheinlich (3) dass er diese geschichte ausführlich dargestellt hat [12]). Die beiden exzerpte des Pausanias sind kurz und lassen allerhand einzelheiten zweifelhaft; aber die grundlinien der archaeologie sind klar: ihre drei stadien sind (1) die einzelgestalt der urzeitlichen eponyme Ephyra; (2) die dynastie des Helios; (3) die dynastie des Sisyphos. No. 1 ist um der grundlegenden gleichung Ephyra ∼ Korinthos willen erfunden; damit ist ihr zweck erfüllt, und erst spätere haben eine genealogische verbindung mit der königsliste hergestellt [13]). Dagegen hat schon E. den dynastieenwechsel erklärt: Medeia 'übergibt die herrschaft dem Sisyphos', und es ist wohl nur schuld des exzerptors dass wir nichts näheres über das verhältnis der beiden erfahren. Der stammbaum der Heliosdynastie verläuft in den zwei linien: (1) Aloeus (herr der Asopia = Sikyon) — Epopeus (der die getrennten landesteile wieder vereinigt) — Marathon (durch dessen erbteilung die trennung von Korinth und Sikyon dauernd wird) — Sikyon; Korinthos [14]) (der zweite eponym, der so wenig nachkommen hinterlässt wie Ephyra) und (2) Aietes (herr der Ephyraia = Korinth, die er zu gunsten von Kolchis verlässt; freiwillig, aber mit hinterlassung eines regenten, und ohne seine ansprüche aufzugeben) — Medeia (deren ehe mit Iason faktisch ebenfalls kinderlos bleibt, sodass raum für die neue dynastie geschaffen wird). Der zweck der konstruktion ist ein doppelter: (1) sie macht es möglich die Argonautengeschichte hineinzuziehen; (2) sie erweist die existenz eines unabhängigen grossreiches Korinth, von dem Sikyon integrierender teil ist. Dabei scheint deutlich dass zwar die namen ganz wesentlich aus sikyonischer tradition genommen sind [15]), dass aber E.s haltung scharf anti-sikyonisch ist [16]), was man für die geschichte des 7. jhdts und die zeitbestimmung des epos beachten muss. Schwierigkeiten macht der stammbaum der Sisyphiden, weil das zweite exzerpt des Pausanias mit der übergabe der herrschaft an Sisyphos abbricht. Wir erfahren aus den Apolloniosscholien F 6 dass E. noch Sisyphos' sohn Glaukos genannt hat; aber wir hören da von ihm nur als vater der Leda — übrigens ein deutlicher versuch die lakedaemonisch(-argivisch)en genealogieen für Korinth zu annektieren. Bellerophon, der echte und mit Korinth verbundene sohn des Glaukos, fehlt in den fragmenten. Schon angesichts des deutlichen abschlusses τάδε μὲν οὕτως ἔχοντα ἐπελεξάμην ist es falsch, wenn Vitalis [17]) bei Pausan. 2, 4, 1-3 'im sachlichen anschluss an das Eumeloszitat' die *Korinthiaka* findet. Formell ist klar dass 4, 2 in der Bellerophongeschichte Homer folgt [18]), und auch sachlich ist es ausgeschlossen dass E. die abhängigkeit Korinths von Argos [19]) anerkannte. Ebenso wird vorher in 3, 6-9 (mit zitaten aus Hellanikos, Naupaktia, Kinaithon) die Medeageschichte nicht nach E. erzählt, dessen exzerpt in 3, 10-11 ganz klar abgegrenzt ist. Man wird allerdings nicht leicht zweifeln dass E. von Bellerophon noch erzählt hat; auch die Isthmien werden vorgekommen sein [20]). Aber die liste der späteren korinthischen könige in 4, 3 stammt sicher nicht aus E., sondern aus einer späteren quelle; und von der dorischen eroberung scheint er (nach den fragmenten zu urteilen) garnicht mehr gesprochen zu haben [21]). Die im folgenden in auswahl gegebenen einzelheiten zeigen dass — trotz der unbezweifelten autorität E.s für die archaeologie von Korinth — die überlieferung keineswegs einheitlich war [22]).   'Εφύραν] Hygin. *fab.* 275, 6 *Ephyre nympha Oceani filia Ephyren* (scil. *urbem condidit*), *quam postea Corinthum appellarunt*; Steph. Byz. s.v. Κόρινθος· ... ἐκαλεῖτο Ἐφύρα ἀπὸ Ἐφύρας τῆς Μύρμηκος τῆς Ἐπιμηθέως γυναικός (s. auch die Sibylle zu 455 F 1). Ärgerlich dass auch der letztere keinen gewährsmann gibt; denn zu Hekataios 1 F 120 gehört das nicht mehr. So lehrt diese erste variante nur dass E. die eponyme so alt und vornehm wie möglich machte. Übrigens scheint sie bei E. eponyme des landesteiles gewesen zu sein, der in der prosaumsetzung Ἐφυραία heisst. Weil E. die mutter Tethys nennt, mag man bemerken, dass sie 'im Hesiodischen Okeanidenkatalog [23]) fehlt'. Es ist ein kleiner, aber durchschlagender beweis dass E. jünger ist als Hesiod.   Μαραθῶνα] Vgl. n. 15. Eine schwierige erscheinung, die nur da ist um wieder zu verschwinden, übrigens den schon um eine generation zu langen Aloeuszweig noch um eine generation verlängert. Für den nachweis der alten abhängigkeit

Sikyons von Korinth war die einschiebung nicht notwendig. Ich kann trotz Toepffer *Beiträge*, 1897, p. 155 in ihr nicht mehr sehen als in der hineinziehung Ledas in die korinthische archaeologie [24]), d.h. eine freche annexion. Töpffer legt wert darauf dass der Philaide Hippokleides ἀνέκαθεν τοῖσι ἐν Κορίνθωι Κυψελίδηισι ἦν προσήκων [25]), und dass der mythische ahnherr der Kypseliden angeblich τὰ ἀνέκαθεν Λαπίθης τε καὶ Καινείδης ist. Aber Brauron gehört nicht zur marathonischen Tetrapolis, und die Kypseliden haben blutmässig nichts mit den Bakchiaden zu tun. Wer mit diesen nachrichten arbeitet, müsste E. zeitlich beträchtlich tiefer rücken als man ihn gewöhnlich ansetzt. Es hilft auch nicht weiter dass der attische Marathonios bei Hekataios 1 F 13 sohn Deukalions heisst, und dass Epopeus nach Pausan. 2, 6, 5 aus Thessalien kommt. Es ist zweifelhaft ob diese dinge E. bekannt waren; wir sind viel zu geneigt den alten unsere spekulationen über sagen- und stammeszusammenhänge zuzutrauen. Ἐπωπέως] Vgl. n. 15. Dagegen heisst bei Steph. Byz. s.v. Κόρινθος (Eustath. *Il.* B 570) die akropolis von Korinth Ἐπώπη [26]) διὰ τὸ Σίσυφον ἐντεῦθεν ἐπιδεῖν τὴν τῆς Αἰγίνης ὑπὸ Διὸς ἁρπαγήν. Den vater Helios hat E., trotzdem er ihn ‘Ὑπερίωνος ἀγλαὸς υἱός nennt, als könig von Korinth behandelt, was so wenig rationalistisch gemeint ist wie die tätigkeit der Okeanostochter Ephyra. Später findet man für die Ἡλίου πόλις — was Steph. Byz. unter den alten namen führt — eine wirklich rationalistische erklärung: διὰ τὸ ξηρὰν εἶναι. Βούνωι] Schol. Pindar. u. p. 301, 4 ff.; Pausan. 2, 4, 7 ταύτηι (*scil.* auf dem anstieg zu Akrokorinth) καὶ τὸ τῆς Βουναίας ἐστὶν Ἥρας ἱερόν, ἱδρυσαμένου Βούνου τοῦ Ἑρμοῦ· καὶ δι' αὐτὸ ἡ θεὸς καλεῖται Βουναία. Der durchsichtig und zu durchsichtigem zweck erfundene name nur hier. Das verhältnis der Ἥρα Βουναία zur Ἀκραία der Medeageschichte bezw. ihrer tempel [27]) ist viel diskutiert; ich sehe keinen grund zur identifikation. μεταπεμψαμένους ἐξ Ἰωλκοῦ] damit entfällt für E. alles, was spätere ausbildung der geschichte über flucht oder vertreibung von Iason und Medeia aus Iolkos zu erzählen weiss. M.e. hat Friedlaender (n. 8) p. 305 ff. (der nur besser nicht von 'der korinthischen umbildung' schlechthin gesprochen hätte) diese dinge auch dem 'milesischen' Argonautenepos mit recht abgesprochen: dieses endete 'mit der heimkehr des Iason, der die regierung übernimmt (so will es die logik der sage)', und so kennt die geschichte noch der verfasser des anhangs zur Theogonie Hesiods (v. 992 ff.). Nur die leichenspiele für Pelias können noch gefolgt seint. Darum kann bei E. Iason nach dem zerwürfnis mit Medea einfach nach Iolkos zurückkehren. ἀπελθεῖν — ἀρχήν] es ist die empfindlichste lücke des exzerpts dass es uns nicht sagt, wohin Medea geht, und aus welchem grunde sie

Sisyphos als nachfolger einsetzt. Zu der ersten lücke s. n. 11; die zweite wird man ungern aus Theopomp. 115 F 356 füllen; und sicher nicht E. sind die varianten Nikol. Dam. 90 F 36 und Schol. Stat. *Theb.* 2, 380. 'Ἀντιόπης] S. n. 15. Die lücke, dass ein grund für Aietes' umsiedlung fehlt,
5 wird wohl für E. gefüllt durch Schol. Pindar. Ol. 13, 74d φασὶ (φησί DE) δὲ τὴν Κόρινθον πατρῶιον εἶναι κτῆμα Μηδείας· Ἀιήτηι γὰρ τῶι Ἡλίου καὶ Ἀντιόπης χρησμὸν δοθῆναι πόλιν οἰκίζειν ἐν Κόλχοις ἀπ' αὐτοῦ τὴν ἐπωνυμίαν ἔχουσαν, τὴν δὲ τῶν Κορινθίων τυραννίδα παρακαταθέσθαι Βούνωι κτλ. ἐν Ἀρκαδίαι] auffällig und doch vielleicht korrupt; denn die verse haben
10 ἦν μὲν ἐχ' Ἀσωπός, und die Sikyonia konnte man wirklich nicht gut als teil Arkadiens ansehen. F 8-9 zeigen ausführliche behandlung dieser landschaft; aber ihre herkunft aus den *Korinthiaka* ist sicher. (3) Die stellung des scholions ist ziemlich gleichgiltig, da vv. 1354 ff. und 1372 ff. im gleichen zusammenhang (bekämpfung der aus den drachen-
15 zähnen erwachsenen) stehen; unangenehmer dass es fraglich ist ob ταῦτα sich auf Sophokles oder (eher) wieder auf E. bezieht. Das zeugnis, dass Apollonios verse aus letzterem ausschrieb, ist jedenfalls formell; die benutzung wird sich nicht auf diese einzelheit beschränkt haben, obwohl sich E.s nachlass aus Apollonios kaum vermehren lässt [28]).
20 Das wichtigste ist die bestätigung dafür dass E. die Argonautengeschichte ausführlich dargestellt hat, wie man das nach F 2 auch erwartet [29]). (4) Ob die beiden angaben zusammen und zur stiftung der Isthmien [30]) gehören ist sehr zweifelhaft. Daraus dass sie bei Pausanias in der periegese des Isthmos zwischen notizen über Palaimon(-Melikertes) [31]) und die
25 fortdauer des agons auch nach Korinths zerstörung durch Mummius stehen, ist nichts zu schliessen. Neleus stirbt νόσωι, was nicht danach aussieht als ob er zu den wettkämpfen gekommen sei [32]). Da E. nicht an ein monument anknüpft — niemand kennt das grab — handelt es sich wohl um eine erfindung *in maiorem Corinthi gloriam* [33]), die in der zeit
30 der ausgebildeten Heraklesgeschichte niemand mehr gewagt hätte. Für Sisyphos' herkunft ist wichtig dass er nicht in Korinth, sondern 'auf dem Isthmos' begraben liegt; für E. dass er die Hadesstrafe des Sisyphos [34]) nicht kennt oder ablehnt. (5) Von Friedlaender [35]) als entscheidender beweis dafür betrachtet dass der epiker E. das 'mi-
35 lesische' Argonautenepos zur grundlage der eigenen Argonautengeschichte nahm: denn Sinope (die in diesem epos vorgekommen sein kann) hat in unserer überlieferung zwar thessalische vorbesiedler (die ἐπ' Ἀμαζόνας διέβησαν) [36]), aber keine aus der Peloponnes, sondern gilt allgemein als milesische kolonie, wo sie dann nach einer Amazone heisst [37]). Dann
40 müsste E. die gründungssage geändert oder schematisch neu geschaffen

haben, und der name der neuen Asopostochter müsste aus seinem epos in den katalog gekommen sein [38]), der schliesslich bis zu 24 namen angewachsen ist — wenn es nicht gar E. war, der den ersten derartigen katalog aufgestellt hat, und damit die eponymen auch vieler mutterländischen städte und inseln für Korinth annektierte: 'he was certainly anxious to connect various parts of the world with his own north-eastern corner of the Peloponnese' [39]).   (6—7) Die tendenz von F 6 [40]) ist so deutlich wie die von F 4, und noch sicherer als die annexion von Marathon F 1 und der Sinope F 5. Wenn F 7 in den gleichen zusammenhang gehört [41]), so hat E. die nachkommenschaft Ledas in einem exkurs behandelt, wie vielleicht in einem anderen die könige von Arkadien [42]). Die erfindung des nur hier überlieferten namens Panteidyia ist so billig wie die des motivs für den besuch in Sparta. Gedacht hat E. dabei an die rosse des Glaukos von Potniai, der sich faktisch von dem meergott und dem korinthischen Glaukos nicht trennen lässt [43]). Wir dürfen glauben dass E. die genealogie Sisyphos-Glaukos-Bellerophon aus *Il.* Z 152 übernommen hat.   (8—9) S. p. 301, 7 ff. und zu F 6/7.

452. DIODOROS

Schol. 120 b μᾶλα μὲν ἐν κόλποισι ⟨Διωνύσοιο⟩· τὰ ἐράσμια καὶ ἔρωτος ποιητικά, καθὸ ⟨τὰ⟩ ὑπὸ Ἀφροδίτης διδόμενα τῶι Ἱππομένει μῆλα ἐκ τῶν (Wendel τοῦ ο) Διονύσου· ταῦτα δὲ εἰς ἔρωτα τὴν Ἀταλάντην ἐκίνησεν, ὥς φησιν ὁ Φιλιτᾶς (F 14 Diehl) ⟪τά οἵ ποτε Κύπρις ἑλοῖσα / μῆλα Διωνύσου δῶκεν ἀπὸ κροτάφων⟫. Die gleichung des 'dichters' mit dem zeitlich unbestimmten elegiker D. von Elaia [1]), der neben Phylarch in der quellenangabe zu Parthen. *Narr. am.* 15 für die Daphnegeschichte zitiert wird, ist ganz unsicher. O. Schneider stellt mit recht D. von Erythrai zur wahl, der unter den verfassern der *Kleinen Ilias* erscheint [2]). Der titel Κορινθιακά spricht eher für ein epos; dann kann der von Kallimachos zitierte [3]) und dem Philitas bekannte dichter ebenso gut ins 6. (oder 5.) jhdt gehören. Der name ist auch in Korinth gewöhnlich: die weihung eines trierarchen D., der bei Salamis mitgefochten hat, im heiligtum der Leto, erwähnt Plutarch. *De Her. mal.* 39 p. 870 F. Was und von wem der korinthische (?) dichter erzählte ist aus dem knappen zitat nicht mit irgendwelcher sicherheit zu erschliessen, und angesichts der art wie Eumelos fremde sagen annektiert wird man nicht wagen zu raten; es gibt zu viele möglichkeiten — kalydonische jagd, leichenspiele für Pelias, und selbst gleichung der korinthischen Leto mit der göttermutter, die in einer version die strafe an den liebenden vollzieht. Auch dass bei D. die (goldenen) äpfel dionysisch sind [4]) hilft nicht weiter.

453. THESEUS

An der realität des autors ist kaum zu zweifeln [1]). Ein datum gibt die verkürzte *Vita* nicht; aber wer Βίοι ἐνδόξων, Ἱστορίαι oder Διηγήσεις — denn F 2/3 stammen wohl aus solchen, jedenfalls nicht aus den Βίοι [2]); niemand wird garantieren wollen dass die schriftenliste der Suda vollständig ist — und ein buch über Korinth schreibt, gehört in römische, vielleicht erst in die Kaiserzeit, wofür auch der name des autors spricht [3]). Ob er in unserem sinne historiker war, und nicht eher grammatiker oder 'sophist', bleibe dahingestellt. Das buch über Korinth mag nach der charakteristik der Suda — solche inhaltsangaben sind gewöhnlich glaubwürdig — die Isthmien in den mittelpunkt gestellt haben, die in der Kaiserzeit sich grossen ansehens erfreuten [4]). Es mag mit irgendwelchen reformen zusammenhängen, oder auch nur durch Neros besuch im j. 67 n. Chr. veranlasst sein, was dann die zeit des autors bestimmen würde [5]).

F

(1) Tzetzes hat die beiden artikel des Etymologicum über Arne konfundiert. F 1 ist nachbildung der geschichte von der Zeusgeburt, die nicht jung zu sein braucht [6]); sonst ist in den böotischen genealogieen Arne mutter des landeseponymen Boiotos von Poseidon. In *Korinthiaka* muss der gott viel vorgekommen sein: eine nur bei späteren autoren erhaltene geschichte, die jedenfalls noch nicht Eumelos ist [7]), erzählt von seinem streit mit Helios um den besitz des landes und dem kompromiss, durch das Briareos den konflikt beilegt. Er gilt auch (was nicht alt ist) als stifter der Isthmien [8]). Dass F 1 bei Th. in diesem zusammenhang stand lässt sich natürlich nicht behaupten.   (2) Zu 287 F 2.   (3) Auch diese geschichte ist unendlich oft nacherzählt. In welcher art von literatur man dergleichen zu suchen hat, zeigen Plutarch [9]) und Serenus [10]). Von βίοι des Othryades, Bulis und Sperthias kann keine rede sein.

454. DIOXIPPOS VON KORINTH

Fehlt *F H G* und *R E*; aber man kann ihn nicht unbedingt verwerfen, da sich auch gegen die folgenden zitate nichts entscheidendes einwenden lässt. Ἱππόνους als früheren namen Bellerophons bezeugt die ἱστορία

Schol. AB Hom. *Il.* Z 155 ¹) mit der herkunftangabe παρὰ 'Ασκληπιάδηι ἐν Τραγωιδουμένοις ²); die reihe der varianten ³) gibt mit anonymen zitaten (τινές, ἄλλοι) Bibl. 2, 30, ohne zitate Tzetzes Lykophr. 17 p. 15, 31 Scheer (*Chil.* 7, 810 ff.), und unvollständig schon Zenob. *Prov.* 2, 87;
5 also müssen die autorennamen in älteren mythographieen oder scholien gestanden haben.

455. MUSAIOS

Dass der verfasser von Π. 'Ισθμίων identisch ist mit dem hofdichter der Attaliden ¹) ist möglich, aber nicht zu beweisen; doch rückt die
10 benutzung in den Euripides- und Apolloniosscholien M. wohl noch in hellenistische zeit, und der epiker kann so gut ein prosabuch verfasst haben wie Euphorion. Ob eines der bücher Περὶ τῶν 'Ισθμίων die siegerliste enthielt wissen wir nicht, aber ihre publikation werden wir postulieren ²); und es ist wohl denkbar dass ihre fortführung von zeit zu zeit,
15 wie für Olympia, ein neues buch verlangte ³).

F

(1) Infolge der kürzung des scholions am anfang ist nicht klar, ob M. die folge der inhaber Poseidon-Melikertes belegen soll, oder ob er, (wie es den anschein hat) die existenz von zwei agonen nebeneinander
20 behauptete. Mit einer solchen lösung der schwierigkeiten der überlieferung würde er allein stehen; doch vgl. n. 13. Die stiftung der Isthmien durch Sisyphos, und als leichenspiele für den von ihm bestatteten Melikertes, berichtet ebenso Pausanias ⁴); und das war vielleicht das ursprüngliche, das auch für Eumelos denkbar ist ⁵), im ganzen wohl auch
25 die vulgata. Aber es gibt varianten, kleinere und grössere. Zu den ersteren gehört dass nach Schol. Eurip. *Med.* 1284 die stiftung κατὰ χρησμόν ⁶) erfolgt, während nach Schol. Pindar. *Isthm.* Arg. a χορεύουσαι τοίνυν ποτὲ αἱ Νηρηίδες ἐπεφάνησαν τῶι Σισύφωι καὶ ἐκέλευσαν εἰς τιμὴν τοῦ Μελικέρτου ἄγειν τὰ ῎Ισθμια — dies eine folge der gleichung Melikertes ∼
30 Palaimon, bei der es keinen leichnam gibt, und damit die bestattung entfällt ⁷). In der fassung, die Schoinus ⁸) als den ort nennt, wo die leiche angetrieben wird, heissen die κομίσαντες τὸ σῶμα Amphimachos und Donakinos ⁹). Man überlegt ob damit Sisyphos als stifter ausgeschaltet werden soll. Denn das ist der fall, wenn an seine stelle treten (1) sein sohn
35 Glaukos Clem. Al. *Strom.* 1, 137, 1 ohne angabe eines gewährsmannes, und vielleicht doch nur konfusion mit der deutung des Isthmischen

Taraxippos auf Glaukos, der ums leben kam ὅτε Ἄκαστος τὰ ἆθλα ἔθηκεν ἐπὶ τῶι πατρί [10]); (2) der gott selbst allein oder im verein mit Helios, eine tradition, die schwerlich alt ist, auch wenn [Dio Chrys.] 37, 13 sie mit versen der Sibylle belegt. Der fassung Ποσειδῶν .... προύθηκεν ἀγῶνα /
πρῶτος ἅμ' Ἡλίωι, τιμὰς δ' ἠνέγκατο μοῦνος (!) entspricht dass der redner § 42 Poseidon τὸν ἀγωνοθέτην ὑμέτερον nennt. Ältere reden nur vom besuch der spiele durch den gott [11]), dem die spiele gelten [12]). (3) Theseus als einziger ernsthafter konkurrent in der athenischen tradition mit varianten im einzelnen: *Marm. Par.* 239 ep. A 20; Plutarch. *Thes.* 25, 5-7 [13]); *poetae* Hygin. *fab.* 273, 8; Schol. Pindar. *Isthm.* Arg. b. Die oder eine antwort der Korinther ist vielleicht dass die feier ἐσιωπήθη πρὸς χρόνον διὰ τοὺς ληιστάς, Θησεὺς δὲ ἐλθὼν ἐκάθηρε τοὺς τόπους, καὶ ἦγε δεύτερον; denn die prohedrie der Athener war eine tatsache, die auch die korinthischen bücher (von denen übrigens keines sicher einen korinthischen verfasser hat) nicht verschweigen konnten. (4) Ganz rätselhaft ist der stifter Eratokles Hygin. *fab.* 273, 8.   πίτυι-σελίνωι] die umgekehrte folge Schol. Pindar. Arg. b p. 193, 11 ff.; c p. 194, 17 ff.; die erklärung liefert Plutarch. *Quaest. Conv.* 5, 3. Die frage ist im altertum viel verhandelt.   (2) Pindar. *Pyth.* 4, 11 Αἰήτα τό ποτε ζαμενὴς παῖς ἀπέπνευσ' ἀθανάτου στόματος, δέσποινα Κόλχων. Ob Wilamowitz *H. D.* II p. 234 und Robert *Heldensage* p. 185 n. 3 recht tun darin den beweis für Medeas ursprüngliche göttlichkeit zu sehen, kann man bezweifeln; vgl. no. 451 n. 11. Über die Hera Akraia in Korinth — sie hat das epitheton nicht nur hier — und ihre rolle in der Medeageschichte s. Eurip. *Med.* 1378 ff.; Robert p. 186. Preller-Robert *Gr. Myth.* [4]I p. 162 nennen sie 'burgherrscherin', was — trotz Pausan. 2, 24, 1 [14]) — für Korinth bedenklich ist. Strabon 8, 6, 22 nennt in der nähe des megarischen Pagai und des korinthischen Schoinus ἐν τῶι μεταξὺ τοῦ Λεχαίου καὶ Παγῶν τὸ τῆς Ἀκραίας μαντεῖον Ἥρας τὸ παλαιόν.

XXXVI. KORKYRA

Korkyra spielt eine grosse rolle in der Argonautengeschichte — aber noch nicht in der korinthischen fassung des Eumelos [1]) — und in der tradition der korinthischen gründung von Syrakus. Die überlieferung ist in mehrfacher beziehung merkwürdig, was sich doch vielleicht daraus erklärt dass die führer der kolonisation Herakliden (Dorier) sind, die Bakchiaden dagegen nicht [2]); denn die gegenüberstellungen 'nationalkorinthische herrscherfamilien ∾ argiverfreundliche Heraklidenpartei' [3]) oder 'dorischer adel ∼ Herakliden' ⁴) genügen schwerlich. Wie diese dinge tradiert sind ist unklar: wir kennen keinen spezialautor über Korkyra, und Vogts ⁵) 'korkyraeische Chronik' ist ein wahngebilde. Literatur: Bürchner *R E* XI, 1922, col. 1400 ff. (der das ältere verzeichnet); G. P. Karydis Ἱστορ. τ. νήσου Κερκύρας, diss. Leipzig 1936 (mir nicht zugänglich).

XXXVII. KOS

456. MAKAREUS ⟨VON KOS⟩

Das einzige uns bekannte buch über die insel; denn ein eigenes buch Nikanders wagt man aus 271/2 F 31; 38 nicht zu erschliessen, und die Κωιακά des späten Philippos waren vermutlich roman oder novellensammlung. Auch die Politie des Aristoteles ist nicht direkt bezeugt. Makareus ist als menschenname nicht selten ¹); aber schon Wilamowitz *H. U.*, 1884, p. 259 n. 22 hat aus einer delischen inschrift vom jahre des Demares (179ᵃ), in der ein Makareus von Kos als architheore erscheint, koische herkunft des schriftstellers erschlossen. Seitdem ist der name vielfach in Koischen inschriften des 3. und 2. jhdts v. Chr. nachgewiesen ²).

F

(**1**) Herzog *Philol.* 65, 1906, p. 633; Wilamowitz *Gl. d. Hell.* I, 1931, p. 238 n. 3, der die Hera Argeia ³) versteht, und daraus schliesst dass 'das fest auf die hellenischen einwanderer aus der Argolis beschränkt war, die eingeborenen nicht teilnehmen durften'. Diese exklusivität scheint den kleinasiatischen Doriern eigentümlich gewesen zu sein ⁴), die also wohl in geringer zahl kamen. Nach **b** sieht es aus, als ob M. den unbekannten Phylarchos angeführt hat. Er war wohl ein lokaler dichter; die änderungen des namens überzeugen nicht.

XXXVIII. KRETA

Die zahl der bücher über Kreta — gesamtdarstellungen (Κρητικά) ¹) und spezielles über mythen, religion, sitten ²) — ist gross, und die meisten von ihnen scheinen noch der hellenistischen zeit angehört zu haben; jedenfalls kennen wir nichts, was sicher jünger ist als das 1. jhdt v. Chr.

Ob Diodor [3]) eine kompilation aus den drei (vier) von ihm genannten autoren benutzt hat; oder ob er sie selbst aus einer vollständigen sammlung ausgehoben hat; oder ob er uns mit dem für seine art auffällig genauen zitat selbständigkeit nur vortäuscht und faktisch nur einen der drei
5 prosaiker — Dosiadas, Sosikrates, Laosthenidas (der 'theologe' Epimenides steht zunächst auf einem anderen blatte) — ausgeschrieben hat, ist nicht leicht zu entscheiden, obwohl m.e. viel für die letzte eventualität spricht. Noch schwerer zu sagen wer dann seine unmittelbare vorlage war. Aber ich bin geneigt sie in dem nur aus ihm bekannten Laosthenidas
10 (no. 462) zu sehen, der dann seinerseits den dichter Epimenides, den wahrscheinlich frühhellenistischen Dosiadas, und den von dem grossen Apollodor wegen seiner genauigkeit gerühmten Sosikrates, d.h. das modernste buch, zusammengearbeitet hätte, und dem das diese auswahl begründende urteil gehören würde [4]). Ein solches buch ist im ersten jhdt
15 neben der vollständigen sammlung der tradition durch Alexander Polyhistor sehr wohl denkbar. Wichtiger ist dass die lokale schriftstellerei über Kreta nicht erst in hellenistischer zeit beginnt, sondern schon um 400 v. Chr. mit dem buche des gewöhnlich vergessenen Charon von Lampsakos, den man einen spartanischen Hellanikos nennen darf [5]). Seine
20 *Kretika*, an deren echtheit zu zweifeln kein grund besteht, von denen wir aber nur wissen dass die gesetzgebung des Minos ausführlich behandelt war, geben wohl die antwort auf Wilamowitz' frage [6]), wer 'der forschungsreisende' war, 'der einmal nach Kreta gezogen ist und, von den halbbarbaren gastlich aufgenommen, in den sitten und der gesellschafts-
25 ordnung zustände fand, die er sich berechtigt hielt für das originale Dorertum zu halten'. Freilich hat Wilamowitz die bedeutung des von ihm postulierten buches überschätzt, wenn er glaubt dass 'das werk dieses forschungsreisenden dem greisen Plato die anregung zu der fiktion seiner Gesetze, und dann dem Ephoros und Aristoteles das material
30 zu ihren schilderungen geliefert hat'. Dass Lykurg seine gesetze aus Kreta geholt hat war spartanischer glaube schon um 450 v. Chr. [7]); und diesen glauben, den Aristoteles und Ephoros teilen [8]), hat Herodot nicht aus einem buch [9]). Auf der anderen seite scheint Ephoros — der über Kreta ausführlich gehandelt hat, und bereits den unterschied
35 zwischen der vordorischen idealverfassung, den dorischen sitten, und den realen zuständen seiner zeit machte [10]) — mehrere bücher über die insel gekannt zu haben [11]). Dass Charon darunter war, wird man nicht bezweifeln [12]); vermutlich auch das prosabuch unter Epimenides' namen, von dem eine spur bei Aristoteles erhalten zu sein scheint [13]). Es mag
40 dahingestellt bleiben ob beide den 'theologen' Epimenides — d.h. die

epische Theogonie ¹⁴) — nur durch vermittlung dieser bücher oder auch direkt benutzten; sicher ist dass Aristoteles seine Χρησμοί ¹⁵) kennt. Darüber hinaus muss man an die älteren schriften über die Lykurgischen gesetze denken, die seit dem anfang des 4. jhdts in Sparta zu erscheinen begannen, und deren kenntnis wieder für Aristoteles sicher steht ¹⁶). Man kann sie 'tagesliteratur' nennen, weil ihre politische abzweckung deutlich ist; aber sie müssen das verhältnis Lykurgs zu Kreta behandelt und dementsprechend fakten über die insel gegeben haben, woher immer sie sie hatten. Kein zweifel also dass das schrifttum schon im 4. jhdt so reichlich war wie etwa für Athen, Argos, Theben oder Megara. Kaum ein zweifel (obwohl die art der überlieferung der lokalen literatur überhaupt vorsicht im urteil empfiehlt ¹⁷)) dass es wenig eigentlich geschichtliches material gab, sondern im wesentlichen theologische spekulation (früh stark rationalisiert), epische überlieferung, und sittenschilderung. Es ist möglich dass die *Kretika* in der erzählung nicht über die dorische eroberung hinausgingen, mit der auch Diodor 468 F 1 c. 80, 3 abbricht, und von da zu den Nomima übersprangen, soweit sie nicht — wie vielleicht Xenion no. 460 (und Sosikrates no. 461?) — die form der periegese hatten. In dieser hinsicht waren die *Kretika* vermutlich den büchern über barbarenländer ähnlicher als den jahrbüchern griechischer städte.

457. EPIMENIDES VON KRETA ¹)

Der 'Kreter' E. ²) muss — und dann in vollem umfang — aufgenommen werden wegen der rolle, die sein name in der tradition über Kreta spielt: die prosaischen *Kretika* scheinen in der göttergeschichte — die sich in ihrer ausführlichkeit und tendenz nur mit den *Aigyptiaka* des Hekataios von Abdera ³) vergleichen lässt, und nicht jünger su sein braucht als diese — weitgehend unter dem einfluss des 'theologen' E. und seiner epischen Theogonie ⁴) zu stehen; die kompilation Diodors 468 F 1 stellt ihn als quelle neben die historiker; und sehr wahrscheinlich ist schon im 4. jhdt eine prosaschrift über kretischen kult und gesetzgebung unter seinen namen gestellt ⁵). Wie bei Orpheus, Bakis und anderen haben differenzen der tradition zur zerlegung in homonyme geführt ⁶): es ist wahrscheinlich Demetrios von Magnesia, der 'den' E. — d.h. den sühnepriester und wundermann, der auch unter den Sieben Weisen erscheint ⁷) — von dem 'genealogen' und dem verfasser eines dorisch geschriebenen buches über Rhodos unterscheidet. Es scheint zweifellos dass der name ursprünglich einem der propheten und wundermänner gehört, deren glanzzeit das (7. und) 6. jhdt ist ⁸). Wenn er im besonderen als sühnepriester gilt [9]) — und hier wieder als der entsühner Athens von der kylonischen blutschuld [10]) — so hängt das sachlich zusammen mit seiner herkunft aus Kreta, das als das klassische land der kathartik galt [11]), und literarisch mit der existenz einer orakelsammlung, die Aristoteles als sozusagen rückwärts gewandte prophetie charakterisiert [12]). Aber früh, vielleicht schon bei Platon [13]), ist die erweiterung zur allgemeinen und vorausschauenden prophetie vollzogen. Auf Kreta weist die enge verbindung mit Zeus und den Nymphen [14]) — namentlich das letztere ein sehr alter zug, mit dem der ekstatische charakter seiner mantik zusammengeht, der freilich auch anderen alten wundermännern eignet [15]). Erst im laufe der zeit mögen orphische züge hinzugetreten sein; früh, wenn sie sich in der Theogonie fanden [16]), dem ersten pseudepigraphon, das unter seinen namen gestellt wird; dann später, vielleicht viel später, auch pythagoreische [17]): das wunderbare lebenskraut, das E. von den Nymphen erhält [18]), hat ursprünglich so wenig mit 'orphischer askese' zu tun wie die fähigkeit von E.s seele ihren körper zu verlassen [19]) mit der pythagoreischen lehre von der seelenwanderung; auch der jahrzehnte lange schlaf, d.h. das zeitweise völlige verschwinden aus der menschenwelt, gehört zu den zügen, die E. mit anderen wundermännern teilt und die typischer natur sind. Wer ohne vorurteile an die gesamtüberlieferung herantritt, wird sogleich die verschiedenheit erkennen, die zwischen dem 'biographischen' und dem 'literarischen' element in der tradition — oder wie Diels sagt dem 'E. der geschichte' und dem 'E. der literatur' — besteht: die deutliche entwicklung des 'katharten' zum 'theologen' beruht darauf dass der halbmythische wundermann zum verfasser von dichtungen, und dann auch von prosaschriften, gemacht wird [20]). Es ist eine nebenfrage ob (und wie weit) die dichtungen orphischen charakter hatten und der orphischen literatur zugerechnet werden dürfen, oder ob sie nur (über diesen punkt ist man sich ziemlich allgemein einig) in etwa der gleichen zeit entstanden sind, die das entstehen einer orphischen literatur in Athen sah [21]). Wichtiger dass man so die frage nach der eigenart des primären wundermannes stellen kann. Wer die 'biographische' tradition vergleicht mit der über die 'Apollinischen' wundermänner Abaris und Aristeas, mit Hermotimos und vielleicht noch mit der attischen theologie des Musaios, sieht sogleich (1) dass einerseits E. mit ihnen viel mehr ähnlichkeit hat als mit Orpheus; (2) dass andrerseits selbst unsere überlieferung noch einen gegensatz E.s zu dem grossen gott der mantik und kathartik bewahrt hat [22]): erst Platon lässt ihn auf geheiss Apollons nach Athen kommen, und diese offensichtliche erfindung ist nicht durchgedrungen.

Den festen punkt — oder (vorsichtiger) den wichtigsten — in der biographischen tradition bildet die reinigung Athens vor der Solonischen gesetzgebung. Das faktum hat die Atthis mit dem prozess gegen die mörder der Kyloneer verbunden; und das datum — oder (wieder vor-
5 sichtiger) dieser *term. ante* — ist durch die notiz in Aristoteles' 'Αθπ. (T 4b) jedem zweifel entrückt. Es ist ohne weiteres zuzugeben dass ein datum der Atthis weder die realität der sache noch die der person gewährleistet [23]), und dass es sonst keinen positiven *beweis* für die geschichtliche existenz des wundermannes gibt [24]). Aber es gibt auch keinen beweis,
10 und nicht einmal wahrscheinlichkeitsgründe, gegen sie [25]). Im gegenteil, die nachrichten über den prozess und seine unmittelbaren folgen — man ist berechtigt den rest von Aristoteles' darstellung aus Plutarch zu ergänzen (was wieder niemand bezweifelt) [26]) — machen entschieden den eindruck urkundlicher überlieferung. Es liegt nahe sie aus den akten der
15 exegeten abzuleiten, in deren pflichtenkreis die mordsühne und alle sonstigen reinigungen gehören; aber dann sind es die alten eupatridischen exegeten, nicht die m.e. erst von Solon geschaffenen πυθόχρηστοι; irgendwie sicher ist die vermutung freilich nicht. Dass Plutarch von μάντεις spricht [27]) wird niemand beirren, und das fehlen einer genauen datierung
20 nur den, der den wahnglauben von Wilamowitz teilt dass die exegeten 'die' chronik von Athen geführt hätten [28]). Wenn diese akten eine notiz enthielten von der art, wie wir sie aus der chronik der römischen *pontifices* kennen — *statua Romae in comitio posita Horatii Coclitis de caelo tacta est; ob id fulgur piaculis luendum aruspices ex Etruria acciti* [29]) — so wird man
25 annehmen dürfen dass sie auch den namen des sühnepriesters verzeichneten und die von ihm verwendeten zeremonieen, die man in ähnlichen fällen wieder verwenden konnte [30]). Das lässt sich nicht beweisen, aber es ist zum mindesten eine glaubliche annahme, während die verschiedenen versuche, den Kreter zu verflüchtigen m.e. nicht ernst genommen
30 werden können [31]). Das gilt ganz besonders für die annahme, die in E.s tätigkeit in Athen 'eine tendenziöse fabel aus den kreisen des Isagoras' und dem j. 508 v. Chr. sieht, ganz gleich ob sie mit dem wort über die Munichia arbeitet [32]), oder mit der angeblichen tatsache dass der ankläger der Kylonmörder das 'demotikon' Φλυεύς trüge, also erst der
35 Kleisthenischen zeit angehören könne [33]). Um in der reinigung Athens vor der Solonischen gesetzgebung, ja in dem ganzen bericht über die verbannung der Alkmeoniden wegen des Kylonischen frevels, rückspiegelung oder 'duplikat' der vorgänge von 508 zu sehen [34]) (wie solche in der römischen Annalistik so häufig sind wie in der griechischen ge-
40 schichtsschreibung selten), bedürfte es sehr starker gründe; und an

solchen fehlt es. Im gegenteil; die dinge verliefen im j. 508 völlig anders als vor 594/3; und nur ein faktum ergibt sich aus unserer im wesentlichen auf mündlicher tradition beruhenden überlieferung [35]) sicher: sie setzt voraus dass die Alkmeoniden im j. 508 so gut wie in 432/1 für religiös befleckt galten — richtiger, dass ihr haus zu den ἐναγεῖς gehörte [36]) —, und dass man diesen alten makel im politischen kampfe gegen sie verwenden konnte. Jede bezweifelung dieses faktums macht die vorgänge von 508 unverständlich, oder (wenn man das lieber will) die überlieferung über sie unbrauchbar. Denn unsere überlieferung über 508 weiss weder von einem prozess noch von einer reinigung der stadt. Der erstere ist durch den glaubwürdigen bericht Herodots ausgeschlossen, die letztere besteht in der vertreibung der ἐναγεῖς. Wenn man (was sehr möglich ist) noch eine religiöse zeremonie für nötig hielt, so hätte man damals in Delphi oder (wenn man wegen Delphis sympathieen für die Alkmeoniden bedenklich war) in Dodona angefragt: ein kretischer sühnepriester, wie ihn z.b. Kern annimmt [37]), ist für die offizielle praxis Athens im ausgehenden 6. jhdt unmöglich. Aber die modernen zweifler machen sich die sache leichter: sie berufen sich einfach auf Platons datum für E. [38]), das mit dem der Atthis allerdings in unlösbarem widerspruch steht. Natürlich liegt die sache nicht einmal so dass da 'autorität gegen autorität steht', wie Wilamowitz sagt [39]). Ohne uns auf die allgemeine frage nach dem werte Platons als historischer zeuge einzulassen, ja selbst ohne nach den gründen zu fragen, die ihn in dem speziellen falle veranlassten, E. so zu datieren wie er es tut [40]), konstatieren wir dass sein zeugnis den gewünschten zweck nicht erfüllt: der platonische E. kommt nach Athen nicht 508, sondern 500 v. Chr., also in einer historisch völlig verschiedenen situation; er kommt κατὰ τὴν τοῦ θεοῦ μαντείαν, und Platon hütet sich einen grund für seinen besuch in Athen anzugeben. Die lücke ist evident, und sie genügt vollkommen zum beweis dass wir es mit einer momentanen erfindung für Platons eigene zwecke zu tun haben, die (ganz wie in dem falle der spartanischen hilfeleistung im j. 490 [41])) die ihm gewiss bekannte attische tradition mit souveräner gleichgiltigkeit beiseite schiebt. Es scheint denn auch nicht dass irgend jemand Platons erfindung ernst genommen hat [42]). Es bleibt dabei dass für E.s wirkliche zeit (wenn er eine reale person war, was zu bezweifeln wir keinen grund haben) Aristoteles *der* oder (neben Theopomp) der älteste zeuge ist: er gibt das was athenischer glaube war; und die einzige frage ist, ob dieser glaube (was ich für sehr wahrscheinlich, wenn auch nicht für strikt beweisbar halte) auf den aufzeichnungen der exegeten beruht, und daher in der hauptsache (d.h. abgesehen von der nicht genauer als 'vor 594/3' festzulegenden zeit) urkundlich ist.

Was nun E.s schriftstellerei betrifft, so ist das grundfaktum von Diels klar ausgesprochen dass man schriften auf den namen des alten katharten gefälscht hat [43]). Dagegen ist seine liste dieser pseudepigrapha [44]), die er 'auf zwei oder drei verfasser verteilen will', weder vollständig noch aus einer voraussetzungslosen prüfung der zeugnisse und fragmente entwickelt, sondern bestimmt teils durch die unbewiesene (und m.e. unwahrscheinliche) annahme eines orphischen charakters des epos und den anteil des Onomakritos an seiner entstehung, teils durch den wunsch Platons datierung zu erklären. Es muss im kommentar gelegentlich gegen so unmögliche resultate wie die gleichung von Θεογονία und Χρησμοί einspruch erhoben werden. Hier begnüge ich mich mit den tatsachen der überlieferung, d.h. mit der aufzählung aller in ihr vorkommenden titel und aller dem oder einem E. zugeschriebenen bücher. Schon das ist nicht einfach, trotzdem wenigstens einige zeugnisse vorhanden sind, die man als aus pinakographischer quelle stammend ansehen darf. Die aufzählung der titel ist nicht in der weise sicher dass jedem titel auch ein bestimmtes werk entspricht. Die schwierigkeiten, die sich einer bestandsaufnahme des *Corpus Epimenideum* [45]) entgegenstellen, sind die folgenden: (1) wir besitzen den sicher vorauszusetzenden artikel in Kallimachos' *Pinakes* wahrscheinlich nicht einmal im auszug; oder wenn, dann nur in verkürzter und (wie es scheint) entstellter form [46]); (2) wir haben nur sehr wenige und nicht durchweg sichere fragmente mit buchtitel [47]); (3) wir finden verschiedene titel für den gleichen inhalt, ohne sicher zu sein dass es der inhalt eines und desselben buches ist [48]); (4) die antike echtheitskritik ist nicht sehr hilfreich: zwar die athetese des briefes an Solon durch Demetrios Magnes [49]) ist schlagend; aber in der auf den gleichen Demetrios zurückgehenden homonymenliste [50]) stehen keine wirklichen autoren, sondern — wie die art der distinktive und das fehlen jeder biographischen angabe zeigt — hypostasen von büchern; und (besonders ärgerlich) es steht nicht ausdrücklich da ob und was der älteste E. geschrieben hat. Sicher nur (und wichtig genug) dass Demetrios (schwerlich als erster) den 'genealogen' von dem 'katharten' trennte; aber unmöglich sicher zu sagen ob er in dem 'genealogen' den verfasser der Theogonie d.h. den 'theologen' von Diodors quelle sah.

Im lichte dieser fakten muss man die folgende liste von titeln ansehen, in die auch die spielenden fälschungen Lobons aufgenommen sind, weil sie deutlich an wirkliche bücher anknüpfen, also zeigen was man in frühhellenistischer zeit für Epimenideisch hielt:

1. Χρησμοί] Das späte zeugnis des Hieronymus für einen *Oraculorum liber* [51]) lässt sich ohne bedenken auf den katalog der Alexandrinischen

Bibliothek zurückführen, weil schon Aristoteles eine orakelsammlung unter E.s namen kannte [52]). Ihre echtheit war für ihn vermutlich durch die selbstvorstellung des chresmologen gesichert, die wir aus der Hesiodimitation des einzigen erhaltenen verses erschliessen [53]). Sie wird, nach der analogie des Hesiodprooemiums zu urteilen, auch lebensnachrichten enthalten haben — die berufung zum propheten und damit den wunderschlaf. Der prophet ist (wegen der anrede an die Kreter und der charakteristik der eigenart seiner prophetie durch Aristoteles) der kretische katharte. Das alter der sammlung ist für uns auch dann unbestimmbar, wenn das apophthegma über die Munichia aus ihr stammt (was sehr zweifelhaft ist) und Platon einen spruch über die Perserkriege in ihr fand (was vermutung bleibt [54])): denn für die entstehungszeit einer orakelsammlung sind nicht ihre ältesten, sondern ihre jüngsten zeitanspielungen entscheidend. Da Herodot weder E. überhaupt noch das orakel über die Persergefahr kennt (er hätte es sonst gewiss mitgeteilt [55])), ist es nicht ausgeschlossen, dass sie ein erzeugnis erst des Peloponnesischen Krieges ist [56]). Das wäre vielleicht die beste erklärung für die erstaunliche nachricht der Vita [57]), dass Nikias Nikeratos' sohn E. *auf geheiss des delphischen orakels* holt, um Athen von der pest zu befreien; und es wäre dann die orakelsammlung, die Platon benutzt zu haben scheint [58]).

2. Καθαρμοί] Ebenfalls pinakographisch bezeugt durch Strabon [59]). Da er epische form bezeugt, scheint (im hinblick auf Aristoteles' charakteristik [60])) gleichung mit den Χρησμοί nicht unmöglich. Beweisbar ist sie nicht, weil wir vom inhalt der Χρησμοί faktisch nichts wissen. Wenn die Suda [61]) (ohne eigentliche buchtitel anzuführen) als inhalt der prosaschriftstellerei E.s μυστήριά τινα καὶ καθαρμοὺς καὶ ἄλλα αἰνιγματώδη angibt, so kann sie nicht an die epischen Καθαρμοί denken. Wenn es auch ein prosabuch mit dem titel Καθαρμοί unter E.s namen gab, so war es vielleicht technischer natur und enthielt rezepte für reinigungen, wie solche vielleicht auch T 1 § 112 nahe legt. Begreiflich dass man dem berühmten katharten derartiges zuschrieb. Aber da das buch nicht zitiert wird, sind spekulationen über zeit und inhalt zwecklos [62]).

3. Κρητικά] Ob man in Eratosthenes' zitat [63]) pinakographische bezeugung sehen darf, ist nicht so sicher; aber die formulierung 'E. ὁ τὰ Κρητικὰ ἱστορῶν entspricht Strabons ὁ τοὺς καθαρμοὺς ποιήσας; und Lobons titel no. 4 zwingt m.e. zu dem schluss dass es zu seiner zeit prosaische *Kretika* unter E.s namen gab [64]). Sehr bedauerlich dass Aristoteles noch keine buchtitel gibt, und dass sich F 20 nicht mit voller sicherheit für das hier supponierte buch des 4. jhdts beanspruchen lässt. Auch in Kallimachos' Zeushymnos ist benutzung der Κρητικά nicht sicher beweisbar [64a]). Aber beides ist wahrscheinlich.

4. Περὶ θυσιῶν καὶ τῆς ἐν Κρήτηι πολιτείας καὶ περὶ Μίνω καὶ Ῥαδαμάνθυος] Dieses prosabuch in 4000 ἔπη (= στίχοι)[65]) ist erfindung Lobons nach no. 3. Dass es nur éines ist, zeigt (wie bei den epen unter no. 9) die stichische angabe.

5. Ἐπιστολὴ πρὸς Σόλωνα τὸν νομοθέτην περιέχουσα πολιτείαν, ἣν συνέταξε Κρησὶ Μίνως] Athetiert mit zureichenden gründen von Demetrios Magnes[66]); nach form und inhalt verschieden von no. 3. Die fälschung setzt die ausgebildete Solonlegende voraus, und scheint sie auszugestalten nach der altspartanischen überlieferung, die Lykurg seine gesetze aus Kreta holen liess. Ihre zeit ist unbestimmbar; aber ich würde nicht gern sehr hoch hinaufgehen[67]).

6. Anderer brief an Solon mit prophezeiung und einladung] Von Diogenes Laertius scheinbar aus eigener kenntnis zitiert[68]). Jedenfalls späte fälschung, die mit dem dorischen dialekt vielleicht der kritik des Demetrios Magnes an no. 5 rechnung trägt.

7. Περὶ Ῥόδου] Ebenfalls dorisch und von Demetrios einem anderen, nicht näher bestimmten, E. zugeschrieben[69]). Offenbar fälschung auf den berühmten namen und wegen des dialekts kaum identisch mit no. 8.

8. Τελχινιακὴ ἱστορία] Unter den angeblichen verfassern erscheint auch E.[70]).

9. Epische Theogonie und Heroologie] Nirgends ausdrücklich und mit titel zitiert. Aber die Vita T 2 reiht E. unter die ἐποποιοί ein, d.h. die Theogonie gilt als hauptwerk. Ihre existenz beweisen fragmente, die nur aus einem derartigen werk stammen können und fast ausschliesslich durch hellenistische grammatiker und in scholien erhalten sind[71]); ferner die distinktive ὁ θεολόγος Diodor T 9b und ὁ γενεαλόγος Diog. Laert. T 1 § 115; das letztere aus Demetrios Magnes, und ergebnis entweder der echtheitskritik, die dem kretischen katharten eine systematische genealogie nicht zutraut, oder einfach des misstrauens gegen die autorennamen aller älteren epen[72]). Die epische form bezeugen F 3 und 7; πολλὰ ἐπικῶς in der bücherliste der Suda und das zitat ἐν τοῖς ποιήμασιν F 9[73]); endlich die erfindung Lobons, der daraus zwei epen von zusammen 11500 versen macht — eine Theogonie, die kretisch instruiert war, weil sie mit Kureten und Korybanten beginnt[74]), und ein Argonautengedicht[75]). Man wird aus der inhaltsangabe nicht den titel Θεογονία für das 'echte' epos erschliessen dürfen; aber der fingerzeig für seinen inhalt ist wertvoll, und steht ganz im einklang mit dem was wir aus Diodors kompilation 468 F 1 erschliessen. Zugleich gibt Lobon einen sicheren *t. ante*, der durch die benutzung des epos bei dem Aristoteliker Eudemos[76]) nur unbedeutend hinaufgeschoben wird. Die benutzung durch Euripides in den

Kreterdramen [77]) und bei Herodor ist zweifelhaft. Trotzdem ist aus allgemeinen erwägungen nicht zu bezweifeln dass das epos noch ins 6. jhdt, wahrscheinlich in seine zweite hälfte, gehört [78]). Wie die orphischen epen steht es stark unter Hesiods einfluss; dass es selbst orphischen charakter trug ist mir zweifelhaft [79]), und jedenfalls dürfte die kretische komponente wichtiger sein.

T

(1) § *109*; *115* Θεόπομπος] was er in dem grossen exkurs der *Philippika* sagte, geht alles den kretischen wundermann an. Wenn dieser die spartanische niederlage 'den Kretern' voraussagt (während die Vita selbst in § 114 Λακεδαιμονίοις hat), und wenn auch die spartanische tradition [80]) ihn in einem feldzug der Lakedaemonier gegen Knossos getötet werden lässt, διότι σφίσιν οὐκ αἴσια ἐμαντεύετο, so ist sehr denkbar dass E. bei Theopomp seine heimat überhaupt nicht verlassen hatte. Das würde polemik gegen Platon und verwerfung der athenischen tradition überhaupt bedeuten, was ebenfalls für Theopomp glaublich ist. Wenn T 5c letztlich auf ihn zurückgeht, so hat er (wieder glaublich) auch die Spartaner unfreundlich beurteilt. Ἐκ Κνωσσοῦ und der vater Φαίστιος zeigen dass Theopomp nicht rein vorliegt; er hat, wie Aristoteles, E. einfach Kreter genannt [81]). Sehr bedauerlich dass wir von Timaios' darstellung[82]) nichts näheres erfahren; die Vita arbeitet, von Theopomp abgesehen, mit lauter jungen quellen.   § *110-111*] Zu der attischen legende vgl. T 4; Lobon T 1 § 112. An der erzählung der Vita ist das interessanteste dass das Κυλώνειον ἄγος, bezw. die dadurch verursachte στάσις, nur als variante nachgebracht wird, und an ihre stelle eine pest tritt, die der Νικίας Νικηράτου als die grosse pest von 430/29 erweist [83]). Ich bin geneigt darin insoweit überlieferung (d.h. ein reales stadium der legende) zu sehen als die nachricht zeigt mit welchen mitteln der kampf gegen Perikles geführt ist, und dass die Spartaner bei ihrer forderung τὸ ἄγος ἐλαύνειν den boden vorbereitet fanden, wenn sie nicht überhaupt die anregung aus Athen empfingen: damals ist in Athen die orakelsammlung auf den namen E. gefälscht, die Platon und Aristoteles kannten [84]). Jung ist m.e. auch das menschenopfer in der variante [85]), von dem auch Neanthes 84 F 16 erzählt hat. Leider ist nicht sicher zu sagen ob Polemon ἐν ταῖς πρὸς Νεάνθην ἀντιγραφαῖς [86]) die ganze geschichte für 'erfindung' erklärt hat, oder nur die erotische umgestaltung; aber das erstere ist wahrscheinlicher. Zu dem abschluss von E.s mission vgl. T 4a, die variante T 4c § 12, und n. 40.   § *111*] Die lebensdauer von 157 jahren, die 115

F 68 als theopompisch erweist, und für die er sich vermutlich schon auf 'die Kreter' berief [87]), beruht wohl nur auf dem zuschlag eines vollen jahrhunderts zu den 57 jahren des schlafes. Das ist nicht jung; denn dass E. ein überhohes alter erreicht hat, oder erreicht zu haben behauptete [88]), hat schon Xenophanes 'gehört' [89]); aber es ist trotzdem nicht ursprünglich. Man sieht den inneren widerspruch, zu dem die verbindung zweier motive führt, am deutlichsten bei Plinius *N. H.* 7, 175 wo Theopomp zugrunde liegt: (*Gnosium Epimenidem*) *puerum aestu et itinere fessum in specu septem et quinquaginta dormisse annis, rerum faciem mutationemque mirantem velut postero die experrectum, hinc pari numero dierum senio ingruente ut tamen in septimum et quinquagesimum atque centesimum vitae duraret annum.* Aber man erkennt ihn auch noch, wenn E. nach der Vita γηραιὸς ὤν nach Athen kommt und ἐπανελθὼν ἐπ' οἴκου μετ' οὐ πολὺ μετήλλαξεν [90]). Über die absoluten daten für E. s. zu T 2.

§ *112*] Die herkunft dieser schriftenliste aus Lobon, der die *Pinakes* karikierte [91]), ist seit Hiller so unbezweifelt wie die spielende fälschung [92]), die doch nicht ohne wert ist [93]). Wir läsen in der Vita freilich lieber den artikel der *Pinakes*, den das exzerpt aus Lobon verdrängt zu haben scheint, und der in der Suda T 2, wenn überhaupt, in ziemlich trostlosem zustand erhalten ist.   τὸ ἱερὸν τῶν Σεμνῶν] auch hier ändert Lobon — der (wie man es von einem buche Περὶ ποιητῶν erwartet) eine Vita E.s vorausschickte [94]) — an der tradition, nach der die Kyloneer niedergemetzelt wurden, ὡς ἐγένοντο περὶ τὰς Σεμνὰς θεὰς καταβαίνοντες, αὐτομάτως τῆς κρόκης ῥαγείσης [95]). Eine besondere sühnung — neben der allgemeinen, die vom Areopaghügel ausgeht [96]) — war an dieser stelle gewiss angebracht; aber sie bestand wahrscheinlich in der errichtung des Kyloneion nahe der mordstelle [97]). Die legende scheint in falscher deutung auch tempel oder altäre für Hybris und Anaideia hierher gezogen zu haben [98]).   § *114* ἔδεσμά τι] ist das ἄλιμον, von dem Hermippos ἐν τῶι Περὶ τῶν ἑπτὰ σοφῶν im abschnitt über E. handelte: Proklos Hesiod. *Opp.* 41; Athen. 2, 52 p. 58 F; vgl. Plutarch. *Sept. Sap. Conv.* 14 p. 157 D. Der zug stammt eher aus der realen praxis der wundermänner als aus dem märchen [99]); mit vegetarianismus und 'orphischer' askese hat er mindestens ursprünglich nichts zu tun [100]), ist aber (später) in der Pythagoraslegende benutzt [101]). Ob Herodor 31 F 1 das ἄλιμον seiner Heraklesgeschichte aus einer dichtung E.s kennt, ist sehr zweifelhaft. λέγουσι-θεῶι] die τινές sind eher biographen als verfasser von *Kretika*, die über die kulte ihrer insel doch wohl bescheid wussten. Was gemeint ist wird man aus Myronianos T 1 § 115 und Plutarch T 4c § 7 entnehmen. Die behauptung kann also schon bei Hermippos gestanden haben, ohne dass sie dadurch glaublicher wird [102]). Μουνυχίαν] das apophthegma — denn ein solches ist es [103]) — wird gewöhnlich auf die befestigung durch Hippias bezogen [104]). Ob mit recht ist ganz zweifelhaft, da Hippias die befestigung nur begonnen hat [105]), und sie in seiner geschichte garkeine rolle spielt. Angesichts der dauernden entwicklung der legende kann das wort viel später, sogar erst in makedonischer zeit, erfunden, bezw. unter E.s namen gestellt sein. Keinesfalls gehört es in die Χρησμοί: als 'emigrantenpropaganda' des Onomakritos [106]) wäre es garnicht zu verstehen. § *114/5 λέγεται κτλ.*] Für diese kurz und unordentlich zusammengestellten λεγόμενα gilt das eben zum apophthegma über die Munichia gesagte. Nur die voraussage für Sparta [107]), die den zusammenhang unterbricht, kann in einer orakelsammlung gestanden haben, aber dann in der spartanischen [108]). Der rest gehört in die kontamination der E.- und Pythagoraslegende [109]), und allein schon λέγεται schliesst herkunft aus einem der unter E.s namen laufenden bücher aus [110]). (2) Blasta ist passender name für eine nymphe [111]). Die korruptel Βάλτη T 4c berechtigt nicht zu Toepffers änderung in die attische Βλαύτη, die auf seinem vorurteil über den attischen Buzyges-Epimenides beruht [112]). Zum namen des vaters s. n. 2.   ὡς ἐξίοι ἡ ψυχή] motiv wieder aus realer praxis [113]), dem 'Schamanentum' der wundermänner. Um in ihrem kreise zu bleiben, es wird ebenso von Aristeas und Hermotimos erzählt [114]).   τελευτήσαντος-κατάστικτον] gehört zur spartanischen tradition: Sosibios T 1 § 115; T 5.   γέγονε - γηραιὸς ὤν] hier ist nur zweierlei sicher: (1) dass wir in der Suda, wie so oft für persönlichkeiten der älteren zeit, zwei ansätze haben — einen der E. beträchtlich älter macht als die Sieben Weisen und den synchronismus mit ihnen; (2) dass der erstere oder die lange lebensdauer nicht erfunden sind 'das wiederauftreten des E. um 500 mit seinem wirken im 7. jhdt zu vereinigen', d.h. um die Platonische tradition zu rechtfertigen: denn Xenophanes erweist die lange lebensdauer als älter — ganz gleich ob er sie auf 154 oder (wie später Theopomp) auf 157 jahre angab [115]) — und der wunderschlaf gehört nach fester tradition in die jugend E.s [116]). Denkbar (wenn auch nicht wahrscheinlich) wäre solche erklärung nur für die 299 jahre, die einige spätere *Kretika* als lebensdauer gaben [117]). Die beiden ansätze der Suda rechnen offenbar mit dem einzigen einigermassen festen datum für E. — der reinigung Athens, die man (wieder gemeinhin) an das ende seines lebens setzte [118]), weil man eben sonst nichts von ihm wusste [119]). Die schwierigkeiten bestehen in folgendem: (1) es ist zweifelhaft (a) ob der synchronismus mit den Sieben Weisen allgemein auf der aufnahme des E. in ihren kreis beruht [120]), oder speziell auf seinem ver hältnis zu Solon; ferner, ob eine bestimmte epoche für die Weisen zugrunde liegt [121]); (b) ob γέγονε auf die blüte oder die geburt geht; das zweite ist seltener, aber immer möglich; (c) ob der γοῦν-satz den jüngeren ansatz begründen soll, oder ob die worte ἢ καὶ ἐπ' αὐτοῖς (αὐτῶν?) γενέσθαι eine zusammenhängende erörterung der zeitfrage unterbrechen; (2) die zahlen der Suda sind mindestens zum teil verdorben: $\overline{\rho\nu}$ ist sicher die (auch sonst mehrfach durch ausfall oder korruptel der einer verdorbene) zahl Theopomps $\overline{\rho\nu\zeta}$, die 90 jahre des schlafes [122]) sind singulär, und nicht sicher überliefert. Man wird daher auch den olympiadenzahlen ol. 30 und 44 nicht unbedingt trauen dürfen. Ich habe wegen des gewöhnlich zwischen Diogenes, Eusebios und der Suda in den datierungen bestehenden verhältnisses keinen zweifel, dass Clinton $\overline{\mu\delta}$ richtig in $\overline{\mu\varsigma}$ geändert hat. Ol. 30 versuche ich nicht zu erklären [123]); es ist angesichts der unzureichenden überlieferung kein wunder dass die älteren versuche nicht befriedigen.   ἔγραψε] die schriftenliste scheint nicht die Lobons in T 1 § 112, sondern könnte die der *Pinakes* sein, da sie die Καθαρμοί kennt. Aber sie ist so unvernünftig verkürzt dass sie nicht mehr zu brauchen ist. Der schluss geht auf den unechten briefwechsel mit Solon [124]), und μεμφόμενος erklärt sich aus dem anfang des briefes Diog. Laert. 1, 64 οὔτε οἱ ἐμοὶ θεσμοὶ ἄρα Ἀθηναίους ἐπὶ πολὺ ὀνήσειν ἔμελλον, οὔτε σὺ καθήρας τὴν πόλιν ὤνησας.   (3) Noch für den pythagoreisierenden Bolos aus kallimacheischer zeit sind die wundermänner E., Aristeas, Hermotimos, Abaris, Pherekydes, vorgänger des Pythagoras [125]). Die neupythagoreische literatur dreht das alte zeitverhältnis für E. ~ Pythagoras um [126]). Ob sie sich dabei auf Platons datum für E. gestützt hat, ist nicht zu sagen. Aber es ist Gisinger [127]) m.e. nicht gelungen nachzuweisen dass schon Eudoxos und Timaios diese zeitfolge hatten.   (4) Zu **a-c** s. ob. p. 310 f. Die vollständigste darstellung bei Plutarch wird man im ganzen über Hermippos und Aristoteles auf Androtions *Atthis* zurückführen dürfen. Es kann hier nicht untersucht werden, wie weit sie auf tradition beruht, oder nur konstruktion ist. Aber sie hat die religiösen zustände Athens im ausgang des 7. jhdts darin bewahrt dass keine rede von Delphi ist; und auch die geschichtliche schilderung wirkt nicht unglaublich [128]). Züge wie der faden, den die Kyloneer beim herabstieg von der burg am kultbild Athenas befestigen, sein zerreissen, der ort der niedermetzelung, vor allem dass μόνοι ἀφείθησαν οἱ τὰς γυναῖκας αὐτῶν ἱκετεύσαντες [129]), machen nicht den eindruck später oder überhaupt von erfindung: sie haben sich in der mündlichen tradition erhalten. Es darf weiter bemerkt werden (1) dass der bericht Platons herabdatierung E.s auf 500 v. Chr. nicht berücksichtigt; (2) dass er in § 7-9 den gefälschten E.-brief [130]) nicht kennt, oder verwirft: die athenische verfassung ist solonisch, nicht aus Kreta bezogen. Zum abschluss § 12 vgl. T 1 § 111, und zur chronologie n. 28.   (a) Anders als im falle der Diotima (*Symp.* 201 D) spricht Platon hier (mindestens nicht ausdrücklich) nicht von einer ἀναβολή des drohenden krieges (über diesen begriff einiges bei St. Weinstock *Papers Brit. School at Rome* 19, 1951, p. 137 f.). Es ist also möglich, dass es sich um eine einfache prophezeiung handelt; aber in den Χρησμοί kann sie wegen F 1 nicht wohl gestanden haben.   (d) Die alte vermutung [131]) dass der E. im Eleusinion nicht der Knossier war, sondern der stadtathenische konkurrent des eleusinischen Triptolemos, der ahnherr der geschlechts der Buzygai, der πρῶτος βοῦς ζεύξας τὴν γῆν ἤροσεν [132]), ist doch sehr wahrscheinlich. Denn schon Aristoteles soll bezeugt haben dass dieser erste Buzyge ursprünglich E. geheissen habe [133]). Die einfachste erklärung ist natürlich dass Pausanias den attischen heros und den kretischen sühnepriester fälschlich zusammengeworfen hat [134]); denn wenn die gleichung eigene vermutung des periegeten war, hätte er es gesagt. Die schwierigkeit ist dabei dass der attische heros sonst nicht bekannt, und nicht etwa durch ein inschriftliches zeugnis unabhängig für den kult belegt ist. Der tatbestand genügt nicht um den attischen und den kretischen E. in irgend einer weise zu identifizieren [135]); nicht einmal zu der annahme dass die identifizierung schon in 4. jhdt v. Chr. in Athen vollzogen ist. Es ist auch schwer zu sehen wie sie möglich gewesen wäre: der sühnepriester E. sitzt nach der alten legende, wie sie z.b. bei Theopomp vorliegt [136]), und nach der gesamten athenischen tradition fest in Kreta; Platons erfindung ist der beste beweis dass er von einer identifikation mit dem attischen heros nichts gewusst hat. Es gibt auch keine berührungspunkte zwischen dem heros des ackerbaus und dem katharten: es ist wirklich kein solcher, wenn ein anonymer autor sagt, dass der kretische E. 'als erster häuser *und felder* gereinigt habe' [137]); noch weniger, dass spätere *Kretika* behaupten dass auch der ackerbau in Kreta erfunden sei [138]). Die wunderspeise alimon [139]) wird nicht dadurch zu einem agrarprodukt dass E. sie ἐν χηλῆι βοός aufbewahrt haben soll [140]); auch nicht wenn man sie auf die pflanzen ἀσφόδελος und μαλάχη deutet [141]), die keine kulturpflanzen sind. Möglich wäre vielleicht, dass die geschlechtslegende der Buzygen anspruch auf den kretischen sühnepriester erhob, indem sie ihn für einen Buzygen erklärte. Aber um dies wahrscheinlich zu machen, müssten wir wissen ob und welche rolle das geschlecht in den Kylonischen wirren gespielt hat [142]).   (f) Rohdes änderung von Δικταίου in Ἰδαίου wird richtig sein, und E.s knossische heimat [143]) hängt mit seiner verbindung mit Zeus zusammen.

Aber ich halte diese für sekundär [144]), und lasse mich nicht auf eine erörterung der Zeusgrotten ein. (5) Die spartanische tradition ist nicht nachbildung der athenischen legende schon weil der allgemeine orakelmann an stelle des katharten getreten ist, aber wegen Sosibios (595 F 15) schwerlich ganz junge erfindung, auch wenn sich d nicht mit sicherheit auf Theopomp zurückführen lässt. Da die könige von Sparta ihre orakel von Delphi beziehen, weist die lage von E.s grab in den 'alten Ephoreia' vielleicht auf wirkliche konkurrenz der autoritäten, und die reliquie mag mit dem spartanischen glauben zusammenhängen, dass ihre verfassung aus Kreta stammt [145]). Das würde die erfindung in die mitte des 6. jhdts weisen. Argos erhebt, wie üblich, gegenansprüche, hinter denen man nicht viel reales suchen wird; aber sie mögen mit dem engeren verhältnis zusammenhängen, das in der mitte des 5. jhdts zwischen Argos und Knossos besteht [146]), sodass auch hier die erfindung nicht erst hellenistisch sein wird. (6) Vgl. p. 309, 37 ff. Wahrscheinlich aus den Χρησμοί. Jedenfalls nicht aus dem kosmogonischen teil einer Theogonie (F 4; vgl. auch [Hesiod.] *Th.* 108/10), oder aus ihrer Zeusgeschichte (F 8; vgl. auch [Hesiod.] *Th.* 491-500); auch nicht zu den 'prophezeiungen über rätsel der vergangenheit' (Wilamowitz *Eur. Hippol.* p. 224 n. 1) gehörig, sondern (wie die umgebung bei Plutarch bestätigt) herabsetzung des (der) konkurrenten, die zum ἐπάγγελμα des chresmologen (wie später dem der astrologen) gehört (s. auch Wilamowitz *Gl. d. Hell.* II p. 37 n. 2). Streitigkeiten auch der orakel unter einander sind nicht jung: die geschichte von Kroisos διάπειρα τῶν χρηστηρίων (Herodt. 1, 46-52) mag genügen. Der gedanke (Kern *Rel. d. Griech.* II, 1935, p. 176) dass 'man den angriff auf das delphische orakel nur versteht, wenn man an die rolle der Pythia bei dem sturze der Peisistratiden (Herodt. 5, 63) denkt' ist m.e. gänzlich verfehlt. Besteht beziehung zu dem was spätere *Kretika* (468 F 1 c. 70, 4; vgl. Kallim. *H. i. Jov.* 42 ff., der die Χρησμοί kannte) vom nabel des Zeus berichten? (7—8) Der pinakographische charakter dieser zeugnisse genügt schon allein um Diels' auffassung von der 'nach dem inhalt auch Χρησμοί genannten Θεογονία aus dem kreise des Onomakritos' [147]) zu widerlegen. Sie vernachlässigt die ob. p. 312 ff. vorgelegten zeugnisse über E.s literarische tätigkeit, missdeutet F 2 und 3, und macht garkeinen versuch, den orakelcharakter von F 3-16 zu erweisen — was freilich schwer oder vielmehr unmöglich wäre. Die wirkliche (aber leicht zu überwindende) schwierigkeit ist dass F 7 epische form für die Καθαρμοί bezeugt, und T 2 ein prosabuch kathartischen inhalts (keinen buchtitel) voraussetzt [148]); und die wirkliche frage ist ob die epischen Καθαρμοί und die gleichfalls epischen Χρησμοί von einander verschieden sind. Hier spricht nun viel für die gleichsetzung. Der E. der legende heisst καθαρτής [149]) und χρησμολόγος [150]), und angesichts der nur scheinbar paradoxen charakteristik seiner prophetie durch Aristoteles [151]) sieht das die gleiche sache von verschiedenen seiten: es sind χρησμοί der form nach, aber ihr zweck ist kathartisch. Das ist an sich nichts singuläres: z.b. führt Oinomaos bei Euseb. *P. E.* 5, 31 (in dem kapitel, in dem er Orpheus' und E.s katharmen erwähnt) ein delphisches orakel an, das drei kretischen städten (darunter Phaistos) τελέειν Φοίβου καθαρμὸν εὐαγέοντες empfiehlt. Singulär ist nur das durchgeführte prinzip. Ob in die sammlung, die vielleicht schon Platon bekannt ist, auch echte voraussagungen eingedrungen sind, ist nicht zu sagen, weil wir so gut wie nichts von ihrem inhalt wissen: nur das prooimion ist einigermassen kenntlich [152]), und man versteht von ihm aus dass allein aus dem ganzen schriftenkomplex die Καθαρμοί-Χρησμοί in ihrer echtheit nicht bezweifelt worden sind. Wenn T 6 auf die Χρησμοί zurückgeht, bewiese es konkurrenz mit Apollon. (9) S. p. 313, 33 ff. (10) Form und zeit der schrift sind so unsicher [153]) wie die argumente für zuweisung an E. Vielleicht spielte in dieser Telchinengeschichte Kreta eine grosse rolle — wie Keos bei Xenomedes [154]); vielleicht war entscheidend dass unter E.s namen auch ein buch Περὶ 'Ρόδου [155]) lief, in dem auch von den Telchinen gehandelt war.

F

(1—2) Orakelsammlungen, für die der titel Χρησμοί der natürliche ist, gab es in grosser zahl unter berühmten und weniger berühmten namen [156]). Die ersteren sind meist pseudepigrapha, und das gilt sicher auch für E.s Χρησμοί, in denen man — auch wenn die realität der person nicht zu bezweifeln ist — keinen echten kern anerkennen wird. Im gegenteil, die zeit ihrer entstehung ist spät, vielleicht erst das letzte drittel des 5. jhdts [157]); und es ist nicht unmöglich dass der gedanke, auf E.s namen orakel zu fälschen, von der existenz einer sammlung in Sparta [158]) ausgeht: die kreise, in denen ich ihre entstehung suchen möchte, waren mit spartanischen verhältnissen vertraut. Damit würde sich vertragen: (1) dass das zentrale anliegen dieser sprüche — der grund, der zu ihrer abfassung so lange nach dem ereignis selbst führte — vielleicht (sicher können wir nicht sprechen) das Κυλώνειον ἄγος und seine nachwirkung in der zeitgenössischen politik war; (2) dass die sammlung schnell aus dem gebrauch verschwand, und zu einem literarischen kuriosum wurde;

nach (Platon?, Androtion), Aristoteles, und Kallimachos, der sie in den *Pinakes* verzeichnete [159]), und im Zeushymnos auf sie anspielt, hat sie vielleicht niemand mehr direkt benutzt [160]). Sicher aus ihr stammt nur der auch von Kallimachos zitierte teilweise vers [161]); die zuweisung des apophthegma über die Munichia ist sehr zweifelhaft, die von T 6 leider nicht sicher [162]). Aber der einzige vers lässt wenigstens die einkleidung erkennen: dass er Hesiod. *Th.* 26 ποιμένες ἄγραυλοι, κακ' ἐλέγχεα, γαστέρες οἶον umbildet, ist anerkannt; und dann muss man auch die konsequenz ziehen, dass er nicht (wie gemeinhin angenommen [163])) anrede E.s an seine hörer ist, sondern der offenbarenden gottheit an den Kreter E. T 4 f bestätigt das, und zeigt weiter dass der verfasser der Χρησμοί die einfache erzählung Hesiods von seiner begegnung mit den Musen ummodelte, und steigerte, durch das legendenmotiv vom langjährigen wunderschlaf [164]). Wie weit man dem späten zeugen in den einzelheiten trauen darf bleibe dahingestellt; aber auch das Lukianscholion [165]) bezeugt die verbindung von schlaf in der grotte und aufnahme der tätigkeit als chresmologe; und unter den gottheiten, denen E. in der grotte begegnet, sind bei Maximos Θεῶν λόγοι, Ἀλήθεια und Δίκη, d.h. doch wohl die personifizierten orakel und ihre qualitäten [166]). Wenn T 6 aus den Χρησμοί stammt, enthielt das ἐπάγγελμα noch polemik gegen konkurrenten, vor allem den delphischen gott. Dagegen lässt sich nicht sagen ob E. selbst seine hörer anredete: Hesiods *Theogonie* hat keine anrede (die der erzählenden epik überhaupt fremd ist), aber die *Erga* (denen die Χρησμοί in gewisser beziehung näher stehen) gehen an Perses. Man kann die vermutung (mehr ist es natürlich nicht) wagen dass die sprüche an die Athener gingen — ταῦτα διδάξαι θυμὸς Ἀθηναίους με κελεύει, nur dass bei E. wie bei Hesiod der göttliche auftrag an stelle des menschlichen willens trat.

(3—17) Es ist evident dass diese fragmente aus einem genealogischen gedicht stammen, das Theogonie und Heroologie umschloss. Der titel ist unbekannt [167]), aber Lobons Θεογονία [168]) brauchbar, wenn man an die fortsetzung der Hesiodischen Theogonie und ihre verbindung mit den Katalogen durch vv. 1019/22 denkt; denn es ist anerkannt und richtig (auch wenn jetzt Dornseiff das zeitliche verhältnis wieder umkehrt) dass alle diese werke 'in ihrer struktur' (und weitgehend auch inhaltlich) von Hesiod abhängen. Es scheint auch dass die gedichte meist als Θεογονίαι katalogisiert sind, dagegen die prosadarstellungen, die mindestens z.t. auch theogonisches enthielten, als Γενεαλογίαι (Ἡρωολογίαι, Ἱστορίαι).

Da das genealogische gedicht von den Χρησμοί nach anlage, inhalt, und zweck verschieden war, konnte man die 'echtheit' bezweifeln, und hat es getan indem man den 'genealogen' zu einem späteren homonymen des kretischen sühnepriesters machte [169]. Der grund für die trennung (ob es der einzige war, muss dahingestellt bleiben) war wohl dass der genealoge sich als γένος Σελήνης vorstellte, was sich mit der legende vom sohne der Blasta nicht vertrug und eine andere einkleidung verlangte als den wunderschlaf der Χρησμοί [170]. Die zeit der abfassung des epos ist die zweite hälfte des 6. jhdts [171]; es ist daher vielleicht nicht unbeträchtlich älter als die Orakelsammlung. Was den inhalt betrifft, so sprechen die neueren viel zu sicher von dem orphischen charakter [172], und vergessen darüber den zug, den wir nach Lobon T 1 § 112 und Diodor T 9b [173] als wirklich charakteristisch für diese Theogonie bezeichnen dürfen — die zentrale stellung, die Kreta in ihr einnahm. Sie macht sich naturgemäss hauptsächlich in der eigentlichen göttergeschichte (nicht in der voraufgehenden kosmologie und der folgenden heroologie) geltend, und ist auch hier nicht genau fassbar, weil sich E.s anteil an der Diodorischen kompilation im einzelnen nicht sicher abgrenzen lässt [174]. Aber es fällt schwer ins gewicht (was nie beachtet wird) dass E. nicht neben Orpheus und genossen zitiert wird [175], sondern neben Hesiod [176], Homer [177], anderen epikern und tragikern [178], alten genealogen [179], und späteren historikern und mythographen [180]. Das liegt gewiss z.t. daran dass die meisten zitate aus Apollodor und der hellenistischen kommentatorentätigkeit stammen; aber wenn die philologie E.s Theogonie ganz systematisch berücksichtigt, während in der theologischen literatur das epos (und entsprechend die gestalt seines verfassers) ganz hinter Orpheus, Musaios, und selbst Linos zurücktritt, so kann das nur éinen grund haben: es war zwar theogonisch, aber nicht im eigentlichen sinne theologisch; d.h. es enthielt zwar wie Hesiod ein system der götterwelt, aber so wenig wie Hesiod eine praktische heilslehre, und stellt sich deshalb viel mehr zu dem zeitgenössischen Pherekydes als zu der 'ebenfalls zeitgenössischen Orphik. Fraglich bleibt nur ob man den vergleich weiter treiben darf, d.h. ob in der kosmologie einfluss der beginnenden naturphilosophie anzunehmen ist. Die beantwortung dieser frage, so gut wie der nach dem ausmass des etwaigen orphischen elements, hängt weitgehend an der beurteilung von F 4 und vielleicht auch F 5. Sie kann hier nicht wirklich aufgenommen werden, weil sie viel zu weit in die frage nach dem verbreitungsgebiet des Orphismus führen würde. Ich begnüge mich also damit mein misstrauen gegen die 'Orphiker auf Kreta' im 6. jhdt auszusprechen [181], und meine ansicht dahin zu formulieren dass E.s Theogonie nicht eine der vielen epischen gestaltungen der orphischen lehre ist, die sich nur in einkleidung und einzelheiten unterscheiden, sondern eine eigenartige, von allerlei religiösen und vielleicht auch philosophischen zeitströmungen mehr äusserlich als wirklich tief berührte erneuerung Hesiods, die nach F 5 gerade gegen die zeitgenössische Orphik polemisiert hat. Wir wissen zu wenig von ihr, um die frage ernsthaft aufwerfen zu können ob ihr verfasser, der sich nach dem alten sühnepriester genannt hat, nicht vielleicht wirklich ein Kreter war, und ob etwa auf dieses epos Schmids definition eher zutrifft als auf die Χρησμοί-Καθαρμοί, dass es sich in ihm wenigstens teilweise um den 'versuch einer mystischen umwertung des uralten kretischen Zeuskultes' handelt [182]). Es liegt auch nahe, das in der legende m.e. sekundäre verhältnis des E. zu Zeus [183]) als folge der fälschung des epos auf seinen namen anzusehen.

(3) Das ist nicht 'absurd', und 'nur ein schlechter witz ' [184]), sondern motiv des prooimions und beglaubigung des inhalts. Καὶ γὰρ ἐγώ zeigt dass der E. der Theogonie sich mit einem anderen verglich, wohl sicher mit Musaios, der vermutlich schon in der alten orphischen dichtung als sohn der Selene galt [185]). Ich sehe darin polemik, vergleichbar der von T 6 [186]). Ganz unbegründet, und darüber hinaus unwahrscheinlich, ist die immer wieder aufgewärmte vermutung Roberts [187]) dass E. 'den Musaios redend eingeführt habe'; noch unglaublicher die von Diels [188]) dass Aelian Musaios und E. verwechselt habe, und dass die verse vielmehr in die Theogonie des ersteren gehören. Auch bei meiner auffassung bleibt die relative chronologie Kerns bestehen: die (orphische?) Theogonie des Musaios geht der des E. zeitlich vorauf; wohl kaum viel, da die polemik am verständlichsten ist, wenn sie sich gegen das neueste werk richtet. Ein absolutes datum ergibt auch das nicht; Musaios lässt sich nicht anders bestimmen als durch die benutzung von Telegonie und Melampodie [189]). Die metempsychose des E. hat — gegen Diels und Kern — in diesem prooimion so wenig platz wie in dem der Χρησμοί. (4) Zeigt mit sicherheit so viel dass E. der eigentlichen Theogonie einen mehr kosmogonischen teil voraufschickte, wie das im 6. jhdt üblich ist. Das bedingt (1) einen prinzipiellen unterschied gegen die gewöhnlichen *Kretika*, die wir aus Diodor kennen: die Theogonie beginnt (wie faktisch schon Hesiod) mit persönlich gefassten ἀρχαί, die kretische archaeologie (wie andere auch, besonders die der inseln) mit daemonengruppen, die keine geschlechterfolge bilden, auch wo sie sich zeitlich ablösen. (2) starke erweiterung in zahl und folge der urwesen gegen den hier einfachen Hesiod. Die frage, unter welchen einflüssen E. dabei steht, ist schwer zu beantworten, weil (a) der bericht unvollständig, und am schlusse flüchtig, ausgeschrieben ist; (b) weil er im einzelnen korrupt ist;

(c) und vor allem, weil er neupythagoreisch bearbeitet ist. Orphischer einfluss scheint zweifellos (wenn hier nicht späte kontamination vorliegt) in der rolle des welteis, wohl auch in der Nyx als urmutter an stelle der hesiodischen Gaia [190]); wobei freilich zu beachten ist dass fast alle späteren Theogonieen die hesiodische urzweiheit Licht-Dunkel zu gunsten des letzteren, oder aber des homerischen urpaares Okeanos-Tethys, aufgeben. Volle übereinstimmung besteht mit keiner der uns bekannten rezensionen der orphischen theogonie, und die unterschiede sind grösser als die eben genannten übereinstimmungen. Man möchte doch annehmen dass mit der am schluss stehenden und nicht mehr näher definierten ἄλλη γενεά der bestehende kosmos gemeint ist, also das was in Aristoph. Av. 690 ff. = Orph. F 1 οὐρανὸς ὠκεανός τε / καὶ γῆ [191]) πάντων τε θεῶν μακάρων γένος ἄφθιτον heisst. Es fällt auf (1) das fehlen der spezifisch orphischen gestalten Eros und Phanes (bezw. Eros-Phanes); (2) das fehlen der menschen; (3) dass das weltei nicht unmittelbares erzeugnis von Nyx und Erebos, also der eigentliche anfang der 'schöpfung' ist, sondern durch zwei generationen, Tartaros und Titanen [192]), von ihm getrennt ist; (4) dass der Tartaros unter den personifizierten 'weltprinzipien' steht, der monogenetisch (?) die Titanen hervorbringt [193]); (5) die zweizahl der Titanen, die völlig singulär ist [194]), und deren bedeutung bei den Orphikern (aber auch in den *Kretika* [195])) eine völlig andere ist; (6) dass der Aer, der wieder nirgends in den orphischen theogonieen vorkommt, und schon sprachlich nicht mit dem Aither [196]) gleichgesetzt werden kann, den Erebos aus der syzygie Orph. F 1 verdrängt hat. Wenn er wirklich 'die trübe, neblige luft' ist [197]), so ist wohl ein begriff aus der ionischen physik übernommen — die 'luft' des Anaximenes [198]). Ob wirklich der begriff oder nur das wort ohne den zugehörigen sinnesgehalt? Alles in allem macht E.s reihe der urmächte nicht den eindruck eines durchdachten systems, sondern eher den einer zusammenstellung von begriffen verschiedener herkunft. Er musste eine solche geben, wenn er nicht von vorn herein unmodern erscheinen wollte. Aber wenn er eine bestimmte tendenz dabei verfolgte, so war es gewiss die unterdrückung der spezifisch orphischen lehre; und das verträgt sich gut mit der m.e. allein möglichen deutung von F 3 als stellungnahme gegen Musaios.   (5) Wir wissen zunächst nicht ob E. den Okeanos Hesiodisch oder 'kretisch' [199]) genealogisierte, d.h. ob Uranos bei ihm überhaupt vorkam [200]). Okeanos' stellung bei E. ergibt sich aus zahl und art der kinder [201]): nach ihnen war er nicht θεῶν γένεσις, sondern hatte etwa die gleiche rolle wie bei Hesiod. Dahingestellt muss bleiben ob auch E. einen katalog der Okeanostöchter [202]) gegeben hat; aber herkunft von F 5 aus der Theogonie erweist die zusammenstellung mit Hesiod und Linos, dem verfasser einer Kosmogonie [203]); zu Rohdes [204]) annahme einer 'ekstatischen höllenfahrt' unter E.s namen besteht kein anlass. Die abweichungen in der familie der Styx erklären sich besonders daraus dass Hesiod in seiner Theogonie den zentralen abschnitt über Styx 383/403 'tendenziös' im sinne seiner Zeusreligion gestaltet hat. Der 'argivische' Peiras, der bei E. die stelle des zur Styx wenig passenden Pallas aus dem lichtgeschlecht erhält, scheint wassergott, also chthonischer natur gewesen zu sein [205]); hier bestand also wohl wirklich 'ein für uns nicht mehr erkennbarer zusammenhang' [206]). Echidna hat der interpolator Hesiods [207]) mit dem namenlosen ὄφις geglichen, der beim echten Hesiod *Th.* 333/6 ἐρεμνῆς κεύθεσι γαίης παγχρύσεα μῆλα φυλάσσει, also die aufgabe hat, die F 6 den Harpyien-Hesperiden zuteilt; er gehört bei beiden in das geschlecht des Okeanos [208]). Echidna hat in der orphischen Theogonie κατὰ Ἱερώνυμον καὶ Ἑλλάνικον [209]) eine gewiss bedeutsame stellung als Phanes; es ist nicht zu sagen ob ihre bedeutung bei E. dem auch nur annähernd entsprach.   (6) Die Hesperiden kommen beim echten Hesiod nur als ortsbestimmung für den äussersten westen (das totenland?) vor: die Gorgonen wohnen πέρην κλυτοῦ ὠκεανοῖο / ἐσχατιῆι πρὸς νυκτός, ἵν' Ἑσπερίδες λιγύφωνοι [210]). Vielleicht daraufhin reiht sie der bearbeiter in das geschlecht der Nyx ein und macht sie zu besitzerinnen des göttergartens πέρην κλυτοῦ ὠκεανοῖο [211]), dessen goldene äpfel nach dem echten Hesiod vielmehr die namenlose schlange bewacht [212]), was der genealoge Pherekydes übernimmt [213]). Die Harpyien gehören beim echten Hesiod zum geschlecht des Okeanos, was man für die 'windsbräute' leicht versteht; als schwestern der Iris [214]) sind sie nicht mächte der unterwelt, wohin man doch 'die rafferinnen' leicht versetzen kann [215]): so sind sie mit der Θύελλα wächterinnen der ταρταρίη μοῖρα beim theologen Pherekydes [216]). Die gleichung von Hesperiden und Harpyien [217]) vollzieht sich bei einem theologen des 6. jhdts wohl weniger von ihrem wesen her (so arbeiten wenigstens bewusst und systematisch erst Apollodor und Poseidonios), sondern gehört zu den zahllosen kompromissen und gegenseitigen berücksichtigungen der verschiedenen erzählungen, deren einzelheiten ich nicht aufzähle: der göttergarten im totenland des westens ist feste alte vorstellung wie das totenland selbst; besitzer, bewohner, wächter wechseln. Auch F 6a wird man am leichtesten so verstehen, wobei dahingestellt bleiben mag ob etwa F 6b in der göttergeschichte, F 6a in der Heroogonie stand, und dann zu F 11-12 aus den Argonautika gehört: die 'sturmgeister' Hesiods, die ἀνέμων πνοιῆισι καὶ οἰωνοῖς ἅμ' ἕπονται ὠκείηις πτερύγεσσι, sind beim theologen Pherekydes töchter des Boreas; in der ältesten version der Phineusgeschichte [218]) werden sie von den söhnen des Boreas getötet. Das letztere lokalisieren Schol. Apoll. Rhod. 2, 296/7b und Dion. Per. 465 ff. 'im Sizilischen meer'; es gab auch hier varianten.   (7) Nach der formierung des verses ist das eine dreiheit, mit der man formal und sachlich etwa die dreiheit der letzten zeugungen des Uranos in Hesiod. *Th.* 185/7 vergleichen mag. Da wird niemand für die zusammenstellung von Erinyen, Giganten, und Meliai Nymphai an den kult denken; und dasselbe gilt für E. [219]). Massgebend sind vielmehr entweder genealogische notwendigkeiten oder religiöse spekulationen; letztere offensichtlich beim echten Hesiod, der die Erinyen mit den beiden anderen gruppen alten glaubens ganz in den anfang der götterzeit, die Moiren als töchter des Zeus mit ähnlichen mehr begrifflichen erscheinungen ganz an ihr ende rückt [220]). Sein bearbeiter, der jene drei gruppen durch die geburt der Aphrodite ersetzte [221]), hat die Moirai mit den Keren zusammen zu töchtern der Nyx gemacht, und sie durch v. 220 αἵ τ' ἀνδρῶν τε θεῶν τε παραιβασίας ἐφέπουσι den Erinyen sehr angenähert. Wenn E. sowohl Aphrodite wie Moiren und Erinyen zu töchtern des Kronos macht, so wird man daraus wohl schliessen dürfen dass Uranos in seinem system überhaupt fehlte [222]), und wird eine bestätigung darin finden dass auch Diodors *Kretika* 468 F 1 c. 66 ihn nicht kennen. Das ist dann einer der kretisierenden züge seiner Theogonie [223]), die auf die kretischen oder nach Kreta versetzten daemonengruppen sogleich den Zeuskomplex folgen liess. Nähere berührung mit der orphischen poesie scheint auch hier nicht zu bestehen [224]).   (8) Typhon ist in der theogonischen poesie vielfach behandelt, und E. steht der interpolierten partie in Hesiods *Th.* 820/80 nicht besonders nahe. Unter dem einfluss dieser poesie stehen die prosaischen Τελεταί des 5. jhdts, in denen angriffe auf Zeus' herrschaft eine grosse rolle gespielt zu haben scheinen. An die schilderung E.s erinnert merkwürdig Protagoras' Prometheusgeschichte mit der ἀκρόπολις τοῦ Διός, ihren φυλακαὶ φοβεραί usf. [225]); das beweist wohl, dass F 8 nicht in umgestaltung durch die hellenistische mythographie vorliegt. Die geschichte ist stark vermenschlicht, aber nicht euhemeristisch; sie erinnert am meisten an den theologen Pherekydes [226]). (9—14) Wohl alle, höchstens mit ausnahme von F 10, aus dem genealogischen teil des epos [227]). Im Hesiodischen corpus war dieser teil so umfangreich dass die göttergeschichte (vermutlich ohne viel rücksicht auf ihre religiöse bedeutung) zur blossen einleitung geworden war. Bei E. erlaubt das geringe material so wenig ein urteil über das umfangsverhältnis der beiden teile wie über vollständigkeit und anordnung der verschiedenen stemmata oder sagenkreise. Kenntlich sind nur Argonautika F 11/2, Thebaika F 13, und Pelopsgeschichte F 14. Wer mut hat mag aus Lobons erfindung eines Argonautenepos (T 1 § 112) schliessen dass die fahrt der Argo am anfang stand. Quelle waren sicher nicht nur die Eoeen.   (**9—10**) Es ist nicht zu sehen ob E. die arkadischen sagen im zusammenhang behandelte, wie er sie anknüpfte, wie weit er ging, und ob er schon katasterismen kannte. Dasselbe gilt in noch stärkerem masse für F 10, weil E.s name unter den vielen varianten des scholions über heimat und eltern Endymions [228]) fehlt. Er stimmt mit 'Hesiod' darin dass er von Endymions liebe zu Hera erzählt, ihm also eine aktive rolle zuweist, gegen die zuerst für Sappho bezeugte liebe Selenes zu Endymion, die in der hellenistischen poesie das übergewicht gewonnen hat. Er weicht von 'Hesiod' darin ab dass er Endymion ein besseres schicksal bereitet als den ähnlichen frevlern Ixion, Tityos, Pelops, was andere (τινές) noch verstärkt haben. Was ihn dazu bewogen hat ist nicht zu sehen; aber der andersartige wunderschlaf der E.-legende und der Χρησμοί [229]) ist fernzuhalten. Wenn der frevlerkatalog *Od.* λ 576 ff. orphisch ist, besteht wieder keine verbindung zwischen E. und der orphischen poesie.   (**11—12**) Beweisen für relativ ausführliche darstellung der Argonautengeschichte, für die im 6. jhdt reichliche, wenn auch nicht sehr alte, literatur zur verfügung stand. Nach F 11 folgte E. nicht dem anhang der Hesiodischen Theogonie, in dem Aietes' eltern Helios und die Okeanostochter Perseis sind [230]), sondern der korinthischen ausgestaltung durch Eumelos [231]). Von ihr weicht er in der einzelheit ab dass er als mutter nicht die ziemlich farblose (Asopostochter?) Antiope nennt, sondern die ureinwohnerin der landschaft [232]), die (Okeanostochter) Ephyra. Ob er damit einer bearbeitung des Eumelos [233]) folgt, oder die Okeanostochter [234]) selbständig (vielleicht auch mit hinblick auf Hesiod) eingeführt hat, ist nicht zu entscheiden. Bedauerlicher dass wir nicht sehen ob er eine verbindung mir Kreta hergestellt hat: nach späten zeugen [235]) ist Pasiphae Heliostochter und leibliche schwester des Aietes. Dieselbe frage stellt sich bei der erweiterung der Hesiodischen reihe der Phrixossöhne durch Presbon. Sein enkel ist Erginos [236]), der nach der rückkehr aus Kolchis könig von Orchomenos wird [237]), bei Apoll. Rhod. 1, 186/7 aber als πτολίεθρον ἀγαυοῦ Μιλήτοιο νοσφισθείς erscheint, wo dann die scholien die kretische gründung Milets behandeln.   (**13**) Überlieferung über die ehe(n) des Laios: Lamer *RE* XII col. 481 f.; Robert *Heldensage* p. 879 f.   (**14**) Für die zahl 13 (= 12 + 1) gibt es keine ernsthaften varianten. Um so weniger sicher ob E. auch die namen aus 'Hesiod' nahm. Hier zeigen die listen unterschiede, die teilweise nur diplomatischer natur sind; aber die sammelnde mythographie kam bis zu 18 namen [238]). Vgl. Robert *op. cit.* p. 211 n. 4. (**15**) Vielfach bezweifelt und in die *Vorsokratiker* nur als 'spätgefälscht' aufgenommen. Damit ist wenig gewonnen, wenn man sinn und zweck der fälschung nicht erklärt. Faktisch ist das zitat zu kurz, um auch nur sicher zu sagen, welche 'Dioskuren' gemeint sind. Die umgebung, in der es erhalten ist — deutungen der 'philosophen' und Neupythagoreer — genügt hier so wenig wie in F 4, um das zitat selbst zu diskreditieren. Die sache ist merkwürdig genug; aber vielleicht weisen die zwei Titanen von F 4, die ebenfalls ein ehe- nicht ein brüderpaar sind, wenigstens einen weg zur erklärung. (**16**) Dies ist wirkliche fälschung, die dem bestreben entspringt E. als jünger und schüler des Pythagoras zu erweisen [239]). Ob die zitatenreihe ganz gefälscht oder die zeugnisse der autoren über E. nur im sinne der these umgebogen sind, kann hier dahinstehen; und nicht zu befassen brauchen wir uns hier mit dem ποιητής τις τῶν παρὰ Σαμίοις γεγενημένων, dessen distichon als beweis dafür angeführt wird dass Pythagoras sohn Apollons war [240]). (**17**) Über die einordnung in die Theogonie s. 468 F 1 n. 13. (**18—20**) Existenz des buches und abfassung schon im 4. jhdt scheint mir sicher; vgl. ob. p. 313, 33 ff. (**18**) Dass der Aigokeros kretische annexion des arkadischen Pan ist, der in der Theogonie F 9 vorkam, ist anerkannt [240a]). Eratosthenes erzählt nicht die Zeusgeschichte, sondern stellt auf das sternbild ab. Der verkürzte text ist so schlecht dass man nicht sicher sagen kann was E. über den sperrdruck hinaus gehört. Er wird jetzt nur für eine variante zitiert (Neustadts ἤ ist notwendige ergänzung), die aber erzählung des Titanenkrieges beweist, also gerade das was die späteren *Kretika* Diodors übergehen oder doch verschleiern [241]). Συνῆν geht auf den erwachsenen gott; der unterschied gegen die hauptgeschichte, in der Aigokeros σύντροφος (milchbruder) des Zeus und zweifellos sohn der ebenfalls verstirnten Ayx ist, ist deutlich. Aber der schluss, dass die paidotrophie nicht auch bei E. stand, wäre verkehrt: die verstirnung ist in einem buche des 4. jhdts so möglich [242]) wie das εὕρημα der muscheltrompete [243]). Mit Ida [244]) ist in *Kretika* sicher das kretische gebirge gemeint; aber der zustand des textes macht es unmöglich zu *beweisen* dass E. Zeus dort auch geboren sein liess. Wir wissen das auch für die Theogonie nicht, so glaublich es ist; und darum ist auch nicht zu *beweisen* dass Kallimachos, der einen vers der Χρησμοί zitiert [245]), im Zeushymnos die *Kretika* benutzt hat. Aber es ist wahrscheinlich. (**19**) Der autorname ist ausgefallen, aber nach F 18 ergänzt man E. ohne viel bedenken [246]). Er ist nicht der einzige, der im 4. jhdt eine eigenartige darstellung der Ariadnesage gab: Philochoros berief sich bei der seinigen auf 'die Kreter' [247]). Sicher für E. ist nur Dionysos' versuch Ariadne in Kreta (!) zu verführen. Wie es dann weiterging, ist nicht zu sagen; denn schon die schilderung des kranzes aus 'gold und indischen steinen' gehört E. wahrscheinlich nicht mehr. Es ist ganz denkbar dass Theseus in dieser geschichte überhaupt keinen platz hatte. Es ist zwecklos zu raten, da Eratosthenes, dem es auf das sternbild ankommt, nichts von der nachkommenschaft der Ariadne sagt; aber man wird wenigstens auf Schol. Apoll. Rhod. 3, 997/1004a verweisen, wo der mit καταλέλειπται γάρ (Ariadne) ὑπὸ Θησέως ἐν Νάξωι schliessenden Theseusgeschichte eine offenbar ganz abweichende version gegenüber gestellt wird: <δια>πεπαρθένευται δὲ ὑπὸ Διονύσου κατά τινας, ἐξ ἧς παιδοποιεῖ Οἰνοπίωνα κτλ. Dieser Oinopion kommt nach Ion 392 F 1 'aus Kreta'! Über Ariadne und Dionysos s. immerhin Walter F. Otto *Dionysos*, 1933, p. 167 ff.   (**20**) Bildung des wortes klar [248]), form und daher bedeutung unsicher: ὁμοτράπεζοι Ddf *Thes. L. Gr.* s.v.; 'hufegenossen' Diels nach Schrader [249]). Doch wohl aus dem prosabuch, dessen zeit damit noch etwas genauer bestimmt würde als ob. p. 313, 33 ff. möglich war; nicht aus den Χρησμοί, die Aristoteles in der *Rhetorik* als unbezweifeltes werk E.s zitiert [250]). Sein interesse für 'glossen' zeigen die πολιτεῖαι überall. Die zusammenstellung mit Charondas entscheidet nichts: E. erscheint nie unter den gesetzgebern, und es gab auch kein gesetzbuch unter seinem namen [251]). Das buch Περὶ θυσιῶν καὶ τῆς ἐν Κρήτηι πολιτείας ist fiktion Lobons, käme auch aus zeitlichen gründen als quelle des Aristoteles so wenig in frage wie die Ἐπιστολὴ πρὸς Σόλωνα τὸν νομοθέτην [252]).   (**21—22**) Die beiden bücher sind kaum identisch [253]); aber das titellose F 21 kann auch nicht sonderexistenz eines buches Περὶ Ῥόδου beweisen, zumal es inhaltlich ebensogut in die Theogonie passt [254]), der man es gewöhnlich zuweist. Der von Sueton für die Telchinen zitierte Παρμενίδης wird besser in Ἀρμενίδης [255]), nicht in Ἐπιμενίδης, korrigiert.

458. DOSIADAS <VON KYDONIA?>

Verfasser von Κρητικά [1]) und wohl selbst Kreter [2]). Er steht in der reihe von Diodors ἐνδοξότατοι an erster stelle [3]), und ist eher der älteste als der jüngste von den drei genannten [4]). F 3 entscheidet nicht für die folge Sosikrates—D., und über das zeitliche verhältnis zu Phanokles lässt F 5 keinen sicheren schluss zu. Für die gleichsetzung mit dem dichter des Βωμός, dem zeitgenossen Theokrits [5]), dessen herkunft aus Rhodos ganz zweifelhaft ist [6]), spricht die seltenheit des namens, der m.w. bisher weder auf Rhodos noch auf Kreta nachgewiesen ist, und dass im Βωμός eine kretische sage behandelt ist. Strikt zu beweisen ist sie nicht [7]); aber was Schwartz [8]) dagegen anführt, schlägt nicht durch: dass die 'rationalistische theologie' Diodors, die Schwartz (ohne eigentlichen beweis) D. zuschreibt, 'nicht so alt sein kann', ist angesichts des Euhemeros und seiner sophistischen vorgänger unrichtig [9]); und dass 'ein solcher theogonischer roman' — übrigens ein ganz unpassender ausdruck — 'nicht für einen poeten passt, den Theokrit respektierte', schreibt dem letzteren ganz unzulässig das urteil des Eratosthenes über den geographen Euhemeros zu [10]). Was wir sehen, und was mir wesentlich erscheint, ist der unterschied zwischen Sosikrates und D.: bei dem letzteren stand die politie u.ä., d.h. das historische material, erst im 4. buch [11]); er hat also drei bücher mit der sagengeschichte gefüllt, was gut für den dichter passt. Die darstellungsweise macht nach F 2 einen sehr guten eindruck.

F

(2) Gute beschreibung, die über Ephoros [12]) und Aristoteles [13]) hinaus in die einzelheiten der einrichtung geht, die als bestehend geschildert wird, was für das 3. jhdt v. Chr. ganz glaublich ist [14]). Da Athenaios die eingangsworte seiner exzerpte oft umgestaltet, ist nicht bestimmt zu sagen ob D. die sitten der wichtigsten städte gesondert behandelt hat, oder Lyttos (trotz gewisser besonderheiten) als beispiel für die (ältere?) kretische sitte überhaupt genauer besprach. Für letzteres war Lyttos sehr geeignet, weil die stadt viel altes bewahrt hatte, und deshalb auch in der diskussion über die prioritätsfrage Kreta ⁓ Sparta eine besondere rolle spielte [15]). ἕκαστος—κεφαλήν] Der text kann nicht in ordnung sein [16]). Wenn man mit Haase ἅς streicht, beziehen die hetairieen ihre einkünfte aus den beiträgen der mitglieder und aus den zuweisungen des staates, dessen πρόσοδοι Aristoteles, der nur von diesen spricht, näher angibt [17]). Aber vielleicht ist τὴν ἑταιρίαν καί falscher zusatz aus der folgenden erklärung διῄρηνται — ἀνδρεῖα. Mit der streichung der worte entfallen die schwierigkeiten: der sachlich anstössige umweg über die οἶκοι; die unmögliche ablieferung des zehnten an hetairie und staatskasse; die unklarheit des satzes über die beiträge der hörigen [18]), die nach dem text mitglieder der hetairie zu sein scheinen. διῄρηνται— ἀνδρεῖα] Aristot. *Pol.* 2, 7, 3 καὶ τό γε ἀρχαῖον ἐκάλουν οἱ Λάκωνες οὐ φιδίτια

ἀλλ' ἀνδρεῖα [19]), καθάπερ οἱ Κρῆτες. Ephoros 70 F 149 c. 16 τοὺς δὲ τελείους <σιτεῖσθαι> ἐν τοῖς συσσιτίοις, ἃ καλοῦσιν ἀνδρεῖα, ὅπως τῶν ἴσων μετάσχοιεν τοῖς εὐπόροις οἱ πενέστεροι, δημοσίαι τρεφόμενοι. D. liegt weniger an der erklärung des terminus ἀνδρεῖα, die im nebensatz erfolgt, als an der einteilung der bürgerschaft in ἑταιρίαι, die mit der in συσσιτίαι zusammenfällt [20]). τὴν δ' ἐπιμέλειαν—καλοφόρους] Sehr merkwürdig die an allermodernstes erinnernde 'matrone'. Ob spezifisch lyttisch und ob die einzige frau? Aristoteles l.l. spricht von männern, frauen, kindern; auch nach D. nehmen die knaben, die nach Ephoros in der ἀγέλη essen, an den συσσιτίαι teil. Die δημοτικοί sind schwerlich staatssklaven, da sie θεράποντες zum holztragen unter sich haben [21]); ὑπηρεσίαι meint kaum die bedienung bei tisch, die nach Pyrgion 467 F 1 durch freie knaben erfolgt, was freilich nicht allgemein gewesen zu sein braucht [22]). ἴσον μέρος] Bei dem (späteren) rufe der Kreter überrascht dass auch die κατὰ σύνεσιν δεδοξασμένοι vorrechte haben, aber angesichts des folgenden βουλεύεσθαι ist es begreiflich. In Sparta gab es nichts dergleichen; nur die musikpflege, besonders der jugend [23]), ist bei beiden gleich. ἀπὸ τοῦ δείπνου κτλ.] sie beraten also nicht in der trunkenheit, wie Perser und Germanen [24]), was wieder überrascht. 'Heldenlieder' sind nicht einmal angedeutet, so wenig wie in Sparta [25]). (3) Zu 461 F 4. (4) Zu 468 F 1 c. 64, 1. (5) Minos als räuber auch bei Echemenes 459 F 1 und wohl in den späteren *Kretika* überhaupt [26]), die die geschichte als aition für die kretische knabenliebe verwendet haben werden. Vorstufen dazu sind Platon [27]) und Aristoteles, der diese form der erotik ganz rationalistisch für oekonomische massnahme des νομοθέτης, d.h. des Minos, erklärt [28]). Über den ersatz des Zeus durch einen mythischen könig, den Asiaten Tantalos (so Phanokles) oder den Kreter Minos, s. Friedländer *RE* VII col. 740, der die versetzung nach Chalkis [29]) mit recht 'sekundär und künstlich' nennt. Unabhängig von einander sind die beiden versionen, die den ursprung der knabenliebe ausserhalb von Hellas suchen, gewiss nicht. Aber auch abgesehen von der zeitfrage D.s und dem nicht sicher zu bestimmenden zeitverhältnis zwischen ihm und Phanokles ist mir die annahme 'dass Phanokles der erste war, der den Zeus durch eine menschliche figur ersetzte' bedenklich, und wegen Platon und Aristoteles das umgekehrte verhältnis glaublicher. Als einmal Zeus von D. oder einem seiner vorgänger im 4. jhdt [30]) durch Minos ersetzt war, ist die geschichte offenbar schnell von verschiedenen dichtern behandelt, und es entstanden die varianten, die wir in unserem scholion finden, und die in der quelle der Suda [31]) zusammengearbeitet sind. Infolge der kürze des scholions ist nicht zu erkennen wie D. im einzelnen erzählte, und ob ihm der Ἁρπαγίας λιμήν gehört, der für Mnaseas schlecht, für die Suda gut passt. Doch sagt die letztere τόπος und Ἁρπάγια [32]). (6) Zu 468 F 1 c. 74, 1. Man wird aus dem gelehrten scholion [33]) schliessen dass D. der erste vertreter dieser herleitung der schrift war. Dann hat er wohl dem modernsten buch des Ps. Berossos [34]) widersprochen, das die reihe Assyrer-Phoiniker-Griechen aufstellte. (7) Von kinderopfern der Kureten an Kronos 'in alter zeit' weiss Istros 334 F 48; und die spätere gestaltung der Epimenideslegende scheint zu besagen dass der kretische sühnepriester in Athen ein menschenopfer (an wen?) vorgeschrieben hat [35]). Ob bei Antikleides eher ein aition für ihre abschaffung im Zeuskult gestanden hat, ist nicht zu sagen. Jedenfalls genügt das material nicht zu einem urteil über bestehen und verbreitung der sitte in Kreta [36]). Bei D. vermutet man einen exkurs, in dem die frage systematisch behandelt war, vielleicht mit der tendenz die Kreter durch hinweis auf die alte verbreitung dieser opfer vom vorwurf des barbarismus zu entlasten, die in der variante Serv. Vergil. *A* 3, 121 (zu Antikleides) deutlich zu sein scheint. Den zusammenhang, in dem ein solcher exkurs stehen konnte, eröffnet vielleicht 468 F 1 c. 65, 4. Aber es bleibt alles unsicher. (8) Die ergänzung ist leider sehr unsicher; ein exkurs etwa über den Minotauros, in dem er u.a. mit dem Apisstier verglichen wurde, wäre denkbar. Nicht aufgenommen habe ich Parthen. *Narr. am.* 13; wenn überliefertes Δεκτάδας [37]) überhaupt zu ändern ist, liegt Δωσιάδας palaeographisch nicht nahe, und sachlich hat Harpalyke keine beziehung zu Kreta.

459. ECHEMENES <VON KRETA?>

Der name ist nicht auf Kreta beschränkt, wo ihn Kallimach. *Epigr.* 62 bezeugt [1]), weist aber zusammen mit inhalt (und tendenz) des buches mit einiger sicherheit auf einen kretischen schriftsteller. Die zeit lässt sich nicht genauer bestimmen als dass E. wahrscheinlich schon Dosiadas benutzt hat [2]); doch weist die umgebung, in der das einzige fragment bei Athenaios erhalten ist (aus einer hellenistischen abhandlung über knabenliebe?) ihn wohl noch in hellenistische zeit. Vielleicht wird man auch wegen der gemeingriechischen namensform nicht zu hoch hinaufgehen [3]).

460. XENION

Das buch, das von grammatikern als Περὶ Κρήτης [1]), von Steph. Byz. als Κρητικά [2]) zitiert wird, zählte 'die hundert städte' [3]) auf, vermutlich in form der periegese [4]), und ohne rücksicht darauf ob sie noch bestanden oder selbständig waren. Niemand wird garantieren wollen dass es wirklich alles städte waren; aber das 'Αρκέσιον ἄντρον [5]) wird aus der historischen einleitung stammen, die nicht wohl gefehlt haben kann, auch wenn sie vermutlich nicht über die zeit des Minos und des Troischen Krieges hinaufging, in der die 'hundert städte' bestanden [6]). Die vollständigkeit macht begreiflich, dass X. allein häufiger bei Steph. Byz. zitiert, und F 12 als ὁ τὰ Κρητικὰ γράψας charakterisiert wird. Zweifellos stammen von den über 80 kretischen stadtnamen mehr aus ihm, vielleicht der grösste teil, da Stephanos keinen anderen verfasser von *Kretika* namentlich anführt [7]). Trotzdem wird man bedenken tragen sie hier abzudrucken, da die bücher Περὶ πόλεων unmöglich die anderen Κρητικά, die keineswegs alle das gleiche über die einzelnen städte sagten, ganz vernachlässigt haben können; man müsste denn schon annehmen dass X. der vermittler für alles ältere war, wie sonst gelegentlich Alexander Polyhistor [8]). Beweisen lässt sich das m.e. nicht, weder wo benannte autoren oder anonyme τινές u.ä. neben ihm [9]) oder auch allein [10]) auftreten (d.h. wo die autornamen bei der epitomirung gestrichen sind), noch wo bekanntere historiker, geographen, grammatiker und dichter genannt sind [11]). Die züge der leider meist kurzen fragmente des X. — bestimmung der lage [12]), erklärung des namens [13]), gründungsmythos [14]), kulte [15]) — kommen gleichartig auch in anderen artikeln vor, sind aber nicht charakteristisch genug um zuweisungen zu rechtfertigen. Aber das erhaltene macht — verglichen etwa mit der sehr selbständigen darstellung des Sosikrates — mehr den eindruck einer guten kompilation, die vielleicht doch noch in hellenistische zeit gehört [16]). Der autor ist natürlich nicht identisch mit dem zeitlich unbestimmbaren verfasser von Ἰταλικά, der Xenon heisst [17]): dem als ὁ τὰ Κρητικὰ γράψας charakterisierten wird man überhaupt nicht ohne not andere werke zuschreiben; und beide namen sind (auch in Kreta) gewöhnlich.

(1) Aus der kindheitsgeschichte des Zeus [18]). In dem Ἀρκέσιον ἄντρον sieht man vielfach die gewöhnlich Ἰδαῖον ἄντρον genannte grotte [19]) und bringt den namen (wie den der Arkader) mit ἄρ(κ)τος zusammen. Pohlenz [20]) erinnert an die ἄρκτοι des Κρητικὸς μῦθος 468 F 5.   (2) Ἑκατόμπολις ist Kreta im Schiffskatalog *Il*. B 649, und die *Kretika* bevorzugten wohl allgemein die höhere zahl vor den ἐννήκοντα πόληες

Od. τ 174. Wir wüssten gern, ob X. das alte problem [21]) diskutierte und welche der lösungen er bevorzugte. Aber auch 468 F 1 c. 78, 2 oder 80, 3 ist die diskussion der schere Diodors zum opfer gefallen. (3) Ἀρκάδες Polybios (4, 53, 6), inschriften und münzen; Ἀρκαδία schon Theophrast, der bei Seneca *N. Q.* 3, 11, 5 und Plin. *N. H.* 31, 53 vorliegt. Demetrios ist wohl der Kallatianer (no. 85). (4) Die Δράγμιοι (so!) kommen im schiedsspruch der Magneten zwischen Itanos und Hierapytna 139 v. Chr. vor [22]). Sie hatten, wohl beträchtlich früher, ihre selbständigkeit an Praisos verloren [23]). (5) Zu τινές s. ob. p. 334, 18 ff. Es deckt hier vielleicht Kallimachos: Et. Gen. s.v. Εἰνατία· ἐπίθετον τῆς Εἰλειθυίας· Καλλίμαχος (F 524 Pf) <<Εἰνατίην ὁμόδελφυν ἐπ' ὠδίνεσσιν ἰδοῦσα>>. εἴρηται οἷον Κρητική· Εἴνατος γὰρ τόπος Κρήτης, ἔνθα ἐτιμᾶτο ἡ Εἰλείθυια. Die Εἰλείθυια Βινατία im eid des bündnisses zwischen Gortyn, Hierapytna, und Priansos; dazu und Elatos (Plin. *N. H.* 4, 59) s. Guarducci *Inscr. Cret.* I p. 98; 279 f. (6) Bürchner *RE* V col. 2469; *Inscr. Cret.* II p. 175 ff. (7) Über das verhältnis von Kamara und Lato Guarducci *Inscr. Cret.* I p. 107; Kirsten *RE* Suppl. VII, 1940, col. 88, 57 ff.; 357, 18 ff. (8) Text noch ungeheilt. Muellers erste änderung ἐν περιόδωι Κρητικῶν τόπων gibt einen titel, der zur anlage des buches (soweit sie sich erkennen lässt) gut passt; aber sie ist nicht leicht, und Steph. Byz. zitiert durchweg mit Κρητικά. So wird in den verdorbenen worten doch wohl eine geographische oder topographische bestimmung stecken [24]); eine grammatische (Κρητ. τύπος) ist nicht am platz. (9) Münzen und inschriften geben Λαππαῖοι [25]) vom stadtnamen Λάππα, den auch Ptolem. 3, 15, 7 (*v.l.* Λάσπα) und spätere haben. Die schriftsteller haben Λαμπαία (*scil.* χώρα) [26]), Λαμπεῖς [27]), Λάππη und Λάμπη [28]). Stephanos' text lässt kaum zweifelhaft dass X. die offizielle form Λάππα gab; die letzten worte sind, wenn man der hs. R folgt, zu streichen als verdorbene verbesserung des verdorbenen καὶ διὰ δύο $\overline{ΛΛ}$; es sollte $\overline{ΛΛ}$ heissen [29]). Die gründungssage, die nicht unter X.s namen steht, scheint in zwei formen vorzuliegen, die aber aufs äusserste zusammengestrichen sind[30]): (1) ihr gründer war Agamemnon. Was dahinter steckt ist undurchsichtig; aber die nachricht gehört vermutlich in den komplex, der die tendenz hat möglichst viele helden vor oder nach dem Troischen Krieg nach Kreta zu bringen [31]). (2) Die stadt heisst, ist also wohl gegründet, von Lampos, der eher aus Tarrha als sohn eines Tarrhaios war. Das nähere bleibt auch hier undeutlich [32]). (10) X. hat die form des stadtnamens, die auf ausserkretischen inschriften und in der literatur die gewöhnliche ist [33]); daneben ist ebenfalls inschriftlich häufig Ἄξος [34]), d.h. die lokale form der älteren inschriften und münzen von Vaxos unter weglassung des digamma, und in der literatur gelegentlich (so in dem einzigen bruchstück der *Kretika* des Alexander Polyhistor 273 F 30) gelegentlich Νάξος, das wohl aus korruptel des digamma entstanden ist[35]). Da in diesem zitat der name von Akakallis' vater fehlt, in dem aus X. der von Oaxes' vater, kann man die beiden autoren nicht in nähere verbindung bringen [36]), zumal die überlieferung auch sonst nicht einheitlich ist: in der Daktylengeschichte heisst die mutter entweder Ide [37]) oder Anchiale; sie gebiert die 'Idaeischen' Daktylen <<Δικταῖον ἀνὰ σπέος ἀμφοτέρῃσιν / δραξαμένη γαίης Οἰαξίδος [38])>>; und sohn dieser 'nymphe' und des Apollon ist auch Oaxes [39]), der die stadt in Kreta gründet [40]), also in dieser version wohl einer der Daktylen war, wie sonst öfter Kureten als eponyme kretischer städte erscheinen [41]). Zu der zweiten erklärung des stadtnamens, die Apollodors methode [42]) verrät, vgl. die makedonische glosse ἄξος· ὕλη, und über die frage des zusammenhangs mit dem kretischen namen O. Hoffmann *Die Makedonen*, 1906, p. 38. (**11**) S. *Inscr. Cret.* I p. 243 ff.; Kirsten *R E* XVII 2 col. 2504 no. 2. (**12**) *Stadiasm. M. m.* 346 mit C. Muellers note; Bürchner *R E* IX col. 54; *Inscr. Cret.* II p. 183. (**13**) *Inscr. Cret.* II p. 218 ff.; Kirsten *R E* XIX 2 col. 1653 ff. Die eponyme ist unbekannt; die deutung des reliefs auf der stele eines vertrages zwischen Phalesarniern und Polyrrheniern aus dem Diktynnaion [43]) ist so zweifelhaft wie die des frauenkopfes auf den münzen von Phalasarna. (**14**) Bürchner *R E* III col. 2251 no. 4-5; Kirsten *R E* Suppl. VII col. 84 f.; *Inscr. Cret.* I p. 33 ff. Die einführenden worte sind ungeheilt [44]). (**15**) Kirsten *R E* XVII 2 col. 2451 ff.; *Inscr. Cret.* III p. 131 ff. Nach dem zweiten zitat gehört Oleros zu den städten, die in X.s zeit ihre selbständigkeit verloren hatten.

461. SOSIKRATES

Bedauerlich dass wir so wenige direkte fragmente haben von einem autor, den Diodors vorlage zu den τὰ πιθανώτερα λέγοντες καὶ μάλιστα πιστευόμενοι rechnete und den Apollodor wegen seiner genauigkeit rühmte [1]). Der letztere wird ihn seiner behandlung Kretas [2]) zu grunde gelegt haben; doch lässt sich das einzelne nicht aussondern. Aus der kompilation Diodors wollte ihm Schwartz c. 78-80 zuweisen [3]); vielleicht beschränkt man es besser auf die besiedlungsgeschichte in c. 64 und 80. Die wenigen zitate mit buchzahl sprechen dafür, dass das erste buch die insel beschrieb (vermutlich in form der periegese und mit notizen über

die besonderheiten der einzelnen städte), das zweite verfassung und gesetze behandelte, wo sich dann die 'geschichte' soweit sie gegeben werden musste und konnte — d.h. die Minosdynastie und die griechische besiedlung — leicht einordnete [4]). Es war ein schmales werk, weil S.
5 offenbar die sonst übliche ausführliche götterklitterung bei seite liess und sich mit einer wirklichen landeskunde begnügte [5]).

Wenn Apollodor die *Kretika* in seinem grossen Νεῶν κατάλογος benutzen konnte, sind sie wahrscheinlich vor 145 v. Chr. erschienen [6]). Damit ist nicht gesagt, dass S.s tätigkeit als ganzes 'vor Apollodor
10 fällt' [7]); ihre nähere bestimmung hängt vielmehr davon ab ob S. auch die Philosophiegeschichte gehört, deren bei Diogenes Laertios und Athenaios erhaltene fragmente ich aus praktischen gründen in die Biographie Bd. IV gestellt habe. Ihre eigenart hat Diels erkannt [8]), und m.e. mit recht geschlossen dass S. in ihr unter dem einfluss von
15 Apollodors epochemachender chronographischer leistung stand [9]), was die abfassung dieses buches auf nach 144/3 datiert [10]). Das ergibt die schriftenfolge S.s *Kretika* — Apollodors Κατάλογος Νεῶν — Apollodors Χρονικά — S.s Φιλοσόφων Διαδοχή, und S. wird aus einem kretischen lokalhistoriker zum philologen und zeitgenossen Apollodors; vielleicht
20 (aber das bleibt reine vermutung) gehörte er wie dieser zu dem athenischen kreise des Panaitios, des zeitlich letzten autors, den er zitiert hat [11]). Dies alles unter der voraussetzung, dass der verfasser der Φιλοσόφων Διαδοχή mit dem der Κρητικά identisch ist. Sie lässt sich nicht beweisen [12]), ist aber wegen des streng wissenschaftlichen charakters
25 beider werke sehr wahrscheinlich [13]). Und es gibt keine gegengründe [14]): wir kennen die heimat weder des verfassers der *Kretika* noch des der Philosophiegeschichte [15]), und die benutzung von Apollodors Χρονικά kann sehr bald nach dem erscheinen dieses werkes erfolgt sein [16]).

(1—7) Nicht aufgenommen sind die möglicherweise nach dem ver-
30 fasser der Κρητικά erfundenen schwindelzitate des Fulgentius, die Mueller als F 9 gedruckt hat: *Myth.* 2, 10 Solicrates (oder Sosicrates) von Kyzikos über Midas; *Expos. serm. ant.* 5 (aus erschwindelten Theologumena?).   (2) Steph. Byz. s.v. Δούλων πόλις· φασὶ [17]) καὶ κατὰ Κρήτην Δουλόπολιν εἶναι χιλίανδρον. Hesych. s.v. ἔστι δὲ ἐν Κρήτηι καὶ Λιβύηι.
35 Nach Plin. *N. H.* 5, 104 anderer name einer karischen stadt Akanthos. Häufiger erwähnt wird nur die libysche stadt [18]).   (3) Porphyr. *De abst.* 3, 16; Schol. Plat. *Apol.* 21 E (Phot. Sud. s.v. ῾Ραδ. ὅρκος; Eustath. *Od.* τ 396). Hirzel *Der Eid*, 1902, p. 95 ff. scheidet mit recht die nachrichten über ῾Ραδ. κρίσις und ῾Ραδ. ὅρκος. Beides ist sprichwörtlich,
40 und beides entspringt einer besonderen haltung des Rhadamanthys zu

den göttern. Aber das erstere geht die verwendung des eides als beweismittel im gerichtsverfahren an [19]), das zweite die form des eides im leben des alltags, die bekräftigung einer beliebigen äusserung. Wichtig für die quellenfrage von Diodor [20]) — weil es andere lösungen gibt, wie Ephoros' annahme eines älteren Rhadamanthys [21]) — dass nach S. Rhadamanthys 'nachfolger' doch wohl des Minos ist; das sagt auch Diodor 5, 79 nicht ausdrücklich, aber der inhalt des kapitels setzt es voraus.   (4) Die einleitung scheidet zwischen gekauften und aus der (alten) eroberung des landes stammenden sklaven. Ihre gleichung mit in der stadt und auf dem lande lebenden ist *a potiori*, und der allgemeine terminus δοῦλοι ist für die letztere kategorie nicht recht passend. Die eigentlichen δοῦλοι sind nichts für Kreta spezifisches; und wenn die historiker alter und entstehung der sozialen einrichtung überhaupt behandeln, und damit ihr urteil über sie verbinden, so erwähnen sie nicht Kreta, sondern z.b. Chios [22]). Allein auf die zweite kategorie, die nicht eigentlich sklaven sondern hörige sind, μεταξὺ ἐλευθέρων καὶ δούλων stehen [23]), und von Aristoteles geradezu als berufsstand (τὸ γεωργοῦν) behandelt werden [24]), trifft der ebenfalls spätestens seit Aristoteles [25]) übliche vergleich mit penesten, heloten u.s.w. zu, wo dann in der aufzählung auch die Κρητῶν κλαρῶται καὶ μνωῖται erscheinen [26]). Auf sie allein gehen die zitate, die in den zusammenhang der πολιτεία gehören und die verschiedene namen für sie gaben. Aristoteles nennt sie zusammenfassend περίοικοι [27]), Ephoros κλαρῶται — nicht weil sie zum κλῆρος gehören (dann wäre wenigstens für ihn die scheidung von den privatsklaven schwierig), sondern weil sie als kriegsbeute (faktisch gewiss mit dem κλῆρος) verlost sind, wo dann auch (könig oder) staat ihren anteil erhalten konnten und S.s unterscheidung von μνοία und ἀφαμιῶται begreiflich wird. Die letzteren [28]) müssen dann für Ephoros die ländlichen hörigen sein, die zum κλῆρος gehören (und die auch Onesikritos 134 F 24 mit den heloten gleichsetzte und von den sklaven unterschied); denn neben sie stellt er als dritte gruppe die 'unterworfenen', die er περίοικοι nennt, und die dann weder sklaven noch eigentlich hörige sind, sondern wohl (wie in Lakedaimon) politisch abhängige gemeinden, vielleicht die aus den inschriften bekannten städte, die ihre selbständigkeit verloren haben [29]). (5) Skylax 47 mit Muellers note. Bürchner *R E* XI col. 1728 gibt nur die modernen messungen des flächeninhalts.   (6) Vermag ich nicht herzustellen; aber Schwartz geht in die irre. Nach dem erhaltenen könnte Pasiphae nicht gattin des Minos gewesen sein, für die es varianten gibt [30]). Diodor hat den privaten teil der Minosgeschichte zu gunsten der vulgata gestrichen [31]). Die rolle der Aphrodite scheint jünger als die Euripideische gestaltung in den 'Kretern', wo Poseidon agiert [32]); aber die zeugen dieser version [33]) reden nur von ihrer liebe zu dem stier, geben also für S. nichts aus.   (7) Für sinn und alter des spartanischen Erosopfers s. Ziehen *R E* III A col. 1486. Die kretische nachricht ist so singulär wie die von F 1, wird sich aber nicht auf eine einzelne stadt beziehen, sondern in die allgemeine behandlung der knabenliebe gehören, von der wieder auch Dosiadas gehandelt hat und die als bestandteil der Minoischen gesetzgebung galt [34]). Also aus buch II.

462. LAOSTHENIDAS <VON KRETA>

Aus dorischem sprachgebiet, also vermutlich aus Kreta, wo der name Λασθένης häufig ist [1]). Zeit unbestimmt; aber ich bin geneigt in ihm den verfasser der von Diodor ausgeschriebenen kompilation zu sehen [2]), sodass er jünger ist als Sosikrates, und wohl erst in das 1. jhdt v. Chr. gehört. Es war dann vermutlich das modernste buch, und Diodor hätte sich einen schlechteren führer wählen können; schlimm, aber begreiflich, ist nur die urteilslosigkeit, mit der er den wertlosesten teil, die götterklitterung, ausführlich exzerpiert, und alles andere mit ein paar zeilen abgemacht hat.

463. ANTENOR (DER KRETER)

Nach dem buchtitel nicht 'lokalantiquar'. Auch für kretische herkunft ist das nicht heile zitat in F 2 kein völlig genügender beweis [1]). Die zeit ist unbestimmbar [2]): kretische ἱστορίαι, d.h. einzelgeschichten, für die A. seine quellen zitiert zu haben scheint [3]), etwa wie Plutarch in den Γυναικῶν ἀρεταί, sind schon in hellenistischer zeit denkbar; aber ich würde auch wegen T 1 lieber ins 1. jhdt nach Chr. gehen.

T

(1) 'Δέλτος· ἀγαθός Phot.<?>. Positivus ad βέλτερος, βελτίων' Van Herwerden *Lex. Gr. suppl. et dial.* I p. 195.

F

(1) Die ähnliche geschichte Aelian. *N. A.* 15, 26 λέγουσι δὲ καὶ ὑπὸ σκολοπενδρῶν ἐξαναστῆναι 'Ρυτιεῖς [4])· τοσοῦτο πλῆθος αὐτοῖς ἐπεφοίτησε τούτων

vielleicht aus dem gleichen A. Auch die gründungsgeschichte Steph. Byz. s.v. Βίεννος ist vergleichbar. Schlüsse aus der geschichte (verbunden mit dem Poseidon der münzen) auf ursprüngliche lage der stadt näher am meere, oder auf eine hafenstadt von Rhaukos [5]), sind unsicher: die stadt liegt am ostfuss der Ida, und in der Ida findet man nach A. 'noch jetzt' reste dieser bienen, was jedenfalls verlegung vom meere nach dem gebirge ausschliesst, wenn Aelian nicht verwirrung gestiftet hat.   (2) Wie kommt das in λόγοι Κρητικοί?

464. PETELLIDAS VON KNOSSOS

Den namen brachte Guarducci mit dem Πετηλια[γό]ρας einer inschrift von Lato [1]) zusammen und vermutete als griechische namensform Πετηλίδης. Jetzt haben wir auf Kreta auch Πετελλία(ς) [2]). Zweifelhaft ob er Κρητικά oder Κρητικαὶ ἱστορίαι geschrieben hat. Zeit nach oben unbestimmbar, da es zweifelhaft ist ob Hermippos ihn — etwa unter den varianten — zitiert hat [3]), und ob die *Phainomena* des Kallimacheers Hermippos gemeint sind [4]).

F

(1) Hermippos gibt die Homerisch-Hesiodische vulgata von der liebe Demeters zu Iasion, vermehrt um den nicht herstellbaren namen von Iasions vater [5]); dem schon von Homer bezeugten blitztod konnte bei ihm doch nur die verstirnung Iasions folgen [6]). Die lokalisierung in Kreta und den sohn Plutos kennt schon Ps. Hesiod [7]), und sie steht ebenso noch in der kompilation Diodors 468 F 1 c. 77, 1-2. P. steigert die kretische tendenz durch die einreihung des eponymen von Paros in das gleiche stemma [8]); aber ganz eigenartig ist die verwendung des märchenmotivs vom reichen und armen bruder, und die dem märchen entsprechende bevorzugung des letzteren: Philomelos (der name hat wohl nichts charakteristisches [9])) allein wird verstirnt; er ist erfinder des wagens [10]), und offenbar auch der erste 'buzyge', ausserdem vater des eponymen von Paros.

465. DEINARCHOS   466. MENEKLES VON TEOS

Demetrios' angaben können wir nicht nachprüfen; aber jede gleichung gegen sie ist willkürlich und zwecklos. Kreter braucht D. so wenig gewesen zu sein wie M., nach dessen 'Kyklos' man sich die sammlung der περὶ Κρήτην μυθολογίαι vorstellen wird. Beide bücher beschränken sich auf die mythische zeit, für die allein die ἀκολουθία πραγμάτων möglich war, in der das wesen des κύκλος besteht, ganz gleich ob er in prosa oder in versen geschrieben ist [1]). Die zeit des M. lässt sich innerhalb des 2. jhdts v. Chr. nicht genauer bestimmen [2]). Seine ausseramtliche betätigung erwähnen nur die dekrete von Priansos und Knossos (*Inscr. Cret.* I p. 66, wo aber der Κύκλος fehlt); sie erinnern dadurch an das zeitlich nicht viel spätere dekret von Knossos für Dioskurides [3]), der aber grammatiker war, und nicht in offizieller mission Kreta besucht zu haben scheint.

467. PYRGION

Der name bestimmt die heimat nicht: Πυργίων finden wir z.b. in Athen häufig [1]); für Kreta ist Πυργίας mehrfach belegt [2]). Die ausführliche spezialschrift gehört wohl noch in hellenistische zeit; ihr verfasser wollte vielleicht Dosiadas ergänzen [3]). Das exzerpt besteht teilweise nur noch aus überschriften. Der sinn der bestimmung über 'ungewürzte' speisen für waisen ist nicht klar [4]).

468. ANHANG

(1) Diodors abschnitt περὶ Κρήτης war aufzunehmen, weil er seine kretischen quellen namentlich anführt, und ist hierher gestellt, weil sich sein inhalt nicht mit sicherheit auf die vier genannten autoren verteilen lässt. An die kompilation [1]) muss man zuerst die frage stellen ob sie von Di(odor) selbst hergestellt, oder exzerpt Di.s aus éinem älteren autor ist; dann im zweiten fall wer dieser autor war; und letztlich ob er bereits 'den theologen' E(pimenides) herangezogen hat, oder ob wenigstens dieser erst von Di eingeführt ist [2]). Die erste frage beantwortet sich m.e. schon *a priori* zu gunsten der zweiten eventualität: es ist nirgends Di.s art selbständig vier autoren miteinander zu verarbeiten; das höchste was man von ihm erwarten kann ist (in den eigentlich historischen büchern) die benutzung von zwei autoren nebeneinander, die er dann abwechselnd exzerpiert [3]), und (dies überall) die aufnahme von varianten in seine hauptquelle [4]). Das praejudiz ist daher dass er auch für Kreta nur éin buch benutzt hat; und die folgende erörterung wird zu beweisen suchen, dass das praejudiz das richtige trifft. Benennen können wir

dieses buch nicht mit absoluter sicherheit; denn wieder nach Di.s art kann man nicht unbedingt behaupten dass der name seines wirklichen autors sich unter den vier genannten befinden muss. Sehr wahrscheinlich ist es allerdings (1) weil er (besonders, aber nicht allein in den ersten sechs büchern) des öfteren seine eigentliche quelle entweder geradezu nennt, oder irgendwie andeutet [5]); (2) weil eine derartige zusammenstellung von vier autoren bei ihm ganz ungewöhnlich ist [6]); (3) weil von den vieren drei wohl bekannte und bedeutende autoren sind, während wir L(aosthenidas) nur aus Di kennen. Freilich hat Di den zweiten und dritten teil so rücksichtslos gekürzt dass wir wieder nicht *a priori* sagen können ob die hier angenommene einheitliche vorlage ausser der 'geschichte' Kretas auch die topographie, politeia und nomoi enthielt, die von D(osiadas) und S(osikrates) ausführlich behandelt waren. War das der fall, dann kommen von den wenigen zeitlich möglichen büchern Deinarchos (no. 465) und Menekles (no. 466) als vorlage Di.s nicht in frage, weil sie sich auf die μυθολογίαι beschränkten [7]), während Alexander Polyhistors *Kretika* schon dadurch ausgeschlossen sind dass ihre benutzung ein mass eigener arbeit verlangt hätte, das man Di nicht leicht zutrauen wird [8]). Es bleibt als die gesuchte vorlage der nur aus Di bekannte L, und ich sehe in ihm mit ziemlicher zuversicht den von ihm exzerpierten autor [9]). Damit ist im grunde auch die dritte frage beantwortet. Ich sehe — so wenig wie Schwartz — einen 'plausiblen' grund zum zweifel an Di.s praeziser angabe seiner quellen; aber ich glaube dass sie schon der vorlage gehört, und dass Di selbst nichts weiter getan hat als dass er den drei von ihr genannten autoren E, D und S an letzter stelle den namen des faktisch allein von ihm exzerpierten L hinzufügte — ein begreifliches und entschuldbares verfahren [10]). Die für Di befremdende und vollständige aufzählung der quellen passt zum wesen der gelehrten und halbgelehrten, besonders der späthellenistischen, schriftstellerei von vielfach mehr kompilatorischem charakter [11]). Es ist auch ganz in der ordnung dass L seine gut gewählten autoren sachlich und chronologisch ordnete [12]), d.h. zwischen dem alten epos [13]) und den hellenistischen historikern unterschied. Angesichts der geltung E.s bei den hellenistischen grammatikern ist es wenig glaublich dass ein autor um ca. 100 v. Chr. das epos beiseite liess; und angesichts der sonstigen quellen Di.s ist es noch weniger glaublich dass erst er es von sich aus heranzog.

Die bisherigen behandlungen des kretischen abschnittes haben (soweit sie nicht die quellenangabe einfach missdeuten, die faktisch über Di.s eigene tätigkeit garnichts aussagt) die allgemeinen bedingungen Diodorischer quellenbenutzung und seine sonstigen quellenangaben zu wenig beachtet. Infolge dessen hat die quellenangabe die analyse im grunde mehr beeinträchtigt als erleichtert. Denn wichtiger als die relativ gleichgiltige frage *wer* die genannten autoren vereinigt hat, ist die frage *wie* sie vereinigt sind, d.h. die verteilung des von Di erhaltenen materials auf die drei (vier) autoren. Das ist eine frage der analyse, und die analyse ist nicht einfach, weil wir von L nichts, von E, D, S wenig wissen; und weil die berührungen zwischen ihren fragmenten und Di. an zahl gering und sachlich nicht sehr aufklärend sind [14]). Es fehlt an 'leitfossilien'. Sicher ist nur dass einerseits das epos E.s eine heroogonie einschloss, also von Minos und seinen brüdern handeln konnte, und wohl auch gehandelt hat [15]); andrerseits dass D und S die Minoszeit (die ἥρωες von Di c. 78/9) ausführlich behandelt haben [16]). Man wird weiter mit einiger sicherheit *a priori* sagen können dass E [17]) als quelle für die besiedlungsgeschichte Kretas — die ἐπιμιχθέντα ἔθνη τοῖς Κρησί Di c. 80 — nicht in frage kommt. Aber wir wissen nicht ob und wie D und S über die götter gehandelt haben, d.h. wie weit sie als quellen für den hauptteil Di.s, die allein ausführlich exzerpierte göttergeschichte der cc. 65 (64, 5)-77 mit dem 'theologen' E konkurrieren. Es muss auch gleich gesagt werden dass der beginn der göttergeschichte nicht sicher bestimmbar ist, und dass Di.s c. 64(-65) unzweifelhaft enger als mit ihr mit der geschichte der heroen c. 78/9 und der besiedlungsgeschichte c. 80 zusammenhängt; d.h. dass man quellenmässig für den rahmen [18]) *a priori* eher an Κρητικά als an eine allgemeine oder kretisch gefärbte Theogonie denkt. Man kann zwar nicht *a priori* leugnen dass E.s epos auch von Daktylen und Kureten handelte [19]); aber jede lokalgeschichte — und die Κρητικά sind lokalgeschichte — beginnt mit eponymen und (z.t. göttlichen oder halbgöttlichen) urvölkern und/oder urbewohnern, und schreitet fort zu den epischen oder lokalen heroen, die als historische gestalten gelten [20]). Man wird die autorengruppen von c. 80, 4 also nicht ohne weiteres auch als quellengruppen für die einzelnen abschnitte behandeln dürfen.

Wieder haben die bisherigen untersuchungen den blick zu einseitig auf die quellenangabe gerichtet und die analyse im wesentlichen auf 'die' göttergeschichte beschränkt, in der sie zwei verschiedene massen unterschieden — 'eine rationalistische theologie, nach welcher die götter erfinder sind, und alle diese erfinder aus Kreta stammen', und 'eine theogonie, welche den göttern ihre göttliche natur lässt und nur für ihre γοναί kretische lokalitäten nachzuweisen sucht'. Sie sahen es als ihre erste aufgabe an 'E abzusondern', und die diskussion drehte sich darum welche dieser massen E zuzusprechen ist [21]). Hier ist bedenklich schon die (unausgesprochene) voraussetzung dass die beiden massen in der kompilation rein vorliegen; denn für beide massen ist charakteristisch der kretische lokalpatriotismus [22], der in dieser durchgeführten form für das epos des 6. jhdts unmöglich ist [23]). Aber der eigentliche und methodische fehler — der in der benutzung Di.s fast immer gemacht wird — besteht darin dass man die primäre aufgabe der interpretation Di.s überspringt und gleich mit der analyse beginnt, die doch erst dann eintreten darf, wenn die interpretation anstösse ergibt, die sich auf anderem wege nicht lösen lassen. Wir haben es zunächst allein mit Di zu tun; und seine interpretation lässt keinen zweifel an dem grundfaktum des einheitlichen aufbaus seines kretischen abschnittes. Dieser ist zunächst aufzuweisen. Erst dann kann man fragen ob die einheit von Di selbst oder von seiner vorlage hergestellt ist; und gegebenen falls wie weit diese einheit durch zusammenarbeit verschiedener quellen hergestellt ist, oder (da daran nach c. 80, 4 nicht gut zu zweifeln ist) wie weit sich in der einheitlichen darstellung spuren dieser zusammenarbeit finden, und (vor allem, und ganz gleich ob der zusammenarbeiter Di oder L ist) ob die zusammenarbeit eine bestimmte tendenz, die arbeit einer schriftstellerischen persönlichkeit, verrät.

Also die interpretation. (A) Eine knappe *Einleitung* c. 64, 1-2 gibt den eponym der insel, den preis des stoffes, und die quellen der darstellung, was alles für eine lokalgeschichte typisch ist. Vom standpunkt des quellensuchers kann man gleich sagen, dass der preis des stoffes doppelt erfolgt, und kann auch darin ein indiz für die zusammenarbeit von Κρητικά und kretisch instruierter Theogonie erkennen [24]): der eponyme urkönig 'erfindet' πλεῖστα καὶ μέγιστα τὰ δυνάμενα τὸν κοινὸν τῶν ἀνθρώπων βίον ὠφελῆσαι, und die insel rühmt sich geburtsort der 'meisten götter' zu sein, die diesen rang διὰ τὰς κοινὰς εὐεργεσίας erworben haben. Aber darauf kommt es zunächst nicht an, sondern darauf dass der schluss der göttergeschichte c. 77, 3-9 zurückgreift auf die priorität der Kreter in allen göttlichen dingen, und die quellenangabe c. 80, 4 am schluss des ganzen abschnittes auf die quellenangabe der einleitung. Die umrahmung der gesamtkompilation und ihrer teile ist schon hier deutlich.   (B) Die *Darstellung* selbst ist durch gleichartige über(unter)schriften in drei teile gegliedert: (I) Περὶ θεῶν c. 77, 3; 9. Diese götter sind (1) die lokalkretischen daemonengruppen der Daktylen und Kureten c. 64, 3-65. (2) Die (auch panhellenischen) Titanen, Kronos und seine nachkommenschaft, c. 66-69. Die verbindung mit no. 1 ist eine doppelte, zeitlich und genealogisch: die Titanen leben (werden geboren) κατὰ τὴν τῶν Κουρήτων ἡλικίαν (c. 66, 1), und sie sind kinder eines Kureten und der Titaia (c. 66, 2), wie die Kureten nach einer tradition ἀπόγονοι der

Daktylen sind (c. 65, 1) [25]). (3) Zeus und seine familie mit der kretischen Diktynna am schlusse c. 70-76. (4) Der kretische Demetersohn Plutos c. 77, 1-2. (5) Stellung Kretas in der religionsgeschichte: verbreitung kretischer gottheiten über die welt, c. 77, 3-9. Der einfache
5 überblick widerlegt die chorizonten, die in 77, 3-9 wiederholung von (oder gar widerspruch zu) 64, 2 erblicken. Die anordnung umschliesst die panhellenischen götter, die nach Kreta gezogen werden, durch spezifisch kretische gestalten; und dasselbe gilt für die Zeusgeschichte, die mit kretischen beziehungen beginnt und endet. Die absicht ist deut-
10 lich; von folgen eines quellenwechsels kann keine rede sein. Wiederholungen, wie das doppelte vorkommen Demeters als tochter des Kronos in ihrer gesamttätigkeit c. 68, 2-69, 3 und als mutter des Plutos und herrin der mysterien c. 77 (mit polemik gegen andere ansprüche), sind scheinbar; sie erklären sich aus gesamtordnung und tendenz der ganzen götter-
15 geschichte; beziehungen zwischen den abschnitten, die dieselbe sache von verschiedenen blickpunkten aus behandeln, sind hergestellt. (II) Ἥρωες c. 78-79. Von den 'nicht wenigen kretischen heroen' werden nur die drei ἐπιφανέστατοι, Minos und seine brüder, besprochen. Di hat ersichtlich schon hier ganz stark gekürzt, weil er für die heroengeschichte
20 andere quellen benutzt hat, worauf er c. 78, 4 hinweist [26]). Von spezifisch kretischen zügen ist aber auch hier kaum etwas geblieben; nur die kretischen ansprüche sind da. (III) Περὶ τῶν ἐπιμιχθέντων ἐθνῶν τοῖς Κρησί, d.h. die kolonisationsgeschichte c. 80, 1-3, wo wieder die formel c. 80, 3 περὶ ὧν τὰ κατὰ μέρος ἐν τοῖς ἰδίοις χρόνοις ἀναγράψομεν die energi-
25 sche kürzung der vorlage beweist. [(IV)] Damit entfällt ganz auch die in Κρητικά unentbehrliche, für Di.s historische autoren D und S nachweisbare behandlung von verfassung und sitten. Ich sollte denken dass nach Di.s ganzer sonstiger art schon die hinweise c. 78, 4 und 80, 3 genügen um den ganzen kretischen abschnitt als exzerpt aus éiner
30 vorlage zu erweisen.

Die so aufgebaute darstellung ist in ihrem ganzen umfang mit *varianten* durchsetzt. Sie sind nicht gleichartig, sondern zerfallen in solche die offensichtlich schon in Di.s vorlage (ich rede jetzt zuversichtlich von *der* vorlage) standen, und in zusätze Di.s zu ihr aus anderen quellen oder
35 eigener kenntnis, von denen er mit οἱ δ' οὖν zu seiner eigentlichen vorlage zurücklenkt [27]). Als solche zusätze sind mit mehr oder weniger sicherheit anzusehen das Ephoroszitat c. 64, 4; der passus über den orphischen Dionysos c. 75, 4; die heimat des Orpheus c. 77, 3; Kronos im westen und das folgende Hesiodzitat c. 66, 5-6; wahrscheinlich nicht die μυθο-
40 γράφοι (= Hesiod) c. 67, 2; auch 69, 1-3 ist wohl sicher polemik bereits

der vorlage [28]). Pro-kretische polemik ist vermutlich immer zeichen für sie; überhaupt wird man Di.s eigene tätigkeit eher einschränken als ausdehnen. 'Echte' varianten, die teilweise die form des doppelzitats οἱ μέν - οἱ δέ (wohl die wissenschaftliche anonymität) haben, beginnen gleich im ersten satz der darstellung mit der zahl der Daktylen (64, 3). Gleicher art sind 65, 1 und 66, 2 (auch wenn οἱ μέν auf Hesiod geht) über die genealogie von Kureten und Titanen; 70, 1 über die berechtigung von Zeus' herrschaft. Sie stehen meist am anfang des betreffenden abschnittes, der einheitlich weiter erzählt, und die andere tradition nicht weiter berücksichtigt. Nur 77, 1-2 haben wir eine kurze doppelerzählung, die ausdrücklich als solche eingeführt wird, und wo die form οἱ μέν - ἔνιοι δέ, wie vielleicht auch die wahl der verba φασί ~ μυθολογοῦσι, die entscheidung L.s anzudeuten scheint [29]). Minder bedeutsame varianten werden innerhalb oder am schluss mit ἔνιοι oder τινές eingeführt: 67, 3; 68, 3; 76, 3; 79, 1. Als zusätze Di.s wird man sie nicht ansehen, weil z.b. die behauptung von Hermes als erfinder der sprache im abschnitt über die Titanen als variante der τινές gegeben, und im abschnitt über Hermes (75, 2) abgewiesen wird. Vermutlich bedeutet die form der einfachen variante meist schon eine gewisse kritik L.s. Deutlich ist diese kritik, wo der gegner (nie namentlich!) bezeichnet wird: so werden 67, 2 die μυθογράφοι (= Hesiod) mit πρὸς δ' ἀλήθειαν zurückgeschoben; und 76, 4 heisst es von den ἱστοροῦντες (= Kallimachos), nach einer mehr neutralen anführung von ἔνιοι, dass sie 'die wahrheit verfehlt haben'. Die letztere stelle ist auch für den theologischen standpunkt der vorlage wichtig.

Die haupterzählung ist selten direkt; nach anfänglichem ᾤκησαν (64, 3) ist sie von φασί, λέγουσι, ἱστοροῦσι, μυθολογοῦσι, λέγεται abhängig, oder steht ganz ohne verbum in indirekter rede — wieder ein zeichen für den exzerptcharakter des ganzen abschnittes. Als subjekt der unbestimmten verba müssen die am anfang und schluss genannten ἐνδοξότατοι τῶν τὰς Κρητικὰς πράξεις συνταξαμένων gelten, oder οἱ τὴν Κρήτην κατοικοῦντες (64, 1; Κρῆτες 66, 1; 69, 4), die von den verfassern der Κρητικά nicht verschieden sind. Ein anderes subjekt fehlt; die Αἰγύπτιοι, Ἀθηναῖοι, Σικελιῶται (69, 1-3) führen varianten zu dem λέγεται ein, das die Κρῆτες deckt. Zu einer quellenscheidung verhilft der regellose wechsel [30]) zwischen direkter und indirekter rede sowenig wie die wahl der regierenden verba. Vergleicht man 64, 1 ~ 64, 2 (ähnlich 70, 1; 78, 1; 79, 1), so scheinen φάναι, λέγειν u.ä. (die im zweiten und dritten teil allein gebraucht werden), die heroische und 'historische', μυθολογεῖν die götterzeit zu betreffen; d.h. das verbum wird nach der art des stoffes, nicht nach seiner glaublichkeit, gewählt. Aber auch dieser unter-

schied wird wenigstens in der göttergeschichte nicht durchgehalten [31]).
Das *Wesen der Grundschrift*, für deren verfasser ich L. halte, lässt sich nur von dem ausführlicher exzerpierten ersten abschnitt aus erfassen: es drückt sich in zwei konkurrierenden zügen aus, die sogleich in der
5 *Einleitung* erscheinen, — in der Kretisierung der theogonie (eine tendenz, für die auch die heroenzeit einen dem veränderten stoff angepassten beleg liefert [32])), und in dem was man gemeinhin ihren rationalismus nennt. Der erstere zug bedarf nur der klaren feststellung: die göttlichen wesen *sind* teils lokalkretische gestalten, wie Daktylen, Kureten, Dik-
10 tynna, Plutos [33]), teils werden sie — das gilt für die bewusst zwischen sie gestellten panhellenischen götter — *als ursprünglich kretisch erwiesen* (nicht ohne gelegentliche ausgesprochene oder angedeutete polemik) durch die genealogie [34]) oder archaeologische [35]), sprachliche [36]), und andere [37]) σημεῖα. Darin dass gelegentlich die beweise fehlen, und in der
15 geringfügigkeit wirklich lokalkretischer indizien, wird man folge der exzerpierung sehen, die bei Di überall nicht nur kürzung sondern zugleich glättung und banalisierung bedeutet [38]). Die tatsache selbst ist vollkommen klar; und jeder versuch die theogonie(en) von den beweisen, oder gar den beziehungen zu Kreta, als von 'zusätzen' oder gar 'interpo-
20 lationen' zu befreien, ist von vornherein zum scheitern verurteilt, nicht nur weil er viele stufen überspringt, und faktisch den bereich der quellenanalyse verlässt, sondern vor allem weil er das grundfaktum nicht genügend beachtet: die kretische tendenz ist nicht nur in einleitung und schluss (hier erweitert) ausgesprochen; sie beherrscht den aufbau im
25 ganzen und einzelnen. Ein knapper vergleich mit Hesiod, dem prototyp aller theogonieen, genügt zum beweis: an stelle der kosmogonischen urmächte und der mit ihnen eng verbundenen stämme von Nyx und Pontos (*Th.* 116/25; 211/32; 233/336), aber auch noch der ersten göttergeneration des Uranos (*Th.* 154/210) treten die drei gruppen der Daktylen,
30 Kureten, Titanen, die zeitlich (64, 3; 65, 1; 66, 1), sachlich (65, 4), und genealogisch (65, 1; 66, 2) in zusammenhang gebracht werden. Die herrschaft des Hesiodischen urpaares Uranos ∼ Ge ist beseitigt [39]); die art der erzählung 66, 1 schliesst es aus, und der vergleich zwischen 64/5 einerseits, 66 und 70/1 andrerseits, bestätigt; es erscheint nur noch als
35 variante (66, 2), und wird faktisch ersetzt durch das paar Kuret ∼ Titaia, das den charakter kretischer erfindung an der stirn trägt. Gewiss bedarf es keines wortes dass Kureten und Daktylen einerseits, (Titanen und) panhellenische götter andrerseits letztlich aus ganz verschiedenen bezirken stammen, und dass ihre verbindung ergebnis künstlicher kon-
40 struktion ist; aber ebenso klar ist dass sie nicht erst von Di. mit seinen

'mittelchen' hergestellt ist, sondern dass wir hier die grundlagen jeder kretischen theogonie und den festen (über den 'schnittpunkt' 66, 1 hinüberreichenden) zusammenhang eines kretischen buches haben, das die panhellenische theogonie durch eine kretische ersetzen wollte.
Das war nur möglich, wenn man hier am 'schnittpunkt', d.h. am anfang der panhellenischen göttergenealogie (von Kronos an war es nicht mehr nötig) den stammbaum änderte. Wieder bedarf es keines wortes dass sich eine solche verbindung disparater elemente nicht restlos vollziehen lässt: die 'widersprüche' liegen auf der hand; d.h. eigentlich besteht gar kein widerspruch, sondern nur unklarheit über das verhältnis von Zeus zu Kronos. Dieser unklarheit ist sich aber die kretische grundschrift bewusst gewesen, wie die varianten 70, 1 und 71, 1 beweisen; und gerade sie lässt sich mit der rohen quellenscheidung zwischen E und *Kretika* oder E und einem anderen theogoniker nicht beseitigen. Hier tritt der zweite charakterzug der grundschrift ein — ihr sog. rationalismus, den wir besser als die frage nach ihrer *theologischen haltung* bezeichnen.

Diese frage ist freilich komplizierter als die blosse feststellung einer Kretisierung und der einfachen mittel, mit denen sie erreicht wurde [40]). Klar ist aber auch hier der beherrschende gesichtspunkt: wie alle göttlichen wesen — auch die panhellenischen götter — auf Kreta geboren sind, so sind sie alle — auch die Daktylen (64, 5), Kureten (65, 2-3), Diktynna (76, 3), Plutos (77, 2), ja selbst der urkönig Kres (64, 1) — εὐεργέται und εὑρεταί; ihr εὐεργετεῖν besteht in dem εὑρεῖν der βιωφελοῦντα — ein theologischer gedanke, der bekanntlich weder auf Kreta entstanden noch auf Kreta beschränkt ist. Der unterschied besteht allein darin dass sich die tätigkeit des Kres, und vermutlich auch die der lokalkretischen gestalten, auf Kreta zu beschränken scheint [41]) (wenn auch die erfindungen weiter verbreitet sind), während die der götter hier nur beginnt, und nicht nur ihre erfindungen, sondern auch sie selbst sich über die welt verbreiten: so erfindet (man wird überall die durch den exzerptcharakter bedingte ungleichmässigkeit beachten) Apollon u.a. den bogen, und lehrt 'die eingeborenen' seinen gebrauch, ἀφ' ἧς αἰτίας μάλιστα παρὰ τοῖς Κρησὶν ἐζηλῶσθαι τὴν τοξικὴν καὶ τὸ τόξον Κρητικὸν ὠνομάσθαι (74, 5; in wahrheit ein σημεῖον); Kronos zivilisiert τοὺς καθ' ἑαυτὸν ἀνθρώπους, und führt die δικαιοσύνη überall ein wohin er kommt (66, 4); Demeter 'erfindet' die feldfrucht in Kreta, teilt aber sie selbst und die technik des ackerbaus später 'allen menschen' mit (68, 1-2). Dazu kommt ein zweites: als erfinder sind alle diese götter ehemalige menschen, die göttliche verehrung als μεγάλων ἀγαθῶν ἀρχηγοί erhalten (64, 5 u.o.); jede zerlegung in eine 'rationalistische' und eine

'gläubige' theologie tut dem text gewalt an, und erreicht ihr ziel — eine saubere verteilung auf die beiden theogonieen — doch nicht. Die interpretation ergibt einen ganz anders gelagerten tatbestand: zwar setzt die grundschrift das usrprüngliche menschentum aller dieser wohltäter —
auch der Daktylen und Kureten — voraus; aber sie tut es stillschweigend, betont das ursprüngliche menschentum nirgends ausdrücklich, sondern scheint sich der klaren feststellung durch zweideutigen ausdruck zu entziehen. So heisst es z.b. von den Titanen (67, 5) wie von Zeus (71, 6), dass sie οὐ μόνον ἀθανάτων τιμῶν ἠξιώθησαν, ἀλλὰ καὶ πρῶτοι τὸν Ὄλυμπον ἐνομίσθησαν οἰκεῖν μετὰ τὴν ἐξ ἀνθρώπων μετάστασιν. Der unterschied gegen die behandlung der volksgötter in den philosophenschulen und die philosophische lehre des Euhemerismus ist deutlich: die götter sind nicht personifizierte βιωφελοῦντα; es fehlt auch der angriff auf die volksreligion und jede andeutung eines gegensatzes zwischen den ewigen und wirklichen οὐράνιοι θεοί und den usurpierenden, sich selbst vergottenden ἐπίγειοι θεοί. Zwar ist das göttertum aller götter erzeugnis menschlichen glaubens, und ist überall δοκεῖν schlagwort; aber das bedeutet weder polemische noch auch nur skeptische haltung; vielmehr wird dieser glaube sympathisch charakterisiert als δόξαι δίκαιοι ἐν ταῖς τῶν εὖ πεπονθότων ψυχαῖς (72, 1). Man mag da von einem kompromiss sprechen, und wird an die behandlung der volksgötter in der Stoa denken, um diese haltung der grundschrift zu erklären. Aber das wesentliche für uns ist nicht die erklärung, sondern die tatsache der einheitlichen theologischen haltung, in der man ein symptom der dem glauben sich wieder zuwendenden zeit sehen wird; und ein zusatz Di.s in der göttergeschichte des Dionysios Skytobrachion [42]) beweist dass es kein zufall ist, wenn der kretische autor zwar die geburtsorte der götter auf der insel lokal genau bestimmt, aber kein göttergrab, nicht einmal das des Zeus, erwähnt. Ein gott, der geboren und ernährt wird (70, 1-5), mann geworden eine stadt gründet (70, 6) und kriege führt (71, 1-5), aber nicht stirbt und begraben wird, sondern 'von allen übereinstimmend der ewigen herrschaft und der wohnung im Olymp' für wert erachtet wird, ist keine logische, sondern eine religiöse konzeption. Es macht garnichts aus ob sie neu ist, und ob sie sich widerspruchslos durchführen lässt (beides ist nicht der fall) [43]); worauf es hier ankommt ist allein die charakteristik des von Di exzerpierten buches aus frühestens der wende des 2. und 1. jhdts v. Chr., dessen einheitlichkeit die interpretation m.e. einwandfrei ergibt. Die 'widersprüche', die das buch zeigt, sind nicht ergebnis von kontamination verschiedener theogonieen, einer panhellenischen und einer kretischen, sondern sie liegen in der sache; und wenn man da von rationa-

lismus sprechen will (ich würde den terminus als unzutreffend überhaupt vermeiden) so steht er dem Pindarischen näher als dem des Euhemeros. Damit müssen wir uns hier begnügen; ich verzichte mit bewusstsein auf den versuch des aufweises was Di.s autor Laosthenidas dem epos des Epimenides verdankt, und überhaupt auf den versuch seine quellenbenutzung genauer festzustellen. Es fehlt nicht ganz an indizien für eine solche [44]), und ein wirklicher kommentar (dessen Di überall bedarf) wird vielleicht zu wahrscheinlichkeitsresultaten gelangen, wenn auch nicht zu einer kapitel- und satzweisen verteilung auf die drei autoren der quellenangabe. Aber das wesentliche ist doch der nachweis dass Di auch in dem kretischen abschnitt seiner gewöhnlichen art der quellenbenutzung treu geblieben ist, und dass der von ihm hier exzerpierte autor sich gut in den kreis der sonst in den ersten sechs büchern benutzten einfügt.

C. 64, 1-2] Stark zusammengestrichener rest eines prooimions [45]), das vermutlich auch literarische ansprüche machte, wenn es die hauptruhmestitel Kretas zusammenfasste. Damit erklärt sich dass die quellenangabe am ende steht — sie nannte gewiss die namen; erst Di hat c. 80, 4 abgetrennt, und wenig passend hinter seiner eigenen schlussformel untergebracht — und die ganze behandlung Kretas deckt, also schon formal anders ist als die quellenangaben oder varianten zu einzelheiten, die sich im Inselbuch mehrfach, und besonders am anfang eines abschnittes, finden [46]). Sachlich fällt auf: (1) dass der name der insel nicht eigentlich erklärt wird, sondern der leser erraten muss, in welchem verhältnis die namen des ersten volkes, seines königs, und der von ihm bewohnten insel stehen; begreiflich dagegen dass diese darstellung keine älteren namen der insel kennt; (2) dass dieser urkönig in seiner tätigkeit mit den für Kreta beanspruchten göttern konkurriert; (3) dass zwar der volksname Ἐτεόκρητες und die mit der aussage der Kreter selbst belegte autochthonie den beginn der kretischen geschichte mit einem wirklichen, noch in historischer zeit bestehenden, volke anzeigt, sodass die besiedlungsgeschichte c. 80 unmittelbar anschliesst, dass aber dann die eigentliche abhandlung 64, 3 mit den Daktylen als den 'ersten überlieferten bewohnern' beginnt. Das ist insofern kein widerspruch als die Daktylen, wie Kureten und Titanen, nicht als völker, sondern als gruppen von 100 und weniger (daemonischen) wesen behandelt werden, und Di.s autor hat das nicht als solchen empfunden: sonst wäre es leicht gewesen ihn etwa auf dem wege Anaximanders zu vermeiden, bei dem Kres könig der Kureten ist [47]), oder die form der variante zu wählen, wie wir sie in den anfängen der folgenden abschnitte haben [48]). Es stehen vielmehr zwei urgeschichten nebeneinander, eine im üblichen stil der lokalgeschichte gehaltene, in der die menschlichen den göttlichen urbewohnern folgen, und eine rein historisch instruierte; der übergang zu den heroen 78, 1 lässt die anknüpfung an beide zu. Vermutlich ist das alles resultat übermässiger und ungeschickter kürzung Di.s; aber es verrät für die vorlage die zusammenarbeit verschiedenartiger quellen. Da nun der unter den benutzten autoren genannte D(osiadas) den namen der insel nach einem verbreiteten schema *a Crete nympha Hesperidis filia* ableitete [49]), möchte man den eponymen urkönig (gleichfalls schema der lokalgeschichte) und damit die besiedlungsgeschichte auf S(osikrates) zurückführen [50]). Es passt zu der vorstellung, die wir uns von diesem machen dass er damit an den universalhistoriker Ephoros schloss [51]), der aber den namen selbst nicht erfunden hat [52]). Was D von den Eteokretern (und Kres?) sagte bleibt unsicher [53]); aber auch für ihn ist eine ausgeführte göttergeschichte nicht wahrscheinlich. Es gab viele behandlungen und entsprechend viele varianten, deren sammlung wir nicht bei L(aosthenidas), der kein gelehrter war, wohl aber bei Alexander Polyhistor erwarten.   *c. 64, 3-65]* Konkordanzen mit Strabon 468 F 2 liegen auf der hand, beschränken sich aber auf einzelheiten. Ob und welche von ihnen auch bei D und / oder S standen (was noch nicht besagen würde dass Strabons autoren sie gerade ihnen entnahmen) ist so wenig zu sagen wie ob sich die nicht-polemischen varianten bei Di (die alle nebensächlicher natur sind) auf seine autornamen verteilen lassen. Von quellengemeinschaft zwischen Di und Strabon darf man in dieser partie schon deshalb nicht sprechen weil Strabon nicht éine quelle wiedergibt, sondern mindestens drei — Apollodor, Poseidonios, den Skepsier Demetrios. Zwischen der gelehrten (wenngleich nicht tendenzlosen) zusammenstellung der widerspruchsvollen traditionen bei dem letztgenannten und der radikalen, ganz eingleisig verlaufenden Kretisierung durch Di.s autor besteht ein unterschied, wie er grösser kaum gedacht werden kann. Die einzige ernsthafte variante 64, 4 ist zusatz Di.s (der sich an der selbstverständlichkeit von § 3 stiess) aus dem ihm stets gegenwärtigen Ephoros; das zeigt die form — ἱστοροῦσιν mit dem autornamen und das zurücklenken zur grundschrift mit οἱ δ' οὖν κατὰ Κρήτην Ἰδαῖοι Δάκτυλοι; es würde nichts ausmachen, wenn auch bei Demetrios Ephoros benutzt wäre [54]).   *c. 64, 3-7]* In dem alten streit über die heimat der Daktylen [55]) nimmt L (wie ich jetzt der kürze wegen Di.s quelle nennen werde) energisch dadurch stellung dass er sie zu urbewohnern Kretas macht; ob als erster, muss dahingestellt bleiben [56]).

Bemerkenswert dass sie zwar περὶ τὴν Ἴδην wohnen, wie es der name Ἰδαῖοι Δάκτυλοι verlangt, aber ihre erfindung nicht hier machen, sondern τῆς Ἀπτεραίας χώρας περὶ τὸν καλούμενον Βερέκυνθον [57]). Dahinter steckt wohl eine lokaltradition, die dann σημεῖον für ihren kretischen ursprung war. Der aufbau des abschnittes ist einfach: § 3 zahl und namen (mit variante); § 5 leistungen und lohn [58]); § 6-7 sondertradition über einen von ihnen, mit σημεῖα, deren beschränkung auf Kreta zweifelhaft ist, da es L auf den unterschied gegen den panhellenischen Herakles [59]) ankommt, und Di nur πολλαὶ τῶν γυναικῶν sagt.   c. 65] Die parallelstelle Strab. § 22 ex. über die verwandtschaft der 9 Kureten [60]) mit den Daktylen ist leider nicht heil; die folge der varianten und andere erwägungen machen wahrscheinlich dass L diese ableitung von der erdgeburt bevorzugte. Er hat mit bewusstsein die verschiedenen gleichungen mit ähnlichen daemonen stillschweigend beiseite geschoben, auch die verbreitetste mit den gleichfalls 9 Korybanten [61]), die der Skepsier Demetrios 'wahrscheinlich' fand [62]), und die selbst in Κρητικά eingedrungen ist [63]); hätte er polemisiert, wäre wohl ein rest bei Di erhalten. Aber gelehrte polemik lag dem buche, soweit wir seine art aus Di erkennen, überhaupt fern, und die frage nach dem 'historischen' volk der Kureten [64]) hat ihn sicher nicht interessiert; er kennt auch keine besiedlung der welt von Kreta aus wie sie der Abderite Hekataios für Ägypten behauptet hatte [65]); es erschien ihm wichtiger dass Kreta der welt die götter gegeben hat. Die erfindungen der Kureten kulminieren bei L überlegt in dem waffentanz, der beim schutze des Zeuskindes verwendung findet [66]); die singuläre behauptung dass sie die waffen erfunden haben [67]) ist davon nur die logische konsequenz. Hier ist der anhalt im kult deutlich, von dem wir doch nichts näheres erfahren, was schwerlich nur folge der kürzung ist: genaue kultbeschreibungen um der sache willen liegen L so fern wie religionsphilosophische spekulationen über die Kureten selbst oder den κοῦρος Κρόνιος, der im hymnos von Palaiokastro ihr 'führer' ist, oder historische über ihr verhältnis zu den (Eteo)kretern, mit denen andere sie im namen verbanden [68]), und in deren gebiet der kult nachweisbar ist. L sieht überall von aller gelehrsamkeit ab, und arbeitet mit dem gewöhnlichen material, das für seine tendenz genügt. Der ganze abschnitt ist mehr oder weniger auf Zeus zugespitzt: die Kureten leben gewiss in höhlen 'weil der häuserbau noch nicht erfunden ist' (65, 1 ∼ 68, 1), aber doch wohl auch weil sie Zeus in einer berggrotte verstecken und aufziehen (70, 2). Schützer der herden (aber nicht nur der herden) waren sie im glauben; aber wenn hier die domestikation der haustiere und die bienenpflege hervorgehoben werden, so gewiss weil der junge

Zeus mit milch und honig ernährt wird (70, 3); und die belohnung der bienen — allgemein gehalten bei Vergil *Ge.* 4, 149 ff. — ist an einen besonderen ort in Kreta gebunden (70, 5). Für das primitive 'volk' passt daneben die erfindung von jagd und bogen. Der 'widerspruch' von 74, 5 ist nur scheinbar (s. dort); übrigens beweist eine zufällig erhaltene notiz dass man über die technik des bogens genaueres erzählte [69]). Für die tendenz ist wichtig die mit ihnen beginnende ethisierung (65, 3), die sich gut mit der domestikation verträgt, aber noch primitiv ist (εὐταξία τις); die nächsten stufen sind 66, 4 und 77, 1; die fortschrittsreihe und damit die einheitlichkeit des ganzen sind deutlich. Es scheint zweifellos dass es L war, der Kronos im gegensatz zu Hesiod einen Kureten (der damit so aus der reihe tritt wie der daktylische Herakles, obwohl er namenlos bleibt) zum vater gab [70]); der fortschritt vollzieht sich innerhalb éiner grossen 'göttlichen' familie. *c. 66-69*] Die variante 66, 2 wird man beurteilen wie die in 65, 1; τινές geht in erster linie auf Hesiod (gegen den L mehrfach polemisiert), wie die μυθογράφοι 67, 2. Gegen die annahme dass Titaia, die nur bei L und bei Dionysios Skytobrachion [71]) (hier als gattin des Uranos) vorkommt, erfindung des ersteren ist, macht das wahrscheinliche zeitverhältnis der beiden autoren bedenklich. Es bleibt die möglichkeit dass hinter den zweiten τινές ein dann wohl nicht kretischer autor steht, etwa ein autor Περὶ θεῶν, der (aus nicht durchsichtigem grunde) Titaia von Τιτᾶνες aus erfand, und dass L diesen für ihn bequemen namen aufgriff. Das wesentliche für ihn ist aber der vater, 'einer der Kureten', wo wohl schon das fehlen eines individualnamens [72]) die erfindung verrät, deren tendenz durchsichtig ist: die erste panhellenische göttergeneration soll durch die abstammung von den Kureten nach Kreta gezogen werden. Auch dafür lässt sich nicht erweisen dass es erfindung erst L.s war; denn von Epimenides' genealogie des Zeus wissen wir nichts, und für die Κρητικοὶ λόγοι [73]) ist nicht sicher dass sie Kreta als geburtsort, oder dauernden wohnort, Rheas ansahen. Immerhin ist die polemik des Demetrios zu beachten, der selbst die geburt des Zeus in Skepsis lokalisiert [74]): ἐν τῆι Κρήτηι τὰς τῆς ʽΡέας τιμὰς μὴ νομίζεσθαι μηδὲ ἐπιχωριάζειν, ἀλλ' ἐν τῆι Φρυγίαι μόνον καὶ τῆι Τρωάδι, τοὺς δὲ λέγοντας μυθολογεῖν μᾶλλον ἢ ἱστορεῖν [75]). L, der sich im eingang gerade dieses abschnittes wieder auf 'die Kreter' beruft, weil er eine autorität gegen Hesiod braucht, hat demgegenüber das σημεῖον des nur noch in den fundamenten erhaltenen Rheatempels im gebiet von Knossos angeführt, wieder kaum als erster [76]). Wir haben kein urteil über die richtigkeit der benennung der ruinen; für die these der Rheageburt auf Kreta beweisen sie natürlich nichts, aber die hauptfrage wird im verlaufe einer längeren diskussion oft vergessen. Die lokalisierung der göttergeschichte in Knossos [77]) haben wir einfach zu konstatieren; überraschend ist sie bei dem späten autor nicht.   *c. 66, 2-3*] Die namen der Titanen, bei den töchtern auch die folge, sind die Hesiodischen; aber unter den töchtern fehlt hier (und 67, 1) Theia. Man sieht nicht recht warum, aber es ist kein handschriftlicher ausfall; denn die zahl wird ausdrücklich auf ἓξ μὲν ἄνδρες, πέντε δὲ γυναῖκες angegeben, und sie kehrt bei einem unbekannten für die Daktylen wieder [78]). Diese zahlspielereien, die in den Τελεταί eine grosse rolle spielten, sind für uns undurchsichtig. Aber wegen der beständigen vermengung von Kretika mit Orphika und Di.s mit Euhemeros sei bemerkt dass die Orphiker 7 + 7 Titanen kennen [79]), und Euhemeros nur éinen Titan, den bruder des Kronos [80]). Der aufbau des abschnittes ist einfach und folgt im ganzen Hesiod: (1) zeit, ort, zahl, genealogie, namen und wesen der Titanen insgesamt;   (2) die einzelnen Titanen, zuerst die männlichen, dann die weiblichen. Dass unter jenen Kr(e)ios und Okeanos, unter diesen (ausser Theia) Tethys fehlen, wird folge der kürzung sein, die für das paar Okeanos ∼ Tethys bedauerlich ist, da jener in Epimenides' theologie eine besondere rolle gespielt zu haben scheint; Di scheint ein ganzes kapitel gestrichen zu haben; (3) nachkommen von Kronos und Rhea mit zuspitzung auf Zeus und Hera (c. 70 ff.); daher wohl hier die frauen voraufgenommen.   *c. 66, 4-6*] Der in sich geschlossene § 4 schildert einen natürlichen zustand, nicht die 'goldene zeit', erklärt aber wie es zu dieser auffassung gekommen ist. § 5 ist offensichtlicher zusatz Di.s, der den allgemeinen ausdruck πολλοὺς ἐπελθεῖν τόπους τῆς οἰκουμένης um die vulgate auffassung von Kronos als herrn des westens bereichert. Man kann § 6 kaum anders beurteilen: er ist breite, den wirklichen sinn zerstörende wiederholung, und das Hesiodzitat werden wir für L gerne los. Der gedanke dass die verse Epimenides gehören ist ganz abwegig. Ein zusatz steht, wieder am schluss, auch bei der letzten in dieser sektion behandelten gottheit (c. 69). Beide betreffen sehr gewöhnliche, vielbehandelte dinge, für die Di keine quellen brauchte.   *c. 67, 3*] Dass die ansicht der τινές stillschweigend abgelehnt wird beweist c. 75, 2.   *c. 67, 4-5*] Charakteristisches beispiel für den bewusst unklaren gebrauch von θεοί, den man nicht auf Di.s konto schreiben darf [81]). Θυσίαι (vgl. c. 77, 3) sind möglich, weil schon zwei gruppen von wesen vergottet sind; εὐνομία (das hier nicht 'gute νόμοι' bedeuten kann) ist fortschritt gegen die εὐταξία τις von 65, 3, und die linie wird 71, 1 klar fortgesetzt (προσαναπληρῶσαι!). Auch hier bleibt alles im allgemeinen: der autor hat keine σημεῖα für die übrigen Titanen auf Kreta, wo m.w. auch θεσμοφύλακες und θεσμοθέται nicht belegt sind; und wenn Themis εὑρέτρια τῶν χρησμῶν heisst, so gewiss als vorbesitzerin des delphischen orakels [82]). *c. 68-69, 3]* Rückbeziehung auf c. 65, wo die Kureten noch nicht in häusern wohnen, und auf viehzucht und jagd beschränkt sind. Die Kretisierung Demeters mag mit Hesiod *Th.* 969/74 (vgl. c. 77, 1) und ihrer eigenen erzählung *Hy. Cer.* 123 [83]) begonnen haben, und schon Bakchylides F 47 Snell liess Persephone in Kreta geraubt sein. Ob es danach eine ältere 'kretische' Demetergeschichte gab? Und ob L andere σημεῖα und argumente hatte [84])? Die starke verkürzung erschwert das urteil. Merkwürdig ist nur Triptolemos, der hier Kreter sein muss. Wenn hier nicht änderung Di.s vorliegt (etwa auf grund einer polemischen variante seiner vorlage?) — und dafür könnte sprechen (1) die variante 68, 3; (2) dass 77, 4 Demeter selbst in betonter zeitfolge die saat nach Attika, Sizilien, Ägypten bringt [85]) —, denkt man an Epimenides den dichter, oder sonst die legendarische gestalt, die in Athen mit Triptolemos in verbindung gebracht ist [86]). Aber vielleicht ist es einfach freche annexion der athenischen gestalt, wie 71, 3 die des Musaios. Die der sonstigen haltung L.s widersprechenden c. 69, 1-3 (direkte rede!) hat schon Bethe [87]), wenn auch mit z.t. falschen argumenten, als zutat Di.s bezeichnet, der hier ebenso anstiess wie bei den diskussionslos nach Kreta versetzten Daktylen [88]). *c. 70-76]* Ende und kulmination der göttergeschichte, aber nicht des theologischen teiles von L.s buch [89]). Aufbau einfach: jugendgeschichte, leben, kult, und würdigung des Zeus (70, 1-72, 2); seine nachkommenschaft (72, 3-76, 4) ohne ehe (72, 3), aus der ehe mit Hera (72, 4-75, 3,) und aus anderen ehen (75, 4-76, 4) [90]). Die gewöhnliche, vor allem auf diesen abschnitt gestützte auffassung, dass hier zwei 'quellen' zusammenfliessen, und dass man die beiden massen klar sondern kann [91]), braucht nicht noch einmal im einzelnen widerlegt zu werden. 'Die fuge 70, 1; 71, 1' ist nicht verschieden von 66, 1: an beiden stellen stellt der autor die von ihm befolgte auffassung der 'Hesiodischen' gegenüber, mit dem unterschied dass 66, 1 die abgelehnte version als einfache und leicht abzugrenzende variante voraufgeht, hier etwas ausführlicher (wenn auch keineswegs vollständig [92])) folgt, nicht mehr in rein Hesiodischer form [93]), und ohne nach unten scharf abgesetzt zu werden. Dadurch wird unklar warum Zeus, obwohl er die herrschaft μετὰ τὴν ἐξ ἀνθρώπων τοῦ Κρόνου μετάστασιν εἰς θεούς übernimmt, οὐ βίαι κατισχύσαντα τὸν πατέρα, νομίμως δὲ καὶ δικαίως ἀξιωθέντα τῆς τιμῆς, doch nicht im hause der eltern, sondern von den nymphen erzogen wird. Wie immer das erklärt war [94]), zweierlei ist sicher: (1) dass die zentrale kretische geschichte von der jugenderziehung des Zeus in Kreta in der vorlage unmöglich gefehlt haben kann — die reihe der σημεῖα 63, 3-5 ist genügender beweis, wenn es eines solchen für ein kretisches buch überhaupt bedarf; (2) dass die unklarheit schuld des exzerptors ist. Die starke kürzung verrät sich sicher dadurch dass Di von den Kureten nicht erzählt was nach 65, 4 sicher in seiner vorlage gestanden hat, wahrscheinlich auch durch die anscheinend hoffnungslose 'konfusion' von Ide und Dikte. In wahrheit ist es garkeine konfusion, sondern bewusste, und nicht allein bei L nachweisbare, kontamination der verschiedenen versionen und lokalisierungen der vielbehandelten geschichte von der kretischen Zeusgeburt. Sie erfolgt durch unterscheidung von ort der geburt (Dikte) und ort der aufziehung (Ide) [95]), und ist ganz deutlich wenn 'die Kureten' [96]) das Zeuskind von Rhea übernehmen, es εἴς τι (!) ἄντρον [97]) bringen, und zur τροφή 'den nymphen' [98]) übergeben, die ihrerseits wieder die bienen und die ziege Amaltheia [99]) heranziehen. Die kontamination als solche ist älter, und nicht überall die gleiche [100]). Das einzige, was man bei L nicht erwarten darf, ist gelehrte erörterung der varianten, von der ein rest bei Strabon 10, 4, 12 nach Apollodor vorliegt. Es darf nicht täuschen, dass c. 76, 3-4 ebenfalls polemik gegen Kallimachos hat: sie beruht bei (Apollodor-)Strabon auf dem nachweis geographischer unmöglichkeiten, bei (L-)Di darauf dass Kallimachos' erzählung der göttin unwürdig ist.   *c. 70, 4]* Ὀμφαλός und Ὀμφάλειον πεδίον — nach Kallimach. *Hy. Jov.* 42/5 bei Thenai, das ἐγγύθι Κνωσοῦ liegt — bestimmt L nach dem flusse Triton [101]); wohl bewusst, weil es noch keine städte gibt. Verbindung mit der polemik des Epimenides gegen den Delphischen erdnabel [102]) ist ganz zweifelhaft; sie stand in den Χρησμοί, nicht in der Theogonie, ist also für bestimmung von Di.s (L.s) quelle unverwendbar. Über die grotte hat L sicher mehr gesagt [103]).   *c. 70, 6]* Zur ableitung von Zeus' epitheton s. Euhemeros 63 F 4; Epimenides 457 F 18; Anhang 468 F 4. Die verschwundene stadt an der Dikte war wohl die erste stadt überhaupt, der nächste schritt nach der ὑπόδυσις φυσική (65, 1) und den οἰκίαι (68, 1). Weitere städtegründungen erst unter Minos (78, 2).   *c. 71, 1-72, 2]* Zeus schafft die rechtsordnung und das gerichtswesen, dessen die vorherige zeit wegen ihrer δικαιοσύνη und ἁπλότης τῆς ψυχῆς (66, 4) noch nicht bedurfte. Die vor allem auf den kult gehenden θεσμοί der Themis (67, 4) genügten wohl für die anhäufung der menschen in städten nicht mehr, und vom standpunkt des städtischen lebens ist gesehen dass Zeus bei seinen wanderungen durch die welt überall ἰσότης und δημοκρατία einführt (71, 2). In dem mit ὅτε 71, 2 lose angeknüpften stück über die rationalisierten Gigantenkriege, von dem 71, 6 mit οὖν zur hauptlinie zurückkehrt, sähe ich am liebsten zusatz aus Euhemeros selbst oder einer euhemeristischen geschichte [104]), beruhend vielleicht auf missverständnis des gegensatzes ἀγαθοί - φαῦλοι (71, 1), wo τιμωρίαι καὶ φόβωι καταπλήττεσθαι nicht auf kriege, sondern auf gerichtsverfahren geht. Soldaten und kriegswesen hat nach 74, 4 erst Ares eingeführt, φονεύων τοὺς ἀπειθοῦντας τοῖς θεοῖς. Es spricht nicht unbedingt gegen diese athetese, dass auch das verhalten der Giganten in § 5 als ἀπειθεῖν τοῖς περὶ τοῦ δικαίου νόμοις τιθεμένοις bezeichnet wird. Mylinos kennen wir nicht; man vergleicht den Telchinen Mylas, den rhodischen Giganten, Zeus Myleus, den Priamossohn Mylios (?), und vielleicht das phrygische (!) volk der Mylioi (?) Hekat. 1 F 270. Die versetzung des Musaios unter die Giganten ist seltsam [105]), das motiv dem übergang der Styx zu den olympischen göttern [106]) nachgebildet. c. 72, 3] L scheint sich nicht auf den flussnamen Triton (c. 70, 4) berufen zu haben, den man überall fand, wo die Athenageburt gesucht wurde [107]); er hat (soweit wir sehen) auch keinen gebrauch gemacht von Trit(t)a, dem angeblich alten namen von Knossos [108]), oder von (zweifelhaften) kretischen glossen [109]). Sein σημεῖον ist auch hier allein das (noch bestehende) heiligtum, das an sich garnichts beweist. Wenn Solin [110]) die tempellegende gibt — was freilich so wenig beweisbar ist wie die zuweisung des daidalischen kultbildes [111]) an diesen tempel — konnte er sie so wenig brauchen wie die angeblich kretische tradition bei Aristokles [112]). Das alles ist nur so lange merkwürdig, als man von diesem autor gelehrsamkeit statt theologie erwartet. c. 72, 4] Heilige hochzeiten gibt es überall. Da Di keine näheren angaben erhalten (oder L keine gemacht) hat, ist nicht einmal zu sagen ob — wie man aus 73, 2 schliessen könnte — der erste νόμιμος γάμος und die Hera Teleia gemeint ist, die sonst für Kreta bisher nicht bezeugt ist [113]). Der gleichfalls unbezeugte Theren wird vielfach mit den Tethrin des Pausanias [114]) gleichgesetzt, der ebenfalls ins gebiet von Knossos gehört. c. 72, 5] Die schwierigkeiten der aufzählung sind nicht durch textänderungen [115]) zu beseitigen, sondern beruhen wohl auf starker und flüchtiger kürzung [116]). Nach 72, 3-4 (und 73, 2 ex. scheint zu bestätigen) möchte man Hera als mutter aller hier aufgezählten ansehen, was dann freilich eine starke abweichung von der gewöhnlichen tradition wäre. Aber Leto und die nymphe von der Kyllene kommen auch sonst in der göttergeschichte nicht vor; und für Eileithyia gibt 468 F 6 die bestätigung. Es lohnt aber kaum sich dabei und bei anderen einzelheiten aufzuhalten. c. 74, 1] Nach dem zusammenhang ist selbstverständlich dass die Musen die schrift in Kreta erfunden haben. Dann exportieren sie die Phoiniker, deren verkehr mit Kreta schon das epos kennt, in ihre heimat, und Kadmos brachte sie von da (nicht von Kreta) nach Hellas. Die polemik richtet sich gegen einen autor, der den ursprung der schrift nicht, wie es die ältere auffassung ist [117]), in Ägypten suchte, sondern bei den Assyrern [118]). Das hat m.w. zuerst Ps. Berossos getan in dem astrologischen buch, das wahrscheinlich im anfang der regierung des Ptolemaios Philadelphos veröffentlicht ist [119]). Die polemik stammt sicher weder von Di [120]) noch von L, für den die gelehrsamkeit nicht passt; wohl aber kann man an Dosiadas denken, der die erfindung wieder u.w. als erster für Kreta beanspruchte [121]). Dann wollte er damit gegen das ganz moderne astrologische buch polemisieren, das bei seinem erscheinen starkes aufsehen erregt hat.   *c. 74, 4-6]* Ares' erfindung ist nur die schwere bewaffnung der hopliten gegenüber den ξίφη καὶ κράνη der Kureten (65, 4). Kriegswaffe ist offenbar — wieder gegenüber der jagdwaffe der Kureten (65, 3) — hier auch der bogen, dessen erfindung Apollon als dem göttlichen bogenschützen bleibt; denn zum kriegswesen gehören auch die erfindungen des Hermes 75, 1; und wenn 71, 2 (von ὅτε δή φασιν) - 5 über kriege des Zeus doch der grundschrift angehören sollten, so werden die einzelheiten nur noch begreiflicher. Kult des Ares unter diesem namen — also anders als in Sparta [122]) — ist in Kreta bedeutend und nicht jung [123]). Für den kretischen Apollon bedarf es keiner belege. Die kürze, mit der er abgemacht wird, ist schuld des exzerptors; nach 67, 4 muss L vom orakelwesen mehr gegeben haben als nur die mantische iatrik; um so interessanter ist die knappe geschichte der medizin. Asklepios auf Kreta: Thraemer *R E* II col. 1670; Kern *Rel. d. Gr.* II p. 307; E. u. L. Edelstein *Asklepios* II, 1945, p. 249.   *c. 75, 1-3]* Es fällt auf (besonders Apollon gegenüber), und hängt wohl zusammen mit der gesteigerten bedeutung des Hermes in hellenistischer zeit, wie viel Di hier exzerpiert, und wie ausführlich L den gott behandelt haben muss, dem er sehr viele erfindungen zuschreibt. Er diskutierte (was bei ihm selten gewesen zu sein scheint) weitergehende ansprüche [124]), und geht auch sonst auf einzelheiten ein, unter denen freilich wieder nichts spezifisch kretisches ist [125]).   *c. 75, 4-77, 2]* Hermes ist der letzte der 72, 5 aufgezählten söhne des Zeus aus der ehe mit Hera [126]). Für Dionysos wird eine andere mutter genannt, und seine kretische geburt — wie überall im anfang eines neuen abschnittes — durch κατὰ τὴν Κρήτην besonders betont, und durch ein σημεῖον gesichert. Viel sagt L von dem kretischen Dionysos nicht. Die grosse rolle, die er bei den modernen spielt [127]), beruht z.t. auf dem missverständnis der funktion von κατὰ τὴν Κρήτην in diesen *Kretika*, und auf der falschen beziehung des angehängten relativsatzes ὃν Ὀρφεύς — ἀναγεγράφαμεν [128]). Dass dies ein zusatz Di.s ist, erweist die rückverweisung auf 3, 62 ff. [129]); dass auch das dort fehlende Orpheuszitat zum zusatz gehört, nicht polemik der grundschrift ist, beweist die verdorbene syntax τοῦτον - ὅν. Wie gewöhnlich kehrt Di mit οὖν zu seiner hauptquelle zurück. Ein längerer zusatz ist 76, 1-2 über Herakles [130]). Die grundschrift konnte nach ihrer ganzen art keine homonymen götter anerkennen; ihr Herakles ist Daktyle (64, 6-7; vgl. 3, 74), und hier weist sie passend und sehr ähnlich wie Herodot 2, 43 ff. auf den sohn der Alkmene. Was von ihm gesagt wird ist völlig anders als was 76, 1 steht; und selbstverständlich ist auch die ergänzung des namens in 72, 5 falsch [131]). Di hat (wie 64, 4 u.ö.) an der der vulgata (76, 2 ὁμολογοῦσι) widersprechenden darstellung L.s anstoss genommen, und sie deshalb aus 1, 24 und 3, 74 (dem schluss des abschnittes, auf den er auch 76, 4 zurückverwies) erweitert. In der genealogie der Britomartis 76, 3 [132]) steht Demeter. Trotzdem befremdet (1) dass ihr sohn hier nachgebracht wird, den der autor so gut im abschnitt über Demeter 69, 1-3 hätte unterbringen können, wie er es 74, 6 mit dem Apollonsohn Asklepios gemacht hat, und den er (so sollte man denken) erwähnen musste, weil seine geburt auf Kreta zu den wenigen alt bezeugten fakten gehört; (2) dass beide geburtsgeschichten auf eine stufe gestellt werden und keine entscheidung getroffen wird, sowie der charakter der ersten, die die person des gottes im stile des Prodikos (und der Stoa) zu einer allegorie verflüchtigt — eine methode, die L fern liegt, und die er sonst nirgends berücksichtigt. Zumal am ende der theogonie sieht das sehr nach zusatz, wenn nicht gar nach interpolation, aus [133]).   *c. 77, 3-9*] Auf die einzelbehandlung der götter, die ausdrücklich abgeschlossen wird, folgt die verbreitung der verschiedenen kultformen, die danach alle in Kreta erfunden sind [134]), und der götter selbst über die welt. Die reihenfolge ist merkwürdig, der ganze abschnitt (der wohl einer gewissen, wenn auch oberflächlichen gelehrsamkeit nicht entbehren konnte) offensichtlich stark, z.t. bis zur unverständlichkeit, verkürzt, was Di am schlusse selbst zugesteht. Das gilt besonders für § 3, der faktisch nur von den zuletzt genannten τελεταί spricht und hier ein σημεῖον für kretische priorität bringt, dessen logik uns nicht ganz einleuchtet, das aber an sich interessant genug wäre, wenn es wenigstens den gott nennte, dem die kretischen mysterien gelten. Die modernen wissen viel von 'Zeusmysterien' zu sagen, wozu weder die lokalisierung in Knossos (die bei L durchgeht) noch Poseidonios' bezeichnung der Kureten als οἱονεὶ Σάτυροί τινες ὄντες περὶ τὸν Δία [135]) ein recht gibt. Die vergleiche mit Athen, Samothrake, und den thrakischen Kikonen [136]) helfen nur insoweit, als sie verbieten gerade an Demeter zu denken; § 8 redet denn auch von mysterien der Artemis. Hier wie auch in der schriftfrage (70, 4) tut man besser, Di aus den argumenten für die neuerdings wieder mehrfach empfohlene ableitung der eleusinischen mysterien aus Kreta auszuscheiden. Es leuchtet auch nicht ein, wenn Jeanmaire *Couroi et Courètes* p. 218 für die angebliche öffentlichkeit der kretischen 'mysterien' afrikanische parallelen findet. Wir erkennen in der hoffnungslosen kürzung nicht mehr als den allgemeinen, auch von Poseidonios [137]) gemachten unterschied der ἱεροποιίαι in μυστικῶς und ἐν φανερῶι ποιούμεναι, mit der besonderheit dass es die erstere art in Kreta nicht gibt [138]). Der rest des kapitels nimmt die these des prooimions (64, 2) mit wiederholung der berufung auf die Kreter in veränderter form auf; er handelt nicht mehr vom παρ' ἑαυτοῖς γενέσθαι der götter, sondern vom ἐκ τῆς Κρήτης ὁρμηθέντας ἐπιέναι πολλὰ μέρη τῆς οἰκουμένης κτλ. Was schon für Kronos (66, 4) und Zeus (71, 2) gesagt war wird jetzt für die übrigen götter bewiesen, beginnend mit Demeter, die von Kreta erst nach Athen, von da nach Sizilien und schliesslich nach Ägypten geht. Der unterschied hier gegen die anmeldung anderer ansprüche in dem zusatz 69, 1-3 ist so deutlich, dass hier die nachweise für kretische herkunft der noch nicht als kretisch erwiesenen Zeuskinder nachgeholt werden. Hier tritt zu Schwartzens argumenten gegen Apollodor [139]) als quelle die entscheidende beobachtung, dass L — mit Eratosthenes und Aristarch, aber gegen die Stoa und Apollodor [140]) — die epitheta der götter nicht ἀπὸ τῶν συμβαινόντων sondern ἀπὸ τῶν τόπων ableitet. Es ändert nichts, dass 77, 7 ἢ πράξεων τῶν παρ' ἑκάστοις συντελεσθεισῶν zugesetzt wird: die πράξεις sind nicht allgemein wie die συμβαίνοντα sondern lokal beschränkt; und was darunter zu verstehen ist, lehrt 77, 4 — es ist das beim ἐπιέναι erfolgende εὐεργετεῖν καὶ μεταδιδόναι τῆς ἐκ τῶν ἰδίων εὑρημάτων ὠφελείας. Es fehlt nicht nur jeder grund 77, 3-9 von 66 (64, 3)-76 (77, 2) abzutrennen; vielmehr ist der ungebrochene, durch ein paar zusätze Di.s kaum getrübte, von 64, 3 - 77, 9 laufende zusammenhang in diesem schlussabschnitt der theologie besonders deutlich.

c. 78-80] Dass auch hier (vermutlich stark) gekürzt ist, bezeugt Di selbst (78, 1; 2; 4; 80, 3a). Über die quellenfrage s. no. 461 n. 3; Einleitung no. 468 p. 342, 37 ff. und zu c. 64, 1-2. Danach scheint sicher, dass ein zusammenhang zwischen c. 80 und dem prooimion 64, 1 besteht und dass hier die quelle nicht Dosiadas war. Dann bleibt nur Sosikrates, dem man den ethnographischen gesichtspunkt gern zutraut. Viel weniger sicher ist, ob man ihm auch die heroengeschichte 78-79 zuweisen darf [141]). Wirkliche konkordanzen oder schlagende argumente fehlen. Es liegt gewiss nahe, den zerstörten satz Strab. 10, 4, 8 [142]) mit c. 78, 2 zusamnemzubringen. Aber hier gründet Minos 'nicht wenige' städte, von denen

Di 'die drei bedeutendsten' nach ihrer geographischen lage aufzählt; bei Strabon sieht es aus, als ob Minos nur die drei 'provinzhauptstädte' der von ihm geeinigten und organisierten insel gegründet hat. Das ist nicht unbedingt ein widerspruch, weil auf beiden seiten gekürzt ist, und in seiner gesamthaltung steht Strabon zu 80, 3 (einigung der ἔθνη der insel), wo die quelle beinahe sicher Sosikrates ist: c. 80 ist eben nicht c. 78/9, und auch sonst wäre der schluss sicher nur, wenn wir wüssten, dass Dosiadas (der über die heroen gehandelt hat [143])) anders berichtet hätte. Die gerechtigkeit des Rhadamanthys c. 79, 1 ∼ Sosikrates F 3 ist vulgata; was Sosikrates von seinen bestimmungen über den eid erzählte fehlt bei Di. Es ist auch nicht ganz klar ob Di in Rhadamanthys den διαδεξάμενος τὴν βασιλείαν sah wie Sosikrates in dem gleichen wörtlichen fragment. Es ist alles nicht genug, Sosikrates als quelle von 79-80 unbedingt auszuschliessen oder um ihn als solche zu erweisen. Aber wenn man beachtet, wie die beiden brüder Minos und Rhadamanthys (nur sie!) in die besiedlungsgeschichte c. 80, 3 eingeordnet sind, wird man gegen Sosikrates als einzige quelle von 79-80 sehr skeptisch. Mischung der beiden historischen quellen ist sehr wohl denkbar; aber es würde zu weit führen, wollten wir hier die gesamtentwicklung der tradition über die drei brüder verfolgen oder auch nur die einzelnen von Di gegebenen fakten ausführlich kommentieren, und die lücken, die Di.s kürzung gerissen hat, aus der sonstigen überlieferung ausfüllen. Die wenigen noten dienen nur dazu, die starke verschiedenheit der tradition in fast allen einzelheiten vor augen zu führen.   *c. 78, 2 πόλεις οὐκ ὀλίγας*] unter den drei genannten steht Knossos schon deshalb an erster stelle, weil die theologie um die Κνωσία χώρα (nicht die stadt Knossos) zentriert [144]). Die dreizahl ist gewöhnlich. Aber Strabo 10, 4, 7 hebt unter den 'vielen' — ohne gründer und ohne vom volkstum zu reden — als μέγισται καὶ ἐπιφανέσταται Knossos, Gortyna, Kydonia heraus, und spricht dann knapp über die historischen beziehungen von Knossos, Gortyna, Lyktos. Die tegeatisch-kretischen λόγοι Pausan. 8, 53, 4 [145]) handeln von Kydonia, Gortyna, Katre. Bei Ephoros 70 F 147 geht der ἀρχαῖός τις Ῥαδάμανθυς mit συνοικισμοῖς πόλεων καὶ πολιτείαις voraus. Staphylos 269 F 14 nennt bei der dreiteilung der insel nach dem volkstum der bewohner (von dem Di erst c. 80 spricht) nur das eteokretische Prasos, ὅπου τὸ τοῦ Δικταίου Διὸς ἱερόν.   *c. 78, 3*] Zu beachten wegen Ephoros 70 F 147 ist προσποιούμενον. Das reich des Minos wird 5, 84, 1 (aus unbestimmbarer quelle) auf die kleinasiatische küste ausgedehnt, wie 79, 1 das des Rhadamanthys. Beleg dafür sind Κρητῶν λιμένες καὶ Μινῷαι καλούμεναι. Da heissen die kretischen oikisten sonst anders — Sarpedon, Miletos, Athymbros etc. —, werden aber zuweilen mit dem brüderpaar in verwandtschaftliche beziehungen gesetzt. Schon das ist sekundär; erst recht die immer weitere ausdehnung nach osten (nicht nach westen, wo es bei Minos' tod in Sizilien bleibt), die Minos schliesslich in Gaza [146]) und Arabien [147]) findet. Auch hier konkurriert Rhadamanthys mit Minos [148]). *c. 79*] Die gestalten des königs und des richters, sowie die regierungen des Minos und Rhadamanthys sind nicht scharf geschieden; eher sind die unterschiede von zwei darstellungen, in deren mittelpunkten entweder Minos oder Rhadamanthys standen, bewusst verwischt. Daher treten neben die ἀσεβεῖς καὶ οἱ ἄλλοι κακοῦργοι die λῃσταί, gewiss ursprünglich die seeräuber, mit denen der richter nichts zu tun hat und die nach Thukydides Minos καθήιρει ἐκ τῆς θαλάσσης [149]). Λῃσταί und ἀσεβεῖς stehen auch 71, 2 neben einander, und der kretische Zeus (an dessen schilderung 79, 1 anklingt) ist, wie der Rhadamanthys von c. 79 auch, nach dem gewöhnlichen bilde des Minos geschaffen. In dem kretischen bilde fehlen alle ungünstigen züge; wie sich Sosikrates und Dosiadas mit ihnen abfanden [150]) steht dahin. Rhadamanthys' reich umfasst inseln und städte, wo unsere sonstige tradition keine Kreter kennt (Lemnos, [Peparethos], Maroneia); und es fehlt viel, wo sie sie erwähnt. Das wird an der lückenhaftigkeit der tradition einerseits [151]) und der flüchtigkeit Di.s andrerseits liegen. Während die nachkommenschaft des Minos bis auf den Trojanischen Krieg herabgeführt wird, und die herrschaft offenbar in seinem hause bleibt [152]), hat Rhadamanthys keine wirklich echten nachkommen. Erythros [153]) ist sichtlich späte erfindung; Oinopion ist Minosenkel aus der Ariadnegeschichte, die (mindestens in unserer tradition) Rhadamanthys nichts angeht. Im übrigen muss Di.s vorlage zu den περὶ αὐτὸν ἡγεμόνες greifen, was gewiss aus Thukyd. 1, 4, 1, stammt; und auch diese namen gehören grossenteils in die Dionysos-Ariadnegeschichte. Ganz jung sind die erfindungen nicht: Staphylos kam als kretischer besiedler von Peparethos und Ikos schon bei Ephoros vor [154]). Aber es gibt überall varianten [155]), und wir haben nur zufällige reste der verschiedenen kombinationen. *c. 79, 3*] Wer Sarpedon gegen *Il.* Z 191 ff. zum bruder der kretischen Zeussöhne machte, hatte nur die wahl, ob er sein alter auf mehrere generationen erstrecken [156]) oder zur homonymie greifen wollte. Die wahl der letzteren charakterisiert die vorlage, die sich mit der änderung des Homerischen stammbaums wenig mühe gemacht hat: Euandros ist leer, und Deidameia phantasielos nach Laodameia erfunden. Μετὰ δυνάμεως ergibt eroberungszug; aber die στάσις Herodots (1, 173) scheint die kretische tradition gestrichen zu haben. Aber wir haben nur ein ärmliches exzerpt. *c. 79, 4*] Der stammbaum ist auch hier nicht ganz der Homerische *Il.* N 449 ff., wo Meriones ohne andeutung einer verwandtschaft φίλτατος ἑταίρων des Idomeneus ist oder (B 650 f.) als führer der kretischen schiffe neben ihm steht. Ausdeutung ist es, wenn Molon Bibl. 3, 17 neben Deukalion als unehelicher sohn des Minos steht. Die 90 schiffe gegen die 80 des Schiffskatalogs nach den 90 städten *Od.* τ 174 [157]). Idomeneus ist Lyktier Vergil. *A.* 3, 401 [158]). Der gegensatz Knossos-Lyktos zieht sich durch die ganze kretische geschichte [159]), bis Lyktos im Λύττιος πόλεμος 221/19 zerstört wird.   *c. 80]* Gibt eine vollständige und ursprünglich vermutlich viel detailliertere reihe der besiedler [160]): (1) autochthone Eteokreter; (2) Pelasger; (3) Dorier unter Tektamos [161]), die aus Thessalien kommen und denen sich in Malea Achaeer aus Lakonien anschliessen [162]); (4) μιγάδες βάρβαροι, die im laufe der zeit sich sprachlich hellenisiert haben; (5) Argiver und Lakedaimonier, d.h. die eigentlich historische kolonisation, deren einzelheiten Di später zu geben verspricht. Minos und Rhadamanthys repraesentieren nicht ein stadium der kolonisation, sondern fassen die 'vorhistorischen' stämme zu einem reiche zusammen; die zeitliche grenze zwischen den beiden grossen perioden ist die rückkehr der Herakliden. Es ist kein zweifel, dass no. 1-4 die zustandsschilderung von *Od.* τ 175/7 (die nicht über Minos und den Trojanischen Krieg hinausgeht) in eine reihe von einwanderungen umsetzt: no. 2-4 sind die ἐπιμιχθέντα ἔθνη τοῖς Κρησί Di.s; und es ist wieder kein zweifel, dass unter den μιγάδες βάρβαροι in erster linie die Homerischen Kydonen zu verstehen sind [163]). Das problem der Odysseestelle sind die vorheraklidischen Dorier. Mit ihm hat sich schon Andron 10 F 16 befasst [164]), dessen lösung einfach war: er unterschied αὐτόχθονες und ἐπήλυδες, rechnet zu jenen Eteokreter und Kydonen, und fasst diese — Dorier, Achaeer, Pelasger οἱ οὐκ ἀπάραντες εἰς Τυρρηνίαν — zu einem zuge zusammen, der unter führung des Tektamos zur zeit von könig Kres die insel erreicht; d.h. er sieht in den kretischen Doriern eine abspaltung von dem nordgriechischen hauptstamm, der erst nach vielen zwischenstadien in die Peloponnes gelangt[165]). Die vorlage L.s (d.h. hier wohl sicher Sosikrates) geht von dieser oder einer ähnlichen besiedlungsgeschichte aus: er hat (1) die künstliche erklärung der kretischen Pelasger aufgegeben und sie nach der gewöhnlichen auffassung als πλάνητες [166]) wieder selbständig gemacht; (2) unter den Achaeern, die bei Andron ebenfalls aus Thessalien kommen, wieder nach der gewöhnlichen auffassung [167]), die vordorischen bewohner Lakoniens verstanden, was auch für die erste dorische einwanderung (die vermutlich ganz zur see geht) die zwischenstation Malea bedingt; (3) die Kydonen, die er nach seiner grundauffassung (64, 1) als autochthonen nicht brauchen kann, deren name hier aber wohl nur durch Di.s kürzung fehlt, unter die μιγάδες βάρβαροι [168]) eingereiht. Denn wenn diese sich sprachlich hellenisiert haben, so kann man das nur aus dem gegensatz gegen die Eteokreter verstehen. Aber auch in seiner darstellung war kein platz für die gründungen Agamemnons und anderer heroen des Trojanischen Krieges [169]). Da Di die einzelheiten der historischen besiedelung hier gestrichen hat, ist es zwecklos zu spekulieren, wie Sosikrates zu Ephoros und der sonstigen überlieferung stand [170]).

(2) Das Kuretenkapitel 10, 3 steht zwischen der behandlung von Aetolien-Akarnanien (10, 2) und der von Kreta (10, 4), weil das verschwundene volk bald der ersteren landschaft zugeteilt, bald aus Kreta abgeleitet wird, was schon auf die daemonischen Kureten weist. Gehandelt wird zuerst über das volk (§ 1-6), das uns hier nichts angeht, dann (§ 7-22) mit dem eingangszitat οἱ παραδόντες τὰ Κρητικὰ καὶ τὰ Φρύγια (§ 7) und ἐν παραβάσει (§ 8) [171]) über die daemonen; und dieser abschnitt musste abgedruckt werden, obwohl er nicht unter einen bestimmten namen gestellt und auch nicht kommentiert werden kann, weil das viel zu weit führen würde. § 1-6 tragen in ihrer klaren problemstellung (§ 1) und der gradlinigen, nicht mit notizenkram überlasteten erörterung alle merkmale des in § 4 zitierten Apollodoros, der von Homer ausgeht und sich vor allem mit Ephoros, seiner historischen hauptautorität περὶ κτίσεων συγγενειῶν μεταναστάσεων ἀρχηγετῶν, auseinandersetzt: er behandelt zuerst ausführlicher die frage, ob die Kureten Aitoler oder Akarnanen sind und entscheidet sich für die erste eventualität; dann knapp die einwanderungshypothese mit einführung des Archemachos, des klassischen autors für Euboia [172]); endlich die verschiedenen ableitungen des namens, wieder mit hinblick auch auf Akarnanien. Der exkurs über die daemonen zerfällt dagegen in zwei wesenhaft verschiedene teile, die Strabon einfach aneinandergeschoben hat [173]), und über deren abgrenzung kein zweifel bestehen kann: (1) eine in sich abgeschlossene abhandlung (§ 9-18) von hohem religionsgeschichtlichen und religionspsychologischen rang über die enthusiastischen kulte bei Griechen und barbaren, deren 'theologischen, der philosophischen betrachtung nicht fremden charakter' Strabon (§ 8) richtig hervorhebt; (2) eine sammlung (§ 19-22) von knappen (leider vielfach korrupten) notizen wesentlich über Kureten, Korybanten, Daktylen aus den alten dichtern, mythographen und historikern, weitgehend beherrscht von der tendenz den vorrang der Troas vor Kreta zu erweisen. Für den zweiten teil ist Demetrios von Skepsis als quelle [174]) so sicher wie Apollodor für § 1-6, und kaum irgendwo zeigt sich auf engem raume so deutlich die überlegen-

heit des jüngeren gelehrten. Für den 'theologischen' teil hat sich die wage immer entschiedener von Apollodor [175]) zu Poseidonios [176]) geneigt, an dessen autorschaft [177]) kaum noch zu zweifeln ist.   (3—5) Von Diels *Vorsokr.* 3 [68] B 21-23 unter Epimenides' *Kretika* gestellt, die Eratosthenes in den Katasterismen zitiert hat [178]). Möglich, aber nicht beweisbar. Die argumente von E. Maass *Ph. U.* 12, 1892, p. 341 ff. sind z.t. phantastisch; ich bin skeptisch auch gegen die zuweisungen von Rehm *Mythogr. Unters.*, 1896, p. 44 ff. und anderer. Kretische verstirnungen waren schwerlich auf *Kretika* beschränkt, und Epimenides' Theogonie ist ganz fernzuhalten; Diodor (468 F 1) kennt keine sternsagen. Aber das führt hier zu weit. Über die Αἴξ s. zu 457 F 18; Bölte *RE* XVII 2 col. 2440, 47 ff.   (6) *Od.* τ 188 στῆσε δ᾽ ἐν Ἀμνισῶι, ὅθι τε σπέος Εἰλειθυίης; Strab. 10, 4, 8 (Sosikrates?) Μίνω δέ φασιν ἐπινείωι χρήσασθαι τῶι Ἀμνισῶι, ὅπου τὸ τῆς Εἰλειθυίας ἱερόν. Pausanias' quelle für solche zwischenbemerkung kennen wir nicht; aber der inhalt fügt sich gut in 468 F 1 c. 72, 5 ein, wo die kinder aus der ehe von Zeus und Hera aufgezählt werden, deren ehe ἐν τῆι Κνωσίων χώραι stattfindet. Dann ergänzt F 6 das Diodorexzerpt, das nur noch selten die geburtsorte erhalten hat [179]). Gerade weil die verehrung der Eileithyia in Kreta so verbreitet ist [180]), darf die geburt in der Κνωσσία χώρα als quellenindiz gewertet werden.   (7—8) Für F 7 führen Minos und wahrscheinlich der fluss Tethrin [181]) nach Knossos; und der stier heisst bei Pausan. 5, 10, 9 ὁ ἐν Κνωσσῶι ταῦρος [182]). Zur benennung der quelle verhilft weder das korrupte fragment des Sosikrates 462 F 6 noch 468 F 1 c. 79, wo die einzelheiten der Minosgeschichte gestrichen sind. Aber wenn die aussage der Kreter noch die direkte rede ὡς δὲ εἰς τὸ πεδίον ἀφείθη κτλ. deckt, und wenn man in ihr τὸν ἐν Κνωσσῶι λαβύρινθον οἰκῆσαι von ἄγειν abhängig macht [183]), — und beides ist wahrscheinlich — so liegt die darstellung des Philochoros zugrunde, der sich ebenfalls auf 'die Kreter' beruft.   (9) Die genealogie ist die gleiche wie 468 F 1 c. 76, 3; denn dass hier Eubulos' vater Karmanor fehlt und bei Pausanias seine mutter Demeter macht nichts aus, da beide kürzen. Wenn bei Anton. Liber. *Met.* 40 (leider ohne quellenangabe), wo Britomartis-Diktynna ebenfalls mit Aphaia gleichgesetzt wird, Karme Κασσιεπείας τῆς Ἀραβίου καὶ Φοίνικος τοῦ Ἀγήνορος heisst, so bestätigt das, dass Pausanias' quelle (ein buch über Aigina?) [184]) wirklich *Kretika* benutzt hat und sich vermutlich so auf sie berufen hat wie Philochoros [185]). Auch dieses buch scheidet mit Kallimachos [186]) und entgegen den ἔνιοι Diodors Britomartis von Artemis, folgt aber, um Aphaia mit ihr gleichen zu können, der Kallimacheischen version von ihrer verfolgung durch Minos, die sicher

auch in den *Kretika* gestanden hat, die aber Diodors unmittelbare vorlage Laosthenidas aus seiner religiösen haltung heraus verwarf.
(10—11) Die polemik F 10 gegen den kretischen anspruch auf die Zeusgeburt ist in den *Arkadika* viel entschiedener als bei Kallimachos *Hy. i.*
Jov. 4 ff., der zwar die arkadische legende ausführlich und mit vielen lokalen spezialitäten [187]) gibt, aber damit die aufziehung in Kreta in einer form kombiniert, die deutliche berührungen mit 468 F 1 c. 70 zeigt. Man hat hier wie in F 11 durchaus das gefühl, dass die *Arkadika* gegen ältere *Kretika* polemisieren; s. auch zu 322 F 15.   **(12)** Pausanias' ἐμοὶ δοκεῖν ist schwindel; die berufung auf die Odysseestelle steht auch bei Ephoros 70 F 147 und hat wohl in den *Kretika* nie gefehlt; 468 F 1 c. 79, 3 gibt die oder eine rationalisierte form.   .**(13)** Zu 457 T 1 ob. p. 315, 38 ff.   **(14)** 'Die Praisier' sind als reste der Eteokreter für Herodot glaubwürdige zeugen; woher er ihr zeugnis hat, ist nicht zu sagen. Vergl. Einltg. n. 13; 468 F 1 c. 80 n. 168.   **(15)** Schiedsspruch der Magneten zwischen Itanos und Hierapytna [188]) über den besitz auch des heiligtums des Diktaeischen Zeus. Nächste parallele Inschr. v. Priene 37 [189]).

XXXIX. KYME (AIOLIS)

S. *F Gr Hist* II C p. 39; 61 f. Zurückführung von scholien über kymaeische sitten und glossen auf Ephoros [1]), von dem allein wir ein spezialbuch über Kyme kennen, ist doch unsicher. Man kann den Kymaeer Antidoros, der um 300 v. Chr. Περὶ Ὁμήρου καὶ Ἡσιόδου und eine nicht sehr kenntliche Λέξις schrieb [2]), nicht einfach ausschliessen. Auch Aristoteles hat wenigstens über die glosse τύραννος in der Πολ. Κυμαίων gehandelt [3]). Der auszug des Herakleides zeigt, dass er garnicht so wenige historische fakten über die stadt kannte.

XL. KYRENE

Von Kyrene haben vermutlich auch sämtliche Λιβυκά gehandelt. Schon Herodt. 4, 145 f. erzählt die geschichte Kyrenes im rahmen der Λιβυκοὶ λόγοι, und aus den Λιβυκαὶ ἱστορίαι des Menekles von Barka, mitte des 2. jhdts v. Chr., kennen wir (vielleicht zufällig) nur auf Kyrene bezügliches [1]). Die Apolloniosscholien zitieren für die gründungsgeschichte nebeneinander ein buch über Libyen und eines über Kyrene [2]).

Unklar bleibt, wie Akesandros, der auch über Libyen schrieb, den stoff auf die beiden bücher verteilte, da das einzige fragment aus Περὶ Λιβύης nicht derart ist dass es die naheliegende vermutung auf ethnographischen charakter stützen kann, wie ihn die betreffenden abschnitte Herodots haben und wahrscheinlich die Λιβυκά Alexander Polyhistors und Jubas [3]). Das erste selbständige buch über Libyen von dem Lampsakener Charon ist leider unkenntlich [4]). Über Kyrene haben wir zitate nur aus zwei büchern, die man nicht als 'bearbeitungen einer reichen und zuverlässigen chronik von Kyrene' bezeichnen darf [5]), aus den scholien zu Pindar und Apollonios von Rhodos. Ihr zeitverhältniss ist zweifelhaft; wir können nicht bestimmt behaupten, dass Kallimachos, der selbst Kyrenaeer war, eine schriftliche quelle hatte. Aber unmöglich ist es nicht, dass ihm (und dann vielleicht auch dem Aristoteles) Akesandros bereits vorlag, den Phylarchos zwischen 230 und 200 v. Chr. rationalisierend benutzt zu haben scheint [6]). Es mag wieder zufall sein, dass wir von ihm nur nachrichten aus der sagenzeit haben, während Theotimos, bei dem die sagenzeit nicht fehlte, mindestens die geschichte des letzten königs in den einzelheiten erzählte [7]). Seine zeit ist unbestimmbar; aber wenn ihm das buch Κατὰ Αἰελούρου gehört [8]), kann man nicht über das 2. jhdt v. Chr. hinaufgehen. Vermutlich sind hier (wie anderwärts) die dinge, an die die erinnerung frisch war, mit der legende zusammen im 4. jhdt zum ersten male autoritativ aufgezeichnet; aber die tradition über die ersten sechs könige war vielleicht so reich an varianten wie die legende [9]).

469. AKESANDROS

(1) Der stammbaum, aus dem Malten weitgehende historische folgerungen zieht [1]), weicht wesentlich ab von Hellanikos' *Atlantis* 4 F 19, in der der einzige (?) sohn des paares Poseidon ∼ Kelaino Lykos heisst (der Lykaon A.'s?), ὃν ὁ πατὴρ κατοικίζει ἐν Μακάρων νήσοις, καὶ ποιεῖ ἀθάνατον [2]), und Sterope Atlastochter ist, die von Ares den Oinomaos gebiert. Poseidonsohn heisst auch der Eurypylos von Kos in der Heraklesgeschichte Bibl. 2, 137 f. Aber der name ist in der sage so gewöhnlich wie Lykos-Lykaon, und wir dürfen uns hier nicht in kombinationen verlieren, deren grundlagen erst der prinzipiellen erörterung bedürften, wie weit heroische namen als zeugen für völkerbewegungen und ethnische zusammensetzung benutzt werden dürfen. Wenn der relativ späte lokalhistoriker Eurypylos zum bruder Tritons macht (der Ps. Hesiod *Th.*

930 ff. sohn von Poseidon und Amphitrite ist), so will er auf diese weise zwei versionen über den geber der erdscholle (oder des dreifusses) vereinigen, auf die die legende der stadt ihre ansprüche gründete [3]), und er will (nicht als erster) diese ansprüche und die erste ankunft von Griechen weit über die gründung der kolonie im 7. jhdt hinaufrücken. Dem gleichen zweck dient die art, wie in F 3-4 Kyrene durch das alte motiv von der erlegung eines landschädigenden untieres mit Eurypylos in verbindung gesetzt und zur rechtmässigen herrin des landes wird — eine konzeption, die sich mit der gabe der scholle nicht verträgt, sondern eine andere begründung der griechischen ansprüche repräsentiert. Beide legenden mögen bis ins 7. jhdt zurückreichen. Die zweite kennt Kallimachos *Hy. Apoll.* 85 ff., der *ebd.* 65 ff. für die gründung durch Battos die spezialität des führenden raben hat [4]). (2) Zum stammbaum der Kyrene s. Malten *RE* IX, 1914, col. 426; Broholm *ebd.* XII, 1925, col. 151 f. (3—4) Den löwenkampf lokalisiert Pindar *Pyth.* 9, 26 f. in Thessalien, Kallimachos *Hy. Apoll.* 90 ff., wie der lokalhistoriker, in Libyen. Man kann m.e. nicht zweifeln, dass die erstere fassung die ursprüngliche ist [5]). Der scholiast F 4, bei dem man τῆιδε schreiben wird, macht auf die verschiedenheit aufmerksam. Justin. 13, 7, 7 hat vier söhne, von denen Nomios und Agraios aus den epitheta des Aristaios entwickelt sind [6]); wohl folge der rationalisierung. (5—6) Führer der kolonisation von Thera sind bei Herodt. 4, 147 ff. der eponyme Theras, der λεὼν ἔχων ἀπὸ τῶν φυλέων ἔστελλε [7]), und einige Minyer. Samos (so!) heisst sein sohn in dem stammbaum Schol. Pindar. *Ol.* 2, 82 d, einer seiner begleiter (wie es scheint) ebd. *Pyth.* 4, 88 b [8]). Samos ist wieder vater eines Euphemos, und Battos heisst bei Herodt. 4, 150, 2 γένος Εὐφημίδης τῶν Μινυέων. F 5 ist zu knapp exzerpiert, um erkennen zu lassen, ob A. mit Schol. *Ol.* oder mit Schol. *Pyth.* ging. Aber es ist schwer zu sehen, warum er für die gründung Theras den sohn statt des vaters eingeführt haben soll; eher bestanden auch hier verschiedene versionen [9]); denn für die entscheidung über die verschiedenen generationsangaben und gründungsdaten Theras [10]) wäre mit dieser änderung nicht viel gewonnen. Der führer der kolonie nach Kyrene heisst Aristoteles seit Pindar [11]); *Aristaeus* Justin 13, 7, 1 ist wohl nur verschreibung oder versehen [12]), sicher nicht kurzname. In F 6 ist der lokale patriotismus zu beachten, gerade weil es sich um eine kleinigkeit handelt. (7) Der gelegentlich geäusserte zweifel daran dass A. auch Περὶ Λιβύης geschrieben hat scheint unberechtigt. Auch, oder gerade in diesem buch, muss mehr oder weniger ausführlich von den Argonauten die rede gewesen sein. An den leichenspielen für Pelias haben sowohl Euphemos [13]) wie Kyrene [14]) teilgenom-

men. Das eigentliche problem ist die Sibylle. Man denkt naturgemäss an die Libysche, die Varros griechische quelle bei Euripides fand [15]), und deren eigenname m.e. bei Pausan. 10, 12, 1 ausgefallen ist: * * τὴν πρότερον (vor Herophile, die in Delphi auftrat) γενομένην, ταύτην ταῖς μάλιστα ὁμοίως οὖσαν ἀρχαίαν εὕρισκον, ἣν θυγατέρα ῞Ελληνες Διὸς καὶ Λαμίας τῆς Ποσειδῶνός φασιν εἶναι, καὶ χρησμούς τε αὐτὴν γυναικῶν πρώτην (!) ᾆσαι, καὶ ὑπὸ τῶν Λιβύων Σίβυλλαν λέγουσιν ὀνομασθῆναι. Gab es von ihr einen spruch über die gründung von Kyrene? [16]) Er müsste dann in der tradition älter gewesen sein als das delphische orakel für Battos, und handelte etwa von den generationen, die zwischen der ankunft der Argonauten und der wirklichen besiedlung Libyens lagen. E. Maass *De Sib. indicib*, 1879, p. 10 findet A. in der variante Plutarch. *De Pyth. or.* 9 p. 398 C κατὰ τὴν πέτραν . . . . ἐφ' ἧς λέγεται καθίζεσθαι τὴν πρώτην Σίβυλλαν ἐκ τοῦ ῾Ελικῶνος παραγενομένην (*scil.* εἰς Δελφούς) ὑπὸ τῶν Μουσῶν τραφεῖσαν· ἔνιοι δέ φασιν †εἰς Μαλεῶνα [17]) ἀφικέσθαι Λαμίας οὖσαν θυγατέρα τῆς Ποσειδῶνος.

470. THEOTIMOS

(1) Herakleid. *Pol.* 4, 4; Schol. Pindar. *Pyth.* 4, 458e; 467. Busolt *Gr. G.* ²II p. 535 f.; Broholm *R E* XII col. 161; Hampl *Klio* 32, 1939, p. 48.   (2) Escher *R E* VI col. 1169, 10 ff.; Robert *Heldensage* p. 785 f.; 859 f. Es sieht so aus als ob die kyrenäischen lokalhistoriker mit Pindar die geschichte von der erdscholle bevorzugt haben gegenüber dem λόγος vom dreifuss [1]), was ganz begreiflich ist, wenn man diesen in Euhesperides bewahrte [2]). Apollonios 4, 1537 f. hat beides verbunden, und lässt dementsprechend Triton, den die rationalisten 'könig von Libyen' nennen, in der gestalt des Eurypylos erscheinen [3]).   (3—5) Aieluros ist rhodischer spezialschriftsteller (no. 528), dessen name m.e. sicher in dem korrupten buchtitel F 5 steckt. Vielleicht hätte ich diesen Th. besser von dem kyrenäischen lokalhistoriker getrennt, und auch unter Rhodos gestellt [4]).

XLI. KYTHNOS

Dass Hegesidemos (VI) Kythnier war und dann ein buch über seine heimatinsel geschrieben haben könnte beruht auf einer falschen konjektur in der autorenliste Plin. *N. H.* 1, 9. Die geschichte, für die er zitiert wird, handelt von Iasos; das buch, aus dem sie stammt, ist nicht fassbar; s. Jacoby *R E* VII, 1912, col. 2608 f. Von Hypereides' Κυθνιακός (*scil.* λόγος) wissen wir nichts; s. Blass *Att. Bereds.* ²III 2 p. 10.

Jacoby, Fragm. Griech. Hist. III b

XLII. KYZIKOS

Die bücher über Kyzikos reichen vom ende des 5. oder anfang des 4. jhdts bis in byzantinische zeit, in der die stadt metropole der provinz Hellespontos war ¹). Die überlieferung stammt fast ganz aus den Apolloniosscholien und bezieht sich daher in der hauptsache auf die kyzikenische episode in den Argonautika; doch macht Agathokles, der hellenistische hauptautor, eine bewerkenswerte ausnahme. Eine Politeia des Aristoteles fehlt; die stadt ist nur *Oek.* 2, 2, 11 erwähnt.

471. DEI(L)OCHOS VON KYZIKOS

Der autor trug wohl den epischen namen Deiochos ¹), den Dionys bewahrt hat ²). Bei Steph. Byz. ist er in Dei(o)choros verdorben ³), und die Hss. der Apolloniosscholien schwanken regellos zwischen Deiochos und Deilochos ⁴). Ein ethnikon hat er in diesen nicht; Kyzikener heisst er bei Steph. Byz. ⁵), Prokonnesier bei Dionys, in dessen schlecht erhaltenem text wohl eine lücke den namen Bions verschlungen hat ⁶). D. gehört spätestens in die erste hälfte des 4. jhdts; genauer lässt sich die zeit nicht bestimmen; denn Theophrasts ansatz 'vor dem Peloponnesischen Krieg' ist für uns nicht bindend ⁷). Das werk, das keine 'alte Chronik' war und nicht als Ὧροι zitiert wird, umfasste mindestens zwei bücher ⁸), aber vielleicht nicht mehr. Es ist wahrscheinlich benutzt und vielleicht auch zitiert von Ephoros als das älteste und damals einzige⁹). An der benutzung durch den Rhodier Apollonios lassen die fragmente keinen zweifel, und F 8 bezeugt sie ausdrücklich; sie mag sich auf die kyzikenische episode 1, 936 ff. beschränkt haben, und man sollte in ihr nicht den reinen D. erwarten ¹⁰). Die annahme von Ed. Schwartz, dass erst 'der kommentator Sophokle(io)s um 200 n. Chr. das buch wieder ausgrub', ist von Gudeman ¹¹) zur genüge widerlegt. Dass Euphorion in einzelheiten von D. abwich ¹²), ist für diese frage bedeutungslos.

F

(1) Robert *Heldensage* p. 842 ff. Nach F 1-3 hat D. sich nicht auf die kyzikenische episode beschränkt. Es steht dahin, ob er hier allein in die einzelheiten ging, oder ob ihn die erklärer nur hier nachschlugen. (2) Amphiaraos im Argonautenkatalog Bibl. 1, 111. Vgl. Statius *Theb.* 3, 516 ff.; Schol. Pindar. *Pyth.* 4, 338a κατ' ἐνίους δὲ τρισὶν ἐχρήσαντο μάντεσιν

οἱ Ἀργοναῦται, Μόψωι τῶι Ἄμπυκος, Ἴδμονι τῶι Ἄβαντος, Ἀμφιαράωι τῶι Ὀικλέους. Eine besondere beziehung zu Kyzikos ist nicht kenntlich. Ob man an *Il.* B 828/34 [13]) und/oder Amphiaraos in Byzanz [14]) erinnern muss?   (3) An Pityeia fahren Apoll. Rhod. 1, 931 ff. die Argonauten vorbei. D., der in den scholien zu diesen versen nicht genannt wird, gab doch wohl mehr als die blosse namensform Pityusa [15]); denn der platz gehört zum gebiet von Kyzikos' schwiegervater Merops [16]). Es bleibt aber fraglich, ob und wie er den ortsnamen erklärte [17]), und ob er näher auf Lampsakos einging, dessen spätere gründung im gebiet der Βέβρυκες Πιτυοεσσηνοί und zur zeit des königs Mandron Charon 262 F 7-8, sicher in den Ὧροι Λαμψακηνῶν, ausführlich erzählt hatte.   (4—10) Die kyzikenische episode [18]), für die die (z.t. unverständig verkürzten und korrupten) scholien vor allem D. verglichen haben, leider nicht auch Agathokles. Was D. sagte ergibt sich aus F 4 + 7a klar genug [19]); 7b ist korrupt, und die kurze bemerkung ἠκολούθηκε δὲ Ἀπολλώνιος Δηιόχωι F 8a steht am falschen platze und bezieht sich nur auf die in der schlacht gefallenen (F 8b). Wenn D. die Dolionen nicht nannte und nur ihren könig Kyzikos die Argonauten begrüssen lässt, so hat er als dessen untertanen offenbar die 'Pelasger' angesehen, die die freundschaftlichen gefühle ihres königs gegen die 'Thessaler' nicht teilen. So deutlich in dem ausführlicheren bericht Konons 26 F 1 c. 41, 3 ff., der zu D. und Ephoros stimmt. Es ist danach wahrscheinlich (1) dass D. die schlacht zwischen Argonauten und Pelasgern nicht in der mühsamen weise des Apollonios begründete, bei dem die Γηγενεῖς an stelle der Dolionen getreten sind und die pelasgische herkunft auf die benachbarten Makriees übertragen ist, die mit den Dolionen in fehde leben [20]); (2) dass die Γηγενεῖς des Apollonios, die aus einer anderen version der Argonautengeschichte stammen [21]) und die Polygnostos rationalisierte, bei D. überhaupt nicht vorkamen. Er scheint vielmehr so realistisch erzählt zu haben wie der ihm folgende Ephoros. Nur hat dieser (verschiedene überlieferungen in seiner weise kombinierend) die Dolionen wieder eingeführt, die zwar in historischer zeit verschwunden [22]), aber von Hekataios als bewohner von Kyzikos genannt waren [23]). Ephoros betrachtete sie also als einen pelasgischen stamm [24]). Von kyzikenischen denkmälern an den Argonautenbesuch stand bei D. gewiss mehr als der altar des Apollon Iasonios, das grab des Kyzikos, und die quelle Kleite. Aber die zahl der fabeln und reliquien wird im laufe der zeit gewachsen sein, sodass man besser auf rückführungen verzichtet [25]).

472. AGATHOKLES VON KYZIKOS (DER BABYLONIER)

A. heisst bei Athenaios bald Kyzikener, bald Babylonier [1]), und als Babylonier zitieren ihn auch die Hesiodscholien [2]). Das verweist ihn ohne weiteres in hellenistische zeit, da Βαβυλώνιος nur den bürger oder bewohner von Seleukeia am Tigris bezeichnen kann [3]). Die fragmente bestätigen: A. hat im dritten buch über Alexandreia gehandelt und in dem geschichtlichen werk noch von Hamilkars belagerung von Syrakus 310/9 v. Chr. gesprochen [4]). Genauer lässt sich seine zeit auf das zweite drittel des 3. jhdts bestimmen, wenn er schüler des spätestens ca. 260 gestorbenen Zenodotos war [5]). Das ist trotz der häufigkeit des namens wahrscheinlich, weil die masse der allotria in Περὶ Κυζίκου nach einem belesenen grammatiker von weitem grographischen gesichtskreis und den verschiedensten sachlichen interessen aussieht [6]), der die abschnitzel seiner lektüre in Ὑπομνήματα vereinigt hat [7]) und (hier oder in einem anderen buch) Homerprobleme sachlicher natur behandelt hat [8]). Man wird annehmen dürfen, dass der gebürtige Kyzikener zuerst in Seleukeia gewirkt hat (wo er mit den Χαλδαῖοι bekannt geworden ist [9])), dann in Alexandreia, wo er das distinktiv oder den spitznamen ὁ Βαβυλώνιος erhielt [10]). Die diadochie T 1, die wahrscheinliche benutzung durch Krates [11]), und die stellung in Plinius' autorenlisten [12]) zeugen für das ansehen des mannes, dessen bücher sich lange erhielten. Das werk über Kyzikos behandelte im ersten buch mit ausgesprochen religionswissenschaftlichem interesse die urzeit (und wahrscheinlich die chorographie); im dritten die historische periode von der Perserherrschaft bis auf A.s eigene zeit. Buch II enthielt vermutlich die zeit der (milesischen? [13])) kolonisation. Ob auch die Argonautika, steht dahin; denn die Apolloniosscholien zitieren nur die *Hypomnemata*, und es ist nicht nachweisbar dass der dichter diese lokalgeschichte benutzt hat [14]). Aber Neanthes hat ihn gekannt [15]). Dass er ionisch geschrieben hat [16]) mag eine marotte des gelehrten mannes gewesen sein, wie bei Neanthes der titel Ὧροι. Doch mag man auch sowohl an den gelegentlichen gebrauch des dialekts bei anderen lokalhistorikern [17]) wie an Kallimachos' ionische dialektstudien erinnern. Denn obwohl A. für Athenaios *der* autor über Kyzikos ist — er zitiert sonst nur Neanthes, und nicht aus erster hand — kann man ihn wegen F 5 nicht ins 2. jhdt n. Chr. herabrücken; ganz gleich ob er mit dem Zenodoteer identisch ist oder nicht.

F

(1) Die drei zitate gehören zusammen als reste einer geburtsgeschichte

des Zeus. Dass F 2, in dem Persephone als schutzgöttin von Kyzikos erscheint (was u.a. die münzen mit Κόρη Σώτειρα bestätigen [18])), damit in zusammenhang steht, entnimmt man aus Appian. *Mithr.* 323 [19]). Danach scheint A. eine ausführliche göttergeschichte gegeben zu haben, was in der lokalgeschichte nichts häufiges ist, aber eine parallele in den *Kretika* und (wie es scheint) auch in den *Naxiaka* hat. Das ist kein zufall: wie A. hier die kretische legende in einer seltenen form [20]) hineinzieht, so werden bei Apoll. Rh. 1, 1125/31 die Δάκτυλοι Ἰδαῖοι Κρηταιέες in der gründungsgeschichte des heiligtums der Rhea durch die Argonauten [21]) mit den milesisch-kyzikenischen πάρεδροι der Μήτηρ Δινδυμίη [22]) zusammengebracht. Die tendenz — mag man sie lokalpatriotisch oder gelehrt nennen — geht auf erklärung der lokalen kulte, zieht aber faktisch einen grossen teil der ältesten göttergeschichte nach Kyzikos: es muss bei A. mehr gestanden haben als die zufällig erhaltene herkunft der Kronossteines aus Prokonnesos, das in A.s zeit bereits kyzikenisch ist [23]); so gewiss die lokalisierung des raubes der Kore im gebiet von Kyzikos [24]). (2) Gehört eher in die göttergeschichte als in die Argonautika, in denen nach Herodor 31 F 7 und Apoll. Rhod. 1, 989 ff. [25]) Herakles gegen die Γηγενεῖς kämpft, als sie während Iasons aufstieg zum Dindymos das im hafen liegende schiff gegen die see abzusperren suchen. (3) Vgl. F 6. (4) Das grab Alexanders (Σῆμα)? Ἐκεῖνοι können doch wohl nur die vorher genannten Alexandriner sein. Der anlass zu dem offenbar nicht kurzen exkurs bleibt unklarer als für F 3 und 7, obwohl von beziehungen Alexanders zu Kyzikos berichtet wird [26]). (5) Eine der vielen kombinationen über die gründung Roms, die für uns [27]) mit Hellanikos' Ἱέρειαι beginnen [28]). Bemerkenswert weniger dass sie Aineias selbst nach Italien führt (was ja schon Hellanikos getan hat) und dass sie die eponyme mit ihm in verwandtschaftliche beziehung setzt (was nahe lag) [29]), als wegen der erwähnung einer spezifisch römischen gottheit (was vor dem 3. jhdt unmöglich ist [30])) und wegen der anführung von autoren für die ältere auffassung (was für den gelehrten charakter des buches bezeichnend ist). Diese beruht letztlich auf *Il.* Υ 293 ff. und ist Homerproblem geworden. Ihre vertreter bleiben nach der sitte der zeit anonym [31]), was bedauerlich ist, da die stadt Berekynthia und der fluss Nolon (?) sonst unbelegt sind [32]). Aber das grab muss eine realität gewesen sein. (6) Pytharchos ist unbekannt; um 515 steht auch Kyzikos unter einem tyrannen, den Dareios eingesetzt haben wird [33]). Ein stadtname ist ausgefallen; gegen die ergänzung von Tios erhebt Ruge *RE* VI A col. 857, 68 ff. bedenken. Zur rechtslage dieser städte: Hampl *Klio* 32, 1939, p. 27 n. 2. (7) F 8 ist kaum genügender grund, um auch F 7 den

Hypomnemata zuzuweisen. Die geschichte erzählte in kleinigkeiten anders [34]) (Duris-)Diodor. 20, 29, 2-30, 3. Val. Max. 1, 7 ext. 8 schreibt Cicero aus. (8) Schol. Apoll. Rhod. 3, 41/3; 4, 761/5a mit zitaten aus Pytheas, Kallimachos, Kallias [35]). Es bestanden differenzen über die dem Hephaistos gehörige insel. (9—11) Vgl. n. 9.

473. POLYGNOSTOS 474. DIOGENES VON KYZIKOS

P. ist zeitlich nicht zu bestimmen; D. weist der titel seines buches [1]) in (früh)byzantinische zeit [2]), sodass ihn Steph. Byz. direkt benutzt haben wird [3]). Er hat also weder mit dem verfasser von Persika [4]) noch mit Diogenes von Sikyon, der über die Peloponnes schrieb [5]), noch mit einem der uns sonst bekannten träger des gewöhnlichen namens etwas zu tun. ἢ Διογενειανός hat Mueller mit recht gestrichen; es ist wohl die Vita des Diogenes mit einer des herakleotischen grammatikers Diogenian aus Hadrians zeit [6]) konfundiert, und Bernhardy hat die drei anderen titel wohl richtig dem letzteren zugewiesen. Der umgekehrte vorschlag, aus der Diogenianvita das buch Περὶ ποταμῶν u.a. dem Kyzikener zu geben hat nichts für sich. F 2 beweist, dass die Πάτρια kein epos waren [7]). Zitiert werden drei bücher, von denen das erstere die topographie des kyzikenischen gebietes enthalten zu haben scheint. F 3 aus dem 3. buch ist nicht sicher zu beziehen, und es ist zweifelhaft ob man aus dem irgendwie korrumpierten text einen gesamtumfang von 7 büchern entnehmen darf.

F

(1) Die änderung von οὕτως scheint mir leichter als die annahme einer lücke, in der ein anderer autor gestanden haben soll, denn Κυζίκου ist offenbar abgekürzter titel wie in F 3 [8]). Wenn Adrasteia und mit ihr die ihren namen tragende ebene aus der ebene des Granikos in die des Aisepos und das engere gebiet von Kyzikos gezogen wurde — und das ist früh geschehen [9]), wohl weil die homerische stadt am Hellespont nicht mehr nachweisbar war [10]) —, so war Adrastos als eponym schlecht zu brauchen, da er *Il.* B 828 ff. sohn des Merops von Perkote, des schwiegervaters des königs Kyzikos, ist [11]). Eine nymphe als eponyme ist immer leicht erfunden, und bergnymphe ist sie, weil schon in der *Phoronis* die Idaeischen Daktylen [12]) Φρύγες ἄνδρες ὀρέστεροι und θεράποντες ὀρείης Ἀδρηστείης heissen. Ob D. mehr von ihr erzählte stehe dahin. Aber Adrasteia ist nicht nur tochter des Idesohnes Melissos oder Melisseus [13]) (der nach

anderen Kreter ist), sondern auch die oder eine der ammen des Zeus, schwester der Ide. Es ist vielleicht richtig, dass Hasluck *Cyzicus* 1910, p. 95; 221 in dem Νηπήιον πεδίον, das vom Ἀδραστείας πεδίον kaum verschieden ist [14]), anspielung auf eine lokale legende von der Zeusgeburt findet [15]).

(2) Der text ist nicht heil. Schwartzens auffassung von ἐν πρώτηι - πατρίδος als umschreibung des titels Πάτρια Κυζίκου liegt vielleicht am nächsten, aber die ergänzung der dann entstehenden lücke vor νήσων ist trotz Plin. *N. H.* 5, 151 *insulae in Propontide ante Cyzicum* nicht sehr glaublich. Meineke's verbindung ἐν πρώτηι τῶν ἑπτά ('in primo septem de Cyzico librorum') verlangt mindestens die ergänzung περὶ <τῶν> τῆς πατρίδος. Die umstellung, mit der Westermann die auffassung von G. J. Vossius 'libri de septem patriae suae insulis' stützen will, ist nur diskutabel, wenn D. Kyzikos selbst unter die inseln gerechnet hat. Das ist an sich möglich, weil die stadt sehr häufig als insel bezeichnet wird [16]); aber die aufzählung widerspricht; sie will offenbar nur die zu Kyzikos gehörigen inseln verzeichnen [17]). Auch die zahl macht schwierigkeiten: sieben sind es nur, wenn man die lesungen von V und RP kombiniert und etwa Phoinike einschiebt; aber beide namen fehlen in den sonderartikeln des Steph. Byz., und Plinius hat mehr (zehn) namen, die sich nur z.t. mit denen des D. decken [18]).   (3) Das φρούριον ist von der stadt nicht verschieden: Strab. 12, 8, 11 καὶ γὰρ τῆς Τρωάδος ἔχουσι (*scil.* οἱ Κυζικηνοί) τὰ πέραν τοῦ Αἰσήπου τὰ περὶ τὴν Ζέλειαν κτλ.; 13, 1, 10.

XLIII. LAMPSAKOS

Charons buch gehört zu den ältesten lokalchroniken und erschien vermutlich noch in den letzten jahrzehnten des 5. jhdts [1]); dass wir kein weiteres über die bedeutende stadt [2]) kennen, mag daran liegen dass die Ὧροι in hellenistischer zeit von einem unbekannten unter dem titel Περὶ Λαμψάκου verkürzt und gewiss auch bearbeitet sind. Eine Πολιτεία des Aristoteles ist nicht bezeugt, und aus *Rhet.* 2, 23 p. 1398 b 16; *Oek.* 2, 2, 7; 29 nicht mit sicherheit zu erschliessen.

XLIV. LEROS

475. PHEREKYDES VON LEROS

Über person und werke Ph.s und spuren ihrer benutzung s. *Mnemos.* S. III vol. 13, 1947, p. 48 ff., wo hoffentlich endgiltig bewiesen ist, dass er in hellenistische zeit gehört. Die zeit liesse sich genauer bestimmen, wenn Aelian das F 2 aus dem N. A. 5, 27 zitierten Istros [1]) hätte; aber das ist zweifelhaft, da dieser ὑπὸ μηδενὸς ἀδικεῖσθαι τῶν γαμψωνύχων ὀρνέων sagt; es gab eben mehr legenden. Wir kennen kein älteres buch über Leros, das in hellenischer zeit Milet gehört hat: in der inhaltsangabe von Ps. Deinarchos' Δηλιακός [2]) steckt eine korruptel.

F

(1) *Mnemos.* l.c. p. 51 ff. (2) S. zu Klytos 490 F 1.

XLV. LESBOS

Die historische literatur über Lesbos beginnt mit Hellanikos und setzt sich mit Skamon in seiner familie fort. Sie hört für uns mit Myrsilos in frühhellenistischer zeit auf [1]). Auch was wir an poetischen produktionen 'historischen' inhalts haben, scheint nicht tiefer hinabzugehen [2]). Die autoren sind aus Mytilene, Methymna, und Eresos. Politieen des Aristoteles sind nicht bezeugt, haben aber schwerlich gefehlt [3]). Dikaiarchs dialoge, *qui Lesbiaci vocantur, quod Mytilenis sermo habetur*, sind philosophischen inhalts [4]). In dem roman des Longus, der vermutlich Mitylenaeer war [5]), hat man das autoptische element betont.

476. SKAMON VON MYTILENE

Skamon [1]), den die (nicht vollständige und nicht durchweg chronologische) liste der heurematographen T 3 an erster stelle und vor dem Eresier Theophrastos nennt, ist gewiss der sohn des berühmten Hellanikos [2]), dessen vita einen sohn dieses namens bezeugt [3]). Das gibt die zeit, und ein buch Περὶ εὑρημάτων erwarten wir geradezu im anfang des 4. jhdts. Es mag das erste seiner art gewesen sein [4]), und scheint dauernd benutzt zu sein [5]), während die Λεσβιακά (in éinem buche, das wohl nur ergänzung zu dem des vaters war) hinter Myrsilos zurücktraten. Die anordnung war die sachliche, die am nächsten lag: denn in buch I war über musikinstrumente, in II über die schrift gehandelt. F 2, wo die benutzung der etymologie bemerkenswert ist, und noch entschiedener F 3 beweisen dass Sk. den prinzipiellen standpunkt des späten und tendenziösen Clemens, der alle erfindungen den barbaren zuschrieb, nicht geteilt hat; der autorenkatalog T 3 darf nicht irre führen. Da andrerseits F 4 die erfindung der φοινίκη durch die Phoeniker anerkennt, mag er eine allgemeine theorie überhaupt nicht gehabt, sondern jeden einzelnen fall 'on its merits' entschieden haben.

F

(1) Warum Sk. den troischen stammbaum des Hellanikos [6]) in dieser einzelheit geändert hat, ist nicht zu sagen. Über Thoosa: Höfer *Rosch. Lex.* V col. 822 f.   (2) Die σίκιννις ist nach Eust. *Il.* Π 617 erfindung der Phryger zu ehren des Sabazios Dionysos und heisst nach Arrian 156 F 106 von einer nymphe Sikinnis [7]) aus dem kreise der (phrygischen) Kybele. In Clemens' katalog 1, 76, 5 ist Satyros, der erfinder der πλαγία σύριγξ, Phryger [8]). Also ist der βάρβαρός τις der τινές wohl auch Phryger, und erst Aristoxenos hat ihm zum Kreter gemacht. In Sk.s fragment fehlt jetzt die heimat [9]), aber er gibt eine griechische etymologie und einen griechischen namen [10]): wir kennen nur den könig Thersippos von Athen; und es mag dahinstehen, ob man wegen F 3 an einen athenischen erfinder denken darf [11]).   (3) Die stark auseinandergehende antike überlieferung über die erfindung der schrift s. 1 F 20; 10 F 9. Aktaion und seine töchter führen zweifelsfrei nach Athen [12]); die tochter Phoinike ist so unbekannt wie der Thersippos von F 2, aber wieder zweifellos aus der bezeichnung Φοινικήια γράμματα entwickelt. Griechen als erfinder der schrift sind schon im 5. jhdt nicht ungewöhnlich; aber es sind einzelne persönlichkeiten — Prometheus [13]); Palamedes [14]); vielleicht auch Musaios [15]) —, die den eindruck momentaner erfindung machen und sich gegen die von Milet ausgehende herrschende theorie phoinikischen oder ägyptischen ursprungs der schrift nicht durchsetzen konnten [16]). Nicht beantwortbar sind für uns die folgenden fragen: (1) ob Sk.s ansicht, die von zwei weiteren autoren des 4. jhdts geteilt wird [17]), auf einen autoritativen autor des 5. jhdts zurückgeht oder ob den etwas späteren zeitgenossen der erste heurematograph als autorität genügte. Wenn die erstere eventualität zuträfe, würde man naturgemäss an Hellanikos denken, der εὑρήματα erwähnt hat [18]); aber sein name fehlt in den oben zitierten zusammenstellungen; (2) ob der athenische erfinder viel anders zu beurteilen ist als Prometheus und genossen, und die ansicht Sk.s oder seiner quelle besonderes wohlwollen für Athen verrät (das wieder für Hellanikos nicht ausgeschlossen ist [19])) oder vielleicht eher nur negativ abneigung gegen Ionien und die ansprüche von Milet [20]). (5) Verkürzung und korruptel machen zweifelhaft, was Sk. gesagt hat; es ist nicht einmal sicher zu entscheiden, ob ἧς sich auf die Sibylle oder

auf die σαμβύκη bezieht, und die sonstige überlieferung geht so stark auseinander dass der versuch einer ergänzung zwecklos ist. Phot. s.v. ἰαμβύκη unterscheidet zwischen ἰαμβύκη (so genannt, ὅτι πρὸς αὐτὸ ἰάμβους ᾖδον) und σαμβύκη [21]), die νεώτερον ist καὶ ὀψὲ ὑπὸ Σαμβύκος τινος εὑρέθη.
5 Damit stimmt Euphorion insoweit, als er in der σαμβύκη eine 'späte' umgestaltung und umnennung der alten μάγαδις sieht; er gab auch belege für ihren gebrauch in Lesbos [22]). Die erfindung wird in der Suda s.v. Σίβυλλα Ἀπόλλωνος der erythräischen Sibylle zugeschrieben [23]), die als Griechin betrachtet werden muss, und von Neanthes 84 F 5 dem Iby-
10 kos [24]). Aber Clem. Al. *Strom.* 1, 76, 4 nennt die Trogodyten [25]), und Aristoxenos rechnet die sambyke unter die ἔκφυλα ὄργανα [26]). Wir wissen von Sambyx so wenig wie von Thersippos F 2 und Phoinike F 3; aber auch das ist kein indiz für Sk., da von den beiden nur Phoinike aus der sache erfunden ist, während an Thersippos eine geschichte hängen muss, also
15 kein prinzip der erklärung für Sk. gewonnen wird. Ebenso zweifelhaft, wo dieser Sambyx zuhause ist; doch liegt die verbindung mit Clemens' Trogodyten vielleicht nahe wegen Choerobosc. p. 1417 Bkr. Σάμβυξ Σαμβύκος ὄνομα κύριον· ἔστι δὲ καὶ ποταμὸς καὶ ἔθνος.

477. MYRSILOS VON METHYMNA

20   Der in sage und leben verbreitete name lautete auf Lesbos Myrsilos, und der autor wird ziemlich durchgehend so zitiert; nur gelegentlich, und dann kaum je in allen Hss. oder bei allen zeugen für die gleiche sache, ist die gewöhnliche form Myrtilos eingedrungen [1]). Seine *Lesbiaka*, vielleicht die letzte historische behandlung der insel, waren für die späteren
25 offenbar das hauptbuch; wir hätten lieber mehr aus Hellanikos und Skamon [2]). Die zeit hat schon Westermann [3]) aus der direkten benutzung durch Antigonos von Karystos auf die regierung des Ptolemaios Philadelphos bestimmt. Genaueres lässt sich kaum sagen; denn dass Kallimachos, als er seine Θαυμάσια zusammenstellte, 'ihn noch nicht heran-
30 ziehen konnte' [4]), beruht auf sehr unsicheren erwägungen. Noch zweifelhafter ist polemik gegen Arats *Phainomena*; und wenn Eratosthenes ihn in den *Katasterismoi* wirklich benutzt hat, so bringt uns das chronologisch nicht weiter [5]). Neben den Λεσβιακά stehen Ἱστορικὰ παράδοξα, die man in dieser zeit nicht als 'exzerpte aus der hauptschrift' [6]) ansehen
35 wird. Die verteilung der fragmente auf die beiden schriften ist unsicher, da auch die von Antigonos exzerpierten *Lesbiaka* offenbar reich an paradoxographischen fakten waren, die z.t. in exkursen (wie wir sie aus vielen lokalgeschichten kennen) gestanden haben werden [7]).

F

(1) Wenn F 6 aus dem gleichen zusammenhang genommen ist, hatte M. einen grösseren exkurs über δυσοσμία und ihre mythischen ursachen, dessen anlass uns entgeht. Man erwartet anschluss an ein lemnisches faktum, das dann noch vollständiger verloren ist als die geschichte von den Sieben Lesbischen Jungfrauen [8]). Sollte die randnotiz über πήγανον [9]) im Palatinus auf den weg führen? Auch F 3 handelt von einer pflanze. Die Argonautenfahrt braucht M. dann nicht ausführlicher erzählt zu haben; die landung in Lemnos auf der rückfahrt bezeugte Pindar [10]), und die kontamination der beiden überlieferungen war für die späteren fast unvermeidlich.   (2) Was Lukian [11]) anonym (φασί) erzählt, verrät durch die lokalangaben [12]) lesbische quelle; und nur aus einer solchen kann die geschichte von Neanthos, dem sohn des 'tyrannen' Pittakos stammen, der die leier auf unredliche weise an sich bringt [13]). Zu bestimmen ist die quelle nicht; auch in den knappen versen des Phanokles fehlen die für M. charakteristischen züge [14]). Die sonstigen lokalen legenden oder erfindungen von Orpheus' haupt auf Lesbos s. bei Robert *Heldensage* p. 406 f.; Ziegler *R E* XVIII col. 1242, 62 ff.; 1293, 28 ff. (3) Durch die richtige lesung der Suda erledigt sich Muellers gedanke, dass M. von kult des Linos auf Lesbos gesprochen hätte. Die angabe war vielleicht paradoxographischer art [15]), und ihr anlass ist nicht feststellbar.   (4) Ob das M.-zitat am richtigen platz steht und nicht eher zu den lesbischen καλλιστεῖα [16]) gehört? Dann mag M. den älteren landsmann Theophrast, neben dem er auch F 3 zitiert wird, ergänzt haben.   (5) Antigonos hat nur das paradoxon notiert, M. muss mehr erzählt haben. Lepetymnos heisst in der anonymen κτίσις 479 F 1, in der Achilleus ihn erschlägt, ἰθαιγενής, und gatte der (Makartochter) Methymne [17]), kam also in der urgeschichte der insel vor. M.'s buch würde vermutlich auch die schwierigkeiten lösen, die die angaben über das grab des Palamedes machen, das nach Lykophron *Al.* 1098 ἐν κλήροισι Μηθύμνης liegt [18]).   (6) Über die stellung s. zu F 1. Es gibt eine ganze reihe von erklärungen des namens der Ozolischen Lokrer, mythische und natürliche, die von Pausan. 10, 38, 1-3; Plutarch. *Aet. Gr.* 15; Serv. Dan. Vergil. *A.* 3, 399 mehr oder weniger vollständig zusammengestellt sind [19]). M.s erklärung steht ausführlicher bei Pausanias und ganz kurz bei Plutarch. Am nächsten, weil auch er speciell vom berge Taphi(ass)os spricht steht ihm aber doch Strabon 9, 4, 8, dessen quelle so gut wie sicher Apollodor ist. Obwohl er den berg Νέσσου μνῆμα καὶ τῶν ἄλλων Κενταύρων nennt, möchte man doch glauben, das Apollodor den M.

benutzt, und dass Antigonos unvollständig exzerpiert hat. **(7)** Wegen der berufung auf ein monument [20] muss man wohl rationalisierung einer lesbischen lokallegende anerkennen, die mit hilfe des dialekts aus den Musen Mysierinnen macht in einer weise die doch stark an Euhemeros erinnert [21]). Die exzerpte widersprechen und ergänzen sich, was auf verkürzung einer erzählung (mit varianten?) aus der urgeschichte beruhen mag. Der widerspruch liegt in der aufgabe der musikantinnen: ἄιδειν καὶ κιθαρίζειν τὰς παλαιὰς πράξεις zur besänftigung Makars (**a**) ∼ ἐπὶ τὰ πένθη φοιτᾶν καὶ θρηνεῖν (**c**). Die bei Clemens fehlende siebenzahl liefern **b** und **c**. Sie ist auch in lesbischer tradition so häufig [22]), dass sie keine grundlage für die gleichung dieser 'Musen' mit den verstirnten Sieben Lesbischen Jungfrauen abgibt [23]), von denen bei M. die rede gewesen sein kann, da er auch von den Hyaden gesprochen hat [24]).

(8—9) Die stellung des zitats mitten in der erzählung befremdet; sie erklärt sich wohl daraus dass Dionys seine älteren autoren durch eine späte zwischenquelle benutzt hat. Das macht etwas misstrauisch gegen die behauptung dass M. 'wörtlich' so berichtet habe, und erweckt den verdacht dass der autor zunächst zu einer einzelheit — dem gelübde an die seltsame götterreihe Zeus, Apollo, Kabiren — gehört. In jedem fall hat Dionys (c. 23, 1) gerade die einzelheiten der zerstreuung, an denen uns mehr liegen würde, zugunsten der allgemeinen schilderung gestrichen. Immerhin sichert F 9 die in F 8 gezogene grundlinie, die eine starke vereinfachung von Hellanikos' Pelasgergeschichte [25]) bedeutet: die gleichung Pelasger ∼ Tyrsener ist jetzt vollkommen; darin dass Italien als ihre urheimat von der peripherie ins zentrum tritt wird man ein zeichen der zeit sehen. Es scheint sicher dass M. (wie viele andere) Hellanikos zu grunde legte, der von Tyrrheno-Pelasgern auch auf Lesbos und von Pelasgern ganz besonders in der Aiolis wusste [26]); aber man möchte wissen, ob und welche historiker des Westens er benutzt hat.

(10) Hesych. s.v. Λευκοθέαι· πᾶσαι αἱ πόντιαι. F 15 aus dem gleichen zusammenhang? Der name Leukothea ist für Tenedos, aber nicht für Lesbos bezeugt; die Nereides kamen in der Enalosgeschichte (zu F 14) vor.   **(11)** Muellenhoffs [27]) auf die parallelstellen gestützte vermutung dass 'Plinius die namen der autoren verwechselt' hat wohl mit recht beifall gefunden. Zweifelhaft dagegen dass M. mit Sandaliotis den Timaios 'verbessern oder überbieten' wollte: er wird einfach an Sandalion bei Lesbos (Plin. N. H. 4, 140) gedacht haben.   **(12)** Bürchner *R E* XI col. 88 vergleicht die stadt Γαύρε(ι)ον mit dem hafen Γαυρηλός auf Andros. Danach dürfte Plinius zu verbessern sein.   **(13)** Gehört die ganze zusammenstellung, die vermutlich idealportraits naiv benutzte, M.?

Wenigstens Periander muss in *Lesbiaka* vorgekommen sein [28]). **(14)**
Plutarch. *Sept. Sap. conv.* 19/20 p. 163 A-D: μέμνημαι δὲ καὶ παρὰ Λεσβίων ἀνδρῶν ἀκούσας σωτηρίαν τινὰ κόρης ὑπὸ δελφῖνος ἐκ θαλάττης γενέσθαι· ἀλλὰ Πιττακὸς ἐπεὶ γιγνώσκει ⟨τὸ⟩ λεγόμενον ἀκριβῶς, δικαιός
[δ']ἐστι περὶ τούτων διελθεῖν. (20) ἔφη τοίνυν ὁ Πιττακὸς ἔνδοξον εἶναι καὶ μνημευόμενον ὑπὸ πολλῶν τὸν λόγον. χρησμοῦ γὰρ γενομένου τοῖς οἰκίζουσι Λέσβον, ὅταν ἕρματι πλέοντες προστύχωσιν ὃ καλεῖται Μεσόγαιον [29]), τότ' ἐνταῦθα Ποσειδῶνι μὲν ταῦρον Ἀμφιτρίτηι δὲ καὶ Νηρηίσι ζῶσαν καθεῖναι [30]) παρθένον. ὄντων οὖν ἀρχηγετῶν ἑπτὰ καὶ
βασιλέων, ὀγδόου δὲ τοῦ Ἐχελάου [31]) πυθοχρήστου τῆς ἀποικίας ἡγεμόνος, οὗτος μὲν ἤιθεος ἦν ἔτι, τῶν δ' ἑπτὰ κληρουμένων, ὅσοις [32]) ἄγαμοι παῖδες ἦσαν, καταλαμβάνει θυγατέρα [33]) Σμινθέως ὁ κλῆρος· ἣν ἐσθῆτι καὶ χρυσῶι κοσμήσαντες ὡς ἐγένοντο κατὰ τὸν τόπον, ἔμελλον εὐξάμενοι καθήσειν [34]). ἔτυχε δέ τις ἐρῶν αὐτῆς τῶν συμπλεόντων οὐκ ἀγεννὴς ὡς ἔοικε νεανίας,
οὗ καὶ τοὔνομα διαμνημονεύουσιν Ἔναλον· οὗτος ἀμήχανόν τινα τοῦ βοηθεῖν τῆι παρθένωι προθυμίαν ἐν τῶι τότε πάθει λαβὼν παρὰ [35]) τὸν καιρὸν ὥρμησε καὶ περιπλακεὶς ὁμοῦ συγκαθῆκεν ἑαυτὸν εἰς τὴν θάλατταν. εὐθὺς μὲν οὖν φήμη τις οὐκ ἔχουσα τὸ βέβαιον, ἄλλως δὲ πείθουσα πολλοὺς ἐν τῶι στρατοπέδωι διηνέχθη περὶ σωτηρίας αὐτῶν καὶ κομιδῆς. ὑστέρωι δὲ χρόνωι τὸν Ἔναλόν
φασιν ἐν Λέσβωι φανῆναι καὶ λέγειν ὡς ὑπὸ [36]) δελφίνων φορητοὶ διὰ θαλάττης ἐκπέσοιεν ἀβλαβῶς εἰς τὴν ἤπειρον, ἔτι [37]) δ' ἄλλα θειότερα τούτων ἐκπλήττοντα καὶ κηλοῦντα τοὺς πολλοὺς διηγεῖσθαι, πάντων δὲ πίστιν ἔργωι [38]) παρασχεῖν· κύματος γὰρ ἠλιβάτου περὶ τὴν νῆσον αἰρομένου καὶ τῶν ἀνθρώπων δεδιότων, ἀπαντῆσαι †μόνον θαλάττηι [39]) ἕπεσθαι πολύποδας αὐτῶι πρὸς τὸ ἱερὸν τοῦ
Ποσειδῶνος· ὧν τοῦ μεγίστου λίθον κομίζοντος, λαβεῖν τὸν Ἔναλον καὶ ἀναθεῖναι, καὶ τοῦτον †εἰ καλοῦμεν [40]). Zu dieser ausführlichen erzählung stimmt Antikleides in den *Nostoi* [41]), ein ungefährer zeitgenosse des M., viel genauer als zu dem (freilich sehr knappen) zitat aus M., das eine delphingeschichte der gewöhnlichen art bietet, eine art rationalisierung
der wunderbaren geschichte Plutarchs. Diese stand also in älteren *Lesbiaka*, auf die sich Antikleides mit μυθολογοῦσι τῶν ἐν Μηθύμνηι τινές beruft, und aus der er mehrere der wunderbaren züge, die Plutarch mit ἔτι δ' ἄλλα θειότερα κτλ. übergeht, erhalten hat. Plutarch hat seinen bericht also wohl eher entweder aus einem der älteren bücher oder aus Antikleides genommen, den er auch sonst zitiert [42]). Die tochter des Smintheus [43]) bleibt aber auch in der ausführlichen geschichte namenlos, und man wird besser nicht an die Apriate der Trambelosgeschichte Euphorions [44]) denken. Es ist anzunehmen dass M. auch die berühmteste aller delphingeschichten, die von dem Methymnaeer Arion, erzählte. Ebenfalls nach Lesbos gehört die geschichte von dem ἐν Ποροσελήνηι δελφίν,

die aber später zu sein scheint als M.[45]). Ob dieser eine reihe von delphingeschichten in einem seiner exkurse vereinigte, und ob er sich dabei auf Lesbos beschränkte [46]), muss dahingestellt bleiben.　　(15) S. zu F 10. Oder war die stiftung des Dionysoskultes (vgl. 482 F 5) erzählt?　　(16) Ursprünglicher inselcharakter von Antissa: Ovid. *Met.* 15, 287; Plin. *N. H.* 2, 204. Issa als alten namen von Lesbos braucht Lykophron *Al.* 219. Daneben steht die (ältere?) ableitung auch Antissas von einer tochter des Makar [47]).

478. THEOLYTOS (VON METHYMNA?)

Fraglich ob zu recht aufgenommen [1]). Muellers vermutung, dass Th. Ὅροι Λεσβίων geschrieben hat, ist möglich, wenn er mit dem verfasser der Βακχικὰ ἔπη identisch ist. Es würde weniger ausmachen, wenn auch die Ὅροι episch waren [2]), wie die anonyme Κτίσις 479 F 1. Aber waren es überhaupt Ὅροι und nicht Ὧραι? [3]) Die zeit gibt die benutzung durch den Rhodier Apollonios, die allerdings bestritten gewesen zu sein scheint[4]).

F

(2) S. E. Maass *Herm.* 23, 1888, p. 74 f.; Weicker *R E* VII, col. 1411, 13 ff.; Herter *ebd.* VII A 1 col. 252, 8 ff.; Robert *Heldensage* p. 685 n. 3. (3) Sikinos-Oinoie: Et. Gen. (M. p. 712, 48) p. 265 Mi; Steph. Byz. s.v. Σίκινος; Plin. *N. H.* 4, 70. Die lemnische geschichte kam bei Myrsilos 477 F 1 vor; Diehl denkt an die Βακχικὰ ἔπη.

479. ANONYMOI

(1) Ob der autorname im text ausgefallen ist oder das gedicht später anonym umlief, lässt sich nicht ausmachen. Seit C. Mueller weist man es meist dem Rhodier Apollonios zu [1]); Wilamowitz [2]) lässt es anonym und setzt es ins 4. jhdt. Über Peisidike und die parallelgeschichte von Monenia-Pedasos, für die (der Skepsier) Demetrios 'Hesiod' [3]) anführte, s. Höfer *Rosch. Lex.* III 2 col. 1792 f.; Robert *Heldensage* p. 1136 f.; Oppermann *R E* XIX col. 148 no. 1. In den *Lesbiaka* muss mehr über den Trojanischen Krieg gestanden haben: Hellanikos kennt den kampf des Odysseus mit Philomeleides [4]), Lykophron die geschichte vom seher Prylis [5]), beides als die flotte auf der fahrt nach Troja Lesbos anläuft; die spätere erobe-

rung durch Achilleus kennt schon die Ilias [6]), und er spielt eine rolle auch in der geschichte von Trambelos und Apriate [7]). (**2**) Die schlussverse des orakels gibt Euseb. *P. E.* 5, 36, 1. Πρόσωπον und κάρηνον im orakel [8]) beweisen dass es kein ganzes schnitzbild war [9]), wie in der sonst ganz ähnlichen geschichte vom Hermes Perpheraios im thrakischen Ainos [10]). Gruppe hat wohl mit recht an das haupt des Orpheus erinnert [11]).

XLVII. LOKRER

Von 'Boeotien, Phokis, Lokris, Thessalien', und überhaupt von Nord- und Westgriechenland sagt Wilamowitz *Ar. u. Ath.* II p. 21 f. 'so reich die mythen [1]) sind, nirgends auch nur die spur einer älteren historischen überlieferung', was zutrifft, wenn man 'literatur' für 'überlieferung' einsetzt. Wirklich charakteristisch ist aber dass es über Lokris auch in der hellenistischen zeit keine landesgeschichte, periegese, oder spezialschrift gegeben zu haben scheint. Strabon 9, 4 zitiert ausser Homer nur Herodot, Hellanikos, Ephoros [2]), und die vielen anonymen zitate (φασί, ἄλλοι, τινές) können alle auf allgemeine mythographische und geographische (periegetische) bücher gehen [3]). Was Aristoteles an historischem material hatte, und woher, bleibt zweifelhaft [4]). Wir kennen von ihm Politieen der opuntischen und der italischen Lokrer [5]); in der ersteren scheinen die beiden mutterländischen landschaften behandelt zu sein [6]).

XLVIII. MAGNESIA AM MAIANDROS

Es ist mir zweifelhaft, ob der plural 482 F 1 eine mehrheit von prosaischen Μαγνητικά verlangt. Aristoteles' Πολιτεία beweist nicht dass ihm schon eine lokalgeschichte vorlag; auch die singuläre angabe des Velleius[1]) über gründung durch Sparta ist keine genügende stütze für eine schrift aus dem anfang des 4. jhdts; und die πράξεις der Magneten, von deren schicksalen in und nach dem Kimmeriersturm bei den dichtern Archilochos und Kallinos die rede war, hatten ihren platz mindestens in dem allgemeinen geschichtswerk des Kallisthenes [2]), der Aristoteles' quelle für die historische einleitung gewesen sein wird. Auch auf die Κτίσεις des 4. jhdts mag man verweisen. Es ist denkbar dass die gründung der ältesten griechischen kolonie auf asiatischem boden, deren lage im binnenland als besonderheit empfunden wurde [3]), in Hellanikos' Ἱέρειαι verzeichnet war; aber die datierung ἱερωμένης ἐν Ἄργει Θεμιστοῦς 482 F 2 ist kein beweis, weil das jahr fehlt und vor allem weil daneben der delphische 'proarchon' steht; und das zu 482 F 1 gesagte macht die ganze annahme mindestens sehr unsicher. Auch woher Platon in den *Gesetzen* seine kretische stadt hat bleibt zweifelhaft. Von dichtern kennen wir nur Hermesianax, der die geschichte des gründers Leukippos erzählt hat [4]); worauf Kallimachos' Μάγνησσα geht, ist nicht sicher [5]). Man möchte (mit aller reserve) das einzige bekannte buch des Possis [6]) mit den vorgängen der jahre 221/0 ff., als der tempel der Artemis Leukophryene erbaut [7]) und ihr fest zu einem panhellenischen gemacht wurde [8]), zusammenbringen und in ihm die in den zugehörigen inschriften benutzte offizielle lokalgeschichte sehen [9]). Beweisen lässt es sich nicht; aber es passt dazu was wir von seiner *Amazonis* wissen [10]), und dass der Skepsier Demetrios vielleicht gegen ihn polemisiert hat [11]). Dass er die κτίσις ausführlich behandelt hat, ergibt sich daraus dass er erst im 3. buch von Themistokles sprach [12]).

Die antiken zeugnisse über Magnesia hat Kern *Die Inschr. v. Magnesia am Maeander*, 1900, p. V ff. zusammengestellt [13]); über die qualität der überlieferung s. Wilamowitz *Herm.* 30, 1895 = *Kl. Schr.* V 1 p. 78 ff. Wenn er von 'einer blütezeit des pseudohistorischen schwindels' spricht, so charakterisiert das Possis, den er hier seltsamerweise ebenso vergessen hat wie Kern zu *Inschr.* 16.

F

(**480 F 1**) Trägt nicht den schluss dass man in Magnesia die liste der stephanephoren aus dem 5. jhdt besass; eponym ist der stephanephore (an stelle des prytanis) nicht vor der zweiten hälfte des 3. jhdts geworden [14]). Überhaupt wird man angesichts von 482 F 4-5 nicht leicht geneigt sein solchen angaben P.s, die inschriftlich nicht bestätigt sind, zu glauben. Das stephanephorat des Themistokles gehört wohl in die erfindungen für den grossen werbefeldzug für die Leukophryene [15]). Aus einem lokalen buch (d.h. Possis) stammt gewiss die offenbar erschwindelte geschichte Schol. Aristoph. *Eq.* 84, die die Magneten vom vorwurf der gleichgiltigkeit gegen die sterblichen überreste ihres grossen landesherrn befreien soll, der in der Biographie wieder zum hellenischen patrioten geworden war: λοιμωξάντων δὲ Ἀθηναίων, ὁ θεὸς εἶπε μετάγειν τὰ ὀστᾶ Θεμιστοκλέους· Μαγνήτων δὲ μὴ συγχωρούντων ἠιτήσαντο ἐπὶ λ̄ ἡμέραις ἐναγίσαι τῶι τάφωι, καὶ περισκηνώσαντες τὸ χωρίον λάθρα κομίζουσιν ἀνορύξαντες τὰ ὀστᾶ [16]). Wahrscheinlich auch die tradition über Themistokles' pflege des kultes der Meter Dindymene [17]). Die den nachkommen des Themistokles in Magnesia erwiesenen ehren, von denen Plutarch aus bester quelle — dem ihm befreundeten nutzniesser — weiss [18]), sind gewiss erst in hellenistischer oder römischer zeit beschlossen. Aber das grab [19]) auf dem markte kennt schon Thukydides: das dürfte dann Themistokles sich selbst gebaut haben.   (**480 F 2**) Wilamowitz *H. D.* II p. 222 n. 1 'Possis .... hat wild erfunden; von solchen wüsten neuerungen darf man sich nie beirren lassen u.s.w.'. Dass der verfasser der *Amazonis* mit dem der *Magnetika* identisch ist beweist das distinktiv ὁ Μάγνης. Wir wissen von Amazonen speziell in Magnesia nichts (Leukophrye ist keine Amazone); aber am fries des Hermogenestempels (no. 481) war die Amazonomachie dargestellt. Für die Argonauten, die P. damit in irgend einen zusammenhang gebracht hat, s. kaiserzeitliche münzen mit 'Ἀργὼ Μαγνήτων [20]). Zweifelhaft bleibt die form des werkes [21]), und leider ist nicht zu entscheiden, ob der Skepsier Demetrios gegen P. oder gegen Demokles von Pygela polemisiert [22]).   (**481**) Vitruv. 3, 2, 6; 4, 3, 1; Strab. 14, 1, 40 ἐν δὲ τῆι νῦν πόλει τὸ τῆς Λευκοφρυήνης ἱερόν ἐστιν Ἀρτέμιδος, ὃ τῶι μὲν μεγέθει τοῦ ναοῦ καὶ τῶι πλήθει τῶν ἀναθημάτων λείπεται τοῦ ἐν Ἐφέσωι, τῆι δ' εὐρυθμίαι καὶ τῆι τέχνηι τῆι περὶ τὴν κατασκευὴν τοῦ σηκοῦ πολὺ διαφέρει· καὶ τῶι μεγέθει ὑπεραίρει πάντας τοὺς ἐν Ἀσίαι πλὴν δυεῖν, τοῦ ἐν Ἐφέσωι καὶ τοῦ ἐν Διδύμοις. Über Hermogenes s. Fabricius *R E* VIII, 1913, col. 879 no. 29; Christ-Schmid *Gr. Lit.* [6]II 1, 1920, p. 235; Pernice *Handb. d. Archaeol.* I 2, 1938, p. 255 f. Es ist wahrscheinlich der 'E. Ἁρπάλου *Inschr. v. Priene* 207; er gilt als hauptquelle dessen was Vitruv über 'die ionische bauweise' sagt.   (**482**) Kern *Die Gründungsgesch. von Magnesia am Maiandros*, 1894; *Die Inschriften von Magnesia am Maeander*, 1900, no. 16-87; 'Magnetische Studien' *Herm.* 36, 1901, p. 491 ff.; Wilamowitz 'Die Herkunft der Magneten am Maeander' *Herm.* 30, 1895 = *Kl. Schr.* V 1 p. 78 ff.; 'Die Inschriften von Magnesia' *G G A* 1900 = *Kl. Schr.* V 1 p. 343 ff. Nach dem oben gesagten bezieht sich F 1 wahrscheinlich in erster linie, wenn nicht allein, auf die 'offizielle stadtgeschichte' des Possis, und stammen F 2-4 aus diesem buch; kaum dagegen das erst in der zweiten hälfte des 2. jhdts aufgezeichnete kultgesetz *Inschr.* 100.   (**482 F 1**) Nur διά τε τῶν χρησμῶν καὶ διὰ τῶν ποιητᾶν καὶ διὰ τῶν ψαφισμάτων κτλ. im beschluss von Ithaka *Inschr.* 36, 9. (**482 F 2**) Gibt die daten für die reorganisation des kultes nach einem buch, das — mindestens für diese zeit — nach den lokalen stephanephoren datierte [23]). Besonders wichtige ereignisse, wie die epiphanie der Artemis und der beschluss über die einrichtung des panhellenischen festes der Leukophryena, sind (gewiss schon im dem buche; in der steinschrift war es viel weniger nötig) durch gleichung mit den beiden damaligen hauptdaten der allgemeinen chronologie — dem attischen archonten und der olympiadenzahl [24]) — verständlich gemacht. Dass daneben noch der sieger im kitharodischen agon gestellt wird, beruht auf dem besonderen verhältnis von Magnesia zu Delphi, wie es die κτίσις F 3 darlegt. Diese datiert, da es stephanephoren vor der gründung der asiatischen stadt nicht gibt, nach dem proarchon der enneateris (wie Diels glänzend ergänzt hat) und der Herapriesterin. Ich glaube dass Wilamowitz p. 91 in dem ersteren mit recht eine 'fälschung' des chronisten sieht [25]). Dann gilt das aber auch für den sieger im kitharodenagon F 2 und wirft sein licht auf die Herapriesterin, bei der sowieso das fehlen des jahres frappiert [26]). Das ist ganz im stil der anerkannten fälschung F 4. **(482 F 3)** Für die gründungsgeschichte von Magnesia haben wir ausser einer reihe von verstreuten bemerkungen über herkunft, frühere schicksale, und führer der auswanderung [27]) zwei knappe, aber vollständige berichte bei Parthenios und Konon [28]). Sie ergänzen sich gegenseitig, lassen sich ohne weiteres ineinander arbeiten, und hängen von dem in der beischrift zu Parthenios genannten Hermesianax ab, dessen quelle (x) sich nicht mit namen nennen lässt. Zwischen x und der urkunde von Magnesia (P = Possis?) bestehen folgende unterschiede: (1) in x werden die Magneten bezw. ihr führer Leukippos gewaltsam aus Kreta vertrieben [29]), was für P durch § 1 und F 4 ausgeschlossen ist; (2) in P kommen die Magneten von Kreta direkt nach Magnesia, dessen lage das erste und dritte der erhaltenen orakel mit steigender genauigkeit beschreiben; in x besiedeln sie zuerst Kretinaion im gebiet von Ephesos [30]); (3) in x ist Leukippos führer der Magneten von Thessalien nach Kreta und von Kreta nach Asien [31]); in P liegen 80 jahre zwischen beiden wanderungen. Diese zwischenzeit war in dem verlorenen orakel betont, das die Magneten das erscheinen weisser raben in Kreta erwarten heisst; und das zweite und dritte handeln von dem führer, den sie bei der späteren anfrage in Delphi treffen [32]); (4) x setzt die Aeolische und Ionische Wanderung voraus [33]); P hat gewiss die datierung vertreten, die in Magnesia die älteste griechische siedlung in Asien sieht [34]); einen anderen sinn kann die datierung in § 2 [35]) (die wir freilich nicht umsetzen können) kaum haben. Dass die fassung x auch P vorlag, scheint sicher [36]); die änderungen werden wir alle auf den lokalhistoriker zurückführen dürfen, der die erzählung (nach bekanntem typ) als reihe von orakeln mit verbindendem text gibt und vielleicht auch die orakel selbst erfunden hat [37]). Es ist daher begreiflich, dass die anderen versionen (obwohl auch in ihnen Delphi eine rolle spielt) die lücke im anfang von P nicht füllen. Zwar das orakel, das die

Magneten nach Kreta schickt, können wir teilweise aus § 2 ergänzen; und an ihm hängt die ganze elaborate konstruktion, die sie dort 80 jahre in einer eigenen stadt leben lässt, und Leukippos erst einführt als auf erneute anfrage der gott sie nach Asien weist; aber wir sehen weder wie die Magneten zuerst nach Delphi kamen, noch zu welchem 'schnell erfüllten' zweck der gott sie nach Kreta geschickt hat. Die erste lücke lässt sich auch aus den verstreuten nachrichten nicht mit sicherheit ausfüllen. Zwar kennt Platon die stadt Magnesia auf Kreta [38]), und nennen Aristoteles-Theophrast die Magneten ἱεροὶ τοῦ θεοῦ, Δελφῶν ἄποικοι [39]); aber die überlieferung ist nicht einheitlich: nach Konon (= x) wohnen sie vorher am Peneios und auf dem Pelion, καὶ συνεστράτευσαν Ἀχαιοῖς κατὰ Τροίας, ἡγουμένου αὐτῶν Προθόου [40]) .... εἶτα δεκάτη Μαγνήτων ἀνακομιζομένων αὐτῶν ἀπὸ Τροίας οἰκίζει κατ᾽ εὐχὰς εἰς Δελφούς· μετὰ χρόνον δὲ ἀναστάντες τοῦ ἱεροῦ καὶ κατιόντες ἐπὶ θάλασσαν ἐπεραιώθησαν εἰς Κρήτην; nach dem unbekannten autor des Parthenios sind sie δεκατευθέντες ἐκ Φερῶν ὑπ᾽ Ἀδμήτου [41]). Beides ist offenbar erst erfunden, als der delphische gott eingeführt ist, was doch wohl schon im 5. jhdt geschehen ist, obwohl der einklang in diesem punkte zwischen x und P eine so frühe datierung so wenig unbedingt beweist wie der Apollon auf den münzen des Themistokles. Denn die *Nosten*, auf die man *Bibl. Epit.* 6, 15a (aus Tzetz. Lyk. 902) zurückführen wird, kennen Delphi nicht, sondern rechnen die Magneten zu den vielen, die ihre alte heimat als folge des Trojanischen Krieges verlieren: τοῦ δὲ Προθόου περὶ τὸν Καφηρέα ναυαγήσαντος, οἱ σὺν αὐτῶι Μάγνητες εἰς Κρήτην ῥιφέντες ὤικησαν. (482 F 4) Die fälschung hat schon Kern *Die Gründungsgesch.* p. 14 f. erkannt. Ihre aktuelle tendenz ist mit händen zu greifen [42]). (5) S. Kerns kommentar. Mitte des 1. jhdts n. Chr., 'aber vielleicht nur erneuerung einer älteren urkunde', die Pomtow *Jahrb.* 1896 in die zeit setzt in der die orakel der κτίσις fabriziert sind; die verteidigung Delphis gegen die Gallier erwähnt auch das psephisma der Epidamnier 482 F 1; die lokalgeschichte wird genaueres erzählt haben. Es war der grosse hellenische ruhmestitel der stadt; denn am Perserkrieg war sie nicht beteiligt. Über den Dionysoskult in Magnesia E. Maass *Herm.* 26, 1891, p. 182 ff.; Kern *Die Gründungsgesch.* p. 27; *Die Inschr.* p. 213; Wilamowitz p. 356; *Gl. d. Hell.* II p. 373. Vergl. auch die stiftung des Dionysos Choopotes durch Themistokles, Possis 480 F 1. Zu beachten ist dass diese inschrift nach dem prytanen datiert [43]).

XLIX. MALIER

Die Malier, deren ethnische zugehörigkeit nicht ganz sicher ist und deren politische gewechselt hat, habe ich mit Strab. 8, 1, 1 von den Thessalern getrennt; sie gehörten seit 270 zum aetolischen bund [1]). Diese zugehörigkeit setzt die dichterin voraus, wobei es nicht ganz klar ist ob sie über Aitoler *und* Lamier in verschiedenen dichtungen handelte (man würde dann wohl δάμου τοῦ ἀμετέρου erwarten) oder die verbindung der stämme in der vorzeit an ihren heroen nachwies. Eine prosaische landesgeschichte scheint es für sie so wenig gegeben zu haben wie für Phoker, Lokrer, und andere der kleinen mittelgriechischen stämme, und die epischen gedichte der hellenistischen zeit handelten schwerlich von ihrer geschichte. Sie gehören wohl zu dem enkomiastischen typ, der in hellenistischer zeit häufig ist [2]), aber selten von namhaften dichtern gepflegt wird [3]), und von dem ethnographischen epos Rhians und auch Nikanders [4]) ebenso zu unterscheiden ist wie von den (meist prosaischen) gelehrten κύκλοι über einzelne städte oder länder. Die Λαμιακά des jüngeren Choirilos [5]), die eher vom makedonischen als vom griechischen standpunkt gedichtet waren, gehören nicht in die Lokalgeschichte.

L. MASSALIA

Dass Aristoteles die gründungslegende [1]) 'nicht aus dem volksmunde' hatte, wird man glauben. Aber wo er sie her hatte, ist um so weniger auszumachen als wir auch für die mutterstadt Phokaia nur die (von Herakleides bis auf einen satz zusammengestrichene) Politeia des Aristoteles kennen [2]). Es ist nicht unglaublich dass solche novellen schon in Hekataios' *Periodos* standen, die die griechischen gründungen in Ligurien und die kolonieen von Massalia registrierte [3]). Antiochos hat ausführlicher von den schicksalen der Phokaier in der Kyroszeit berichtet; ob er bei dieser gelegenheit Massalia nannte ist zweifelhaft [4]). Die gründungsgeschichte steht bei Timaios [5]). Bei Pompeius Trogus folgen *Origines Liguriae et Massiliensium res gestae* auf die urgeschichte von Latium und Rom, und seine geschichte von Massalia ist vom standpunkt des gebürtigen Galliers geschrieben [6]). Dass Timagenes zu grunde liegt beweist 88 F 2; seine quelle ist wahrscheinlich Poseidonios, der Timaios benutzt haben wird, was uns nicht viel weiter bringt. Von einer stadtgeschichte [7]) fehlt jede spur, und weder die 'grosstaten der stadt auf wissenschaftlich geographischem gebiet' [8]) noch gar Strabons angabe οἱ δὲ νόμοι Ἰταλικοί, πρόκεινται δὲ δημοσίαι [9]) können ihre existenz beweisen. Vielleicht erklärt sich ihr fehlen gerade daraus dass das interesse der Massalioten (wie das der Phokaier) ganz wesentlich auf handel und schiffahrt ging [10]); denn auch später haben sie im griechischen geistesleben keine grosse rolle gespielt [11]).

LI. MEGARA

Im grossen epos spielt Megara keine rolle und wird nicht einmal (wie doch Athen) im Schiffskatalog erwähnt [1]); dass es lokale poesie gegeben hat lässt sich nicht unbedingt bestreiten [2]). Die historische literatur beginnt wahrscheinlich in der ersten hälfte des 4. jahrhunderts und reicht bis in den anfang des dritten [3]); dann hört sie auf wohl weil 'Megara in der späteren zeit, vor allem seit den zerstörungen durch Poliorketes (307) und Gonatas (266) eine unbedeutende kleinstadt und sehr heruntergekommen war, ein *oppidi cadaver*, wie es Ser. Sulpicius in einem briefe an Cicero nennt' [4]). Nach den fragmenten zu urteilen steht sie, was begreiflich ist, stark unter dem gegensatz gegen Athen [5]), ist aber gewiss nicht nur durch ihn hervorgerufen. Die wenigen fragmente geben nichts für die form aus: beamtennamen fehlen, und es lässt sich nicht sagen wieviel urkundliches material sie verwendet hat; nicht einmal ob sie über die zeit des Solon und Peisistratos hinabgegangen ist, was man *a priori* glauben möchte und doch angesichts des befundes für Dieuchidas nicht zu behaupten wagt [6]). Die zeitliche folge der drei uns bekannten chronisten [7]) beruht auf vermutung, da nur Dieuchidas mit genügender sicherheit auf Aristotelische zeit festzulegen ist; aber in dem schattenhaften Praxion werden wir doch wohl seinen vater erkennen dürfen, und Hereas scheint jünger. Ein buch über Megara hat, wie es scheint, schon Aristoteles benutzt [8]); die hellenistischen grammatiker haben vor allem Dieuchidas und daneben Hereas herangezogen; die quelle von Pausanias' Μεγαρικά, aus der unter no. 487 eine reihe megarischer traditionen aufgenommen ist, lässt sich (wie gewöhnlich) nicht bestimmen, war aber kein megarischer autor [9]). Für das material über Megara genügt es hier auf den artikel von Ernst Meyer *RE* XV, 1931, col. 152 ff. und Hanell *Megarische Studien* 1934 (mit Kirsten *Gnomon* 13, 1937, p. 513 ff.) zu verweisen [10]). Über die unzureichende monographie von E. L. Highbarger *The History and Civilisation of ancient Megara* 1927 vgl. Kahrstedt *Gnomon* 3, 1927, p. 626 ff.; Wade-Gery *Cl. Rev.* 42, 1928, p. 22 u.a.

484. PRAXION <VON MEGARA>

Dass P. nur einmal zitiert wird [1]) ist kein grund seine existenz zu bestreiten [2]). Wenn wir in ihm Dieuchidas' vater sehen dürfen, ist seine zeit ungefähr bestimmt; und ob das einzige fragment von der Athena Skiras im Phaleron redet [3]) oder nicht (bei der knappheit des auszuges lässt sich das nicht bestimmt behaupten), die tendenz ist die gleiche wie bei Dieuchidas 485 F 2 und dem autor des Aristoteles 487 F 2: bedeutende athenische kulte sollen als megarisch oder wenigstens dorisch erwiesen werden.

485. DIEUCHIDAS VON MEGARA

Wohl der bedeutendste, jedenfalls der am meisten benutzte autor, sozusagen der Philochoros von Megara [1]). In den mindestens 5 büchern waren urzeit [2]) und archaeologie sehr ausführlich behandelt, da Lykurg erst im 4. buch vorkam, dann aber schon im 5. Solon und der verlust von Megara. Es ist hier besonders empfindlich, dass wir nicht wissen ob D. weitergegangen ist; man würde viel darum geben z.b. vom Peloponnesischen Krieg und Perikles aus megarischem munde zu hören; dass die Plutarchische *Vita* keinen megarischen autor nennt, sondern 'die Megarer' sich auf aristophanische verse berufen lässt [3]), scheint fast den schluss zu rechtfertigen dass Hermippos bei D. (oder Hereas) nichts fand. D.s zeit hat Wilamowitz [4]) schon wegen T 1 richtig auf das 4. jhdt bestimmt; inzwischen haben die delphischen inschriften das genauere datum geliefert; denn es kann dann kaum zweifelhaft sein dass wir den lokalhistoriker in dem ναοποιός der jahre 338/7-330/29 zu erkennen haben [5]). Die inschriften geben den namen seines vaters Praxion, vermutlich doch des ältesten verfassers von Μεγαρικά, und sichern den namen, der in der literarischen überlieferung mehrfach als Dieutichidas erscheint [6]). Sie sagen nicht ob die lokalgeschichte 338/7 schon ganz oder teilweise erschienen war (was man glauben möchte), und erlauben weder die bestimmung von D.s geburtsjahr [7]) noch eine antwort auf die frage ob Aristoteles [8]) D. oder Praxion benutzt hat. Es ist wahrscheinlich dass Hermippos D. für die viten des Lykurg und Solon herangezogen hat, und dass auch F 6 bei Diogenes Laertius letztlich auf diesen vermittler zurückgeht [9]). Ob und wieviel bei Pausanias indirekt (von direkter benutzung kann keine rede sein) auf D. zurückgeht, lässt sich nicht bestimmen; er ist für Pausanias' autor wohl die haupt- aber nicht die einzige quelle [10]).

F

(1) Die notiz hat Kalkmann [11]) wohl richtig aus Pausan. 1, 40, 1 = 487 F 4 erklärt, und dann gehört D.s F 8 vielleicht in diesen zusammenhang. Die geschichte von dem Zeussohn Megaros, dem megarischen urmenschen, zeitgenossen Deukalions und eponymen der stadt, die ihre selbständige existenz in der urzeit beweist, ist gewiss eine durchsichtige erfindung, aber als solche ein ebenso passender anfang für eine megarische lokalgeschichte wie die flucht Deukalions nach Athen für eine *Atthis* [12]). Erfunden ist sie wohl im widerspruch zu der böotischen geschichte, die Megareus aus Onchestos zu einem Boioter der Minoszeit machte und vielleicht abhängigkeit Megaras von Boiotien insinuierte [13]). Das mussten die Megarer so gut bestreiten wie die usrprüngliche zugehörigkeit der Megaris zu Athen [14]). Eher konnten sie die ableitung von einem sohne des Phoroneus anerkennen, die möglicherweise aus Hellanikos' *Phoronis* stammt; und sie hat tatsächlich in anderen *Megarika* gestanden [15]).
(2) Wir kennen die argumente, mit denen die Atthis die alte zugehörigkeit der Megaris zu Athen erwies [16]), und Pausan. 1, 39, 4 sagt abschliessend dass erst nach einem verunglückten zuge gegen die stadt des Kodros die Peloponnesier Μέγαρα Ἀθηναίων ἑλόντες Κορινθίων καὶ τῶν ἄλλων συμμάχων τοῖς ἐθέλουσιν ἔδωκαν οἰκῆσαι· Μεγαρεῖς μὲν οὕτως ἔθη καὶ φωνὴν μεταβαλόντες Δωριεῖς γεγόνασι. Von D.s beweisführung ist nur noch zu erkennen dass umgekehrt die Athener von den Doriern gewisse kulte erhalten haben: das aition für den Agyeus und die lokalisation des heiligtums [17]) hat der scholiast nicht exzerpiert, und sein text ist stark verdorben. Das dritte buch weist auf theseische [18]) oder nachtrojanische zeit; man wird wohl an eine episode in dem feldzug gegen Kodros denken dürfen.   (3) Pausan. 1, 43, 1 ἔχει δὲ παρὰ Μεγαρεῦσι καὶ Ἄδραστος τιμάς· φασὶ δὲ ἀποθανεῖν παρὰ σφίσι καὶ τοῦτον, ὅτε ἑλὼν Θήβας ἀπῆγεν ὀπίσω τὸν στρατόν· αἴτια δέ οἱ τοῦ θανάτου γῆρας καὶ τὴν Αἰγιαλέως γενέσθαι τελευτήν. Die realität des grabes wird niemand bestreiten; die frage ist nur seit wann Adrastos als sein inhaber galt; die gleiche die man bei den gräbern der Sieben in Eleusis stellt [18a]). Ich glaube nicht dass man den 'gott' Adrastos bemühen darf: angesichts des reichtums von Pausanias' *Megarika* an z.t. noch überraschenderen gräbern [19]) wird man wohl erfindung des lokalpatriotismus annehmen, der hier (wie an vielen anderen orten) seiner heimat einen platz in der panhellenischen heldensage zu verschaffen suchte [20]). Sie wird älter sein als D. und war leicht, da Adrastos bei Pindar *Pyth.* 8, 48 ff. führer der Epigonen ist und der rückweg von Theben naturgemäss über Eleusis und Megara geht. Leider gibt

Pausan. 9, 9, 4 keine quelle für die beteiligung der Messenier, Arkader, Korinther, Megarer an diesem zuge, und es hat kaum zweck zu raten [21]). Zeitlich gehört F 3 vermutlich vor F 2.   (4—5) Zitiert wird D. nur für eine einzelheit, die auch wir nur aus ihm kennen; aber man wird glauben dürfen dass er den stammbaum gab, den Ephoros als die vulgata des 4. jhdts bezeichnete [22]). Was wir haben ist keine genügende grundlage für den (*a priori* wenig glaublichen) gedanken von Wilamowitz [22a]), der in D. 'den urheber oder ältesten vertreter der vulgären (zwischen 403 und 350 ausgebildeten) Lykurgfabel' sehen möchte. Das intervall hilft uns nichts, da wir D.s troische aera nicht kennen. Der megarische autor, der sich als Dorier fühlte [23]), wird ausführlicher von der entwicklung der dorischen vormacht gesprochen haben.   (6) Die lückenhaftigkeit des textes ist anerkannt: es ist nicht glaublich dass der Megarer die relativen verdienste der beiden Athener um Homer gegen einander abgewogen hat. Was er in dem zusatz des Diogenes aus Hermippos [24]) gesagt hat ergibt sich aus Hereas [25]) und lässt sich leicht in einem relativsatz unterbringen: Peisistratos hat verse im texte Homers (und anderer dichter) interpoliert, gestrichen, im interesse Athens geändert. Das kann ein grösserer exkurs gewesen sein; aber in erster linie handelte es sich auch für D. um die beiden auf Salamis bezüglichen verse *Il.* B 557/8, für die die Megarer eine andere fassung anzugeben wussten [26]). Ob D. so weit ging dass er gleichzeitig den abschnitt über Athen B 546/56 für interpoliert erklärte wissen wir nicht [27]). Es braucht auch nicht diskutiert zu werden, ob die von Megarern fabrizierten verse jemals in einer handschrift gestanden haben (wir wissen von keiner megarischen ἔκδοσις) oder ob die megarischen lokalhistoriker sie ernsthaft als den echten text ausgaben [28]); und die gründe, aus denen die alexandrinischen kritiker den in allen haupthandschriften fehlenden v. 558 athetierten [29]) gehen uns hier auch nichts an. Wichtig allein dass Ritschls ergänzung des textes [30]) falsch ist: es handelt sich immer nur um einzelne verse; von der theorie (der pergamenischen Homerphilologen?) dass Peisistratos *primus Homeri libros confusos antea sic disposuisse dicitur ut nunc habemus* [31]) wissen das 4. jhdt und der ältere Hellenismus nichts, und die modernen sollten endlich aufhören, die (an sich recht glaubliche) annahme eines attischen archetypus für unseren Homertext [31a]) durch angebliche 'zeugnisse' aus der Antike zu stützen.   (7) Vgl. zu Aristeides 444 F 2/4. Ob das aus der geschichte von Argos stammt [32]) oder ob 'D. Megara in verbindung mit der kolonisation der inseln gebracht hat' [33]) ist nicht zu entscheiden. Zur form des opfers für Phorbas s. Nock *Harv. Theol. Rev.* 37, 1944, p. 146 n. 24; Eitrem *Beiträge* 3, 1920, p. 42 hat den text missverstanden mit 'Thamneus habe ihn wie einen sklaven bewirtet'. **(8)** Vgl. zu F 1 und 487 F 4. Aber wir haben keine buchzahl, und die Geraneia wird öfter vorgekommen sein, wie z.b. in der geschichte von Ino 487 F 7 und in der Koroibosgeschichte bei Pausan. 1, 43, 7-8. **(9)** Was die *Megarika* von Melampus erzählten ist zum grössten teil verloren, weil Pausan. 1, 44, 5 den kult von Aigosthena beschreibt, den wir auch aus den inschriften kennen, die alle erst aus der zeit der selbständigkeit dieser stadt (nach 306 v. Chr.) stammen [34]). Für Megara selbst gibt er nur die geschichte des dionysischen sehers Polyidos, aus der wir immerhin erfahren, dass man ihn zum urenkel des Melampus gemacht hat und diesen selbst nach Megara kommen liess, um könig Alkathoos von blutschuld zu reinigen — eine offenbar späte erfindung, die aber mit tatsachen des (wie es scheint) eigenartigen Dionysoskultes arbeitet und das geschlecht noch um mindestens zwei generationen herabführte [35]). Melampus' mutter Dorippe ist uns, wie Lykurgs mutter [36]), nur aus D. bekannt. **(10)** Das märchen erzählt Pausan. 1, 41, 3 genauer: der löwe heisst 'der kithaironische'; unter den von ihm getöteten ist Euhippos, der sohn des königs, der hier Megareus heisst, in den *Megarika* der urkönig Megaros gewesen sein muss [37]); der überwinder erhält die hand der königstochter Euaichme [38]); er stiftet zum dank den tempel des Apollon Agraios und der Artemis Agrotera. Es erklärte also zugleich (wie häufig in lokalgeschichten) zwei megarische kulttatsachen [39]); und auch Alkathoos ist in Megara bodenständig [40]): er hat ein ἡρῷον, das (noch) in Pausanias' zeit als archiv benutzt wurde [41]); ihm werden die Ἀλκαθοῖα [42]) gefeiert; und schon Theognis kennt ihn als erbauer der (westlichen) akropolis [43]). Trotzdem kann man bezweifeln dass auch das märchen in Megara alt ist. Es ist doch wohl erst von den verfassern der *Megarika* [44]) auf ihn übertragen, um zu erklären, wie der Pelopssohn (was er schon bei Theognis ist) nach Megara kam und der zweite könig nach dem Zeussohn Megaros wurde. Das kann hier nicht untersucht werden; aber es ist deutlich dass Alkathoos eine einzelgestalt war: seine nachkommen sind entweder durchsichtig erfunden und sterben vor ihm [45]), oder haben ursprünglich nichts mit ihm zu tun [46]). **(11)** Meineke gleicht mit Κίρφις Strab. 9, 3, 1, wo es fraglich ist ob eine ortschaft oder das gebirge gemeint ist. Es ist also auch fraglich ob man an das heutige Desphina [47]) und den Heiligen Krieg denken darf. Wenn ja, wäre D. wegen des ethnikons zitiert, das bei Herodian. II 78, 34 L Κιρφηίς zu lauten scheint [48]). Ob D. wirklich von Σκιρφεῖς sprach, oder ob ein alter handschriftlicher fehler vorliegt, ist nicht zu entscheiden; und πόλις bei Steph. Byz. besagt wenig; der name kann aus dem ethnikon fingiert sein. So bleibt alles zweifelhaft.

486. HEREAS VON MEGARA

H. ist durch vermittlung der Kallinacheer Istros und Hermippos in die Plutarchviten gekommen [1]). Das gibt einen *t. ante*, und wenn die gleichung mit dem theoren 'H. Ἀλείου *IG* VII 39 richtig ist, ist der chronist um 300 v. Chr. zu datieren und war jünger als Dieuchidas [2]). Sicher ist die gleichung nicht, weil der name in Megara häufiger ist [3]); aber seine uns inschriftlich bekannten träger aus den jahren 223-192 v. Chr. können zwar aus der familie des chronisten sein [4]) (der, wie die meisten echten lokalhistoriker, zu den notabeln gehörte), kommen aber für die abfassung der *Megarika* (auch wenn man von den politischen schicksalen der stadt absieht [5])) als zu jung nicht in frage. Sehr auffällig, obwohl die grammatiker den namen diskutiert haben [6]), ist es dass die Apolloniosscholien die *Megarika* eines Heragoras zitieren [7]), und man muss erwägen ob zwischen ihm und Hereas nicht das gleiche oder ein ähnliches verhältnis besteht wie zwischen Praxion und Dieuchidas. Es ist nicht ausgeschlossen dass zwar der ältere Heragoras Μεγαρικά schrieb, aber der jüngere nur eine streitschrift gegen Athen, in der er die angeblichen fälschungen der texte durch die Athener diskutierte: F 1; 2; 4 gehen auf diese diskussion, und keines hat buchtitel, den man freilich bei Plutarch auch nicht erwartet. Man muss die entscheidung offen lassen.

F

(1) Die antiathenische tendenz ist ausgesprochen: H. setzte den charakter des athenischen nationalhelden, der nach den Atthidographen Megara wieder mit Attika vereinigt hatte [8]), ganz allgemein und auch da herab wo nicht (wie in der Skiron- und Salamisfrage) spezifisch megarische interessen ins spiel kamen [9]). Der Hesiodvers, den Peisistratos angeblich getilgt hat [10]), hat so wenig in den Eoeen gestanden wie die megarische fassung von *Il.* B 557/8 [11]); er ist aber nicht wie diese erfunden, sondern stand (wir sehen nicht, in welchem zusammenhang) im *Aigimios* [12]), dessen verfasserschaft zwischen Hesiod und dem Milesier Kerkops (um 500 v. Chr.?) strittig war [13]). Auch dafür dass Theseus Ariadne schon in Kreta zurückliess, konnte sich H. wahrscheinlich auf gute gewährsmänner berufen [14]). Bemerkenswert ist dann die kontamination mit der vulgata durch einführung der ναῦται und der rationalismus [15]), der an stelle des gottes seinen priester setzt [16]). Damit war die geschichte ganz ins menschliche gezogen.   (2) Skironsohn und örtlichkeit in Megara sonst unbezeugt [17]); aber dass die *Megarika* nachkommen des

Skiron erfanden ist bei der ausführlichkeit, mit der sie seine familienverhältnisse behandeln [18]), glaublich, und die Alkathoosgeschichte Pausan. I, 41, 3 macht die gleiche voraussetzung dass Theseus selbst Aphidna verteidigt und dabei auch den königssohn Timalkos erschlägt. Den von H. zitierten vers sucht Hanell p. 11 n. 2 in einem 'verschollenen epos', dass dann jedenfalls keine Theseis war [19]). Herter [20]) erwägt die möglichkeit 'ganz alter urtradition', 'erinnerung an kämpfe aus der zeit vor der einigung Attikas'; wenig glaublich, und auch dann würden wir nach dem literarischen vermittler fragen. Es gab schwerlich ein geschlecht in Megara, das sich auf Skiron zurückführte; davon würden wir hören. Für Megaros schliesst die geschichte selbst diese annahme aus.   (3) Der rationalismus ist hier nicht selbstzweck [21]), sondern hat eine antiathenische spitze. Wie nicht lange vorher Theopomp die historischen ruhmestitel Athens bestritt, so H. ihre mythischen. Es wird im 4. jhdt mehr dergleichen gegeben haben.   (4) Es ist deutlich dass H. dann nur zusätzlich (sozusagen in einer anmerkung) zitiert wird, weil er im verlauf der literarischen diskussion ein bestimmtes athenisches argument bestritt (ἐνιστάμενος). Man braucht deshalb nicht zu bezweifeln dass er die ganze diskussion [22]) referiert hat, wenn auch vielleicht nicht in der form der historischen erzählung. Der vorwurf der Homerinterpolation in § 2, den die athenische antwort als φλυαρία abweist, ist schon von Dieuchidas [23]) erhoben, der sich seinerseits wahrscheinlich bemüht hat den dorischen charakter der insel zu erweisen [24]) gegenüber den pythischen orakeln § 6, die die Athener beibrachten und von denen wir nur hier hören [25]). Auch was wir bei Pausanias von megarischer seite über den krieg selbst hören [26]) wird aus ihm stammen. Dagegen wird man die namen der spartanischen schiedsrichter aus der Atthis ableiten; wenn sie urkundlich sind, wird ihre erhaltung dem athenischen archiv verdankt, was dann für den spätansatz des schiedsgerichts spricht. Die argumente der parteien sind sicher nicht aktenmässig: der megarische vorwurf der Homerfälschung mag älter sein; aber die berufung auf den (angeblichen) befund der gräber ist athenisch und schwerlich älter als die literarische diskussion [27]).

487. SAMMELZITATE. ANHANG

(1) Skiron war ursprünglich gewiss nur der eponym der Σκιρωνίδες πέτραι, den die attische *Theseis* zum gefährlichen wegelagerer gemacht hatte [1]). Die 'historische' überlieferung, die wir leider nicht unter be-

stimmte namen stellen können ²), zeigt durch ihre uneinheitlichkeit dass sie erst in der diskussion zwischen Athen und Megara entstanden ist. Es scheint dass in ihr Skiron immer vornehmer geworden ist ³). Ich möchte das erste stadium bei den (wohl sicher megarischen) ἔνιοι Plu-
5 tarch. *Thes.* 25, 6 finden, bei denen er sohn eines unbekannten Kanethos von der Pittheustochter Henioche ist und damit verwandter des Theseus, der als sühne für den verwandtenmord die Isthmia ἐπὶ Σκίρωνι stiftet. Denn es ist verlegenheitsausflucht, wenn andere dafür den Sinis einsetzen, der den räuber im namen trägt, obwohl auch er zum Poseidonsohn
10 geworden ist: Skiron war inzwischen in die grosse griechische genealogie, die berühmten stammbäume von Aigina und Salamis, hineingezogen. Die erfindung *ad hoc* liegt auf der hand; denn trotzdem kann man ihm keinen platz in der königsliste von Megara geben, die doch lang genug war: er ist sohn des Pylas und schwiegersohn Pandions, unterliegt aber
15 beim streit um die nachfolge dem Pandionsohn Nisos und muss sich mit der ἡγεμονία πολέμου begnügen ⁴). Dazu passt sowohl der tod im krieg um (das nach den Megarern ursprünglich megarische) Eleusis wie die verkehrsstrasse ⁵), die Skiron anlegte, ἡνίκα Μεγαρεῦσιν ἐπολεμάρχει. Sie fügt sich zugleich gut in die allgemeine charakteristik ⁶) durch die
20 Μεγαρόθεν συγγραφεῖς. Auch hier ist die erfindung im gegensatz zur athenischen charakteristik und zum athenischen anspruch auf Megara vollkomen deutlich.   (**2**) Wilamowitz *GGA* 1906 = *Kl. Schr.* V 1 p. 384 n. 12 'man darf annehmen dass Dieuchidas die megarischen ansprüche erhoben hat, die Aristoteles .... erwähnt. Ihn zu schlagen hat
25 die Atthis, der die Parische Chronik folgt, die athenische komoedie mit Susarion von Ikaria vor die erste tyrannis des Peisistratos gerückt. Ins blaue erfunden ist das nicht; es werden traditionen von Ikaria den namen geliefert haben . . . . . . Schwindelei ist erst Σουσαρίων Τριποδίσκιος von megarischer seite ⁷), und die urteile Solons über die tragoedie von athe-
30 nischer'. Den namen des megarischen autors lässt man besser unbestimmt; den anspruch kann schon Praxion erhoben haben. Angesichts der megarischen Iliasverse ⁸) wird man nicht zweifeln dass auch der megarische Susarionvers trotz seiner späten bezeugung in *Megarika* stand.   (**3**) Die daten für die mythische geschichte von Megara sind zusammenge-
35 stellt von Pfister *Reliquienkult*, 1909, p. 1 ff. und Highbarger p. 66 ff. Wir können nur die probleme berühren (nicht etwa lösen), die die chronisten des 4. jhdts angehen. Sie haben schwerlich ein verhältnis hergestellt zwischen den beiden urmenschen, dem Zeussohn Megaros ⁹) und dem Phoroneussohn Kar, dem eponymen der östlichen akropolis ¹⁰);
40 aber seinen konkurrenten Alkathoos, den erbauer der westlichen, haben

sie durch die ehe mit der tochter an Megaros angeknüpft [11]), ähnlich (aber ohne thronfolge) wie Skiron und Megareus an Pandion und Nisos. Abgesehen von den urkönigen (Kar; Alkathoos), dem ägyptischen ankömmling Lelex, und vielleicht dem letzten könig Hyperion, Agamemnons sohn [12]), galten wohl alle mitglieder der liste (vor allem Pandion und Nisos) als Megarer. Ägypten nimmt gerade im 4. jhdt vielfach (so auch in attischer tradition) eine sonderstellung in den stadtgeschichten ein. Oder sollte die zulassung des Lelex, der die (bereits vorhandenen) 'bewohner des landes Leleger nannte' und sein ansatz erst in der 12. generation nach Kar die von Aristoteles gebilligte [13]) und sicher ältere annahme beseitigen, dass auch in der Megaris ursprünglich Leleger sassen? Sicher polemisch gemeint ist die ablehnung von der eroberung Megaras durch Minos (nicht etwa des Minoszuges überhaupt, der mit seiner demütigung Athens den megarischen autoren nur erwünscht sein konnte). Denn die *Boiotiaka* hatten sie benutzt, um die (vermutlich alten und auf *Il.* B 508 gestützten) ansprüche Boiotiens auf die Megaris durch die geschichte vom hilfszug des Megareus zu stützen; und die Athener, die die erweiterung des zuges vielleicht erfunden haben [14]), hatten die vergeiselte Periboia zur tochter des Alkathoos gemacht, um auch damit die abhängigkeit Megaras von Athen zu erweisen [15]). Pausanias, der selbst keine *Megarika* gelesen hat, hat den gegensatz zwischen der megarischen königsliste und der aussermegarischen tradition nicht klar erkannt und daher auch nicht systematisch behandelt. Aber es wäre nicht schwer den athenischen angriff auf die εὐήθεια der Megarer Pausan. 1, 41, 4-6 in einen gleichartigen angriff auf die εὐήθεια der Athener umzuschreiben, die die durch viele generationen getrennten megarischen könige Megaros und Megareus verwechselt hätten; und es ist ganz denkbar dass erst damals [16]) ein megarischer autor diese trennung vollzog und gleichzeitig die königsliste aufstellte. Ich bin nicht geneigt ihre entstehung mit Seeliger *Festschrift Overbeck*, 1893, p. 27 ff. erst gegen 200 v. Chr. zu datieren, obwohl wir ihre kenntnis für Aristoteles nicht beweisen können [17]). Aber das führt hier zu weit. (4) Glücklicherweise hat Pausanias hier den namen des urkönigs Megaros erhalten [18]). Die geschichte seiner rettung hat man wohl sicher richtig mit Dieuchidas 485 F 1 verbunden. Anders Schol. Thuc. 1, 105, 3 Γεράνεια ἀκρωτήριόν ἐστι τῆς Μεγαρίδος, νεῦον εἰς τὴν μεσόγειαν, ἐπίμηκες· καὶ ἀπὸ τοῦ σχήματος οὕτως ὀνομάζεται [19]). Die nymphen kennt sonst nur Hesych. s.v. Σιτνίδες (so!)· θυσία τις νύμφαις ἐπιτελουμένη; aber man verweist gewöhnlich auf den ebenfalls von Theagenes eingerichteten kult des Archelaos [20]), die πύλαι Νυμφάδες [21]), und den um 400 n. Chr. wiederhergestellten [πόρ]ος

Νύμφ[αις] [21a]). In den *Megarika* erwartet man den eigennamen von Megaros' mutter; herstellen lässt er sich nicht.   **(5)** Über Alkathoos in Megara s. zu Dieuchidas 485 F 10. Das grab war (mindestens in den späteren *Megarika*) gewiss das des urkönigs Megaros. Der grund, warum Pausanias Μεγαρέως schrieb und die notiz über Periboia an ungeschickter stelle, aber sicher selbst einarbeitete, ergibt sich aus dem zu 487 F 3 gesagten. Über die θεοὶ Προδομεῖς: Höfer *Rosch. Lex.* III 2 col. 2998; Highbarger p. 50.   **(6)** Pyrgo und Iphinoe sind sonst unbekannt (obwohl der letztere name in der Heldensage nicht selten ist) und beide sind offenbar willkürlich mit Alkathoos verbunden [22]). Pyrgo als seine erste frau ist eine lächerliche erfindung [23]), gebaut allein auf den angeblichen namen der inhaberin des grabes, von der man nichts wusste. Am grabe der Iphinoe wird ein alter brauch geübt, und da kann der name alt sein. Mit zuversicht möchte ich es nicht behaupten; auch diese gräber können ursprünglich namenlos gewesen sein [24]). Denn Iphinoe ist 1, 39, 6 = 487 F 3, ebenfalls in megarischer tradition, tochter des Nisos und gattin des Megareus. Wir konstatieren solche differenzen in der megarischen tradition gern; sie beweisen ihre jugend; d.h. sie sind wahrscheinlich nicht älter als die konstitution der königsliste[25]), deren verschiedene bearbeitungen ähnliche abweichungen gezeigt haben werden, wie wir sie in der Atthis z.b. für die 'Kekropstöchter' [26]) finden. Mit Iphigeneia, die ein heroon hat [27]), hat Iphinoe auch ursprünglich nichts zu tun [28]); die erstere stammt aus einem anderen komplex von erfindungen.   **(7)** Nach dem nicht mehr megarischen λόγος Pausan. 1, 44, 7 ff. [29]) und der gewöhnlichen überlieferung über die stiftung der ältesten Isthmien wirft sich Ino mit Melikertes von der πέτρα Μολουρίς am skironischen weg [30]) ins meer; die leiche des sohnes wird von einem delphin ἐς τὸν Κορίνθιον ἰσθμόν getragen, und von den Korinthern als Palaimon verehrt [31]). F 7, das von Melikertes nichts sagt, wird man ergänzen dürfen aus Plutarch [32]), wo 'die Megarer' zitiert werden, und Zenob. *Prov.* 4, 38 μετὰ δὲ Μελικέρτου ἡ 'Ινὼ ἔρριψεν ἑαυτὴν εἰς τὴν πρὸς τῶι Μολουρίωι θάλατταν· καὶ τὴν μὲν εἰς Μέγαρα προσβρασθεῖσαν Μεγαρεῖς ἀνελόμενοι καὶ πολυτελῶς κηδεύσαντες ἐκάλεσαν Λευκοθέαν, τὸν δὲ εἰς Κόρινθον ‹φερόμενον ο.ä.› Κορίνθιοι θάψαντες [Μελικέρτην] ἄγουσιν ἐπ' αὐτῶι ἀγῶνα τὰ ῎Ισθμια.   **(8)** Pausanias' text ist nicht lückenhaft — und wenn er es wäre, träfe Hitzigs ergänzung nicht den springenden punkt —, aber so überkurz, wie vieles in seinem bericht über Megara, zumal da wo der schriftsteller die athenische oder eine allgemein bekannte geschichte voraussetzt. Die ansetzung des Tereus in der Megaris [33]) lässt vermuten dass die *Megarika* die geschichte anders erzählten als die attische tragoedie sie gestaltet hatte; sie werden

Tereus entlastet und alle schuld auf die verbrecherischen frauen gehäuft haben [34]), die bei den Athenern schutz fanden. Man könnte sich das nach der diskussion über Medea vorstellen, wo wir klarer sehen [35]). Αὐτίκα ist nicht zu ändern; es steckt darin rationalistische polemik gegen die metamorphose, von der nur das erste erscheinen des wiedehopfs geblieben ist [36]). Da Tereus in Megara kult geniesst, dessen ritus so eigentümlich ist dass er nicht erfunden sein kann [37]), wird man glauben dürfen dass seine geschichte (vielleicht zusammen mit der gestalt Pandions) von Megara nach Athen gekommen ist [38]). (9) Plutarch. *Thes.* 27, 8 δεικνύουσι δὲ καὶ Μεγαρεῖς 'Αμαζόνων θήκην παρ' αὐτοῖς ἐπὶ τὸν καλούμενον 'Ροῦν βαδίζουσιν ἐξ ἀγορᾶς, ὅπου τὸ 'Ρομβοειδές. Das scheint zum grösseren ruhm Megaras erfunden auf der schwachen grundlage eines grabes, dessen inhaber man nicht kannte [39]). Den sieg des Theseus konnten die *Megarika* nicht gut bestreiten; aber Theseus' verhalten, das den anlass zum rachezug gab, mögen sie ähnlich beurteilt haben wie im falle der Ariadne [40]). (10) Jacoby *Sb. Berlin* 1931 p. 108 ff.; Hanell p. 95 ff. F 10 zieht Iphigeneias opferung nach Megara, wie athenische traditionen nach Brauron. Ein sohn Agamemnons als letzter könig in Megara s. zu 487 F 3. (11) Es ist ärgerlich dass Pausanias statt der boshaften bemerkung am schlusse nicht lieber die megarische überlieferung über die grenzfehden genauer gegeben [41]) und das datum von Orsippos' olympischem sieg hinzugefügt hat. Denn Orsippos war in Megara ein bedeutender name, und wenigstens die periegeten müssen etwas von ihm erzählt haben, falls in den *Megarika* nichts stand (was schwer glaublich ist). Aber Pausanias kennt nur das epigramm, das die Megarer wahrscheinlich in Hadrianischer zeit (buchstabenformen, die allgemeinen verhältnisse von Megara, und Pausanias machen das datum so gut wie sicher) auf das (angebliche) grab setzten oder vielleicht auch nur erneuerten [42]). Die folge ist, dass die Orsipposfrage ganz ungeklärt ist [43]). Mir scheint es kein zufall dass Orsippos in der nähe des argivisch-megarischen Koroibos liegt, den ich ungern von dem ersten (sicher mythischen) Eleer, dem angeblich ersten stadionsieger, trenne [44]); vielleicht ist doch auch Orsippos eine halbmythische gestalt, und seine rolle in Olympia erfindung der Megarer. Im epigramm frappiert, wie bei Pausanias, die unbestimmtheit seiner patriotischen tat, und auch das datum seines olympischen sieges ist keineswegs sicher: er steht in der liste des Africanus unter ol. 15 (720); aber die notiz ist verwirrt und lässt uns im zweifel ob der stadionsieger der Megarer Orsippos oder der Spartaner Akanthos war [45]). Die Pausaniasstelle, auf die man sich beruft, ist lückenhaft [46]); und andrerseits ist nicht klar (wenn auch sehr wahrscheinlich) ob Dionys von Halikarnass [47]) von dem stadionsieger spricht. Dazu kommt die variante in der olympiadenzahl [48]), die nicht erklärlich ist, wenn Orsippos sieger im stadion war, wie Pausanias sagt [49]); denn dass zweifel über den stadionsieger in irgendeiner olympiade bestanden scheint nach der geschichte der Olympionikenliste ausgeschlossen [50]). Aber die hauptsache ist doch dass die Homerscholien zu *Il.* Ψ 683 von Orsippos etwas ganz anderes erzählen, was (nebenbei) die 'spätere' strategie ausschliesst: κατὰ τὴν ιδ̄ ὀλυμπιάδα (724/3) ἐφ' Ἱππομένους Ἀθήνησιν ἄρχοντος (723/2-714/3), Ὀλυμπίασιν στάδιον θεόντων ἐν περιζώμασι, συνέβη ἕνα αὐτῶν Ὄρσιππον ἐμποδισθέντα ὑπὸ τοῦ περιζώματος πεσεῖν καὶ τελευτῆσαι· ὅθεν ἐθεσπίσθη γυμνοὺς ἀγωνίζεσθαι [51]). (12) Pausanias folgt auch hier — αὖθις ἔχειν! — im wesentlichen der attischen tradition, die von dem Solonkrieg ausführlich und in verschiedenen versionen erzählt hatte [52]). Dass die insel erst durch Peisistratos erobert wurde ist jetzt anerkannt. Die megarische notiz erklärte Toepffer *A. G.* p. 269 für 'unanfechtbare überlieferung', und Busolt *Gr. G.* ²II p. 248 hielt sie wenigstens für 'beachtlich'. Ein vertriebenes megarisches adelsgeschlecht ist in der zeit des Theagenes und erst recht in den parteikämpfen nach seinem sturz wohl denkbar; aber wie können megarische φυγάδες auf einer megarischen insel siedeln? Auch der name Δορύκλειοι weckt kein grosses zutrauen; und im 4. jhdt ist solche erfindung leicht genug. (13) Das erzählt Pausanias 1, 36, 3 in einer form, die diskussion noch in seiner zeit möglich erscheinen lässt [53]). Das vergehen der Megarer war nach [Demosth.] 12, 4 = Anaximenes 72 F 41 und ihrer eigenen antwort unbestritten. Dass die letztere (die sie wenigstens von der schuld am kriege entlastete) in *Megarika* des 4. jhdts stand, ist angesichts von Ephoros 70 F 196 vielleicht nicht ganz unmöglich, aber m.e. wenig glaublich [54]).

LII. MELOS

Merkwürdig dass wir kein spezialbuch über die nicht unbedeutende insel kennen; auch die Aristotelische Politeia ist nur erschlossen. Die verstreuten notizen über κτίσις (für die Thuk. 5, 112 ein abgerundetes datum gibt), bevölkerung, alte namen u.s.f. s. bei Hiller von Gaertringen *IG* XII 3, 1898, p. 197 f.; Zschietzschmann *RE* XV, 1931, col. 567 ff.

LIII. MESSENIEN

Eine messenische literatur kann es erst seit 369 v. Chr. geben. Der kampf um das recht Spartas auf die landschaft wird zuerst in politischen broschüren ausgefochten [1]; dann in der Grossen Geschichte; schliesslich in epen und rhetorischen produktionen, deren politische abzweckung mehr oder weniger klar ist. Quellen sind die gerade in der Epameinondaszeit wieder hervorgesuchten elegieen des Tyrtaios; ein unbestimmtes mass von lebendiger erinnerung im lande und mehr wohl bei den exulanten in Sizilien und Naupaktos, die sich an den nationalen helden Aristomenes hängt und in der hauptsache kaum über den grossen aufstand von 464 zurückreicht; endlich darauf gebaute konstruktionen, die Messenien in den zusammenhang der heldensage und der allgemeinen geschichte der Peloponnes einzuordnen suchen. Über ihre entwicklung s. den kommentar zu Rhianos [2]). Die prosaische, doch wohl noch aus hellenistischer zeit stammende landesgeschichte, deren exzerpt wir in Pausanias' 4. buch besitzen, baut auf dem fundament, das Kallisthenes und Ephoros gelegt haben und füllt den rahmen vor allem aus Rhianos und Myron. Ihr verfasser ist unbekannt: denn der gedanke an den Πολύζηλος Μεσσήνιος ἱστοριογράφος der Suda s.v. Ἴβυκος [3]) bleibt ein einfall. Aber ich bedaure doch dass ich den namen nicht hier in den text aufgenommen habe.

LIV. MILET

Die milesische stadtgeschichte beginnt, soweit wir sehen, nicht vor der 2. hälfte des 4. jhdts v. Chr. [1]). Die liste von historikern des 5. jhdts bei Dion. Hal. *De Thuc.* 5 enthält zwar Hekataios, aber keinen milesischen lokalhistoriker, und die echtheit des Kadmos (der zudem nicht speziell über Milet geschrieben haben soll) hat Theophrast ausdrücklich bezweifelt [2]). Der erste verfasser eines buches über Milet ist Klytos, dessen zeit sich dadurch bestimmt dass er schüler des Aristoteles war. Der nächsten generation wird Maiandrios (Leandrios) angehören, den Kallimachos reichlich benutzt hat; seine Ἱστορίαι (Μιλησιακά) sind auch uns am besten bekannt, weil Maiandrios für die hellenistischen grammatiker der autoritative autor für Milet war. Es ist garnicht unmöglich dass es in frühhellenistischer zeit mehr gab; aber weder Aristokritos noch die umfängliche κτίσις des Zopyros sind sicher zu datieren, und anderes, wie Diodoros und Euanthes [2a]), ist zweifelhaft. Verglichen etwa mit Samos scheint die literatur nicht sehr reichlich gewesen zu sein. Dies und der späte beginn wird sich aus der geschichte der stadt erklären, die die folgen des Ionischen Aufstandes nicht leicht überwunden hat und mit kurzen unterbrechungen eigentlich dauernd unter fremder hegemonie oder herrschaft stand, bis die befreiung Ioniens durch Alexander auch für Milet den aufschwung brachte [3]). Schon 335/4 (334/3) ist die stephanephorenliste öffentlich aufgestellt; und man wird das nicht leicht von dem erwachenden historischen interesse trennen, dem doch enge grenzen gezogen waren: die liste beginnt erst mit 525/4, und wir dürfen in dem späten dekret von Apollonia am Rhyndakos [4]) wohl den beweis sehen dass man ältere beamtenlisten nicht besass, und dass auch die (494 verbrannten?) archive wenig hergaben. Die daten für die milesische kolonisation [5]) bestätigen, dass es urkundliche tradition nicht gab. So versteht man dass schon die ältesten bücher nicht als Ὧροι zitiert werden, sondern als Περὶ Μιλήτου und Μιλησιακά. Die annahme dass sie bearbeitungen 'des stadtbuches' sind beruhen — von dem allgemeinen vorurteil über existenz und alter vorliterarischer chronikführung in Ionien abgesehen — auf der verkehrten beurteilung des angeblichen Kadmos und der unberechtigten hochdatierung des Maiandrios.

489. KADMOS VON MILET

Die behauptung van Wilamowitz [1]), dass 'die milesische chronik den namen des Kadmos trägt', erledigt sich durch den buchtitel in der vita T 1b, nach dem K. nicht die chronik einer einzelnen stadt, sondern die gründungsgeschichte von ganz Ionien geschrieben haben soll. Dazu stimmt dass er sohn Pandions heisst, was zugleich zeigt (1) dass der biograph den 'ältesten prosaiker' von dem sohne Agenors, dem phoenikischen 'erfinder der buchstaben' unterschieden hat [2]); (2) dass mit der Κτίσις Μιλήτου καὶ τῆς ὅλης Ἰωνίας die Ionische Wanderung gemeint ist [3]), obwohl sich damit der zeitansatz 'um ein geringes jünger als Orpheus' nicht gut verträgt. Vielleicht war diese unklarheit einer der gründe, aus denen die ernsthafte literatur- und stilgeschichte (so weit sie K. überhaupt nannte) den schriftsteller in die zeit des wirklichen beginns der prosa herunterrückte und seinen anspruch mit dem erhaltenen buch des Pherekydes durch die unterscheidung von prosabuch und geschichtswerk auszugleichen suchte, durch die K. in die nachbarschaft der wirklich ältesten historiker Hekataios und Akusilaos kam [4]). Κατά τινας zeigt dass die volle vita diese diskussion kannte. Das kompromiss erfüllt — auch abgesehen von der frage ob die *Pentemychos* des Syriers

Pherekydes wirklich älter ist als die τῶν ἀρεσκόντων κεφαλαιώδης ἔκθεσις Anaximanders [5]) — seinen zweck nicht. Denn es kann nicht ernsthaft bezweifelt werden dass der von der vita charakterisierte schriftsteller ebenso erfunden ist wie der Φερεκύδης 'Αθηναῖος, πρεσβύτερος τοῦ Συρίου, ὃν λόγος τὰ 'Ορφέως συναγαγεῖν [6]). Die einzige frage ist hier wie dort ob sein buch überhaupt existiert hat oder ob wir es mit einem schwindelzitat zu tun haben. T 5 lässt keine sichere entscheidung zu ob Theophrast es zu den 'nicht mehr erhaltenen' oder zu den 'in ihrer echtheit bestrittenen' rechnete; aber T 6 macht es wahrscheinlich dass es ihm nur aus dem Prokonnesier Bion bekannt war, der seine 'zwei bücher im ionischen dialekt' für eine epitome aus 'dem alten K.' ausgab [7]). Bion selbst ist eine zweifelhafte erscheinung [8]): er wird zwar (oder hat sich selbst) in die zeit des Syriers Pherekydes d.h. in die mitte des 6. jhdts datiert, braucht aber faktisch nicht viel älter zu sein als Amelesagoras, durch dessen mystifikation sich Theophrast ebenfalls hat täuschen lassen: beide stehen (oder standen [9])) in der aufzählung Dion. Hal. *De Thuc.* 5, in der der c. 23 besonders erwähnte Kadmos nicht zufällig fehlt [10]).

Kurz gesagt, der viel besprochene K. scheint seine existenz nur der erfindung Bions zu verdanken, die mit drei älteren daten arbeitet: (1) die Phoiniker gelten schon im 5. jhdt weitgehend als erfinder der schrift, und Kadmos als der der sie den Griechen übermittelte [11]); (2) in Milet sitzen seit der Ionischen Wanderung 'Kadmeer', und milesische geschlechter leiteten sich demzufolge von den Phoinikern ab: der historiker K. von Milet wäre schwerlich erfunden worden, wenn nicht Thales τὸ ἀνέκαθεν γένος Φοῖνιξ gewesen wäre [12]); (3) die älteste prosaliteratur war in Ionien, und vor allem in Milet, zuhause. Es ist nicht ausgeschlossen dass Bion, der als Prokonnesier aus einer milesischen kolonie stammt, mit seiner erfindung den milesischen anspruch verteidigen wollte gegen implikationen, die etwa Theben aus den von Herodot mitgeteilten, angeblich uralten, inschriften im heiligtum des Ismenischen Apollon zog, oder auch gegen die konkurrierende und äusserlich besser belegte tradition von ägyptischen ursprung der schrift, um abzusehen von den griechischen erfindern Prometheus, Palamedes u.s.f. [13]).

490. KLYTOS VON MILET

Zitiert nur von Athenaios; die konjekturalen herstellungen des namens bei Diog. Laert. 1, 25 [1]) und Schol. A *Il.* Υ 404 [2]) sind falsch. Man wird glauben, dass der Aristotelesschüler dem meister (das) material für seine Μιλησίων πολιτεία geliefert hat [3]). Das buch über Milet kann dann schon in den 40er jahren publicirt sein.

F

(1) Die vorzügliche beschreibung [4]) verrät den augenzeugen und (vielleicht auch) den Aristoteliker. Bemerkenswert ist das kleine plus in Aristoteles' *H. A.* 6, 2 p. 559 a 24 (in der das perlhuhn sonst nicht beschrieben wird) τῶν δὲ κατεστιγμένα (*scil.* τὰ ᾠιά), οἷον τὰ τῶν μελεαγρίδων καὶ φασιανῶν; aber man kann nicht auf die vollständigkeit von Athenaios' excerpt bauen. Gewiss stand bei K. auch der mythos von der entstehung der perlhühner, den später der dritte Pherekydes in Περὶ Λέρου erzählt hat [5]) und den auch Nikander in den Metamorphosen mit Leros verband [6]). Es gab andere lokalisirungen [7]). (2) Vgl. Alexis von Samos 539 F 2.

491—492. MAIANDRIOS UND (?) LEANDR(I)OS VON MILET

Ich habe zwei nummern gegeben, weil sich die identität der beiden autoren nicht strikt beweisen lässt; denn den gedanken F 15 im zusammenhang von F 1 unterzubringen gibt man sogleich wieder auf. Aber die ansicht K. Keils [1]), dass Λεάνδρ(ι)ος korruptel des inschriftlich belegten Μαιάνδριος ist, scheint mir auch durch Wendel [2]) nicht widerlegt. Seine verteilung der fragmente L.s auf drei werke — (1) Μιλησιακά (F 10; 12; 15-18), die er ohne weiteres als 'unterhaltende sammlung milesischer geschichten' charakterisiert, was zwar schon in hellenistischer zeit nicht unmöglich, aber gewiss nicht das nächstliegende ist [3]); (2) ein 'werk, das sich die erklärung von ortsnamen zur aufgabe gemacht hatte' (F 11; 13; 14); und (3) ein gedicht, das 'die geschichte eines gänzlich verschollenen Κάων behandelte' (F 19) [4]) — ist garnicht überzeugend; und die verwertung eines passus der Aratvita p. 325, 9 ff. Maass, in der ein Melandrios (?) [5]) neben Alexandros Aitolos, Kallimachos, Philitas als zeitgenosse des Aratos erscheint, ist mindestens sehr bedenklich. Nach allem was wir von Kallimachos' quellen wissen, unter denen sich neben Xenomedes [6]) eine reihe von anderen lokalhistorikern befanden [7]), ist es nicht gerade wahrscheinlich dass er das werk eines zeitgenossen so ausgiebig benutzt hätte wie es mit M.-L. offenbar der fall war [8]). Für die gleichung der beiden autoren spricht: (1) dass beide Milesier sind [9]); (2)

dass beide über Milet geschrieben haben, wobei es keinen unterschied macht, dass die grammatiker die gewöhnliche titelform für stadtgeschichten (Μιλησιακά F 15) brauchen, während der rhodische schiedspruch (F 1) sie allgemein Ἱστορίαι nennt, wie Theopomps Φιλιππικά und die bücher
5 über Ephesos und Samos, die sonst Ἐφεσιακά und Σαμιακά oder Ὧροι heissen; (3) dass die namen so ähnlich sind, dass korruptel in einem alten exemplar recht wohl denkbar ist, zumal der eine name zwischen Λέανδρος und Λεάνδριος schwankt und es an zwischenformen nicht fehlt [10]); (4) dass Maiandrios ein häufiger name (übrigens nicht nur in Milet)
10 ist [11]), während Leandrios sonst nicht belegt zu sein scheint; (5) dass beide in gleicher weise Homerkritik trieben [12] — ein nicht starkes argument, da versuche nicht mehr existierende namen Homers mit bestehenden orten zu identifizieren seit Hekataios bei den historikern verbreitet sind; (6) vielleicht noch schwächer, dass sich Theopomp sowohl zu M.
15 wie zu L. in widerspruch setzt (F 1; 15); dass beide in den Apolloniosscholien vorkamen (F 3; 14); dass M. so als quelle des Apollonios bezeichnet wird (F 3) wie L. als quelle des Kallimachos (F 18; cf. F 14); dass Nikanor und Aretades L., Demetrios von Skepsis und Apollodor M. zitieren (d.h. dass jene ein exemplar mit korruptem titel hatten); und
20 (dies stärker) dass nur ganz wenige zitate (F 1; 15; 18) heimat oder buchtitel geben, d.h. kein bedürfnis nach unterscheidung bestand. Die zeit des autors oder der autoren gibt nur insoweit ein argument als beide in Dionys' (Theophrasts) liste der alten autoren fehlen [13]), und dass nicht der geringste grund besteht, mit M. in das 5. jhdt hinaufzugehen [14]).
25 Positiv ist für L. das einzig sichere indizium die benutzung durch Kallimachos [15]), und für M. dass er nicht zu nahe an den rhodischen schiedspruch von ca. 200 v. Chr. gerückt werden darf. [16]) Die generation ca. 330/300 wäre für beide nach diesen schwachen indizien und auch nach der allgemeinen entwicklung Milets ein ganz passender zeitpunkt [17]). Nichts
30 ergibt die anzweifelung der echtheit von M.s Ἱστορίαι in dem schiedspruch; Wilamowitz [18]) warnt mit recht davor sie sehr ernsthaft zu nehmen: es wird wohl nur ein einwand der einen partei sein, die den einzigen zeugen der gegenseite zu diskreditieren versuchte, womit sie bei den richtern eindruck machte, weil 'die parteien beide den Milesiern abgeneigt
35 waren, und das gericht in Ephesos tagte'; die 'vielen schriftsteller' werden faktisch nicht die echtheit, sondern die glaubwürdigkeit M.s mit dem üblichen ψεύδεται bestritten haben.

Der umfang der *Milesiaka* ist nicht zu bestimmen. Aber da schon im 2. buch ein ereignis der historischen zeit (Ionischer Aufstand? [19]))
40 vorkam, war er wohl nicht gross; und (was überraschender ist) die

archaeologie war verhältnismässig knapp behandelt. Über form und stil lässt sich nichts sagen [20]).

F

(1) S. Hiller *Inschr. v. Priene*, 1906, p. 37 ff.; Wilamowitz *Sb. Berlin* 1906 = *Kl. Schr.* V 1 p. 128 ff.; *Syll.*³ 599; M. N. Tod *Greek Internat. Arbitr.*, 1913, p. 41 ff.; 135 ff. Was Aristoteles in der Σαμίων πολιτεία [21]) von dem streit und der schlacht περὶ τὴν καλουμένην Δρῦν berichtet stammt vermutlich aus samischer, nicht milesischer, quelle [22]). (2) Vermittler Apollodor 244 F 95. Vgl. Strab. 14, 1, 6 Οὔλιον δ' Ἀπόλλωνα καλοῦσί τινα καὶ Μιλήσιοι καὶ Δήλιοι, οἷον ὑγιαστικὸν καὶ παιωνικὸν κτλ. (3) Über Titias s. zu Promathidas 430 F 1; Kyllenos sonst unbelegt. (4) Aus dem Skepsier Demetrios, vermittelt durch Apollodor? S. Schwartz *RE* I col. 2865, 30 ff.; IV col. 2310, 11 f. M. hat die frage auf der grundlage von Hekataios diskutiert. (5) Die zusammengehörigkeit der beiden papyrusfetzen hat Lobel *P. Ox.* 18 erkannt; die paragraphos in *P. Ox.* 2170 fr. 1 zeigt dass das quellenzitat auf die Ino-Melikertesgeschichte geht [23]), auf die eine weitere von dem menschenopfer der Tyrrhener folgte. Es ist kaum eine andere ergänzung als Pfeiffers Μαιανδρίδες (Λεανδρίδες) möglich. Die verbindung mit Milet gibt vielleicht Konon 26 F 1 c. 33, 2 mit der erscheinung der Leukothea in Milet und der einrichtung eines παίδων γυμνικὸς ἀγών. Vielleicht geht die ganze geschichte, die auf Branchos und die stiftung des Branchidenorakels hinausläuft, auf M. zurück [24]). (6—9) Von den 4 fragmenten lässt sich keines mit auch nur einiger sicherheit dem milesischen lokalhistoriker zusprechen. Am ehesten gehört ihm des inhalts wegen F 8 [25]), wo der Ephesier und der autor Plin. *N. H.* 1, 8 unglaublich, Menandros Protektor und der dichter ἐν τῆι ᾱ Ἐπικλήρωι wenig glaublich sind. Aber der gedanke an Histiaios' kämpfe in Thrakien [26]) bleibt einfall. Für F 7 erwägt man verbindung mit F 13; und die korruptel Μαιάνδριος - Μένανδρος vollzieht sich F 3 vor unseren augen. Mit F 6 — wahrscheinlich aus Klearch in schwer korruptem zusammenhang [27]) — kann ich nichts anfangen; aber das 'schulbuch' [28]) eines anderen, sonst unbekannten, M. scheint mir ausgeschlossen, und ein buchtitel überhaupt unwahrscheinlich; vielleicht ist hinter παρεγγέλματι der name des παραγγέλλων ausgefallen. Inhaltlich ist auch F 9 für einen milesischen autor denkbar, und M. Schmidt *De Thryphone* p. 34; *Didymi Fragm.* p. 351 n. 1 möchte entsprechend konjezieren. Das lemma zu Athen. 12, 15 p. 518 D Ἀλκίφρων Περὶ παλαιᾶς τρυφῆς ist doch wohl Ἀρίστιππος; aber die Suda

kennt einen Ἀλκίφρων Μάγνης τῆς παρὰ Μαιάνδρωι Μαγνησίας, φιλόσοφος, und vielleicht ist er hier gemeint [29]).   (10) S. zu 493 F 3.   (11) Il. Y 381 ff. tötet Achilleus Ἰφιτίωνα, / ἐσθλὸν Ὀτρυντείδην, ... / ὃν νύμφη τέκε νηὶς Ὀτρυντῆι πτολιπόρθωι / Τμώλωι ὑπὸ νιφόεντι, Ὕδης ἐν πίονι δήμωι [30]), und der letzte vers wird in der zusätzen B 783a und 866a verwendet, wo Γυγαίη λίμνη die gegend von Sardes impliziert. Die nähere bestimmung des verschollenen ortes gehört zu den vielen gleichartigen Homerproblemen, da οὐδεμία εὑρίσκεται Ὕδη ἐν τοῖς Λυδοῖς [31]). Die erklärer schwankten nur insoweit als οἱ δὲ τὰς Σάρδεις Ὕδην ὀνομάζουσιν [32]), οἱ δὲ τὴν ἀκρόπολιν αὐτῆς. Für M. ist die gewöhnliche beziehung auf die Omphalegeschichte weniger wahrscheinlich als die auf den Ionischen Aufstand (in den vielleicht auch F 15 gehört), in dem die Ionier αἱρέουσι Σάρδις οὐδενός σφι ἀντιωθέντος, αἱρέουσι δὲ χωρὶς τῆς ἀκροπόλιος τἆλλα πάντα· τὴν δὲ ἀκρόπολιν ἐρρύετο αὐτὸς Ἀρταφρένης κτλ. [33]). Es war wohl M., der die burg Ὕδη nannte; ob als erster, ist zweifelhaft.   (12) Bei Dieuchidas 485 F 10, der ein aition gibt, ist es megarische sitte. (13) Dazu F 7? Die wahl der sintflutversion ist bei einem milesischen autor auffällig. Für die anlage der Μιλησιακά wird man (anders als bei Dieuchidas 485 F 1) daraus nichts schliessen. Aber F 14 lässt einen exkurs über orakelstätten möglich erscheinen.   (14) Zu F 13. Der scholientext ist durch die verkürzung ziemlich unverständlich geworden: O. Schneiders einschub genügt nicht, und auch Wendels erklärung leuchtet nicht ein; man kann so stark zusammengestrichene scholien nicht mit so einfachen mitteln heilen. Für Kallimachos, der Hymn.i. Del. 91 ὄφις μέγας sagt (wo Schol. ὁ Δελφίνης erklären), und Hymn. in Apoll. 101 δαιμόνιος θήρ, αἰνὸς ὄφις, helfen Dieg. 2, 23 ff. [34]), Tertullian. De cor. 7 (F 414c Schn = 89 Pf), Nonnos Dion. 13, 28 nicht weiter [35]); es ist also fraglich ob F 364 = 88 Pf in die geschichte von der reinigung Apollons gehört, und danach auch was M. erzählte. Erwägung verdient immerhin dass auch die wächterin des Zeus in der Korykischen grotte Δελφύνη δράκαινα heisst [36]). Für Delphi (wo der Python schon im 4. jhdt belegt ist [37])) ist das maskulinum die gewöhnliche form [38]), und das femininum wird auch Schol. (Eust.) Dion. Per. 441 als besonderheit notiert. Aber das älteste zeugnis, Hymn. Hom. Apoll. 300 ff. [39]) spricht von der (namenlosen) δράκαινα.   (15) Hesych. s.v. Κιλλικῶν· προδότης οὕτως ἐπωνομάζετο, Ἀχαιὸς μὲν τοὔνομα, Κιλλικῶν δὲ ἐπικαλούμενος, ὃς Μίλητον προέδωκε τοῖς βασιλέως στρατηγοῖς. Zenob. Prov. I, 3 (Diogen. 1, 9) Ἀγαθὰ Κιλλικῶν· λείπει τὸ ἔχει. προδότης γὰρ γέγονεν οὗτος ὁ Κιλλικῶν, Μιλήσιος τὸ γένος, ὃς προδοὺς Μίλητον εὐπόρησεν. Bemerkenswert dass Kallimachos hier nicht M., sondern Theopomp gefolgt ist [40]). Leider fehlt im exzerpt aus

M., wem Killikon Milet verriet. Wenn wir aus Zenobios ergänzen dürfen, denkt man an den Ionischen Aufstand [41]), und dann hat M. den bericht Herodots [42]) und anderer lokalpatriotisch geändert.   (16—18) Reste einer ausführlichen behandlung der Sieben Weisen. Wenn M. 'an die stelle von' Kleobulos und Myson den ganz unbekannten Lebedier oder Ephesier Leophantes [43]) und den Kreter Epimenides [44]) setzte, so hatte er wahrscheinlich die liste Platons [45]) und muss dann polemisiert haben. Dann hat wohl er schon auch die zentrale stellung des Thales gegen eine athenische fassung verteidigt, in der Solon für Thales und der delphische Apollon für den milesischen eingetreten war, und vielleicht gegen andere ansprüche [46]). Thales ist Phoiniker wie bei Herodot [47]), gewiss in dem zu no. 489 festgestellten sinn. Dann wird M. auch das geschlecht genannt haben, obwohl sein name in dem ungenauen sammelzitat am anfang der vita fehlt [48]). Die milesische tradition schliesst an ein weihgeschenk im Delphinion, dessen inschrift sie gibt — eine goldene trinkschale, nicht der dreifuss der vulgata. Woher sie den Arkader Bathykles hat ist nicht zu sagen, falls er nicht doch erst von Kallimachos hinzugefügt ist [49]), der auch die von M. vertriebenen Weisen Kleobulos und Chilon wieder in ihre rechte eingesetzt und den mindestens im ausland berühmteren gott von Didyma an stelle des Delphiniers gesetzt hat [50]).   (19) Suda s.v. Κάωνος (das weitere ist ausgefallen); Theogn. *Canon.* (Kramer *A. O.* II 30, 10) τὰ εἰς ων καθαρὰ δισύλλαβα ἀρσενικὰ βαρύτονα βραχείαι παραληγόμενα φυλάττει τὸ ω ἐπὶ τῆς γενικῆς· Κάων Κάωνος, Φάων Φάωνος. Vgl. n. 4.

493. ARISTOKRITOS <VON MILET?>

Die benutzung bei den scholiasten zu Aristophanes und Apollonios weisen vielleicht noch auf gute hellenistische zeit. Kenntnis A.s bei Aristobulos, dem Rhodier Apollonios, Nikainetos und Euphorion ist glaublich, aber nicht beweisbar [1]), sodass wir uns mit dem ansatz ' vor Parthenios' begnügen müssen. Der name kommt auch in Milet vor [2]), und trotz seiner häufigkeit war der autor wohl Milesier. Er war kein dichter [3]). Dass die erhaltenen zitate alle auf die archaeologie gehen liegt in der natur der sache. Titel und inhalt verbieten an eine sammlung 'Milesischer Geschichten' zu denken; aber eine periegese ist nicht unmöglich. Die von Susemihl *Gr. Lit.* II p. 385 und Schwartz *R E* II col. 942 no. 5 [4]) als selbstverständlich behandelte gleichsetzung mit dem verfasser des buches gegen Herakleodoros ist ganz zweifelhaft: der titel

Ἀντιδοξούμενα führt eher auf einen philosophen als (wie Schwartz will) auf einen grammatiker; und der bekämpfte wird wohl der Herakleodoros sein, gegen den auch Philodem in Περὶ ποιημάτων polemisiert hat [5]).

F

(1) Schol. Theocrit. 7, 115 ὔμμες δ' Ὑετίδος καὶ Βυβλίδος ἁδὺ λιπόντες / νᾶμα καὶ Οἰκοῦντα, ξανθᾶς ἕδος αἰπὺ Διώνας] (b) Ὑετὶς δὲ καὶ Βυβλὶς ὄρη καὶ κρῆναι Μιλήτου [6]). Μιλήτου γάρ φασιν <τοῦ Ἀπόλλωνος> καὶ Ἀρείας ἐγένοντο παῖδες Καῦνος καὶ Βυβλίς, (c) ἧς ἐρασθεὶς ὁ Καῦνος ἀπέλιπε Μίλητον· ἐκείνη δὲ μὴ φέρουσα ἀπήγξατο· ταύτης ἡ κρήνη ὁμώνυμος..... (e) Οἰκεῦντα· ἐν Μιλήτωι τόπος, <ἔνθα> ἱερὸν Ἀφροδίτης. Schol. Dion. Per. 825 Μίλητος δὲ τῶν ἐπιφανῶν τις ἦν ἐν Κρήτηι [7]), ἀφ' οὗ καὶ πόλις ἐκεῖ Μίλητος, ὃς Μίνωος ἐπιστρατεύσαντος ἀπάρας τῆς Κρήτης κατάγεται εἰς Λυδίαν τῆς Ἀσίας, οὗ οἰκήσας Οἰκοῦντα τὸν τόπον ὠνόμασε, καὶ ἱερὸν Ἀφροδίτης ἱδρύσατο. γαμεῖ δὲ Δοίην (?) τὴν Μαιάνδρου, ἀφ' οὗ ποταμὸς ἐν Καρίαι, καὶ ποιεῖ Κελάδωνα, Καῦνον, Βυβλίδα, ὧν ὁ Καῦνος οὐ φέρων τὸν ἔρωτα τῆς ἀδελφῆς μετώικισται εἰς Λυκίαν (Mei λυδίαν ο). Κελάδων δὲ ἄρξας Οἰκοῦντος τὸν πατέρα εἰς τὴν πλησίον νῆσον ἔθαψεν [8]), οὗ καὶ αὐτὸς μετωικίσθη κατὰ χρησμόν, καὶ Μίλητον αὐτὴν ὠνόμασεν. γέφυρα δὲ διορίζει τὰ νῦν Οἰκοῦντα καὶ Μίλητον. Nikander bei Anton. Lib. *Met.* 30; Konon 26 F 1 c. 2; Ovid *Met.* 9, 447 ff.; Nonn. *Dion.* 13, 546 ff.; Steph. Byz. s.v. Καῦνος· πόλις Καρίας, ἀπὸ Καύνου, οὗ ἡ ἀδελφὴ Βυβλὶς ἐρασθεῖσα φεύγοντος ἐκείνου ἀπήγξατο, ὅθεν ἡ παροιμία ὁ Καύνιος ἔρως [9]). Dies 'die älteste <<Milesische Geschichte>>' [10]) zu nennen ist irreführend. Wenn der randnotiz F 2 zu trauen ist, wird man auch hier A. in den τινές finden; und dann zeigen das zeitlich voraufgehende F 3 und die oben ausgeschriebenen parallelen, dass er den vollen stammbaum des zweiten (kretischen) königsgeschlechtes [11]) und eine reihe anderer eponymien und aitia gab [12]) — durchaus im stile der stadtgeschichte, die vielfach zugleich periegese ist. Auf die einzelheiten und die zahlreichen varianten der von hellenistischen dichtern oft behandelten geschichte lasse ich mich hier nicht ein [13]); aber die quelle Byblis lag bei A. wie bei Theokrit ἐν τῆι Μιλησίαι [14]). Aus Parthenios' versen ταὶ δ' ἐπ' ἐκείνηι, βεύδεα παρθενικαὶ Μιλησίδες ἐρρήξαντο darf man nicht einen dauernd geübten brauch [15]) erschliessen. (2) Ich sehe keinen grund der randnotiz zu misstrauen [16]). Dann hat A. die geschichte von Apriate erzählt, gewiss da wo er über Trambelos handelte, den Aristobulos [17]) und Schol. Lykophr. 467 — diese vielleicht nach A. [18]) — in Milet lokalisieren: Τραμβήλου κάσιν τὸν Τεῦκρον λέγει. μετὰ γὰρ τὴν Ἰλίου ἅλωσιν τὴν γενομένην ὑπὸ Ἡρακλέος Τελαμὼν ἔλαβε γέρας ἐξαίρετον

Θεάνειραν [[τὴν καὶ Ἡσιόνην, ὡς Ἴστρος ἐν Συμμίκτοις (334 F 57) φησὶν]]. αὕτη δὲ ἐκ τοῦ Τελαμῶνος ἔγκυος γενομένη ἀπέδρασεν ἐκ τῆς νεὼς καὶ ἦλθεν εἰς Μίλητον διανηξαμένη τὴν μεταξὺ θάλασσαν, [[καὶ Λέσβον]]. ἐβασίλευε δὲ τότε τῆς Μιλήτου Ἀρίων, ὃς αὐτὴν ἐν ὕληι κεκρυμμένην εὑρὼν διέσωσε, καὶ
5 τὸν ἐξ αὐτῆς γενόμενον υἱὸν Τράμβηλον ὀνομασθέντα ἀνέθρεψεν ὡς ἴδιον υἱόν. τῆς δὲ ἐπὶ Ἴλιον στρατείας γενομένης Ἀχιλεὺς εἰς Μίλητον παρεγένετο, εἶτα τὸν Τράμβηλον ἀντίσταντα ἀπέκτεινε. θαυμάσας δὲ αὐτοῦ τὴν ἀνδρίαν καὶ μαθὼν ὅτι ἐκ Τελαμῶνός ἐστιν, ἔθαψεν αὐτὸν καὶ μέχρι τινὸς ὡς συγγενῆ ἔκλαυσε. Hier sondert sich καὶ Λέσβον ohne weiteres als hinweis auf
10 die version Euphorions aus, die die Apriategeschichte in Lesbos lokalisiert, wo man auch das heroon des Trambelos zeigte [19]). A. gab das aition der von Aristobul in Milet erwähnten und mit zitat der Μιλήσιοι belegten κρήνη Ἀχίλλειος [20]); ob als erster, hängt von seinem zeitverhältnis zu Aristobulos ab, der in den 80er jahren des 3. jhdts publiziert hat. Es
15 ist wohl möglich dass er für die konstruktion des aitions die ganze lesbische geschichte aus *Lesbiaka* (nicht aus Euphorion) nach Milet übertragen hat; jedenfalls erscheinen mir die gründe, aus denen Latte *l.c.* p. 143 die milesische tradition über Trambelos für älter als die lesbische hält, nicht ausreichend.   (3) Gehört vor F 1 und in den gleichen
20 zusammenhang der κτίσις. Die ableitung des gründers aus Kreta ist vor A. [21]) bei den milesischen schriftstellern nicht direkt bezeugt, wird aber schon von Ephoros als unbestrittene tatsache behandelt [22]), und die συγγένεια wird in dem milesischen volksbeschluss von 223/2 [23]) offiziell anerkannt. Da das gekürzte scholion nur A. zitiert [24]), lässt sich nicht
25 sagen ob die *Milesiaka* in der person des gründers [25]), seiner genealogie [26]), dem grunde und der art seiner auswanderung [27]) übereinstimmten. Es fällt aber bei der diskrepanz der späteren überlieferung stark ins gewicht dass Maiandrios den Kleochos kannte, und dass man sein grab im Didymeion zeigte [28]). Also werden schon die älteren *Milesiaka* den eponymen
30 Miletos an stelle von Ephoros' Sarpedon gesetzt haben [29]), und die starken verschiedenheiten seiner genealogie werden variationen der hellenistischen dichter sein so gut wie die verschiedenen angaben über seine gattin in der Kaunos-Byblisgeschichte [30]). Bei A. ist die zwischenstation Samos bemerkenswert; ob sie polemisch gemeint ist oder ein altes freund-
35 schaftsverhältnis zwischen Samos und Milet begründen soll, ist nicht leicht zu sagen; im streit um Karion und Dryussa ist das milesische zeugnis des Maiandrios den Samiern günstig [31]). Die reihe der alten namen Milets ist schwerlich direkt aus A. genommen [32]); es bleibt aber zweifelhaft ob ihm die variante des ältesten namens — Asteria statt Phlyussa
40 (oder eher Anaktoria) — gehört [33]) oder ob er selbst schon varianten gab.

(4) Jamblich. *Vit. Pyth.* 3 τὴν δ' ἀρετὴν τοῦ ἐδάφους καὶ τῆς γῆς Μελάμφυλλον καλουμένην. Vgl. die namenreihen Schol. Apoll. Rhod. 2, 865/72e (wo Μελάνθεμος steht); Strab. 10, 2, 17; 14, 1, 15; Steph. Byz. s.v. Σάμος (wo die bessere überlieferung überall nur éin λ hat). Das zitat macht wahrscheinlich dass A. den namen erklärt hat. Ob man aus *adicit* schliessen darf dass er erst aus ihm zu Demetrios und Apollodor gekommen ist, stehe dahin. (5) Klingt wie umsetzung von *Hymn. Hom. Aphrod.* 21 ff., wo Poseidon und Apollon (zwei in Milet bedeutende götter) um Hestia werben. Die datierung ist schluss aus Hesiod. *Th.* 68/74; 881/5. Der zusammenhang ist nicht festzustellen; aber schwerlich hat A. eine vollständige göttergeschichte gegeben. Die weiteren belege für den sprichwörtlichen gebrauch s. Leutsch zu Zenobios *Prov.* 1, 40. (6) S. p. 408, 35 ff.

494. ZOPYROS

Über die träger des namens s. zu no. 336; er ist in Milet häufig; aber wenn ihm F 3 gehört, war er Magnete und vielleicht vorhellenistisch. Für frühe zeit auch des verfassers der Μιλήτου κτίσις spricht dass Kallimachos gegen ihn polemisiert zu haben scheint; und dass ein Magnete (vom Maeander?) über Milet schrieb ist nicht unmöglich. Der grosse umfang der Κτίσις erklärt sich, wenn in ihr viele solche exkurse vorkamen. Der erhaltene sieht nach einem frühen grammatiker aus, der auch Προβλήματα Ὁμηρικά hätte schreiben können, aber seine gelehrsamkeit (wir wissen nicht, weshalb) in einem anderen rahmen ausbreitete. Aber das bleibt alles unsicher.

495. ARISTEIDES

Wie andere novellensammlungen nur wegen des buchtitels aufgenommen, aus dem wir schliessen dass die geschichte(n) in Milet spielte(n) [1]), und weil das werk möglicherweise historisch und topographisch doch etwas für die stadt ausgeben könnte, wenn wir mehr hätten als die paar lexikalischen fetzen aus original und übersetzung [2]). Diese *Milesiaka* waren kein historisches werk, auch nicht im antiken sinne [3]), sondern eine umfangreiche sammlung von erotischen, teilweise obszönen geschichten, die vermutlich eigene erlebnisse des verfassers (oder des helden) wiedergaben — also etwas im stile von Petron und Apuleius, aber älter als diese, da die übersetzung durch Sisenna sie spätestens in das erste drittel des 1. jhdts v. Chr. datiert. Der verfasser (der pseudonym sein kann) wird nicht Milesier genannt, und war es nicht, wenn der schwindelautor Aristeides von Milet⁴) nach ihm erfunden ist: denn es gehört zur manier Ps. Plutarchs aus buchtiteln heimatsbezeichnungen zu machen. Er hat weder mit dem verfasser des buches über Knidos⁵) noch mit anderen trägern des häufigen namens etwas zu tun. Es wäre zwecklos, hier die umfangreiche diskussion über die form des werkes (roman oder novellensammlung; letztere mit oder ohne rahmenerzählung u.s.f.) zu referieren oder zu erwägen ob die geschichte von der Milesierin Monime⁶) aus dieser sammlung stammt.

496. SAMMELZITATE. ANHANG

(1) Muellers änderung von Ἀριστοτέλης in Ἀριστόκριτος ist auch methodisch falsch: wir wissen dass jener in den Politieen novellen nicht verschmähte, wenn sie sich historisch und staatsrechtlich ausbeuten liessen; und das zitat οἱ τὰ Μιλησιακά schliesst nicht nur einen milesischen autornamen aus, sondern beweist zugleich dass es verschiedene darstellungen über die abschaffung des königtums und seinen ersatz durch die aisymnetie gab. Denn dieses faktum scheint der angabe zugrunde zu liegen dass Phobios die herrschaft dem Phrygios übergibt. Beide namen sind für Milet unbelegt¹), und Φρύγιος²) befremdet als alter personenname überhaupt. Aber in Nikolaos' erzählung von den letzten königen, dem guten Leodamas und dem bösen Amphitres³), spielen eine hauptrolle die νεανίσκοι Τόττης καὶ Ὄννης ἐκ Φρυγίας, ἱερὰ ἔχοντες Καβείρων; und es gibt eine (freilich dünne) verbindung mit F 1 dass der vater des halikarnassischen königssohnes bei Alexandros Aitolos Assessos heisst, und bei Nikolaos 'die kinder und freunde des Leodamas' nach dem zu Milet gehörigen Assessos flüchten, das auch die letzte station auf dem wege der beiden Phryger ist, die 'Milesier und Assessier' vor dem unheil retten⁴). Für die milesische tradition ist ferner wichtig dass bei Konon⁵) dieselben Neliden in den gleichzeitigen kriegen gegen Karystier und Melier kämpfen⁶) — (Am)phitres ohne, Leodamas mit erfolg. Aber diese geschichte ist nicht für die verfassungsänderung interessiert, sondern für die geschlechtslegende der Εὐαγγελίδαι, die die vorsteherschaft des Branchosorakels erhalten. Man sieht noch dass die *Milesiaka* mehr und sehr verschiedenes haben, was wir nicht auf bestimmte autornamen stellen können. (2—3) Gibt, obwohl unvollständig, einen begriff von der

anlage der *Milesiaka*, die (wie die meisten stadtgeschichten) in der archaeologie, d.h. bis zum sturze des königtums 7), nach sich ablösenden königsgeschlechtern und darunter nach den einzelnen königen (von denen man etwas wusste) erzählten. Wahrscheinlich dass sie dann auch eine vollständige liste gaben, die partieenweise vielleicht nur aus namen bestand. Wir kennen durch zufallszitate von den vorionischen königen (die z.t. offensichtlich erfunden oder aus anderen lokalgeschichten annektiert sind 8)) Eurytos, Miletos, Arion, Trambelos; von den ionischen Neleus, Phobios, Leodamas, Amphitres. Es ist lokalpatriotismus, wenn man den (vielleicht kultisch verehrten) Anax zum sohn der Ge macht und damit die anfänge der relativ jungen stadt in grauste urzeit rückt 9). Es ist seltener dass ein solcher autochthone einen sohn hat: dieser Asterios ist nicht aus dem kretischen komplex entlehnt sondern entweder gigant 10) oder eponym eines milesischen inselchens. Wir finden das motiv der bestattung des vaters ausserhalb seines engeren herrschaftsgebietes auch Schol. Dion. Per. 825 11), und erwarten in der urgeschichte auch rechtfertigungen der milesischen ansprüche auf andere inseln. Die stadt heisst damals Anaktoria und bei einigen Asteria 12). Die untertanen schon der beiden ersten könige waren nach Pausanias' darstellung Karer, und Nikandros hat ganz konsequent einen karischen könig Eurytos erfunden 13), der zur zeit von Miletos' ankunft herrscht, also wohl als nachfolger des Asterios gedacht ist. Andere müssen Leleger genannt haben, da die eine reihe der alten namen der stadt mit Lelegeis beginnt 14). In Pausanias' vorlage repräsentiert Miletos die dritte generation, und seine ankunft bedeutet einen neuen anfang in der königsgeschichte, da unter den vielen namen seiner gattin 15) nie eine tochter des Asterios genannt wird. Dass er einen vertrag auf συνοικία mit den Karern schliesst (an sich ein nicht seltenes motiv in der geschichte der nichtgriechischen staaten Kleinasiens, hier aber bei der griechischen stadt im ausgesprochenen gegensatz zum verhalten der Ionier) beruht darauf dass der Schiffskatalog *Il.* B 867/75 Milet als stadt der Κᾶρες βαρβαρόφωνοι nennt. Es ist ein konsequenter schluss daraus — wenn nicht aus den realen bevölkerungsverhältnissen in der zeit der beginnenden geschichtschreibung und geographie 16) — dass Herodot 1, 146, 3 Karer noch zur zeit der Ionischen Wanderung gerade in Milet kennt. Es befremdet uns dass die *Milesiaka* seine abschätzig gemeinte darstellung von dem beginne der griechischen stadt offenbar einfach übernommen haben; aber es ist bezeichnend für das rassegefühl mindestens der kleinasiatischen Griechen: das blut bestimmt nur der vater 17).   **(4)** Zu 493 F 2.   **(5)** Zu der eigenartigen datierung s. p. 402, 5 ff.; wir wüssten gern auf welche Ἱστορίαι sich die Apolloniaten beriefen. Die erhaltenen reste der *Milesiaka* nennen keine kolonie, und doch kann die alte kolonisation unmöglich ganz gefehlt haben. Die nachrichten über sie (und die unzuverlässigen daten) sind gesammelt von A. G. Dunham *The History of Miletus*, 1915, p. 56 ff. und Bilabel *Die Ionische Kolonisation*, 1920, p. 9 ff.; vgl. auch Hiller *RE* XV, 1931, col 48 ff. und J. Röhling *Der Handel vom Milet*, diss. Hamburg 1933.   (6) Direkte quelle des Aristainetos ist Kallimachos [18]), der für Milet u.w. gewöhnlich Maiandrios benutzt. *Milesiaka* sind sicher quelle für Plutarch *Mul. virt.* 16 (und Polyaen. *Strat.* 8, 35), wo die geschichte, wie es scheint, in die frühzeit des ionischen Milet datiert ist [19]), und Phrygios nicht könig sondern τῶν Νείλεω παίδων ὁ δυνατώτατος heisst [20]). Es ist nicht klar ob Milet jemals den anspruch erhoben hat mutterstadt von Myus zu sein; die letztere stadt ist selbständig zur zeit des schiedsspruches des satrapen Struses (Struthas) 392/88 [21]) und als milesisches gebiet nicht vor 228/7 v. Chr. nachweisbar [22]). Als selbständig erscheint sie auch in der legende, die nicht mit wiedervereinigung, sondern mit friedenschluss endet.   (7) Auch über die tyrannis fehlt es an direkten belegen aus milesischen autoren. Der terminus ist bei Nikol. Dam. 90 F 52 [23]) untechnisch gebraucht; auch ob die zwei generationen dauernde στάσις Herodt. 5, 28 f. auf die tyrannis geht ist zweifelhaft [24]). Die beiden tyrannen [25]) Thoas und Damasenor, die Plutarch. *Aet. Gr.* 32 ohne autorenzitat in der erklärung der ἀειναῦται παρὰ Μιλησίοις nennt, sind zeitlich nicht zu bestimmen. Von dem verhältnis Perianders und Thrasybuls wusste Herodot mehr [26]); es ist bedauerlich dass wir nicht wissen of Maiandrios [27]) den ersteren zu den Sieben Weisen rechnete.   (8—9) Blass *Att. Bereds.* ²II p. 103; 453 f.

LV. NAXOS

Ob die literatur über Naxos reichlich und (wie die von Samos) verhältnismässig alt war, ist schwer zu entscheiden, da auf Plutarchs ὡρογράφοι [1]) wenig zu geben ist. Aber wir haben so wenig von ihr dass ich die kompilation aus Diodors Inselbuch im Anhang abgedruckt habe [2]). Mit Eudemos (497), der vermutlich in die zweite hälfte des 5. jhdts gehört, ist nichts anzufangen, weil die heimat zweifelhaft ist [3]), und wir von charakter und inhalt des werkes garnichts wissen: von den zitaten unter dem namen Eudemos gehört ihm nichts, und die gesellschaft, in der er steht, spricht eher gegen Ναξίων ὧροι. Philteas (498) hat ionisch geschrieben; aber Dionys nennt ihn nicht unter den alten lokalhistorikern, und die art wie (der Milesier) Herakleides in der ersten hälfte des 2. jhdts n. Chr. ihn anführt [4]) spricht — wie vielleicht auch der name Balearen für die Gymnesiai noch des Timaios [5]) — vielleicht eher für römische als für vorhellenistische zeit. Hermesias von Naxos (IV) hat nicht über seine heimat, sondern in unbekannter zeit ein enkomion auf Athena geschrieben. Das zeitverhältnis von Aglaosthenes (499) und Andriskos (500) lässt sich aus 499 F 3 nicht bestimmen. Ich halte Andriskos für den jüngeren, wage aber nicht in Aglaosthenes, für den die benutzung durch Eratosthenes (und Euhemeros?) den *t. ante* gibt [6]), die oder eine der quellen des Aristoteles (und Kallimachos) zu sehen. Er scheint, wenn nicht der älteste, doch der hauptautor gewesen zu sein; und von dem inhalt seiner *Naxiaka* ist etwas in die Θαυμάσια und Μετονομασίαι (schon des Kallimachos?) übergegangen [7]). Falls er wirklich ein zweites paradoxographisches buch geschrieben hat oder die zitate bei Tzetzes (der den autor, den er vielleicht aus Sotion oder Isigonos kennt, Agathosthenes nennt [8])) aus exkursen der *Naxiaka* stammen, hat er frühestens in der zeit Alexanders geschrieben. Was wir haben bezieht sich (wie so oft) meist auf die urzeit oder die dunkeln jahrhunderte, für die es eine künstliche chronologie gab [9]), trägt z.t. novellistischen charakter, und knüpft (selten genug) an monumente [10]). Aber die Perserzeit war in lokalpatriotischem sinne behandelt [11]). Ob damit eine zusammenhängende darstellung der zeitgeschichte begann, und wie weit die lokalgeschichte darüber hinausging, ist so unsicher wie die form. Das fehlen von 'spuren chronikalischer aufzeichnungen' aus älterer zeit (d.h. disposition nach der beamtenliste) gibt selbst Vogt zu [12]).

498. PHILTEAS

Der name für einen verfasser von *Naxiaka* ist durch die grammatiker gesichert und für Naxos auch durch eine beitragsliste belegt [1]), die aber für die zeit des schriftstellers nichts ausgibt. Nach F 2 kann er (älterer?) zeitgenosse des Milesiers Herakleides [2]) gewesen sein; aber das zitat T 1 — ein solches ist es [3]) — macht den schluss unsicher: die änderung des korrupten καλαβαῖος in Καλακταῖος, die ihn mindestens ein jahrhundert älter machen würde, ist ganz zweifelhaft; aber Ἡρακλείδης kann nicht darin stecken, obwohl Eustathios ein Etymologicum vor sich hatte [4]).

499. AGL(A)OSTHENES

Hat sich selbst vermutlich Aglosthenes genannt [1]), und das mag schuld sein an den vielen korruptelen des sonst ganz durchsichtigen namens. Die zeit lässt sich nicht genauer bestimmen als es ob. p. 415, 6 ff. geschehen ist [2]). F 1-3 scheinen in einzelheiten zu rationalisieren; eine durchgeführte tendenz ist es nicht.

F

(1—2) Zwei stücke einer vollständigen geschichte des Zeus [3]), die bestandteil einer art von theogonie gewesen sein kann [4]), wie sie auch andere lokalgeschichten in verschiedenem umfang gehabt zu haben scheinen [5]). Doch ging das streben schwerlich auf systematik und vollständigkeit, wie in den allgemeinen theogonieen und genealogieen, sondern die lokalhistoriker suchen nur der eigenen heimat einen platz schon in der göttergeschichte zu geben, indem sie (roh gesprochen) die hesiodische konstitution des regiments der olympischen götter vom himmel zur erde herabziehen. Soweit es sich dabei um Zeus handelt ist damit für einen schriftsteller des 3. jhdts eine verbindung mit Kreta gegeben, wo die geburtsgeschichte fest lokalisiert ist [6]); und wenn er einzelheiten erzählt, so werden sie z.t. schon aus prosaischen *Kretika* stammen [7]). Aber das motiv des ἐκκλαπεῖν καὶ ἀχθῆναι εἰς Νάξον sieht nach willkürlicher erfindung aus, und die lokalen anknüpfungen (an denen es nicht gefehlt haben kann) sind in den beiden exzerpten übergangen.   (3) Dass das bei Eratosthenes stand, wird man nicht bezweifeln. Die überlieferung ist schlecht und offenbar unvollständig, hat aber gegenüber dem (nicht alten) homerischen Hymnos no. 7 und der zweiten darstellung Hygins [8]) den eigenartigen zug erhalten, dass der göttliche knabe 'gefährten' hat [9]), zu seinen ammen in Naxos [10]) gebracht werden soll, und dass rettung und verwandlung der räuber nicht mit dem gewöhnlichen wunder der dionysischen umgestaltung des schiffes begründet werden, sondern durch das *symphoniam canere* der gefährten. Ist der Dithyrambos gemeint, dessen erfindung damit für Naxos beansprucht werden soll, wobei sich der lokalhistoriker auf die autorität Pindars in den 'Ὑπορχήματα stützen konnte [11])? Und besteht irgend eine verbindung zu dem thrakischen Dionysos und den Thrakern auf Naxos [12])? Vermutlich soll doch 'das kind' vor den nachstellungen der Hera nach Naxos gerettet werden, wie Zeus selbst in F 2 vor denen des Kronos. Die (spätere) freundschaft der Hera 501 F 4 widerspricht

nicht; aber 501 F 5 c. 50, 1-2; 52, 1-2 zeigen wie viele varianten es über die jugendgeschichte des Dionysos in den *Naxiaka* selbst gab. An der letzteren stelle werden die namen der nymphen genannt, deren eine (Koronis) von Dionysos mutter der Chariten wird. Das weiss Kalli-
5 machos; aber nach den Scholien P. S. It. XI 1219 scheint er es aus Hagias-Derkylos (305 F 8) gehabt zu haben.   (4) Vermittler wahrscheinlich der am anfang des abschnittes zitierte Tryphon ἐν β̄ Φυτῶν ἱστορίας, ungefährer zeitgenosse des Didymos [13]). Die tatsachen stimmen natürlich — es ist selten gleichgiltig, welches holz im kult verwendet wird; aber die
10 erklärung des besonders für Zeus verbreiteten kultnamens Μειλίχιος [14]) ist selbst dann falsch, wenn μείλιχα = σῦκα eine naxische glosse sein sollte. Einen Διόνυσος Συκήτης kennt Sosibios 595 F 10 in Sparta, einen Συκάσιος Ζεὺς ὁ καθάρσιος ohne lokalangabe die Homerscholien Eust. *Od.* η 116. Der kathartische gott ist im kult der athenischen Phytaliden
15 Ζεὺς Μειλίχιος, und sie wollen die feige von Demeter erhalten haben [15]). In Naxos, das er Poseidon abgenommen hat [16]), ist Dionysos nicht nur für die schriftsteller mehr und mehr *der* gott geworden; er erscheint überall auf den münzen des 4. jhdts, und sein priester ist eponym [17]).
(5) Trotz παραφρονεῖν (das vielleicht die bakchische raserei bei einem
20 bestimmten fest meint [18])) doch wohl dieselbe quelle wie 501 F 4, die schon Ktesias kannte [19]). Sie fehlt bei (dem freilich stark verkürzenden) Diodor, 3, 66, 1-2, bei dem Teos als τεκμήριον für seinen anspruch geburtsort des Dionysos zu sein τὸ μέχρι τοῦ νῦν τεταγμένοις χρόνοις (!) ἐν τῆι πόλει πηγὴν αὐτομάτως ἐκ τῆς γῆς οἴνου ῥεῖν εὐωδίαι διαφέροντος angibt.
25 (6) Ob Plinius' quelle die namenreihe gerade aus A. hat ist nicht zu sagen. Die drei ersten namen hat auch die kompilation Diodors [20]), die beiden letzten hängen mit der beteiligung der Naxier an der kolonisation Siziliens zusammen [21]). Strongyle ist schon von Andriskos [22]) mit der zeit der thrakischen herrschaft in Naxos verbunden, der historische name Naxos
30 mit einer angeblichen besiedlung durch Karer [23]). Dazwischen steht in der kompilation Dia als von den Aloaden gegebener name: die nicht allgemein akzeptierte gleichung mit dem Dia der Odyssee [24]) datiert ihn in die zeit vor Theseus; aber es bleibt zweifelhaft ob einer der naxischen schriftsteller — A. wegen F 2? — ihn mit der erziehung
35 des Zeus auf Kreta verband, und noch zweifelhafter ob Kallimachos [25]) diese erklärung akzeptierte.   (8) Eust. Dion. Per. 1143. Vgl. auch Oehler *Paradox. Flor.* p. 91 f.   (9) Timaios 566 F 46; cf. Oehler *l.c.* p. 56 f.; 162.

500. ANDRISKOS

Ob. p. 415, 6 ff. (1) Novelle aus einem kriege der festland-Ionier gegen Naxos, den wir nicht näher datieren können [1]). Sie will ein monument erklären, das (im volksmunde) βασκάνου τάφος heisst und an einem der stadttore liegt [2]); man wird also nicht viel wert auf die (übrigens gewöhnlichen) namen Polykrite, Polykles, und (auf der gegnerischen seite) Diognetos legen. Die verkürzten und nicht überall klaren berichte der Ναξίων συγγραφεῖς Plutarchs, seiner variante aus Aristoteles [3]) und des A. (wenn wir Parthenios = A. setzen dürfen) lassen sich in ihrem verhältnis nicht näher bestimmen [4]), geben aber alle naxische tradition wieder und weichen nur in solchen einzelheiten ab, wie sie bei ursprünglich mündlicher tradition natürlich und gewöhnlich sind. (2) Der zusammenhang mit dem bericht über die thrakische periode von Naxos in Diodors kompilation [5]) ist ebenso deutlich wie (trotz der verkürzung und der korruptelen im eingang van Parthenios' text) die existenz von varianten in einzelheiten.

501. SAMMELZITATE. ANHANG

(1) Unter Ναξίων τινές wird man naxische lokalhistoriker verstehen dürfen, denen man die für das verständnis der Ariadne fundamental wichtige tatsache ihrer kultischen verehrung auf Naxos glauben muss [1]). Ihre erklärungen, die sich des bequemen mittels der homonymie bedienen (offenbar weil es schon im 4. jhdt für Minos angewendet war [2])), sind für den religionshistoriker unverbindlich [3]), aber sie zeigen überlegung (1) darin dass Staphylos und seine brüder zu söhnen der älteren Ariadne, der Dionysosbraut, gemacht werden [4]); (2) dass die jüngere Ariadne, die in dem kurzen bericht keine verbindung mit Dionysos hat, nicht auf Naxos verlassen wird (wie in der Diodorischen kompilation [5])), sondern 'nach Naxos kommt'. Das nähere entgeht uns, und es ist nicht ganz sicher ob man die lücke des berichts aus *Thes.* 20, 1 οἱ δ' εἰς Νάξον ὑπὸ ναυτῶν κομισθεῖσαν (von wo?) Ὀνάρωι (?) [6]) τῶι ἱερεῖ τοῦ Διονύσου συνοικεῖν ergänzen darf. Interessant (wenn auch für lokalgeschichten keineswegs singulär) wie das naxische grab einer unbekannten Korkyne in diesen zusammenhang gezogen wird. (2) S. zu 500 F 1. (3) Die polemik Plutarchs ist nur insofern wertvoll als sie bezeugt dass die naxischen lokalhistoriker die beziehungen zu Persien ausführlich behandelt haben [7]). Aber es ist schon zweifelhaft ob man ihren ton und

inhalt auf die lokalen darstellungen zurückführen darf, wie das z.b. für die *Thebaika* [8]) sicher ist. Sie hatten eigentlich keinen anlass mit Herodot unzufrieden zu sein, der gelegentlich der milesisch-persischen expedition des j. 500 die macht und den reichtum der insel so stark hervorhebt wie
die Diodorische kompilation [9]). Auch was sie von dieser expedition erzählten entspricht in der hauptsache dem bericht Herodots, aus dem die 200 schiffe der persischen flotte [10]) stammen werden, und es bleibt nur zweifelhaft ob sie mehr über den parteihader auf der insel [11]) gaben, den Plutarch klüglich verschweigt. Ihre angabe über den angriff des Datis
ist leider korrupt, aber man glaubt in den worten (die ich nicht zu verbessern wage) eine gewisse verlegenheit zu spüren; daran dass Herodot die fakten richtig gegeben hat zweifelt niemand: Naxos wurde wie Eretria als feindesland behandelt [12]). Über die Naxier im Xerxeskrieg gibt die kompilation c. 52, 3 knapp das wesentliche; etwas mehr als
Herodot, der sie bei Plataiai nicht besonders erwähnt. Möglich dass die lokalhistoriker über Demokritos und die taten des von ihm geführten kontingents, das auf der schlangensäule stand, mehr zu sagen wussten; aber Plutarch beruft sich nur auf ein 'epigramm' des Simonides.   (4)
Ἡ διάσημος] s. 499 n. 21.   Νάξου] ὁ Πολέμωνος F 5 c. 51, 3. Dass die
Karer dort ἐκ τῆς νῦν καλουμένης Λατμίας kommen erklärt die variante Ἐνδυμίωνος; es ist eine erfindung, die den eponymen vornehmer machen soll [13]). Man möchte wissen, ob die datierung dieses Naxos zwei generationen vor Theseus mit der doppelung des Minos 501 F 1 zusammenhängt. Über die namen der insel s. zu 499 F 6.   γυναῖκας] für die varianten
über den grund vgl. zu 499 F 3. Wer der Asklepiades ist bleibt zweifelhaft; aber man denkt eher an einen dichter, als an einen arzt. Ein θαυμάσιον aus der naxischen tierwelt: Aristot. *H. A.* 1, 17 p. 496 b 26 ff. κρήνη] zu 499 F 5.   (5) Diodors vorlage ist nicht zu bestimmen, war aber wohl eher ein buch Περὶ νήσων als eines über Naxos. Dass er für
Kreta ein spezialbuch herangezogen hat [14]) entscheidet nichts, sondern widerlegt höchstens die vermutung Bethes [15]) dass Apollodors Κατάλογος Νεῶν exzerpiert ist. Bethe selbst gibt zu dass 'für Naxos die bedingungen der untersuchung am ungünstigsten sind', schon weil Strab. 10, 5, 7 die insel nicht bespricht; seine argumente für Apollodor sind wertlos.
Was wir sagen können ist allein dass deutliche berührungen (nicht durchweg übereinstimmungen) mit den resten der *Naxiaka* bestehen: c. 50, 1-51, 3 ∼ 500 F 2; c. 51, 3 ∼ 501 F 4; c. 51, 4 ∼ 501 F 1; c. 52, 1-2 ∼ 499 F 3; c. 52, 3 ∼ 501 F 3.   *c. 50, 1-51, 3*] Zu Butes s. immerhin Wernicke *R E* III col. 1082 no. 5; zu den Aloaden Stengel *ebd.* I col.
1590 ff.; Herbst *ebd.* XVI 2 col. 2087, 22 ff. Die letzteren genossen kult

auf Naxos [16]), wo schon Pindar *Pyth.* 4, 88 ihren tod kennt. Auch die sonstige, schwierige und hier nicht zu behandelnde, überlieferung über die brüder enthält einige spezifisch naxische züge [17]). In der kompilation geben sie der insel den neuen namen Dia [18]) und machen offenbar der Thrakerherrschaft ein ende, was sich weder mit deren 200 jahren (vertreibung in der 7. generation?) verträgt noch mit dem verlassen der insel wegen αὐχμοί (und dadurch bedingter ἀφορία und σιτοδεία) — einem motiv, das auch sonst wanderungen und bevölkerungswechsel erklärt [19]). Das ist eben kompilation und hat uns vielleicht die vollständige thrakische königsliste gekostet. Analog wird die zweite (dritte) dynastie der karischen könige durch den bericht über Theseus' aufenthalt auf der insel abgebrochen, der ganz vorübergehend ist und vor allem keine kretische besiedlung oder herrschaft bedeutet [20]). Das fehlen der Kreter ist gewiss merkwürdig; uber Naxos fehlt auch in Diodors *Kretika* 468 F 1 c. 79, wo zwar Delos und Paros stehen, aber der Ariadnesohn Oinopion nicht Naxos, sondern Chios erhält. In der naxischen tradition mögen die Karer durch die Ionier abgelöst worden sein; wann ist nicht zu sagen, da es für die ionische besiedlung der inseln überhaupt kaum daten gibt.

LVI. PAROS

Ausser der Politie des Aristoteles und dem einzelbuch des Deliers Semos (no. 396), aus dem kein zitat erhalten ist, das aber möglicherweise nur eine nachlese vom speziell delischen standpunkt gab, kennen wir kein buch über Paros. Herkunft und schriftstellerei des Eudemos [1]) sind zweifelhaft; das *Marmor Parium* [2]) ist eine universalchronik, die zwar das jahr der öffentlichen aufstellung durch nennung auch des parischen eponymen bestimmt, aber für die geschichte der insel so wenig interesse zeigt dass selbst die erwähnung des Archilochos (der doch in die grosse literaturgeschichte gehört) nicht absolut sicher ist [3]). Dass ihr autor anders hätte vorgehen können, zeigt — ausser dem was wir von Aristoteles' Politie wissen [4]) und etwa dem artikel des Steph. Byz. [5]) — die tatsache dass Demeas eine archontenliste von Paros hatte, die bis in die erste hälfte des 7. jhdts hinaufging, wobei es gleichgiltig ist wann sie publiziert ist und ob sie alte beischriften enthielt. Vielleicht ist das befremdende schweigen des verfassers der Marmorchronik über seine heimatinsel das beste oder einzige argument für seine gleichung mit Demeas. Über eine mögliche stadtchronik von Paros aus dem 4. jhdt s. p. 421, 34 ff. In Diodors Inselbuch fehlt ein abschnitt über Paros.

502. DEMEAS

Das Archilochosdenkmal von Paros, über dessen standort sich nichts sicheres sagen lässt [1]), gibt unter einem reliefportrait oder einer statue des dichters [2]) ein exzerpt, das ein Parier Sosthenes [3]) etwa um die mitte des 1. jhdts v. Chr. oder etwas später [4]) aus dem buche eines Demeas gemacht hat, um in enkomiastischer tendenz die enge verbundenheit des dichters mit der geschichte seiner heimat zu beweisen — wenn es sich überhaupt um ein exzerpt des Sosthenes und ein buch des Demeas handelt, und nicht nur um die (verkürzende?) wiederherstellung eines älteren denkmals, das dann wirklich eine parallele zu der Marmorchronik ist. Man wird diese möglichkeit ernsthaft in erwägung ziehen müssen; denn der text ist nur zum geringsten teile erhalten; die sicher anzunehmende überschrift ist völlig verloren; und gerade der eingang ist auf der quader, die im 3. jhdt n. Chr. als grabstein verwendet wurde, so stark zerstört dass jede ergänzung spielerei bleibt [5]). Wenn es ein buch war, lässt sich schlechterdings nicht entscheiden ob D. 'über die ältere geschichte von Paros' geschrieben hat [6]), in der er (wie natürlich) ausführlich von Archilochos handelte [7]), oder über den dichter; ja nicht einmal ob es überhaupt ein älteres buch war (was doch wohl das wahrscheinlichere ist) oder erst für das denkmal (und im auftrag des Sosthenes?) verfasst ist [8]). D. ist unbekannt. Die vermutung dass er der verfasser der (in der Suda dem athenischen redner Demades zugeschriebenen) Ἱστορία περὶ Δήλου καὶ τῆς γενέσεως τῶν Λητοῦς παίδων ist lässt sich nicht zur sicherheit erheben [9]); und von dessen gleichsetzung mit dem (oder einem der) delischen archonten aus den 80er oder 70er jahren, die den schriftsteller zum Delier machen würde [10]), sieht man schon wegen der gewöhnlichkeit des namens besser ab. Näher liegt der gedanke an den verfasser des Marmor Parium [11]), dessen name in der überschrift verloren ist. Auch er ist nicht beweisbar, weil es kein positives argument gibt [12]), und weil die Koiranosgeschichte I A 9-21 keine sichere zeitbestimmung ihres erzählers erlaubt [13]). Aber wenn er zutrifft, wären heimat, zeit und charakter des mannes bestimmt [14]): er war keiner der bekannten grammatiker, sondern bestenfalls ein lokalgelehrter, wenn man ihn nicht besser überhaupt einen historisch interessierten dilettanten nennt. Dazu würde passen dass er die daten nicht aus eigener forschung zusammengebracht hat, sondern (wie vermutlich auch der verfasser des Marmors) v. 5/6 die quelle genannt zu haben scheint, der er sein material verdankt. Leider sind auch hier die entscheidenden worte zerstört, sodass es unsicher bleibt ob ein name genannte war. War es der fall, so kommt der Athener

Philochoros nicht in frage (ganz gleich, ob seine benutzung zeitlich möglich war, wogegen nichts spricht [15])). Man denkt am ehesten an eine ältere stadtchronik von Paros, in der die beamtenliste zum ersten male publiziert und die von Archilochos erwähnten ereignisse nebst den tatsachen seines eignen lebens eingeordnet waren. Es kann dasselbe buch sein, das von Aristoteles, Kallimachos (?) [16]), und Philochoros benutzt ist. Daneben kommen eine biographie oder untersuchungen über den dichter in frage, nicht eine rede auf ihn (für die die form der datierung nicht passt), und in dieser zeit auch noch keine kommentierte ausgabe.

LVII. PELOPONNESOS

Soweit diese bücher nicht erschwindelt sind, waren sie eher periegetisch (im späteren sinne des wortes) als historisch [1]). Denn die Peloponnes ist zwar ein geographischer, und zuweilen beinahe ethnologischer, aber kein politischer begriff [2]). Καταμετρήσεις τῶν ἐν Πελοποννήσωι ὀρῶν gab es von Dikaiarchos [3]).

LVIII. PEPARETHOS

Die Aristotelische Politie, aus der Herakleid. *Pol.* 13 nur den einen satz über den reichtum der insel an wein und getreide ausgehoben hat, beweist nicht für die existenz eines sonderbuches von der art wie es Phanodemos über die kleinere insel Ikos — wohl aus persönlichen gründen — geschrieben hat [1]). Ebenso wenig hilft, dass ein Ellopion aus Peparethos mit Platon in Ägypten gewesen zu sein scheint [2]), und dass wir aus dem (frühen?) 3. jhdt einen historiker Diokles [3]) kennen, dem man es zutrauen könnte dass er auch über die altertümer seiner heimat geschrieben hat. Was wir über die insel wissen ist von Fredrich *IG* XII 8, 1909, p. 166 f. und R. Herbst *RE* XIX 1, 1937, col. 551 ff. gesammelt.

LIX. PERGAMON

Die Marmorchronik habe ich nicht unter die historische und zeitgenössische literatur über die Attaliden [1]) gestellt, weil sie früher (wir wissen nicht wann) einsetzt; und ob Telephos' grosse kompilation über die könige von Pergamon sich auf die Attaliden beschränkt hat ist auch nicht sicher. Jedenfalls stehen daneben zwei periegetische bücher, und T. selbst hat sich grammatiker genannt. Für einen solchen passen auch die beiden bücher über Athen, die (wie anderes im schriftenkatalog) seine attizistische haltung bekunden [2]), neben der die verbindung seiner Homerauffassung mit der Stoa und der Pergamenischen schule des Krates deutlich ist. Aus ihnen stammen F 1-2; F 3 wohl am ehesten aus einem der bücher über Homer [3]). Die lokalpatriotischen bücher mögen in die erste periode des schriftstellers fallen (der infolge streng geregelter lebensweise ein Nestorisches alter erreichte [4])), bevor er erzieher des kronprinzen wurde. Erhalten ist nichts aus ihnen, wenn man nicht in der Marmorchronik einen sehr knappen auszug [5]) aus Περὶ τῶν Περγάμου βασιλέων sehen will, den T. zu eignem ruhm und zur belehrung seiner mitbürger öffentlich aufgestellt hat; der gedanke liegt nahe, weil die schrift des denkmals in Hadrianische zeit weist [6]), und die sitte solcher stiftungen in hellenistischer und römischer zeit verbreitet war [7]). Dass zeugnisse und fragmente sich alle auf den kaiserzeitlichen grammatiker beziehen ist seit Salmasius unbezweifelt [8]). Seine 'blüte' bestimmt T 2, was uns hier genügt. Für alles einzelne sei auf Wendels artikel über Telephos *RE* V A 1, 1934, col. 369 no. 2 und den vollen kommentar Dittenbergers zu der chronik in seinen *O. Gr. Inscr. Sel.* verwiesen.

LX. PHOKAIA

Eine lokalgeschichte von Phokaia ist nicht bekannt. Ob die 'homerische' *Phokais*, ἥν φασιν οἱ Φωκαεῖς "Ομηρον παρ' αὐτοῖσι ποιῆσαι [1]) von Phokaia handelte oder nach dem entstehungsort hiess ist zweifelhaft; wenn man Welckers [2]) gleichsetzung mit der *Minyas* (als deren dichter Pausan. 4, 33, 7 einen Prodikos von Phokaia nennt [3])) ablehnt, wissen wir von ihrem inhalt nichts. Von Aristoteles' Politie hat Herakleid. *Pol.* 35 wieder nur einen satz über den namen der stadt, Clem. Al. *Strom.* 1, 133, 4 eine notiz aus der tyrannenzeit [4]) erhalten. Die überlieferung ist zusammengestellt von J. Keil *RE* XXI 1, 1941, col. 444 ff.; über die gründung s. auch Wilamowitz *Sb. Berlin* 1906 = *Kl. Schr.* V 1 p. 149 f.

LXI. PHOKIS

Ob es eine landesgeschichte von Phokis gegeben hat ist trotz Pausan. 10 zweifelhaft; ebenso ob Aristoteles neben der delphischen Politie eine solche der Phoker verfasst hat [1]). Wir kennen nur das spezialbuch Polemons mit dem bemerkenswerten nebentitel, der doch wohl vor allem die vielfach sehr engen beziehungen zwischen Phokis und Athen reflektiert [2]). Er stützt sich schwerlich allein auf die gründungslegende der phokischen stadt St(e)iris, deren geschichtlicher wert dahingestellt bleiben mag [3]): συγγένεια als politischer terminus ist in hellenistischer zeit ungemein häufig und setzt nicht immer wirkliche oder auch nur fiktive blutsverwandtschaft voraus; aber in den gründungslegenden der einzelnen städte bei Pausanias, in denen vielfach der landeseponym Phokos (sowohl der Korinther wie der aeginetische Aiakossohn) auftritt, findet sich wenig was die besondere beziehung zu Athen rechtfertigen könnte [4]). Die überlieferung über Phokis ist gesammelt von F. Schober *Phokis*, diss. Jena 1924 und *R E* XX 1, 1941, col. 474 f.

LXII. PRIENE

Dass es wirklich keine lokalgeschichte von Priene gegeben hat wird man aus dem schiedsspruch der Rhodier in dem rechtshandel zwischen Samos und Priene [1]) schliessen. Es erklärt sich aus der geschichte der stadt [2]), deren rückgang schon mit der schlacht bei Drys in der ersten hälfte des 6. jhdts beginnt, und die auch als mitglied des Athenischen Seebundes ihre immer prekäre selbständigkeit zeitweise durch inkorporierung in Milet verloren zu haben scheint [3]). Trotzdem ist merkwürdig dass die neugründung in der mitte des schreiblustigen 4. jhdts nicht zu einer literarischen behandlung geführt hat, und dass auch (im 3. jhdt?) Myron von Priene [4]) zwar ein Ἐγκώμιον Ῥόδου verfasste, aber (wie es scheint) nicht über die eigene vaterstadt geschrieben hat.

LXIII. RHODOS

Die zahl der schriftsteller über Rhodos wird durch die sog. Tempelchronik von Lindos (richtiger Anagraphe), deren verfasser wir ohne bedenken Ti(machidas) nennen [1]), stark vermehrt: sie gibt (die urkunden no. 529/31 eingerechnet) mindestens 13 neue namen und mindestens 5 neue buchtitel für bekannte autoren [2]). Der zuwachs unserer kenntnis der lokalen schriftstellerei entspricht dieser vermehrung freilich nicht; denn die vielen autoren, aus denen nichts notiert wird als die (vielfach wohl nur gelegentliche) erwähnung von weihgeschenken und epiphanieen der göttin, und von denen nur die möglicherweise ältesten 'autoren', die verfasser der urkunden no. 529/30, ihrem stande nach als priester bezeichnet werden, bleiben schatten, soweit wir uns nicht schon aus den literarischen zitaten ein gewisses bild von ihnen machen konnten — was eigentlich nur für Zenon (523) infolge der von Polybios an ihm geübten kritik der fall ist; daneben vielleicht noch für Antisthenes (508) und Polyzelos (521). Dagegen bestätigt das neue material das vorurteil dass die literatur nicht nur über Rhodos (das als einheitsstaat ja erst seit 408/7 existiert [3])), sondern auch über die drei städte der insel jung ist [4]). Es zeigt weiter dass, entsprechend der politischen bedeutung von Rhodos in hellenistischer zeit, in offenbar kurzen abständen sehr viel mehr zeitgeschichtliche werke erschienen sind als wir wussten. Aus dem zeitlichen bezug der zitate und daraus dass Ti den grössten teil von ihnen nicht mit einem individualtitel, sondern als Χρονικαὶ συντάξεις anführt [5]), muss man schliessen dass sie sich zwar gegenseitig fortsetzten, aber wohl alle, auch wo Ti das nicht bestätigt, mit der urzeit anhoben, also wirklich 'lokalchroniken' sind, nicht (wie man nach Polybios' kritik an Zenon und Antisthenes zunächst annehmen könnte) in die grosse literatur der *Hellenika* gehören. Gerade für Zenon ist denn auch die ausführliche darstellung der archaeologie von Rhodos bezeugt [6]). Leider wissen wir über ihr chronologisches system nichts: die datierung nach Heliospriestern ist ja die gegebene [7]); aber es bleibt dunkel wann sie einsetzte, und ob daneben etwa Olympiaden oder was sonst standen. Wesentlich (auch als zeichen für die jugend der ganzen literatur) ist ferner dass der Lindier Ti, der ausschliesslich für den tempel der lindischen Athena interessiert ist, trotzdem fast nur bücher über Rhodos benutzt und (wo er überhaupt daten gibt, was er selten tut) nach dem rhodischen Heliospriester datiert: unter seinen mehr als 20 autoren sind nur zwei, die über Lindos schreiben, und die urkunden no. 529/31 beweisen unweigerlich dass es auch hier keine alte tempelchronik gab, die man etwa im 4. jhdt hätte publizieren können. Ob es spezialbücher auch über Ialysos und Kameiros gab ist wieder nicht zu sagen; Ti hatte keine veranlassung, solche zu zitieren [8]). Von den beiden lindischen autoren ist Phaennos (525) undatierbar, aber wegen des titels Περὶ Λίνδου schwerlich vorhellenistisch; wenn Eudemos' (524) *Lindiakos* (also wohl eine festrede) von dem bekannten Peripatetiker stammt, so gehört er in die zweite hälfte des 4. jhdts und man mag in ihm den oder einen der gewährsmänner des Aristoteles sehen, dessen ῾Ροδίων πολιτεία (von der wir wenig wissen) hier wie öfter am anfang der lokalen literatur (der ausdruck *cum grano* genommen), wenigstens der uns bekannten, zu stehen scheint. Jedenfalls ist von den büchern über Rhodos keines mit sicherheit in das 4. jhdt zu datieren; am ehesten möchte man es von Ergias glauben, der die archaeologie ausführlich behandelt hat, und den Ti zuletzt für eine weihung aus der zeit des Artaxerxes III (359/38) anführt. Aber der schluss ist nicht zwingend, da auch die zitate aus Aristions, Onomastos', Xenagoras' Χρονικαὶ συντάξεις (509; 520; 240), Aristonymos' Συναγωγὰ τῶν Χρόνων (510), und Hierons Περὶ 'Ρόδου (518) nicht weiter gehen; und die aus Gorgon, den ich für den jüngsten der von Ti herangezogenen autoren halte [9]), sogar nur bis 464; und so viele autoren über Rhodos aus dem 4. jhdt sind nicht leicht glaublich [10]). Aus Nikasylos' Χρονικὴ σύνταξις (519) haben wir überhaupt nur ein zitat aus mythischer zeit, während Hagelochos (516), Hagestratos (517), und Timokritos (522) frühestens im 3. jhdt schrieben. Wie sie sich zeitlich zu einander und zu Polybios' älterem zeitgenossen Zenon verhielten, den Ti auch nicht über Pyrrhos hinaus zitiert, ist unsicher. Wer in den zitaten eine genügende grundlage zur zeitbestimmung sieht (obwohl Ti sicher nur die wenigsten autoren selbst eingesehen hat, und zudem aus den weihungen der historischen zeit eine sehr beschränkte auswahl getroffen hat) wird die gruppen der vor-, früh-, späthellenistischen (und römischen) schriftsteller scheiden. Mir ist die grundlage zu unsicher, und ich habe daher die anordnung nach sachlichen gruppen vorgezogen und die schriftsteller über Rhodos in alphabetischer folge gedruckt. Denn das fehlen des wieder durch Polybios datierten Antisthenes (508) macht auch gegen den schluss misstrauisch dass die von Ti nicht erwähnten autoren — wie Antipatros (507), Dionysios von Rhodos (511), DionysiosThrax (512), Epimenides (457 F 21/2), Eukrates (514), Iason von Nysa (IV) — alle in die römische zeit nach 99 v. Chr. gehören.

507. ANTIPATROS

Zeitlich unbestimmbar, da das fehlen unter Ti.s autoren keinen sicheren *t. ante* liefert [1]), die identifikation mit dem autor des Plinius nicht beweisbar ist [2]), und überdies der Antiochos von F 2 kein distinktiv hat. Wenn man aus allgemeinen gründen und wegen 508 F 14; 523 F 6 an Antiochos III (228-187) [3]) denken darf, gehört A. frühestens in die erste hälfte des 2. jhdts v. Chr. Von der form des buches haben wir keine vorstellung; aber da auch sein umfang unbekannt ist, schliesst F 1 nicht unbedingt geschichtliche erzählung in chronologischer folge aus [4]).

F

(1) Armenos stammt bei den thessalischen Alexanderhistorikern Medeios und Kyrsilos [5]) ἐξ Ἀρμενίου πόλεως Θεσσαλικῆς (d.h. Ormenion), und das gilt wohl auch für die *origo Armeniae* Justin. 42, 2, 7 ff., wo er nur *Iasonis Thessali comes* heisst. Für die heimat Rhodos wird man an die thessalische besiedlung der insel denken: Polyzelos 521 F 7; Zenon 523 F 1 c. 58, 4-5. Ti nennt unter den stiftern für die lindische Athena keinen Argonauten.

508. ANTISTHENES VON RHODOS

Den historiker erwähnt Polybios neben dem vermutlich jüngeren Zenon (523), der ihn fortgesetzt haben wird [1]), wobei zweifelhaft bleibt ob auch A. mit der urzeit begonnen hat. Die heimat des verfassers der *Diadochai* kennen wir nicht; aber das werk scheint nicht über Kleanthes († 233/2) hinausgegangen zu sein und ist wahrscheinlich schon von Herakleides Lembos in der ersten hälfte des 3. jhdts benutzt [2]). Phlegon zitiert aus zweiter hand einen Peripatetiker, und es ist nicht zweifelhaft dass die 'ineptissima fabella' F 2 nur zeitgenössische erfindung sein kann [3]), also aus einem geschichtlichen werk stammt, das noch von Antiochos III handelte. Danach ist die gleichsetzung des Rhodiers mit dem philosophiehistoriker, wenn nicht sicher, so doch sehr wahrscheinlich [4]). Es spricht auch nichts dagegen ihn mit dem Heliospriester A. Ἀρχιτίμου [5]) zu identifizieren. Die verbindung von politischer und schriftstellerischer tätigkeit ist gerade in Rhodos nicht selten: neben Zenon mögen der grosse Poseidonios (87) und der kleine Timachidas (532) als beispiele genügen [6]). Aus der breiten wiedergabe der römerfeindlichen propaganda in dem Phlegonfragment wird man vielleicht schliessen dürfen dass A. gegner des zusammengehens von Rhodos mit Rom war; und das mag dann wieder erklären warum Polybios in der hauptsache Zenon, nicht A., für die rhodische tradition herangezogen hat. Ausgeschlossen habe ich hier (ohne zuversicht dass es wirklich ein anderer ist) den A., der über die pyramiden geschrieben hat [7]), und natürlich den erschwindelten verfasser einer *Meleagris* [8]). Der A., der für ein rhodisches trinkgefäss zitiert wird [9]), ist der athenische philosoph; und auch bei dem 'Rhodon' des *Magikos* denkt man wohl besser nicht an den Rhodier [10]).

509. ARISTION 510. ARISTONYMOS 515. GORGON
516. HAGELOCHOS 517. HAGESTRATOS 518. HIERON
519. NIKASYLOS 520. ONOMASTOS 522. TIMOKRITOS

Von diesen, bis auf Gorgon nur aus der Anagraphe bekannten, autoren ist wenig mehr zu sagen als was schon in den allgemeinen bemerkungen der Einleitung steht. Es hilft nicht weiter dass die (bis auf Nikasylos) gewöhnlichen namen auf Rhodos häufig belegt sind, da Ti nur die nackten namen ohne vater oder anderes distinktiv gibt, sodass identifikationen nicht wahrscheinlich zu machen sind. Aristonymos scheint nur einen knappen chronologischen abriss geschrieben zu haben; aber nach ihm mag der schwindelautor Ps. Plutarchs erfunden sein, der von dem 'armenischen Tigris' erzählte [1]). Dass Hagelochos im 10. buche erst bis zur mitte des 4. jhdts gediehen war ist an sich schwer glaublich, und wird durch F 3 widerlegt: danach kann die nicht genau zu lesende zahl in F 2 weder I noch Γ gewesen sein, sondern nur A oder B, falls nicht fehler des steinmetzen (dittographie) anzunehmen ist. Hagelochos' unmittelbarer nachfolger war vielleicht (sein sohn?) Hagestratos: er wird für die zeit des Pyrrhos neben ihm zitiert, ging aber tiefer ins 3. jhdt hinunter (immer soweit den willkürlich ausgewählten zitaten zu trauen ist). Ti zitiert nur das 2. buch für fakten zwischen 359 und 272ᵃ; das erste mag die archaeologie und die archaische zeit umfasst haben. Auch bei (Aristion und) Onomastos liegt die grenze der bücher I und II irgendwo zwischen 570 und 350/30 v. Chr. Das gilt auch für Timokritos, der vielleicht mit der Alexanderzeit ausführlich wurde: denn der krieg mit Ptolemaios Philadelphos stand schon im 4. buch, das dann wohl zeitgeschichte enthielt. Für Hieron zeigen die zitate, dass das 1. buch bis mindestens 590 ging. Wenn das geschenk des Artaxerxes III im 3. buch vorkam, muss er die Perserkriege und die athenische herrschaft ausführlicher behandelt haben — also die periode, über die wir besonders gern näheres wüssten, die aber Ti ganz vernachlässigt hat. Die frage Blinkenbergs [2]), ob er mit dem thaumasiographen Hieron [3]) identisch ist, ist unbedingt zu verneinen; auch mit dem Hieron-Lysimachos der inschrift von Sidyma [4]) hat er schwerlich etwas zu tun. Wenn der von Ti nur einmal angeführte Nikasylos [5]) im 3. buch wirklich erst bei Herakles angelangt war, so muss seine chronik entweder sehr umfangreich gewesen sein, oder er ist in der archaeologie stecken geblieben. Etwas greifbarer ist Gorgon, von dem eine spezialschrift über rhodische opfer aus Athenaios und Hesych bekannt war, und für den F 19 den *t. post* 323/285 oder eher 306/5 gab. Wir erhalten jetzt ein werk Περὶ ʻΡόδου, das vielleicht nur die 2 bücher umfasste, aus denen Ti zitiert. Dann richtete sich Gorgons interesse auf die altertümer der insel; d.h. sein buch war periegetisch (in der art des Pausanias und seiner vorläufer), und enthielt dann naturgemäss auch eine beschreibung des tempels der lindischen Athena, der ja eines der berühmtesten heiligtümer der insel war. Es war vielleicht durch Didymos die hauptquelle für die scholien zu Pindar *Ol.* 7. Diese periegese war (wie viele andere bücher derart) vielleicht schon hauptsächlich für die römischen besucher von Rhodos geschrieben. Denn obwohl meine identifikation [6]) Gorgons (der nach seiner schriftstellerei zweifellos Rhodier war) mit dem priester des Apollon Erithimios Γόργων Γόργωνος Βρυγινδάριος hinfällig wird, wenn dieser nicht 83/2, sondern erst 37ᵃ amtierte [7]), bleibt es m.e. wahrscheinlich, dass er der jüngste der von Ti benutzten autoren ist und in die zweite hälfte oder das letzte drittel des 2. jhdts v. Chr. gehört. Denn die auffällige tatsache dass für die zwölf älteren weihungen von Lindos bis Teukros Gorgon neben den priestern des 4. jhdts, Gorgosthenes und Hierobulos, zitiert wird [8]), und die noch auffälligere dass keiner der drei das weihgeschenk des Kadmos kennt [9]), erklärt sich am einfachsten dadurch dass Ti dieses traditionelle material aus Gorgon nahm und es nur gelegentlich durch eine zutat aus einem der von ihm selbst gelesenen autoren (hier Polyzelos) erweiterte [10]) — was dann zugleich beweist dass er die Ἐπιστολαί der priester höchstens nachträglich (wenn überhaupt) im archiv eingesehen hat, was das werk einer stunde war [11]). Dann wird auch das buch Περὶ θυσιῶν hinter das gleichnamige (und umfangreichere?) des Theognis zu datieren sein. Die ganze tätigkeit Gorgons passt gut in die von mir angenommene zeit.

F

(**515 F 18**) Wahrscheinlich weihung des siegers, die in das buch Περὶ Ῥόδου gehört; jedenfalls kein kultlied [12]), auch wenn τοῦτον τὸν Διαγόραν οἱ Ῥόδιοι Ἑρμοῦ παῖδά φασιν [13]); F 19 und 21 sind fernzuhalten. Gorgon wird einen grösseren exkurs gehabt haben; denn Diagoras oder die Eratiden müssen in jedem buch über Rhodos vorgekommen sein [14]); und Rose hat wegen ihrer politischen rolle doch wohl recht getan das Aristoteleszitat Schol. Pind. *Ol.* Inscr. b der Ῥοδίων πολιτεία, nicht den Ὀλυμπιονῖκαι, zuzuweisen [15]).   (**19**) G. spricht von göttlicher verehrung des Ptolemaios I, nicht von 'heroenkult' [16]). Über die einrichtung dieses kults im j. 304/3 s. Diodor. 20, 100, 3-4, wo die frage an Ammon gerichtet wird, εἰ συμβουλεύει Ῥοδίοις Πτολεμαῖον ὡς θεὸν τιμῆσαι. Der kultname war nach Pausan. 1, 8, 6 Soter. (20) Eher kultname als fest oder agon. Er ist verdorben und nicht sicher zu beziehen. S. Jacoby *Herm.* 45, 1910, p. 310 n. 3; anders Tresp *Kultschriftsteller* p. 147. (21) Weder die deutung als gott des handels noch die als 'städtehort' leuchtet ein. Der erstere heisst ἐμπολαῖος [17]), und stadtschützender gott war Hermes in Rhodos nicht (übrigens kaum irgendwo) [18]). Der beiname wird auf die lage seines heiligtums oder eines kultbildes am burghügel (von Rhodos?) gehen. Beispiele, wie der Ἑρμῆς ἀγοραῖος oder der Προπύλαιος [19]), sind zahlreich.

511. DIONYSIOS VON RHODOS   512. DIONYSIOS THRAX —. EPIMENIDES   513. ERGIAS   514. EUKRATES —. IASON VON NYSA

Von diesen, dem Ti (abgesehen von Ergias) unbekannten autoren gehört in römische zeit (aus der wir auch mehrere Ῥοδιακοί kennen [1])) mit sicherheit nur Iason, der von mutterseite Rhodier war und (als nachfolger des Poseidonios?) in Rhodos gelehrt hat. Für ihn passt also ein buch Περὶ Ῥόδου so gut wie für Dionysios Thrax, der sein späteres leben (etwa das letzte drittel des 2. jhdts) dort verbracht hat [2]). Dass Ti in seiner gelehrten monographie für seine zwecke nichts fand ist begreiflich. Auch dem undatierbaren (aber vielleicht erst der kaiserzeit angehörenden) Heliospriester Dionysios, Musonios' sohn [3]), stehen Τοπικαὶ ἱστορίαι gut an. Von ihrer form und ihrem inhalt wissen wir freilich nichts; aber als ἐντόπιος ἱστορία wird auch Zenons werk 523 T 1 charakterisiert. Der versuch die beiden verschieden betitelten bücher zu identifizieren ist prinzipiell verkehrt: der berühmte grammatiker und der literarisch für die altertümer seiner heimat interessierte priester sind distinkte erscheinungen. Keiner von beiden hat etwas mit dem kyklographen von Samos [4]) zu tun; ob die Ἱστορία παιδευτική in 10 büchern dem priester gehört oder eine andere ausgabe der 7 bücher des *Kyklos* ist [5]) lässt sich nicht entscheiden. Epimenides, der nach Demetrios von Magnes Δωρίδι διαλέκτωι über Rhodos geschrieben hat, ist gewiss fälschung auf den berühmten namen des 6. jhdts [6]). Über die möglichkeit dass Ergias, dessen werk Athenaios als Περὶ τῆς πατρίδος (= Περὶ Ῥόδου?) und die *Anagraphe* als Ἱστορίαι zitiert, im 4. jhdt geschrieben hat und der älteste lokale autor ist, s. ob. p. 425, 40 ff. Der attische dialekt — nur eine vertragsformel ist dorisch zitiert — spricht eher dafür als dagegen; und das verhältnis von 521 F 6 zu 513 F 1 macht es wenigstens wahrscheinlich dass

Ergias älter war als Polyzelos. Aber der name ist in Rhodos häufiger, und die steine verhelfen nicht zur zeitlichen fixierung des autors⁷). F 1 beweist nicht dass er Ialysier war. Wenn die buchzahlen von F 2-3 richtig sind, war das werk nicht streng chronologisch angelegt; aber es spricht auch gegen periegese, wenn die zwei persischen weihungen (deren eine allerdings indirekt durch vermittlung des rhodischen gesamtstaates erfolgt) in verschiedenen büchern standen. Über Eukrates (dessen name auf Rhodos noch häufiger ist als Ergias) lässt sich auf grund der zwei glossen nicht einmal behaupten, dass er besonders antiquarisch oder sprachlich interessiert war. Seine zeit liesse sich bestimmen, wenn (1) auch diese glossen aus der Athen. 11, 70 p. 485 E zitierten Ἐξήγησις Ῥοδιακῶν λέξεων genommen wären; (2) deren verfasser der schüler Aristarchs (Suda s.v.) wäre. Aber beide voraussetzungen sind unsicher.

F

(513 F 1) Über Achaia und die Phoenizier im gebiet von Ialysos und Kamiros s. zu Zenon 523 F 1 c. 57, 7; 58, 2. Ihre verbreitung erzählt Polyzelos 521 F 6 ähnlich wie Ergias und vielleicht nach ihm. Der bericht gehört, wie die schlussworte deutlich zeigen, in die zeit der (ersten) griechischen besiedlung, und ist nicht ohne schwierigkeit. Phalanthos, in dem man seit Studnizka meist eine hypostase Poseidons sieht⁸) — und den Poseidonkult in Ialysos begründen auch die Phoenizier Zenons —, trägt einen griechischen namen, der allerdings bei Zenon Φακᾶς und bei Diktys P(h)alas lautet, wenn man die drei personen identifizieren darf, was trotz der abweichungen besonders von Diktys' erzählung glaublich ist. Iphiklos ist schwer zu bestimmen, da der anfang von E.s bericht fehlt; es liegt aber näher an die thessalischen träger des namens⁹) zu denken, der mit Iason verwandt ist, als an Iphikles, den bruder des Herakles, sodass man nicht an mythische spiegelung eines kampfes zwischen verschiedenen schichten der griechischen siedler (Dorer gegen Achaeer) denken darf. In Kamiros ist die πάτρα der Ἰφικλ(ε)ῖδαι eine abteilung der phyle Ἀλθαιμενίς¹⁰). Das motiv des orakels über die weissen raben kehrt in verschiedener form wieder in der gründungssage von Magnesia am Maeander¹¹) und bei Demon¹²) in einer gleichfalls in Thessalien spielenden geschichte. Hinter dem vergraben der schätze mögen reale schatzfunde stecken, die man (aus welchem grunde immer) auf die Phoenizier zurückführte. Eine verbindung mit der tradition von der landung des Kadmos in Rhodos, von der Zenon und Polyzelos 521 F 1 wissen, und die wenigstens bei dem ersteren zur ansiedlung eines teiles

seiner begleiter in Ialysos führt, ist nicht zu erkennen; aber (wie gesagt) E. erzählt nur von der vertreibung, nicht der ankunft der Phoenizier.

(**514 F 2**) Athen. 3, 81 p. 114 B ἐτνίτην (Cas ἐνίταν A) δέ φησι (*scil.* Σέλευκος) ἄρτον εἶναι λεκιθίτην. Das letztere im rhodischen schwalbenlied 526 F 1.

521. POLYZELOS VON RHODOS

Dass P. Rhodier war bezeugen Hygin und Plutarch; die vermittler der zitate sind unbekannt [1]). Wenn Plutarch das seinige aus Hermippos hat, gäbe das einen *t. ante*, der sich gut damit vertrüge dass P. wahrscheinlich Ergias (4. jhdt?) benutzt hat [2]) und seinerseits (vielleicht, aber das ist unsicherer) von Zenon benutzt ist [3]), also vermutlich in die erste hälfte des 3. jhdts gehört, wenn auch die 2. hälfte des 4. jhdts nicht unbedingt ausgeschlossen ist. Die steine verhelfen nicht zur entscheidung: die gewöhnlich gerade in diese seit, von Blinkenberg freilich gegen 325 datierte, liste derer die ἐπέδοσαν Λινδίοις ἐς τὰν ἀποκατάστασιν τοῦ κόσμου τᾶι ᾿Αθάναι καὶ τῶμ ποτηρίων [4]), enthält einen Παυσανίας Πολυζάλου Βράσιος, einen Π. Νικοκράτες Βουλίδας, und einen -τος Πολυζάλου Νεττίδας — also lauter Lindier [5]). Danach ist keine identifikation möglich; aber natürlich beweist F 6 nicht dass der historiker Ialysier war [6]). Die *Rhodiaka* oder *Historiai* (wie die *Anagraphe* sie nennt) zeigen ein grosses interesse für die archaeologie (was aber an der überlieferung liegen kann) und waren nicht streng chronologisch angelegt. Sonst hätte Ti sie Χρονικὴ σύνταξις genannt; auch standen die weihgeschenke für die lindische Athena von Kadmos bis 490ᵃ alle im 4. buch und, wenn man den zitaten trauen darf, nur in diesem. Die fragmente zeigen weiten interessenkreis und eine vielleicht doch erst hellenistische polymathie: die ausführlichen viten des Hesiod und Solon standen vermutlich in exkursen. P. scheint (neben Zenon) der am meisten gelesene autor über Rhodos gewesen zu sein.

F

(6) P. hat offenbar die erzählung des Ergias durch das vulgateste aller liebesmotive erweitert. Die sonst unbekannte Dorkia — aber Δορκάς, Δορκύλος, Δόρκων sind auch rhodische namen — muss tochter des stadtherrn sein, und Phakas ist dann der Phalanthos des Ergias. (7) Zur quelle Hygins s. n. 1. Man wird für die *Rhodiaka* (wie man es oft muss)

die verstirnung ausscheiden, die den deutlichen zusammenhang zwischen tat und dank unterbricht und wohl aus einer sammlung von ῎Ερωτες ἢ Καλοί stammt: sie setzt das erotische verhältnis zwischen Apollon und Phorbas voraus, das Plutarch *Numa* 4, 8 bezeugt [7]) und das nichts mit
5 Rhodos zu tun hat. Dass die Rhodier nach Zenon 523 F 1 c. 58, 4/5 wegen der schlangenplage ein orakel des (delphischen?) Apollon einholen, ist etwas ganz anderes. Heroische verehrung des Phorbas bezeugt (weniger genau) auch Zenon. Davon verschieden ist die tradition bei Dieuchidas 485 F 7, der eine besondere form des ἐναγισμός für Phorbas (als den
10 stadtgründer?) von Ialysos kennt [8]). P., Zenon, und schon Aristoteles [9]) sprachen von Rhodos, und es ist auch sonst deutlich dass in den *Rhodiaka* die heroen der einzelnen städte mehr und mehr zu gemeinrhodischen gestalten geworden sind [10]). Phorbas ist Thessaler bei Kallimachos *H. Cer.* 24 ff., P. (als sohn einer tochter des Myrmidon), und Zenon,
15 wo aber der vater nicht Triopas sondern Lapithes heisst. Also zwei verschiedene genealogieen bei rhodischen autoren, und es mag mehr gegeben haben; denn der autor von Diodor. 5, 60-63 [11]) konstatiert dass περὶ τοῦ γένους τοῦ Τριόπα πολλοὶ τῶν συγγραφέων καὶ ποιητῶν διαπεφωνήκασι, was schon in seiner quelle stand, die eher rhodisch (kaum Zenon) als
20 knidisch war. Die überlieferung über die träger des namens Phorbas [12]) kann hier nicht aufgearbeitet werden; aber zwischen dem vater Triopas des ursprünglich gewiss selbständigen heros der schlangengeschichte und dem Heliossohn Triopas Zenon 523 F 1 c. 56, 5 hat schon Zenon die brücke geschlagen, indem er ihn nach Karien auswandern und das Trio-
25 pion besitzen lässt [13]). Die geschichte von der vertreibung der schlangen verweist Blinkenberg *Herm.* 50, 1905, p. 289 ff. 'in die welt der sage und des märchens' [14]) und folgert dass 'man meinte, es gäbe keine schlangen auf Rhodos', so wenig wie auf Kreta, Sardinien — und in Irland. Verkehrt nur die verbindung mit den Telchinen; selbst in den späten zeugnissen,
30 in denen er die alte überlieferung findet, steht nichts davon dass sie die schlangen als zauberer vertrieben haben. Die these beruht auf Blinkenbergs auffassung der Telchinen als ausschliesslich rhodischer gestalten. Der Iphiklos des Ergias 513 F 1, der Ialysier ist wie Phorbas, gehört in der rhodischen chronologie in wesentlich spätere zeit.   (8) P. wird
35 die behauptung abgewiesen haben dass Solon gründer (auch) der kilikischen stadt Soloi gewesen sei [15]) — wenn wir den nur aus der Aratvita bekannten [16]) Σόλων Λίνδιος hierherziehen dürfen, unter verwendung des bei solchen streitfragen häufig benutzten mittels der homonymie. Den Rhodiern galt die stadt als ᾿Αχαιῶν καὶ ῾Ροδίων κτίσμα τῶν ἐκ Λίνδου [17]).
40 P. muss bei dieser gelegenheit einen nicht ganz kurzen bios des Atheners

gegeben haben. Sehr bedauerlich dass die buchzahl fehlt. Athen kam auch in der archaeologie Zenons gelegentlich vor [18]). (9) Von Homer (und Hesiod) konnte in jeder lokalchronik ausführlicher die rede sein; aber vielleicht handelte es sich nur um einen relativsatz in der Solonvita, in der 'die freunde' Solon das beispiel des 'euboeischen königs Tynnondas' vorhalten [19]). Sonst zeigt das fragment ein gewisses philologisches interesse an der interpretation der gedichte, wie es in P.s zeit (und schon früher) auch bei den historikern keineswegs ungewöhnlich ist. Aber wie stellte P. es sich vor dass in einem zivilprozess zwischen zwei Askraeern ein Chalkidier richtete? Nahm er wegen *Opp.* 664 ff. abhängigkeit Thespiais von Chalkis an? Oder dachte er anachronistisch an die im 3. jhdt häufigeren rechtsverträge [20]), nach denen man fremde richter zur entscheidung auch über zivilprozesse zwischen den bürgern der gleichen stadt berief?

523. ZENON VON RHODOS

Von der art der vom standpunkt eines rhodischen politikers römerfreundlicher observanz [1]) geschriebenen zeitgeschichte können wir uns ein einigermassen zutreffendes bild aus Polybios machen, der trotz der einzelkritik das werk des älteren zeitgenossen geschätzt und vermutlich ausgiebig benutzt hat [2]). Besonders wichtig ist dass die Χρονικὴ σύνταξις (wie die Anagraphe sie nennt) trotz ihrer zeitgeschichtlichen zielsetzung mit der urzeit anhebt [3]). Wenn Diodor die Archaeologie aus ihr exzerpiert, so wird das freilich den grund haben dass Zenon sie knapp dargestellt hat: er ist im 2. buche bereits bei Pyrrhos angelangt [4]), womit sich die ansicht von Schwartz [5]) erledigt dass er 'die rhodischen chroniken zu einem grossen annalenwerk zusammengestellt hat'. Leider fehlt in F 2 aus der zeit des Artaxerxes III die buchzahl, und auch Polybios gibt keine solche, sodass es unsicher bleibt wann die historische zeit für Z. einsetzte, und wieviele bücher die zwischenperiode zwischen der archaeologie in F 1 und der geschichte der eigenen zeit beanspruchte, für die allein er originalquelle war. Wahrscheinlich nur dass er alles vor der eigentlichen zeitgeschichte liegende als einleitung behandelt hat, die naturgemäss für Rhodos nicht so viel raum beanspruchte wie bei den ebenfalls vorwiegend zeitgeschichtlich interessierten Atthidographen Androtion und Philochoros, die den gleichen typ der lokalgeschichte vertreten [6]). Obwohl wir den schlusspunkt des werkes nicht kennen — die letzten daten liegen gegen 200[a]; Ullrich p. 70 ff. vermutete dass es bis 164/3 ging, dem jahre der wiederherstellung der freundschaft mit Rom — war Z. für die eigene zeit sehr ausführlich: wenn Ullrichs verbesserung von T 1 das richtige trifft, schrieb er im ganzen 15, über die zeitgeschichte also wohl etwa 12 bücher, d.h. beträchtlich mehr als z.b. Androtion. Das werk machte stilistische ansprüche [7]), was man auch für andere Χρονικαὶ συντάξεις und z.b. für Polyzelos glauben wird, zeigte sachlich interesse für kulturgeschichtliche fragen [8]) — überhaupt ist Z. offenbar ein belesener mann — und einen gewissen rationalismus [9]), der für diese zeit noch selbstverständlich ist. Es ist möglich dass Z. nicht nur der bedeutendste, sondern auch der letzte eigentliche historiker von Rhodos war. Jedenfalls blieb das werk bekannt: Demetrios Magnes hat den autor in die homonymenliste aufgenommen; Timachidas hat es vielleicht [10]), Diodor sicher selbst in der hand gehabt [11]). Über Z.s eigene quellen wage ich keine vermutung: wenn Timachidas nicht ein so unzuverlässiger geselle wäre, würde man aus F 1 c. 58, 3 ∼ 532 § 3 mit sicherheit benutzung des Polyzelos erschliessen [12]).

F

(1) Die cc. 55-59 habe ich ohne bedenken ganz als Z. gedruckt, wie es schon C. Mueller getan hat, und ich zweifle auch nicht dass Diodor den bekannten autor selbst exzerpiert hat [13]). Die stellung des zitats c. 56, 7 spricht bei seiner art [14]) nicht gegen die einheitlichkeit des exzerpts, weil es einen deutlichen zusammenhang zerreisst; und dass Timachidas 532 § 3 für das weihgeschenk des Kadmos nur Polyzelos zitiert, ist bei seiner art ebenfalls kein überzeugendes argument. Es ist die einzige erhaltene 'archaeologie' von Rhodos, da Justin die *origo Rhodiorum*, die im 15. buch des Pompeius Trogus gestanden hat und wahrscheinlich bis zur belagerung durch Demetrios Poliorketes reichte, ganz gestrichen hat — ein sehr grosser verlust. Z. s. darstellung baut sich in drei durch sintflut und schlangenkatastrophe deutlich getrennten und ebenso deutlich verbundenen zeitabschnitten auf [15]): (1) die zeit der Telchinen c. 55, 1-56, 1, in der die technische kultur beginnt — denn so viel muss der autor den bösen Telchinen lassen, die in dieser hinsicht die rolle der Daktylen und der Kureten in den *Kretika* spielen [16]). Bemerkenswert dass sie zu rettern und erziehern Poseidons gemacht werden [17]), wie die Kureten zu denen des Zeus, den die rhodische überlieferung mit einiger mühe und ganz unvermittelt in die geschichte der urzeit bringt [18]). Durch die ehe von Helios mit der Zeustochter Rhodos wird die brücke zur zweiten periode geschlagen, während die Telchinen

durch die auswanderung aus furcht vor der grossen flut beseitigt werden — ein motiv, das für die 'söhne der Thalatta' nicht recht zu passen scheint [19]). (2) Die zeit des Helios und der Heliaden c. 56, 2-58, 3. Sie sind in dieser lokalgeschichte die eigentlichen kulturheroen, deren erfindungen aber (ein spezifisch rhodischer zug) auf die schiffahrt zugespitzt werden; nur in der form des exkurses scheinen andere erfindungen (wie die der schrift) hineingebracht zu sein, wo es dann ein für Z. spezifischer zug ist dass er für geistige priorität der Griechen eintrat [20]). Der herrschaft der Heliaden — in die die einführung der hauptkulte (Helios, Athene, Poseidon), die besuche der orientalischen heroen (Danaos, Kadmos), und die ausdehnung des rhodischen einflusses über die inseln und das kleinasiatische festland fällt — macht offenbar die grosse schlangenplage ein ende, die den grössten teil des volkes vernichtet [21]) und zur einwanderung der ersten Griechen führt. (3) Die besiedlung von Thessalien, Kreta, und Argos aus c. 58, 4-59, 6. Sie schliesst mit der teilnahme des Tlepolemos am Trojanischen Krieg und seinem tode vor Troja. Die archaeologie wird nicht weiter herabgeführt, weil schon Tlepolemos, dessen gewinnung der herrschaft über ganz Rhodos besonders betont wird, der insel die einheitliche konstitution gibt, die die *Ilias* (B 653 ff.) kennt. Aber die nennung des reichsverwesers Butas gibt einen fingerzeig, wie es bei Z. weiterging. Was cc. 60-63 über die κατ' ἀντίπερας Χερρόνησος folgt [22]), gehört ihm nicht mehr: Diodor zitiert gleich im anfang τινές [23]) und erzählt c. 61 die geschichte des Triopas anders (komplizierter) als Z. c. 57, 6 [24]). Ich kann die quelle nicht benennen; aber sie macht gelehrteren eindruck als Z., aus dem wenigstens Diodor keine varianten notiert. Es war wohl ein grammatiker, der nicht über Rhodos allein, sondern vielleicht Περὶ νήσων schrieb.   c. 55, *1-56, 1*] Dass die Telchinen am anfang stehen scheint für einen rhodischen autor das natürliche, und nach c. 56, 1 hat Z. Rhodos als ihren ursprünglichen wohnsitz angesehen; aber die mit Ophiussa beginnenden namenreihen [25]) machen bedenklich gegen verallgemeinerung dieser auffassung. Es scheint eine andere (vielleicht ältere) gegeben zu haben, die die schlangenlegende — die ursprünglich so selbständig war wie die von den Heliaden — an den anfang rückte, also die geschichte von Rhodos mit Phorbas begann, der bei Z. als Grieche die dritte periode eröffnet. Ich berufe mich dabei nicht auf die parallele von Xenomedes' geschichte von Keos [26]) und will das Telchinenproblem als solches hier überhaupt nicht anrühren [27]). Aber auch bei Strab. 14, 2, 7 kommen die Telchinen ἐκ Κρήτης εἰς Κύπρον πρῶτον, εἶτ' εἰς Ῥόδον, und ebenso bei Nicol. Dam. 90 F 114 (der in der Ἐθῶν συναγωγή alte quellen exzerpiert; aber bei diesem sind sie πρῶτοι τὴν νῆσον [Rhodos] κατασχόντες). Ob der autor von Konons *Narr.* 47 die Heliaden als älteste bewohner von Rhodos bezeichnen wollte, ist nicht ganz sicher; aber es fällt doch auf, dass die priester, denen Timachidas folgt, den Lindos (ohne namen eines vaters) vor die Telchinen rücken, während er schon in einer weihung *Lindos Inscr.* 57 von ca. 313 u.ö. (vgl. p. 440, 4) Λίνδος Κερκάφου heisst; und auch die folge der phylen bei Xenagoras und Gorgon (532 § 15) — Ἁλιάδαι, Αὐτόχθονες, Τελχῖνες — muss berücksichtigt werden, da ihr die reihe der dedikanten insofern entspricht, als der eponyme Lindos vor den Telchinen steht (532 § 1-2). Es sieht doch so aus, als ob wir in den verschiedenen urbewohnern — Telchinen, Heliaden, Phorbas — ursprünglich verschiedene lokalüberlieferungen zu sehen haben, was für Phorbas offenbar der fall war [28]): bei Z. (und wir dürfen glauben dass das der standpunkt aller Ῥοδιακά ist) bewohnt das volk [29] der Telchinen ganz Rhodos, wie die Heliaden die ganze insel beherrschen; sie sind, wie Phorbas, zu einem element der gesamtrhodischen tradition geworden. *c. 55, 1* υἱοὶ μὲν Θαλάττης] vgl. 378 F 8. Καφείρας] Der name (vgl. die karische Καφήνη?) ist unsicher überliefert; er ist sicher nicht in Καμείρας zu ändern, während Καβείρας (Καβειροῦς) ernsthaft überlegt werden muss. Deutlich ist die parallele, oder erfindung nach [30]), der amme des Zeus, die neben den Kureten steht. Überkühn und wenig glaublich sind die kombinationen Tümpels [31]), der sie mit Halia-Leukothea c. 55, 7 gleicht und in ihr eine 'heroisierte Aphrodite Kabeira' erkennen will. Es gilt auch hier die warnung zu c. 55, 4. *c. 55, 2-3*] Wenn es nicht schuld des exzerptors ist, hat Z. (wieder) zu einem gesamtbild vereinigt was bei Strabon *l.c.* und anderen zwei sich entgegenstehende auffassungen der Telchinen sind — als schädliche dämonen (βάσκανοι καὶ γόητες) und als kunstfertige arbeiter in eisen und erz (wie die Daktylen). Bemerkenswert dass Z. die anfertigung von kultbildern in allen drei städten der insel hervorhebt, während Strabon die mythische ἅρπη des Kronos notiert. Τελχίνιος (-ία) ist dann nicht kultname (wie die Ἀθηνᾶ Τελχινία in Teumessos [32])), sondern im sinn der Δαιδάλεια [33]) zu verstehen. Begreiflich also dass sie nicht inschriftlich belegt sind; und andere sprechen von Μυλάντειοι θεοί, Μυλαντείων ἱερά nur in Kamiros, die nach Mylas, einem der Telchinen, heissen [34]). Die änderung der einen Hera in Athena ist erwägenswert (doch s. c. 58, 1-3); Nikol. Dam. 90 F 114, der ein Ἀθηνᾶς Τελχινίας ἄγαλμα kennt, das die Telchinen τὰ τῶν προτέρων ἔργα μωμησάμενοι πρῶτοι ἱδρύσαντο (in Lindos?), ὥσπερ εἴ τις λέγοι Ἀθηνᾶς Βασκάνου [35]), entscheidet nicht. Wilamowitz *Pindaros* p. 367 n. 3 sieht in den alten bildern der Hera einen 'wichtigen beleg dafür, dass die einwanderer wirklich aus der

Argolis kamen'. *c. 55, 5* κατὰ τὸν καιρὸν τοῦτον] bedeutet wahrscheinlich nicht mehr als c. 58, 1. Es ist zeitangabe, die den panhellenischen mythos hineinzieht und Rhodos auch in der urzeit an ihm beteiligt. Ich bin daher gegen die änderung von Γίγαντες in Ἰγνῆτες [37] misstrauisch. Ein glossem ist denkbar, und eher noch dass Z. die rhodischen gestalten als Giganten gedeutet hat; aber es fehlt an der grundlage für solche annahmen: die gleichung der Giganten ἐν τοῖς πρὸς ἕω μέρεσι τῆς νήσου mit den προσηῷοι δαίμονες mag nahe liegen; und die Ἱμαλία [38]) kann mit den 'telchinischen' Μυλάντειοι θεοί in verbindung gesetzt werden; aber die drei söhne des Zeus von ihr überleben den κατακλυσμός (doch wohl wegen ihrer frömmigkeit), während die προσηῷοι δαίμονες die sechs verbrecherischen söhne Poseidons sind. Wir wissen von den alten lokalen überlieferungen so wenig, und Diodor hat hier so stark zusammengestrichen, dass man mit kombinationen vorsichtig sein muss. *c. 56, 1*] Der κατακλυσμός kann nicht die deukalionische flut von c. 57, 3 (παρ' Ἕλλησι!) sein, sondern muss auf ein spezifisch rhodisches ereignis gehen, wie die μεγάλη πλημμυρίς von c. 57, 8 [39]). Das motiv, ein volk zu entfernen, lag einem rhodischen schriftsteller nahe: man mag auf die grosse überschwemmung von 316/5 verweisen [40]), die nicht die einzige war; denn Diodor nennt sie 'den dritten κατακλυσμός', und der name der ganzen insel wird erklärt διὰ τὸ ῥοώδη εἶναι τὰ περὶ αὐτήν [41]). Von der 'zerstreuung' der Telchinen hat Z. gewiss im einzelnen berichtet, wo dann mehr individualnamen genannt werden mussten [42]); wir stellen uns das nach der auswanderung der Heliossöhne c. 57, 2 ff. vor. Übrig geblieben ist bei Diodor nur Lykos [43]), von dem gerade Z. ausführlicher gesprochen haben wird: er rückt die ansprüche von Rhodos auf Lykien, die in seiner zeit wieder akut waren [44]), in graueste vorzeit. Dem gleichen zweck dient c. 57, 6 die auswanderung des Heliaden Triopas nach Karien. *c. 56, 2-58, 3*] Über die Heliaden s. Wilamowitz *Herm.* 18, 1883, p. 429 ff.; Van Gelder *op. cit.* p. 52 ff.; und besonders Malten *RE* VII, 1912, col. 2849 ff. Die z.t. sehr komplizierten einzelheiten können hier nicht behandelt werden. Dass die sage alt ist zeigt Pindar. *Ol.*7, der auch den kultbrauch des feuerlosen opfers für Athena kennt [45]). Mit ihm stimmt Z. noch in der zahl der Heliossöhne, und darin dass erst ein sohn des Helios die eponymen der drei städte zeugt [46]), offenbar weil sieben söhne und drei städte sich nicht vertragen. Das sieht garnicht ursprünglich aus: es bedeutet nicht viel dass im *Index. cogn. Deor.* [47]), ein Helios vater der drei eponymen ist; aber nach Konon *Narr.* 47, 5 haben die Dorier des Althaimenes die drei städte gegründet, nach den ἔνιοι Strabons 14, 2, 8 und Diodor 4, 58, 8 erst Tlepolemos. Das letztere sieht alt aus und wird schluss sein aus *Il.* B 655, wo die von Tlepolemos geführten Rhodier διὰ τρίχα κοσμηθέντες wohnen [48]); c. 59, 6 macht den eindruck dass Z. diese überlieferung kannte. Er hat sie zu gunsten der für die späteren rühmlicheren zurückgeschoben, sodass Tlepolemos nur noch die aufteilung des landes in gleiche κλῆροι bleibt. Zu den sieben söhnen tritt bei Z. die von Pindar nicht genannte Elektryone, die in Rhodos als Alektrone kult geniesst [49]), nicht auf Rhodos beschränkt ist, und den häufigen kulttypus der jungfräulich gestorbenen repraesentiert. Man wird nicht bezweifeln dass Z. das gedicht kennt [50]); aber seine quelle ist es nicht; die mutter Rhode und wahrscheinlich auch die namen der sieben söhne standen schon bei Hellanikos [51]), der in den Schol. Pindar. *Ol.* 7, 132 aus einem rhodischen autor (Gorgon?) zitiert wird; denn zu seinem Phaethon steht die notiz ὃν οἱ κατὰ νῆσον Τενάγην καλοῦσι. Also ist auch Hellanikos von Z. nicht direkt benutzt, bei dem Elektryone auch nicht Heliostochter war, sondern durch ältere *Rhodiaka*, was bestätigt wird durch die εὑρήματα der Heliaden, die ermordung des Tenages (ein von dem panhellenischen Phaethon ganz verschiedenes schicksal, weshalb ihn die scholien Φαέθων ὁ νεώτερος nennen), und die gründungen der auswandernden Heliaden. Ob der für die urzeit knappe Z. die Phaethonfrage diskutiert hat steht dahin: in *Rhodiaka* muss sie behandelt worden sein, zumal wir noch andere varianten in den namen der söhne kennen [52]). *c. 56, 3*] Genealogie der Rhodos 533 F 4. Hellanikos 4 F 137 nannte sie Rhode; aber wir haben grade aus Z.s zeit eine weihung Ἁλίωι καὶ Ῥόδωι [53]), wo gewiss das göttliche paar gemeint ist. Zum ἀληθής λόγος vgl. Hekataios von Abdera 264 F 25 c. 10, 4-5: Z. akzeptiert nach c. 57, 3 ff. die physikalische auffassung (kaum gerade nach Hekataios), bestreitet aber die darauf gegründeten prioritätsansprüche der Ägypter. *c. 56, 5*] Über Ochimos und Kerkaphos s. zu 57, 7-8; über Kandalos Bethe *Herm.* 24 p. 431 n. 2; über Tenages (-Phaethon) zu 56, 2-58, 3; über Makar und Triopas c. 57, 2; 6. Ganz erfunden ist in durchsichtiger tendenz (c. 57, 2) nur Aktis. *c. 56, 6*] Schol. Pindar. *Ol.* 7, 86, das auch den Rhodier Apollonios (in der Ῥόδου κτίσις?) für den rhodischen und (mit anderer begründung) für einen gleichartigen athenischen brauch zitiert. Die konkurrenz mit Athen beweist nach c. 57, 4 nicht für antiathenische haltung. Die tradition hält Blinkenberg wohl mit recht für lindisch. Ob die Παναθηναισταί [54]) mit ihr zusammenhängen? *c. 57, 2*] Schol. B *Il.* Ω 544. Z.s darstellung begünstigt Wilamowitz' herstellung des titels von Aieluros' buch (no. 528) nicht, ohne sie unbedingt zu widerlegen. *c. 57, 4* Σάιν] Kallisthenes 124 F 51; Phanodemos 325 F 25. *c. 57, 5*] Wegen des streites über Diodors quelle sei gesagt dass Z. keinen grund

hatte den rhodischen aufenthalt des Kadmos schon in diesem kulturhistorischen exkurs zu erwähnen. Er steht passend c. 58, 2-3.   c. 57, 7-8 οἱ δὲ λοιποί] faktisch nur Ochimos und Kerkaphos, mit denen die liste der älteren rhodischen könige beginnt und schliesst. Lindos als sohn des
5 Kerkaphos und heroisch verehrter ἀρχαγέτας: *Inscr.* 57 (gegen 313ᵃ); 274 (gegen 100ᵃ); 477 (ca. 250ᵖ); ein Ialysion ἐν ῾Ρόδωι stellt E. Maass *Oesterr. Jahreshefte* 11, 1908, p. 47 bei Suda s.v. Πρωτογένης her. Von ihnen haben die *Rhodiaka* mehr erzählt: die ehe des oheims mit der nichte gibt die erklärung eines tabus im kulte des Okridion [55]); aus der ehe des
10 Ialysos mit Dotis entspringt Syme [56]). Dass Kydippe später Kyrbia geheissen habe steht sonst nirgends und ist wegen der namensform nicht leicht glaublich; Le Paulmier hat mit der umstellung wohl das richtige getroffen [57]). Achaia(-Kyrbia?) als älteste stadt ist erfunden und wird schon in der nächsten generation durch eine flut (nach anderen vielleicht
15 erst durch die dorische eroberung [58])) wieder beseitigt. Ihre lage im gebiet von Ialysos ist sicher und ein weiterer beleg für dessen starke lokalüberlieferung, über die wir kein sonderbuch kennen [59]); zweifelhaft ist dagegen die vielfach vertretene gleichung mit der akropolis von Ialysos, dem sog. Ὀχύρωμα [60]).   *c. 58, 1-3*] Die rhodische überlieferung über
20 Danaos' besuch der insel, und noch mehr über den des Kadmos, war reich aber widerspruchsvoll, und der passus zeigt durch § 3 besonders gut wie die *Rhodiaka* verschiedene lokale ansprüche zu vereinigen suchten. Zu Danaos in Lindos s. Herodt. 2, 182, 2; Marm. Par. A 8; Kallimach. F 100 Pf.; Strab. 14, 2, 8; Diog. Laert. 1, 89; Bibl. 2, 12/13; er fehlt
25 unbegreiflicherweise in Timachidas' *Anagraphe* no. 532. Über die Phoeniker in Ialysos (und Kamiros Diktys 4, 4; in ganz Rhodos Konon 47) Ergias 513 F 1 und Polyzelos 521 F 1; 6, denen Z. am nächsten steht. Die zeitliche folge Danaos-Kadmos ist gegenüber dem Marmor A 7-9 die der gewöhnlichen tradition, was befremdet, da für Z. (c. 57, 5) Kadmos
30 die schrift nach Hellas bringt, nicht Danaos [61]). Ob und welche beziehung zwischen den sechs (?) Danaiden des Marmor und den dreien Z.s (deren gräber man gezeigt haben muss) bestand, ist nicht zu sagen; da Diodor die drei namen nicht nennt, lässt sich auch das verhältnis zu der befremdenden tradition der ἔνιοι Strab. 14, 2, 8 nicht feststellen, nach denen
35 Tlepolemos gründer der drei städte war [62]), θέσθαι δὲ τὰ ὀνόματα ὁμωνύμως τῶν Δαναόυ θυγατέρων τισίν. Endlich bleibt unklar welcher Poseidon gemeint ist, wie lange das 'phoenikische' priestergeschlecht bestanden hat, und ob seine historische existenz glaubwürdiger ist als z.b. die der Theliden in Milet [63]). Für Z. selbst ist bemerkenswert [64]) dass er die
40 stiftung der heiligtümer und kultstatuen [65]) von zwei hauptgottheiten

durch die Orientalen anerkennt (die panhellenische tradition war ihm offenbar zu stark, um sie einfach zu verwerfen); aber Athena und Poseidon selbst sind nicht fremd, sondern älter als diese stiftungen [66]). Ob deshalb Poseidon und Athena unter den von den Telchinen gefertigten kultbildern [67]) fehlen? *c. 58, 4-5]* Zu 521 F 7.   *c. 59, 1-4]* Ziel der geschichte, die ausführlicher und mit kleinen abweichungen Bibl. 3, 12-16 steht [68]), ist die gründung des Zeuskultes auf dem Atabyrion, dem höchsten berg von Rhodos im gebiet von Kamiros an der grenze gegen die Lindia. Der berg heisst nach einem alten könig [69]) oder einem der Telchinen [70]). Den Zeus, der auch in der stadt Rhodos und in Lindos verehrt wird, ruft Pindar. *Ol.* 7, 87 am schluss des epinikions für Diagoras an, und Schol. 160 c wissen (aus Didymos) von den βόες χαλκοῖ, οἳ ὅταν μέλληι τι τῆι πόλει (!) γίνεσθαι κακόν, μυκῶνται. In Kamiros gibt es eine phyle Althaimenis [71]), und Steph. Byz. s.v. Κρητίνιον weiss von einem τόπος 'Ρόδου dieses namens, ἐν ὧι ὤικουν οἱ περὶ 'Αλθαιμένην. Der Katreussohn ist identisch mit dem Argiver, der (nach der Dorischen Wanderung) die kolonie nach Kreta führt [72]): bei Konon 47 lässt er einen teil der auswanderer in Kreta zurück, αὐτὸς δὲ τοὺς πλείους ἔχων ἔπλει ἐπὶ 'Ρόδον, wo er die Phoeniker von der insel vertreibt — was bei Ergias und Polyzelos, die von Ialysos handeln, Iphiklos tut — und die drei rhodischen städte gründet [73]).   *c. 59, 5-6]* ob. p. 436, 14 ff. und zu c. 56, 2-58, 3.   **(4—6)** Die kritik des Polybios pflückt an einzelheiten, ist aber, in den einzelbesprechungen, etwas brauchbarer als gewöhnlich; und die berufung auf den bericht des rhodischen nauarchen ist wirklich wichtig. Über Nabis' messenischen feldzug s. Ehrenberg *RE* XVI 2, 1935, col. 1474, 12 ff.; über die kämpfe mit Philipp V Treves *ebd.* XIX 2, 1938, col. 2312, 5 ff.; Walbank *Philip V of Macedon*, 1940, *passim*.

524. EUDEMOS   525. PHAENNOS

Die beiden spezialautoren über Lindos, die gewiss Lindier oder wenigstens Rhodier waren, sind nicht sicher su bestimmen. Der name Phaennos ist nicht sehr häufig [1]), und die gleichung mit dem verfasser von zwei farblosen epigrammen des Meleagerkranzes über historische personen der vergangenheit [2]) ist zeitlich möglich; nur bringt sie uns nicht weiter, weil Timachidas (für ihn bezeichnend) ihn nur einmal und für etwas sehr gewöhnliches zitiert. Bei Eudemos denkt man natürlich zuerst an den schüler des Aristoteles [3]), der vielleicht später eine eigene schule in Rhodos eröffnet hat [4]); es ist immerhin denkbar dass er mit einer rede über Lindos (denn auf eine solche führt der Titel Λινδιακός, und man kann sie sich nach Diodor. 5, 62/3 = 533 F 11 vorstellen) das interesse Athens an der katastrophe des berühmtesten heiligtums seiner heimat zu erwecken suchte. Aber der name ist gewöhnlich, und es fehlt an entscheidenden gründen für die identifikation. Es bedeutet kaum etwas dass das letzte von ihm erwähnte faktum (die zweite epiphanie) in seine lebenszeit fällt, und dass er in der wissenschaft historische interessen zeigte.

526. THEOGNIS   527. PHILOMNESTOS   528. AIELUROS —. THEOTIMOS

Wir kennen schwerlich alles was über rhodische kulte geschrieben ist, die viel eigenartiges hatten. Es stand gewiss viel darüber auch in den periegetischen büchern Περὶ ʽΡόδου und selbst in den Chroniken [1]). So mag Eukrates [2]) das schwalbenlied gekannt haben, das Theognis im wortlaut aufnahm. Speciell über heimische θυσίαι — darin vielleicht verschieden von allgemeinen büchern einiger athenischer antiquare [3]) — schrieben Gorgon (515) und der zeitlich ebenfalls unbestimmbare Theognis [4]), dessen buch, wie die datierung im text zeigt, nicht kalendarisch sondern sachlich (nach göttern?) disponiert war. Auch der autor des buches über die Sminthia, der eher Philomnestos als Philodemos hiess, ist zeitlich nicht festzulegen. Der hauptkult des Helios ist schon im 3. jhdt von nicht unbedeutenden grammatikern behandelt: Hieronymos ist wohl sicher der bekannte autor dieses namens [5]); Istros (bei dem das verhältnis der Ptolemaeer zu Rhodos mitgewirkt haben mag) war für alle agone interessiert. Fraglich ist ob Aieluros hierher gehört, dessen buch sogar eine gegenschrift hervorgerufen hat, deren verfasser vielleicht nicht einmal Rhodier war; ich habe ihn ohne viel zuversicht mit dem Theotimos Περὶ Κυρήνης s. II^a (?) no. 470 gleichgesetzt. Der titel ist verdorben und von Wilamowitz vielleicht richtig verbessert; aber sein gedanke an einen krieg gegen die mörder des Heliossohnes Tenages ist sehr zweifelhaft [6]). Man könnte an die sechs söhne der Halia von Poseidon denken, wo dann freilich nicht nur das metronymikon auffiele [7]). Aber es hat nicht viel zweck über inhalt und charakter eines buches zu spekulieren [8]), von dem wir im grunde nichts wissen.

F

(**526 F 1**) Tresp *Kultschriftsteller* p. 149 zitiert das russisch geschriebene buch von Anitschkoff *Das rituelle Frühlingslied*; Hiller von Gaer-

tringen *R E* I col. 914 stellt s.v. ἀγυρμός (ἀγερμός) zu wenig und sehr verschiedenes zusammen; s. auch Radermacher *Sb. Wien Ak.* 118, 1, 1921, p. 7. Wir haben für den brauch, der noch heute in vielen ländern und an verschiedenen festen besteht, aus dem altertum wenig beispiele, davon
5 zwei aus Rhodos: die heischenden sind auch jetzt — im gegensatz zu den κορωνισταί 533 F 7 — meist kinder. Für die antike religionswissenschaft ist charakteristisch dass sie für den sicher uralten und volkstümlichen brauch ein historisches aition erfindet, wie die Atthis für die Eiresione, die auch ein ἀγερμός ist. Den weisen Kleobulos hat die rhodi-
10 sche überlieferung überwiegend, wenn nicht ganz, als staatsmann bezw. tyrannen gefasst, was er ursprünglich auch war, und hat viel von ihm zu erzählen gewusst [9]). Blinkenberg[1] p. 436 f. verbindet die kollekte mit der notiz bei Diog. Laert. I, 89 ἀλλὰ καὶ τὸ ἱερὸν τῆς Ἀθηνᾶς ἀνανεώσασθαι αὐτὸν (*scil.* Κλεόβουλον) κτισθὲν ὑπὸ Δαναοῦ. (**527 F 1**) Die methode ist
15 dieselbe wie in 526 F 1 und in der erfindung eines solonischen gesetzes [10]). Tresp. *op. cit.* p. 150, will Hesych. s.v. Θυωνίδας· ὁ Διόνυσος παρὰ Ῥοδίοις· τοὺς συκίνους φάλητας aus Ph. ableiten und so den exkurs über die sykophanten erklären. Der kultname (was das gewöhnliche Thyoneus nicht ist) muss allerdings aus rhodischer quelle stammen; die metronyme (?)
20 form fällt auf. (**527 F 2**) Die Sminthia [11]) als fest für Dionysos in der inschrift von Lindos *I G* XII 1 no. 762; ein χωρίον τὰ Σμίνθια καλούμενον καὶ ἐν Ῥόδωι καὶ ἐν Λίνδωι Strab. 13, 1, 48. Wenn der text in Apollonios' Homerlexikon s.v. Σμινθεῦ [12]) in ordnung ist, galten sie hier Apollon *und* Dionysos. Ph. scheint zu bestätigen dass die einführung des
25 Dionysos eine neuerung ist [13]). Sie passt gut in die zeit der 'tyrannis'; aber συγγενὴς εἶναι φάσκων Κλεοβούλου führt eher auf spätere zeit. Der angebliche dichter ist eine zweifelhafte erscheinung und kaum von dem 'dionysischen heros Anthos-Anthas-Antheus' zu trennen [14]).

529. GORGOSTHENES VON RHODOS (LINDOS)
30 ### 530. HIEROBULOS VON RHODOS (LINDOS)
531. ΛΙΝΔΙΩΝ ΧΡΗΜΑΤΙΣΜΟΙ
532. DIE LINDISCHE ANAGRAPHE (TIMACHIDAS)

Blinkenbergs neueste datierung [1]) der priester Gorgosthenes und Hierobulos, die die Anagraphe ausdrücklich als solche bezeichnen [2]) und
35 die uns sonst unbekannt sind [3]), auf 342 und 341 v. Chr. beruht auf seinem ansatz des tempelbrandes in oder um das jahr 342. Dieser ansatz beruht seinerseits wieder auf einer kombination, deren einzelne elemente un-

sicher sind, in ihrer gesamtheit aber (abgesehen von den bestimmten jahren) wenigstens für Hierobulos (auch diese modifizierung ist notwendig) einen hohen grad von wahrscheinlichkeit erreichen [4]). Dann hat wenigstens einer der genannten priester, nämlich Hierobulos, im jahre des brandes amtiert, nicht 'bald nach der tempelweihe' [5]). Er hat den behörden der gemeinde bericht erstattet über den brand und die verbrannten weihgeschenke, die wahrscheinlich schon über 50 jahre früher Gorgosthenes in seinem bericht an den rhodischen gesamtstaat aufgeführt hatte [6]). Dann wird weiter wahrscheinlich dass beide mit ihrer berichterstattung an verschiedene stellen einfach ihre amtspflicht erfüllten, nicht einen besonderen zweck verfolgten [7]). In jedem falle ist sicher dass sie (oder der ältere von ihnen) mit ihren berichten das geschaffen haben was Laqueur richtig 'die tralatizische überlieferung' nennt, aber offensichtlich zu hoch datiert [8]). Es besteht danach wenigstens die möglichkeit dass die *mythischen* weihgeschenke ganz oder teilweise erst in dem ersten der beiden priesterbriefe das licht der welt erblickt haben [9]). Wir können das nicht entscheiden, müssen aber auf die merkwürdige tatsache hinweisen dass die zitate aus beiden berichten nur bis zum Trojanischen Krieg und den Nosten reichen [10]). Sie wird nur noch merkwürdiger dadurch dass H. darüber hinaus noch für das weihgeschenk des Amasis — das einzige wahrscheinlich historische, das aber schon bei Herodot stand — angeführt wird [11]). Das zeigt besser als jedes andere argument dass der verfasser der Anagraphe diese paragraphen nicht aus den briefen selbst hat, sondern aus einer zwischenquelle, als die wir ohne bedenken Gorgons buch Περὶ Ῥόδου ansehen dürfen, bei dem alle zwölf mythischen (und sicher gefälschten) weihungen wiederkehren und die einzige von den priestern nicht erwähnte, die des Kadmos, fehlt [12]). Wenn die priesterberichte (oder wenigstens der des G.) wirklich nicht weiter gingen, so müsste man geradezu schliessen dass sie nur geschrieben sind, um die günstige gelegenheit zur panegyrischen fälschung der [ἀναθέματα ἐκ παλαιοτ]άτων χρόνων [13]) zu benutzen. Mir fällt es nicht leicht das zu glauben; ich möchte den offenkundigen tatbestand lieber aus der quellenbenutzung des verfassers der Anagraphe erklären, der im zweiten teil für die archaische zeit aus welchen gründen immer einen anderen autor (Xenagoras?) zu grunde gelegt hat [14]). Man wird darauf verweisen müssen dass die zitate aus den primären akten (ob sie direkt sind oder nicht macht da nichts aus) im dritten teil wieder einsetzen [15]), und dass die weihgeschenke aus der zeit nach dem tempelbrand, soweit sie erhalten sind, sämtlich aus den Λινδίων Χρηματισμοί belegt werden.

Die Anagraphe — wie ich die steinschrift *a potiori* und nach der ausdrucksweise im volksbeschluss [16]) nenne — ist im j. 99ᵃ aufgezeichnet [17]). Ich hätte sie unter die spezialhistoriker über Lindos no. 524/5 stellen können, weil sie deutlich zwei εἴδη der religiösen literatur voraussetzt — bücher Περὶ ἀναθημάτων, die es seit Theopomp gibt [18]), und Ἐπιφάνειαι, die wir schon von Istros kennen [19]) —, und weil das *mixtum compositum* aus diesen beiden εἴδη als ganzes sich zu den vielen literaturwerken auf stein stellt, die wir allmählich kennen gelernt haben [20]). Ich habe sie unter die urkunden gestellt, weil sie in der nachfolge der briefe der priester steht, mit denen (oder mit deren zweitem) sie gemein hat, dass sie die weihgeschenke verzeichnet, ganz gleich ob sie erhalten sind oder nicht; weil sie in ihrem hauptteil BC den stil der übergabeurkunden affektiert, wie wir sie in grosser zahl aus Athen kennen — erst der teil D, der die neue überschrift Ἐπιφάνειαι trägt, erhebt nach der hübschen entdeckung Bruno Keils [21]) durch vermeidung des hiats und rhythmisierung auch literarische ansprüche —; und vor allem um ganz deutlich zu machen dass ihr verfasser eine chronik des tempels weder geschrieben hat noch hat schreiben wollen. Er hat den auftrag erfüllt, den ihm der beschluss des rates von Lindos erteilt hat — ἀναγράψαι ἔκ τε τᾶν ἐπιστολᾶν καὶ τῶν χρηματ[ισμῶν καὶ ἐκ τῶν ἄλλων μαρτυρί]ων (?) ἅ κα ἦι ἁρμόζοντα περὶ τῶν ἀναθεμάτων καὶ τᾶς ἐπιφανείας τᾶς θεοῦ [22]) —, und es ist bedauerlich dass Blinkenberg trotz mehrfachen widerspruchs [23]) auch in der dritten ausgabe den irreführenden titel 'La Chronique du Temple Lindien' festgehalten hat. Wie eine tempelchronik aussah, wissen wir, wenn aus nichts anderem, aus der des Asklepieions in Athen [24]); und selbst unsere spärliche überlieferung liefert uns eine reihe von tatsachen, die in einer solchen hätten stehen müssen — die gründung des tempels durch Danaos, der in der Anagraphe nicht einmal als dedikant vorkommt [25]); seine erneuerung durch Kleobulos, von dem § 23 ein weihgeschenk aus dem lykischen feldzug verzeichnet [26]); den tempelbrand im 4. jhdt, von dem wir jetzt nur durch eine historische anmerkung in der erzählung der ersten epiphanie hören [27]); die wiederherstellung des tempels und der kultstatue [28]). Vor allem: eine chronik verlangt eine eponymenliste, also hier die Athenapriester oder (nach analogie des Asklepieions) die der eponymen des gesamtstaates. Eine solche chronik hätte den anagraphisten beträchtlich mehr arbeit gekostet als er in sein elaborat gesteckt hat; und wir wären ihm dankbar, wenn er sie geleistet hätte; da er es nicht getan hat, kann man keine feigen vom dornbusch verlangen, und darf nicht durch einen willkürlichen titel falsche hoffnungen erwecken. Ich will deshalb noch einmal betonen [29]), was selbstverständlich sein sollte, dass in den quellenuntersuchungen über die historiker des mythischen und archaischen

Rhodos die Anagraphe nirgends auch nur als vermittlerin von fakten eingeschaltet werden darf.

Dagegen hat Blinkenberg über das zustandekommen der Anagraphe von vornherein in allen wesentlichen punkten das wahrscheinlich richtige gesagt, und ist gegenüber anderen möglichkeiten [30]) auch in der dritten ausgabe p. 155 f. mit recht bei seiner ursprünglichen auffassung geblieben. Der eigentliche verfasser der Anagraphe ist Τιμαχίδας Ἁγησιτίμου Λινδοπολίτας [31]), ein im j. 99 vermutlich ganz junger mensch, dem Θαρσαγόρας Στράτου Λαδάρμιος, der an erster stelle steht, also wohl nicht nur deshalb beigegeben ist, 'weil derartige aufgaben gewöhnlich einem comité übertragen werden', wie Bli² p. 7 meint. Ti ist der sohn des antragstellers Ἁγησίτιμος Τιμαχίδα Λινδοπολίτας [32]), hat wahrscheinlich während des ersten Mithridatischen krieges (88/5) eine offizierstellung in der marine und später ein kultisches amt bekleidet [33]). Vor allem aber ist er schriftstellerisch recht ausgiebig tätig gewesen; denn Blinkenberg hat in ihm wohl sicher richtig den aus der literatur bekannten Ti von Rhodos gesehen, den wir grammatiker nennen dürfen, weil er — ausser einem umfangreichen epischen sammelwerk Δεῖπνα (der stoff ist eine domäne der grammatiker) — Γλῶσσαι und kommentare zu einzelnen stücken des Euripides, Aristophanes, Menander, geschrieben hat. Was wir daraus kennen [34]) sieht mehr nach einem gelehrten dilettanten aus; aber die grenze ist da schwer zu ziehen, und Ti wird in kommentaren mehrfach, freilich gewöhnlich scharf ablehnend, zitiert, ist also von den fachleuten immerhin ernst genommen worden.

Danach ist die Anagraphe so gut wie sicher anfängerarbeit, mit der man deshalb nicht zu scharf ins gericht gehen wird [35]). Aber auch wenn wir mancherlei aus ihr lernen, was ihr verfasser sich nicht hat träumen lassen [36]), muss gesagt werden dass sie nicht höher steht als jene sammelarbeiten, die ein Kieler kollege von mir als 'waschleinen-dissertationen' bezeichnete, weil die ganze arbeit darin besteht, dass der doktorand seine lesefrüchte aus einem bestimmten gebiet sauber auf zettel schrieb, diese zettel an einer durchs zimmer gespannten waschleine aufreihte, und dann mehr oder weniger ordentlich abdrucken liess. Leider war Ti weniger ordentlich: so sind ihm im mittleren teil, der sachlich der wichtigste ist, seine zettel mehrfach in unordnung gekommen [37]), und auch beim exzerpieren hat er mindestens einen groben sachlichen fehler begangen [38]). Aber auf diese einzelheiten kommt weniger an als auf die grundlage der sammlung. Es ist nie bezweifelt, weil es deutlich in dem beschluss steht[39]), dass Ti nicht das im j. 99 vorhandene material aufnehmen wollte, sondern dass er die weihgeschenke bis wenigstens zum ende des 3. jhdts (ohne

rücksicht auf ihre erhaltung) ausnahmslos aus schriftlichen quellen, amtlichen akten und historikern, hat; nur für die weihungen des 2. jhdts lässt sich das nicht sicher behaupten, weil der schluss von col. C fehlt [40]). Es hat auch nicht viel zweck zu diskutieren, was im j. 99 wirklich noch
5 da war, und was etwa aus der katastrophe in der mitte des 4. jhdts gerettet oder später restituiert worden ist [41]). Denn für Ti macht der tempelbrand ohne jeden zweifel epoche: er registriert die inschriften auf weihgeschenken der mythischen und archaischen zeit mit der formel ἐφ' ἇς (οὗ) ἐπεγέγραπτο, die von 330 an mit ἐφ' ὧν ἐπεγέγραπται. Ein siche-
10 res indiz für das vorhandensein dieser weihgeschenke noch im j. 99 ist dieser unterschied (auf den Blinkenberg sofort aufmerksam gemacht hat) aber nicht, weil auch diese weihgeschenke (die in den Χρηματισμοί standen, für die das praesens die natürliche form ist) mindestens teilweise (wenn nicht ganz) ebenfalls durch schriftsteller vermittelt sind [42]). Es
15 macht also nichts aus ob Ti wenigstens diese urkunden selbst eingesehen hat; die wirkliche frage ist ob Ti.s lektüre wirklich so umfangreich war, wie es nach der imponierenden zahl von 22 zitierten autoren — bis auf Herodot, Myron, und wahrscheinlich Xenagoras [43]) alles Rhodier — den anschein hat. Da befremdet sogleich die verschiedenheit in der benutzung
20 der einzelnen autoren, die m.e. schon allein zu einem schluss auf seine hauptquellen zwingt [44]), und die inkonsequenz in den zahlen der für die einzelnen weihgeschenke gegebenen belege: er nennt z.b. 5 autoren für das geschenk des Artaxerxes § 35, aber nur einen (der nicht unter diesen fünfen ist) für seine verwendung § 36, was ganz unbegreiflich ist,
25 wenn wir Blinkenbergs glaubliche vermutung eines engen zusammenhangs dieser beiden paragraphen akzeptieren [45]). Er gibt 8 autoren für die offenbar viel diskutierte(n) weihung(en) des Amasis § 29, wo es zudem auffällt dass Hierobulos, eine der beiden grundquellen [46]), nur in einer art nachtrag steht; und 7 bezw. 9 für die des Datis (oder Artaphernes [47])) in §
30 32 und D § 1 — nicht ganz die gleichen, und auch die fakten sind nicht ganz dieselben [48]). Aber er nennt für das weihgeschenk des Kadmos § 3 nur den einen Polyzelos, obwohl wir wissen, dass Kadmos mindestens auch bei Zenon vorkam [49]), und dass die Phoenikerfrage in den *Rhodiaka* überhaupt eine grosse rolle spielte [50]). Hier zeigt das fehlen von Gorgo-
35 sthenes und Hierobulos, die in allen paragraphen des ersten teiles als (die letzten erreichbaren) gewährsmänner angeführt werden [51]), dass Ti eine lesefrucht aus Polyzelos (die er hoffentlich selbst gefunden hat) in einen festen traditionellen zusammenhang eingeführt hat. Wenn man damit zusammennimmt dass die gleichen 12 mythischen weihgeschenke
40 bei Gorgon standen, so ist der schluss schlechthin geboten dass Ti die

traditionelle aufzählung nicht aus den beiden oder einem der originalen aktenstücke hat, sondern aus der beschreibung des lindischen tempels in dem Περὶ 'Ρόδου betitelten buche Gorgons [52]). Man wird ferner nicht gern bezweifeln dass Ti in der schule Herodot gelesen hat; aber das einzige zitat aus ihm in § 29 stammt so gut wie sicher nicht aus erster hand [53]). Ich will keine weiteren einzelheiten geben, weil es zu weit führt, und weil wir die meisten autoren nur aus Ti kennen, sodass wir weder über ihre absolute noch über ihre relative zeit zu einem sicheren urteil gelangen können; aber wir sind berechtigt die zahl der von Ti selbst exzerpierten autoren auf ein mindestmass zu beschränken, und seine eigene arbeit darin zu sehen dass er eine gewisse zahl von eigenen lesefrüchten in eine ältere beschreibung des tempels einfügte, wahrscheinlich in die des (kaum viel älteren) periegeten Gorgon, dessen lektüre ihm vielleicht überhaupt den anstoss zu seinem eigenen elaborate gab [54]). Neben Gorgon wird er (ebenfalls für die mythische und archaische zeit) Xenagoras selbst gelesen haben, der nicht weniger als 22 (23) mal zitiert wird [55]). Die vorliebe für diesen höchst unzuverlässigen autor ist interessant; sie mag sich auch daraus erklären, dass Xenagoras nicht nur chronologisch schrieb, sodass die exzerpte sich leichter einordnen liessen, sondern auch daraus dass er besonders viel über die 'tralatizische überlieferung' hinaus bot, die er vielleicht als erster systematisch mit skrupellosen erfindungen erweiterte. Ti kannte vermutlich auch eine oder die andere der lokalen chroniken oder auch nur die letzte von ihnen. Ich will auch nicht bestreiten dass er die wirklichen standard-werke über Rhodos — Ergias, Polyzelos, Zenon — in der hand gehabt und einiges aus ihnen selbst ausgehoben hat. Aber dann war diese lektüre schwerlich systematisch und sorgfältig [56]); und mehr als die lektüre von etwa sechs autoren billige ich ihm nicht zu.

Ich denke dass diese auffassung durch die unordnung bestätigt wird, in der uns Ti.s exzerpte in dem einzig schwierigen teil der arbeit, den weihgeschenken der archaischen und selbst noch im anfang der modernen periode [57]) vorliegen (wo man die vorstellung von zetteln schwerlich auf den steinmetzen abschieben kann). Was Ti vor allem vorzuwerfen ist ist nicht 'son manque absolu de critique' [58]), sondern eine vollkommene hilflosigkeit in dingen der chronologie, die zugleich zeigt dass er trotz aller Χρονικαὶ συντάξεις, die er gelesen haben will, auch keine wirkliche kenntnis der rhodischen geschichte besass. Er datiert die ersten beiden epiphanieen nach dem Heliospriester des rhodischen staates, die dritte nur allgemein πολιορκευμένας ὑπὸ Δημητρίου τᾶς πόλιος; und er hat sich nicht einmal die mühe gemacht sein fundamentaldatum, den lindischen tempelbrand, den eine seiner rhodischen quellen auf den Heliospriester datierte, auf den Athenapriester umzusetzen — was bedeutet dass er die namen der beiden priester, die angeblich grundquellen der mythischen zeit auch für ihn waren, nicht in der liste aufgesucht hat, die doch bequem genug im tempel stand [59]). Er hat auch für die weihgeschenke seit Alexander keine daten angegeben, obwohl sie aus den Χρηματισμοί leicht zu haben waren, soweit sie nicht — ein erschwerender umstand! — in den weihinschriften selbst standen [60]). Das und die unregelmässige nennung von autoren neben den akten auch in dieser zeit [61]) macht es zweifelhaft ob wir überhaupt an ein aktenstudium Ti.s glauben dürfen [62]). Was in dem dekret A steht sind phrasen des autors oder des stolzen vaters, die dem rate imponieren sollten, und auf die hin er denn auch wirklich (unter jetzt einigermassen lächerlich wirkenden vorsichtsmass-regeln [63])) dem jungen mann die benutzung des archives erlaubt — als es zu spät war. Denn schon Blinkenberg hat aus der knappen zeit, die die μαστροί Ti für seine arbeit lassen — bestenfalls 1 1/2 monate, gerade genug für die technische seite der sache, die bereits mit einem bestimmten umfang des Ms. rechnete — den unausweichlichen schluss gezogen dass 'die ausarbeitung zum grösseren teile schon abgeschlossen war'. Man wird ruhig weiter gehen können: als der vater den antrag stellte, lag das Ms. fertig vor; was wir in dem beschluss A 2-4 als begründung lesen, gehört dem antragsteller oder dem verfasser — in einem rein literarischen werk hätte es den anfang der vorrede gebildet —; und was A 6-7 über die anzustellenden untersuchungen steht muss als zweiter paragraph der vorrede in die vergangenheit übertragen werden. Da Ti nicht (wie andere) das werk auf eigene kosten der göttin widmete, fiel die vorrede weg; an ihre stelle trat der vom vater formulierte antrag. Ob verfasser und vater aus sparsamkeit so handelten, oder (eher) weil die offizielle publikation ihnen ehrenvoller erschien, ist gleichgiltig.

Was für Ti übrigbleibt ist nur zweierlei: er hat sein material (wie immer) ausgewählt, und er hat es disponiert. Was den zweiten punkt angeht, so ist klar dass er (was das natürliche war) die weihungen chronologisch ([ἐκ παλαιοτ]άτων χρόνων) angeordnet und dabei drei zeitperioden unterschieden hat: die urzeit bis zum Trojanischen Krieg und den Nostoi [64]) § 1-14; die archaische zeit, sagen wir ruhig bis zum tempelbrand, der in jedem fall epoche macht, § 15-34; die zeit des neuen tempels § 35-42 (45). Jeder abschnitt beginnt (wie wieder schon Blinkenberg sah) mit sozusagen offiziellen, jedenfalls mit bedacht ausgewählten weihungen — des eponymen Lindos § 1, der drei rhodischen (nicht lindischen) phylen § 15, des damos (sicher der Rhodier) § 35. Was den ersten punkt, die auswahl, angeht, so bedeutet der hauptteil (das verzeichnis der weihgeschenke) eine wirkliche auswahl, was stärker betont werden muss als bisher geschehen ist; und ich denke dass darauf ἅ κα ἦι ἁρμόζοντα des beschlusses geht [65]), in dem leider das prinzip, nach dem die auswahl vorgenommen wurde, teilweise zerstört ist [66]). An dem faktum selbst, dass Ti vollständigkeit nicht erstrebt hat, kann man nicht zweifeln. Es ist völlig ausgeschlossen dass in den rund 150 jahren von Alexander bis Philip V, d.h. in der bewegtesten und ruhmvollsten periode der rhodischen geschichte, nur 5 weihungen gemacht oder im j. 99 erhalten bezw. bekannt gewesen sein sollen [67]); deutlich ist vielmehr dass Ti aus seinen quellen nur die weihungen der gemeinde und fremder könige ausgehoben hat. Es ist schwer glaublich, wenn nicht unmöglich, dass die berichterstattenden priester (und von den historikern selbst der erfindungsreiche Xenagoras) aus den wieder rund 150 jahren vom Dareioskrieg bis zum tempelbrand (d.h. der der katastrophe unmittelbar voraufgehenden zeit) nicht eine einzige weihung mehr gekannt hätten; denn für Blinkenbergs ansicht, dass die weihungen Σολεῖς § 33 und der Lindier selbst § 34 'wohl noch archaisch sind', spricht dass sie nur aus dem ersten buch des Xenagoras zitiert werden, den Ti selbst exzerpiert, sodass man hier leicht an falsche einordnung glaubt. Eine erklärung der lücke ist schwer zu finden; aber schon ihre ausdehnung zeigt dass der gedanke von G. C. Richards [68]) — 'there seems to be no better explanation of this than that the cult of Athena Lindia was entirely overshadowed by the greatness of Athens and Athena Parthenos' — nicht zutrifft. Ti hatte aus uns nicht kenntlichen gründen [69]) so wenig interesse an dieser zeit dass er selbst das von Gorgon [70]) erwähnte epinikion auf Diagoras beiseite liess; das war eine weihung an die lindische Athena, und wenn sie nicht gleichzeitig war, so war Ti gewiss der letzte das zu merken. Es ist beinahe ebenso schwer glaublich, dass die ausgedehnte lokale literatur von rund 250 jahren (von ihrem einsetzen bis auf Gorgon) zu dem dutzend mythischer weihgeschenke (wenn es denn nicht mehr waren) die in den berichten des priester standen, nichts weiteres hinzugefügt haben soll, als das des Kadmos § 3 und ev. des Rhesos (?) § 7. Es ist für das 4. jhdt und die priester immerhin denkbar, dass sie Danaos absichtlich beiseite liessen [71]), und dass sie von Minos und der urzeit des Lindos und der Telchinen sogleich (unter fortlassung z.b. des Althaimenes, der näher mit dem Zeus von Atabyrion verbunden war [72])) zu Herakles und Tlepolemos übersprangen; aber wir haben in der sonstigen überlieferung noch eine schwache spur dass es in hellenistischer zeit wenigstens mehr varianten über die mythischen weihungen gab als Ti verzeichnet [73]).

Für den zweiten und längsten abschnitt, die auch in unserem sinne archaische zeit bis auf die Perserkriege, fehlt uns jede möglichkeit der nachprüfung. Es ist möglich dass Ti hier wirklich alles gab was er bei Xenagoras, Gorgon, und etwa noch anderen fand. Es ist auch manches darunter was an sich zutrauen erweckend aussieht [74]. Aber ich würde angesichts von Ti.s notorischer unfähigkeit auf chronologischem gebiet nicht wagen die ausdehnung der rhodischen kolonisation auf dem festland und in Sizilien auf seine angaben zu gründen [75]), oder dabei von der weihung des Amasis als dem festen punkte auszugehen; sie ist zwar datierbar, aber nur in den grenzen einer fünfzigjährigen regierung. Mit den privaten weihungen von handelsfahrten (die vielleicht den besten eindruck machen) ist chronologisch sowieso nichts anzufangen.

Ich habe ungern auf einen historischen kommentar zu den einzelnen weihungen verzichtet, weil er zu viel raum beanspruchen würde, und begnüge mich mit dem hinweis auf die zweite und dritte ausgabe Blinkenbergs, die das material im ganzen vollständig geben. Besonders hingewiesen sei auf den anhang über die persischen weihgaben [76], obwohl ich der hier entwickelten ansicht skeptisch gegenüberstehe.

533. ANHANG

Aufgenommen ist nur einiges was sich direkt auf rhodische quellen beruft oder durch den inhalt rhodische herkunft zeigt. Wie gewöhnlich, erweitert es fast nur das bild der archaeologie, gibt aber auch hier nichts aus für ein vielbehandeltes problem — den anteil von Rhodos an der ausbildung der Heraklesgeschichte [1]). In der zeitgeschichte wird Rhodos seit Thukyd. 8, Xenophon, und dem Anonymus von Oxyrhynchos in steigendem masse berücksichtigt, und vielfach liegen naturgemäss rhodische berichte zu grunde; aber die vermittler sind nicht kenntlich, und die benutzung rhodischer schriftquellen ist erst für Polybios einwandfrei nachzuweisen [2]).

(1) Der name des autors ist nicht wiederzugewinnen, und seine heimat ist zweifelhaft [3]); aber er gehört frühestens in das letzte viertel des 3. jhdts, wenn Blinkenberg die weihung an die lindische göttin richtig mit den geschenken der könige nach dem grossen erdbeben von ca. 225ᵃ [4]) verbindet. Doch sind andere gelegenheiten denkbar. (2) Hillers *editio princeps* — bei der er sich der mitarbeit von Schubart, Wilamowitz, Wilcken erfreute — gibt einen ausreichenden kommentar unter ständiger vergleichung von Diodor. 20, 93-94; für alles einzelne sei auf ihn und

Bilabels knappere noten verwiesen. Der ionische dialekt und der zustand des textes, der im abdruck so weit wie möglich wiedergegeben ist, weisen das elaborat in das 2. jhdt n. Chr. Wenn es nicht doch eine schülerarbeit ist [5]), haben wir es mit 'dem konzept' eines schriftstellers von geringem rang [6]) zu tun, einer der zahlreichen dutzendleistungen dieser zeit, wie wir sie besonders aus Lucian kennen. Bei der unsicherheit über den charakter des blattes bleibt es zweifelhaft was das thema war, und ob das werk je publiziert ist [7]). Sicher ist nur, dass der verfasser (direkt oder indirekt) die gleiche darstellung der belagerung von Rhodos vor sich hatte wie Diodor. 20, 81-100 für 'den krieg der Rhodier gegen Antigonos'; sicher nicht Diodor selbst, da P zwar mehrfach weniger, aber auch einmal mehr hat als Diodor [8]). Wer ihr autor war ist nicht zu sagen; m.e. ist Zenon (an den Hiller mit aller vorsicht dachte) weniger wahrscheinlich als Hieronymos oder Agatharchides; es zwingt nichts gerade an einen rhodischen autor zu denken. So beschränkt sich das sachliche interesse, das P für uns hat, darauf dass er erneut bestätigt wie eng sich Diodor trotz aller kürzung an seine quellen angeschlossen hat [9]). Dazu tritt dass ein passus [10]) zum neuen nachdenken über den wert von Diodors hs. F zwingt. (3) Strabon will zunächst (§ 5) das Rhodos seiner zeit schildern, greift aber schon mit ἐθαλαττοκράτησε in seine ruhmreichere hellenistische vergangenheit zurück, auf die wohl auch die charakterisʇik der rhodischen staatsprinzipien besser passt als auf das Rhodos der Augusteischen zeit. Das homerische Rhodos (§ 6) und wahrscheinlich auch dessen vorgeschichte (§ 7-8) stammen aus Apollodors Schiffskatalog. Diese §§ 6-8 sind im kommentar zu Zenon no. 523 ausgewertet, der zeit und folge der griechischen besiedlung von Rhodos z.t. anders sieht, und bei dem die diskussion über die Dorier fehlt (was schuld des exzerptors sein kann, aber nicht zu sein braucht). Nicht mehr Apollodor ist m.e. die rhodische kolonisation in § 10 [11]), die inhaltlich nach einem ἐγκώμιον Ῥόδου aussieht. Sie wird neu eingeführt (offenbar weil Strabon die historisch gesicherte kolonisation [12]) fortschnitt); macht vom Schiffskatalog einen anderen gebrauch; und enthält in sehr knapper form einige (wohl durchweg bestrittene) gründungen im Westen, wobei besonders gewagte behauptungen durch berufung auf τινές gedeckt werden (was in ein enkomion so gut passt wie das Pindarzitat und nicht Apollodor zu sein braucht). Wer diese τινές sind lässt sich nicht ausmachen: Dionysios der Kyklograph [13]) ist denkbar, Timaios [14]) sehr fraglich; aber es gibt verstreute nachrichten, die im widerspruch zur Ilias Tlepolemos in diese kolonisation hineinziehen und letztlich doch wohl rhodische ansprüche (oder erfindungen) reflektieren [15]). Man wird am ehesten an bücher über κτίσεις als vermittler denken. § 11 kehrt Strabon zum Periplus zurück, wo dann Kamiros und das 'dorf' Ialysos schlechter wegkommen als Lindos, dessen Athenatempel erwähnt wird, was nach den inschriften und den zeugnissen des Mucianus bei Plinius begreiflich ist. Aber Strabon hat auch hier gekürzt. (4) Die genealogie der eponyme Rhodos, die bei Hellanikos 4 F 137 und Bibl. 1, 28 'Ρόδη heisst [16]), ist schwerlich älter als Pindar [17]); denn die Okeanine 'Ρόδεια — mit der bemerkenswerten variante 'Πόεια in *Hymn. Hom. Cer.* 419, der daneben noch eine 'Ροδόπη hat — ist (nach der umgebung zu urteilen) für Hesiod *Th.* 351 nicht vertreterin der insel. Pindar *Ol.* 7, 13 nennt die ποντία 'Ρόδος 'tochter Aphrodites und braut des Helios'; man kann die worte nicht anders verstehen; unsere scholien haben dem Asklepiades, der das elternpaar Aphrodite ∾ Helios herauslas, mit recht widersprochen. Aber es liegt im wesen der griechischen genealogie und mythographie, dass sie einen vater hinzuerfindet, wie in anderen und häufigeren fällen die in alten genealogieen oft fehlenden mütter [18]). Es ist natürlich dass das ein gott des meeres ist; und Pindars bedeutung ist in der mythographie nicht gross genug, um zu verhindern dass man dann auch Aphrodite durch eine der gewöhnlichen göttinnen des meeres ersetzte, vielleicht indem man Hesiods Rhodeia hineinzog. So nannte Epimenides, doch wohl der angebliche verfasser eines buches über Rhodos, den vater Okeanos; ob er eine mutter gab ist zweifelhaft. Herodor [19]) behielt Aphrodite bei und fügte den vater Poseidon hinzu; es ist wohl ein schritt weiter dass die theogonie der Bibliothek als eltern von Triton und Rhode, ἣν Ἥλιος ἔγημεν (ein ganz passendes geschwisterpaar) das gewöhnliche paar Poseidon ∾ Amphitrite gibt. Das kennen auch die Pindarscholien, leider ohne den gewährsmann zu nennen; es ist aber kaum Hellanikos, der die Rhode vermutlich tochter des Asopos genannt und damit in einen der grossen stammbäume eingereiht hat. Dagegen hat die rhodische überlieferung — für uns nur durch Zenon 523 F 1 c. 55/6 repraesentiert, der sie nicht erfunden hat, vielmehr eine ältere konstruktion (des 4. jhdts?) durch seine rationalistische erklärung ersetzt — die eponyme in einen lokalen stammbaum gebracht: Poseidon (pflegesohn der Telchinen und einer Okeanostochter) ∾ Halia (schwester der Telchinen, die das meer im namen trägt) — sechs söhne und Tochter Rhodos ∾ Helios — die sieben Heliaden. Aphrodite ist auch hier nicht mehr mutter, aber handelnde person im mythos vom untergang der Poseidonsöhne. Ob hinter diesem eine wirkliche tradition steckt sehen wir nicht mehr; aber die stammbäume sind alle jung, d.h. nicht älter als das 4. jhdt. (5) Aition für einen rhodischen kult der Helena, von dem wir nichts näheres wissen, dessen existenz aber nicht bezweifelt werden darf [20]). Die kultlegende kennen (mit varianten im einzelnen) Ptolemaios Chennos [21]) und Polyaen, dessen vorlage klärlich versucht sie mit der allgemein griechischen tradition über Helenas schicksal nach dem Trojanischen Krieg auszugleichen, wobei sie ihren echten sinn verliert [22]). Nicht unmöglich, dass in der *Bibliothek* eine andere version vorliegt, die statt der Helena eine Artemis Apanchomene hat [23]). Die rhodische tradition erzählte offenbar viel mehr von den schicksalen des Tlepolemos als das wenige was wir zufällig kennen: abgesehen von seiner verflechtung in die kolonisationsgeschichte des Westens [24]) hören wir von tempel und grab in Rhodos [25]) und von der stiftung eines agons zu seinen ehren durch die untröstliche gattin, was sich leicht vor Pausanias' erzählung einordnet [26]). Die letztere überlieferung sagt nicht ausdrücklich dass Polyxo in Rhodos regiert, steht also nicht in widerspruch zu Zenon 523 F 1 c. 59, 6.   **(6)** Unsicher ob aus Mucianus, der in Lindos den panzer des Amasis gesehen hat [27]). Da Timachidas 532 § 11 Helena ψελίων ζεῦγος weihen lässt, ist der schluss auf spätere wiederherstellung wenigstens eines teiles der im 4. jhdt verbrannten weihgeschenke nicht sicher [28]); es kann sich um literarische erfindung handeln, und Plinius' autor beruft sich auf die literatur [29]). Die tradition von weihungen des Menelaos, der Helena, und des Kanopos auf der fahrt nach oder von Ägypten [30]) verträgt sich zur not mit Pausanias' fassung des aitions F 5, nicht mit ihrer umgestaltung bei dem (den) autor(en) von Ptolemaios und Polyaen.   **(7)** Das krähenlied hat so gut wie das schwalbenlied 526 F 1, dem es nach Phoenix' versen sehr ähnlich war, in einem rhodischen buch gestanden. Da Athenaios affektiert den titel vergessen zu haben, war das weder Theognis' Περὶ τῶν ἐν Ῥ. θυσιῶν noch die Κορωνισταί des unbekannten Hagnokles [31]). Zur sache s. Gossen-Steier *RE* XI col. 1563, und zu dem hochzeitsspruch ἐκκόρει κόρει κορώνας (oder wie immer er lautete), den auch Gossen hierher zieht, zuletzt Güngerich *Herm.* 65, 1930, p. 238. **(8)** Die legende stammt am ehesten aus einem exkurse Gorgons [32]). Pindar *Ol.* 7, 20 ff. kennt sie nicht, und Pausan. 6, 7, 3 ist mehr an der angeblichen abkunft mütterlicherseits von dem Messenier Aristomenes interessiert [33]).   **(9)** Über die benutzung des rhodischen archivs durch Polybios s. A. Schulte *De rat. quae intercedit inter Pol. et tab. pub.*, diss. Halens. 1909 p. 16; 35 ff.; Ullrich *op. cit.* p. 10; 17; 73. Es ist zweifelhaft ob er in Rhodos gewesen ist und die urkunden selbst eingesehen hat. Die erwähnung von Theophiliskos' brief über die schlacht bei Chios 16, 9, 1 stammt aus der rhodischen vorlage.   **(11)** Die knappe κτίσις der rhodischen Chersonnes cc. 60/1 läuft auf Rhodos aus und stimmt mit Zenon 523 F 1 c. 57, 6 im gründer Triopas. Aber der komplizierte weg der gründung, der Triopas nach Thessalien zurückbringt und ihn durch die geschichte von der zerstörung des haines der Demeter [34]) von da wieder entfernt, und die anonymen zitate beweisen dass Zenon nicht weiter der ausgeschriebene autor ist, sondern ein gelehrter perieget oder ein buch Περὶ νήσων [35]). Dann kann der zweite teil, die geschichte des heiligtums der Hemithea in Kastabos (Kattabos) cc. 62/3, aus dem gleichen autor stammen, der die von hellenistischen dichtern mehrfach behandelte überlieferung [36]) bei seite schiebt und die tempellegende, den ἱερὸς λόγος, nacherzählt. Er gibt also gerade das was wir bei Timachidas vermissten [37]), berührt sich aber mit ihm (bezw. der auch ihm bekannten religiösen literatur) in der hervorhebung der ἐπιφάνειαι [38]) und ἀναθήματα [39]), von denen auch er eine liste mindestens der bedeutendsten gegeben haben wird.

LXIV. SAMOS

Die samische chronik geniesst den ruf besonders hohen alters; d.h. man glaubt hier vielfach sicher zu sein dass vor dem beginn einer lokalen literatur — die man unter keinen umständen über die zweite hälfte des 5. jhdts (zeit des Hellanikos) hinaufdatieren kann [1]) — eine offizielle chronikführung (im anschluss an die beamtenliste?) bestanden hat. Ich habe dieses vorurteil an anderer stelle zu widerlegen gesucht [2]): es beruht für Samos (um hier von der allgemeinen frage nach ursprung und alter der Lokalchronik abzusehen) hauptsächlich auf falscher beurteilung der reichen nachrichten Herodots, der seine zweite heimat in einem eigenen λόγος behandelt hat [3]). Prüft man dessen inhalt, so ist m.e. offensichtlich dass seine kenntnis der samischen geschichte nicht über die zeit des Polykrates zurückreicht [4]); dass er sie aus dem munde der mit- und nachlebenden, der väter und grossväter seiner eigenen generation, aufgenommen hat; dass sie sich in keiner weise von dem material unterscheidet, das er in Athen über die tyrannis und in Sparta über die königsgeschichte des 6. jhdts gesammelt hat [5]); und dass er diese, in den einzelheiten sich naturgemäss vielfach widersprechende, mündliche tradition in Sparta (und auch an anderen orten) nachgeprüft hat [6]). Es ändert nichts dass Samos vor beginn der historischen literatur im epos eine grössere rolle gespielt zu haben scheint als etwa Rhodos, weil es in die Argonautensage gezogen ist [7]) und (wahrscheinlich im 6. jhdt) einen eigenen epiker Asios besitzt, dessen produktion zwar nicht sehr kenntlich ist, der aber über seine heimat mehr gegeben hat, als was Pausanias für die urzeit aus ihm beibringt [8]). Auch eine Κτίσις Σάμου in elegischem mass wäre für das 6. jhdt nicht ausgeschlossen; aber die Ἀρχαιολογία Σαμίων, die unter dem namen des Semonides lief [8a]), scheint sich speziell auf die kolonisation von Amorgos bezogen zu haben; der titel ist sicher spät und deckt vielleicht nicht mehr als eine elegie etwa vom umfang von Tyrtaios' *Eunomia* oder Solons *Salamis*. Nur auf unsicherer und m.e. unwahrscheinlicher konjektur beruhen die Σαμιακά des älteren Choirilos, die zudem schon in die zeit der beginnenden historischen schriftstellerei fallen würden [9]). Wie immer es um die poetische literatur steht, auch für Samos sieht die tradition nicht anders aus als für die altionische geschichte überhaupt, die 'für den historiker fast verloren ist' [10]); ja wir wissen von Samos aus der archaischen zeit noch weniger als etwa von Ephesos und Milet, während die mythische tradition mehr und stärkere differenzen zeigt als für diese städte. Das kann daran liegen dass sie früher und häufiger behandelt ist: die samische lokalliteratur in chronikform ist nicht nur sehr reich, sondern setzt auch früh, wenn auch kaum exzeptionell früh [11]), ein. Ich möchte nicht mehr so sicher [12]) behaupten dass Thukydides neben einer chronik von Lampsakos auch eine von Samos benutzt hat; aber zeitlich ist es möglich, da Euagon wohl wirklich schon im 5. jhdt geschrieben hat. Ob das gleiche für Aethlios gilt ist zweifelhaft: Dionys nennt ihn nicht; dass er ionisch geschrieben hat und vielleicht von Kallimachos benutzt ist, der viel über Samos weiss [13]), gibt nur einen unsicheren *t. ante*; er braucht nicht älter zu sein als der erste einheimische horograph von Theben [14]) oder der erste verfasser von Megarika [15]). Jedenfalls folgt auf Euagon eine lange reihe von horographen — man hat (was wirklich singulär erscheint) in Samos an dem alten titel so festgehalten [16]) dass noch der fremde rhetor Potamon in Tiberius' zeit ihn verwendet —, die wenigstens z.t. ins 3. jhdt gehören, sonst leider meist so schattenhaft sind wie die verfasser der Χρονικαὶ συντάξεις über Rhodos. Nur Duris, der auch in die Grosse Geschichte gehört und (wie der Rhodier Zenon) im politischen leben stand, ist fassbar: seine Ὧροι, die mindestens 2 (aber sicher keine 12) bücher umfassten, waren vermutlich sehr tendenziös und nicht frei von willkürlichkeiten und selbst fälschungen (er hat bei Theophrast schwerlich grossen respekt vor der historischen überlieferung gelernt), aber gelehrt, keineswegs eng auf Samos beschränkt, und schon wegen ihrer interessen für kultur und geistesgeschichte wertvoll. Man wird den reichtum der lokalen literatur wohl wie für Rhodos aus den politischen schicksalen der insel erklären, die seit 322 wieder autonom war,

aber auch im 4. jhdt verhältnismässig reiche spuren in der Atthis hinterlassen hat; man kann sehr wohl an eine antiathenische literatur der vertriebenen denken. Übrigens ist keineswegs gesagt dass wir alles kennen: wir dürfen das nach der erfahrung mit Rhodos nirgends mehr erwarten,
5 und faktisch haben die steine uns bereits drei neue namen von samischen autoren geliefert — Uliades, Leon und den späten Xenophon. In Diodors Inselbuch fehlt ein abschnitt über Samos.

535. EUAGON VON SAMOS

Gilt vermutlich mit recht als der älteste chronist von Samos, und wird
10 als solcher von den Prienensern neben Duris und anderen historikern des 3. jhdts zitiert worden sein. Vorher haben ihn (Thukydides und?) Aristoteles (aber nicht Herodot) benutzt, sodass er ganz wohl in das letzte drittel des 5. jhdts gehören kann [1]). Den echten namen hat erst die inschrift F 3 geliefert; Εὐγαίων, von Herodian [2]) notiert und in byzan-
15 tinischen handschriften weiter zu Εὐγέων und Εὐταίων verschrieben, ist leichte korruptel [3]). In unserer überlieferung über Samos mag noch manches (wie auch das anonyme zitat 544 F 1) auf den offenbar länger gelesenen E. zurückgehen [4]).

F

20 (1) Aristot.-Herakl. *Pol.* 10, 1 Σάμον τὸ μὲν ἐξ ἀρχῆς ἐρήμην οὖσαν λέγεται κατέχειν πλῆθος θηρίων μεγάλην φωνὴν ἀφιέντων· ἐκαλοῦντο δὲ τὰ θηρία νηῖδες, ἡ δὲ νῆσος Παρθενία, ὕστερον δὲ Δρύουσα [5]). Aelian. *N. A.* 17, 28 (Apostol. *Prov.* 9, 51) Εὐφορίων δὲ ἐν τοῖς Ὑπομνήμασι (F 48 Scheidw) λέγει τὴν Σάμον ἐν τοῖς παλαιτάτοις χρόνοις ἐρήμην γενέσθαι·
25 φανῆναι γὰρ ἐν αὐτῆι θηρία μεγέθει μὲν μέγιστα, ἄγρια δὲ καὶ προσπελάσαι τῶι δεινά, καλεῖσθαί γε μὴν νηάδας, ἅπερ οὖν καὶ μόνηι τῆι βοῆι ῥηγνύναι τὴν γῆν. παροιμίαν οὖν ἐν τῆι Σάμωι διαρρεῖν τὴν λέγουσαν 'μεῖζον βοᾶι τῶν νηάδων'. ὀστᾶ δὲ ἔτι καὶ νῦν αὐτῶν δείκνυσθαι μεγάλα ὁ αὐτός φησιν [6]). E. liegt auch zu grunde bei (1) Dionys. Hal. *De Thuc.* 6 ἔπειτα κατὰ τὸ
30 μηδὲν αὐτῆι μυθῶδες προσάψαι (*scil.* τὸν Θουκυδίδην) μηδ' εἰς ἀπάτην καὶ γοητείαν τῶν πολλῶν ἐκτρέψαι τὴν γραφήν, ὡς οἱ πρὸ αὐτοῦ πάντες ἐποίησαν, Λαμίας τινὰς ἱστοροῦντες ἐν ὕλαις καὶ νάπαις ἐκ γῆς ἀνιεμένας καὶ ναίδας ἀμφιβίους ἐκ Ταρτάρων ἐξιούσας καὶ διὰ πελάγους νηχομένας κτλ.; (2) Plutarch. *Aet. Gr.* 56 p. 303 DE = 545 F 6. (2) Der vater Meles
35 zieht die mutter Kretheis nach sich [7]), und dann hat E. nicht die geburt Homers für Samos beansprucht, was auch keine der späteren quellen

tut ⁸). Ob er in Meles noch den flussgott sah steht dahin; Asios tat es nicht, wenn seine distichen ⁹) (wie doch wahrscheinlich ist) auf die hochzeit von Homers vater gehen. Aus der angabe der eltern erschliessen wir ausführliche behandlung von Homers leben, wie sie sich in vielen lokalchroniken findet. Aber es ist nicht zu erraten was E. auch nur über sein verhältnis zu Samos sagte. Für einen autor des 5. jhdts liegt erwähnung des Kreophylos nahe, dessen samische heimat dann E. vielleicht als erster behauptet hat ¹⁰); aber samische tradition steckt auch in der *Vit. Hom. Herodt.* 29 ff., wenn Homer das gedicht für die εἰρεσιώνη der samischen kinder dichtet ¹¹), ehe er nach Ios geht um dort zu sterben. (3) Wilamowitz *Sb. Berlin* 1906 = *Kl. Schr.* V 1 p. 128 ff. (4) Die änderung von Εὐγείτων in Εὐαίων (= Εὐάγων) ist nicht sehr sicher ¹²); aber wir kennen keinen schriftsteller Eugeiton. Thraker (warum gerade aus Mesambria ist nicht zu sagen) ist Aisopos auch bei Aristoteles ¹³), der E. benutzt hat. Herodot kennt aus samischer und delphischer überlieferung seinen samischen herrn Iadmon und nennt seine mitsklavin Rhodopis γενεὴν ἀπὸ Θρᾴκης, lässt aber Aisops eigene heimat unbestimmt. Dass Herodot von E. abhängt ¹⁴) ist unglaublich; denkbar, aber nicht zu beweisen, dass erst E. auf grund von Herodots unklarer ausdrucksweise Aisopos für Samos annektiert hat, was dann die zeit des chronisten genauer bestimmen würde. Was er weiter von Aisop erzählt hat, ist so wenig zu sagen wie bei Homer ¹⁵): wir können Aristoteles nicht einfach gleich E. setzen, weil schon Herodot die legende (das volksbuch? ¹⁶)) kennt.

536. AETHLIOS VON SAMOS

Über die zeit s. p. 456, 21 ff. Bei einem horographen des 5. jhdts würde der umfang von mindestens 5 büchern befremden. Da die echtheit bezweifelt wurde ¹), kann man fragen ob das buch in hellenistischer zeit erweiternd bearbeitet worden ist, wie z.b. die *Lydiaka* des Xanthos ²). Das mag dann der grund sein weshalb es unter den samischen autoren im rhodischen schiedsspruch von c. 200 v. Chr. fehlt: die Prienenser hatten genug andere samische chroniken, die zu ihren gunsten sprachen. Da Herodian A. wegen des dialekts exzerpiert hat ³), wird man ihm 544 F 2-3 zuweisen.

F

(1) Es liegt kein grund vor ἐγένετο zu ändern: A. sprach (wie in F 3) von einem bestimmten jahr. (3) Die anfertigung des alten hölzernen

kultbildes [4]) hat A. unter dem 'archon' Prokles verzeichnet, den Kallimachos könig nennt [5]). Über das Heraion, die kultstatue(n), und die weihgeschenke müssen alle Horoi, nicht nur die periegetischen bücher des Menodotos und Leon (?), mehr oder weniger ausführlich gesprochen haben; und wir haben eine reihe nachrichten, darunter Kallimachos, der mindestens éinen samischen autor benutzt hat. Trotzdem ist unsere kenntnis unvollständig und nicht in allen einzelheiten klar; sicher nur insoweit als die angeblich so alte samische tradition in diesen dingen so wenig einheitlich ist wie sie es an anderen orten war. Selbst der künstler des holzbildes trägt bei Olympichos einen anderen namen als bei Kallimachos [6]). Die tatsachen sind: dass Euagons zeugnis überhaupt fehlt; dass A. den verfertiger des holzbildes nicht nennt, und das kurze zitat aus Olympichos 537 F 1 nichts von dem brettidol sagt, das ihm vorausging; dass Pausanias' autor (nach der gewöhnlichen, aber unbegründeten annahme, Olympichos) von einem solchen brettidol nichts zu wissen scheint [7]), und dass Menodots zeugnis [8]) ein solches ausschliesst. Es ist daher zwar wahrscheinlich, aber nicht zu beweisen, dass Kallimachos dem A. folgt; und ebenso wenig dass das was A. gab 'die älteste tradition' ist. Ganz fehlen direkte samische parallelen für den zweiten abschnitt, in dem Kallimachos von dem späteren kultbild sprach [9]).

537. OLYMPICHOS   538. ULIADES

Sicher nur der *t. ante* ca. 200 v. Chr., da die vier samischen schriftsteller im rhodischen schiedsspruch in verschiedener folge aufgezählt werden [1]). Mir ist das 3. jhdt wahrscheinlicher als das 4., weil man auch in jenem samische bücher erwartet, und weil die Prienenser doch wohl auch moderne autoren angeführt haben werden, um zu beweisen dass die überlieferung im ganzen umfang zu ihren gunsten sprach.

F

(**537 F 1**) S. zu 536 F 3.

539. ALEXIS VON SAMOS

Zeit unbestimmbar. Dass A. im rhodischen schiedsspruch fehlt beweist nicht für nachalexandrinische zeit, die aber an sich denkbar ist [1]). F 1 zeigt dass er die historische periode berücksichtigt hat; aber die stellung im 2. buch ist nur möglich, wenn A. bei irgend einer gelegenheit die hauptkulte der insel ²) zusammenfassend behandelt hat; solche die chronologische ordnung durchbrechenden exkurse sind auch in der Atthis nicht ohne beispiel; aber auf die eingangsworte von Athenaios' exzerpten ist nie verlass. Wenn die vermutung zutrifft (die änderung in τετάρτωι ist leicht) enthielt buch I die urgeschichte, II die archaische (mit einer art periegese), III (und folgende?) die historische zeit etwa von Polykrates an. Den Ἄλεξις περὶ αὐταρκείας Athen. 10, 13 p. 418 E hat Meineke längst richtig in Ἀλεξῖνος verbessert.

F

(1) Zweifelhaft, ob ἐν καλάμοις oder ἐν Καλάμοις, dem hafen der hauptstadt, in dem die griechische flotte auch 479 landet ³). Die göttin ist verschieden von der Δεξικρέοντος Ἀφροδίτη ⁴), deren lage wir nicht kennen.   (2) Ausdehnung des exzerpts unsicher. Wenn ἐκ πάντων noch A. gehört, hat er das andenken des Polykrates (über den ja selbst Herodot nicht ganz ungünstig urteilt) gegen den moralisten Klearch verteidigt, der den topos über samische τρυφή mit lokalem material ausgearbeitet hat.

540. LEON VON SAMOS   540a. XENOPHON <VON SAMOS>

No. 540 ist 'deckplatte einer statuenbasis' ¹). Das in gedanken nicht originelle und im ausdruck nicht sehr gewandte epigramm lässt keine sichere entscheidung zu, ob L. Σαμιακά (Σαμίων Ὧροι) oder (wahrscheinlicher) ein buch über das Heraion geschrieben hat, das ihn in die nähe Menodots rückt ²), aber weder so umfassend noch so gelehrt gewesen zu sein scheint; es war wohl, wie das epigramm, eine patriotische dutzendleistung, die den nachdruck auf die weihungen aus kriegstaten legte ³) — ganz passend in einer zeit, in der von neuen taten keine rede mehr sein konnte. Wir kennen solche bücher aus Delphi ⁴), Rhodos ⁵), Kastabos ⁶); und sie waren sicher häufiger. Eine geschichte des tempels — wenn man eine solche aus ὑμνήσας Ἥραν αὐτόχθονα ⁷) erschliessen darf (was keineswegs sicher ist) — etwa mit den epiphanieen der göttin ⁸) wäre dafür eine passende einleitung. Über Xenophon ⁹) lässt sich nichts weiter sagen als dass auch er offenbar über Samos oder die Hera geschrieben hat; er ist der späteste der uns bekannten lokalen autoren.

541. MENODOTOS VON SAMOS

Wenn identisch mit M. von Perinth (das als pflanzstadt von Samos gilt [1]), der um 200 v. Chr. *Hellenika* schrieb [2]), wäre die zeit bestimmt, und M. wäre älter als Leon. Aus den fragmenten lässt sich nichts näheres gewin-
5 nen: das zitat des Nikainetos [3]) in F 1 § 14 ist m.e. nicht M., wie gemeinhin angenommen, sondern zusatz des Athenaios [4]); und dasselbe gilt für den komiker Antiphanes in F 2. Auch aus F 1 § 15 lernen wir nichts für das zeitliche verhältnis von M. und Phylarch (der im letzten drittel des 3. jhdts schrieb), sondern nur für herkunft und alter der von beiden
10 aufgenommenen tradition. Der elaborate anspruch des mitunterredners Demokritos, dass er das buch als erster für die lösung des ζήτημα im Anakreontext (dem auch Aristarch ausgewichen war) herangezogen und dass Hephaistion ihn bestohlen habe [5]), beweist sicher nur dass es nicht der kaiserzeit angehört, weniger sicher dass sein autor älter war als
15 Aristarch. Geschrieben hat M. über Samos ein periegetisches buch, als dessen titel Athenaios ausdrücklich Τῶν κατὰ τὴν Σάμον ἐνδόξων ἀναγραφή angibt [6]). Dass er daneben noch eine sonderschrift Περὶ τῶν κατὰ τὸ ἱερὸν τῆς Σαμίας Ἥρας [7]) verfasst hat ist wenig wahrscheinlich, da die Ἀναγραφή ausführlich über das Heraion gehandelt hat.

20   F

(1) Der passus des Athenaios, in dem das M.-zitat steht, wird m.e. gewöhnlich falsch analysiert. Der perieget hat nicht Anakreon interpretiert — den er in diesem zusammenhang wahrscheinlich so wenig zitiert hat wie Phylarch [8]) — sondern er hat das aition des samischen
25 Herafestes Tonaia [9]) erzählt. Da die geschichte 'mit einigen verschiedenheiten' auch bei (dem vermutlich etwas älteren) Phylarch stand, sind beide von älteren samischen Ὅροι abhängig, die sich nicht benennen lassen. An der raren geschichte [10]) ist das wertvollste dass sie in vorgriechischer zeit spielt: das heiligtum, das ausdrücklich 'das jetzt noch vorhandene'
30 heisst [11]), ist von den Lelegern gegründet und befindet sich zur zeit von Admetes ankunft in der hand der Karer [12]), die denn auch nicht den delphischen gott, sondern einen karischen Apollon [13]) wegen der sühnung befragen. Es handelt sich also ersichtlich um einen vorgriechischen kult und eine vorgriechische göttin [14]). Ich lasse dahingestellt ob man das
35 aition mit der samischen tradition von der geburt des Hera auf Samos [15]) zusammenbringen darf, und ob es nicht von vornherein die heute herrschende beziehung auf den ἱερὸς γάμος von Zeus und Hera erledigt: es ist anerkannt, dass M.s bericht 'wenig' (oder vielmehr nichts) 'enthält

was auf eine solche deutet'; den zugehörigen vorgriechischen Zeus muss man erst erfinden. Aber die tempeltradition dass die göttin der Tonaia einheimisch, und ihr idol — das nicht als σανίς [16]) geschildert wird — von den kolonisten vorgefunden (nicht von ihnen oder den Argonauten aus Argos mitgebracht) ist, wird man nicht leicht bestreiten können [17]). Mit dieser alten tradition hat M.s samische quelle (man denkt unwillkürlich an Euagon, ohne es beweisen zu können [18])) die gemeingriechische, in Samos nicht restlos anerkannte [19]) geschichte zu verbinden gesucht, nach der die samische Hera — zunächst als σανίς, dann bei der ionischen kolonisation zum ξόανον umgestaltet — aus ihrer eigentlichen und alleinigen heimat, der Argolis, gekommen ist. Das geschieht durch einführung der Eurystheustochter Admete, die vor ihrem vater nach Samos flieht. Das macht grosse schwierigkeiten: wir kennen Admete als priesterin der argivischen Hera [20]). Es wäre also in ordnung dass diese göttin ihr zur flucht verhilft, und zur not auch dass sie ihr dann in Samos erscheint [21]) — denn natürlich identifiziert der späte M. die göttinnen von Samos und Argos; aber die überlieferung lässt sie 58 jahre in Argos amtieren, und nichts deutet auf einen gegensatz zwischen ihr und Eurystheus [22]). Andrerseits spielt sie auf Samos keine weitere rolle als dass sie priesterin der dortigen göttin wird [23]) — etwa wie Iphigenie bei den Taurern. Selbst das wird nicht ausdrücklich gesagt, ist aber aus dem ἐπιμεληθῆναι τοῦ ἱεροῦ zu erschliessen, und daraus dass ihr die sorge für das idol anvertraut ist (wieder wie Iphigenie). Aber es steht nichts davon da, und ist auch durch den wortlaut ausgeschlossen, dass sie das idol mitgebracht hat — wie denn die geschichte lange vor der landung der Argonauten und der ionischen besiedlung spielt. Die kontamination ist vollkommen deutlich, und fraglich allein ob hinter Admetes flucht eine uns unbekannte geschichte steckt, oder ob sie (wie ich glaube) erfindung der alten samischen horographen [24]) (unter benutzung der schon Herodot 4, 103 bekannten Iphigeniegeschichte?) ist.   (2) Varro *De r. r.* 3, 6, 2; Gellius *N. A.* 6, 16, 5; vgl. auch Theophrast-Plin. *N.H.* 10, 79. Dass Samos heimat des pfaus ist war vielleicht tempellegende; aber nach Hellas mag er von dort aus verbreitet sein [25]). Auf münzen erscheint er spät (etwa von ca. 205, d.h. M.s zeit, an), und noch später in verbindung mit Hera [26]). Über die μελεαγρίδες s. zu 455 F 1; 490 F 1. (3—4) Wenn F 3 dem Samier M. gehört, so gibt es einen *t. ante* für den sonst unbekannten athenischen maler [27]), von dem es dann ein bild im Heraion gegeben haben mag [28]). Der F 4 zitierte ist wohl eher der § 116 erwähnte M. ὁ Νικομηδεύς, ἰατρὸς ἐμπειρικός, der über die geschichte seiner schule geschrieben haben wird [29]).

542. THEODOROS

Nicht identisch mit Theodoros von Phokaia [1]). Wenn der zweite baumeister des Heratempels 'in die zeit des Kroisos' gehört [2]) kann das buch wirklich nicht gut von ihm stammen. Möglich wäre es nur, wenn man den tempelbrand erst um 517 v. Chr. ansetzt und 'im 5. jhdt noch eine längere bauzeit' annimmt, was Wiegand früher tat [3]). *Dorica* scheint ein irrtum Vitruvs: 'der bau war ein ionischer dipteros'.

543. AINEIAS

Die verschiedenen änderungen des namens (in Deinias, Alexis, Eugaion) sind überflüssig. Der autor, dessen name im text des Photios ausgefallen ist [1]), gehört zu den erfindungen des Ptolemaios Chennos. Es hat kaum sinn zu fragen ob dieser unter den gleichen namen gestellt hat was Photios' exzerpt von dem Samier Eupompos und seinem sohn Drakon erzählte [2]).

544. ANONYME ΩΡΟΙ

(1) Herakleid. *Pol.* 10, 3 ὅτι ἐν τοῖς Σαμίοις ἐφάνη λευκὴ χελιδών, οὐκ ἐλάττων πέρδικος [1]). Aelian. *N.A.* 10, 34 ὤφθησάν ποτε καὶ χελιδόνες λευκαί, ὥς 'Αλέξανδρος ὁ Μύνδιός φησιν [2]). Ders. 17, 20 verbindet mit der chroniknotiz aus der Σαμίων πολιτεία [3]) eine auch von Aristot *H.A.* 6, 5 p. 563 a 13 ff. notierte fabelei über die jungen der schwalbe. Die chroniknotiz scheint datiert gewesen zu sein wie das von Aethlios 536 F 1 notierte faktum, und dann steckt (wie bei ähnlichen prodigien) eine geschichte dahinter, die uns entgeht [4]); denn der text ist so verdorben dass man in ἡρόστρατον weder die Hera noch den samischen platz Erasistration auf dem festland [5]) mit irgend einer sicherheit finden kann. Aristoteles' quelle wird Euagon gewesen sein, den er ganz wohl anonym zitiert haben kann. (2—3) Wahrscheinlich Aethlios; s. zu no. 536. F 3 (nicht sicher hergestellt oder unvollständig) aus historischer erzählung; σύλη ist für Samos durch die weihung des Aiakes [6]) belegt; mehr bei Liddell-Scott s.v. (4) Vgl. Rzach *RE* II A col. 2087, 45 ff.; zu 241 F 26; 422 F 1 n. 16.

545. ANHANG

(1) Für die urgeschichte von Samos (§ 1) zitiert Pausanias (schwerlich aus erster hand) den dichter Asios [1]), der mit der historischen tradition (der allgemeinen wie der lokalen) insoweit stimmt als er die urbevölkerung Leleger nennt, denen die Karer gefolgt sein mögen [2]). Der stammbaum, den er dem urkönig Ankaios gibt, ist seine erfindung, die die herleitung vom kephallenischen Same [3]) ausschliesst (bewusst, wenn sie zu Asios' zeit schon bestand), im übrigen nur soweit verständlich ist als sie die eponymen der insel und der vorgriechischen stadt [4]) einführt und beiden (halb)göttliche abkunft vindiziert. Wir wissen zu wenig um Asios' arbeit kritisieren zu können [5]), kennen z.b. Lykomedes gar nicht. Aber die namen von Ankaios' söhnen sind dürftig erfunden; die einzige tochter — ein bekannter typus [6]) — kann von der karischen Parthenos (die in Leros Iokallis) hiess und deren kult verbreitet war [7])) heissen, hat aber, wenn sie von Apollon mutter wird, nichts mit der hauptgöttin Hera als Parthenos zu tun. Phoinix, der wegen der tochter Europa doch der Agenorsohn sein muss, verdankt seine spitzenstellung wohl ausschliesslich dem lokalpatriotischen wunsch Samos gleichzeitig mit der gemeingriechischen sage zu verbinden und möglichst hoch hinaufzurücken [8]). Oineus hat mit dem Aetoler vermutlich nicht mehr zu tun als dass auch er den wein in namen führt, hypostase oder vorläufer des Dionysos ist, der auch auf Samos kult geniesst [9]). Für die griechische besiedlung (§ 2-3) benutzt P. eine quelle, die lokale, z.t. recht wertvolle, traditionen der einzelnen ionischen städte und inseln mit dem bekannten athenischen anspruch von der einmaligen besiedlung durch die Kodriden auszugleichen sucht. Das war für Samos nicht leicht, und P. gibt zudem seine quelle recht oberflächlich wieder. Er nennt als führer der kolonisten nur Prokles von Epidauros, der die stadt mit seinem volk vor den Doriern verliess, und hat ihn nach 2, 26, 1-2 jedenfalls über Athen geführt [10]). Er ist γένος ἀπὸ Ἴωνος und insofern der eigentliche besiedler als er auch in der tempellegende des Heraions eine rolle spielt [11]). Aber zum Neliden oder Kodrossohn kann P. ihn so wenig machen wie Strab. 14, 1, 3. Bei diesem geht ihm der Ionier Tembrion [12]) vorauf; bei Themistagoras [13]), der eine samische quelle hat, kommen sie zusammen, einigen sich gütlich [14]) mit den ἐνοικοῦντες Κᾶρες, und richten die phylen Chesia und Astypalaia (ἀπὸ τοῦ παλαιοῦ ἐκεῖσε ὄντος ἄστεος) ein. Dazu passt der grund aus dem Androklos — vielleicht eher als führer der Ionischen Wanderung überhaupt (was er bei Pherekydes 3 F 155 ist) denn als Ἰώνων τῶν ἐς Ἔφεσον πλευσάντων βασιλεύς [15]) — die Samier vertreibt. Hier nennt P.

den führer der auf das festland flüchtenden , d.h. der eigentlichen und späteren Samier; es fehlt der der besiedler von Samothrake, und es liegt nahe die lücke mit Tembrion zu füllen, von dem wir sonst nichts wissen, der aber aus Samos wieder entfernt werden muss. Wenn wir das samische buch hätten, aus dem Plutarch 545 F 5 ausgehoben hat, würden wir genaueres wissen; vermutlich auch warum Androklos erst gegen Prokles' sohn zu felde zieht. Die namen Tembrion und Leogoros sehen historisch aus und werden aus einer der samischen chroniken stammen, gegen die Apollodor polemisiert [16]; nur sind ihre taten willkürlich mit der Ionischen Wanderung verbunden, und sie selbst dementsprechend zu hoch datiert [17]. An die besiedlungsgeschichte der insel schliesst P. die gründungsgeschichte ihres berühmtesten heiligtums (§ 4). Hier hat er die quelle, die wir nicht benennen können, ganz stark gekürzt, weil ihn der exkurs aus der künstlergeschichte mehr interessierte. Die drei fakten, die er gibt — die Argonauten bringen das kultbild der Hera nach Samos [18]); Hera ist in Samos geboren [19]); ihr kultbild ist von Smilis gefertigt [20]) — standen so gut wie sicher alle in samischen chroniken. Aber sie widersprechen sich, und wir werden keine vereinigung versuchen — etwa dass die Argonauten nicht ein ἄγαλμα, sondern die σανίς [21]) mitbrachten; oder dass das lelegische idol [22]) eben diese σανίς war; oder dass für 'die Argonauten' der Argonaut Ankaios einzusetzen ist —, sondern werden die verschiedenheit der tradition, eine reihe von aitiologischen erzählungen (denn auch Smilis scheint eine mythische gestalt) anerkennen. Jedenfalls ist der gegensatz, den P. zwischen anonymen οἱ und Samiern aufstellt, primitiv und gradezu irreführend. Wir haben aus den chroniken nur verstreute und unvollständige nachrichten [23]); aber sie geben die geschichte des idols, von der P. nichts weiss (oder nichts sagt), und für Smilis ein samisches datum statt P.s vagem synchronismus κατὰ Δαίδαλον. Ferner zeigt Menodotos 541 F 1 dass selbst diejenige samische tradition, die das Heraion für vorgriechisch erklärte, also vielleicht auch (es ist das keineswegs sicher) die geburt der göttin in Samos vertrat, die verbindung des kultes mit Argos nicht schlechthin ablehnte, sondern wahrscheinlich mit Admetes ankunft ein zweites kapitel in der geschichte des kultes begann, über das uns das exzerpt aus Menodotos leider nicht genügend unterrichtet. Es ist wohl auch schon angleichung an die gemeingriechische, oder direkt an die argivische, tradition (die eine geburt Heras nicht kannte), wenn für Samos nicht geradezu die geburt, wohl aber die vollziehung der ehe zwischen Zeus und Hera, bezw. eine vorehelicher umgang zwischen ihnen, reklamiert wird [24]) — ein nicht auf Samos beschränkter gedanke, der (hier wie anderwärts) einen samischen hochzeitsbrauch erklärt [25]).

(2) Im folgenden wird ein ποιητής τις παρὰ τοῖς Σαμίοις dafür zitiert dass Pythagoras sohn der Pythais von Apollon ist. Den wert von Iamblichs nachricht hat Wilamowitz überschätzt [26]. Es ist eine tendenziöse geschichte, die den philosophen zum διογενής machen soll; nicht die einzige, aber die frechste [27]. Iamblichs quelle, Apollonios von Tyana, hat sich der ansicht angeschlossen, dass Samos nach Same heisst, wobei der lelegische urkönig der samischen tradition zum ersten griechischen kolonisten wird [28]. Er hat dann sämtliche traditionen, die eine verbindung mit Griechenland beweisen und die barbaren ausschliessen, ohne rücksicht auf die chronologie dadurch vereinigt dass er Ankaios ἄποικοι aus Kephallenia, Arkadien [29]), Thessalien, und ἔποικοι aus Athen [30]), Epidauros [31]), Chalkis [32]) — bemerkenswerter weise nicht aus Argos — mitnehmen lässt. Der angabe von 'details', die uns vielleicht für Samos (wenn auch nicht für Pythagoras) etwas lehren würden, entzieht er sich durch die allgemeinen ausdrücke θεοί, τιμαί, συγγένειαι, σύνοδοι.

(3—7) Dass c. 20 (F 3) bei Aristoteles stand (der nicht direkt benutzt zu sein braucht) beweist nicht für die herkunft des komplexes samischer geschichten in den cc. 54-57 (F 4-7). Sie werden alle aus éinem autor stammen, den F 6 in die zeit nach Alexander verweist; wegen des inhalts und der varianten liegt m.e. Menodot näher als Duris, an den Halliday [33]) denkt.   (3) Wilamowitz Sb. Berlin 1906 = Kl. Schr. V 1 p. 131; Halliday op. cit. p. 107 f. Die vorlage des Aristoteles (Euagon?) war in der lage jahre zu zählen; es ist wirklich ärgerlich dass wir auch hier nicht erfahren wie sie sie bezeichnete.   (4) Dexikreon ist so unbekannt wie die lage des heiligtums [34]). Der name kann aus einer weihinschrift stammen von der art wie wir sie bei Timachidas [35]) (hier freilich zum grossen teil gefälscht) in grösserer zahl aus archaischer zeit finden; denn dass die weihung nicht erst aus dem 4. jhdt stammt zeigen eben die erklärungen. Die erste arbeitet mit dem topos der samischen τρυφή, die sich leicht auf die frauen übertragen liess und dann (vielleicht in erinnerung an die Proitidengeschichte [36])) den katharten erzeugte. Die zweite ist periegetenweisheit, hinter der man nichts besonderes suchen wird — etwa wegen Kypros die orientalische gottheit [37]). Aphrodite als schützerin der seefahrt ist auf den inseln und sonst nicht ganz selten [38]). (5) Man muss auch hier auseinander halten die erklärung des periegeten und das faktum der chronik, mit dem er arbeitet [39]). Zu dem verkürzten bericht aus der chronik (545 F 1 § 3) fügt Plutarch den neuen zug des (delphischen?) orakels. Über den anspruch auf besiedlung von Samothrake, den Apollodor bestritt, s. zu 548 F 5. Als χαριδῶτε διάκτορε redet Hymn. Hom. 18, 12 den Hermes an. Man kann bezweifeln ob es da kultname ist; dieser scheint bisher nur für Samos belegt. Für das fest, zu dem der brauch wahrscheinlich gehört, gibt Halliday *op. cit.* p. 206 parallelen und literatur. (6) Richtig beurteilt von Halliday [40]), der unter verweis auf Nonnos *Dion.* 26, 329 f. die elefanten des (aus Indien zurückkehrenden) Dionysos in den text gesetzt und danach den autor dieser geschichte in die zeit nach Aristoteles (Alexander) verwiesen hat. Er hat die altsamische geschichte von den νηίδες [41]) variiert oder (vielleicht eher) verdoppelt. Von Amazonen auf Samos hören wir sonst nichts; aber von ihrem festländischen besitz heisst Anaia ἀπὸ 'Ἀναίας 'Ἀμαζόνος ἐκεῖ ταφείσης [42]); und andere lokalisierten die homerischen Amazonen περὶ Πύγελα μεταξὺ 'Ἐφέσου καὶ Μαγνησίας καὶ Πριήνης [43]). Die erfindung ist also leicht verständlich, gemacht vielleicht mit besonderer hinsicht auf die besseren ansprüche von Ephesos. Plutarch exzerpiert sehr knapp, sodass das verhältnis von Panaima zu Phloion und die etwaige beziehung auf einen bestimmten Dionysoskult [44]) unklar bleiben. (7) Demoteles (letzter könig oder tyrann?) und krieg sind unbekannt. Aber die erklärung des periegeten erweckt kein zutrauen. Das motiv der mitgenommenen fesseln kehrt im krieg Sparta-Tegea wieder [45]). Geomoren nennt die δυνατοί von Samos noch Thukyd. 8, 21 (nicht 4, 75). (8) App. Prov. BVC 1, 50 [46]) Βάτα Κάρας· ἐπὶ τῶν παχέων λέγεται τοῦτο. τινὲς οὖν ἐνόμισαν ἓν ὄνομα τοῦτο εἶναι καὶ ἐχρήσαντο τῆι παροιμίαι ἐπὶ τῶν παχέων. ἔστι δὲ υἱὸς ὁ Κάρας τοῦ Βάτα, ὡς ἐν τῶι Ἡραίωι τῶι Σαμίωι ἐπιγέγραπται. (9—10) Zu Pausimachos s. Einltg. n. 9. Horos ist keine hypostase der Ὧροι; aber er mag in der samischen Homerlegende [47]) vorgekommen sein.

LXV. SAMOTHRAKE

Die bedeutung von Samothrake beruht im religiösen bereich auf den mysterien, die alte beziehungen zu kleinasiatischen (phrygischen) kulten haben und deren ansehen sich schon im 5. jhdt über die insel hinaus verbreitet zu haben scheint, wenn auch ihre grosse zeit erst nach Alexander beginnt [1]). Ob die tatsache dass Herodot zu den eingeweihten gehörte [2]) aus seinem aufenthalt in Samos und den schon Antiphon [3]) bekannten beziehungen von Samothrake zu Samos zu erklären ist, lasse ich dahingestellt. In der religiösen literatur, wo das material etwas reichlicher ist, knüpft ebenfalls schon Herodot an die Καβείρων ὄργια, τὰ Σαμοθρήϊκες ἐπιτελέουσι, eine spekulation über herkunft und verbreitung des ithyphallischen Hermes [4]); und Stesimbrotos hat, jedenfalls in den Τελεταί, festgestellt ὡς τὰ ἐν Σαμοθράικηι ἱερὰ τοῖς Καβείροις ἐπιτελοῖτο [5]). Das kann scharf interpretiert nur bedeuten dass die identifikation der θεοὶ Σαμόθραικες oder (wie sie in den hellenistischen inschriften heissen) Μεγάλοι θεοί [6]) bestritten war; und die scharfe interpretation ist gerechtfertigt (1) weil Demetrios von Skepsis, der den Stesimbrotos (polemisierend?) anführte, leugnet dass es ἐν Σαμοθράικηι einen μυστικὸς λόγος περὶ Καβείρων gegeben habe — eine für uns nicht leicht verständliche behauptung [7]); aber es ist hier nicht der platz auf die sachfrage einzugehen; (2) weil vor ihm Ephoros (nicht als erster?) die samothrakischen götter mit den phrygischen Daktylen geglichen zu haben scheint [8]). Dann hat die historisch-religiöse spekulation des Hellenismus (Demetrios, Apollodor, Poseidonios) das material gesammelt und das verhältnis der verschiedenen dämonengruppen (Kureten, Korybanten, Kabiren, Daktylen) eingehend diskutiert [9]).

Im historischen bezirk beruht die bedeutung der insel vor allem darauf dass Hellanikos die Zeusgeliebte Elektryone-Elektra zur ahnfrau des troischen (und thebanischen) königshauses gemacht hat und sie und ihre söhne durch gleichung mit samothrakischen gestalten hier lokalisiert hat [10]). Für uns sind Elektryone-Strategis, Dardanos-Polyarkes, Eetion-Iasion in Samothrake nicht nachweisbar, und es ist wieder nicht unsere sache über die grundlage von Hellanikos' kombination zu spekulieren oder die versuche zu rezensieren, die die Kabiren (deren kultnamen bei dem wenig verlässlichen Mnaseas 546 F 1 b ganz anders lauten, übrigens ebenso wenig belegt sind), Kabiro, und Kabiridische nymphen mit ihnen zusammenbringen [11]). Sicher ist aber dass diese kombination für alle späteren die grundlage abgegeben hat, auch wo sie sie im einzelnen mannigfach verändert haben, besonders seit das interesse auch der griechischen schriftsteller sich immer stärker auf das verhältnis zwischen Rom und Troja richtete [12]).

Diese tatsachen spiegeln sich in der literatur über Samothrake wieder, die reichlicher gewesen sein mag als wir wissen [13]). Denn unsere kenntnis ist sehr gering — von Polemon haben wir nur ein zufallszitat; von Demokritos garnichts; von Athenakon, Idomeneus, Kallistratos zusammen vier fragmente, von denen die drei kurzen zu Hellanikos' stammbaum gehören, und das ausführlichere des Kallistratos zwar mit Dardanos, aber wenig mit Samothrake direkt, zu tun hat. Eine chronik wird man für die insel von vorn herein nicht erwarten; es überrascht eigentlich schon dass Aristoteles stoff genug für eine politie hatte, die freilich kurz genug gewesen sein mag [14]). Die hellenistischen bücher mit den titeln Σαμοθραικικά, Περὶ Σαμοθράικης, Ἱστορία τῶν κατὰ Σαμοθράικην enthielten bearbeitungen des von Hellanikos gestalteten mythos und waren periegetischen, teilweise wohl gleichzeitig propagandistischen, charakters. Trotz der starken verkürzung und (der dadurch bedingten) verwirrung wird man sich aus dem exzerpt Diodors [15]), dessen quelle wir nicht kennen, eine gewisse vorstellung von ihnen machen dürfen. Jedenfalls sieht man aus ihm und dem (leider gleichfalls verkürzten und noch stärker verwirrten) Apolloniosscholion [16]) wie Samothrake mehr und mehr griechische heroen annektierte und in verbindung mit den mysterien brachte [17]).

546. ATHENAKON

Die von Herodian in dem bibliographischen zeugnis gebotene namensform 'Αθηνακῶν verteidigten H. Keil und Lehrs durch verweis auf 'Ηρακῶν [1]) gegen Dindorfs, seit *F H G* allgemein akzeptierte, änderung in 'Αθηνικῶν. Aus 'Αθηνακῶν ist 'Αθηναίων der Homerscholien korrumpiert; und wie leicht daraus der gewöhnliche name 'Αθηνίων werden konnte zeigt Eustathios. Dass der komische (und tragische?) dichter Athenion, der an Jubas hof gelebt hat [2]), Σαμόθραικες gedichtet hat genügt nicht zur gleichung mit dem lokalhistoriker [3]). Dessen zeit ist unbestimmbar [4]); doch wird er wegen der benutzung in den Scholien zu Homer und Apollonios noch hellenistisch sein. (1) Ich habe das scholion ganz abgedruckt als rest einer umfänglichen note über Samothrake, die man am besten von dem bericht Diodors 548 F 1 aus versteht. Sie ist durch vermischung verschiedener exzerpte, die jetzt auf zwei lemmata schlecht verteilt sind, in unordnung geraten: zwischen zwei stücken samothrakischer geschichte aus Hellanikos-Idomeneus (p. 531, 6-11) und Aristoteles (p. 531, 25-28), die sich zeitlich teilweise decken und sich jetzt gegenseitig ergänzen, steht der abschnitt über τελετή und Kabiren (p. 531, 13-25). Er beginnt mit der (im sinne der späteren zeit beschränkten) bestimmung der weihen, gibt eine reihe von heroischen μεμυημένοι, die wir aus Diodor und anderen quellen ergänzen können, und schliesst mit der angabe über zahl und namen der Kabiren, die allein mit einem zitat aus Mnaseas belegt ist. An das Mnaseaszitat schliesst sich ein bündel knapper zitate aus benannten und unbenannten autoren — nachträgen oder varianten aus einem anderen gelehrteren exzerpt zu einzelnen punkten. Von ihnen gehört das zitat aus Dionysodoros, der den Kasmilos-Hermes hinzufügt, unmittelbar zu Mnaseas, das aus Athenion ebenso unmittelbar zu Hellanikos-Idomeneus. Unsicher bleibt ob diese beiden ihrerseits den zusammenhang des Mnaseaszitats zerreissen, d.h. ob diesem noch die erklärung des gesamtnamens Κάβειροι p. 531, 23/4 gehört [5]); und weiter ob dem Dionysodoros auch das jetzt anonyme zitat (οἱ δέ p. 531, 24) gehört, das sich offensichtlich auf Theben bezieht [6]). Für den böotischen verfasser von *Hellenika* ist ein längerer exkurs über die Kabiren sehr wohl denkbar. Mit dem zitat aus A. ist garnichts anzufangen. Es gibt nur das allerbanalste — die beiden söhne der Elektra; und bei dem stande der überlieferung wird man nicht einmal schliessen dürfen dass er Harmonia ausschloss, was gerade für einen autor von Σαμοθραικικά wenig wahrscheinlich ist [7]). Er ist auch nicht zitiert, weil in dem zitat aus Hellanikos [8]) der für diesen gesicherte vater Zeus fehlt; das liegt an der verkürzung des ganzen scholions, die auch das abschliessende Aristoteleszitat beschädigt hat.   (2) Zu Pherekydes 3 F 136; Philochoros 328 F 90/1.

547. IDOMENEUS

Für gleichung mit dem Epikureer von Lampsakos [1]) spricht nichts; ein buch über Samothrake [2]), das polemisch gewesen sein müsste [3]), passt nicht in dessen interessenkreis. Den anschluss an Hellanikos wird man sich kaum nach Dieuchidas 485 T 1 vorstellen dürfen, und die zeit bleibt unbestimmt; aber Hellenismus ist wohl wahrscheinlicher als das 4. jhdt v. Chr.

548. ANHANG

(1) Als quellen für den zweiten teil von Diodors Inselbuch kommen — wie die wenigen zitate im kretischen und rhodischen abschnitte zeigen [1]) — lokalgeschichten in betracht, die er meist ziemlich flüchtig und mit beschränkung auf die urzeit exzerpiert hat. Der abschnitt über Samothrake ist die typische, ganz naturgemäss panegyrische, behandlung eines berühmten kultortes, wie Diodor sie (dies die genaueste parallele) auch für die Hemithea von Kastabos auf der rhodischen Chersonnes gibt [2]): eine historische einleitung (c. 47, 1-48, 3), die den nachweis einer ungebrochenen kontinuität der träger des kultes in den mittelpunkt stellt; die begründung der τελεταί und die geschichte ihrer götter (c. 48, 4-49, 4); endlich der nun offen panegyrische abschluss über wesen und bedeutung des kultes, wo die ähnlichkeit mit dem schluss des abschnittes über

Hemithea ³) auf der hand liegt. Diodor hat in beiden fällen die einzelnen ruhmestitel des heiligtums — ἐπιφάνειαι, ἀναθήματα, berühmte besucher — bis auf den rest eines katalogs der heroischen μεμυημένοι — weggestrichen, also gerade das was seiner vorlage das wichtigste war. Benennen und zeitlich bestimmen können wir diese vorlage nicht; sie ist nicht Kallistratos ³ᵃ), aber schwerlich viel älter als dieser. Es darf nicht irre führen dass altes material nachweisbar ist und berührungen mit Demetrios oder Apollodor, die das gleiche material verarbeitet haben: es kann keine rede davon sein dass Diodor Hellanikos, Ephoros, oder die grossen hellenistischen grammatiker selbst eingesehen hat. Auch die anonymen zitate und varianten stammen aus der quelle, die sich c. 47, 3 auf 'die Samothraker' beruft und c. 48, 5 (dies das interessanteste) bei einem für den panegyriker besonders wichtigen punkt gegen das μυθολογεῖν 'der Hellenen' polemisiert ⁴). Gewisse unklarheiten Diodors wird man daraus erklären dass er oder schon seine vorlage eine ausführlichere und gelehrtere darstellung unvernünftig verkürzt hat.   *c. 47*] Wenn Diodor damit beginnt dass die insel 'in alter zeit' Samos geheissen habe und nach der späteren besiedlung der ionischen insel von dieser als 'die thrakische Samos' unterschieden worden sei, so ist wohl nicht absichtslos in diesem von den Homerinterpreten festgestellten faktum der ποιητής ⁵) durch das vage παλαιόν ersetzt worden. Die von den historikern im allgemeinen akzeptierte besiedlung durch (Thraker und) Samier ⁶) soll mindestens als nebensächlich erscheinen; dagegen wird ein umständlicher beweis geführt dass die bewohner der insel autochthonen sind (wie die Athener), d.h. vielleicht an stelle von Herodots Pelasgern treten, die im allgemeinen glauben mehr und mehr aus autochthonen zu wanderern geworden waren. Diese samothrakischen autochthonen überstehen den vordeukalionischen κατακλυσμός ⁷), und ihre sprache ist wenigstens im kult weitgehend erhalten. Kein zweifel dass Diodoros in den späteren Samothrakern (trotzdem die variante 47, 2 zuwanderungen erwähnt) nachkommen der autochthonen sieht, während sie für Herodot 8, 90 wie für Antiphon 548 F 5a Ionier (nachkommen der kolonisierenden Samier) sind. Zu diesen autochthonen gehört Saon, der als samothrakischer Kekrops geschildert wird ⁸), aber (doch wohl wieder absichtlich) nicht eponym der insel ist, sondern umgekehrt nach der insel heisst ⁹); ob auch Elektra, ist aus dem wortlaut von c. 48, 2 nicht klar zu erkennen ¹⁰), während es deutlich ist dass ihre kinder auf der insel geboren sind. In der beschreibung des κατακλυσμός sind wissenschaftliche theorieen benutzt ¹¹). Auch erscheinen hier die 'epichorischen götter' (offenbar als helfer), auf deren altären rings um die ganze insel 'sie jetzt noch

opfern'. Das sieht nicht gerade nach den Kabiren aus, die ihr heiligtum an einem bestimmten platze ausserhalb der stadt haben [12]), übrigens in dieser abhandlung seltsamer weise überhaupt nicht genannt werden, sondern (so scheint es) durch die Korybanten ersetzt sind [13]).   *c. 48, 1*]
5 Der name des kulturheros [14]) ist bei Diodor nicht sicher herzustellen: Σάων, worauf die Hss am ehesten führen, heisst er auch bei dem späten Kritolaos [15]); Σάμων (was schwerlich korruptel ist) bei Dion. Hal. *A.R.* 1, 61, 3; Σάος in den Apolloniosscholien [16]); diese form setzt auch die variante c. 47, 2 voraus, wo Σαόννησος doch wohl Σάου νῆσος ist [17]).
10 Nach ihr ist er offenbar eponym der insel, was die quelle Diodors nicht absichtslos umgedreht hat [18]). Denn die späteren haben mit Saos nichts rechtes anzufangen gewusst: er ist entweder rudiment wie bei Dionys [19]), oder wird benutzt um auf Rom bezügliche erfindungen an ihn zu hängen wie bei Kritolaos [20]). Das alles beweist nicht unbedingt dass er alt ist,
15 macht aber wahrscheinlich dass er durch die Hellanikeische kombination, die Elektra und ihre kinder einführt, in den hintergrund gedrängt ist. Die fortlaufende geschichte der insel vereinigt die gestalten so gut es geht, indem sie den kulturheros vor dem (den) stifter(n) der weihen einordnet. Daher die zwei genealogieen, von denen die zweite offenbar
20 die ältere ist [21]); Zeus, der im kult von Samothrake spät erscheint [22]), ist erst aus der Hellanikosgeschichte übernommen — eine der zahlreichen späten kombinationen. Leider wissen wir von den politischen zuständen der insel zu wenig um die fünfzahl der söhne und phylen beurteilen zu können [23]). Aber die angabe scheint wesentlich, schon weil sie aus der
25 Elektrageschichte nicht erklärbar ist.   *c. 48, 2-49, 4*] Diese 'ausführlichste darstellung der samothrakischen legende' [24]) ist ganz sekundär, spät, und in durchsichtiger tendenz kontaminiert, sodass sie als zeugnis für den kult nur mit grösster vorsicht (wenn überhaupt) benutzt werden darf [25]). Es ist schon bezeichnend dass die μυστηρίων τελετή ein geschenk
30 des Zeus an seinen sohn Iasion ist. Dieser hat mit Samothrake ursprünglich so wenig zu tun wie (wahrscheinlich) Eetion und wird von Hellanikos und der meist von ihm abhängigen überlieferung denn auch sogleich dadurch wieder beseitigt dass er als frevler gegen Demeter durch den blitz des Zeus getötet wird [26]). Dann schenkt Elektra die ἱερά der Grossen
35 Mutter ihrer tochter Harmonia zur hochzeit. Man muss also glauben dass sie sie mit nach Theben nimmt, sodass mindestens das thebanische Kabirion, vielleicht aber (denn Diodor vermeidet den namen der Kabiren wie den der Grossen Götter) die 'orgien' des mutterlandes überhaupt direkt von Samothrake abgeleitet werden. Endlich erzeugt Iasion,
40 (ehedem?) der geliebte Demeters, (nach der hochzeit der Harmonia?)

mit Kybele (von der wir nichts näheres erfahren; aber es ist nicht die göttin) den Korybas. Da Dardanos 'nach Iasions eingang in den h mmel' Kybele und Korybas nach Asien holt, wo jene in neuer ehe mit Olympos 'die göttin Kybele nach sich nennt' [27]), und Korybas τοὺς ἐπὶ τοῖς τοῦ Μητρὸς [28]) ἱεροῖς ἐνθουσιάσαντας Korybanten, so haben auch die asiatischen ὄργια ihren wahren ursprung in Samothrake. Die willkürlichkeiten dieses synkretismus, der von den weihen nur in ganz allgemeinen ausdrücken spricht (was c. 49, 6 nachträglich und in der hauptsache ungenügend begründet), liegen auf der hand. Es ist ein stück samothrakischer propaganda, das — ohne viel rücksicht auf die gelehrten untersuchungen über das verhältnis von Kabiren, Korybanten, Daktylen u.s.w. — so viel wie möglich von den orgiastischen kulten nach Samothrake zieht. Die panegyrische absicht ist deutlich auch in der ausdehnung von Dardanos' reich über 'viele völker Asiens' und Thrakien. Die verkürzung durch Diodor erschwert ein näheres verständnis. Aber vielleicht ist ein vergleich mit Diodors Κρητικά 468 F 1 aufklärend; und jedenfalls kann man sagen dass der unbekannte propagandist den ἱερὸς λόγος (von dem Herodot weiss) mit der von Hellanikos begründeten gemeinhellenischen tradition [29]) zu verschmelzen sucht. Er geht ohne zweifel von dem stammbaum aus, in dem Harmonia tochter des paares Zeus ∾ Elektra ist — wobei er c. 48, 4 ausdrücklich polemisiert gegen die Arestochter bei den autoren, die er vage und mit einer gewissen verschiebung des alten terminus 'die Hellenen' nennt — und macht beide eltern zu den gebern von μυστηρίων τελετή [30]) und ὄργια, über deren verhältnis zu einander wir (durch schuld Diodors?) nichts erfahren. Er zieht dementsprechend die hochzeit von Kadmos und Harmonia, die nach Bibl. 3, 25 ἐν τῆι Καδμείαι gefeiert wird, nach Samothrake [31]), was nicht Hellanikos ist. Denn sowohl nach Ephoros (der in solchen dingen Hellanikos zu folgen pflegt) wie nach Demagoras raubt Kadmos die braut [32]; d.h. die hochzeit wird (wie es die allgemeine sagengeschichte verlangt) erst in Theben vollzogen, dessen könige von dem paare stammen; der samothrakische autor weicht, hier wie beim schicksal Iasions, aus durchsichtigen gründen von der grundlegenden und in sich geschlossenen darstellung des historikers ab. Fraglich bleibt nur ob das auch für Elektras herkunft der fall war, weil c. 48, 2 sich so unklar ausdrückt wie das Hellanikosexzerpt der Apolloniosscholien 546 F· 1 [33]). Bei Hellanikos muss sie als tochter des Atlas aus Arkadien stammen, was nicht ausschliesst dass er die vollziehung der ehe mit Zeus und die geburt der kinder nach Samothrake verlegt hat. Wir sehen da nicht ganz klar, weil Ephoros fehlt. Ohne bedeutung ist dass Demagoras sie (wegen der ver-

setzung des arkadischen Atlas) aus Libyen kommen lässt. Die quelle von Schol. Dion. Perieg. 524 [34]) ist nicht zu bestimmen, und die von Dion. Hal. *A.R.* 1, 61 [35]) legt den nachdruck auf die verbindung Roms mit Arkadien. Eigentümlich (und wohl älter) sind die τινές des Ps.
5 Skymnos 548 F 5 f, die als erste bewohner Samothrakes 'die Troer' [36]) nennen, von denen dann der grösste teil mit Dardanos nach der Troas auswandert, während der rest (der nach der insel nun Thraker genannt wird) δι' εὐσέβειαν auf der insel bleibt. Man findet bei diesen späten autoren überall die gleichen elemente in verschiedener kombination.
10 *c. 49, 5-6*] Zu beachten ist (1) dass die ἐπιφάνεια — als technischer ausdruck wohl in der geschichte aller heiligtümer [37]) — hier nicht auf seenot beschränkt ist, sondern in allen gefahren auch kriegerischer natur sich als hilfreich erweist; (2) dass den weihen auch eine ethische wirkung zugeschrieben wird. Die reste der liste hier und in den Apolloniosscho-
15 lien 546 F 1 zeigen dass man nicht nur die fahrt der Argonauten [38]) — zu denen alle von Diodor genannten gehören [39]) —, sondern auch den zug gegen Troja über Samothrake gehen liess. Die erfindungen der propagandisten sind ganz skrupellos: die einzige verbindung der Iliasszene mit den weihen bildet die rote farbe von Agamemnons mantel [40]); der
20 schleier der Ino-Leukothea, den Odysseus ἀντὶ ταινίας braucht (ὑπὸ στέρνοιο τανύσσαι sagt der dichter), ist nicht einmal rot und berechtigt wirklich nicht zu der mehrfach empfohlenen verbindung dieser göttin mit den Kabiren. Die scholien übergehen an beiden stellen diese erfindungen mit stillschweigen. Natürlich zeigte man (seit wann immer)
25 auch weihgeschenke: so die φιάλαι αἱ ἔτι καὶ νῦν διαμένουσαι der Argonauten [41]) und den schild des Aineias [42]).   (2) Aus Demetrios von Skepsis? S. 10, 3, 19-22; Gaede *Dem. Sc. quae supersunt*, 1880, p. 54; E. Schwartz *R E* V col. 2809, 45 ff. (vgl. I col. 2869, 37 ff.).   (3) S. zu Philochoros 328 F 99-101.   (5) Der samische anspruch stützt
30 sich doch vielleicht nur auf den namen, wird aber jetzt vielfach anerkannt [43]). Antiphon kennt ihn (ob mehr, ist sehr fraglich) wohl aus samischer tradition, die man auch bei Herodt. 8, 90, 3 finden mag, wenn er die Samothraker ganz selbstverständlich Ionier nennt. Misstrauisch machen (entscheiden aber faktisch nur gegen das angeblich hohe alter
35 der samischen chronik [44])) die differenzen über zeit und grund der besiedlung. Nach Antiphon fliehen sie 'vor tyrannen' — eine vage bestimmung, die bei ihm ganz gut Polykrates bedeuten kann [45]); nach der samischen chronik [46]) sind sie ein teil der von dem Ephesier Androklos in der generation nach der Ionischen Wanderung vertriebenen ersten
40 kolonisten. Damit verträgt sich zur not das datum der Homerscholien

(d), das man gewöhnlich für Apollodorisch hält, das aber unsicher überliefert ist. Die 700 jahre des Aristoteles (b) können wieder zur not auf die zeit des Polykrates gehen; aber die zahl ist doch wohl korrupt. a] Einleitung n. 3. Der text ist heil, bricht nur zu früh ab; die knappe
5 erzählung der ἀνάγκη (τύχη) setzte sich wohl mit dem fort was in den Homerscholien (e) steht — der verbrennung der schiffe der flüchtigen durch die thrakischen sklavinnen (ein häufiges motiv).   b] Der text mit der folge Λευκοσία - Θραικία - Σαμοθράικη ist vollständiger als der des Aristoteleszitats 546 F 1. Es ist die einfachste auffassung; vgl. noch
10 g und Steph. Byz. s.v. Σαμοθράικη· ἐκλήθη δὲ ἀπὸ τῶν Σαμίων καὶ τῶν Θραικῶν. Andere alte namen sind Σάος, Σαόννησος, Σαωκίς [47]); Αἰθιοπία [48]); Δαρδανία [49]); Ἠλεκτρίς [50]); Μελίτη [51]).   d] Ἐν Τρωάδι des orakels zu erklären aus f? Vgl. p. 474, 4 ff.   g] Vgl. Strabo 12, 3, 20.   (6) Einleitung n. 13. Ehrenbeschluss von Samothrake und antwort der
15 Prienenser. Dass 'die rivalität von Samos und Priene in dem antagonismus der dichter ihren widerhall gefunden hat' ((Hiller von Gaertringen) ist gewiss möglich, aber nicht erweisbar.

LXVI. SERIPHOS

549. DEMETRIOS

20 Der in den sammlungen und literaturgeschichten übersehene autor ist schwerlich mit einem der vielen bekannten träger des namens in der literatur zu identifizieren, aber vielleicht mit dem Δ. Σερίφιος, der wahrscheinlich 208 v. Chr. in Delos eine φιάλη weihte [1]). Es ist selbstverständlich dass ein spezialbuch über die unbedeutende insel ihren
25 einzigen ruhmestitel, die viel behandelte geschichte von Danae, Perseus, und Polydektes [2]) ausführlich, und in hellenistischer zeit mit varianten, erzählte. Das faktum, für das die Lykophronscholien den lokalen autor zitieren, ist verloren: in dem korrupten ersten wort kann weder νῆσον [3]) noch λαούς [4]) stecken, wohl aber ein kompendiös geschriebenes Μέδουσαν.
30 Darauf scheint auch ἄλλως zu führen: das haupt der Medusa versteinert nicht nur, es wird auch selbst versteint; man wird den felsen der Medusa auf der insel gezeigt haben, wie den des Polydektes [5]), während man in Argos das haupt selbst zu besitzen behauptete [6]). Während Medusas geschichte in der Hesiodischen darstellung [7]), die noch ganz im wunder-
35 lande Ὠκεανοῦ περὶ πηγάς spielt, mit ihrer enthauptung durch Perseus und der geburt von Chrysaor und Pegasos zu ende ist, spielt das abge-

schlagene haupt in dichtung und mythographie eine weitere rolle, und — um von anderen erfindungen abzusehen [8]) — macht man sich gedanken wo es nach vollzug von Perseus' rache an Polydektes geblieben ist. Beim dichter von *Od.* λ ist es im Hades, und gibt dann anlass zu einem ζήτημα [9]); nach Pherekydes Ἀθηνᾶ (Perseus' helfende gottheit) παρὰ Περσέως λαβοῦσα ἐντίθησιν εἰς τὴν ἑαυτοῦ ἀσπίδα [10]). Das hat sich im allgemeinen durchgesetzt; aber die lokalen ansprüche auf den besitz der reliquie sind leicht verständlich.

LXVII. SIKYON

Die historische literatur über Sikyon war gering. Wir kennen — ausser der älteren Anagraphe, die aber ins gebiet der Musik- und Literaturgeschichte gehört — nur die Σικυωνικά des Menaichmos, die die gesamte tradition zu einer wirklichen lokalgeschichte verarbeitet haben [1]). Denn das werk des Sikyoniers Diogenes — von dem wir nicht wissen ob es stadtgeschichten enthielt — handelte über die ganze Peloponnes [2]); und Arats Memoiren [3]) boten zwar viel für die geschichte Sikyons im 3. jhdt, aber schwerlich etwas für die vorzeit. In der technischen literatur hat die 'kunststadt' Sikyon gewiss eine grosse rolle gespielt [4]), aber nur innerhalb von allgemeineren kunstgeschichten: Menaichmos selbst hat Περὶ τορευτικῆς geschrieben. Erst die periegetischen bücher Polemons handeln speziell von den gemälden in Sikyon, und 551 F 3 ist vielleicht rest einer spezialschrift über den Apollontempel, die dann so viel oder so wenig historisch gewesen sein mag wie die arbeiten über den tempel der Athena von Lindos, der Hemithea in Kastabos, des Heraions in Samos, und der quelle Diodors für Samothrake [5]). Von 'der sikyonischen chronik' als von 'einer alten stadtchronik' zu sprechen [6]), ist schlechthin falsch.

550. DIE SIKYONISCHE ANAGRAPHE

Die frage ob die Ἀναγραφὴ ἡ ἐν Σικυῶνι (ἀποκειμένη) eine alte 'festchronik' war [1]) oder 'une chronique lapidaire consacrée par quelque érudit dans un des nombreux temples de Sicyone' [2]) entscheiden wir ohne bedenken zugunsten der zweiten eventualität. Denn ihre zeit bestimmt sich nach oben zweifelsfrei auf den ausgang des 5. jhdts durch die verwendung der Herapriesterinnen von Argos zur datierung [3]),

nach unten durch ihre benutzung in der Συναγωγὴ τῶν περὶ μουσικῆς des Pontikers Herakleides⁴), an die man sie zeitlich nicht gern zu nahe heranrücken wird, da er sie schon als autoritativ behandelt. Ihren inhalt bilden nach seinem zeugnis zeiten und leistungen der dichter und musiker.
Es ist phantastisch in einer solchen aufzeichnung, die nach Herapriesterinnen datierte, die sikyonische königsliste zu suchen⁵). Die Anagraphe ist keine chronik von Sikyon; man darf sie auch weder mit dem Πίναξ τῶν ἀπὸ Γυλίδα νενικηκότων τὰ Πύθια des Aristoteles-Kallisthenes, einer wirklichen festchronik, vergleichen⁶) noch mit der universalchronik des Marmor Parium. Sie ist eine geschichte (wohl nur) der 'alten' musik und eine offensichtliche parallele zu dem etwa gleichzeitigen buch des Glaukos von Rhegion Περὶ τῶν ἀρχαίων ποιητῶν καὶ μουσικῶν⁷), von dem sie sich nur durch die art der publikation unterscheidet. Die publikation auf stein und nur auf stein (das macht einen weiteren unterschied gegen Aristoteles' *Pinax*, Hellanikos' Καρνεονῖκαι u.ä.) erweist sie als stiftung eines Sikyoniers, dessen lokaler patriotismus sich darin zeigt dass er die musikgeschichte nicht mit Orpheus, sondern mit Amphion beginnt⁸).

F

(1) Plin. *N.H.* 7, 204 *musicam Amphion* (scil. *invenit*) .... *citharam Amphion, ut alii Orpheus, ut alii Linus.* Eust. *Od.* λ 259/62 Διὸς υἱοὶ Ζῆθος καὶ Ἀμφίων, οἰκισταὶ Θηβῶν, οἳ θεσπέσιόν τι χρῆμα ἔσχον ἐκ Διὸς ἢ Ἀπόλλωνος κτλ.⁹). Herakleides' reihe geht von den mythischen sängern bis Klonas und Polymnestos; ob er mehr als das erste zitat in einer bestrittenen frage aus der *Anagraphe* genommen hat ist nicht zu sagen; die zuweisungen Weil-Reinachs sind sehr unsicher.   (2) Die hauptstelle über Klonas, dessen heimat bestritten war, ist *De mus.* 5 p. 1133 A¹⁰), wo ἄλλοι τινὲς τῶν συγγραφέων ihm den mythischen Ardalos von Troizen voraufgehen lassen. Als komponist der Trimeles gilt er auch Herakleid. *ebd.* 3 p. 1132 C; aber Pollux 4, 79 nennt für ihn nur Apothetos und Schoinion. Die *Anagraphe* wird nur für diesen streitpunkt zitiert.

551. ANHANG

(1) **b** schon gedruckt als 105 F 2, wo ich den kommentar jetzt etwas anders fassen würde. Der stammbaum der Orthagoriden ist erneut behandelt u.a. von Momigliano *Atene e Roma* 10, 1929, p. 145 ff.; Vollgraff *Mnemos.* 59, 1931, p. 383 f. (m.e. ganz abwegig); Lenschau

Philol. 91, 1936, p. 283 ff. (der sich Wade-Gery *C.A.H*.III, 1925, p. 570 anschliesst); Schachermeyr *R E* XVIII 2, 1942, col. 1430 ff. (der die quellenfrage ziemlich obenhin behandelt). Über die autorschaft des papyrus bin ich unsicherer geworden. Für Ephoros [1]) spricht dass Diodor in den büchern 8-10 die eigentlich historischen partieen aus ihm genommen zu haben scheint [2]). Aber der schluss von **a** ist zerstört; und wenn das subjekt von ὑπηρέτει nicht mehr Andreas, sondern Orthagoras ist, hat er dessen laufbahn anders geschildert als P, wenn auch mit der gleichen tyrannenfeindlichen tendenz. Da Diodor den ersten messenischen krieg nach Myron von Priene erzählt hat [3]), ist die möglichkeit dass er auch für Sikyon eine sonderquelle benutzt hat wenigstens nicht ganz ausgeschlossen. Das könnte dann nur Menaichmos sein [4]). Aristoteles' *Politeia* kommt m.e. nicht in betracht. Aber man kann fragen, ob er und Ephoros Menaichmos benutzt haben [5]). (2) Pfister *Rh. Mus.* 68, 1913, p. 529 ff. hat bewiesen dass die königsliste aus einer schriftquelle stammt; dass Pausanias die lokale tradition gibt (wenn man ein so deutlich zurechtgemachtes elaborat tradition nennen darf); und dass die chronographen [6]) die lokale tradition durch verschiedene änderungen der universalen chronographie angepasst haben. Der lokale autor kann nur Menaichmos sein [7]), der dann als schöpfer der liste zu betrachten ist [8]). Auf die einzelheiten der liste gehe ich hier nicht ein. Auch innerhalb der stadtbeschreibung kann manches aus Menaichmos stammen; denn dass die königsliste unter den einzelnen namen antiquarische und aitiologische notizen enthielt ist selbstverständlich, und wird durch 131 F 10 über Adrastos als stifter des heiligtums der Hera Alea noch besonders bestätigt. Das faktum steht auch bei Pausanias 2, 11, 1, der leider kultnamen und aition fortgelassen hat, sodass die herkunft der notiz aus Menaichmos nicht wirklich zu beweisen ist. Auch sonst sind die aussagen 'der Sikyonier' [9]), d.h. des buches über Sikyon, nicht immer leicht von denen der Σικυωνίων ἐξηγηταί [10]) zu scheiden. (3) Ob. p. 476, 21 ff.

LXVIII. SIPHNOS

552. MALAKOS

Stiehles änderung [1]) von Σιφνίων in 'Εφεσίων ist ganz abwegig. Die zeit M.s ist nicht zu bestimmen, da der schluss aus dem titel auf 'höheres alter' [2]) an sich und auch wegen des samischen befundes [3]) nicht sehr sicher ist. Aber M. hat jedenfalls die samische chronik benutzt [4]), und die offensichtliche erfindung in dem einzigen fragment ist m.e. nach Thuk. 1, 103 gemacht. Sie passt vielleicht besser in hellenistische zeit, als die streitereien der ionischen städte um den festlandbesitz im leben und in der literatur wieder auflebten [5]). Begreiflich dass M. in dem alten gegensatz zwischen Samos und Ephesos [6]) stellung auf der seite der ersteren nimmt. Eine politie des Aristoteles ist nicht bekannt, und in der *Politik* kommt Siphnos nicht vor [7]).

553. ANHANG

(1) Siphnier und Seriphier sind nach Herodt. 8, 48 Ἴωνες ἀπ' Ἀθηνῶν. Als oikisten nennen Schol. Dion. Per. 525 in einer aufzählung der führer dieser besiedlung der Kykladen Alkenor. Er ist so unbekannt wie der eponym Siphnos [1]), der bei Nonnos *Dion.* 13, 180 ohne angabe der engeren heimat ὁμόπτολις ἡγεμών des Erechtheus heisst. Wenn wir Nonnos' quelle kennten, würde sie einen *t. ante* für Malakos geben, bei dem die gründungsgeschichte der insel (mit varianten?) gestanden haben muss [2]). Σίφνιον ποτήριον] über den ἐν Σίφνωι ὀρυκτὸς λίθος, aus dem man σκεύη τὰ ἐπιτράπεζα machte, s. Theophrast. Π. λιθ. 7, 42; Plin. *N.H.* 36, 159. σιφνιάζειν] eine art der unzucht *Prov. App.* 4, 73 L-Schn (Ath. 3, 54) mit note; Hesych., Suda s.v.; Liddell-Scott s.v. σκιμαλίζω; musikalischer terminus ἀπὸ Φιλοξενίδου τοῦ Σιφνίου Pollux 4, 65; Suda s.v. χιάζειν. Ein sprichwort Σίφνιος ἀστράγαλος (ἀρραβών *Prov. Ath.*) διὰ τὴν εὐτέλειαν Strab. 10, 5, 1. (2) Hillers 'e fonte Delphico' [3]) ist nur teilweise richtig; Herodots interesse für Siphnos ist älter, und mit der delphischen ist samische tradition verbunden [4]). Über den siphnischen θησαυρός s. Hitzig-Bluemner *Pausan.* III 2, 1910, p. 692 ff.; Pomtow *RE* Suppl. IV, 1924, col. 1252, 39; G. Daux *Pausan. à Delphes*, 1937, p. 99 f..; über das orakel H. W. Parke *A Hist. of the Delphic Oracle*, 1939, p. 168 f. Über die bergwerke auf Siphnos s. Bürchner *RE* III A col. 264, 57 ff. [5]). Das ereignis, mit dem die (Herodot noch unbekannte?) delphische tradition in F 3 arbeitet, ist sachlich noch nicht erklärt, fällt aber wohl in beträchtlich spätere zeit. (3) Suda s.v. Σίφνιοι (aus Aelian?).

LXIX. SIZILIEN UND GROSSGRIECHENLAND

Sizilien und das griechische Italien müssen zusammengenommen werden, weil schon der älteste westgriechische historiker Antiochos [1]) das letztere, wenn nicht im rahmen, so doch in enger verbindung mit der geschichte Siziliens behandelt hat; und dieses gefühl der zusammengehörigkeit war bei seinen nachfolgern eher noch stärker [2]). Die äusseren gründe dafür liegen auf der hand: das wichtigste bevölkerungselement Siziliens vor ankunft der Griechen bildeten nach allgemeiner überzeugung aus Italien gekommene stämme [3]), und die griechische besiedlung beider länder koinzidierte auch zeitlich. Wenigstens scheint das Antiochos' ansicht gewesen zu sein [4]); und als sie bestritten oder aufgegeben wird, stellt das ausgreifen der syrakusanischen tyrannen seit ende des 5. jhdts eine neue aktuelle verbindung her, die der politischen historie des Philistos und seiner nachfolger vermutlich wichtiger war als die alten geschichten. Begreiflich dass sie nun sicher Unteritalien in den *Sikelika* behandeln, und dass an stelle des begriffes Italien, der bei Antiochos im wesentlichen auf die spätere landschaft Bruttium beschränkt war [5]), das gebiet des sikeliotischen einflusses in der Adria und dem tyrrhenischen meer tritt — eine entwicklung, die bei Timaios kulminiert, dem letzten und einflussreichsten der reihe, dessen Ἱστορίαι den ganzen Westen umgreifen.

Ich habe in der überschrift den namen Italien vermieden und das griechische Unteritalien Grossgriechenland genannt — obwohl auch dieser antike begriff nicht ganz eindeutig ist [6]) — um den einheitlichen komplex dieser von vornherein auch mit 'Italien' befassten sizilischen historiographie der *Sikelika* abzusetzen gegen die *Italika*, die im 3. jhdt beginnen und — bei aller berührung mit jener — eine eigene gruppe bilden. Sie verdankt ihre entstehung dem umschwung in der weltlage durch das ausgreifen Roms und seinen zusammenstoss mit den Westgriechen, lässt sich von den griechischen (oder griechisch geschriebenen) büchern über Rom nicht trennen, und gehört mit ihnen zusammen nicht mehr in die griechische lokalliteratur, sondern (etwa wie die eigentlichen *Makedonika* und die *Epirotika*) in die klasse der 'barbarischen' ethnographie [7]). Freilich ist auch die sizilische historiographie selbst nicht lokalliteratur in dem eigentlichen und engen sinn wie es die 'chroniken' einzelner städte (Athen, Theben, Argos u.s.w.) sind; wir vermissen in ihr vielmehr lokalgeschichten der einzelnen städte [8]), mögen sie chalkidisch oder dorisch sein; die verschiedenen autoren schreiben von anfang an über die ganze insel, obwohl sie nur eine geographische, keine politische einheit war; und schon den ältesten von ihnen kann man nur verstehen, wenn man in ihm den Herodot des Westens sieht, der ganz bewusst eine von diesem vorgänger gelassene lücke in der geschichte des griechischen volkes oder der griechischen welt ausfüllt [8a]), und der damit den ton für alle späteren angegeben hat, auch wenn sie so überzeugte einzel-

staatler sind wie Timaios. Darum befriedigt auch die äusserlich scheinbar zutreffendere zusammenstellung der Sikelika mit den (wenigstens z.t. nicht jungen) geschichten griechischer landschaften (Arkadika, Böotiaka, Thessalika u.ä.) nicht. Die Sikelika sind sozusagen von anfang an
5 stärker geschichtlich instruiert als alle diese bücher, die ihren zusammenhang mit der (barbarischen) ethnographie nicht verleugnen können; sie sind von vorn herein ein komplement zu der geschichte des griechischen volkes, die nicht vollständig ist ohne den Westen; und es ist eine anerkennung dieser tatsache, wenn Hellenika und Universalgeschichte im
10 4. jhdt einen immer breiteren raum für die geschichte des Westens hergeben [9]). Am ehesten sind sie noch mit den (in sich nicht einheitlichen) Makedonika zu vergleichen, denen sie in gewisser beziehung noch näher stehen als den Hellenika — trotz des unterschiedes, dass das Griechentum der Westhellenen nie bezweifelt ist und nicht bezweifelt werden konnte;
15 und trotz des weiteren (damit zusammenhängenden) dass es Μακεδονικά gibt, die man eher mit den Ἰταλικά oder Περσικά zusammenstellen wird als mit der griechischen zeitgeschichte der Hellenika. Hier wie dort sind unter den darstellern landfremde literaten aus der übrigen griechischen welt (wenn auch naturgemäss der prozentsatz und zugleich
20 die bedeutung der nicht-Sizilier wesentlich geringer ist als die von nicht-Makedonen), weil der sizilische königshof dieselbe anziehungskraft auf literaten (und nicht nur literaten) ausübte wie der makedonische. Hier wie dort ist der anteil der Akademie bemerkenswert; und hier wie dort wird die geschichte des volkes (wenn man die Sizilier einmal ein volk
25 nennen darf) mehr und mehr zur geschichte führender einzelpersönlichkeiten; und es stehen neben Σικελικά die titel Τὰ περὶ Διονύσιον, Δίωνος πράξεις, Τὰ περὶ Ἀγαθοκλέα oder Περὶ Ἀγαθοκλέα Ἱστορίαι, die den zeitgeschichtlichen charakter der betreffenden werke schon im titel zum ausdruck bringen. Davon abgesehen ist aber die parallele zu den
30 Hellenika vollkommen; und wenn Antiochos der sizilische Herodot ist und Philistos der sizilische Thukydides, so bilden ihre bedeutenderen nachfolger (die, soweit wir sehen, nur zum kleineren teile in der weise der stadtgeschichten und ethnographieen immer wieder mit der urzeit anheben) eine ebenso fortlaufende reihe wie die Hellenika (oder Historiai)
35 von Xenophon bis auf Neanthes, Menodotos, und Herakleides Lembos oder selbst bis auf Poseidonios. Nur dass der abbruch der reihe mit dem verluste der selbständigkeit begreiflicher weise ausgesprochener ist als bei den Hellenika: nach Silenos von Kaleakte, bei dem die politische tendenz deutlich ist, sind keine Σικελικά mehr geschrieben worden. Es
40 wäre wohl möglich gewesen die Σικελικά nicht erst hier, sondern schon

in den zeitgeschichtlichen band unter die Κατὰ μέρος ἱστορίαι [10]), und zwar da an erster stelle, einzuordnen [11]).

554. HIPPYS VON RHEGION (MYES)

Ich habe diesen angeblich ältesten historiker Siziliens, dessen name in den meisten zitaten korrumpiert ist [1]), an den anfang gestellt, aber durch die randdatierung davor gewarnt, den antiken synchronismus mit dem Xerxeskrieg (oder von Sizilien aus gesehen, mit dem grossen Karthagerkrieg) ernsthaft zu nehmen, wie es die vulgata noch immer tut. Es bedarf keines wortes dass ein autor dieser zeit nicht nach olympiaden datieren konnte [2]). Die vita kennt denn auch nicht die Σικελικαὶ πράξεις selbst, sondern nur ihre epitomierung durch einen gewissen Myes; und die zu stellende frage ist ob wir wenigstens dieser angabe trauen und in Myes den bearbeiter eines älteren werkes (unbestimmbarer zeit) sehen dürfen, oder ob auch der epitomator so wenig gewähr hat wie seine ungefähren zeitgenossen Amelesagoras und Bion [3]), die beweisen dass solche mystifikationen schon in der zweiten hälfte des 4. jhdts möglich sind; d.h. ob ein angeblicher Myes — der den namen eines alten Pythagoreers trägt [4]), und dann vielleicht wirklich in den kreisen der Jungpythagoreer zu suchen ist — der angeblichen Hippys erfunden hat (etwa nach dem Pythagoreer Hippon von Rhegion [5])), um seinem elaborat den anschein hohen alters und besonderer autorität, vielleicht zuerst für die geschichte des Pythagoras und seiner schule, aber nicht nur für diese [5a]), zu geben. Es sieht nicht nach zufall aus dass der erste benutzer des 'Hippys' ihn zitiert für einen sonst unbekannten Pythagoreer Petron [6]) und eine lehre, die (wenn nicht ganz erfunden) zweifellos nicht älter als Demokrit und das 4. jhdt ist. Ich entscheide mich ohne bedenken für die zweite alternative [7]), schon weil zitate des Hippys-Myes da fehlen wo man sie unbedingt erwarten würde — bei Dionys und Strabon, von denen namentlich jener die ältesten zeugnisse für die κτίσις Ἰταλίας sorgfältig zusammengebracht hat [7a]); und ich glaube auch dass die beiden titel Σικελικά und Κτίσις Ἰταλίας nach den beiden büchern des wirklich ältesten westgriechischen autors erfunden sind. Alles einzelne bleibt dunkel, und es hat nicht viel zweck sich den kopf über das zu zerbrechen was der angebliche Myes wohl in der vorrede der Epitome von seiner angeblichen vorlage erzählt hat. Die mystifikation bestand schwerlich in einer reihe von büchern, sondern eben in der Epitome der Σικελικά, deren titel nicht überliefert ist. Die beiden ältesten zitate F 3 und 5 gehen auf

Sizilien und Unteritalien; desgleichen das einzige F 1 mit buchtitel, das Περὶ χρόνων zitiert, was auch in F 8 die lücke füllen würde; Χρονικά gibt die vita, und das Antigonoszitat F 3 findet (wie korrupt auch das datum ist) leicht in einem so betitelten buch platz. Vielleicht war (vom inhalt abgesehen) gerade die chronikform das neue, wo dann bemerkenswert, aber begreiflich, ein sizilisches datum fehlt. Dass die Χρόνοι 5 bücher umfassten wie die angeblich in ihnen epitomierten Σικελικά, ist freilich wenig wahrscheinlich; Zenobios F 1 zitiert ἐν τῶι Περί χρόνων [8]), und das zweite ἐν βιβλίοις ε der Suda wird dittographie sein. Die Ἀργολικά kann man als schwindelzitat aus der vorrede der Epitome erklären, vielleicht mit hinblick auf die geschichte des königs Pollis F 4, der in Σικελικά und Χρονικά vorkommen konnte; F 2 macht für Ἀργολικά nicht weniger schwierigkeiten als für Σικελικά.

Die zeit der fälschung wird nach oben einigermassen dadurch bestimmt dass Phainias sie kennt [9]); also ist der ansatz 'um 250' [10]) zu spät; ob wir bis ins 4. jhdt hinaufgehen müssen (wofür manches spricht) hängt von dem urteil über F 2 und F 6 ab. Sie hat (wie anderes derart, nicht nur die pseudo-Pythagorika) einen nicht ganz geringen erfolg gehabt: Phainias hat sie als modernstes buch über die heimat der Pythagoreer eingesehen; Antigonos hat ein θαυμάσιον aus ihr (wie aus dem gefälschten Amelesagoras) aufgenommen; und etwa gleichzeitig mag der autor sein, auf den das zitat bei Zenobios zurückgeht [11]). Aber wir finden sie auch in gelehrten scholien, wo dahingestellt bleiben mag ob die grammatiker sich täuschen liessen, oder ob ein skeptischer zusatz εἰ γνήσιον τὸ βιβλίον fortgefallen ist; aber λέγεται F 7 versteht sich am besten als ein zweifel von Stephanos' gewährsmann am alter des zeugen. Der fälscher seinerseits kannte höchst wahrscheinlich Antiochos und Philistos [12]), vielleicht Hellanikos [13]), dem er auch die idee einer gesamtchronik von Westgriechenland verdanken mag, wo es dann auffällt (und ein weiteres argument gegen die existenz dieses buches ist) dass der angebliche verfasser von Argolika nicht nach Herapriesterinnen, sondern nach athenischen königen und olympiaden datiert [14]). Soweit die spärlichen fragmente ein urteil erlauben, hat er Timaios (und Ephoros) noch nicht gekannt.

F

(1) Sehr wichtig ist der überschuss über Strabons (wie gewöhnlich) stark verkürztes exzerpt aus Antiochos [15]), weil es die bei Diodor (Timaios?) unheilbar korrupte heimat des gründers liefert. Wir werden

die achaeische stadt Rhypes ohne bedenken auch für Antiochos in anspruch nehmen [16]), obwohl nicht mit voller sicherheit zu sagen ist dass H. die geschichte der gründung ihm entnahm; aber θηρεύσειν in dem verdorbenen zweiten vers des orakels stellt sich zu Strabos θηρεύεις gegen Diodors μαστεύεις. In Περὶ χρόνων muss auch das datum der gründung gestanden haben: Dion. Hal. *A.R.* 2, 59 gibt ol. 17, 3 (710/9); sicher nicht nach H.; aber beide können (H. direkt, Dionys eher indirekt) von Hellanikos abhängen.   (2) Das gehört schwerlich in die (überhaupt zweifelhaften) Argolika. Der kult des Asklepios ist, wie es scheint, erst im 4. jhdt nach Unteritalien und Sizilien gekommen, z.t. sicher von Epidauros aus [17]); aber man mag auch an den älteren kult seines sohnes Podaleirios bei den Dauniern [18]) erinnern. Was H. veranlasste ein, und gerade dieses, heilungswunder [19]) so ausführlich zu erzählen bleibt unklar. Es steht auch auf den stelen von Epidauros, deren aufstellung man in die zweite hälfte des 4. jhdts (etwa um 320) setzt [20]). Die bei H. leider namen- und heimatlose frau heisst hier Ἀρισταγόρα Τροζανία, und der gegensatz zwischen Epidauros und Troizen ist deutlich. H.s geschichte ist zwar leicht rationalisiert (die priester sind an stelle der söhne des gottes getreten), aber 'einfach und klar', während die epidaurische fassung 'verzwickt und konfus' ist. Man wird also zugeben müssen dass H. ein älteres stadium der tradition repräsentiert [21]); aber das ist möglich auch wenn er 'erst im 3. jhdt geschrieben hätte' [22]); es macht gar keine schwierigkeit, wenn er schon in die zweite hälfte des 4. jhdts gehört. Nur möchte ich F 2 nicht mit zuversicht als beweis für diesen früheren ansatz verwenden.   (3) Die änderung in Hippys ist die wahrscheinlichste wegen der heimatsangabe, der diesem zugeschriebenen Χρονικά [23]), und der art des datums, das zwar korrupt ist [24]), aber nur aus einer parallelchronik stammen kann. Der letzte grund schliesst den ebenfalls (aber vermutlich nur gelegentlich in der weise der späteren hellenistischen wissenschaft) nach olympiaden datierenden 'genealogen' Hippostratos [25]) aus, dessen heimat wir nicht kennen und den wohl auch Antigonos noch nicht benutzen konnte; und an den Rheginer Hippon [26]) wird man gerade hier nicht denken wollen. Fraglich, ob der τόπος, von dem nur H. spricht, verschieden ist von der oft erwähnten wunderquelle der Paliken [27]), und ob οἰκοδομηθῆναι richtig ist. Dann geht die nachricht nicht auf die stiftung des kultes, sondern auf eine ausgestaltung des τέμενος, etwa bei der übernahme durch die Sikelioten, wo dann aber das frühe datum befremdet. Wenn H. so etwas überhaupt datiert, wird er wohl auch den namen eines sizilischen königs oder tyrannen genannt haben, der da baute [28]). Den können wir nicht raten, und werden schon deshalb nicht an der olympiadenzahl herumkorrigieren [29]). Trauen kann man dem datum in keinem fall. **(4)** Aelian. *V. H.* 12, 31 (aus Athen.) καὶ ἐν Συρακούσαις Πόλ(λ)ιος (*scil.* οἶνος)· ἐκλήθη δὲ ἀπό τινος ἐγχωρίου βασιλέως; Et. gen. p. 327 Rei (Et. M. p. 197, 32) [30]). Dagegen wird Aristoteles ἐν τῆι Τροιζηνίων πολιτείαι [31]) nur für troizenische weine in der erklärung eines orakels zitiert; Pollux 6, 16 [32]) hat (wie oft) seine quelle flüchtig exzerpiert; der zeuge für H. ist nicht Aristoteles, sondern 'das vortreffliche, aber bedeutend spätere buch von den weinen' [33]). Was als H. überliefert wird ist die neue lösung einer vielbehandelten und sehr verschieden gelösten frage, mit der er sich in widerspruch setzt zu dem sizilischen Epicharm, der ἀπὸ Βιβλίνων ὀρῶν Θράικης, ἔνθα φύεται, λελέχθαι αὐτὴν οἴεται [34]). Ich bin nicht sicher ob nicht der könig Pollis erst aus dem sizilischen namen für den nach H. aus Italien importierten wein entwickelt ist [35]). **(5)** Vgl. p. 482, 23 ff. und n. 7. Die lehre steht ausführlicher c. 22, wo Platon zugeschrieben wird was *Tim.* 55 CD nicht steht. Dass Phainias sich durch die fälschung täuschen liess ist wirklich nichts besonderes; es ist ganz verkehrt daraus zu schliessen dass 'Hippys nicht erst dem 3. jhdt angehören kann' [36]). **(6—7)** Gehören wohl zusammen und stammen dann aus einer diskussion der frage nach dem ältesten volk, die in jede lokalgeschichte und erst recht in ein buch Περὶ χρόνων passt [37]). F 6 ist korrupt; man kann das H.-zitat nicht nach unten abgrenzen, und die grösse der lücke (nach στοχάσασθαι?) nicht abmessen. Wohl möglich dass ein autor ausgefallen ist, der die priorität der Ägypter vertrat und wegen der übereinstimmung mit Diod. 1, 10 [38]) nur Hekataios von Abdera gewesen sein kann, dessen Hyperboraeerbuch die scholien zu 2,675 zitieren [39]). 'H.' kann diese ansicht nicht geteilt haben, wenn er 'als erster' die Arkader προσέληνοι nannte; d.h. wenn der fälscher ihn zum urheber dieser auffassung machte, die faktisch wohl älter ist als Aristoteles, der sie schon rationalisiert [40]); und wenn στοχάσασθαι richtig ist (bei dem zustand der überlieferung ist auch die leichteste änderung überkühn), dann hat 'H.' gegen Hekataios oder (wenn das zeitlich nicht möglich sein sollte [41])) gegen den im gleichen scholion zitierten Herodot, der die Phryger vor die Ägypter schob [42]), polemisiert. Wie in F 4 löst der fälscher ein vielbehandeltes problem auf neue weise. **(8)** Vermittler wohl der im anfang des scholions genannte mythograph (?) Parmeniskos [43]). Wenn zwischen 'H.' und Hellanikos ein verhältnis bestand, hat jener diesen benutzt [44]). Ob das in Περὶ χρόνων in der zeitfolge (Argonauten) stand oder in den Σικελικά — wenn man diesen unterschied überhaupt machen darf — in einem exkurs gelegentlich der gründung von Syrakus ist nicht zu sagen: 'rekonstruieren' lässt sich H. nicht.   (9) Den zur gruppe B T Gen gehörigen kommentar aus der zweiten hälfte des 1. jhdts n. Chr. (?) weisen Grenfell-Hunt dem am rand zwischen col. 10 und 11 genannten Ἀμμώνιος Ἀμμωνίου γραμματικός zu. Dass ιππευς in Ἵππυς zu ändern ist, ist so gut wie sicher [45]), obwohl Schol. Gen. zu v. 195 σθένος Ὠκεανοῖο ein längeres zitat Hippons [46]) geben. Das lemma fehlt; aber das scholion steht zwischen v. 127 und 144, kann sich nicht mehr auf Λυκάων v. 127 beziehen, wird also auf Asteropaios, Pelagons sohn und enkel des flusses Axios, v. 139 ff. gehen, wo Schol. T zwei probleme behandeln — sein fehlen im katalog und dass die Paionen dort bogenschützen sind [47]). Dann versteht man den verweis auf die reliquie.

555. ANTIOCHOS VON SYRAKUS

Zeugnisse und stellung der zitate in unserer überlieferung lassen keinen zweifel daran, dass A. der älteste sizilische historiker war [1]). Seine zeit wird nach oben dadurch bestimmt dass er die geschichte der insel bis 424/3 herabgeführt hat [2]). Wann er zu schreiben begann und wie lange die arbeit gedauert hat wissen wir nicht; und der gewöhnliche schluss aus dem endtermin, dass 'er den athenisch-sizilischen krieg kaum mehr erlebt haben kann' [3]), ist zweifelhaft, wenn man an Herodot und die politische bedeutung dieses endtermins denkt. Bei dem offenkundigen verhältnis von A.s Sikelika zu Herodot tut man am besten, wenn man ihn vorsichtig in das letzte viertel (oder zur not in das letzte drittel) des 5. jhdts datiert: er gehört der generation vor Dionysios I und Philistos an, ist nicht zeitgenosse Herodots (auch wenn er diesen während seines aufenthaltes im Westen hat sehen können; es kommt hier nicht auf die jahre des lebens, sondern auf die der literarischen aktivität an), sondern (vielleicht etwas jüngerer) zeitgenosse des Hellanikos und (vielleicht etwas älterer) des Thukydides. Denn für das verständnis der literarischen erscheinung A.s ist fundamental die erkenntnis dass er die anregung zu seinem werk (das nicht eine 'chronik seiner heimat' [4]) war, sondern eine geschichte der Westgriechen, τῶν Σικελικῶν ἱστορία oder einfach Σικελικά [5])), von dem grossen werke Herodots empfangen, und dass er es geschrieben hat mit der bewussten absicht die von Herodot in der geschichte des griechischen volkes gelassene lücke auszufüllen [6]) — nebenbei gesagt ein weiterer beweis (wenn es dessen bedarf) für die sofortige ungeheure und selten genügend gewürdigte wirkung des ersten wirklichen griechischen geschichtswerkes: A. ist noch weniger ohne Herodot denkbar als

Thukydides [7]). Das schliesst nicht aus dass hinter dem werk auch eine politische absicht stand in demselben sinne, in dem wir auch in Herodot einen politischen schriftsteller sehen [8]): der schluss mit 424/3, d.h. mit dem friedenskongress von Gela [9]), sieht nicht nach zufall aus. Aber der friede hat aus Sizilien eine politische einheit weder gemacht noch machen wollen; und nur der einfluss Herodots erklärt, warum es — trotz der gegensätze zwischen den einzelnen städten, die nicht geringer waren als etwa die zwischen Samos und Ephesos oder Athen und Megara — niemals eine geschichte von Syrakus, Leontinoi, Messina, Rhegion u.s.f. gegeben hat [9a]), sondern nur eine solche der Westgriechen. Wer 'nicht zweifelt, dass chalkidische chronisten dem Antiochos die anregung gegeben haben, mögen sie auch für uns verschollen sein' [10]), verschliesst sich nicht nur von vorn herein das verständnis der sizilischen historiographie — in derselben weise wie die annahme der Exegetenchronik das verständnis der Atthiden unmöglich macht [10a]); es gibt kaum eine bessere parallele z.b. zur Peisistratidengeschichte als die sizilischen stücke Herodots (577 F 5-7) — sondern verkennt auch die allgemeine entwicklung, in der sich auf dem gebiet der historiographie wiederholt was wir vom 6. jhdt an auf dem des epos, der lyrik, der philosophie und medizin beobachten. Damals, nicht in der zeit der kolonisation, kommen die im eigentlichen sinne geistigen anregungen aus dem Osten [11]); und sie erklären auch ohne weiteres, warum der Syrakusaner sein wohl für ganz Hellas und gewiss für ganz Sizilien bestimmtes geschichtswerk in der allgemeinen literatursprache des 5. jhdts geschrieben hat [12]).

Die lücke von Herodots werk scheint A. durch zwei werke ausgefüllt zu haben, die später als Περὶ Ἰταλίας σύγγραμμα [13]) (in vermutlich nur einem buche, das Dionys sachlich wohl richtig als besiedlungsgeschichte des ursprünglichen Italiens charakterisiert [14])) und als Σικελικά in 9 büchern, die also annähernd den umfang von Herodots werk gehabt haben werden, umliefen. Wenn das der absicht ihres autors entspricht und nicht erst folge der katalogisierung durch die alexandrinischen bibliothekare ist, die da schnitten wo mit einer F 2 ähnlichen wendung der übergang zur sizilischen geschichte gemacht wurde [15]), so zeigt das dass er die baumeisterliche fähigkeit Herodots nicht besass. Auch reisen vom umfang der Herodoteischen waren für den darsteller der westgriechischen geschichte in dieser zeit noch kaum notwendig, und die (freilich ganz unzureichenden) fragmente machen ihre annahme auch nicht wahrscheinlich. Die vage ausdrucksweise in F 13 spricht eher gegen persönliche kenntnis des Mutterlandes; und ob der Syrakusaner (etwa als gesandter) Karthago besuchen konnte ist nicht zu sagen, weil wir

nur ein einziges fragment aus annähernd historischer zeit besitzen [16]). Unteritalien wird er gekannt haben, aber er schreibt darüber ἐκ τῶν ἀρχαίων λόγων τὰ πιστότατα καὶ σαφέστατα [17]); und ich denke, wir dürfen diese quellenangabe wenigstens auch auf die älteren bücher des haupt-
werkes übertragen, über dessen plan und stoffverteilung wir garnichts sagen können, wenn es auch glaublich ist dass erst die tyrannenzeit, die Karthagerkriege, und der Sikeleraufstand des 5. jhdts — ereignisse, für die A. gewissermassen zeitgenössischer zeuge in derselben art ist wie Herodot für die Perserkriege, d.h. er konnte über sie mitlebende konsultieren — wie Herodots Xerxeskrieg in allen einzelheiten behandelt waren. Für die ältere zeit musste er sich mit der sammlung der tradition begnügen, die vermutlich nicht verschieden war von der, die ihm für die unteritalischen städte (und Herodot für bestimmte teile seines wer-
kes) zur verfügung stand — den mündlich fortgepflanzten erzählungen der λόγιοι ἄνδρες, die er als solche in der gleichen weise wie Herodot zitiert haben wird. Chroniken einzelner städte gab es (wie gesagt) nicht, und auch urkunden werden wir vor Timaios, mit dem die bewusste urkundenforschung wohl auch für den Westen (der kaum sehr viel geliefert haben wird) beginnt [18]), nur in ausnahmefällen erwarten dürfen.
Es scheint denn auch dass die chronologie bei A. eine geringe (wenn über-
haupt eine) rolle gespielt hat — eine geringere als selbst bei Herodot, der für die mythische zeit ein system kennt und für die orientalischen dynastieen daten (wenn auch noch ohne synchronismen) gibt. Denn F 4 sagt ausdrücklich dass A. im gegensatz zu Hellanikos das fundamentale factum des übergangs der Sikeler nach Sizilien nicht datiert hat; und bei der geringfügigkeit der fragmente muss man auf solchem zeugnis insistieren, zumal es durch das fehlen jeder zeitangabe in den κτίσεις der italischen städte bestätigt wird. Wer daraus schliessen will dass Hellanikos' Ἱέρειαι noch nicht erschienen waren, dürfte schwer zu widerlegen sein, während man die sachlichen abweichungen A.s über namen und οἰκισμός Italiens gegen Hellanikos 4 F 79; 111 nicht zur bestimmung des zeitverhältnisses der beiden autoren verwenden wird. Jedenfalls hat es den anschein dass A. in der vorgeschichte (über die geschichte fehlt uns das urteil) auch nicht nach γενεαί (von irgend einem punkte der griechischen oder sizilischen mythhistorie; Herakles liegt nahe genug, ist aber sicher erst für Ephoros [19])) gerechnet, oder (wie Herodot und Thukydides des öfteren) intervalle in ἔτη ἐς ἐμέ gegeben hat. Ob wir für die zeit der sizilischen kolonisation diese lücke aus Thukydides dahin ergänzen dürfen dass A. die gründung von Syrakus als fundamentaldatum genommen hat ist zweifelhaft; und wenn er es getan hat, so wissen

wir nicht wie er dieses datum berechnet hat, das auch bei Thukydides 'in der luft schwebt'. Alles in allem genommen, ist es doch wohl wahrscheinlicher dass Thukydides seine gründungsdaten aus Hellanikos und nicht aus A. hat, dessen verhältnis zu jenem (wenn ein solches bestand) nicht feststellbar ist [20]; und da wir von A.s disposition schlechthin nichts wissen, können wir *a priori* nicht einmal behaupten, dass er (in der weise des Thukydides) wenigstens die zeitfolge der griechischen kolonieen gegeben hat.

In einem zweiten wesentlichen punkt können wir wohl sicherer urteilen. Wenn A. ἐκ τῶν ἀρχαίων λόγων τὰ πιστότατα καὶ σαφέστατα gegeben hat, so bedeutet das dass er die in den einzelnen städten geglaubte tradition aufnahm; und diese tradition scheint noch frei gewesen zu sein von den übermalungen, die Italien mit dem hauptfaktum der panhellenischen sage zu verbinden suchten durch annahme von besiedlung durch die von Troja zurückkehrenden 'Achaeer'. Die Achaeer A.s kommen — wie noch für 'Hippys' — aus der landschaft am korinthischen golf [21]; die achaeische und chalkidische einwanderung fällt in die wirkliche kolonisationszeit, die für uns im letzten drittel des 8. jhdts beginnt [22], für A., soweit sie achaeisch ist, vielleicht schon mit der dorischen eroberung der Peloponnes, obwohl F 12 keine sehr sichere grundlage für dieses frühere datum (und die zeitfolge Achaeer-Chalkidier) ist. Die 'achaeische' besiedlung zur zeit der Nosten, die bei Strabon überall anonym und in der gleichen form erscheint, lässt sich für uns nicht mit sicherheit über Timaios hinaus datieren und macht den eindruck einheitlicher erfindung durch einen autoritativ gewordenen autor [23]). Strabon führt A. gerade deshalb an, weil er die theorie noch nicht kennt; und Thukyd. 6, 2, 3 (von dem wir am ehesten auf Hellanikos zurückschliessen, den auch Ephoros für seine κτίσεις stark in kontribution gesetzt hat) weiss (allerdings in Sizilien) nur von Trojanern und Phokern — die letzteren eine ausnahme, die die regel bestätigt [24]. Begreiflich, da die tradition von der westwanderung der Trojaner (und Elymer) älter ist [25]), wie auch die von der ansiedlung von Trojanern und Griechen in Rom [26]), das ausserhalb der von A. Italien genannten landschaft liegt und hier fernzuhalten ist [27]). Anerkannt hat A. wohl auch die alte kretische siedlung, die aber nichts mit den Nosten zu tun hat, sondern in den komplex der gleichfalls älteren Minosgeschichte gehört [28]). Über die etwaige rolle des Herakles bei ihm ist leider garnichts zu sagen; aber es macht den eindruck als ob er gegen die ganze sagengeschichte skeptisch gewesen ist, und dass er weder ihre probleme noch fragen der homerischen geographie diskutiert hat [29]).

A.s werk hat bei seinem erscheinen offenbar grossen eindruck gemacht. Obwohl die bekanntschaft des Hellanikos, Thukydides, und selbst des Ephoros (den Strabon mehrfach neben A. zitiert) [30]) mit ihm zweifelhaft ist, scheint sicher dass die älteren historiker des Westens für die vorzeit und noch mehr für das 5. jhdt alle an ihn anknüpften [31]). Naturgemäss ist der erste autor mehr und mehr hinter den späteren (vor allem hinter Timaios) zurückgetreten, sodass wir aus den 9 büchern Σικελικά éin zufallszitat des Pausanias haben [31ᵃ]); aber sie waren noch in der augusteischen zeit erreichbar, und es ist charakteristisch wie Strabon (der für Italien besonderes interesse hat, während er Sizilien ziemlich schäbig behandelt) aus dem sonderbuch Περὶ ᾿Ιταλίας bei jeder gelegenheit zusätze zu Ephoros — seiner hauptquelle auch für die Westgründungen — macht. Dass sie dann verloren gingen bedarf keiner besonderen erklärung; aber man wird annehmen dass trotz des alters und des ionischen dialekts der stil nicht ansprach; weder Dionys noch ein anderer autor Περὶ μιμήσεως erwähnen ihn oder geben ein urteil über den stil — was man versteht, wenn der tenor von F 13 nicht schuld des exzerptors ist [32]). Für uns ist der verlust sehr schmerzlich; denn die erhaltenen nachrichten machen einen guten eindruck, und wir sehen noch wie viel wir dadurch verloren haben dass Timaios (den wir auch nur aus zweiter und dritter hand besitzen) durchgeschlagen hat. Immerhin darf man sich auch keinen zu grossen illusionen über den wert von A.s geschichte hingeben: der bestand an traditionen über die archaische zeit war offenbar wesentlich geringer als in den meisten staaten des Mutterlandes [33]); sie setzen auch etwa ein jahrhundert später ein; erscheinungen noch des 6. jhdts wie Phalaris und (auf literarischem gebiet) Stesichoros sind ganz schemenhaft, und erst mit Ikybos und den tyrannen von der jahrhundertwende an kommen wir auf einigermassen sicheren boden.

F

(1) Pausanias hat Thukydides' exkurs über die 'Inseln des Aiolos' [34]), in dem die Lipareer ebenfalls Κνιδίων ἄποικοι heissen, erweitert durch das A.-zitat, das er Polemon verdanken mag. Es stehe dahin ob bereits dieser den fehler beging die ältere stadtgründung auf Sizilien ἐπὶ Παχύνωι τῆι ἄκραι zu lokalisieren [35]). Für den sizilischen autor ist er ausgeschlossen: wenn die Knidier von Elymern und Phoinikern verdrängt werden, können sie nur bei Lilybaion sitzen. Hier erfolgt die landung denn auch bei Timaios [36]), dessen ausführlicher bericht Knidier und Rhodier nennt, das datum ol. 50 (580/77) gibt — das nicht das einzige und jedenfalls

nicht urkundlich ist —, und auch sonst in einzelheiten abweicht [37]). Ob Thukydides' exkurs aus A. stammt, ist sehr fraglich; seine knappe behandlung mit dem zitat der ἐκείνηι ἄνθρωποι kann ebenso gut aus Hekataios stammen, und seine sonstigen kleineren geographischen exkurse begünstigen m.e. diese möglichkeit [38]). Von A.s beschreibung der inseln, die wir bei ihm so gut erwarten wie bei Timaios und Kallias [39]), ist also nichts erhalten. Trotzdem zeigt das knappe zitat einen für A. charakteristischen zug — die vorsicht, mit der er sich (gegenüber Timaios, der sogar die zahl τῶν ἐγχωρίων τῶν ἀπ' Αἰόλου περιλελειμμένων angibt) über etwaige urbewohner äussert. Danach möchte man glauben dass er die identifikation der alten Homererklärer (und der ionischen geographen?) mit 'der insel' des Aiolos einfach beiseite gelassen hat. Ich schliesse daraus weiter dass man auch den anfang der sizilischen geschichte mit Kokalos [40]), nicht mit den homerischen Kyklopen und Laistrygonen (die selbst Thukydides der erwähnung würdigt [41])), scharf interpretieren muss. Die gleiche skeptische haltung gegenüber dem späteren epos und der genealogie zeigt F 2. Dagegen halten wir hier besser fern die gründung der unteritalischen Griechenstädte durch heimkehrer aus dem Trojanischen Krieg, da diese tradition zu A.s zeit wahrscheinlich noch nicht existierte [42]). (2—4) F 2 ist eine einseitige, weil auf die ureinwohner beschränkte, inhaltsangabe; das leider sehr knappe F 4 (beschränkt auf den übergang der Sikeler nach Sizilien; A.s besiedlungsgeschichte der insel fehlt uns) schliesst sachlich an; F 3 ergänzt durch die definition von A.s begriff Ἰταλίη [43]). Hier, wie F 12, versteht A. darunter die chersonnes südlich einer von der mündung des Laos bis Metapont laufenden linie, ungefähr der späteren landschaft Bruttium entsprechend [44]), was (wie A. selbst sagt) schon erweiterung eines älteren begriffes ist, nach dem nur die spitze des stiefels, südlich der linie vom lametinischen zum skylletischen meerbusen, Italien heisst [45]). Die neue grenze scheidet zugleich das gebiet der achaeischen von dem der dorischen kolonisation: Tarent und das ganze gebiet der Iapyger (Apulien und Calabrien) werden ausdrücklich ausgeschlossen; aber seine griechische kolonisation hat A. ebenso behandelt wie die der Siritis — wo (in A.s zeit?) der 'oinotrische' stamm der Choner sitzt — und Metaponts [46]). Als alten namen dieses landes gibt er Oinotria und Oinotroi, was kein stammesname sondern wohl ursprünglich griechische bezeichnung für den süden des Westlandes ist (wie Hesperia für den ganzen Westen); und es scheint als ob auch A. sie gelegentlich in dieser weiteren bedeutung verwendet hat [47]). Sonst sind ihm die Oinotroi die bewohner seiner Ἰταλίη, die er als ethnische einheit fasst: die wirklichen stammesnamen —

Ἰταλοί, Μόργητες, Σικελοί — erklärt er nach der (im ganzen) älteren und primitiveren methode als μετονομασίαι nach (erfundenen) eponymen, den alten königen des volkes. Ihre reihenfolge ist dadurch bedingt dass der eponym von Ἰταλίη, den F 5 ausdrücklich einen Oinotrer nennt, am anfang stehen muss, und der eponym des nach Sizilien auswandernden volksteiles [48]) am schluss, sodass für die Morgeten die mittelstellung bleibt. Das prinzip ist streng durchgeführt: A. kennt nicht, oder eher er verwirft die ableitung des namens Ἰταλία von dem rinde des Herakles [49]). Neben diesem für ihn zentralen volke der Oinotroi-Italietai-Morgetes-Sikeloi stehen italische stämme, die in einer art rückläufiger bewegung es in seine alten grenzen zurückgeworfen und (mindestens teilweise) zur auswanderung gezwungen haben — Lukaner und Bruttier [50]), Opiker-Ausoner [51]), Iapyger [52]). T 4 bedeutet nicht mehr als dass A. auf sie nicht *ex officio* eingegangen ist, d.h. keine ethnographie (Unter)italiens geschrieben hat, wie es Herodot in einem solchen falle getan hätte. Aber dass sein blick weiter reichte, zeigt auch F 6: er kennt Rom, womit nur die latinische stadt gemeint sein kann, auch wenn im dunkeln bleibt warum er Sikelos gerade von dort kommen liess, und ob er näheres von ihr wusste [52a]). Denn die vermutung, dass er schon den Sikelern eine griechisch-trojanische abkunft vindizieren wollte, wäre überkühn; und eine, wenn auch noch so kurze, archaiologie Roms hat er (nach Dion. Hal. *A.R.* 1, 6, 1 zu urteilen) nicht gegeben. Auch lässt sich bei dem mangel an allen chronologischen angaben [53]) nicht entscheiden ob darin ein weiterer widerspruch gegen Hellanikos liegt; es braucht keiner zu sein, wenn er die sizilische wanderung datierte wie Thukydides. A. kennt jedenfalls nur ἑίνε διάβασις; der name des führers (ein sohn des Sikelos?) ist verdorben; die eigentliche besiedlungsgeschichte der insel interessierte Dionys nicht mehr, und Strabon füllt diese lücke nicht. Auch Tyrrhener und Elymer, von denen beiden in den *Sikelika* vielfach die rede gewesen sein muss [54]), kommen in den resten von Περὶ Ἰταλίας nicht vor. Bemerkenswert ist dass A. von πολιτεύεσθαι der italischen Sikeler gehandelt hat; doch bleibt wieder zweifelhaft ob Dionys' ausdruck im engeren sinne zu verstehen ist oder dem Herodoteischen νόμοισι χρέωνται entspricht, wofür wohl der aus A. stammende passus in Aristoteles' *Politik* [55]) spricht. Aber hier so wenig wie F 1 lässt sich A.s haltung zu dem interessenkreis und den methoden der ionischen ethnographie sicher feststellen; er kann auch in dieser hinsicht enger gewesen sein als Herodot [56]).   (5) Italos s. n. 45; 47; 48; 55.   (6) S. zu F 2-4 p. 492, 15 ff.   (7) Die gleichung von Opikes [57]) und Ausones ist falsch; s. zuletzt Vetter *R E* XVIII 2, 1942, col. 1545 ff. Aristoteles [58]) hat sie aus A.; Hellanikos, der 4 F 79 die Ausones nach Sizilien auswandern lässt, hat sie nicht gebilligt. A. wird von ihnen gelegentlich dieser auswanderung gesprochen haben [59]). (8—13) Aus der geschichte der griechischen besiedlung Unteritaliens, die mit Tarent F 13 und Elea F 8 nach beiden seiten über A.s Ἰταλίη hinausgreift: er hat also wohl alle Griechenstädte behandelt. Schade dass Kyme fehlt, wenn uns auch A. für die erste und angeblich uralte gründung höchstens ein relatives datum gegeben hätte. Der wichtigste allgemeine punkt — das fehlen der legendarischen kolonisation — ist schon p. 489, 9 ff. besprochen, und die auf die κτίσεις gehenden stellen Strabons sind soweit ausgeschrieben dass die anmerkungen kurz gehalten werden können. (8) Die vorgeschichte der gründung Eleas, die auch A. ῾Υέλη genannt haben wird [60]), steht ausführlich bei Herodt. 1, 163/7. Aber nur A. kennt den führer der auswandernden, hat also nicht Herodot 'benutzt' — eine auch sonst verkehrte auffassung des zwischen beiden bestehenden verhältnisses [61]). Strabons text, die beziehung von ἀποκρουσθέντας auf abweisung eines hilfegesuches in Massalia, und die annahme dass ein teil der flüchtigen in Massalia blieb und als 'zuzug' diese phokaeische kolonie verstärkte [62]), würde für A. eine völlig abweichende darstellung des ganges der ereignisse ergeben. Faktisch ist diese interpretation ein kompromiss mit dem seit Isokrates verbreiteten glauben dass die flüchtigen Phokaeer im j. 545 Massalia gegründet hätten [63]). Dieses gründungsdatum ist nachweisbar falsch, und der irrtum des redners ist überhaupt keine brauchbare grundlage für historische konstruktionen. Sehr viel einfacher ist es entweder in Μασσαλίαν korruptel von Ἀλαλίαν zu sehen [64]), oder in καὶ Μασσαλίαν sei es zusatz Strabons sei es (eher) interpolation des mehr und mehr durchgedrungenen irrtums über die gründung Massalias [65]). Ich habe persönlich keinen zweifel dass auch bei Thukyd. 1, 13, 6 die an ihrem platz unmöglichen, weil den zusammenhang unterbrechenden, worte Φωκαῆς τε Μασσαλίαν οἰκίζοντες Καρχηδονίους ἐνίκων ναυμαχοῦντες als interpolation auszuscheiden sind [66]). Auch die völlig verwirrte versreihe des Ps. Skymn. 246 ff. über Kyme und Elea enthält einen versuch die richtige und die falsche ansicht über die gründung Massalias in einklang zu bringen [67]), und beweist vielleicht dass schon Ephoros die falsche ansicht von Isokrates übernahm. (9) Sehr deutlich hier der zusatzcharakter von Strabons exzerpten aus A., die daher meist kurz sind. Aber wieder beweist die angabe des oikisten dass er aus guter lokaler tradition schöpft. Damit ist der einfluss Delphis (den wir F 11; 13 finden) nicht unbedingt ausgeschlossen: die Zanklaeer können schliesslich vorher ein orakel eingeholt haben. Von den legenden [68]) erwarten wir bei A. nichts; und leider ist nicht zu sagen ob er hier (und sonst) die stadtnamen erklärte. Ob er von den Messeniern mehr sagte als etwa dass der tyrann Anaxilaos messenischer herkunft war (das muss er gewusst haben) ist sehr fraglich [69]. Die haupterzählung stammt — daran lassen die zitate keinen zweifel — jedenfalls nicht aus ihm, und damit wird jeder schluss auf A.s chronologie aus ihr unmöglich. Sie wird (schon wegen der anonymität) aus Timaios genommen sein, für den die δεκάτευσις der chalkidischen besiedler bezeugt ist [70]. Aber hinter den τινές über Morgantion steckt doch wohl eher Ephoros [71], von dem man vielleicht auf A. zurückschliessen darf [72].   (10) Für A. sicher ausgeschlossen ist die gründung zur zeit der Nosten, die mit dem häufigen motiv der von den frauen verbrannten schiffe arbeitet. Ob er den aufenthalt des Herakles (der auf münzen des 5. jhdts als οἰκιστάς erscheint) bei dem epichorischen landesfürsten Kroton erwähnt hat [73], lässt man besser dahingestellt, da wir nicht wissen wie weit er auf die vorgeschichte, kulte u.s.f. der einzelnen städte eingegangen ist. Die gründung durch Myskellos [74] stand bei Ephoros (70 F 40; so viel ergibt auch das kurze zitat, das zugleich für eine von A. verschiedene abgrenzung Iapygiens beweist), Hippys 554 F 1 (wo die achaeische heimatsstadt Rhypes erhalten ist), und Timaios [75]); und schon Herodot 8, 47 nennt die Krotoniaten τὸ γένος 'Ἀχαιοί. Bei Pausan. 3, 3, 1, der die Lakedaimonier in der zeit des königs Polydoros (1. hälfte des 7. jhdts) Kroton und Lokroi Epizephyrioi gründen lässt, nimmt man gewöhnlich einen irrtum an [76]); und ernsthaft kann von spartanischer kolonisation in dieser gegend über Tarent hinaus keine rede sein. Man wird aber doch wohl erwägen müssen ob irgendwann solche ansprüche erhoben sind, etwa auf grund der nachrichten über die tätigkeit des Dorieus und Kleandridas [77]. Bemerkenswert dass wir hier einmal eine wenigstens relative zeitangabe für die gründung erhalten: Kroton ist jünger als Sybaris und gleichzeitig mit Syrakus. Die gleichzeitige gründung der feindlichen städte Sybaris und Kroton [78] ist gewiss erfindung des Timaios, der solche symbolischen synchronismen liebt: der Μυσκέλλου ψῆφος wird sowohl auf die wahl zwischen Kroton und Syrakus wie auf die zwischen Kroton und Sybaris gedeutet.   (11) A. wird zitiert nur für den letzten akt der geschichte von Siris — das ende der langen fehde um die Siritis zwischen der athenischen neugründung Thurioi und der dorischen grosstadt Tarent [79]), in der (trotzdem die Thurier sich der dienste eines spartiatischen feldherrn bedienen konnten [80])) die letztere siegreich bleibt: Siris lebt fort nur als hafen der als tarentinisch anerkannten neugründung Herakleia [81]). Doch beweist F 12 dass A. die bewohner der alten Siris für Achaeer gehalten hat; und F 3 ergibt, dass die kolonie im gebiete der oinotrischen Chones angelegt wurde. Vorauf gehen bei Strabon zwei andere geschichten über die gründung: nach der ersten, die sicher Timaios ist [82]) und gegen die Strabon ungewöhnlich scharf polemisiert, ist Siris eine πόλις Τρωική, in der sich später Ionier — genauer nach dem Timaiosfragment Kolophonier — festsetzen, die ihre heimat verlassen φεύγοντες τῶν Λυδῶν ἀρχήν; die zweite, ebenfalls anonym (und die τινές können nicht Timaios sein) nennt Siris und Sybaris rhodische gründungen. Dazu kommt die oft übersehene und noch öfter weggedeutete behauptung einer vortroischen athenischen gründung bei Lykophron [83]), die möglicherweise auch bei Timaios stand; ob er sie billigte ist eine andere frage. Die sachfrage bleibt auch hier beiseite: sie ist oft behandelt und sehr verschieden beantwortet [84]). Sicher aber m.e. dass die athenische version in die propaganda gehört, die der gründung Thuriois im j. 444/3 voraufgeht: die drohung, die Herodot dem Themistokles in den mund legt kann wegen der berufung auf orakelsprüche nur in dieser zeit entstanden sein [85]). (12) Zur herbeirufung von (hier stammesverwandten [86])) kolonisten zwecks besetzung eines benachbarten, strategisch wichtigen, punktes vgl. F 9; zu der hier angenommenen abgrenzung 'Italiens' s. zu F 2-4. Man vermisst, angesichts von F 8 und 9, den namen des führers der kolonisten; aber den λόγος p. 550, 3, der ihn als Leukippos gibt, wird man A. nicht zuweisen, weil (1) nach ihm die Tarentiner im besitze des platzes sind; (2) Leukippos auf münzen von Metapont erst ca. 350/30 v. Chr. erscheint [87]); (3) es überhaupt kein name ist, auf den man gern etwas baut, und die gleiche anekdote von Kallipolis, ἐπίνειόν τι τῶν Ταραντίνων, erzählt wird, wo Leukippos Lakedaimonier heisst [88]). Er gehört also wohl in den komplex der geschichte(n) von Melanippe und den zwillingen, die Strabon als 'mythos' bezeichnet, und die ich A. schon deshalb abspreche weil sich bei ihm sonst keine spur dieser mythenklitterung findet [89]). Wenn diese geschichte athenische propagandaerfindung war, die zuerst in Euripides' *Melanippe Desmotis* vorgetragen wurde [90]), und wenn A. dieses drama schon kannte [91]), so sehe ich an sich nicht warum es 'unmöglich' sein soll dass er 'gegen ein athenisches drama polemisierte' [92]). Aber Strabons text ist in unordnung: Wilamowitz nennt ihn 'kein griechisch' und konjeziert; ich glaube eher dass die unvollständige nacherzählung zusatz (Strabons?) ist, die den zusammenhang des A.-zitates zerrissen hat. Sicher ist also nur (und wichtig genug) dass A. die änderung des stadtnamens notierte; nicht auch dass er den alten namen [93]) erklärte oder gar die Metapontios-Melanippe-Siris-geschichte erzählte. (13) Das exzerpt gibt einen gewissen begriff von A.s stil; denn Kramer wird recht damit haben dass die 'brevitas paulo obscurior' [94]) A. und nicht dem exzerptor zur last fällt. Die differenzen zwischen A., bei dem ich eine promessenische tendenz [95]) nicht anerkennen möchte, und dem hauptbericht aus Ephoros gehen nicht tief [96]); und Strabon hat den ersteren wohl hauptsächlich deshalb so ausführlich ausgeschrieben weil er den ausgang der verschwörung in Sparta (also die eigentliche vorgeschichte der gründung Tarents) durch die mitteilung eines delphischen spruches [97]) etwas anders dargestellt hatte; das orakel fehlt bei Ephoros und hat auch in seiner erzählung keinen platz [98]). Ein weiterer unterschied ist dass nach Ephoros die Parthenier in Italien κατελάβοντο τοὺς Ἀχαιοὺς πολεμοῦντας τοῖς βαρβάροις, μετασχόντες δὲ τῶν κινδύνων κτίζουσιν τὴν Τάραντα, während bei A. von den Achaeern keine rede ist und (anscheinend) οἵ τε βάρβαροι καὶ οἱ Κρῆτες οἱ προκατασχόντες τὸν τόπον die kolonisten gutwillig aufnehmen. Die freundliche aufnahme durch die einheimische bevölkerung ist in der kolonialgeschichte ein ebenso häufiges motiv wie ihre vernichtung oder ihre versklavung. Aber hier widerspricht der tenor des orakels, auch wenn er formelhaft [99]) und aus der späteren geschichte Tarents zu erklären ist; und schon damit wird zweifelhaft ob der schluss des kapitels noch A. wiedergibt. Bei diesem kam zwar Kokalos sicher in den *Sikelika* vor [100]), und damit ist gegeben der besuch des Minos, der rachezug der Kreter, und ihre weiteren schicksale, die sie nach Iapygien bringen — alles doch vermutlich wie es schon Herodot berichtet [101]). Aber bei ihm besiedeln sie nicht Tarent, sondern Hyrie und τὰς ἄλλας, τὰς δὴ Ταραντῖνοι χρόνωι ὕστερον πολλῶι ἐξανιστάντες προσέπταισαν μεγάλως. Also wird man auch das erste φασίν Strabons besser nicht ändern, sondern annehmen dass er diesen (stark mythographischen) schluss einer anderen quelle [102]) entnommen und an stelle von A.s vermutlich einfacherem bericht gesetzt hat. Die Bottiaier liegen wohl auch sonst ausserhalb von A.s gesichtskreis.

556. PHILISTOS VON SYRAKUS

Ph.s leben liegt in den zeugnissen 2-10, die z.t. auf selbstnennungen in den büchern über die geschichte der beiden Dionyse beruhen werden, im allgemeinen klar vor uns [1]). Der tod ist durch T 9 cd sicher auf 356/5 datiert, der beginn der politischen tätigkeit durch T 3 ziemlich sicher auf 406/5 [2]). Nach seinem auftreten in der entscheidenden volksversammlung, die Dionysios I zum strategen wählte, kann er damals nicht ganz

jung gewesen sein: man wird ihm 20-25 jahre geben müssen, was die
geburt auf 430 oder wenig später bringt [3]). Er war also ungefährer alters-
genosse Platons und mindestens 20 jahre jünger als Thukydides. Von
der familie wissen wir nur dass sie reich war [4]); Ph.s stellung zum tyrannen beweist nicht dass sie zur alten aristokratie der Geomoren gehörte,
sondern eher das gegenteil. Ebenso wenig lässt sich etwas über seinen
bildungsgang sagen. Unterricht bei Isokrates ist zeitlich und sachlich
ausgeschlossen [5]). Vermutlich hat er gar keinen eigentlichen 'lehrer'
und keine rhetorische oder gar philosophische ausbildung gehabt; und
man tut gut, ihn nicht zu sehr als literaten anzusehen. Als er später aus
politischen gründen zur feder griff, hat er sich an Thukydides gebildet,
dessen haltung dem politiker und soldaten sympathisch sein musste.
Wann das war, ist nicht zu sagen; aber *a priori* (und F 45/6 scheinen es
zu bestätigen) wird man das werk nicht seiner jugend zuschreiben, ob
er es nun in der verbannung 386/5 v. Chr. begonnen hat und in den
mussestunden fortsetzte, die ihm die amtliche tätigkeit liess und die in
seinen letzten jahren spärlicher wurden, wie der vorzeitige abbruch der
geschichte des jüngeren Dionysios wahrscheinlich macht [6]). Das wichtigste faktum seines lebens ist dass er ein entschiedener, vielleicht der in-
transigenteste, anhänger der tyrannis [7]) war, der dem älteren Dionys
durch 40 jahre im guten und bösen gedient und diese anhänglichkeit
(weniger aus persönlicher zuneigung als aus ideologischen gründen) auf
den sohn übertragen hat, in dessen dienst er als greis gefallen ist, womit
denn das ende der tyrannis besiegelt war. Danach wird man das einzige
wirkliche problem dieses lebens zu beurteilen haben — die dauer der
verbannung, die Dionysios I 386/5 im zustand krankhafter depression
über ihn verhängte [8]). Nach Plutarch (d.h. hier wohl Timaios [9])) ist
er erst 366 von dem sohn auf betreiben der gegner Dions und Platons
zurückberufen, hätte also 20 jahre ausserhalb Siziliens verlebt und in
dieser zeit τὰ πλεῖστα τῆς ἱστορίας geschrieben [10]); nach Diodor (d.h.
hier sehr wahrscheinlich Ephoros [11])) ist er schon auf bitten des älteren
Dionys zurückgekehrt, und die verbannung war offenbar nicht mehr als
eine kurze störung ihres verhältnisses. Es ist nur ein nebenproblem
(das aber für die lösung der hauptfrage ins gewicht fällt) dass Ph. nach
Diodor sich nach Thurioi begab, wo ihm sein ansehen bei den Italioten
einen guten empfang bereitete, während Plutarch ihn παρὰ ξένους τινὰς
εἰς τὸν Ἀδρίαν gehen und (an einer anderen stelle) das geschichtswerk
ἐν Ἠπείρωι schreiben lässt [12]). Ich sehe in der ersteren version ein missverständnis sei es des Timaios selbst sei es der ihn ausschreibenden biographen, die die kurze verbannung mit dem langen kommando als strate-

ge περὶ τὸν Ἀδρίαν — von welchem posten ihn die gegner Dions im j. 367/6 und wieder der jüngere Dionys bei dem bevorstehenden angriff Dions im j. 357/6 zurückriefen [13]) — konfundierten. Dafür spricht (1) die psychologische wahrscheinlichkeit: die stimmung des tyrannen schlug so schnell um wie sie entstanden war — ganz davon abgesehen dass ein verweilen des gekränkten Ph. bei den 'Italioten' ihm politisch bedenklich sein musste; so suchte er selbst die versöhnung; (2) dass Leptines sehr bald zurückgerufen und wieder in einem wichtigen kommando verwendet wurde [14]); die ehe Ph.s mit einer tochter des Leptines ist aber der grund, den auch Plutarch(-Timaios) für die verbannung beider angibt, und Ph. selbst hat von dieser affaire gehandelt [15]); (3) dass Ph. die regierung des Dionysios I bis zu ihrem ende behandelt hat, was bei der art dieser behandlung [16]) nicht leicht denkbar ist, wenn er die letzten 20 jahre sie nur von aussen sah. Es ist ganz denkbar dass er auch aus diesem grunde mit dem nachtrag über Dionysios II so wenig weit gekommen ist [17]).

Auch über Ph.s literarische tätigkeit sind wir durch Diodors chronographen, Dionys, und Cicero wenigstens für alles äussere gut unterrichtet [18]). Die zwei werke, die die alexandrinischen bibliothekare als Περὶ Σικελίας und Περὶ Διονυσίου unterscheiden, bilden eine einheit (nach dem zeugnis des Dionys) und sind von Ph. als solche konzipiert [19]). Es ist begreiflich dass man später das bruchstück über Dionysios II, an das Athanas mit seiner geschichte Siziliens anschloss, hinzunahm und die bücher der gesamtausgabe als Σικελικά von 1 bis 13 durchzählte [20]). Weil die angaben der antiken rhetoren so einseitig auf die stilistische nachahmung und die sachliche benutzung des Thukydides durch Ph. abstellen, müssen wir um so entschiedener betonen dass von diesen 13 büchern nur die 6 letzten zeitgeschichte enthielten, während die 7 ersten die bereits von Antiochos bis 424/3 dargestellte vorgeschichte behandelten und bis zu Ph.s epochenjahr 406/5 herabführten — was einerseits den zusammenhang der ältesten sizilischen historie mit der form der lokalgeschichte überhaupt bestätigt [21]), andrerseits die frage nach Ph.s verhältnis zu seinem unmittelbaren vorgänger zu stellen zwingt. Die dürftigkeit der beiderseitigen fragmente erlaubt nur eine grobe antwort. Man wird ohne weiteres annehmen dass Ph. den Antiochos für diese erste σύνταξις inhaltlich ausgiebig herangezogen hat, schon weil man dem praktischen verwaltungsmann und soldaten eigentliche forscherarbeit nicht recht zutraut, selbst wenn er das werk in der verbannung geschrieben hätte, was ich nicht glaube und was auch nicht viel helfen würde, da das material gerade für diese zeit nur an ort und stelle zu holen war, nicht aus der gemeingriechischen literatur, die damals erst anfing den Westen zu berücksichtigen und deren heranziehung ein paar einzelabweichungen von Antiochos erklärt [22]). Aber die wahrscheinlichkeit spricht dafür dass Ph. das gewicht anders verteilt hat (d.h. zu Antiochos etwa steht wie Androtion zu Kleidemos). Denn es ist deutlich dass er die ganze archaeologie einschliesslich der griechischen besiedlung sehr kurz in einem einzigen buch abgemacht hat [23]), wo Antiochos (von dem man ein sonderbuch über 'Italien' hatte, und der von Kokalos bis 424/3 neun bücher brauchte) sicher viel ausführlicher war. Da Ph. schon im 3. buch von den grossen tyrannen des frühen 5. jhdts handelte, hat er vermutlich besonderen nachdruck auf ihre geschichte gelegt und hatte reichlich raum auch auf die hofgeschichte und einzelheiten ihres privatlebens einzugehen [24]). In jedem falle hat er dem letzten jahrhundert vor Dionysios I fünf von den sieben büchern der ersten σύνταξις gewidmet. Leider lässt sich weder sagen ob er hier sehr viel ausführlicher war als Antiochos, noch (und das ist bedauerlicher) ob er diese zeit (und vielleicht die sizilische geschichte überhaupt) unter einen anderen politischen aspekt gestellt hat als der bundesstaatlich denkende Antiochos. Aber wieder spricht die wahrscheinlichkeit für bejahung wenigstens der zweiten frage: Ph. wird die tyrannis der Deinomeniden als glanzzeit geschildert und gezeigt haben dass nur die straffe führung durch die militärmonarchie Sizilien vor der (gerade in Ph.s zeit wieder akuten) gefahr der versklavung durch Karthago zu sichern imstande sei.

Über die verteilung des stoffes auf die einzelnen bücher lässt sich wenig sicheres sagen [24a]); es kommt auch, wenn die buchteilung nicht von Ph. selbst stammt, nicht allzu viel darauf an. Wichtiger ist dass Dionys seine οἰκονομία ähnlich getadelt hat wie die des Thukydideischen werkes [25]), nur dass er sie noch 'schlechter' findet. Ob die ἀταξία τῆς οἰκονομίας und das δυσπαρακολούθητον τῆι συγχύσει τῶν εἰρημένων (was wohl hauptsächlich auf die zeitgeschichte geht) bedeutet dass Ph., wie sein stilistisches vorbild, nach jahren datierte und in ihnen den schauplatz wechselte, muss dahingestellt bleiben [26]). Das waren dann aber weder kriegs- noch natürliche jahre, sondern am ehesten die regierungsjahre der tyrannen. Der gedanke, dass er die neue Olympiadenzählung des Hippias als gerüst verwendete, lässt sich auf F 2 nicht stützen, weil hier ein einzelnes ereignis in Thukydideischer weise (aber schon mit dem stadionsieger [27])) datiert wird; und das (zweifelhafte) F 77 genügt nicht zum beweis, weil die olympiadenzahl aus der chronik stammt und der sieger Westgriehe ist, dessen olympischen sieg Ph. innerhalb der erzählung so notiert haben kann wie z.b. Herodot und Thukydides den des

Kylon; er ist hier (wenn überhaupt) nur zeuge für namen oder heimat des siegers im pentathlon. Für die ältere zeit sind die Τρωικά auch für den sizilischen schriftsteller die natürliche epoche, und Ph. mag nach dem vorgang des Hellanikos (und Thukydides) vielleicht bis ins 6. oder selbst bis ins 5. jhdt in jahren (oder generationen) von ihnen aus vorwärts und rückwärts gerechnet haben [28]).

Ph. schrieb (was an sich und gegenüber Antiochos bemerkenswert ist) attisch; der heimatliche dialekt macht sich (wenn wir nach den wenigen und dürftigen zitaten des wortlauts urteilen dürfen) nur gelegentlich in namensformen (F 62; 63) geltend. Seine sprache hatte keine besonderen vorzüge, war aber 'weniger dunkel' als die des Thukydides [29]). Da Dionys sie tadelnd ἀσχημάτιστος nennt, war es wohl einfach die sprache des gebildeten mannes [30]), die den rhetoren 'billig' erschien, weil (abgesehen vielleicht von dem Anon. Π. ὑψ. T 18) sie für ihren volkstümlich plastischen charakter keinen sinn hatten. Was die lexikographen notieren sind keine glossen sondern meist fachausdrücke oder solche des lebens [31]). Über den stil braucht und kann man den zeugnissen T 15-21 nichts hinzufügen, da wir nicht éin längeres wörtliches zitat haben [32]), und auch keine einzige der διηγήσεις und ἐκφράσεις (um bei den fachausdrücken der rhetorik zu bleiben). Sie müssen also die grundlage unseres urteils bleiben, und werden insoweit richtig sein als Ph. sich wirklich an Thukydides gebildet hat: F 67 ist da signifikant. Aber der abstand war gross, und man hat das gefühl dass die rhetoren selbst in einiger verlegenheit waren, als sie den wieder modern gewordenen autor unterbringen mussten: der vergleich mit Thukydides ist vermutlich nicht so grotesk wie der von Xenophon mit Herodot; aber die formulierung in der vita T 1b ὃς πρῶτος κατὰ τὴν ῥητορικὴν τέχνην ἔγραψεν ist doch schlechthin falsch oder gibt wenigstens einen falschen begriff von der schriftstellerischen leistung. Man kann sogar fragen wie weit Ph.s eigene schriftstellerische ansprüche gingen (in seinen vorreden kam noch nichts dergleichen vor); es ist ganz möglich dass er die schönrednerei und die Gorgianische technik ebenso verachtet hat wie die philosophie, und dass er nicht nur durch den ausschluss jeglicher exkurse [33]) den sachlichen stil des 'geschäftsmannes' affektierte. Jedenfalls 'polterten' seine redner alle im gleichen ton (des lebens?) [34]), und es leidet keinen zweifel dass er die künstlerische vollendung seines grossen vorbildes noch weniger erreicht hat als Antiochos die des Herodot.

Die erhaltung von Ph.s werk ist so kläglich dass uns über seine absolute bedeutung als historiker das urteil fehlt [35]). Von den 76 (77; dazu treten und sind hier wichtig F 56bis; 58bis) gezählten fragmenten sind nicht weniger als 42 nackte namen aus dem lexikon des Stephanos. Sie lehren auch da wenig wo sich ihre historische beziehung mit einiger sicherheit feststellen lässt, und, da Stephanos' hauptquellen Philon und Oros spät sind, geben sie kaum etwas für die überlieferungsgeschichte aus. Diese zeigt ein merkwürdiges schwanken. Ph. hat seinen unmittelbaren vorgänger Antiochos nicht sofort oder vollständig aus dem gebrauch verdrängt, wie Aristoteles, der sog. Hippys und Timaios beweisen. Aber obwohl sein verhältnis zu den seltener genannten sizilischen historikern der ersten hälfte des 4. jhdts — Hermeias, Polykritos, Alkimos — nicht kenntlich ist, war er im 4. jhdt offenbar der hauptautor für die sehr aktuelle geschichte des Westens. Das zeigt — ausser der sofortigen benutzung durch Eudoxos (zu F 47), der nicht sicheren durch Phanodemos (zu F 57/8), und der nachricht der Alexandervita T 22, deren bedeutung nicht leicht zu überschätzen ist — die fortsetzung durch Athanas [36]) und die stellung des Timaios zu ihm, die aus dessen fragmenten und den zeugnissen gut kenntlich ist: er hat ihn aus ideologischen gründen aufs schärfste bekämpft, ihn aber sachlich mindestens für die geschichte des 5. jhdts und der tyrannis der beiden Dionyse sehr stark ausgenutzt [36a]). Er war aber m.e. eine hauptquelle auch für Ephoros, der im 7. buch die kolonisation des Westens, im 12. die ältere tyrannis, im 16. die erste hälfte der regierung des Dionysios I, im 28. und 29. buch deren rest, die regierung des Dionysios II und die weiteren ereignisse bis 345, behandelt hat. Obwohl dieser schlusspunkt etwa 20 jahre unter dem ende von Ph.s werk liegt, zweifle ich persönlich nicht daran dass er bis wenigstens 367/6 und vielleicht bis 363/2 Ph. direkt benutzt hat, und dass der letztere in Diodors büchern 11-16 sowohl durch Ephoros wie durch Timaios' vermittlung fassbar ist [37]). Ich muss mich mit der behauptung begnügen, da ich mich weder hier noch (wo es nötiger wäre) bei Timaios auf die Diodoranalyse einlassen kann, die eine genaue einzelinterpretation nicht nur der sizilischen partieen, sondern der ganzen 6 bücher bedingen würde; auch die frage wo bei späteren — z.b. Polyaen [37a]) — benutzung Ph.s vorliegt und ob sie direkt ist, muss hier beiseite bleiben. Über die herkunft von Xenophons nachrichten über Sizilien wage ich kein urteil, und weiss auch nicht ob Theopomp (der als vorlage Diodors nirgends in frage kommt) in dem grossen exkurs über den Westen [38]) Ph. herangezogen hat. Dagegen ist sicher dass Ph. dann durch Timaios aus dem gebrauch verdrängt wurde [39]), weil dieser viel weiter ausgriff und für die späteren schon deshalb die hauptautorität werden musste weil er die mythologie des ganzen Westens gab und auch sonst der durch den eintritt Roms veränderten weltlage rechnung trug.

Dann erfolgte in Ciceronischer zeit eine wendung zu gunsten des Ph., die unzweifelhaft mit der allgemeinen reaktion gegen die hellenistische prosa, und im besonderen mit der Thukydidesrenaissance des 1. jhdts [40]), zusammenhängt: Nepos nimmt in sein buch *De historicis Graecis* eine Vita auch des Ph. auf [41]); Ciceros bruder studiert ihn neben anderen historikern des 4. jhdts [42]); Cicero selbst urteilt verhältnismässig günstig auch über den stil, obwohl er nicht über den *paene pusillus Thucydides* hinausgeht und selbst schwerlich viel von ihm gelesen hat [43]); die rhetoren von Dionys an charakterisieren ihn in den büchern Περὶ μιμήσεως und sonst [44]). Auch um den text hat man sich gekümmert [45]): es ist wahrscheinlich dass damals ein rhetor oder ein rhetorisierender grammatiker die gesamtausgabe in 13 büchern gemacht hat, nach der lexikographen, Attizisten, und Stephanos' quellen zitieren [46]). Ich sehe keinen grund zu bezweifeln dass Plutarch ihn für Nikias und Dion selbst eingesehen hat [47]); und zuweisung einiger papyri des 2. nachchristlichen jhdts an Ph. ist mindestens nicht unwahrscheinlich [48]).

T

(1) Zusammengewirrt sind viten und bücherlisten von drei (oder vier) autoren, dem sizilischen historiker, dem Isokrateer, und einem späteren historiker aus Naukratis [49]). Die verteilung der werke auf sie ist leicht: Ph. gehören nur die Σικελικά [50]); dem Isokrateer die Τέχνη, der λόγος (?) πρὸς τὸν Τρικάρανον [51]), und die δημηγορίαι, was immer der titel bedeutet; dem Naukratiten die bücher über Ägypten, Phoenikien, Syrien und Libyen. Schwierigkeiten macht nur die Γενεαλογία: 'Sizilische Genealogieen' hat Hippostratos [52]) geschrieben; für Ph. ist ein derartiges buch auch als neben- oder teiltitel nicht zu retten. Falls καὶ γενεαλογίαν und περὶ τῆς νήσου Σικελίας nicht zu der korrupten inhaltsangabe ἔστι — διαφόρως gehören, ist noch ein vierter autor eingemengt, der in Homer (und Vergil?) - scholien und von Plinius zitierte Philistides [53]), dessen Συγγενικά ein genealogisches werk sind. Philistides hat Ps. Platon [54]) den Ph. genannt.   (2) S. n. 2. Laqueur col. 2409, 50 ff. weist auf Diodor. 13, 15, 5 (für ihn Timaios) οἱ δὲ Συρακόσιοι θεατὰς ἔχοντες γονεῖς καὶ παῖδας hin, was zwar letztlich aus Ph. stammen kann, aber die nennung des eigenen namens auszuschliessen scheint. Busolt *Herm.* 34, 1899, p. 287 f. will die schilderung der zweiten seeschlacht bei Plutarch *Nikias* 24 und Diodor 13, 13 ff., in der knaben eine aktive rolle spielen, auf Ph. zurückführen, weil sie 'das gepräge des selbsterlebten trägt'. Bedenklich. (3—4) Vermittler Timaios? Sie geben nur einen begriff *was*, nicht *wie*,

Ph. von sich erzählte; F 59 zeigt, wie skrupellos Timaios verschob. Aber die quellenfrage Diodors muss bei seite bleiben.   (5) Über Ph.s verbannung s. ob. p. 497, 24 ff.   (6) Dass mit Φιλιστίδης unser Ph. gemeint ist [55]) kann man nicht gut bezweifeln; und wenn der brief echt wäre [56]), müsste man den vollen namen, der auch sonst in Syrakus vorkommt [57]), ernst nehmen, auch wenn man dann nicht versteht warum sich der historiker im titel und somit im werke selbst mit dem kurzen genannt hat — denn das muss man aus der übereinstimmung aller zeugen schliessen. Bei einem fälscher wird man sich den kopf nicht zerbrechen, aber auch seinen text nicht ändern.   (7) Setzt (scharf interpretiert) voraus dass Ph. im j. 361 noch oder wieder in Syrakus war, bezw. ein zweites kommando in der Adria noch nicht angetreten hatte. Längere unterbrechung des kommandos oder häufigere besuche von Syrakus sind durchaus denkbar; aber es ist fraglich ob gerade hier die scharfe interpretation berechtigt ist.   (8) Zur sache Nissen *Ital. Landeskunde* I p. 205 f.; II p. 214 f.; Philipp *RE* IV A col. 2445 no. 3. Sicher datieren lässt sich die anlage des kanals nicht; aber die zeit bald nach 386/5 ist vielleicht wahrscheinlicher [58]).   (10) Allgemein als nachkommin des historikers aus der ehe mit einer tochter des Leptines angesehen [59]). Nach Polyb. 1, 9, 3 heiratet Hieron im j. 272 die ungenannte tochter seines kollegen Leptines; die inschrift liefert den namen. (11—13) S. n. 20; zu F 1-27; 28-44; 45-46. T 13c ist die änderung συμπολεμεῖ notwendig: es mag eine verstimmung auch zwischen Ph. und Dionysios II im anfang seiner regierung gegeben haben [60]); aber da fest steht dass er bis zu seinem lebensende dessen treuester helfer war [61]), und da er auch bei dem zweiten besuch Platons den sieg über Dions partei davontrug [62]), ist nicht glaublich dass sie in den zwei büchern über die ersten 5 jahre der neuen regierung sich bemerkbar machte.   (14) S. zu F 51-56.   (15—21) Ob. p. 500, 7 ff. Der vergleich erfolgt ausschliesslich mit Thukydides , was sich aus der entstehung der Philistosmode erklärt [63]); nur der Anon. Π. ὕψ. T 18 (wo Ph.s name nicht anzutasten ist) ist wieder originell. Weil es eine mode ist,·begreift man auch dass das zuerst nicht ungünstige urteil [64]) schon bei Dionys ziemlich negativ geworden ist.   (22) Ph. ist der einzige prosaist. Das macht m.e. Wilckens ansicht [65]) von zusammenhang mit Alexanders westplänen sicher und wirft natürlich auch licht auf die viel bestrittenen ὑπομνήματα des königs, die Perdikkas kassierte [66]).   (26) Über Philemon s. zuletzt Wendel *RE* XIX 2, 1938, col. 2151 no. 14, der ihn um 200 n. Chr. ansetzt. Alte korruptelen in Ph.s text s. zu F 22; 39.

F

(1—27) Zur stoffverteilung in der einleitenden ersten σύνταξις ob. p. 499, 3 ff. Buch I enthielt die besiedlungsgeschichte der insel wahrscheinlich einschliesslich der griechischen kolonisation [67]); seine untere grenze ist zweifelhaft. II, dessen verlust für uns aus historischen gründen am empfindlichsten ist, handelte (weiter?) von den beziehungen der griechischen städte zu einander und den alten tyrannen [68]); III schon von den Deinomeniden und vermutlich dann auch von der tyrannis Therons in Akragas [69]). Die grenzen der bücher, deren teilung nicht von Ph. stammt [70]), III-VII, die die geschichte des 5. jhdts bis einschliesslich 407/6 behandelten, lassen sich nicht genau bestimmen [71]). Die buchgrenze zwischen II und III liegt vielleicht zwischen den regierungen des Hippokrates und Gelon a. 490 (F 10 ∼ 15). Es ist dann möglich dass sich die geschichte Gelons noch in IV fortsetzte (zu F 19; 20), und dass die sizilische expedition in VI (F 24; 26) noch in VII hineinreichte. Für V haben wir als festes datum ca. 453/2 (F 21); es mag die zeit zwischen tyrannis und Attischem krieg enthalten haben. Von der zweiten σύνταξις lässt sich noch weniger sagen: ob ihr 1. buch (VIII) noch den ganzen Karthagerkrieg von 398/6 (F 28; 30/2) enthielt, hängt von der verbesserung des Zitats in F 7 (s. dort) ab; im 4. (XI) stand der tod des Dionysios I (F 40); 2-3 (IX; X) lassen sich nicht abgrenzen. Das jahr 386/5 wäre wohl eine passende buchgrenze (vgl. T 5); aber es hat kaum zweck zu spekulieren, da das material nun einmal nicht ausreicht. Das fragment über Dionysios II (buch 12-13) ist so gut wie ganz verloren, vielleicht weil die späteren zu den vollständigen darstellungen (etwa des Athanas) griffen. Zur chronologie s. ob. p. 499, 28 ff. und zu F 45-46. (1) Die ankunft des Daidalos und der Kreter ist schon bei Herodot [72]) das älteste 'ereignis' der sizilischen geschichte. Der name des sikanischen königs, der bei ihm, Thukydides und in den fragmenten des Timaios gewiss nur zufällig fehlt [73]), erscheint für uns zuerst bei Antiochos, der auch von den weiteren schicksalen der Kreter berichtet hat [74]). Da die Δαιδάλου ἄφιξις πρὸς Κώκαλον bei Theon unter den beispielen für die πραγματικὴ διήγησις steht (zu den 'schönsten' gehört sie nicht), hat Ph. ausführlich erzählt, und die annahme liegt nahe dass Ephoros sie von ihm übernahm, während Ph. — vielleicht mit varianten im einzelnen [74]) — dem Antiochos nacherzählt haben mag, der selbst wieder die lokalüberlieferung von Akragas aufgenommen haben wird [75]). Die διήγησις wird bei Ph. ziemlich im anfang des buches — noch vor der einwanderung der Sikeler — gestanden haben [76]). Die einzelheiten von Ph.s version sind verloren, und wir wissen auch nicht ob er in der historischen erzählung kretische städte in Sizilien, wie Minoa und Eugyon (Diodor. 4, 79, 5), und die weitere wanderung der sizilischen Kreter erwähnte. (2) Das olympiadendatum muss auf ein bedeutsames ereignis der frühgeschichte gehen [77]). Man denkt (ohne es beweisen zu können) an den beginn der griechischen kolonisation (vielleicht eher Syrakus als Naxos), obwohl es ca. 20 jahre vor Thukydides' datum [78]) liegt; nicht an die gründung Roms, weil Ph.s name bei Dion. Hal. A.R. 1, 6; 74 fehlt; und erst recht nicht an die von Karthago, der grossen gegnerin von Syrakus, deren gründung Ph. viel früher, rund 400 jahre vor Timaios' datum, angesetzt hat [79]). Synchronistische spielereien wie die des Timaios [80]) lagen Ph. wohl überhaupt fern. Das dürftige fragment sagt leider nicht ob er eine bestimmung in jahren nach Troja oder εἰς ἐμέ hinzufügte; epichorische daten gab es nicht. (3) Ὑπὲρ Γέλης Herodt. 7, 153, 2 [81]). Beziehung des fragments auf Herodots erzählung vom zuge des Telines allein im vertrauen auf die ἱρά der χθόνιοι θεοί gegen Maktorion, wohin sich ἄνδρες Γελώιων στάσι ἑσσωθέντες geflüchtet hatten, erscheint nicht unmöglich. In Telines' haus war die würde des ἱεροφάντης τῶν χθονίων θεῶν bis auf Gelon erblich [82]), und damit verbindet sich für Herodot ein problem: ὅθεν δὲ αὐτὰ ἔλαβε ἢ αὐτὸς ἐκτήσατο, τοῦτο δὲ οὐκ ἔχω εἰπεῖν; nach dem (verwirrten) artikel des Anagraphe von Lindos 532 c. 28 hat ein Deinomenes zu den ersten besiedlern von Gela gehört. Ob der name des gründers von Maktorion [83]) noch Ph. gehört ist zweifelhaft; Steph. Byz. zitiert sonst keinen κτίστης aus ihm. (4) Beziehung auf die eroberung durch die Athener im j. 415, der einzigen erwähnung der stadt in unserer geschichtlichen überlieferung [84]), würde änderung der buchzahl bedingen, die sich nicht empfiehlt. Da Thukyd. 6, 62, 3 sie πόλισμα Σικανικόν und küstenstadt nennt, kann man an die ältere besiedlungsgeschichte der insel, die verdrängung der Sikaner durch die Sikeler, denken [85]). (5) Thukyd. 6, 5, 3 = 577 F 9 [86]); Ps. Skymn. 294 Συρακόσιοι δὲ τὴν Καμάριναν (Scal μακαρίναν C) λεγομένην (scil. ἔκτισαν)· / αὐτοὶ δὲ ταύτην ᾗραν ἐκ βάθρων πάλιν, / πρὸς ἐξ ἔτη καὶ τετταράκοντ' ᾠκημένην; Kallimach. Ait. III (P. Ox. 2011; Suda s.v. Σιμωνίδης = Aelian. F 63 He) F 64 Pf.? Bezug auf F 5 und charakter dieses krieges sind sicher, obwohl der ort auch später vorkommt [87]); die datierung aufs jahr (554/3) täuscht eine sicherheit vor, die wir nicht haben. (6) Die korruptel ist leicht zu beheben: die ausgefallene buchzahl Herodots ist am rande nachgetragen und dann korrupt in den text gedrungen; die verdoppelung des καί zeigt dass es eine sog. kustodenkorruptel ist [88]). Die geschichte erzählt als λόγος des Stesichoros von Phalaris

Aristot. *Rhet.* 2, 20 p. 1393 b 9 ff., von Gelon Konon 26 F 1 c. 42 [89]). Bei Ph. spricht die buchzahl für den ersteren [90]), und die geschichte wird bei ihm nach Akragas gehören, dessen tyrann Phalaris stets ist. Nach Himera wurde sie erst übertragen, als man den λόγος, den andere Aesopisch nannten [91]), dem Himeraeer Stesichoros zuschrieb.   (7) Ist wegen der besonderheit der λαμπτῆρες ἀντιπεφραγμένοι von Meltzer (*Gesch. d. Karthager* I, 1879, p. 513) und Melber (*Jahrb.* Suppl. 14, 1885, p. 514) mit grosser wahrscheinlichkeit auf die ausfahrt Himilkons a. 396/5 (richtiger 397/6?) bezogen: Polyaen, *Strat.* 5, 10, 2 (Frontin. *Strat.* 1, 1,2, bei dem — wie bei Diodor — die geschichte von den λαμπτῆρες fehlt) Ἰμίλκων Καρχηδόνιος (ς ν -ίοις F) νύκτωρ ἀναγόμενος ἐκ Λιβύης εἰς Σικελίαν, γράψας καὶ σημηνάμενος [εἰς (del. V)] γραμματεῖα, τοῖς κυβερνήταις ἔδωκε, συντιθέμενος (F συνθέμενος H) ἐὰν ἀποσπασθῶσιν ἐν τῶι πελάγει ποῖ χρὴ συνάπτειν, ἵνα μὴ ὑπὸ τῶν αὐτομόλων ἐξαγγελθῆι. λαμπτῆρας (FH -ρα M Wölfflin) <δ᾽ ἦρε (suppl. Wölfflin)> τὸ πρόσθεν μέρος πεφραγμένους (Melber -νον F), ὅπως μὴ γνωρίζοιεν ἀπὸ τοῦ φωτὸς οἱ πολέμιοι τὸν ἐπίπλουν; Diodor. 14, 55, 1 (a. 396/5) Ἰμίλκων δὲ τοῖς κυβερνήταις ἅπασι δοὺς βυβλίον ἐπεσφραγισμένον, ἐκέλευσεν ἀνοίγειν ὅταν ἐκπλεύσωσι καὶ ποιεῖν τὰ γεγραμμένα· τοῦτο δ᾽ ἐμηχανήσατο πρὸς τὸ μηδένα τῶν κατασκόπων ἀπαγγεῖλαι τὸν κατάπλουν τῶι Διονυσίωι. ἦν δὲ γεγραμμένον, ὅπως ἐς Πάνορμον καταπλεύσωσιν. Allerdings muss dann das zitat geändert werden; aber η̄ für β̄, das F 7 in den zusammenhang von F 28 (30-32) bringt, ist keine schwere änderung. Gegen den an sich verlockenden vorschlag H. Bloch's (brieflich), den die form befremdet (er verweist dagegen auf Pollux 10, 113 Θουκυδίδης ἐν τῶι ἑβδόμωι βιβλίωι; 139 ἐν τῶι τρίτωι Περὶ ζώιων Ἀριστοτέλους [ἐν τῶι Π.ζ. τρίτωι A]), ἐν γοῦν τῶι δευτέρωι τῶν Φιλίστου <περὶ Διονυσίου> βιβλίων zu ergänzen, habe ich bedenken von verschiedener stärke: (1) das eigentlich anstössige βιβλίων fehlt in der zweiten klasse der Hss., und ἐν τῶι δευτέρωι τῶν Φιλ. wäre ein korrektes zitat.   (2) Nach dem in n. 20 vorgelegten befund (dem F 23 und F 5 wenigstens nicht widersprechen) zitieren die erhaltenen autoren alle aus der gesamtausgabe in 13 büchern (freilich ist Pollux' quelle weder hier noch in F 23 festzustellen).   (3) Wo autoren (oder bibliothekare und editoren) umfassende werke in συντάξεις zerlegt haben, werden diese als solche citirt: so Δεινίας ἐν θ̄ τῆς πρώτης συντάξεως, ἐκδόσεως δὲ δευτέρας (306 F 3) neben einfachem ἐν ᾱ (ζ̄) Ἀργολικῶν (F 1-2); Dinon (690 F 1) ἐν τῆι πέμπτηι τῶν Περσικῶν τῆς πρώτης συντάξεως oder kürzer unter fortlassung des eigentlichen titels ἐν β̄ τῆς δευτέρας συντάξεως (690 F 2-3) neben einfachem Δίνων ἐν γ̄ Περσικῶν, ἐν τῆι ε̄ τῶν Ἱστοριῶν (690 F 4-6). Keines der betreffenden citate stammt aus Pollux. Dagegen haben wir bei Anaximenes (no. 72) nur die (von ihm selbst gegebenen?)

sondertitel der drei an einander schliessenden werke in der form ἐν ᾱ Ἑλληνικῶν, ἐν ταῖς Πρώταις ἐπιγραφομέναις Ἱστορίαις, ἐν ᾱ Φιλιππικῶν, τῶν Περὶ Φίλιππον, τῶν Περὶ Φιλίππου Ἱστοριῶν, ἐν ᾱ τῶν Περὶ Ἀλέξανδρον. (4) Es würde nichts ausmachen, dass die vorbereitungen des Dionysios zum Karthagerkrieg von 398/6 im 8. buch standen (F 28) und die gegenoffensive Karthagos im 9ten; da kann man Herodt. 7, 1 ff. vergleichen, und Ph. hat so wenig wie Herodot seine bücher selbst geteilt. Aber entscheidend ist (wenn man sich nicht doch entschliesst F 28 auf Dionysios' ersten Karthagerkrieg zu beziehen), dass F 30-32 aus buch 8 bereits aus der erzählung des krieges zu stammen scheinen. Von diesem letzten punkte abgesehen ist das alles nicht wirklich entscheidend, weil wir die inhalte von buch 7-9 nicht mit irgendwelcher sicherheit abgrenzen können. Aber alles in allem genommen, möchte ich mich doch für die herstellung ἐν γοῦν τῶι η̄ τῶν Φιλίστου [βιβλίων] entscheiden.   (8) Unbekannt und nicht zu beziehen.   (9) Selten zu sagen ob aus Ph. der name oder das ethnikon stammt. Φρούριον spricht vielleicht eher für den ort bei Akragas als für die Sikelerstadt, von der in der geschichte des Dionysios I viel die rede ist [92]). Dann könnte man an die geschichte des Phalaris denken.   (10) Ob das auf die einnahme von Ergetion durch Hippokrates [93]) geht steht dahin. Dass dessen regierung schon im 2. buch behandelt war ist nicht unmöglich. Es gab vielleicht zwei städte des namens: Hülsen *R E* VI col. 432, 20 ff.; 435, 16 ff.   (11) Zu Kallias 564 F 1.   (12) Identisch mit Ietai F 25? s. Ziegler *R E* IX col. 613; 960.   (13) Oldfather *R E* X col. 1500, 35 ff. Ein dürftiges indiz dafür dass Ph. schon in der ersten σύνταξις von den unteritalischen städten erzählt haben muss. Wie viel ist ganz zweifelhaft; aber da er keine 'exkurse' zuliess [94]), wird man es nicht überschätzen. 577 F 1 kann nicht ins 2. buch gehören, und für eine änderung von δευτέρωι in δ̄ ist der papyrus eine zu unsichere grundlage.   (15) Herodt. 7, 156, 2 (= 577 F 6) τοῦτο μὲν γὰρ Καμαριναίους ἅπαντας ἐς τὰς Συρηκούσας ἀγαγὼν (Gelon) πολιήτας ἐποίησε, Καμαρίνης δὲ τὸ ἄστυ κατέσκαψε; Thukyd. 6, 5, 3 [95]); Timaios 566 F 18; vgl. Freeman II p. 130 f.; 497 ff.; Beloch *Gr. G.* ²II 2 p. 163; Ziegler *R E* X col. 1802, 5 ff.; Hackforth *C.A.H.* IV p. 369; 373. Das scholion scheint infolge übermässiger kürzung die folge der ereignisse zu verwirren; oder es ist nach κατέσκαψεν ein zweites zitat (eher der 19a angeführte Timaios als Thukydides) verloren gegangen.   (16) Es ist nicht einmal zu sagen ob die Thermai Himeraiai oder Selinuntiai [96]) gemeint sind. Über die ersteren würde man genaueres in Schol. Pindar. *Ol.* 12, 27 erwarten, die jetzt aber nur allgemeines (und nicht durchaus richtiges) geben. Die karthagische gründung einer städtischen siedlung an diesem 'platz' im j. 407/6 [97]) kann nicht im 3. buch gestanden haben. **(18)** Keine stadt, sondern das gebiet von Leontinoi [98]). Kam also vielleicht in der geschichte der ersten tyrannis vor. **(19)** Man möchte am liebsten in Ā ändern und F 19 in die nachbarschaft von F 1 oder die gründungsgeschichten rücken wegen Pausan. 8, 46, 2 'Ιλίου τε γὰρ ἁλούσης .... Σθενέλωι τῶι Καπανέως τὸ ξόανον τοῦ Διὸς ἐδόθη τοῦ 'Ερκείου· καὶ ἔτεσιν ὕστερον πολλοῖς Δωριέων ἐς Σικελίαν ἐσοικιζομένων, 'Αντίφημος ὁ Γέλας οἰκιστὴς πόλισμα Σικανῶν 'Ομφάκην πορθήσας μετεκόμισεν ἐς Γέλαν ἄγαλμα ὑπὸ Δαιδάλου πεποιημένον [99]). Aber der ort kam bei Ph.(?) etwa im j. 466/5 vor [100]); und er kann auch in dem ersten teil der geschichte Gelons erwähnt gewesen sein, zumal hier das nach dem τύπος τῆς χώρας ungewöhnliche ethnikon (zusatz des Oros) aus Ph. zu stammen scheint. Es mag Gelon gewesen sein, der die stadt zerstörte und das ἄγαλμα und die bewohner nach Gela umsiedelte. **(20)** Aus Ph. stammt nur der name Stiela oder Styella [101]), das Steph. Byz. s.v. Στύελλα als φρούριον τῆς ἐν Σικελίαι Μεγαρίδος bezeichnet. Hybla Geleatis bezw. die Galeotai kamen bei Ph. in der geschichte des Dionysios I vor [102]); und der arg korrupte Stephanosartikel widerspricht der annahme dass Ph. etwa beim tode des Hippokrates von Hybla Heraia oder Geleatis a. 491 (das wäre im 2. oder 3. buch) *ex officio* über die drei homonymen städte [103]) gehandelt habe. Aber auch die beziehung auf die zerstörung von Hybla Megaris durch Gelon etwa im j. 484 ist unsicher, weil wir die buchinhalte von III-IV nicht genau bestimmen können [104]). Die stadt hat viele jahre wüst gelegen und ist vielleicht erst von Timoleon restauriert; aber der platz, wo sie gestanden hat, trug bei griechischen schriftstellern weiter den namen Megara [105]). Es wäre denkbar dass Ph. nach 484 bei nicht festzustellender gelegenheit von der alten Sikelersiedlung gesprochen hat, die (wie münzen und ausgrabungen beweisen [106])) das schicksal der griechischen stadt im j. 484 nicht geteilt hat. **(21)** Geht wohl sicher auf den krieg, in dem der syrakusanische feldherr Phayllos νῆσον τὴν ὀνομαζομένην Αἰθάλειαν ἐπόρθησε: Diodor. 11, 88, 4-5 erzählt ihn unmittelbar vor dem aufstand des Duketios unter dem j. 453/2 [107]). Die namensform Αἰθάλεια auch Diodor. 5, 13, 1 = Timaios 566 F 164 c. 13. **(22)** Motylai ist unbekannt, aber παρὰ (περὶ) τὴν Μοτύην bestimmt die lage. Valguaneras änderung in Μότυον ist paleographisch unmöglich. Eher könnte man an alte korruptel aus Μότυκα denken und dann an den krieg zwischen Akragas und Motye [108]), wo die gleiche verbesserung näher liegt als die in Motyon [109]). Aber das bleibt unsicher, und eine datierung ist unmöglich. Sonst wissen wir von der geschichte Motyes vor 397/6 [110]) nichts.   (23) Beziehung auf die τρυφή von Akragas Diodor. 13, 84, 5 wo περίστρωμα (im singular) vorkommt, ist im 6. buch unmöglich; und man wird ungern die buchzahl in H̄ ändern. (24) Die bucht Daskon [111]) und das Plemmyrion, das die Athener im winter 414/3 befestigten [112]) und um das dann unter Gylippos' führung hart gekämpft wird [113]), beweisen wohl dass die attische expedition im 6. buch stand. Beide namen erscheinen wieder bei der belagerung von Syrakus im Karthagerkrieg von 398/6 [114]).   (25) Zu F 12.   (26) Möglicherweise auf die kampanischen söldner zu beziehen, die 'die Chalkidier' den Athenern εἰς τὸν πρὸς Συρακουσίους πόλεμον zu hilfe senden [115]), und die sich (beträchtlich?) später in Nakone festsetzten [116]). Ph. kann vorgegriffen haben, wie Diodor (ohne von der stadt zu sprechen) zurückgreift.   (27) Tarchia ist unbekannt. Ph. hat die zeit zwischen der athenischen expedition und der wahl des Dionysios zum strategen offenbar sehr ausführlich behandelt.   (28) Gemeint kann nur die rüstung von 398/7 sein; 406/5 ist für eine ekphrasis grösseren stiles kein platz. Man führt allgemein Diodor. 14, 41-44 (durch vermittlung vermutlich des Timaios; s. 566 F 108) auf Ph. zurück; und Diels *Ant. Technik*[2], 1920, p. 19 f. setzt danach 'die erfindung der artillerie' in diese zeit. (30—32) Gehören wegen F 28 eher in den krieg von 398/6 (F 28), als in den von 408/5. Doch war die zusammensetzung des karthagischen heeres in beiden kriegen, für die Ephoros und Timaios auch die zahlen geben [117]), so bunt wie 481/0 und in späteren kriegen [118]). F 30 ist Λιβύης ähnlich zu erklärender irrtum des Stephanos für Ἰβηρίας wie F 39 περὶ Καρχηδόνα.   (33—34) Beide unbekannt. Kraserion, nicht identisch mit Krastos F 44, fehlt auch in *RE*.   (35—37) Bekannt (aus römischer zeit) nur Tissai. Keine beziehung möglich; über den etwaigen inhalt von buch IX s. zu F 7.   (38) Ein kastell Λόγγων bei Katane im 1. punischen krieg genannt bei Diodor. 24, 6; name (?) zweier häfen von Syrakus Et. M. p. 569, 41 ff.   (39) Ebenfalls nur aus dem 1. punischen krieg bekannt; s. Ziegler *RE* XVI 2 col. 1427. Alte korruptel im ersten artikel; im zweiten περὶ Καρχηδόνα fehler wie in F 30.   (40) Diodor. 15, 73, 5 notiert nur das nackte faktum des todes; lässt 15, 74, 5 die ekphrasis fort, die auch bei Timaios stand [119]); und hat auch keinen λόγος ἐπιμετρῶν. Reste eines solchen (aus Ph.-Ephoros?), der ursprünglich sehr günstig war: Nepos *De regg.* 2, 2-3; Cic. *Tusc.* 5, 57. Es ist wenig wahrscheinlich dass Ph. das gerücht, er sei *insidiis suorum* getötet [120]), auch nur erwähnt hat; und dasselbe gilt für die auch von Diodor. 15, 74 erzählte anekdote über die angeblichen folgen des tragischen sieges in Athen.   (41—43) Da der inhalt von IX-X nicht abzugrenzen, und aus VIII-X kein italischer name erhalten ist, bleibt wenigstens die möglichkeit dass Ph. im ersten teil von XI die unternehmungen des Dionysios I in Unteritalien und an der Adria (wo er selbst längere zeit kommandiert hat [121])) seit etwa 387/6 zusammenfassend behandelt hat. Tyrseta ist unbekannt; Mystia liegt im südlichen Bruttium am skylletischen golf [122]); Noukria ist doch wohl der aus münzen [123]) bekannte ort in unmittelbarer nachbarschaft von Terina, der kolonie der Krotoniaten ist und später wieder zu ihrem gebiet gehört [124]); und Kroton ist ungefähr 378 von Dionys erobert. Wir sind über die letzten 15-20 jahre des Dionys ganz schlecht unterrichtet [125]).   (44) Wenn 577 F 1 die historische beziehung gibt (was unsicher ist), müsste die buchzahl geändert werden. Dafür dass die stadt heimat des Epicharm und der Lais war, zitiert Stephanos nicht mehr Ph., sondern Neanthes [126]).   (45—46) Reste der besiedlungsgeschichte; vgl. zu 577 F 8-10. Ihre elemente sind: (1) Ph. kannte den Sikanerkönig Kokalos, mit dem Antiochos' werk begann [127]). Ob er vorher die Kyklopen und Laistrygonen des (Hellanikos und?) Thukydides 6, 2 erwähnte steht dahin [128]).   (2) Die Sikaner, offenbar auch bei ihm das älteste volk der insel, sind nicht autochthonen, sondern (wie bei Thukydides) iberische einwanderer, eine theorie, die sich auf den namen des iberischen flusses Sikanos stützt [128a]).   (3) Die einwanderung der Sikeler in Sizilien datiert Ph. auf 80 jahre vor dem Trojanischen Krieg, d.h. in die 'dritte generation' des Hellanikos, der innerhalb der generation die jahre der einzelnen wanderungen genauer angab. Ph. hat also hier die autorität der universalchronik höher geschätzt als die des Thukydides, der — wir wissen nicht woraufhin; aber Timaios hat vermutlich den gleichen ansatz [129]) — die Sikelerwanderung nach dem Trojanischen Krieg ansetzte, 300 jahre vor dem beginn der griechischen kolonisation, d.h. ca. 1040/30. Wie sich Ph. die eroberung in einzelnen dachte wissen wir nicht; die überlieferung ist nicht einheitlich: bei Thukydides treibt ein sieg der Sikeler in der schlacht die Sikaner in den süden und westen der insel; nach Timaios haben sie den ostteil schon lange vor ankunft der Sikeler wegen wiederholter ausbrüche der Aetna verlassen und kämpfen dann lange mit den eindringlingen, bis sie sich endlich über die grenzen des beiderseitigen gebiets einigen [130]). (4) Für Ph.s chronologie der urzeit ist noch wichtig, dass seine erste σύνταξις bis 407/6 'mehr als 800 jahre' umfasste [131]). Leider ist die kurze angabe nicht eindeutig. Man kann das 'mehr' entweder auf den abstand der sikanischen einwanderung von der auf 80 jahre vor Troja festgelegten sikelischen beziehen; oder die runden 800 jahre datieren das aufkommen des Dionysios I vom epochalen datum des Trojanischen Krieges aus, und das 'mehr' geht auf die zeit der besiedlung durch die beiden stämme der eingeborenen. Im ersteren falle erhalten wir für das epochale datum ein jahr nicht lange vor 1126/5 (407/6 + mehr als 800 — 80), d.h. ungefähr die ephorische epoche 1136/5; im zweiten ein jahr nicht lange vor 1206/5, d.h. die epoche Dikaiarchs 1212/1 oder des Marmor Parium 1209/8, die vielleicht auch die des Hellanikos ist [132]). Die zweite eventualität ist *a priori* vielleicht weniger wahrscheinlich, wird aber möglicherweise durch F 47 gestützt. (5) Ph. eigen ist die bezeichnung der Sikeler als Ligurer gegenüber den Oinotrern des Antiochos und den (troischen) Elymern und Ausonern des Hellanikos [133]). Diese Ligurer müssen ursprünglich in Oberitalien gesessen haben, da sie ihrerseits von Umbrern (für die bei späteren die Aboriginer eintreten [134])) und Pelasgern aus ihren sitzen verdrängt sind. Es liegt wohl nur an der knappheit von Dionysios' exzerpt dass wir nicht erfahren, wer sie zur weiterwanderung nach Sizilien gezwungen hat [135]). Wir erfahren nicht wie Ph. seine behauptung begründete. Aber da es ebenfalls Ligurer sind, die die Sikaner aus Spanien vertreiben [136]), muss der autor dieser theorie die Ligurer für das grosse Westvolk gehalten haben, dessen verhältnis zu den Kelten zweifelhaft bleibt [137]). Ph. wird auf diesen älteren autor zurückgegriffen haben, vielleicht weil er in seinem adriatischen kommando eine genauere kenntnis der oberitalischen stämme erlangt hat [138]), während Antiochos' blick oder eigene kenntnis nicht weit über Süditalien hinausreichte. (**47**) Schol. Eurip. *Troad.* 221 ὀλίγωι δὲ πρότερον τῶν Τρωικῶν Εὔδοξος ὁ Κνίδιος (F 83 Gis) ⟨φησὶν⟩ ἀπωικηκέναι τοὺς Τυρίους εἰς αὐτὴν (*scil.* τὴν Καρχηδόνα), Ἀζάρου καὶ Καρχηδόνος ἡγουμένων, ἀφ' οὗ καὶ τὴν ὀνομασίαν ἔσχεν ἡ πόλις· τινές φασι καὶ τὴν Ῥώμην καὶ τὴν Καρχηδόνα * * πρὸ τῆς πρώτης ὀλυμπιάδος κτισθῆναι· Σοφοκλῆς (F 545 N²) δὲ ἐπὶ τῶν καιρῶν Τριπτολέμου ὠικίσθαι τὴν Καρχηδόνα. Appian. *Lib.* 1 Καρχηδόνα τὴν ἐν Λιβύηι Φοίνικες ὤικισαν ἔτεσι πεντήκοντα (?) πρὸ ἁλώσεως Ἰλίου, οἰκισταὶ δ' αὐτῆς ἐγένοντο Ζῶρός τε καὶ Καρχηδών· ὡς δὲ Ῥωμαῖοι καὶ αὐτοὶ Καρχηδόνιοι νομίζουσιν, Διδὼ γυνὴ Τυρία, ἧς τὸν ἄνδρα κατακαίνει Πυγμαλίων, Τύρου τυραννεύων .... (7) ἑπτακοσίοις (?) δ' αὐτοὺς ἔτεσιν ἀπὸ τοῦ συνοικισμοῦ Ῥωμαῖοι Σικελίαν ἀφείλοντο (264/41 + 700 = 964/41) κτλ. Euseb. *Chron.* a. Abr. 972/8 = 1045/39 a. Chr. Καρχηδὼν ἐπεκτίσθη ὑπὸ Καρχηδόνος τοῦ Τυρίου, ὡς δ' ἄλλοι ὑπὸ Διδοῦς τῆς ἐκείνου θυγατρός, μετὰ τὰ Τρωικὰ ἔτεσιν ρλγ· ἐκαλεῖτο δὲ πρὸ τούτου Ὀριγώ (!). Steph. Byz. s.v. Καρχηδών· .... ἀπὸ Καρχηδόνος Φοίνικος. Das merkwürdig hohe datum (das wir freilich nicht aufs jahr bestimmen können weil es fraglich ist ob Eusebs quellen Ph.s trojanische epoche kannten) sieht fast nach einem synchronismus mit der sikelischen besiedlung Siziliens [139]) aus. Wenn

Ph. Timaios [140]) gewesen wäre, hätte er eher die gründung von Syrakus und Karthago synchronisiert; denn das datum war doch wohl nur gelegentlich, etwa als distanceangabe bei Gelons Karthagerkrieg gegeben, ohne dass Ph. deshalb einen grösseren exkurs zu machen brauchte, wie es Timaios tat (vielleicht mit polemik gegen Ph.s datierung). Leider ist im Eudoxosfragment die zahl der jahre ausgefallen, und dass das gründungsdatum wieder gerade 800 jahre vor der athenischen expedition liegt, ist wohl zufall. Auch dass nach Thukyd. 6, 2, 6 Phoiniker (nicht Karthager!) vor ankunft der Griechen περὶ πᾶσαν τὴν Σικελίαν ἐμπορίας ἕνεκεν τῆς πρὸς τοὺς Σικελούς sitzen, hilft nicht weiter. Die häufige annahme, dass Ph. die gründung von Karthago und Tyros [141]) verwechselt habe, ist mir so unwahrscheinlich wie die einer karthagischen quelle [142]). Obwohl Azoros faktisch aus dem phoenikischen namen von Tyros entwickelt ist [142a]), machen solche eponymen eher den eindruck griechischer erfindung. Der hauptwert von F 47 liegt jetzt darin, dass es die benutzung Ph.s durch Eudoxos beweist [143]).   **(48)** Timaios 566 F 95.   **(49)** Zu F 3.   **(50)** Mag auf die gründung von Aitna gehen, zu dessen könig Hieron den jüngeren Deinomenes machte [144]).   **(51—56)** Es ist allgemein zugestanden dass die grundlage von Diodors darstellung der grossen athenischen expedition [145]) der durch Ephoros vermittelte Ph. ist, der sich seinerseits an Thukydides anschloss (F 51), wenn auch Theons fassung wohl einigermassen übertrieben ist [145a]). Aber es muss Laqueur [146]) zugestanden werden dass 'wir von vornherein mit zusätzen aus Timaios zu rechnen haben'. Die analyse ist nicht einfach, zumal von Timaios' darstellung direkt wenig [147]), von der des Ephoros garnichts erhalten ist; und sie könnte — angesichts von Laqueurs deplorabler art der Diodorinterpretation [148]) — nicht kurz abgemacht werden. Noch weniger möglich ist das für Plutarch, der F 54 Ph. als hauptautor nennt und ihn wahrscheinlich direkt eingesehen hat [149]). Es ist daher besser auf einen abdruck des von zusätzen und änderungen gereinigten Diodortextes zu verzichten; er würde doch kein wirkliches bild von Ph.s art geben. Zu F 52 s. Diodor 13, 11; Plutarch *Nikias* 21. Vermittler für F 53 ist wohl nicht Polemon, sondern Diodors Περὶ μνημάτων, der den Kerameikos im einzelnen beschrieben hat und zu dessen quellen Ph. an sich sehr wohl gehört haben kann [150]). Doch ist mir zweifelhaft ob das spezifisch athenische faktum der fortlassung von Nikias' namen in der verlustliste, das Thukydides nicht hat [151]), wirklich bei Ph. gestanden hat. Er wird doch wohl einfach die tatsachen der übergabe berichtet haben, und wie er selbst über Nikias urteilte steht dahin; F 54 ist zu allgemein und, was Nikias angeht, eher Thukydides als Ph. Andrerseits hat Ph. sicher von dem selbstmordversuch des Demosthenes berichtet[152]), der auch nicht bei Thukyd. 7, 82 steht. Diodor. 13, 19, 2 (nach Ephoros; aber § 5 scheint schon eine spur des Timaios sich zu finden) gibt keine einzelheiten. Zu F 55 s. Thukyd. 7, 86, 2 Νικίαν δὲ καὶ Δημοσθένη ἄκοντος τοῦ Γυλίππου ἀπέσφαξαν (scil. οἱ Συρακόσιοι καὶ οἱ ξύμμαχοι; es ist wichtig dass die letzteren dabei sind), der § 4 auf intimer kenntnis beruhende gründe für den beschluss gibt. Dass er und Ph. den wirklichen hergang geben, scheint unzweifelhaft. Diodor. 13, 19, 5-33, 1, der Hermokrates (und einen gewissen Nikolaos) als vertreter der milde einführt und die hinrichtung der feldherren auf eine gegenrede des Gylippos hin beschliessen lässt, hat wahrscheinlich diesen ganzen letzten teil aus Timaios, der tendenziös zu gunsten des Hermokrates und der Sikelioten gefälscht hat [153]). Im licht dieser tatsache wird man F 56 verstehen: das urteil des Timaios über Gylippos fehlt; aber die 'dublette' Diodor. 13, 8, 4 zeigt dass er mindestens gelegentlich ihm militärisch etwas am zeuge zu flicken versucht hat, und die rede 13, 28 ff. macht ihn zum sündenbock für einen beschluss, dessen sich der Sikeliote schämte. Die begründung des günstigen urteils § 7-10, in dem Thukydides und Ph. übereinstimmen, ist wohl mehr aus jenem als aus diesem genommen.   (57—58) Gewiss nicht aus einem vorgreifenden exkurs gelegentlich der erwähnung von Hybla-Stiela im 4. buch [154]), sondern aus dem eingang der zweiten σύνταξις. Denn Ph. liebte keine exkurse [155]), und die Galeoten sind eine 'sizilische prophetenfamilie', nicht die bewohner von Hybla [156]); sie erscheinen in der historischen überlieferung hier zum erstenmal [157]). Danach ist die in der geschichtschreibung seit der Alexanderzeit immer häufiger werdende, aber nicht erst in ihr erwachsene [158]), manier, geburt und aufkommen eines herrscherlichen mannes durch wahrsagende träume anzukündigen, bei (und von?) Ph. voll ausgebildet [159]). Obwohl der traum sonst nur von Val. Max. 1, 7 ext. 7 (aus Cicero) und das vorzeichen nur von Aelian. V.H. 12, 46 erwähnt werden, verdankt Cicero ihre kenntnis schwerlich eigener lektüre, sondern älteren büchern über mantik [160]). Es ist nicht unwahrscheinlich dass auch die Galeoi des Phanodemos [161] auf die geschichte des Dionys gehen, und dass der Atthidograph Ph. gelesen hat.   (59) S. n. 1 und zu T 3-4.   (60) Eine dieser töchter ist Ph.s gattin; s. T 5 c.   (61) Steph. Byz. s.v. Ἄδρυξ· ὡς Ἔρυξ, ἀρσενικῶς· πόλις Συρακουσίων. Es mag noch in anderen artikeln Ph.s name beim exzerpieren fortgefallen sein.   (62) Ἀμπρακιωτῶν νῆες und πρέσβεις erwähnt Thukyd. 7, 7, 1; 25, 9 im j. 414/3; und die lexikographen mögen mit bezug darauf notiert haben dass Ph. die ihm mundgerechtere form des ethnikons einsetzte. Aber es sind verschiedene andere möglichkeiten, besonders in der geschichte des Dionysios I, denkbar. (63) Philipp *RE* XVII 2 col. 2026, 55 ff. Man denkt am ehesten an die kriege des Dionysios I in Unteritalien. (64) S. zu F 22. (65) Unbekannt. (66) Wohl sicher Triokala, das im zweiten Sklavenkrieg eine rolle gespielt hat; s. Ziegler *RE* VII A 1 col. 166 ff. Aus dem Sikelerkrieg des Dionysios I? (67) Steht bei Thukydides in der Mytilenaeerrede Kleons. Niemand wird daraus schliessen dass Ph. den abfall von Mytilene erzählte oder überhaupt auf die geschichte des Mutterlandes näher einging (wie manche das jetzt für Timaios annehmen); er konnte die gnome überall (nicht nur in einer rede) anbringen. Der wert von F 67 liegt darin dass es bestätigt was die zeugnisse erschliessen lassen — dass er Thukydides ganz gelesen und sich an ihm gebildet hat. Vgl. p. 497, 6 ff. (68—70) Klingen plastisch nach volks- oder matrosensprache. Vielleicht kein zufall dass F 68 der Sizilier Lysias neben Ph. steht. Βούβαρις erklärte Salmasius als μεγάλη βᾶρις, und Duker setzte sie der (auch von den lexikographen notierten) ναῦς μυριοφόρος Thukyd. 7, 25, 6 gleich; sehr verlockend und für den charakter der wenig bekannten diktion Ph.s [162]) interessanter als die formalie F 62. Auch μεσηρεύειν (wenn richtig überliefert) klingt nach umgangssprache wie μεσεύειν, das Xenoph. *Hell.* 7, 1, 43 im gleichen sinne der neutralität braucht. (71) Man denkt unwillkürlich an die verhängnisvolle mondfinsternis vom 27. August 413. Unsere berichte haben alle das gewöhnliche ἐκλείπειν [163]); aber Plutarch spricht an der betreffenden stelle von der ἡλίου ἐπισκότησις; und Herodt. 9, 10, 3 sagt von der sonnenfinsternis des 2. Okt. 480 ὁ ἥλιος ἀμαυρώθη ἐν τῶι οὐρανῶι. (72) Hesych. s.v. διφώνους· διγλώσσους. Von hellenisierten Sikelern? Oder nannte er einen dolmetscher so? (74) Dreimal von Diodor. 11, 49, 3; 72, 3; 86, 3 für einbürgerungen durch Theron, Gelon, und Hieron gebraucht. (75) Aus dem zusammenhang von F 23? (77) Von den drei beischriften in der Olympionikenliste no. 415 spricht diese am meisten für Diels' auflösung der abkürzungen als autorennamen. Nur beweist das nicht für 'beschäftigung Ph.s mit der Olympionikenliste' [164]).

557. DIONYSIOS (I) VON SYRAKUS

Es kann nur der tyrann, nicht der schwindelautor Ps. Plutarchs [1]) gemeint sein, dessen fälschungen keine aufnahme in die literaturgeschichten gefunden haben. Wir haben keinen grund die knappen angaben der Suda über die literarische tätigkeit der beiden tyrannen [2]) zu bezweifeln;

und es macht nichts aus dass wir sonst nur von den bühnenstücken des Dionysios I hören ³). Sehr bedauerlich dass die Suda nichts näheres über die ἱστορικά sagt, die in σατυρικά zu ändern man sich nicht leicht entschliessen wird. Sollte die 'autobiographische' literatur ⁴) die bei den Griechen zunächst ganz politisch eingestellt ist, schon mit dem tyrannen beginnen, der grund genug hatte seine tätigkeit vor der griechischen öffentlichkeit zu rechtfertigen, nicht erst mit Lykurgos' Ἀπολογισμὸς ὧν πεπολίτευται, Demades (?), und Demetrios von Phaleron? Er hatte es schwerlich nötig einen griechischen literaten zu verwenden, wie es wohl der könig Pausanias von Sparta getan und sicher Lysander getan haben ⁵); und man wird auch kaum an beihilfe oder anregung durch Philistos denken.

558. HERMEIAS VON METHYMNA

Der erste ausländer, der sizilische geschichte schrieb ¹); wie das einzige zeugnis wahrscheinlich macht, zu gunsten und dann wohl im dienste von Dionysios I. Als person ist er nicht fassbar; alle gleichungen mit anderen trägern des häufigen namens sind unglaublich. Aber die doppelte buchteilung, die danach nicht vom autor selbst stammt ²), beweist (1) dass der autor vorhellenistisch ist; (2) dass das werk auch später ein gewisses ansehen genoss. Es könnte sehr wohl die oder eine von Ephoros' quellen gewesen sein, der im 16. buch nur einen teil (die erste hälfte?) von Dionysios' regierung behandelt hat ³). Warum H. mit 376/5 schloss (diesen daten von Diodors chronographen darf man trauen) wissen wir nicht; doch erklärt es sich am ehesten daraus dass er bei währender regierung des tyrannen (also vielleicht in propagandistischer absicht und für das Mutterland) schrieb. Wenn also das werk nicht vor dem beabsichtigten endpunkt abbrach (und keine zweite σύνταξις folgte), so bot das ende des dritten Karthagerkrieges einen passenderen abschluss als der krieg in Unteritalien und die einnahme von Kroton. Aber die chronologie beider kriege ist unsicher ⁴). Der titel Σικελικά spricht jedenfalls gegen die annahme dass H. nur über die regierung des Dionys schrieb; er wird vielmehr wie Antiochos — ob Philistos' erste σύνταξις schon vorlag ist zweifelhaft — mit der urzeit begonnen haben, behandelte diese aber viel knapper als sein vorgänger als eine art von einleitung (was bei dem ausländischen propagandisten verständlich ist), während er die zeitgeschichte sehr viel ausführlicher darstellte als Philistos: das einzelbuch enthielt durchschnittlich kaum 4 jahre. Das ganze erinnert an erscheinungen der literatur über Philippos und Alexander.

F

(1) Aus dem ersten grossen aufstand gegen Dionys [5]): Diodor. 14, 10, 3 (404/3) ὁ δὲ Ἄριστος (der spartanische general) καταπλεύσας εἰς Συρακούσας καὶ τῶι τυράννωι λάθραι περὶ τούτων διαλεχθείς, τούς τε Συρακοσίους ἀνασείων καὶ τὴν ἐλευθερίαν ἀποκαταστήσειν ἐπαγγειλάμενος, Νικοτέλην μὲν τὸν Κορίνθιον ἀνεῖλεν ἀφηγούμενον τῶν Συρακοσίων, τοὺς δὲ πιστεύσαντας προδούς, τὸν μὲν τύραννον ἰσχυρὸν κατέστησε, διὰ δὲ τῆς πράξεως ταύτης ἀσχημονεῖν ἐποίησεν αὐτὸν ἅμα καὶ τὴν πατρίδα [6]).

559. POLYKRITOS VON MENDE

Ist in den modernen literaturgeschichten hinter dem Alexanderhistoriker Polykleitos von Larisa [1]) verschwunden, obwohl schon C. Mueller die von Wesseling aufgestellte und selbst von Droysen akzeptierte gleichung (mit im wesentlichen richtigen gründen) zurückgewiesen hatte. Es ist evident dass das zwei nach heimat [2]) und interessenkreis verschiedene autoren sind; nur über die zuteilung einzelner zitate kann man zweifeln wegen der konfusion der ähnlichen namen in den handschriften [3]). Da der Larisaeer sehr wahrscheinlich am Alexanderzug teilgenommen hat, der Mendaier in der zeit des Dionysios (II) gelebt hat [4]), über den er geschrieben hat, ist der letztere der ältere. Er ist zwar gewiss nicht identisch mit dem P. von Mende, der um 400 leibarzt von Artaxerxes II war [5]); aber man braucht nicht zu bezweifeln dass ein verwandtschaftsverhältnis zwischen ihnen bestand. Die vermutung liegt nahe dass auch der jüngere P. arzt war, und vielleicht darf man weiter schliessen (was weder F 1 noch F 3 sicher hergeben) dass der schriftsteller zu gunsten des Dionysios II geschrieben hat, also in seiner umgebung gelebt und ihn gelegentlich auch ins feld begleitet hat. Dafür spricht (1) dass in den Phalarisbriefen ein arzt Polykleitos (so!) als treuer freund des tyrannen erscheint [6]); (2) dass der Mendaier ausser dem mehrbändigen buch über Dionysios II Σικελικά in versen schrieb, die naturwissenschaftliche interessen verraten und (wohl gerade deshalb) mehr paradoxographisch als periegetisch gewesen sein werden [7]). Es ist verkehrt diese beiden bücher zu identifizieren [8]).

Zeit und umfang des historischen buches lassen sich nicht näher bestimmen. F 1 spricht vielleicht dafür dass P. erst während (oder gar nach) der zweiten regierungsperiode des Dionys (347/6-345/4) geschrieben hat; und es beweist sicher dass er nur von Dionysios II handelte — für uns

das erste buch dieser art [9]). Ob es die überlieferung beeinflusst hat ist schwer zu sagen; doch mag manches von den anekdoten über den verkehr der philosophen am hofe und unter einander auf P. zurückgehen. Über die nachwirkung der Σικελικά s. zu F 2; wenn F 4 dem Mendaier gehört
5 (was aber sehr zweifelhaft ist) hat Kallimachos sie exzerpiert.

F

(1) Diog. Laert. 2, 61 φασὶ δ' αὐτὸν (scil. Αἰσχίνην) δι' ἀπορίαν ἐλθεῖν εἰς Σικελίαν πρὸς Διονύσιον, καὶ ὑπὸ μὲν Πλάτωνος παροφθῆναι, ὑπὸ δ' Ἀριστίππου συστῆναι. Nach Plutarch Quom. adulator 26 p. 67 C-E em-
10 pfiehlt ihn gerade Platon.   (2) H. Oehler Paradox. Flor., 1914, p. 104 ff. Die anonym zitierten θαυμάσια § 111 (krokus auf der Pelorias) und § 113/4 (berg und quelle ἐν τῆι ἐπικρατείαι τῶν Καρχηδονίων) lassen sich nicht mit sicherheit auf P. zurückführen; doch hat Müllenhoffs annahme [10]) einer vermittlung durch Lykos no. 570 manches für sich.
15 (3) Dass in dem bericht Diodors über die karthagische eroberung von Akragas mindestens der exkurs c. 81, 4-84, 6 aus Timaios stammt, ist anerkannt [11]), und dieser kann sehr wohl den historiker des Dionysios II benutzt und auch für eine einzelheit zitiert haben. Dass der Mendaier gemeint ist zeigt der inhalt und noch mehr die berufung auf den augen-
20 zeugen [12]); und Πολύκλιτος in der besten Hs. macht die änderung noch leichter. Der titel Ἱστορίαι ist so vage dass er ein buch über Dionys so gut decken kann wie eins über Alexander [13]); an die Σικελικά wird man ungern denken. Wenn man auch φησίν in § 4 aus dem Patmiacus aufnimmt, war P.s exkurs über Gellias ausführlich. Welcher feldzug gemeint
25 ist, können wir nicht feststellen [14]).   (4) Über die quelle Liparis s. Oehler op. cit. p. 92 f. Dass bei Antigonos exzerpte aus Lykos und Timaios voraufgehen beweist nicht sicher für einen sizilischen autor, zumal Plinius zwischen P. und Lykos den Theophrast zitiert und der Alexanderhistoriker, den die Paradoxographen auch sonst ausgebeutet haben [15]),
30 inhaltlich näher liegt. Nur wegen des namens Liparis erwägt man die Σικελικά des Mendaiers. Aber es ist fraglich ob sie Lipara behandelten.

560. ALKIMOS DER SIKELIOTE

Es ist nicht sicher ob A. unter die politischen historiker oder unter die (paradoxographisch oder ethnographisch interessierten) periegeten
35 gehört: F 4 spricht nicht entscheidend für, und F 2 nicht entscheidend

gegen die erstere eventualität. Auch die person ist nicht sehr fassbar, und zeitlich nur vermutungsweise (wenn auch, wie ich glaube, mit ziemlicher genauigkeit) zu bestimmen. Wenn er mit dem angeblich 'berühmtesten rhetor' [1]), der uns aber völlig unbekannt ist, identisch ist [2]), führt das (von Stilpon aus gesehen) frühestens auf das jahrzehnt 350/40. Auch der adressat des gegen Platon gerichteten werkes — dass es ein solches ist ist nach dem inhalt nicht zu bezweifeln [3]), und damit ist wenigstens der Platonschüler Amyntas aus Herakleia Pontica als adressat ausgeschlossen [4]) — ist nicht sicher zu identifizieren. Schon dass er ein bekannter mann war lässt sich nicht *a priori* behaupten, und der makedonische könig Amyntas II (393/2-370/69) ist selbst dann zu früh, wenn A. die ideenlehre aus lehrvorträgen kannte [5]). Aber zeitlich und sachlich scheint gut zu passen der sohn des Perdikkas, neffe und (seit etwa 340/38) schwiegersohn Philipps, den Alexander 336/5 töten liess [6]). Seine ausbildung fällt in die zeit, in der (nach dem endgiltigen zusammenbruch von Platons sizilischen hoffnungen durch Dions tod im j. 354) die blicke der Akademie (kaum mehr Platons selbst) sich auf Makedonien richteten [7]); und in dieser zeit ist ein angriff auf Platons originalität begreiflich, der sich von Theopomps Καταδρομὴ τῆς Πλάτωνος διατριβῆς [8]) nur dadurch unterscheidet dass der Sikeliote sich auf die abhängigkeit des philosophen von Epicharm beschränkt. Man darf in diesem zusammenhang wohl darauf hinweisen dass Dionysios II Περὶ τῶν Ἐπιχάρμου ποιημάτων geschrieben hat [9]), obwohl wir von einer etwaigen tendenz des buches nichts wissen. In jedem falle scheint damit die seit C. Mueller ziemlich allgemein geglaubte identität des pamphletisten mit dem verfasser der Σικελικά gesichert [9a]), und wir gewinnen damit zugleich ein indiz für dessen politische stellung. Die vermutung liegt nahe dass A. eine zeitlang zum literarischen hofstaat des tyrannen gehört hat. Ob man daraus auch ein argument für die gleichung mit dem rhetor entnehmen will, der sich Stilpon anschloss, stehe dahin: wer phantasieren will kann annehmen dass A. den Dionys 345/4 in die (zweite) verbannung begleitete. Es ist nicht immer leicht zwischen den motiven für die zeitgenössische polemik gegen Platon und die ältere Akademie zu scheiden, und der einzelne autor kann (wie wahrscheinlich Theopomp) mehrere motive gehabt haben: die feindschaft der rhetoren — des Kephisodoros, der κατηγόρει (Πλάτωνος) ἀρξάμενος ἀπὸ τῶν ἰδεῶν [10]) und anderer schon im 4. jhdt — gegen Platon ist jedenfalls eine fassbare tatsache.

Über den umfang der Σικελικά und ihren einfluss auf die überlieferung ist nichts näheres auszumachen da das einzige zitat mit buchzahl (F 10) bei dem unzuverlässigen Natalis steht. Ganz kurz können sie wegen des sonderbuches über Italien (F 2) nicht gewesen sein; und die zitate beweisen dass sie ein gewisses ansehen genossen. Man wüsste besonders gern ob die offenbar ausführlichen schilderungen der italischen völker Theopomp material für seinen grossen exkurs über den Westen geliefert haben [11]). Dass A. sie zwar zusammenfassend, aber im rahmen der Σικελικά, behandelte [12]) gibt ihm eine art zwischenstellung zwischen Antiochos einerseits, (Philistos und) Timaios andrerseits, ist aber zur näheren zeitbestimmung nicht zu verwenden. Über den begriff Italien bei ihm s. zu F 2. Sizilischen lokalpatriotismus verrät ausser dem pamphlet gegen Platon auch F 1.

F

(1) Die gelehrsamkeit stammt wohl aus Apollodoros' umfangreichem kommentar zu Epicharm [13]), dessen Ἥβας γάμος für den fisch an erster stelle zitiert wird. A. gehört nicht mehr als was unter seinem namen steht; es hat nichts mit der σάλπη zu tun, sondern statuiert die priorität Siziliens für die erfindung der παίγνια, die auch Timaios [14]) als τὰ Βότρυος ὑπομνήματα neben anderen produkten der obszönen literatur nennt. Er kann ganz wohl eine wirkliche person gewesen sein, eine lokale grösse, deren ruhm nicht über Sizilien hinausgedrungen ist, und die man dann eher ins 5. jhdt datieren wird [15]). Für die offenbar erfundene Lesbierin Nymphodors [16]) mag man daran denken dass Archestratos in der σάλπη von Mytilene immer noch die beste art des von ihm gering geachteten fisches sieht. Die literatur über Mnaseas bei Maas *R E* XV col. 2250 no. 3.   (2) Wenn den einleitenden worten des Athenaios zu trauen ist, hat A. wenigstens Etrurien noch nicht zu Italien gerechnet; denn das weinverbot gilt nicht für die Etruskerinnen, die nach Theopomp 115 F 204 an den gelagen der männer teilnehmen, προπίνουσιν οἷς ἂν βουληθῶσιν, und überhaupt πιεῖν δειναί sind [17]). Der text des von A. berichteten aitions ist gekürzt und durch lücken gestört, sodass die erzählung nicht ganz verständlich ist. Da wir von der anlage der Ἰταλική nichts wissen, ist fraglich ob sie in einer zusammenfassenden behandlung der νόμοι der Italioten stand oder in einer darstellung von Herakles' marsch durch Italien, in den sich dann auch F 4 einordnen liesse, oder endlich in einer schilderung Krotons, das auf Herakles besondere ansprüche erhob: er erscheint auf münzen schon des 5. jhdts, unter anderem mit dem weinbecher in der hand, und seit etwa 330 (?) als οἰκιστάς [18]). F 3 spricht vielleicht für die erste der drei eventualitäten.   ·(3) Rest einer schilderung der etruskischen sitten, wie sie ausser bei Theopomp

auch bei Aristoteles in den Τυρρηνῶν νόμιμα stand [19]). Die τρυφή der Etrusker war im 4. jhdt ein topos, der zu übertreibungen bezw. verallgemeinerungen führte, sodass z.b. ein schüler Theophrasts den spitznamen Τυρρηνός erhielt, ὅτι τῶν αὐλητρίδων τὰ ἱμάτια περιέδυσεν [20]). Im 5. jhdt hören wir eigentlich nur von der einwanderung der Tyrrhener und der σάλπιγξ Τυρσηνική; aber die Etrusker sind auch in der sizilischen geschichtsschreibung gefürchtete gegner der Griechen [21]). (4) Der erste sizilische bericht über die gründung Roms; denn von Antiochos wissen wir nichts weiter, als dass der name der stadt bei ihm vorkam [22]); und bei Philistos fehlt auch dieser, was den schluss erlaubt dass er so wenig wie Antiochos näheres von Rom erzählt hat. Leider beschränkt sich das exzerpt aus A. auf den stammbaum des stadtgründers und erlaubt deshalb keinen wirklichen vergleich mit dem besser bekannten bericht des Hellanikos, der der älteste griechische überhaupt ist [23]). Trotzdem lehrt der stammbaum wichtiges. Durch die sonst unbekannte Tyrrhenia als gattin des Aineias weist er zurück bis auf den Ps. Hesiod des 6. jhdts (?) [24]), bei dem der Odysseussohn Latinos über 'alle Tyrsener' herrscht. Für Hellanikos ist die vorstellung, dass Odysseus und Aineias auf etruskischem boden siedeln, nicht sicher zu erweisen, aber mit wahrscheinlichkeit zu erschliessen aus der darstellung Lykophrons, bei dem Tarrhon und Tyrrhenos — hier söhne des Telephos und aus Herakles' blut — dem bunde zwischen Aineias und Odysseus beitreten [25]). Ob A. ebenso berichtete (und Lykophrons quelle ist) oder der Herodoteischen ansicht über die einwanderung der Tyrrhener folgte, ist nicht sicher zu entscheiden; jedenfalls verlangt seine Tyrrhenia einen tyrrhenischen vater (ob er nun Tyrrhenos oder anders hiess), und die nächstliegende annahme ist doch dass er bei ihm der eponyme landesfürst war, also da steht wo später und schon bei Kallias [26]) Latinus steht, dessen fehlen bei A. sofort befremdet. Aber Tyrrhenos und Latinos sind konkurrenzfiguren, und durch die wahl des ersteren steht A. der älteren auffassung der italischen bevölkerungsverhältnisse näher; die Latiner bezw. Rom sind ihm noch nicht so wichtig wie die Etrusker, die in der sizilischen geschichte noch unter der tyrannis der Dionyse eine nicht unbedeutende rolle spielten [27]). Auf der anderen seite ist die rolle Albas in A.s stammbaum 'nur aus römisch-latinischen gedankengängen zu erklären': die entwicklung der sage über die anfänge Roms, die ursprünglich ganz aus griechischen vorstellungen erwachsen war, begann von Rom und Latium 'her beeinflusst zu werden' [28]). In die gleiche richtung weist dass Hellanikos' typische geschichte von dem verbrennen der schiffe durch die troischen frauen unter führung Rhomes aufgegeben ist und ersetzt wird durch den (aus dem stadtnamen entwickelten) Rhomos, der von Romulus, dem gründer Albas, unterschieden wird. Die chronologie ist natürlich noch die alte, vor-Timaeische: die gründung Roms fällt in die dritte generation nach dem Trojanischen Krieg.   (5) Zwecklos zu spekulieren ob das aus einer peregiese der insel (vgl. zu F 9) oder etwa aus der geschichte der Sikaner stammt [29]).   (6) Ob. p. 518, 14 ff.   (7) Da die zitate im abschnitt über wortbildung stehen, denken der herausgeber J. Enoch Powell und Snell (*Gnomon* 13, 1937, p. 585 f.) an uns unbekannte grammatiker. Bei der häufigkeit des namens A. wohl möglich; aber es können auch belege aus der literatur sein.   (8) Fälschung, wie die ganze schrift.   (9) 'Haec de Aetna ⟨F 5⟩ loquens afferre Alcimus potuit' C. Mueller, der gegen die zitate mit recht misstrauisch ist: 'sua hauserit ex Eustath. ad Hom. *Il.* ⟨Z 181⟩' [30]). Oder hatte er doch ein volleres scholion zu Vergil. *A.* 6, 288 [31])?   (10) Vgl. Duris 76 F 58; Timaios 566 F 69. Auch hier kann man (wegen F 5) wenigstens fragen, ob Natalis ein volleres Theokritscholion hatte.

561. TIMONIDES VON LEUKAS

Bekannt nur aus Plutarch [1]), dem er durch eine der vielen biographien Dions [2]) vermittelt sein kann, die mindestens z.t. im kreise der Akademie entstanden sind oder auf die Platonische tradition zurückgehen. Aber direkte benutzung ist nicht auszuschliessen [3]). Denn Plutarch hat für Dions expedition (und nur für sie) offenbar mehr aus dem buch, auch wenn sich (wie gewöhnlich bei Plutarch) T.s anteil nicht genau abgrenzen lässt; und der vorsichtige ausdruck Τιμωνίδηι δὲ μᾶλλον (ὡς οἴομαι) περί γε τούτων πιστευτέον, der die tendenz der quelle in rechnung stellt, erklärt sich so am einfachsten. Es ist denkbar dass der *Dion* des Timokrates (wenn ich ihn richtig datiere [4])) Plutarchs aufmerksamkeit auf die originale quelle lenkte, deren echtheit man heute nicht mehr leichtherzig bezweifeln wird [5]). T. war mitglied der Akademie (das bestätigt die gruppenteilung in T 1); hat sich (vielleicht auf veranlassung Speusipps) der expedition Dions angeschlossen, in dessen stab er eine nicht unbedeutende stellung einnahm [6]); und hat über den verlauf der dinge an Speusippos berichtet. Es ist nach T 3 a wahrscheinlich dass der bericht nur bis zu der entscheidenden seeschlacht und ihren unmittelbaren folgen für Dions stellung ging, und sehr wohl möglich dass er die form des briefes hatte [7]). Aber dann hat Speusippos oder T. selbst den brief auch als flugschrift ediert: denn seine benutzung durch Ephoros ist so gut wie sicher [8]).

562. ATHANIS (ATHANAS) VON SYRAKUS

Mit ihm lenken wir wieder in die hauptlinie der Σικελικά ein. Dass A. Philistos' mitten in der regierung des Dionysios II abgebrochenes werk zu ende geführt und fortgesetzt hat [1]) ist insofern merkwürdig als er vom entgegengesetzten politischen standpunkt schrieb. Denn obwohl der name nicht ganz selten ist [2]), wird man ohne bedenken die alte gleichung mit dem προστάτης τοῦ δήμου akzeptieren, den Theopomp neben dem häufiger erwähnten Herakleides [3]) für 357/6 oder 356/5 nennt. A. ist (soweit wir sehen) der erste, der die alte geschichte beiseite lässt und (in der weise der *Hellenika*) *a fine Philisti* beginnt, indem er die zweite hälfte von Dionysios' regierung in einem einleitenden buche zusammenfasste [4]). Die 12 bücher des eigentlichen werkes gingen bis mindestens zum rücktritt Timoleons 337/6 und behandelten, wenn sie damit schlossen [5]), die unmittelbare zeitgeschichte ungewöhnlich ausführlich: das einzelbuch umfasste im durchschnitt nur 1 2/3 jahre. Daraus dass Diodor anscheinend das ganze werk Περὶ Δίωνα πράξεις betitelt, während Athenaios die in dem gleichen ersten buch stehende gesamtcharakteristik des Dionysios I aus den Σικελικά zitiert, hat Schwartz [6]) wohl mit recht geschlossen, dass noch A. 'seinem buche keinen titel gegeben, sondern im prooimion versprochen hatte Dions geschichte zu erzählen'. Man wird glauben dass A. die hauptquelle mindestens für die geschichte Timoleons (wahrscheinlich auch für das voraufgehende jahrzehnt 353/2-345/4) gewesen und von Timaios (der sein urteil über Timoleon teilte) ausgiebig benutzt worden ist [7]). Ob ein verhältnis zu Alkimos bestand, der (wenn er überhaupt politische geschichte schrieb) die dinge z.t. sehr anders sah [8]), ist nicht zu sagen. Aber man wird glauben dass A. sich im 1. buch ausdrücklich mit Philistos' auffassung der tyrannis und im folgenden vermutlich auch mit der platonischen praekonisierung Dions auseinandergesetzt hat [9]).

F

(2) Über die zahl hinaus, die durch Timaios vermittelt sein wird (der derartige angaben seiner vorgänger oft kritisierte), ist das zitat nicht auszudehnen. Im § 8 wird anonym zitiert. Es handelt sich § 6 ff. um die erste neuordnung von Syrakus, nachdem Dionys herbst 344 die tyrannis niedergelegt hatte; s. Diodor. 16, 82; Nepos *Timol.* 3; Freeman *Hist. of Sicily* IV p. 313; Beloch² III 1 p. 584 f.   (3) Nepos *Timol.* 3-4; Freeman p. 333 ff.; Beloch p. 587 ff.; 2 p. 384. Auch dieses zitat kann

durch Timaios vermittelt sein; aber das günstige urteil A.s über Timoleon ist deutlich.

563. TIMOKRATES

Wer von dem bildungsgang des 336/5 geborenen Zenon spricht, kann frühestens in die erste hälfte des 3. jhdts gehören. Damit erledigt sich Croenerts änderung des namens in Timonides [1]). Man könnte zur not an den abtrünnigen Epikureer denken [2]); aber obwohl dieser gegen Epikur die teilnahme der philosophen am staatsleben empfahl, ist eine schrift über Dion (der ja auch kein gutes beispiel für diese these war) für ihn nicht leicht glaublich. Da die nachricht selbst nicht nur falsch ist — vielleicht beruht auch sie auf dem gefälschten briefwechsel zwischen Zenon und Antigonos [3]) — sondern offenbar zusatz erst des Diogenes, setzt man den autor am liebsten in die zeit, die sich (wie Plutarch und Arrian zeigen [4])) wieder stark für Dion interessierte. Vielleicht war es der lehrer Polemons, T. aus Herakleia Pontica [5]), der ins letzte drittel des 1. jhdts n. Chr. gehört. Aber das bleibt reine vermutung.

564—565. KALLIAS UND ANTANDROS VON SYRAKUS

Von diesen beiden historikern des Agathokles ist A. nur aus den zeugnissen über seine tätigkeit in dienst seines älteren bruders bekannt [1]); das buch, das er vielleicht erst nach dem tode des dynasten [2]) über ihn geschrieben hat, wird nur in einem sammelzitat des Diodorischen chronographen ohne nähere angaben über umfang u.s.f. erwähnt. Möglich dass es nicht mehr war als ein nachruf, der das andenken des bruders vor der griechischen öffentlichkeit verteidigen sollte gegen die scharfen angriffe von zwei so angesehenen schriftstellern wie es Duris und Timaios waren. Die überlieferung scheint es nicht beeinflusst zu haben, und sein verhältnis zu K. bleibt im dunkeln [3]). Dagegen hat K. seine 22 bücher gewiss nicht erst nach Agathokles' tod a. 289 begonnen, sondern die laufbahn seines 'brotherrn' — wir wissen nicht seit wann — mit der feder in der hand begleitet und nach dessen tod mit einem nachruf abgeschlossen, von dessen ton die polemik des Timaios einen begriff gibt [4]). Jedenfalls richten sich die 5 bücher, in denen Timaios Agathokles behandelte, vor allem gegen ihn [5]). Auch dieses grosse werk — das vielleicht den titel Ἀγαθοκλέους πράξεις trug [6]) und über dessen schriftstellerische verdienste uns das urteil ebenso fehlt wie über das mass von K.s politischem verständnis — scheint die überlieferung nicht beträchtlich beeinflusst zu haben: dazu war die tendenz zu offenkundig und die traditionelle abneigung gegen die 'tyrannis' zu gross. Diodor hat Duris und neben ihm Timaios, Trogus (wie man in dieser zeit erwartet) den letzteren vorgezogen [7]). Die wenigen fragmente, meist von Paradoxographen ausgehoben, stammen aus exkursen, wie sie zur technik der damaligen historiographie gehören, und an denen das grosse werk offenbar reich war. Sie genügen aber nicht, um einen begriff von der stoffverteilung zu geben [8]). Ein solcher exkurs ist auch in die zusammenstellungen der traditionen über die gründungsgeschichte Roms aufgenommen [9]). Die vermutungen, die Kornemann [10]) daran geknüpft hat — benutzung der Pontificalchronik durch K. und vermittlung römischer geschichten an Duris — sind phantastisch.

F

(1) Eryke, genannt auch von Philistos 556 F 11 im 2. buch (also nicht in der geschichte von Duketios), kam bei Duris 76 F 59 vor in der aufzählung der sizilischen städte, die nach flüssen hiessen; der zusammenhang ist nicht kenntlich. Gleichzeitig oder etwas früher handelte Hippys 554 F 3 über einen τόπος ἐν Παλίκοις. Diodor 11, 89 a. 453/2 legt einen exkurs über das τέμενος τῶν ὀνομαζομένων Παλικῶν ein gelegentlich der gründung der stadt Palike [11]) durch Duketios; er hat ihn aus Timaios, aber es ist unsicher ob er bei diesem an gleicher stelle stand. Die stadt hat kein langes leben gehabt, und darauf mag bei K. τὸ παλαιὸν Σικελῶν γεγενημένη πόλις sich beziehen; der name Palike ist in der grossen lücke des schlecht überlieferten zitats untergegangen. Timaios hat die κρατῆρες [12]) ausführlich beschrieben; desgleichen Polemon *in libro qui inscribitur* Περὶ τῶν ἐν Σικελίαι θαυμαζομένων ποταμῶν [13]). Es sieht beinahe aus als ob der letztere seine beschreibung aus K., nicht aus Timaios, genommen hat [14]). Aber es gibt kaum ein sizilisches geschichtswerk, und erst recht keine periegese, in der die Paliken nicht ihren platz hatten [15]); und wir suchen bei K. vergeblich nach dem anknüpfungspunkt für einen vermutlich ausführlichen exkurs [16]).   (2) K. Ziegler *RE* XVIII 3, 1949, col. 668, 67 ff.   (3) Von den Psylloi kann K. wohl nur gelegentlich von Agathokles' krieg in Libyen gesprochen haben. Das datum gibt Duris [17]) mit der schilderung von Ophellas' marsch durch die wüste, bei dem die truppen u.a. unter den schlangen zu leiden hatten, deren biss 'weder ärzte noch freunde' heilen konnten; er schilderte offenbar ihre

verschiedenen arten. Bei Aelian geht ein bericht des Agatharchides [18]) vorauf, der anderes von den Psyllen erzählt, es folgen nicht voll ausgeschriebene distichen Nikanders [19]), der nicht gerade K. benutzt zu haben braucht; denn von dem volke sprachen die *Libyka* vermutlich ausführlich [20]). (4) Diodor. 20, 101, 1-3 berichtet zum j. 304/3 von einem raubzug des Agathokles gegen Lipara, bei dem er sich an den weihgeschenken vergreift, ὦν εἶχον ἐπιγραφὴν τὰ μὲν Αἰόλου, τὰ δ' Ἡφαίστου, wo dann die göttliche strafe nicht ausbleibt [21]). K. hat diese gelegenheit zu einer beschreibung der inseln benutzt, die in den Σικελικά vielleicht schon seit Antiochos üblich war [22]). Sie beschränkte sich schon damals nicht auf die vulkanischen erscheinungen, sondern berichtete auch über die νόμιμα der bewohner. Vermutlich diskutierte man auch über die bezeichnung als Αἰόλου νῆσοι, die wohl von den ältesten Homerinterpreten in die literatur eingeführt ist [23]) und nicht selbstverständlich war, da der homerische Aiolos nur éine insel bewohnt. Die theorie, die einen zusammenhang der liparischen vulkane mit der Aetna annahm [24]), hat dann Hephaistos hierher gebracht, dessen werkstatt Thukydides' quelle [25]) auf Hiera sucht, Kallimachos auf Lipara, Timaios [26]) (der aber z.t. erloschene vulkane auf allen sieben inseln kennt) auf Hiera und Strongyle. Ob auch K. von diesen beiden oder nur von Hiera spricht, ist nicht auszumachen; ebenso wenig ob Apollonios (wie die scholiasten glauben) seine beschreibung benutzt hat [27]). (5) Von den beiden brechungen des berichtes weist der des Dionys eine textlücke auf, die man aus Synkellos ergänzt; der des Festus ist verwirrt: Latinus [28]) kann nie Trojaner gewesen sein. Beide exzerpte sind so wenig vollständig wie die gründungsgeschichte des Alkimos [29]): das verhältnis der eponymen Rhome zu Aineias bleibt im unklaren, aber auch bei K. sind die eigentlichen gründer Roms aus trojanischem blut; die alte verbindung von Odysseus und Aineias wirkt nur noch in der gestalt des Telegonos nach, der doch sogleich wieder entfernt werden muss [30]). Dass die Alba des Alkimos in diesem stammbaum keinen platz gehabt zu haben scheint ist von geringerer bedeutung; wir müssen mit zahlreichen kombinationen der gegebenen elemente rechnen, die in den einzelheiten willkürlich sind [31]). Wesentlich ist dagegen dass seine Tyrrhenia aufgegeben und die Hellanikeische Rhome wieder eingeführt ist als gattin des Latinus, der hier könig der Aboriginer heisst [32]). Das ist kennzeichnend für die lösung Roms aus dem etruskischen bereich; die ethnische einheit von Latium ist deutlich geworden [33]). Wo K. (der die geschichte des Pyrrhos nicht mehr behandelt hat) den exkurs über Rom eingelegt hat, ist nicht sicher zu sagen; aber man darf behaupten dass er mit den versuchen des

Agathokles zusammenhängt, ganz Grossgriechenland unter seiner politischen führung zu einigen. Wir haben kein zeugnis dafür dass er direkt mit Rom (freundlich oder feindlich) zusammengestossen ist [34]; aber er musste die ausdehnung des römischen einflusses im griechischen Süditalien in seine politischen berechnungen einbeziehen [35]. Die verhältnisse hatten sich seit den 40er jahren des 4. jhdts, in denen Alkimos schrieb, entscheidend geändert; und es ist zu beachten dass Duris 76 F 56 (sicher aus Περὶ 'Αγαθοκλέους) über den dritten Samnitenkrieg und die schlacht bei Sentinum a. 295 gehandelt hat. Ob auch das verhältnis Rom und Karthago hineinspielt, das noch durch den freundschaftsvertrag von ca. 344 bestimmt war, mag dahingestellt bleiben. Man wird sich den exkurs nicht zu ausführlich vorstellen: der überblick des Dionys. Hal. *A.R.* 1, 6 über die griechischen quellen für die römische 'archaeologie' beginnt erst mit Hieronymos und Timaios, den historikern des Pyrrhoskrieges.   (6) 'Diodor hat das Timaioszitat mit einem exzerpt aus dem chronographen kombiniert' Schwartz *R E* V col. 688, 18. Dabei ist der buchtitel verschwunden; s. n. 6.

566. TIMAIOS VON TAUROMENION

T. gehört, wie Ephoros und Poseidonios, zu den bedeutenden historikern, deren behandlung in einer fragmentsammlung notwendig unbefriedigend bleibt [1]. Er ist der letzte autor, der die geschichte Siziliens (das bald nach seinem tode römische provinz wurde) und des Westens überhaupt (so weit er eine geschichte hatte) in einem umfassenden werk von den ältesten zeiten bis auf die πρώτη διάβασις ἐξ 'Ιταλίας 'Ρωμαίων a. 264/3 dargestellt hat [2]. Es liegt in der natur der sache dass ein solches werk für die folgezeit massgebend wurde, und es blieb bis das stilurteil des Attizismus seiner lektüre — von gelegentlicher, nicht reichlicher benutzung in gelehrten kreisen abgesehen — ein ende machte [3]. Von seinem ansehen zeugen die gegenschriften des Istros und Polemon [4], und noch entschiedener die kritik, die ein gut teil von Polybios' 12. buch füllte; denn sie spricht überall deutlich aus dass sie gegen eine allgemeine hochschätzung des autors zu kämpfen hat [5]. Es ist klar dass seine lektüre gerade bei den Römern der Polybianischen zeit zur allgemeinen bildung gehörte, und dass Polybios' kritik daran kaum etwas geändert hat [6], wofür der grund ja auf der hand liegt: T. galt ihnen als der erste historiker ihres volkes [7]. Daher versucht Polybios vor allem den glauben an T.s zuverlässigkeit zu erschüttern. Aber, trotz gewichtiger prinzipieller einwände gegen den charakter des ganzen werkes wie seines verfassers [8]), verliert sich die kritik doch überall in einzelheiten und wirkt deshalb eben so masslos, gehässig und kleinlich wie die des kritisierten autors; selbst ihre ehrlichkeit ist nicht über allen zweifel erhaben. Trotzdem muss (um nur einiges herauszuheben) Polybios anerkennen dass T. in der geographisch-ethnographischen grundlegung, den büchern 1-5 (?), πολλὰ ὑγιῶς gesagt hat [9]), womit er implicite das etwas spätere urteil des Agatharchides [10]) über T.s wert bestätigt; er muss auch in den schlussbüchern 34-38 dem urteil über Agathokles beitreten und kann nur die einseitigkeit und vor allem die form beanstanden [11]). Und was mehr ist — so hoch er sich als universalhistoriker über den lokalschriftsteller erhaben fühlt, er schliesst doch selbst an ihn an, indem er die zwischenzeit von rund 40 jahren zwischen dem endpunkt von T.s Historien (ol. 129; 264/0) und seinem eigenen einsatzpunkt (ol. 140; 220/16) durch die zwei bücher der προκατασκευή überbrückt [12]); d.h. er stellt sich faktisch zu ihm, wie Thukydides sich zu Herodot gestellt hatte. Wenn er ehrlich hätte sein wollen (aber diese objektivität ist vielleicht zu viel verlangt, oder er hat das entscheidende faktum selbst nicht klar erkannt) hätte er ihn für die zentrale tatsache der römischen weltherrschaft als seinen wirklichen vorgänger anerkennen müssen [13]).

Wir können die mehr oder minder starke direkte [13a]) (des öfteren polemische) benutzung T.s mit grösserer oder geringerer sicherheit verfolgen von Kallimachos und Lykophron an [14]) über Apollonios von Rhodos [15]), Eratosthenes [16]), Demetrios von Skepsis [17]), die mythographen [18]), historiker der philosophie [19]), biographen [20]), verfasser von wunderbüchern [21]), lexikographen [22]), Polybios, Agatharchides [23]), Ps. Skymnos [24]), Artemidor [25]), Poseidonios [26]), Dionysios Periegetes [26a]), u.a. [27]) bis — sagen wir zu den grammatikern Varro [28]) und Didymos [29]) (der aber für seine kommentare neben T. auch Philistos eingesehen hat) und den historikern Dionys von Halikarnass (der ihn vielleicht schon nicht mehr aus erster hand kennt [30])), Diodor [30a]), und vielleicht Trogus Pompeius [31]). Es fällt auf dass unter den hier aufgezählten so viele geographen und paradoxographen sind — wie ja auch die urteile des Polybios und Agatharchides vor allem diese seite von T.s leistung betreffen —, und eine wirkliche geschichte von T.s einfluss auf das was Polybios das πραγματικὸν μέρος nennt [32]) wird dadurch erschwert, dass auch ein unverhältnismässig grosser teil der immerhin rund 160 fragmente geographisch-ethnographischen inhalt (im weitesten sinne, d.h. sittengeschichte und anekdotisches über sie eingeschlossen) hat; es sind nur wenige fakten aus der sagengeschichte (von der T. bestimmte teile [33]) eingehend behandelt hat), nicht viel aus der geschichte, und nur ein paar fetzen aus der archaeologie Siziliens und Unteritaliens erhalten. Wenn danach der versuch Geffckens [34]) wenigstens T.s 'Geographie des Westens' zu rekonstruieren prinzipiell berechtigt war, und auch seine resultate vielleicht weitgehend bestehen bleiben, so muss doch auch hier Agatharchides' urteil, dass der Westen 'von Lykos *und* Timaios' (die folge ist nicht gleichgiltig) erforscht sei, sofort zur vorsicht mahnen. Auch abgesehen davon dass Lykos in Kallimachos' thaumasiographischem buch (und vermutlich in anderen seiner sammelwerke) stärker exzerpiert zu sein scheint als T.; dass er der vater des Lykophron war [35]); und dass noch die Θαυμάσια ἀκούσματα des Ps. Aristoteles mehr als eine quelle für Sizilien herangezogen haben; abgesehen auch von der erweisbaren tatsache dass das sagengeschichtliche und ethnographische material weitgehend traditionell war [36]) — die möglichkeit (ich möchte sagen die sicherheit), dass gelehrte wie Kallimachos und Lykophron auch andere vorgänger T.s aus dem 4. jhdt gelesen haben, verbietet anwendung der formel 'Lykophron (oder auch Kallimachos) d.h. Timaios', die sich mehr und mehr eingebürgert hat. Lykos (no. 570) ist für uns nicht sehr fassbar; aber er ist in den büchern über Sizilien und Libyen in die einzelheiten gegangen, und wir können wenigstens stoffliche berührungen zwischen ihm und T. feststellen [37]). Es sieht nicht so aus als ob er da von T. abhängig ist; eher hat das umgekehrte verhältnis statt: denn Lykos scheint weitgehend aus eigener kenntnis geschrieben zu haben, während T. den hauptteil seiner diesbezüglichen gelehrsamkeit aus büchern nahm, unter denen die des Lykos die modernsten gewesen sein mögen. Dann kann natürlich Lykos' material teilweise durch T. vermittelt sein, und es würde sachlich oft auf das gleiche hinauskommen, ob man Lykos oder T. sagt; aber das geht die rekonstruktion, nicht die quellenfrage an. Ich muss mich mit der warnung begnügen, die ja schliesslich für die fragmentsammlung das wesentlichste ist. Eine quellenuntersuchung müsste so gelehrte und oft so schwierige autoren wie Kallimachos und Lykophron genau interpretieren; ist auf knappem raum nicht zu erledigen; und vor allem, es fragt sich, ob — angesichts des erhaltungszustandes ihrer möglichen sachquellen — ein auch nur einigermassen sicheres resultat zu erzielen ist. Es ist m.e. einer der fälle, in denen dem historiker (und nicht ihm allein) mehr mit einer geordneten zusammenstellung des materials gedient ist als mit dem versuch die herkunft der einzelnen nachrichten zu bestimmen.

Das liegt bei den historischen fakten insofern anders als T. für die letzten etwa 75 jahre die (oder richtiger eine der) primärquellen ist; sodann aber auch weil er eine ausgesprochene politische bias hatte, der er auch für die voraufgehenden rund 150 jahre starken einfluss auf die darstellung gestattet hat. Aber die gewinnung Timaeischen gutes über die fragmente hinaus ist trotzdem hier fast noch schwieriger. Es handelt sich natürlich vor allem um seine benutzung in Diodors büchern 11-15 (16) über die jahre 480/79-361/0 (336/5) und in zweiter linie in der Agathoklesgeschichte der bücher 19-21. Was die letzteren betrifft, habe ich keinen zweifel, dass die grundquelle Duris ist, und T. von Diodor (der diesen sizilischen autor, und nur ihn, immer zur hand hat) nur subsidiär herangezogen ist [38]). Für die 'klassische' zeit aber besteht m.e. prinzipiell das gleiche verhältnis zwischen Ephoros und T., auch wenn T.s anteil relativ wesentlich stärker zu sein scheint als in den Agathoklesbüchern, und vielleicht Diodor selbst eine art zusammenarbeit der zwei hauptquellen — oberflächlich und ungleichmässig genug — versucht hat. Wieder würde eine analyse der 5 (6) bücher, da sie sich der einzelinterpretation nicht entziehen könnte, viel zu viel raum beanspruchen; aber vor Volquardsens these [39]), dass 'T. die einzige sizilische quelle Diodors' war, muss noch mehr gewarnt werden als im falle Lykophrons. Der artikel Laqueurs hat das unzweifelhafte verdienst auf grund einer ziemlich ausführlichen einzeluntersuchung die frage auf eine neue (oder wieder auf die alte) grundlage gestellt zu haben. Wenn man gewisse vorgefasste meinungen bei seite lässt — wie dass Diodor überhaupt (nicht nur in 11-15) 'in den meisten abschnitten' zwei 'quellen zusammengearbeitet' und doch an dem einmal niedergeschriebenen exzerpt aus der ersten nichts geändert hat —, kann man dem grundsatz nur zustimmen dass Diodor 'zunächst Ephoros zu grunde legt und paraphrasiert, dann den T. vorgenommen und aus ihm diejenigen stücke in das fertige exzerpt aus Ephoros eingetragen hat, die ihm wichtig erschienen: T. erscheint daher durchweg in zusatzstücken grösseren oder kleineren umfangs' [40]). Die aufgabe besteht also in der aussonderung dieser zusatzstücke; und da kann ich freilich Laqueurs 'analyse des textes' in sehr vielen fällen nicht folgen. Ich lasse ganz beiseite die fragen (1) nach den quellen Plutarchs in den biographieen des Nikias, Dion, und Timoleon und begnüge mich mit der bemerkung dass Plutarch den T. in allen drei Viten, wenn auch in verschiedenem umfang, direkt benutzt zu haben scheint. Am stärksten ist die direkte benutzung im *Timoleon*; aber auch hier machen zitatennester wie F 116 unsicher wie weit er zunächst eine oder mehrere hellenistische biographieen benutzt und nur gelegentlich direkt zu T. greift [41]).   (2) Nach der letzten quelle von Trogus' sizilischen büchern, die m.e. wesentlich komplizierter ist als die quellenuntersuchung bei Diodor [42]).   (3) Das gleichfalls schwierige problem des verhältnisses von Fabius und den älteren römischen annalisten sowie Catos zu T. (um hier von den dichtern Naevius und Ennius abzusehen), das besser gelegentlich der tradition über Rom in Bd. III C behandelt wird, weil griechische autoren des 3. jhdts berücksichtigt werden müssen, die von Rom nicht mehr nur im zusammenhang der westgriechischen geschichte handeln. Es ist wohl anerkannt dass Timaios hier epoche gemacht hat; aber es verlangt zu viel raum und hat doch kaum zweck auf grund der uns einigermassen kenntlichen eigenart T.s hier einzelnachrichten zu besprechen. Es ist gewiss verlockend in T. die primärquelle z.b. für den synchronismus zwischen Alliaschlacht und Antialkidasfrieden zu sehen [43]); aber es bleibt eine reine vermutung, die man auch durch T.s bekannte vorliebe für (z.t. recht spielerische) synchronismen [44]) nicht zur sicherheit erheben kann. Das wenige was wir aus T.s garnicht kurzer behandlung Roms kennen verhilft selbst über die gründungsgeschichte (und die Didofrage) nicht zur klarheit [45]).

So wenig die sammlung befriedigt, die konsequent auf die aufnahme von T. vermutungsweise zugewiesenen stücken, welches inhalts sie immer sind, verzichtet, es ist vielleicht ganz gut dass man sich einmal wieder klar macht wie unsicher der boden ist, auf dem wir unsere grossen gebäude errichten. Die ausnahme, die ich mit dem ersten abschnitt von Diodors Inselbuch gemacht habe [46]), bedarf kaum besonderer rechtfertigung. Sie soll nur einen (freilich schwachen) begriff sowohl von der schreibweise T.s geben wie von dem was man als minimum in den ersten grundlegenden büchern erwarten darf.

Über das leben T.s sind wir durchaus nicht besonders gut unterrichtet. Er heisst durchweg Tauromenite [47]), was auf dem oder den selbstzeugnissen in der vorrede der Agathoklesbücher und vermutlich auch innerhalb der erzählung beruht [48]); T. ὁ Συρακόσιος in dem sammelzitat F 123 a ist gewiss nur konfusion durch den kürzenden exzerptor, und sollte nicht ernst genommen werden [49]). Wenn man die sonst konstante herkunftsbezeichnung scharf interpretieren darf, ist er frühestens 358/7 geboren als sohn des Andromachos [50]), der in diesem jahr die stadt neugründete, und den Timoleon 344 im besitz der herrschaft über sie beliess [51]). Die 96 lebensjahre, die Ps. Lukian dem historiker zuschreibt [52]) erlauben keine genauere bestimmung des geburtsjahres, weil wir nicht wissen wie lange T. das jahr 265/4 [53]) überlebt hat: das jahrzehnt 360/50 hat einige wahrscheinlichkeit; jedenfalls wird man nicht gut unter 340 heruntergehen können [54]); denn die nächsten und eigentlich die einzigen bekannten fakten in T.s leben sind seine verbannung durch Agathokles [55]) und der dadurch bedingte aufenthalt in Athen, der ununterbrochen rund

50 jahre gedauert hat. Beide angaben beruhen auf dem selbstzeugnis im eingang der Agathoklesbücher [56]). Trotzdem lässt sich der anfangstermin nicht aufs jahr genau festlegen, weil Diodor im 19. buch die einnahme Tauromenions durch Agathokles (die T. erwähnt haben muss und doch wohl auch datierte) übergangen hat — übrigens eine bestätigung dafür dass T. in den büchern 19-21 nicht hauptautor ist, und ein guter beleg wie sporadisch Diodor ihn (wie im 16. bis ins 18. buch die sizilische geschichte überhaupt) exzerpiert hat. Wir wissen also auch nicht ob T. damals in Sizilien war und vertrieben wurde, oder ob die katastrophe (die der herrschaft des Andromachos ein ende machte?) etwa eintrat als er zur ausbildung in Athen weilte, und der neue herr ihm die rückkehr verbot. Von dem Isokrateer Philiskos, der sein lehrer heisst [57]), wissen wir nur dass er bis mindestens 325/4 in Athen gelebt hat [58]). Aber dass die verbannung mit der einnahme Tauromenions zusammenhängt wird man nicht leicht bezweifeln; und diese wird man doch wohl vor Agathokles' erstem feldzug gegen Messana im j. 316/5 datieren [59]). Dann laufen die rund 50 jahre des athenischen aufenthalts, mit einem spielraum von ein paar jahren nach unten oder oben, bis gegen 266. Nun mögen die genauen lebensdaten an sich von geringerer bedeutung sein; aber sie sind wichtig für die beurteilung des schriftstellers. Wir wissen zwar wieder nicht ob T. die 5 bücher über Agathokles als eine einheit herausgab und die einleitung erst für die ausgabe schrieb; aber wir sehen dass er den ereignissen nicht mit der feder auf dem fuss folgte — denn Agathokles starb schon 289. Daraus folgt dass er mit dem (unvollendeten) nachtrag zu den Ἱστορίαι, der unter dem titel Τὰ περὶ Πύρρου lief [61]), erst beträchtliche zeit nach dem italischen krieg des Pyrrhos (280-275) begonnen haben kann. T. war offenbar kein 'federfertiger' mann; er ist in seiner langsamen arbeitsart nicht mit Theopomp (oder Duris), sondern am ehesten mit dem ebenfalls schwerfälligen und pedantischen Ephoros zu vergleichen, wie denn auch der umfang seiner produktion für ein so langes leben keineswegs sehr gross ist. Das ist dann auch biographisch wichtig: auch wenn die aus dem zusammenhang gerissene angabe über die dauer des athenischen aufenthalts (F 34) nicht mehr erkennen lässt ob die vorrede der Agathoklesbücher in Athen oder in der heimat geschrieben ist [62]), so zeigen doch die daten für die abfassung der bücher sowohl über Agathokles wie über Pyrrhos dass T. weder den tod des ersteren noch die expedition des letzteren (mit dem er keine persönliche verbindung gehabt hat) zur rückkehr in die heimat benutzt hat. Es steht dahin ob das mit seinen jahren zusammenhängt — es ist eben unsicher ob er zur zeit von Agathokles' tod ein mann von ca. 50 jahren war oder schon

(vielleicht hoch) in den 60ern stand, und ob er zur zeit von Pyrrhos‹ übergang nach Italien 60 war oder die 70 überschritten hatte. Wir können weder leugnen noch strikt behaupten dass er nicht zurückgekehrt ist; aber die wahrscheinlichkeit spricht m.e. gegen die rückkehr: der in der studierstube lebende T. (der mangel an jeder nachricht über persönlichen verkehr in Athen ist schwerlich zufall) fühlte sich offenbar an seinem athenischen schreibtisch ganz behaglich, und nur in Athen hatte er die bibliotheken, die er für seine arbeit brauchte. Das bestimmt auch unser urteil über seine 'reisen', sowohl über ihren umfang wie über ihre zeit, ja die frage ob seine kenntnis des Westens überhaupt forschungsreisen verlangt. Auch hier muss man vorsichtig sprechen. Gewiss hängt der erste punkt zunächst von den fragmenten ab, die aber nicht viel und noch weniger sicheres ausgeben. Davon dass er Akragas kannte [63]), sollte man kein wesen machen, sondern eher auf die ärmlichkeit der sonst erhaltenen nachrichten über Sizilien [64]) hinweisen; für die topographie, städte, flüsse, und selbst die vielen θαυμάσια wird T. so gut wie nicht zitiert. Dass er Neapel und die kampanische küste kennt [65]), braucht man wirklich nicht auf eine forschungsreise zurückzuführen. Wie weit er das sonstige griechische Unteritalien, insbesondere seinen osten und die küsten der Adria aus eigener anschauung kannte ist aus F 12; 42-56; 68; 77-80 nicht zu ersehen [66]). Wer auf die von Polybios F 68 behauptete 'unkenntnis' der Pogegend gewicht legt wird glauben dass T. nicht mehr wusste als was er darüber bei Philistos gefunden hat. Der oft behauptete besuch von Massalia beruht auf ganz schwacher grundlage [67]); denn seit in F 7 die lesung Τυρίων ὑπομνήματα gesichert ist, wird die annahme von autopsie der karthagischen interessensphäre im norden des tyrrhenischen meeres, der inseln von Sardinien bis zu den Gymnesiai, und auch der ligurischen küste sehr zweifelhaft; und für den äussersten westen, Spanien und das Keltenland, ist sie ausgeschlossen; hier folgt er Pytheas. Auch die ausdrücke, mit denen Polybios (wenn es nicht T. selbst war) die sammlung des auf diese gegenden bezüglichen materials charakterisiert (δαπάνη, κακοπάθεια, πολυπραγμονεῖν) besagen nicht unbedingt dass es auf reisen erworben ist; auch nicht vor dem athenischen aufenthalt, wenn man Polybios, der T. schlechthin die ortskenntnis abspricht [68]), nicht bewusster unehrlichkeit oder wenigstens schwerer verdrehung einer ganz allgemeinen aussage T.s bezichtigen will (was freilich nicht ganz unbedingt ausgeschlossen werden kann). Problematisch bleibt allein die kenntnis von Latium bezw. von Rom: die berufung auf die ἐπιχώριοι F 59 möchte dafür sprechen; aber das zitat — wie F 36 aus einer diskussion über den trojanischen ursprung der Römer, der doch nicht damals erst behauptet ist [69]) — ist knapp und stammt aus zweiter hand, sodass unsicher bleibt ob T. leute aus Lanuvium oder Rom sprach, und wo er sie sprach. Es gehört so gut wie sicher in die Pyrrhosbücher, aus denen F 36 zitiert wird und auf die F 61 der inhalt führt; und wenn die beiden fragmente autopsie verlangen (was ich persönlich nicht glaube), so müssten wir wohl an eine endgiltige oder zeitweilige rückkehr (zu forschungszwecken?) glauben, so wenig glaublich eine reise nach Latium für den hochbejahrten mann zu sein scheint. Die reste der bücher 1-5 sprechen m.e. ziemlich entschieden dafür dass T. mit einer gewissen kenntnis von Sizilien und Süditalien nach Athen kam und dann eigentliche forschungsreisen überhaupt nicht gemacht hat: den inhalt der προκατασκευή (es ist der beste name für die ersten bücher), die er vermutlich nach dem vorgang des Ephoros, dessen epochemachendes werk vorlag als T. zu schreiben begann [70]), mit einem gewissen recht für notwendig hielt zum verständnis der sizilischen geschichte, hat er aus büchern genommen [70a]). Was er alles gelesen hat, können wir nicht sagen [70b]); aber ich meine, wir müssen Polybios die prinzipielle kritik dieser bücher als schreibtischarbeit glauben [71]), das was er ihre βιβλιακὴ ἕξις nennt; denn er stützt sich hier offenbar auf aussagen T.s über sein äusseres leben und über die grundlagen seiner historischen schriftstellerei. Agatharchides' höhere wertung der leistung bedeutet keinen widerspruch: er sagt nur dass man die vollständigste geographie des Westens bei Lykos und T. findet; er sagt nichts über die quellen ihrer kenntnis; und die βιβλιακὴ ἕξις bedeutete in seinen augen keinen nachteil, da er selbst — der für den Süden die gleiche stellung beansprucht — kein grosser reisender war, sondern ebenfalls nach büchern und berichten arbeitete. Man mag es immerhin erwähnen dass in den überblicken über die geschichte der geographie, die in ihren älteren teilen auf Eratosthenes zurückgehen [72]), T.s name fehlt: er war nicht ein ἀνὴρ πολυπλανής wie Hekataios, sondern bestenfalls ein ἀνὴρ πολυίστωρ wie Hellanikos; und so nennt ihn denn auch der autor Περὶ ὕψους [72a]).

Aus alledem folgt m.e. ohne weiteres dass T. zum historiker erst in Athen geworden ist, was nach seinen lebensumständen nicht überraschen sollte [72b]): die literarische arbeit ist ihm ersatz für die politische stellung, die er in Tauromenion als erbe seines vaters erwarten konnte; und er hat dem in der vorrede zu den Agathoklesbüchern, in der er auf sein leben zurückblickt, offenbar selbst ausdruck gegeben, ganz gleich ob er mit den ausführungen, in denen er die lange entfernung von der heimat erwähnte, den mangel an autopsie und miterleben entschuldigen, oder ob er mit seiner bücherkenntnis seine berechtigung zur darstellung der

sizilischen dinge erweisen wollte, obwohl er sie nicht selbst aus der nähe gesehen hat und sich nicht aktiv an ihnen beteiligen konnte. Es bedarf wohl keines wortes dass nur die zweite eventualität zutreffen kann: T. wird sich ein verdienst aus seiner βιβλιακὴ ἕξις gemacht haben, die ihm
5 ermöglichte das ganze material zu übersehen und die irrtümer der zeitgenossen und früheren zu korrigieren; und er hat (was leicht genug war) über die tatsache hinweggeredet dass mindestens für die zeitgeschichte, die die hälfte seines werkes füllt, die kenntnis der literatur nicht viel hilft, und die befragung von beteiligten (auf die sich freilich auch ein
10 Thukydides weitgehend verlassen musste) ohne wirkliche lokalkenntnis ein nicht immer genügender ersatz ist [73]). Diese einzige tatsache, die wir aus T.s leben kennen, die aber vermutlich auch die einzige wirklich wesentliche war, erklärt die eigenheiten des werkes, soweit wir sie mit unserem unzureichenden material erfassen können. Man braucht nicht
15 zu leugnen dass er zur geschichtsschreibung von der rhetorenschule aus gekommen ist, wie Ephoros, Theopomp und andere wirkliche oder angebliche schüler des Isokrates: T. steht nach Dionys in der Isokrateischen tradition; aber sein eigenes urteil über Isokrates F 139 ist, wenn überhaupt, dann nicht ungeteilt günstig, und er hat den Isokrateischen
20 stil dem zeitgeschmack entsprechend so modernisiert dass Cicero ihn ohen weiteres den Asianern zurechnet. Aber man darf den ausgesprochen rhetorischen charakter des werkes auch nicht übertreiben und ihn nicht für dinge verantwortlich machen, die damit nichts zu tun haben [74]). Was wir von der äusseren form erfahren — es ist nicht viel, da es an
25 wörtlichen zitaten grösseren umfangs ganz fehlt, und die rhetoren es nicht der mühe für wert erachtet haben den Isokratisierenden historiker im einzelnen zu kritisieren — beweist nicht mehr als die für seine zeit noch (oder schon) beinahe selbstverständliche tatsache, dass T. ein kunstwerk liefern wollte und als leserkreis nicht irgendwelche 'fach-
30 genossen', sondern das grosse publikum im auge hatte, dem er die 'wahrheit' über Sizilien sagen wollte; über die tyrannen, unter denen die unglückliche insel seit der ersten hälfte des 5. jhdts und schon im 6. gelitten hatte [75]), insbesondere über den letzten und schlimmsten in der reihe, der es verschuldet hat dass T. in der fremde leben musste — woraus sich dann
35 ganz von selbst ergibt dass der letzte befreier, der Korinther Timoleon (der doch T.s vater als herrn von Tauromenion beliess), einen heiligenschein erhielt [75a]). Man versteht so ohne weiteres den ersten und entscheidenden charakterzug: obwohl sein verfasser in einer weltwende lebt und in der stadt, die noch immer das geistige zentrum von Hellas war,
40 hat er doch nur über seine heimat gehandelt [76]) und damit über konflikte,

die gerade den zeitgenossen angesichts der neuen ungeheuren ereignisse und ihrer folgen für das Mutterland wie ein frosch-mäusekrieg erscheinen mussten. Es scheint mir eine schwere verkennung, wenn man darin buchhändlerische spekulation oder romantik, die wirkung 'der geistigen luft des politisch verfallenden, von der vergangenheit träumenden Athen' sieht [77]). Man mag von dem engen horizont des Sikelioten reden, vom mangel an historischer einsicht, oder (und vielleicht besser) von der refugié-mentalität; aber man kann nicht zweifeln, dass wir es mit einem lebendigen zug, vielleicht dem einzig wirklichen, in T.s geistigem gesicht zu tun haben: sein ganzes denken kreist um die probleme Siziliens und des Westens; Karthager und später Römer sind ihm — um es zugespitzt zu sagen — wichtiger als Alexander, die welt des Ostens, die kämpfe der Diadochen, und das schicksal des Mutterlandes. Der aus seinem eigentlichen milieu in einen fremden bezirk geworfene mann hat sich mit zäher energie in die selbstgestellte aufgabe verbissen, und mag geglaubt haben dass er mit ihrer erfüllung seiner heimat diente. Eine kritik, die — etwa gestützt auf den exzessiven sizilischen lokalpatriotismus T.s [78]) und auf einen vergleich mit Theopomp, der die bedeutung der neuen macht und ihrer herrscherpersönlichkeiten erkannte (er stammte freilich auch aus dem Osten) — nachweist dass T. im banne der alten πόλις-idee stand — nicht anders als Platon (der Themistokles, Perikles, und das attische reich lästerte) und Aristoteles (der weiter idealverfassungen der πόλις konstruierte, während Alexander ihren lebensboden endgiltig zerstörte) — ist leicht genug. Es ist ebenso leicht zu zeigen dass und wie eine solche idee das verständnis gerade der sizilischen geschichte unmöglich machen musste, weil ihr vertreter die bedeutung der grossen militärmonarchen und ihrer einigungsversuche der Westhellenen nicht unbefangen würdigen konnte. Man kann weiter gehen und zugeben dass das religiöse, politische, und soziale denken T.s (auf das ich nicht näher eingehe) zwar nicht 'archaisch', wohl aber schlechthin veraltet ist; dass es banal, bourgeoishaft, und selbst (in der auffassung der älteren griechischen geschichte) innerlich widerspruchsvoll ist, weil T. weder eine geschichtsphilosophie noch eine wirkliche weltanschauung hat, und ganz unberührt ist sowohl von der allgemeinen entwicklung wie besonders von dem staatsdenken der philosophie. Wenn wir das werk besässen, würden wir gewiss viel aus ihm lernen, aber der gewinn würde vermutlich rein faktischer natur sein.

Diese negative kritik, die auf den vorwurf hinausläuft dass T. die geschichte seiner heimat, nicht eine griechische universalgeschichte geschrieben hat, bringt uns nun nicht sehr viel weiter. Jeder historiker hat schliesslich das recht sich sein thema selbst zu wählen, und die lokalgeschichte ist im 4. jhdt eine anerkannte form; und wenn sie ein so grosses gebiet wie Sizilien und den griechischen Westen umgreift, ist sie berechtigt, berechtigter vielleicht als die geschichte Makedoniens. Es kommt alles auf die durchführung an; und da muss man T. die gerechtigkeit widerfahren lassen dass sein thema nicht nur an sich bedeutend, sondern zukunftschwanger war. Er hat für den Westen den grossen gegensatz Griechen-Barbaren herausgearbeitet — soviel beweist die προκατασκευή — und mehr, er hat, als er der entwicklung des sizilischen schicksals mit der feder folgte, einen hauch der zukunft verspürt, als er zweimal über Rom handelte [79]: das erste mal als er in den Historien bei irgend einem anlass des 4. jhdts Roms archaeologie berührte, schwerlich viel anders als Alkimos und Kallias [80]; als aber Rom gegen Karthago antrat, da begann er ein neues werk (ob es nun als fortsetzung des alten gedacht war oder wirklich als ein neues werk), das nicht mehr egozentrisch bedingt war, sondern durch die erkenntnis dass hier im Westen eine neue grossmacht in die geschichte eintrat. Es ist das werk, das Varro geradezu *Historiae de rebus populi Romani* genannt hat [81], und in dem er nun nicht mehr bloss die 'archaeologie' gab (τὰ ἀρχαῖα τῶν Ἱστοριῶν; d.h. in der hauptsache, wenn nicht allein, die κτίσις, die nur eine von vielen war in dem komplex der westwanderungen von Griechen und Trojanern), sondern einen überblick über die geschichte Roms bis zum zusammenstoss mit Pyrrhos und Karthago — wo nur leider nicht zu sagen ist, wie weit der langsam arbeitende mann in der erzählung der vorgänge selbst gelangt ist. T. war freilich nicht der einzige, der die bedeutung der neuen macht erkannte, und wir sehen auch nicht wie tief seine erkenntnis reichte. Selbst wenn die zurückführung des berühmten abschnittes 1226/80 in Lykophrons *Alexandra* auf ihn, und allein auf ihn, berechtigt wäre [82], würde uns das wenig helfen, weil er sich ganz im bereich der gründungsgeschichte hält, und weil die direkten fragmente T.s für die historische zeit wenig oder nichts ausgeben [82a]. Aber in dem synchronismus zwischen der gründung der beiden städte Rom und Karthago, der vor 264 nicht denkbar ist, muss man doch mehr sehen als eine seiner gewöhnlichen spielerischen gleichungen über das walten der Tyche — gerade wenn er seiner chronologie in den Historien widersprach [83]. Sie erweist den historiker des Westens als wirklichen vorgänger des Polybios, der auch selbst ein gefühl davon gehabt hat [84]. Die besonders giftige polemik des mannes, der mit T. mehr als einen charakterzug gemeinsam hat, ist nur eines der vielen beispiele für die antike (und moderne) art den unmittelbaren vorgänger besonders heftig zu bekämpfen um die eigene leistung in das

rechte licht zu stellen. Ohne die verdienste des Polybios (eines der unerträglichsten antiken historiker) zu verkleinern — es war nach den kriegen mit Hannibal, Antiochos, Perseus leichter die welthistorische rolle Roms zu erkennen (und den versuch einer erklärung zu machen) als ein jahr-
5 hundert und mehr früher, als Rom eben die ersten schritte aus dem mittelitalischen 'raum' getan hatte. Erst wenn man dieses fundamentale faktum in der entwicklung des historikers T. anerkennt, hat man das recht zu einer kritik, die ihn trotz seines einflusses auf die mehr und mehr römisch instruierte geschichtsschreibung aus der reihe der wirklich
10 grossen historiker ausschliesst.

Es hat hier keinen zweck dieses urteil dadurch zu begründen dass man T.s ausführung seines themas in den einzelheiten verfolgt; wir haben auch zu wenig material dafür. Aber deutlich ist sein zweiter charakterzug — das was man seine (oft als pedantisch bezeichnete) gelehrsamkeit
15 nennt [85]). Er ist nicht leicht richtig zu erfassen, weil wir auf fetzen und die (nicht sehr ehrliche) kritik des Polybios angewiesen sind; nur darf man in ihm keine 'analogie' zu der tätigkeit des Peripatos [86]) oder der anders gearteten (nicht einem historischen zweck unterworfenen) sammeltätigkeit der hellenistischen gelehrten [87]) sehen. Kenntlich ist nur
20 einzelnes, wie die sehr umfangreiche literaturkenntnis, die sich keineswegs auf historiker beschränkt: T. zieht die poetische literatur von Homer bis zur attischen komoedie heran [88]), und er hat diese dichterischen zeugnisse interpretiert, zuweilen eingehender als nötig war [89]). Dass er seine quellen vielfach namentlich zitiert, ist nicht gewöhnlich, sondern liegt wohl
25 daran dass er meist polemisiert [90]). Die polemik war nicht immer unberechtigt [91]), aber ihre masslosigkeit hat ihm den spitznamen Ἐπιτίμαιος eingetragen [92]); und was wir von ihr haben ist allerdings derart dass man geradezu nach einer besonderen psychologischen erklärung suchen möchte. Darf man T., der keine wissenschaftliche ausbildung genossen
30 hat und der den Peripatos in seinen beiden ersten vertretern fast noch gehässiger bekämpft [93]) als die historischen vorgänger (von denen er die sizilischen gewiss aus dem gebrauch verdrängen will) und zeitgenossen, überhaupt einen gelehrten nennen? Den spitznamen Γραοσυλλέκτρια [94]), der den vorwurf der mangelnden unterscheidung zwischen wichtigem
35 und unwichtigem in sich schliesst, wird man dabei nicht zu ernst nehmen; er braucht nicht böser gemeint zu sein als Βῆτα oder Στηλοκόπας. Aber hatte T., den man zuweilen kaum richtig als den 'typus des nervösen stubengelehrten' bezeichnet [95]), selbst das dumpfe gefühl dass er dilettant oder autodidakt war, und ist die heftigkeit der polemik (wie man das
40 bei dilettanten öfter findet), die die unwissenheit aller anderen oft sehr

kleinlich und gehässig aufsticht, ebenso wie der mangel an selbstkritik ein ausfluss dieses gefühls dass er seiner selbstgestellten aufgabe nicht gewachsen ist? Die entscheidung dürfte von den 'Ολυμπιονῖκαι abhängen, von denen wir leider so gut wie nichts einzelnes wissen [96]). Sie waren unzweifelhaft als vorbereitung auf das hauptwerk gedacht, in dem T. neben den überall üblichen intervallen vielfach nach olympiaden datiert zu haben scheint [97]). Es ist unzweifelhaft, dass er dadurch dass Eratosthenes hier in seine fusstapfen trat, den sieg der olympiadenrechnung in der wissenschaft entschieden hat; und es scheint sicher dass er die praktische form des chronikalischen handbuchs geschaffen hat, das in neben einander stehenden sparten die wesentlichsten eponymenlisten bot. Aber das genügt kaum zu einem urteil über den wissenschaftlichen wert der arbeit, wenn auch andrerseits die höhnisch gefärbte bezugnahme des Polybios [98]) natürlich nicht gegen ihn spricht. Es ist aber fraglich ob er mehr zur verfügung hatte als die grossen eponymenlisten des Mutterlandes, die alle bereits publiziert waren [99]), und die kenntnis der verschiedenen jahresformen [100]); ob er für sie eigene urkundliche forschungen gemacht hat; und ob er irgendwie massgebenden einfluss gehabt hat auf die chronologische einordnung der historischen tatsachen auch nur für Sizilien, wo es keine oder keine vollständigen und brauchbaren eponymenlisten gab. Die bedenken [101]), die chronologie Diodors für das 5. jhdt als T. zu behandeln und ohne weiteres als richtig anzunehmen, sind m.e. nur zu berechtigen.

Die Historien T.s werden bis zum 38. buch zitiert, das das letzte gewesen zu sein scheint. Denn F 34 aus buch 34 stammt sehr wahrscheinlich aus der vorrede der Agathoklesbücher, deren zahl 5 betrug [102]), und der heftige angriff auf Demochares aus dem 38. buch [103]) wird mit dem ἐπιμετρῶν λόγος auf Agathokles zusammengehören, den Polybios für die καταστροφή τῆς ὅλης ἱστορίας bezeugt [104]). Also wird v. Gutschmids leichte ergänzung von H̄ zu ΛH̄ [105]) in der vita T 1 das richtige treffen. Weiter als bis zu Agathokles' tod (a. 289), der für den egozentrischen mann der passende abschluss war, wollte T. ursprünglich nicht herabgehen. Also muss man das, oder wohl eher die, bücher über Pyrrhos [106]), deren bibliographische absonderung sicher bezeugt ist [107]), als einen nachtrag ansehen, zu dem sich T. aus den oben besprochenen, historisch bedeutsamen, erwägungen entschloss. Wenn er bis 265/4 (264/3) herabging, — was man nach dem zeugnis des Polybios [108]) annehmen muss —, kann man den titel nur *a potiori* verstehen. Aber man wird als möglichkeit erwägen dass T. nur in der vorrede das zu erreichende ziel angab und seine wahl begründete, aber mit der ausführung nicht über den Pyrrhoskrieg hinausgelangt ist. Jedenfalls führen die tatsachen von T.s leben darauf dass er die neue aufgabe spät und im höchsten alter in angriff genommen hat [109]), und auch F 60 bestätigt dass er mindestens noch den ausbruch des ersten punischen krieges erlebt hat. Das werk baute sich — wie προκατασκευή, Agathokles- (und Pyrrhos-)bücher zeigen — in einer reihe von sachlichen abschnitten auf; aber ob T. buch- oder abschnittweise publizierte ist nicht sicher zu entscheiden [110]) (übrigens auch ziemlich gleichgiltig); und ebenso wenig ob und welchen gesamttitel er seinem werke gegeben hat. Polybios [111]) spricht nur von ἱστορία, πραγματεία, βίβλοι, und ὑπομνήματα; Diodor [112]) von σύνταξις, ἱστορίαι, γραφή, und βίβλοι (die übliche bibliographische notiz F 123 ist vom excerptor elend zusammengestrichen); Cicero [113]), der das sonderwerk des *Bellum Pyrrhi* kennt, von *continuae historiae*; Dionys [114]) von πραγματεία und κοιναὶ ἱστορίαι; Gellius (nach Varro [115])) und Iosephus F 153 von *historiae*. Citiert werden sie (soweit überhaupt ein buchtitel gegeben wird, was nicht häufig der fall ist) gewöhnlich (auch von dem in diesem punkt meist zuverlässigen Athenaios) als Ἱστορίαι; und der uns neutral anmutende titel, der in wahrheit anspruchsvoller ist und den die verfasser von Ἑλληνικά seit der wende des 4. zum 3. jhdt zu bevorzugen scheinen [116]), ist für T. nicht von vorn herein unmöglich, erhob vielleicht sogar den anspruch dass hier etwas geboten würde was über die blosse lokalgeschichte hinausging und den Hellenika als geschichte des griechischen volkes gleichberechtigt an die seite trat. Der von der Vita gebotene titel Ἰταλικὰ καὶ Σικελικά erweckt an sich bedenken und wird durch die daneben stehende variante (?) Ἑλληνικὰ καὶ Σικελικά eher diskreditiert [117]); es ist wohl eine der in der Suda nicht seltenen inhaltsangaben. Immerhin zitiert Antigonos von Karystos, einer der ältesten benutzer, der das werk gewiss selbst vor sich hatte, T. ὁ τὰς Σικελικὰς ἱστορίας συγγεγραφώς [117a]); der späte grammatiker, dem wir die quellenangaben zu Parthenios verdanken, Σικελικά; und Didymos braucht das distinktiv T. ὁ συντάξας τὰ περὶ Σικελίας [118]), sodass ursprüngliches Σικελικά oder (eher) Σικελικαὶ ἱστορίαι (gemeinhin zu Ἱστορίαι abgekürzt) nicht unmöglich ist.

Viel unangenehmer als die schliesslich doch äusserliche titelfrage ist die unmöglichkeit die komposition anders als in den gröbsten umrissen zu bestimmen. Wir haben nur gegen 30 zitate mit buchzahlen, und diese beschränken sich auf die 17 bücher 1-4; 6-7; 9-10; 11 (überliefert 14); 13; 15; 18; 21-22; 28; 34; 38, zu denen (wenn man die zufügung eines ι nach τῆι als keine änderung ansieht) noch 12 und 16 treten; also (was sogleich auffällt) nur 5 aus der zweiten zeitgeschichtlichen hälfte, wenn man diese mit Timoleon beginnen lässt. Dazu kommt dass die wenigen zahlen keineswegs alle sicher sind, sondern z.t. offensichtlich falsch, z.t. von den modernen mit mehr oder weniger recht bezweifelt worden sind. Auch wenn man zugibt dass man im allgemeinen (d.h. abgesehen von der schwereren störung in F 22 [119])) mit leichten änderungen (wie $\bar{A} \sim \bar{\Delta}$, $\bar{\beta} \sim \bar{\eta}$) eine anscheinend befriedigende folge herstellen kann, ist doch die 'konsequente emendation', mit der Schwartz 'das richtige prinzip' durchführen zu können glaubt, weder einfach noch sicher, weil wir das 'prinzip' T.s eben nicht kennen; oder (richtiger) weil die fragmente meist so knapp sind dass wir ihnen nicht mit sicherheit ihren historischen ort anweisen können. So ist bezeugt, dass er Rom zweimal behandelt hat[120]; und wenn wir Rom ausschalten, weil es sich um Historien und Nachtrag handelt, so muss doch z.b. Korinth in einer sizilischen geschichte sehr oft vorgekommen sein. Nach der überlieferung finden wir die stadt im 3. und 7. buch erwähnt. Von den beiden zitaten macht F 5 (wegen F 11) eine sachliche, F 10 eine chronologische schwierigkeit; und die erstere wird dadurch kompliziert, dass auch im 6. (F 8) und im 9. (F 11) buch von sklaven und sklavenbevölkerung die rede war. Aber F 11 lässt sich aus dem spezifisch lokrischen zusammenhang verstehen, und F 8 ist seinerseits chronologisch im 6. buch nicht leicht unterzubringen. Über Lokroi selbst war sehr ausführlich im 9. buch die rede, wo T. die Aristotelische politie bekämpft; aber die stadt muss auch in den gründungsgeschichten der προκατασκευή vorgekommen sein, deren blosse existenz vielleicht auch (davon sogleich) das vorkommen Korinths im 3. buch (wo Schwartz in 13 ändern möchte) erklärt. Im 21. buch sind wir in der geschichte Timoleons (F 31), aber in 22 war ausführlich von dem hofhalt der beiden Dionyse die rede (F 32). Wir müssen also offenbar nicht nur mit exkursen allgemeinen inhalts rechnen (aus denen dann sogar datierbare fragmente stammen können), sondern vor allem auch damit dass der eifrige sammler im laufe der langjährigen arbeit dinge fand, die früher hätten erwähnt werden müssen und die er nun nachträglich so gut oder so schlecht unterbrachte wie es ging [121]. So hat man den grossen lokrischen exkurs in buch 9 (vielleicht richtig) damit erklärt dass T. erst zu spät auf die Aristotelische politie stiess [122]; dann konnte er in der Pythagorasgeschichte des 9. buches bei der erwähnung der lokrischen Pythagoreer auf die geschichte der stadt zurückkommen [123], für die er sich anscheinend gerade auf einen Pythagoreer berufen hat [124]. Der exkurs steht in einer sehr persönlichen polemik gegen Aristoteles, und wer will sagen was den anlass zu ihr bot, und ob T. die unzuverlässigkeit des philosophen nicht nur an einem markanten beispiel bewies, wie die des Kallisthenes an seinem Alexanderbild [125])? Man muss mindestens bei allen nicht rein historischen und datierbaren ereignissen die grösste vorsicht üben, ehe man die überlieferte zahl antastet, wie man andrerseits aus der buchzahl nur mit grösster vorsicht auf die datierung einer persönlichkeit der geistesgeschichte, wie etwa Pythagoras, schliessen darf. Hier sind die vielen nachrichten über Empedokles der schulfall, weil bezeugt wird dass T. 'oft' von ihm sprach, und er mindestens im 9., 11-12.(?), und 15. buch, vielleicht auch im 4. und 18. vorkam [125a]). Das 11.-12. buch gewinnt man durch die einfache änderung ἐν τῆι $\overline{\langle\iota\rangle\alpha}$ καὶ $\langle\iota\rangle\beta$, die man ohne bedenken auch in dem historischen fragment F 21 vornehmen wird. Aber in dem ebenfalls historischen fragment 20 bedaure ich schon jetzt dass ich $\overline{IA}$ für $\overline{I\Delta}$ in den text gesetzt habe, weil sich gerade im 14. buch eine mögliche anknüpfung findet — der vergleich der demütigung Karthagos durch Gelon mit seiner macht in der zeit des Dionysios I, also eine sizilische parallele zu dem vergleich von Kallias- und Antialkidasfrieden in den Hellenika und der halbhistorischen literatur des 4. jhdts.

Wir können und sollten hier um so eher grösste zurückhaltung üben, als die zahlreichen änderungen (selbst wenn sie alle richtig wären) uns für die kompositionsfrage nicht wirklich weiter bringen. Sagen lässt sich über diese mit einiger sicherheit nur das folgende: (1) T. hat nach den zitaten bei den späteren seine bücher durchgezählt: 'nie werden, wie bei Dinons persischer, Deinias' argivischer geschichte verschiedene συντάξεις oder ἐκδόσεις erwähnt'; daher können die überlieferten buchzahlen zwar teilweise verdorben sein, aber nicht 'bald dieses, bald jenes bedeuten'. Es ist das verdienst von Beloch und Schwartz dass sie diesem gesichtspunkt energisch geltung verschafft und damit den früheren, z.t. wilden, kombinationen ein ende gemacht haben [126]). (2) Die tatsachen, dass T. der olympiadenchronologie den sieg in der wissenschaft gewonnen hat; dass er selbst vielleicht häufig olympiadendaten gab und vielleicht seine epochen der 'vorhistorischen' zeit von ol. 1 aus berechnet hat [127]); und dass er (wie die fragmente erkennen lassen) wenigstens von buch 10 an in der zeitfolge der ereignisse fortschritt (was ja eigentlich selbstverständlich ist), sind auch zusammengenommen kein beweis dafür, dass er annalistisch disponierte [127a]). Andrerseits ist aber der schluss aus Diodors chronologie der sizilischen geschichte des 5. jhdts (der stellenweise ganz die gleichen züge zeigt wie die jetzt fast algemein richtig beurteilte Pentekontaetie) kein genügender beweis für die these, dass T. 'den erzählungsstoff sachlich geordnet hat' [128]); denn Diodor hat auch die sizilischen ereignisse zuerst nach Ephoros (der wirklich in sachlichen abschnitten disponierte) dargestellt und T. nur subsidiär herangezogen [129]). Auch die tatsache dass gewisse bücher der Historien sich zu sachlichen gruppen zusammenschliessen, ist kein beweis für diese these, weil die gruppen, deren buchzahlen wir einigermassen bestimmen können — προκατασκευή und Agathoklesbücher — ihrer natur nach zugleich stoffliche einheiten sind: für die beschreibende προκατασκευή ist jede zeitliche disposition ausgeschlossen; für die Agathoklesgeschichte ist sie die natürliche, nur ist nicht erkennbar wie sie im einzelnen durchgeführt ist.   (3) Durch Polybios ist bezeugt dass die πρῶτα ὑπομνήματα über ἀποικίαι, κτίσεις, συγγένειαι handelten, und dass der ἐπιμετρῶν λόγος für Agathokles ἐπὶ καταστροφῆι τῆς ὅλης ἱστορίας stand [130]); das letztere bestätigt Diodor und gibt die fünfzahl der Agathoklesbücher [131]). Die buchzahl der einleitung gibt Polybios nicht; die fragmente bestätigen seine angabe nur insoweit als im 1. buch von Etrurien, im zweiten von Korsika (und so gut wie sicher von Libyen) die rede war [132]). Sie zeigen zugleich dass die inhaltsangabe des Polybios (der wohl an seine ausführliche polemik über T.s gründungsgeschichte von Lokroi denkt) zu eng ist: die bücher enthielten vielmehr was Geffcken 'T.s Geographie des Westens' nannte, also das was Diodor im anfang seines Inselbuches exzerpiert hat [133]), und, wenn nicht alles, so doch das meiste von dem was wir als F 62-82 und (als Sagengeschichtliches) als F 83-90 (91) zusammengestellt haben. Was wir nach Polybios erwarten ist weniger diese allgemeine und bis in den hohen Norden reichende geographische beschreibung des Westens (über deren disposition sich leider nichts sicheres ausmachen lässt, da Diodor F 164 nur die beschreibung der inseln von Sizilien bis Thule ausgehoben hat) als die geschichte der griechischen besiedlung sowohl von Sizilien wie von Unteritalien, welch letztere Antiochos wahrscheinlich im anfang seiner Σικελικά auch behandelt hatte, und die auch Alkimos in einem buch der seinigen, der ἐπιγραφομένη Ἰταλική, als eine natürliche einheit zusammengefasst hatte [134]); also mindestens einen teil von dem was ich als F 37-61 zusammengestellt habe [135]). Hier lassen uns die fragmente im stich: sie enthalten — abgesehen von Massalia, das nicht zu 'Italien' gehört, und von Rom, das nicht im eigentlichen sinne griechische gründung ist — weder eine κτίσις noch (merkwürdig genug, falls T. wirklich chronologische autorität für den Westen war) ein gründungsdatum. Die ausführliche polemik gegen Aristoteles über die gründung von Lokroi stand im 9. buch, wahrscheinlich im zusammenhang des grossen Pythagoreerexkurses [136]), sodass man bedenken tragen wird, Θ in Ē zu ändern. Aus den büchern 3-5, deren inhalt festzustellen wäre, haben wir nur zwei zitate: ob F 6 aus einer ausführlichen, wieder polemischen, diskussion über Empedokles' tod die ausführliche behandlung von Sizilien im 4. (und 5.) buch beweist — woraus man dann weiter schliessen würde, dass das dritte Italien enthielt [136a]) — mag dahingestellt bleiben; man hat die buchzahl bezweifelt. Aber es ist verlockend F 5 über den reichtum Korinths aus dem 3. buche auf die gründung von Syrakus zu beziehen [137]). Wenn dann im prooimion des 6. buches (F 7) ein ausführlicher vergleich von historie und epideixe stand, so ist es weiter lockend anzunehmen dass die historische erzählung in diesem buch begann, die προκατασκευή also volle 5 bücher umfasste. Dazu passt dass T. in F 7 einen blick zurückwirft auf die arbeit, die er in die geographischen bücher gesteckt hat, ganz ähnlich wie er im prooimion der Agathoklesbücher über sein leben und die art seiner arbeit spricht (F 34); und zwei bücher [138]) sind angesichts von Agatharchides' urteil für den ganzen Westen wirklich etwas wenig.

Für den beginn der erzählung stehen wir mit den fragmenten nicht besser als für die προκατασκευή. Immerhin widersprechen die drei zitate — eines aus dem 6. buch (F 8), zwei aus dem 7. (F 9-10), keines aus dem 8. — der eben geäusserten annahme nicht; F 8/9 geben fakten der sizilisch-unteritalischen geschichte aus dem ersten drittel des 6. jhdts, und man konstatiert den zeitlichen fortschritt [139]), wenn auch der boden zu schmal für die (an sich nicht unwahrscheinliche) behauptung sein würde dass das 6. buch von Sizilien, das 7. von Unteritalien handelte. F 10 lässt sich mit keinem geschichtlichen ereignis verbinden und greift zeitlich (bis zum Xerxeskrieg) vor, wird also aus einem exkurs stammen, den mit den geschichten von der sybaritischen τρυφή in F 9 zu verbinden wenig sinn hat. Es genügt dass die freilich schwachen indizien es wahrscheinlich machen dass T. eine fortlaufende, zeitlich geordnete darstellung der jahrhunderte 7-6 zu geben versucht hat. Wie viel daten er da geben konnte, wie gross der anteil an mehr beschreibenden exkursen war, die, an einzelfakten gehängt, die historische erzählung unterbrachen, ist nicht festzustellen. Aber wir erwarten hier die tradition über die älteren syrakusanischen 'könige' und die tyrannen in den einzelnen städten; es wird zufall sein, dass uns Phalaris' name erst im 15. buch (in einem rückgreifenden exkurs) begegnet [140]). Noch das 9. buch ist voll von schilderung, die von jeder annalistischen begrenzung absieht, wenn es sowohl die polemik gegen Aristoteles über zustände und gesetzgebung in Lokroi wie den grossen Pythagoreerexkurs enthält, zu dem jene polemik vermutlich gehört und der sich bis ins 10. buch fortsetzt [141]). Da (wenigstens in den fragmenten) jede datierung des Pythagoras fehlt, kann man nicht einmal sagen dass wir mit buch 9 'festen boden gewinnen'. Man sieht nur dass für T. (wie für Ephoros) das buch die literarische einheit [142]) ist (ein grund mehr das prooimion des 6. buches so zu verwenden wie oben geschehen ist); denn im 10. buch haben wir nun wirklich neben einer einzelnachricht über Pythagoras' lehre (die zu zeigen scheint dass die geschichte der schule im 9., die lehre ganz oder teilweise im 10. stand, wenn T. systematisch vorging) historische ereignisse aus der regierung Gelons (491-478) [143]), deren erzählung sich (wenn Schwartz in F 20 richtig geändert hat) im 11. buch fortsetzt. Im F 21 aus dem 12. buch (das 2. ist unmöglich) ist Hieron subjekt [144]), und das berichtete faktum ist wohl näher an sein todesjahr 467/6 als an die gründung Aitnas 476/5 zu rücken. Es ist garnicht unmöglich dass das buch mit einer schilderung der lage bei Hierons tod begann, zuerst das ende der tyrannis erzählte (die dann recht knapp in kaum mehr als 1 1/2 büchern dargestellt war), dann die geschichte des 5. jhdts (einschliesslich des grossen Sikuleraufstands, von dem in den fragmenten nichts erhalten ist) bis vielleicht zum friedenskongress von Gela a. 424 (F 22), mit dem Antiochos sein werk geschlossen hatte, und der auch für T. einen passenden buchabschluss abgab. Die knappheit der darstellung steht in interessantem gegensatz zur behandlung des 7. und 6. jhdts, die voll grosser exkurse war. Aber sie ist begreiflich für einen zeitraum, der in den älteren *Sikelika* schon mehrfach behandelt war; und die tatsache selbst wird dadurch bestätigt dass T. im 13. buch bereits bei der athenischen expedition von 415/3 angelangt war — denn die beziehung von F 23/4 auf sie ist wohl sicher. Es hängt dann von dem urteil über F 20 ab ob der athenische krieg noch ins 14. buch reichte, oder ob dieses mit dem Karthagerkrieg von 408 ff. — dem ersten nach dem grossen siege Gelons — begann [145]). Von hier an wird die erzählung ausführlicher, ohne dass wir ein urteil über das verhältnis von erzählung und exkursen haben [146]); denn von hier an werden die zitate mit buchzahlen, die wieder meist auf 'nicht historisches' gehen, noch seltener. Das 15. buch hat vielleicht nicht mehr als den ersten teil des Karthagerkrieges enthalten [147]). Dann sollte man (ohne damit etwa eine pentadeneinteilung zu empfehlen) glauben dass buch 16 mit der erhebung des Dionysios I anhob [148]), und T. hier einen neuen grossen abschnitt begann: er muss doch die einheit der tyrannis der Dionyse (in deren beurteilung er ständig stellung gegen Philistos nahm wie auch die darstellung Diodors durch ihre inneren widersprüche erkennen lässt) erkannt und herausgearbeitet haben. Der anfang des abschnittes mit buch 16 ist sicher genug; die ausdehnung bis zum 20. buch ganz zweifelhaft. Im 21. buch war nach der überlieferung zwar von Timoleon die rede [149]), aber im übrigen lassen uns die zitate völlig im stich: wir haben aus buch 17-20 nichts als eine erwähnung des Empedokles in F 30; und die zwei zitate F 31/2 aus buch 21-22 genügen nicht die buchinhalte und den etwaigen epochalen punkt zu bestimmen. Es bleibt nicht mehr als eine (unsichere) vermutung dass der ἐπιμετρῶν λόγος für Timoleon im 22. buch stand, und dass F 32 aus einer σύγκρισις zwischen dem prunk ihrer hofhaltung und der bürgerlichkeit Timoleons stammt. Aber wenn die zahl von F 32 richtig überliefert ist — und eine änderung ist vielleicht einfach, aber nicht zu sichern — kann die endgiltige entfernung des Dionysios II im j. 344/3 nicht im 22. buch gestanden haben; und zwei bücher (21-22) für die tätigkeit Timoleons (344/3-337/6) erscheinen sehr wenig, zumal wenn die zwei jahrzehnte von seinem rücktritt bis zur erhebung des Agathokles (337/6-317/6) nicht weniger als 11 bücher (23-33) gefüllt haben, aus denen wir (nebenbei bemerkt) nur ein einziges, zeitlich dann nicht zu bestimmendes, zitat F 33 besitzen. Es sind freilich die jahre, die T. in der heimat und vielleicht schon ganz αἰσθανόμενος τῆι ἡλικίαι durchlebt hat; und es ist die zeit, in der wir längere exkurse über Alexander, Kallisthenes u.a. erwarten können. Aber man wird sehr ernsthaft erwägen müssen, ob nicht die buchzahl in F 33 bei Athenaios heil und die in F 31 in den schlecht überlieferten Polybiosexzerpten [150]) verdorben ist. Wenn die folgen von Timoleons Karthagersieg im 28. buch standen, rückt dieser selbst ins (26. oder) 27. buch. Dann reichte die geschichte der jahre 406/5 - 345/4 (d.h. die periode der zweiten tyrannis) bis ins 22. buch, falls F 32 aus dem ἐπιμετρῶν λόγος stammt; sonst kann sie noch 1 oder 2 bücher mehr beansprucht haben. Die geschichte Timoleons erhält dann 5-7 bücher (23 [25]-28 [29]), und für die zwischenzeit zwischen ihm und Agathokles' auftreten bleiben 4-5 (29 [30]-33) — was alles viel befriedigender aussieht. Aber zur sicherheit lässt uns das material nicht gelangen.

Zusammenfassend ergibt sich dass T. für die geographisch-ethnographische grundlegung vermutlich 5 bücher (1-5) brauchte; für die archaeologie und die geschichte des 5. jhdts bis zum antritt des Dionysios I deren 10 (6-15); für die tyrannis des Agathokles wieder 5; d.h. in der geschichte des 5. jhdts behandelte das buch durchschnittlich (aber mit grossen verschiedenheiten in den einzelnen perioden) etwa 16 jahre, in der geschichte der Dionyse etwa 12, in der Timoleons etwa 4, in der zwischenzeit bis zu Agathokles' aufkommen gegen 2, in der Agathoklesgeschichte 5 1/2 jahre. Entscheiden wir uns dagegen für die zweite eventualität (d.h. ändern wir die buchzahl von F 31), so sind die entsprechenden zahlen 16, 7-9, gegen 1 1/2 (Timoleon!), 4-5, 5 1/2 jahre — was wieder viel befriedigender ist. Über den anhang, die Pyrrhosbücher, lässt sich garnichts sagen, nicht einmal wie weit sie gingen und ob sie noch vom ersten römischen Karthagerkrieg handelten [150a]). Das ist in seiner unsicherheit wieder ein recht unbefriedigendes resultat; aber es ist auch hier gut dass man sich klar macht wie wenig wir von der komposition und schliesslich auch von dem inhalt des grossen werkes wissen, das nicht nur die letzte zusammenfassende, sondern in ihrer art auch die als klassisch geltende geschichte des Westens enthielt.

T

(1) Die Suda hat ausser der dürftigen und mehrfach korrupten vita[151]) zwei exzerpte aus Polybios 12, 23 = F 119a und Diodor. 21, 17 = F 124d. Der satz am schluss des ersteren ἔγραψε περὶ Συρίας καὶ τῶν ἐν αὐτῆι πόλεων καὶ βασιλέων βιβλία γ̄ ist eine randnotiz zu Polybios' behauptung, dass T. ὑπὲρ Ἰταλίας μόνον καὶ Σικελίας gehandelt habe. Woher sein schreiber die notiz hat und ob der verfasser dieses buches wirklich T. hiess, stehe dahin [152]); dem Tauromeniten gehört es jedenfalls nicht. Auch das rhetorische werk, dessen buchzahl schwer glaublich ist, haben ihm Ruhnken und Gutschmid gewiss mit recht abgesprochen [153]). Zweifelhaft bleibt ob der nebentitel Πραξιδικά (wenn man so herstellen darf [154])) für die Ὀλυμπιονῖκαι eine der in der Suda häufigen (meist korrekten) charakteristiken ist oder von T. selbst stammt; in diesem fall bedeutet er dass das chronologische werk mehr geben wollte als die éine liste. *Praxidica* (so eher als *Praxidicus*), eher landwirtschaftlichen als astrologischen inhalts, schrieb im 2. jhdt v. Chr. der dichter Accius [155]); es könnte hellenistischer terminus für 'handbuch' sein.   (2) Einltg. p. 530, 26 ff.   (15) Die ergänzung Τίμ[αιος] verteidigt Jensen *Sb. Berlin* 1936, p. 301 f. (18) Eher Plutarchs eigenes urteil über das 13. buch T.s, als aus dessen prooimion.   (19) Ich habe die im ganzen wohl berechtigte, aber unerträgliche breite, oft kleinliche und nicht immer ehrliche polemik so knapp wie möglich ausgeschrieben, ohne die verschiedenen fassungen (die nicht ganz zu übergehen waren) zu scheiden oder im druck neben einander zu stellen. Dass sie trotzdem so viel raum beansprucht ist Polybios' schuld. Ihre hauptthese — der stubengelehrte T. — ist deutlich; im einzelnen lässt sich der aufbau wegen der vielen abschweifungen nicht wiederherstellen.   (20—21) Norden *Kunstprosa* I, 1898, p. 148 n. 3; über Ciceros freude an den pointen *ebd.* p. 232 n. 1. Über die anwendung des terminus Asianismus auf T. s. Wilamowitz *Herm.* 35, 1900, p. 1 ff. Ein wichtiges zeugnis für T.s stil wäre Philodem. *Rhet.* 4 col. 14 p. 157 Sudh., wo die ἀσάφεια eines schriftstellers getadelt wird (dass er sie 'erstrebt' hat steht nicht da) — διὰ τὸ πολύχους θέλειν φαίνεσθαι πολλὰς ποιούμενος παρεκβάσεις καὶ διὰ βούλησιν ἐμφάσεως τοῦ ποιητικοῦ

καὶ τροπικοῦ καὶ τῆς ἀνακεχωρηκυίας ἱστορίας ἐμπείρου καὶ τοῦ φιλαρχαίου κατακόρως τοῖς ἀπὸ τούτων χρώμενος καὶ δι' ἐπιθυμίαν τοῦ δοκεῖν ἀ[κριβολ]ό[γος?] εἶναι —, wenn das wirklich 'nur T. sein kann' ¹⁵⁶). Aber die bestimmung trifft schwerlich zu.   (26) Ich habe bewusst darauf verzichtet aus den resten von Polemons sehr gelehrtem buch ¹⁵⁷) T.-fragmente für den 'Anhang' zu gewinnen, eben weil es so gelehrt ist. Mueller hat nach Preller ¹⁵⁸) Athen. 15, 55 p. 698 AB über paroden des 4. jhdts und 14, 77 p. 659 C über Maison ¹⁵⁹) unter die fragmente aufgenommen; und dass dergleichen bei T. vorgekommen sein kann, wird man nach F 140 nicht bestreiten. Aber es ist sehr zweifelhaft ob die polemik über die heimat des Maison sich gegen T. richtete, der jedenfalls das sizilische und das mutterländische Megara nicht verwechselt haben kann. Man möchte eher glauben dass ihm gerade die ableitung der megarischen posse aus Sizilien gehört ¹⁶⁰); und F 24 scheint Polemon T. ergänzt, nicht korrigiert zu haben.   (31) In den autorenverzeichnissen wird der *Siculus* und *historicus* richtig von dem *mathematicus* 1, 5; 16 unterschieden, für den die Suda einen eigenen artikel hat ¹⁶¹), und der auch 1, 2 gemeint sein wird, da das zitat 2, 38 nicht dem historiker gehört. Diesen sichert 1, 37 auch die nachbarschaft des Pytheas; und 1, 33 muss man nur richtig abteilen. Vermittelt kann T. dem Plinius, ausser durch Varro, auch durch Juba sein.

F

(1) Von der behandlung Etruriens ist direkt wenig erhalten ¹⁶²). Es gehört hierher was F 164 c. 13 steht: die vor der etruskischen küste liegende insel Aithaleia; die gründung einer kolonie auf Korsika, von wo sie die Phokaeer vertreiben ¹⁶³); die verunglückte festsetzung auf einer ozeaninsel ¹⁶⁴). T. hat also von der thalassokratie der Lyder gesprochen. Auch die knappe schilderung Etruriens Diodor. 5, 40 gehört wahrscheinlich T., jedenfalls nicht Poseidonios: sie spricht nur vom reichtum des landes und der daraus zu erklärenden τρυφή seiner bewohner, von der schon Alkimos 560 F 3; Theopomp 115 F 204; Aristoteles in den Τυρρηνῶν νόμιμα ¹⁶⁵) gehandelt hatten. Nach F 62 vertrat T. die tradition Herodt. 1, 64 von der einwanderung der Etrusker aus Lydien, lehnte also Hellanikos' gleichung von Pelasgern (die in T.s fragmenten nicht vorkommen) und Etruskern ab. Er weicht von Herodot ab in dem grund der auswanderung, indem er an stelle der grossen hungersnot das häufige motiv vom streite der brüder setzt, deren einer bei ihm Lydos (gegen Herodots Atys) geheissen haben muss. Das ist die von Dionys. Hal. *A.R.* 1, 28, 1-2 (nach T.?) befolgte version, der er die übrigen als varianten folgen lässt —

Herodot; Tyrrhenos sohn des Herakles (bemerkenswert wegen F 89/90, dass das nicht T. ist) oder Telephos; Xanthos; Hellanikos; Myrsilos. (2) Empedokles kam sicher im 9. buch als schüler des Pythagoras vor (F 14) und wieder im 15. exkursweise gelegentlich der belagerung von Akragas durch die Karthager (F 26b). Die an sich leichte änderung von $\overline{ιη}$ in $\overline{ιβ}$ in F 30 ist zweifelhaft, weil die erwähnung wieder in einem exkurs gestanden haben kann, und F 6 aus buch 4 zerstört man vielleicht durch die ergänzung ⟨ι⟩δ einen wichtigen fingerzeig für den aufbau der προκατασκευή [167]). Wenn in F 2 die ergänzung ⟨ι⟩α καὶ ⟨ι⟩β das richtige trifft (und es spricht manches dafür), so stammt es nicht aus einem vollen porträt des mannes, dessen politische haltung T. nicht unsympathisch gewesen zu sein scheint [168]) und dessen gedichte er genau kannte [169]) — man erwartet ein solches auch eher im 9. buch, wo er für wirkliche und angebliche Pythagoreer auf einzelheiten ihres lebens einging [170] —, sondern aus der geschichtlichen erzählung. Man denkt an die geschichte der tyrannis in Akragas, wo Neanthes sowohl Meton wie Empedokles nennt, der seine mitbürger veranlasste παύσασθαι μὲν τῶν στάσεων, ἰσότητα δὲ πολιτικὴν ἀσκεῖν [171]). Wohl nach T.; denn in diesen zusammenhang passt F 134. Da von der rolle von Akragas mehr zu erzählen war — so unterstützt die befreite stadt 466/5 die Syrakusaner gegen ihren tyrannen Thrasybulos [172] —, ist die anführung von zwei büchern angebracht; und die geschichte dieser zeit stand in buch 11-12 [173]). (3) Das exzerpt über Korsika in F 164 c. 13/4, das eine (in der ethnographie nicht seltene) mischung von scharfer einzelbeobachtung und idealisierung [174]) zeigt, beweist dass T. über den gebirgigen charakter der insel (also vermutlich auch über seine konsequenzen) gesprochen hat. Die tierwelt ist in ihm nur (abgesehen von den bienen) knapp behandelt; aber was über die schafe dasteht erweckt bedenken gegen die ehrlichkeit von Polybios' referat; er hat eine einzelheit herausgegriffen, in der T. irrte, und geht daraufhin über den ganzen ausführlichen bericht mit κακῶς καὶ παρέργως hinweg. (4) Änderung von δευτέραι in δεκάτηι, die Epimenides in die Pythagorasgeschichte bringen würde [175]), wäre leicht. Aber vielleicht sprach T. von dem ἄλιμον, als er im 2. buch das 'wüste' Libyen beschrieb [176]). (5—6) F 5 aus der geschichte der griechischen kolonisation im Westen [177])? F 6 kann aus der genaueren topographischen schilderung Siziliens stammen, von der wir nur ein paar fetzen haben [178]); Empedokles und die vermutlich ausführliche polemik gegen Herakleides [178a]) kamen dann exkursweise in der behandlung der Aitna vor, die wir F 164 c. 4; 7 voraussetzen müssen [179]). Gegen Diels' änderung in ⟨ι⟩δ und die annahme, dass Apollodor 244 F 32 gegen T. polemisiert, spricht dass der athenische krieg wahrscheinlich im 13. buch abgehandelt ist, und dass fraglich ist ob er noch ins 14. reichte [180]).   (7) Einltg. p. 532, 8 ff.; 543, 5 ff. Sowohl von den Phoenikern wie von der gründung Karthagos [181]) und anderer Phoenikerstädte in Libyen muss T. schon in der προκατασκευή gehandelt haben, weil sie einen teil Siziliens und der inseln im westlichen Mittelmeer besitzen [182]) und weil die kämpfe Karthagos mit den Westgriechen ein hauptthema seiner historischen darstellung waren. Die disposition des Trogus [183]) kann nicht die seinige gewesen sein; aber es steht dahin (1) wie weit er seine angaben in den Pyrrhosbüchern ergänzte, denen wir den synchronismus mit Roms gründung F 60 zuweisen; (2) was die Τυρίων ὑπομνήματα sind. Der terminus geht hier so wenig wie bei Iamblich. *Vit. Pyth.* 262 auf eine chronik [183a]). Wir kennen auch keine älteren bücher über Phoenikien, so oft das volk im epos und der historischen literatur vor T. vorkam. Dass die Θαυμ. ἀκ. 134 die gründung Utikas aus Φοινικικαὶ ἱστορίαι datieren, und Serv. Verg. *A*. 1, 343 für Karthagos gründung die *historia Poenorum* zitiert lässt keinen schluss auf T. zu. Phoenikische händler kann er in Athen gesprochen haben, und vielleicht muss man auch an (bezahlte) aufträge an solche denken.   (8) Wenn die buchzahl richtig ist — und die änderung von ἕκτηι in δεκάτηι ist nicht ganz leicht —, kann F 8 sich nicht auf den aufstand nach der schlacht an Heloros [184]) beziehen. Wir haben die wahl zwischen zwei annahmen: es stammt entweder aus einer schilderung der sozialen zustände von Sizilien (Syrakus) im 7. jhdt [185]), oder T. hat von einem früheren aufstand erzählt, durch den die Gamoren zeitweilig von Syrakus vertrieben wurden. Für die zweite möglichkeit entscheidet Dionys. Hal. *A.R.* 6, 62, bei dem Appius Claudius 494 v. Chr. zum scharfen vorgehen gegen die *plebs* rät, damit die aristokraten nicht schliesslich überhaupt aus Rom vertrieben werden, ὡς ἐν πολλαῖς ἄλλαις καὶ τὰ τελευταῖα ἐν Συρακούσαις οἱ γεωμόροι πρὸς τῶν πελατῶν ἐξηλάθησαν. Damit ist zu verbinden die in der form einer datierung gegebene notiz aus der sizilischen geschichte im Marm. Par. A ep. 36 (zwischen 603/2 und 596/5) ἐν Συρακούσαις δὲ τῶν γαμόρων ⟨ἔτι?⟩ κατεχόντων τὴν ἀρχήν. Was T. von den Kyllyriern näheres erzählte ist verloren; denn F 8 ist bis auf das eingeschobene zitat doktrin des Aristoteles. Sehr möglich dass beide übereinstimmten, da schon ältere *Sikelika* von der hörigen bevölkerung erzählt haben werden.   (9) Ausmalung der knappen angabe Herodots, wohl aus lokaler tradition von Sybaris, über deren wahrheitsgehalt wir uns keine illusionen machen werden. Die verwirrung des textes mag darauf beruhen dass die worte Herodots vom rande her eingedrungen sind; die erzählung T.s ergänzen wir aus zwei benutzern: Diodor. 8, 19

in den *Exc. de Virtut.* I p. 215, 25 ff. — wo eine zweite geschichte über sybaritische τρυφή steht, womit wohl den FF 47/52 ihr platz in den Historien angewiesen ist — und Chamaileon (Theophrast) Athen. 6, 105 p. 273 BC Σμινδυρίδης ὁ Συβαρίτης .... ὃς ἐπὶ τὸν Ἀγαρίστης τῆς
5 Κλεισθένους θυγατρὸς ἐξορμῶν γάμον ὑπὸ χλιδῆς καὶ τρυφῆς χιλίους συνεπή-γετο οἰκέτας, ἁλιεῖς καὶ ὀρνιθευτὰς καὶ μαγείρους· οὗτος δ' ὁ ἀνὴρ καὶ ἐνδεί-ξασθαι βουλόμενος ὡς εὐδαιμόνως ἔζη, ὡς ἱστορεῖ Χαμαιλέων ὁ Ποντικὸς ἐν τῶι Περὶ ἡδονῆς (τὸ δ' αὐτὸ βιβλίον καὶ ὡς Θεοφράστου φέρεται) οὐκ ἔφη τὸν ἥλιον ἐτῶν εἴκοσιν οὐδ' ἀνατέλλοντα οὔτε δυόμενον ἑωρακέναι. (11—
10 12) Es ist nicht sicher zu sagen ob der Lokrerexkurs in die geschichte des Pythagoras gehört oder (doch wohl wahrscheinlicher) in die von Grossgriechenland im letzten viertel des 6. jhdts, etwa zu dem kriege zwischen Lokroi und Kroton (schlacht am Sagras), von wo dann der übergang zu Pythagoras und seiner tätigkeit in Kroton leicht war [185a]).
15 Polybios' polemik musste so ausführlich ausgeschrieben werden, weil er T. in den händen seiner leser voraussetzt und seine argumentation daher nicht so zusammenhängend wiedergibt wie die des Aristoteles. Es muss anerkannt werden dass Aristoteles die (oder eine der) lokrische(n) tradition(en) wiedergibt, vermutlich die im 4. jhdt herrschende, was für T.
20 — trotz der berufung auf Echekrates [186]) — zweifelhaft ist. Diese tradition wird anerkanntermassen dadurch diskreditiert dass sie ein abklatsch der Parthenierlegende ist, was nicht ausschliesst dass sie in den angaben über das verhältnis der kolonisten zu den sikelischen ureinwohnern wertvolle elemente enthält [187]), die freilich auch bei T. (und wahrscheinlich schon
25 bei Antiochos) gestanden haben werden. T. hat sich gegen Aristoteles auf urkunden berufen, die er im Mutterland kennen gelernt hat und deren echtheit man ungern bezweifelt [188]), auch wenn man Polybios (dessen eikotologie zur verteidigung der legende im übrigen lächerlich ist) glaubt dass die quellenangabe ungenau war, und T. schlechthin
30 von den κατὰ τὴν Ἑλλάδα Λοκροί sprach [189]). Bei der art von Polybios' polemik besteht immerhin die möglichkeit dass sich T.s ansicht aus der behandlung des lokrischen jungfrauentributs [190]) hier ergab; denn es ist nicht zu bezweifeln dass auch er über die Hundert Häuser gesprochen hat. Über das ziel hinaus schoss die polemik, wenn T. um ihretwillen die
35 existenz des lokrischen gesetzgebers Zaleukos bestritten hat [191]).

(13—17) Aus F 132 ergibt sich dass T. in nicht kenntlichem zusammen-hang Pythagoras gegen vorwürfe Heraklits in schutz genommen hat, nicht dass er für ihn 'dreifach heilig' [191a]) war. Auch wenn er ein lokal-patriotisches interesse an der 'italischen' philosophie nahm und (was
40 weniger glaublich ist) mit der antidemokratischen haltung des philosophen

sympathisierte, kann er versucht haben ihn so objektiv zu beurteilen wie den Empedokles [191b]). Wir wissen das nicht. Aber schon die historische bedeutung der Pythagoreer rechtfertigte eine ausführliche behandlung der erscheinung, und so hat T. in einem exkurs, der bis ins 10. buch reicht, über Pythagoras' leben, lehre, und wirksamkeit gehandelt; darüber hinaus (mit zeitlichem vorgreifen) auch die schule bis zu ihren letzten vertretern verfolgt, wobei er die grenzen sehr weit zog. Wir haben davon nur wenige reste, von denen keiner auf die grundtatsachen des lebens, herkunft und geschlecht, reisen, zeit, politische tätigkeit, und die weitere geschichte des bundes im 5. jhdt [191c]) geht, vielleicht abgesehen von F 131, das — wenn man überhaupt den versuch macht T.s darstellung zu rekonstruieren, wozu ich nicht raten kann — als leitfossil dienen müsste [192]). Auch dieses genügt m.e. nicht die vollständige biographie Justin. 20, 4 als *reinen* T. zu erweisen [193]), obwohl manches für die verbreitete annahme spricht dass es T. war, der Kroton als zentrum von Pythagoras' tätigkeit in Italien an stelle von Metapont einführte. T.s material ist sehr früh (vermutlich schon vor Neanthes) in die Pythagorasbiographieen übergegangen, deren uns erhaltene, späte vertreter ihn selten und nur für einzelheiten (varianten) zitieren. Obwohl auch die ältere biographie stärker unter dem einfluss von Aristoxenos und Dikaiarch zu stehen scheint, steckt doch mehr T. in ihr als was sein name jetzt deckt [194]), wenn auch schwerlich so viel wie man meist annimmt. Da hier die Pythagorastradition weder vollständig vorgelegt noch gar aufgearbeitet werden kann, die zudem von der geschichte Unteritaliens in den letzten jahrzehnten des 6. und im 5. jhdt nicht zu lösen ist, sei nur auf die wichtigste moderne literatur verwiesen: Bertermann *De Iamblichi Vit. Pyth. fontt.* 1913; H. Jäger *Quellen des Porphyrios*, 1919; Delatte *La Vie de Pythagore de Diogène Laerce*, 1922 und *Essai sur la politique Pyth.* 1922; Rostagni *Il verbo di Pitagora* 1924; J. Lévy *Recherches sur les sources de la légende de Pythagore*, 1926; Rathmann *Quaest. Pythag., Orph., Emped.*, 1932; *Minar Early Pythag. Politics* 1942 mit der bibliographie p. 136 ff. (dazu E. Frank *A.J.Ph.* 64, 1943, p. 220 ff.); und besonders v. Fritz *Pythag. Politics in Southern Italy* 1940. Der letztgenannte betont mit recht wie viel unsicherer die überlieferung für T. gegenüber der für Aristoxenos ist und schränkt die modernen zuweisungen an ihn, die sich z.t. gegenseitig widersprechen, beträchtlich ein, ohne seine starke, direkte und indirekte, benutzung zu bestreiten. Doch stehe ich auch seinen thesen z.t. nicht ohne bedenken gegenüber. Die aufgabe muss noch einmal von grund aus angegriffen und doch vielleicht auf anderem wege zu lösen versucht werden, indem man von den traditionskreisen ausgeht und erst zuletzt ihr relatives alter und ihre vertreter zu bestimmen sucht, wo dann die ähnlichkeit mit den traditionen über Homer und den hier deutlichen versuchen einer synthese in die augen springt. 'Die Pythagoreer' würden da eine ähnliche rolle spielen wie die ältesten rhapsoden. T.s bekanntschaft mit dem Pythagoreer Echekrates [195]), mit dem er doch wohl nicht nur περὶ τῶν ἐν Ἰταλίαι Λοκρῶν gesprochen hat, entzieht m.e. der annahme den boden, dass T. — im gegensatz zu Aristoxenos, dessen verkehr mit den letzten Pythagoreern sicher ist — keine 'firsthand information' gehabt habe. Von dem zweifelhaften wert dieser information aus spätpythagoreischen kreisen abgesehen, hatte T. 'access not only to Pythagorean writings and the local traditions of Sicily and Italy but also to public records' [196]). Auch scheint mir v. Fritz T.s historischen blick und den charakter unseres materials zu überschätzen, wenn er ihm jede 'bias' abspricht und ihm dafür 'the broad historical view' zuschreibt, 'which saw in the Pythagorean disturbances only a part of a larger struggle between aristocratic and democratic forces' [197]). Es bleibt auch zweifelhaft ob T. den philosophen später angesetzt bezw. sein leben tiefer ins 5. jhdt erstreckt hat als Apollodor: der übergang zu Gelon im 10. buch beweist nichts, und F 14 ist (da wir T.s chronologie des Empedokles nicht kennen) eine ganz unsichere grundlage [198]). Wir können den zeitlichen inhalt des 9. buches nicht bestimmen und wissen nicht ob T. den grossen exkurs an die zerstörung von Sybaris ca. 510 angeknüpft hat bezw. was er von dem 'reich' von Kroton [199]) erzählt hat.   (13) In der wirren zusammenstellung meist stark gekürzter einzelnachrichten wird T. mehrfach zitiert. Iamblich. *Vit. Pyth.* 71/74 ist, obwohl die eingangsworte fast wörtlich mit F 13 stimmen [199a]), kaum ein reines exzerpt aus T., sondern zusammengearbeitet aus zwei verschiedenen berichten über zeit und art des noviziats in Pythagoras' schule.   (14) Bis auf die variante am schluss [200]) und (trotz F 15) vielleicht die erwähnung Platons [201]) ganz T., für den auch der beleg mit Empedoklesversen passt [202]). Deren deutung ist sein eigentum und beruhte wohl auf pythagoreischen ansprüchen; denn die verse selbst beweisen keinen persönlichen verkehr. Es ist auch wenig glaublich dass T. mit ihr seine chronologie des Empedokles stützen wollte; das gegenteil wird zutreffen: er glaubte an die pythagoreische verleumdung, weil sie sich mit seiner chronologie vertrug. Die frage ist (wie alle Pythagoras angehenden) früh diskutiert; s. u.a. Neanthes 84 F 26 [203]). Die alte beziehung von αὐτόν auf Empedokles' grossvater vertritt heute niemand mehr.   (15) Sokrates mit den Pythagoreern zusammenzubringen (wenn das T.s absicht war; wir sehen nicht klar) war leicht schon auf grund der Platonischen dialoge. S. auch Phavorin. Diog. Laert. 8, 48; Winspear-Silverberg *Who was Socrates?*, 1939, p. 58 ff.   (16) Iamblich. *Vit. Pyth.* 266; Wellmann *RE* V col. 705 no. 40; Zeller *Ph. d. Gr.* ⁶I 1 p. 426. Es ist denkbar dass T. den philosophen noch selbst gekannt hat. Das zitat des Stratonikos stand wohl sicher bei T.   (17) Rest der von Iamblich. 54-57 ausführlicher wiedergegebenen äusserungen des Pythagoras an oder über die frauen[204]). Wichtig für die quelle ist die übereinstimmung mit Justin. 20, 4, 8-13[205]).   (18—19) S. Thukyd. 6, 5, 3; zu Philistos 556 F 15. Die beiden fragmente können aus dem gleichen zusammenhang nur stammen, wenn T. im 10. buch die schicksale Kamarinas [206]) zusammenfassend behandelt hat; aber Didymos wird sich eher ein exzerpt aus T. gemacht haben. Seine note F 19 ist elend zusammengestrichen und verwirrt; der synchronismus geht auf die zerstörung durch Gelon, die korrupte olympiade am ehesten auf die zweite neugründung durch die Geloer [207]). Möglicherweise ist auch die buchzahl korrupt, oder es hat eine zweite dagestanden [208]), etwa δωδεκάτηι; Horns ὀκτωκαιδεκάτηι ist falsch.   (20) Über die buchzahl Einltg. p. 541, 8 ff. Aber in der historischen erzählung stand Gelons sieg bei Himera wahrscheinlich im 11. buch, in das dann auch sein hilfsangebot an die Griechen F 93 gehört. Der bericht ist von Diodor. 11, 20 ff. herangezogen [209]). Ob die behauptung Theophrasts auch bei T. stand, und ob T. vielleicht auch hier gegen ihn polemisierte [210]), ist nicht zu sagen. Plutarch erwähnt sie ohne quellenangabe als artikel eines zwischen Gelon und den Karthagern nach dem siege geschlossenen vertrages [211]). Vor dem vertrag weiss auch Diodor. 11, (24, 4); 26, 1-3; er rühmt Gelons mässigkeit, der allein die rückerstattung der kriegskosten in höhe von 2000 silbertalenten verlangt und den bau zweier tempel, καθ' οὓς ἔδει τὰς συνθήκας ἀνατεθῆναι. Es gab also nach dieser darstellung ein dokument. Die Karthager fügen dann freiwillig einen goldenen kranz von 100 talenten hinzu für Gelons gattin — αὕτη γὰρ ὑπ' αὐτῶν ἀξιωθεῖσα συνήργησε πλεῖστον εἰς τὴν σύνθεσιν τῆς εἰρήνης, — aus denen sie ἐξέκοψε τὸ κληθὲν ἀπ' ἐκείνης Δαμαρέτειον, dessen sizilischer name und wert in attischer münze angegeben werden [212]).   (21) Änderung der buchzahl notwendig und sicher: subjekt ist Hieron, der sohn des Deinomenes [212a]).   (22) Dass der kongress von Gela (bis zu dem Antiochos seine sizilische geschichte geführt hatte) noch im 12. buch stand [213]) und dann vielleicht seinen schluss bildete, bleibt vermutung. Aber man wird nicht bezweifeln dass T. die bedeutung des versuches hervorhob sowohl den inneren frieden Siziliens wie die autonomie der einzelnen städte zu garantieren [213a]). Das ist der zweck der rede, die vielleicht wirklich in konkurrenz mit Thukydides treten will [213b]). Trotzdem ist Polybios' kritik kaum ehrlich: er hat offenbar nur ihren ersten teil und die allgemeinen gedanken wiedergegeben und den hauptteil mit den konkreten vorschlägen unterschlagen. (**23—24**) Über T.s darstellung des athenischen krieges s. zu F 99-102. Nach F 23 kam Hykkara hier wohl zuerst vor [214]). T. handelte dann wohl in einem exkurs über das schicksal der gefangenen oder auch nur der Lais [215]); er wird gewusst haben dass Lais nach Korinth kam. Polemon (auf den Preller φάσκων mit recht bezog) ergänzte ihn durch die angabe über ihren tod in Thessalien, und es ist möglich dass die polemik am schluss sich gegen T. richtete. Ob sie berechtigt ist steht dahin: die überlieferung über die korinthische Lais ist so widerspruchsvoll dass man jetzt zwei oder drei trägerinnen des namens unterscheiden möchte [216]). Dass man ihr grab in Korinth zeigte ist zwar sicher [217]), und das könnte T. getäuscht haben. Aber man kann zweifeln ob das monument, das als wahrzeichen eine löwin κριὸν ἔχουσαν ἐν τοῖς προτέροις ποσίν trug, aber (wie es scheint) keine inschrift[218]), wirklich das grab der hetäre war. (**25—28**) Über die abgrenzung der bücher 13-15 s. Einltg. p. 544, 17 ff.: über die quellen von Diodors darstellung dieses Karthagerkrieges [219]) und das auftreten von Dionysios I s. zuletzt Laqueur col. 1105, 20 ff. (**26**) Der exkurs, zu dem man noch Diodor. 11, 25 (a. 480/79) und vielleicht Polyb. 9, 27 (vgl. n. 13) vergleichen kann, sondert sich so deutlich ab dass man ihn dem T. immer ganz zugewiesen hat. Er scheint keine fremden zusätze zu haben — ich wenigstens sehe keinen grund T. das zitat c. 83, 3 abzusprechen; er berief sich auf die schriftquelle, weil er selbst den πιθεών nicht mehr gesehen hat —, wohl aber ist er offensichtlich nicht unbeträchtlich gekürzt und daher von Diodor leider in seine sprache umgesetzt. Die stellung von 26b hat Schwartz p. 487 f. erklärt. Zu c. 83 s. noch Val. Max. 8, 4 ext. 2. (**27**) Über Dexippos s. Niese *R E* V vol. 287 no. 3. (**28**) Davon dass T. die existenz des Phalarisstieres geleugnet hat ist nach dem ganz klaren Pindarscholion keine rede [220]); was er geleugnet hat ist der allgemeine glaube dass der stier im j. 406 noch vorhanden war, und er hat das missverständnis (wohl richtig) aufgeklärt. Es ist ferner unglaublich dass Polybios T.s klare these und seine offenbar ausführliche polemik 'missverstanden' haben soll. Wenn er nicht einfach gelogen hat (was man ihm gerade hier kaum zutrauen wird) muss er geglaubt haben T. mit der beschreibung des karthagischen stieres widerlegen zu können. Die wirkliche schwierigkeit, die Walbank [221]) erkannt hat, liegt in dem was die Exzerpte aus Polybios darüber geben und in dem verhältnis Diodors zu Polybios. Walbank leugnet die abhängigkeit des ersteren gerade von

Polybios, der die rückgabe durch Scipio im j. 146 nicht erwähnt habe und, als er buch 12 schrieb, auch noch nicht erwähnen konnte, weil dieses buch nach allgemeiner annahme vor 150 verfasst ist. Das führt (was Walbank nicht entgangen ist) tief in die frage der chronologie des Poly-
5 bianischen werkes. Nun beweist Polybios' argumentation dass er ganz genaue nachrichten über das aussehen des karthagischen stieres hatte, für die eine andere quelle als autopsie nicht leicht zu denken ist. Wenn also buch 12 wirklich vor 150 geschrieben ist, so muss man m.e. die möglichkeit eines späteren zusatzes im manuskript zur polemik gegen
10 Timaios erwägen (man braucht da nicht gleich an eine Laqueursche 'ausgabe' zu denken). Ein solcher zusatz ist verständlich genug aus Polybios' freude T. wieder einmal als σχεδιάζων ἐν οἷς μάλιστα ἑαυτὸν ἀποπέφαγκεν ἀκριβολογούμενον κτλ. [222]) ertappt zu haben. Gewiss befremdet das fehlen von Scipios namen und der rückgabe des stieres an
15 Akragas; aber wir haben ja nicht Polybios selbst, sondern nur ein (offensichtlich sehr knappes) exzerpt, das wir doch vielleicht aus Diodor ergänzen dürfen.   (29) Vgl. zu F 105. Demosthenes wird die geschichte aus einem buch haben; jedenfalls hat T. sie nicht als erster erzählt: sie stand nach Tertullian [223]) auch beim Pontiker Herakleides,
20 den Grenfell-Hunt daher *P. Ox.* 1012 fr. 9 col. I 1 ergänzen. Im papyrus ist der schriftsteller, der den namen der frau nannte, verloren [224]). Es war wohl T. selbst, obwohl auch Val. Max. 1, 7 ext. 6 (der indirekt, aber recht genau, nach T. erzählt) ihn nicht gibt, sondern nur *non obscuri generis femina* sagt. Die Ἱμερεία τις ἱέρεια im papyrus und *App. Prov.*
25 3, 25 ist missverständnis des antiken *app. crit.*   (30) Über die buchzahl zu F 2; wenn geändert werden muss, ist $\overline{IA}$ aus $\overline{IH}$ so leicht wie $\overline{ιβ}$ aus $\overline{ιη}$. Die weiteren zeugnisse *Vorsokr.*⁵ 31 [21] A 13-14; zur sache Rathmann *Quaest. Pyth.*, 1933, p. 95. Iamblich. *Vit. Pyth.* 136 und Porphyr. *Vit. Pyth.* 29 (vermittler Nikomachos) sagen Ἀλεξανέμας
30 (-νεμος), was versehen sein kann, aber vielleicht (dann für die letzte quelle wichtige) variante ist.   (31) Über die buchzahl Einltg. p. 544, 37 ff.; über Timoleons Karthagerkrieg Beloch *Gr. G.* ²III 1 p. 580 ff.; Stier *RE* VI A 1, 1936, col. 1278, 41 ff. Reden Timoleons erwähnt Diodor zweimal: 16, 78, 2 vor dem ausmarsch [225]) und 79, 2 wo sicher T. vor-
35 liegt [226]), den die folgende konkordanz mit F 118 sichert. In Timoleon [227]) hat T. 'das ideal des vollendeten bürgerlichen staatsmannes zeichnen wollen' [228]), der wenigstens für kurze zeit erreicht hat was Hermokrates vergeblich anstrebte [229]). Beide (und bis zu einem gewissen grade vor ihnen Gelon) verkörpern das innen- und aussenpolitische wunschbild
40 T.s für die organisation seiner heimatlichen insel; das egoistische moment

in dieser beurteilung Timoleons [230]) darf man also nicht überschätzen. Unter dem gleichen gesichtspunkt stehen Plutarchs und Nepos' viten, in denen T. stark benutzt ist; doch zitiert die erstere (durch T.?) auch Athanis [231]), dessen urteil über Timoleon ebenfalls nicht ungünstig gewesen zu sein scheint.   (32) Von Schwartz p. 489 f. auf Dionysios I bezogen, weil der jüngere 'keine paeane gedichtet und keine gesandten nach Neapel geschickt hat'. Der zweite grund ist falsch [232]); übrigens denken Beloch *Gr. G.* ²III 1 p. 130 n. 5 und Wikén *Die Kunde* etc. p. 147 richtiger an die durch münzen bekannte stadt im lande der Peuketier südlich von Bari: denn es ist garnicht von gesandten, sondern von ἡγεμόνες εἰς Νέαν πόλιν die rede, und auch Dionysios II hat κατὰ τὴν 'Ἀπουλίαν zwei 'städte' gegründet [233]). Das textlich mehrfach gestörte fragment steht bei Athenaios zwischen anderen anekdoten über die κόλακες beider tyrannen [234]), sodass eine erklärende interpolation von τοῦ νεωτέρου nicht überraschend wäre. Jedenfalls stammt es (wenn die buchzahl richtig ist) aus einem exkurs über den hofhalt der tyrannen überhaupt [235]). Demokles ist der bekannte Damokles, *destrictus ensis cui super inpia cervice pendet*; die geschichte [236]) erzählt Cicero *Tusc.* 5, 61/2 (wie man meist glaubt, nach T.). Satyros ist unbekannt wie der Cheirisophos Hegesanders.   (33) Über die buchzahl, die Schwartz in κβ̅ ändern möchte, Einltg. p. 545, 6 ff. Wenn das zitat (wie es den eindruck macht) aus historischer erzählung stammt, so ist Nikodemos der tyrann von Kentoripa, den Timoleon nach dem sieg über die Karthager vertrieb [237]), und die ἐκ Ταυρομενίου μεθεστηκότες sind die gegner von T.s vater Andromachos. Dieser hatte die günstige gelegenheit von Timoleons ankunft benutzt, um sich ihrer zu entledigen; sie werden zu Hiketas gegangen sein.   (34) Wie schon aus der rundzahl πεντήκοντα ἔτη gegen σχεδὸν ἕ. π. in der gleichen polemik [238]) und deutlicher noch ὁμολογουμένως beweist kein wörtliches zitat, sodass man auch in der frage von T.s forschungsreisen das nur hier stehende συνεχῶς nicht mit voller zuversicht verwenden kann. Polybios zieht seinen schluss auf T.s unkenntnis aus einer äusserung des schriftstellers über seine lange entfernung von der heimat, die T. selbst vermutlich sehr anders verwendet hat [239]). Mai's änderung von ἐγένετο in ἐγενόμην, die noch in der neuesten literaturgeschichte nachwirkt [240]), ist verkehrt.   (35) Es ist nicht zu sagen ob der heftige angriff, der (wie es scheint) erst nach Demochares' tod (vor 271/0) erschien, persönliche oder politische gründe hatte (T. hat den radikalen demokraten schwerlich geliebt; sehr möglich dass ihm die verfassung des von Demochares angegriffenen Phalereers Demetrios sympathisch war), oder ob (was vielleicht nach der stellung im 38. buch das wahrscheinlichste ist [241])) der Athener in seinen Ἱστορίαι Agathokles günstig beurteilt hatte. Systematische beschimpfung des zeitgenössischen politikers steht nicht im widerspruch zu dem lob, das T. gelegentlich der stellungnahme des Demosthenes 'und anderer redner (!)' spendet [242]), kann daher auch nicht als 'spur der allmählich fortschreitenden abfassung' der Historien [243]) — richtiger einer änderung in den politischen auffassungen ihres verfassers — gewertet werden. Was den ton angeht, so hat Demochares seine gegner kaum besser behandelt. In der polemik hat T. einen komiker Archidikos und vielleicht (man kann sich bei Polybios in solchen partieen nie auf vollständigkeit verlassen) eine rede des Demokl(eid)es verwendet [244]); komoedie wie rede fallen in die zeit von T.s athenischem aufenthalt.   (36) Festus p. 178 M (p. 190, 11 Li) *October equus appellatur, qui in campo Martio mense Octobri immolatur quotannis Marti, bigarum victricum dexterior . . . . quem hostiae loco quidam Marti bellico deo sacrari dicunt, non ut vulgus putat, quia velut supplicium de eo sumatur, quod Romani Ilio sunt oriundi, et Troiani ita effigie in equi sint capti. multis autem gentibus equum hostiarum numero haberi testimonio sunt Lacedaemonii e.q.s.* Plutarch. *Aet. Rom.* 97 διὰ τί ταῖς †δεκεμβρίαις εἰδοῖς ἱπποδρομίας γενομένης ὁ νικήσας δεξιόσειρος Ἄρει θύεται . . . . πότερον, ὡς ἔνιοι λέγουσιν, ἵππωι τὴν Τροίαν ἡλωκέναι νομίζοντες ἵππον κολάζουσιν, ἄτε δὴ καὶ γεγονότες <<Τρώων ἀγλαὰ τέκνα μεμιγμένα παισὶ Λατίνων>>; ἢ ὅτι θυμοειδὲς καὶ πολεμικὸν καὶ ἀρήιον ὁ ἵππος ἐστὶ κ.τ.λ. Polybios' polemik ist wieder einmal unehrlich (εὐθέως!): für T. ist das rossopfer [245]) eine bestätigung der alten tradition, nicht grundlage für eine theorie. Über T.s gründungsgeschichte Roms s. zu F 59/60; über seine quelle(n) für die kenntnis Latiums s. Einltg. p. 532, 37 ff.; über die bedeutung des nachtrags zu den Historien p. 535, 38 ff. Ob er von Diodor 22 als zweite quelle herangezogen ist lässt sich nicht sagen.   (37—82) Zur stellung dieser fragmente s. Einltg. p. 542, 8 ff.   (37—41) Ungemein dürftige reste der beschreibung Siziliens, die wir in der προκατασκευή erwarten [246]). Es ist zudem zweifelhaft ob F 39-41 aus einer solchen oder aus gelegentlichen erwähnungen bezw. exkursen innerhalb der erzählung stammen. Das exzerpt F 164 (aus buch 1?) zeigt nur wie ausführlich T. sein konnte; sonst hilft es (von dem wichtigen zitat F 38 abgesehen) kaum viel weiter, was natürlich schuld Diodors ist.   (37) Elend zusammengestrichen. Τίμαιος ∼ ἱστορικοί (d.h. der in diesen scholien öfter zitierte Philostephanos [247])) ist kein gegensatz, und die änderung in Καλλίμαχος (Hecker u.a.) schafft nur eine andere schwierigkeit. Dass T. die insel Τρινακρία genannt hat, zeigt die erklärung aus den τρεῖς ἄκραι [248]) und sichert die parallele in F 164 (c. 2, 2). Ob man dem jämmerlichen scholion entnehmen will dass er über das verhältnis zur homerischen Θρινακίη νῆσος gesprochen hat, und weiter ob die erklärung μετονομασθεῖσα εὐφωνότερον [249]) bei ihm vorkam, stehe dahin. Aber das erstere konnte er kaum vermeiden, und (obwohl die Kyklopen in F 38 = 164 fehlen) ist es nicht zu bezweifeln dass er die identifikation angenommen hat, die im altertum so gut wie unbestritten war [250]). Sie ist gewiss älter als Thukydides [251]) und auch als Antiochos, dem Ziegler [252]) sie zuschreibt; ich kann seinen schluss *e silentio* nicht mitmachen dass 'sie noch nicht vollzogen war, als Herodot (und Hellanikos) schrieb(en)'. Über Mylai s. zu Nymphodoros 572 F 3; Bux *RE* XVI col. 1045 n. 2 findet hier fälschlich einen autor 'unbekannter zeit über Sizilien'. (38) Philistos' besiedlungsgeschichte Siziliens s. zu 556 F 45; die des T. F 164 c. 6, wo Diodor bedauerlicherweise T.s beweise für die autochthonie des Sikaner gestrichen hat. Danach stand sie wahrscheinlich im ersten buch der προκατασκευή nur bis zur ankunft der Griechen, während die kolonisation erst im 3. und 4. buch behandelt war, da sie in den einzelheiten erzählt werden musste und viel raum beanspruchte [253]). Dagegen konnte die besiedlungsgeschichte der Liparischen inseln als einheit gegeben werden [254]). Es ist auch hier nicht direkt überliefert was T. von den mythischen bewohnern, den Laistrygonen und Kyklopen, und von den Kretern [255]) berichtet hat, da F 164 c. 6 davon nichts steht. Dass sie bei ihm nicht fehlten zeigt eben die besiedlungsgeschichte der Liparischen inseln, die die mythologie sehr ausführlich behandelte; und Thukyd. 6, 2, 2 zeigt weiter dass es ein altes problem (wahrscheinlich schon für die ältesten Homererklärer) war. Aber es ist auffällig dass Theon für die Minos-Kokalosgeschichte zwar Ephoros und Philistos, aber nicht T. nennt [256]); und es geht nicht an mit Geffcken p. 28; 112 ff. Lykophron *Al.* 652 ff. und Diodor. 4, 76-79 [257]) einfach unter die fragmente T.s zu setzen. Was Ziegler [258]) eine 'mythenchronologische schwierigkeit' nennt — der Odysseus der Odyssee findet in Sizilien Laistrygonen und Kyklopen, aber Hellanikos 4 F 79 datiert die einwanderung der Sikuler in die dritte generation *vor* dem Trojanischen Krieg — ist vielleicht eher eine topographische frage: wo sassen diese mythischen völker, von denen Thukydides nicht weiss οὔτε ὁπόθεν εἰσῆλθον ἢ ὅποι ἀπεχώρησαν. Nach den einzelangaben des Plin. *N.H.* 3, 89 liegen *scopuli tres Cyclopum* und *portus Ulixis* an der ostküste südlich von Naxos-Tauromenion, und die Laestrygonen sitzen *intus* bei Leontinoi [259]). Die Sikaner aber haben nach T. irgendwann die gegend um die Aitna (deren asche *Tauromenium et Catinam usque pervenit fervens*) wegen der vulkanausbrüche aufgegeben [260]), sodass zwischen Sikanern und Sikelern raum für die mythischen völker, freilich auch das Thukydideische problem (wie sie dahin gekommen sind), bleibt. (**39**) Bei Didymos gehört T. nicht mehr als der name des sizilischen berges. Müller, der falsch von einer stadt redet, sucht die erwähnung in der besiedlungsgeschichte der Liparischen inseln, deren sizilischer teil aber um Segesta und Selinunt spielt [261]. Der berg kam entweder in der κτίσις von Akragas (Buch 3-4) vor, das von Rhodos aus besiedelt sein soll, und wo Polybios auf der akropolis einen tempel der Athena und des Zeus Atabyrios kennt [262]; oder in der beschreibung der stadt gelegentlich der kriege von 406 im 15. buch [263]); oder endlich in der geschichte des Phalaris, der als erbauer des tempels galt [264]). (**40**) Stellung unbestimmbar. Cicero gibt nur allgemeinstes. T. kann die topographie von Syrakus gelegentlich der gründung der stadt und muss sie im 13. buch behandelt haben. (**41**) Vgl. noch Lykos 570 F 9; Θαυμ. ἀκ. 172; Seneca *N.Q.* 3, 26, 5; Plin. *N.H.* 2, 225 (beides vermittelt durch Poseidonios?); Schol. Pind. *Nem.* 1, 1-2; Serv. Dan. Verg. *Buc.* 10, 4; *A.* 3, 694 u.a. Die überlieferung beginnt für uns mit Ibykos F 21 Diehl und Pindar. Eine andere geschichte (ähnlich der folgenden über die entstehung der quelle Kyane) F 164 c. 3, 5-6, als alt bestätigt durch Schol. *Nem.* 1 inscr. b. In der erklärung dieses gedichtes ist T. benutzt [265]); und es ist sehr möglich dass er beide versionen gab, und dann vielleicht Artemis' geburt nach Sizilien verlegte, wogegen Schol. *Nem.* 1, 2 polemisieren. Fraglich dagegen ob er von der liebe des Alpheios zu Arethusa [266]) erzählte. Dass der exkurs umfangreich war beweist Diodor, der sein versprechen, die historischen beispiele für die verletzung des gesetzes über die heiligen fische [267]) ἐν τοῖς οἰκείοις χρόνοις zu erzählen, nicht erfüllt hat. Das macht die stellung des exkurses zweifelhaft. (**42**) Festus p. 106 M (= 94, 9 Li) *Italia dicta, quod magnos italos, hoc est boves, habeat: vituli etenim ab Italis ⟨itali⟩ sunt dicti. Italia ab Italo rege; eadem ab Atye* [268]) *Lydo Atya appellata.* Hesych. s.v. Ἰταλός· Ῥωμαῖος· ταῦρος. Die zweifelhafte etymologie, die westgriechisch sein muss [268a]), schon bei Hellanikos 4 F 111, der aber den landesnamen nicht von dem reichtum an rindern, sondern mythologisch erklärt hatte — von einem rind des Herakles, das ἀποσκιρτήσας τῆς ἀγέλης ἐν Ἰταλίαι ἐόντι ἤδη φεύγων διῆρε τὴν ἀκτὴν καὶ τὸν μεταξὺ διανηξάμενος πόρον τῆς θαλάττης εἰς Σικελίαν ἀφίκετο κ.τ.λ. Das hatte T. anders erzählt [269]); und Antiochos 555 F 2-4 leitete den namen noch von einem eponymen könig Italos ab, der sicher nicht nach dem rinde heisst. Also steht zwischen ihm und T. ein autor, der das mythologem rationalisiert hatte: Lykos ist möglich, aber nicht beweisbar. (**43**) Nach T., der an ein monument anknüpft, das er oder Lykos selbst gesehen hat [270]), Konon 26 F 1 c. 5. Paus. 6, 6, 4, der das paradoxon gelegentlich des lokrischen faustkämpfers

Euthymos erwähnt, nennt als grenzfluss den Kaikinos, als dessen sohn der athlet galt [271]). Es gab varianten, und der ortsname wird daher meist vermieden [272]). Ob auch die Heraklesgeschichte (die ebenfalls in zwei versionen auftritt [273])) bei T. stand ist zweifelhaft. Antiochos 555 F 9 scheint keine von beiden gegeben zu haben. (**44—45**) Die frage, ob und in welcher verbindung die τρυφή der Krotoniaten mit Pythagoras' wirksamkeit in dieser stadt steht, ist nicht sicher zu beantworten. Wenn Justin. 20, 4, 5 T. ist [274]), machte der Philosoph dem luxus ein ende; und Apollonios bei Iamblich. *Vit. Pyth.* 255, der gewöhnlich auf T. zurückgeführt wird, ist zwar wenig klar (schon weil er zu kurz ist), widerspricht aber nicht unbedingt. Wenn T. varianten seiner quellen notierte, kann das bei Athenaios zwischen F 44 und 45 stehende exzerpt über Demokedes ihm gehören [275]); denn erzählt hat er von dem arzt gewiss. Aber es spricht dagegen dass F 45 in οἱ δέ der Pontiker Herakleides steckt, der an keiner der beiden stellen durch eine etwaige polemik T.s vermittelt ist. Unsichere zuweisungen aus der mythengeschichte Krotons an T. bei Geffcken p. 20 f.; 138, 13 ff.; 140, 8 ff. (**46**) Die wirkung ist schon Eurip. *Troad.* 220 ff. (woher?) bekannt. Die paradoxographen stellen ihn häufig mit dem Sybaris zusammen, der dunkel färbt. Aischrion (von Byzanz?) schreibt die blondierende wirkung vielmehr dem flusse in Achaia zu, und andere leugnen sie überhaupt, indem sie an stelle des Krathis den Xanthos-Skamandros der Troas nennen [276]). Die zeugnisse — darunter Nymphodoros 572 F 11 und besonders oft Theophrast — bei H. Oehler *Paradoxogr. Flor.*, 1914, p. 56 f. (**47—50**) Offenbar breiter exkurs, aus dem Athenaios nur einzelnes und ziemlich unordentlich (wenn nicht sein exzerptor die schuld trägt) aushebt. Ich sehe aber keinen grund p. 616, 18 mit Kaibel das exzerpt eines neuen autors beginnen zu lassen; jedenfalls kommen weder Aristoteles noch Phylarchos oder der Pontiker Herakleides, die im gleichen abschnitt herangezogen werden, in frage. Ihr verhältnis zu T. ist nicht näher zu bestimmen; aber es scheint dass er auch hier anders berichtete als Herakleides [277]). T. ist ausgeschrieben von Diodor. 8, 18-19 [278]), vielleicht auch 10, 23 [279]) und 12, 9 — (mindestens) 10, 1 [280]). Die übereinstimmung von 8, 19 mit F 9 weist die schilderung der sybaritischen τρυφή in T.s 7. buch. Dann mag die zerstörung durch Kroton im 8. buch gestanden haben, als schluss eines abschnittes und vielleicht des buches; d.h. F 44/46 — die geschichte Krotons nach der zerstörung der rivalin und die reform des Pythagoras — mögen bei ihm auf F 47-50 gefolgt sein. F 51/2 machen wahrscheinlich dass er auch die mythische vorgeschichte von Sybaris gab [281]), bezw. kurz rekapitulierte was im 3. oder 4. buch der προκατασκευή ausführlich erzählt war. Zu den bemerkungen über die lage der stadt F 50 p. 616, 23 ff. s. Philipp *RE* IV A, 1931, col. 1005, 50 ff. und Kahrstedt *GGA* 1931 p. 279 ff. Über die 'freundschaft' mit Milet Herodt. 6, 21; Blakeway *ABSA* 33, 1935, p. 207 n. 6. (51—52) F 51 ist wichtig als beweis dass T. die gründungen der oder einiger der unteritalischen Griechenstädte an den Trojanischen Krieg knüpfte, ihre geschichte also viel früher begann als Antiochos [282]); und wenn man dem exzerpt trauen darf [283]), so hat er die gründungsgeschichte kurz da rekapituliert wo die stadt zuerst in der geschichtlichen zeit vorkam, d.h. hier gelegentlich des krieges von ca. 530/20, in dem die verbündeten Krotoniaten, Sybariten und Metapontiner Siris zerstörten [284]). Hier ist auch der passende platz für die schilderung ihrer τρυφή [284a]). Gründer sind in Unteritalien teils verschlagene helden der Nosten teils flüchtige Troer. Die eponyme Siris ist nicht, wie die Setaia von Sybaris [285]), eine troische sklavin, sondern eine einheimische fürstin [286]), die vielleicht die flüchtigen Troer gastlich aufnahm: das genauere entgeht uns; wir wissen auch nicht ob T. von Kalchas erzählte [287]). Aber die troische gründung — οἱ ἀπὸ Τροίας ἐλθόντες des Athenaios ist doppeldeutig [288]) — bezeugen Lykophron *Al.* 978 ff.; Θαυμ. ἀκ. 106 [289]); Strab. 6, 1, 14; der letzte für T. der wichtigste zeuge, weil er offenbar gegen ihn polemisiert [290]). Auf die Troer folgen in dem hoffnungslos zerstörten zwischensatz als griechische gründer die Kolophonier, was Lykophron mit Ξουθίδαι und Ἰάονες, Strabon und die Lykophronscholien mit Ἴωνες bestätigen; und diese ionische (nicht, wie gewöhnlich bei den unteritalischen städten, achaeische, in einzelfällen auch spartanische) besiedlung kannte schon Herodot [291]). Sie waren es, die der stadt den namen Polieion gaben [292]). Das ist chronologisch in ordnung: denn diese Ionier haben Asien verlassen φεύγοντες τὴν Λυδῶν ἀρχήν, also jedenfalls (und vielleicht beträchtlich) vor 546 [293]). Es macht auch keine schwierigkeit dass Strabon bei der gewaltsamen eroberung von dem frevel der Ionier gegen Athena erzählt: die in der 'troischen stadt' verehrte Athena ist die göttin von Ilion; die geschichte ist aition für das aussehen des kultbildes, das (anscheinend) die augen geschlossen hält; und dieses aition kannte auch Lykophron [294]). Es ist ferner keine wirkliche schwierigkeit dass nach Justin ein ähnlicher frevel von den drei verbündeten städten bei der zerstörung von Siris verübt wird. Wenn das ein duplikat ist — d.h. wenn die gleiche geschichte an verschiedene vorgänge geknüpft war; und m.e. beweist das Lykophron, der eben auch hier nicht reiner T. ist [295]) — so ist das bereits in Justins quelle ausgeglichen: denn bei ihm ist die folge des frevels nicht mehr eine veränderung des kultbildes, sondern pest und innere

unruhen in den siegreichen städten, die dann den zorn der beleidigten
göttin auf geheiss des delphischen orakels in verschiedener weise sühnen.
Es sieht sogar ganz nach T. aus (den man gemeinhin für die quelle
Justins hält), wenn jetzt die Kolophonier das gleiche schicksal trifft,
das sie früher den Troern von Siris bereitet haben. Die einzige schwierigkeit ist dass Lykophron zwar von der στυγνὴ Ἀχαιῶν (d.h. der drei verbündeten städte) εἰς Ἰάονας βλάβη spricht, aber zugleich von einer krän-
kung der Λαφρία κόρη Σάλπιγξ (d.h. der Athena), die sich gegen τοὺς
πρόσθ' ἔδεθλον Ξουθίδας ᾠκηκότας richtet, was so aussieht als ob die
Athener-Ionier vor den Troern in Siris gesessen hätten [296]). Diese schwierigkeit haben Schol. 984; 987 dadurch überwunden dass sie die (hier
allein genannten) Krotoniaten, συλλαβόντες τοὺς περιλοίπους τῶν Τρώων,
gegen Siris ziehen und die in den tempel geflüchteten 'Ioner' hinschlach-
ten lassen. Es muss dahingestellt bleiben ob das ein ausweg der ver-
zweiflung gegenüber den dunklen versen Lykophrons ist, oder ob die
ihnen vorliegende historische erzählung der zerstörung von Siris so berichtete, d.h. von einem gleichzeitigen aufstand der unterworfenen bevölkerung sprach. M.e. ist die zweite eventualität die weitaus wahrscheinlichere. Die Griechen haben auch in Unteritalien die eingeborene
bevölkerung nirgends restlos hingeschlachtet oder vertrieben; und wer
zwischen ihnen und den ursprünglichen Chones [297]) als erste besiedler
flüchtige Troer einschob, konnte diese sich so gut erheben lassen wie in
Sizilien die Sikeler und im Mutterland die Heloten. Die so rekonstruierte
geschichte der stadt, in der jeder frevel gegen die gottheit seine entsprechende sühne findet, sieht wieder ganz nach T. aus.   (53—56)
Die verhältnismässig reichen reste des abschnitts über die Daunier
(Apulien) sind wertvoll, weil sie deutlich zeigen dass T. sich keineswegs
auf die griechischen mythologeme beschränkt, sondern (ob nun nach
autopsie oder guten quellen) das volk nach den in der ethnographie
üblichen gesichtspunkten geschildert hat. Dabei zeigt F 55 verständiges
urteil, und die etymologie F 56 ist harmlos. Das stark zusammengestrichene scholion F 53 [297a]) lässt nicht erkennen ob T. für etwas anderes
als für die ἀνδριάς angeführt war, und vielleicht wird Lykos gerade deshalb
neben ihm zitiert, weil beide hier auseinander gingen; denn man darf den
unterschied von ἀνδριάς und ἀνδριάντες, die Schol. 625 richtiger στῆλαι
περὶ ὅλον τὸ πεδίον heissen, nicht durch konjekturen verwischen. Das motiv
vom wunderbar zurückkehrenden kultobjekt ist nicht selten; vgl. zu
F 59/61. Die geschichte vom drachen stand schon bei Aristoteles in der
Κερκυραίων πολιτεία [298]), und der scholiast könnte sehr wohl ihn dafür
zitiert haben. Wir sind wirklich nicht in der lage auch nur die drei

daunischen abschnitte Lykophrons [299]) in den einzelheiten auf ihre quellen zurückzuführen, und es ist hier kein raum die variantenreiche tradition über Diomedes [300]), Podaleirios, Kassandra im Westen (der einzige weg, auf dem man vielleicht auch zu T. gelangen würde) aufzuarbeiten. Aber es ist nichts gewonnen, wenn man einzelnes herausnimmt und mit dem etikett T. versieht [301]); die *interpretatio Graeca* ist weder von ihm allein angewendet noch gar von ihm erfunden.   **(54)** Hesych. s.v. Ἑκτόρειοι κόμαι· ὡς Δαύνιοι καὶ Πευκέτιοι, ἔχοντες τὴν ἀπ' Ἰλίου τοῖς ὤμοις περικεχυμένην τρίχα. Schol. Lykophr. 1133 Ἑκτόρειος κόμη λέγεται ἡ τὰ ὀπίσω καθειμένα ἔχουσα, τὰ δὲ ἔμπροσθε κεκαρμένα, ὥς φησιν ὁ Λυκόφρων οὗτος κ.τ.λ., die Plutarch *Thes.* 5 zitieren und falsch die haartracht der Abanten und des Theseus vergleichen. *Il.* X 401 f. τοῦ δ' ἦν ἑλκομένοιο κονίσαλος, ἀμφὶ δὲ χαῖται / κυάνεαι πίτναντο gibt für die frisur höchstens aus dass Hektor das haar lang trug, und die scholien Eust. p. 1276, 27 ff. stellen auf die farbe ab: Hektor war nicht χρυσοκόμης wie Achill, οὐδὲ κατὰ τὸν ἀδελφὸν Πάριν κόμην εἶχεν ἐπαφρόδιτον· καὶ ὅμως περιάιδεται κόμη Ἑκτόρειος, ἡ περικεχυμένη φασίν, ἧς καὶ Λυκόφρων μέμνηται. Da fehlt ein zwischenglied.   **(55)** Von den Dauniern insgesamt sagen Θαυμ. ἀκ. 109 πάντες δὲ οἱ Δαύνιοι καὶ οἱ πλησιόχωροι αὐτοῖς μελανειμονοῦσι, καὶ ἄνδρες καὶ γυναῖκες, διὰ ταύτην (ὡς ἔοικε) τὴν αἰτίαν κ.τ.λ. Der grund, dass auch hier die troischen sklavinnen die griechischen schiffe verbrannten, εὐλαβηθείσας μὴ πικρᾶς δουλείας τύχωσιν ὑπὸ τῶν ἐν ταῖς πατρίσι προϋπαρχουσῶν τοῖς Ἀχαιοῖς γυναικῶν, ist nicht ganz klar, und das exzerpt irgendwie in unordnung; aber es mahnt wieder zur vorsicht gegen die ergänzung T.s aus dieser sammlung. Auch den bewohnern der Kassiteriden (nicht nur, wenn überhaupt, den frauen) wird von Poseidonios [302]), und den Iberern (von demselben?) bei Athen. 12, 25 p. 523 B die gleiche tracht zugeschrieben.   **(56)** Zitiert wird T. nur für die etymologie; aber es ist kaum zweifelhaft dass ihm die ganze beschreibung gehört. Über das (die) orakel des (Kalchas und) Podaleirios bei den Dauniern s. Strab. 6, 3, 9; Schol. Lykophr. 1047; Latte *RE* XVIII col. 834, 63 ff.; Edelstein *Asclepius* II p. 20.   **(57)** Zu ergänzen aus dem (nicht direkten) exzerpt Θαυμ. ἀκ. 102, wo T.s kritik vorliegt. Dass Varro sie unterdrückt hat wird man aus Plin. *N.H.* 31, 21 nicht schliessen. Dagegen gibt Lucret. 6, 738 ff. eine natürliche erklärung, und Vergil. *A.* 6, 236 ff. behält begreiflicher weise die tödliche wirkung von see und grotte bei [303]). Über die stellung von F 57 s. zu F 5-6. Es ist wichtig, weil es autopsie beweist, und dass T., wo sie vorlag, verständig urteilte (was auch für F 58 gilt). Er wird sich allerdings gefreut haben dass er Herakleides wieder einmal etwas am zeuge flicken konnte. (**58**) Vgl. Plin. *N.H.* 2, 203 (Poseidonios?); Schol. Pindar. *Pyth.* 1, 34a (Timaios?); Nissen *It. Landesk.* I p. 252; 266; II p. 729 f. Durch vermittlung des Poseidonios wird bei Strabon (5, 4, 9) aus T. stammen sowohl die besiedlungsgeschichte der inseln bis auf den versuch Hierons sich hier festzusetzen, wie die erörterung über den vulkanismus Süditaliens. Schade dass wir nicht sicher wissen ob es T. war, der von den affen erzählt hat [304]), an die die modernen meist nicht glauben wollen. (**59—61**) Über die herkunft aus den Pyrrhosbüchern und die frage nach T.s autopsie von Rom und Latium s. Einltg. p. 532, 37 ff.; über den synchronismus der gründungen von Rom und Karthago ebd. p. 536, 4 ff.; über T.s troisches datum s. zu F 125/6. Es ist anerkannt dass T. einen wendepunkt in der griechischen tradition über Rom bedeutet, obwohl bereits seine sizilischen vorgänger einige kenntnis epichorischer überlieferung gehabt haben müssen [305]). Aber sie alle, und höchst wahrscheinlich noch T. selbst in den Historien, sahen Rom von aussen: sie gaben die mythische κτίσις der stadt, wussten von ihrer eroberung durch die Kelten, und müssen — denn das ist doch der grund warum sie überhaupt von Rom sprachen — von ihren ersten berührungen mit den griechischen städten Unteritaliens gehandelt haben [306]). Dagegen nahm T. in den Pyrrhosbüchern seinen standpunkt auf seiten Roms und gab als erster eine geschichte der stadt von ihrer gründung bis mindestens zum ausbruch des konflikts mit Karthago, die man sich allerdings nicht allzu ausführlich oder wenigstens nicht zu gleichmässig vorstellen darf[307]). Soviel können wir aus T 9 (trotz der oberflächlichen formulierung des Dionys) und den fragmenten schliessen. Aber die überlieferung sowohl von T.s gründungsgeschichte und archaeologie wie erst recht die über die geschichtliche zeit ist so dürftig dass es zwecklos erscheint auch nur die ungeheure literatur hier kritisch zu durchmustern [308]); wir können nur die probleme hinstellen. Da ist dann klar dass T. in dem zweiten werk (aber eben erst in diesem) der alten naiven auffassung praktisch ein ende gemacht hat, die die gründung Roms (wie die so vieler anderer städte im Westen) unmittelbar mit dem Trojanischen Krieg verband (ob ihre vertreter nun Aineias selbst [309]), seine söhne [310]), oder einen enkel [311]) zum gründer machten), und dass er statt dessen den synchronismus mit der gründung Karthagos aufstellte. Es kann ferner schon *a priori* kaum zweifelhaft sein dass er das jahr 814/3 für diesen synchronismus [312]) von Karthago, nicht von Rom aus bestimmt hat [312a]); die gründungsgeschichte von Karthago in F 82 bestätigt das direkt, und indirekt die sonst unerklärliche tatsache dass die Annalistik, deren gründungsdaten seit Fabius Pictor sich um 750 bewegen, es von anfang an ebenso aufgegeben hat wie den synchronismus. Für die vermutung, dass T. von seinen latinischen gewährsmännern eine königsliste erhalten habe (die dann recht anders ausgesehen haben müsste als die der Annalistik) genügt die erwähnung éines römischen königs nicht zum beweis; und die anerkennung von Laviniums anspruch, die älteste Latinerstadt zu sein, bedingt nicht die herabschiebung von Roms gründung um mehr als drei jahrhunderte. Endlich dürfen wir ohne weiteres behaupten dass dem chronologisch besonders interessierten manne [313]) der widerspruch zwischen seinem alten und seinem neuen gründungsdatum nicht entgangen sein kann [314]). Das ist das erste und eigentliche problem, für das ich keine andere lösung weiss, als dass T. es bewusst vermieden hat auf diesen widerspruch hinzuweisen: er war nicht der mann gegen sich selbst zu polemisieren oder einen irrtum einzugestehen; und Dionysios' worte τὸν δὲ τελευταῖον γενόμενον κτλ. sind wohl noch signifikanter als der zusatz οὐκ οἶδ' ὅτωι κανόνι χρησάμενος. Er hat in dem neuen werk seinen neuen synchronismus einfach hingestellt, ohne ihn anders als durch einen hinweis auf die Tyche in der art von F 105 zu begründen, überzeugt dass seine leser ihn ebenso einfach hinnehmen würden [315]). Daran knüpft das zweite problem: man möchte annehmen dass T. in den Pyrrhosbüchern nicht nur die gründung Karthagos, sondern auch die Roms erzählte; aber von ihrer gestaltung wissen wir nichts; und es mag sein dass T. auch hier über die schwierigkeiten hinwegglitt, die das verhältnis des oder der gründer zu Aineias nach der veränderten chronologie ihm machen musste. Man kann nur sagen: wenn die neue gründungsgeschichte auch nur entfernt den umfang der erzählung von Fabius Pictors quelle Diokles von Peparethos [316]) gehabt hätte, würden wir bei Dionys oder in Plutarchs *Romulus* doch wohl etwas von ihr hören. Drittens: auch abgesehen von der allgemeinen unsicherheit über Lykophrons quellen [317]) macht der grosse exkurs 1226/80 die besondere schwierigkeit dass Lykophron der alten auffassung von der gründung durch die Aineiassöhne folgt. Es mag wahrscheinlich sein dass T. den Odysseus des Hellanikos ganz fallen liess; denn das wenige was wir von ihm hören geht nur das verhältnis von Rom zu Troja an [318]). Aber es ist zweifelhaft ob er statt dessen das verhältnis des alten Rom (oder Latiums) zu Etrurien betonte und in Rom sozusagen eine etruskisch-trojanische stadt sah; denn von seiner behandlung der *geschichte* Etruriens wissen wir so gut wie nichts, und F 62 deckt sich jedenfalls nicht mit Lykophrons darstellung. Es wäre vermutlich verkehrt, wenn man in der anerkennung von Lavinium als erste troische gründung in Latium und als des alten sitzes der von Aineias aus der troischen heimat mitgebrachten Penaten (die er θεοὶ πατρῷοι oder ἱερὰ πατρῷια genannt haben mag) eine spitze gegen Rom sehen wollte. Es ist viel wahrscheinlicher dass T. von seinen 'einheimischen gewährsmännern' (die dann nicht gerade 'lavinatische handelsleute' gewesen zu sein brauchen) richtig über die politische neuordnung nach dem Latinerkrieg von 340/38 unterrichtet worden ist. Sie führte auf religiösem gebiet zu gewissen kompromissen, die in der folge der troischen gründungen ihren mythologischen ausdruck fanden [319]). Wir werden annehmen dürfen dass T. den zu seiner zeit bestehenden politischen zustand, die führende stellung Roms in Latium und seine stellung in Süditalien — aus der die lösung der verträge und der kriegerische zusammenstoss mit Karthago verständlich wurden — ausführlicher und im wesentlichen richtig geschildert hat. Dass wir nur ein paar notizen haben erklärt sich genügend aus der natur der überlieferung. Sicher ist dann zwar (und dies ist eher die konsequenz der herabschiebung des römischen gründungsdatums als ihr grund) dass T. Lanuvium (für das er die überlieferung von ἐπιχώριοι hatte) als erste Troerstadt und sitz der Penaten in den vordergrund schob [320]); aber wir wissen nicht was er über Alba Longa, die übrigen Latinerstädte [321]) und den eigentlichen gründer Roms zu sagen wusste. Die vierte und letzte frage (die ich ohne bedenken negativ beantworte), ob T. den aufenthalt des Aineias in Karthago bei Dido kannte, kann erst zu F 82 besprochen werden.

(62) Zitiert wird T. — vielleicht durch vermittlung eines der 'vielen autoren' die über die etruskischen *spectacula* und die römischen *ludi* geschrieben hatten — nur für die asiatische herkunft der Lyder. Was er da sagt ist die tradition Herodt. 1, 94, wie es scheint mit einer leichten (rationalistischen?) änderung des grundes der auswanderung, deren führer allein der eponym Tyrrhenos ist. Wenn T. die wanderung ebenso datierte [322]), fanden die Trojaner die Etrusker bereits im lande vor und mussten sich irgendwie mit ihnen auseinandersetzen. Spuren einer solchen (wie es scheint stets freundschaftlichen) auseinandersetzung [323]) kann man sowohl bei Alkimos 560 F 4 finden wie bei Lykophron *Al.* 1242/9, und es ist garnicht unmöglich, dass der dichter (der Aineias' gattin nicht nennt) diesen älteren sizilischen historiker benutzt hat; jedenfalls erzählt er etwas ganz anderes als T. [324]). Es ist also ganz zweifelhaft ob wir bei Lykophron T.s abgrenzung der beiden landschaften haben; und man wird sich auch damit abfinden müssen dass wir von seiner ansicht über das politische und kulturelle verhältnis Roms zu Etrurien nichts wissen [325]). Eher ist T. als quelle Lykophrons für die einwanderung der Lyder vv. 1251/61 denkbar; denn hier haben wir wirklich Lyder, nicht mysische Telephiden wie 1242/9; und dann könnte man Justin. 20,

1, 11-12 und Steph. Byz. s.v. Ἄγυλλα auf die gleiche quelle zurückführen. Zu beweisen ist es nicht, weil Lykophron an der zweiten stelle weder den führer noch den grund der auswanderung nennt, und die scholien, die Herodot paraphrasieren, nicht helfen; es gibt daher auch keinen sicheren beweis für das vorkommen der Boreigonoi und der italischen Pelasger bei T. Alle spekulationen sind schon deshalb unsicher, weil T. den späteren kein hauptautor für Etrurien war. So haben wir in den zitaten nur éine spur einer schilderung der etruskischen sitten (F 1), die wir uns doch nicht nur nach F 54/6 ausführlich vorstellen müssen. Auch die geschichte ist verloren: aber T. wusste von der etruskischen thalassokratie des 6./5. jhdts [326]), und in der geschichte der sizilischen tyrannen muss das volk oft genannt worden sein. Auch von der landeskunde haben wir nur ein paar zufällige reste, wie die beschreibung der (ebenfalls in der sizilischen geschichte vorkommenden) insel Aithaleia κατὰ τὴν ὀνομαζομένην πόλιν Ποπλώνιον [327]), was die beschreibung des festlandsgebietes der Etrusker voraussetzt. Anderes kam gelegentlich der rückfahrt der Argonauten durch Ozean und Westmeer vor [327a]), von der wir nicht wissen ob es einheitliche erzählung war, und wie man sie dispositionell einordnen soll. Nur in der προκατασκευή stand die systematische behandlung Etruriens sicher.   (63—64) Θαυμ. ἀκ. 100 machen Müllenhoffs vermutung wahrscheinlich dass Plinius die autorennamen verwechselt hat, und dass der name Ichnusa T. gehört [328]). Vielleicht darf man aus ihnen auch das exzerpt F 164 c. 15 über archaeologie und geschichte Sardiniens durch die notiz aus der zeit der karthagischen herrschaft ergänzen; zweifelhaft macht aber, dass sie die Aristaiosgeschichte hineinbringen, die sich mit der besiedlung durch den Herakliden Iolaos und die Thespiaden [329]) nicht leicht vereinigen lässt; denn Geffckens zuweisung [330]) von Diodor. 4, 29/30 und 80/1 an T. ist unglaublich. Es ist m.e. überhaupt ein methodischer fehler, wenn man T. als kompilator behandelt von der art der vorlage, die Pausan. 10, 17 (und vielleicht Sallust. *Hist.* II F 3-8 Maur.) benutzt hat. Die überlieferung über die insel, die in der historischen literatur mehrfach als wirkliches oder angebliches auswanderungsziel vorkommt, war offenbar wenig einheitlich; es scheinen verschiedene deutungen für die gleichen fakten nebeneinander zu stehen[331]). Aus F 65 darf man nicht schliessen dass T. die alte auffassung von Sardinien als der grössten insel [332]) geteilt hat; denn F 164 c. 15, 1 heisst es vorsichtig τῶι μὲν μεγέθει παραπλήσιος τῆι Σικελίαι, und c. 17, 1 ist die folge Σικελία - Σαρδώ. Dass Polybios T.s darstellung vielleicht auch hier kritisierte, wäre nicht überraschend, da die insel (wie Korsika) erst durch die Römer genauer bekannt wurde [333]).   (65—66) Zwei inseln ohne individualnamen unterscheidet als ἡ μείζων καὶ ἡ ἐλάττων auch das Diodorexzerpt F 164 c. 17, 1. Es macht nichts aus dass F 65 an falscher stelle steht, und wenig ob es verstellter zettel Strabons oder randnotiz eines lesers ist [334]). Jedenfalls beweist es dass F 164 c. 17/8 aus T. exzerpiert sind, und F 66 bestätigt dass die exzerpierung auch hier unsystematisch ist: Diodor hat über der ausführlichen wiedergabe der eigenartigen sitten die besiedlungsgeschichte vergessen. Das ist bedauerlich, weil die überlieferung über die Gymnesien ähnlich auseinander geht wie die über Sardinien; und wir können auch hier die vertreter der einzelnen versionen (obwohl wir etwas mehr namen haben) nicht bestimmen. Die wichtigsten differenzen sind: die besiedler sind nach T. und Lykophron [335]), Boioter, die auf der rückfahrt von Troja hierher verschlagen werden, nach Strabons rhodischer quelle Rhodier; und die zeitbestimmung μετὰ τὴν ἐκ Τροίας ἄφοδον beweist dass das eine wirkliche variante ist [336]). Den namen Gymnesiai geben den inseln nach T. bei Diodor 'die Griechen' διὰ τὸ τοὺς ἐνοικοῦντας γυμνοὺς τῆς ἐσθῆτος βιοῦν κατὰ τὴν τοῦ θέρους ὥραν; nach Lykophron die Boioter, die dort ἄχλαινον ἀμπρεύσουσι νήλιποι βίον, / τριπλαῖς δικώλοις σφενδόναις ὡπλισμένοι [337]). Der name Balearen gilt bald als der ältere, und wird dann auch von einem gefährten des Herakles abgeleitet [338]); aber Philteas (498 F 1) nennt ihn den späteren, was nicht zu bedeuten braucht dass er in der Karthagerzeit den griechischen namen wieder verdrängt hat [339]). Denn es herrscht keine übereinstimmung über seine deutung: es gibt neben der ableitung vom griechischen βάλλειν [340]) eine phoenikische von βαλιαρεῖς = σφενδονῆται [341]) und eine iberische, die mit ὑγιεινός paraphrasiert [342]).   (67) Um dieses fragment zu verstehen, müsste die ganze überlieferung über Erytheia, Tartessos, Gadeira vorgelegt werden [343]). Das ist hier unmöglich, und es ist überdies fraglich ob ihre untersuchung sichere oder wenigstens wahrscheinliche resultate für T. geben würde, da das exzerpt F 164 c. 20, 2 nur die gründung von Gadeira und seines Heraklestempels knapp und ohne diskussion verzeichnet [344]). Es ist wahrscheinlich dass T. (der auch Pytheas benutzt hat) die probleme ausführlich behandelt hat; unsicher schon ob das innerhalb einer rein geographischen periegese geschah oder im zusammenhang der Heraklesgeschichte oder der Argonauten, die bei der rückfahrt die strasse von Gibraltar passierten [345]); und ganz zweifelhaft ob er mythenkritik geübt hat, d.h. ob die nennung der zwei inseln Aphrodisias und Kotinussa eine leugnung der existenz von Erytheia bedeutet. M.e. sprechen die erhaltenen reste beider mythen [346]) dagegen, und die zurückführung von Θαυμ. ἀκ. 133, das mit οὐδὲ γὰρ ἐν τοῖς κατὰ Λιβύην καὶ Ἰβηρίαν τόποις οὐδαμοῦ τὸ ὄνομά φασι λέγεσθαι τῆς 'Ερυθείας schliesst, auf T. ist weder bewiesen noch wahrscheinlich. *Aphrodisias: insulae Aphrodisiades et Gymnesiae, quae vocantur Baleares* nennt (nach Varro?) Hieron. *Comm. Epist. ad Galat.* II 436 Migne; eine *Veneri Marinae consecrata insula templumque in illa Veneris et penetral cavum oraculumque* der alte Periplus in Avien. *Or. maritim.* 314/7 [347]); vgl. auch Steph. Byz. s.v. 'Αφροδισιάς· . . . . β̄ (*scil.* πόλις) 'Ιβηρίας πρὸς τοῖς Κελτοῖς· τρίτη νῆσος ἡ πρότερον 'Ερύθεια μεταξὺ 'Ιβηρίας καὶ Γαδείρων. *Cotinusa*: Dion. Per. 453/7 (Schol. 456; Eust. 453); Avien. *Descr. orb.* 610 ff. (68) Polybios' nachweis von T.s ungenügender kenntnis der Pogegend und der nördlichen Adria ist nicht erhalten; die polemik gegen die Ἕλληνες hier richtet sich gegen die poetische vulgata, die auch von historikern wie Theopomp [348]) vertreten wurde, nicht gegen T., der den mythos selbst kritisiert und διὰ τῶν ἀποτελεσμάτων ἐν τοῖς ὕστερον χρόνοις für widerlegt erklärt hat [349]). Damit meinte er Pytheas' bericht über die bernsteininsel(n) des hohen Nordens, der die von Herodot bekämpfte lehre der ältesten ionischen geographie über die herkunft des bernsteins in der hauptsache bestätigte [350]). Das problem hatte eine lange vorgeschichte; und dass T. ausführlicher (vermutlich mit anführung der pertinenten stellen) auf die irrtümlichen darstellungen der πολλοὶ τῶν ποιητῶν καὶ συγγραφέων eingegangen ist, zeigt wohl auch die differenz gegen Pytheas im namen der insel [351]). Wenn die quellenkritik die vorgeschichte in rechnung gestellt hätte, würde sie den wilden bericht Θαυμ. ἀκ. 81 über die Ἠλεκτρίδες νῆσοι, αἳ κεῖνται ἐν τῶι μυχῶι τοῦ 'Αδρίου nicht wieder als T. behandelt haben [352]). (69) Appian. *Ill.* 2 φασὶ δὲ τὴν μὲν χώραν ἐπώνυμον 'Ιλλυριοῦ τοῦ Πολυφήμου γενέσθαι· Πολυφήμωι γὰρ τῶι Κύκλωπι καὶ Γαλατείαι Κελτὸν καὶ 'Ιλλυριὸν καὶ Γαλά⟨τη⟩ν [353]) παῖδας ὄντας ἐξορμῆσαι Σικελίας, καὶ ἄρξαι τῶν δι' αὐτοὺς Κελτῶν καὶ 'Ιλλυριῶν καὶ Γαλατῶν λεγομένων· καὶ τόδε μοι μάλιστα, πολλὰ μυθευόντων ἕτερα πολλῶν, ἀρέσκει. Nat. Com. Myth. 9, 8 p. 975 ed. Genev. *Dicitur Polyphemus non modo amasse Galateam, sed etiam Galatum ex ea suscepisse, ut testatus est Bacchylides* (F 59 Snell), *cum quidam Celtum etiam Polyphemi filium fuisse inquiant, a quo dicti sunt Celtae, et Illyrium, a quo Illyris, et Henetum, ut quidam voluerunt, a quo regio postea Venetia, et Paphlagonum, ut ait Dercyllus in libro De nominibus urbium et locorum* (IV). Schol. Verg. *Buc.* 8, 7 (Ihm *Rh. Mus.* 45 p. 629) *Illyrii* . . . . *nomen habent ab Illyrio Polyphemi filio, qui genitus fuit e Cyclope et Galatea, ut ait Apronianus.* T. kennt als einer der ersten die Galater (wie die Griechen seit den grossen Kelteneinbrüchen das volk nennen) wahrscheinlich als einen teil der bewohner der Κελτική, deren küste er nach Pytheas beschrieben hat. Vom inneren des landes hat er schwerlich viel gewusst, und es ist begreiflich dass Diodor. 5, 25 die quelle wechselt und

die beschreibung τῆς πρὸς ἑσπέραν κεκλιμένης χώρας καὶ τῆς πρὸς τοὺς ἄρκτους νενευκυίας aus Poseidonios nahm ³⁵⁴). Das übergangskapitel 5, 24 zwischen den exzerpten aus T. und Poseidonios gehört zu 4, 19 und stammt eher aus einem der beiden hauptautoren des 4. buches — Diodors
5 mythographischem handbuch oder Dionysios Skytobrachion ³⁵⁵) — als aus Poseidonios ³⁵⁶). Jedenfalls ist es nicht T., da Galates, der sein reich Γαλατία und die bewohner Γαλάται nennt, hier sohn des Herakles von einer ungenannten tochter eines ebenfalls ungenannten Keltenkönigs ist ³⁵⁷). T.s genealogie, die wir vielleicht aus Appian und dem von
10 Natalis Comes benutzten Theokrit- oder Vergilscholion ergänzen dürfen ³⁵⁸), ist schwerlich eigene spielende erfindung vom namen Galateia aus oder produkt seines übersteigerten sizilischen lokalpatriotismus ³⁵⁹), sondern ältere literarische begleiterscheinung der gründung eines kolonialreiches durch Dionysios I im norden des Adriatischen meeres ³⁶⁰).
15 (70—72) Reste aus dem abschnitt über die Ligurer. T. hat sich auf seine behandlung der Λιγύων ἔθη etwas zu gute getan ³⁶¹); aber Diodor hat auch für sie Poseidonios ausgeschrieben ³⁶²). Ob T. der ganze abschnitt Ps. Skymnos 201/16 über die Λίγυες καὶ πόλεις Ἑλληνίδες gehört stehe dahin; es ist möglich, weil das zitat nur für das datum einen be-
20 sonderen grund hat. Geffckens weitere zuweisungen an ihn — Θαυμ. ἀκ. 89/92 und Mela 2, 78 — sind ganz unsicher. F 70 ist wichtig, weil es — entgegen der annahme dass T. in Massalia gewesen ist und seine beobachtungen dort gemacht hat ³⁶³) — die schriftquelle beweist: die fünf mündungen der Rhone gab ihm der alte Periplus (oder einer seiner be-
25 nutzer ³⁶⁴)); aus ihm oder T. hat sie Poseidonios, der die frage diskutiert haben wird ³⁶⁵). Apoll. Rhod. 4, 627 ff., der sieben mündungen hat, folgt hier also nicht T., sondern vermutlich einem älteren geographen ³⁶⁶). Plin. *N.H.* 3, 33 geht mit Artemidor, gibt aber die namen und inzidentiell die erklärung für die differenzen. Zur sache s. Haug *R E* I A col. 761, 5 ff.
30 Den namen der grossen griechischen stadt auf ligurischem boden hat T. mit einer etymologie erklärt, die an die ableitung der Κελτική von κέλσαι erinnert ³⁶⁷); aber es ist zweifelhaft, ob auch diese ihm gehört, oder ob er hier einen eponymen Κελτός gab ³⁶⁸). Es ist denkbar, aber keineswegs sicher, dass er sie an stelle von Aristoteles' novelle vom
35 Phokaier Euxenos gesetzt hat ³⁶⁹). Für das datum der gründung zitiert ihn Ps. Skymnos, weil Isokrates ³⁷⁰) sie mit der auswanderung der Phokaier im j. 545 verbunden hatte, was den falschen synchronismus mit der gründung von Elea zur folge hatte. Es ist wieder denkbar dass schon T. diesen synchronismus ausdrücklich zurückwies, obwohl wir ihn erst bei späteren
40 autoren finden; denn Antiochos ³⁷¹) hatte ihn sicher nicht, und ob er

bei Aristoxenos [372]) stand ist ganz zweifelhaft; aber Timagenes [373]) und Pausanias [374]) können ihn aus einer hellenistischen quelle haben. T.s datum haben, ausser Euseb [375]) (aus einem griechischen chronographen), Livius [376]) und Trogus [377]); aber nicht direkt aus ihm, da sie nach dem römischen könig Tarquinius Priscus (618/7-583/2) datieren. Trotzdem kann bei den beiden letzten Timaeisches material (durch Apollodor-Nepos?) erhalten sein; nur die landung der Phokaier in Ostia [378]) ist jedenfalls für T.s προκατασκευή, aus der F 70-72 stammen, kaum denkbar. (73) Wo T. über ebbe und flut gesprochen hat ist nicht sicher zu sagen, weil wir garnichts aus seiner behandlung Spaniens und wenig aus der des Keltenlandes besitzen; aber in der beschreibung Britanniens [379]) erwähnte er sie schon als bekannte erscheinung. Seine theorie, in der ich kein missverständnis eines exzerptors sehe [380]), weicht nicht nur von Aristoteles und dem Pontiker Herakleides ab, sondern auch von Pytheas [381]). Ob Poseidonios [382]) sie der erwähnung für wert gehalten hat wissen wir nicht; aber wenn wir F 73 trauen, stammt die erklärung der erscheinung im πορθμός μεταξύ Σικελίας καί 'Ιταλίας [383]) nicht aus T. (74) Die alte änderung von *Mictim* in *Ictim* scheint sicher (*Victim* wieder Mette *Pytheas*, 1952, p. 32; 40 ff.); aber die schilderung ihrer lage und des zinnhandels, der nach F 164 c. 22 hier zur zeit der ebbe zwischen den eingeborenen vom kap Belerion (in Cornwall) und den fremden kaufleuten stattfindet, schliesst eine entfernung von 6 tagesfahrten ebenso aus wie den verkehr mit *vitilia navigia*: Diodor nennt denn auch ausdrücklich wagen, und das zinn wird nach ihm in Britannien gegraben und für den export fertig gemacht. Es ist längst erkannt, dass Plinius ein Pytheasexzerpt über Thule mit einem T.-zitat über Iktis zusammengewirrt hat [384]). Das resultat ist unsinn, und F 74 ergibt für T. nichts über Diodor hinaus. Es ist anerkannt dass T. seine kenntnis über Britannien Pytheas verdankt; und F 75 macht wahrscheinlich dass er seine schilderung des hohen Nordens, bezw. der äussersten Westens, darüber hinaus auf Thule und das *Cronium mare* ausgedehnt hat. (75) Zinn und bernstein als produkte des hohen Nordens standen schon bei den ältesten geographen nebeneinander [385]); die tatsachen haben sich seit Pytheas wenigstens in der wissenschaftlichen geographie durchgesetzt; und dass T. Pytheas folgte (und ihn wahrscheinlich auch zitiert hat), sagt **b** [386]). Plinius, dem wir für den bernstein das meiste verdanken (was sich aus der bernsteinmode der römischen zeit erklärt), kennt beide autoren nur aus jungen zwischenquellen: er zitiert sie unter einem sammelnamen *N.H.* 4, 103 (unmittelbar vor dem verwirrten F 74) für die fundstätten im 'Germanischen' oder

'Skythischen' Meer — die *sparsae Glaesiae, quas Electridas Graeci recentiores* [387]) *appellavere, quod ibi electrum nasceretur* — und gibt (4, 94/5 und) 37, 31 ff. die ansichten der einzelnen. Es ist nicht unmöglich dass er auch hier verwirrung gestiftet hat; denn 4, 95 wird Pytheas gerade für den namen *Basilia* angeführt, den Diodor und **b** (freilich mit der v.l. *Balisia*) bezeugen. Hier hat man meist Müllenhoffs ergänzung *eandem Pytheas ⟨Abalum, Timaeus⟩ Basiliam* akzeptiert. Aber da der Periplograph Xenophon von Lampsakos die gleiche insel *Balcia, Baltia*, oder *Abalcia (Abaltia)* genannt hat [388]), und die letzte namensform in die nähe von Pytheas' angeblicher *Abalus* führt, ist es wahrscheinlicher (1) dass die drei (vier) namen die gleiche insel meinen; (2) dass wir mit korruptelen nicht nur in den Pliniushandschriften [389]), sondern schon in den texten des Pytheas und T. (bezw. bei den autoren, die dem Plinius ihre ansichten lieferten) zu rechnen haben; (3) dass damit auch der hier sonst schwer erklärliche widerspruch zwischen T. und Pytheas verschwindet [390]). Baunonia (oder wie der name sonst lautete) ist palaeographisch nicht mit Abalus-Balisia zu vereinigen: es ist entweder eine andere bernsteininsel oder der name des 'skythischen' küstenstriches, vor dem jene lag[391]). **(77—78)** Scheinen geeignet, die kombination zu F 69 über T.s quelle für die mythische geschichte der Kelten ~ Galater und Illyrier zu bestätigen. Sicher kann man nicht sprechen (1) weil die notiz über Issa nicht direkt unter T.s namen steht, also aus Theompomp sein kann, der Ps. Skymnos' hauptquelle für die Adria ist; (2) weil Diodor 15, 13-14 zum j. 385/4, wo (neben Ephoros) T. eingesehen ist [392]), von einer stadt Lissos spricht. Darüber und über die gründung von Issa durch Dionysios I s. Evans in Freeman's *Hist. of Sicily* ²IV p. 220 und Beloch *Gr. G.* ²III 1 p. 118 n. 2 [393]). Die vv. 405/8 weist Geffcken p. 119 irrig Apollodor zu; gemeint ist Ps. Apollodor 244 F 321/2, der vielmehr von Ps. Skymnos (oder seiner quelle Theopomp) abhängig ist. Der letztere hat in sein Theopompexzerpt ein zitat aus T.(-Eratosthenes) eingeschoben über den Herakleischen gründer und die allmähliche barbarisierung der ansiedler [394]); was er sonst von der illyrischen küste (nach der auch von Theopomp benutzten sizilischen quelle?) erzählte lässt sich nicht mit sicherheit abgrenzen. Die möglichkeit, dass T. auch von Apoll. Rhod. 4, 538 ff. benutzt ist [395]), soll nicht bestritten werden, da jener über die mythische vorgeschichte Korkyras eingehend gehandelt hat. **(79—80)** F 79 ist der einzige rest dieser mythischen vorgeschichte, zitiert weil T. — wie Lykophron *Al.* 761 f. — den ältesten namen Drepana mit der entmannung des Kronos durch Zeus (so ist der text herzustellen) zusammenbrachte [396]) und auch damit in gegensatz zu Aristoteles trat, zu dessen darstellung die sichel der Demeter gehört ³⁹⁷). Der rest zeigt aber dass auch T. Korkyra — wie schon Hellanikos 4 F 77 und (nach ihm?) Thukydides 1, 25, 4 — mit der Phaeakeninsel Scheria identifiziert hat; und was von seiner Argonautengeschichte erhalten ist macht wahrscheinlich dass er als letzte barbarische bewohner Kolcher annahm ³⁹⁸). Vermutlich gehört ihm der schlussatz von Schol. 4, 1212/4a, der F 80 ergänzt: Χερσικράτης δέ, εἷς τῶν Βακχιαδῶν, ἔκτισε Κέρκυραν, ἐκβαλὼν τοὺς ἐνοικοῦντας Κόλχους· ἐκβληθέντες δὲ εἰς Ἤπειρον παρεγένοντο. Danach scheint er von Euboiern (Eretriern) auf Korkyra ³⁹⁹) nichts gewusst zu haben. F 80, das wohl sicher in die besiedlungsgeschichte des Westens gehört, — d.h. ins 3. buch, in dem wahrscheinlich die gründung von Syrakus berichtet war ⁴⁰⁰) — gibt ein historisch unmögliches datum für die korinthische besiedlung von Korkyra: 600 jahre nach Trojas fall, gerechnet von 1194/3, dem sicheren datum T.s für die Τρωικά ⁴⁰¹), führen auf 594/3 (ol. 46); d.h. meht als 200 jahre nach Ephoros' gründungsdatum von Syrakus ⁴⁰²) und ca. 140 nach dem des Thukydides. Wir wissen leider nicht bestimmt, wann T. die gründung von Syrakus datierte ⁴⁰³) (auch die daten des Antiochos, Hellanikos, Philistos fehlen; aber einer der beiden ersten war Thukydides' gewährsmann), und wir haben kein anderes zeugnis für sein datum der besiedlung von Korkyra ⁴⁰⁴). Aber es ist schwer glaublich dass er die gemeinsame ausfahrt von Archias und Chersikrates, und damit den synchronismus der gründungen von Korkyra und Syrakus ⁴⁰⁵), aufgab. Also stammen die 600 jahre in dem verkürzten und verwirrten scholion F 80 entweder aus einem anderen autor ⁴⁰⁶), oder die zahl ist korrupt ⁴⁰⁷). Dass Chersikrates Bakchiade war sagt F 80; aber ob T. die korinthische kolonisation im Westen mit dem sturz der Bakchiadenherrschaft in Korinth verband ist nicht sicher zu sagen ⁴⁰⁸). Die wahrscheinlichkeit spricht dagegen.

(81) T. wird in der προκατασκευή so gut eine beschreibung Libyens gegeben haben wie eine des hohen Nordens (bezw. für ihn des äussersten Westens). Wenn er hier der besten und neuesten quelle Pytheas folgt, ist es schlechthin unglaublich dass er ganz Libyen in der ihm von Polybios imputierten weise als wüste bezeichnet hat: denn schon die ältesten geographen haben von ackerbauenden und viehzucht treibenden Libyern gesprochen und die einzelnen zonen als οἰκουμένη, θηριώδης, ψαμμώδης, ἐρήμη unterschieden ⁴⁰⁹). Es ist gewiss möglich, dass T. in einzelnen historischen partieen (etwa der Agathoklesgeschichte) den wüstencharakter bestimmter striche auch der küstenlandschaften übertrieben hat; aber ἀρχαίαις φήμαις ἀκμῆν ἐνδεδεμένον deutet eher darauf dass Polybios die rede Timoleons im 21. buch ⁴¹⁰) missbraucht hat. In

dieser nimmt der redner allerdings auf das sprichwort ἐρημότερα τῆς Λιβύης bezug, deutet es aber — eben weil ἡ Λιβύη ἅπασα συνεχῶς οἰκουμένη καὶ πληθυούσῃ ἀνθρώπων ist — auf die ἀνανδρία τῶν κατοικούντων um. Auch im 15. buch ist οὔπω κατ' ἐκείνους τοὺς χρόνους (406/5) τῆς Λιβύης
5 πεφυτευμένης [411]) deutlich beschränkt auf den anbau von wein und oliven, die die Akragantiner nach Karthago exportieren.   (82) Das exzerpt über die gründung Karthagos [411a]) ist in den einzelheiten, die man aber mit einiger vorsicht aus den späteren berichten [412]) ergänzen kann, verkürzt: es fehlen alle namen ausser dem der gründerin selbst [413])
10 — ihr vater und ihr gatte; der libysche könig, dessen werbung sie sich durch selbstverbrennung (ein phoenikisches bezw. orientalisches motiv) entzog; vor allem die erklärung des stadtnamens, die T. geben musste, weil er den eponymen Karchedon des Philistos aufgegeben hat [414]); er wird ihn, wie den der gründerin, aus dem Punischen abgeleitet haben [415]).
15 Das ebenfalls fehlende gründungsdatum 814/3 — das niedrigste in der überlieferung, das rund 400 jahre unter dem des Philistos liegt [416]) — liefert F 60. Es stammt, wie schon dort bemerkt, aus punischer überlieferung und stand in den von Menandros von Ephesos (vielleicht einem schüler des Eratosthenes) publizierten Tyrischen Annalen, nach denen im
20 7. jahre Pygmalions ἡ ἀδελφὴ αὐτοῦ φυγοῦσα ἐν τῆι Λιβύηι πόλιν ᾠκοδόμησεν Καρχηδόνα [417]). Ob T. diese tradition durch mündliche mitteilung aus den Τυρίων ὑπομνήματα hat, von denen er schon in den Historien gebrauch gemacht hat [418]), oder aus einem buch über Karthago — das ihm dann auch die von Philistos völlig abweichende, offenbar viel
25 elaboratere gründungsgeschichte geliefert hat —, ist nicht sicher zu entscheiden; doch ist mir die zweite eventualität wahrscheinlicher. Wir haben keinen grund zu bezweifeln dass T. die (legendarische) gründungsgeschichte und das gründungsdatum der hauptfeindin der sizilischen Griechen schon in den Historien gab; dass er es in den Pyrrhos-
30 büchern einfach wiederholte; und dass darauf sein gründungsdatum für Rom beruht, das erste auf ein festes jahr gestellte — eben auf den von ihm erfundenen synchronismus der beiden städte, der ihm in dem zweiten werke so wichtig war dass er daraufhin die unmittelbare verbindung der gründung Roms mit Aineias und dem Trojanischen Krieg auf-
35 gab [419]). Damit entfällt aber die möglichkeit dass T. die irrfahrten des Aineias bis Libyen ausdehnte und ihn die neu gegründete stadt Karthago besuchen liess. So begreiflich nach T.s ganzer art der symbolische synchronismus von Rom und Karthago ist in dem nachtrag, den er um des zusammenstosses willen von Rom mit (Pyrrhos und) Karthago zu
40 schreiben begann, so unmöglich ist es für den verfasser der Ὀλυμπιονῖκαι

dass er irgendwann Aineias ausdrücklich oder stillschweigend in das ende des 9. jhdts herunterrückte. Was immer er von Aineias' fahrt nach dem Westen erzählte (und wenigstens von Sizilien musste er in diesem zusammenhang reden) [420]) und wie immer er den zwischenraum von 380 jahren zwischen seiner ankunft in Latium und der gründung Roms ausfüllte — wir wissen nicht mehr als dass er in den Pyrrhosbüchern [421]) den zusammenhang Roms mit Troja ausführlich bewies, aber auf latinischem boden Lanuvium als gründung des Aineias ansah. Die chronologie allein entscheidet gegen die annahme dass er ein persönliches verhältnis zwischen Aineias und Dido statuierte und damit gegen einen besuch in Karthago, der faktisch — das ist das zweite argument — auch in der erzählung von F 82 keinen platz hat [422]). In der behauptung Mommsens [423]), dass T.s 'angabe *natürlich* nichts weiter beweist als dass er *das geschichtchen von dem liebesverhältnis .... vernommen hat* und *darum* das ihm nicht überlieferte gründungsjahr Roms mit dem karthagischen gleichsetzen zu können meinte', ist richtig allein dass der chronologische ausgangspunkt ein karthagisches, nicht ein römisches datum ist. Im übrigen steht er unbewusst unter dem einfluss der späteren römischen tradition, um nicht zu sagen Vergils. Die entscheidende frage wo denn T. 'das geschichtchen vernommen hat', hat er nicht beantwortet und nicht einmal gestellt. Es bedarf aber keines wortes dass diese erfindung weder karthagisch noch altrömisch sein kann, sondern (wenn man die ganze überlieferung übersieht) nach-Timaeisch sein muss. F 82 bietet für T. kein problem (oder höchstens das psychologische dass der feind Karthagos eine gründungsgeschichte aufnimmt, in der die punische Dido als muster der gattentreue gefeiert wird — wenn man darin ein problem sehen will); das problem ist allein, wann und von wem das liebesverhältnis in die römische literatur eingeführt ist. Dieses problem geht uns hier nichts an; aber ich will nicht verschweigen dass es m.e. von Dessau gelöst ist [424]): die geschichte ist eine erfindung erst Vergils, die als solche sogar von Macrobius bezeugt wird, übrigens trotz des ungeheuren ansehens des Vergilischen epos nicht völlig durchgeschlagen hat.   (**83**) Das exzerpt aus T. ist knapp, weil Parthenios nur die liebesgeschichte interessiert, aber klar. T.s version — die ihren weg wohl hinter Stesichoros nimmt [425]), und durchaus zu unterscheiden ist von der durch Theokrit propagierten geschichte von Daphnis' liebestod — repraesentiert einen bekannten märchentyp [426]). Sie findet sich wieder bei Diodor. 4, 84; Serv. Dan. und Philargyrius zu Vergil. *Buc.* 5, 20; Aelian. *V.H.* 10, 18 [427]). Bei dem ersten gehört T. nicht etwa das ganze Daphniskapitel, das wohl aus einer 'kompilation von sizilischen mythen' [428]) genommen ist, sondern nur der zweite der anonymen nachträge in § 4 λέγουσι δ' αὐτοῦ μίαν τῶν νυμφῶν ἐρασθεῖσαν προειπεῖν κ.τ.λ.; denn die hauptgeschichte lokalisiert Daphnis nicht an der Aitna (was für den Tauromeniten so natürlich ist wie Himera für Stesichoros), sondern in den nur hier genannten Ἡραῖα ὄρη κατὰ τὴν Σικελίαν, d.h. sehr wahrscheinlich in der umgegend von Enna [429]. Wie viel von den sonstigen fakten der hauptgeschichte auch bei T. stand ist nicht sicher zu sagen; aber die etymologie vom lorbeerwald (und damit vielleicht die aussetzung des kindes, das dann bei T. vermutlich nicht sohn einer nymphe war [430]) und die erfindung des βουκολικὸν ποίημα καὶ μέλος, ὃ μέχρι τοῦ νῦν κατὰ τὴν Σικελίαν τυγχάνει διαμένον ἐν ἀποδοχῇ wird man ihm gerne geben. Ebenfalls unsicher ist ob man aus den Vergilscholien einen schluss über die blendung hinaus entnehmen darf, und dann welchen [431]: die geschichte (die zuerst aus Stesichoros belegt wird, der sie vermutlich bei Himera lokalisierte) ist in frühhellenistischer zeit sehr oft behandelt, und unsere zeugen genügen nicht um die sich z.t. kreuzenden ausmalungen [432] auf bestimmte autoren zurückzuführen. Vgl. auch 572 F 2.   (84—88) T. hat die rückfahrt der Argonauten, und wohl nur diese [433], von Kolchis (F 84) bis Korkyra (F 87/8) verfolgt. Ihren weg gibt der zusatz [434] am ende von Diodors Argonautika (F 85) in den grundlinien erfreulich genau, und F 86 liefert erwünschte bestätigung für seinen letzten teil: die fahrt geht den Tanais hinauf bis zu seinen quellen; von da wird das schiff über land transportiert bis zu den quellen eines anderen (leider nicht mit namen genannten) flusses, der in den nördlichen Ozean mündet; von da geht die fahrt nach Westen [435] entlang der ozeanischen küste bis Gades; durch diese meerenge kommen die Argonauten ins westliche Mittelmeer und durch den 'Porthmos', d.h. die meerenge von Messina, in die Adria. T. begründet F 85 § 3 warum sie diesen ungewöhnlichen weg einschlugen, und gibt die belege sowohl für die küste der Keltike [435a] wie für die des Mittelmeers bis mindestens zur etruskisch-latinischen küste [436]. Es ist eine wohlüberlegte these, die er an stelle der alten fahrt durch Phasis und den südlichen Ozean [437] setzte, aus der er den landtransport und den besuch der Syrten, wo sie Triton treffen [438], übernahm. Seine absicht ist offenbar von der Argonautenfahrt soviel wie möglich in den Westen zu ziehen, wie das für die irrfahrten des Odysseus längst geschehen war, die aber für seinen zweck — schilderung des äussersten Westens und des Hohen Nordens — weniger geeignet waren. Wenn er die these als erster aufgestellt hat [439], so hat dabei sein lokalpatriotismus eine (vielleicht nur sekundäre) rolle gespielt. Soweit ist alles klar; zweifelhaft bleibt (1) wie sich die schilderung der fahrt kompositionell zu der beschreibung des Fernen Westens und des Hohen Nordens verhält, die materiell ganz oder doch zum grössten teil auf dem fahrtbericht des Pytheas beruht [440]; d.h. ob T. die beschreibung in der form des fahrtberichtes der Argonauten gab. Er müsste dann, nachdem ihn die beschreibung der küsten und inseln des Mittelmeers bis Spanien bezw. bis zur strasse von Gades geführt hatte [441], abgebrochen und die ozeanische küste, anders als Pytheas, in der Nord-Süd- bezw. West-Ost-richtung behandelt haben; (2) Ob T. daraufhin die ansicht von einer gabelung des Istros und einem in die Adria führenden arm, die (als er die προκατασκευή schrieb) die herrschende gewesen zu sein scheint [442], überhaupt aufgab oder nur für die fahrt der Argonauten, während er sie für die bezw. einen teil der verfolgenden Kolcher beibehielt. Im letzteren falle berichtete er wenigstens in so weit wie Kallimachos und kann dessen quelle gewesen sein; im ersteren wird man polemik gegen die vertreter der gabelungshypothese, in erster linie vielleicht gegen Theopomp, erwarten und die frage zu stellen haben ob auch in den petit gedruckten §§ 7-8 des zusätzlichen F 85 noch T. durch vermittelung eines späteren autors (man könnte an Poseidonios denken) vorliegt. Ich bin geneigt diese frage zu bejahen [443]; aber eine wirkliche behandlung dieses problems würde aufarbeitung der gesamten tradition bedingen, nicht nur über die rückfahrt der Argonauten, sondern auch der entwicklung der geographischen anschauungen über den lauf der Donau, Illyrien, Istrien und den norden der Adria. (**89—90**) Zwei offensichtliche zusätze, die — ob sie von Diodor gemacht sind (wie ich glaube) oder schon in seinem handbuch standen — die annahme nicht begünstigen dass T. in weiterem umfang Diodors quelle für die Heraklesgeschichte im 4. buche war [444]; auch nicht für den marsch von Spanien bis Sizilien, der bei ihm mit den libyschen abenteuern unlöslich verbunden ist [445]. Wir wissen hier so wenig wie bei der Argonautenfahrt ob T. die Heraklesgeschichte, oder wenigstens diesen marsch, als einheit gab oder gelegentlich der einzelnen orte (und dann vermutlich häufig) die dort haftenden traditionen erwähnte [446]. Aber hier ist m.e. die letztere eventualität die weitaus wahrscheinlichere. Dann kann F 89 in die nachbarschaft von F 57/8 gehören; es ist zweifelhaft ob es mehr besagt, als dass T. in der frage der ansetzung des Gigantenkampfes (gegen Ephoros 70 F 34 und die ältere vulgata) für die lokalisierung im Westen und Kampanien entschied [447]; sicher dass der name des Vesuv, den er als noch tätigen vulkan nicht gekannt zu haben scheint, nicht bei ihm stand [448]. Ebenso sicher m.e. dass er, als er die προκατασκευή schrieb, nichts von Herakles' aufenthalt an der stätte des späteren Rom und den einzelheiten darüber in 4, 21,

1-4 wusste; sie haben ihn auch in den Pyrrhosbüchern (die hier als quelle nicht in betracht kommen) schwerlich interessiert, weil damals sein blick auf das verhältnis Rom ∼ Troja gerichtet war. F 90 ist als zusatz des Siziliers Diodor begreiflich genug; denn die breitenangaben des Porth-
5 mos — von dem er in den Argonautika anderes, dahin passendes erzählte [449]) — schwankten in den antiken quellen zwischen 6 und 20 stadien [450]). Sehr möglich dass T. (der mindestens Thukydides kannte) diese frage so gut besprochen hat wie die lokalisierung der *Phlegraei campi* und der Plankten. (91) Doch wohl eher der historiker, als der
10 'pythagoreische' verfasser von Περὶ φύσιος oder der astrologe [451]), wenn wir in der schlange — statt des gewöhnlichen löwen oder ebers — eine anpassung an die libyschen verhältnisse erblicken dürfen [452]). Dann gehört F 91 wegen des Atlas eher in die beschreibung Libyens als in die Agathoklesgeschichte [453]), und die ausführliche behandlung der Phae-
15 thongeschichte [454]) ist eine gewisse parallele. Das elternpaar Atlas ∼ Aithra haben Musaios [455]) und Ovid [456]), der (wegen der anderen todesart) auch nicht indirekt von T. abhängig zu sein scheint. (92—97) Es sei nochmals betont [457]) wie gering die zahl der eigentlich historischen fragmente T.s ist. Für die tyrannis des ersten drittels des 5. jhdts sind
20 wir etwas besser gestellt (aber schlechter als für den Karthagerkrieg der jahre 409 ff.), weil Didymos im Pindarkommentar T. herangezogen hat, und unsere (sonst gerade für die historischen fakten stark gekürzten, zudem vielfach verwirrten) scholien wenigstens ein etwas ausführlicheres exzerpt (F 93b) erhalten haben. Die vermehrung des materials ist möglich,
25 aber im einzelnen unsicher, weil Didymos wahrscheinlich überall auch Philistos eingesehen hat (F 96/7), und Diodor wahrscheinlich zunächst nach Ephoros erzählt und T. nur eingearbeitet hat. Der letztere seinerseits hat seine fakten gewiss grösstenteils aus Antiochos und Philistos, von deren darstellungen wir teils nichts, teils wenig wissen. Darüber
30 hinaus hat er die einschlägigen gedichte Pindars gelesen und interpretiert [458]). Wir erkennen nicht viel mehr als dass er — wohl erst hier, nicht schon in der besiedlungsgeschichte Siziliens [459]) — die vorgeschichte der Emmeniden und Deinomeniden eingehend behandelt (F 92; 96) und Gelon mit sympathie, Hieron (wohl auch Theron) nach dem gewöhnlichen
35 tyrannentypus geschildert hat [460]). Der unterschied überrascht, erklärt sich aber aus dem lokalpatriotismus, der ihn auch veranlasste die für Gelon (und Sizilien) wenig günstige haupttradition über seine haltung im Xerxeskrieg zu korrigieren: auf den sieger über Karthago, den er als solchen im 11. buch (F 20) nit vollem munde feierte, durfte kein schatten
40 fallen [461]). (92) Schol. 2, 15 d ἔνιοι δέ φασιν ὅτι οἱ τοῦ Θήρωνος

πρόγονοι οὐδόλως εἰς τὴν Γέλαν κατῆραν ἀλλ' εὐθὺς εἰς τὴν Ἀκράγαντα ἀπὸ Ῥόδου, ὡς καὶ ὁ Πίνδαρος λέγει; Artemon 568 F 1. Dass Akragas von Gela aus besiedelt ist war feste überlieferung [462]), über die sich auch T. nicht hinwegsetzen konnte; er kann nur — wieder gegen Herodt 7, 153 — ge-
5 leugnet haben dass die vorfahren Therons an der gründung Gelas ca. 690 v. Chr teilgenommen haben. Er berief sich dafür auf ein anderes enkomion Pindars auf Theron, das die Emmeniden ebenfalls von Rhodos direkt nach Akragas führte [463]). In den erhaltenen versen fehlt der name der stadt; sie scheinen nicht mehr zu geben als Ol. 2, 5 ff.; aber so wenig
10 wie dieses gedicht nennen sie die Emmeniden 'gründer' von Akragas. Das ist für herkunft und wert der nachricht wesentlich: es ist keine erfindung zu gunsten der tyrannenfamilie. Da auch Thukyd. 6, 4 weder unter den gründern von Gela noch unter denen von Akragas einen namen hat, der in dem stammbaum der Emmeniden [464]) vorkommt, steht
15 zwischen Herodot und T. ein autor, der vielleicht über ihre geschichte besser unterrichtet war. Es bleibt die frage ob T. ihre ankunft mit der besiedlung der Aeolischen inseln verband, die er auf ol. 50 (580/76) datierte — d.h. in die zeit der gründung von Akragas —, und an der nach ihm neben Knidiern auch Rhodier beteiligt waren [465]). Sie oder einige von
20 ihnen könnten in Akragas zurückgeblieben sein.   (93) Das exzerpt ist wertvoll, aber weder wörtlich noch ganz vollständig; es darf mit vorsicht aus Schol. 29bc ergänzt werden. Die überlieferung über die vorgänge nach Gelons tod (a. 478) ist in der hauptlinie fest: das verhältnis zwischen Hieron und Polyzelos — der nach dem testament
25 Gelons dessen frau, die Therontochter Demarete und die strategie [466]) erhielt — hat sich schnell getrübt durch das misstrauen Hierons gegen den jüngeren bruder, für das T. und Diodor 11, 48, 3 ff. (zum j. 476/5) den gleichen grund geben, die beliebtheit des Polyzelos [467]). Im einzelnen bestehen verschiedenheiten, die z.t. wohl auf verkürzung von Didymos'
30 exzerpt und missverständnissen der scholiasten beruhen [468]). Nicht so aus der welt schaffen [469]) lässt sich aber der hauptunterschied zwischen den Pindarscholien und dem bericht Diodors: in jenen (d.h. T.) führt Polyzelos den sybaritischen krieg glücklich durch, was den verdacht Hierons gegen den bruder nur steigert [470]); bei diesem weigert er sich
35 διὰ τὴν ῥηθεῖσαν ὑποψίαν (d.h. weil er in dem auftrag den 'vorwand' erkennt, mit dem Hieron ihn aus Syrakus und Sizilien entfernen will) und flieht zu Theron. Das muss eine andere quelle sein, und dann wird man an Ephoros denken [471]). Ein kleinerer, aber bezeichnender, unterschied zwischen den beiden autoren besteht noch darin dass Hieron bei
40 Ephoros einen krieg gegen Theron nicht für opportun hält (näheres gibt

der verkürzte bericht Diodors nicht); bei T., der das ohne gewährsmann als anekdotisch (gab φασί [472])), Simonides zwischen den bereits am Gelas(!) aufmarschierten heeren vermittelt. Die Pindarscholien lassen dagegen die komplikation durch das hilfsgesuch Himeras an Hieron aus.   (94) Polybios' polemik, die sogleich wieder in allgemeinheiten ablenkt, lässt nur die tendenz von T.s darstellung erkennen: Gelons griechischer patriotismus wird — gegen Herodt. 7, 153 ff. und Ephoros 70 F 186 — damit bewiesen dass er von sich aus hilfe gegen die Perser anbot, und dass dementsprechend die mit beiderseitigen reden ausgestatteten verhandlungen in Korinth stattfanden. Darin wird man erfindung T.s sehen dürfen; denn auch die für Gelon günstigere 'sizilische' tradition (oder eher eine der sizilischen traditionen) bei Herodt. 7, 165 weiss davon nichts. Man wird ferner schliessen dürfen (wo immer F 20 stand) dass T. die schlacht bei Himera nicht nur als verteidigung Siziliens gegen drohende Karthagerherrschaft ansah, sondern auch in ihrer bedeutung für den kampf gegen die Perser im Mutterlande würdigte, wird also bei Diodor 11, 23 T. finden [473]). Viel weiter kommt man auch damit nicht, weil der vergleich nur mit Plataiai es zweifelhaft lässt ob T. den synchronismus Salamis ∼ Himera [474]) beibehielt; man möchte ihm eher (des ausdrucks wegen) den zwischen Himera und Thermopylen 11, 24, 1 zuweisen. Jedenfalls gewinnen wir aus dem wenigen was wir von T. wissen weder eine erklärung für das rätselhafte Herodotkapitel 7, 158, noch können wir sagen in welcher weise er sich mit der durch Herodot schon für das 5. jhdt bezeugten diskussion über Gelons verhalten und mit Ephoros' auf die 'sizilische' tradition gebauter kombination auseinandersetzte, nach der Gelon faktisch garnicht in der lage war zu helfen. Man möchte aus Polybios' polemik schliessen dass T. das verdienst Gelons etwa so pries wie Herodt. 7, 139 das Athens, und ausführte dass die siege im Mutterland nicht genügt hätten das Hellenentum vor der überflutung durch die barbaren zu schützen. Aber das ist nicht zu beweisen; nur muss T. den anspruch Gelons auf die hegemonie, die Herodot absurd erschien, mit Herodots eigenem material für berechtigt erklärt haben: denn die Polybianischen zahlen sind (soweit er sie nicht gestrichen hat) die herodoteischen [475]); die Diodorischen für die schlacht bei Himera gehören [476]) Ephoros.   (95) Beide geschichten erzählt Aelian. *N.A.* 6, 62 (*V.H.* 1, 13); 13, 1 von Gelon. Die hundegeschichte kannte schon Philistos 556 F 48; die wolfgeschichte hat die vorlage von Justin, 23, 4, 9 (nicht T.) neben anderen vorzeichen für künftige grösse auf Hieron II übertragen. (96) Zu 556 F 3.   (98) Lykophr. *Al.* 732 πρώτηι δὲ καί ποτ' αὖθι συγγόνων θεᾶι (der Sirene Parthenope) / κραίνων ἁπάσης Μόψοπος ναυαρ-

χίας / πλωτῆρσι λαμπαδοῦχον ἐντυνεῖ δρόμον, / χρησμοῖς πιθήσας· ὅν ποτ' αὐξήσει λεώς / Νεαπολιτῶν. Strab. 5, 4, 7 Νεάπολις Κυμαίων· ὕστερον δὲ καὶ Χαλκιδεῖς ἐπώικησαν καὶ Πιθηκουσσαίων τινὲς [477]) καὶ 'Αθηναίων, ὥστε καὶ Νεάπολις ἐκλήθη διὰ τοῦτο· ὅπου δείκνυται μνῆμα τῶν Σειρήνων
5 μιᾶς Παρθενόπης, καὶ ἀγὼν συντελεῖται γυμνικὸς κατὰ μαντείαν. Der flottenbesuch des Diotimos in Neapel ist unbezweifelt; fraglich allein wann er stattfand und in welchen zusammenhang er gehört. Denn den gleichzeitigen krieg 'mit den Sikelern' bezeugt nur Tzetzes [477a]); und wenn auch der stratege so gut wie sicher der sohn des Strombichos ist,
10 so lässt sich doch die seit Nissen [478]) fast allgemein akzeptierte verbindung mit seiner korkyräischen strategie 433/2 nicht beweisen: die erneuerung der verträge mit Rhegion und Leontinoi erfolgte zwar 433/2, aber durch gesandte dieser städte in Athen [479]). Dass Neapel damals 'durch attische kolonisten verstärkt wurde [480])' würde ich aus Strabon nicht zu schliessen
15 wagen; und auch die deutung der Χαλκιδεῖς, die den Athenern für die sizilische expedition kampanische söldner beisteuern [481]), gerade auf Neapel [482]) ist mindestens unsicher. Über Parthenope s. Ilberg *Rosch. Lex.* III 1 col. 1653 ff.; Weicker *Seelenvogel*, 1902, p. 61 ff. (der selbstmord der Sirenen, zu dem ihre gräber in Unteritalien gehören, findet sich
20 auf vasen schon des 7. jhdts); über den angeblichen alten stadtnamen Parthenope Philipp *R E* XVI 2 col. 2114, 36 ff. (**99—102**) Es ist begreiflich dass von T.s darstellung des sizilischen krieges von 415/3 wenig erhalten ist. Die tatsachen konnte er in den grundlinien nicht viel anders erzählen als Thukydides und Philistos, die er vor sich hatte
25 und mit denen er in der stilistischen ausgestaltung zu konkurrieren suchte, womit er weder bei den rhetoren (F 102) noch sonst viel beifall gefunden hat. Die Biographie hat ihn zwar herangezogen wegen der andersartigen beleuchtung, in die er einige der sie interessierenden personen rückte; aber mit F 99 ist wenig anzufangen: wenn man sieht wie grob
30 Nepos' autor Thukydides' urteil wiedergibt, wird man nicht raten wollen was T. an Alkibiades zu loben hatte [483]); auch Plutarch, der ein sehr scharfes urteil über diese partie von T.s Historien fällt [484]), gibt weder im *Alkibiades* noch im *Nikias* viel sicheres aus. Diodor. 13, 2-33 hat aus T. relativ geringe zusätze zu seinem exzerpt aus Ephoros gemacht,
35 der seinerseits Philistos gefolgt ist [485]). Von dem rankenwerk, durch das T. die ereignisse interessanter zu machen suchte, haben wir nur die geschichte der Lais [486]). Ob die persönlichen angaben über Thukydides [487]) hierher gehören, und ob T. den angeblichen anteil des Empedokles an der verteidigung von Syrakus [488]) vertreten oder diskutiert hat, ist
40 zweifelhaft; was er von Gorgias und der geschichte der rhetorik gab [489])

stand wohl eher in der erzählung der athenischen expeditionen im Archidamoskrieg, und dann im 12. buch [490]). Wichtig sind nur F 100/1, weil sie die tendenz erkennen lassen: T. hat — hauptsächlich gewiss aus lokalpatriotismus, aber auch weil ihm Hermokrates' innenpolitische haltung sympathisch war — den helden des friedenskongresses von Gela [491]), dessen bedeutende rolle auch im kriege gegen Athen Thukydides voll anerkannt hatte [491a]), hier noch stärker in den mittelpunkt der ereignisse geschoben, ihn als retter Siziliens von der athenischen herrschaft gefeiert, und seinen menschlichen charakter mit der gleichen sympathie gezeichnet wie den des (Gelon und) Timoleon. Damit war für ihn gegeben dass er den anteil des Gylippos gegenüber Thukydides und Philistos 556 F 56 herabdrücken musste. Aber man kann bezweifeln ob Plutarch in der zeichnung des Spartaners mit recht einen widerspruch findet. Was wir erkennen weist eher darauf dass T. (wohl hauptsächlich unter dem einfluss des Thukydides) objektiv zu sein suchte [492]). Er gibt tatsachen, die nur zum teil gegen Gylippos sprechen und alle sehr wohl richtig sein können — den eindruck der lakonischen persönlichkeit auf 'die Sikelioten'; die abneigung der syrakusanischen masse gegen die straffe kriegsdisziplin; die ererbte geldgier des generals —, gesteht aber die werbekraft des führers zu und lässt ihn in der volksversammlung, die über das schicksal der gefangenen entscheidet, massvoll reden: er verlangt nach dem rabiaten demagogen und dem grossmütigen, politisch klugen Hermokrates nicht mehr als was er auch nach Thukyd. 7, 86 gewünscht hat (und was wieder sehr wohl historisch richtig sein kann) — die auslieferung der beiden athenischen feldherren an Sparta. Da Thukydides nur knapp die tatsachen mitteilt — mit dem einzigen zusatz dass die hinrichtung der feldherren ἄκοντος τοῦ Γυλίππου geschah —, bestand für das rhetorische gefühl der späteren eine lücke, die Ephoros und T. ganz natürlich durch eine volksversammlung mit rede(n) und gegenrede(n) ausgefüllt haben, um zu zeigen wie es zu den beschlüssen gekommen ist, und vor allem wer an der hinrichtung der feldherren schuld war. Die letztere mag ein verbreiteter diskussionsgegenstand im 4. jhdt gewesen sein, wie die behandlung von Melos u.ä. durch Athen [493]). Ob Philistos dasselbe bedürfnis empfand bezw. ob er es ebenso befriedigte ist nicht zu sagen; denn in stilistischen dingen kann man nicht von Ephoros auf ihn zurückschliessen. Wohl aber sehen wir dass T. sozusagen direkt gegen Ephoros geschrieben hat: der vergleich von F 100b (das sich dadurch ganz als T. erweist) mit Diodor 13, 19, 5 macht es sicher dass er gegen den an die spitze gestellten antrag des demagogen Diokles [494]) sowohl Hermokrates wie Gylippos sprechen liess — diesen im sinne dessen was

er bei Thukydides gesagt haben würde, jenen (wie beim kongress von Gela) zur begründung eines allgemeinen satzes, der leider das einzige ist was Plutarch aus seiner rede erhalten hat [495]). Dazu stimmt die offensichtliche erfindung, dass Hermokrates noch 'bei währender volks-
5 versammlung' den bedrohten feldherren den freitod zu ermöglichen suchte, wo dann auch für T. garnichts darauf ankam ob sie von der möglichkeit gebrauch gemacht haben; die erfindung dient ausschliesslich der charakteristik des Hermokrates [496]). Das ganze macht den eindruck einer (auch historisch) durchaus respektablen konstruktion gerade
10 gegenüber Ephoros, der den üblichen schematischen redekampf eingeführt hatte: da er für Hermokrates keine sympathie hatte, und auch bei Philistos keine rede von ihm fand, erfand er sich für das *contra* einen syrakusanischen privatmann Nikolaos, und musste dann (in einem für ihn auffälligen gegensatz zu Thukydides) Gylippos für den demagogischen
15 antrag sprechen lassen. Es ist ganz deutlich wie Diodor diese zwei ganz verschiedenen berichte durch einschub von c. 19, 5-6 verband: er lässt Hermokrates von dem volke 'niederbrüllen' [497]), das sich dann doch die lange rede des Nikolaos gefallen lässt und durch sie sogar zum mitleid gestimmt wird, bis dann Gylippos dem antrag zum siege verhilft, ὡς δέοι
20 τοὺς μὲν στρατηγοὺς τῶν Ἀθηναίων μ ε τ ' α ἰ κ ί α ς ἀνελεῖν — was denn auch bei T. der faktische abschluss der ganzen szene ist, den er offenbar in der weise von Philistos' tod ausgemalt hat [498]). (**103—104**) Die darstellung des ersten Karthagerkrieges seit der grossen niederlage bei Himera [499]) lässt sich aus Diodor 13, 43/4; 54/62 (wo dann Hermokrates'
25 rückkehr nach Sizilien anschliesst, und die für T. schwierige frage des verhältnisses zwischen ihm und Dionysios akut werden musste) nicht unerheblich erweitern, obwohl auch hier T. nur als sekundäre quelle herangezogen ist [500]). Seine (meist runden) zahlen sind vermutlich immer noch beträchtlich zu hoch, aber hier und F 107/8 nicht so masslos über-
30 trieben wie die des Ephoros. (**105**) Der synchronismus geht von dem sizilischen datum aus; seine voraussetzung ist dass T. den staatsstreich des Dionysios noch in das gleiche jahr 406/5 gesetzt hat, in dem er zum strategen gewählt ist [501]). Dass Euripides schon im frühjahr 406, also im attischen jahr 407/6 gestorben ist, unter dem das Marm. Par. A 63
35 (und Philochoros?) den tod verzeichnet, scheint sicher; und es ist mindestens wahrscheinlich dass T. das wusste. Er hat aber schwerlich mit dem unterschied der jahrformen [502]) (er selbst datierte nach olympiadenjahren) gearbeitet, sondern eher das literarische datum um des synchronismus willen um ein paar monate herabgeschoben, womit er selbst
40 auf Eratosthenes und Apollodoros eindruck gemacht hat [503]). Man wird

F 105 also besser nicht mit F 100/1 kombinieren [504]), sondern zu F 29 stellen und hier einen grösseren exkurs über das aufkommen des tyrannen im anfang des 16. buches [505]) annehmen; ob bei der wahl zum strategen oder erst beim staatsstreich ist nicht zu entscheiden. Ebenso wenig ob der exkurs hinausgriff über dinge, die sich speziell auf Dionysios bezogen, und sich zu einer abhandlung über die Tyche erweiterte: denn es ist zweifelhaft ob der in *Quaest. Symp.* folgende synchronismus zwischen Alexander d. Gr. und dem Kyniker Diogenes ebenfalls aus T. stammt; und wenn, ob aus dem gleichen zusammenhang. Deutlich, und für T. wie seine zeit wichtig, dass ihm (wie dem Aristoteles) Euripides sozusagen *der* tragische dichter ist.   (106—107) Aus dem zweiten (bezw. der zweiten phase des) Karthagerkrieg(es) [506]) hinter F 25/8; aber unsicher ob schon aus buch 16 und dann hinter F 105. Ob Athens versuch, in dieser zeit verbindung mit Karthago aufzunehmen [507]), T. bekannt war? Da er zu nichts führte, hatte er kaum veranlassung ihn zu erwähnen. Man kann die lage von 481 [508]) natürlich nicht vergleichen; aber auch während der grossen expedition Athens hören wir nichts von Karthago.   (108) Der dürftige fetzen aus dem offensivkrieg des Dionysios [509]), dessen vorbereitungen Philistos in einer bewunderten ekphrasis dargestellt hatte[510]), ist eine geringe hilfe für die quellenkritik von Diodor 14, 18; 41-76. Dass T. als sekundärquelle herangezogen ist hat Laqueur col. 1126, 62 ff. bewiesen; eine epikrise seiner analyse kann hier leider nicht versucht werden; sie ist sache eines sonderbuches, das 'Timaios' betitelt werden kann, aber die sammlung der gesamten tradition über die Griechen im Westen geben muss.   (109—112) Aus der zweiten hälfte von Dionysios' regierung ist direkt nichts erhalten, und Diodor, der im 15. buche die sizilische geschichte der jahre 386/5 — 362/1 nur knapp und sehr ungleichmässig berücksichtigt hat, bringt uns nicht sehr viel weiter. Während er sonst mit vorliebe ekphraseis aushebt und dies z.b. noch 14, 41-44 bei der vorbereitung des Karthagerkrieges getan hat [511]), hat er hier nicht nur die πυρά bei seite gelassen, die er bei T. und jedenfalls auch bei Ephoros [511a]) finden konnte, sondern auch die partie, aus der F 109 stammt. Er hat sich begnügt in die knappe notiz aus dem chronographen 15, 73, 5 ein εἰς ἀρρωστίαν ἐμπεσών einzuschieben, um c. 74 anhängen zu können — den auftakt zur krankheitsgeschichte, mit der man die schilderungen vom tode Alexanders vergleichen muss (der bis zum letzten augenblick mit seinen grossen plänen beschäftigt blieb), um die ganze giftigkeit zu ermessen, mit der T. das ende des unzweifelhaft bedeutenden herrschers behandelt hat. Wir konstatieren hier nur auf grund der direkten zitate dass er vom tode des tyrannen genaueres erzählte (F 109) ⁵¹²) und (wieder nach Philistos' vorgang) die epoche durch eine ekphrasis der bestattung (F 112) markiert hat, womit er implicite die bedeutung des tyrannen und seiner langen regierung anerkannte. Dafür gab er dann seinem von Philistos völlig abweichenden urteil noch einmal zusammenfassenden ausdruck in einem vermutlich ausführlichen ἐπιμετρῶν λόγος, dem man F 111 zuweisen wird, weil es offenbar aus einer gesamtwürdigung stammt, in der T. nach seiner gewohnheit auch aus der literarischen produktion auf den charakter schloss ⁵¹³). Auch die chronologische erörterung (F 110) mit der polemik gegen Ephoros, der seine zwei letzten bücher ganz der sizilischen geschichte von 386/5 an gewidmet hatte ⁵¹⁴), wird man am ehesten hier suchen. Wie gewöhnlich ist Polybios (absichtlich) flüchtig in seiner polemik gegen T.; aber auch Beloch ⁵¹⁵) hat sich die sache zu leicht gemacht. Selbst wenn wir glauben wollen dass schon T.s Ephorosexemplar korruptelen aufwies (Ephoros kann sich ja selbst verschrieben haben), ist es mit einem schreibfehler schwerlich getan; und es bliebe auch zweifelhaft welche der zahlen korrupt ist. Die chronologie des Dionysios I war schon deshalb ein problem, weil der anfang der tyrannis verschieden angesetzt wurde und damit ihre dauer verschieden berechnet werden musste. Ich habe die tradition *Marm. Par.* p. 183 f. ⁵¹⁶) zusammengestellt und glaube dass man für T. sicher nur sagen kann dass er den beginn der tyrannis noch in 406/5 ansetzte ⁵¹⁷), und dass ihm die gewöhnliche zahl von 38 regierungsjahren gehört. Es ist möglich dass er damit nur die vollen regierungsjahre meinte (wir haben kein material für seine art regierungen zu berechnen), und es ist ganz denkbar, dass er bei ihrer zählung das jahr 406/5 ausschloss, weil er wusste dass Dionys erst ganz an seinem ende die tyrannis gewonnen hatte. Das könnte dann für ihn (oder für die auf ihm fussenden chronographen) 368/7 (zu dem sowohl Marm. Par. A 74 wie der chronograph. Diodors 15, 73, 5 ihre notiz haben) als letztes volles regierungsjahr und 367/6 (das die modernen historiker berechnen) als todesjahr ergeben.   (**113—119**) Zur vermehrung des materials aus Plutarchs *Dion* und mehr noch aus *Timoleon* s. Einltg. p. 529, 31 ff.; über T.s benutzung in Diodors 16. buch, wo die quellen besonders undurchsichtig sind, Schwartz *RE* V col. 686, 66 ff. und (wieder mit kritik zu lesen) Laqueur col. 1150, 37 ff.; zu F 31; 116/8. Über die verteilung der geschichte der tyrannis und der befreiung auf T.s bücher Einltg. p. 544, 26 ff.; T.s urteil über Timoleon s. zu F 31. (**113**) Wohl zugleich als hieb auf Philistos gemeint; vgl. F 154. Auf die verschiebungen in anderen berichten und sonstige einzelheiten gehe ich nicht ein; es führt zu weit.   (**114**) Zur Hipparinosfrage Egermann

Die Platon. Briefe VII u. VIII, diss. Berlin 1928, p. 48 ff. Die lösung, dass T. den sohn Dions von Arete als 'Ἀρεταῖος (eher 'Ἀρέτειος) von dem gleichnamigen sohn des Dionysios II und der Aristomache unterschied, ist glaublich. Aber den wirklichen namen muss er doch irgendwo gegeben haben. Vermutlich hat ein biograph flüchtig gelesen und das gelegentlich gebrauchte distinktiv als namen verstanden. (115) Zu 556 T 3-4. (116—117) Für die quellenfrage von Diodor. 16 ist wichtig dass 16, 65 Timoleon allein handelt und 16, 70, 3 Dionysios II (wie bei Theopomp) ἐν μικρῶι στρογγύλωι πλοίωι κατέπλευσεν εἰς Κόρινθον. So gleichgiltig die letztere differenz sachlich ist, sie stellt uns vor die frage [518]) ob Theopomp rhetorisch übertrieb oder T. bis in die kleinigkeiten zu gunsten Timoleons färbte, dessen grossmut sich auch in der behandlung des geschlagenen tyrannen zeigte. (118) Die episode vor der schlacht ausführlicher Plutarch *Timol.* 26; Diodor 16, 79, 3-4; Polyaen *Strat.* 5, 12, 1; alle direkt oder indirekt nach T. (119) Aus der gesamtwürdigung Timoleons bei seinem rücktritt? Falls Polybios insinuieren will, dass T. selbst Timoleon über Alexander gestellt habe, ist seine polemik unehrlich, wie Plutarch und Diodor [519]) beweisen. (120—124) Über die Agathoklesbücher s. Eintlg. p. 529, 3 ff.; (531, 31 ff.); 533, 35 ff.; 542, 8 ff.; 545, 3 ff. Es ist weder sicher ob Trogus 20-21 T. direkt benutzt [520]), noch in welchem umfang Diodor 19-21 seine hauptquelle Duris aus T. vermehrt hat [521]). Die bei ihm so häufige, meist ungeschickte, zusammenarbeit zweier quellen ist F 121 besonders deutlich: der hauptbericht weiss nichts von Agathokles' vertragsbruch; aus ihm nahm Diodor vermutlich die variante der 4000 hingeschlachteten, die im hauptbericht vielmehr die der διαλυσάμενοι war, die neben ἱππεῖς ἅπαντες und τῶν πεζῶν ἔνιοι nicht gut fehlen konnte. Das 'frostige' wortspiel F 122 schreibt Plutarch 'dem rhetor' zu [522]), und Ruhnken wollte Hegesias verstehen. (125—126) Als epochenjahr der Τρωικά — das F 80 als solches verwendet wird, obwohl wir uns da bereits in der zeit der olympiaden befinden — gibt Censorin (nach Varro) das jahr 1194/3, und für die Heraklidenrückkehr der chronograph des Clemens [523]) 1154/3. Das kurze intervall befremdet; aber schon Geffcken p. 48 n. 4 verwies auf 'den' πεντηκονταετὴς χρόνος, der bei Diodor 4, 58, 5 zwischen tod des Hyllos und Heraklidenrückkehr liegt. Auffälliger ist dass Eratosthenes — der sich prinzipiell weitgehend, freilich nicht in allen einzeldaten T. anschloss — die epoche um 10 jahre heruntergerückt hat. Das bleibt für uns unerklärlich, wenn wir es nicht auf die von ihm benutzten spartanischen königslisten abschieben können, oder darauf dass T. in wahrheit nicht die zerstörung Trojas, sondern den Trojanischen Krieg datierte, und

Varro (der an das *excidium Troiae* als epochendatum gewöhnt war) diesen unterschied übersah. Das gewöhnlich auf 1194/3 berechnete datum Thrasylls (no. 253) verhilft nicht zur entscheidung dieser frage und ist auch sonst keine stütze für T.s ansatz, weil die Clemensstelle gerade in dem entscheidenden passus lückenhaft ist [523a]). In keinem fall aber darf man die im wesentlichen zusammengehenden zeugnisse Varros und des chronographen zu gunsten des verkürzten und verwirrten Apolloniosscholions F 80 [524]) zurückschieben: 1334/3 — immer wieder als epochenjahr T.s bezeichnet — ist das datum des Duris, der in Alexander mit vielen anderen den neuen Achill sah und daher eine panegyrische rundzahl [525]) erfand. Diese auffassung Alexanders können wir für T. nicht annehmen [526]); und dass gerade der verfasser der Ὀλυμπιονῖκαι, dessen chronographisches interesse sein ärgster gegner zugeben muss, als einziger sein chronographisches system auf die panegyrische floskel eines zeitgenössischen kollegen baute, ist eine unvollziehbare vorstellung. Es muss dabei bleiben, dass im Apolloniosscholion Duris und T. konfundiert sind oder (und vielleicht einfacher) dass die zahl korrupt ist [527]). Wie T. sein datum berechnet hat, wissen wir auch dann nicht, wenn er schon die spartanische königsliste zugrunde gelegt hat, was nach T 10 möglich, aber nicht zu beweisen ist: wir kennen weder seine spartanische liste (die im 4. jhdt noch im fluss war) noch die dauer seiner generation [528]). Den gedanken, dass er seine ganze chronologie auf ein sizilisches datum stützte (es könnte wohl nur die gründung von Syrakus sein, von der 600 jahre — eine rundzahl, deren sinn aber nicht erkennbar ist — auf das datum des Duris führen) gibt man schnell auf. Seit Hippias lag die Olympionikenliste als panhellenisches dokument vor und begann trotz der an ihr geübten kritik sich gerade in der geschichtsschreibung, wenn auch zunächst nur in vereinzelten datierungen durchzusetzen [528a]). Schon der titel Ὀλυμπιονῖκαι macht wahrscheinlich dass T. auch von ol. 1 — der nächsten grossen epoche, die F 60 als solche auftritt — als dem festen punkte ausging. Sonst kennen wir aus F 71 sicher nur noch die epoche der Μηδικά. Da F 126 durch die hand eines vergleichenden chronographen gegangen ist, können wir aus ihm den übergang Alexanders nach Asien nicht als das nächste, das zeitgenössische grunddatum, erschliessen, zumal Eratosthenes und nach ihm Apollodor aus begreiflicher überlegung heraus den tod Alexanders als zeitwende ansetzten [529]).   **(127—128)** Aus F 128 ist zu schliessen dass T. in der grundfrage über die herkunft der Lykurgischen gesetzgebung (alle einzelheiten bleiben zweifelhaft) nicht der delphischen, sondern der überwiegenden 'spartanischen' version [530]) gefolgt ist, die im 4. jhdt — weitgehend nach dem vorbild der Solonlegende [530a]), also schwerlich in erster linie in den vielen spartanischen büchern über die verfassung [531]) — durch reisen vor oder nach der gesetzgebung und durch den tod in der fremde ausgebaut ist. T. kennt sowohl die vielleicht ältere tradition von der einführung der Homerischen gedichte in Sparta durch Lykurg, die neben der literarhistorischen auch eine chronologische bedeutung hatte [532]), wie das vielleicht neueste dokument, das den gesetzgeber in die erste gezählte olympiade 776/5 brachte [533]). Wenn er das dadurch entstehende zeitproblem durch das schon früher gelegentlich in der mythographie (und literaturgeschichte?) verwendete mittel der homonymie löste (worin ihm Eratosthenes und Apollodor folgten), hat er wohl auch das davon nicht leicht zu trennende leben in der einleitung der Ὀλυμπιονῖκαι besprochen — vielleicht nur soweit es die zeitfrage anging; denn mit der annahme zusammenfassender exkurse in den Historien über gesetzgeber (philosophen, rhetoren u.s.f.) muss man angesichts der wenigen verstreuten fragmente aus der geistesgeschichte vorsichtig sein [533a]). Leider verhilft auch das nicht zur erkenntnis der grundlagen seiner chronographischen konstruktion [534]). Wenn wir Plutarch scharf interpretieren dürfen, hätte nicht er, sondern erst Eratosthenes die spartanische königsliste zur grundlage genommen; aber die berechtigung dazu ist zweifelhaft angesichts von T 10 und der offenbaren tatsache dass Plutarch den T. hier aus zweiter hand benutzt. Wir kommen nicht weiter, da wir weder die königslisten T.s und des Eratosthenes(-Apollodor) vergleichen noch das absolute datum T.s für Homer berechnen können. Aber es ist unzweifelhaft dass T. gegen Aristoteles u.a. polemisiert hat, gewiss ausführlicher und technischer als Ephoros 70 F 118 gegen Hellanikos. **(129)** Schwerlich aus einem exkurs über die Sieben Weisen, sondern aus der geschichte von Korinth und vielleicht aus dem 3. buche der Historien [535]). Es ist sehr bedauerlich dass wir von T.s quellen für sie garnichts wissen und wenig sicheres über die zeit des Lelantischen Krieges und die aussenpolitik der Kypseliden [536]). Wir werden also zwar keinen besonderen wert auf die steine von Ilion legen, die auch in T.s mythischer besiedlung des Westens vorkommen [537]), aber wir werden über den widerspruch zu Herodt. 5, 95 (der sicher eine der quellen des Skepsiers Demetrios war) vorsichtig urteilen, zumal Periander in der überlieferung auch sonst als schiedsrichter auftritt [538]). Wenn er wirklich zuerst gegen Athen gestanden hat, so kann er während der 'Langen Fehde' die stellung gewechselt haben: sein schiedsspruch (wenn er überhaupt historisch war) war nach der überlieferung ein kompromiss [539]).   **(130)** Gewiss aus dem Lokrerexkurs, der vermutlich zur Pythagorasgeschichte im 9. buch überleitete ⁵⁴⁰). Zaleukos selbst heisst Pythagoreer frühestens bei Aristoxenos ⁵⁴¹); Aristoteles, Ephoros, und die von dem ersten zitierten τινές haben ihn beträchtlich höher hinaufgerückt ⁵⁴²); was sie von ihm berichten bringt ihn in verbindung mit Kreta (dem lande der ältesten gesetzgebung des Minos) und zeigt ähnlichkeiten mit der Lykurg- und Epimenideslegende ⁵⁴³). Wenn man den knappen zusatz Ciceros scharf interpretieren darf (wie das allgemein geschieht), hat T. Zaleukos' existenz überhaupt bestritten. Ich bin auch hier zweifelhaft ob die scharfe interpretation berechtigt ist, und ob nicht T. nur gegen die von Aristoxenos und seinen pythagoreischen gewährsmännern behauptete zugehörigkeit des (viel älteren) gesetzgebers zur schule des Pythagoras polemisierte. Denn der gewaltakt scheint unnötig zur stütze der behauptung dass die 'gesetze und sitten' der italischen Lokrer denen des Mutterlandes entsprechen: der gesichtspunkt der polemik gegen Aristoteles ⁵⁴⁴) ist ein anderer; er betrifft den charakter der lokrischen gesetze, die auch T. als die von freien männern, nicht von entlaufenen sklaven bewunderte ⁵⁴⁵); und man sieht nicht wie sich T. mit dem gesetzbuch abgefunden haben soll, aus dem Demosthenes, Ephoros, Aristoteles zitieren, und von dem schon Protagoras gebrauch gemacht hat, als er dem neugegründeten Thurioi gesetze schrieb ⁵⁴⁶). Ob also T. auch hier ein kompromiss schloss, indem er zwar einen Pythagoreer Zaleukos anerkannte, aber (wie bei Lykurg F 127) die konfusion des älteren gesetzgebers mit dem späteren Pythagoreer behauptete?   (**131**) Beweist mit F 13 dass T. in der hellenistischen Pythagorasbiographie ausgiebig benutzt ist. Was T. hier von Kroton erzählt, berichtet Iamblich. *Vit. Pyth.* 170 von Metapont; und nach Dikaiarch Diog. Laert. 8, 40 = Porphyr. *Vit. Pyth.* 57 stirbt Pythagoras in Metapont im Μουσῶν ἱερόν. Bedeutsamer was Andron und Theopomp 115 F 70 von Pythagoras in Metapont sagen, und dass Lykos eine tradition gab, die den philosophen schlechthin Metapontiner nannte, also wohl auch sein der Demeter geweihtes haus dort fand ⁵⁴⁷). Aber bei Diog. Laert. 8, 40 steht daneben der tod in Kroton; hier kennt Val. Max. 8, 15 ext. 1 das *Cereris sacrarium*, und Iamblich. 45; 50; (264) ein auf Pythagoras' rat errichtetes Μουσῶν ἱερόν oder Μουσεῖον. Mit blosser konfusion ist da nicht auszukommen; aber es wäre zwecklos hier die tradition für einen einzelpunkt zu verfolgen⁵⁴⁸). (**132**) Der text bleibt unsicher trotz Wilamowitz *Herm.* 62, 1927, p. 277; Reinhardt *ebd.* 63, 1928, p. 107 ff.; Rathmann *Quaest. Pyth.*, 1933, p. 41; es spricht manches für die änderung von Diels. Sicher aber (wie Reinhardt sah) dass T. hier Pythagoras gegen vorwürfe Heraklits verteidigte. Über die frage, wie weit man daraus schlüsse auf ein gesamturteil über

Pythagoras ziehen darf, s. zu F 13/7. **(133—138)** Zeigen neben dem grossen Pythagorasexkurs und den häufigen erwähnungen des Empedokles [551]), wie stark T. den anteil des Westens am griechischen geistesleben herausgearbeitet hat. Das war natürlich und berechtigt, ausser für die 'italische' philosophie, auch für die rhetorik, deren herkunft aus Sizilien allgemein anerkannt war auf grund von Gorgias' tätigkeit im Mutterland und der ältesten τέχναι, die namen sizilischer verfasser trugen [552]); aber die konkurrierende lokalpatriotische tendenz ist deutlich besonders in F 138 und den (leider zu knapp referierten) erfindungen in F 135/6, wo T. sicher auch den oder die orte genannt hat, wo Thukydides gelebt hat und gestorben ist. Diese erfindungen sind vermutlich weniger willkürlich als sie aussehen, weil wir ihre anhaltspunkte nicht kennen; sie waren nicht die einzigen und möglich, weil man über Thukydides' leben in und nach der verbannung über seine eigenen, sehr allgemein gehaltenen angaben hinaus nichts wusste, bis die erst im Hellenismus einsetzende und T. noch nicht bekannte antiquarische forschung das grab in Athen nachwies [553]). Zu den ἄλλοι, die T. in Italien sterben liess, gehörte sicherlich Herodot, der sich im eingang seines werkes Thurier genannt hatte [554]), sodass wir nicht zu fragen brauchen ob das grab auf dem markte von Thurioi [555]) schon in T.s zeit gezeigt wurde. Für die entscheidung der frage, ob Herodot nach Athen zurückgekehrt ist [556]), ist unter diesen umständen weder die (supponierte) behauptung T.s zu verwenden noch das angebliche zeugnis Polemons für ein grab in Athen, das seine existenz nur einer interpolation verdankt [557]). **(139)** Gehört m.e. am ehesten in den rhetorenexkurs [558]), der dann (begreiflich genug) die entwicklung in den hauptpersönlichkeiten auch nach unten verfolgte. Die kritik an Isokrates ist besonders interessant, wenn T. sein enkelschüler war [559]). **(140)** Die ausdehnung des T.-zitates ist unsicher trotz der erwähnung von Syrakus. Zweifelhaft auch ob die Lakonisten etwas spezifisch kretisches sind, oder ob der zettel mit dem T.-zitat an falsche stelle geraten ist. Ein exkurs über griechische musik ist für T. ganz glaublich; schon im 4. jhdt geht kaum ein historiker an diesen dingen vorüber. **(141—142)** Interessant mehr für das nachleben und die arbeit an Pindar als für T., zumal wir nicht wissen ob er den singulären terminus θυσιαστική für ein lied, das sicher kein epinikion war [560]) (auch wenn es schon in T.s zeit als solches in den sammlungen stand), selbst geschaffen hat, und ob der interpretationsfehler F 142 (den die scholien richtig erklären mögen) für ihn oder für die philologie seiner zeit charakteristisch ist. **(143—145)** Kaum zu entscheiden ob solche dinge als gelegentliche bemerkungen in der historischen erzählung vorkamen, wie für F 143 sehr denkbar [561]), oder in kürzeren oder längeren kulturhistorischen exkursen. Nur F 145 gehört wohl in die oder eine der beschreibungen Korinths [562]); denn Εὑρήματα hat T. nicht geschrieben.   (**146**) Aus dem Lokrerexkurs des 9. buches [563]). Das knappe scholion **a** kann man ohne grosse bedenken aus **b** ergänzen, obwohl das letztere (das Kallimachos zitiert) nicht reiner T., sondern von Tzetzes aus der *Bibliothek* [564]) erweitert bezw. bearbeitet ist. Ob Tzetzes T.s namen ebendaher oder aus einem volleren scholion oder ganz willkürlich eingesetzt hat [565]), ist nicht zu entscheiden und auch ziemlich gleichgiltig, da das exzerpt doch am ende verkürzt ist und dadurch irreführt: μετὰ τὸν Φωκικὸν πόλεμον ist ein für T. zu vages datum; vom ende des krieges (347/6) gerechnet, führen 1000 jahre auf kein bekanntes oder mögliches datum für den Trojanischen Krieg, auch nicht auf das des Duris (1334/3), und die verwendung zur bestimmung von T.s eigener trojanischer epoche ist schon deshalb unerlaubt [566]). Die wirkliche frage an die überlieferung ist wann die 1000 jahre des orakels — das sehr wohl in einem kyklischen gedicht gestanden haben kann [567]) — abliefen, oder vielmehr (das ist ein sehr wesentlicher unterschied) wann die Lokrer behaupteten dass sie abgelaufen seien, und daraufhin den jungfrauentribut einstellten. Dass das im 4. jhdt und vielleicht wirklich in oder nach dem Heiligen Krieg geschehen ist [568]) beweisen die Suda s.v. ποινή — ein exzerpt wahrscheinlich aus Aelian [569]), das leider sehr stark gekürzt ist —, die sog. Lokrische Mädcheninschrift [570]), und verschiedene andere nachrichten, die es ganz klar machen dass sich an die einstellung des tributs ein langer rechtsstreit zwischen der Athena von Ilion und den Lokrern geknüpft hat, in dem zunächst das delphische orakel, später u.a. (?) 'der könig Antigonos' angerufen ist. Er hat im laufe der zeit zu einer reihe von mildernden änderungen des ursprünglichen barbarischen brauches geführt. Die zeugnisse sind zuletzt von Momigliano scharfsinnig aber m.e. einseitig behandelt, weil es ihm hauptsächlich darauf ankam ein neues argument für die datierung Lykophrons 'im frühen 3. jhdt' zu gewinnen [571]). Die dinge sind aber nicht so einfach verlaufen wie er es sich vorstellt. Aber da ein eingehen auf die geschichte des jungfrauentributes hier zu weit führen würde, begnüge ich mit mich der feststellung der schwierigkeiten der überlieferung. Ganz abgesehen von dem zustand der literarischen zeugnisse und ihrer interpretation, bringt uns der 'könig Antigonos' (welcher es immer war) in jedem falle weit über das jahr 347/6 hinaus; der streit fiel mindestens z.t. in die zeit in der T. an seinem werke arbeitete; und man darf wohl annehmen dass er ihn soweit erzählt hat wie er ihn kannte [572]). Leider gibt aber Polybios' knappe polemik F 12 c. 5, 7 dafür nichts aus; die datierung der 'Mädcheninschrift' schwankt im 3. jhdt in weiten grenzen: es ist nicht zu bestimmen, welcher Antigonos gemeint ist; wie lange der tribut in der gemilderten und mehrfach geänderten form weiterbestanden hat u.s.f. Es ist ferner zweifelhaft ob Aelian, der mit dem schiedsspruch des Antigonos schliesst, T. direkt oder durch vermittlung eines späteren autors benutzt hat [573]; und wir wissen auch nicht wann T.s 9. buch erschienen ist [573a]). (**147**) Aus der Pythagorasgeschichte? Aristoxenos [574]) liess Pythagoras seinen lehrer Pherekydes in Delos pflegen und begraben; Iamblich. *Vit. Pyth.* 35 [575]) sagt dass er dort πρὸς μόνον τὸν βωμὸν τὸν τοῦ Γενέτορος Ἀπόλλωνος προσευξάμενος, ὃς μόνος ἀναίμακτός ἐστιν, ἐθαυμάσθη παρὰ τοῖς ἐν τῆι νήσωι; Porphyr. *De abst.* 2, 28 leitet davon die Pythagoreische enthaltung vom fleischgenuss ab. Möglich dass T. dabei ausführlicher auf die in seiner zeit viel behandelte frage nach der berechtigung des tieropfers [576]) eingegangen ist. (**148**) Kallimachos hat die geschichte offensichtlich aus T. (**149**) Zu F 26? (**150**) Die überlieferung über Herostratos und den tempelbrand s. *Forsch. in Ephesos* I, 1906, p. 262 ff.; Plaumann *RE* VIII, 1913, col. 1145 no. 2. Das ereignis ist früh anekdotisch übersponnen [577]), und den synchronismus mit Alexanders geburt versieht Hegesias, dessen zeitliches verhältnis zu T. leider nicht festzustellen ist, mit der gleichen pointe [578]). Er gibt darüber hinaus eine prophezeihung der μάγοι ἐν Ἐφέσωι διατρίβοντες, die an sich auch zur tendenz T.s passt. Artemidors vom lokalpatriotismus diktierte (und in bezug auf die persischen depots kindliche) polemik ist nicht unbedingt glaublich, schon weil er eine längere baugeschichte auf éinen punkt zusammenzieht (wenn das nicht Strabons schuld ist): das angebot Alexanders ist beträchtlich später als die ersten, nach dem brande unter ganz anderen politischen umständen gefassten beschlüsse. T. wird von diesen lokalen dingen nichts gewusst haben; sie interessierten ihn auch nicht. Aber wir wüssten gern in welchem zusammenhang er auf das ereignis zu sprechen kam; denn die geschichte Alexanders hat er nicht geschrieben. (**151—158**) Bedürfen nach der Einleitung [579]) keiner einzelbesprechung. (**159—163**) Dem historiker gehören am ehesten F 162/3. Im ersteren, das dann in den Lokrerexkurs des 9. buches gehört, ist Luchts herstellung des namens palaeographisch verlockend; und dass Zenob. *Prov.* 5, 4 das sprichwort mit der gesetzgebung des Zaleukos verbindet, die T. leugnete [580]), legt nahe dass er diese erklärung bestritt. F 163 wird Meinekes annahme, dass T.s name ausgefallen ist, durch die herkunft aus Polybios begünstigt, der T.s unkenntnis Afrikas tadelte [581]). Gegen die gleichung Ἐπιτιμίδης (F 159) ~ Τίμαιος bleibe ich trotz F 5 skeptisch [582]). F 160/1 liegen so weit ab von allem was wir von T. haben dass ich lieber an einen arzt oder zur not an den 'Lokrer' T. denke [583]); Plin. *N.H.* 1, 33 darf nicht irre führen [584]). **(164)** Ich habe keinen zweifel dass der ganze abschnitt ein so reines exzerpt aus T. ist wie der darauf folgende über Gallien ein solches aus Poseidonios [585]). Die beiden abschnitte unterscheiden sich nur dadurch dass Diodor für Gallien den geschlossenen abschnitt aus Poseidonios' Ἱστορίαι aushob, und ihn (seltsam genug) in die Νησιωτική aufnahm, weil er ihn nicht anders unterzubringen wusste [586]), in den ersten 23 kapiteln aber aus T.s geographie des Westens (d.h. hier den ersten beiden büchern der προκατασκευή) nur die in eine Νησιωτική wirklich gehörenden inseln, die T. doch wohl nach der gewohnheit der alten geographen einzeln bei den festländern, vor deren küsten sie liegen, besprochen hatte [587]). Ganz sicher lässt sich nicht sprechen, weil die in n. 587 zusammengestellten übergänge dem exzerptor gehören können; wir auch sonst von der komposition der προκατασκευή keine sichere vorstellung haben [588]); umgekehrt das nicht aus T. stammende übergangskapitel 24 [589]) nicht beweisen kann dass etwa schon dieser nach behandlung der inseln (im Mittelmeer und) des Ozeans auf das festländische Gallien (von dessen flüssen er gehört hatte [590])), Spanien, und Ligurien übergegangen ist. Die letztere annahme ist wohl auch deshalb wenig wahrscheinlich, weil T. wenigstens die inseln des Ozeans in der richtung der Argonautenfahrt, die er dann weiter bis Korkyra verfolgte [591]), behandelt zu haben scheint. Aber, wie gesagt, wir sehen da nicht klar. T. als grundquelle ist innerhalb des exzerptes — also abgesehen von dem prooimion, in dem T. gewiss nicht zufällig charakterisiert wird [592]) — besonders deutlich c. 6, 1 = F 38, wo Diodor von τινὲς τῶν συγγραφέων spricht, aber Philistos ganz offensichtlich nur aus der polemik bei T. kennt. Danach wird mit den νομιμώτατοι τῶν συγγραφέων 2, 4 eben T. gemeint sein, der als quelle für den preis Siziliens als insel der Demeter sicher ist [593]). Das Homerzitat bestätigt; denn T. hat auch sonst — es sei hier nur auf c. 5, 1 und 23, 1/2 innerhalb unseres abschnittes verwiesen — die ältere, besonders die dichterische literatur (teilweise polemisch) rezensiert, wo dann Diodor die meisten zitate und namen gestrichen bezw. durch die formel πολλοὶ τῶν ἀρχαίων συγγραφέων καὶ ποιητῶν ersetzt hat. Eigentliche konkordanzen mit namentlichen T.-fragmenten gibt es nicht viel, und sie sind z.t. nicht absolut sicher [594]); aber da gegeninstanzen fehlen — denn dass bei Diodor etwas fehlt, was nach den fragmenten bei T. vorkam, besagt natürlich nichts [595]) — genügen sie zur bestätigung der these. Insbesondere hat Diodor nicht Poseidonios neben T. eingesehen, so nahe das gelegen hätte [595a]): die einsicht, dass Poseidonios (soweit wir sehen) hier weitgehend von T. abhing, werden wir ihm nicht zutrauen; aber er hat doch soviel verstand gehabt, dass er für das binnenland Galliens, wo T. wenig hatte, die quelle wechselte und zu der ersten wirklichen beschreibung durch Poseidonios überging, nach dem er dann auch Spanien, Ligurien, Etrurien (leider immer kürzer werdend) beschrieb, sodass der ganze, der Nesiotike eigentlich fremde, abschnitt 5, 24-40 als ein einheitliches exzerpt aus Poseidonios sich darstellt [596]). Zusätze hat Diodor in diesem exzerpt nur wenige gemacht: ausser 4, 4 — das doch wohl ein solcher ist und aus der allgemeinen bildung stammt [597]) — beschränkt er sich auf einige hinweise auf die römische herrschaft, meist in der einfachsten form eines in den text geschobenen καὶ ῾Ρωμαῖοι [598]), oder eines knappen satzes am ende eines abschnittes [599]). Es ist nichts darunter wofür man eine besondere quelle bemühen müsste: man kann 20, 2 wirklich nicht gut anders beurteilen als die erwähnung von Caesars britannischen feldzügen 21, 2; die wiederholung 22, 1 macht die flüchtigkeit des exzerptors besonders deutlich, und der gleiche hinweis steht 25, 4 im Poseidoniosexzerpt; keines gibt etwas besonderes, überall spricht Diodor von der eigenen zeit und aus eigener kenntnis. Die exzerpte über die einzelnen inseln sind ungleichmässig und zuweilen so flüchtig dass man unsicher ist ob man syntaktische anstösse durch konjekturen beseitigen darf [600]); aber sachlich z.t. sehr wertvoll [601]). Ich habe sehr ungern auf einen kommentar verzichtet, der in die sachen gehen müsste und dann zu umfangreich werden würde; der für Poseidonios eingeschlagene mittelweg schien hier ungangbar.

568. HIPPOSTRATOS

Die charakteristik H.s [1]) als ὁ τὰ περὶ τῆς Σικελίας γενεαλογῶν (trotzdem sie in den Pindarscholien steht) und die tatsache dass sich alle fragmente auf Sizilien beziehen lassen weisen mit grosser wahrscheinlichkeit auf ein spezialwerk, dass dann nicht erzählend war, sondern genealogische form hatte und die sizilischen stammbäume an das oder eines der grossen griechischen stemmata knüpfte [2]). F 1; 2; 3; 6 fügen sich in das Ἰνάχειον γένος, das in der *Bibliothek* von Inachos über Belos und Agenor bis zu den Herakliden läuft; und vom sizilischen standpunkt aus lässt sich verstehen dass das ganze erste buch von Minos handelte, sodass ein thaumasiograph es mit einem spezialtitel zitieren konnte. Wenn das der fall war, kann das werk, das im 1. buch über Minos und im 7. über die Emmeniden handelte — weiter lässt sich über die disposition nichts sagen — sich nicht streng an den (aus T 1 entwickelten) titel gehalten haben: die interpretatorischen interessen, die wir überall in den halbhistorischen, halb antiquarischen arbeiten der hellenistischen grammatiker annehmen dürfen und die sich hier naturgemäss vor allem auf die Pindarexegese richteten, werden seinen verfasser zur behandlung anderer sizilischer fragen geführt haben, die sich in stammbäumen immer leicht unterbringen liessen. In gute hellenistische zeit wird man H. wegen der qualität seiner nachrichten und der benutzung sowohl bei scholiasten wie in der Thaumasiographie ohne bedenken setzen. Nach oben bestimmt ihn die offenbar durchgehende datierung nach olympiaden [3]), und man wird den einfluss des Timaios anerkennen, an dem ohnehin kein schriftsteller über Sizilien vorübergehen konnte. Die untere zeitgrenze ist ganz unsicher; aber das 3. jhdt würde gut passen [4]). Es ist verkehrt wegen F 4 auf einen Pythagoreer zu schliessen; der Krotoniate im verzeichnis Iamblichs [5]) ist gewiss der stadionsieger von ol. 54/5 (564; 560).

F

(1) Aus der vorgeschichte des Minos, dessen tod in Kamikos F 2 rückgreifend erwähnt. H.s unmittelbare quelle(n) für den mythos ist nicht festzustellen, und die namen der mütter in Phlegons knappem exzerpt bleiben zweifelhaft; ich bin nicht mehr sicher dass Tzetzes das richtige bewahrt hat. Aber die 50 kinder von éiner mutter sind ein altes thaumasion, das Hekataios 1 F 19 willkürlich durch herabsetzung der kinderzahl beseitigte, andere durch annahme mehrerer mütter, die ebenso willkürlich erfunden sind [6]). Sehr möglich dass der hellenistische autor die varianten ausbreitete.   (2—3) Das exzerpt aus H. (F 2a) ist ungenügend: es lässt, ausser Therons vater Ainesidemos (F 2b), den ersten teil des stammbaums aus, der gerade bei H. nicht gefehlt haben kann — die ableitung des geschlechts von Kadmos [7]). Man kann ihn nicht einfach aus Schol. *Ol.* 2, 82d [8]) ergänzen, weil der sizilische zweig hier auf Polyneikes, aber *ebd.* 70e (wo die generationenzahl korrupt ist) auf Eteokles zurückgeht, und auch die sizilische geschlechtsfolge in 82d mit Chalkiopeus als grossvater Therons von der in F 2a und Schol. *Ol.* 3, 68d abweicht. Die Emmeniden kommen nach Schol. 82d über Thera nach Sizilien (ob direkt, ist wegen der lücke des textes unsicher), nach 2, 16c über Athen-Rhodos; dazu kommt noch die viel behandelte frage ob sie erst in Gela oder sogleich in Akragas siedeln [9]), wo F 3 für H.s stellungnahme nichts ausgibt. Nach Schol. A zu 3, 68 stürzt der eigentliche ahnherr (und führer der einwanderer) Emmenes [10]) in Akragas die tyrannis des Phalaris; die übrigen schreiben die tat Emmenides' vater Telemachos zu.

Dieses scholion lässt die nebenlinie des Xenodikos aus [11]), führt aber die hauptlinie um eine generation weiter [12]). Diesen diskrepanzen gegenüber kommt man mit textänderungen nicht aus [13]); es ist wieder wahrscheinlich dass H. sie dargelegt und besprochen hat.   (4) Nikostratos ist nichts als eine schlecht bezeugte variante; H. hat jedenfalls von Abaris' aufenthalt im Westen gesprochen. Wir kennen die legende, die an stelle des athenischen opfers überlegt eine kollekte für den hyperboraeischen Apollon setzt, aus der Pythagorasbiographie, für die sie erfunden ist: Abaris kommt ἐν παρόδωι κατὰ τὴν Ἰταλίαν und findet Pythagoras in den händen des Phalaris [14]). Das für H. angegebene datum ol. 3 ist haplographie; die richtige ol. 53 (die in GT der Suda eine zufällig das richtige treffende dittographie ist) ist nicht wirklich verschieden von Pindars ansatz; und Eusebios [15]) hat unter diesem datum die notizen *Falaris tyrannidem exercuit annis XVI* und *Abaris de Scythia venit in Graeciam*. Unerklärt bleibt das datum der ἄλλοι ol. 21 [16]) sowie in Eusebs *Chronik* ol. 82/3 (452/45) für Abaris und ol. 32, 1 (652/1) — ca. 70 jahre *vor* der gründung von Akragas — für Phalaris; doch mag ersteres mit den prophezeiungen des Abaris und der gründung Thuriois zusammenhängen.   (5) Wie in F 4 kann auf H. mit sicherheit nur das datum zurückgeführt werden, das ungefähr richtig sein wird [17]). Nur wüsste man gern wie H. es berechnet hat: die olympiadenzahl kann nicht überliefert sein, und von offiziellen aufzeichnungen über die 'städtischen agone in Syrakus' [18]) wissen wir nichts; sie sind auch nicht glaublich, da wir sonst mehr und sicherere lokale daten über sizilische dichter haben würden. Denkbar dagegen eine historisch auswertbare anekdote [19]).   (6) Schol. Pindar. *Ol.* 13, 56 (unter den erklärungen der Hellotia) Τιμάνδρου θυγατέρες τέσσαρες Κορίνθιαι· Ἑλλωτίς, Εὐρυτιώνη, Χρυσῆ, Κοτυτώ [20]) κτλ. Kotytia sind für Sizilien durch Plutarch. *Prov. Alex.* 1, 78 bezeugt [21]). Korinthisches war überall in *Sikelika* leicht unterzubringen, und der genealoge kann von der Heraklidenrückkehr erzählt haben — Archias war ja Heraklide aus Korinth.   (7) So etwas kann überall vorkommen, und die änderung ist nicht leicht. Aber Θεόφραστος ist merkwürdig oft verdorben, und die parallelen entscheiden gegen H.

569. ARTEMON DER PERGAMENER

Dass der A. der Pindarscholien überall der gleiche ist zeigen methode und qualität der erklärungen, die nur zu oft dem natürlichen absichtlich aus dem wege zu gehen scheinen und auch dadurch an Krates von Pergamon erinnern, dessen schüler er gewesen sein wird [1]). Da er ἱστορικός genannt wird, war er kein eigentlicher kommentator, obwohl er vielfach interpretieren musste, sondern ist ähnlich wie Hippostratos zu beurteilen. Über die form seines buches ist nichts auszumachen; aber es wird nach T 2 über sizilische (vor allem Pindarische) namen (nicht nur von menschen: F 2; 4) gehandelt haben, etwa wie andere grammatiker z.b. Περὶ τῶν παρ' Ἀλκμᾶνι τοπικῶς εἰρημένων ²) schrieben. Die zeit bestimmt sich durch seine polemik gegen Aristarch ³), die des Aristarcheers Menekrates gegen ihn ⁴), und das distinktiv ὁ ἀπὸ Περγάμου, das ihn eher von dem wohl nur unwesentlich jüngeren A. von Kassandreia ⁵) als von dem älteren horographen von Klazomenai ⁶) unterscheiden soll. Es besteht kein grund ihn mit den ersteren ⁷) oder mit A. von Magnesia, verfasser von διηγήματα über κατ' ἀρετὴν γυναῖκες πεπραγματευμέναι ⁸) zu identifizieren; und er hat sicher nichts mit dem autor Περὶ ζωγράφων ⁸) zu tun, der vermutlich selbst maler war.

F

(1) Schol. *Ol.* 2, 15c; 70 (Wilamowitz *Pindaros* p. 241 n. 2), das ausführlichere erzählung ergibt. Vgl. zu Timaios 566 F 92; Hippostratos 568 F 2/3.   (2) Die erklärung ist schon deshalb verkehrt, weil Psaumis' sieg mit dem viergespann durch die olympionikenliste no. 415 endgiltig auf ol. 82 (452) festgelegt ist, und der mit der ἀπήνη in ol. 83 (448) oder spätestens ol. 84 (444) fällt ⁹), also in die zeit, in der Kamarina selbständig war ¹⁰). A. muss das gedicht ganz falsch datiert haben. Über den sumpfsee Kamarina s. Ziegler *R E* X col. 1806, 38 ff.; Wilamowitz p. 415 f.; die nymphe auf den münzen von Kamarinas glanzzeit (in die *Ol.* 4-5 fallen) s. Head *H.N.*² p. 129.   (6) Therons bruder bei Hippostratos 568 F 2. Von den verwandtschaftsverhältnissen der tyrannenhäuser war in allen *Sikelika* vielfach die rede. A. wird gegen Aristarch auf den zweiten Xenokrates hingewiesen haben; ob er den adressaten des gedichtes in ihm sah bleibt unklar. Es ist möglich dass ihm im scholion mehr gehört; so etwa die unterscheidung der zwei Thrasybuloi.

570. LYKOS VON RHEGION

Zu dem ansatz ἐπὶ τῶν διαδόχων stimmt sowohl dass L.s adoptivsohn Lykophron ¹) zu den gelehrten gehört, die Ptolemaios Philadelphos mit der ordnung der bibliothek beauftragte, wie der konflikt mit dem Phalereer Demetrios, der von c. 296 — c. 285 eine grosse rolle am hofe des ersten Ptolemaeers spielte, und dem seine stellungnahme in der sukzessionsfrage stellung und leben gekostet haben soll [2]). Wenn danach L. zur 'partei' des Philadelphos gehört hat, so kann das schon einen leisen zweifel daran wecken ob er professioneller literat war; aber sicher ist zunächst nur dass er unter Ptolemaios I in Alexandreia lebte und um 290 eine angesehene stellung hatte, also damals kein jüngling mehr war. Das praejudiziert schon bis zu einem gewissen grade die frage wann er die beiden in der vita genannten bücher publiziert hat, die sehr wohl seine einzigen gewesen sein können [3]), und damit die frage des verhältnisses zwischen ihnen und der vielleicht um 300 erschienenen [4]) προκατασκευή des Timaios — wenn ein solches verhältnis bestand, was zwar sehr wahrscheinlich, aber nicht beweisbar ist [5]). Die reste der bücher geben keine sichere handhabe zur datierung [6]), und die gewöhnliche annahme, dass Timaios sie schon benutzen konnte und auch benutzt hat [7]), lässt sich weder durch die ziemlich allgemein geglaubte benutzung L.s bei Lykophron noch durch die tatsache beweisen dass Kallimachos in einer seiner späteren prosaschriften L. exzerpiert hat. Das gibt im besten fall einen nicht sehr genau festzulegenden t. ante. Auch die folge der namen bei Agatharchides [8]) ist kein (oder wenigstens kein sicherer) beweis für die annahme, während sie andrerseits durch die umgekehrte folge in den Lykophronscholien [9]) nicht widerlegt wird. Sie ist eben nicht strikt beweisbar, nur sehr wahrscheinlich (1) wegen der daten der vita; (2) weil auch Kallimachos (der über das zeitverhältnis vielleicht weniger der männer als der bücher unterrichtet sein konnte) in der folge L.-Timaios exzerpiert [10]); (3) was allein genommen am wenigsten beweist, wegen der inhalte der betreffenden bücher: L.s Περὶ Σικελίας umfasste in der üblichen weise [11]) auch das griechische Italien und die völker an der westlichen Adria [12]) und von den inseln mindestens die dahin gehörigen [13]); Timaios hat darüber hinaus (das ganze becken des westlichen Mittelmeeres und) den äussersten Westen einbezogen, von dem sich in L.s resten keine spur findet. Das kann (angesichts der art unserer überlieferung) nicht gut zufall sein; und obwohl es allein den schluss nicht trägt dass L. den fahrtbericht des Pytheas noch nicht kannte [14]), ist es doch auffällig, weil L. — nach buchtitel und fragmenten zu schliessen, und selbst wenn man den zufälligen charakter ihrer überlieferung gebührend in rechnung zieht — nicht historiker war wie Timaios, sondern ethnograph mit der in der ethnographie üblichen und seit der Alexanderzeit noch gesteigerten neigung zur thaumasiographie [15]). Auch heisst das buch in der vertrauenswürdigen vita Περὶ Σικελίας, nicht Σικελικά. Für die Ἱστορία Λιβύης, nach der vita ein eigenes buch (was zu bezweifeln kein grund vorliegt) liegt der ethnographische charakter in der natur der sache: eine 'geschichte' Libyens konnte überhaupt niemand schreiben; aber eine zusammenstellung der kenntnisse des erdteils bringt man leicht mit den entdeckungsfahrten von Ptolemaios' I admiral Philon zusammen. Auch F 1-2 stammen nicht aus einem erzählenden werk. Selbst wenn T 4 der Rheginer gemeint ist (nicht der arzt, der ebenfalls mit nacktem *Lycus* unter den autoren von *N.H.* 20-27 genannt wird [16])), führt die überlieferung des titels mit genügender sicherheit auf ein einem Alexander gewidmetes buch [17]), und das wird eben Περὶ Σικελίας sein, in dem sich beide zitate (von denen sich F 1 zur not auf Alexander d. Gr. beziehen lässt, aber F 2 nicht) leicht unterbringen lassen. Die frage ist allein welcher Alexander das war. Schwartzens Alexander von Pleuron fällt mit seiner behandlung von F 7 [18]); man denkt in dieser zeit auch *a priori* lieber an einen fürsten. Alexander d. Gr. [19]) wird dadurch dass ihm Harpalos die *Sikelika* des Philistos nach Asien nachsandte [20]), nicht unbedingt ausgeschlossen. Aber zunächst wird man bei dem Rheginer doch an einen Alexander denken, der am Westen ein unmittelbareres interesse hatte, d.h. an Alexander I von Epirus, der 334/3-331/0 in Unteritalien kämpfte [21]); oder an Alexander II, Pyrrhos' sohn von der Agathoklestochter Lanassa, den der vater bei der überfahrt nach Sizilien a. 278 in Lokroi zurückliess und den er später zum herrscher Siziliens bestimmt haben soll [22]). Der jüngere ist, solange sich keine bestimmten gründe für ihn geltend machen lassen [23]), zeitlich und sonst unwahrscheinlich: damals war L. (wenn er noch am leben war) seit langem in Alexandreia. Wenn wir danach den adressaten in Alexander I sehen dürfen, ist das buch schon in der zweiten hälfte der 30er jahre des 4. jhdts erschienen und aus einem aktuellen anlass geschrieben. Es war dann beträchtlich älter als Timaios' geographische grundlegung seiner sizilischen Geschichte, und L. ist nicht eigentlich sein, sondern Nymphodoros' vorgänger. Er war, wenn er nicht doch schon seinerseits in Alkimos [24]) einen vorgänger hatte, der erste, dessen werk über den Westen sich auf die ethnographie beschränkte und — wenn F 3 textlich in ordnung ist [25]) — einen nicht ganz geringen umfang hatte. Man sollte auch nicht so selbstverständlich von seiner 'verdrängung' durch Timaios reden. Das spezialbuch mag, wie alles ältere sizilische, hinter diesem zurückgetreten sein; aber wir haben, ausser dem entscheidenden zeugnis des Agatharchides für sein ansehen noch im 2. jhdt, benutzung neben Timaios bei Antigonos von Karystos [26]), den kommentatoren der guten zeit (wo er für ethnographisches die gleiche stellung hat wie Philistos für historisches [27])) und in den Θαυμάσια ἀκούσματα [28]). Eine politische

bias hatte das buch nur insofern als es einem fürsten gewidmet war: das zeigt dass L. moderner war als Timaios und das heil der Westgriechen nicht von einem 'demokratischen' zusammenschluss der städte erhoffte, sondern von einem energischen könig. Dazu passt dass er später selbst
5 in den dienst eines der neuen könige trat, wo dann Ägypten für den Westgriechen am nächsten lag; wir wissen leider nicht wann und ob er freiwillig ging (es ist garnicht undenkbar dass der tod des Epiroten und der zusammenbruch seines unternehmens anlass war), wie wir — ausser dem konflikt mit Demetrios — nichts näheres über sein leben
10 und seine haupttätigkeit in Alexandreia wissen.

F

(1) Schol. Pindar. *Nem.* 4, 82; 84. Möglich dass auch Aelian *N.A.* 12, 11 (der nichts besonderes gibt) auf L. zurückgeht. Die vorzüglichkeit der epirotischen rinder setzt schon Hekataios 1 F 26 voraus, der Herakles'
15 zug nach dem Westen bestritt; L. wird gerade an ihn angeknüpft haben. Eine beschreibung von Epirus ist trotz F 4 nicht wahrscheinlich. (2) Skidros bekannt nur aus Herodt. 6, 21, 1 als zufluchtsort der Sybariten nach der zerstörung ihrer stadt durch Kroton. Es wäre nicht überraschend, wenn auch L. ausführlicher von Sybaris gehandelt hätte [29]). (3)
20 Zu Timaios 566 F 53-56. F 3 + 6 ergeben für L. eine der Timaeischen ähnliche schilderung Dauniens, ohne dass wir sagen können wie weit diese von L. abhängig ist, und ob sie in allen einzelheiten übereinstimmten. Das scholion ist zusammengestrichen, und die zitate vielleicht zusammengeschoben; über die buchzahl s. n. 5. (4) Da Kallimachos
25 bei Antigon. *Hist. mir.* 173 = F 407 XLIV Pf (wo F 6 voraufgeht) für die Enetergeschichte Theopomp exzerpiert, ist zweifelhaft ob L. bei Aelian mehr gehört als der gesperrt gedruckte zusatz über die roten riemen. Der zug fehlt auch Θαυμ. ἀκ. 119, das danach aus Theopomp stammt. Aus diesem, eher als aus L., auch c. 81 über die bernsteininseln[30]);
30 schade, weil wir sonst eine wichtige differenz zwischen L. und Timaios hätten, die auch auf die Pytheasfrage [31]) licht werfen würde. (5) Über den honigreichtum Korsikas s. auch Timaios F 164 c. 13, 3 ff., wo (durch schuld des exzerptors?) die lebensverlängernde wirkung fehlt. Wenn der zusatz οἰκοῦσι δ' οὗτοι περὶ Σαρδόνα aus L. stammt, so hat dieser
35 die νῆσοι πελάγιαι, die seinen adressaten nicht unmittelbar interessierten, auch nicht beschrieben. Er ist dann möglich (nicht mehr) dass er vom honig gelegentlich der Pythagoreischen nahrungsvorschriften sprach. Aber obwohl in Athenaios' zusammenstellung Aristoxenos voraufgeht,

genügt das schwerlich an stelle des L. hier den verfasser einer Pythagorasbiographie Lykon von Iasos einzusetzen, der bei Athen. 10, 13 p. 418 E (wieder neben Aristoxenos) zitiert wird und 2, 80 p. 69 E aus Ἴβυκος ὁ Πυθαγόρειος herzustellen ist. Immerhin bleibt ein leises misstrauen gegen das fragment [32]).   (6) Corssen *l.c.* p. 330 ff. hat die überlieferung vorgelegt und zwei versionen der verwandlungsgeschichte unterschieden, die er L. und Timaios zuweist. Aber da wir für diesen kein direktes zeugnis haben [33]), und Antigonos (der zudem durch eine lücke entstellt ist) über die zeit und den urheber der verwandlung nichts sagt, ist seine annahme, dass das L. hier vorlage von Lykophron *Alex.* 592 ff. war, 'leider nicht ganz zwingend' [34]). Man kann auch die lücke L.s aus Θαυμ. ἀκ. 79 nicht sicher ergänzen, da sie das verhalten der vögel gegen die Griechen so negativ charakterisieren (ἡσυχίαν ἄγειν) wie Aelian. *N.A.* 1, 1 das gegen die barbaren (οὔτε ἀδικοῦσι οὔτε αὐτοῖς προσίασιν), die sie in den Θαυμ. ἀκ. mit den schnäbeln töten. Steph. Byz. s.v. Διομήδεια, wo ursprünglich gewiss L.s name stand, ist zu sehr zusammengestrichen, um weiter zu helfen.   (7) Wenn man der überlieferung trauen dürfte, differierten L. und Timaios 566 F 50 im namen der nymphen und des flusses. Es ist also unsicher ob das was Aelian. *N.A.* 10, 38 vom Lusias sagt [35]) direkt aus L. stammt. Die beziehung von Theokr. *Thalys.* 78 ff. zu L.s erzählung ist offensichtlich, aber es ist nicht die von Schwartz [36]) angenommene.   (8) Für L.s disposition lässt sich aus Kallimachos' zusammenstellungen nichts entnehmen. Über den Himeras genauer Vitruv. *De arch.* 8, 3, 7; Solin. 5, 17 *Himeraeum caelestes mutant plagae: amarus denique est, dum in aquilonem (contra Etruriam* Vitruv) *fluit, dulcis ubi ad meridiem flectitur.*   (9) Für c. 139, wo genauere ortsbestimmungen der ersten quelle ausgefallen sind, s. Oehler *Paradoxogr. Flor.*, 1914, p. 100 ff.; für c. 140 s. zu Timaios 566 F 41. Ich bin garnicht sicher ob Keller u.a. c. 140 mit recht L. zugewiesen haben.   (10) Aus L. [37]) Plin. *N.H.* 31, 51 *in Sicilia quidem circa Messanam et Mylas hieme in totum inarescunt fontes, aestate exundant amnemque faciunt?* Vgl. auch Nymphodoros 572 F 3; beides durch Poseidonios vermittelt? (11) Sehr fraglich, ob die Palikenquelle [38]) gemeint ist.   (13) Plutarch. *De soll. an.* 21 p. 974 F; Plin. *N.H.* 8, 203.   (14) Trotz n. 16 bin ich des Rheginers nicht ganz sicher, zumal auch die zuweisung des ersten zitats an den sizilischen autor nicht über allen zweifel erhaben ist.   (15—16) L. ist für keines der beiden fragmente als autor wahrscheinlich: F 15 steht in einem späten zusatz und wird am ehesten den Iasenser [39]) gehören; in F 16 (wo Lykos auch aus zeitgründen bedenklich wäre) ist Wilamowitz' kühne verbesserung wenigstens des

autornamens ansprechend, aber auch für ihn keineswegs sicher [40]); Suda s.v. 'Ἐπίχαρμος wird Kaibels Λυκόφρων (Λύκων Hss.) das richtige sein. Ich warne auch vor der beliebten zuweisung von Antigon. *Hist. Mir.* 160/1 an L., nur weil ein zitat von ihm voraufgeht [41]): c. 161 ist
5 zusatz des Antigonos aus unbekannter quelle, da er ein bei Eudoxos und Kallimachos fehlendes faktum notiert; und c. 160 kann so gut wie der anfang von 161 Kallimachos selbst sein. Man muss eher erwägen, ob nicht auch F 9 c. 140 und F 14 unter die Zweifelhaften einzureihen sind, so ungern man das material für L. noch vermindert. In dem Lykos
10 der Iliasscholien (T Gen. I) zu Z 260 ὅτι δίχα τροφῆς βλάπτει (*scil.* ὁ οἶνος) τῶν νεύρων καθαπτόμενος, ὥς φησι Λύκος sehe ich mit Kind *l.l.* col 2408, 18 ff. ohne bedenken den arzt.

571. ANDREAS VON PANORMOS

Das einzige fragment — wohl lesefrucht des Athenaios selbst, da die
15 techniker Biton und Moschos, beide hellenistischer zeit, den buntschriftsteller schwerlich zitiert haben — gibt als obere grenze für die sammlung das ende des 3. jhdts v. Chr. Aber trotz beschränkung auf Sizilien wird man gern in die Kaiserzeit hinabgehen und den autor etwa zwischen Pausanias und Aelian ansetzen. Inhalt und disposition machen ganz
20 denkbar dass er den ersteren ergänzen und einen reiseführer für Sizilien schreiben wollte [1]). Die buchzahl ist auch für die frühere zeit nicht leicht glaublich.

572. NYMPHODOROS VON SYRAKUS

Der name [1]) ist in Sizilien und anderwärts so häufig dass versuche, den
25 Syrakusaner [2]) durch identifikation mit einem anderen träger des namens zeitlich festzulegen, zwecklos sind, wenn nicht auch die schriftstellerische tätigkeit des namensvetters gesichert ist [3]). Die von C. Mueller ganz geistreich begründete gleichung mit dem Amphipoliten [4]) — verfasser von Νόμιμα βαρβαρικά oder 'Ασίας, der nach dem distinktiv noch im
30 4. jhdt und vielleicht in Alexanders zeit publizierte — hat Laqueur [5]) durch die beobachtung erledigt dass der Amphipolite hiatfrei schreibt, der Syrakusaner den hiat unbedenklich zulässt. Den letzteren weisen charakter und vermittler der reste [6]) — deren zuweisung, wo das distinktiv fehlt, nicht überall sicher ist [6a]) — entschieden in hellenis-
35 tische zeit, in die auch der pluralische titel Περίπλοι am besten passt.

Genauer lässt er sich nicht mit sicherheit bestimmen, da das historische faktum F 4 nicht datirbar ist: wenn Polemon [7]) ihn schon zitiert hat (was unsicher ist), und wenn man als negatives element verwenden darf dass Antigonos Karystios ihn nicht exzerpiert hat, kommt man auf anderem wege zu Laqueurs datum, dem ausgang oder letzten drittel des 3. jhdts. Buchzahlen der Περίπλοι fehlen; aber da Athenaios den Περίπλους Ἀσίας zitiert [8]), ist die annahme einer einteilung nach den (zwei? [9])) erdteilen die natürliche. Der Περίπλους Εὐρώπης wird nicht zitiert; aber die nachrichten über Europa und Afrika [10]) können nicht alle aus Περὶ τῶν ἐν Σικελίαι θαυμαζομένων stammen. Da Athenaios etwas Sizilisches aus 'den Περίπλοι' zitiert [11]), und die Homerscholien N. als ὁ τὴν Σικελίαν περιηγησάμενος charakterisieren [12]), muss man immerhin fragem ob N. dem Περίπλους Σικελίας ein ganzes buch widmete, das unter dem spezialtitel umlief und von den Paradoxographen reichlicher benutzt ist. Aber ein sonderbuch über die heimatliche insel ist natürlich nicht unmöglich. Für den verfasser selbst geben die fragmente nur aus dass er weniger geographische als paradoxographische und literarhistorische oder allgemein grammatische interessen, aber ohne eigentliche gelehrsamkeit, hatte und wohl für die unterhaltung schrieb. Aber nach F 4 hat er doch nicht ausschliesslich am schreibtisch gearbeitet, sondern eigene erkundung wenigstens auf den inseln der östlichen Aegaeis verwendet [13]). Dass er als 'philosoph' galt, oder es war, wird man dem zweifelhaften F 16 nicht entnehmen.

F

(1) Abhängigkeit von Timaios [14]) legt die von diesem erklärte namensform Ὕκ(κ)αρον nahe, deren gebrauch affektiert aussieht. Aber die sache ist gewöhnlich, und das exzerpt ist kurz. (2) Aus N. — wohl durch mehrere zwischenquellen [15]) — Aelian, bei dem Daphnis Συρακούσιος heisst. Der zustand des scholions erlaubt nicht sicher den schluss dass N. Daphnis an der Aitna lokalisierte. Erzählt hat er gewiss die ganze geschichte, die Aelian mit παθόντος ὑπὸ τῆς νύμφης ταῦτα δήπου τὰ ὑμνούμενα übergeht; nicht nach Timaios, der mit der blendung schliesst [16]). (3) Schol. Apoll. Rhod. 4, 965 Μύλας δὲ χερσόνησον Σικελίας, ἐν ᾗι αἱ τοῦ Ἡλίου βόες ἐνέμοντο; wahrscheinlich aus Philostephanos [17]). Seneca *N.Q.* 3, 26, 7 (und Plin. *N.H.* 2, 220) *ubique autem facit mare, cui haec natura est, ut omne immundum stercorosumque litoribus impignat: quaedam vero partes maris certis temporibus hoc faciunt, ut circa Messenen et Mylas* [18]) *fimo quiddam simile turbulentae vis mare profert, fervetque et aestuat non sine colore foedo, unde illic stabulare Solis boves fabula est.* Dies sicher

aus Poseidonios; und es ist möglich dass das später allbekannte θαυμάσιον [19]) schon bei Timaios stand, der von der herrschaft von Aioliden
in Sizilien erzählte.[20]).   (4) Das aition für das heroon eines entlaufenen sklaven ist religionsgeschichtlich interessant [21]). N.s erzählung,
die er selbst in Chios aufgenommen haben will, erinnert sachlich an die
räuberromantik Rhians [22]) und zeigt in der form eine dazu passende,
gewollte, naivität, was beides hellenistisch ist. Sie beginnt mit einer allgemeinen bemerkung über die vielberedeten sklavenverhältnisse in
Chios [23]) und schliesst mit der heroisierung des Drimakos und seiner
wirksamkeit als heros, ist also insoweit einheitlich. In dem eingangssatz,
p. 670, 7 ist die ergänzung von πολλάκις m.e. notwendig; und man denkt
einen moment daran, auch in dem ersten satz der Drimakosgeschichte
p. 670, 10 ‹οὐ› μικρόν zu ergänzen, weniger weil das (doch formelhafte)
ἔτι καὶ νῦν p. 671, 23 neben 'kurz vorher' befremdet, als weil ganz offenbar
ein ursprünglich namenloser Ἥρως Εὐμενής von den Chiern in N.s zeit
auf Drimakos gedeutet ist [24]). Das würde auch die schlussworte ἐν πολλοῖς δὲ ἀντιγράφοις p. 671, 28/9, die man wirklich nicht gut auf N. beziehen
kann, erklären [25]): es ist eine von Athenaios falsch bezogene randnotiz zu
τοῦτο γὰρ ἦν ὄνομα τῶι δραπέτηι p. 670, 16 in seiner unmittelbaren vorlage,
die die geschichte ohne den namen, etwa in büchern über Chios, fand.
Ich will daher auch Laqueurs annahme nicht prinzipiell bestreiten dass
N. zwei erzählungen vereinigt hat, die an das gleiche heroon knüpften —
eine ältere von Heros Eumenes und eine jüngere von Drimakos. Aber
in der zerlegung von N.s bericht ist er zu grob, weil er dem stil nicht genügend rechnung trägt.   (5) Zu Alkimos 560 F 1.   (6) Aelian
V.H. 12, 18-19; Phot. *Lex.* s.v. Λευκάτας; Wilamowitz *Sappho u. Simo-
nidas*, 1913, p. 22 f. Die lösung ἐξ ὁμωνυμίας ist doch wohl älter als N.;
denn Eresos als heimat der dichterin kennt schon Dioskorides *Anth. Pal.*
7, 407.   (8) Apollodor. 244 F 4; Schol. Pindar. *Nem.* 9, 95c; Plin.
N.H. 32, 16.   (9) Dasselbe kürzer und ohne angabe der quelle
Aelian. *N.A.* 11, 3 ἐν Αἴτνηι δὲ ἄρα τῆι Σικελικῆι Ἡφαίστου τιμᾶται νεώς
κ.τ.λ. Der hund ist die sizilische dogge, die auf mamertinischen münzen
mit Adranos zusammen erscheint und dem Molosser ähnlich sieht:
H. Scholz *Der Hund in der griechischen Magie und Religion*, diss. Berlin
1937 p. 44 (reiches material, aber wenig urteil).   (10) Die besondere
tracht fehlt in dem für das ethnographische überhaupt stark verkürzten
Timaiosexzerpt 566 F 164 c. 15, 4; zur sache s. Philipp *R E* I A col.
2494, 4 ff.   (11) N. 7; zu 566 F 46.   (12) Die änderung in
Σικελίας ist umso weniger 'valde probabilis' (Meineke) als der sizilische
fluss Terias heisst [26]), und der autor auch der Amphipolite sein kann.

Unsicher auch die gleichung mit dem thrakischen Athyras [27]) (dann stand das im Περίπλους Εὐρώπης). Tomaschek [28]) denkt nicht sehr wahrscheinlich an dichterische nebenform für den Tyras. **(13—15)** Die gewöhnlich (auch von Laqueur) dem Amphipoliten zugeschriebenen fragmente passen inhaltlich für ihn (wenn er nicht doch nur Νόμιμα Ἀσίας geschrieben hat) so gut wie für den Periplographen; auch die benutzung Herodots darf man bei beiden voraussetzen. Aber in Plinius' autorenkatalogen [29]) liegt die beziehung auf den für paradoxa interessierten Syrakusaner näher, für den auch die benutzung durch Isigonos [30]) spricht. Das zieht F 14 und F 15 (das in der gemeinsamen vorlage der lexikographen verwirrt und korrupt war) mit sich. **(16)** Wenn N. [31]), aus dem Περίπλους Ἀσίας. **(17—21)** Wohl alles schwindelzitate, die nicht ohne nachdenken gemacht sind, wenn Conti (nach Athenaios) die auf den inseln häufige Ino [32]) aus dem asiatischen Periplus, die Orestesgeschichte nur aus 'dem Periplus' zitiert. F 20 hat Conti seine wirkliche quelle selbst verraten; F 17 nahm er vielleicht aus Schol. rec. Aischyl. *Prom.* 819; F 19 aus Schol. Eurip. *Or.* 169, Tzetzes, Diktys Lat., oder *Bibl.* Epit. 6, 25; F 21 aus Eust. *Il.* Z 181. Den namen mag er F 21 gewählt haben, weil er den inhalt in einer diskussion über die Aitna fand; auch kurz vor F 20 ist von Orestes in Sizilien die rede. Danach wird man nicht wagen hinter dem *liber tertius Historiarum* von F 17 (das Mueller unbegreiflicher weise den Nomina des Amphipoliten zuwies) wirkliche kenntnis von N.s disposition [33]) zu suchen.

573. THEOPHILOS   574. PEISISTRATOS VON LIPARA

Der perieget Siziliens ist wohl verschieden von dem Θ. τις τῶν εἰς τὴν Ἀζανίαν πλεόντων, der seine fahrt an der afrikanischen Trogodytenküste beschrieben hat [1]), und von dem Zenodoteer [2]), der nach der art seiner erwähnung bei Ioseph. *c. Ap.* 1, 216 mit dem schriftsteller identisch sein kann, der οὐ παρέργως über die Juden gehandelt hat [3]); sicher auch von dem 'chronographen' des Malalas (dem Theophilos *Ad Autolyc.* saec. II 2 p. Chr.?). Nach ihm wird Ps. Plutarch den Th. erfunden haben, dem er u.a. Ἰταλικά zuschreibt [4]). Umfang und zeit der periegese sind unbestimmbar: das zitat ist korrupt, und ob Aischylos und Silenos (saec. III 2 a. Chr.) aus Th. stammen, ist ganz unsicher [5]). P. ist um des inhalts seines einzigen fragments willen hier eingeordnet; mit dem Pyrrhon von Lipara [6]) hat er nichts zu tun. Ob er Timaios zitiert hat [7]) ist ganz zweifelhaft.

575. MOSCHION

Nicht auszug aus einem geschichtswerk, sondern offensichtlich eine kleine gelegenheitsschrift, eine art 'fliegendes blatt', zu ehren Hierons, der den uns unbekannten dichter Archimelos für sein epigramm auf die Syrakusia fürstlich belohnt hatte [1]), und von dem sich der verfasser des prosablattes natürlich ähnliches erhoffte. Daraus ergibt sich M.s zeit und damit die abfassungszeit mit annähernder genauigkeit: ὁ πάντα 'Ρωμαίοις φίλος [2]) konnte der könig frühestens 263/2, dem jahre seines übertritts zu Rom, genannt werden; wahrscheinlicher ist aber auch für den schiffsbau, dem andere bauten zum schmucke der stadt voraufgegangen sind, die lange friedenszeit nach dem ende des krieges (241) [3]). Der aufbau der kleinen, in Athenaios' auszug vielleicht etwas gekürzten schrift ist deutlich; aber der stil, der ärmliche wortschatz, die mangelnde logik und die nicht sehr imponierende literaturkenntnis im prooimion, vor allem der inhalt, seine genaue kenntnis des baues und des verwendeten materials, das interesse für die konstrukteure und ingenieure [4]), während die künstler, die für die innendekoration verantwortlich waren, nicht genannt werden, machen sicher dass der verfasser kein literat von beruf war. Man mag an einen techniker denken, der in untergeordneter stellung zum stabe des Archimedes oder Archias gehört hat, oder an einen bausekretär, dem die aktenmässigen daten zugänglich waren [5]). Moderne zweifel [6]) an der zuverlässigkeit der tatsächlichen angaben sind unberechtigt.

576. HYPEROCHOS VON KYME

Einzelschriften über sizilische und unteritalische städte fehlen — abgesehen von Aristoteles' Politieen — so gut wie ganz; selbst für Syrakus kennen wir nur spätes [1]). Die Κροτωνιατῶν ὑπομνήματα der Pythagorasvita Iamblichs § 262 sind keine chronik [2]), sondern aktenzitat wahrscheinlich des Timaios, der mehr dergleichen aufgestöbert haben kann [3]), während Dikaiarch sich einmal auf mündliche tradition berief [4]). Die *Sybaritika* (oder wie sie sonst hiessen) des Hemitheon oder Misthon waren ein obscoenes gesetzbuch [5]), die des Kleitonymos gefälschter titel des Ps. Plutarch [6]); das früh zerstörte Sybaris was nicht produzent, sondern gegenstand einer bestimmten art der erzählenden unterhaltungsliteratur [7]). Eine epische κτίσις von Elea hat es nie gegeben; der titel Εἰς 'Ελέαν τῆς 'Ιταλίας ist fälschung Lobons [8]). Mir den angeblich uralten 'chalkidischen' chroniken und den kampanischen des 4. jhdts brauchen wir uns ebenso wenig aufzuhalten; es sind schlechte moderne konstruktionen [9]). Auch von politischer literatur, reden oder flugschriften, ist nichts bekannt. Einigermassen fassbar sind nur die Κυμαϊκά des Hyperochos; und hier zeigen schon der bezweifelte autorname und die art des zitats F 1 dass wir es nicht mit einer alten chronik der schon 421/0 von den Oskern eroberten stadt [10]) zu tun haben, sondern mit einem produkt etwa im stile des Amelesagoras [11]) (und Kephalon [12])), das sich durch den als uralt vorgestellten apollinischen verfasser autorität zu geben suchte [13]). Der inhalt bestätigt: die kumaeische Sibylle (die letzte in der reihe), die Aboriginer und Arkader, die erklärung des namens 'Ρώμη als übersetzung einer ursprünglichen *Valentia* [14]) — alles zeigt dass der autor eine gewisse kenntnis der lateinischen sprache hat, und dass das buch für das römische publikum, und dann frühestens im 3. jhdt, ehe durch die römische dichtung und geschichtsschreibung die gründungsgeschichte eine in der hauptsache feste form erhalten hatte, aber vielleicht viel später geschrieben ist [15]). Das interessanteste dabei ist vielleicht dass zwar die alte verbindung mit Troja und Aineias festgehalten, aber daneben eine neue mit Athen hergestellt wird, von wo die ältesten griechischen besiedler Italiens kommen [16]). Über das historische Kyme erfahren wir ausser dem topos F 1 nichts; er mag auf das ende der freiheit gehen und zeigt dann wenigstens dass H. sich nicht (wie wahrscheinlich Amelesagoras) auf die mythische zeit beschränkte.

F

(2) Über Demo-Demophile [17]) s. E. Maass *De Sib. ind.*, 1879, p. 33 ff. — dessen ableitung des Pausaniaskatalogs aus Alexander Polyhistor m.e. falsch ist [18]) — und Rzach *R E* II A col. 2091, 9 ff. Den angeblich von Daidalos erbauten Apollontempel auf der burg beschreibt phantastisch Vergil. *A.* 6, 14 ff. [19]); er hat auch nach der oskischen eroberung weiter bestanden. Für das behältnis der gebeine der Sibylle eine variante bei Ps. Justin. *Coh. ad Gr.* 37 φακόν τινα ἐκ χαλκοῦ κατεσκευασμένον, ἐν ὧι τὰ λείψανα αὐτῆς σώζεσθαι ἔλεγον. Die fragen der Sibyllengrotte [20]) gehen uns hier nichts an: wenn nach H. die Kymaeer keinen ihrer sprüche aufzeigen können [21]), so muss man schliessen dass er die Varro bekannte geschichte vom verkauf der Sibyllinischen bücher nach Rom voraussetzt. Einen *terminus* für ihre entstehung gibt das leider nicht, da H.s zeit zu unbestimmt ist [22]). (3) Der bericht ist verkürzt und teilweise verdorben; denn H. hat doch wohl den namen *Aborigines* erklären wollen,

wie er den von Valentia erklärt. Seine absicht dabei ist offenbar ihren griechischen charakter zu erweisen, der bei Kallias 564 F 5 und Lykophron *Al.* 1253 zweifelhaft ist. Das ist die ansicht auch der λογιώτατοι τῶν Ῥωμαικῶν συγγραφέων, Cato an der spitze, die "Ελληνας αὐτοὺς εἶναι λέγουσιν τῶν ἐν Ἀχαίαι ποτὲ οἰκησάντων, πολλαῖς γενεαῖς πρότερον τοῦ πολέμου τοῦ Τρωικοῦ μεταναστάντας [23]), wo Achaia einfach Griechenland bedeuten muss. Denn Dionys fährt fort dass sie οὐκέτι μέντοι διορίζουσιν οὔτε φῦλον Ἑλληνικὸν οὗ μετεῖχον, οὔτε πόλιν ἐξ ἧς ἀπανέστησαν, οὔτε χρόνον οὔθ' ἡγεμόνα τῆς ἀποικίας οὔθ' ὁποίαις τύχαις χρησάμενοι τὴν μητρόπολιν ἀπέλιπον, Ἑλληνικῶι τε μύθωι χρησάμενοι οὐδένα τῶν τὰ Ἑλληνικὰ γραψάντων βεβαιωτὴν παρέσχοντο. Wenn man das scharf nehmen darf, gehört H. frühestens in Augusteische zeit; und wenn Festus hier etwa aus einem modernen buch einen zusatz zu Verrius Flaccus gemacht hat, können wir bis ins 2. jhdt heruntergehen, in dem dann Pausanias und Athenaios selbst H. eingesehen haben [24]). Für Kyme gibt das fragment nichts aus [25]).

577. ANHANG

(1—2) Die auswahl der texte musste naturgemäss auf das äusserste beschränkt werden. Ich bedaure jetzt aber doch, nicht wenigstens für den ausgang der lokalen literatur über Sizilien die τινὲς τῶν λογογράφων des Polybios [1a]) und einen hinweis auf Batons buch Περὶ τῆς τοῦ Ἱερωνύμου τυραννίδος [1b]) aufgenommen zu haben. F 1 enthält nicht reste einer epitome, sondern eines index (προέκθεσις, προγραφή) [1]) zu einem werke über sizilische geschichte; F 2 enthält erzählung eher aus einem solchen, als aus *Hellenika*; denn Ephoros [2]), der dann allein in betracht käme, hat, wie überall in dieser partie seines werkes, nur Thukydides ausgeschrieben. Da beide papyri zwar aus Oxyrhynchos und wahrscheinlich dem 2.jhdt n. Chr. stammen, aber nicht von der gleichen hand geschrieben sind [3]), brauchen sie nicht dem gleichen werk anzugehören. Der oder die verfasser sind nicht sicher zu bestimmen, da das vorkommen lokaler namen garnichts beweist [4]). Dass konkordanzen in F 1 sich nur mit Philistos finden [5]), besagt auch nichts, da Stephanos' quellen Timaios für ortsnamen nur ganz ausnahmsweise zitiert haben [6]). Trotzdem liegt jener vielleicht näher als dieser [7]); denn nach ihrer geltung bei den stilkritikern [8]) ist (mehrfache) abschrift in dieser zeit für Philistos wahrscheinlicher als für Timaios. Vielleicht hätte ich auch den fetzen P. Ryl. 504 s. II/III 1 (Bd. VI u. Papyri) hier einordnen sollen: der herausgeber C. H. Roberts denkt wegen Thukyd. 6, 46 geistreich an

Philistos. Dagegen kann von der zuweisung des auf allen seiten mutilirten und selbst inhaltlich unbestimmbaren P. Milan. Inv. 36 s. IIIᴾ an Timaios (Montevecchi-Alfonsi *Aegyptus* 23, 1943, p. 90 ff.) keine rede sein (s. M. Hombert *Chron. d'Egypte* 22, 1947, p. 133). Der index (dann von Philistos' 4. buch?) ist von Grenfell-Hunt sogleich richtig auf die zeit unmittelbar nach dem ende der tyrannis bezogen, obwohl direkte konkordanzen mit Diodor fehlen, der nur die ereignisse in Syrakus selbst einigermassen ausführlich behandelt [9]). Über die expedition des Laches und Charoiades nach Sizilien (bei Philistos im 6. buch?) berichten Thukyd. 3, 86; 88; 90 — ob nach Antiochos [10]) oder aus den berichten der strategen ist nicht sicher zu entscheiden, aber die zweite eventualität ist doch wohl die wahrscheinlichere —; Diodor. 12, 54 (nach Thukydides); Justin. 4, 3, 4-7 [11]). Die verschreibung des nicht gewöhnlichen namens Χαροιάδης zu Χαριάδης in F 2 und bei Justin ist nicht derart dass man daraufhin Timaios als verfasser annehmen kann. Andrerseits gibt der stil kein argument gegen ihn: in einer so knappen tatsächlichen erzählung wird man keine besonderen künste erwarten; und der exkurs über die Liparischen inseln [12]), wenn P ihn hatte, muss schon vorher gestanden haben. (3—4) Die Hs. enthält an erster stelle exzerpte aus Diog. Laert., dann (f. 236-271) solche aus Plutarch, Aelian u.ä., von denen Lambros κατ' ἐπιλογήν τινα αὐτῶν ἀξιολογώτατα als Ἀνέκδοτα ἀποσπάσματα ediert. Schon das spricht gegen seine zurückführung der beiden stücke auf Timaios' 15. buch [13]); die beiden stücke stammen aus Stobaios *Flor.* 3, 7, 70 (= Phalaris *Epp.* 72); 4, 19, 48, oder einer ähnlichen späten sammlung; und es war eigentlich überflüssig sie hier aufzunehmen. F 3, ein beispiel für gelegentliche milde des tyrannen, ist eine andere version der geschichte des freundespaares Chariton und Melanippos [14]), die ihrerseits der geschichte von Damon und Phintias nachgebildet ist. (5—7) In Sizilien und Unteritalien gemachte zusätze zur panhellenischen und mutterländischen tradition: F 7 heisst ausdrücklich παρενθήκη, für 5-6 zeigt es die form [15]). Als gewährsmänner werden für den zusatz zur geschichte des Dorieus bewohner von Sybaris und Kroton [16]) genannt, für die geschichte der tyrannis ganz allgemein die Σικελίης οἰκήτορες; in Sizilien hat Herodot offenbar auch den λόγος Καρχηδονίων F 6 c. 167 gehört [17]). Die aufnahme aus mündlicher erkundung liegt überall auf der hand, und der hauptwert der zusätze liegt darin dass sie uns einen begriff von dem material geben, das Antiochos zur verfügung stand, und das er ebenso verarbeitet hat wie Herodot (Hellanikos, Thukydides) die mündliche tradition über die tyrannis in Athen [18]). (8—10) Im gegensatz zu den sizilischen nachrichten

Herodots stellt uns Thukydides vor ein problem, das mit unseren mitteln nicht lösbar zu sein scheint [19]). Es ist m.e. unzweifelhaft dass Thukydides Sizilien (und Unteritalien?) selbst besucht hat, und dass man dann mit erkundigungen in den einzelnen städten auch über die ereignisse der athenischen expedition(en) hinaus zu rechnen hat. Andrerseits ist sicher dass er, als er diesen abschnitt seines werkes schrieb bezw. endgiltig redigierte (wann immer das war), die Ἱέρειαι des Hellanikos zur verfügung hatte [20]), und nicht unwahrscheinlich dass auch Antiochos' Σικελικά schon publiziert waren, während das angebliche werk des Hippys (no. 554) für uns nicht mehr in betracht kommt und ebenso wenig der (doch wohl durch jene beiden überholte) Hekataios, dessen fragmente selten die andeutung auch nur einer gründungslegende, geschweige ein datum, enthalten. Die schwierigkeiten bestehen darin dass (1) wir Antiochos nicht genauer als auf das letzte viertel des 5. jhdts datieren können [21]); (2) dass sich das verhältnis zwischen Hellanikos und Antiochos, wenn ein solches bestand, nicht einwandfrei bestimmen lässt; (3) dass Thukydides selbst keine quelle nennt. Es besagt nicht viel dass er sich c. 2, 1 für die mythischen urbewohner nur auf 'die dichter' beruft; aber wenn er c. 2, 2 dem anspruch der Sikaner auf autochthonie die iberische herkunft mit ὡς δὲ ἡ ἀλήθεια εὑρίσκεται entgegenstellt, fällt es nicht ganz leicht (obwohl er nicht, wie c. 2, 4, seine gründe hinzufügt) darin einfache übernahme aus einem zeitgenössischen schriftsteller zu sehen: der fluss Sikanos schon stand im alten Periplus [22]), und die iberische stadt (?) Sikane bei Hekataios [23]), dessen *Periodos* zu den büchern gehörte, die Thukydides zur hand hatte [24]); und Sikaner in Sizilien kann er selbst gesehen haben, wenn er (wie bei den Sikelern Italiens) hinzufügt dass sie 'noch jetzt' im westen der insel wohnen [25]). Andrerseits möchte man in εἰκὸς καὶ λέγεται c. 2, 4 um so eher berücksichtigung einer schriftquelle sehen, als in τάχα - ἐσπλεύσαντες eine leise kritik der etwas naiven ansicht liegt. Aber Dion. Hal. *A.R.* I, 22 verhilft nicht zur entscheidung, da § 1-2 paraphrase des Thukydides sind; und das datum für den übergang der Sikeler nach Sizilien c. 2, 5 — ca. 300 jahre vor ankunft der Griechen — spricht wieder eher gegen schriftquelle: denn Antiochos 555 F 4a χρόνον μὲν οὐ δηλοῖ τῆς διαβάσεως, und Hellanikos 4 F 79 datiert die einwanderung des Σικελικὸν γένος in striktem gegensatz zu Thukydides in 'die dritte generation *vor* den Troika', was (wie man betonen muss) die herkunft der (oder eines teiles der) griechischen gründungsdaten aus Hellanikos (bei dem man sie erwartet) nicht unbedingt ausschliesst. Ein weiterer damit zusammenhängender (?) widerspruch zwischen Thukydides und Hellanikos ist dass dieser die Elymer aus Italien kommen lässt, jener in ihnen einen namen für die mischung aus flüchtigen Trojanern und Sikanern sieht. Wie Antiochos dachte wissen wir nicht; aber wir kommen auch dann nicht sicher weiter, wenn wir von der folge der besiedlungen bei den verschiedenen autoren [26]) ausgehen: denn für Antiochos fehlen uns die Elymer überhaupt; wir wissen auch nicht sicher ob er die Sikaner für autochthonen hielt; und für Hellanikos fehlen uns wieder die Sikaner. Wir können also nicht sagen ob Philistos 555 F 45 und Ephoros 70 F 136 mit ihren Σικανοὶ ἐξ Ἰβηρίας (Ἴβηρες) Hellanikos oder Thukydides folgten; und es ist nur wahrscheinlich (weil man sicher sizilischen lokalpatriotismus in rechnung ziehen muss), nicht ganz sicher, dass Timaios 566 F 38 mit der anerkennung der autochthonie der Sikaner zu Antiochos zurückkehrte. Ich habe I p. 457 noch zu sicher gesprochen, wenn ich Antiochos für die grundlage aller berichte erklärte und annahm dass schon Thukydides die korrekturen berücksichtigte, die Hellanikos an Antiochos' darstellung vornahm. Man wird sich noch vorsichtiger dahin ausdrücken müssen dass Thukydides wahrscheinlich sowohl Hellanikos — seine gewöhnliche quelle für alles vorgeschichtliche — wie Antiochos (direkt, nicht durch Hellanikos) einsah, aber ihnen selbständig gegenübertrat, was dann nur bedeuten kann dass er sich auf eigene erkundigungen stützen konnte [27]). Es hat jedenfalls keinen zweck, auf die modernen diskussionen über 'die' quelle des Thukydides näher einzugehen [28]). Über die historischen daten, die nicht aufs jahr genau zu berechnen sind und uns hier auch nichts angehen, s. u.a. Beloch *Gr. G.* ²I p. 218 ff.; Ziegler *R E* II A col. 2492 f.; Burn *J H St* 55, 1935, p. 136 ff. [29]); Dunbabin *The Western Greeks*, 1948, p. 435 ff., (der sehr vorsichtig wenigstens 'the rudimentary beginnings of chronicles in the colonies' annimmt). Zu F 10 (wo Kallimachos' quelle zweifelhaft bleibt, obwohl übereinstimmungen mit Thukydides deutlich sind) s. (ausser Pfeiffers noten) Körte *Arch. Pap. Forsch.* 10, 1931, p. 36 ff.; Ehlers *Die Gründung von Zankle*, diss. Berlin 1932; Coppola *Cirene*, 1935, p. 165 ff. Ich bedaure jetzt doch, dass ich nicht wenigstens das scholion p. 47 Pf. aufgenommen habe. Dagegen sind die vermutungen von Crusius *R E* V col. 2260, 33 ff. über einige elegische κτίσεις von Naxos auf Sizilien (?) m.e. ganz unwahrscheinlich.   (**11**) Kurze zusammenfassung des exzerptes aus Timaios 566 F 164 c. 2-5, die Diodor selbst in das exzerpt aus dem buch über Kreta eingelegt hat.   (**12**) S. zu 566 F 37.   (**13**) Gilt allgemein und gewiss mit recht als exzerpt aus Antiochos [30]).   (**14**) Oldfather *R E* XIII col. 1330, 36 ff.   (**16**) 577 F 2; zu 555 F 1. Über Thukydides' quelle s. ob. p. 610, 17 ff.   (**17**) Vgl. zu Timaios 566 F 84/8 und Hippostratos 568 F 5. Man darf wohl auch daran denken dass der Westgrieche Theagenes von Rhegion als erster über Homer geschrieben haben soll. Aber die lokalisierung der irrfahrten im Westen wird noch älter sein.

LXX. SMYRNA

Über Smyrna, das zwischen ca. 580 und dem 4. jhdt v. Chr. nur als dorf existiert hat, s. Bürchner *R E* III A, 1927, col. 730 ff. (unzulänglich) und (doch zu dilettantisch für 'pagan Smyrna') C. J. Cadoux *Ancient Smyrna*, Oxford 1938 (dazu J. Keil *Gnomon* 15, 1939, p. 432 ff.). Antike lokalliteratur fehlt wie für so viele der kleinasiatischen städte, oder wir kennen sie nicht [1]). In die lücke ist erst in der Kaiserzeit ein arzt getreten, der einer bekannten familie von Smyrna angehört, ohne dass wir ihn sicher identifizieren können [2]). Aus den 'Stadiasmen' im verzeichnis der nichtärztlichen schriften unter dem bilde des autors [3]), der auf sie offenbar besonderen wert gelegt hat, darf man wohl schliessen dass er selbst gereist ist; und wenn sich epigramme des Lukillios und Nikarchos [4]) auf ihn beziehen, war er ein auch ausserhalb seiner heimat bekannter arzt. Sonst zeigen sie historische interessen — aber die Κτίσεις und die auffälligen Στρατηγήματα waren gewiss kompilatorisch; und mit den historikern über Koilesyrien und Phrygien [5]) wird man diesen H. nicht identifizieren — und den zu erwartenden lokalpatriotismus. Besonders interessant ist der πίναξ, in dem Boeckh gewiss mit recht eine vergleichende eponymenliste von Rom und Smyrna sah; wir wüssten gern ob er historische notizen — die ergebnisse des buches über Smyrna — enthielt. Ich habe H. den acht jahrhunderte älteren dichter voraufgeschickt, dessen smyrnaeische heimat der neue titel in F 1 m.e. nur bestätigt [6]), weil man die Σμυρνηίς doch zu den geringen poetischen resten der ionischen elegie stellen muss, die als vorläufer der lokalliteratur zu betrachten sind [7]). Wir lassen hier die fragen beiseite, ob die Σμυρνηίς (wie Solons Salamiselegie und Tyrtaios' Eunomia?) gesondert umlief oder in die ausgabe der Ἐλεγεῖαι aufgenommen war, der die hellenistischen editoren den titel Ναννώ gaben; ob sie mit dem gedicht über die Lyderschlacht identisch ist [8]) oder die κτίσις erzählte, von der in den fragmenten mehrfach die rede ist [9]); überhaupt wie es um die 'historischen' gedichte des Mimnermos steht, ob er auch ganze elegieen mythologischen inhalts geschrieben hat, oder ob die zitate der grammatiker [10]) aus denselben gedichten stammen, die die Florilegien allein berücksichtigt haben.

LXXI. SPARTA

Die überlieferung über Sparta bietet ein eigentümliches bild. Das material ist, wenn man alles zusammennimmt, so reichlich dass man eine geschichte des staates und weitgehend seiner institutionen aus den antiken zeugnissen konstruieren könnte (es wäre nützlich, wenn es geschähe), was sonst nur noch für Athen möglich ist. Dabei ist sicher (1) dass Herodot — der erste, der ein zusammenhängendes stück spartanischer geschichte gibt [1]), und der sich auch für die verfassung interessiert hat [2]) — seine kenntnisse aus eigener erkundung in Sparta hat [3]); (2) dass der jüngste bericht, der des periegeten Pausanias, eine späte landesgeschichte benutzt hat, deren verfasser wahrscheinlich auch den einzigen bedeutenden lokalspartanischen antiquar, Sosibios, herangezogen hat [4]). Damit ist aber der anteil Spartas an der überlieferung seiner eigenen geschichte ziemlich erschöpft. Eine alte spartanische chronik hat es nicht gegeben [5]), so wenig wie in Athen; aber, anders als in Athen, scheint auch die liste der eponymen beamten erst von der mitte des 6. jhdts an geführt worden zu sein [6]); und sie bestand offenbar nur aus den nackten namen der (oder der ersten, der namengebenden) ephoren: sonst würde unsere überlieferung anders aussehen, in der es so gut wie kein festes datum für die ältere zeit (man darf sagen, vor dem 4. jhdt) gibt; und auch die wenigen daten stammen nur ganz ausnahmsweise aus lokalspartanischer tradition [7]). Selbst die königsliste hat man als 'ein unzuverlässiges gemächte auf grund der Herodoteischen genealogieen' bezeichnen können [8]); und das stimmt mindestens für die listen der historiker und chronographen, die an diesen bis ins 9. jhdt zurückreichenden stammbäumen eine reihe von änderungen vorgenommen haben. Was Herodot von den taten der einzelnen könige erfuhr reicht nicht weit über die erinnerung der grossväter zurück [9]); es umfasst auch hier nur die zeit, aus der er 'selbst' etwas 'weiss', wie das zurückgreifen auf die (naturgemäss auch von ihm viel zu früh datierte) staatsreform des 'Lykurgos' besonders deutlich macht. Die regierungsdaten auch dieser könige aus dem zweiten drittel des 6. jhdts, d.h. die aufstellung einer eigentlichen königsliste, sind frühestens um 400 v. Chr., und wieder nicht von einem lokalen autor, gemacht. Zu den archiven, an denen es nicht ganz gefehlt hat, und die wertvolles, wenn auch vielleicht wenig altes material enthalten haben müssen [10]), hatte damals schwerlich ein fremder zutritt; kann doch Thukydides noch für die schlacht bei Mantineia a. 418 die spartanischen truppenzahlen nicht angeben διὰ τῆς πολιτείας τὸ κρυπτόν [11]). So ist begreiflich dass Hellanikos, der die wichtigsten griechischen landschaften von Thessalien bis Arkadien in eigenen büchern behandelte, an der grenze Lakoniens halt machte und zwar die für die literaturgeschichte wichtige Karneenliste publizierte [12]), aber keine Λακωνικά schrieb. Auch Hippias, der am ende des 5. jhdts vielleicht mehrfach (in diplomatischen missionen?) in Sparta war, hat die lücke nicht gefüllt; und Charon, der kaum viel später Sparta besucht hat, scheint die liste der πρυτάνεις Λακεδαιμονίων (die wohl sicher nach königen, zweifelhaft ob auch nach ephoren datierte) als gerüst einer universalchronik, nicht einer landesgeschichte, benutzt zu haben [13]).

Aber auch im 4. jhdt, in dem anderswo meist lokale patrioten die geschichte ihrer heimat schreiben, oft in einer reihe sich folgender bücher und in durchsichtiger politischer tendenz, und im dritten, wo die grammatiker und antiquare mit der sammlung der überlieferung für bisher nicht behandelte orte beginnen, fehlt Sparta — eine so bedeutende rolle es in den von nicht-Spartanern geschriebenen zeit- und universalgeschichten spielt; im 4. jhdt vor allem bei Ephoros, der die folgezeit beherrscht und auch für Sosibios *die* quelle der spartanischen geschichte ist [14]), aber auch bei Theopomp. Noch die Χρόνων ἀναγραφή des Sosibios, die man frühestens in das letzte drittel des 3. jhdts setzen kann, ist keine landesgeschichte: es war anscheinend ein kurzer abriss in nicht mehr als éinem buche, gemeint als grundlage für die antiquarisch-philologischen studien des grammatikers über die altertümer von Sparta; und so ähnlich in mancher hinsicht die tätigkeit dieses gelehrten der des um mindestens zwei generationen älteren Philochoros ist, in dem nachlass des Spartaners fehlt das wesentlichste — ein gegenstück zu den 17 büchern der *Atthis*, das in dieser zeit nicht einfach spurlos verschwunden sein kann. Es gab eben keinen spartanischen Philochoros und keinen Istros.

Erst in späthellenistischer zeit begegnen wir büchern mit dem titel Λακωνικά [15]), die erzählender natur gewesen sein können, und deren eines wohl die quelle auch des periegeten Pausanias war. Zieht man hinzu dass Sparta auch an der literatur der *Hellenika* unbeteiligt war, der sich doch Theben in der kurzen zeit seiner hegemonie sogleich mit eifer zuwandte [16]); dass der 'wahl-Spartaner' Xenophon in diese lücke treten musste; dass wir auch unter den verfassern historischer monographieen nur den éinen Lakedaimonier Sosylos aus der zeit Hannibals finden, der im ausland gelebt und nicht über Sparta geschrieben hat [17], so kann man geradezu sagen, dass es überhaupt keine spartanische lokalliteratur gegeben hat. Das erklärt sich nicht aus einem mangel an material — die mythographische überlieferung war reich, und von spartanischer geschichte weiss Herodot mindestens so viel wie von der Athens, ja von Lykurg mehr als von Solon — und auch nicht aus der geheimniskrämerei der behörden [18]), die nicht die geschichte der stadt verbarg, sondern die machtmittel des staates und die politik des tages; es erklärt sich allein aus dem wesen des 'lykurgischen' staates und seinem gewollten abschluss gegen die geistige und oekonomische entwicklung des auslandes: der erstarrte staat war nicht in der lage die eigene geschichte zu schreiben und hat es auch garnicht gewollt. Für die verödung auf geistigem gebiet gibt es kaum einen besseren beweis, als dass die Spartaner nach der katastrophe von Leuktra ihren eigenen Tyrtaios aus Athen sich wieder holen mussten [19]), und dass später die ephoren den epheben alljährlich die Πολιτεία Σπαρτιατῶν des Dikaiarchos aus Messene (den sie als Dorier und landsmann reklamiert haben werden und auch deshalb dem Xenophon vorzogen) vorlasen [20]), nicht irgend eines der spartanischen lokalgewächse. An solchen hat es zwar nicht ganz gefehlt. Aber von der überraschenden fülle spartanischer politieen, die wir aus mehr als zwei jahrhunderten kennen, waren gerade die älteren für einen solchen zweck nicht verwendbar, da sie ganz auf die momentane politische situation eingestellt und, soweit wir sie kennen [21]), entweder philosophischen charakters waren oder (nur Thibron scheint eine ausnahme zu machen) von gegnern des 'lykurgischen' ephorenstaates stammten. Das letztere ist beinahe wesentlicher als dass sie z.t. (wenn nicht gar durchweg) nicht von Spartanern geschrieben waren, auch wenn sie unter spartanischen namen liefen. Wir können und müssen hier beiseite lassen sowohl das erste buch dieser art, die nicht genauer zu datierende Πολιτεία Λακεδαιμονίων des athenischen oligarchen Kritias [22]) — die leider auch ihrem wesen nach wenig kenntlich, deren innerpolitische abzweckung aber wohl deutlich ist [23]) — wie die scharfe abweisung dieser oligarchischen klubliteratur in Thukydides' leichenrede; Xenophons schriftchen, das zwar beziehungen zu dieser klubliteratur hat, aber kaum als vorläufer der philosophischen πολιτεῖαι gelten kann [23a]); den zufällig bekannten angriff des rhetors Polykrates von Athen [24]); Isokrates' bis zu einem gewissen grade von Thukydides (aber sicher nicht von ihm allein) inspirierte σύγκρισις von Athen und Sparta [25]); Aristoteles' ersten versuch einer historischen darstellung dieser politie [26]), in der eine reihe wichtiger dokumente zum ersten male publiziert und ausgenutzt werden; und vor allem die rolle, die die spartanische verfassung in den nicht in Sparta domizilierten philosophischen ·diskussionen über den besten staat spielt [27]).

Wir begnügen uns mit den ältesten produktionen unter spartanischen namen: von Lysandros wissen wir, dass er sich bei dem versuch, seine reformpläne (die sich zunächst um bestellung der könige drehten) auch literarisch zu stützen, einer fremden, nichtspartanischen, feder bedient hat [28]). Ob das gleiche bei einem seiner gegner, dem könig Pausanias, und bei Thibron [29]) der fall war, ist nicht zu sagen. Aber der eine von ihnen hat sicher, der andere wahrscheinlich in der verbannung geschrieben; und wenigstens von der tendenz des Pausanias haben wir noch einen begriff — sie war ein gerader angriff gegen den staat seiner zeit, den er als schöpfung Lykurgs behandelte, in interessantem gegensatz (wahrscheinlich sowohl zu Thibron wie) zu seinem geschlechtsgenossen Kleomenes, der anderthalb jahrhunderte später (unter dem einfluss der seither geführten debatten über das alter des ephorats) die echte lykurgische verfassung herzustellen behauptete [30]). Es ist weiter interessant, aber leicht verständlich, dass diese einzige echte form spartanischer literatur (wenn wir sie so nennen dürfen) bis zum ende des eigentlich spartanischen staates weiter gelebt hat; immer wieder auftritt, wenn es zu inneren krisen kommt; und literarisch auch im 3. jhdt mehr von den fremden helfern der könige als von ihnen selbst geführt wird [31]). Erst als es zu ende ist mit dem alten staat und der alten verfassung, setzt die gelehrte tätigkeit des Sosibios und die mehr deskriptive der Molpis und konsorten ein, bei denen wir keine politische tendenz mehr zu erkennen vermögen. Aber da die verfasser jetzt überwiegend Lakonen sind [32]), mag man glauben dass eine bewusst archaisierende tendenz mitspielt, wie sie unter der römischen herrschaft überall in Griechenland kenntlich und von der Caesarischen zeit an auch für Sparta sicher ist. Diese bücher sind z.t. gewiss schon für den fremdenverkehr geschrieben, der für die spuren des alten Sparta interessiert war.

580. TYRTAIOS

Die historisch unmittelbar auswertbaren verse T.s habe ich, wie überall die zeugnisse über die 'historische' elegie, als vorläufer der eigentlichen lokalgeschichte aufgenommen [1]). Sie sind m.e. sicher echt, d.h. wirklich, wie die überlieferung (die freilich nicht älter als das 4. jhdt ist) angibt, im sog. zweiten Messenischen Krieg und vielleicht noch zur zeit der ihm unmittelbar folgenden socialen unruhen von einem Spartaner gedichtet. Über diesen ausdruck meiner überzeugung hinaus kann ich in den grenzen des kommentars weder die Tyrtaiosfrage [2]) anrühren, noch das verhältnis des Messeniergedichtes zur Eunomie erörtern [3]); und erst recht nicht die historischen fragen, die F 2 und 3 stellen [4]). Das würde einen, wenn auch noch so knappen, überblick über die machtverhältnisse in der Peloponnes mindestens für das 7. jhdt verlangen, wo dann die Pheidonfrage nicht zu umgehen ist, und einen solchen über die innere entwicklung Spartas und die Lykurglegende, wo dann mindestens die grosse rhetra zu diskutieren wäre. Aber auch die hauptsache — dass T. weder Lykurg noch die ephoren kennt [4a]) — muss leider noch einmal an anderer stelle erörtert werden, da die these von J. Wells [5]) und V. Ehrenberg [6]), die von vornherein widerspruch begegnete, neuerdings wieder heftig (wenn auch m.e. zu unrecht) bestritten ist [7]).

581. THIBRON

Die gleichsetzung des schriftstellers mit dem Th., der 400/399 als harmost den krieg in Asien führte, am Hellespont die reste der Kyreer übernahm (Xenophon eingeschlossen, der ihn nicht freundlich beurteilt), 399 in Sparta von 'den bundesgenossen' verklagt wird (ὡς ἐφείη ἁρπάζειν τῶι στρατεύματι τοὺς φίλους), und mit verbannung bestraft wurde, aber 391 erneut das kommando in Asien erhielt, und im gleichen jahr fiel [1]), ist nicht beweisbar, aber sehr wahrscheinlich. Der nicht häufige name ist gerade für Sparta belegt [2]); Aristoteles' Th. hat vor der katastrophe von Leuktra geschrieben; und der philosoph hat ihn unter den vielen verfassern von lakedaemonischen politieen doch wohl deshalb allein namentlich herausgehoben, weil er Spartaner war [3]). Über die schrift wissen wir nichts als was sich aus Aristoteles' worten ergibt: Th. teilte die natürliche auffassung, die auch die Herodots ist [4]), dass Sparta seine grosse stellung in Hellas der militärischen erziehung durch die Lykurgische verfassung verdankt, und er wird anhänger der ausgreifenden machtpolitik gewesen sein, die im Dekeleischen Krieg vor allem durch Lysander zur herrschaft kam [5]). Die frage ist wie ein hochstehender Spartaner dazu kam ihr schriftlich ausdruck zu geben. Der gedanke, dass er die spartanische herrschaft in dem neuen reich empfehlen wollte, und dass die schrift eine art programmatischer kundgebung bei übernahme des asiatischen kommandos war, ist nicht unmöglich; aber dann hat er sich sicher einer griechischen feder bedient. Oder er hat in der verbannung geschrieben, und dann gibt es zwei möglichkeiten; denn der preis der lykurgischen verfassung bedeutet nicht unbedingt einen preis des ephorenstaates: Th. kann gezeigt haben — wie Xenophon [6]) und später Kleomenes [7]) — dass der staat, der ihn verbannt hatte, die bahn Lykurgs verlassen hatte; oder umgekehrt, er schrieb sie vielleicht als antwort auf den angriff des königs Pausanias, um sich dadurch bei den ephoren wieder in gunst zu setzen — was ihm denn auch gelungen ist. Auch in diesem fall ist die benutzung eines griechischen literaten wahrscheinlich.

582. KÖNIG PAUSANIAS

Hier sehen wir etwas klarer: P. hat nach dem zeugnis des Ephoros [1]) seine broschüre 'in der verbannung' — doch wohl im anfang, als der zorn über den parteiischen prozess noch frisch war [2]) — geschrieben (oder schreiben lassen), und ihr inhalt war ein angriff auf die gesetze Lykurgs [3]) und damit auf die — von Herodot, (Thukydides), Ephoros u.a. akzeptierte [4]) — offizielle spartanische lehre dass die eunomie mit Lykurg beginnt. P. hat also nicht etwa die erzwungene musse zu historischen studien benutzt — so etwas liegt dem Spartaner fern, und es sollte nicht notwendig sein vor den falschen parallelen mit Thukydides, Xenophon, Androtion ausdrücklich zu warnen —, und mit der behauptung 'der zweck konnte *natürlich* nur sein, die öffentliche meinung zu gunsten seiner rückkehr zu beeinflussen' [5]) ist garnichts gesagt. Ob P. sich einen praktischen zweck von seinem wutausbruch versprach wissen wir nicht; aber der angriff auf Lykurg bedeutet einen solchen gegen die herrschende staatsordnung und damit gegen die übermacht des ephorats (mit dem das zweite königshaus, soweit wir sehen, immer in guten beziehungen gestanden hatte), eine stellungnahme in dem gerade damals neu ausbrechenden kampfe, der nicht nur von dem könig aus dem Agiadenhaus geführt ist, sondern von allen 'mächten, die die oligarchie niederhielt', ohne dass aber die opponierenden kräfte, deren interessen zu verschieden waren, sich jemals zu gemeinsamer aktion vereinigten. Wir sind m.e. nicht in der lage, den inhalt oder gar den gedankengang der streitschrift näher zu bestimmen, weil das einzige zeugnis am schlusse korrupt ist [6]). Aber die tendenz ist aus dem titel deutlich: P.s standpunkt war (anders als der des Kleomenes) ganz radikal; er leugnete zwar nicht die existenz des Lykurgos — das frappiert selbst bei Hellanikos [7]); für den Spartaner war es unmöglich — aber er griff den gesetzgeber direkt (und wohl auch persönlich) an, indem er zugleich das konkurrierende haus als verräter an der sache des königtums darstellte. Seinen standpunkt illustriert vielleicht am besten die Diodorische fassung der versgruppe aus Tyrtaios' Eunomie, die alles auf die könige und das volk stellt, selbst die geronten (die Pausanias verurteilt haben und die ja auch nach Herodot I, 65, 5 eine einrichtung erst Lykurgs sind) ausschaltet [8]), und damit wohl über 'Lykurg' zurückgehen will auf die echte, von Delphi garantierte

πάτριος πολιτεία. Man möchte sich diese fassung am liebsten damals entstanden denken; sie kann sogar in P.s broschüre gestanden haben und Diodor durch Ephoros vermittelt sein; sie wäre dann der älteste beleg für kenntnis des Tyrtaios bei einem Spartaner — freilich bei einem könig
5 — und nicht aus dem teile des buches, der nach Leuktra von den ephoren zu erziehungszwecken wieder eingeführt wurde [9].

Die broschüre war, ausser Ephoros, auch Aristoteles bekannt — wer T 2b auf den regenten beziehen will [10]), muss τὸν βασιλέα als glossem streichen, was in T 2a in jedem fall notwendig ist [11]) —; aber keiner
10 von beiden hat seine darstellung der spartanischen verfassung ihr entlehnt. Auch Xenophon hat seinen kompromissansatz für Lykurg — κατὰ τοὺς Ἡρακλείδας [12]) — schwerlich unter dem einfluss des ihm gewiss bekannten angriffs aufgestellt, sondern wollte eher den widerspruch zwischen Herodot und Hellanikos beseitigen. Trotzdem weiss ich nicht
15 ob man sagen darf dass P. die überlieferung und diskussion über die einzelnen institutionen Lykurgs kaum beeinflusst habe [13]): beweisen lässt sich freilich nicht dass die behauptung von der einsetzung des ephorats erst durch könig Theopompos auf ihn zurückgeht [14]); und dasselbe gilt für die bei Plutarch herrschende auffassung dass Lykurg seine reformen
20 mit gewalt durchgeführt habe [15]). Die erstere lässt sich nicht ohne weiteres mit der tendenz der schrift vereinigen, obwohl auch Theopompos Eurypontide war und daher angegriffen sein kann als verschlechterer der an sich schon schlechten Lykurgischen verfassung; aber die zweite scheint sehr gut für sie zu passen; beide kehren in der rede des königs Kleomenes
25 wieder [16]).

583. LYSANDROS-KLEON

Die kenntnis der späteren geht auch hier auf Ephoros zurück, der seinerseits die geschichte schon in einer der von ihm benutzten broschüren oder πολιτεῖαι gefunden haben wird [1]); denn dass die spartanische
30 regierung die rede unterdrückt hat, sagt Plutarch ausdrücklich. Der nur hier genannte Kleon braucht kein rhetor, sondern kann klient Lysanders gewesen sein. Der zweifel, ob Lysandros das königtum allen Spartiaten eröffnen wollte (wie Ephoros berichtete) oder nur den Herakliden, hängt wohl mit seiner eigenen abkunft zusammen [2]). Man
35 hat ihn sogar zum μόθαξ gemacht; und wenn das verleumdung war, ist sie alt [3]).

584. PERSAIOS VON KITION

Über P. s. Zeller(-Wellmann) *Phil. d. Gr.* ⁴III 1, 1909, p. 38; Deichgräber *R E* XIX 1, 1937, col. 926 ff.; die hier nur in auswahl gegebenen zeugnisse und fragmente bei v. Arnim *St. V. Fr.* I, 1905, p. 96 ff. [1]); über P.s zeit Jacoby *Ph. U.* 16 p. 368 f. Der verleumdungsfeldzug gegen alle tatsachen seines lebens von der geburt bis zum tode, der noch die charakteristik Tarns [2]) bestimmt, wird dadurch widerlegt dass ihm Antigonos Gonatas sein vertrauen länger als dreissig jahre bewahrt hat. Aber der als philosoph kaum sehr bedeutende mann — er war einer der vielen orthodoxen Ζηνώνειοι der ersten generation der schule — hat durch seine stellung bei dem könig das interesse der zeitgenossen und den neid der konkurrierenden schulen erregt, was in der bekannten weise der Griechen anlass zu skrupellosen, aber nicht immer witzlosen, erfindungen gegeben hat. Dazu kam freilich auch der echte gegensatz über die rolle des philosophen im staate zwischen den alten 'republikanern' und den (man kann sagen) Platonikern [3]). Wir wüssten gern ob das in der (sehr unvollständigen) schriftenliste singulär wirkende buch über Sparta [4]) einen aktuellen anlass hatte, wie vermutlich das für Pyrrhos geschriebene des Proxenos: Sparta war seit der koalition der Arsinoe wieder ein ernst zu nehmender gegner Makedoniens; und als besonderer anlass bietet sich leicht das bündnis des Areus mit Athen und der Chremonideische Krieg[5]). Die zwei zufallsfragmente geben für die erkenntnis des buches nicht mehr aus als dass P. wesen und leben des zeitgenössischen Sparta in einer weise beschrieb, die mehr an Kritias und die späteren, von Didymos exzerpierten, autoren [6]) als an Xenophon erinnert. Das ausführliche eingehen auch auf scheinbar gleichgiltige einzelheiten ist insofern gerechtfertigt, als die 'lykurgische' besonderheit der syssitien wirklich den mittelpunkt des spartanischen lebens im frieden bildete; es gibt kein recht die sonderschrift mit den Συμποτικὰ ὑπομνήματα zusammenzubringen, die einer ganz anderen literaturform angehören [7]). Aus F 2 ergibt sich dass P. nicht das wesen des zeitgenössischen Sparta gepriesen, sondern eher sein luxuriöses leben geschildert hat, auch wenn (was wir nicht wissen) er mit Zenon [8]) das prinzip der lykurgischen verfassung anerkannte.

F

(1) Vgl. Hesych. s.v. ὀρθαγορίσκος· χοιρίδιον μικρόν; s.v. βορθαγορίσκεα· χοίρεια κρέα· καὶ μικροὶ χοῖροι βορθαγορίσκοι· Λάκωνες; Plin. *N. H.* 32, 19: *Apion* (der Didymeer) *piscium maximum* (?) [9]) *esse tradit*

porcum, quem Lacedaemonii orthagoriscum [10]) *vocent*: *grunnire eum cum capiatur*. Die formen sind nur aussprachlich verschieden, wie doch wohl auch 'Ορθρία Alkman 1, 61 D ~ 'Ορθία Schol. Aber während hier die bedeutung durch 'Αῶτις 1, 87 gesichert wird, macht P.s etymologie [11]) einen sehr 'stoischen' eindruck; man denkt eher daran, dass diese γαλαθηνοὶ ὀρθαγορίσκοι nach Polemon [12]) an den Τιτηνίδια der Artemis (allerdings der Κορυθαλία) ὑπὲρ τῶν παίδων geopfert werden. Leider haben wir keinen beleg aus Sosibios. Vermittler für F 1-2 ist Didymos. (2) Polemon [13]) kannte für gemeingriechisches δεῖπνον zwei dialektische ausdrücke κοπίς und ἄικλον. Der erstere — den er mit dem lakonischen brauch der Τιτηνίδια und Ὑακίνθια sowie aus dichtern der alten attischen komoedie belegt [14]) — ist nach seiner ansicht spezifisch lakonisch; das aus Epicharm (und Alkman) belegte ἄικλον muss er für gemeindorisch gehalten haben, da er das dorische ἄικλον = δεῖπνον von lakonischem ἄικλον = 'nachtisch' (= gemeingriechisch ἐπιδειπνίς) unterscheidet [15]). Dieser nachtisch bestand zwar einfach aus brot und fleisch in körben, war aber nach Polemons schilderung ein extra. Didymos' widerspruch ist sachlich und sprachlich [16]): sprachlich unterscheidet er ἄικλον = δεῖπνον und ἐπάικλον = 'nachtisch', τὰ μετὰ δεῖπνον τραγήματα, das er aus Persaios und anderen lakonischen autoren belegt [17]); sachlich unterscheidet er — und belegt es aus Nikokles [18]) — einen doppelten nachtisch, den einfachen vegetarischen der knaben und den ἔκ τινων ζώιων ὡρισμένων bestehenden der männer. Von dem letzteren handelte der gleichfalls von Didymos zitierte Molpis [19]) und stellte ihn der luxuriösen ματτύη gleich. Das material für diese, die fast von allen glossographen und etymologen erwähnt wird, steht hauptsächlich bei Athen. 14, 83-85 p. 662 E ff.: danach sind wort und sache makedonisch [20]) oder thessalisch [21]); wird in hellenistischer zeit in Athen eingeführt [22]) und ist seitdem gemeingriechisch [23]), sodass der kyniker Menippos ἐν τῶι ἐπιγραφομένωι Ἀρκεσιλάωι [24]) von einer ματτύη Λάκαινα sprechen kann. Das ist dann einer der beweise für den luxus der Spartaner in der zeit des Antigonos und Persaios, den historiker und πολιτεῖαι schilderten. Aber das wort ματτύη kommt nur bei Nikokles vor, bei dem es nicht lakonisch ist, wie umgekehrt ἄικλον und ἐπάικλον nur bei lakonischen autoren. (3—6) Aufgenommen wegen der historischen beispiele. Für verschiedenheit der Συμποτικοὶ Διάλογοι — zitiert nur von Athenaios (F 6) — von den Συμποτικὰ ὑπομνήματα — Athenaios (F 4); Philodem/Diogenes (F 3; 5) — spricht die bibliographisch genaue bezeichnung der ersteren; nicht dagegen dass Athenaios (F 6) als vorlage der Διάλογοι Stilpons und Zenons Ἀπομνημονεύματα nennt, und dass die unvollständige schriftenliste (T 1)

nur diesen titel enthält [25]). Die verschiedenheit ist nicht eine solche der form: die Ὑπομνήματα waren offenbar memoirenhaft und voll von anekdotischen erzählungen; die *Dialogoi* behandelten (nach dem einzigen, feindselig instruierten zeugnis) aussenfragen des symposiums
5 systematisch und detailliert. Ein eigentliches *Symposion* hat P. so wenig geschrieben wie andere Stoiker [26]); konnte es wohl auch nicht, da er grundsätzlich die ernste philosophische diskussion vom geselligen beisammensein ausschloss [27]). Ob man in dem inhalt der *Dialoge*, wie ihn F 6 skizziert, 'den kasuistischen geist der stoischen ethik' finden darf
10 stehe dahin. Gerade in philosophischen kreisen hat man doch seit Xenophanes die äussere ausgestaltung des Symposions so gut behandelt wie die passenden gegenstände der unterhaltung; von Aristoteles gab es νόμοι συμποτικοί und συσσιτικοί; und wenn man an die geschichten vom luxus der peripatetischen symposien unter Lykons scholarchat (271/0-228/5)
15 denkt, wird man aktuelle seitenblicke für wahrscheinlich halten. Nur wer die produktion an Platons einzigartiger und bewusst aus der reihe tretender schöpfung misst kann behaupten dass gerade P.s συμποτικά 'recht den verfall der ganzen gattung zeigen' [28]). (4) Die schliessende vermutung wohl des Athenaios selbst ist ein leerer einfall, den die als
20 begründung angeschlossene Zenonanekdote aus Antigonos von Karystos [29]) nicht stützt, sondern widerlegt. Bemerkenswert dass P. den namen des philosophen verschweigt; er wird wohl zum hofe gehört haben. (7) Dass P. 'dem Euhemeros folgt', glaube ich auch jetzt nicht [30]). Die Euhemerosauffassungen Tarns [31]) und Heidels [32]), die mir sehr bedenklich
25 sind, zu diskutieren ist hier nicht der platz. (9) Vermittler Apollonios von Tyros, wie für F 3. Gegen Dittmar [33]) ist mir Croenerts [34]) bezeichnung von P. (und Philonides) als 'trugzeugen' u.ä. unglaublich.

585. SPHAIROS DER BORYSTHENITE

Über S. Hobein *RE* III A 2, 1929, col. 1683 no. 3; Ollier *Le Mirage*
30 *Spartiate* II, 1943, p. 99 ff. (der die bedeutung 'de ce personnage à peine entrevue jusqu' ici' und noch mehr die der stoischen lehre für Sparta stark überschätzt); der nachlass bei v. Arnim *St. V. Fr.* I, 1905, p. 139 ff. [1]). Für eine ins einzelne gehende biographie fehlt es an genügenden daten; beim widerspruch der beiden zeugnisse ist selbst die heimat
35 unsicher [2]); und die breit diskutierte frage ob ihn sein lebensgang von Athen über Alexandreia nach Sparta oder über Sparta nach Alexandreia führte, ist unmethodisch. Die zeugnisse geben folgendes: wenn Kleo-

menes als μειράκιον S.s vorträge in Sparta hörte (T 3a), so war das vor 242; und wenn er Alexandreia unter Philopator besuchte (T 1), so war das nach 221. Aber die einladung nach Ägypten (T 2) im scholarchat des Kleanthes (264/3-233/2) muss von Euergetes oder (eher) von Phila-
5 delphos ausgegangen sein. Das sind nicht 'zwei verschiedene zweige der überlieferung' (wie Hobein meint), sondern verschiedene fakten, die sich vertragen, ohne dass man T 1 Philopator oder T 2 Kleanthes wegdisputiert, oder die zeiten der stoischen scholarchen verwirrt, oder die einladung als topisch bezweifelt — wenn man nur nicht von vorn herein einen ein-
10 strängigen lebenslauf postuliert. In T 1 steht nicht dass dies sein erster besuch Ägyptens war, und in T 3a nichts von längerem oder gar dauerndem aufenthalt in Sparta; eher deutet dort προκοπὴν - λόγων auf das letzte was man von S. wusste, und hier παραβάλλειν auf vorträge bei durchreise oder gelegentlichem besuch, bei dem das verhältnis zu Kleo-
15 menes begründet wurde, das nach dessen regierungsantritt (235) zur einladung führte. Dass Ägypten schon in den 60er jahren oder noch früher die Stoa von Antigonos zu sich herüberzuziehen suchte und diesen versuch beim wechsel in der schulleitung wiederholte [3]) ist an sich ganz glaublich; es ist dann denkbar dass S. 'zunächst im auftrag des ägypti-
20 schen königs zu Kleomenes gekommen war' [4]), und dass er 227 die verhandlungen zwischen Kleomenes und Euergetes geführt hat. Das ἀπιέναι πρὸς Φιλοπάτορα erklärt sich am leichtesten, wenn S. den flüchtigen Kleomenes in der 2. hälfte von 222 nach Ägypten begleitet hat oder ihm bald danach gefolgt ist und noch eine zeit lang unter Philopator
25 (seit frühjahr 221) in Alexandreia gewirkt hat [5]).

Die schriftenliste ist umfangreich, und der betriebsame mann war, wie die zeugnisse lehren [6]), in der schule angesehener als die wenigen zitate vermuten lassen. Die beiden bücher über Sparta wird man besser nicht gleichsetzen, obwohl Περὶ Λυκούργου καὶ Σωκράτους schliesslich
30 untertitel der Πολιτεία gewesen sein kann. Eher ist aber deren buchzahl in der schriftenliste ausgefallen, und das erstere buch, das immerhin S.s (frühes?) interesse an Sparta zeigt, mag primär philosophisch gewesen sein: es wollte vermutlich die wesenhafte gleichheit der lykurgischen und der sokratischen erziehung aufzeigen — an beiden personen war die
35 Stoa interessiert —, legte nicht etwa den unterschied der spartanischen und attischen lebensführung dar (sei es im sinne des thukydideischen Perikles und des Isokrates, sei es der Lakonisten oder anderer idealisierungen Spartas). Man könnte sich auch denken dass es die vorträge zusammenfasste, die S. in Sparta vor 242 hielt und die der junge Kleomenes hörte [7]).
40 Die Πολιτεία war wohl eher praktisch-politisch abgezweckt: es fällt

schwer ihren direkten zusammenhang mit der revolutionären reform des Kleomenes vom j. 227/6 zu leugnen. S. wird damals in Sparta gewesen sein und wollte mit diesem buch die reform vor der öffentlichkeit — nicht nur, vielleicht nicht einmal in erster linie, der spartanischen — rechtfertigen. Dass er Kleomenes auch die rede vor der volksversammlung [8]) geschrieben hat lässt sich nicht beweisen; noch weniger ob er ernsthafte historische untersuchungen für sie angestellt hat. Die etwaige nachwirkung der beiden schriften ist nicht festzustellen; aber Olliers annahme, dass Phylarch sie weitgehend für seine geschichte des Agis und Kleomenes benutzt habe, und dass man aus ihm mehr von ihnen erkennen könne, ist m.e. ganz verfehlt.

F

(1) Zu 584 F 2; vgl. 587 F 1; 590 F 2.   (2) Die zahl der geronten ist durch die grosse rhetra auf 28 festgelegt [9]) — eine zahl, die wir nicht erklären können. Die erklärung aus pythagoreischer zahlensymbolik gehört wohl sicher noch zum zitat aus S. [10]), und ist dann so charakteristisch für seine auffassung Spartas wie die zusammenstellung von Lykurg und Sokrates. Sie ist die einzige uns bekannte: denn Aristoteles und Plutarch erklären in wahrheit nichts. Die gerusie, die ihm als Lykurgisch galt [11]), konnte Kleomenes nicht abschaffen, sondern nur reformieren: wir wissen darüber nichts näheres [12]).

586. ARISTOKLES   587. NIKOKLES   588. POLYKRATES   589. HIPPASOS   590. MOLPIS

Einltg. p. 616, 16 ff. Es sind in späthellenistischer zeit so viele bücher über Sparta geschrieben, die meist nur von Didymos in seiner polemik gegen Polemons behandlung der spartanischen δεῖπνα ein- oder zweimal zitiert werden und von denen wir sonst nichts wissen, dass es kaum sinn hat einen der namen zu beseitigen. Wenn man ändern will, ist die vulgate änderung von Ἀριστοκλῆς in Νικοκλῆς immer noch besser als die in Ἀριστοκράτης, der nach-Didymeisch zu sein scheint; beweisbar wäre sie auch dann nicht, wenn wir den titel von Nikokles' buch kennten. Aristokles ist ein spartanischer name [1]) so gut wie Nikokles [2]), aber auch anderwärts so häufig dass gleichung mit dem musikhistoriker [3]), mit Strabons zeitgenossen A. von Rhodos, und auch mit dem verfasser von Περὶ Τῆς Ἑρμιόνης ἱερῶν [4]) spielerei ist. Von den unter dem nackten namen erhaltenen zitaten kann man dem verfasser der Πολιτεία keines zuschreiben. Polykrates war vielleicht der modernste von Didymos' autoren; denn der in der Kaiserzeit häufiger werdende titel Λακωνικά spricht für jüngere zeit. Seine heimat ist unsicher: der name kommt in Sparta vor [5]), und die vermeidung lakonischer dialektwörter — 'ausser κάναθρον, für das es keinen attischen ersatz gab' [6]) — spricht gerade in dieser zeit nicht unbedingt gegen einen lakonischen autor. In jedem fall haben die Λακωνικά nichts mit der schmähschrift des viel älteren athenischen 'sophisten' no. 597 zu tun. Die namen Hippasos und Molpis kommen in *I G* V 1 nicht vor, aber beide werden ausdrücklich Lakonen genannt; und da die meisten dieser schriften offenbar spartanisches lokalgewächs sind, wird man die gleichung H.s mit dem freunde des Aristarcheers Parmeniskos [7]) nicht für sicher halten. Die chronologie widerspricht vielleicht nicht; aber H. kann auch in Caesarische zeit gehören. Molpis datiert das vorkommen im homonymenkatalog spätestens auf ca. 100 v. Chr.; wenn das zitatennest F 1 Dioskurides gehört, kann man etwas höher ins 2. jhdt hinaufgehen.

F

(**587 F 1**) Zu 584 F 2.   (**2**) Hesych. s.v. κάμματα· [φύλλα δάφνης, ἐν οἷς σκέπουσι] τὰ ψαιστά· ὁμοίως καὶ αἱ καμματίδες φύλλα δάφνης ⟨ἐν οἷς σκέπουσι⟩ τὰ ψαιστά· ⟨Λάκωνες⟩ (corr. M. Schmidt). Bourguet *Le dialecte Lac.*, 1927, p. 148 n. 1.   (**3**) Hesych. s.v. σκάλοψ· ἀσπάλαξ· ζῷον γεώρυχον τυφλόν; Schol. Aristoph. *Ach.* 879 (Phot. Sud. s.v.) σκάλοπας· μύας τινάς, οὕς φαμεν σπάλακας· (ἐν Κλεοβουλίναις Κρατῖνος Phot. gl. 2). Die erklärung der attischen form passt schlecht in ein buch über Sparta; νικό wird Νικόλαος (von Damaskos) sein, von dem wir ein aus Aristoteles und Theophrast kompiliertes buch Περὶ φυτῶν kennen [8]): vgl. Aristot. *H. A.* 10, 26 p. 617 b 23 ἀσκαλώπας (?) δ' ἐν τοῖς κήποις ἁλίσκεται κτλ.; Theophrast. *H. Pl.* 7, 12, 3 πολλὰς δὲ εὑρίσκουσιν ἐν ταῖς σκαλοπιαῖς κτλ.   (**4**) Es ist verlockend an die θέα (θεωρία) ποικίλη der Hyakinthien [9]) zu denken; denn ein titel Περὶ θεωρίας ist nicht leicht verständlich. Aber die variante des autornamens macht bedenklich.   (**588 F 1**) Die berichte des Polemon und Polykrates ergänzen sich insofern, als jener wesentlich für die κοπίς des dritten tages [10]), dieser für die θεωρία des zweiten angeführt wird. Die verkürzung mindestens von P.s bericht fällt Athenaios bezw. seinem exzerptor zur last; denn Didymos hat nach seiner art offenbar die ganze schilderung ausgeschrieben: auf den ersten tag gehen jetzt p. 703, 1-6, auf den dritten (Polemons κοπίς) p. 703,

15 (?)-23, wo Böltes änderung von θέαν in θοίνην gewiss das richtige trifft. Wenn die schilderung des zweiten tages (wie es den anschein hat) vollständig ist, so zeigt sich dass es P. weniger auf antiquarische genauigkeit als auf gefällige darstellung ankam; und dazu passt die vermeidung der dialektwörter, auf die oben hingewiesen ist. Zu dem fest und den einzelheiten s. Nilsson *Gr. Feste*, 1906, p. 129 ff.; Ziehen *RE* III A, 1928, col. 1518 f.; Ch. Picard 'Amyclae et les Hyacinthies' *Acropole* 4, 1929, p. 206 ff.; Jeanmaire *Couroi et Courètes*, 1939, p. 536 ff.; und vor allem Bölte *Rh. Mus.* 78, 1929, p. 132 ff.   (**589 F 1**) Unmittelbar nach dem ausgeschriebenen stück beginnt ein grosser einschub des Athenaios über das ballspiel, der 1, 26 p. 15 C mit der angabe schliesst dass ein Lakone Timokrates Περὶ σφαιριστικῆς geschrieben hat. Dann setzt 1, 27 Dioskurides mit οἱ Φαίακες δὲ παρ' Ὁμήρωι καὶ ἄνευ σφαίρας ὀρχοῦνται wieder ein; da ist also das σφαιρίζειν der jünglinge *Od.* θ 370 ff. ausgefallen. Hippasos, der die erfindung des spieles für Sparta in anspruch nahm [11]), hat gewiss vom offiziellen ballspiel der lakonischen σφαιρεῖς gesprochen. Wie weit man auch andere nachrichten der schriftsteller über das ballspiel in Sparta indirekt auf ihn zurückführen darf stehe dahin: Eust. *Od.* ζ 115 p. 1553, 64 μάλιστα δέ (φασιν) ἐπεμελήθησαν σφαιριστικῆς πόλεων μὲν κοινῆι Λακεδαιμόνιοι, βασιλέων δὲ ὁ μέγας Ἀλέξανδρος, ἰδιωτῶν δὲ Σοφοκλῆς ὁ τραγικός; Schol. *Od.* θ 372 παλαιὸν τὸ ἔθος καὶ παρὰ Λακεδαιμονίοις †δὲ εἰς τὰ σφαιρομάχια τεθέαμαι, φησὶν ὁ Πῖος ∼ Eust. p. 1601, 28 καὶ ἐπιχωριάζει δέ φασι παρὰ Λακεδαιμονίοις ἀγὼν τὰ σφαιρομάχια. Das folgende Kritiaszitat über die θερμαυστρίς [12]) gehört sicher in dessen lakonische politie; über den möglichen zusammenhang der θ. mit den σφαιρεῖς s. Ziehen *RE* III A col. 1491; 1512; über die σφαιρεῖς selbst *IG* V 1 no. 566, 3; 674/87; Pausan. 3, 14, 6; Busolt-Swoboda *Staatsk.* p. 646 n. 2; 697; K. Schneider *RE* III A col. 1682.   (**590 F 1—2**) Zu 584 F 2.

591. ARISTOKRATES DER SPARTIAT

Umfangreiches buch, das Λακωνικά betitelt ist und dementsprechend auch historische erzählung enthielt [1]). Vielleicht hat es deshalb in der älteren quellenforschung eine grössere rolle gespielt, und man ist wirklich versucht in ihm die landesgeschichte zu sehen, die der perieget Pausanias ausgeschrieben hat, da Sosibios als seine direkte quelle nicht in frage kommt [2]). Es ist sicher exzerpiert von Pamphilos [3]), aber nicht von Didymos; denn Wilamowitz' änderung des Aristokles Athen. 4, 17 p. 140 B ist unglaublich [4]). Plutarch hat ihn direkt benutzt, da die paar zitate deutlich zusatzcharakter tragen; F 3 steht sogar an falscher stelle [5]). Es wird also nicht nur das umfangreichste, sondern auch das modernste buch gewesen sein, und man wird es zuversichtlich erst in den anfang der Kaiserzeit setzen [6]). Der name ist im kaiserzeitlichen Sparta häufig [7]); ein 'Α. Ἱππάρχου ist aber inschriftlich bisher nicht nachgewiesen, und man wird nicht wagen, den vom älteren Seneca [8]) sehr ungünstig beurteilten deklamator *Nicocrates Lacon* in A. zu ändern, obwohl dieser die ganze gewissenlosigkeit des rhetors gegenüber historischen fakten zeigt [9]).

F

(1) Hesych. s.v. Ἑσπερίδων μῆλα· ἐν Λακεδαίμονι ἄβρωτά τινα μῆλα. Beziehung unbestimmbar; man kann an die Heraklesgeschichte [10]) denken oder an Pasiphae, die zuweilen als Hesperide galt [11]).   (2) Die erweiterung der reisen Lykurgs — die Plutarch nicht ohne bedenken und nur weil der gewährsmann Spartiat ist [12]) aufnimmt — stammt motivisch aus der Pythagoraslegende; A. wird sie durch wirkliche oder angebliche übereinstimmungen mit Lykurgischen institutionen 'bewiesen' haben. Den weg solcher erfindungen zeigt die ägyptische reise, die bei A. sicher nicht gefehlt hat: übereinstimmungen ägyptischer und spartanischer νόμιμα konstatiert schon Herodot. 6, 60 und hat sie, seiner ganzen einstellung nach, hier und 2, 167 (wo die herkunft der spartanischen institution in der schwebe bleibt) nicht für zufall gehalten; aber der vermittler ist ihm nicht Lykurg, da das königtum älter ist. Bei Isokrates [13]) kommt schon der hauptteil der spartanischen institutionen aus Ägypten; Ephoros [14]) kennt die reise Lykurgs dorthin; und bei Hekataios von Abdera [15]) ist sein aufenthalt dort priesterüberlieferung — daher Plutarchs Αἰγύπτιοι οἴονται. Ob A. die ganze gesetzgebung von Delphi sanktionieren liess [16]), wissen wir nicht; aber den ausgang von Lykurgs leben hat er (nicht als erster) nach der Solonbiographie gestaltet, indem er, die reise nach Kreta verdoppelnd, Lykurg nach vollendung der gesetzgebung die heimat verlassen und in Kreta sterben liess [17]). (3) Justin. 3, 3, 11: *dein ut aeternitatem legibus suis daret, iure iurando obligat civitatem, nihil eos de eius legibus mutaturos, priusquam reverteretur, et simulat se ad oraculum Delphicum proficisci, consulturum quid addendum mutandumque legibus videretur.* (12) *proficiscitur autem Cretam ibique perpetuum exilium egit abicique in mare ossa sua moriens iussit, ne relatis Lacedaemonem solutos se Spartani religione iurisiurandi in dissolvendis legibus arbitrarentur.* Natürlich hat nicht erst A. die 'müssige geschichte' aus der Solonlegende auf Lykurg übertragen, und Trogus nicht 'direkt

oder indirekt aus dieser späten quelle geschöpft' [18]). Die freiwillige φυγή Lykurgs ist schon Ephoros bekannt [19]); und der tod in Kreta, der sie voraussetzt, steht bei Aristoxenos und Timaios [20]); es handelt sich also um eine zweckvolle erfindung der ältesten Lykurgvita, die das wunder des seit jahrhunderten unveränderten bestehens der Lykurgischen gesetze erklären soll. Dass die erfindung von der Solonlegende in der form, die schon die alte attische komoedie und Aristoteles kennen [21]), beeinflusst ist, soll nicht bestritten werden; aber die übernahme ist nicht einfach oder mechanisch: von den drei motiven — eid auf die gesetze; freiwillige φυγή des gesetzgebers; sorge für den fortbestand der gesetze; über den tod hinaus — ist das erste verbreitet, weil es realer natur ist; das zweite steht in der Solonvita (wie sie schon Herodot hörte), ist aber hier durch die verhältnisse in Athen besonders begründet und auf zehn jahre beschränkt [22]); und die verstreuung der asche (die tatsächlich das fehlen eines grabes erklären soll) [23]) hat in der Solonlegende nichts mit der gesetzgebung zu tun, sondern gehört zur Salamisgeschichte: sie soll den Athenern den ewigen besitz der insel sichern. Abweichend von der Solonlegende haben wir für Sparta die leider nur anonym bezeugte variante eines grabes in Sparta: s. zu 596 F 20.   (4) Die Achaeerfeindliche übertreibung stammt auch wohl nicht erst von A. Es ist bedauerlich dass wir ausser ihr nichts von der spartanischen darstellung dieses krieges [24]) haben, der auch äusserlich das ende des alten Sparta bedeutet: *Lycurgi leges moresque abrogarent, Achaeorum assuescerent legibus institutisque* [25]) ist eine der bedingungen des friedens, durch den Sparta zur achaeischen bundesstadt wird.   (5—7) Zuweisung an den Lakonen nicht unmöglich. In F 5 ist Wilamowitz' änderung gefällig; aber Aristokles wird in den Aristophanesscholien sonst nicht zitiert, und A. konnte sehr wohl von der musikgeschichte Spartas ausführlicher handeln. Auch eine Heraklesgeschichte überrascht in *Lakonika* nicht: eine freilich sehr zweifelhafte überlieferung [26]) verbindet Iphitos mit Euboia, wo es auch eine quelle Arethusa gibt [27]), und *Od.* φ 11 ff. kennt ihn in Sparta; aber A. liess (wie Diodor. 4, 37) den Eurytossohn Iphitos nicht gelten.

592. PAUSANIAS DER LAKONE   593. PHAISTOS

Pausanias gehört wohl erst in die Kaiserzeit, da er bei Didymos nicht vorkommt, dem die Λακωνικά und Περὶ ἑορτῶν material geboten hätten. Die zahlreichen werke passen schliesslich alle für einen 'sophisten', und der späte autor braucht nicht gebürtiger Lakone gewesen zu sein.

Aber die Suda unterscheidet zwischen ihm und dem zeitlich sonst möglichen sophisten von Kaisareia in Kappadokien [1]); und der name ist sehr häufig. Nicht in betracht kommen der perieget, der lexikograph, der historiker über Antiocheia [2]), und selbstverständlich nicht der könig Pausanias [3]). Der epiker Phaistos gehört wahrscheinlich überhaupt nicht hierher: wir können zwischen den titeln Λακεδαιμονικά und Μακεδονικά nicht entscheiden; aber die anrede an Ammon in dem einzigen erhaltenen hexameter wird man natürlicher auf Alexander [4]) als etwa auf Lysander beziehen. Die zeit ist nicht bestimmbar; der name kommt in lakonischen (und böotischen) inschriften nicht vor.

594. SCHRIFTSTELLER DES NAMENS DIOSKURIDES

Zur vollen sicherheit über die verteilung der hier zusammengestellten schriften ist nicht zu kommen, zumal die Suda nur den arzt der Kleopatra kennt, und der name auch in der literatur so häufig ist — wir kennen zwei epigrammatiker [1]) und zwei philosophen [2]) — dass trennung prinzipiell näher liegt als gleichungen, sei es der bücher sei es ihrer verfasser. Den 'unglücklichen gedanken' die Lakonische politie, die von Didymos in der polemik gegen Polemon und von Plutarch (offensichtlich direkt) benutzt ist, 'mit dem Leben der Heroen zu verkoppeln' — d.h. in dieser ganz speziellen schrift (für deren titel es genug parallelen gibt) eine abteilung allgemeiner Νόμιμα zu sehen [3]) — hat Wilamowitz [4]) zurückgewiesen; aber damit ist die gleichheit der verfasser noch nicht ausgeschlossen, und Wilamowitz' eigene gleichung der Πολιτεία mit den Νόμιμα ist auch weit entfernt davon sicher zu sein. Von den titeln gesehen sind Νόμιμα, Λακώνων πολιτεία, Ἀπομνημονεύματα (wenn die letzten auch erst im 3. jhdt häufiger werden) schon im 4. jhdt möglich, die schrift Περὶ τῶν ἡρώων καθ' Ὅμηρον βίου aber kaum vor Aristarch; von den autoren ist datierbar nur der in diesem buch zitierte Isokrateer aus der zweiten hälfte des 4. jhdts und der Tarsenser, der gegen 100 v. Chr. [5]) das (wahrscheinlich poetische) enkomion auf Kreta schrieb. Der erstere, dem auch Wilamowitz und Schwartz [6]) die Λακ. πολ. zuschreiben, ist ganz schattenhaft, und würde ein gewisses leben nur gewinnen, wenn wir mit Bergk [7]) in ihm den εἷς τῶν ἐμοὶ πεπλησιακότων, ἐν ὀλιγαρχίαι δὲ πεπολιτευμένος, προῃρημένος δὲ Λακεδαιμονίους ἐπαινεῖν sehen, dem Isokrates seinen *Panathenaikos* zu etwaiger korrektur vorgelegt hat [8]). Das könnte verstecktes zitat sein; und die offensichtlichen distinktive ὁ Ἰσοκράτους μαθητής und ὁ συντεταγμένος τὴν Λακωνικήν πολιτείαν [9]) widerlegen die gleichung nicht unbedingt, weil sie von verschiedenen autoren stammen. Wohl aber zeigen die zitate des Didymos aus der Politie [10]) dass ihr autor sich dem in stoischen kreisen geschätzten Persaios besonders eng angeschlossen hat. Das beweist nun wieder nicht unbedingt für einen stoischen verfasser, passt aber gut für einen stoisierenden grammatiker, wie es der verfasser des um 100 v. Chr. geschriebenen Heroenbuches war, und für den Tarsenser, wenn wir (was wahrscheinlich ist) in ihm den nachkommen (enkel?) des gleichnamigen stoikers von Tarsos sehen dürfen [11]); in jedem falle schliesst es den Isokrateer als verfasser der Politie aus. Dagegen ist die zuweisung der Politie und des Heroenbuches an den Tarsenser erwägenswert, weil die bücher in die gleiche zeit gehören. Ob auch der Νόμιμα steht dahin; und die Ἀπομνημονεύματα gehören ihm nicht, da sie bereits dem Hegesander, der etwa um 150 v. Chr. schrieb [12]), vorgelegen haben [13]). Eine selbständige schriftstellerische persönlichkeit ist auch der epigrammatiker [14]). Weiter ist mit unserem material kaum zu kommen.

T

(3) Das enkomion geht auf Kreta, nicht auf Knossos, 'qui δᾶμος potius sunt quam ἔθνος' [15]). Es war entweder 'im homerischen stil' verfasst oder ein prosabuch, in dem das Kreta der homerischen zeit behandelt war [16]), sodass κατὰ τὸν ποιητάν so steht wie im titel des Heroenbuches. Für die erstere eventualität spricht — wenn auch nicht unbedingt entscheidend [17]) — die entsendung eines dichters zum vortrag [18]). Die gleichung dieses ποιητὴς ἐπῶν καὶ μελῶν mit dem epigrammatiker [19]) ist auch nach herabrückung des Tarsensers D. auf ca. 100 v. Chr. unwahrscheinlich; man darf D.s zeit nicht etwa umgekehrt aus dieser gleichung bestimmen.

F

(1—4) Über die abfassungszeit s. Einltg. Nach F 4 enthielt die Politie vielleicht erzählende partieen über die Lykurggeschichte hinaus (was auch für späte abfassung sprechen würde), und nach F 1; 4 scheint Plutarch sie selbst eingesehen und ihr zwei zusätze entnommen zu haben; Athenaios kennt sie nur aus Didymos. (1) Die behauptung D.s widerspricht der sonstigen, nicht reichlichen und (wie es scheint) auch nicht alten, überlieferung [20]), die nur éine variante kennt, nämlich ob Lykurg das auge λίθωι βληθείς oder βακτηρίαι verloren hat [21]). Die letztere version überwiegt, weil sie ein weiteres aition gibt, das auch D. gelten lassen konnte [22]); aber § 10 gehört nicht zum zusatz, sondern zur haupterzählung. Die abschwächung, ob sie nun panegyrisch für Lykurg oder zur entlastung der Spartaner gemeint ist [23]), zeigt inzidentiell dass die letzte erinnerung an den einäugigen Zeus-Lykurgos [24]) (und dieser gestalt muss man sich im Sparta des 6. jhdts noch bewusst gewesen sein, als man aus ihm den gesetzgeber machte) verschwunden ist. Das heiligtum der Athena Optilletis, die Pausanias mit Ophthalmitis übersetzt [25]), liegt im bezirk der Chalkioikos [26]), die die Πολιᾶχος von Sparta ist [27]). Dass der zum menschen gewordene Lykurg hier ebenso zuflucht sucht wie vorher könig Charilaos [28]) besagt doch wohl mehr als dass es in historischer zeit heiligstes asyl war [29]); es ist ein starkes argument für den Zeus-Lykurgos, der in kultgemeinschaft mit der Athena-Poliachos steht. Sehr zu bedauern dass das verhältnis zum Zeus Syllanios und der Athena Syllania in der grossen rhetra so wenig erkennbar ist wie die bedeutung des epithetons.   (**2—3**) Zu 584 F 1/2.   (**4**) Der zusatzcharakter des D.-zitats bei Plutarch, der aus ihm nur die waffe nimmt, ist deutlich. Wie D. sonst erzählte steht dahin; daraus dass Ephoros δόρυ hat [30]) ist es nicht zu erschliessen. Ephoros hat Xenophons einfachen, aber eindrucksvollen bericht [31]) zu einer art heroischem kampf ausgestaltet, nennt aber (so wenig wie Xenophon) [32]) den namen dessen der den tödlichen stoss geführt hat, obwohl er ganz natürlich wegen des angriffs auf die phalanx annimmt dass es ein Lakedaimonier war. Das ist merkwürdig, weil solche ansprüche unmittelbar nach der schlacht angemeldet zu werden pflegen; die fabel, dass Epameinondas von Grylos' hand gefallen sei, nicht jung ist; und dem Ephoros bereits eine reihe von zeitgeschichten und broschüren über Mantineia vorlag. Erst Pausan. 8, 11, 5-6 verzeichnet in einem seiner Herodoteischen exkurse die sich entgegenstehenden ansprüche: den athenisch-thebanischen λόγος von Grylos — den er selbst akzeptiert wegen des ehrengrabes in Mantineia und der statue ἔνθα ἔπεσεν — und die der Mantineer und Spartaner, die beide Machairion (wie sie ihn nennen) für sich beanspruchen. Das wichtigste in diesem exkurs ist sein schluss — die negative feststellung dass ἔργωι οὔτε ἐν Σπάρτηι Μαχαιρίων ἐστὶν οὐδείς, οὐ μὴν οὐδὲ παρὰ Μαντινεῦσιν, ὅτωι γεγόνασιν ὡς ἀνδρὶ ἀγαθῶι τιμαί. Zusammengenommen mit Plutarch zeigt das dass die diskussion spät war und erst in der Kaiserzeit aktuell wurde. Womit Mantineia seinen anspruch (der vermutlich erst antwort auf den spartanischen war) auf den angeblichen Machairion stützte, wissen wir nicht; aber für Sparta gibt Plutarch eine familientradition [33]), die er nur am orte und von dem genannten Kallikrates erhalten haben kann.

Es ist mir nicht nur angesichts der überlieferung unbegreiflich, wie man sie so weitgehend ernst nehmen kann [34]); die einzige frage ist wann die familie der Μαχαιρίωνες — deren existenz wir nicht bestreiten und deren namen wir nicht erklären können [35]) — sich diesen ruhmestitel beigelegt hat, für den sie die lanze der überlieferung durch den dolch ersetzen und eine für das Sparta des 4. jhdts unmögliche ἀτέλεια erfinden musste; d.h. ob die tradition schon vor Plutarch in die literatur gedrungen ist — wofür es kein anzeichen gibt [36]) — oder ob erst *Kalli*krates den *Anti*krates erfunden und Plutarch den bären aufgebunden hat. Auf spartanischen inschriften kommen weder die Machairiones noch Antikrates vor, während Kallikrates häufig ist [37]).   (5) Νόμιμα ist seit Hellanikos häufiger titel für eine spezies der ethnographischen literatur [38]). Die selbstverständlichkeit, mit der man vielfach in D.s buch eine abhandlung über lakonische νόμιμα sieht [39]) oder es mit der Λακωνικὴ πολιτεία gleichsetzt [40]), ist angesichts des einzigen fragments nicht gerechtfertigt. Auch Wilamowitz' gründe, dass 'eine lakonische politie immer eine darstellung von νόμιμα ist' und dass 'ein grammatiker nicht leicht eine politie schreibt', schlagen nicht durch: der zweite ist gegen die gleichung mit dem Tarsenser bezw. mit dem verfasser des Heroenbuches [41]) gerichtet, der doch auch über Kreta gehandelt hat und überhaupt kein grammatiker des gewöhnlichen typs war; gegen den ersteren ist einerseits zu sagen dass er für alle oder die meisten politieen in gleicher weise zutrifft — gerade über σκυτάλη hat Aristoteles in der Ἰθακησίων πολιτεία gehandelt —, und andrerseits dass lakonische νόμιμα nicht nur in Πολιτεῖαι, sondern auch in allgemeinen Νόμιμα standen [42]); endlich dass gerade der Lakone Sosibios keine politie, aber Περὶ ἐθῶν geschrieben hat. Auch wenn man die verfasserfrage des Heroenbuches ganz fernhält, bleibt also nicht nur der inhalt von D.s Νόμιμα zweifelhaft, sondern — wenn man die zuweisung an D. von Tarsos nicht billigt — auch zeit und verfasser des buches.   Für σκυτάλη [43]) hat man zu unterscheiden — um von anderen, hier gleichgiltigen, meist übertragenen verwendungen [44]) abzusehen — zwischen (1) der allgemeinen bedeutung 'stab', 'stock' u.ä. [45]), die natürlich auch für die Lakonen gebraucht werden kann [46]), und (2) der spezifisch lakonischen, als solche durch den zusatz Λακωνική gekennzeichneten (der wegfallen kann, wenn der zusammenhang keinen zweifel lässt [47])) des 'briefes' [48]). Dass σκ. in Sparta (und Ithaka?) auch von einer altertümlichen (?) form des συμβόλαιον verwendet werden konnte, erfahren wir nur durch D.; denn (Ephoros-)Diodor. 13, 106, 9 ist die gewöhnliche form des spartanischen 'briefes' zu verstehen [49]).

(**6**—**7**) Wenn F 7 durch die im eingang des abschnittes p. 507 A zitierten

Hypomnemata Hegesanders vermittelt ist — und obwohl der zusammenhang gewisse schwierigkeiten macht, scheint nicht erst Athenaios oder seine unmittelbare quelle das wort Platons über die menschennatur missdeutet zu haben — kommt der Tarsenser als verfasser nicht in frage [50]). Für den Isokrateer spricht nichts als dass er zeitlich nicht unmöglich ist; und dieses argument wird hinfällig, wenn der titel — der eigentlich und so noch bei den älteren Stoikern (im gefolge Xenophons) [51]) persönliche erinnerungen deckt — von D. schon 'katachrestisch' ungefähr im sinne von 'lesefrüchten' [52]) gebraucht wird. Dann braucht dieser D. nicht vor der 2. hälfte des 2. jhdts geschrieben zu haben. Ein sohn Solons kommt nur in den späteren ausgestaltungen der novelle von den Sieben Weisen vor [53]); auch für Lykurg hat man einen solchen erfunden [54]), und da sehen wir nicht weshalb. (8) Ich habe nur den anfang der abhandlung, die sich 1, 19 ff. ohne viel änderungen, aber mit immer reichlicheren zusätzen des Athenaios fortsetzt, bis zum zitat des Isokrateers D. abgedruckt, das man allgemein und gewiss mit recht der abhandlung zurechnet: der verfasser musste die von der vulgata abweichende, für seinen zweck wichtige fassung der beiden Homerstellen rechtfertigen und wird den namen des gewährsmannes in scholien gefunden haben [55]). Das genügt um zu erkennen wie die mit bedeutenden philosophischen konzeptionen beginnende und mit Dikaiarchs Βίος Ἑλλάδος mindestens halbhistorisch werdende kulturgeschichte in späthellenistischer zeit praktisch-erzieherischen zwecken dienstbar gemacht wird und damit wenigstens teilweise ihren historischen charakter wieder verliert, auch wenn die schriftsteller im sinne ihrer zeit vielleicht noch als 'gelehrte' gelten. Der anfang, der das prooimion verkürzt, liegt in doppelter fassung vor in der uns allein erhaltenen epitome der ersten beiden bücher des Athenaios und in der Suda, die den volleren text des *Marcianus* vor sich hatte [56]). Damit stellt sich das erste problem nach dem namen des verfassers der abhandlung und ihrem titel: die epitome gibt den titel Περὶ τοῦ τῶν ἡρώων καθ' Ὅμηρον βίου, den wir nach den parallelen [57]) als den originalen betrachten dürfen, aber keinen verfasser; die Suda hat eine banalisierte form des titels und den verfasser Dioskurides. Begreiflich dass E. Hiller [58]), der das exzerpt der Suda aus der epitome ableitete, in dem verfassernamen 'leichtfertige folgerung' aus dem zitat des Isokrateers D. sah; weniger begreiflich dass auch E. Schwartz [59]), der das exzerpt aus dem volleren Athenaios ableitet, die gleiche auffassung vertritt und das zitat der Suda ebenso erklären will wie 'so viele subscriptionen der ἱστορίαι in den Homerscholien', die 'aus einem zitat im kontext den autornamen herausnehmen und ans ende stellen' [60]). Das ist vielleicht nicht ganz unmöglich; aber es liegt nicht gerade nahe, weil (1) die ἱστορίαι keine wirkliche parallele zu dem exzerpt sind; (2) in der epitome nicht nur zahlreiche buchtitel, sondern auch autorenzitate fortgefallen sind; (3) ὁ 'Ἰσοκράτους μαθητής der epitome doch wahrscheinlich als distinktiv gemeint ist; (4) dieses distinktiv in der überschrift des exzerptes der Suda fehlt. Danach ist die natürliche annahme doch die dass die Suda den verfassernamen in ihrem vollerem Athenaios fand; und dass dieser D. den Isokrateer D. zitierte, ist bei der häufigkeit des namens nicht weiter befremdlich. Die frage geht dann nur auf person und zeit dieses jüngeren D.; denn dass er jünger ist erweist nicht etwa nur das zitat des Isokrateers, sondern die von R. Weber [61]) gesicherte tatsache dass der verfasser des Heroenbuches abhängig ist von der Homerexegese Aristarchs [62]), die er — unter benutzung auch peripatetischer λύσεις — einer praktischen ethik dienstbar gemacht hat. Die zeit dieser arbeit hat Weber im groben richtig auf ca. 160-60 v. Chr. bestimmt; aber Susemihls kritik [63]) an der oberen grenze ist berechtigt, und sein ansatz auf ca. 100 v. Chr. wird durch die entdeckung Nordens empfohlen 'dass Poseidonios die schrift des Homerikers gekannt und benutzt hat' [64]). Damit kommen wir aber in die zeit des grammatikers [65]) D. von Tarsos, der aus einer Stoikerfamilie stammt; und B. Keils [66]) gleichsetzung des Homerikers mit dem grammatiker hat nicht 'am meisten gegen sich', sondern ist — wenn der Homeriker D. hiess — sozusagen unvermeidlich. Das buch war angesehen, auch wenn es nicht D. gewesen sein sollte, der als erster ein solches schrieb und damit die titelform bei Philodem u.a. bestimmte: denn dass noch Athenaios es selbst in der hand hatte schloss Weber daraus dass er ausser dem grossen exzerpt im ersten buch einige stücke in andere bücher aufgenommen hat. Was seine rekonstruktion aus Athenaios, Plutarch (besonders den *Quaest. Symp.*), Dion von Prusa (bes. Περὶ βασιλείας) angeht, wird man wohl Schwartz' bedenken teilen und sie dahin praezisieren dass D. nicht eine 'abhandlung über homerische kultur' [67]) verfasst hat, sondern nur eine spezialschrift über die 'lebensweise der heroen' (βίος, δίαιτα) [68]). Man kann sie 'populär' (Wilamowitz) oder 'populärwissenschaftlich' (Norden) nennen; aber der verfasser war gewiss kein 'rhetor' (Susemihl) und als philosoph kein 'eklektiker' — weder 'eklektischer Stoiker' noch 'eklektischer Peripatetiker' — sondern 'in seiner tendenz' einfach 'stoisch' (Norden). Fraglich nur ob die ethisch-paedagogische abzweckung noch ganz allgemein war, oder ob er schon den blick auf Rom richtete, dem die Stoa seit Panaitios sich zugewendet hatte: Philodem hat sein buch Περὶ τοῦ καθ' Ὅμηρον ἀγαθοῦ βασιλέως einem der römischen *reges*, seinem gönner Piso, gewidmet [69]). (9—11) Der dichter [70] gehört zwischen Machon und Antipatros von Sidon, d.h. zwischen 250 und 150 v. Chr. Die drei epigramme zeigen die für D. auch sonst charakteristische beziehung zur gelehrten literatur einerseits [71]), zu der apomnemoneumatischen und apophthegmatischen andrerseits [72]). Man kann immerhin fragen ob ihr verfasser etwas mit dem der 'Ἀπομνημονεύματα [73]) zu tun hat: die zeit kann stimmen, und dass jemand den gleichen stoff in prosa und versen behandelt ist auch damals nicht unmöglich. (12) Herkunft unbestimmbar; über die sache s. zu 3 F 41.

595. SOSIBIOS DER LAKONE

Die Suda gibt fast nur noch den kopf einer Vita — namen, heimat, bibliographische einordnung. Die schriftenliste ist bis auf einen titel mit καὶ ἄλλα übersprungen; die inhaltsangabe des einzigen genannten buches ist aus Athenaios [1]) hinzugefügt; und auch den Lytiker S. kennt die Suda nur aus diesem [2]), der ihn durch das epitheton von dem Lakonen und dem adressaten des kallimacheischen gedichts unterscheidet [3]). Überlieferungsgemäss fällt danach die beweislast für die vulgata denen zu, die den Lakonen und den Lytiker identifizieren [4]), nicht denen, die beide trennen [5]); und diese beweislast ist nicht leicht, weil (1) der name überall häufig ist [6]); (2) die tätigkeit beider männer keinerlei berührungen zeigt [7]); (3) der Lytiker uns am hofe von Alexandreia begegnet, wo er vielleicht mitglied des Museions war, der Lakone eher in Sparta gearbeitet hat. Nur die zeitfrage ist weniger einfach. Zwar der Lytiker ist durch F 26 im groben auf die zeit des Philadelphos (285-247) festgelegt; aber die zeit des Lakonen ist nicht genau zu bestimmen, weil ein sicherer *t. post* fehlt — denn dass er in den scholien zu Alkmans Partheneion fehlt (zu F 6) ist kein solcher, da der papyrus aus dem ende des 1. jhdts v. Chr. stammt und seine scholien noch Pamphilos citieren. Man kann nur sagen dass die auf olympiaden gebaute Χρόνων ἀναγραφή ihn sicher hinter Timaios weist (der zwar erst nach 264 gestorben ist, aber seine Ὀλυμπιονῖκαι wahrscheinlich beträchtlich früher geschrieben hat [8])), und vermutlich doch auch hinter Eratosthenes († 214/3), der den sieg dieser rechnung in der wissenschaft entschieden hat, sodass auch lokalhistoriker sich ihrem gebrauch nicht entziehen konnten [9]). Nach unten bestimmt ihn die offenbar starke benutzung des Alkmanbuches (und wahrscheinlich auch von Π. θυσιῶν) durch Apollodor [10]) (ca. 180-nach 120/19), während das verhältnis zu Polemon, den die lokalhistoriker eher korrigieren als ausschreiben, aus den fragmenten [11]) nicht zu bestimmen ist. Wir kommen über die grobe datirung zwischen 250 und 150, wohl näher dem unteren termin, nicht hinaus; denn dass 'S. vortrefflich in die zeit des Kleomenes ⟨235/22⟩ passt' [12]) ist eine bedenkliche behauptung: diese unruhigen jahre waren keine zeit literarischer blüte, und der unterschied zwischen der politisch-paedagogischen schriftstellerei des Sphairos [13]) und der des gelehrten grammatikers liegt auf der hand. Denn grammatiker war S. nach der Vita und nach den titeln seiner schriften — ein chronographisches buch macht niemand zum historiker; und unter den schriften fehlt nicht nur eine geschichte Spartas (Λακωνικά), sondern sogar eine der damals wieder massenhaft geschriebenen Πολιτεῖαι, an deren stelle offenbar der philologisch-antiquarische traktat Περὶ ἐθῶν tritt — und seine kenntliche eigenart besteht darin dass er sozusagen die hellenistische philologie nach Sparta verpflanzt. Auf Sparta hat seine ganze arbeit, soweit wir sie kennen, sich bezogen, auch wenn 'der Lakone' ausdrücklich zitiert wird nur als verfasser von Περὶ χρόνων (von deren drei fragmenten zwei auf Sparta gehen) und von Περὶ τῶν μιμηλῶν ἐν Λακωνικῆι. Von den zwei zitaten ohne buchtitel, aber mit distinktiv, geht F 10 so gut wie sicher auf Περὶ τῶν ἐν Λακεδαίμονι θυσιῶν, F 15 auf eine spartanische reliquie (vertritt also in der Epimenidesfrage den spartanischen standpunkt); und wegen der übrigen titel wird man hier wirklich glauben dass in dem einzigen F 8 aus Περὶ ἐθῶν ein ἐν Λακεδαίμονι ausgefallen ist [14]). Dazu kommt Περὶ Ἀλκμᾶνος in mindestens drei büchern, das neben Περὶ τῶν ἐν Λακεδαίμονι θυσιῶν hauptwerk gewesen zu sein scheint, und dessen verhältnis zu dem gleichnamigen werk des Philochoros wir gerne kennen würden. Selbst die Ὁμοιότητες (die so gut wie sicher dem Lakonen gehören) können vom spartanischen standpunkt aus geschrieben sein, da die Plangon des einzigen F 9 Eleerin gewesen zu sein scheint.

Eine solche schriftstellerei ist nicht gut ohne innere anteilnahme denkbar, und es fehlt nicht an spuren solcher [15]). Es führt auch nichts darauf dass der Lakone — Spartiat wird er nach diesem regulären distinktiv nicht gewesen sein; der stand war auch fast ausgestorben — im ausland geschrieben hat [16]). Man kann ihn den spartanischen Philochoros nennen, ermisst aber durch einen solchen vergleich den unterschied nicht nur der zeiten und persönlichkeiten, sondern vor allem des materials, das für beide staaten zur verfügung stand, besonders deutlich: wir kennen 27 titel des Philochoros, darunter die grosse geschichte seiner heimat, und 5 oder 6 für S., unter denen nichts historisches oder auch nur politisches ist [17]). Das ist kein vorwurf für S., eher das gegenteil: er hat das vorhandene material richtig eingeschätzt, und zum historiker war der grammatiker eben nicht geboren. Die erhaltenen reste machen den eindruck nüchterner und wohlunterrichteter arbeit, die die wichtigsten seiten des spartanischen lebens umfasst, und deren wert jeder vergleich mit der sonstigen literatur über Sparta zeigt. Aber sie sind gering, und die vermehrung durch quellenforschung gibt nur einzelnes und selten wirklich sicheres. Man darf, trotz der benutzung des Alkmanbuches durch den urteilsfähigen Apollodor, weder S. selbst noch seine nachwirkung überschätzen, wie es m.e. auch Laqueur [18]) mit dem abschliessenden urteil tut dass 'seine wirkung auf die ausbildung der tradition über Sparta jedenfalls sehr gross war'. S. wird relativ häufig von den autoren des Athenaios angeführt und ist, wie einige glossen Hesychs [19]) zeigen, von den lexikographen exzerpiert; man wird auch nicht bezweifeln, dass ihm hier mehr gehört [20]). Aber das sind einzelheiten, nicht 'die tradition über Sparta', die in allen hauptsachen älter ist und schon im 4. jhdt feststeht [21]). Es ist doch signifikant dass S. (einmal abgesehen von den Scholien zum Partheneion) selbst in der Lykurgvita Plutarchs nur für ein relativ unbedeutendes kultisches faktum zitiert wird [22]), und bei Stephanos von Byzanz überhaupt nicht, was den schluss zulässt dass er die lakonischen πόλεις nicht *ex officio* behandelt hat. Der ziemlich allgemeine glaube, der in ihm die quelle (oder auch nur die hauptquelle) von Pausanias' *Lakonika* sieht, ist ungerechtfertigt [23]). Auch für die eigentlichen altertümer — topographie und archaeologie — berufen sich unsere quellen häufiger auf Polemon als auf S., was doch wohl bedeutet dass wir die bezeichnung als grammatiker in dem engeren sinne der alexandrinischen philologie verstehen müssen.

F

(1—3) Die Χρόνων ἀναγραφή muss ausführlicher behandelt werden wegen der bedeutung, die man S. ziemlich allgemein für die chronographie zuschreibt [24]). Wer eine solche bedeutung — wohl hauptsächlich wegen (Varro-)Censorin [25]) — *a priori* annimmt überspringt die vor- und grundfrage: für welche chronographie? Wir haben aus der *Anagraphe* nur drei sichere daten, die sich alle auf Sparta beziehen; denn die datierung des Trojanischen Krieges ist nicht zu trennen von der davon abhängigen rückkehr der Herakliden, dem beginn des spartanischen doppelkönigtums, und der geschichte Spartas überhaupt. Stammen diese drei daten für spartanische geschichte bis zur einsetzung des nationalfestes der Karneia — für Hyakinthia und Gymnopädia [26]) fehlen daten — aus einer allgemeinen chronographie (von der art der Ὀλυμπιονῖκαι des

Timaios und Eratosthenes, der Χρονικά Apollodors, und vielleicht schon der Πρυτάνεις Λακεδαιμονίων Charons ²⁷)) oder aus einer, wie die übrigen werke S.s, lokal eingestellten (etwa von der art der athenischen Ἀρχόντων ἀναγραφαί und der vielen Χρονικαὶ συντάξεις von Rhodos ²⁸))? Eine ganz sichere antwort auf diese vorfrage ist nicht zu geben: der titel ist (wie die rhodischen) zu allgemein um zu entscheiden; aber man würde ohne weiteres die zweite eventualität bevorzugen, wenn man aus dem zitat ἐν τῶι Περὶ χρόνων F 3 mit zuversicht schliessen dürfte, dass die Ἀναγραφή nur éin buch umfasste. Selbst wenn sie umfangreicher gewesen wäre, müsste man den unterschied gegen Philochoros beachten, der die *Atthis* (für die es bei S. keine parallele gibt) doppelt unterbaute: durch ein lokales buch über die archonten des 4. jhdts von 374/3-319/8 (?) und durch die panhellenischen Ὀλυμπιάδες ²⁹). Gegen die überschätzung der leistung, oder doch des ansehens der *Anagraphe*, ist zunächst wieder auf Plutarch zu verweisen, der als autoritäten für die besonders umstrittene zeitfrage Lykurgs ³⁰) Aristoteles, Eratosthenes-Apollodor, Timaios (jeweils mit gründen für ihre datierung) anführt und neben sie (vielleicht mehr *honoris causa*) den frühansatz Xenophons κατὰ τοὺς Ἡρακλείδας stellt. Der lokalspartanische chronograph fehlt (was in jedem falle auffällig ist ³¹)) und steckt auch nicht in der variante der ἔνιοι zum ansatz des Timaios ³²), die vielmehr auf Plutarchs historischen hauptautor Ephoros ³³) geht, dessen ansicht von einem persönlichen zusammentreffen Lykurgs mit Homer S. nach F 2 geteilt — wir dürfen ruhig sagen, von ihm übernommen — hat. Mit Ephoros und der vulgata der πλεῖστοι, aber gegen den 'dichter' Simonides und Eratosthenes-Apollodor ³⁴) ging S. nach dem gleichen F 2 auch in der einordnung in das stemma: Lykurg war auch bei ihm sohn des Eunomos und bruder des Polydektes. Wieder fehlt S.s name, und auch eine spezialität — der name von Lykurgs mutter — wird nicht aus ihm, sondern aus dem megarischen historiker Dieuchidas ³⁵), belegt. Die Lykurgfrage mag eine einzelheit sein; aber der anschluss an Ephoros, der eine ähnliche (nicht unbedingt eine genau gleiche) königsliste ³⁶) voraussetzt, genügt zum beweis dass S. weder die spartanische königsliste als erster aufgestellt noch sie als erster mit regierungszahlen versehen oder in die allgemeine griechische chronologie eingeführt hat. Diese dinge sind viel älter ³⁷); und wir können nicht einmal behaupten dass S. die liste des Ephoros massgebend verändert oder die mittel zur herstellung einer spartanischen chronologie wesentlich vermehrt hat: denn mit der publikation der Karneenliste, die für den philologen beinahe wichtiger war als die politischen listen, ist ihm schon Hellanikos vorausgegangen, und die ephoren-

liste hat schon Timaios mit der der könige — dazu mit den Olympioniken, Herapriesterinnen, attischen archonten — kritisch zusammengestellt [38]). Es ist zwar eine tatsache dass wenigstens die königslisten (und es gab die von zwei häusern) in einzelheiten von einander abwichen; dass ein
5 autor des zweiten (und selbst des dritten) jhdts zwischen den verschiedenen rezensionen der älteren chronographen zu wählen hatte, oder auch sie kombinieren konnte — womit sich vielleicht am einfachsten erklärt [39]) dass in den grunddaten der vorolympiadischen zeit (und selbst noch darüber hinaus, vielleicht bis in die mitte des 6. jhdts) S. um einige jahre
10 von Eratosthenes abwich (wie dieser von Timaios). Aber das ist keine genügende grundlage für den glauben dass S. 'ein (von Eratosthenes) abweichendes system der *griechischen* chronologie aufstellte'. Wir können kaum mehr sagen als dass S. für seine arbeiten über spartanische dichter, feste, sitten u.s.f. sich einen rahmen schuf durch einen überblick über die
15 hauptdaten der politischen geschichte; und dass er in diesem grundriss — das scheint das eigentlich wesentliche für den mann, der die methoden der hellenistischen philologie überhaupt auf die spartanischen antiquitäten anwendete und doch sicher für ein weiteres publikum schrieb — die von Timaios und Eratosthenes begründete gelehrte konzeption der
20 datierung nach den panhellenischen olympiaden benutzte. Für die vorolympiadische zeit war die datierung nach königen, vermutlich mit angabe der intervalle vom grunddatum aus, die gegebene; und die frage war allein ob man für die berechnung der grunddaten und für die einzeldatierungen die liste der Agiaden (wie Eratosthenes) oder die der Eury-
25 pontiden (wie Ephoros) zu grunde legen, oder synchronistisch nach beiden datieren wollte. Da Lykurg, Terpander, Alkman längst in den allgemeinen chronographieen standen, und die wichtigsten historischen fakten spätestens von Ephoros in den zusammenhang einer allgemeinen griechischen geschichte, und spätestens von Timaios in den der griechi-
30 schen chronographie, eingereiht waren; da ferner der letztere mindestens den grund zu einer einheitlichen, absoluten datierung gelegt hatte (die der nach generationen rechnende und sachlich disponierende Ephoros nicht hatte); und da Eratosthenes die einzelregierungen und sonstigen daten bestimmt hatte, bestand S.s aufgabe wohl nur in der auswahl der
35 für ihn wesentlichen daten und ihrer etwaigen umrechnung auf die eigene königsliste, die von der des Eratosthenes durch das eurypontidische rückgrat abwich. Wachsmuths glaube dass S. 'seine chronologie durchaus auf die heimische überlieferung gestützt hat' — die es nach allem was wir wissen garnicht gab — beruht auf einem fehlschluss aus dem inhalt
40 von S.s werken; und wenn er es für den chronographen 'besonders be-

zeichnend' findet 'dass er sich eng an die *überlieferten* spartanischen königslisten, *wie sie auch Ephoros vorfand,* anschloss' [40]), so liegt dieser formulierung eine (wieder nach allem was wir wissen nicht nur unwahrscheinliche, sondern schlechthin falsche) *petitio principii* zu grunde. Denn die königslisten — ganz davon abgesehen (1) dass es zwei sind, die deshalb als chronologisches rückgrat nicht ohne weiteres zu verwenden waren; (2) dass sie in ihren älteren teilen nicht fest waren — sind in der für die chronographie allein brauchbaren form, d.h. als listen mit regierungsdauern und beziehung auf ein absolutes datum, eben nicht lokal überliefert, sondern (natürlich auf lokaler grundlage) frühestens um 400 als teil eines allgemeinen systems konstruiert; sie waren auch dann nicht so fest dass sie nicht in anderen systemen durch zufügung und fortlassung von namen, verschiebung in ihrer folge [45]), und vor allem in den regierungszahlen dem neuen system angepasst werden konnten. Man kann fragen ob S. im stande war die lokalen grundlagen dieser systeme durch tatsachen aus der heimischen überlieferung zu bereichern, und wird schon da nicht sehr optimistisch sein, weil der geringe bestand an dokumenten aus den archiven früh ausgeschöpft war (vor allem durch die gewährsmänner des Aristoteles), und die alten dokumente nicht (nicht einmal durch königsnamen) datiert waren [46]). Aber die fragestellung nach der 'echten überlieferung' ist prinzipiell verkehrt und musste ohne resultat bleiben: Wachsmuths behauptung, dass Ephoros und S. 'sie bewahren', Eratosthenes sie 'zurechtgerückt', um 12 jahre 'verschoben' habe, 'um den anschluss an die ktesianische datierung von Ilions fall 1183 zu gewinnen' [47]) ist so willkürlich wie die entgegenstehende von E. Schwartz [48]), dass 'zwischen verständigen kein streit möglich sei, ob Ephoros oder Eratosthenes mehr anspruch auf philologisch-historische gewissenhaftigkeit hat', und dass S. 'die eponymenliste um des Ephoros willen verkürzt hat', die mindestens zu sicher und kaum sehr glücklich formuliert ist. Wer vorsichtig ist, wird zunächst mit Laqueur [49]) sagen, dass 'die systeme des Eratosthenes und S. sich gleichwertig gegenüber stehen'.

Wir stellen also zuerst einmal das was wir von diesen beiden systemen sicher oder mit annähernder sicherheit wissen, neben einander, konstatieren die differenzen, und fragen erst dann ob, und dann wie, sie sich erklären lassen:

	Eratosthenes (Apollodor)	Sosibios	Differenz
1. Trojas fall	1184/3	1172/1 [50])	12 jahre
2. Rückkehr d. Herakliden	1104/3	‹1092/1?› [51])	?

3. 1. Spartan. königsjahr	1103/2	⟨1091/0?⟩	?
4. Charilaos regiert	885/4-826/5 [60]	873/2-810/9 [64]	12-16
5. Homer	1084/3 (Apollodor 944/3)	866/5 [52])	218; 78
6. Lykurgs gesetzgebung	885/4(-868/7)	⟨855/4⟩	(20)
7. Nikandros regiert	825/4-786/5 [40] [53])	809/8-771/0 [39]	15-16
8. Ol. 1	10. jahr d. Alkamenes u. Theopompos	34. jahr d. Nikandros	—
9. Beginn d. Ephorenliste	754/3	⟨754/3?⟩	—

Die zusammenstellung zeigt (1) wie wenig wir von S.s system wirklich wissen: gerade die drei recht eigentlich spartanischen daten — Heraklidenrückkehr, gesetzgebung Lykurgs, einführung des ephorats — sind ergänzt; (2) dass die daten des Eratosthenes und S. überall (vielleicht abgesehen gerade vom beginn der ephorenliste) differieren, soweit wir sie kennen, und dass die differenz nicht 'durchgängig' 15 (oder 13) jahre beträgt, sondern (von dem nicht selbständigen datum Homers abgesehen) zwischen 12 und 16 (20?) liegt, dann vielleicht (nach ol. 1) mit 15 festbleibt. Wer die beiden einzigen für S. überlieferten regierungdauern ändert oder Sosibianische daten in Eratosthenes' system einführt, zieht sich selbst den boden unter den füssen weg. Es sei (3) hinzugefügt dass sich die differenz in den daten der altspartanischen geschichte über ol. 1 bis ins 7. jhdt fortsetzt [54]): der erste Messenische Krieg wird von Apollodor [55]) datiert auf 757/6-738/7 (= 28. bis 46. jahr des Eurypontiden Theopompos, 28. des Agiaden Alkamenes-14. des † Automedus), von Pausanias [56]) auf 743/2-724/3. Dazu kommt dass Theopomp nach Apollodor im jahr nach dem kriegsende stirbt, nach Pausanias [57]) es um mindestens 4 jahre überlebt, was wahrscheinlich macht dass die bei Charilaos und Nikandros überlieferten differenzen in den regierungsdauern der Eurypontiden nicht die einzigen sind. Der zweite Messenische Krieg bricht nach Apollodor 660/59 aus, nach Pausanias [58]) u.a. ca. ol. 34 (644/3). Ich will keineswegs bestreiten dass die niedrigeren daten die des S. sind. Aber das ist nicht einmal genügende grundlage für die hypothese [59]) dass 'Pausanias in seiner chronologie Spartas auf S. fusst'; noch weniger natürlich für ihre ausweitung auf 'die geschichtliche einleitung zu Pausanias III und die darstellung der Messenischen Kriege in IV' [60]). Die letztere annahme ist absurd, nicht nur weil eine Χρόνων ἀναγραφή (in nur éinem buch?) so ausführliche erzählung nicht geben konnte, und weil die quelle für buch IV ein jungmessenischer, scharf antispartanisch eingestellter, autor ist, dessen vorlagen feststellbar sind [61]: der Lakone gehört naturgemäss nicht zu ihnen. Auch die paar daten in diesem buch sind hier (wie sonst) offenbare zusätze zur erzählung; Pausanias entnahm sie seinem synchronistischen handbuch. In der spartanischen königsgeschichte fehlt das leitfossil der absoluten daten überhaupt, sodass selbst die frage nicht zuversichtlich bejaht werden kann ob die in einigen punkten eigenartige königsliste die des S. ist, oder ob wenigstens der junglakonische autor, dessen *Lakonika* Pausanias ausschreibt [62]), S. zu grunde gelegt oder doch herangezogen hat [63]). Sicher ist aber dass die periegese Lakoniens nicht aus S. stammt, der so wenig ein periegetisches wie ein historisches buch geschrieben hat; es gibt in ihr nicht einmal sichere spuren für die (in keinem fall direkte) benutzung der Sosibianischen bücher Περὶ θυσιῶν und Περὶ Ἀλκμᾶνος.

Nun zur erklärung der zwischen Eratosthenes-Apollodor und S. bestehenden differenzen. Schon mit der (auch von Schwartz anerkannten) tatsache dass die differenzen sich im 7. jhdt fortsetzten, entfällt seine erklärung dass 'ein massgebendes, die ganze spartanische chronologie des 8. jhdts regulierendes datum um 15 jahre geschwankt haben muss', und dass das nur 'der anfang der ephorenliste gewesen sein kann'. Ich habe die grundlage dieser erklärung — seine deutung einer eusebianischen datierung der lykurgischen gesetzgebung auf den anfang der Sosibianischen ephorenliste — vor 50 jahren so widerlegt dass m.w. niemand sie wieder aufgenommen hat [64]). Die möglichkeit eines solchen schwankens würde ich jetzt — d.h. seit die gesetzgebung 'Lykurgs' und die begründung der ephorenmacht auf die mitte des 6. jhdts festgelegt ist — prinzipiell eher anerkennen, weil man jetzt die authentizität des älteren teiles der liste überhaupt in zweifel ziehen kann [65]). Aber auch wenn sie geschwankt hätte, wäre das für chronologie und chronographie bedeutungslos: denn wir haben keine spur von verschiedenen rezensionen der liste, und können sie auch garnicht erwarten, weil kein datum der altspartanischen, und selbst keines der späteren, geschichte auf die ephorenliste gestellt ist — es gibt in der gesamten überlieferung (abgesehen von dem zeitgenossen Thuk. 2, 2, 1; 5, 19, 1 u. 24, 1 sind in der form anders) kein datum wie das attische ἐπὶ ἄρχοντος τοῦ δεῖνα —, sondern alle auf die königsliste, von der aus sie auf olympiaden umgerechnet sind [66]). Nicht die ephorenlisten des Eratosthenes (wenn er sie gab wie Timaios) und des S. differierten, sondern ihre königslisten; und nicht nur in den dauern ihrer einzelregierungen, sondern auch in der folge der könige, wenn z.b. der

Polydektes des Herodot, Ephoros, Sosibios bei Eratosthenes-Apollodor fehlt. Eine weitere erklärungsmöglichkeit würde die von Laqueur in dem wertvollen, aber einseitigen, aufsatz 'Zur griechischen sagenchronographie' [67]) eröffnen, wenn S.s trojanisches datum sich seiner einfachen formel 'troisches datum = olympiadenanfang + n generationen' fügte, was es nicht tut. Eine dritte ist die benutzung in beiden systemen von 'intervallen' oder rundzahlen, die älter sein könnten als ihre verteilung auf die einzelnen regierungen [68]), wobei man sich aber sehr klar sein muss dass diese intervalle selbst nicht von den chronographischen grunddaten — Trojas fall; erste olympiade; oder für Sparta Heraklidenrückkehr, Lykurg — ausgehen, sondern von einem markanten ereignis der gegenwart des historikers oder chronographen; d.h. dass sie in der alten weise der ἔτη ἐς ἐμέ [69]) berechnet sind, und dass die zahl selbst meist eine vielheit von generationen ist. Die schwierigkeiten hier sind dass wir solche rundzahlen direkt weder für Eratosthenes noch für S. kennen; dass für keinen von beiden die dauer ihrer γενεά feststeht; und ebensowenig das zeitgenössische ereignis, von dem aus sie zurückrechneten. Es kompliziert noch weiter dass für die eigentlichen chronographen des 3. jhdts, ja selbst schon für ihre autoritäten, Hellanikos und Herodot, es zweifelhaft ist ob sie überhaupt neu gerechnet haben und nicht vielmehr die einmal gewonnenen fixpunkte übernahmen und die intervalle willkürlich auf die einzelregierungen ihrer königslisten verteilten. Noch immer ist die alte vermutung E. Meyers [70]) nicht widerlegt dass der Herodoteischen chronologie das system des Hekataios zu grunde liege, der von der absetzung Demarats 491/0 als 'dem ersten könig, dessen zeit genau bestimmbar war' mit dem stammbaum der Agiaden und einer generation von 40 jahren um 600 jahre (15 generationen) zurückgerechnet habe. Das an sich wenig charakteristische datum wird im 4. jhdt durch die katastrophe von Leuktra 371/0 (oder bei Ephoros durch die wiederherstellung Messeniens?) als ausgangspunkt ersetzt sein [71]): es sieht nicht nach zufall aus, dass S.s trojanische epoche rund 800, und der regierungsantritt Theopomps rund 400 jahre vor diesem krisendatum liegen. Aber es ist auch nicht unmöglich dass S. von einem späteren datum seiner eigenen zeit ausging: man könnte an den tod des Areus 265/4, oder eher an den ausgang des Kleomenes (flucht nach Ägypten) 222/1, oder vielleicht am ehesten an den eintritt Spartas in den achaeischen bund 192/1 denken; denn zwischen diesem letzten datum, dem ende der staatlichen selbständigkeit Spartas, und dem beginn des staates in dem (leider nicht absolut sicheren [72])) j. 1092/1 liegen rund 900 jahre. Zur sicherheit lässt sich weder diese noch irgend eine andere möglichkeit erheben, da wir die vorolympiadische Eurypontidenliste des S. nicht genügend kennen [73]), und auch die Eurypontidenliste des 3. jhdts so zweifelhaft ist wie die zugehörigkeit des Nabis zum königshause. Aber vielleicht liegt die sache bei dem späten autor viel einfacher: es ist schon auf seine übereinstimmung mit Ephoros in der bestimmung Lykurgs aufmerksam gemacht [73a]); die liste der spartanischen könige (und die Heraklidenrückkehr, nicht der fall Trojas, ist für Ephoros der anfang der eigentlichen geschichte, und war für jeden spartanischen autor der anfang der spartanischen) beginnt bei S. aber um eine generation von 33 jahren früher als bei Ephoros, was leicht zu erklären wäre, wenn etwa seine Eurypontidenliste einen namen mehr enthielt als die des Ephoros. Ich würde diese lösung [74]) mit einer gewissen zuversicht empfehlen, wenn S.s datum der Heraklidenrückkehr direkt überliefert und nicht vermutungsweise eingesetzt wäre [75]). So muss es bei dem geständnis bleiben dass wir die differenz des S. von Eratosthenes nicht erklären können, und das resultat der langen erörterung ist nur der hinweis auf die lücken unserer kenntnis und (wichtiger) die warnung vor der überschätzung des späten chronographen S., der zwar der einzige lakonische chronograph ist, aber (soweit wir zu urteilen vermögen) die spartanische chronologie nicht auf grund bisher unbekannten materials auf eine neue grundlage gestellt hat, sondern durchaus in der tradition der gemeingriechischen historiographie und chronographie steht. Besonders wichtig erscheint dabei sein verhältnis zu Ephoros, dessen Ἱστορίαι für ihn so gut wie für den späteren Apollodor (und wahrscheinlich auch für Eratosthenes) das buch über griechische geschichte waren, auf dem jede lokale arbeit aufbauen musste, wie im 4. jhdt auf Hellanikos [76]). (**2**) Die datierung Homers lässt sich nicht mit Erwin Rohde [77]) dahin verstehen dass Lykurg die vormundschaft 'im achten lebensjahr seines neffen niedergelegt hat', sondern beweist dass S. die Lykurggeschichte nach Ephoros [78]) erzählte: Lykurg weicht verleumdungen dadurch aus dass er während der minderjährigkeit des Charilaos auf reisen geht nach Kreta (wo er Thaletas trifft; vgl. zu F 23) und Ägypten, wo er die gesetze studiert, und, 'wie einige sagen', auch Homer auf Chios besucht. Das steht in genauem gegensatz (auch abgesehen von der frage wer eigentlich sein mündel war) zur auffassung von Herodot [79]) und Eratosthenes-Apollodor [80]), bei denen vormundschaft und gesetzgebung zeitlich zusammenfallen, das zusammentreffen mit Homer also früher liegt. Über entstehung und bedeutung dieser erfindung, die älter (aber kaum viel älter) als Ephoros ist, hat Wilamowitz[81]) das nötige gesagt; davon dass S. 'der sage seiner heimat folgte' [82]) kann ernsthaft nicht mehr die rede sein. Nicht nur um des Aristokrates [83]) willen ist es bedauerlich dass wir nicht wissen wie weit S. Lykurgs reisen ausdehnte und was er sonst über gesetzgeber und gesetzgebung zu sagen wusste: wieder fehlt bei Plutarch [84]) sein name in den versionen über den tod Lykurgs. Nichts deutet darauf dass S. in der weiterbildung der Lykurglegende eine grössere rolle gespielt hat.   (3) Die lokalspartanische liste hatte schon Hellanikos zwei jahrhunderte vor S. publiziert. Es ist denkbar, aber eben nur denkbar, dass dieser in der *Anagraphe* die Karneensieger so verzeichnete wie die stadioniken in Olympia; und benutzen musste er die liste in Περὶ Ἀλκμᾶνος. In den bruchstücken von Περὶ θυσιῶν findet sich gelegentlich der name eines sonst unbekannten spartanischen dichters Dionysodotos [85]). Sonst wird S. weder für Thaletas noch für Terpander oder einen anderen mit Sparta verbundenen bedeutenden namen zitiert — ein beweist dafür dass auch literatur- und musikgeschichte bei ihm keinen wesentlichen zuwachs aus lokaler tradition erhielten. S. zog seine lokale kenntnis wesentlich heran, um die gedichte Alkmans philologisch und die kulte antiquarisch zu erklären. Lebendige erinnerung an die persönlichkeiten gab es im 'lykurgischen' Sparta offenbar nicht, und so hatte man keine veranlassung den Lakonen anzuführen, der hier von der allgemeinen literatur- und musikgeschichte so abhängig war wie in den historischen fakten von Ephoros.   (4—5) Die in Athen schon im 4. jhdt beginnende, im Hellenismus sehr reichlich werdende literatur über kultische dinge [86]) ist, soweit sie historischantiquarischen (nicht philosophischen) charakter hat, entweder sachlich auf eine bestimmte seite des kultes (Περὶ ἀγώνων u.ä.) oder häufiger lokal beschränkt auf eine landschaft [87]), eine stadt [88]), ein heiligtum [89]). Der einschränkende zusatz des titels ist in den zitaten oft fortgefallen; aber F 5 zeigt durch den inhalt dass S. (wie wir von ihm nicht anders erwarten) nur über spartanische kulte geschrieben hat. Das werk enthielt (wie selbst die nur zwei sicheren fragmenten zeigen) mehr als der titel erwarten lässt: es vereinigte (was bei Philochoros auf mindestens vier spezialbücher verteilt war) das ganze kultwesen Spartas, gab volle festbeschreibungen, mythologische und historische aitia [90]), deutungen der kultnamen [91]), erklärung lakonischer glossen [92]) u.a. Leider fehlt in den resten jede kalendarische angabe, was bei ihrer geringfügigkeit zufall sein kann; aber aus der zusammenbehandlung von Parparonia und Gymnopaidia in F 5 kann man leider auch nicht mit sicherheit auf kalendarische disposition schliessen. Das werk umfasste mehrere bücher [93]) und war wohl das antiquarische hauptbuch, aus dem auch ein grosser teil der titellosen fragmente stammt, obwohl wir namentlich gegen das philologische hauptbuch über Alkman nicht immer sicher abgrenzen können [94]). Auch kann (Philochoros ist auch da instruktiv) das gleiche faktum unter dem gesichtspunkt, den der jeweilige titel indiziert, in verschiedenen werken vorkommen: als kultische tatsache in Π. θυσιῶν, als epichorische sitte in Π. ἐθῶν [95]), als übereinstimmung mit fremdem brauch in Ὁμοιότητες [96]), schliesslich (und gewiss am häufigsten) als hilfsmittel der interpretation in Π. Ἀλκμᾶνος — denn der modischen verminderung dieser titel [97]) widersprechen sachliche wie bibliographische argumente. Man wird auch gern glauben dass dieses einzige ältere buch über den spartanischen kult, das wir kennen [98]), besonders stark benutzt ist — so bald nach erscheinen von Apollodor — und dass viel Sosibianisches gut in den lexikographen, vor allem im Hesych und auch in scholien, steckt [99]). In die fragmentsammlung lässt sich auch als anhang nicht aufnehmen was seinen platz in einem quellenbuch über Sparta haben würde: die schilderungen und notizen des S. sind durch verschiedene hände gegangen (merkwürdigerweise ist nicht direkt nachzuweisen dass Didymos ihn exzerpiert hat) und haben bei der verkürzung ihre eigenart verloren; wir können sie weder gegen andere erklärungen sicher absetzen noch von etwaigen zusätzen befreien.   (4) Vom epitomator gekürzte (ἤ!) und daher nicht ganz verständliche einzelheit aus der beschreibung eines mit einer πομπή (ἀκολουθεῖν!) ausgestatteten festes. Die στλεγγίς ist ein meist kultischer kopfschmuck [100]), verschieden von dem schabegerät, das bei den Lakedaimoniern noch aus rohr bestanden haben soll[101]). Über die nur hier bezeugten Προμάχεια s. Sam Wide *Lak. Kulte*, p. 356; Nilsson *Gr. F.* p. 470; Höfer *Rosch. Lex.* III col. 3030; Ziehen *RE* III A col. 1516, 49 ff. Es ist interessant dass es selbst in Sparta (wie an vielen anderen stellen der griechischen welt) ein solches fest der unfreien bevölkerung gab, an dem die herren in minderer rolle teilnahmen. Es muss dann vordorisch gewesen sein, wofür auch der gott Promachos spricht. Wie wenig wir wissen, und wie bedauerlich für unsere kenntnis der verlust von S. werk ist, zeigt auch die bezeichnung οἱ ἀπὸ χώρας, deren allgemeinen sinn der gegensatz οἱ ἐκ τῆς ἀγωγῆς παῖδες bestimmt. Es kann nach dem gesagten nicht gut auf die messenischen heloten gehen, sondern eher auf die unterworfenen Achaeer im sinne der schilderung, die Ephoros von der entstehung der helotie gibt [102]).   (5) Auch hier hat Athenaios im wesentlichen nur die notiz über eine bestimmte art von spartanischen kränzen [103]) ausgehoben, die die chorführer bei einem nicht (d.h. bei S. vorher) genannten [104]) fest trugen, das zeitlich mit den Gymnopaidia zusammenfiel, aber (wenigstens ursprünglich) nicht mit ihm identisch war: ὅτε καὶ τὰς Γυμνοπαιδιὰς ἐπιτελοῦσιν ist nicht der text eines gelehrten, der die einzelnen feste nacheinander und vollständig behandelte, sondern resultat sei es einer zusammenziehung von zwei ausführlichen festbeschreibungen, sei es der kürzung der geschichte des nicht genannten festes. Es ist nun längst erkannt dass ἐν τῆι ἑορτῆι auf die Parparonia geht, die eigentliche erinnerungsfeier an die schlacht von Thyrea (ca. 545 v. Chr.); und man hat die nachrichten über sie wohl mit recht auf S. zurückgeführt. Das fest wurde ursprünglich in der Thyreatis an der stätte der schlacht gefeiert [105]), und erst nach 370/69, als die landschaft endgiltig wieder an Argos verloren ging, 'hat man, um die erinnerung an jenen kampf nicht untergehen zu lassen, einige bräuche der Parparonia in die feier der Gymnopaidia eingefügt' [106]). Danach hat S. gesprochen (1) über den ursprung der Parparonia, den der name der kränze verriet (Athen.; Hesych); (2) über den ursprünglichen ort der feier (Hesych; Choirob.) und ihre übertragung nach Sparta; (3) über ihre zeit (Athen.); (4) über ihr programm (Athen.; Hesych) [106a]). Dieses resultat beleuchtet wieder den wert von S. buch und die grösse unseres verlustes; denn Herodt. 1, 82 weiss von alledem nichts. Über die bekannteren Gymnopaidia [107]) haben wir kein direktes zeugnis aus S., und sein anteil an der (z.t. älteren und) nicht einheitlichen überlieferung [108]) ist nicht sicher zu bestimmen. Sie macht so viele schwierigkeiten dass sie auch nach Ziehen, Bölte, und Wade-Gery nicht kurz behandelt werden kann, und daher hier beiseite bleiben muss. Das problem hat drei seiten, die sich natürlich nicht ganz trennen lassen: (1) eine textliche: die herstellung bezw. deutung der korrupten und vermutlich auch lückenhaften Athenaiosstelle, in der man den zweiten teil von ὅτε καί gewöhnlich auf die Gymnopaidia bezieht, was ich persönlich auch gegen Bölte für sehr unwahrscheinlich halte [108]); (2) eine antiquarische: zahl und zusammensetzung der chöre an den Parparonia im vergleich mit der τριχορία von F 8 und den chören der Gymnopaidia; (3) eine historische: die frage nach dem alter der Gymnopaidia, die ich persönlich — schon wegen der leitung durch die ephoren [109]), aber auch aus anderen gründen [110]) — für ein relativ junges fest (eingesetzt zur zeit der 'lykurgischen' reform?) halte.   (6) Hesych. s.v. κριβάνας· πλακοῦντάς τινας; s.v. ὑγίεια· ἄλφιτα οἴνωι καὶ ἐλαίωι πεφυραμένα· καὶ πᾶν τὸ εἰς (Schmidt ἐκ M) θεοῦ φερόμενον, εἴτε μύρον εἴτε θαλλός ἢ (ἢ M) ὑγίεια; Lex. rhet. p. 313, 13 Bkr ὑγίεια ... μαζίον τι φαιστῶδες, ὅπερ ἐδίδοτο τοῖς θυομένοις. Unter Παρθένος versteht man Artemis, was richtig sein wird, aber durch die berufung auf das von Dikaiarch zitierte Ἀρτέμιδος ᾆσμα [111]) nicht bewiesen wird. Die mindestens drei bücher über Alkman waren weder eine ausgabe noch 'eine umfangreiche biographie' [112]), sondern nach dem einzigen zitat, dem zu misstrauen kein anlass ist, ein kommentar vom περί-typus, den wir jetzt aus den resten von Didymos' Demostheneskommentar [113]) gut kennen. Dann überwog vermutlich die sachliche erklärung [114]). Wie weit S. textkritik getrieben hat steht dahin, und über seinen text wissen wir garnichts [115]). Man wird jetzt für wahrscheinlich halten dass S. schon die massgebende ausgabe des Aristophanes in händen hatte und eben zu ihr den kommentar schrieb [116]), den dann Apollodor benutzt hat [117]). Die formulierung dass 'der lakonische antiquar unter Ptolemaios II Alkman wieder ans licht gezogen zu haben scheint' [118]) ist eine ungeheuerliche überschätzung von S. bedeutung — zumal angesichts des fehlens von S. in den scholien zu Alkmans Partheneion (ob. p. 635, 26) — und stimmt weder zeitlich noch sachlich. Alkman war in Sparta in dauerndem gebrauch [119]) und ausserhalb Spartas wohlbekannt: die attische komoedie kennt die lieder [120]); er hat einen platz in Aristoxenos' musikgeschichte [121]); Philochoros schreibt über ihn [122]); 'die alexandrinischen dichterphilologen Theokritos und Apollonios Rhodios' sind weder 'die ersten, bei denen sich deutliche reminiszenzen an ihn finden', noch stehen sie (so wenig wie der Aetoler Alexandros oder Leonidas von Tarent) unter dem einfluss der angeblichen wiederentdeckung durch S. Auch dass erst S. Alkman 'für Sparta reklamierte', oder auch nur dass er 'die kontroverse anregte' [123]), ist falsch. Selbst wenn man alles zweifelhafte [124]) bei seite lässt ist es sicher dass die diskussion höher hinaufreicht, und bereits Aristoteles biographische nachrichten über Alkman hat [125]), die auf der spätestens im 4. jhdt beginnenden interpretation der gedichte beruhen und alle merkmale dieser ältesten literaturwissenschaft zeigen. Wir wissen nicht einmal direkt welche stellung S. in der kontroverse einnahm, da er (wie gewöhnlich) nicht zitiert wird, während wir z.b. von der ansicht des Krates hören. Selbst interpretatorische tätigkeit ist (auch abgesehen von Philochoros, von dessen buch wir nichts näheres wissen) vor S. nachweisbar: der in Schol. Alkm. 1, 61 zitierte Sosiphanes kann schwerlich ein anderer sein als der in Alexandreia wirkende, vermutlich 306/5 geborene, dichter der Pleias [126]), für den auch Schol. A Il. I 453 philologische tätigkeit erweist. S.s leistung besteht allein darin dass er (gewiss unter benutzung der älteren arbeiten) den ersten ausführlichen und wohl überhaupt den ersten kommentar zu dem nationalen dichter geschrieben hat. Aber einen neuen text hat er nicht gemacht, und vielleicht erklärt das sein fehlen in den scholien zum Partheneion.   (7) Es ist zweifelhaft, ob S. mehr gehört als das gesperrt gedruckte; denn Athenaios unterbricht das zitat durch zusätze. Doch ist es möglich dass der verfasser der 'Ὁμοιότητες ähnliche erscheinungen an anderen orten (besonders der dorischen welt) zusammenstellte und nicht nur die spar-

tanischen, sondern das εἶδος τῶν δεικηλιστῶν überhaupt behandelte, wie er im Alkmanbuch (F 23) über die Hyporchematik im ganzen gesprochen hat. Damit ist nicht gesagt dass er die geschichte der komoedie überhaupt behandelt und die dikelisten in sie eingeordnet, oder dass er
5 stellung in dem streit über die herkunft der komoedie genommen hat. Anspruch auf 'erfindung' der komoedie, oder auch nur des εἶδος τῶν δεικηλιστῶν in Lakonien, hat S. schwerlich erhoben; aber deutlich ist die sozusagen apologetische tendenz, die aus der not eine tugend zu machen sucht — ἅτε δὴ κἀν τούτοις τὸ λιτὸν τῆς Σπάρτης μεταδιωκού-
10 σης [127]). Nach T 1 hat S. über das nationale spiel in einer sonderschrift gehandelt [128]), was bei dem hellenistischen gelehrten nichts befremdliches hat (sie stellt sich neben Philochoros' arbeiten über die grossen athenischen tragiker); doch lässt sich der titel aus der inhaltsangabe nicht sicher herstellen: substantivisches μιμηλός für den schauspieler scheint sonst nicht
15 belegt [129]), und das im spartanischen sprachgebrauch bezeugte δ(ε)ικηλιστής ∼ δ(ε)ικηλικτάς [130]) vermisst man ungern im titel. Zweifelhaft bleibt auch ob S. die verhältnisse seiner zeit schilderte; ob er ältere überlieferung hatte, oder die existenz alter spiele aus dem lakonischen namen für den schauspieler erschloss; ob er archaeologisches material von der
20 art der masken im heiligtum der Orthia [131]) heranzog; und ob wir auch die glossen über βρυλλιχισταί u.ä. [132]) auf ihn zurückführen dürfen. Dann hatte er material genug für eine nicht zu umfangreiche abhandlung. (**8**) Vollständiger Plutarch *Lyk.* 21, 2/3; *Inst. Lac.* 15 p. 238 AB; *De laude ips.* 15 p. 544 E; Diogen. *Prov.* 2, 30; Schol. Plat. *Legg.* 633 A.
25 Π. ἐθῶν war gewiss spezialschrift [133]), die die weltliche seite des spartanischen lebens behandelte wie Π. θυσιῶν die religiöse; und ebenso sicher ist dass der auf Sparta beschränkende zusatz erst in der überlieferung ausgefallen ist [134]). Dass Didymos in der zitatenreichen abhandlung über κοπίς und ἐπάικλα [135]) sie nicht zitiert gestattet den schluss dass S.
30 nicht die einzelheiten des täglichen lebens schilderte, sondern das was in den älteren politieen stand — die sitten und einrichtungen, wie sie die Lykurgische staatsordnung festgestellt hatte. Den titel Νόμοι hat er bewusst vermieden; möglich wäre Νόμιμα gewesen; aber ἔθος ἦν ist auch in den *Inst. Lac.* und bei Hesych nicht selten. Zu ihnen gehört der brauch
35 der τριχορία [136]), den Platon kannte [137]); ihn, nicht das angebliche sprichwort, hat S. erwähnt und vermutlich, wie Plutarch, Lykurg zugeschrieben [138]). Er hat nichts mit den chören der Parparonia und Gymnopaidia [139]) zu tun; aber wir wissen nicht wohin er gehört: die angaben der quellen sind ganz vage [140]).   (**9**) Pollux 6, 104 (vgl. Clem. Al. *Paed.*
40 2, 64, 2) ἔτι δὲ καὶ μύρων ἐν τοῖς συμποσίοις ἐπιμνηστέον· ἰστέον μύρον

μεγάλλειον ἀπὸ Μεγάλλου Σικελιώτου [141]), καὶ πλαγγόνιον ἀπὸ Πλαγγόνος, καὶ βρενθεῖον δὲ Λυδίας κτλ. Helladios Phot. *Bibl.* p. 279 b 14 μύρων εἴδη· .... πλαγγόνιον, ὅπερ εὗρε γυνὴ 'Ηλεία καλουμένη Πλάγγων κτλ. Hesych. s.v. πλαγγόνιον· μύρον τι παρὰ 'Αθηναίοις (!). Wenn die 'Ομοιότητες dem Lakonen gehören, was wahrscheinlich ist, kann man einerseits an Herodt. 6, 58 ff. erinnern, der übereinstimmungen lakonischer institutionen mit den βάρβαροι οἱ ἐν τῆι 'Ασίηι, Persern und Ägyptern, notiert; andrerseits an die auf Rom gestellten 'Ομοιότητες Jubas [142]); in den sonstigen resten des S. vielleicht an F 7. Man wüsste gern ob er hier über die vielberedeten ähnlichkeiten der spartanischen und kretischen νόμιμα handelte. In den *Inst. Lac.* fehlt dieser gesichtspunkt; und mit den philosophischen ῎Ομοια [143]) haben die 'Ομοιότητες nichts zu tun.   **(10)** Hesych. s.v. † συκεατίς [144])· ὁ Διόνυσος. Ob S. Συκίτης (vom σῦκον) oder Συκεάτης-Συκήτης (von συκέα) schrieb ist nicht zu entscheiden. Auch ob er näheres über den gott oder seinen kult gab steht dahin [145]). Der 'feigengott' mag ja ursprünglich selbständig gewesen sein; aber der Συκεύς des Androtion 324 F 76 und die Συκῆ des epikers Pherenikos [146]) sind autoschediasmen. Dionysos ist geber der feige auch in Naxos, wo man den (chthonischen) namen Μειλίχιος später so erklärt [147]); anderwärts gibt es einen kathartischen Ζεὺς Συκάσιος — τῆι γὰρ συκῆι ἐχρῶντό φασιν ἐν Καθαρμοῖς [148]); in der eleusinischen theologie schenkt Demeter die feige dem Phytalos [149]); und es fehlt nicht an spuren der verbindung mit anderen göttern.   **(11)** Hesych. s.v. κοδύμαλον· τὸ στρουθίον μῆλον, οἱ δὲ κυδώνιον, οἱ δὲ ἄνθους εἶδος, οἱ δὲ κόσμος περιτραχήλιος. Die κυδώνια μῆλα (quitten) sind früh und vielfach bezeugt [150]), die στρουθία zuerst bei Theophrast [151]), das κοδύμαλον [152]) nur bei Alkman, dessen worte offenbar so unklar waren dass ältere (die τινές bei Polemon) eine blume, andere eine frucht verstanden. Wir können nicht entscheiden, da in dem zu kurzen zitat das vergleichsobjekt fehlt; auch über die berechtigung von S.s gleichung der κοδύμαλα mit den κυδώνια μῆλα fehlt uns das urteil; er mag aber die von Hermon verzeichnete kretische glosse (wenn es wirklich eine solche war) gekannt haben.   **(12)** Gutes, wenn auch unvollständiges, beispiel von S.s einzelerklärung Alkmans. Die wörter sind nicht spezifisch spartanisch, aber ihre bedeutung nicht überall die gleiche [153]). S. gibt die, die sie in Sparta (zu seiner zeit?) haben.   **(13)** Schol. Clem. Al. *Protr.* p. 308, 3 St 'Ιπποκοωντιδῶν· 'Ιπποκόων τις ἐγένετο Λακεδαιμόνιος, οὗ <οἱ> υἱοὶ ἀπὸ τοῦ πατρὸς λεγόμενοι 'Ιπποκοωντίδαι ἐφόνευσαν τὸν Λικυμνίου υἱὸν Οἰωνὸν ὀνόματι, συνόντα τῶι 'Ηρακλεῖ, ἀγανακτήσαντες ἐπὶ τῶι πεφονεῦσθαι ὑπ' αὐτοῦ κύνα αὐτῶν· καὶ δὴ ἀγανακτήσας ἐπὶ τούτοις ὁ 'Ηρακλῆς πόλεμον συγκροτεῖ κατ' αὐτῶν καὶ

πολλοὺς ἀναιρεῖ, ὅτε καὶ αὐτὸς τὴν χεῖρα ἐπλήγη· μέμνηται καὶ Ἀλκμὰν ἐν ᾱ. μέμνηται καὶ Εὐφορίων ἐν Θραικί (F 26) Scheidw) [τῶν Ἱπποκόωντος παίδων τῶν ἀντιμνηστήρων τῶν Διοσκούρων] [154]). Pausan. 3, 15, 3 τὸ δὲ ἔχθος Ἡρακλεῖ φασιν ἐς οἶκον ὑπάρξαι τὸν Ἱπποκόωντος, ὅτι μετὰ τὸν Ἰφίτου
5 θάνατον καθαρσίων ἕνεκα ἐλθόντα αὐτὸν ἐν Σπάρτηι ἀπηξίωσαν καθῆραι. (4) προσεγένετο δὲ ἐς τοῦ πολέμου τὴν ἀρχὴν καὶ ἄλλο τοιόνδε· Οἰωνὸς ἡλικίαν μὲν μειράκιον, ἀνεψιὸς δὲ Ἡρακλεῖ (Λικυμνίου γὰρ παῖς ἦν τοῦ ἀδελφοῦ τοῦ Ἀλκμήνης), ἀφίκετο ἐς Σπάρτην ἅμα Ἡρακλεῖ· περιιόντι δὲ καὶ θεωμένωι τὴν πόλιν, ὡς ἐγίνετο κατὰ τοῦ Ἱπποκόωντος τὴν οἰκίαν (L¹ V
10 οἱ παῖδες Γ), ἐνταῦθά οἱ κύων ἐπεφέρετο οἰκουρός· ὁ δὲ τυγχάνει τε ἀφεὶς λίθον ὁ Οἰωνός, καὶ καταβάλλει τὴν κύνα· ἐπεκθέουσιν οὖν τοῦ Ἱπποκόωντος οἱ παῖδες, καὶ ῥοπάλοις τύπτοντες κατεργάζονται τὸν Οἰωνόν. (5) τοῦτο Ἡρακλέα μάλιστα ἐξηγρίωσεν ἐς Ἱπποκόωντα καὶ τοὺς παῖδας· αὐτίκα δὲ ὡς ὀργῆς εἶχε χωρεῖ σφισιν ἐς μάχην. τότε μὲν δὴ τιτρώσκεται καὶ λαθὼν [155])
15 ἀπεχώρησεν, ὕστερον δὲ ἐξεγένετό οἱ στρατεύσαντι ἐς Σπάρτην τιμωρήσασθαι μὲν Ἱπποκόωντα, τιμωρήσασθαι δὲ καὶ τοὺς παῖδας τοῦ Οἰωνοῦ φόνου. τὸ δὲ μνῆμα τῶι Οἰωνῶι πεποίηται παρὰ τὸ Ἡρακλεῖον. Ders. 3, 19, 7 διαβᾶσι δὲ (den Eurotas auf dem wege nach Therapne) Κοτυλέως ἐστὶν Ἀσκληπιοῦ ναός, ὃν ἐποίησεν Ἡρακλῆς, καὶ Ἀσκληπιὸν Κοτυλέα ὠνόμασεν, ἀκεσθεὶς
20 τὸ τραῦμα τὸ ἐς τὴν κοτύλην οἱ γενόμενον ἐν τῆι πρὸς Ἱπποκόωντα καὶ τοὺς παῖδας προτέραι μάχηι. Ders. 8, 53, 9 καλοῦσι δὲ οἱ Τεγεᾶται καὶ ἑστίαν Ἀρκάδων κοινήν· ἐνταῦθά ἐστιν ἄγαλμα Ἡρακλέους, πεποίηται δέ οἱ ἐπὶ τοῦ μηροῦ τραῦμα ἀπὸ τῆς μάχης, ἣν πρώτην [156]) Ἱπποκόωντος τοῖς παισὶν ἐμάχεσατο.   Wenn F 13
25 (dessen letzter gewährsmann Apollodoros Περὶ θεῶν ist) aus Π. θυσιῶν stammt, so hat es das aition für den kult des Asklepios Kotyleus [157]) gegeben, wie F 25 das des τετράχειρ καὶ τετράωτος Ἀπόλλων [158]). Aber die grössere wahrscheinlichkeit spricht (auch abgesehen von dem Alkmanzitat im Clemensscholion) für die sacherklärung im Alkmanbuch. Natur-
30 gemäss denkt man jetzt zuerst an das Partheneion für Artemis Orthia (F 1), dessen erzählender teil, wie man gemeinhin annimmt, 'des Herakles sieg über die Hippokoontiden verherrlicht'. Die annahme ist nicht ohne schwierigkeiten: das erhaltene setzt mit [τὸν ἔκτανε] Πολυδεύκης und einer (weiterer) aufzählung von erschlagenen Hippokoonsöhnen ein; Herakles
35 kommt nicht (oder nicht mehr) vor, und der vermutung von Diels [159]) — dass (die verlorenen anfangsstrophen ihm galten und) 'nach der spartanischen tradition die Tyndariden bei ... der rückführung ihres vaters eine nicht bloss ornamentale rolle gespielt haben' und 'Polydeukes ... vielleicht nach der verwundung des Herakles ... die führung übernommen
40 und die vernichtung der gegner zu ende geführt hat' — steht nicht nur

vom standpunkt des erhaltenen wesentliches entgegen. Wenn Alkman so erzählt hätte, ist nicht leicht verständlich dass die darstellung des lakonischen dichters selbst in der periegetischen überlieferung (die doch nach dem verbreiteten glauben von S. abhängt [160])) nur zweifelhafte und dürftige spuren hinterlassen hat [161]), in der mythographischen aber nicht einmal solche; denn sie verbindet zwar die zurückführung des Tyndareos (der nach spartanischer tradition möglicherweise selbst am kampfe teilgenommen hat [162])) mit dem feldzug des Herakles, aber nie seine söhne. Vielmehr sagt Isokrates, unser ältester zeuge (der gerade im *Archidamos* wirklicher oder angeblicher spartanischer tradition folgt), ausdrücklich dass die Dioskuren bereits tot waren, als Herakles ihren vater zurückführte; und der ausdruck klingt als ob ihr fehlen im bericht erklärt werden soll [163]). Die Dioskuren fehlen in der *Bibliothek*, die doch ausführlich berichtet wie Herakles Kepheus von Tegea und seine söhne zur hilfeleistung zwingt [164]), und bei Diodor, wo auch Herakles' auftrag an den restituierten Tyndareos sie auszuschliessen scheint [165]). Sie fehlen bei Pausanias, dessen darstellung verständlich macht warum *Bibliothek* und Diodor nichts von der verwundung des Herakles wissen: Pausanias' quelle unterscheidet zwei 'schlachten', deren erste spontan ausbricht um der tötung des Oionos willen, während die zweite ein regulärer rachefeldzug ist. Es ist deutlich, sowohl dass die Oionosgeschichte als motiv des zweiten krieges mit der abweisung von Herakles' ansuchen um mordsühne konkurriert (sie sieht nach späterer erfindung aus), wie dass dieses ansuchen erfunden ist um Herakles überhaupt nach Sparta zu bringen. Weder bei dem ersten besuch (bei dem Herakles von seinem verwandten Oionos begleitet ist) noch bei dem feldzug werden die Dioskuren erwähnt, und zweimal (in der wiedergabe der angeblich lakonischen wie in der tegeatischen tradition) wird ausdrücklich betont dass Herakles die wunde in der *ersten* 'schlacht' davontrug. Wie an dieser das aition des Asklepios Kotyleus hängt, so an dem siegreichen rachefeldzug die stiftung des ἱερὸν Ἀθηνᾶς Ἀξιοποίνου ἐπίκλησιν [166]) und das der Hera Aigophagos — ὅτι μαχομένωι οἱ πρὸς Ἱπποκόωντα καὶ τοὺς παῖδας οὐδὲν ἐκ τῆς Ἥρας ἀπήντησεν ἐμπόδιον [167]). Es ist nicht beweisbar, aber nicht unwahrscheinlich, dass auch diese aitia schon bei S. vorkamen. War es der fall, so ist er einem späteren, für die Heraklesgeschichte gemachten, kompromiss gefolgt. Die eigentliche frage ist also wie alt dieses kompromiss ist; ob bereits Alkman Herakles in die geschichte vom kampf zwischen Tyndariden und Hippokoontiden einführte und so eine verbindung zwischen der heimischen und der epischen (hesiodischen?) tradition schuf, und ob er das in dem Partheneion für Orthia tat. Eine weitere, angeregt durch F 18, ob er an anderer stelle im Alkmanbuch ausführlicher über Herakles gehandelt hat. Es mag nur noch einerseits auf das faktum der geringfügigkeit 'wirklichen kults' für Herakles in Sparta[168]) hingewiesen und andrerseits betont werden dass die kontamination der beiden überlieferungen nicht etwa durch S. vollzogen sein kann. Das widerspricht den prinzipien der hellenistischen philologie; für S. geht die frage allein dahin ob er in Π. θυσιῶν die einzelnen aitia, in denen Herakles auftrat, jeweils erwähnte, oder ob, und wie ausführlich, er im Alkmankommentar die tradition über die vernichtung der Hippokoontiden zusammenstellte.   (14) Da wir — anders als für die Χελύτις, die dem Apollodor auch aus S. bekannt gewesen sein kann [169]) — nur den namen erfahren, und die zusammenstellung (es ist kein 'zusammenhang') mit der (aus Kallimachos belegten) arkadischen Ἀπαγχομένη und der (nicht belegten) lesbischen Kondylitis nichts lehrt, ist nicht sicher ob sie ihm die göttin ist, die das podagra sendet und/oder vertreibt, oder ob auch dieses kultbild gefesselte füsse hatte [170]). Die deutung auf eine jagdgöttin [171]) ist unglaublich.   (15) Über Epimenides s. Einltg. no. 457 und zu 457 T 5. Der verhältnismässig reichen attischen überlieferung stehen die fetzen einer 'peloponnesischen' insofern einheitlich gegenüber, als jene den sühnepriester Epimenides nach der reinigung Athens in die heimat zurückkehren und wenig später dort sterben lässt [172]), diese das grab des orakelmannes in der Peloponnes zeigt, wo dann die ansprüche von Sparta [173]) und Argos [174]) konkurrieren. Die beiden hauptkomplexe der überlieferung sind danach unabhängig von einander; innerhalb des peloponnesischen aber machen die argivischen ansprüche (wie so vieles in der tradition der argivischen 'chronik' [175])) ganz den eindruck dass sie nur erfunden sind um die spartanischen ansprüche zu diskreditieren; und die form, in der Pausanias für die letzteren eintritt, lässt es sehr möglich erscheinen dass S. sie gegen Argos durch hinweis auf die 'reliquie' [176]) verteidigt hat. Leider hat Pausanias (wenn er sie kannte; sein verhältnis zu S. ist aber nirgends *erweisbar*) diese begründung gestrichen [177]), aber an anderer stelle den fetzen einer polemik erhalten: die Spartaner leugnen den krieg gegen Knossos, in dem sie nach argivischer behauptung Epimenides getötet haben sollen, und behaupten darüber hinaus positiv eine kultstiftung in Sparta durch den Kreter [178]). So soll es nur eine vermutung sein dass der spartanische anspruch auf einen krieg gegen Argos geht: man denkt dann am ehesten an den kampf um die Thyreatis, der in der überlieferung mannigfach ausgeschmückt ist [179]); und wer die schlacht des 8. jhdts für erfunden hält nach dem krieg von ca. 550/46, bekommt ein für den orakelspender sehr passendes datum, das dem athenischen und historischen nicht so fern steht. Man könnte weiter vermuten dass die erfindung des kretischen orakelgebers und kultstifters zur religiösen begründung der 'Lykurgischen' gesetzgebung [180]) gehört: denn die gesetze stammen nach spartanischer tradition aus Kreta, und in der mit Zeus verbundenen Aphrodite erkennt man leicht die politische göttin [181]). Man versteht dann auch warum man Epimenides' grab in dem alten amtshaus der ephoren zeigte [182]). Die angaben des S. über Epimenides wird man dann wohl eher in der Χρόνων ἀναγραφή suchen als in Π. θυσιῶν [183]).   (16) (Herodian.-)Arkad. p. 139, 1 Schm τὰ διὰ τοῦ αιον μονογενῆ ὑπὲρ τρεῖς συλλαβὰς προπαροξύνεται· Ἀθήναιον (τὸ τέμενος), Λιλύβαιον ... χωρὶς τοῦ χαλαστραῖον (νίτρον) καὶ Στεφαναῖον καὶ Ἡλακαταῖον [184]) καὶ Καναστραῖον. Theognost. Can. (An. Ox. II p. 127, 20) Στεφαναῖον ὄνομα τόπου, Ἡλακαταῖον τόπος †Λακωνικοῦ [185]), Καναστραῖον. Steph. Byz. s.v. Ἡλακαταῖον [186])· ὄρος Θεσσαλίας, ὅπου καὶ Διὸς Ἡλακαταίου ἱερόν· τὸ ἐθνικὸν Ἡλακαταιεύς· καὶ Ζεὺς [187]) Ἡλακατεύς. So unbekannt wie die vermutlich ebenfalls aus S. stammenden Ἐργάτ‹ε›ια· ἑορτὴ Ἡρακλεῖ τελουμένη παρὰ Λάκωσιν [188]). Aber der leise zweifel von Ziehen [189]), ob 'die feste überhaupt nach Sparta gehören' und 'ob die Elakataia dem Herakles galten', erscheint wegen des thessalischen Zeus Elakataios unberechtigt. Tresp p. 133 f. sucht den ort mit Sam Wide 'im lakonischen grenzgebirge, da fast alle kulte und mythen, die sich auf Herakles beziehen, dorthin verlegt werden'; nicht sehr überzeugend. Inschriftliche bezeugung fehlt sowohl für Lakonien wie für Thessalien. Die bedeutung ist 'völlig dunkel' [190]).   (17) Lakonischer frauenname IG V 1 no. 209, 23 (1. jhdt v. Chr.).   (18) Sandyx nach Lydus De mag. 3, 64 ein durchsichtiges frauengewand, erfindung der Lyder, die es χυλῶι τῆς βοτάνης κατέβαπτον· σαρκοειδὴς δὲ ὁ χρὼς τῆς βοτάνης ... τοιούτωι τὸν Ἡρακλέα χιτῶνι περιβαλοῦσα Ὀμφάλη ποτὲ αἰσχρῶς ἐρῶντα παρεθήλυνε. Dafür dass auch der Σανδῶν Ἡρακλῆς es trägt zitiert er Apuleius ἐν τῶι ἐπιγραφομένωι Ἐρωτικῶι und Sueton ἐν τῶι Περὶ ἐπισήμων πορνῶν. Plin. N.H. 35, 30; 39 nennt als weniger wertvoll sandaraca [191]) und sandyx neben ochra und cerussa; die farbe der sandaraca muss flammeus sein; haec si torreatur aequa parte rubrica admixta, sandycem facit, quamquam animadverto Vergilium (Buc. 4, 45) existimasse herbam id esse illo versu «sponte sua sandyx pascentis vestiat agnos». Aus dem Alkmanbuch?   (19) Plutarch. Ag. et Kleom. 30, 1 ἔστι δὲ Λακεδαιμονίοις οὐ Φόβου μόνον ἀλλὰ καὶ Θανάτου καὶ Γέλωτος καὶ τοιούτων ἄλλων παθημάτων ἱερά. Pausanias [192]) erwähnt das heiligtum nicht, und man kann fragen ob nicht falsche deutung eines grinsenden archaischen kopfes vorliegt. 'Personifiziert' ist Gelos bezw. Risus öfter [193]); eigentlicher kult ist nirgends bezeugt [194]). Ob die begründung bei Plutarch sein eigentum war oder auch die des S. ist, lässt sich kaum entscheiden. Eher Π. θυσιῶν als aus der behandlung Lykurgs in der Χρόνων ἀναγραφή. (20) Die euripideische trias ist singulär (σεσημείωται); das aeginetische weihgeschenk von drei goldenen sternen auf einem ehernen mast [195]) deutet man jetzt meist auf die Dioskuren und Apollon Delphinios. S., wo man ἐπιφαίνεσθαι wohl als 'ausserdem erscheinen' fassen muss, vertritt den wirklichen schifferglauben, der sehr alt ist, auch wenn wir nur späte zeugnisse haben. Das wichtigste steht bei Plin. *N.H.* 2, 101, wo er über die verschiedenen erscheinungen des St. Elmsfeuers, der *stellae et in mari terrisque* handelt: *geminae autem salutares et prosperi cursus praenuntiae, quarum adventu fugari diram illam ac minacem appellatamque Helenam ferunt; et ob id Polluci ac Castori id numen adsignant, eosque in mari deos invocant* [196]). Sekundär sind hier nur die namen, aber deshalb auch nicht jung; und die ungünstige auffassung Helenas bei den Lakonen [197]) wird nur den befremden, der nicht daran denkt dass S. philologe ist und mindestens so sehr, wenn nicht mehr, mit der literatur als mit dem spartanischen glauben arbeitet, von dessen ursprüngen und entwicklung er nicht viel weiss und wissen kann: schon Haupt [198]) hat die deutung des dritten sterns beim St. Elmsfeuer erklärt durch den hinweis auf die ἑλέναυς, ἕλανδρος, ἑλέπολις [199]). Ebendeshalb (und weil die namen der feurigen erscheinungen sekundär sind) darf man aus οὐκ εὐμενῶς auch nicht eine alte 'grollende göttin' erschliessen; das S.-fragment ergibt überhaupt nichts über das wesen der göttin (die die ausgrabungen in Therapne als vordorisch erwiesen haben) oder über ihr verhältnis (kultgemeinschaft?) mit den Dioskuren. Darum ist es hier nicht nötig oder am platze, auf den Helenakult in Sparta, die Theoxenienreliefs mit der göttin zwischen den 'Dioskuren' (die *Nixi dei*?) u.s.w. näher einzugehen. Über das äussere, kult und kultstätten, muss S. in Περὶ θυσιῶν und möglicherweise auch im Alkmanbuch gehandelt haben; aber die kurzen notizen Hesychs, die aus ihm stammen können [200]), bringen uns für die religionsgeschichtlichen fragen nicht weiter. (21) Pitane fehlt im stammbaum Pausan. 3, 1, der nur Sparte nennt, die könig Eurotas, weil er keine söhne hat, mit Lakedaimon, sohn der Taygete von Zeus, vermählt; aber die geliebte Poseidons, ahnfrau der Iamiden, fügt sich leicht ein. Zu S.s vordorischem stammbaum vgl. 596 F 9-10? Kult der Pitane ist nicht bezeugt, aber Hesych s.v. Πιτανάτης kennt einen ἀγὼν γυμνικὸς ἐν Πιτάνηι ἀγόμενος, den S. erwähnt haben wird, und von dem wir nichts wissen, da Pausan. 3, 16, 9 nicht auf ihn gehen kann. Die erklärung des sprichwortes Πιτάνη εἰμί bei Zenob. *Prov.* 5, 61 geht nicht auf S. zurück [201]), da es aus Alkaios und Hellanikos [202]) belegt wird, also die stadt in der Aiolis gemeint ist. Ob S. es kannte und anders als Hellanikos erklärte wissen wir nicht; die Paroemiographen, die auch S. heranzogen [203]), haben keine variante.   (**22**) Philodem. Π. εὐσ. 59 p. 31 Go * * τὴν κεφαλὴν ὑπὸ Ἡφαίστου διαιρεῖται, κατὰ δὲ τὸν Εὔμολπον ... ὑπὸ Παλαμάονος· ἔνιοι δὲ ὑφ' Ἑρμοῦ παραδεδώκασιν. Die Athenageburt hatte Gitiadas im tempel der Chalkioikos dargestellt, wahrscheinlich auf den erzplatten, mit denen die wände belegt waren [204]). Es ist wohl möglich dass S. in Π. θυσιῶν den tempel beschrieben hat, und Gitiadas hat er gewiss (wenigstens in Π. χρόνων) erwähnt. Aber Pausanias' datum für den neubau ist vage, und eine nähere beziehung zu S. ist auch hier nicht nachweisbar. (**23**) Doch wohl aus dem Alkmankommentar, in dem eine allgemeine behandlung der spartanischen hyporchemata, die zum allergrössten teil kultlieder waren, kaum entbehrlich war. Unter S.s namen ist nur ein kurzer, aber wesentlicher satz erhalten: wenn alle tanzlieder in Sparta kretisch heissen [205]), so stammen sie nach spartanischer ansicht eben aus Kreta, was in die gleiche richtung führt wie die ansicht über die herkunft ihrer gesetze [206]) und das kretische orakelbuch [207]). Dann wird S. den in F 5 unter den dichtern spartanischer ᾄσματα an erster stelle genannten Thaletas für den begründer der spartanischen hyporchematik gehalten haben. Wie bei Ephoros wird ihn Lykurg in Kreta getroffen [208]) und dann vielleicht persönlich mit nach Sparta genommen haben, während er Homers gedichte nur im Ms. mitbrachte; denn einen aufenthalt Homers in Sparta hat man nicht zu erfinden gewagt [209]), was eigentlich merkwürdig ist. Das war dann vor der schlacht bei Thyrea und beträchtlich vor der stiftung der Gymnopaidia und der Karneen [210]). Was er im einzelnen über die ἐνόπλιος ὄρχησις, die spartanische militärmusik, die verschiedenen arten von kultliedern gesagt hat, ist schon deshalb nicht festzustellen, weil die zitate des im wesentlichen auf das Καστόρειον μέλος und die pyrrhiche beschränkten scholions jetzt z.t. anonym sind und wir nicht wissen ob und hinter welchen ἔνιοι S. steckt [211]). Es ist deshalb hier nicht der platz das scholion zu analysieren, die traditionen über den ursprung der πυρρίχη, das verhältnis von πυρριχίζειν und καρυατίζειν [212]), die nachrichten über die musikalischen καταστάσεις in Sparta und die verschiedenen systeme [213]) zu behandeln, die die antike musikhistorie und philologie aufgestellt hat um ordnung in den wirrwarr der terminologie zu bringen und die einzelnen εἴδη von namen oder wesen aus zu erklären. (**24**) *Phenion* wollte Io. Caeserius bei Plin. *N.H.* 21, 164 für *Fremion* herstellen; aber die wirkung bei *capitis dolores et inflammationes* spricht für Harduins *phrenion*. Stiehle's änderung von S. in den arzt Sosimenes [214])

ist falsch: der scholiast zitiert den dichter Nikander für die mythologie der pflanze, den arzt Krateuas für ihre medizinale verwendung, den philologen für die glosse, die bei Alkman vorgekommen sein mag. (25) Hesych. s.v. κουρίδιον· παρθένιον, καὶ τὸν (τὴν v) ἐκ παρθενίας ἄνδρα·
5 Λάκωνες δὲ κουρίδιον καλοῦσι †παρὰ δὲ αὐτοῖς τετράχειρ * 215). Ders. s.v. κυνακίας· ἱμάντες, οἱ ἐκ βύρσης τοῦ σφαγιασθέντος Τετράχειρι Ἀπόλλωνι βοὸς ἔπαθλα διδόμενοι 216). An. Laur. p. 272 Stud. Ἀπόλλων Τετράχειρ. I G V 1 no. 259 (kaiserzeit) Ἱερεὺς σεῖο, Μάκαιρα, κα[σιγνήτου] Τετράχειρος μῶαν [νικήσας ἄν]θετο Καλλικράτης * ἔφηβος. Libanios or. 11, 204 εἰς τετρά-
10 γωνον τύπον ὥσπερ ἐξ ὀμφαλοῦ τέτταρες στοῶν συζυγίαι καθ' ἕκαστον τμῆμα τοῦ οὐρανοῦ τέτανται, οἷον ἐν Ἀπόλλωνος Τετράχειρος ἀγάλματι. Zu den (nicht immer gleich sicheren) bildlichen darstellungen eines vierhändigen gottes aus Sparta s. Ziehen col. 1461, 19 ff. und Kolbe zu I G V no. 683 (anfang des 3. jhdts n. Chr.). Mehr über diese bildungen, die Wilamowitz
15 Gl. d. Hell. I p. 280 doch zu flüchtig behandelt, in Schweitzers Herakles, 1922, p. 59 ff.; s. auch Jacobsthal Early Celtic Art, 1944, p. 23. Dass dieser gott, in dem die Spartaner Apollon sahen, nach Amyklai gehört, ist kaum zu bezweifeln; es ist eben der gott der vordorischen stadt, der (evoziert oder nicht) ihren feinden zum siege verhalf [217]). Auch das späte-
20 re kultbild des 'Amykleischen' Apollon ist noch primitiv gebildet, wenngleich die verdoppelung der gliedmassen aufgegeben ist; es ist schwerlich zufall dass es mit helm, lanze und bogen bewaffnet war [218]). Der krieg kann wohl nur der sein, den man unter Teleklos datierte, in der 7. generation nach der rückkehr der Herakliden [219]), und von dem aus man neuerdings
25 nicht ohne wahrscheinlichkeit das spartanische doppelkönigtum erklärt [220]). An ihn konnte sich wohl eine dunkle erinnerung bewahren; denn dass Amyklai zunächst seine selbständigkeit (und seine achaeischen bewohner?) behielt, weiss auch Ephoros [221]).

596. ANONYMOI

30 Ich lasse mit bewusstsein das wichtigste (mit wenigen ausnahmen) beiseite — die nicht unbeträchtlichen zeugnisse des 5. und 4. jhdts, die unter bestimmten namen stehen (Herodot, Thukydides, Isokrates, Ephoros, Platon und Aristoteles), um ganz von dem abzusehen was das epos, die lyrik, und die genealogie für die sagenzeit, den kult, und
35 die institutionen liefern [1]). Die auswahl beschränkt sich auf die sekundäre literatur, die die älteren zeugen (die ihrerseits unter dem unmittelbaren einfluss der philosophischen und politischen tagesliteratur aus

Spartas und Griechenlands kritischer zeit stehen und in denen u.a. die Lykurglegende ihre eigentliche ausgestaltung erhält) hin und her wendet, gegen einander ausspielt, kombiniert und kontaminiert. Auch diese sekundäre literatur (die in wahrheit mit Ephoros beginnt und die helle-
nistischen Λακωνικά und Πολιτεῖαι sowie die Biographie beherrscht) ist hier nicht etwa vollständig vorgelegt (was am leichtesten in einer ausgabe von Plutarchs Lykurgvita geschehen könnte); die auswahl ist dadurch bestimmt, dass die einzelnen angaben zitatform haben; und auch dieses sehr äusserliche prinzip konnte nicht vollständig und nur mit einer gewissen willkür durchgeführt werden. So z.b. ist Plutarchs Lykurgvita voll von anonymen zitaten mit λέγεται, wo das berichtete nicht ein Arrianisches λεγόμενον ist; und andrerseits wird von dem aufgenommenen noch manches Hermippos oder (direkt und indirekt) den grossen historikern gehören, weil Plutarch im allgemeinen innerhalb der erzählung die namentlichen zitate als zu gelehrt wirkend vermeidet. Wo diese herkunft nachweisbar oder sehr wahrscheinlich ist, sind die stücke nicht aufgenommen: so steckt *Ages.* 23, 13 in den ἄλλοι Xenophon; in ἔνιοι *Lys.* 1, 2 Herodot; *Lykurg.* 1, 4 und 24, 5 Ephoros [2]); derselbe in οἱ μέν *ebd.* 31, 7 [3]); in λέγεται und λέγουσιν *Agis u. Kleom.* 49, 5; 8 sehr wahrscheinlich der 49, 2 zitierte Phylarch u.s.f. Mit λέγεται werden auch eine reihe geschichten in den auch als Ἀπομνημονεύματα [4]) zitierten *Apophthegm. Lac.* Plutarchs eingeführt, die inhaltlich nicht jung sind, auch wenn es zweifelhaft ist ob Aristot. *Rhet.* 2, 21 p. 1394 b 34 mit τὰ Λακωνικὰ ἀποφθέγματα καὶ αἰνιγματώδη noch nicht auf sammlungen anspielt. Das verhältnis der 'Plutarchischen' bücher zu seinen Viten kann hier nicht untersucht werden; Sosibios spielt in der diskussion eine rolle, die ihm schwerlich zukommt. Ganz zwecklos wären hier auch proben aus Pausanias, der eine junge Lokalgeschichte ausschreibt [5]), deren verhältnis zu Sosibios nicht klar ist, und eine Kunstgeschichte, die sicher nicht Sosibios ist.

(**1**) S. Sparta Einltg. n. 25; 594 n. 8. Von der entstehung der perioikie kann in einer πολιτεία gehandelt sein; das urteil über das verhalten der Spartaner ist aber das des Isokrates und nicht das des 'Dioskurides'. Es ist nicht sehr verschieden von dem des Aristoteles in der späteren *Politik*; und man kann auch fragen, ob Platon *Pol.* 8 p. 547 C bei seiner ersten μετάβασις speciell Sparta im auge hat. Wie weit man in Isokrates' (und Platons?) behauptungen einen wesentlichen beweis für die volkliche einheit von Spartiaten und Perioikoi sehen darf (Hampl *Herm.* 72, 1937, p. 25) muss hier dahingestellt bleiben. (**2**) Wie bei Aristoteles gilt das verbot der auslandsreisen (**a**) ohne einschränkung bei Xenoph. Λακ. πολ. 14, 4 ἀποδημεῖν οὐκ ἐξόν, ὅπως μὴ ῥαιδιουργίας οἱ πολῖται ἀπὸ

τῶν ξένων ἐμπίμπλαιντο; Nik. Dam. 90 F 103 z § 5; Plutarch. *Lyk.* 27, 6; *Inst. Lac.* 19 p. 238 D [6]); vgl. Busolt-Swoboda *Staatsk.* p. 659; Kahrstedt *Staatsr.* I p. 49 n. 7. Eine ausführlichere schilderung der κρυπτεία (**b**) fehlt. Aber zwischen Platon [7]), der nur die erzieherische seite sieht oder sehen will, und bei dem die κρ. wie eine art gegenstück zur attischen ephebie aussieht, und Aristoteles [8]), der nur von der verwendung gegen die heloten gehandelt zu haben scheint, braucht kein widerspruch zu bestehen. Vgl. Oehler *R E* XI col. 2031 f.; Kahrstedt p. 64 f. u.ö. [9]); Busolt-Swoboda *Staatsk.* p. 669 f.; Jeanmaire *Couroi et Courètes*, 1939, p. 550 ff. [10]).
(**3—5**) Einltg. n. 5.   (**6**) Hinter dem ἀνὴρ Βυζάντιος steckt schwerlich einer der uns bekannten schriftsteller über Byzanz [11]), und die deutung auf Sosibios ist sicher falsch, obwohl er den tempel der Chalkioikos beschrieben zu haben scheint [12]), also von den bildsäulen für Pausanias, die das ἄγος sühnen sollten, und (an anderer stelle?) über den Epidotes [13]) gehandelt haben kann. Deutlich ist nur dass die form, in der Pausanias die in vielen varianten umlaufende geschichte [14]) erzählt, die Spartaner entschuldigen soll. Es bleibt zweifelhaft ob sie schon in seiner landesgeschichte stand, oder ob er sie aus einer der vielen sammlungen solcher geschichten (wie sie auch Phlegon benutzt hat) selbst hinzufügte. Das übergehen 'des von den früheren über Pausanias geschriebenen' spricht für die zweite eventualität. Pausanias macht solche zusätze aus jungen büchern öfter, und F 7 ist eine art parallele.   (**7**) Es ist doch wohl der autorname ausgefallen. Man denkt eher an einen exkurs des Poseidonios als an Sphairos (no. 585). Der von Plutarch selbst benutzte Aristokrates (no. 591) kommt nicht in frage.   (**8**) Der streit, ob γραφή 'buch' oder 'archiv' [15]) bedeutet, hat diesem Griechisch gegenüber wenig sinn; denn es bleibt dabei, dass der brief 'schon um seiner form willen' fälschung ist. Die echtheitserklärung durch Dornseiff [16]), nach dem 'das buch eine *spartanische tendenzschrift* gewesen sein mus' (meine kursive), ist vom standpunkt des stiles, der 'denkform' [17]), und der literaturgeschichte [18]) so grotesk, dass man ihm nicht erst in seine spekulationen über 'die alten zusammenhänge zwischen Doriern und Syrern' [19]) zu folgen braucht. Wer diesen brief für das produkt einer griechischen feder halten kann, dem ist nicht zu helfen; nur dass die erfindung irgend einen praktischen zweck hatte und irgendwie in die geschichte, vermutlich doch der Makkabaeerzeit [20]), einzuordnen ist, kann man nicht gut bezweifeln.   (**9**) Pausan. 4, 1, 1 ἀποθανόντος Λέλεγος, ὃς ἐβασίλευεν ἐν τῆι νῦν Λακωνικῆι, τότε δὲ ἀπ' ἐκείνου Λελεγίαι καλουμένηι, Μύλης μὲν πρεσβύτερος ὢν τῶν παίδων ἔσχε τὴν ἀρχήν, Πολυκάων δὲ νεώτερός τε ἦν ἡλικίαι καὶ δι' αὐτὸ ἰδιώτης, ἐς ὃ Μεσσήνην ... ἔλαβε γυναῖκα κτλ. Vgl.

Schol. Eurip. *Or.* 626 (vater der Therapne); Bibl. 3, 116 (αὐτόχθων, vater des Lakedaimon, grossvater des Amyklas); Steph. Byz. s.v. Λακεδαίμων (Lelex sohn und grossvater eines Spartos, vater des Amyklas); Hesych s.v. Λελεγηίς· ἡ Λακεδαίμων πάλαι (fraglich ob Sosibios; doch vgl. 595 F 21); heroon des Lelex in Sparta: Pausan. 3, 12, 5. Schon nach Hekataios 1 F 119 bewohnen Leleger (neben anderen barbaren) τὰ ἐντὸς 'Ισθμοῦ. Was die epen und die sonstige genealogie über spartanische urgeschichte hatten, kann hier nicht untersucht werden; den ausgangspunkt müsste wohl Herodt. 6, 51 ff. bilden. Über die chronologie der sage Pausan. 3, 13, 1; vgl. zu Sosibios 595 F 21.   (10) S. zu 595 F 13. Es gibt zu viel varianten als dass man hier sicher Sosibios finden könnte; man wüsste gern ob er die messenische variante gab, und ob das datum für die vergottung der Dioskuren bei Pausan. 3, 13, 1 [21]) ihm gehört.   (11) Damit dass Lykurg hier Eurypontide ist, und Soos in der liste steht, ist für die bestimmung der quelle nichts gewonnen. Pausan. 3, 7, 1 in dem (für die älteren Eurypontiden allerdings sehr knappen) abriss gibt keine taten des Soos; nach Ephoros 70 F 117 ist Helos offenbar von dem Agiaden Agis bezwungen. Zu der nicht sehr klaren anekdote s. Wilamowitz *Herm.* 40, 1905, p. 145.   (12) Der stammbaum ist der des Ephoros, in dem Soos bereits stand [22]); aber er ist durch die biographie gegangen, die das Dieuchidaszitat hinzugefügt hat. Wieder muss die hauptfrage bei seite bleiben ob der δόκιμος ἀνήρ Herodots (1, 65, 2) ursprünglich (d.h. 556/5) überhaupt als mitglied einer der königsfamilien bezeichnet worden ist.   (14) Die auffassung Herodots bezw. 'der Lakedaimonier selbst' von dem kretischen ursprung ihrer verfassung haben auch Ephoros 70 F 149, Sosibios [23]), und der Spartiate Aristokrates 591 F 2 geteilt. Sie war durchaus die herrschende, ist nur über die nackte angabe Herodots hinaus im einzelnen ausgeführt, ausgeschmückt, auch modifiziert durch einführung weiterer reisen Lykurgs. Was hinter der variante der τινές steckt — φράσαι αὐτῶι τὴν Πυθίην τὸν νῦν κατεστεῶτα κόσμον Σπαρτιήτηισι (Herodt. 1, 65, 4) — ist nicht mit wenigen worten zu erledigen.   (15) Polydoros scheint —abgesehen von seinem mitkönig Theopompos, an den die erinnerung aber fast ausschliesslich durch Tyrtaios [24]) erhalten ist — die erste einigermassen fassbare gestalt der altspartanischen geschichte zu sein, von dem manches auf Lykurg übertragen ist, während andrerseits Theopomp an seinen taten beteiligt wird, was sich (wie die verschiedene zuteilung Lykurgs) aus dem gegensatz der loyalitäten zu den beiden häusern erklärt [25]). Die nachricht über die landesteilung, deren varianten diskussion anzeigen [26]), kann man kaum anders als einen ausgleich wider-

streitender ansprüche verstehen: jemand hatte diese grundlage des spartanischen lebens dem Agiadischen könig zugeschrieben. Er gilt als reformer schon im 4. jhdt, wenn Aristoteles [27]) ihn (und Theopomp) als urheber des zusatzes zu der grossen rhetra bezeichnet, der die aktions-
5 fähigkeit des δᾶμος teilweise einschränkt. Aber es spricht stark für die auffassung der rhetra als einheit [28]) (womit sie ein ganz anderes gesicht gewinnt) (1) dass bei Pausan. 3, 3, 2 Polydoros nach dem ersten Messenischen Krieg εὐδοκιμῶν ἐν Σπάρτηι καὶ κατὰ γνώμην Λακεδαιμονίων μάλιστα ὢν τῶι δήμωι heisst; (2) das er gewaltsam ums leben kommt, doch offenbar
10 durch einen gegner der reform [29]), was — auch angesichts der revolutionären stimmung im Zweiten Krieg — auf eine reaktion schliessen lässt, die die 'demokratischen' bestimmungen der grossen rhetra (regelmässige berufung des volks; sein recht zur entscheidung) ausser kraft setzt; (3) dass die erinnerung an ihn in der siegreichen revolution des 'Lykurg'
15 dadurch betont wird dass die ἀρχαί (unter denen man mit recht die ephoren versteht) sein bild auf ihr amtssiegel setzen [30]). Anderes mag spätere periegetenweisheit und missdeutung sein, wie dass der staat Polydoros' haus, τὰ ὀνομαζόμενα Βοώνητα, von seiner witwe gekauft habe [31]). Aber es ist doch bedeutsam dass er auch zum führer des krieges um die
20 Thyreatis gemacht wird [32]), wo es nicht recht gelang Theopompos einen anteil zu verschaffen [33]), wie es bei dem 'zusatz' zur rhetra geschehen ist. **(16)** Dass diese 'rhetren' keine gesetze sind, und dass Sparta überhaupt keine νομοθεσία gehabt hat, hat Wilamowitz *Ph. U.* 7 p. 274 ff. gesagt. Über Leotychidas I s. *FGr Hist* III a p. 155, 31 ff. **(17)** Dasselbe
25 sagen Teles Stob. *Flor.* 3, 40, 8 p. 745, 2 Hense und Ps. Herakleit. *Epp.* 9; vgl. auch Aelian. *V. H.* 12, 43. In dieser groben form kann wenigstens die angabe der ἔνιοι nicht richtig sein; vgl. Busolt-Swoboda *Staatsk.* p. 657 ff.; Kahrstedt *Staatsrecht* I p. 42 f.; Ehrenberg *RE* XVI col. 383, 55 ff. **(18)** Hesych. s.v. φιδίτια· συσσίτια; Thes. *L. Gr.* VIII
30 col. 831 f.; Liddell-Scott s.v. φιδίτης. Herodt. 1, 65, 5 nennt sie (als heeresabteilung) συσσίτια, Xenophon Λακ. πολ. 5, 2 συσκήνια. Zur sache: Busolt-Swoboda p. 697 ff.; Kahrstedt p. 40 ff.; Poland *RE* IV A col. 1832 ff. Die beschreibung des klubartigen wahlverfahrens muss aus einem wohlunterrichteten autor stammen; aber Sosibios Π. ἐθῶν ist
35 nicht zu beweisen; jede politie muss diese unterste lebens- und heeresabteilung beschrieben haben. **(19)** Zu 594 F 1; besonders n. 23. **(20)** Über die tradition von Lykurgs tod in der fremde s. zu 591 F 3. Die übertragung des motivs aus der Solonlegende sollte vermutlich erklären warum es in Sparta kein grab Lykurgs gab. Das problem existiert
40 für Herodt. 1, 66, 1 noch nicht; er spricht nicht vom grabe, sondern nur

von ἱερόν und kult. Merkwürdig dagegen dass Pausan. 3, 16, 6, der dieses heiligtum und hinter ihm das grab von Lykurgs sohn kennt [34]) und auch die εἰκών des gesetzgebers am Platanistas erwähnt, von dem grabe nicht weiss. Sein unbekannter erfinder, der sich über eine festgewordene tradition hinwegsetzte, war schwerlich einer der bedeutenderen autoren. Wir sehen nicht ob der blitzschlag das erfundene grab wieder wegsschaffen oder den kult erklären sollte. Die (von Plutarch hinzugesetzte?) angabe über die beiden gräber des Euripides — das wirkliche in Makedonien und das (angebliche) kenotaph in Athen [35]) — spricht wohl für die erstere eventualität. (21) Der sinn der erfindung ist — anders als die geschichte von einem sohne Solons [36]) — so wenig klar wie der name Antioros, an dessen stelle bei Pausanias der durchsichtige Eukosmos tritt. Die Lykurgromane müssen irgend etwas von diesem sohne erzählt haben. (22) Über Polydoros und die singuläre spartanische kolonisation in seiner regierung s. zu F 15; die sich widersprechenden αἰτίαι des Messenischen Krieges berichtet Pausan 4, 4-5 ausführlich [37]). (23) Myron 106 F 3, von Pausan. 4, 6, 4/5 aus Tyrtaios widerlegt; vgl. III a p. 124, 10 ff. (24) Zu no. 583. (25) In den τινές sehen C. Mueller u.a. wegen c. 18, 2 Anaxandrides Περὶ τῶν συληθέντων ἐν Δελφοῖς ἀναθημάτων [38]), was nicht sicher ist. Aber unter den statuen, die die Spartaner in Delphi weihten, waren die Dioskuren und der seher [39]); und Lysander selbst ἔστησεν ἀπὸ τῶν λαφύρων ἐν Δελφοῖς αὐτοῦ χαλκῆν εἰκόνα καὶ τῶν ναυάρχων ἑκάστου καὶ χρυσοῦς ἀστέρας τῶν Διοσκούρων, οἳ πρὸ τῶν Λευκτρικῶν ἠφανίσθησαν [40]). (26) Die geschichte der ἔνιοι ist sensationelle und sentimentale umgestaltung des antrags auf zerstörung Athens, der in der spartanischen volksversammlung nach Xenophon von 'Korinthern, Thebanern und vielen anderen', nach Isokrates 'allein von den Thebanern' gestellt ist und von den Spartanern verworfen wurde. Antrag und debatte fehlen bei Diodor. 13, 107, 4; aber 15, 63, 1 (wo die formulierung die Isokrateische ist) sind es gerade die Spartaner, die ἐπεβάλοντο τὴν πόλιν ἄρδην ἀναιροῦντες τὴν Ἀττικὴν ποιῆσαι μηλόβοτον [41]). Danach ist es nicht ausgeschlossen dass in den ἔνιοι Ephoros oder eher ein nach ihm erzählender autor steckt. (27) Verkürzt Polyaen. Strat. 1, 45, 1. Ableitung aus Theopomp [42]) ganz unsicher; es kann wieder fortbildung der darstellung des Ephoros sein, der die ereignisse in Milet mit einzelheiten erzählte, aber gleichzeitig mit der ankunft Lysanders in Ephesos, der also an dem sturz des demos nicht aktiv beteiligt war [43]). Die übertragung auf Lysander war leicht genug, und ganz im stil der späteren, mehr und mehr auf einzelpersonen gestellten, geschichtsschreibung. Zugleich beweist der zusammenhang bei Plutarch dass die geschichte nicht nur der charakteristik Lysanders diente, sondern wieder den gegensatz illustrieren sollte zwischen der neuen weise und der altspartanischen ethik — τῶν ἀξιούντων μὴ πολεμεῖν μετὰ δόλου τοὺς ἀφ' Ἡρακλέους γεγονότας. (28) Wieder steht Ephoros am nächsten [44]), der von σακκία ἔχοντα σκυτάλην τὸ πλῆθος τοῦ χρήματος δηλοῦσαν spricht (ἀγγεῖα kann man nicht zunähen). Aber nach ihm entsendet Lysander den Gylippos von Samos aus, und von πέμπειν εἰς Σπάρτην spricht auch Timaios [45]). Nach Xenoph. *Hell.* 2, 3, 8 bringt Lysander das geld und die geldwerten ehrengaben von Athen aus selbst nach Sparta; von Gylippos ist hier nicht die rede. Die geschichte ist also schon ausgemalt; bei Ephoros und Timaios in der richtung dass die geldgier in Gylippos' familie erblich ist; später wohl als beleg für das allgemeine sinken der alten spartanischen moral [46]). (29) Die belagerung von Aphytis scheint Plutarch hinter den fall Athens zu setzen, lässt dabei freilich fälschlich Lysander direkt von Athen nach Thrakien gehen [47]). Sonst könnte man an die unternehmungen nach Aigospotamoi denken [48]), obwohl nach Xenoph. *Hell.* 2, 2, 5 Lysander damals Eteonikos mit zehn schiffen εἰς τὰ ἐπὶ Θρᾴκης χωρία detachierte. Den Ammonkult bestätigen die münzen [49]); aber Lysanders familie hatte schon ältere beziehungen zu Libyen [50]). (30) Xenoph. *Hell.* 3, 3, 1 ff.; 4, 7 ff., der *Ages.* 1, 5 über die intrigue der thronfolge hinweghuscht und auch später Lysander nicht erwähnt. Die anekdote braucht nicht unhistorisch zu sein; aber die ernennung zum κρεωδαίτης bedeutete 'keine entwürdigung' [51]), sondern im gegenteil dass Agesilaos bei der zusammenstellung seiner *cohors* für den asiatischen feldzug auf Lysanders begleitung wert legte. Eher ist es ein zeichen für die erschütterung von Lysanders stellung in Sparta dass man ihm keine offizielle stellung gab. (31) Über den ausbruch des krieges, der hier 'der Böotische' heisst, ging die überlieferung beträchtlich auseinander [52]). Die version, dass Lysander Hellas in diesen krieg getrieben hat, stammt allerdings aus einer Lysander feindlichen quelle, die sich nicht sicher bestimmen lässt. Aber selbst Xenophon *Hell.* 3, 5, 5 sagt, dass οἱ μέντοι Λακεδαιμόνιοι ἄσμενοι ἔλαβον πρόφασιν στρατεύειν ἐπὶ τοὺς Θηβαίους κτλ.; und wenn 'Sparta das höchste interesse daran hatte, nicht neben dem krieg in Asien noch einen krieg in Griechenland führen zu müssen' [53]), so kann man sich doch vorstellen dass Lysander aus egoistischen gründen diesen krieg wünschte oder gar — was seiner ganzen politik entsprechen würde — einen praeventivkrieg empfohlen hatte, und nun begierig zugriff als sich die gelegenheit zum losschlagen bot. Lysanders grab will Pausan. 9, 32, 5 ἐν Ἁλιάρτωι gesehen haben; über den Ὁπλίτης s. Bölte *RE* VIII col. 2296 n. 2.

(32) Scheint ausmalung von Xenoph. Hell. 5, 4, 20 ff. [54]) durch Kallisthenes [55]), der die böotischen historiker benutzt hat und wohl Plutarchs unmittelbare quelle ist. Nach Ephoros [56]), bei dem Sphodrias' charakteristik die gleiche ist, überredet ihn der könig Kleombrotos ἄνευ τῆς γνώμης τῶν ἐφόρων καταλαβέσθαι τὸν Πειραιᾶ. (33) Vorauf gehen zwei zeitlose apophthegmata des Antialkidas und eines ungenannten Spartiaten ohne quellenangabe. Die sachliche notiz aus ἔνιοι über das verhalten der ephoren im j. 370/69, das sich mit seinem stolzen wort schlecht verträgt, macht den eindruck einer randnotiz (des Plutarch selbst?) zu dem ersten apophthegma, und die eine klasse der handschriften hat sie durch τότε für ἔνιοι in den zusammenhang einzufügen gesucht. Bestimmen lässt sich die quelle des zusatzes nicht; entgegen den nachrichten über das schlechte verhalten der frauen [57]) sagt Ephoros dass die Spartaner τὰς μὲν γυναῖκας καὶ παῖδας, ἔτι δὲ καὶ τοὺς γεγηρακότας zum schutz der stadt zurückliessen, als sie die feinde beim überschreiten des Eurotas angriffen [58]). Das geht freilich auf ein etwas früheres stadium; aber die darstellungen differierten offenbar auch hier im einzelnen beträchtlich.   (34) Vgl. 595 n. 85.   (35) Xenoph. *Ages.* 11, 7 καὶ τοῦ μὲν σώματος εἰκόνα στήσασθαι ἀπέσχετο, πολλῶν αὐτῶι τοῦτο δωρεῖσθαι θελόντων, τῆς δὲ ψυχῆς οὐδέποτε ἐπαύετο μνημεῖα διαπονούμενος κτλ. Cicero *Ad fam.* 5, 12, 7 *Spartiates Agesilaus ... qui neque pictam neque fictam imaginem suam passus est esse ... unus enim Xenophontis libellus in eo rege laudando facile omnis imagines omnium statuasque superavit.* Dio Chrysost. 37, 43 ὅστις οὔποτε ἠξίωσεν οὔτε πλαστὰν οὔτε μιμηλὰν τοῦ σώματος ⟨εἰκόνα⟩ ποιήσασθαι, οὐχ ὅτι χωλὸς ἦν, ὥς φασι, καὶ μικρός — τί γὰρ ἐκώλυε μέγαν εἶναι τὸν ἀνδριάντα; τί γὰρ ἀρτίπουν, ὥσπερ τὸν Εὐφράνορος Ἥφαιστον κτλ. Steckt hinter λέγεται Theopomp, der (115 F 108) gelegentlich des krieges in Aegypten von Agesilaos' aussehen gesprochen hat?   (36) C. Hense *Rh. Mus.* 62, 1907, p. 313 ff.   (37—38) Niese *Gesch. d. gr. u. maked. Staaten* II p. 299 ff. Quelle Phylarch?   (40) Polyb. 4, 34, 9; Niese *op. cit.* p. 262 n. 2; Beloch *Gr. G.* ²IV 1 p. 628 f.; Ziegler *RE* VI A col. 1075 no. 1.   (41) Ziehen *RE* III A col. 1510 46 ff. trifft den entscheidenden punkt nicht: ob die vermutlich doch bereits von Hesychs vorlage bekämpfte ansicht richtig ist oder nicht, sie wurde in der literatur über Sparta vertreten; und wenn Hesychs vorlage Sosibios ist, so müsste bereits ein hellenistischer autor falsches berichtet haben. Die polemik ist formell, und man ist geneigt Sosibios in solchen dingen zu trauen. Andrerseits kann ich mich trots der evidenten falschdeutung ἐν ἡλίωι und anderer verwirrung [59]) nicht entschliessen das zweite scholion zu Platon *Legg.* 633 B [60]) ganz zu verwerfen; das τύπτειν

ἀλλήλους ist auch etwas anderes als die διαμαστίγωσις am altar der Orthia, sodass keine einfache verwechselung vorliegen kann. Wir wissen von dem programm der Gymnopaidia doch wohl nicht genug, um 'eine religiöse zeremonie (im Amyklaion), die wir sonst nicht kennen' [61]), auszuschlies-
sen; das bedenkliche dabei ist freilich dass der gott der Gymnopaidia wenigstens in Pausanias' zeit [62]) der ᾽Απόλλων Πυθαεύς war. Da Sosibios als quelle Hesychs nicht sicher ist, muss man auch mit änderungen in der restaurationszeit rechnen.   (42) Das exzerpt, das letztlich aus einem gelehrten buch stammt [63]) — man denkt eher an Dikaiarchs Βίος ῾Ελλάδος o.ä. als an Sosibios' Περὶ ἐθῶν — ist insofern unvollständig, als es drei verschiedene erklärungen nur für das lange kopfhaar gibt, an das auch Xenoph. Λακ. πολ. 11, 3 allein zu denken scheint [64]). Was den übrigen Griechen schon im 5. jhdt noch stärker auffiel war der lange bart der Spartaner, und auf die art dieser barttracht geht der erste erlass der neuantretenden ephoren — κείρεσθαι τὸν μύστακα καὶ προσέχειν τοῖς νόμοις [65]).   (43) Warnt davor von periegetischen erklärungen eine scheinbar historische ohne weiteres zu bevorzugen: in der überlieferung sind seit Herodt. 7, 172 die πρόβουλοι τῆς ῾Ελλάδος ἀραιρημένοι ἀπὸ τῶν πολίων τῶν τὰ ἀμείνω φρονεόντων περὶ τὴν ῾Ελλάδα auf dem Isthmos (nicht in Sparta) versammelt, während es für den ἕτερος λόγος begreif-licher weise auch andere traditionen gibt [66]). Erfunden ist beides; nur das Helenion muss man glauben. Sein alter ist zweifelhaft, und wir wissen auch nicht was es war; aber der gedanke an ein stadtspartanisches heiligtum der Helena [67]), das von der kulttätte am Platanistas [68]) verschieden ist, liegt doch am nächsten. Die handbücher und kom-mentare sagen nichts oder sammeln abwegiges [69]).   (44) Weder das aition noch der kult der Thetis in Sparta [70]) sind sonst bekannt, und die Messenische Landesgeschichte, die Pausanias im 4. buch benutzt, weiss von dieser tat des Anaxandros nichts.   (45) Das Homerproblem [71]) kann Sosibios (wenn er in den ἕτεροι steckt) berührt haben, wo er über den kult der Dioskuren bezw. die sonderkulte eines der brüder [72]) han-delte. Deutlich dass weder Hypereia noch Messeïs, die der homerische Hektor als quellen ἐν ῎Αργει beispielsweise erwähnt — was nicht einmal beweist dass sie zusammen lagen [73]) — in Lakonien nachweisbar waren, und dass die identifikation der einen mit der Polydeukeia lokalpatrioti-sche willkür war. Wer sie aufbrachte, wird sich für die Messeïs entschieden haben, weil für die Hypereia Thessalien zu gut bezeugt war [74]).   (46) Der traum eines ephoren bei der Pasiphae spielt eine rolle auch beim staatsstreich des Kleomenes [75]); ebenfalls aus Phylarch. Die träume sind gewiss aus politischen gründen von den anhängern der beiden revo-

lutionären könige erschwindelt; aber voraussetzung für den schwindel ist die existenz einer göttin Pasiphae in Thalamai und 'dass sie im traume weisungen gab' [76]). Das bestätigen reste der literatur Περὶ μαντικῆς, vor allem Cicero [77]), unter dessen *qui praeerant Lacedaemoniis* man doch nur die ephoren verstehen kann. Auch der redner für Agis und der träumer des Kleomenes sind beides ephoren, und die in Thalamai gefundene inschrift *I G* V 1 no. 1317 aus dem 4. oder 3. jhdt [78]) zeigt — und dann liegt hier ihre hauptbedeutung für uns — dass bei der Pasiphae statuen von ephoren geweiht sind. Nirgends konsultieren könige dieses orakel, was begreiflich ist, da sie ihre orakel aus Delphi holen und eigene beamte für diesen verkehr haben [79]). Der schluss ist eigentlich unvermeidlich dass die bedeutung des lokalen traumorakels für den staat zurückgeht auf die zeit der 'Lykurgischen' reform [80]): diese göttin (die man möglicherweise für eine Kreterin gehalten hat) und die sprüche des Epimenides spielten die reformatoren von 556 aus gegen die delphischen sprüche, auf die die könige sich beriefen und die nicht sehr lange vorher ihr dichter Tyrtaios gegen die ansprüche des δᾶμος ins feld geführt hatte [80a]). Dabei ist aber zu beachten, dass der delphische gott nach der erfolgreichen revolution die ansprüche 'Lykurgs' anerkennen musste [81]), wie umgekehrt die königlichen revolutionäre in der zweiten hälfte des dritten jhdts sich durch ihnen ergebene ephoren der Pasiphae bemächtigten und die neuen traumorakel neben dem angeblich delphischen spruch für Lykurgos über die φιλοχρηματία [82]) zitierten. Ich zweifle persönlich nicht dass die deutung der Pasiphae auf die apollinische Daphne, die wir zuerst bei Phylarch finden, den gleichen sinn hat, will aber nicht bestreiten dass sie älter sein kann [83]). Denn während die spartanische inschrift (und das ist das zweite was sie lehrt) den kultnamen Pasiphae sichert, gibt es noch andere deutungen und verbindungen der orakelspenderin — als Kassandra oder Atlantide die von Zeus' mutter des Ammon (!) wird —, deren spartanische entstehung so deutlich ist [84]) wie die absicht das ansehen der unbekannten lokalen göttin zu heben; vielleicht auch, wie das bei Phylarch nebenbei deutlich ist, ihre orakelspendende kraft zu erklären, was man als nötig empfunden haben wird, weil die Pasiphae für das religiöse denken gewiss schon des 5. jhdts mit dem Pasiphaes zusammengehört und sonnenorakel in Griechenland selten und unsicher sind [85]). Hier erst wird Pausanias wichtig, dessen beschreibung des ἱερὸν Ἰνοῦς auf dem wege von Oitylos nach Thalamai [86]) nicht nur deswegen schwierig ist, weil wir die Ino nicht verstehen [87]). Nach ihm standen ἐν ὑπαίθρωι τοῦ ἱεροῦ eherne standbilder von Helios und Pasiphae, während das eigentliche kultbild, das nach Pausanias nur Ino sein kann [88]), σαφῶς οὐκ ἦν ἰδεῖν ὑπὸ στεφανωμάτων. Es kann sich da schwerlich nur um das material des kultbildes (χαλκοῦν δὲ καὶ τοῦτο εἶναι λέγουσι) gehandelt haben, sondern um seine deutung. Wer war die göttin, wenn die statue der Pasiphae ἐν ὑπαίθρωι stand? Seit Immerwahr nimmt man auf grund des letzten satzes vielfach an dass bei Pausanias polemik zwischen zwei quellen vorliege, von denen die eine Ino, die andere Pasiphae als die orakelgöttin angesehen habe. Aber es liegt vielleicht näher dass Pausanias' vorlage in der weise Plutarchs die verschiedenen deutungen der inhaberin des kultes behandelt, und dass er selbst diese diskussion unvernünftig verkürzt hat. In jedem falle scheint mir die gewöhnliche interpunktion und deutung des schlussatzes, die in Pasiphae den 'beinamen der Selene' sieht [89]), sachlich (nach dem voraufgehenden, wo Pasiphae ohne weiteres neben Helios steht), stilistisch, und selbst grammatisch unmöglich zu sein; denn es ist vollkommen deutlich dass Pausanias das kultbild im tempel, die statuen von Helios und Pasiphae ἐν ὑπαίθρωι, und die heilige quelle [90]) unterscheidet. Es ist schwer glaublich dass die letztere namenlos war; alles spricht dafür, dass sie der Selene gehörte, d.h. dass man mit den älteren ausgaben ἐπίκλησιν schreiben und dann in den letzten worten mit Lepaulmier οὐ streichen muss: Pausanias sagt (was man erwartet) dass Pasiphae 'der epichorische daimon' von Thalamai ist, den man (wann immer) mit Helios, Selene, und der angeblichen Ino zusammengebracht hat [91]).

597. POLYKRATES VON ATHEN

P. [1]) war älterer zeitgenosse des Isokrates (der ihn in der einleitung des *Busiris* mit deutlicher ironie behandelt) und hat in den ersten jahrzehnten des 4. jhdts (und vielleicht schon früher) als rhetor [2]) und 'sophist' [3]) ein gewisses ansehen genossen. Wenn man gewisse schriften von ihm — einen ἔπαινος Thrasybuls [4]) und die vielbesprochene κατηγορία Σωκράτους [5]), deren politische tendenz man nicht bezweifeln kann — mit der einzigen lebensnachricht verbinden darf, die ihn in Kypros (also doch wohl bei Euagoras) tätig sein lässt [6]), so wird ihn die herrschaft der Dreissig im j. 404 aus Athen vertrieben haben [7]), und es scheint nicht dass er in die heimat zurückgekehrt ist [8]). In ein solches leben fügt sich eine schmähschrift gegen Sparta gut. Es liegt kein grund vor mit Baiter-Sauppe u.a. ihre selbständigkeit oder mit Blass [9]) ihre politische abzweckung zu bezweifeln. Die zeit ist reich an solchen streitschriften, die sich, wo wir etwas über ihren inhalt wissen, durch ihn gewöhnlich genauer datieren lassen [10]): Polykrates gehörte offenbar zu den ältesten vertretern dieser art von politischer literatur; und wer an den 'oligarchischen Ionier' glaubt, der 'etwa um 404 eine politische schmähschrift gegen Athen für Sparta verfasste', auf die Isokrates im *Panegyrikos* im j. 380 antwortete [11]), könnte in P.s schrift eine ältere, sofort verfasste antwort sehen, und in Xenophons Λακ. πολ. [12]) eine duplik. Selbstverständlich haben die viel späteren *Lakonika* eines P. (no. 588), der vermutlich gebürtiger Lakone war, mit solcher schrift nichts zu schaffen [13]).

598. KÖNIG KLEOMENES

Plutarch wird die rede aus dem letzten teil von Phylarchs Historien haben, deren 25. buch die korrupten spartanischen zustände in der zeit des Kleomenes ausführlich schilderte [1]). Das schliesst nicht aus dass der könig wirklich eine rede gleichen inhalts in der ekklesie gehalten hat, die ihm sein lehrer und berater Sphairos [2]) geschrieben haben mag, der die verfassung Lykurgs gewiss so dargestellt hatte wie die reform sie sich vorstellte; oder K. hat wenigstens sein material dieser schrift entnommen. Denn anders als könig Pausanias in der streitschrift Κατὰ τῶν Λυκούργου νόμων [3]), für den der Eurypontide Lykurg der verderber der gottgegebenen spartanischen verfassung war, gerierte sich K. als der hersteller der alten echten Lykurgischen verfassung, den als solchen auch das traumorakel der ephoren bei der Pasiphae legitimierte [4]). Zentral war dabei seit langem die frage des ephorats, das für Herodot und die offizielle spartanische doktrin einrichtung Lykurgs war, während wahrscheinlich schon Platon es erst von Theopomp eingesetzt sein liess [5]). Wenn das die ansicht auch des königs Pausanias war, so hat K. (Sphairos?) sie vielleicht modifiziert oder weiter ausgebaut: er konnte die auffassung nicht brauchen — sie befremdet auch für könig Pausanias; aber da wissen wir nichts näheres [6]) —, die das amt legal von einem könig (freilich einem Eurypontiden) als 'zügel' für die 'oligarchie' [7]) eingeführt sein liess; seine ephoren sind ursprungsmässig 'diener der könige', eingesetzt für die rechtspflege bei der langen abwesenheit der könige im felde. Der Messenische Krieg ist offenbar der erste, und das datum für die einsetzung des amtes ist damit das auch für könig Pausanias mögliche; jedenfalls aber das der (verlängerten) offiziellen liste, die mit dem eponymen Elatos im j. 754/3 unter der regierung Theopomps [8]) begann. Aber K. legt den nachdruck auf die folgende zeit, die allmähliche usurpation weiterer rechte durch die ephoren seit Asteropos, den er 'viele generationen' hinter die einführung des amtes datiert, und der in der offiziellen liste gestanden haben muss [9]). Uns moderne befremdet dass er nur den anfang der entwicklung angibt; aber wir können sicher sein dass er von Chilon [10]) und der wirklichen revolution im j. 556/5 nichts gesagt hat, sei es dass sie in Sparta wirklich vergessen war, sei es dass er den 'weisen' Chilon nicht angreifen mochte. Eine weitere, ganz konsequente, modifikation aber würde es bedeuten, wenn könig Pausanias (wie ich glauben möchte) die ansicht von der gewaltsamen einführung der verfassung durch Lykurg aufgebracht hat: K. konnte darin nur die rechtfertigung für sein eigenes gewaltsames vorgehen sehen.

LXXII. TELOS

Man wird nicht wagen aus Steph. Byz. s.v. Τῆλος· νῆσος τῶν Κυκλάδων μία, ἀπὸ Τήλου οἰκιστοῦ· ἐκαλεῖτο δὲ καὶ Ἀγαθοῦσσα, ὡς Ἰάσων ein eigenes buch über die insel zu erschliessen, zumal die homonymen schriftsteller des namens Iason weder sicher zu scheiden noch sonst festzulegen sind [1]). Über Telos s. Hiller v. Gaertringen *IG* XII 3, 1898, p. 6 ff.; Chariavas Ἐφ. ἀρχ. 1922; Hondius *SEG* III no. 715 ff.; Fiehn *RE* V A 1, 1934, col. 427 ff.; L. Robert *Rev. de Philol.* III 8, 1934, p. 43 ff.

LXXIII. TENEDOS

Da schon Zoilos ein enkomion auf die sagenberühmte und in religiöser hinsicht interessante insel [1]) geschrieben hat, ist eine hellenistische spezialschrift sehr wohl glaublich. Aber von dem Tenedier Androitas ist nur ein Periplus der Propontis bezeugt [2]). Die annahme eines lokalhistorischen buches beruht auf einer angabe des Fabricius, die C. Mueller aus dem autorenindex von Bruncks Apolloniosausgabe [3]) abgedruckt hat: 'huius Androetae ἱστορικὸν περὶ τῆς γῆς αὐτοῦ πατρίδος memoratur in mspto codice (Bibl. Vindob.) apud Lambecium I p. 148' [4]). Gemeint ist der Vind. hist. gr. 98 saec. XVI, der u.a. kataloge von angeblich in Konstantinopel und sonst erhaltenen klassikern enthält. Aus ἱστορικὸν ἀνδριότου περὶ τῆς γῆς αὐτῶν ἑταιρίδος (!) des sog. *Hic-inde*-katalogs hat Lambeck den Androitas hergestellt; Richard Förster dachte wegen des Rodostokatalogs, wo Ἀνδροτίου βιβλίον neben ἱστορία φιλοχώρου (!) steht, gewiss richtiger an Androtion. In jedem falle sind die angaben gerade dieser beiden kataloge 'ganz phantastisch' [5]).

F

(1) Plin. *N. H.* 5, 150 *ultra Calchadona Chrysopolis fuit, dein* †*Nicopolis* [6]), *a qua nomen etiamnunc sinus retinet, in quo portus Amyci.* Ders. *N. H.* 16, 239 [7]) *in eodem tractu portus Amyci est, Bebryce rege interfecto clarus. eius tumulus a supremo die lauro tegitur, quam Insanam vocant, quoniam, si quid ex ea decerptum inferatur navibus, iurgia fiunt, donec abiciatur.* Arrian. Peripl. P. Eux. 25, 4 ἐνθένδε (*scil.* vom στόμα τοῦ Πόντου) εἰς λιμένα Δάφνης τῆς Μαινομένης καλουμένης [8]) στάδιοι τεσσαράκοντα· ἀπὸ δὲ Δάφνης εἰς Βυζάντιον ὀγδοήκοντα. Steph. Byz. s.v. Δάφνη· ἔστι καὶ λιμὴν Δάφνη Μαινομένη [9]), ἐν τῶι [10]) στόματι τοῦ Πόντου ἐν δεξιᾶι ἀναπλέοντι· ἔστι καὶ προάστειον Δάφνη ἐν τῶι στόματι τοῦ Πόντου, ἐν ἀριστερᾶι ἐπὶ τὸν Ἀνάπλουν ἀνιοῦσιν [11]). Dion. Byz. *Anapl. Bosp.* 95 *post, inquit Dionysius . . . . loca nuncupata Herculis* Κλίνη *. . . . et Nymphaeum, inde*[12]) *nominata Insana Laurus* [13]), *apud quam aiunt Amycum . . . . habitasse . . . . exortaque fuit planta illius insaniae* (Amykos' herausforderung des Pollux) *insigne . . . nam si quis hanc laurum intulerit in convivium, convivas simili insania afficiet et contumelia implebit . . .* (96 Μουκάπορις κόλπος; 97) ἔνθεν κόλπος Ἄμυκος ἐπίκλησιν. Was Androitas gab klingt nüchtern periegetisch (wie ja auch Apollonios von dem lorbeer nichts besonderes erzählt); für das θαυμάσιον werden Apollodors *Pontika* (III C no. 803) zitiert; trotzdem glaube ich nicht dass man mit C. Mueller [14]) A.s δένδρον δάφνης εὐμέγεθες und die *Insana Laurus* von einander trennen kann: Dionys hat verschiedene quellen kontaminiert.

LXXIV. TENOS

Eine πολιτεία des Aristoteles erschliesst Rose aus Plin. *N. H.* 4, 65. Zeit und person des einzigen lokalhistorikers sind unsicher. Die dorische namensform fällt auf; aber von dem skeptischen philosophen aus Knossos, wahrscheinlich Ciceronischer zeit [1]), hat ihn C. Mueller mit recht getrennt. Der name ist nicht selten, und der schriftsteller wird in hellenistische zeit gehören, wenn er nicht älter ist [2]). Eine dichterin Ἀλκυνόη Αἰτώλισσα ἀπὸ Θρονίου wird zwischen 230 und 189 v. Chr. in dem dekret von Tenos *IG* XII 5 no. 812 geehrt; aber sie behandelte nicht die geschichte der insel, sondern trug hymnen vor auf die [κατέχ]οντες θεοὶ [τήν τε χώραν καὶ τὴν πόλιν τὴν] ἡμετέραν [3]).

F

(1) Hygin. fab. 14, 18 *hi autem Zetes et Calais ab Hercule telis occisi sunt, quorum in tumulis superpositi lapides flatibus paternis moventur.* Tab. Alb. no. 40 v. 89 ff. καὶ Ζάταν καὶ Κάλαιν υἱὼ Βορέα τοῦ Θραικὸς
5 Δικαιοπολίτας ἐπιβουλεύσαντας αὐτῶι παραδιώκων κατάντεις (?) αὐτοὺς εἰς θάλασσαν ἔρρειψεν.   Verehrung des Boreas oder 'der nordstürme' glaubt man auf Tenos gern; und da es dort auch eine phyle Herakleidai gab [4]), wird Friedlaenders ansicht [5]) zutreffen dass 'es auf Tenos von jeher einen grabeskult der Boreaden gab, und dass sich an dieses grab in willkürlich-
10 unwillkürlicher übertragung die thrakische geschichte anschloss', wenn man sie dahin modifiziert dass jemand, der den 'grabkult' kannte, ihn durch die thrakische geschichte 'erklärte'. Da schon Akusilaos [6]), vermutlich in seiner Heraklesgeschichte, den tod der Boreaden auf Tenos bezeugt, wird es ein epiker gewesen sein [7]). Dann liegt eine Heraklee wohl
15 näher als die Ἆθλα ἐπὶ Πελίαι, und man wird ferner annehmen dass der lokalhistoriker eben dieser tradition folgte. Die sonstigen erklärungen über den ursprung der feindschaft machen freilich den eindruck 'kümmerlicher erfindungen' [8]); aber gerade die des lokalhistorikers (die wir ja nur in stärkster verkürzung kennen) zeigt die berührung mit den thraki-
20 schen abenteuern des Herakles in dem ἐνεδρεύειν. Was wir nicht sehen ist ob das bei ihm in Thrakien statthatte oder (wenn er mit Akusilaos ging) wie Herakles nach Tenos kam.

LXXV. TEOS

Ausser der schrift des architekten über den Dionysostempel ist nichts
25 bekannt. Über den kult des gottes in Teos s. Ruge *R E* V A 1, 1934, col. 560 ff., der auch die sonstige überlieferung sorgfältig gesammelt hat.

LXXVI. THASOS

Auch Thasos gehört zu den zahlreichen, z.t. garnicht unbedeutenden staaten, für die wir keine antike literatur kennen. Der Thasier Stesim-
30 brotos [1]) aus dem zweiten drittel des 5. jhdts hat kein buch über seine heimat geschrieben, was diejenigen beachten sollten, die in dieser zeit überall chroniken wittern. Ob er in einer seiner sonstigen schriften auf ihre altertümer und mythen einging steht dahin [2]); in der politischen

schmähschrift, die inzidentiell das verhältnis zu Athen mehrfach berühren musste [3]), war für solche exkurse gewiss kein raum. Die rede des Hypereides Πρὸς τοὺς Θασίους wird von A. Schaefer, Blass [4]) u.a. als gesandtschaftsrede angesehen und auf den streit zwischen Thasos und Maroneia um den besitz von Stryme bezogen, in den Athen mehrfach vermittelnd eingriff [5]). Der zeitlich und sonst nicht sicher zu bestimmende verfasser des buches, das im Archilochosmonument exzerpiert ist (Demeas?) [6]), besass eine beamtenliste von Paros, aber keine von Thasos; auch von Aristoteles kennen wir eine parische, aber keine thasische politie; und das gründungsdatum der insel bei den chronographen stammt aus den debatten über Archilochos [7]). Aus Thasos gebürtige schriftsteller hellenistischer zeit schreiben über landwirtschaftliche dinge [8]). Es ist denkbar dass die insel, die bis zu ihrer kolonisation durch Paros barbarische bewohner hatte, nur im zusammenhang der bücher über Paros behandelt ist, obwohl sie schon im 6. jhdt eine eigene geschichte hatte [9]) und in der Grossen Geschichte (seit spätestens 478 v. Chr. auch in den Atthiden) in den jahrhunderten 5, 4 und später nicht selten erwähnt wird [10]). Die ebenfalls nicht ganz spärlichen nachrichten über mythen, kulte, einrichtungen, und sitten [11]) genügen ihrer art nach nicht um ein spezialbuch zu postulieren. Der einzige autor von *Thasiaka*, der ganz späte Philippos, erzählte nicht die geschichte der insel, sondern erotische, offenbar sehr obszöne, geschichten, die auf Thasos spielten [12]).

LXXVII. THESSALIEN

Die lokale literatur beginnt, wie in Böotien [1]), schon in der zweiten hälfte des 5. jhdts mit den *Thettalika* des Hellanikos in (wahrscheinlich) nur einem buche und der thessalischen politie des Kritias [2]). Die letztere ist zeitlich leider nicht genauer zu bestimmen, und schon deshalb ist nicht ohne weiteres zu sagen, ob sie (wie die spartanische politie) ihre entstehung dem politischen interesse des 'oligarchen' verdankt; und wenn, welchen standpunkt Kritias dem thessalischen adel, d.h. in erster linie dem in seiner zeit führenden geschlecht der Aleuaden, gegenüber einnahm [3]). Hellanikos' buch, für das ein spezielles politisches interesse kaum anzunehmen ist, war landeskundlich und/oder historisch — eine griechische ethnographie, wie seine bücher über Böotien, Argos und Arkadien. Die anlage ist unkenntlich; aber es war gewiss keine chronik wie die *Atthis*, und das einzige echte fragment über die einteilung der landschaft in 'tetraden', die Aristoteles (nach Hellanikos?) unter Aleuas dem Roten,

dem ahnherrn des geschlechtes, datiert, kann ganz wohl der anfang eines
buches über die historische landschaft gewesen sein — *Gallia est omnis
divisa in partes tres* [4]). Dass er in einem solchen nicht mit der erbteilung
Hellens, dem 'pelasgischen' Thessalien, oder dem des Schiffskatalogs [5])
begann, erklärt sich leicht, wenn die zwei bücher der *Deukalioneia*, des
thessalischen sagenbuches [6]), bereits vorlagen. Auf sie mag Hellanikos
in kurzen bemerkungen zu den einzelnen städten zurückverwiesen haben [7]),
und besonderheiten der städte, die wir nur aus späteren büchern kennen —
den alten namen von Krannon [8]), den regenzauber [9]), die warme quelle [10])
u.ä. — sucht man hier, nicht in der *Deukalionie*.

Auf den 'fremden sophisten', der Thessalien gewiss aus eigener anschauung kannte [11]), folgten — wie in Argos, Theben, und (mehrere jahrzehnte später) in Athen [12]) — epichorische schriftsteller. Wir wissen genug von dem geistigen leben Thessaliens [13]) um es glaublich zu finden dass sie nicht lange auf sich warten liessen. Ich habe persönlich keinen zweifel dass mindestens Philokrates und Souidas ins 4. jhdt gehören [14]). Leider haben wir von ihnen so wenig und (infolge der art der überlieferung) so ausschliesslich mythologisches [15]), dass wir nicht wissen ob und wie weit diese literatur einerseits (wie die meisten älteren lokalgeschichten) Herodot ergänzen bezw. berichtigen wollte, andrerseits ob und wie die einzelnen stellung genommen haben in dem lebhaften politischen leben der landschaft in der ersten hälfte des jahrhunderts, als (später als im übrigen Hellas) die gegensätze von stadt- und stammstaat, von adel und sog. tyrannis akut wurden und die aussenpolitischen kombinationen beeinflussten. Ebenso wenig lässt sich ihre literarische art erkennen — die äussere form [16]) und der etwaige einfluss der fremden 'sophisten', die auch am hofe Iasons eine rolle spielten. Wenn es diesem gelungen wäre als ταγός die einigung Thessaliens und seine weiter reichenden pläne durchzusetzen, so wäre es vielleicht (wie in Boeotien) zu *Hellenika* vom thessalischen standpunkt aus gekommen; so blieb es (wie in Athen, wenn auch hier aus teilweise anderen gründen) bei den landesgeschichten und der Κοινὴ Θεσσαλῶν πολιτεία des Aristoteles [17]), soweit nicht Thessaler von der makedonischen partei in die dienste des neuen herren traten und dann Alexandergeschichten schrieben, in denen übrigens gelegentlich ein lokales interesse mehr oder weniger deutlich ist [18]). Diese älteren landesgeschichten müssen Rhianos bekannt gewesen sein, der im ersten drittel des 3. jhdts in den 16 büchern seiner epischen *Thessalika* das land beschrieb und seine geschichte ausführlich und in die einzelheiten der vorgänge gehend erzählte; es kann nicht wohl bezweifelt werden dass er sie benutzt hat, auch wenn er noch so viel aus der Grossen

Geschichte, in der Thessalien immer vorkam, und aus der eigenen kenntnis des landes nahm. Aber über diese selbstverständliche vermutung kommt man nicht hinaus: denn wir haben nur namen, wenig einzelverse, und nur éine versreihe — die folge der namen der landschaft, also vielleicht aus dem eingang des epos [19]); es fehlen zitate gerade aus den ersten drei büchern, die wahrscheinlich die landesbeschreibung enthielten, und reste des grossen Hellenenstammbaums [20]) lassen sich nur vermutungsweise hier einordnen; reste von völkerkatalogen [21]) lassen keine historische beziehung zu; und es ist nichts erhalten was uns erlaubte poetisch gefärbte traditionen — wie z.b. die erzählung von dem eponymen Aleuas aus den *Dardanika* des vielleicht erst kaiserzeitlichen epikers Hegemon [22]) — auf Rhianos zurückführen, der allerdings in dieser zeit wieder gelesen wurde. Die beziehung einzelner fragmente — wie z.b. F 23, wo historische erzählung deutlich ist, und F 24; beide aus dem 8. buch — auf den Peloponnesischen Krieg ist ganz unsicher; wir wissen daher auch nicht wie weit Rhianos die erzählung hinabführte, insbesondere nicht ob die zeitgenössische erscheinung des Pyrrhos — für den Thessalien so wichtig war wie für Philipp, Alexander, und Antigonos Gonatas — und das aufkommen der aetolischen macht in dem epos noch vorkam. Es fehlt eben für die *Thessalika* die hilfe, die für die *Messeniaka* die landesgeschichte des Pausanias trotz aller kontamination der quellen bietet. Es ist garnicht wahrscheinlich dass Rhianos in dem epirotischen könig den höhepunkt im guten oder bösen gesehen und die geschichte der voraufliegenden zeit gleichsam nur als einleitung behandelt hat [23]); die vielen epirotischen namen beweisen das nicht, selbst wenn der eine oder andere auch bei dem Pyrrhoshistoriker Proxenos vorkommt; und was wir haben spricht nicht für die straffe komposition des um Aristomenes gruppierten 'Homerischen' epos, sondern sieht (um es ganz vorsichtig auszudrücken) nach versifizierter ethnographie aus.

Wie wenig wir von der ganzen thessalischen lokalliteratur wissen, zeigt sich auch in der frage ob Pyrrhos' diplomatischer agent und literarischer sekretär Kineas überhaupt *Thessalika* geschrieben hat [24]); und wenn, in welchem sinne und mit welchem inhalt. Sicherer ist dass in der zweiten hälfte des 3. jhdts die arbeit der grammatiker einsetzt mit dem einzelbuch des Baton (das aber vielleicht mehr in die 'schöne literatur' der rhetoren gehört), der spezialarbeit Euphorions Περὶ τῶν Ἀλευαδῶν, die wohl besonders literarhistorisch und interpretatorisch instruiert war; und der umfangreichen sammelarbeit des Staphylos, die wirklich gelehrt war und von Apollodor, wie es scheint, neben dem epos Rhians intensiv benutzt ist. Leider sind auch hier fast nur nachrichten aus der sagenzeit erhalten; aber 269 F 6 aus Staphylos' 4. buch zeigt doch dass er mindestens noch den zustand der landschaft nach einwanderung der Thessaler behandelt hat. Was Archinos angeht, lässt sich nicht einmal entscheiden ob er der älteren oder der jüngeren gruppe angehört, und da der zusammenhang fehlt, in dem 604 F 1 stand, ist auch nicht zu sagen ob er die νόμιμα der Thessaler in extenso behandelt hat.

Die kläglichkeit des bestandes lässt sich auch hier nicht (wie zuletzt für Sparta) durch beigabe eines anhangs einigermassen verdecken. Denn so ungemein reich die überlieferung über Thessalien in epos und genealogieen, in der Grossen Geschichte und bei den geographen war, und selbst bei den uns erhaltenen autoren noch ist, wir haben so gut wie keine 'anonymen zitate' [25]. Auch sonst ist die art der späteren autoren (die uns meist solche zitate liefern) eigenartig und unbefriedigend. Es fehlt an einer vollständigen, wenn auch noch so kurzen, geschichte und landesbeschreibung: Justin hat in dem sonst relativ ausführlichen exzerpt von Trogus' 2. buch die *origines Thessaliae* ganz gestrichen. Strabon [26] ist (trotz der benutzung auch einer periegese) einseitig auf die interpretation des Schiffskatalogs eingestellt, lässt auch hier nach eigenem geständnis (9, 4, 18) τὰ μὲν σφόδρα παλαιὰ καὶ μυθώδη καὶ οὐχ ὁμολογούμενα τὰ πολλὰ beiseite, und kürzt auch das übrige stark. Plutarch hat keine thessalische biographie (auch die hellenistischen biographen scheinen Iason übergangen zu haben), und Pausanias keine thessalische periegese; auch unter Polemons vielen schriften gibt es keinen auf Thessalien bezüglichen titel. Woher nachrichten wie z.b. Hegesanders magnetische Ἑταιρίδια [27] stammen ist beim besten willen nicht zu erraten, da die Argonautengeschichte vermutlich in allen *Thessalika* [28] und in den thessalischen abschnitten aller *Genealogiai* vorkam. Ähnliches gilt für die thessalischen θαυμάσια [29] oder die thessalische erfindung der ματτύη [30]. Diese nachrichten zu sammeln ist aufgabe nicht der fragmentsammlung, sondern eines quellenbuches über Thessalien.

601a. HELLANIKOS VON LESBOS

F 1 ist — wie die auf Athen bezüglichen fragmente [1] — hier noch einmal abgedruckt wegen der wichtigkeit dieses Hellanikeischen buches für die beurteilung der thessalischen lokalliteratur, deren alter und umfang Wilamowitz m.e. unterschätzt hat [2]. Ob man dem zitat in F 2, das in Bd. I übersehen ist, trauen darf steht dahin. Conti schiebt die (nur angedeutete) geschichte des Theseussohnes Hippolytos und die des

Peleus anmerkungsartig (aber ohne verbindung) in die Bellerophongeschichte ein, weil alle drei das Potipharmotiv enthalten; seine quelle waren offenbar die Pindarscholien [3]), die — wie die Schol. Apoll. Rhod. 1, 224 — varianten geben, aber (ausser Hesiod) keinen autor zitieren [4]). Es ist an sich wahrscheinlich dass Hellanikos, der in den *Thettalika* die einteilung des eigentlichen Thessaliens seiner zeit gab und die vier teile [5]) gewiss ausführlicher beschrieb, d.h. mindestens die bedeutenderen städte mit ihren merkwürdigekeiten aufzählte, in dem gleichen buch auch von der erwerbung der Perioikis [6]) sprach, wo dann ein rückgreifen auf die ausführlichere darstellung in der *Deukalioneia* kaum zu vermeiden war.

601. PHILOKRATES

Die änderung des autornamens in Φιλοστέφανος [1]) ist schlimmer als willkür: weder gab es *Thettalika* von ihm, noch, wenn es solche gegeben hätte, konnte die autorschaft zweifelhaft sein. Wenn die letztere notiz (wie wahrscheinlich) aus Kallimachos' *Pinakes* stammt, so gehört der autor ins 4. jhdt; und diesen ansatz empfiehlt auch das zitat in der *Bibliothek* [2]). Der name ist auch in Thessalien nicht selten, und mindestens einer seiner träger war στρατηγὸς Θεσσαλῶν [3]), sodass der autor — wie die meisten älteren und echten lokalhistoriker — aus guter familie stammen kann. Sein werk umfasste mindestens zwei bücher, aber vielleicht auch nicht mehr; es hatte also mindestens den doppelten umfang der ältesten landesgeschichte [4]). Da die Penesten im zweiten buch (zum ersten male?) vorkamen, kann das erste die sagenzeit und/oder eine landesbeschreibung enthalten haben. Aber solche vermutungen bleiben unsicher; und die zwei fragmente genügen nicht um etwas über Ph.s verhältnis zu Hellanikos auszusagen.

F

(1) Über genealogie (und heimat) des Patroklos Seeliger *Rosch. Lex.* II col. 2795 no. 2; Robert *Heldensage* p. 1027 ff. Vater Menoitios und grossvater Aktor [5]) sind durch die Ilias gegeben. Da diese (wie gewöhnlich [6])) die mutter nicht nennt, haben wir (wieder wie gewöhnlich) varianten, die wir nicht weiter einordnen können; aber es ist deutlich dass man den Lokrer von *Il.* Σ 324 ff.; 484 ff. für Thessalien beanspruchte und ihn deshalb mit verschiedenen thessalischen fürstenhäusern zusam-

menbrachte; dabei werden sich die thessalischen schriftsteller auf *Il.*
Σ 9 ff. gestützt haben, wo Patroklos Μυρμιδόνων ἄριστος heisst — verse,
die Rhianos (!) und (nach ihm?) Aristophanes verwarfen. Ph. macht
ihn als sohn der Peleustochter Polymele zu einem verwandten Achills,
was man nicht ändern wird [7]); aber es gibt auch da varianten: die mutter
heisst auch Philomele und Polymele. Philomele ist nach anderen gattin
des Peleus [8]). (**2**) Diese bezeichnung notierte Staphylos in seiner
ausführlichen diskussion über die Penesten [9]) offensichtlich aus älteren
autoren, von denen eben Ph. einer war.

602. SOUIDAS <DER THESSALER>

Dass S. Thessaler war beweist die dialektische form des in Thessalien
häufigen namens [1]), und bestätigt die landesgeschichte, deren lokalen
patriotismus Apollodor bemerkt hat [2]), und die wahrscheinlich S.s einziges
werk war. Denn F 7, wo Lysimachos eine sonderschrift über Euboia zu
bezeugen scheint, wird Keils änderung richtig sein: der grammatiker
setzt distinktive (ohne bestimmtes prinzip) nur da wo verwechselungen
zu befürchten waren — bei dem lokalhistoriker Aristoteles und dem
unendlich häufigen Dionysios (wo er ὁ Χαλκιδεύς sagt, nicht ὁ τὰς Κτίσεις).
Die Γενεαλογίαι von Stephanos' quelle F 4 möchte ich zwar nicht weg-
konjezieren [3]), sehe aber darin nur einen anderen titel des werkes, das die
Apolloniosscholien einmal als Θεσσαλικά und einmal nur mit der buchzahl
zitieren [4]), was auch dafür spricht dass die erklärer nur éin werk kannten.
Dann muss man aber schliessen dass der Thessaler selbst seinem werk
noch keinen titel gegeben hat [5]), sodass die einen das werk nach dem
inhalt und andere nach der form benannten [6]), die für ein buch über
Thessalien besonders geeignet war, wenn es sich auf die sagenzeit beschränkte — was gelegentliches, exkursweises, ausgreifen auf die historische zeit nicht ausschliesst [7]). Ein weiterer schluss ist dann dass S.
noch ins 4. jhdt und möglicherweise in seine erste hälfte gehört [8]), sodass
er sogar älter sein könnte als Philokrates. Dafür spricht auch dass ihn
Lysimachos (um 200 v. Chr.) unter lauter autoren dieser zeit nennt, und
dass die scholiasten den lokalen genealogen gern hinter Pherekydes
zitieren [9]) — offenbar als die lokale autorität, deren ansehen die benutzung durch Apollodor und Staphylos [10]) und die verhältnismässig
reichlichen zitate in den scholien zu Homer, Euripides, Apollonios bezeugen. Zitiert werden nur zwei bücher, in deren zweitem die Argonautengeschichte ausführlich erzählt war. Es brauchen nicht mehr gewesen zu

sein, wenn S. sich auf die sagenzeit beschränkt hat. Wir haben z.t. sehr geringe reste der hauptsagenkomplexe (Kentauren, Phlegyer, Deukalionie, Argonautik, Trojanischer Krieg, Nosten), die auch für die behandlungsart wenig aufklärend sind; nur eine massvolle historisierung, wie man sie im 4. jhdt bei jedem historiker erwartet, ist kenntlich [11]).

F

(1) Chiron ist einerseits immer Kentaur [12]), andrerseits müsste er als sohn Ixions und bruder des Peirithoos Lapithe sein. Aber schon im 5. jhdt erscheint Ixion als vater 'des' Kentauros [13]), und wird Phlegyas als vater Ixions [14]) in dieses (?) stemma hineingezogen. Die überlieferung ist zu kompliziert um hier aufgearbeitet zu werden, und wir haben zu wenig von S. um ihm seine stellung in ihr anzuweisen. Deutlich nur dass er rationalisiert: denn die Kentauren sind für ihn ein thessalisches urvolk [15]), und das wird dann für die Lapithen erst recht gelten [16]). Auch F 7, das Achilleus mütterlicherseits zum verwandten Chirons macht, kann dafür sprechen dass S. die sämtlichen vorgriechischen sagengestalten als vertreter von völkern zu éinem grossen stemma zusammenfasste, dem dann der griechische Deukalionstammbaum [17]) gegenüber gestellt wurde. Aber wir wissen nicht ob er als erster auf diese weise ordnung in das gewirr brachte, und alles nähere entgeht uns. (2) Gemeint ist jedenfalls die eponyme heroine, die bei Hellanikos [18]) tochter des Pelasgos ist. Die geschichte, auf die Eustathios anspielt [19]), ist unbekannt; aber die münzen des 5. jhdts von Larisa [20]) zeigen eine ballspielende und/oder wasserholende frau, in der man naturgemäss die eponyme der stadt erkennt. Schol. Apoll. Rhod. 2, 498/527a ist sie schwester der Kyrene, und letztere nach τινές tochter des Peneios, was die scholien verwerfen. (3) 'Haec sumpta ex narratione de expeditione Argonautarum' C. Mueller. Vom Ἱερὸν ὄρος bis Trapezus sind es nach Arrian. *Peripl.* 16, 5 (Anonym. *Peripl. P. E.* 36) 145 stadien; der thessalische mythograph gab naturgemäss keine masse (ausser etwa tagfahrten), sondern nannte die völker. (4) Schwerlich aus der Argonautengeschichte; ob der eponym Amyros [21]), der sonst als Argonaut nicht bezeugt ist, bei S. vorkam ist ganz zweifelhaft. Er handelte von den Kentauren, deren reste man in der magnesischen stadt Amyros [22]) noch leichter gefunden haben kann als in der Πυρραία [23]). Das stark zusammengestrichene zitat wird einigermassen verständlich durch Schol. Pindar. *Pyth.* 2, 78a, die Ixions sohn Kentauros ἐν Μαγνησίαι ἵπποις μιγνύμενον γεννῆσαι τοὺς διφυεῖς Κενταύρους lassen und dem mythos die rationali-

sierung gegenüber stellen: Λέλεγας γάρ φασιν αὐτούς [προσαγορευομένους] διὰ τὸ ἀποκεντῆσαι τοὺς ταύρους προσαγορευθῆναι Ἱπποκενταύρους· οἱ δὲ ὅτι ἵπποις κέλησιν ἐποχηθέντες πρῶτοι πάντων τοῦτο διεπράξαντο [24]). Schwierigkeit machen nur die Ἐορδοί, die ein thrakischer stamm sind und später in der makedonischen Ἐορδαία sitzen [25]). Das mag sich aus der Heraklesgeschichte erklären; denn die vernichtung bezw. die versprengung des volkes Κένταυροι [26]) galt vermutlich als tat des Herakles [27]), der schon Pindar. *Pyth.* 10 stammvater der 'könige' von Thessalien ist. **(5)** Aus der Kentaurengeschichte? [28]) Unklar ob die μοῖρα das Δώτιον πεδίον ist; Πυρραία ist alter name u.a. auch von ganz Thessalien [29]) und der stadt Melitaia [30]); und Thetis heisst Πυρραίη [31]), doch wohl vom kap Pyrrha. Theophrast, *De c. pl.* 2, 6, 4 weiss von einem wunderbaren wasser περὶ τὴν Πυρραίαν, ὃ καὶ ἐν ταῖς ἱστορίαις [32]) εἴρηται.   **(6—8)** Reste der Peleusgeschichte, die wohl direkt zu dem komplex des Trojanischen Krieges und der Nostoi, in die F 9 gehört, führte. Den traditionellen charakter der einzelnen probleme zeigt der vergleich einerseits mit Pherekydes, von dem S. vielfach abweicht (wir wüssten lieber ob und wie weit er mit Hellanikos ging), andrerseits mit Staphylos, der die summe der diskussionen zog. Charakteristisch (aber nicht singulär) ist nur F 7, weil es Thetis aus der meergöttin zu einer tochter Chirons macht. Das kann nicht blosser rationalismus sein, sondern soll Peleus — dessen wirkliche heimat nicht feststellbar ist, wenn man die etymologische verbindung mit dem Pelion bestreitet [33]), den aber epos, lyrik, genealogie in das Aiakosstemma hineingezogen und damit zum einwanderer in Thessalien gemacht hatten, was die *Thessalika* akzeptieren mussten — durch die gattin mit dem urvolk der Kentauren und dem vornehmsten vorgriechischen stammbaum verbinden. Erfunden ist das wohl weniger um des Peleus als um des homerischen Achilleus willen. Wenn die Euripidesscholien das Thetideion 'stadt' nennen, so spielt die diskussion über die angebliche thessalische stadt Θεστίδειον hinein, die Hellanikos 4 F 136 Θετίδειον schrieb und von Thetis ableitete. Weder Pherekydes 3 F 1a (wo Wilamowitz ἡ πόλις mit recht gestrichen hat) noch Eurip. *Andr.* 43 noch Polyb. 18, 20, 6 noch Apollodor (Strab. 9, 5, 6) geben das recht in dem heiligtum eine stadt oder eine 'ortschaft' [34]) zu sehen. Über das Homerproblem der Polydora s. zu 65 F 2; 269 F 4/5.   **(9)** Über das ende des Neoptolemos s. zu F 3 63/4; Robert *Heldensage.* p. 1459 ff.; Ziegler *RE* XVI 2 col. 2454 ff. Philoxenidas ist unbekannt, war aber wohl Delpher [35]), wie der Machaireus des Pherekydes, Pindar (*Nem.* 7, 43), Asklepiades 12 F 15. Wir sehen nicht warum S. [36]) einen anderen namen einführte und wie er den tod erzählte oder beurteilte.   **(10)** Strab.

9, 5, 19 (Apollodor) ταύτην τὴν χώραν πρότερον μὲν ὤικουν Περραιβοί, τὸ πρὸς θαλάττηι μέρος νεμόνεμοι καὶ τῶι Πηνειῶι μέχρι τῆς ἐκβολῆς αὐτοῦ καὶ Γυρτῶνος πόλεως Περραιβίδος [37]). εἶτα †ταπεινώσαντες ἐκείνους εἰς τὴν ἐν τῆι μεσογαίαι ποταμίαν Λαπίθαι κατέσχον αὐτὰ τὰ χωρία, Ἰξίων καὶ ὁ υἱὸς
5 Πειρίθους, ὃς καὶ τὸ Πήλιον κατεκτήσατο, βιασάμενος τοὺς κατασχόντας Κενταύρους κτλ. Steph. Byz. s.v. Γύρτων· πόλις Θεσσαλίας καὶ (ἢ?) Περραιβίας ... ἀπὸ Γύρτωνος τοῦ Φλεγύου ἀδελφοῦ, ὅστις αὐτὴν ἔκτισεν [38]). Das stand schwerlich in der Argonautengeschichte, eher im stammbaum des Ixion oder Phlegyas, den auch Pherekydes gegeben haben wird [39]).
10 Dahin gehört dann auch die Kaineusgeschichte [40]), die bei S. nicht gefehlt haben kann. Wo und wie er die bevölkerungsfragen besprach sehen wir nicht.   (11) Deutlich, weil von Apollodor ausdrücklich statuirt, ist die lokalpatriotische tendenz, die das berühmteste Zeusorakel in Epirus aus Thessalien ableitet, also die ältere überlieferung umdreht,
15 die die Thessaler ἐκ Θεσπρωτῶν kommen liess, οἰκήσοντες γῆν τὴν Αἰολίδα [41]). Wahrscheinlich wegen ἔτι μυθωδέστερον dass Kineas, dessen bericht in der lücke des textes untergegangen ist, die darstellung des S. (enkomiastisch für Pyrrhos?) ausgestaltet hat, vielleicht von einer wunderbaren versetzung von heiligtum und heiligem baum statt von zerstörung
20 und auswanderung der priesterschaft (und des stammes?) erzählte. Ganz klar ist wegen der lücke Strabons diese darstellung des S. nicht: der volle text (a) gibt den grund der verlegung nicht an; und die Epitome (b; doch wohl auch S.) sagt nicht wer die τινές waren, die die heilige eiche (also wohl das heiligtum überhaupt) verbrannten. Sicher aber dass
25 S. als ausgangspunkt des kultes das gebiet von Skotussa angab, die in historischer zeit die nördliche nachbarin von Achills gebiet (Alt-Pharsalos und Thetideion) war [42]), also sich vermutlich auf die lokalüberlieferung dieser stadt gestützt hat: οἳ δὲ γράφουσι <<Φηγωναῖε>>· Σκοτουσαῖοι γάρ φασι παρ' ἑαυτοῖς λόφον εἶναι φακόεντα, ἀπέχοντα Σκοτούσης σταδίους ιε, ἐν
30 ὧι Διὸς Φηγωναίου ἐστὶν ἱερόν [43]). In diesem Zeus hat S. (c) den von Achill angerufenen gesehen, aber den text Homers nicht geändert; denn in a kann sich ἀπὸ δὲ τούτου καὶ Πελασγικὸν Δία κεκλῆσθαι nur auf ἐκ τῆς περὶ Σκοτοῦσσαν Πελασγίας beziehen. Zweifelhaft bleibt, wie er sich mit ἄνα Δωδωναῖε abgefunden hat [44]), d.h. ob er den 'hügel' Dodona oder
35 auch Bodon(e) [45]) nannte, bezw. eine ortschaft dieses namens annahm, deren zerstörung den grund für die verlegung des heiligtums 'auf ein orakel Apollons hin' abgab [46]). Wir werden aber aus dem tatbestand, soweit er feststellbar ist, schliessen dass Zenodot — obwohl seine willkür in der behandlung des Homertextes notorisch ist — Πελασγικέ nicht
40 ohne weiteres (d.h. nur weil der Zeus von Dodona in einer eiche wohnte)

in Φηγωναῖε geändert hat, sondern auf die thessalische tradition von einem Ζεὺς Φηγωναῖος hin [47]). Ob er sie aus S. oder einem seiner vorgänger (Hellanikos?) kannte ist natürlich nicht zu entscheiden; aber wir haben S. aus anderen gründen dem 4. jhdt zugewiesen, sodass wir an der zeitfolge S.-Zenodotos nicht zweifeln werden.

603. KINEAS DER THESSALIER

Thessalika erschliesst man — denn bezeugt sind sie nicht [1]) — aus dem inhalt der beiden einzigen fragmente und Apollodors zusammenstellung des K. mit Souidas in F 2. Sicher ist der schluss nicht: die dinge können in einer (panegyrischen und propagandistischen) geschichte des Pyrrhos, der eine zeit lang auch herr Thessaliens war, gestanden haben; die supponierte geschichte hätte dann besonders auf die mythischen zusammenhänge zwischen Epeiros und Thessalien [2]) gewicht gelegt, was man dem rhetor zutrauen würde [3]). Denkbar ist auch eine literarische bearbeitung der βασιλικὰ ὑπομνήματα [4]), für die K. eher in frage kommt als Proxenos, der zwar die amtsjournale zitiert zu haben scheint [5]), aber die Pyrrhosgeschichte in seinen Ἠπειρωτικά behandelt hat. Das bleibt unsicher; dagegen ist es m.e. unzweifelhaft dass der rhetor, wie ihn Epaphroditos nannte [6]), identisch ist mit dem manne, den Pyrrhos eben wegen seiner beredsamkeit zu den wichtigsten gesandtschaften verwendet hat [7]), und dessen einziges bezeugtes werk — eine epitome der militärischen handbücher des Aineias von Stymphalos [8]) — sicher für die bequemlichkeit des königs gemacht ist, der selbst über taktik geschrieben hat und dazu die kenntnis der älteren fachliteratur brauchte. Dieser K. war Thessaler und, nach dem namen zu urteilen, aus angesehenem hause [9]). Wenn er noch Demosthenes selbst gehört hat [10]), muss er beim beginn des krieges im Westen (280 v. Chr.) in vorgerücktem alter gestanden haben; und wenn er nach der sizilischen mission 278 v. Chr. [11]) nicht mehr erwähnt wird, so ist es möglich dass er 'bald darauf' gestorben ist [12]). Aber da er auch vorher nicht genannt wird, ist der grund vielleicht eher darin zu suchen dass die spätere römische überlieferung die gestalt K.s wegen der gesandtschaft nach Rom in den mittelpunkt gerückt und ihn zum mundstück einer römischen panegyrik gemacht hat [13]). Ob und wie die von der römischen zurückgedrängte, zeitgenössische überlieferung des Hieronymos, Timaios, Proxenos den rhetor behandelt hat, wissen wir nicht; und ebenso wenig ist einfluss K.s auf die tradition über Pyrrhos und/oder Thessalien festzustellen.

F

(1) K. ist hier wie in F 2 durch Apollodor vermittelt [14]). Die diskussion über die verschiedenen Ephyrai, die sich bis auf Hippias zurückverfolgen lässt und die K. aus Souidas kennen wird, s. zu 244 F 179-181. Grundlage für die annahme einer thessalischen stadt dieses namens war *Il.* N 301/2, wo Ephyrer und Phlegyer neben einander genannt werden [15]).

604. ARCHINOS

Sehr wahrscheinlich Thessaler [1]), zeitlich unbestimmbar, aber wohl sicher noch hellenistisch, da Homer- und Pindarscholien das buch benutzen [2]). Über seine form (periegese? landesgeschichte? sagengeschichte in genealogischer form?) lässt sich nichts sagen, und der umfang ist unbekannt.

F

(1) Wenn der satz über Aiolos als 'erfinder' der geschwisterehe zum A.-zitat gehört, muss man wohl an behandlung der Aiolosfrage(n) im zusammenhang des (Deukalion-)Hellenstammbaumes denken, den A. durch lokale eponyme erweitert zu haben scheint [3]). Der ton liegt auf ὁμομητρίας; denn urteil über und usus von ehen mit voll- und halbgeschwistern sind verschieden [4]). Schol. BQ verweisen auf die geschwisterehe Zeus ~ Hera und haben mit der bemerkung μεγίστη γὰρ εὐδαιμονία καθ' Ὅμηρον ἡ ὁμοφροσύνη wohl den passus *Il.* Δ 30/67 im sinn, nicht Theokrit. 17, 126 ff. und andere stellen alexandrinischer dichter über die geschwisterehe des Philadelphos.   (2) Schol. B Eurip. *Alk.* 590 Βοιβίαν λίμναν] Θεσσαλίας λίμνη πλησίον Φηρῶν· λέγεται δὲ καὶ Νεσσωνίς [5]). Vielleicht eine antwort auf die Homerfrage, warum der Katalog die Nessonis nicht erwähnt, die im altertum für grösser galt als die Boibeis [6]) und nach einigen den gleichen eponymen hatte wie ganz Thessalien [7]). Kann in einer einleitenden landesbeschreibung gestanden haben, die darlegte dass in der urzeit, als das land noch 'see' oder 'meer' war, die flüsse und die Boibeis (auch hier fehlt die Nessonis) noch keine namen hatten [8]). A. kann sehr wohl gewusst haben dass die beiden seen, 'deren ausdehnung je nach der jahreszeit .... stark wechselt', durch den Asmaki, 'einen natürlichen, aber durch menschenhand vertieften kanal' in verbindung standen [9]). Möglich natürlich auch ein exkurs über das Δώτιον πεδίον

in der Koronisgeschichte (stammbaum des Phlegyas), sodass F 2 und 3 aus dem gleichen zusammenhang stammen können. (3) Bemerkenswert nur dass der eponyme des Δώτιον πεδίον — eine stadt Dotion hat es nicht gegeben [10]) — in den grossen Hellenenstammbaum eingereiht ist, während die sonstigen genealogieen mit vorgriechischen namen arbeiten, deren wahl nicht durchweg erklärlich ist [11]). Der text des A.-zitates scheint lückenhaft, und Νέωνος ist schwerlich ein name; aber er lässt sich nicht sicher verbessern [12]).

LXXVIII. TROIZEN

Τροιζηνιακά sind nicht direkt bezeugt, obwohl wir zwei (spät)hellenistische historiker aus Troizen kennen — einen Zenodotos, der vor Varro über Italien geschrieben hat, und einen Aristotheos ἱστοριογράφος, der um die mitte des 2. jhdts in Delphi ἀκροάσεις ἐποιήσατο τῶν πεπραγματευμένων αὐτῶι, παραινεινῶν δὲ καὶ ἐνκώμια εἰς ‘Ρωμαίους [1]) — und obwohl eine leise möglichkeit besteht dass schon Aristoteles in der πολιτεία ein buch über die stadt benutzen konnte [2]). Wir postulieren mindestens éin solches wegen der reichen überlieferung [3]), deren besonders starke lokalpatriotische einstellung — die gründe für sie sind leicht kenntlich [4]) — Pausanias auffiel [5]). Der in verschiedener hinsicht eigenartige abschnitt des letzteren [6]) macht entschieden den eindruck eines knappen auszugs aus einer lokalgeschichte, lokalen periegese, oder ἱστορίαι Τροιζηνιακαί. Der verfasser kann nur der Herophanes sein, der im übergang zu Hermione für eine der nachbarstadt unfreundliche version zitiert wird [7]); und wenn Pausanias — wie es den anschein hat und trotz der gelegentlichen berufung auf die exegeten [8]) sehr wohl möglich ist — dieses buch selbst in der hand hatte, war es wohl spät, erst aus der Kaiserzeit, vielleicht unter Hadrian (der wahrscheinlich Troizen besucht hat) oder gar für ihn gelegentlich dieses besuches geschrieben. Das ist bei dem blühenden zustand der stadt in dieser zeit [9]) garnicht unglaublich; und wir bedauern nur dass wir von Herophanes' hellenistischen quellen nichts wissen. Das späte buch war gewiss das gleiche, aus dem Aelian eine notiz bringt, die der tendenz nach ausgezeichnet in die von Pausanias' vorlage passt [10]); und vielleicht darf man es doch wagen aus Aelian den etwas affektierten, aber in die zeit passenden titel Λόγοι Τροιζηνίων zu gewinnen, den auch Pausanias in troizenischen einlagen des ersten buches zu kennen scheint [11]). Dass es in prosa geschrieben war bestätigt ἔφασκεν. Dagegen macht der zusammenhang für Hegias mit πεποίηται, πεποίηκεν dichterische form so gut wie sicher [12]). Hegias ist also nicht (durch zwischenstufe eines kurznamens Ἡρίας o.ä.) korruptel aus Ἡροφάνης. Dass ein troizenischer dichter von Theseus und den Amazonen handelte ist verständlich [13]); ob es in einem epyllion oder einer ktisis oder archaiologie der stadt geschah ist nicht zu sagen; aber in beiden fällen passt eine solche dichtung (zumal bei dem novellistischen charakter der einzigen aus ihr erhaltenen notiz) in hellenistische zeit [14]), und Hegias kann die oder eine der quellen des Herophanes sein. Höher hinaufzugehen empfiehlt sich m.e. nicht; der troizenische Hegias hat (falls der name nicht pseudonym nach dem alten epiker ist) nichts zu tun mit dem Agias der *Argolika* und/oder dem dichter der kyklischen *Nostoi*, der Troizenier gewesen sein soll [15]).

F

(**605 F 1**) Hermione hatte sich durch anknüpfung seines eponymen an den urmenschen Phoroneus eine vornehme und uralte entstehung verschafft. Es ist für die art der lokalgeschichte charakteristisch dass sie solche erfindungen selten bestreitet, sondern sie umbiegt um den lieben nachbarn etwas am zeuge zu flicken.   (**606 F 1**) Der troizenische dichter schliesst ein kompromiss zwischen der älteren auffassung der mythographie [16]) (und der älteren Atthis?), die in Theseus' Amazonenzug eine eigene unternehmung sieht, wofür Pindar eine epische quelle (*Theseis*?) wahrscheinlich macht, und der des Philochoros [17]), nach der Theseus an Herakles' expedition teilnahm. Die knappheit von Pausanias' exzerpt lässt keine sichere entscheidung zu ob der dichter den Theseus von Troizen aus zu Herakles stossen liess, den er schon als knabe dort kennen gelernt hatte [18]). Dann war es die absicht seine stadt mit einer Heraklestat in verbindung zu bringen, wie Herophanes Theseus' Kreterzug in die geschichte Troizens brachte [19]). Dafür kann sprechen dass dieser späte autor Theseus die Amazonen 'auch' in der Troizenischen chora besiegen liess [20]). Hier zeigt Pausanias' vermutung (wenn es seine eigene ist) dass das eine der übertragungen aus der *Atthis* [21]) war; bodenständig sind die Amazonen in Troizen nicht.   (**607 F 1**) Nach dem oben gesagten müsste man fast den ganzen abschnitt über Troizen als exzerpt aus Herophanes abdrucken. Was Plin. *N.H.* 14, 117; 31, 11; 36 über wein und quellen von Troizen gibt, stammt (trotz Aristoteles; s. zu F 7) eher aus der Thaumasiographie. Über die namen Leis und Althepos (ἐν Ἀλθήφωι flurname *I G* IV 757 B 26) s. Töpffer *R E* I col. 1697; Scherling *ebd.* XII col. 1871.   (**2**) Die erfindungen vorhomerischer dichter (und musiker) gehen zum grössten teil auf die literaturgeschichte und Heurematographie des 4. jhdts zurück [22]) und wollen (auch wenn die namen spielerisch oder willkürlich wirken) ein ernsthaftes problem beantworten [23]). Damit (oder mit produkten wie Diktys und Dares) hat die offenbar lokale erfindung von Aelians quelle nichts zu tun; aber gerade ihr kann die 'homerfeindliche' tendenz eignen, die W. Schmid [24]) einseitig betont; denn Homer hat Troizen nur einmal und in einer dem empfindlichen troizenischen lokalstolz abträglichen weise erwähnt [25]). Schade dass Aelian nur den namen gibt, weder titel noch inhalt des angeblichen gedichts; aber ein epiker (nicht alter kultdichter) war er nach der zusammenstellung mit Dares' noch erhaltener 'Phrygischen Ilias' und des Milesiers Λαπιθῶν καὶ Κενταύρων μάχη. Anderer art war das buch des Pittheus, das Pausanias noch selbst gelesen haben will [26]) — vermutlich eine spruchdichtung [27]), bei der nur befremdet dass es ein Epidaurier herausgegeben haben soll. Wer ist damit gemeint? (3) Ein opfer an Sphairos, dessen grab auf dem küstennahen inselchen Sphairia-Hiera [28]) gezeigt wurde, setzt die geschichte von Theseus' erzeugung durch Poseidon mit der troizenischen königstochter in bewegung, die inzidentiell das aition auch für den kult der Athena Apaturia gibt [29]). Das sind keine 'legenden', sondern (vermutlich nicht sehr alte) erfindungen um wenigstens Theseus' jugendzeit ganz für Troizen zu sichern. Der lokale heros ist an sich glaublich; seine gleichung mit dem wagenlenker des Pelops war erst möglich, als die lokalgeschichte den eponymen und den echt troizenischen Pittheus zu söhnen des Pelops gemacht hatte. Das nähere entgeht uns; aber die Pelopsgeschichte muss mit zuspitzung auf Troizen mindestens kurz da erzählt worden sein, wo die beiden Pelopiden nach Troizen kommen [30]). (4) Sieht ganz hellenistisch aus [31]). Was man von Herakles in Troizen sonst erzählte — das wunder des κότινος Pausan. 2, 31, 10 [32]); die Heraklesquelle 32, 4 — sieht älter aus und trägt legendencharakter; sehr alt braucht es deshalb nicht zu sein. (5) Es ist zugestanden dass Hippolytos eine troizenische kultgestalt ist, und Pausanias' troizenische periegese gibt uns die wichtigsten tatsachen dieses kultes, der durchaus der eines gottes ist [33]). 'Im übrigen ist' — mit Robert zu reden [34]) — 'die ursage durch die attische und deren behandlung so verdunkelt, dass sie sich nicht mehr mit sicherheit herstellen lässt'. Wir haben es hier nicht mit dem religionsgeschichtlichen problem zu tun, sondern nur mit der tradition der troizenischen lokalgeschichte, die so gut wie ausschliesslich bei Pausanias vorliegt und die wir so knapp wie möglich behandeln [35]). Es sind m.e. drei fassungen deutlich: (1) an erster stelle und eng mit den tatsachen des kultes verbunden steht die angabe, die aus einem epos (den *Nostoi*?)

stammen kann, dass das temenos von Diomedes gestiftet ist, der 'ausserdem als erster dem Hippolytos geopfert hat'. Diese tradition hängt einerseits zusammen mit der zugehörigkeit von Troizen zum reiche des Diomedes im Schiffskatalog [36]), und sie kann andrerseits nicht ganz getrennt werden von dem vorkommen des Hippolytos unter den buhlen von Diomedes' gattin Aigialeia, obwohl diese geschichte in Sikyon, nicht in Troizen zu lokalisieren ist [37]). Was Diomedes zu dieser kultstiftung veranlasst entgeht uns; aber man wird behaupten dürfen dass dieses aition nichts von der Hippolytos-Phaidrageschichte weiss, die für uns zuerst durch die attische tragoedie bezeugt ist — wo dann die hier ausgeschlossene frage nach der übernahme aus Troizen akut wird.   (2) Unmittelbar darauf folgt bei Pausanias die strikte ablehnung der Euripideischen tragoedie durch 'die Troizenier', die den gott durch den verstirnten menschen zu ersetzen scheint — was schon eine gewisse abschwächung gegenüber den tatsachen des kultes bedeutet; der zusammenhang scheint mir so deutlich wie der wortlaut unmissverständlich [38]). Damit ist der *t. post* dieser version gegeben; sie kann kaum älter sein als das 4. jhdt. Ich halte sie für hellenistisch; und wer sie dem dichter Hegias zuschreibt, soll nicht widerlegt werden. Pausanias kennt sie wie die erste version wahrscheinlich nur aus Herophanes, der die tradition sammelte und in den λόγοι varianten geben konnte.   (3) Die λόγοι Τροιζηνίων, d.h. Herophanes, haben sich dann dem einfluss der berühmten tragoedie ergeben und nun ihrerseits die geschichte in allen einzelheiten nach Troizen gezogen, wo ja auch das Euripideische stück spielte. F 5, das im widerspruch zu *Hippol.* 24 ff. Phaidra den Hippolytos *zum ersten male* [39]) in Troizen erblicken lässt, wird ergänzt durch zwei stellen in den *Troizeniaka* des 2. buches, die sich ohne weiteres einfügen: c. 32, 3-4 geben das lokal genauer an, lokalisieren die μυρσίνη und das grab des Hippolytos (das in der athenischen überlieferung Athen beanspruchte), fügen das aition der troizenischen Aphrodite Kataskopia hinzu und das (nach dem des Hippolytos) lokalisierte grab auch der Phaidra; c. 32, 10 gibt das lokal von Hippolytos' tod genauer [40]) und erklärt den ῥᾶχος στρεπτός aus troizenischem sprachgebrauch.   (6) Über Pittheus s. Höfer *Rosch. Lex.* III col 2515, 26 ff.; über das buch unter seinem namen s. zu F 2.   (7) Schol. p. 326, 7 Immisch τὸ «μὴ τέμνε νέαν αὔλακα». Das zitat der τινές scheint einlage in die medizinisch-philosophische erörterung über die ehegesetzgebung; ob aus der troizenischen politie ist nicht zu sagen, und auch die beziehung des orakels ist zweifelhaft. Wir haben direkt aus der politie nur ein zitat über die troizenischen weine (vgl. zu 607 F 1) von Kalaureia, das auch als orakel bezeichnet wird (Athen. 1, 56 p. 31 BC; Plutarch. *Aet. Gr.* 19 p. 295 EF). Auch Pittheus (n. 27) wird in ihr vorgekommen sein. Ob *Pol.* 5, 2, 10 über Troizenier als mitbesiedler von Sybaris aus dieser politie stammt ist wieder zweifelhaft.